에릭 로메르

ÉRIC ROHMER. Biographie
by Antoine DE BAECQUE, Noël HERPE

에릭 로메르

은밀한 개인주의자

앙투안 드 베크·노엘 에르프 지음 | **임세은** 옮김

❀ 을유문화사

현대 예술의 거장
에릭 로메르
은밀한 개인주의자

발행일 2021년 5월 30일 초판 1쇄

지은이 앙투안 드 베크, 노엘 에르프
옮긴이 임세은
펴낸이 정무영
펴낸곳 (주)을유문화사

창립일 1945년 12월 1일
주소 서울시 마포구 서교동 469-48
전화 02-733-8153
팩스 02-732-9154
홈페이지 www.eulyoo.co.kr

ISBN 978-89-324-3148-2 04680
ISBN 978-89-324-3134-5 (세트)

사라지는 영화, 다시 나타나는 삶

김성욱 영화평론가

1.

'습관의 논리에 통제되는 모리스 세례의 가족생활은 전기 작가에겐 흥미로울 게 거의 없다'고 책의 저자인 앙투안 드 베크와 노엘 에르프는 말한다. 이 논리를 따르자면, 1000페이지가 넘는 이 책은 흥미로울 게 전혀 없는 평범한 대작가의 초상이다. 하지만, 저자들이 부언하듯 이런 평범한 삶에 이야기가 스며들고 가장 작은 것이 픽션이 된다. 에릭 로메르의 삶에 영화가 뒤늦게 찾아왔던 것처럼 말이다. 영화를 알게 되었을 때, 그는 이미 성인이었고 다른 예술적 활동을 하고 있었다. 그에게 영화는 처음이 아니라 마지막 예술이었다. 덕분에 우리는 그의 영화와 만날 기쁨을 얻었다.

이 위대하고 평범한 작가의 개인적 삶은 고다르나 트뤼포에 비해 비교적 제대로 알려질 기회가 없었다. 이상할 정도로 특별한 관심을 기울이는 이들도 없었다. 흥미를 가질 만한 사회적 사건에 그가 연루된 일도 없었다. 이 전기가 알려 주는 바, 로메르는 영화를 숨기려 했던 비밀스러운 작가이기 때문이다. 그는 사생활과 직업 생활을 매우 영리하게 분리했고, 대중 앞에 자기 모습을 드러내길 거부했고, 영화제와 같은 축제의 레드 카펫 위에 서서 화려한 조명을 받기를 꺼렸다. 평생 그의 어머니는 아들이 영화감독이라는 사실을 모르고 세상을 떠났다고 한다. 2001년 처음으로 '에릭 로메르 회고전'을 한국에서 개최하면서(여담이지만, 그해 서울에서의 회고전을 위해 로메르가 직접 보내 준 편지는 개인적인 자랑거리 중의 하나였다. 편집자인 마리 스테판이 나중에 내게 들려준 말에 따르면, 이런 편지는 정말 드문 일이라 한다. 로메르 감독은 극도로 비밀스러운 사람으로, 사람들 앞에 나서는 어떤 '마케팅'적 요소를 쓸모없다고 생각했기에 편지를 보내는 일은 거의 없었다고 한다), 그리고 2017년에 그의 '탄생 백 주년 회고전'을 다시 기획해 로메르의 후기 편집자인 마리 스테판을 초청해 대화를 하고, 대표작 10편을 '시네마테크 아카이브'로 구입해 극장에서 상영하면서, 에릭 로메르에 관한 한 가장 적극적으로 그의 영화를 소개하는 노력을 했다지만, 여전히 나는 그의 영화를 온전하게 전달하는 데 부족함을 느껴 왔다. 명백하게 최고의 작가인 에릭 로메르의 삶은 영화만으로는 설명할 수 없는 다채로운 비밀을 숨기고 있다. 이 방대한 책이 이를 증명한다. 로메르라는 가명 뒤에 숨어 있는 모리스 셰레의 삶을 추적한 이 책의 번역 덕분에 나는 더 이상 로메르의 영화가 얼마나 위대하고, 우리 삶에 가장 필요한 예술인지를 부언하지 않아도 될 것이다. 아니, 어쩌면 그 반대의 기회도 얻었다. 덕분에 우리는 로메르 영화의 위대함에 대해 다시 이야기할 수 있게 됐다.

　이상한 일이지만 로메르의 영화 속에는 영화가 없다. 1960년대 동시대 누벨바그 감독들, 가령 비평가에서 시작해 영화를 만든 고다르나 트뤼포의 영화와 비교해 볼 때 그는 자신의 영화에서 다른 영화를 인용하지도, 언급하지도 않았다. 로메르의 인물들 일상에는 영화관이라는 장소도 좀처럼 등장하지 않는다. 영화를 보러 가거나, 심지어 영화를 논하는 사람조차 없다. 일부러 피했다고 볼 수밖에 없겠다. 대신, 철학을 논하거나 연극을 보러 가는 경우는 있다. 하지만 대부분의 사람들은 여름 바캉스를 보내기 위해 해변을 찾거나 도시를 배회하고 카페에서 사람들과 이야기를 나눈다. 역설적이지만, 그는 영화를 만들면서 정작 영화가 없는 세상으로 사람들을 떠나보내고 싶었던 것이 아닐까 생각한다. 혹은, 영화가 사라지는 영화를 원했을지도 모르겠다. 그는 영화에서 작가가 자신을 드러내는 것이야말로 가장 좋지 않은 것이라 여겼다. 이는 로메르 영화 제작의 원칙이기도 했다. 그는 자신을 숨기면서 존재의 비밀에 접근하는 부분적 관찰자이기를 원했다. 영화는 기게스의 반지처럼 자신을 숨긴 채 인간의 비밀에 접근할 수 있는 효과적인 장치다. 영화가 부재한, 혹은 영화가 사라지는 영화는 말하자면 로메르 미적 비평의 핵심이자 그의 영화적 원리다. 이는 로메르가 '코페르니쿠스적 전환'이라 부른 앙드레 바쟁의 영화론에서 기원한다.

　가령, 앙드레 바쟁에게 영화는 인간의 눈을 통하지 않고 사진 렌즈를 통해 얻는 이미지로 세계 자체의 모습을 드러내는 탁월한 예술이다. 사진은 자연의 창조물을 다른 창조물로 바꾸는 것이 아니라, 자연의 창조물에 실제로 동참하게 한다. 사진적 이미지에 근거한 영화 예술의 독자성이 여기에 있다. 다른 예술이 우리를 세상으로부터 멀어지게 했다면, 영화 예술은 우리를 다시세상으로 데려간다. 바쟁은 비토리오 데 시카의 〈자전거 도둑〉을언급하면서 배우도 없고, 연출도 없고, 이야기도 소멸하는 영화라 찬양했다. 예술을 예술가의 주관적 창작 활동으로 여기는 근대 미학에 기초한 시각에서 보자면 이해할 수 없는 일이다. 현실의 대상을 기계인 카메라로 기록한다는 기본적 성질에 근거한 영화는 그런 점에서 예술로서 애매한 위치에 있었다. 바쟁은 그러나 반대로 그 때문에 영화를 '다른 예술'로 반겼다.

바쟁과 마찬가지로 로메르는 영화의 창조성이 작가의 주관성에 있는 것이 아니라, 현실을 '전사'하는 것에 있다 여겼다. 영화는 세계를 더 존중하기 위한 수단이다. 영화의 미적 야망과 예술로서의 지위는 그러므로 평범한 일상 속에 숨어 있다. 사람들이거리를 지나가고, 아이들이 놀고, 기차가 도착하는 것을 촬영했던 뤼미에르의 작품은 진부한 일상을 담고 있을 뿐이지만, 그럼에도 그것은 영화의 경이로운 본래의 상태에 가장 가깝다. 영화는 원래 우리의 관심에서 사라진 사물을 다시 존중하게 한다. 투명한 기계의 눈으로 포착한 영상이야말로 가장 영화적이다. 영화는 그러므로 발견의 도구다. 사라진 것을 우리의 눈앞에 다시 나타나게 하는 것. 그것이야말로 로메르 영화 속 기적이나 은총이라 부르는 사건이다. 영화를 연출하기 전부터 로메르 비평의 중심에는 그런 발견의 논리가 있었다. 로메르의 '미적 비평critique des beautés'은 작품의 위계를 구성해 서열을 나누거나, 품평을 하는 것이 아니라, 말 그대로 아름다움을 식별하고 발견하는 행위다. 그의 비평은 장 두셰가 '사랑의 예술L'Art d'aimer'이라 불렀던 비평의 미덕을 떠올리게 한다. 영화는 사랑의 예술이기에 비평 또한 사랑의 예술이다.

세상에서 아름다움을 발견하지 못했다면 어떻게 세계의 이미지 속에서 아름다움을 추구할 수 있을 것인가? 삶을 동경하지 않았다면, 어떻게 생명의 모방을 존중할 수 있을 것인가? 이것이 비평가로서 로메르의 생각이자, 영화감독으로서 그의 태도이다. 감상자(관객), 비평가, 예술가(영화감독) 간에는 어떤 위계성이 없다. 비평과 영화제작, 이 둘의 행위의 제스처에는 연속성이 있다. 자연 빛, 공기, 하늘, 우주의 아름다움을 발견하지 못한다면, 회화적 아름다움을 발견하지 못할 것이다. 영화는 그 아름다움을 발견하고, 거기에 도달하게 하는 도구다. 〈녹색 광선〉에서 가장 아름다운 순간은 델핀이 긴 산책 후에 나무들 사이로 불어오는 바람 소리에 갑자기 눈물을 터트릴 때다. 로메르는 이 영화로 누벨바그의 기원에 있던 아마추어적 스타일로 되돌아가려 했다고 말하는데, 그 결과 이야기에서 벗어난 여름의 광경과 덤불과 나무 사이로 부는 바람 소리가 잔잔하고 아득한 아름다움을 더한다. 이때 자연은 그녀를 돌아보는 것 같다.

그런 점에서 영화에는 여전히 순수한 경이로움이 있다. 여기에 로셀리니의 영화와 더불어 로메르 영화의 구속적 사명이 있다.

영화는 파괴 이후에, 전쟁 이후에, 재앙을 넘어서 여전한 아름다움을 발견하는 책무를 갖고 있다. 영화는 그래서 다른 예술이 표현하는 것을 다르게 말하는 예술이 아니라, '다른 것'을 말하는 예술이다. 이때 '다른 것'이란 아름다움의 비밀로, 영화는 원래 대상에서 예술적 감정을 포착하는 독특한 특권을 드러낼 것이다. 이는 확실히 고전적인 태도다. 이 책의 저자가 비교적 자세하게 그의 비평적 태도를 논하는 것에서 밝히고 있듯이, 로메르는 고전주의를 사랑한 혁명가다. 그는 고전적 유산을 받고, 그것이 사라지려 할 때, 이를 더 풍요롭게 하기 위해 예술적 전통의 근원을 처음부터 재발견하려 했던 유일한 누벨바그 작가다.

2.
비록 상업적 실패로 끝났지만, 로메르의 데뷔작 〈사자자리〉는 이런 로메르의 생각을 구현하려 했던 실험적 작품이다. '있는 그대로의 사물'을 필름에 거두는 것이 영화의 사명이라 할 때, 이 영화의 미덕은 하루아침에 부랑자로 전락한 주인공 피에르가 파리 시내를 돌아다니며 (재)발견하는 것들을 보여 주는 것에 있다. 그렇다고 장면들의 배치가 비참의 극화를 겨냥한 것이라 말할 수는 없겠다. 도리어 우리는 인물, 그의 걸음걸이, 시선, 말들이 제각각 개별성으로 결합하여 극화를 방해하고 있다고 말해야만 할 것이다. 그가 비록 전락의 길을 걸을지라도, 로베르토 로셀리니의 〈스트롬볼리〉의 잉그리드 버그만의 여정이 그러했듯이 여기에는 감독이 서사적 연쇄의 운동에 영화의 '소명의식'을 부과하는 다른 움직임, 즉 다른 운동을 강제하는 실험적 상황이 있다. 이를테면 운명(별자리의 운세)과 자본주의 돈의 지배에 강제되면서도 특별한 힘의 실천으로 향하는 길, 뤼미에르적인 관찰을 자극하는 예외의 길이 있다. 말하자면, 그는 영화의 능력에 대한 새로운 믿음의 길을 걷고 있는 것이다.

보헤미안적인 예술가 피에르에게 파리는 그가 경제적 곤경에 처하기 전까지는 완벽하게 사랑스러운 도시였다. 일단 돈이 궁해지자 쁘띠 부르주아적 생활의 영위가 불가능해지고, 바캉스를 떠난 친구들로 홀로 파리의 이방인으로 남게 되면서 모든 상황이 변모하기 시작한다. 삶의 전략은 극적 전개뿐만 아니라 이미지의 표면, 즉 우리가 보는 세계의 표상, 사람들의 유기적 관계, 이미지의 질서를 변경시킨다. 상품과 돈의 교환을 둘러싼 숏들의 연속, 이를테면 그가 마지막 남은 동전으로 시장에서 물건을 살 때의 장면들을 사례로 볼 수 있겠다. (자본주의적) 교환이 불가능해진 이후에, 우리가 보게 되는 것은 한 남자의 파리 표류기다. 그는 무의식적으로 걷고, 잠을 청할 자리를 찾고, 먹을거리에 눈길을 돌린다. 로메르는 탁월한 민속학자로서 장 루슈(이 영화는 시네마 베리테 스타일에 근접한 일종의 다큐-픽션 영화로, 전문 배우와 거리의 사람들이 완벽하게 조화를 이룬다)나, 혹은 도시 속으로 깊숙하게 비집고 들어가 새로운 지도를 작성하려 했던 상황주의자들처럼 도시를 걷는 피에르의 눈으로 바라본 세계를 묘사한다. 그 여정은 그럼에도 끝없는 추락으로, 히치콕의 누명 쓴 사람의 여정, 무르나우의 마지막 인간의 고난의 길, 혹은 육체의 물리적인 발걸음이 영혼의 움직임과 은총으로 향하는 로셀리니적 인물의 길을 떠올리게 한다(아마도 여기에 물의 이미지를 더해 장 르누아르의 아나키스트인 부뒤씨의 길을 더할 수 있을 것이다).

아무튼, 피에르는 파산과 추락을 거치고서야 예기치 않은 은총을 경험한다. 로셀리니의 영화가 그러하듯 기적을 수용하는 것은 영화의 예외적 힘을 받아들이는 것에 있다. 이 영화가 제시하는 것은 어떤 도덕에 대한 고찰이 아니라, 파리의 여름 더위를, 아무도 없는 파리의 더위를 체험하게 하는 것이다. 파산과 추락은 피에르로 하여금 파리를 걷게 하고, 이야기는 점차 소멸하면서 존재와 사물을 취하는 새로운 (카메라의) 시선을 불러오고, 덕분에 우리는 더러운 파리를, 더러운 돌들을, 센강의 물 표면 위로 흔들리는 빛과 조우할 수 있게 된다. 그런 점에서 이 영화는 '발견의 미학'이라는 로메르 영화의 소명에 관한 예고적 영화였다.

3.

파리를 소요하는 피에르의 발길은 이미 로메르 영화 속 인물들의 여정을 또한 예고한다. 그리하여, 우리는 영화적 지도 제작으로서 로메르 영화를 살펴볼 수 있다. 그의 영화에서 인물들의 여정은 두 가지 중요한 유형으로 구분될 수 있다. 그 하나는 파리지앵의 삶과 도시적 여정이다. 다른 하나는 파리 바깥의 다른 지역으로의 휴가, 이른바 바캉스의 여정이다. 초기작들, 가령 1950년대에서 1960년대에 이르는 인물들의 여정은 대체로 파리의 중심지대를 돌아다닌다. 〈내가 본 파리〉에 수록된 로메르의 단편 〈에투알 광장〉은 이의 전형적인 사례다. 1960년대 후반이래로 로메르 영화의 인물들은 그러나 파리지앵의 휴일의 날들을 빌어 다른 지역으로의 이동이 빈번하게 발생한다. 비아리츠, 칼레, 도빌, 루르, 코트 다 쥐르 등등, 무엇보다 바다와 해변이 등장한다. 여기에 더해 1970년대 말에서 1980년대에 이르면, 파리 근교의 영화들, 도시와 근교를 오가는 영화들이 등장한다. 〈파리의 보름달〉, 〈내 여자 친구의 남자 친구〉 등, 대체로 '희극과 격언' 시리즈의 작품들이 그러하다.

그러나 위험이 있다. 1960년대 초반까지의 숨 쉬기 위한, 완전히 살기 위한 이러한 움직임과 자발성은 1960년대 중반을 거치면서 거리의 정치와 만나 변모한다. 로메르의 영화가 파리를 떠나는 시기가 대략 1967년을 거치면서인데, 이를테면 1967년의 〈수집가〉, 1969년의 〈모드 집에서의 하룻밤〉의 클레르몽 페랑, 〈클레르의 무릎〉의 해변 등이 그러하다. 거리가 뜨거워지기 시작하던 1965년을 기점으로 해서, 그가 파리를 떠나 해변으로, 혹은 시골로 향한 것을 두고 일종의 추론이지만 그의 정치적 '보수성'을 거론할 수도 있을 것이다. 만약, 그가 여전히 이 시기에도 파리를 소요하는 인물을 영화 화면에 담아내려 했다면, 아마도 시위를 하는 군중을 화면에 등장시키지 않을 수 없었을 것이다. 가령, 〈영국 여인과 공작〉에서 주요한 논란이 되기도 했던, 익명의 군중이 자신을 정치적 인민이라 선언하는 극장이 되어 버린 거리처럼 말이다. 자크 랑시에르는 이를 '나쁜' 정치의 우화로 제시한 바 있다. 그는 다른 누벨바그 감독들과 마찬가지로 세상의 동시대 거주자들을 발견하기 위해 스튜디오와 작별해 길을 떠났고, 이어 1960년대 학생들이 파리의 거리를 점령할 때 다른 길을 선택했다. 하지만 이 선택은 또 다른 자유와 우연을 찾기 위한 모험이기도 했다. 거리에 단지 하나의 목소리가 울려 퍼질 때, 더 이상 우연의 가능성, 삶의 다양성은 존재하지 않는다.

어쨌든 1970년대 이래로의 시기는 두 갈래로 나눠서 살펴보는 것이 필요하다. 첫째는 바캉스와 해변가의 영화들, 둘째는 그간 대체로 알려지지 않은, 이 책에서 보다 상세하게 확인할 수 있는 도시에 관한 다큐멘터리 작업과 이에 근거한 신도시 영화들이 있다. 로메르는 1960년대부터 텔레비전 프로그램으로 건축과 도시계획에 관한 수많은 다큐멘터리를 만들었다. 〈도시의 풍경〉(1963), 〈풍경의 변모(공업 시대)〉(1964), 〈셀룰로이드와 대리석〉(1966), 〈도시의 시멘트〉(1969), 〈새로운 도시 1-4〉(1975)에 이르는 다큐작업은 이후 〈보름달이 뜨는 밤〉(1984)과 〈내 여자 친구의 남자 친구〉의 배경으로 사용되었다. 〈비행사의 아내〉(1981)의 인물들이 만나는 공원 또한 그러하다. 〈내 여자 친구의 남자 친구〉는 신도시 세르지 퐁투아즈를 배경으로 벌어지는 희극이다. 1965년에 신도시 계획이 공식화되면서 1970년대 이래로 파리 근교에 다섯 개의 신도시가 개발되는데, 남쪽에 세 곳 북쪽에 두 곳, 마른 라 발레와 세르지 퐁투아즈가 개발된다. 두 지역은 '희극과 격언' 시리즈의 주요 무대이기도 하다.

로메르의 신도시 영화는 앞서 말했듯이 '희극과 격언 시리즈'에서 중심을 차지하는데, 가령 〈내 여자 친구의 남자 친구〉는 파리 교외, 20킬로미터 정도 떨어진 신도시 주택을 배경으로 한다. 주택만이 아니라 대학, 연구 기관, 사무실이 새롭게 지어진 곳이다. 신도시 쇼핑센터는 사람들의 왕래가 많은 좁은 곳으로, 이곳에서 두 주인공 남녀가 하루에 일곱 번이나 우연적인 만남을 거듭할 기회가 마련된다. 둘이 서로 친구가 있음에도 불구하고 연인이 되어 버리는 것은 이 건축적 공간이 만들어 낸 필연이다. 여기서 주인공 여인에게 상대를 달리하는 연애의 가능성, 서로의 파트너를 교환하는 사랑과 우연의 놀이가 가능해진다. 즉, 도시의 설계와 조직화와 픽션의 구축에 모종의 관계가 있는 것이다. 1984년 작인 〈파리의 보름달〉에서 신도시와 파리를 오가는 파스칼 오지에는 파리 북부의 신도시 마른 라 발레에 거주하면서 직장은 파리에 있기에 두 장소를 오간다. 그녀는 파리를 사랑한다. 밤과 축제들. 동시에, 신도시의 평온함을 좋아한다. 이 둘의 충돌. 그리고 두 남자 사이에서의 사랑과 실패가 있다. '희극과 격언' 시리즈의 이 영화의 격언은 '두 집을 갖고 있으면 정신이 이상해진다'라는 말이다.

4.
에릭 로메르의 단편 옴니버스 영화 〈파리의 랑데부〉의 한 에피소드인 〈7시의 랑데부〉에서 우연히 장터에서 만난 낯선 사내는 남자 친구의 새로운 애인에 대해 의혹을 갖고 있는 주인공 에스테에게 "항상 예외적인 만남은 가장 예상하지 못한 순간에 이루어진다고 확신했었죠. 가령, 여행 중이나, 휴가의 마지막에 혹은

급한 약속이 있을 때요. 이건 내 불행이기도 하고, 또 행운이기도 해요. 왜냐하면, 대담해지거든요"라고 말한다. 에스테는 그에게 "그래요, 하지만 당신도 알듯이, 늘 좋은 결과를 가져오진 않죠"라고 응답한다.

이 짧은 단편은 에릭 로메르의 영화가 지닌 독특한 우연의 구조에 대해 성찰하게 한다. 그의 영화에서 가장 흥미로운 면이 영화에 우연을 가져오는 방식이기 때문이다. 가령, 〈여름 이야기〉에서는 세 명의 여성과 동일한 약속을 해 궁지에 몰린 남자가 우연히 걸려온 한 통의 전화로 위기를 모면한다. 그는 우연히 해변가에서 세 명의 여자와 조우한다. 이러한 우연을 둘러싼 오해, 거짓말, 재회의 이야기가 로메르의 영화를 특징 짓는다. 우연성을 영화에 도입하는 것은 일견 영화의 전권을 통제하는 작가를 옹호하는 '작가주의 정책'의 주창자에게 어울리지 않는 것처럼 보일 수도 있다. 작가 정책은 통상적으로 반우연성의 입장에 있다고 여겨질 수 있기 때문이다. 작가가 모든 것을 결정하고, 영화의 모든 장면에는 견고한 의미론적 연결이 존재한다고 가정해야 한다. 앨프리드 히치콕, 프리츠 랑, 스탠리 큐브릭 등 그들만의 고유한 영화적 구조를 구축한 작가들의 경우 그러하다. 로메르는 그러나 다른 주장을 내비친다. 설사 인과론적인 연결이 존재할지라도 그것은 결정론이 될 수는 없다. 게다가 영화 작가는 우연을 받아들여야만 한다.

로메르가 도입하는 우연은 미리 정해진 이야기의 내용을 전달하는 픽션에 카메라 앞에서 일어나고 있는, 불가항력적 순간의 현재성을 부각시킨다. 영화 영상은 그것이 시계열에 따라 조직된 것이라도 어떤 식으로 도래할지 늘 '아직 모르는' 미지의 상태로 우리에게 나타난다. 이런 영상의 우연적 출현이란 사태는, 대체로 픽션 영화에서 심리적 인과관계에 따른 서사, 혹은 인과적 필연성에 따른 이야기의 전개로 완화되는데, 그럼에도 언제나 근본적으로는 모든 영화 영상은 관객에게 불시에 도래한다. 로메르는 이런 영상의 도래라는 사태를, 인과관계의 환상에서 풀어헤쳐진 현재를 드러내는 방식으로 제시한다. 〈레네트와 미라벨의 모험〉에서 한 소녀는 시골길을 걷다가 우연히 다른 소녀를 만난다. 여기에는 어떤 개연성이 없다. 〈내 여자 친구의 남자 친구〉에서 한 여인은 식당에서 밥을 먹다가 우연히 다른 한 여인을 만난다. 〈여름 이야기〉에서 해변가에서 언제 도착할지 모르는 여자 친구를 기다리던 남자는 어느날 우연히 바닷가에서 그녀를 만난다. 실로 당돌하다 싶을 정도로 이런 만남의 순간은 간단하게 처리된다.

당돌한 만남은 언제나 불투명한 만남이다. 그리하여, 모든 만남은 사랑과 우연의 부조리한 놀이가 된다. 〈7시의 랑데부〉의 마지막에서 자신에게 닥친 사건이 모두 우연의 산물임을 깨닫게 된 여자 주인공은 다른 여자와 바람을 피우는 남자 친구를 힐책하는 대신에, 그 자신 사태를 즐기는 것으로 연기를 시도한다. 문제는 사랑이 아니라, 그들의 만남을 조직하는 우연의 장난, 혹은 비가시의 연애 메커니즘이다. 로메르는 심리의 표리에는 거의 무관심한 채로, 이러한 구조를 제시하며, 그것에 의한 매혹과 서스펜스를 만들어 낸다. 〈여름 이야기〉의 한 장면에서 주인공은 이를 두고 '우연의 습관성'이라 말한다. 우연이란 기적만큼이나 거짓말 같은 부자연스러운 일이지만, 그런 부조리함이 태연자약하게 자주 등장하는 것으로 이는 습관이 된다. 로메르 영화의 대부분이 그런 식으로의 우연의 어리석은 장난 같은 연애를 받아들인다. 로메르 영화의 특권적 장소가 해변인 까닭은 그런 '습관적 우연'을 그리기 가장 편리한 장소이기 때문이다.

5.

로메르의 유작 〈로맨스〉(2007)는 당돌한 자막으로 시작한다. '불행하게, 우리는 이 이야기를 저자가 묘사한 해당 지역에서 촬영할 수 없었다. 포레 평야는 현재 도시화, 넓어진 도로, 좁아진 강, 침엽수 조성으로 인해 변형되었다. 우리는 이야기의 설정에 맞는, 대부분의 야생과 목가적 매력을 간직한 풍경이 있는 프랑스의 다른 지역을 선택해야 했다.' 원작의 실제 무대가 도시 개발과 자연 파괴, 말라 버린 강과 침엽수림의 훼손으로 불가피하게 목가적 매력을 간직한 프랑스 다른 지역에서 촬영했다는 내용인데, 제작자의 경고에도 불구하고 로메르가 고집을 부려 넣은 자막이라 한다. 로메르는 훼손되지 않은 야생의 강과 자연의 바람 소리를 간직한 풍경을 찾는 데 꼬박 3년이 걸렸다고 술회한다.

서두의 자막이 당돌하다 말한 것은 이게 솔직한 고백인지 아쉬운 변명인지 가늠하기 어렵기 때문이다. 원작은 17세기 소설가 오노레 뒤프레가 5세기 로마 시대를 배경으로 갈리아인 젊은이들의 충실과 사랑을 그렸다. 누구도 원작의 무대에서 이 영화를 촬영해야 한다고 강변하지는 않았을 것이다. 촬영지 결정은 전적으로 로메르가 선택한 것으로, 이는 자연에 충실하려는 그의 태도에서 비롯된 결과다. 〈가을 이야기〉에서 전통적인 방식으로 와인을 재배하는 마갈리는 그런 로메르의 태도를 떠오르게 한다. 그녀가 사용하는 전통적인 와인 제조 방법은 대규모 산업 생산과 대조된다. 옛 전통을 보존하는 고집스러운 그녀는 잡초를 제거하기 위해 제초제를 쓰지 않는데, 그 때문에 술맛을 망치는 것을 꺼리기 때문이다. 그녀는 장사가 아니라, 장인으로서 일을 한다며 땅을 갈아 파는 것이 아니라 땅을 영예롭게 하기 위해 일을 한다 말한다. 그런 확고한 태도로 마갈리는 예술가에 근접한다.

　　로메르는 자신의 시선이 자연에 자극된다고 말하곤 했다. 영화가 자연의 예술이라며, 그림에 그려진 것보다 현실의 풍경을 바라보고 싶기에(회화에서 풍경은 포식적인 관계를 맺는다), 자연 덕분에 영화를 좋아하게 되었다고 말한다. 그는 영화가 문학과 회화를 능가하는 것으로, 풍경과 바람, 바다를 화면에 가져올 수 있다 여겼다. 〈레네트와 미라벨의 네 가지 모험〉에서 꽃의 이름과 가축을 하나하나 호명하는 장면에서, 〈여름 이야기〉의 섬에 관한 수다한 말들, 〈녹색 광선〉과 〈해변의 폴린〉의 바다, 그리고 직접적으로 자연과 환경을 언급하는 〈나무, 시장, 미디어테크〉에서, 로메르는 영화가 원래 있는 그대로의 자연을 기록하는 매체임을 증거라도 하듯이 빛과 하늘, 물, 바람을 화면에 담는다. 영화는 날씨의 노예로, 날씨를 속이지 않는 것이 필요하다는 게 로메르의 지론이다. 이렇듯 로메르에게 영화에 대한 사랑은 자연에 대한 사랑에서 기원한다.

하지만 로메르의 말을 곧이곧대로 받아들이기는 어렵다. 자연과 자연의 영화적 표상 간에는 차이가 있기 때문이다. 그러므로 그가 〈로맨스〉를 제작하면서 '야생의 강이 필요했다'라고 설명할 때, 이는 자연에 대한 사랑뿐만 아니라 자연을 표상하는 영화의 '야생의 힘'을 강조한 것이라 말할 수 있다. 자연을 포착하는 기계의 야생성에 매혹됐다는 의미다. 영화는 회화와 달리 물과 공기를 항상 변모하는 시시각각의 모습, 희미한 운동으로 기록할 수 있는 예술이다. 그러므로 영화와 관련하여 자연은 이야기의 시대를 위한 것만이 아니라, 반대로 이야기에서 빠져나오는 것을 가능하게 만든다.

그러므로 훼손된 자연은 이야기의 무대로 어울리지 않기에 문제가 되는 것만은 아니다. 카메라와 녹음기의 (야생적) 민감함을 고려할 때, 자연의 훼손은 영화에 부적절하다. 작가의 의도와 계획과는 무연한, 다만 오로지 필름에 새겨지는 것으로서의 자연이 필요했던 것이다. 인간의 드라마를 노출된 생으로 포착하기 위해 자연은 영화에 불가피하다. 로메르 영화의 풍요로움은 수다스러운 대화에만 있는 것이 아니라, 풍경, 계절의 변화, 바람, 소리들의 희미한 운동, 빛의 변모, 인물들의 사소한 몸짓들, 그것의 가능한 현전에 있다. 로메르는 클로즈업을 싫어했고(물론 그의 영화에서 클로즈업이 없는 것은 아니다. 얼굴을 보여 줄 때 대신, 그가 중요하게 여긴 것은 눈의 깜빡임이나, 눈동자의 시선이다), 시네마스코프 화면에 난색을 표했다. 왜냐하면, 시네마스코프 화면은 그가 인간의 신체에서 가장 표현력이 풍부하다고 여긴 손의 움직임을 나타내기 어렵기 때문이었다. 연극과 달리 영화의 능력은 배우들의 작은 몸짓, 그 희미한 움직임에 주목할 수 있게 한다.

가령, 〈가을 이야기〉에서 로메르가 중요한 두 남자 역할에 전문적인 베테랑 연극배우 디디에 상드르와 알랭 리볼트를 기용한 것도 그 때문이다. 이 책에서도 언급하는 '로진의 민소매 끈'의 장면은 이런 전문적인 배우의 무의식적인 제스처와 연결될 때 빛을 발한다. 영화 속 한 장면에서 제라르와 로진이 서로 대화하는 장면에서의 화려함은 로메르가 지시하지 않은 배우들의 그런 무의식적인 몸짓에서 나온다. 이들이 대화할 때, 중요한 것은 그들 사이에 오가는 대화의 정보만이 아니라, 그들의 무의식적인 움직임, 계속 모습을 바꾸는 몸짓의 흐름에 있다. 이는 행동이라기에는 미완성에 가까운 서투른 몸짓들로, 배우들이 대사에 골몰하는 중에 무의식적으로 나오는 것이다. 카메라는 그런 순수한 운동을 필름에 기록한다. 물과 희미한 대기의 변화만큼이나 배우의 몸짓이 빚어낸 풍요로운 기호들. 이런 운동을 고정하겠다는 기획은 실패할 뿐만 아니라 영화의 본성에 맞지 않는다. 로메르는 장 르누아르의 말을 빌려 영화감독이 태풍 속에서 배를 운항하는 선장과도 같다고 말한다. 파도에, 바람에 배를 맡겨야만 한다. 때로 희미한 운동의 순간이란 일회적이기에, 지극히 관능적이다.

6.

로메르의 영화에 언제든 남녀의 만남이 있다 하더라도, 그들 사이에 열정을 찾기는 쉽지 않다. 첫눈에 반하는 법도 없다. 대신 비평가 파스칼 보니처가 지적하듯이 강렬하고 순수한 무無의 욕망, 즉 욕망의 사라짐이 있다. '도덕 이야기'가 보여 주듯이 사랑에서 욕망의 기능이 가장 희미해질 때에만 오히려 대상에의 선택이 수월해지기 때문이다. 사랑의 불안은 그 대상이 정말 유일한 것인지에 대한 의문에서 짙어진다. 그 유일성이란 다른 이와의 가능성을 배제해야만 성립되는데, 로메르의 '도덕 이야기'가 보여 주는 것은, 언제든 다른 복수의 후보가 첫 번째 여인이 사라진 후에 등장할 때, 사랑은 불안해진다는 것이다.

사랑의 대체성에 대한 가정, 즉 다른 사람과의 만남의 가능성이 불안을 야기할 때, 사랑의 대상은 진정한 의미에서 단일한 것이 될 수 없다. 그러므로 '도덕 이야기'의 주인공들은 무의 욕망의 상태에 들어간다. 말하자면 욕망이 지칭하는 바의 모호함을 피하려 한다. 그 모호함이 사라지지 않는 한 사랑은 여전히 불안하고, 관계에는 위험이 남는다. 로메르 영화의 공허와 씁쓸함이 여기에 있다. 그런 점에서 로메르는 단지 무대 설정만으로 해변을 선택한 바캉스의 작가가 아니다. 순수하게 공간적, 시간적으로 아무것도 없는vacant상태와, 욕망의 텅 빔, 실존적인 "무vacance"의 상태를 그린 그런 작가로서, 그는 진정한 바캉스의 작가다.

로메르에게 사라짐 혹은 부재란 그러므로 비가시의 영역에 속하는 것이다. 이는 엄밀한 의미에서 '무'는 아니다. 부재나 사라진 대상은 언제나 그의 이야기를 끌어가는 중력으로 무게를 더한다. 실제로 로메르 영화 속 인물들의 대화는 많은 경우 그 자리에 있지 않은 이들, 화면에는 결코 등장하지 않는 이와 관련되어 있다. 가령, 불행한 엇갈림으로 생이별한 연인의 재회를 그린 〈겨울 이야기〉는 그런 비가시의 영역, 부재를 근거로 한 기적적인 영화다. 여름 한때의 기억만을 간직한 채 사라진 한 남자를 기다릴 것인가 말 것인가를 둘러싼 펠리시의 선택의 이야기에서 사라진 남자는 사라져 모든 것으로 그 존재를 상기시킨다.

로메르의 유작 〈로맨스〉는 그런 사라짐과 나타남, 기적과 은총의 가장 순수한 이야기다. 5세기 로마 시대를 배경으로 사소한 오해를 풀지 못한 아스트레는 목동 셀라동에게 화가나서 '내 눈 앞에서 두 번 다시 나타나지 말라'며 사라지라 명령한다. 아스트레를 만날 수 없다면 차라리 죽어 버리겠다고 결심한 셀라동은 강물에 몸을 던져 자살을 시도하지만, 님프의 도움으로 구제된다. 셀라동은 그러나 '내 눈 앞에서 사라지라'는 아스트레의 말을 충실히 지켜, 마을에 돌아오지 않고 숲에서 기거한다. 한편 셀라동이 죽었다고 믿어 버린 아스트레는 슬픔에 잠긴다. 셀라동은 아스트레의 말을 충실히 지키는 것과 아무래도 그녀를 만나고 싶다는 생각을 실현하기 위해 변장을 하고, 그녀 앞에 나타난다.

어이없는 일이긴 하다. 그럼에도 영화 속 아스트레는 셀라동을 알아채지 못하는 것처럼 행동한다. 보는 이에 따라서는 그들이 실은 그런 위장과 숨김의 유희를 즐겼다고 볼 수도 있겠다. 아무튼, 문제가 되는 것은 이런 뭔가 부족해서 애매한, 믿을 수 없는 진실이다. 셀라동은 침묵의 서약을 따르고, 사라지라는 명령에 충실히 따른다. 실로 그런 충실함이야말로 이 영화의 주제이기도 하다. 그는 그녀가 허락할 때에만 나타날 수 있다. 그런데 약속은 터무니없이 실현된다. 영화의 마법을 믿지 않고서는 '다시 내 눈 앞에 나타나라'는 주문을 받아들이기 쉽지 않을 것이다.

〈로맨스〉에서 사라짐은 꽤 예외적인 상황을 만들어 낸다. 일단 그에게는 더 이상 그녀 앞에 다시 나타날 권리가 없다. 이런 이유로 그는 그녀가 잠자는 동안에만 보이지 않으면서, 그녀를 볼 수 있다. 결국 자신을 여자와 비슷하게 꾸미는 변장을 통해서만 그녀 앞에 모습을 드러낼 수 있다. 이러한 변신. 즉, 자연으로 사라지거나, 여성 안으로 사라지는 것이 셀라동이 시도했던 것인데, 마찬가지로 에릭 로메르 셀라동이 시도한 것을 시네아스트로서 영화의 삶을 통해 평생 구현하려 했다. 그것이 시네아스트의 소명이다. 이 책의 저자가 지적하듯이, 한 남성이 여성들 사이에서 여자가 되고, 그들이 옷을 벗고 장난하는 것을 보는 관객이 되고, 그들의 애무에 대한 무고한 공모자가 된다. 그렇게 해야 주관적이고 수상쩍은 자신의 욕망이 숨겨지고 지워질 수 있는 것처럼 말이다. 로메르는 말하자면, 이런 타자 되기, 여성 되기를 통해 영화의 길을 거쳐 왔다.

그럼에도 불구하고 이 소심한 작가는 자신의 대담함을 두려워하면서 마지막 영화에서도 작가 오노레 뒤프레의 원작 뒤에 숨어 모습을 드러내기를 꺼렸다. 그럼에도 불구하고 사라졌던 것들이 다시 되돌아온다. 마치 잿더미에서 다시 살아나는 불사조 같

은 예술처럼 말이다. 그것이야말로, 로메르에게 영화였다, 영화
는 존재를 다시 살아나게 하는 예술이다. 이 영화의 마지막 주문
은 그러므로 '다시 내 눈 앞에 나타나라'는 말이다. 마찬가지로,
이 책은 비밀스러운 로메르의 영화와 삶을 우리 눈앞에 나타나게
하는 마법의 주문 같은 것이다.

일러두기

1. 본문 하단에 나오는 각주는 옮긴이 주이며, 미주는 저자 주다.
2. 단행본, 잡지, 신문은 『 』로, 연극, 오페라, 뮤지컬, 시, 소설, 희곡은 「 」로, 영화,
   TV 프로그램, 노래, 미술 작품은 〈 〉로 표기했다.
3. 주요 인물, 언론사(신문, 잡지)명은 첫 표기에 한하여 원어를 병기했다.
   이름의 한글 표기는 기본적으로 국립 국어원의 표기 원칙을 따랐으나,
   일부 관례로 굳어진 표기는 예외로 두었다.
4. 본문에 실린 도판은 원서 도판을 기준으로 삼되, 국내 시장 상황과
   저작권자 확인이 불가능한 경우를 고려해 일부를 삭제하거나 교체했다.
   저작권자의 연락이 닿지 않은 일부 도판의 경우 저작권자가 확인되는 대로
   별도의 허가를 받을 예정이다.

차례

서문
'위대한 모모'의 신비

우리는 에릭 로메르에 대해 무엇을 알고 있을까?

시네필이라면 〈모드 집에서의 하룻밤Ma Nuit Chez Maud〉, 〈클레르의 무릎Le Genou de Claire〉, 〈O 후작 부인La Marquise d'O〉, 〈보름달이 뜨는 밤Les Nuits de la Pleine Lune〉, 〈여름 이야기Conte d'Été〉, 〈영국 여인과 공작L'Anglaise et le Duc〉과 같은 영화로 그를 인정할 것이다. 좀 더 대중적으로는 이 시네아스트가 소위 '로메르적인 여성들rohmériennes'이라 불리는 매우 젊은 여성들과 영화 만들기를 즐겼다고 알려져 있다. 영화에서 이 여성들은 매력적이면서 폭로적이고 성가신 존재이며, 때로 시대적 징후로 여겨진다. 그는 또한 파브리스 루치니Fabrice Luchini, 파스칼 그레고리Pascal Greggory 같은 몇몇 남자 배우를 데뷔시켰고, 그들은 성공적인 경력을 갖게 되었다. 또한 프랑스 밖 국가에서는 로메르는 매우 프랑스적인 영화를 구현한 사람으로 알려져 있다.

하지만 에릭 로메르의 모든 장편 25편이 프랑스에서 8백만 명 이상의 관객을, 세계적으로는 수백만 명 이상을 끌어들였다는 사실도 알고 있을까? 로메르는 매우 파리지앵적인 방식으로 속물적인 영화를 조금씩 만드는, 단지 생제르맹데프레 분위기를 내는 순진한 제작자가 아니다. 로메르 영화의 정교한 플롯이나 섬세한 감성은 고전주의적 이상과 함께 쌍을 이룬다. 감정의 표현과 서사, 그리고 연출은 많은 관객에게 감동을 준다. 비판적이거나 아이러니한 방식으로 특정 시대의 분위기를 포착하고 표현한다.

또한 사람들은 그가 서른 살 이후부터 사용해 온 에릭 로메르라는 가명 뒤에 모리스 셰레Maurice Schérer라는 또 다른 남자가 숨어 있다는 사실을 알고 있을까? 이 이름에서 '위대한 모모'라는 별명이 생겼고, 그의 오래된 친구 몇몇은 끝까지 로메르를 모모라 불렀다. 그는 비밀을 좋아했다. 비밀은 삶의 열정이 되었다. 그는 자신을 숨기고, 의혹을 키우고, 주목받는 데서 멀리 있으려 했다. 이 남자 안에 있는 명백한 가면 놀이에 대한 성향이 이런 이중성을 낳았다. 또 다른 정체성은 사생활에 혼란을 주었지만, 그는 익명성을 보장받았고, 심지어 때로는 은밀함을 유지할 수 있었다.

전쟁이 끝난 직후 스물다섯 살의 나이에 로메르는 질베르 코르디에Gilbert Cordier라는 첫 번째 가명으로 갈리마르 출판사에서 소설을 출간했다. 얼마 되지 않아 에릭 로메르라는 두 번째 필명으로 영화에 대한 글을 쓰고 첫 단편 영화를 연출했다. 1960년대 중반에는, 일자리를 찾으려고 여러 개의 거짓 이력서를 보냈다. 그중 하나에서 그의 출생 기록은 1920년 4월 4일 낭시로 되어 있고, 다른 것에는 같은 낭시 출생이지만 생년월일이 1923년 4월 4일로 기록되어 있다. 여기에 그는 자신을 "교수, 루이 로메르"의 아들이며, "낭시에서 고등학교를 마친 뒤 리옹에서 문과대학을 다녔고" "고등학교에서 역사와 지리학 교사" 자리를 찾고 있다고 소개했다.[1]

이 진술은 대부분 거짓이다. 이런 조작 성향은 그의 자취를 숨긴다. 로메르는 솔직한 태도로 이런 모호함을 즐겼다. 그래서 그의 사생활에 관한 신뢰할 만한 사실들을 모으는 데 오랫동안 어려움이 있었다. 1986년 그는 프랑수아 트뤼포François Truffaut에게 쓴 편지 몇 통을 질 자콥Gilles Jacob과 클로드 드 지브레Claude de Givray에게 보내면서, 클로드에게 다음과 같이 고백했다. "영화에 관한 글이 아닌 제 개인을 언급한 구절을 게재하고자 한다면…… 제 허락을 구해 주셨으면 합니다. 왜냐하면, 알다시피 저는 오래전 일이라도 비밀을 간직하고 싶습니다."[2]

그렇지만 그가 간직한 비밀은 스캔들도, 도발적인 정치 활동도, 더욱이 복잡한 가족사나 감상적 이중생활에 대한 것도 아니었다. "내 삶은 항상 평범한 것이었다. 난 모든 사람에게 있을 법한 그런 생각을 했다."[3] 생의 마지막까지 그는 자신이 생각하고 인용한 것, 인상에 남는 것이나 강의 기록을 수많은 공책에 적었다. 가면을 기꺼이 즐기긴 했지만 이런 비밀은 로메르에게 필요했던 것 같다. 그는 1970년에 어머니가 숨질 때까지 20년간이나, 어머니에게 자신이 고등학교 고전 문학 선생이라고 믿게 했고, 자신이 가장 존경받는 프랑스 시네아스트라는 사실을 숨겼다. 이 예술가의 지인들은 "어머니가 사실을 알았다면 죽었을지도 모른다"[4]고 확신했다. 전직 프랑스어 교사 모리스 셰레는 가족에게 좋은 아들, 좋은 남편, 좋은 아버지로서 정돈된 삶을 살았다. 그런 평범한 삶에 에릭 로메르라는, 스크린 속의 꿈꾸는 삶을 사는 멋쟁이와 젊은 로맨스 배우 같은, 더 자유롭지만 덜 존경스러운 인물이 끼어들 틈은 전혀 없었다. 가까이서 본 에릭 로메르 역시 그다지 놀라운 유혹자는 아니었다. 사람들이 그에게 영화 속 매력적인 인물과 즐겼던 비밀이 있는지 물었을 때 그는 짓궂게 대답했다. "절대로 순결합니다." 그가 여자 배우들과 얘기 나누기를 즐겼다면, 그것은 무엇보다 줄거리와 시나리오를 알려 주기 위해서였고, 연출의 맥락 안에 그 이야기를 미묘하게 끼워 넣기 위해서였다.

로메르가 『카이에 뒤 시네마_Cahiers du Cinéma_』 편집장으로 있었던 시절, 그가 위대한 비평가이자 이론가였다는 사실을 잊지 말아야 한다. 1955년 그는 「셀룰로이드와 대리석_Le Celluloïd et le Marbre_」이라는 다섯 꼭지의 선언적인 글을 썼다. 그는 영화의 중요성과 영향력을 강조했다. "오늘날 한 예술은 (…) 고전주의의 모든 힘과 다른 예술이 영원히 잃어버린 빛나는 활력을 갖고 있다." 이 책에서 그는 이 주요 예술의 정당화를 구축하고 '미적 취향'을 드러내는 비평적 역할을 구상했다. 또한 언론의 논쟁, 나아가 영화를 둘러싼 논의도 즐겼다. 그는 누벨바그의 우상 파괴적이며 무례하고 영향력 있는 주간지 『아르_Arts_』에 많은 글을 남겼다. 이 글에서 우리는 로메르가 서부극을 좋아하고, 할리우드를 옹호하며, 여자 배우를 사랑했다는 사실을 알 수 있다. 이때의 로메르는 동시대 영화에 반응하고 반대 의견을 가지며 폭넓은 독자층을 설득하고 놀라게 하려는 사람이다. 우리는 제7예술에 대한 사유에 그가 중요한 자리를 차지한다는 점을 알아야 하며, 진정한 '영화 글쟁이écrivain du cinéma'라는 사실을 강조해야 한다.

로메르가 은밀한 곳에 있기를 좋아한 것은 자신의 충동을 불신하고 모든 과잉을 두려워했기 때문이다. 그는 극단적이거나 급진적인 입장을 공개적으로 드러내기를 싫어했다. 그럼에도 그는 가치를 믿고 원칙을 확신했다. 게다가 이상, 예술, 정치에 대한 토론을 적극적으로 즐겼다. 현재뿐만 아니라 미래에 대한 영감의 원천을 과거에서 찾으면서, 주저 없이 스스로 보수주의자라고 말했고, 오랫동안 가톨릭 감성과 왕정주의적 감수성을 주장해 왔다. 그럼에도 불구하고 에릭 로메르는 독단적이지 않았다. 타인에 대한 호기심과 관용, 문명화된 논쟁과 반론에 대한 애정이 그의 기질이었다. 전통적이고 보수적인 이 사람은 환경을 둘러싼 논쟁이 진전되는 것에 특히 민감하게 반응했고, 점점 더 공개적으로 참여했다. 그는 자신의 이런 태도를 일관성 없는 것으로 여기지 않았다.

에릭 로메르가 사망한 지 5개월이 지난 2010년 6월, 그의 유언에 따라 가족은 그가 남긴 자료들을 IMEC(동시대 출간 기념회)Institut mémoires de l'édition contemporain에 위탁했다. 90년의 생애 동안 그는 대략 140개의 서류 박스에 담긴 200편이 넘는 글을 남겼다. 이 인상적인 자료 덕분에 우리는 선생이자 비평가이고, 시네필이자 저술가이며, 동시에 시네아스트인 모리스 셰레/에릭 로메르의 평행한 삶을 되돌아볼 수 있다. 그뿐만 아니라 그의 주요 학습 내용, 독서, 참고 문헌, 서신, 그리고 관심사 또한 돌아볼 수 있다.

로메르 도서 기금에 수집된 이 예술가의 다양한 활동의 중심에는 작가이자 영화감독으로서의 작품이 있다. 1940년대 초부터 그가 작업한 콩트와 단편 소설, 단편 시나리오를 볼 수 있는데, 작가의 왕성한 활동을 방증하는 것으로, 훗날 시나리오 작업에 광범위하게 다시 사용된다. 로메르가 연출한 위대한 연작('도덕 이야기', '희극과 격언') 가운데 다수의 작품은 15년이나 20년 전, 때로는 30년도 더 전에 썼던 작품에서 비롯되었다. 로메르 영화의 계보는 이 자료를 통해 명확해지고 깊이 있게 갱신될 수 있었다.

이 도서 기금은 장편 영화 제작 과정도 기록하고 있어, 영화의 처음부터 끝까지, 기획과 시나리오 작업, 촬영, 연기 지도에서부터 각 작품에 대한 반응과 평가에 이르기까지 로메르의 작업을 재구성할 수 있는 기회를 제공한다. 이런 전개를 따라 우리는 그가 세귀르 백작부인comtesse de Ségur의 이야기를 토대로 1952년에 만든 첫 장편 영화 〈모범 소녀들Les Petites Filles Modèles〉을 이제는 누벨바그 최초의 영화로 간주해야 한다는 사실을 알게 될 것이다.

우리는 이 보물 같은 문서들을 활용했을 뿐만 아니라 에릭 로메르와 함께 작업한 광범위한 규모의 친구와 협력자, 기술자, 예술가, 지식인과 이야기를 나누었다. 백 명에 가까운 사람이 특별히 이 전기를 위한 인터뷰에 협력했다. 오직 이런 증언들이 기록물 보관소의 자료에 대한 독해 작업을 보완하고, 로메르적인 여정의 특별한 황홀감을 설명해 준다. 이 여정에는 영화와 문학, 음악에 대한 에세이뿐만 아니라 단편 소설과 소설, 희곡, 비평이 뒤섞여 있다. 로메르는 단지 위대한 연출가일 뿐만 아니라 사진 작가, 삽화가, 의상과 무대 미술 기획자, 혹은 자기 영화 음악의 작곡가였다. 그래서 우리는 여러 악기를 동시에 연주하는 사람의 초상화를 그려 볼 것이다. 완전한 독립을 근심하면서도 그는 매 작품마다 문학과 회화, 음악, 연극 작품과의 만남을 통해 영감을 받았으며 영화 기획에 계속해서 자양분을 얻었다.

달리 말하자면, 이 책에서 보여 줄 것은 비밀스러운 사람, 복잡한 성격과 다재다능한 예술가로서 에릭 로메르다.

1
모리스 셰레의 어린 시절
1920~1945

에릭 로메르는 1920년 3월 21일 튈에서 모리스 앙리 조제프 셰레 Maurice Henri Joseph Schérer로 태어났다.[1] 그의 부친 가계는 알자스 출신으로, 그 중심 지파는 예전에 오랭 골짜기에 있는 보주Vosges 아래 몰사임의 서쪽으로 20킬로미터 떨어진 스틸에 정착해 살았다. 남자들은 19세기 중반부터 포도주를 거래하는 수공업을 하거나 무기 제조에 종사했는데, 모리스 셰레의 조상 중 훨씬 더 오래전 가계의 전통은 대장장이였다. 두 번째 지파는 로렌 출신으로, 모젤에 있는 샤토 살랭이나 라프랭볼에 살고 있었다. 1870년 프랑스의 패배와 독일 제국에 의한 알자스로렌의 합병 이후, 애국적인 가톨릭 교도였던 셰레 조상의 상당수가 프랑스에 정착해 살기 시작했다. 모리스의 조부 로랑 셰레Laurent Schérer는 무기 공장 장인이었는데, 튈 지방을 선택해 그곳에 정착해 살면서 수이약 지구의 국립 무기 공장에서 일했다. 그는 튈에서 오랫동안 살아온 가문 출신인 앙투아네트 비알Antoinette Vialle과 결혼한다. 1877년에 태어난 외아들 데지레 앙투안 루이Désiré Antoine Louis는 오랫동안 가계를 부양하다가, 1914년에 퇴역한 뒤 경시청 사무실 책임자가 되고, 1919년 어머니의 사후에 코레즈Corrèze 출신의 네 자매 중 막내로 태어난 아홉 살 연하의 잔 마리 몽자Jeanne Marie Monzat와 만나 결혼한다. 그녀의 외조부는 생막상에 농장을 소유하고 있었고, 1850년 튈에서 출생한 그녀의 아버지는 공증인 사무소 서기이자 일반 재무부의 직원이었는데, 셰레 가문과 같은 거리에서 살고 있었다.

튈에서의 삶

셰레의 부모는 17세기 후반에 지어진, 코레즈 기슭 돌출부에 아주 높이 위치한 전형적인 양식의 낡은 집을 구입했고, 거기에서 두 아들을 낳았다. 1920년에는 모리스가, 1922년에는 르네René가 태어났다. 사회적 지위가 상승된 중산층 부르주아 집안으로, 모계로는 농부이며, 부계로는 장인인, 그 시작점은 양쪽 모두 하층 계급이었다. 이미 45세에 가까운 나이에 장남을 얻은 데지레 셰레는 신체적으로 허약하고 근심이 많은 성격으로 시청에서 상공업 부서의 책임을 맡은 사무 공무원으로 일하고 있었다. 아내는 일을 하지 않고 남편의 직업으로 두 남자아이를 키울 수 있었다. 르네 셰레는 훗날 이렇게 증언했다. "상류 부르주아는 아니었다. 하지만 약간의 재산과 집, 사회적 지위가 있었고, 특히 많은 전통이 있었다. 평탄한 집안, 역사에서도 포착되지 않는 집안이었다."[2]
그 전통은 가톨릭의 실천과 청교도적 가족 윤리가 결합된 것이
었다. 1940년대까지 급진적 사회주의자와 중도 좌파가 지배적인
도시에서 이 가족은 보수주의에 가깝지만, 결코 과도해지는 법
은 없었다. 특히 종교와 정치 문제에 대해서 그들의 의견은 왕실
주의자의 정서에 상당히 물들어 있었다. 마찬가지로 문화는 독일
의 영향권 아래 있었지만, 사상은 1870년의 항복으로 인해 겪은
굴욕으로 독일 제국에 반대했고, 1930년대 경제 공황으로 위험
이 높아지자 곧바로 반히틀러적 정서가 지배적이 된다. 그렇지만
아버지 데지레는 셰레라는 성姓의 독일식 발음 때문에 소문에 시
달린다. 그는 시청 내에서 '프로이센 사람' 또는 '잠입 스파이'로
비난받았고, 마찬가지로 퇼에서 유명한 밀고자인 앙젤 라발Angèle
Laval도 그런 편지를 썼다. 그녀는 1920년대에 수많은 익명의 편지
를 썼는데, 영화감독 앙리조르주 클루조Henri-Georges Clouzot는 라
발의 이야기에서 영화 〈까마귀Le Corbeau〉의 영감을 얻었다.

데지레와 잔 셰레는 두 아들의 미래를 걱정하면서 그들의 학업
에 면밀히 신경을 쓴다. 어머니 잔의 세 자매인 몽자 이모들은 매
우 강한 성격이었다. 그들 모두 사립학교의 교사였는데, 그중 큰
이모 두 명은 생트마리잔다르크학교의 프랑스어 중등 교사였고,
셋째 이모는 세비녜초등학교의 교사였다. 첫째 '마틸드Mathilde 이
모'는 지역 연합의 대표를 맡으며 지역 사회에서 중요한 역할을
했고, 신문 『레코L'Écho』에서 칼럼니스트로 글을 썼다. 막내 이모
에게는 딸이 세 명 있는데, 레진Régine과 주느비에브Geneviève, 엘리

안Éliane은 사촌 간인 셰레의 두 아들과 가깝게 지내며 어린 시절과 청소년기에 놀이 친구로 지낸다.

이 가족 모두는 성당 앞 가파른 비탈길에 있는 바리에르 거리 95번지 집에서 작은 세상을 이루며 함께 살았다. 시내 언덕 경사면에 있는 비슷한 두 건물 사이의 좁고 하얀 6층짜리 건물에서 독신인 두 이모는 위쪽 두 개 층을 차지하고 산다. 1층에는 거리 쪽으로 나 있는 구두 가게가 있고, 그 위의 두 층은 셰레 부부와 두 아들이 사용했다. 중간 4층은 집 뒤편의 작은 정원으로 열려 있고, 원형 테라스는 식물로 덮여 있었다. 건물을 둘러싸고 있는 벽을 지나면 도시 높은 쪽으로 통하는 길이 있고, 이 길은 좀 더 멀리까지는 에드몽페리에고등학교로 연결된다. 여기서 모리스와 르네는 학교를 다닌다. 모리스는 훗날 1940년대 초에 작성한 글에서 고등학교로 통하는 길에 대해 "에스퀴롤 다리 옆 코레즈를 건너 반대편 덜 가파른 경사를 따라가면"[3]이라는 문구를 남긴다. 큰 집은 점차 두 소년의 장난감과 물건으로 가득 찬다. 두 소년은 침실을 같이 쓰고 다락방을 놀이터로 바꾼다. 관리가 허술한 야생 정원은 자연에 대한 관심을 일찍 불러일으켰는데, 어린 시절을 함께한 또 다른 중요한 장소였다. 집 앞에서 내려다보이는 전망은 아래 코레즈강과 울창한 숲이 시작되는 계곡을 가로질러 언덕까지 펼쳐져 있다. 로메르는 훗날 이렇게 회상한다. "내가 어렸을 때는 집과 강 사이에 거의 아무것도 없었다. 강 옆에는 둑이 있었고, 강변을 따라가면 예수회 학교가 있던 장소가 나온다. (…) 우리는 그곳을 '폐허'라 불렀다. 이 폐허에 동네 아이들, 특히 '불량배'가 놀러 왔다. 이 도시에서는 부르주아와 노동자 사이에 미묘한 차이가 있었기에, 집은 같은 거리에 있었지만, 나는 어린 시절에도 그 차이를 구별할 수 있었다. 부르주아의 집은 밀랍을 입힌 마루를 깔았지만, 노동자 집은 그렇지 않다는 것을 알았다. 한 집에서는 사람들이 식당에서 식사를 했지만, 다른 한 집은 (식당이 없었기 때문에) 사람들이 부엌에서 식사를 했다."[4]

모리스와 르네는 무엇보다 튈 사람이다. 제1차 세계대전 후의 인구가 1만 4천 명이던 코레즈 시청 소재지인 '일곱 개의 언덕이 있는 도시' 튈에 대한 이들의 애착은 진지하고 뿌리가 깊다. 이 도시는 특별히 매력적이지도 않고 유혹적이지도 않다. 튈은 공업과 장인이 발달해서 레이스와 무기 공장, 모겡Maugein 아코디언 공장이 있고, 특별히 제100보병연대의 위엄 있는 부서 행정부와 주둔지가 있는 작고 조용한 곳으로, 관광 안내 책자에서 소개가 서너 줄 이상을 넘지 않는 도시다. "튈은 코레즈의 좁고 구부러진 계곡에서 3킬로미터 이상 뻗어 있는 언덕 능선을 따라 오래된 지역들이 층을 이루고 있고, 중심에는 노트르담 성당의 우아한 석조 첨탑이 솟아 있다."[5] 오랫동안 이 지역의 자부심은 튈 스포츠 클럽, '청백 클럽'이었는데, 이는 훌륭한 럭비 클럽으로 이후 이웃 마을 브리브라게야르드 사람들의 '흑백 클럽'과 경쟁하면서 그 자리를 내어 준다.

마음속 깊이 튈 사람인 모리스 셰레는 거기서 다른 매력을 발견하는데, 농구 클럽, 튈코제르 스포츠 연합팀을 좋아해 이 팀의 회원으로 등록했다. 말년에 에릭 로메르는 지역 고고학과 역사

기록물, 9세기 후반에 쓰인 성직록聖職祿 기록집, 학술 잡지에 흥미를 갖는다. 그는 코제르의 인문예술 과학 협회 회원이다. 그리고 그는 '수원水源의 여신, 튈' 지역의 복잡한 수로망과 도시명의 어원에 대한 매우 박식한 글 두 편을 썼다. 이 글에서 고향에 대한 로메르의 애착을 읽을 수 있다. 로메르는 규칙적으로 산책하면서 관찰한 경험을 바탕으로 도시에 관한 친밀한 지식, 책에서 얻은 것보다 더 감각적이고 체험적인 지식을 갖고 있다. "튈 지역에는 사랑스러운 고지대, 횡단하기에 용이한 준평면, 온화한 기후, 비옥한 방목지와 경작하기 좋은 땅이 있다. 튈을 제외하고는 도로와 거주지가 없고, 코레즈, 몽탄, 세론, 솔란, 생보네트의 깊은 협곡에 의해 갈라진 고원이 있다. 이들 협곡을 따라 점점이 있는 도시가 코레즈, 바, 오바진으로 굉장한 깊이를 가진 높은 곳에 자리 잡고 있다. 이 지역 중 튈이 유일한 주거 지역이다."[6] 로메르는 튈에 대해 '지리학적 보행자'로서의 애정을 가졌다. 그는 아주 일찍부터, 그리고 말년까지 녹음이 풍부한 험한 숲을 지나, 몽탄에 있는 지멜 폭포까지, 오바진 동네에서 그리 멀지 않은 12세기 로마네스크 양식의 수도원 근처에 세워진 아름다운 수로, 무안 수로 쪽까지 걷기를 좋아했다. 그리고 이 학자는 튈에 대한 다른 어원을 제시한다. '튀엘tuel'은 영어로 '구멍', '바닥', '움푹한'으로 번역되는 리무쟁 지방의 방언이다. 로메르의 가설에 따르면 튈은 이 지역 대부분의 역사학자들이 생각하는 것처럼 지명이 튀텔tutelle•에서 기원하지 않았고, 계곡의 움푹하게 들어간 보기 드문 위치, 강에 접근하는 독특한 기능에서 기원했다. 로메르가 역사와 그 어원을 재검토할 수 있었던 건 이 지형의 위상학적 산책 덕분이었다.

첫 열정의 무대

셰레 형제는 여자 학교이지만 교사로 있던 이모의 추천으로 세비 네학교의 입학을 허가받고, 그곳에서 유치원과 초등학교를 마친 다. 모범적인 학생으로 지내며 자연스럽게 에드몽피에르고등학 교에서 학업을 이어간다. 이 고등학교는 19세기 말 공원이 내려 다보이는 도시 고지대에 세워진 대규모 건물로, 1천여 명의 학생 을 수용할 수 있다. 모리스는 모든 면에서 뛰어난 학생이었다. 언 어에 재능이 있고, 그리스와 라틴어, 특히 작문을 좋아했고, 다독 가였지만 수학도 잘했다. 그는 열일곱 살인 1937년 7월에 평균 17 점을 받아 대학 입학 자격시험에서 철학과 수학으로 이중 합격증 을 받으며 눈부신 성적을 성취했다. 르네는 더욱 우수해서 1938 년 시험에서 1점을 더 받아 1년을 건너뛰는 놀라운 면모를 보였 다. 가족은 교육을 매우 가치 있게 여겼다. 교육자에 둘러싸인 부 모 데지레, 잔 셰레에게 '교수'는 존경받는 직업이었다.

우수한 학생인 두 형제는 나이에 비해 이미 대단한 교양을 갖 추고 있었다. 가족들은 책에서 얻은 소양을 중요시했고, 책은 거 실이나 아버지의 서가에 구비되어 있었다. 아버지는 에밀 졸라

• '신탁통치'를 뜻하는 프랑스어

Émile Zola와 기 드 모파상Guy de Maupassant, 롤랑 도르줄레스Roland Dorgelès 같은 몇몇 작가를 좋아했고, 『피가로*Figaro*』의 문예란 기사를 꼼꼼하게 오려 보관했다. 두 형제는 그들이 숭배하는 쥘 베른Jules Verne과 세귀르 백작부인의 작품 속 많은 구절을 암기하고 있었다. 식당에 있는 유리 책장에는 흰색 표지와 녹색 장정의 넬슨 컬렉션이 많이 꽂혀 있었다. 클로델Paul Claudel, 쥘 상도Jules Sandeau, 비니Alfred de Vigny, 위고Victor Hugo, 피에르 로티Pierre Loti, 키플링Rudyard Kipling, 그리고 알자스의 두 작가 에르크만-샤트리앙Erckmann-Chatrian의 모든 저작 등이 있었다. 훗날 모리스는 자신의 영화에 출연한 어떤 젊은 여자 배우에게 이렇게 고백한다. 감성적 젊은이에게 "행복의 절정"은 "사랑에 빠진 여인과 함께 책을 읽는 것"[7]이 아니겠는가?

음악적 소양 역시 로메르의 일생 동안 함께한다. 숙련된 피아니스트인 이모 중 한 사람에게서 영향을 받아, 5층에서 피아노 교습을 했던 덕분에 음악이 그에게도 전수되었다. 어린 시절을 회고할 때, 로메르는 이 학습의 상대적 가치만을 인정한다. "나는 피아노를 매우 어렵게 익혔을 뿐이다. 핑크 교법Méthode rose*도 마치지 못했다. 스무 살이 되어서도 두 손으로 연주하지 못했다! (…) 더구나 듣는 귀가 좋은 편도 아니다. 그래도 난 음악을 좋아했고, 그것이 어떻게 만들어지는지 배우고 싶었다."[8]

마지막으로, 모리스와 르네 셰레는 그림과 회화에 재능이 있었

---

* 초보자를 위한 프랑스 피아노 학습법

다. 르네는 이렇게 증언한다. "그는 초상화에 매우 능숙했다. 당시 그는 수채화와 유화를 나보다 더 능숙하게 그렸다."[9] 퇼의 고향집에는 여전히 상당히 많은 데생과 작은 회화 작품이 남아 있는데, 대부분은 르네가 휴가 기간에 정원에서 그린 것이다. 훗날 로메르는 회화에 접근하게 된 계기를 이렇게 고백한다. "교과서에 흑백으로 실린 작품을 통해서였다. 나는 라파엘로Raffaello Sanzio와 렘브란트Harmensz van Rijn Rembrandt 작품에 감탄했고, 그들의 작품을 수채화로 베껴 그리는 것을 좋아했다(큰 화폭과 그리드 시스템 덕분에 상대적으로 정확하게 따라 그릴 수 있었다)."[10]

그렇지만 미래의 로메르에게 첫 열정은 분명히 공연이었다. 시립 극장은 무어 양식의 건축물로, 조각된 큰 나무 문이 달려 있고 밝은 색깔로 채색되어 있어 특이했다. 셰레 형제는 파리 공연물을 지방으로 가져온 바레Baret 투어 공연이 시립 극장에서 열릴 때마다 참석했다. 젊은 모리스가 매우 이른 나이에 직접 연출한 공연도 있다. 에드몽페리에고등학교의 라틴어 교수 마르고의 도움으로 베르길리우스Publius Vergilius Maro의 『전원시Eclogues』 중 첫 번째 전원시를 몇몇 친구와 함께 번역하고 각색한 후, 연출과 연기를 한다. 모리스 셰레는 튜닉을 입고 멜리베 역을 맡아 이미 "목동인 양"[11] 연기한다. 이후 그는 조지 버나드 쇼George Bernard Shaw의 『피그말리온Pygmalion』을 연출한다. 그는 동생과 파이프 담배를 피우는 모습을 선보이는데, 남동생은 첫 번째 대사를 이렇게 시작한다. "우린 두 개의 방이 필요하다." 바로 이어서 괴테Johann Wolfgang von Goethe의 『빌헬름 마이스터Wilhelm Meister』를 독일어 교수와 재번역하고 각색해서 공연한다. 학년 말 공연은 매번 큰 성공을 거둔다. 특히 학생 암송 발표는 라신Jean Baptiste Racine과 몰리에르Molière, 코르네유Pierre Coreille의 긴 독백 전체를 외워서 청중의 감탄을 이끌어낸다. 모리스는 직접 중세 시 구절을 각색해서 『파를랭 선생 소극La Farce de Maître Pathelin』을 사촌들과 함께 연출한다. 남동생에 따르면, 그는 열네 살에 몇몇 의상과 무대 미술이 있는 연출을 했고, "미장센에 있어 매우 정확하고"[12] 엄격했다. 중세 시대로부터의 영감은 셰레 형제에게 결정적이고 친숙한 것이었다. 아마도 그의 집 계단 벽에 걸려 있던 장식 융단의 그림이 중세 기사로 묘사된 것과 관련이 있을 테다. 다락방에서 시연된 연극 공연들은 이듬해 1935년에 정점에 이른다. 1927년 아세트 출판사에서 흰색 서가판으로 출간한 피에르 앙리 카미Pierre Henri Cami의 시조 소설을 각색한 『바롱 드 크라크의 조카Le Neveu du Baron de Crac』가 그것이다. 그는 모든 것을 매우 진지하게 받아들였고, 수차례의 규칙적인 연기 연습과 연출 지시는 확고하고 신중했다. 이로써 모리스는 연출가로서 본래적 소명을 발견한다. 그는 자신만의 방식으로 창작한 작은 연극을 아주 좋아했다.

이 청년에게 별로 영향을 주지 않은 유일한 예술은 영화였다. 그의 부모는 영화를 싫어하고 불신했다. 튈에 영화관은 드물었고 관객도 별로 없었다. 훗날 로메르는 어린 시절에 봤던 세 편의 영화만을 언급했다. "나는 영화를 아주 늦게 발견했다. 부모님이 나를 영화관에 데려가지 않았다. 처음으로 튈 광장에서 영화를 봤는데, 손으로 크랭크 핸들을 돌리면 작은 무성 영화가 영사되었다! 극영화를 처음 본 것은 내가 열 살 때로, 무성 영화 시대가 끝나갈 무렵 라몬 노바로Ramón Novarro가 주연한 〈벤허Ben-Hur〉를 온 가족이 함께 봤다. 좋았지만 그 이상은 아니었다. 좀 더 후에 부모님이 에드몽 로스탕Edmond Rostand을 좋아해서 유성 영화 〈새끼 독수리L'Aiglon〉를 보러 갔다. 아버지와 함께 〈쾌활한 타르타랭 Tartarin de Tarascon〉도 봤던 것 같은데, 전혀 좋지 않았다. 고등학교 때 작문 주제였던 것으로 기억하는데, '연극과 영화 중 어느 것을 더 좋아하십니까?'라는 질문에 당연히 나는 '연극'이라고 대답했다."[13]

학업과 전쟁

1937년 9월 학년 초, 지방의 우수한 학생 모리스 셰레는 파리에 상경해 서류 전형으로 앙리4세고등학교에 입학한다. 그는 기숙사에 살면서 고등사범학교 입시를 준비한다. 아들을 걱정하던 그의 부모는 학교가 그를 엄하게 감독해 주기를 바랐다. 지방 출신의 청년은 열심히 공부했고, 생활은 거의 수업과 공부를 중심으로 돌아갔다. 그는 라틴어와 그리스어, 그리고 독일어를 특히 열심히 공부했다. 교수들은 엄격했고, 학생 모리스는 우수한 수준은 아니고, 문과반 학생 중에서 딱 중간 정도였다. 막중한 학업에도 불구하고 그는 파리와 라탱 지구를 발견해 간다. 로메르는 파리 5구에 평생 애정을 갖게 된 놀라운 발견에 대해 이렇게 언급한다. "라탱 지구 주민 여러분, 저는 오래된 거리를 지치지 않고 두

루 돌아다니는 익명의 이웃입니다. 오래된 거리가 과거 파리에 대한 제 깊은 사랑에 감응하기 때문에 더 많은 정취를 발견하게 됩니다. 저는 도시 계획에 민감하고, 비슷한 가옥보다는 도시의 영혼과 과거에서 더 많은 것을 발견하며, '몽타뉴Montagne'의 향취를 호흡합니다. 저는 아직 손상이 덜 된 구불구불한 거리를 좋아하기에, 파리의 다른 지구에는 애착이 없습니다. 도시를 돌아다니기 좋아하고, 도시에서는 집으로 돌아갈 때 매번 같은 길로 돌아가야 할 필요가 없습니다. 이 지구를 좋아하는 제 취향은 바뀐 적이 없습니다. 여러 번 이사했지만, 다른 지구에서 살아 본 적이 없습니다. 관광지와 다소 뒤섞여 있긴 하지만, 이 지구에는 대학 생활을 유지하는 조화가 있습니다. (…) 저는 학업을 이곳의 훌륭한 앙리4세고등학교 준비반에서 했는데, 아직도 그 시절에 향수를 느낍니다. 심지어 제 영화〈사자자리Le Signe du Lion〉는 노트르담과 라무프 근처에서 벌어지는 이야기를 촬영한 것입니다."[14] 실제로 로메르는 학창 시절에 대한 향수를 품고 있었다. 그는 앙리4세고등학교 동창회의 평생 회원이었다. 그리고 공식적으로 대중 앞에 모습을 드러내기를 꺼리면서도 1990년 10월 20일, 일흔 살의 나이에 동창회 행사에 참석한다.

그가 파리에서 발견한 또 다른 것은 위대한 문학 작품이다. 앙리4세 입시 준비반 기숙사에서 침대에서 침대로 유통되었던 위대한 문학이 있다. 한 인터뷰에서 그는 이렇게 회상한다. "앙리4세에서 나는 '위대한 작가'라고 불리는 책을 읽기 시작했다. 신입생 때 나이 많은 한 학생이 『잃어버린 시간을 찾아서À la recherche du temps *perdu*』제1권을 주었다. 프루스트Marcel Proust는 나를 매료시켰다. 그 학생이 다음에는『파르마의 수도원*La Chartreuse de Parme*』을 빌려 줬는데, 그 책은 조금 싫증이 났다. 그다음『적과 흑*Le Rouge et le Noir*』을 읽었고, 더 쉽다고 생각했다. 발자크Honoré de Balzac의 단편 모음집은 읽었지만 장편 소설은 읽지 못했다. 그래서 나는 고등학교 도서관에서 책을 가져와서 순서대로 한 권씩 읽었다. 또한 괴테의 독일어본 작품을 많이 읽었던 기억이 있다."[15] 튈에서 이모와 함께 이미 피아노를 연주하긴 했지만, 첫 파리 생활을 내딛는 순간에 음악도 함께한다. "음악을 발견한 건 내 나이 19세쯤이었는데, 음악을 사랑한 친구들과 함께했던 앙리4세고등학교 시절이었다."[16] 모차르트Wolfgang Amadeus Mozart, 바흐Johann Sebastian Bach, 베토벤Ludwig van Beethoven에 관한 책이나 악보가 친구들 사이에서 돌아다녔다.

하지만 예비 과정에서 주된 중심은 철학이었다. 모리스는 이 도전에 흥미를 느끼고, 철학자이자 교수인 알랭*의 철학 저작을 발견한다. 알랭은 그에게 깊은 인상을 남겼고, 이에 대해 그는 이렇게 증언했다. "내가 준비 과정에 있을 때 실존주의가 한창 시작되고 있었다. 하이데거Martin Heidegger의 책이 막 프랑스어로 번역되었고, 사람들은 그에 대해 말하기 시작했다. 내게 가장 큰 영향을 준 사람은 분명히 실존주의론자이자 형이상학자인 루이 라벨Louis Lavelle이었다. 그의 저작『자기의식*La Conscience de Soi*』을 항상 가

---

* 알랭Alain의 본명은 에밀 오귀스트 샤르티에Émile-Auguste Chartier다.

지고 다녔다. 물론 알랭도 있었다. 알랭의 제자인 미셸 알렉상드르Michel Alexandre의 가르침을 받으면서 나는 분명 그에게 가장 큰 영향을 받았다. 알랭의 흥미진진한 저작 『내 사유의 역사*Histoire de Mes Pensées*』가 있다. 그리고 나의 애독서라고 할 수 있는 『이데아*Idées*』가 있다. 플라톤Platon, 데카르트René Descartes, 헤겔Georg Wilhelm Friedrich Hegel, 오귀스트 콩트Auguste Comte 등……. 알랭의 관점에서 보면 나는 데카르트주의자로 남았다고 생각한다. 그 너머로 더 가지는 않았다."[17]

영화에 관해서는 여전히 초보자인 모리스는 룩셈부르크 근처에서 역사적인 소극장 위르쥘린 스튜디오를 발견한다. 로메르는 이어 말한다. "훗날 우리가 '작가 영화cinéma d'auteur'라고 부르게 될 작품을 거기서 만났다. 르네 클레르René Clair, 그리고 팝스트Georg Wilhelm Pabst의 〈서푼짜리 오페라L'Opéra de Quat'sous〉는 내게 큰 영향을 주었다."[18] 1938년 4월에 막 문을 연 라탱 지구의 다른 극장인 샹포와 발드그라스 스튜디오, 클뤼니에서 모리스는 장 르누아르Jean Renoir의 영화와 마르셀 카르네Marcel Carné의 〈안개 긴 부두 Le Quai des Brumes〉를 보고 매우 감탄한다. 그는 몇몇 미국 영화에 별 흥미를 느끼지 못했지만, 프랭크 캐프라Frank Capra의 〈어느 날 밤에 생긴 일It Happened One Night〉은 "그가 최초로 좋아한 할리우드 코미디"[19]가 된다. 그러나 깊이 있는 공부와 파리와 예술을 발견하게 해 준 2년간의 혹독한 예비 과정은 이중의 실패로 끝난다. 모리스는 1939년 울름 거리에서 치른 필기시험에는 통과하지만, 7월의 구술시험에서는 떨어진다. 전쟁으로 혼란에 빠진 이듬해

1940년 봄에 다시 필기시험을 봤지만, 11월 29일까지 그 결과를 받지 못한다. 그는 불합격이었다.

　1940년 5월 초 필기시험을 치른 직후 셰레는 즉시 프랑스군에 징집된다. 프랑스군은 지난 1년 동안 자리를 지키며 적을 기다리고 있었다. 그러나 '기묘한 전쟁'•이 기습 작전으로 바뀌면서 어린 훈련병이 프랑스 전투에 참여할 틈도 없이 전투는 패배한다. 1940년 6월 9일 그가 도착한 날, 드롬에 있는 발랑스의 막사에서 그는 포병 대대에 합류하기 전에 동원 해제되었다. 그를 크게 걱정하던 부모는 이에 안심한다. 6월 10일에 그는 부모에게 이렇게 편지를 쓴다. "기다리는 중이에요. 달리 방도가 없습니다. 자유 시간은 많이 있는데, 제게 가장 필요한 것은 공간입니다. 파리이공과대학의 구술시험을 아직 치르지 않은 입시 준비반 학생 몇 명과 함께 있어요."[20] 1940년 6월부터 1941년 1월까지 청년과 부모는 자주 연락한다. 그들 사이에 오간 50여 통의 편지와 메모를 살펴보면 프랑스 반대편에서 벌어진, 하지만 곧바로 그를 따라잡은 전쟁의 돌발 상황에 휩싸인 청년의 여정을 더듬어 볼 수 있다.[21]

　그는 이튿날 6월 11일에 이렇게 쓴다. "몇 가지 사소한 얘기를 씁니다. 사실, 사소한 것밖에 없어요. 우리는 조금은 전진하고 있습니다. 적어도 그런 것 같습니다. 크게 하는 일은 없는데, 처음에는 곤란해질까 걱정했어요. 읽을 만한 것을 가져와서 다행이에요. 아직까지 시험 공부는 하지 않지만 생각보다 쉬울 수도 있을

• 1939년 9월부터 1940년 5월까지의 독일군에 의한 침략 개시 전의 기간

것 같아요. 불편하다고 하기에는 소음이 너무 크고 혼란스러워요. 2주간 막사 밖 외출이 금지되어 있어서 할 일을 찾아야 합니다. 그러니까 그렇게 곤란한 상황은 아닙니다. 동료들은 매우 친절합니다. 음식은 부족하지만 그래도 품질은 꽤 좋아요. 앙리4세 고등학교의 음식과 비슷한데 양이 좀 적고 다양하지 않은 것 같아요. 야외에서 식사하기 때문에 서사적이나 목가적인 식사라고 해야겠네요. 교재가 부족하긴 하지만 독일어와 역사를 조금씩 공부해 볼 생각입니다."[22] 모리스의 주요 관심사는 분열된 조국이 아니었다. 그는 6월 1일에 정부가 보르도로 피신했고, 파리는 독일군에게 빠르게 점령되었으며, 수백만 프랑스인이 대거 피난길에 올랐고, 국회는 곧 페탱Henri Philippe Pétain 원수에게 전권을 넘길 것이라는 사실을 몰랐다. 발랑스 막사에서 그는 주로 고등사범학교 시험과 구술시험을 생각하면서, 자신이 합격한 것인지 혹은 시험이 제때에 치러질지 어떨지 모른 채로 방안을 준비한다. 6월 22일 르통드에서 프랑스의 패전과 휴전 협정이 이루어진 뒤 셰레는 동원 해제되지만, 몇 달 동안 전역 군인을 캠프에서 캠프로 보내는 무장해제 대대 중 하나인 '청년 부대'로 분류되어 남아 있게 된다. 그는 민간인 생활에 복귀하기 전에 독일군의 지휘 하에서 프랑스 경찰 당국의 감시를 받는다.

6월 23일에서 6월 27일까지 모리스 셰레는 발랑스의 동료들과 함께 과거 스페인 공화당 수용소로 사용되었던 페르피냥에서 북쪽으로 20킬로미터 떨어진 바카레 수용소에 기차로 이송된다. 그는 3주 동안 그곳에 머무르면서 초콜릿과 쿠키, 과일을 사기 위한 약간의 돈과 책(그가 원했던 몽테뉴Michel de Montaigne와 클로델, 릴케 Rainer Maria Rilke, 찰스 모건Charles Morgan의 책)을 어떻게 받을지를 주로 걱정한다. 말레Albert Malet와 이삭Jules Isaac이 쓴 졸업반 역사 교과서를 열심히 공부하면서 각종 스포츠(해변에서 체조와 축구, 매일 해수욕) 활동도 많이 한다. 그 후 그는 동료들과 함께 도보로 약 20킬로미터를 떨어진 봉파로 이송된다. 청년들은 7월 15일 언덕 비탈 포도밭 한가운데에 있는 집단 농가에 수용됐다. 모리스는 더 특별하게 '연초록 프로방스 농가'로 들어갔다. 여름 햇살을 받으며 아름다운 카탈루냐 자연 속에서의 생활은 평화롭고 즐거웠다. 7월 18일, 그는 편지에 썼다. "여기서 우리는 하고 싶은 모든 일을 하고 있습니다. 농부들이 준 복숭아를 먹으며 하루 종일 시골을 산책합니다."[23] 동원 해제된 청년들 사이에서 책이나 교재도 없이 구술시험을 준비하기는 어려운 상황이었다.

모리스는 거기서 구한 재료를 사용해 소묘를 하고 그림을 그리기 시작하면서 부모에게 여러 풍경 스케치를 보낸다. 그는 페르피냥을 돌아다니면서 놀랍게도 피카소Pablo Picasso와 마티스Henri Matisse에 관한 아름다운 예술 서적을 취득한다. 그가 현대 회화에 입문한 중요한 순간이다. "예를 들어, 독일군을 피해 파리 사람이 피난해서 내려온 프랑스 남부 한 도시에서 난 그림이 인쇄된 책을 발견했다. (⋯) 그런 시기에는 사람들이 뉴스에만 관심이 있을 거라고 생각한다! 장 콕토Jean Cocteau의 그림을 진열해 놓은 서점을 지나가다 책을 발견하고는 재밌게 보았다.(⋯) 그런데 내가 아는 예술가의 그림이 수록된 책도 있었는데 (⋯) 반 고흐Vincent van Gogh였다. 난 흥분했다! 얼마 후, 다른 지방 도시의 서점을 순회하다가 피카소 그림이 실린 책을 발견했다. 비평가 장 카수Jean Cassou가 서문을 쓴 책이었다. 그 서문에서 한 공식을 읽고 나는 정말 충격을 받았다. 피카소가 우리 시대의 가장 위대한 형식의 창작자라는 것이다. 나는 히치콕Alfred Hitchcock에 관한 내 책에서 이 문장을 인용했다. (…) 나중에 같은 도시 서점에서 (…) 마티스의 최신작이 실린 책을 봤다. 그것 역시 내게 특별한 감정을 불러 일으켰다."[24]

1940년 8월 중순에 그는 다시 이동한다. 더 고지대에 있는 몽루이의 막사로 옮겼는데, 그때부터 그들은 지역 내 도로 내에서만 움직여야 했다. 9월 13일, 청년은 더 이상 읽거나 그림을 그릴 수 없게 되고, "반나절은 곡괭이질을 하고, 반나절은 무기 없이 하는 군대 훈련을 포함해 다양한 운동을 합니다. 완전히 우리를 지배하려는 것 같습니다. 부대는 점점 수용소의 모습이 되어 가고 있습니다"[25]라고 탄식한다. 그달 말, 셰레와 그 부대는 랑그도크를 다시 건너서 에로 지역에 있는 로데브 근처, 돌멩이가 많고 헐벗은 시골의 중심에 자리를 잡는다. 이곳에서 그는 가장 오랜 기간인 4개월 동안 머무르면서 읽기와 복습보다는 토목 작업을 하며 시간을 보낸다. 11월 1일에 그는 이렇게 썼다. "크고 불완전한 두꺼운 라신의 책은 보낼 필요가 없습니다. 프티 라루스Petit Larousse 판의 『페드르Phèdre』와 『베레니스Bérénice』가 더 좋습니다. 그런데 여기서는 진지하게 지속적으로 공부할 수 없습니다. 곡괭이질과 돌 때문에 너무 피곤합니다. 때로 라틴어를 조금씩 하고 있지만,

무익한 일 같습니다. 간헐적인 공부가 도움이 될 정도로 그렇게 많이 잊어버리지 않았습니다!"[26]

　11월 29일에야 고등사범학교에 불합격한 사실을 알게 되면서, 청년은 두 번의 실패 후에 자신에게 질문을 던진다. "세 번이나 시도할 수 있을지 의문입니다."[27] 그는 어디에서 공부를 계속해야 하는지에 대해서도 질문을 던진다. 점령지가 된 파리로 돌아갈까? 1939년 아버지가 은퇴한 이후 부모님이 살고 있는 클레르몽페랑으로 갈까? 아니면 셰레 형제가 고등사범학교의 준비반으로 입학이 가능한 파르크고등학교가 있는 리옹으로 갈까? 그곳 입시 준비반에 간다면 르네는 처음으로, 모리스는 세 번째로 들어가는 것이다. 1941년 1월 31일 에로에 눈이 내리던 날, 모리스 셰레는 군대의 의무를 면제받고 제24단 청년 부대를 떠난다. 이 부대에서 그와 함께 있던 앙리4세고등학교 동급생 앙리 쿨레Henri Coulet는 훗날 고등사범학교 학생이 되어 대학교수가 되고, 앙시앵레짐* 소설 분야에 대한 탁월한 전문가가 된다. 여행은 길고 복잡했지만 모리스는 이틀 후 클레르몽페랑에 도착했고, 부모님과 동생이 기차역에서 그를 맞이했다.

　데지레와 잔 셰레는 오래된 도시의 제네랄 델종 거리 27번지에 있는 어두운 아파트에 살고 있다. 그래도 그들의 장남은 이 도시를 사랑하는 법을 배울 것이다. 엄격함과 혹독함, 화산석의 검은 빛, 그리고 그것을 에워싼 산들이 그를 매료시킬 것이다. 거기에

---

* ancien régime. 프랑스 혁명 이전 '구제도'를 의미하는 말이다.

서 그는 30년이 지난 후에 〈모드 집에서의 하룻밤〉을 촬영할 것이다. 이 영화는 프랑스 중앙 산악 지대의 중심 도시에 대한 로메르의 감상적이고 지형적인 관심을 보여 준다. 두 형제는 라모 거리의 조드 광장 근처에 작은 집을 골라 함께 살면서 계속 공부한다. 르네는 도시의 고등학교에서 입시 준비반에 들어가고, 모리스는 대학에서 고전 문학 학사 과정을 밟는다. 이 대학에서 그는 스트라스부르에서 온 몇 명의 매우 훌륭한 교수를 만난다(독일 침공으로 알자스대학이 클레르몽페랑 쪽으로 옮겨 왔다). 특히 피에르 부탕Pierre Boutang은 젊은 왕정주의 철학자이자 열렬한 페탱주의자로, 그의 재능, 예술과 문학에 대한 취향, 치열한 글 솜씨, 형이상학은 모리스에게 오랫동안 영향을 미친다. 음악 역시 중요하다. 로메르는 나중에 이렇게 말한다. "클레르몽의 한 아파트를 임대했는데, 거기에 라디오가 있었고, 나는 라디오 음악학 강의를 들었다. 또 라디오에서 (…) 매일 아침에 송출하는 방송을 들었는데, 장 위톨드Jean Witold가 진행하는 〈위대한 음악가들Les Grands Musiciens〉이었다. (…) 음악 평론가 에밀 뷔예르모즈Émile Vuillermoz나 작곡가 롤랑 마뉘엘Alexis Roland-Manuel과 같은 다른 사람들의 방송을 듣기도 했다."[28] 모리스 셰레의 음악적 소양은 점점 깊어진다.

다음 학년에 셰레 형제는 리옹 근처 빌뢰르반에 있는 작은 다락방에서 다시 함께 거주한다. 르네는 파르크고등학교에서 고등사범학교 입학시험을 준비하는 반면, 모리스는 문학 교수 자격시험을 치를 준비를 하면서 동시에 앙페르고등학교에서 관리인으로 일하며 약간의 돈을 벌고, 따뜻한 장소에서 숙박할 수 있었다. 생활은 어렵고 가난했지만 셰레 형제는 강한 영향력이 있는 그룹과 만나면서 지적으로 자극을 받는다. 철학자 알랭의 제자들로 구성된 이 그룹은 그리스 문명 연구가 모리스 라크루아Maurice Lacroix 와 루소 전문가 장 토마Jean Thomas, 라틴 문학 전문가 마르셀 비조 Marcel Bizos, 철학자 미셸 알렉상드르와 그의 아내 마들렌Madeleine, 작가 장 게에노Jean Guéhenno로 이루어졌다(마지막 두 명은 모리스 가 다니던 앙리4세고등학교 교사로 있었다). 두 대학생은 당시 리옹 을 중심으로 활동하던 레지스탕스와 관련된 작은 반체제 모임과 도 자주 교류했다. 즉 잡지 『콩플뤼앙스Confluences』와 관련된 사람 들, 철학자 장프랑수아 르벨Jean-François Revel, 장 조레Jean Jaurès, 마들 렌 르베리우Madeleine Rebérioux, 도안가 장 팔다치Jean Paldacci 등이었 다. 1943년 봄에 르네 셰레는 집중적으로 공부하며 한 해를 보내 고 고등사범학교 입학시험에 합격한다. 그의 형은 고전 문학 교 수 자격시험에는 통과하지만, 수줍음이 때로는 중대한 결함이 되 어 구술시험에서 다시 한 번 실패한다. 그 대신 그는 중등학교에 서 가르칠 수 있는 고전 문학 중등 교원 자격증을 받는다.

1943년 가을 학기에 셰레 형제는 파리에서 공부한다. 21세 르 네는 울름 거리 고등사범학교의 기숙사에 산다. 23세 모리스는 빅토르쿠쟁 거리 4번지에 있는 뤼테스 하숙집에서 방을 하나 구 해 이곳에서 약 15년간 살게 된다. 이 건물은 화려한 분위기의 코 르디에Cordier 부인이 운영하는 곳으로, 모리스가 매달 양심적으 로 임대료를 지불하자 부인은 모리스를 좋아했다. 좁은 싱글 침 대, 작은 책상, 커다란 옷장으로 꾸며진 간소하고 좁은 객실은 별 매력은 없지만, 적어도 이곳 거주자는 다시 한 번 그가 원했던 라탱 지구 중심부에서 살게 된다. 두 형제는 울름 거리의 매력을 발견해 간다. 맏형이 자주 동생이 있는 울름 거리 고등사범학교를 찾아갔고, 그곳의 지적으로 세련된 분위기는 형제에게 깊은 인상을 남겼다. 클레르몽페랑에서 와서 고등사범학교에서 강의를 하는 피에르 부탕, 모리스 클라브Maurice Clave, 장프랑수아 르벨, 장루이 보리Jean-Louis Bory, 모리스가 앙리4세를 다니던 시절 알고 지내다 르네와 같은 해에 고등사범학교에 입학한 장투생 드상티Jean-Toussaint Desanti 등이 형제를 사로잡았다. 또한 모리스와 르네는 르벨의 소개로 장송드사이Janson-de-Sailly고등학교의 문학 교수로 있는 마크 주오로Marc Zuorro를 만난다. 르벨은 주오로를 가리켜 "아주 미남에 멋쟁이고, 상당히 천재적이고 도발적인 동성애자"[29]라고 묘사했는데, 주오로는 셰레 형제를 한동안 매료시킨다.

물질적으로 궁핍했고, 외로움과 고된 일들이 가득했다. 즐거움을 주는 것은 몇몇 프랑스 영화, 그중에서도 청년에게 영향을 준 장 들라누아Jean Delannoy의 〈비련L'Éternel Retour〉과 자크 베케르Jacques Becker의 〈파리의 장식Falbalas〉 같은 영화였으며, 형제가 교환해서 읽거나 작은 모임에서 돌려본 도스토옙스키Fyodor Mikhailovich Dostoevskii, 발자크, 프루스트, 말로André Malraux, 사르트르Jean Paul Sartre, 알랭의 책들, 고전 음악과 음악 프로그램을 방송하는 라디오였다. 스포츠 역시 즐거움이 됐다. 키가 큰 모리스 셰레는 소르본 문학부 소속 학생 체육회와 몽파르나스 경기장에서 정기적으로 달리기를 연습하면서 높이뛰기를 하고, 특히 농구를 했다. 이외의 모든 것은 그의 능력 밖 일이었다. 식당도 파티도 카페도 극장이나 콘서트도 모두 너무 비쌌다. 다락방에서의 생활은 화려하기보다는 옹색하고, 자유롭기보다는 신중함에 더 가까운 것이며, 훗날 로메르가 〈몽소 빵집의 소녀La Boulangère de Monceau〉, 〈수잔의 경력La Carriere de Suzanne〉, 〈현대 여학생Une Etudiante D'aujourd'hui〉과 같은 그의 영화에서 부분적으로 묘사한 것과 흡사하다. 혹은 에피소드 영화 〈파리의 랑데부Les Rendez-Vous de Paris〉와 〈레네트와 미라벨의 네 가지 모험4 Aventures de Reinette et Mirabelle〉과도 비슷하다. 그는 빈곤한 대학생과 신비한 예술가 사이를 오가며 엄격하게 사는 존재였다. 시네아스트는 훗날 이렇게 고백한다. "젊은 시절의 아름다운 진솔함으로 나는 창백한 흑백 인쇄물에 실린 책에서 발견한 입체파 화가들 같은 엄격한 금욕주의를 실천하기로 마음을 먹었다. 역시 금욕적이었던 비엔나학파의 12음 음악 작곡가가 당시에 있었다는 것은 그때는 알지 못했다."[30]

"여자 학생과 어울리지 못했고, 어울리는 남자 학생도 소수였다. 나는 사람을 많이 만나지 못했다. 꽤 슬프고 무미건조하고 외로운 삶이었다. 그때는 무엇보다 공부가 가장 중요했다"[31]고 그는 훗날 고백한다. 그렇지만 당시에 그는 르네 셰레가 "매우 키가 크고 아름답다"[32]고 묘사한 오데트 세네도Odette Sennedot라는 젊은 여자 친구를 알게 된다. 1943년부터 1950년대 초반까지 그녀는 정기적으로 빅토르쿠쟁 거리를 방문하여 모리스 셰레에게 이미 의식으로 자리 잡은 오후 5시에 차를 함께 마시거나 이야기를 나눈다. 그녀는 장송드사이의 학생이었다. 그는 마크 주오로의 집에서 저녁 식사를 하다가 그녀를 처음 만난다. 전쟁 직후, 세네도는 당시에는 매우 화려한 직업이었던 에어프랑스의 스튜어디스가 된다. 1948년 7월에 찍힌 사진에서 유니폼 차림의 그녀는, 뉴욕에서 새로운 이스라엘 국가 기금을 모으고 있는 골다 메이어 Golda Meir의 파리행 비행기 탑승을 돕고 있다. 우아하고 날씬한 갈색 머리의 완벽한 그녀는 매우 프랑스적인 여성의 기품을 보여준다. 청년은 그녀에게 반했지만, 그것은 플라톤적 사랑이었다. 1943년부터 전쟁이 끝날 때까지 그가 오데트 세네도에게 보낸 긴 편지들이 그 열병을 증언한다. 편지 속 매우 열렬한 고백은 친절하지만 접근 불가능한 뮤즈에게 영감을 받아 그가 쓰고 있던 소설 『엘리자베스*Élisabeth*』에서 공개적인 형식으로 표현되는 것처럼 보인다.[33]

이상하게도 전쟁과 독일 점령기는 에릭 로메르의 기억이나 작품에서 별로 자리하지 못한다. 그러니 그가 보고 싶어 하거나 관여하지 않고 그 시기를 지냈다고 가정해야 한다. 청년은 리옹에서 몇 달 동안, 그 이후에는 파리에서 레지스탕스와 친밀한 관계를 발전시키거나 협력을 통해 사람들과 교류할 수도 있었지만, 아버지에게 물려받은 신중함을 절대 포기하지 않았다. 그는 아버지 데지레 셰레에게서 충직한 정부 관리이자, 보수적인 가톨릭 신자이며, 독일 문화유산을 주장하면서도 반독일적 감정을 품은 알자스 출신 애국자의 모습을 물려받았다. 셰레 가족은 항상 페탱주의Pétainism을 경계하지만, 드골주의Gaullism에 대한 어떤 지지도 보여 주지 않았다. 저항도 협력도 하지 않았다.

그럼에도 불구하고 전쟁의 몇 가지 사건은 젊은 모리스 셰레를 뒤흔들어 놓았다. 그는 과도하고 당파적이며 불합리한 자세로 여겨지는 참여를 강하게 거부했다. 1944년 6월 8일 밤, 북쪽으로 이동 중이던 SS기갑사단 다스 라이히는 람머딩Heinz Lammerding 사단장의 명령으로 그 전날 해방을 맞은 튈에 입성한다. 그 탄압은 가혹했다. 99명의 사람이 도심 발코니에서 교수형에 처해졌고, 또 다른 141명은 강제 수용소로 보내져 그중 101명은 영원히 돌아오지 못했다. 바로 얼마 전 튈에 있는 집으로 다시 이사 온 데지레와 잔 셰레는 그들이 목격한 이 비극을 아들에게 들려준다. 몇 주 후 코레즈 시내에서 벌어진 협력자들에 대한 숙청을 보며 겁에 질린 것과 마찬가지로 이 사건은 청년에게 깊은 충격을 준다.[34] 육체적이든 도덕적, 정치적, 이데올로기적이든 그것이 어디에서 온 무엇이든 관계없이 폭력은 그에게 끔찍했다. 이후로도 그는 항상 절대적인 비폭력주의자로 남았다.

모리스 셰레는 1944년 여름, 전쟁 마지막 주에 두 번에 걸쳐 파리와 그 주변 지역에서 잔인한 역사를 더욱 직접적으로 맞닥뜨린다. 이런 경험은 좀 더 편협하고 비겁하지만, 더욱 개인적인 기억으로 모리스 셰레에게 남는다. 6월 중순 르네의 동급생 철학자인 트랑뒥 타Tranh-Duc Taa의 정보를 믿고 그는 동생과 함께 자전거를 타고 레장들리로 계란을 사러 떠난다. 도중에 가이야르 성城에서 그들은 일제 사격을 당하고 독일 순찰대에 체포된다. 그들도 모르는 사이에 위험한 금지 구역에 들어섰던 것이다. 노르망디 상륙작전으로 점령군들 사이에 긴장감이 퍼져 있던 시기였기 때문에 형제는 간첩 혐의를 받고 이웃 도시 에브뢰의 의용대* 사무실에서 감시를 받으며 밤을 보낸다.[35] 2개월 후 파리에는 연합군이 있었고, 모리스 셰레는 전쟁을 잊고 평화로운 가운데 소설『엘리자베스』를 완성하고자 한다. 그는 당시의 현실, 역사적이고 매우 긴박한 현실을 조금 함축하는 어떤 모순된 감정을 가지고 이렇게 회상한다. "이 책은 총탄 아래서 쓰였다. 즉 총알이 내 창문 밖에서 휘파람 소리를 내며 지나갔다. 1944년 8월 파리 해방 당시, 나는 몇 차례 소규모 교전이 일어난 수플로 거리에 인접한 라탱 지구의 한 하숙집에 살았다. 정확하게 말해서 그 시절에 나는 방에 갇혀 지내며 감히 창밖으로 얼굴도 내밀지 못하고『엘리자베스』를 쓰고 있었다. 동시에 난 '현재 사건에 대해 글을 쓰는 게 가능할까?'라고 자문했다. 내 대답은 '아니, 할 수 없다. 거리를 두어야 한다'는 것이었다. 그 점에 대한 내 의견은 많이 바뀌지 않았다."[36]

두 형제

2년 터울로 태어난 형제 모리스와 르네는 아주 가깝게 지낸다. 어린 시절에 형제가 함께 찍은 사진은 열두 장 정도가 남아 있다.[37] 두 소년 모두 팔다리가 길고 섬세하고 기품이 있으며, 카메라를 향해 미소 짓고 있긴 하지만 살짝 교만한 시선을 보인다. 형제는 여성적인 특징을 보였지만, 르네는 계속 작은 체형을 유지한 반

---

* 비시 정부의 친독 의용대

면, 모리스는 성장하면서 키가 자란다. 그의 거대하고 마른 다리는 대체로 면바지로 덮여 있었고, 밝은 색 반소매 셔츠나 폴로셔츠 사이로 얇고 긴 팔이 보였다. 지구력이나 운동 능력이 없어 보이는 단정한 우아함이 전체적인 인상이어서 그의 신체적 능력은 더욱 비밀스럽게 느껴진다. 이 중산층 부르주아 아이들은 상류층 부르주아의 외모로 길러졌고, 귀족적 문화와 생활양식을 열망했다. 이 사진에서도 눈에 띄는 것은 남동생에 대한 형의 관심이다. 모리스의 팔은 동생을 감싸며 보호하고, 손은 어깨나 등 뒤에 있다. 이런 제스처는 르네에게 지식과 책, 사물을 전달하는 의미로 표현된 부드러운 보살핌과 섬세한 사랑을 나타낸다. 두 소년은 종종 똑같은 옷을 입고 있지만, 동생은 항상 첫 번째 줄, 앞자리에서 오케스트라 의자에 앉아 있고, 형은 뒤에서 동생을 보살피듯 행동한다. "르네 셰레, 1942"[38]라는 제목과 날짜가 쓰인 소묘 작품에서 모리스가 동생의 모습을 섬세한 천사 같은 얼굴로 그린 것에서도 동생에 대한 배려와 이상화된 친절을 엿볼 수 있다. 동생 르네가 셰레 형제 중 더 우수했을까? 사춘기 시절에 찍은 어떤 사진에는 두 사람의 관계가 뒤바뀐 것처럼 보이는 것도 있다. 그 사진에서 르네는 보호자가 되고, 그들의 관계도 변모해서, 동생이 형에게 없는 능력을 가르치고 훈련하며 전수하는 모습이다.

두 셰레 형제 중 누가 더 우수한가? 형제의 부모가 느끼는 감정을 알 수 있는 질문이다. 특히 어머니는 매우 불안해하고 걱정하며 이들을 보호하려 한다. 르네가 지적으로 우수하다는 사실은 분명해 보였다. 그는 빠르게 중심인물이 되어, 성공해서 멀리

갈 수 있는 사람이고, 매우 존경받는 교수로 출세한 후 거기에 새로운 단계를 추가하는 사람이다. 모리스는 교사, 하급 공무원, 주임으로 시작해서 사립 고등학교 교사, 나중에는 공립 고등학교의 교사가 된다. 이 정도가 모리스가 도달한 수준이고, 그리 나쁘지 않았다. 그러나 르네는 저명한 대학교수직에 이르는 꿈을 추구한다. 그들의 성적은 가족의 환상을 강화한다. 모리스 셰레는 매우 훌륭한 학생이었지만 르네는 더 뛰어났다. 동생은 스물한 살에 고등사범학교에 입학하지만, 형은 열아홉, 스물, 스물두 살에 세 번이나 입시에 실패한다. 르네는 철학 연구 분야에서 뛰어난 경력을 쌓지만, 모리스는 1943년과 1947년에 치른 고전 문학 교수 자격시험에 계속해서 떨어졌고, 그로 인해 깊이 상처받는다. 그는 열아홉에서 스물일곱 살 사이에 치른 중요한 구술시험을 모두 망치는데, 카리스마가 부족한 데다 매우 수줍은 성격 탓이었다. 여기에 발작적인 방식의 표현력과 종종 더듬거리며 불규칙하고 불분명한 말투까지 가중됐다. 모리스의 학업은 분명 나쁘지 않았다. 문학 학부 과정을 마치고, 중등교원 자격증을 얻었으며, 고전 문학 교수 자격 1차 시험 중복 합격자이지만, 중등 교육 기관에서 라틴-그리스어 교수 자격증을 가진 교사로 힘겨운 직책을 감당해야 할 운명에 처한다.

그렇지만 형은 결코 불평하지 않는다. 동생에게 질투심도 없고 부모에 대한 원망도 없으며 체제에 쓴소리를 하지도 않는다. 확실히 그것은 자부심의 표시다. 그러니까 성공만이 중요할 때는 비통함이 들어설 여지가 없는 법이다. 동생의 성공을 보면서 그는 애정과 지원을 보내고 심지어 자긍심을 느낀다. 르네 셰레는 이렇게 증언한다. "모리스에게는 학문과 지식에 대한 큰 존경이 있었다. 교사는 그의 적성에 맞았지만, 자격시험에서의 잇따른 실패는 그에게 상처를 남겼다. 하지만 그가 합격했다면 작가 경력을 쌓지 못했을 수도 있고, 더욱이 시네아스트로서의 경력은 없었을지도 모른다. 전통적인 성공은 그를 충분히 만족시켰을 것이다. 마지막까지 그는 대학 경력이 없던 것을 유감스러워 했다. 그에게 보헤미안 같은 꿈은 없었고, 작가나 예술가로서 확고한 소명도 없었기 때문이다. 반대로, 학계에서 상대적으로 실패한 후에 야망의 많은 부분을 문학과 영화로 옮겨야 했다. 작가가 되고, 시네아스트가 된 것은 일종의 복수처럼 보였다."[39] 두 형제는 서로에게 전혀 화를 내지 않았고, 그들의 유대는 매우 견고하고 예민했다. 르네 셰레는 말을 이었다. "우리가 모든 일에 동의했던 것은 아니며, 때로는 논쟁했다. 나는 더 개방적이고 진보적이며 좌파였고, 많은 모험을 감당할 준비가 되어 있었던 반면, 그는 보수적이고 신중하며 전통적이었다. 나는 내 동성애 성향을 꽤 일찍부터 알았지만, 그는 이 단어가 너무 낯설어 발음할 수조차 없었기 때문에 '탐미주의자esthète'라고 불렀다. 1940년대부터 이 모든 것이 우리를 갈라놓았다. 그래도 내가 스물다섯 살까지 한 달에 한 번은 그를 봤다. 우리는 미적 취향과 작품에 대한 감상, 당시 느꼈던 공통된 공식과 같은 감성을 공유했다."[40]

셰레 형제의 유대감은 지속적인 의사소통을 기반으로 한다. 철학적 우정이나 형제간의 대화법과 같은 독서와 글쓰기, 토론, 예술에 대한 견해와 대화로 이루어진다. 이런 의사소통의 흔적은 1940년에서 1941년 사이에 작성된 편지 몇 장에 남아 있다. 이 편지가 작성된 몇 주 동안은 두 형제가 떨어져 지낸 흔치 않은 시기로, 동생은 클레르몽페랑대학에서 『신엘로이즈*La Nouvelle Héloïse*』에 대한 논문을 준비하고 있었고, 형은 남프랑스에서 군대에 소집되었다가 해제된 무렵이다. 1940년 8월 3일 모리스는 르네가 보낸 그림에 대해 "어떤 양식, 독창적인 양식이 있고, 그게 중요한 거야. 이 선을 따라 계속 그려야 한다고 생각해"[41]라고 해설한다. 형제간의 대화는 그들이 당시에 발견한 대가들, 특히 피카소에 대한 대화로 이어진다. 형은 개인적인 이야기로 편지를 마무리한다. "형편없는 고무 수채화를 제외하고는 그림을 전혀 못 그리고 있어. 흥미로운 장소를 찾으려면 적어도 3킬로미터는 가야 하거든. 가장 작은 스케치에 대한 네 의견을 기다릴게. 난 몇 가지 새로운 생각을 찾았어."[42] 열흘 후 모리스는 동생의 해설에 반응하면서 예술에 대한 새로운 철학적 토론을 시작한다. "생각은 실제와 접촉할 때만 포착될 수 있는 것 같아. 예술의 가치는 형이상학적 야심에서 비롯된 것이 아니야. 다른 예술보다 더욱이 회화는 그림으로 나타내지 않고는 존재하지 않아. 예술 작품은 그 자체로 충분하다는 것이 피카소가 주는 위대한 교훈이야. 더 이상 묘사의 문제가 아니라 회화가 문제가 되는 그 지점에서 순수 예술(예술을 위한 진정한 예술)에 이르지. 이를 통해서 우리는 고전주의로 돌아가는 거야."[43] 현대 예술이 본연의 고전주의로 회귀하는 순환을 포함한 이런 사고는 로메르적인 주제이며, 앞으로 그의 영화 저작 대부분에서 발견될 주제다. 그리고 이 서한에는 형제에 대한 관심, 작품만이 아니라 동생의 사상에 대한 감동적인 관심을 볼 수 있다. 1940년 11월에 형이 쓴 편지에는 "작년에 내가 시험 복사본에 썼던 것이 여러 면에서 불완전하고 어리석다는 사실을 네가 알게 해 주었어. 이 서신 교환을 통해 내가 진보하고 있고 적대적인 요소에 직면할 때 혼자가 아니라는 생각이 들었어. 정말로 고맙다."[44]

몇 주 후에 클레르몽페랑에서 다시 함께 살기로 결정하면서 그들의 협력 관계는 더욱 깊어진다. 그들은 소설과 문학을 교대로 읽은 후 대화를 나누었고, 단편 소설이나 간단한 미학 시론을 함께 썼고, 동생이 "우리의 공동 글쓰기"[45]라고 부른 "묶음 독서"처럼 책의 여백에 공유할 수 있는 주석 체계를 만들었다. 그들이 이런 식으로 마주한 책을 자신의 것으로 만드는 사이, 작가들은 형의 문학적 시도에 영향을 미친다. 특히 영국 작가 조지 메러디스 George Meredith, 미국 작가 존 더스패서스John Dos Passos와 윌리엄 포크너William Faulkner가 대표적이다. 또한 이 친밀한 형제 관계에서 깊이 있는 창작자의 면모를 포착할 수 있다. 깊은 형제애의 중심은 변치 않는다. 르네 셰레가 알제리에서 일하던 1950년대처럼 서로 떨어져 있을 때에도, 심지어는 동생이 자유주의 철학의 대변인으로, 대안 교육의 예찬자로, 소아성애를 알린 사람으로, 동성애 옹호자로, 뱅센대학 교수로, 대학 반문화의 주도적 인물로 완전히 모순적이고 별개의 길을 가고 있었을 때에도, 또는 1982년 코랄 사건• 시기에 "미성년자를 방탕하게 선동한" 혐의로 르네 셰레가 조사를 받았던 때처럼 동생이 시련을 당했을 때도 그들의 관계는 절대 끊어지지 않았다.

형제는 서로의 글을 읽고, 만나고, 곁에서 서로의 경력을 존중하며 따랐다. 상대방을 지지하고, 돕고, 필요한 경우에 서로 지원했다. 그들은 평생 동안 형제로 지낸다. 또한 형제는 두 아들로서 자신보다 더 연약해진 부모를 돌보는 일에도 관심을 가졌다. 1950년 12월 알제리에서 르네는 이런 편지를 보냈다. "사랑하는 모리스, 면도기와 넥타이, 셔츠 몇 벌을 보내 줄 수 있을까? 나는 여기에서 아주 열악하게 살고 있어. 크리스마스 때 뭘에 갈 거야? 사랑하는 형, 엄마 아빠에게 되도록 친절하게 대해 주고 내 운명에 대해 안심시켜 주길 바라. 애정을 담아."[46]

첫 작품 혹은 길을 찾는 방법

모리스 셰레가 아직 19세가 되기도 전에 그는 이미 창조적 능력의 조숙한 징후를 보이고 있었다. 데생과 회화, 시 작품이 있고, 단편 소설, 이야기를 작성한 메모가 있다. 그 후 엄밀한 의미에서 최초의 소설은 1944년 7월에 완성되어 1946년 4월에 『엘리자베스』라는 제목과 질베르 코르디에라는 필명으로 갈리마르 출판사에서 출간된다.

• 1982년 프랑스 한 지방의 대안교육을 실천하는 교육 생활 공간 '코랄'에서 발생한 미성년 성학대 사건으로 당시 미디어에 크게 다뤄졌다.

가장 풍부하게 예술적 징후를 보인 것은 회화였다. 1940년에서 1942년 사이에 모리스 셰레는 스케치와 데생을 하고, 작은 크기의 유화나 수채화를 많이 그린다. 한편으로 '복제품'을 그렸는데, 피카소의 몇몇 작품, 예를 들어 「고양이를 안고 있는 여인La Femme au Chat」을 채색화로 그리기도 하고, 「여성 카니발Le Carnaval des Femmes」 같은 마티스의 작품이나 고갱Paul Gauguin, 세잔Paul Cézanne, 반 고흐의 작품을 같은 방식으로 시도해서 그린다. 이런 작업을 통해 청년은 자신이 발견한 대가의 작품에 친숙해진다. 이런 구체적 작업은 역사적, 이론적 연구와 함께 진행된다. 셰레는 비평적 연구를 쓰는데, 1944년 장 뒤뷔페Jean Dubuffet에 대한 글이 그것이다. 주간지 『악시옹Action』의 편집장이자 시인인 프랑시스 퐁주Francis Ponge가 그해 11월 29일 자 편지에서 그의 기사에 감사를 표한 것에서 알 수 있다. 편지에는 그 기사를 "우리 편집 위원회가 채택했다", 하지만 "어느 호에 게재될지는 아직 모른다"[47]고 적혀 있다. 글은 실리지 않았고, 회화 연구에 대한 흔적은 더 이상 발견되지 않는다.

　젊은 셰레가 선호하는 장르는 초상화, 특히 연필과 파스텔, 수성펜, 볼펜을 사용해서 여성을 그린 소묘다. 그중 약 20여 작품이 아직도 남아 있다.[48] 1945년에 「욕망Le Désir」, 「유혹La Séduction」, 「순수L'Innocence」, 「갈망L'Envie」, 「인색L'Avarice」과 같은 제목으로 얼굴과 다리, 가슴을 그렸다. 동생 르네의 초상화, 입체파 양식으로 그린 풍경, 보라색 잉크로 진솔하게 그린 몇몇 에로틱한 작품이 남아 있다. 이 모든 것은 젊은 예술가가 주저 없이 자신의 인물, 생각, 상황을 한 장의 종이에 스케치한 여유 있는 선을 보여 준다.

시 습작 역시 모리스 셰레의 젊은 시절의 기록에 많이 남아 있는데, 주로 여성의 신체를 숭배하는 찬양시다. 대체로 이 시구가 쓰인 1942년 말과 1943년은 그가 리옹에서 공부한 시기에 해당하며, 파르크고등학교 동급생인 장프랑수아 르벨이나 르네 셰레가 서명한 몇 장의 글도 있는 것으로 보아 부분적으로는 젊은 시인 간의 모방이나 공동 집필의 결과물로 보인다. 전체적으로 교훈적이며("사랑에는 침묵할 줄 알아야 한다"[49]), 약간의 여성 혐오적 기록("모든 여성에게 필요한 자질에 대한 피곤한 목록 작성을 여기서 멈춘다"[50])과 특별한 헌신("당신은 승리의 행복한 열정입니다"[51])이 담긴 사랑의 지침서와 비슷하다. 마지막으로 「당신에게 나 지금 여기 왔네」(1943)나 「너의 몸과 열정을 사랑한다」와 같은 몇 가지 사랑의 포옹은 젊은 시절의 시구에 흥취를 더한다. "네 눈은 제외한, 입술의 광택 / 네 배와 뺨과 다리 / 수면처럼 매끄럽고 평평하네 / 솟아오른 파도의 작은 부분처럼 / 단단해진 공기로 끌어 올려지네 / 너의 아름다움은 당장 완벽해지네."[52] 그에게 시적 영감을 주는 또 다른 것은 죽음이며, 작가는 죽어 가는 자신의 몸에 우울하게 머물러 있다. 「내 다리 위로 그림자가 정맥을 그렸다」에서 이렇게 표현한다. "내 피에서 싹트는 꽃은 푸르스름하다 / 나는 살고, 또 살지만 내일도 살 것인가? / 심장이 피로 검어지고 동맥이 비어 있어 / 그리고 5월의 광선이 내 손에 박힌다."[53] 에릭 로메르는 시 습작을 결코 포기하지 않지만, 젊은 시절의 조금은 진부하고 어둡고 에로틱하며 공상적인 영감은 포기하고,

더 유쾌하고 학생 같은 정신으로, 상투 어구와 후렴구 형식을 계속해서 연습했다.

　1939년 초부터 18세의 모리스 셰레가 가상의 인물과 상황을 묘사하고 서명해서 보관한 첫 번째 계획, 메모, 원고는 글쓰기에 대한 취향과 소설가가 되기 위한 야망을 보여 준다. 고등사범학교 준비생이던 시절, 1939년 2월 13일 자 라틴어 책 뒷면에 그는 『영예로운 자 Le Glorieux』(부제: 3개월의 휴가 Trois mois de vacances)라는 제목의 이야기를 쓰고, 시몬과 모드, 막스라는 세 인물의 초상화를 몇 줄로 구성한다.[54] 날짜는 없지만 아마 몇 개월 후에 작성된 『미덕의 불운 Infortunes de la Vertu』이라는 사디즘적 제목의 또 다른 글은 더 불안하고, 심지어 비뚤어진 분위기와 음모를 이야기한다. "그날 저녁, 이야기의 세 인물은 우연히 함께 모인다. 완다와 프란츠, 거트루드는 아직 서로를 알지 못한다. 머지않아 이 하수인들은 사치와 욕망에 길들여진다. 프란츠는 고독과 권력의 맛을 동시에 알게 된다. 경멸에 무감각한 완다는 프란츠를 사랑하지만 그의 패배를 참을성 있게 기다린다. 재산의 어떤 것이라도 요구할 수 있는 자신의 아름다움을 너무 잘 알고 있는 거트루드는 그의 무관심에 도취된다. 하지만 굴욕감은 거트루드가 가진 밤의 욕망을 매일 더 탐욕스러운 열정으로 만든다. 그들의 순수한 사랑은 그녀에게 가장 잔인한 모욕이었다."[55] 여러 차례 욕망의 반전이 지난 후 이야기는 급작스럽고 감상적으로 끝이 난다. "거트루드는 프란츠에게 안아 달라고 말하고 몸을 던진다. 완전한 행복감에 싸여 그들은 순간 꼼짝 않고 서로를 응시한다. 그것은 그들의 첫 키스였다."[56]

　얼마 지나지 않아, 1943년 7월이나 12월에 그는 단편 소설 세 편을 각각 8, 19, 25쪽에 걸쳐 손으로 촘촘하게 작성한다. 첫 번째 작품 『포석 깔기*Carrelage*』는 짐이 롤랑드에게 못 근처에서 만난 젊은 금발 여성에 대해 긴 독백 형식으로 고백하는 이야기다. 그는 그녀의 자세와 태도, 분위기, 하얀 수영복의 끈과 주름, 그녀가 물에 들어가는 방식으로 이야기를 시작해 그가 상상하는 그녀의 모든 실존에 대해 말한다.[57] 두 번째 이야기 『하루의 끝*Fin de Journée*』[58] 역시 물과 관련된 친절하고 사랑스러운 놀이에 대한 소설이다. 이 작품은 페르피냥 위에 있는 피레네조리앙탈 강가에서 여름 더위에 목욕하는 매혹적인 분위기 가운데 펼쳐진다. 대부분 툴루즈나 나르본에서 온 '아이들'이 모여 있다. 두 젊은이는 산속 깊은 아름다운 마을에서 한적하게 살고 있다. 이 무리의 계획은 그들을 방문하는 것이다. 시선 놀이, 감상적 대화, 모호하고 뒤틀린 음모, 물놀이, 걷기와 윈무, 수줍은 애무와 과시적 거만, 감정의 폭력과 격노의 갑작스러운 분출, 심지어 난폭하고 부적절한 몸짓이긴 하지만 특히 자세와 외모, 행동이 자세하게 묘사된다(자두를 먹고 씨를 뱉어 내고, 물가 테라스에서 담배를 피우고, 댄스파티를 준비하고 기다린다). 질베르 코르디에라는 가명으로 서명된 이 모든 이야기는 한 우주를 이룬다. 이 모든 것은 몇 달 후 셰레의 첫 번째 소설 표지에 다시 등장하는데, 많은 요소가 단편 소설에서 다시 인용되고 상황은 파리 근처의 마른강가로 옮겨진다. 세 번째 단편 소설 『어느 하루*Une Journées*』[59]는 좀 더 발전된 소설로 독립적인 부부 제라르와 아니의 이야기다. 이 부부에게 닥친 재난과 대화는 묘하게 〈비행사의 아내La Femme de l'Aviateur〉를 예고한다.

그런 다음 "모리스 셰레"로 서명된 첫 번째 출판물인 또 다른 단편 소설 두 편이 나온다. 1945년 초에 클레르몽페랑에서 출간된 잡지 『에스팔Espale』에 실린 『청혼La Demande en Mariage』과 1948년 9월 『라 네프La Nef』에서 출간된 미니멀리스트적 연정의 연대기 『비누Le Savon』다. 『청혼』은 농부와 여성 모자 제조인, 그리고 카페 종업원이 우연히 만나 로제 마티아라는 남자의 병적인 수줍음을 주제로 이야기하며 진행된다. 로제는 자주 만나는 젊은 여성 자닌에게 감히 사랑 고백을 하지 못하는 남자다. 로제는 자닌을 관찰하고 몰래 감시하고 염탐하며, 그녀가 영화를 보고 있을 때 그녀 집에 침입한다. 문자 그대로 로제는 자닌에게 사로잡혀 있는데, 마지막에 우연히 그녀는 평범한 대화를 하는 중에 갑작스럽게 로제에게 결혼을 제안한다. 30쪽짜리 대화로 이루어진 이 이야기 역시 〈비행사의 아내〉의 오래된 원작으로 볼 수 있다.[60]

1944년 8월, 42쪽짜리 육필로 쓴 단편 소설 「몽주 거리Rue Monge」[61] 역시 나중에 영화로 이어진다. 1943년 여름철에 파리를 돌아다니는 외로운 청년인 화자는 우연히 몽주 거리에서 미지의 여자를 만난다. 그는 그때부터 그녀가 자신의 아내가 될 것이라고 확신한다. 그녀에게 꾸준히 구애해서 그녀를 다시 만난다. 그 사이 그는 우아하고 매혹적이며, 교양 있고 자유로운 여성인 모드의 집에서 하룻밤을 보내게 된다. 그렇지만 그는 미지의 여성과 계속 만나 결국 결혼한다. 〈모드 집에서의 하룻밤〉은 이미 이

때, 즉 그가 연출하기 25년 전에 클레르몽페랑이 아닌 파리에서 일어나는 사건으로 존재했다.

1944년 6월과 7월에 모리스 셰레는 스물넷의 나이에 『엘리자베스』라는 300쪽 분량의 소설 원고를 마무리한다. 이 소설은 전쟁이 발발하기 5년 전부터 쓰기 시작했다. 최초의 흔적이 1939년 3월 15일 날짜로 발견되는데, 두 편의 초기 제목은 '이별의 시작 Début de Rupture '62과 '여름비Pluie d'Été '63로, 육필 원고 한 장 위에 일곱 문장으로 이야기가 요약되어 있다.64 여기에 엘리자베스와 미셸, 클레르, 이렌과 같은 인물에 대한 메모와 대사 몇 줄, 그리고 특정 상황에 대한 몇 가지 단어가 추가되어 있다. 첫 소설을 쓰는 데 5년 이상 노력한 것은, 아마도 그가 후일 인터뷰에서 표현한 것처럼, 그에게는 이것이 일종의 설욕이기 때문일 테다.65 동생 르네가 형이 자신의 문학적 소명을 겉으로 선언한 말을 들어 본 적이 없다고 말한 것66으로 보아, 비록 평소에는 언급하지 않았지만, 작가가 되려는 모리스 셰레의 야망은 시험 실패에 대한 실망과 굴욕감을 극복하고, 자기가 실패할 때 다른 친구와 동생이 성공하는 모습을 지켜봐야 했던 상처를 치유할 수 있는 유일한 길이었을 것이다. 문학은 그에게 그런 역할을 했지만, 영화는 아니었다. 이 시절 모리스 셰레가 단 한 편의 영화 계획이나 시나리오 습작, 연출 노트를 쓰지 않았다는 점이 주목할 만하다. 그는 아직 시네필이 아니었다. 스물다섯 살까지 통틀어 몇십 편의 영화를 봤을 뿐이고, 좋아하거나 기억하는 영화도 두 손으로 꼽을 정도였기 때문이다. 미래의 누벨바그 친구들과는 반대로, 그의 젊은 시절은 영화와 큰 관계가 없었다. 반면 1950년대 중반에 그와 같은 나이였던 트뤼포와 자크 리베트Jacques Rivette, 클로드 샤브롤 Claude Chabrol, 장뤽 고다르Jean-Luc Godard는 수천 편의 영화를 보고 시네 클럽을 조직하고 영화에 대한 수십 편의 글을 쓴다.

『엘리자베스』는 "행동 소설roman de comportements"[67]이다. 플롯은 거의 없다. 로비 박사는 아내이자 지역 관리인인 엘리자베스와 함께 모Meaux 근처 페르시의 아름다운 소유지에 살고 있다. 1939년 여름 기간 동안(날짜는 거의 언급되지 않는다) 그들의 아들 베르나르는 리옹에서 의학 공부를 하다가 방학을 보내러 집에 온다. 거기서 그는 여동생 마리테와 사촌 클레르를 만나고, 춤추고 수영하고 바람피우는 것을 좋아하는 변덕스러운 동년배 젊은이 위게트와 자클린을 만난다. 또한 그의 가족과 친구처럼 지내는 친구 미셸도 만나는데, 미셸은 자기보다 나이가 많고 남편을 여읜 이렌과 결혼해야 한다. 세 부분으로 구성된 글은 전통적인 관계와 전개를 피하면서 인물 사이를 순환하고, 의도적인 평면적 묘사나 대화로 전개되는 짧은 장면을 통해 이야기를 진행함으로써 여름의 전경과 감정의 연대기를 직조한다. 무해한 상황이 불안하고 갑작스러운 일로 바뀌면서 두 번에 걸쳐 동요가 일어난다. 한 인물이 분노에 사로잡혀 젊은 여성을 강간할 뻔할 때나, 미셸이 애인 이렌에 대한 증오와 경멸에 사로잡혀 마음속으로 '그녀를 증오해'라는 말을 되풀이할 때다. 이렇게 모든 인물은 각각 휴가를 온 인물들의 초상과 장소의 풍경에 대한 자신만의 이미지를 갖고 있는 것처럼 보이고, 엘리자베스의 대저택은 복잡하고 조각난 거울처럼 단편적인 모습으로 전달된다.

날씨의 변화, 마음의 변덕에 따른 빛의 민감성은 점묘법과 인상주의적 특성을 강조한다. 이런 측면은 "오후의 끝자락"과 "비가 오는 동안", "아침의 생각"과 같은 몇몇 장의 제목과 일부 묘사("그녀가 3일 전에 초원에서 입었던 수영복은 엉덩이를 너무 두툼하게 보이게도 하지만, 약간 가냘픈 가벼움을 유지해서 깡충깡충 뛰는 작은 동물과 닮아 보인다")나 재미있는 언급("바람피우러 오셨다면 시간 낭비입니다!") 혹은 몇몇 냉소적인 단언("여자가 어려 보인다고 젊어지는 것은 아닙니다")으로 확인할 수 있다.

모리스 셰레는 이처럼 사랑스럽게 접근한 세련된 발언, 감성적 반짝임, 아주 가벼우면서도 무거운 것들에 관한 글쓰기를 오랫동안 구상하고 쓰고 다시 쓴다. 이 작업은 조작된 느낌이 들기 때문에 완전히 설득력 있는 것은 아니다. 때로는 청년기의 독서와 영향이 너무 분명하게 드러나기도 한다. 예를 들어, 세귀르 백작부인의 영향은 어른이 되려는 놀이를 하는 아이들의 상황과 대화에서 찾을 수 있다. 자연과 여름 분위기, 물가의 정원, 꽃과 열매가 개화하고 그 맛과 색깔, 향기를 피우는 것에 대한 묘사에서는 콜레트Sidonie-Gabrielle Colette의 영향을 엿볼 수 있다. 객관적인 현실과 선형적 서술을 경계하면서 다양한 인물의 관점에 대한 서술을 증가시킨 것에서 앙드레 지드André Gide의 『위폐범들Les Faux-Monnayeurs』의 영향을 엿볼 수 있다. 그리고 무엇보다 존 더스패서스(『맨해튼 트랜스퍼Manhattan Transfer』 혹은 『거금The Big Money』의 몇 구절) 또는 윌리엄 포크너(『성역Sanctuaire』의 시작 부분) 스타일의 새로운 미국 소설이 청년의 초기 시도에 깊이 영향을 미쳤다. 그 점은 작가의 전지적 관점의 소멸, 행동과 행위 묘사의 객관성을 통한 이야기의 건조한 투명성, 때로 거의 사물처럼 변형된 인물 등으로 나타난다. 훗날 로메르는 자신의 빛을 인정한다. "가장 분명한 영향은 내가 발견했던 미국 소설가들이다. 특히 장 폴 사르트르가『누벨 르뷔 프랑세즈*La Nouvelle Revue Française, NRF*』•에 발표한 기사에서 포크너나 더스패서스를 찾은 것은 놀라운 발견이었다. 내용뿐만 아니라 형식에 있어서, 사물을 기술하는 그들의 '행동주의behaviouriste' 방식의 묘사에 흥미를 느꼈다."**68**

이러한 의미에서『엘리자베스』는 현대 소설이며, 역설적이게도 전쟁이 한창이던 중에 쓰였지만 단 한 번도 전쟁을 언급하지 않은 작품이며, 현실을 회피하지만 불안한 시대의 분위기가 지배적인 작품이다.『엘리자베스』의 현대적 맥락은 좀 더 문체론적이고 지적인 측면으로, 새롭고 덜 전통적이며 더 기술적인 글쓰기 방법을 시도한 전후 소설의 풍부한 문학 세계에서 볼 수 있다. 누보로망•• 이전의 문학적 상황에 대해 로메르는 이렇게 주장한다. "어떤 점에서『엘리자베스』는 누보로망을 예고하는 움직임의 자리에 위치한다고 생각하지만, 여전히 많은 점에서는 매우 동떨어져 있다."**69** 1945년, 1946년의 모든 '새로운 소설' 가운데 이 소설

• 1908년에 창간된 프랑스에서 가장 권위 있는 문학지 중 하나
•• 누보로망nouveau roman은 1950년대 등장한 프랑스 소설의 한 유형으로, 사실적인 묘사와 치밀한 구성을 중시하는 전통적인 소설 형식을 부정하고, 작가가 자신의 생각이나 기억을 새로운 수법으로 재현하려는 경향의 소설이다.

과 가까운 소설은 장 폴 사르트르의 『이성의 시대*L'Âge de Raison*』, 로 제 바이양Roger Vailland의 『기묘한 유희*Drôle de Jeu*』, 레몽 크노Raymond Queneau의 『뢰유에서 먼*Loin de Rueil*』, 쥘리앵 그라크Julien Gracq의 『음산한 미남*Un Beau Ténébreux*』, 클로드 시몽Claude Simon의 『사기꾼*Le Tricheur*』, 장루이 보리의 『독일 전령기의 우리 마을*Mon Village à l'Heure Allemande*』이며, 『엘리자베스』와 가장 유사한 작품은 마르그리트 뒤라스Marguerite Duras의 『조용한 삶*La Vie Tranquille*』이다.[70]

모리스 셰레는 『엘리자베스』에 "클레르의 무릎은 드레스의 단정한 치마 선 너머로 작고 진하게 빛나는 삼각형을 만들었다"라고 쓴다. 이 단순한 페티시는 결정적이거나 중요하다고 판단할 수는 없지만, 미래에 등장할 작품의 기원으로 흥미로운 자리를 차지하는 첫 소설에서 로메르적 계통을 잇는 부분이라고 설명할 수 있다. 청년은 당장은 이런 내용으로 소설을 마무리한다. "오늘 클레르는 무릎까지 오는 주름 지고 나팔처럼 벌어진 감청색 치마를 입었다. 그녀는 꼰 다리를 풀고 손을 뻗어서 손가락 끝을 드레스 위로 격하게 움직이며 옷감을 쥐면서 문지른다. 그녀는 다시 손을 들어 책을 배 위에 얹어 놓고 몸을 앞으로 기울여 허벅지 위로 치마를 들어 올린다. 그녀는 응시하면서 손톱으로 문지른다. 그녀는 치마를 내리고 다리를 꼬고 책을 읽기 시작한다."[71] 그런 다음 이 원고를 썼던 공책 세 권 중 첫 권에 검은 수성펜으로 NRF 로고를 그린다. 작가가 되려는 그의 꿈은 그렇게 대문자로 쓰였다.

2

셰레에서 로메르로

1945~1957

1946년 4월 갈리마르에서 출판한 『엘리자베스』는 실패한다. 소설은 주목받지 못했다. 책은 거의 팔리지 않았고, 서평도 실리지 않았다. 모리스 셰레는 질베르 코르디에라는 필명을 사용했는데, 우연한 결정이 아니라면 뤼테스 하숙집 주인의 묵인 하에 그녀의 이름을 썼을 것이다.

실패는 고통스러웠다. 청년은 소설에 대해 아무에게도 알리지 않고 첫 소설을 싫어하는 것으로 이를 극복한다. "『엘리자베스』를 쓴 후 그 소설을 싫어하게 되었다. 가망이 없어 보여서 소설과 멀어지고 싶었다. (…) 그래서 나는 달라졌다. 예를 들어 당시 읽었던 허먼 멜빌Herman Melville과 같은 19세기 작가들에 더 친근감을 느꼈다."[1] 이 시기에 종이에 끼적거리거나 학교 공책에 썼던 기록들은 동시대인과 거리를 두고 자신을 찾으려 했던 청년의 망설임을 잘 보여 준다.

전후 시기의 문학

이제 막 해방되어 전쟁의 재앙에서 벗어나려던 시절, 프랑스에서는 많은 사람이 정치 문화적 사명에 참여한다. 하지만 모리스 셰레의 글에는 그런 점이 전혀 없다. 예를 들어 그가 정기적으로 오려 모으기 시작한 신문 기사를 보면 당시 사건의 어떤 흔적도 없다. 그는 『콩바*Combat*』, 『삼디 수아르*Samedi Soir*』, 『프랑스 디망슈 *France Dimanche*』에 실린 사회면 기사나 세속적 삶에 대한 보고서, 예술과 음악 관련 기사, 말로, 카뮈Albert Camus, 사르트르의 사설이나 칼럼을 보관한다. 혹은 1948년 런던 올림픽에서 전후 최초로 올림픽 메달을 받은 마르셀 안센Marcel Hansenne을 "위대한 8백 미터 선수"[2]로 소개한 기사와 『레큅프*L'Equipe*』의 도보 경기에 대한 기사 전체를 오려서 보관한다. 그의 정신은 "비참여"[3]에 있다. 그 시절 두 장의 사진에서 볼 수 있듯이 청년은 반듯하게 차려입었다. 정면을 응시하고 있는 사진 속 모리스 셰레는 벨벳 조끼와 넥타이를 착용한 매우 신중한 모습으로[4] 깔끔한 상태를 유지하면서 이면의 깊은 우울을 숨긴다.[5]

스물다섯 살의 나이에도 학생 신분이 연장되면서 로메르는 자신의 미래를 고민한다. 그는 고전 문학 교수 자격시험을 보기 위해 소르본대학에서 수업을 듣지만 1947년 7월 또 한 번 구술시험에 실패한다. 그는 그 후 '준인가'•를 받는다. 1946년 9월 그는 국

• 필기시험에 두 번 통과한 사람들에게 주는 자격증

가 보조 사립학교인 생트바르브학교에서 보조 교사 자리를 구하고, 처음으로 직위를 맡으면서 비교적 많은 업무를 담당한다. 그는 이 명문 사립고등학교(생트바르브는 16세기에 세워진 파리에서 가장 오래된 학교다)에서 두 학급을 맡는데, 2학년 B반과 1학년 C반에서 고전 라틴-그리스 문학을 가르친다. 그의 집과 매우 가까운 생트주느비에브 언덕에 있는 붉은색과 흰색 벽돌 건물의 학교에서 이 교사가 담당한 익명의 학생 가운데에는 크리스티앙 마르캉Christian Marquand, 피에르 롬Pierre Lhomme, 클로드 를루슈Claude Lelouch가 있었다. 이곳에서 그는 5년간 몽테뉴고등학교와 라카날고등학교에서 교대로 복습 교사를 하면서 교육자로서 소명을 갖게 된다.

교육은 언제나 그에게 확실한 가치였고, 그의 유일한 목표는 학생들에게 고전의 확고한 기초를 가르치는 것이었다. 그는 또한 라틴어와 그리스어의 절대적인 취향을 가르쳤다. 1948년 학기말, 생트바르브학교의 시상식 연설을 하는 자리에서 그는 "라틴어권 계열"에 속한 것을 자랑스럽게 여기면서, 죽은 언어를 현대사회의 극단적인 전문화에 반대해 일반 문화에 속하는 도구의 영역으로 승격시켰다. "라틴어는 확실한 문화의 도구이지만, 소수 사람을 위한 세련된 형태의 도구입니다. 우리 시대에는 생활 속에서 쓰지 않는 언어입니다. 그럼 나쁜 것입니까? 라틴어를 유지하는 것은 특권이 아니라, 영광으로 여기고 대대로 계승하고 완수해야 하는 사명입니다. 수학 문제 처리 능력과 함께 라틴어는 지성을 판단하는 최고 기준으로 남아 있습니다. 이것은 정신의 훈련, 몸의 훈련처럼 필수적입니다. 학교에서 배우는 라틴어로 우리는 생활의 점잖지 못한 태도에서 벗어날 수 있습니다."[6] 라틴어는 이에 경의를 표하는 젊은 교수의 이미지처럼 예의바른 모습이다. 이 연설의 결론은 오래전 셰레 선생의 말 속에 이미 숨어 있는 매우 로메르적인 생각을 보여 준다. "악의적 비평과 궤변, 진부한 표현에서 고대 작가를 해방시킵시다. 있는 그대로 그들을 파악하고, 그들이 어떤 방식으로 현대적이고 우리와 닮았는지 발견하려 노력합시다."[7] 교사는 학생들에게 현재에서 전통의 재발견을 권장한다. 달리 말해, 그에 따르면 전통은 진정한 현대성이다. "균형 감각과 조화는 전통의 현대적 측면에서 전통을 존중한다는 뜻이다."[8]

1945년 2월 모리스 셰레는 중요한 친분을 쌓는데, 이후 계속된 만남을 통해 처음으로 그의 지적 소명을 재조정한다. 카페 플로르에서 이 청년은 자기보다 더 젊지만 이미 유명해진 알렉상드르 아스트뤽Alexandre Astruc과 대담하게도 한자리에 앉는다.[9] 기자로 명성을 얻은 아스트뤽은 당시 가장 유망한 작가 중 한 사람이었다. 그는 1942년과 1943년에 『콩플뤼앙스』와 『포에지42Poésie42』에서 영화 관련 기사를 발표한 이후, 1944년 봄 스물한 살의 나이에 조르주 알트만Georges Altman의 일간지 『프랑티뢰르Franc-tireur』• 에 입사한다. 그리고 마침내 드골Charles De Gaulle 장군이 말한 "매일 아침마다 읽는 무서운 신문"인 카뮈의 신문 『콩바』에 글을 쓴

• '유격대'라는 의미다.

다. 아스트뤽의 서평과 현장 보고서, 특히 1945년 1월 19일에 시작된 브라지야크Robert Brasillach•의 나치 협력에 대한 숙청 재판에 대해 그가 『레크랑 프랑세L'Écran français』에 기고한 비평문들, 그리고 1945년 9월 갈리마르에서 출간한 소설 『휴가Les Vacances』로 그는 정치와 문학 분야에서 모두 명성을 얻는다. 셰레를 매료시킨 것은 이 젊은 작가의 거만한 문학적 재능뿐만 아니라, 모든 사람이 좌익이어야 했던 시절에 '우파 작가'라고 주장할 수 있는 독립적인 정신과, 그가 교류하는 지적 예술적 집단을 여유 있게 자신의 주변에 결집시킬 수 있는 능력이었다. 대신에 아스트뤽은 셰레의 심도 깊은 분석력과 박식함이 혼합된 능력을 간파하고 깊은 인상을 받는다. 거의 매일 오랜 시간 대화를 나누며 이 만남은 우정으로 바뀐다. 그들은 발자크와 에드거 앨런 포Edgar Allan Poe에 대해, 그리고 영화와 영화 제작보다는 문화 일반과 정치에 관해 많은 대화를 나눈다.

아스트뤽은 생제르맹데프레의 심장부로 셰레를 인도한다. 이 수줍은 청년과 개방적 세계 사이에 놀라운 혼종이 일어나는데, 고전 문화 속에 살던 청년은 파티의 악마보다는 기꺼이 수동적 관객이 되는 편을 택한다. 생제르맹은 본질적으로 외향적이고 개방적인 삶을 사는 사람들의 세계다. 플로르 카페와 생제르맹 클럽에서 모리스 셰레는 아스트뤽을 따르고, 아스트뤽은 그에게

• 전후 부역자 재판에 회부된 프랑스의 천재 작가. 레지스탕스 운동과 저항 언론을 주도했던 알베르 카뮈도 다른 지식인과 함께 브라지야크의 사면 탄원서를 드골 대통령에게 보낸다.

(여자) 친구들과 그의 생제르맹데프레의 동반자이자 뮤즈인 러시아 시인 안마리 카잘리Anne-Marie Cazalis, 아직은 가수도 배우도 아니지만 스코틀랜드 체크무늬 바지의 뮤즈 쥘리에트 그레코Juliette Gréco를 소개한다. 셰레는 거기서 피에르 부탕을 다시 만나는데, 그때부터 아리스토텔레스와 플라톤, 하이데거, 포크너, 모라스주의적Maurrassian 수사법을 부탕에게 배우며 섬세한 정신을 정기적으로 실천한다. 또한 갈리마르의 작가들인 레몽 크노와 장 폴 사르트르도 있는데, 그들은 아스트뤽을 탁월한 총아로 여겨『레 탕 모데른Les Temps Modernes』의 지면에 글을 쓰게 하고, 아스트뤽이 추천한 모든 사람을 호의적으로 받아들인다.

셰레는 분명 사르트르의 영향을 받았다. 그는 더스패서스와 포크너, 새로운 미국 문학, 후설Edmund Husserl과 현상학에 헌정한 사르트르의 글을 읽었다. 1947년의『상황 I Situations I』에 다시 실린 글, 그리고 1940년『상상계, 상상력의 현상학적 심리학L'Imaginaire, Psychologie Phénoménologique de l'Imagination』, 1945년의 유명한 강연『실존주의는 휴머니즘이다L'Existentialisme est un Humanisme』도 읽었다. 그렇게 셰레는 훗날 기꺼이 인정하는 것처럼 "사르트르의 눈으로"[10] 세상을 보고, 자연적, 사회적 존재와 사물과 신체에 대한 현상학적 관심을 보인다. 그는 1983년 인터뷰에서 장 나르보니Jean Narboni에게 이렇게 밝힌다. "나의 미학적 이데올로기의 여정을 되짚고 싶다면 처음에 내게 각인된 사르트르의 실존주의부터 시작해야 한다. 내가 사르트르에 대해 언급한 적은 없지만 그래도 그가 출발점이었다."[11] 사르트르의『상상계』는 로메르의 지적 형성에 있어 매우 중요하다. 이것은 앙드레 바쟁Andre Bazin[12]의 경우에도 마찬가지인데, 이 책이 예술을 존재론과 연결하기 때문이다. 예술은 '무無로부터ex nihilo' 쓰거나 묘사하는 것이 아니라, 보여 주는 것이다. 거기에 그 진리의 힘이 있으며, 그것만으로 상상을 이끌어 갈 수 있다.

생제르맹데프레의 소우주가 모리스 셰레에게 최고의 연구소가 된 것은 아주 작은 세계에 대한 이론과 실천을 함께 발전시킬 수 있었기 때문이다. 시네아스트의 문서 보관소에 이런 관심의 흔적이 몇 가지 남아 있다. 예를 들어 1947년 『삼디 수아르』에서 오린 두 장의 기사, "생제르맹데프레의 거주자들은 어떻게 살아가는가"[13]는 생제르맹데프레의 명소와 사람들, 지하실 한가운데에서 경험으로 얻은 민족지학적 탐사 양식으로 쓰인 보고서다. 로메르는 이 기사에서 영감을 얻어 1952년 〈푸세트와 생제르맹데프레의 전설Poucette et la Légende de Saint-Germain-des-Prés〉이라는 제목으로 그의 첫 번째 영화 중 한 편을 만들 계획을 세운다. 이 계획은 다큐멘터리와 분석을 중개하는, 그 시절에 대한 증인의 자리를 차지하는 로메르의 조숙한 예리함을 보여 준다. 이 영화는 12분 분량의 보고 형식으로 구상되었고, 그중 야외 장면은 엄밀한 다큐멘터리 형식으로 실생활을 촬영한다. 실내 장면에서만 배우 연기가 진행된다. 푸세트는 '생제르맹 출신의 젊은 여성'을 연기한다. 그녀는 소설 『진정한 소녀De Vraies Jeunes Filles』를 썼고, 매일 저녁 카페와 지하실에서 그림을 그리면서 자신의 밤의 연대기를 기록한다. 카페테라스에서 그녀는 사회학 박사 논문을 위한 조사('생제르맹데프레 현상과 프랑스 젊은 여성에 대한 영향')를 진행하는 젊은 미국인을 만난다. 그녀는 그에게 이 지구의 특색을 알려 주고, 여러 장소(페르골라, 푸이, 마비용, 루아얄, 폴카, 빌라주)에 데려가고, 유명 인사들(아다모프Arthur Adamov, 자코메티Alberto Giacometti, 페피타 Pépita•, 카잘리)과 관습(지하실과 오케스트라, 비밥을 추는 커플)에 대해 말해 주고, 마지막 인터뷰를 위해 그를 그녀의 집으로 데려간다. 낭만적 연대기("1948년 이 젊은 여성은 가장 유쾌한 여성의 모습이다"[14])와 다큐멘터리의 진실주의(카페나 테라스에서 여자를 찍는 의식)와 관음증적 허구 사이에서 로메르는 자료와 공감과 비평이라는 세 극점의 등거리에 자신의 예술을 위치시킨다.

기이한 인물

1947년 7월 14일 모베르 광장 막사에서 열린 소방관 축제에서 모리스 셰레는 우연히 만난 뮐루즈 출신의 동료 덕분에 또 다른 결정적 인물인 폴 제고프Paul Gégauff와 만난다.[15] 제고프는 1922년 뮐루즈 근처 블로츠하임의 상당히 부유한 개신교 가정에서 태어났다. 학업에는 그다지 뛰어나지 않았고, 교육은 기본적으로 독학을 했고 피아노를 좋아해서 완벽하게 연주했다. 1940년 8월 6일 알자스가 나치 독일에 독일 영토로 합병되었을 때, 청년은 나치의 준군사 조직에서 병역을 수행할 수밖에 없었다. 같은 시기에

• 전후 생제르맹에서 파산하고 가난한 화가들의 모델로 유명한 여성

그는 『뷔를레스크Burlesque』라는 제목의 첫 저작에 자유 사상적 이야기를 담아 J. 바르브 출판사에서 출간한다. 뮐루즈에 있던 이 출판사는 나중에 리옹으로 철수한다. 그는 어머니와 함께 알자스를 떠나 코트다쥐르로 피난을 가고, 그곳에서 대부분의 전쟁 시기를 보내다가 해방 직후에 파리로 이주한다. 짙은 파란 눈의 섬세한 금발 미남 제고프는 함께 외출하고 즐기는 나이 든 부인에게 얹혀살면서 몽파르나스 타워와 생제르맹데프레를 자주 드나들고, 집안 유산을 탕진하면서 몇몇 스캔들로 유명해진다. 몇 년후 그는 스캔들에 대해 털어놓는다. "1946년 '라 로즈 루즈' 카바레에서 큰 가면무도회가 열렸다. 대부분의 사람들은 신부나 수녀복장을 하고 왔다. 난 나치 장교 제복을 입고 있었다. 그건 스캔들파티였고, 난 실제로 스캔들을 일으켰다! 하지만 그게 목적 아니었나?"[16] 제고프가 보여 준 전쟁의 잔재에 대한 이런 도발은 일찌감치 1940년 『뷔를레스크』에 나타난 반유대주의적 과잉으로까지 이어진다. 그것이 바로 폴 제고프의 거대한 절망과 저주, 불행이다. 그는 지식인과 순응주의, 그리고 일반적으로 타자에 대한 깊은 반감과 혐오감을 통해서만 작품을 창작할 수 있었다.

따라서 제고프는 전후 세계를 조롱하고, 모든 참여 의식을 비웃으며, 좌파의 양심과 같은 문학적 명예를 훼손하고, 과감하게 반순응주의자라는 의심스러운 특성으로 자신을 미화한다. 군대식 두발과 과장된 셔츠 깃으로 꾸민, 시대에 역행하는 우아함과 가장된 경직성은 스캔들을 입고 살아가는 이 젊은이의 화려함을 돋보이게 한다. 고상하게 속삭이는 듯한 혹은 허위의 경계에 있는 듯한 과장되고 화려한 목소리, 자연스러우면서도 잘 꾸며진 기품, 건방짐과 겉치레 사이에 있는 태도는 매력적이었다. 이런 특성은 예술적 삶으로 변색된 댄디의 나태함과 지속적인 자기표현 사이를 오가는 사람이라는 인상을 준다. 로메르는 나중에 말한다. "우리가 그에게 끌린 이유는 어떤 불손함과 관련된 차분하고 냉담한 면이었다. 반면 우리는 더 긴장한 모습이었다. 우리가 보여 준 도발은 기껏 소심한 도발이었다. 그에게는 귀족의 지위가 있었다."[17] 마지막으로 폴 제고프에게 있는 자질은 여성에게 사랑받는 것이다. 그는 몽파르나스와 생제르맹, 샹젤리제를 다니며 파리의 밤을 살아가는 파티형 인간이었다. 모든 사람이 보는 앞에서 여자를 유혹하고 데리고 다니고, 속이고 떠나 버렸다가 다시 그들에게 돌아갔다. 불쾌하면서도 매혹적인 이런 이미지, 이 "기이한 인물"[18]은 로메르뿐만 아니라 샤브롤과 바딤Roger Vadim 이나 고다르의 영화에서도 특정 남성 인물의 모델로 사용된다.

셰레와 제고프는 서로에게 바로 호감을 느낀다. 그들에게는 알자스 출신이며 음악 애호가이자 비슷한 문학 취향(도스토옙스키)을 가졌다는 몇 가지 공통점이 있었다. 셰레는 제고프 덕분에 몬테베르디Claudio Monteverdi를 알게 되고, 제고프는 빅토르쿠쟁 거리에 있는 셰레의 방에서 베토벤 4중주와 소나타를 처음으로 듣는다. 우정을 쌓아 가면서 제고프는 에릭 로메르가 된 후에도 모리스 셰레를 따라다닌 별명 '위대한 모모'를 지어 준다. 로메르는 이렇게 증언한다. "그는 내게 실제로 영향을 줬던 유일한 사람이고, 그 영향은 상호적이었다고 생각한다. 그는 내게 형제 같았고, 만남에 이해가 필요 없는 사람이었다. 난 그를 매우 잘 알고 있었다. 우리는 젊은 시절을 함께하며 생각을 교환하고 체계를 만들고 새로운 미학을 세우면서, 25세부터 35세 사이에 이야기할 수 있는 모든 일에 대해 함께 토론했다. 어떤 것도 예외가 없었고, 그 모든 게 우리 인생에 흔적을 남겼다."[19] 제고프는 콩방시옹 거리에 있는 가구가 딸린 아파트에서 살다가, 후에는 15구의 친구 집에서 살았다. 두 친구는 종종 함께 잠을 잤다. 셰레는 침대에서, 제고프는 그 발아래 있는, 낮에는 한쪽 구석에 말아 놓은 매트 위에서 잔다. 뤼테스 하숙집은 본질적으로 문학적 토론을 위한 곳인 만큼 창작을 위한 실험실이 된다. 셰레와 제고프는 이 글쓰기 아틀리에에서 함께 창작한다.

제고프는 글을 쓴다. 1951년부터 1958년 사이에 그는 미뉘 출판사에서 네 편의 소설 『나쁜 농담Les Mauvais Plaisants』, 『타인의 지붕 Le Toit des Autres』, 『그림수수께끼Rébus』, 『기쁨의 일부Une Partie de Plaisir』를 발표한다. 큰 성공을 거두지는 못하지만 편집자 제롬 랭동 Jérôme Lindon은 이 글을 높이 평가한다. 제고프는 또한 1956년 위셰트 극장에서 자크 모클레르Jacques Mauclair가 연출한 연극 「나의 대령Mon Colonel」도 무대에 올린다. 로메르의 문서 보관실에 그가 쓴 수많은 이야기와 우화, 단편 소설, 그리고 다른 두 편의 소설이 보존되어 있다. 마찬가지로 모리스 셰레도 단편 소설을 쓰는데, 적어도 세 편의 소설을 시도한다. 제고프가 쓴 글을 읽고 토론한 일이 셰레가 글을 쓰도록 자극한 듯 보인다. 1948년 1월과 1949년 12월 사이에 작성한 40쪽짜리 단편 소설 다섯 편과 200쪽 분량의 미완성 소설 한 편, 소설 계획 한 편 모두 제고프에게 영감을 받아 쓴 것이기 때문이다. 소설의 제목은 『폭풍우*La Tempête*』다.[20] 셰익스피어와 그 등장인물 프로스페로에게 영향을 받은 소설로 브르타뉴 해안가의 섬을 배경으로, 무일푼이 된 오래된 가문의 거대한 낡은 저택에서 교차로 벌어지는 복잡한 사랑 이야기다. 이 가문의 상속인은 여러 부유한 구혼자에게 구애를 받는다. 자연, 특히 장소와 인물을 둘러싸고 있는 바다가 점점 더 중요해진다. 격렬한 파도를 내뿜는 마지막 폭풍우가 좀 더 강인해진 사람들의 성격을 표현한다. 이 소설 도입부에서 모리스 셰레는 자신의 책임을 마주한 창작자의 신앙 고백을 한다. "고결하고 아름답고 고양되고 위로가 되는 것만 묘사하라. 글쓰기의 즐거움은 막대한 것이다. (…) 요컨대, 내 개인적 철학은 단지 열정의 거부와 열정 없는 삶의 불가능성을 화해시키려는 선의의 철학이다. 선한 의도의 미학적 회복을 추구한다. 악의 가능성이 없는 선은 존재하지 않지만 그럼에도 불구하고 선은 자연적인 것이다. 내가 민감하게 여기는 것은 사물의 어떤 아름다움이나 감정의 진솔함뿐이다."[21]

1949년에 쓴 다섯 편의 단편 소설도 추가할 수 있다. 제목이 없는 첫 번째 단편은 묵시록적 시대에서 관련성을 되찾은 신화, 괴테의 『파우스트*Faust*』에서 주로 영감을 얻은 작품이다. 두 번째 단편의 제목은 「리볼버 권총*Le Revolver*」으로 문학적 서사 형식으로 쓰였고, 15년 후에 쓰일 〈수잔의 경력〉의 시나리오를 예고한다. 두 명의 남성이 보잘것없는 소녀 폴에게 강한 우월감을 가지고 접근해서 유혹하고 사기를 치지만, 그녀는 좋은 조건의 결혼을 하면서 사회적으로 복수한다. 세 번째 단편 소설 『서른 살 남자*L'Homme de Trente Ans*』는 두 명의 여성 사이에서 고민하는 기술자 제르베의 이야기다. 알린은 그가 매우 잘 아는 오랜 지인이며, 프랑수아즈는 집주인 여인의 딸로 도발적이고 깜찍한 소녀다. 프랑수아즈의 질투심 많은 남자친구 제라르가 내리친 청동 간이 책꽂이에 맞아 제르베가 죽으면서 이야기는 비극으로 끝난다. 1949년 11월 17일에 쓴 단편 소설 『샹탈 혹은 시험*Chantal ou l'Épreuve*』은 우익 댄디 외교관에 대한 이야기다. 한 젊은 여성이 교만한 남성에게 복수를 계획하는 것을 우아하고 무심하며 세련된 어조로 서술한다. 여기서 이미 〈수집가*La Collectionneuse*〉의 주제가 등장한다.[22]

마지막 단편은 『클레르의 무릎』이다. 1949년 12월 5일에 쓴 이 소설은 질베르 코르디에라는 이름으로 서명한 것으로, 이미 『엘리자베스』의 구절에 나타난 강박적 페티시가 다시 등장한다. 로메르가 20년 후에 보여 주게 될 영화의 각색과 아주 근접한 이야기인데, 다음 몇 줄의 글에서처럼 결정적이면서도 하찮은 일이 교차한다. "어느 날 저녁, 테니스 코트 벤치에 한 커플이 나와 가까이 앉아 있었다. 화려한 게임을 막 마친 자크는 아주 숨 가쁜 상태로 걸어왔다. 그는 철망 울타리에 기대서 피곤한 손을 클레르의 무릎에 부드럽게 얹어 놓았다. 그녀는 당시 유행하던 짧은 원피스를 입고 있었다. 그녀가 앉자, 그때까지 남자의 손가락이 부분적으로 가리고 있던 살의 좁은 삼각형 모양이 드러났다. 그 시간 낮게 드리운 태양빛이 무릎 안쪽을 어루만지고 피부를 더욱 창백하고 부드러운 분홍빛으로 물들였고, 움푹 들어간 곳에 그림자가 살짝 드리웠다. 내게 정확히 무슨 일이 일어난 것일까? 마치 그렇게 딱딱했던 육체의 관절이 내 욕망에 갑자기 부서지는 것을 발견한 것 같았다. 내가 찾고 있는 것이 애무라는 사실을 알았다. 하지만 클레르의 몸의 비밀이 그녀가 내게 동의했을지도 모를 가장 열렬한 약속보다 더 깊이 내게 열렸다는 건 나 혼자만이 아는 것이었다. (…) 바로 그 폭력적인 욕망에서 어떤 권리가 생겨났다. 세상의 어떤 것도 내게 속한 것을, 내게 허락하는 일을 금지할 수는 없다."[23]

모리스 셰레는 수년 전인 1944년에 쓴 「몽주 거리」를 여기에 추가해서, 여섯 편이 수록된 단편 소설집을 만들어 『엘리자베스』를 출간했던 갈리마르 출판사에 제안한다. 6개월 후인 1950년 6월에 가스통 갈리마르Gaston Gallimard는 부정적인 독자 보고서를 인용해서 로메르에게 이 모음집을 거절한 이유를 이렇게 밝힌다. "하지만 이 글은 전혀 현대적이지 않습니다! 첫 번째 소설이 보여 준 새로운 면모를 잃어버렸습니다." 문학의 길이 갑자기 막혔다. 그럼에도 불구하고 저자는 모음집 제목 '도덕 이야기Contes Moraux'는 남겨 둔다. 이 글은 앞으로 만들 영화 몇 편의 문학적 모체이기도 하다.

시네필 참여

앞서 보았듯이, 영화는 모리스 셰레의 어린 시절이나 젊은 시절에도 중요한 역할을 하지 못했다. 할리우드 영화가 파리 영화관에 대규모로 도착한 것은 1946년 여름부터이며, 레옹 블룸Léon Blum과 제임스 F. 번스James F. Byrnes가 당시 서명한 무역 협정에 따라 1939년부터 시행되었던 프랑스 내 미국 영화 상영 금지는 막을 내린다. 이때 셰레는 이미 26세였다. 그는 열 살 정도 어린 동생들인 트뤼포, 리베트, 고다르, 샤브롤 등 전체 누벨바그 세대처럼 할리우드 시네필 키드는 아니었다. 영화를 알게 되었을 때, 그는 성인이었고, 이미 지적으로 형성되어 예술적 활동을 하고 있었다. 그의 인생에 영화는 뒤늦게 왔다. 모리스 셰레에게 영화는 '처음'이 되기 전에 '마지막' 예술이었다. 그의 경우, 시네클럽 카드나 프로그램, 신문 스크랩, 영화에 대한 노트 등 이 시각적 열정에 대한 최초의 실질적 징후는 1947년과 1948년 초에 등장한다. 이때가 그가 영화로 전환한 첫 시기로, 그는 영화의 시각 예술에 대한 학습을 가속화하면서 잃어버린 시간을 따라잡으며 시네필 관객이 된다.

시네필 셰레가 남긴 가장 오래된 흔적은 1947년 2월 대학시네클럽CCU의 해설이 달린 프로그램이다. 1944년 여름 장폴 구댕Jean-Paul Gudin이 레퓌블리크 광장 근처 SNCF 상영관에 만든 CCU는 그가 최초로 드나든 장소인 것 같다. 상영회는 생제르맹의 유명 인사인 장 불레Jean Boullet가 주로 주도한다. 불레는 보리스 비앙Boris Vian의 삽화가이자, 기괴하고 금지된 것을 좋아하는 자유주의적 영혼의 동성애자였으며, 환상과 공포 영화를 좋아하는 영화 평론가였다. 하지만 1948년 구댕이 24세의 젊은 나이로 세상을 떠나고, 불레가 다른 상영관으로 옮기면서, 로메르를 비롯해 CCU에 모였던 자크 로지에Jacques Rozier, 미셸 윈Michel Wyn, 조르주 카플랑Georges Kaplan 같은 영화광은 오갈 곳 없이 급속하게 몰락해 간다. 이후 셰레는 매우 활동적인 아르망 콜리에Armand J. Cauliez가 운영하는 '시네아트 네오클럽Cinéart Neo-club'을 자주 방문한다. 콜리에는 얼마 후 인류박물관의 시네클럽을 지휘하게 된다. 1948년 9월, 이 젊은 시네필은 '샤를로의 친구들Amis de Charlot'이나 '세노클럽Scéno-Club'의 상영회에 간다. 그리고 목요일 저녁에는 세르비아 페타르 1세 거리에 있는 라 트리뷘 드 레크랑으로 로저 레장Roger Régent이 주로 진행하는 영화를 보러 갔다. 셰레는 20년 뒤 이 길 건너편에 자신의 제작사 사무실이 세워질 거라는 사실은 당연히 알 수 없었다.

이렇게 시네필들이 풍성하게 번성하는 세계에서 셰레는 조용하게 자리를 잡는다.[24] 파리 영화관은 특히 젊은이들로 자주 붐볐고, 그 집결지에서는 일반적으로 주 2회 열리는 주요 시네클럽의 모임이 뒤따랐다. 전후 파리에 거대한 궁전 같은 영화관부터 작은 구역 영화관에 이르는 약 400개의 상영관이 만들어졌다. 이곳들은 영화적 열정을 위한 이상적인 장소가 되고, 수도권 전역에 걸쳐 조밀한 연대를 형성하면서 시네클럽은 황금기를 경험한다. 이 운동의 선구자인 아르망 콜리에는 1945년 후반에 창립된 '프랑스 시네클럽 조합Fédération française des ciné-clubs'을 꾸리는 동시에 1949년 초부터 뉴스레터 『시네클럽Ciné-Club』을 발행한다. 이 조합은 좌파에 뿌리를 둔 장 팽르베Jean Painlevé가 의장으로 있다. 콜리에는 거기서 "선전과 문화적 문제를 담당하는 비서관"이다. 시네필의 또 다른 수호자는 장 콕토다. 그는 시네필의 왕자이며 의식의 주인이다. 예를 들어, 1948년 12월 1일 샹젤리제 스튜디오에서 〈무서운 부모들Parents Terribles〉 시사회를 시작으로, 그는 당시 클럽 중 가장 화려한, 좀 더 정확히 말해 "내일의 영화클럽" '오브젝티프 49Objectif 49'의 의장이 된다. 이 클럽에는 로베르 브레송 Robert Bresson, 르네 클레망René Clément, 장 그레미용Jean Grémillon, 로제 린하르트Roger Leenhardt와 같은 시네아스트의 후원을 받는 '새로운 비평가', 앙드레 바쟁, 알렉상드르 아스트뤽, 피에르 카스트Pierre Kast, 자크 도니올발크로즈Jacques Doniol-Valcroze, 클로드 모리악Claude Mauriac, 니노 프랑크Nino Frank 등이 속해 있다. '오브젝티프 49'는 전후 아스트뤽과 함께 주요 평론가가 된 바쟁이 조직한 꽤 폐쇄적이지만 매우 영향력 있는 클럽으로, 모리스 셰레는 이 상영회에 자주 참석했다.

1948년 12월 21일에 바쟁은 『레크랑 프랑세』에 엘리트 시네클럽의 신조를 발표한다. 이 신조는 웰스George Orson Welles, 르누아르, 로셀리니Roberto Rossellini, 브레송, 와일러William Wyler, 호크스Howard Hawks, 스터지스John Sturges, 휴스턴John Huston의 작품들이 보여 주는 새로운 영화를 변호하는 새로운 비평가의 선언 같은 것이다. "이런 아방가르드를 찾아내고 이해시키고 지원해야 한다. 이것이 '오브젝티프 49'의 목표이며, 이런 정신으로 선택한 최근 미공개 영화를 한 달에 서너 번 소개할 것이다. 상영 후에 개별 프레임에 대한 엄격한 기술적 분석을 포함해 영화에 대한 심도 깊은 해설이 이루어질 것이다. 이 해설은 비평가와 기술자, 배우, 화가, 작가가 진행할 것이다."[25] '오브젝티프 49'의 본부는 샹젤리제 거리 146번지에 있지만, 영화는 일요일 오전 9시 30분에는 같은 거리 36번지에 있는 브로드웨이에서, 월요일 저녁에는 샹젤리제 스튜디오에서, 혹은 토요일 오후 5시 30분에는 라 파고드에서 상영된다.

그러나 대표적인 영화 학교는 앙리 랑글루아Henri Langlois의 시네마테크 프랑세즈Cinémathèque française다.[26] 1936년에 창립된 시네마테크 프랑세즈는 전쟁이 끝나는 1944년 12월에 에투알 광장 근처의 트루아용 거리에 자리 잡았고, 나중에는 이에나 거리에 있는 공예박물관으로 자리를 옮긴다. 1948년 10월, 8구의 메신Messine 거리 7번지에 있는 개인 건물에 새로운 상영관이 생긴다. 바로 그곳에서 모리스 셰레는 랑글루아와 그의 영화들, 그리고 다른 젊은 시네필들을 알게 된다. 그때부터 일상적으로 예순 명, 혹은 붙어 앉으면 백여 명의 관객이 상영관에 자리를 잡고 영화를 관람할 수 있게 된다. 맨 앞줄에는 학교를 빼먹고 온 학생들처럼 항상 같은 사람들이 앉아 있다. 그들은 우선 무성 영화를 발견한다. 그리피스D. W. Griffith, 푀이야드Louis Jean Feuillade, 드밀Cecil B. DeMille, 무르나우Friedrich Wilhelm Murnau, 뷔를레스크 영화•, 덴마크와 스웨덴 영화, 나중에는 르누아르와 존 포드John Ford, 드완Allan Dwan, 월시 Raoul Walsh, 호크스, 킹Henry King, 그리고 초기 배우들이 있다. 이 세대의 시네필은 몇 해 동안 폭식적 소비로 영화 문화에 대한 완전

• 풍자와 해학이 있는 익살 희극 영화, 버스터 키튼Buster Keaton과 찰리 채플린Charles Chaplin의 영화가 이에 속한다.

한 지식을 얻은 마지막 세대였다. 알아야 할 영화는 50년밖에 되지 않았고, 고전의 신전은 상당히 잘 목록화되어 있으며, '엄격한 문지기' 랑글루아는 전 세계에 아직 알려지지 않은 대부분의 보물급 예술을 소유하고 있었다. 이 공간에 익숙한 크리스 마르케Chris Marker는 『에스프리Esprit』에 칼럼을 쓰던 1949년 6월에 발표된 기사에서 시네마테크에 이렇게 경의를 표한다. "입장료는 저렴했지만 거대한 피라미드의 묘지와 흡사한 이 어두운 방에 접근하는 것은 쉽지 않았다. 그곳에는 더글러스 페어뱅크스Douglas Fairbanks나 릴리언 기시Lillian Gish의 소중한 미라가 셀룰로이드 띠에 둘러싸여 당신을 기다리고 있다. 시간표의 간극과 건망증이 있는 검표원, 복도에 몰려든 사람들, 잃어버린 티켓, 두 번 팔린 좌석 등, 대체 불가능한 관리자 앙리 랑글루아가 훌륭하게 조직한 이 모든 것은 관객을 진정한 종교적 상태로 만든다. 관객은 자신의 무가치함에 대한 자각과 엄청난 희망 사이에서 이러지도 저러지도 못하다가 마침내 영화를 보고, 그것에 짓눌리고 뒤얽히고 눌리고 정화된다. 그렇게 해서 마침내 유일한 마지막 구원의 길인 것처럼 관객은 화면에 집착하는데, 그가 견뎌낸 것에 대한 기억으로 영화는 그에게 진정한 낙원처럼 보인다."[27]

랑글루아는 자신의 역할을 알고 있었다. 그는 그림자를 다루는 사람이며, 오래된 영화를 발견하여 다음 세대에 물려주는 풍요한 안내자다. 관객이자 창작자의 시선으로 보는 방법을 주장하면서 그는 자신이 누벨바그의 아버지처럼 느껴진다고 자주 말했다. 그렇게 모리스 셰레와 어린 동료들은 옛날 영화를 보면서 영화 만드는 법을 배운다. 1949년에 랑글루아는 노트에 이렇게 써 놓는다. "우리 상영회에 정기적으로 출석하는 관객은 대중의 비평적 정신을 조금씩 형성하고 있다. 작년 고객은 주로 17세에서 21~22세 사이의 젊은이였다. 처음에 그들은 최근 4~5년 동안 만들어진 영화만 알고 있었고, 적응하는 데 어려움을 겪었다. 하지만 영화를 보면서 점차 자연스레 교육이 되었고, 지금 그들 중 일부는 더 이상 예전처럼 정상적으로 영화관에 갈 수 없다고 내게 고백한다. 어떤 영화는 그들에게 더 이상 참을 수 없는 것이 되었다."[28] "17세에서 21~22세 사이의" 이런 젊은이보다 세레는 조금 더 나이가 많지만, 그는 영화를 통한 이런 견습생 상태를 공유한다. 세레 역시 랑글루아가 보여 준 과거 작품에 접근하는 취향과 판단, 문화를 단련한다. 그는 그렇게 비평가가 되고, 나아가 시네아스트가 된다. 메신 거리에 대한 탐방 기사를 작성한 『콩바』의 한 기자가 "시네마테크는 과거를 미래와 결합한다"[29]라고 선견지명처럼 말했듯 말이다. 세레는 처음으로 자신을 감동시킨 것들을 기록한 흔적, 즉 상영 프로그램에 따라 메신 거리를 정기적으로 드나들며 랑글루아 영화관에서 나온 등사 인쇄물 전단지를 모아 보관한다. 1949년 10월과 1950년 7월 사이에 10개월이 넘는 기간 동안 세레는 프로그램 상영에서 오후 8시 30분 상영작을 놓친 적이 거의 없다. 그는 심지어 1950년 10월 프로그램을 걱정하며 이런 주의 사항에 밑줄을 그었다. "메신 거리 상영관 좌석수가 제한되면서, 두 종류의 카드가 발급될 것이다. 하나는 토요일 상영, 다른 하나로는 일요일 상영에 입장할 수 있다."[30] 물론 그는 두 카드를 모두 얻으려고 한다.

새롭게 태어난 시네필의 또 다른 매체는 신문과 영화 잡지다. 알렉상드르 아스트뤽이 좋은 안내자가 된다. 그는 『콩바』에서 『포에지 45 Poésie 45』, 『오페라 Opéra』에서 『레 탕 모데른』, 『레크랑 프랑세』에서 『라 네프』에 이르기까지 전후 거의 모든 인쇄 매체에 영화에 대한 글을 써 왔기 때문이다. 그중 갈리마르에서 출간하고 장 조르주 오리올 Jean George Auriol이 편집자로 있는 월간지 『라 르뷔 뒤 시네마 La Revue du Cinéma』는 1946년 10월부터 1949년 말까지 19호에 걸쳐 참조가 될 만한 주요 이슈를 다룬다. 냉전이 한창인 가운데 근본적으로 갈라진 영화 비평계에도 분열이 생긴다. 1948년 여름부터 공산주의자들이 가장 널리 읽히고 활동적인 전문 주간지 『레크랑 프랑세』를 장악하면서, 모순된 경향에 한동안 노출된다. 이 논쟁은 영화계와 언론에서 증폭되는데, 영화계는 오손 웰스의 〈시민 케인 Citizen Kane〉을 둘러싸고 논쟁이 붙거진다. 1946년 이 영화가 파리에서 개봉했을 때, 사르트르와 공산주의자들은 영화를 공격하고, 바쟁과 아스트뤽, 린하르트는 옹호한다. 히치콕에 대해서도 지식인 좌파와 소위 '진지하다'는 비평계는 그의 영화를 경시했던 반면, 1947년부터 장샤를 타셀라 Jean-Charles Tacchella와 로제 테롱 Roger Thérond 같은 가장 젊은 할리우드 시네필이 『레크랑 프랑세』의 전통 파괴주의적 입장에서 히치콕을 옹호하기 시작한다. 1940년대 후반의 정치적 맥락에서 미국 영화는 사람들을 분열시킨다. 즉, 많은 사람이 보기에 할리우드 영화를 좋아하는 것은 반국가적이고 우파적 도발이며, 좌파가 거의 이해할 수 없는 일탈적 취향으로 간주된다.

노장 비평가들은 작품을 무엇보다 위대한 주제와 분명한 의도를 보여 주는 것으로 생각하고, 새로운 비평가들의 형식에 대한 취향, 정교한 분석을 비판한다. 특히 영화를 작가의 스타일과 미장센의 재료로 보려는 그들의 애착에 대해 비판한다. 이런 의미에서 1948년 3월 30일 알렉상드르 아스트뤽이 출간한 글 「새로운 아방가르드의 탄생: 카메라 만년필Naissance d'une nouvelle avant-garde: la caméra-stylo」은 선언문처럼 보인다. 비평가는 공격적인 어조로 영화 작가에게는 자신만의 양식으로 개인적 우주를 창조하고 부여할 자유가 있다고 주장한다. "장터의 구경거리, 통속극과 비슷한 오락거리, 또는 시대의 이미지를 보존하는 수단을 거친 이후에 영화는 언어가 되었다. 언어, 즉 예술가가 오늘날 에세이나 소설의 경우와 똑같이 자기 생각을 그대로 추상적으로 표현하거나 자신의 강박 관념을 정확하게 드러낼 수 있는 하나의 형식이다. 바로 이런 이유로 나는 이 새로운 시대를 '카메라 만년필'의 시대라고 부른다."[31] 모리스 셰레는 증인처럼 이 논쟁을 목격한다. 여전히 그는 시네필 운동과 비평계 내부에서 자신의 자리를 찾고 있었지만, 이 논쟁의 쟁점을 잘 이해하고 있었다.

최초 비평의 글

셰레는 곧 논쟁에 참여한다. 대학 시네클럽 첫 카드를 구입한 지불과 몇 주 후에 그는 영화에 대한 글을 최초로 발표한다. 다시 한 번 아스트뤽이 그의 안내자가 된다. 「새로운 아방가르드의 탄생: 카메라 만년필」의 출간 후에 셰레는 그에게 『레크랑 프랑세』에 글을 쓰고 싶은 마음을 전한다. 하지만 아스트뤽은 이 영화 주간 지가 점점 더 다원화면서 생명이 다했다고 여기고, 셰레에게 『라 르뷔 뒤 시네마』를 제안한다. 아스트뤽은 이 잡지에 친구들이 많았는데, 편집장 장 조르주 오리올과 도니올발크로즈와 바쟁 등이 그러했다. 게다가 셰레는 이웃을 통해 앙리 로시Henri Rossi를 알았는데, 로시는 랑글루아의 동료이자 오리올의 친구였다. 로시 역시 그를 추천한다. 에릭 로메르는 자신의 비평계 데뷔를 표시하는 이런 맥락을 정확하게 기억하고 나중에 말한다. "나는 오리올을 보러 갔다.[32] 그는 인내심 있고 열린 기질의 사람이었다. 내가 쓴 첫 번째 글은 영화의 색채 문제와 관련된 것이었다. 1929년 유성 영화와 마찬가지로 영화의 미래는 색채에 있다고 생각했다. 또한 영화에서 색채 사용에 있어 회화와 무관한 특별한 어떤 것이 있음을 주장했다."[33]

오리올은 최근 같은 주제로 다른 기사를 발표했다는 이유로 이 기사를 거부한다. 그래서 셰레는 얼마 전에 사망한 세르게이 예이젠시테인Sergei Eisenstein에 대한 글을 쓴다. 통념과는 반대로 이 위대한 예술가는 〈전함 포템킨Cuirassé Potemkine〉의 작가가 아니라 〈폭군 이반Ivan le Terrible〉의 작가이며, 그의 작품에서 중요한 것은 몽타주가 아니라 공간 구성이라는 점을 강조한다. 오리올은 다시 그 기사를 거부했고, 부고 기사에 관심을 두지 않는다. 로메르는 말을 계속 이어간다. "나는 좌절하지 않았다. 마지막으로 「영화, 공간의 예술Le cinema, art de l'espace」을 썼다. 그 글은 앞서 두 기사를 종합한 글이었다. 오리올은 자신이 매우 순수주의자이기 때문에 오로지 내 글의 스타일에 대해서만 언급한다고 말했다. 사실상 그는 기사의 내용에 대해서는 어떤 소견도 말하지 않았고, 글은 그대로 발표되었다."[34]

로메르의 첫 기사 「영화, 공간의 예술」[35]은 놀라운 성숙함을 보여 준다. 첫 글에서 저자가 이미 완전히 구성된 체계를 갖추고 단숨에 자신의 명확한 스타일과 성찰적인 힘으로 강한 인상을 주는 경우는 드물다. 그는 거대한 이론적 야심을 품고, 영화에 고유한 "공간적 표현에 대한 관심"을 두고 영화를 "시공간의 개념에 따라 사용되는 의미화 기호 체계를 구성해야 하는 예술"로 파악한다. 셰레에 따르면 공간은 "영화라는 시각 예술에서 가장 필수적인 일반 형식이다." 순수하게 시각적 표현인 그림과 달리, 그리고 주로 내러티브로 표현하는 문학적 개념과 달리, 셰레가 보는 영화는 자신에게 고유한 수단을 이용해 자연에서 영감을 얻은 조직화에 따라 프레임과 평면 공간 내에 사물과 몸의 움직임으로 의미를 만들어 낸다.[36]

이 기사는 특히 미래의 누벨바그 세대, 랑글루아가 언급한 "17세에서 21~22세 사이의" 젊은이에게 중대한 영향을 미친다. 예를 들어, 장 두셰Jean Douchet는 이 글의 중요성을 이렇게 강조한다. "내게 하나의 계시였다. 이 평론은 영화의 특이성이 공간을 취급하는 방식과 그 안에서 몸을 움직이게 하는 방식에 있음을 보여 주었다."[37] 셰레보다 열 살 더 어린 고다르도 비슷한 맥락에서 이렇게 썼다. "그는 우리가 현대 영화와 밀접한 관련이 있다는 사실을 보여 주는 첫 기사를 썼다. 그 글은 우리에게 가장 중요한 첫 번째 글이었다. 왜냐하면, 그가 영화의 정의를 미장센의 예술, 공간에서 움직이는 예술로서 제안했기 때문이다."[38]

셰레는 『라 르뷔 뒤 시네마』와의 공동 작업을 계속한다. 다음 달에는 1948년 3월에 개봉한 히치콕의 새로운 영화 〈오명 Notorious〉에 대한 평론을 발표한다. 대부분의 비평가는 〈39 계단 The 39 Steps〉의 감독이 영국을 떠나 미국으로 건너간 이후 더 이상 "할 말이 없어진" 감독의 영화처럼 새 작품을 경시하고 교만하게 다뤘다. 이와 반대로 셰레에게 이 영화는 "서스펜스의 대가"(이 용어는 이미 공인된 표현으로 그는 단번에 "카메라의 거장"[39]이라 하며 이 표현을 더 선호한다) 히치콕과 함께하는 긴 여정의 시작을 알리는 첫 단계로, 이 여정은 9년 후에 클로드 샤브롤과 공동으로 영화 분석 책을 출간하는 것으로 결실을 맺는다. 셰레는 〈오명〉의 독창성을 훌륭하게 포착한다. 그는 이 영화의 미장센이 확대경 효과에 근거한 극도의 양식화를 통해 보려는 충동과 페티시즘을 구성한다고 쓴다. "〈오명〉은 '클로즈업'의 영화다. 가장 멋진 순간은 연기자의 얼굴이 스크린 전체를 차지하는 순간이다. 예를 들어, 놀라운 키스 장면은 영화의 에로티시즘이나 애정 장면 선집에 선정되어 특별한 자리를 차지할 가치가 있다."[40]

이 정기 간행물에 어느 정도 적응하자마자 젊은 비평가는 다시 오갈 데가 없어진다. 『라 르뷔 뒤 시네마』는 1949년 가을, 가스통 갈리마르가 출간한 당시 다른 몇몇 출판사와 함께 사라진다. 그 직후 비극적인 일이 더해져서 1950년 4월 2일 장 조르주 오리올은 샤르트르로 가는 길에 자동차 사고로 사망한다. 알렉상드르 아스트뤽은 다시 한 번 친구를 구하러 와서, 셰레가 얼마 전 『라 르뷔 뒤 시네마』를 위해 쓴 글을 『레 탕 모데른』에 게재하도록 제안한다. 사르트르가 설립하고 메를로퐁티Maurice Merleau-Ponty가 편집장으로 있는 월간지 『레 탕 모데른』에 그는 정기적으로 글을 쓰기 시작한다. 1948년 제36호에 그의 글 「유성 영화를 위하여Pour un cinéma parlant」가 실린다. 당시 비평가들 사이에 널리 퍼져 있던 무성 영화에 대한 향수에 반대를 선언하는 글이다. 셰레는 언설을 "영화에 통합할 것"을 주장하며, 대사 작가와 연출가가 같은 사람이고 독창적인 사람(이후에는 '영화 작가'라고 칭한다)인 것이 "바람직하다"고 생각한다. 그에 따르면 말은 영화 작업을 이루는 구성 요소다. 이 글은 로메르의 신념을 개략적으로 설명한다. 여기서 그는 시네아스트가 말을 만들고 의미를 조정할 때 무엇을 할 것인지 알려 주고, 다음과 같은 놀라운 고백을 하기에 이른다. "결국 르네 클레르와 에른스트 루비치Ernst Lubitsch, 프랭크 캐프라 등의 코미디 영화를 제외하고는 사람들은 영화에서 거짓말을 충분히 하지 않았다." 셰레는 이 전통에 의도적으로 자신의 자리를 설정하면서 진실과 모호한 관계를 유지하겠다고 예고한다.

이어서 1949년 1월과 3월, 6월, 『레 탕 모데른』에 세 편의 리뷰를 연달아 기고하면서 셰레는 새로운 정기 기고자로 자리를 잡은 것처럼 보인다. 하지만 1949년 6월, 같은 달에 그는 또 다른 잡지에도 세 편의 기사를 기고한다.[41] 그달 15일에 그는 『콩바』에 「영

화의 고전기L'Age classique du cinéma」라는 제목으로 '오브젝티프 49'
의 칼럼을 쓴다. 두 단짜리 기사에서 그는 자신에게 소중한 견해
를 전개한다. 즉, 현대 영화를 만들면서 영화는 자연스럽게 고전
적 아름다움의 원형을 되찾는다는 것이다. 그는 이렇게 글을 시
작한다. "불안한 자들은 안심하기를. 영화에서 고전주의는 한 걸
음 뒤로 가는 것이 아니라 한 걸음 앞으로 가는 것이다."[42] 이 공식
은 파리에 방금 도착한 18세의 젊은 시네필 자크 리베트에게 각
인되었고, 리베트는 시네클럽 '오브젝티프 49'의 다음 상영회에
서 이 비평가의 말을 듣게 된다. 셰레는 보수적이고 신사적인 로
제 니미에Roger Nimier가 이끄는 문화 주간지 『오페라』에 연속으
로 두 편의 글을 기고한다. 먼저 「색채에 대한 성찰Réflexions sur la
couleur」[43]은 색채 영화를 옹호하고 예시하는 글이다. 이는 분명히
셰레가 1년 전 오리올의 『라 르뷔 뒤 시네마』에 게재할 목적으로
쓴 첫 번째 글일 것이다. 다음에 실린 글 「프레스턴 스터지스 혹은
희극의 죽음Preston Sturges ou la mort du comique」[44]은 당시 가장 유명한
시네아스트 중 한 명에 대한 짧은 에세이로 웃음에 우울의 깊이
를 부여한다.

　1949년 10월 모리스 셰레는 『레 탕 모데른』에 '오브젝티프 49'
의 후원으로 비아리츠에서 열린 첫 번째 '저주받은 영화제Festival
du Film Maudit'에 대한 비평을 싣는다. 그는 이 글에서 미국에서 만
든 르누아르의 영화 〈늪지의 물Swamp Water〉, 〈남부인L'Homme du
Sud〉, 〈어느 하녀의 일기Journal d'une Femme de Chambre〉를 옹호하고, 또
한 비스콘티Luchino Visconti의 〈강박 관념Ossessione〉을 새롭게 발견하

며, 장 비고Jean Vigo의 〈라탈랑트L'Atalante〉의 새로운 버전에 감탄한다. 그는 신세대 관객의 초상으로 글을 마무리하는데, 그에 따르면 이들이 비아리츠의 다른 사람과 구별되는 지점은 다른 영화를 요구한다는 것이다. 그리고 당연히 그는 자신을 신세대와 동일시한다. "나는 젊은 세대가 고전이나 부르주아 전통과의 단절을 선포하는 데 별로 근심하지 않는 것을 본다. 역사를 통해 단언하자면, 예술이 진화하는 특정 순간에는 보존의 가치가 혁명이나 진보의 가치보다 우위에 있을 수 있다."[45] 공공연하게 보수적인 이 마지막 문장에 대해 며칠 후 장 카나파Jean Kanapa는 『레 탕 모데른』의 경쟁지이자 공산주의 주간지 『레 레트르 프랑세즈Les Lettres Françaises』의 사설에서 지적한다. 카나파는 셰레를 비난하지만 무엇보다도 이 기사를 사르트르와 그의 잡지의 반동적 일탈의 "증거"라고 여긴다. 이는 매우 활발해진 지적 긴장의 시기에 정당한 논쟁으로 여겨졌다. 『레 탕 모데른』의 편집장 모리스 메를로퐁티는 논쟁 초기에 빠르게 반응하여 이 잡지의 노선이 위험에 처하기 전에 진화에 나선다. 로메르는 몇 년 후 다음과 같이 쓴다. "『레 탕 모데른』의 편집진 자체는 질책을 거의 피하지 못했고, 그래서 나는 쫓겨났다."[46] 이로써 모리스 셰레는 당시 가장 권위 있는 지적인 잡지에 참여하는 일에 종지부를 찍는다. 『라 르뷔 뒤 시네마』는 더 이상 존재하지 않고 『레 탕 모데른』에서는 쫓겨났다. 그는 이제 어디에서 제7예술에 대한 그의 사랑을 표현할 것인가?

라탱 지구의 시네클럽

1948년 12월부터 셰레는 시네클럽 진행자로 일자리를 얻는다. 이번 기회는 생트바르브고등학교를 통해 이루어진다. 그는 고전 교육뿐만 아니라 오래전부터 이 교육 기관에 있었던 시네클럽 부서에서 영화 교육을 진행한다. 이제 막 열여덟 살이 된 그의 시네필 학생 중 한 명인 프레데리크 C. 프뢰셀Frédéric C. Froeschel은 활동적이고 대담하며 호기심이 많은 데다 인습에 매이지 않은 인물로, 폐기 처분되어 사라질 뻔한 영화 필름을 손에 넣는다. 뒤에서 그를 지원해 주는 아버지의 도움으로 그는 라탱 지구 시네클럽Ciné-Club du Quartier Latin, CCQL을 설립하고, 초대 회장이 된다. 1948년 12월 9일에 등록된 이 클럽은[47] 퀴자Cujas 거리 19번지에 본부를 마련하는데, 이 클럽의 목표는 "대학생 독립 클럽"을 설립하는 것이다. 모리스 셰레는 창립 멤버 중 한 명이다. 사실 프뢰셀이 셰레에게 상영 진행자 자리를 제안했다. 프뢰셀은 셰레에게 매주 목요일 오후 8시 30분 당통 거리 8번지에 있는 소시에테 사방트 상영관의 상영과 매주 금요일 오후 5시 45분에 클뤼니 팔라스에서의 상영 진행을 부탁한다. 클뤼니 극장은 트로아데크 가문의 아버지와 딸이 운영하는 구식(385석의 좌석과 칸막이 좌석, 발코니가 있는)의 아름다운 상영관으로, 파리에서 서부극을 가장 많이 보여 준 것으로 오랫동안 유명했던 극장이다.

학생들을 위한 이 무료 시네클럽은 다양하고 독창적인 프로그램으로 많은 관객을 끌어들였고, 얼마 가지 않아 3천 명의 회원을 확보한다. 이곳은 모든 종류의 영화에 열려 있었다. 프레데리크 프뢰셸은 전쟁 기간 만들어진 다큐멘터리와 영국, 독일, 러시아 영화, 그리고 1930년대의 수많은 미국 고전 영화를 다시 상영했다. 이 프로그램은 셰레가 보존하고 목록을 작성한 것으로 매우 풍부한 상영작과 흥미로운 정보를 제공한다. 목요일 저녁 당통 거리에서는 뮤지컬 영화, 환상적이고 초현실주의적 색채의 영화, 그리고 특이한 영화(몇몇 스탈린주의적이고 나치주의 영화를 포함해)가 많이 상영되고, 반면 금요일 상영에는 무성 영화와 미국 고전 영화가 교대로 상영되었다. 로메르는 이렇게 회상한다. "사람들은 이 시네클럽에서 어마어마한 영화를 보았다. 우리의 관심은 순수하게 시네필적인 것이었고, 차별 없이 가능한 한 많은 영화를 보여 주는 데 있었다. 어떤 영화든 상영했고, 미리 설계된 이데올로기나 위계도 없었다. 우리는 전통적인 취향에 반기를 들었다. 사람들을 놀라게 할 만큼, 그것은 독창적이었다."[48]

학생 같지만 때로는 엄격한 면모를 보이고 박식하며 유머가 결합된 방법으로 모리스 셰레는 관객에게 깊은 인상을 남겼다. 그는 이미 영화 잡지에 글을 기고하고 있으며, 존경받는 시네필 모임과 교제하고 있지만, 그래도 학생이나 젊은 영화광에 가까운 모습이었다. 클로드 드 지브레는 "매우 교수 같은"[49] 셰레가 주관한 격조 높은 토론을 기억한다. 그는 젊고 다루기 힘든 관객에게 발언권을 주고, 다시 말을 이어 받아서 "상당히 풍부한" 분석이나 명확한 의견을 개진한다("〈하이 눈Le Train Sifflera Trois Fois〉에서 규칙의 파괴는 '거짓 지성주의'를 위한 것이다"). 또 다른 시네필 필리프 뒤그Philippe d'Hugues는 젊은 시절의 노트를 보관하고 있다. "셰레가 가장 탁월했던 것은 아니지만 그는 어마어마한 시간을 들여 상영회를 준비했다. 종종 더듬거렸고 아주 빠른 속도로 말했으며 불편한 기색이 있었다. 상영이 끝난 후에는 신중하고 내성적이었지만, 매 토론에서 우리는 영화에 대해 엄청난 것을 배울 수 있었다. 그래서 그의 상영회는 인기가 있었다."[50]

셰레는 라탱 지구 시네클럽의 진행에 많은 것을 쏟아 부었고, 1950년 3월에는 회장이 된다. 그는 상영회를 준비하고, 초대 손님과 연락하고, 프뢰셸이 제공한 영화들로 다양하고 매력적인 프로그램을 만들어야 한다. 프뢰셸이 그런 일에 별로 신경 쓰지 않았던 것은 1949년 가을에 남긴 다음과 같은 작은 메모에서 알 수 있다. "모모, 이 글을 보는 대로 클로드 모리악에게 보낼 속달 우편 봉투의 종이에 글을 써 주세요. 장피에르 멜빌Jean-Pierre Melville이 내일 저녁에 있을 토론에서 그를 보고 싶어 합니다. 그에게 내일 저녁에 와 달라고 요청해 주세요. 당신을 믿습니다. 그리고 속달을 바로 우체국에 가져가는 것도 잊지 마시고요. 급합니다. 프뢰셸."[51] 셰레는 이런 노력에 대한 대가를 거의 보상받지 못한다. 금전적 보수는 거의 없었고, 무엇보다도 경찰청과 법적인 문제마저 생긴다.

1950년 1월 27일 셰레와 프뢰셸은 로버트 스템믈Robert A. Stemmle의 〈베를린 발라드Berliner Ballade〉를 허가 없이 상영했다는 혐의로 독일 제작사의 프랑스 대표로부터 법원 소환장을 받는다. "그들이 영화 상영을 예고하는 홍보 행위는 원고에게 심각한

편견을 야기한다"[52]고 고소인 변호사는 주장한다. 두 젊은이는 영화 프린트를 반환하고 모든 홍보를 중단하고, 무엇보다도 1만 프랑에 상당하는 금액을 손해 배상금으로 지불하는데, 이 금액은 프레데리크 프뢰셸의 아버지가 지불한다. 다행히도 생미셸 대로 아래쪽 차고에 있는 그의 아버지 사업은 최대로 번창하고 있었다. 1950년 6월에 그들은 빅토르쿠쟁 거리의 선거 벽보에 광고 포스터를 붙였다는 이유로 또다시 추가 비용과 벌금을 지불한다. 경찰서장은 고발을 당한 셰레를 소환한다. 이번에는 클럽이 제출한 서류가 잘못되었다는 이유로 또다시 벌금과 새로운 소환이 이어지면서 이 시네필은 불운을 겪는다.

그러나 라탱 지구 시네클럽은 무엇보다 만남과 교류의 장소였고, 헤아릴 수 없이 귀중한 곳이자, 모든 벌금을 치를 만한 가치가 있는 곳이었다. 셰레는 많은 학생과 젊은 시네필을 클럽으로 끌어들인다. 그들은 셰레를 그들의 기대와 취향에 경청해 주는, 토론에 개방적인 멘토로 여겼다. CCQL은 급속하게 누벨바그의 훈련장이 되고, 거기에서 미래 '영턱스jeunes Turcs' 집단의 정신이 태어나고 발전한다. 내성적인 루앙 출신이지만 곧 최고의 시네필이 되는, 가장 유식하고 박식하며 가장 통찰력이 있는 자크 리베트도 이 클럽에 다닌다. 그는 1948년 친구 프랑시스 부셰Francis Bouchet와 함께 고향에서 파리에 도착하자마자 바로 파르나스 스튜디오와 CCQL의 상영회에 참석하기 시작한다. 장 그뤼오Jean Gruault는 이렇게 기억한다. "그는 마르고 짙은 색 머리카락에 창백한 표정의 몹시 수척한 얼굴에 매우 생생한 검은 눈을 하고 있었다. 거기에 이 비극적 얼굴에 달라붙어 있는 경직된 미소를 더하면 된다. 회복 불가능할 정도로 적대적으로 느껴지는 세상에 적응하기 위해 끊임없이 노력을 기울여야 하는 사람의 필사적인 미소를 더한 얼굴이었다."⁵³ 말할 때 리베트는 생생하고 단호하며, 반박할 수도 피할 수도 없고, 취향의 기준을 영원히 정하는 것처럼 보였다. 그의 손은 단두대의 칼날처럼 떨어진다. 즉, 그것이 바로 진리다. 다음으로 장뤽 고다르가 있다. 모노드 가문 출신이지만, 가족과 사이가 좋지 않았던 그는 소르본대학에서 공부하기 위해(인류학과 영화학을 각각 조금씩) 스위스 레만 호수에서 왔다. 그는 댄디한 차림으로 주로 어두운 극장에서 많은 시간을 보낸다. 클로드 샤브롤은 훌륭한 부르주아 가정 출신으로, 법학을 포기하고 영화관의 빈민굴로 들어온다. 이 집단에서 가장 어린 프랑수아 트뤼포는 열일곱 살에 앙드레 바쟁의 개인 비서가 된다. 이는 그에게 일정한 위신을 주어, 평범한 가정 출신으로 독학을 한 불량소년 같은 면모에 균형을 잡아 준다. 하지만 그 외에도 여기에는 수잔 쉬프만Suzanne Schiffman, 장 도마르시Jean Domarchi, 피에르 바이Pierre Bailly, 앙드레 라바르트André Labarthe, 에티엔 숌통Étienne Chaumeton, 조르주 카플랑, 프랑시스 부셰, 장 그뤼오, 장 두셰, 클로드 드 지브레와 같은 다른 많은 젊은 시네필도 있다.

그들 중 일부는 '영턱스' 사회의 이 특이한 공간에 대한 추억을 기록으로 남긴다. 클로드 샤브롤의 발언은 날카롭다. "파리에서 가장 고상한 거리 중 한 곳에 자리하고 있음에도 불구하고 그 기업은 재정을 처리하는 방식에 있어서 문제가 있었다. 회계 처리는 다소 부정확했다. 진행자들은 스스럼없이 금고에 손을 댔다. 상영회에서 나는 키가 크고 갈색 머리의 마른 에릭 로메르를 알게 되었다. 이 문학 선생님은 〈노스페라투Nosferatu〉의 뱀파이어와 약간 닮아 보였다."[54] 친구 셰레를 따라 시네클럽에 다니던 폴 제고프는 1950년 1월 16일 갑자기 회장에 임명된다. 거기서 그는 영화를 보기 시작했지만, 영화 비평은 결코 쓰지 않는다. 그럼에도 그는 이 장소에 나쁜 기운의 상상력이 만든 상당히 환상적인 생각을 품는다. "CCQL은 내가 회장으로 있던 무뢰한 집단이었다. 회장은 정기적으로 금고에 있던 돈을 슬쩍했다. 그 돈은 주로 여자를 만나는 데 쓰였다. 이제 진실을 말해야 한다. 프뢰셀은 오직 돈을 쓰고 여자를 만날 궁리만 했다. 나도 그랬다. 그리고 누구도 언급한 적은 없지만, '위대한 모모'에게는 시네클럽에 데려오는 관리인의 작은 딸들이 항상 있었다. 모든 사람이 음흉하고 속이고 금고를 슬쩍할 생각만 했던 끔찍한 곳이었다."[55] 1950년 2월, 미국 전쟁 영화 상영이 끝나자 어둠 속에서 영사기가 갑자기 밝아지면서 순수한 도발과 어설픈 거장의 모습으로 나치 장교 복장을 한 제고프가 등장한다. 그는 사악한 눈빛으로 즐겁게 홀린 듯한 청중을 바라보며 알자스 억양으로 "우리는 다시 돌아올 것이다!"[56]라고 외친다.

1949년 7월 말에 이 시네필 집단의 많은 사람이 모리스 셰레를 따라 '오브젝티프 49'가 시작한 유명한 행사인 비아리츠의 '저주받은 영화제'에 참석한다. 맏형 셰레는 상영작을 선정하는 데 도움을 주고 몇 편의 영화를 소개하기로 한다. 르네 클레르가 미국에서 만든 첫 작품 〈뉴올리언즈의 불빛La Belle Ensorceleuse〉, 로베르 브레송의 〈불로뉴 숲의 여인들Les Dames du Bois de Boulogne〉, 장 그레미용의 〈여름의 빛Lumière d'Été〉이 그 작품들이다. 필리프 뒤그는 1949년 8월 4일 자 수첩에 이렇게 적는다. "브레송에 관한 아침 토론은 약간 횡설수설이었고, 자크 부르주아Jacques Bourgeois와 함께한 클레르의 소개는 화려하고 편안했다. 나는 모리스 셰레를 발견했다. 내가 영화제에서 눈여겨본 스물네 명의 명단에서 그를 중요한 순번 6위의 자리에 올려놓았다. 콕토와 그레미용, 바쟁, 부르주아, 오리엘보다는 뒤에 넣고, 아스트뤽과 아버지 모리악과 그의 아들, 그레이엄 그린Graham Greene, 르네 클레망보다는 앞에 놓았다. 이 명단에서 그는 내가 모르는 유일한 이름이었다. 말하자면 매우 깊은 인상을 남겼다."[57]

7월 29일 저녁 아우스터리츠 역에서 비아리츠로 출발할 때 셰레는 20세의 또 다른 젊은 시네필 장 두셰와 만난다. "나는 『라 르뷔 뒤 시네마』에서 그의 기사를 읽었고, 깊은 인상을 받았다. 나는 그가 진행한 CCQL의 몇몇 상영작을 본 적도 있다. 그때는 나도 그만큼이나 내성적이었다. 그런데 거기 비아리츠행 기차에 오르면서 그를 보았다. 난 그에게로 갔고, 우린 밤새 복도에서 이야기를 나눴다. 우리는 〈의혹의 그림자Shadow of a Doubt〉와 〈오명〉, 로셀리니와 존 포드, 키튼, 르누아르, 무르나우 등에 대해 이야기를 나눴다. 무엇보다 공산주의자나 가톨릭 신자가 아닌, 하지만 영화를 사랑하고 아는 게 제1원칙인 시네클럽 진행자와 이야기를 나눈 것은 그때가 처음이었다. 어떻게 영화를 볼 것인가? 무엇을 볼 것인가? 그와 함께 있으면서 갑자기 더 이상 정치적으로 생각하지 않는 예술, 거대한 주제를 피하면서 형식을 가진 예술이 있다는 의식을 갖게 되었다."[58] 두셰와 리베트, 트뤼포, 샤브롤, 필리프 뒤그, 샤를 비치Charles Bitsch, 그리고 다른 영화광들처럼 셰레도 비아리츠고등학교 기숙사 공동 침실에 머무르면서 '오브젝티프 49'의 유명 인사들보다는 젊은 시네필과 더 가깝다고 느낀다. 이 유명 인사들은 팔레 호텔에서 각자 방을 차지하고 네그레스 호수에서 열리는 '저주받은 밤' 행사와 공식 무도회에 자주 방문한다. 그렇지만 모리스 셰레는 장 콕토가 넓은 해변에 마련한 축제 공식 사진에는 등장한다. 오른쪽의 마지막 줄 모자 밑에 숨어 있는 키다리 아저씨가 바로 그다.[59]•

가제트 뒤 시네마

1949년 10월, 모리스 셰레는 작은 영화 잡지『라탱 지구 시네클럽 회보Bulletin du Ciné-Club du Quartier Latin』에 비아리츠의 '저주받은 영화제'에 대한 보고서를 싣는데, 이 잡지에 실릴 대부분의 글을 그가 도맡아 쓴다. 1949년 4월부터 출간된 이 월간지는 지역 신문『레브도 라탱L'Hebdo-Latin』의 부록으로, 프레데리크 프뢰셸이 책임 편집자로 있다. 이른바 시네클럽의 프로그램를 소개하는 책자다. 셰레는 여기에 'CCQL 토론 디렉터 M. S.'라는 이름으로 특별 상

• 이때 사진은 이 책에 수록되지 않았지만, 인터넷에서 찾아볼 수 있다.

영작에 대한 서평을 몇 편 쓴다. 1950년 3월 〈독립기념일Quatorze Juillet〉의 특별 상영과 함께 르네 클레르를 초대한 것을 계기로 프랑수아 트뤼포와 함께 비평을 썼는데, 이 글은 트뤼포의 첫 번째 글이다. 〈게임의 법칙La Règle du Jeu〉의 미편집본 상영과 함께 장 르누아르를 초대했을 때도 그는 트뤼포와 함께 글을 쓴다. 이 잡지에 가장 자주 참여한 필자는 자크 리베트다. 특히 1950년 3월에 실린 「우리는 더 이상 순수하지 않다Nous ne sommes plus innocents」는 매우 중요한 비평이다. 이 글은 누벨바그의 진정한 선언으로, 스무 살의 젊은 비평가 리베트는 떠오르는 세대에게 가장 단순하게 연출해야 한다는 원칙과 함께 성찰적이고 멜랑콜리한 영화를 수용하자고 제안한다. "우리는 수사적 도취와 질식으로 지쳐 가고 있다. 단순한 글쓰기 영화로 돌아가야 한다. 우주의 행위, 삶과 존재의 양식, 선언을 영화에 기록하자. 차갑게 영화를 찍고, 기록에 바탕을 두고, 카메라가 증인과 눈의 역할을 하게 하자. 콕토는 무례함이라는 개념을 적절하게 포함시켰다. 우리는 구경꾼이 되어야 한다."[60]

1950년 5월 모리스 셰레는 더 나아가 『가제트 뒤 시네마La Gazette du Cinéma』를 시작한다. 그는 매우 구체제적인 잡지 제목을 선택한다. 테오프라스트 르노도Théophraste Renaudot가 1631년에 설립한 프랑스 최초의 정기 간행물 『라 가제트』를 암시하는 제목이며 그의 전통적 정신에 잘 어울리는 제목이다. 그러나 『가제트 뒤 시네마』(이하 『가제트』)는 전혀 일화적인 잡지가 아니며 반대로 야망으로 가득했다. 1950년 5월 27일과 6월 5일에 사업자 등

록을 신청한 '출판 책임자, 모리스 셰레'의 월간지의 법령과 동기
는 분명했다. "이 새로운 잡지는 영화 소식과 비평을 다루며, 모든
조직에 절대적으로 독립적이고, 어떤 다른 목적보다 영화 예술
에 대한 가장 위대한 지식과 가장 효율적인 이해를 위해 시네클
럽이 추진하는 운동을 확대하는 데 기여할 계획이다. 우리 잡지
는 클로드 모리악, 앙드레 바쟁, 로제 린하르트, 자크 도니올발크
로즈, 조제프마리 로 뒤카Joseph-Marie Lo Duca, 피에르 바이, 장 부예
Jean Boullet, 알렉상드르 아스트뤽, 모리스 셰레 등을 편집진으로 두
어 지속적인 협력을 확보한다."[61] 우수한 필자와 15프랑이라는 저
렴한 가격, 4면으로 구성된 대형 판본의 광택 표지를 내세운 잡지
『가제트 뒤 시네마』는 제7의 예술 전문 서점 미노토르의 후원을
받아 파리 10여 개 서점가에 배치된다.

셰레가 이 출간 모험을 감행할 수 있었던 것은 자크 리베트와
같은 시기에 만난 프랑시스 부셰라는 헌신적인 시네필이자 수완
좋은 젊은이의 도움 덕분이다. 스무 살의 두 청년은 4년 전 루앙
에 있는 우아조 시네클럽ciné-club des Oiseaux에서 서로 알게 되었고,
노르망디 중심지의 언덕 위 외딴집에서 16밀리 첫 단편 영화 〈네
모퉁이Aux Quatre Coins〉를 촬영한 후, 1948년 말에 파리로 상경했
다. 파리에서 부셰는 로제 코르나유Roger Cornaille를 만나고, 코르나
유는 그를 미노토르 서점에 고용한다. 이 젊은이는 셰레를 보좌
하는데, 말하자면 그의 편집 보조가 된다. 그에게는 두 가지 야망
이 있다. 『레크랑 프랑세』는 몰락하고 있고, 우파든 좌파든 영화
를 사랑하는 시네필이 연합할 수 있는 '독립적이고 흥미롭고 학

식 있고 지적인 영화 잡지'[62]를 만들지 못할 이유가 무엇이겠는 가? 서평집이 아니라 진정한 영화 신문 말이다. "우리의 모델은 『르 몽드_Le Monde_』였다"[63]고 부셰는 풋내기의 대담함을 보이며 고백한다. 『몽드 뒤 시네마_Monde du Cinéma_』는 매달 4면의 대형 지면으로 구성되어, CCQL에 있는 셰레의 젊은 친구들과 유명한 신진 비평가가 합류한다. 생트바르브에서 셰레의 학생이었던 조르주 카플랑(프랑시스 부셰의 지지로 편집장으로 승진한)과 에프롱 거리에서 외국 서점을 운영하는 그의 아버지 덕분에 『가제트』는 라그랑주 거리에 있는 인쇄업자 베레스니아크의 회사를 발견한다. 드라공 거리에 있는 니나 두세_Nina Doucet_의 아트 갤러리는 이 모험에 공간을 제공한다.

하지만 진짜 본부는 유명한 생제르맹 대로에 있는 식당, '루아얄 생제르맹'이었다. 그곳에서 편집 위원회는 저녁 10시부터 자정까지 일주일에 수차례 모임을 연다. 거기에 가장 정기적으로 드나들던 사람은 셰레와 부셰, 카플랑 이외에 자크 리베트, 한스 루카스라는 독일식 가명으로 가장 유명해진 장뤽 고다르, 피에르 바이, 장 도마르시, 에티엔 숌통, 기 르세르티쉐르_Guy Lessertisseur_ 와 장 두셰가 있었다. 두셰는 최종 편집에 대해 이렇게 기억한다. "『가제트』편집자들은 식당에서 논의했고, 셰레가 사는 작은 방에서 잡지를 제작했다. 위대한 모모가 까다롭게 준비한 비스킷과 차 의식은 이때 이미 윤곽을 잡아 가고 있었다. 『가제트』의 이런 모험은 1950년 『카이에 뒤 시네마』의 초안이었다."[64] 편집자들 외에 제고프도 정기적으로 드나든다. 프랑수아 트뤼포는 자원

입대해서 독일에 간다. 그는 맏형 셰레에게 이렇게 편지를 보낸
다. "내 옛 동료여, 들리지도 않고 이해하지도 못할 희미한 영화를
만드는 일은 접어 두고, 『가제트』에 진지하게 전념하기를 바랍니
다. 나는 인도차이나로 떠나기 전에 훈련을 받고 있습니다. 여긴
지옥입니다. 배에 진흙을 가득 묻히고 눈 속에서 포복을 하는 엄
청난 훈련과 혹사로 순교 직전입니다. 그리고 등에 32킬로그램의
짐을 지고 강행군을 했습니다. 결심했습니다. 바덴바덴의 독일
점령군 정보 잡지의 편집장이 돼서 이 모든 상황을 끝내고 싶습
니다. 그래서 당신의 말 한마디가 필요합니다. 그렇게 된다면 나
는 한 달에 3만 프랑을 받고 계급이 올라가고, 더 이상 힘쓰지 않
고 더 이상 연기하지 않아도 됩니다. 간단히 말해, 지상 낙원이 될
것입니다. 그러니까 당신이 이렇게 편지 머리말을 써서 보내 주
기를 바랍니다. '나는 프랑수아 트뤼포 씨가 1950년 5월에서 10월
까지 월간지 『가제트』의 편집자였음을 증명합니다. 그는 일곱 편
의 보도 기사 시리즈를 작성했으며, 스물두 편의 영화 분석과 비
평 기사를 썼습니다. 우리는 그의 협력에 매우 만족했으며, 그는
국방의 임무를 수행하기 위해 전적인 자유 의지로 『가제트 뒤 시
네마』를 떠났습니다.' 웃지 마세요, 정말 진지합니다.[65] 당신이 영
화를 만든다면 영화는 눈에 띄지 않는 작은 디테일의 예술이며,
사랑스러운 여인에게 사랑스러운 일을 하는 것임을 잊지 마시길
바랍니다. 리베트에게 안부 전해 주세요. 라인강 저편에 있는 친
구가 당신을 믿고 있다는 것을 잊지 마세요. 내가 인도차이나에
서 죽으면 당신 잘못입니다!"[66]

얼마 후 트뤼포는 탈영했다가 체포되어 영창에 갇힌다. 『가제트 뒤 시네마』 창간호는 1950년 5월 말 예시본 3천 부에서 출발한다. 잡지를 가판대에 게시하지 않아서 배포에 즉시 문제가 생긴다. 그래서 시네필들은 셰레와 부셰, 카플랑을 선두에 두고 오데옹 광장에 있는 영화관과 생제르맹 카페 앞에서 큰 소리를 외치며 잡지를 판매한다. "그는 조심스럽게 주저하며 그 일을 했다"[67]고 부셰는 설명한다. 그렇긴 해도 로메르는 이 시절이 그의 삶에서 가장 행복했던 시간이라고 말할 것이다. "우리는 이미 서로를 잘 알았고 영화에 대해 얘기했다. 영화에서 모두 같은 것을 좋아했던 은혜로운 시기가 왔는데, 그 시절이 『가제트 뒤 시네마』의 창립 순간이다. 우리는 과감하게 투신할 정도로 순진했다. 나는 재정의 일부를 조달했고, 친구들도 돈을 조금 보탰다. 그래도 운이 좋아서 시네클럽 회원들이 고객이 되었고, 창간호는 수익을 가져다주었다."[68]

『가제트 뒤 시네마』는 5회(실제로는 1950년 5월부터 11월까지 여섯 달 동안)에 걸쳐, 20여 편의 중요한 글과 주요 영화제, 최근 영화 소식에 대한 기사를 발행한다. 알렉상드르 아스트뤽은 연극과 영화를 대비시킨 「미장센에 대한 노트Notes sur la mise en scène」라는 주요 기사를 첫 호에 쓴다. 다음 달에는 『가제트』 멤버 중 한 명인 장 폴 사르트르가 글을 쓴다. 좋은 편집 사설이었다. 프랑시스 부셰는 갈리마르 출판사를 찾아가 비서로 있는 장 코Jean Cau를 통해 사르트르에게 창간호의 글을 부탁한다. 사르트르는 기뻐하며 두 호에 걸쳐 긴 글을 쓴다. 「영화관은 나쁜 학교가 아니다Le cinéma n'est pas une mauvaise école」에서 그는 CCQL 단체가 매우 민감하게 여기는 시네필 학습 과정을 예찬한다. 20년 전을 회상하는 내용으로, 사르트르는 르아브르고등학교에서 젊은 교사로 있던 자신을 회고하면서 영화관에서 느낀 감정이 얼마나 큰 것이었는지, "아직 예술로 인식되지 않았던 이 예술이"[69] 얼마나 어린 시절을 뒤흔들었는지에 대해 고백한다. 그러니까 프랑스 지성적 삶의 중심에 있는 철학자는 자서전적 글을 쓰는 과정에서 '시네마토그래픽적 교육 과정'의 중요성을 인정한다. 또 다른 중요한 기사는 장 두셰가 북부 에퀴르의 〈시골 사제의 일기Journal d'un Curé de Campagne〉 촬영 현장을 방문해서 로베르 브레송과 인터뷰한 글이다.

1950년 9월에는 19세의 젊은 비평가 고다르가 중요한 글을 쓴다. 장뤽 고다르[70]는 그의 초기 글 중 하나인 「정치적인 영화를 위하여Pour un cinéma politique」를 여기에 싣는다. 독자나 친구들과 정반대 입장에서 놀랍게도 그는 스탈린주의 영화를 예찬한다. 고다르는 CCQL에서 뒤죽박죽으로 봤던 상당한 분량의 소비에트 영화에서 시작해 신체의 아름다움과 서정적 움직임, 영화의 생기를 찬미하며, 이를 엄밀한 형식적 틀에서 평가한다. 이 비평가는 뻔뻔스럽게도 더 멀리 나아가서, 모든 선전 영화를 하나의 일관된 전체로 동일시하고, 반대편에 있는 나치 영화 역시 자신이 채택된 관점에서 보면 동일한 것이 될 거라며 칭찬한다. 그는 이와 관련해 레니 리펜슈탈Leni Riefenstahl의 "감각적" 숏, 나아가 "〈영원한 유대인Der Ewige Jude〉의 사악한 추함"과 같은 것을 언급한다. 고다르는 이런 앙가주망 미학이라는 이름으로 프랑스 영화의 무가치와 허상을 개탄하면서, 역사물에서 교훈을 얻자고 엄중하게 주장한다. "프랑스 시네아스트에게는 불행하게도 시나리오가 부족하다. 필리프 앙리오Philippe Henriot•의 죽음과 세금의 분배, 그리고 다니엘 카사노바Danielle Casanova••의 놀라운 인생에 대한 영화가 어떻게 아직까지 만들어지지 않을 수 있는가?"[71] 고다르는 우파(대독 협력 정책의 동조자)든 좌파(레지스탕스 공산주의자)든 모두 뒤섞어서 좌파 지성인에게 충격을 주려 한다. 1950년 10월, 제4호부터 『가제트』는 더 작은 판본을 사용해서 8면까지 지면을 늘릴 수 있었다. 또 다른 스무 살 젊은 비평가 자크 리베트는 점점 입지를 키운다. 그는 비아리츠에서 열리는 제2회 '저주받은 영화제'에 대한 가혹한 결산 기사를 쓰고, 앨프리드 히치콕의 최신 영화 〈염소자리Under Capricorn〉에 대한 긴 분량의 글을 제5호에 게재한다.

이전 호가 수익을 충분히 내지 못하면서 제6호는 발행되지 못한다. 프랑시스 부셰는 "우리는 궁지에 몰렸다. 1950년 11월 어느 날, 우리에게 돈을 받지 못한 인쇄업자가 '이번이 마지막이요'라고 말했다. 순식간에 일어난 일이었다"[72]고 설명한다.

모리스 셰레는 아스트릭이나 리베트, 고다르와 비교해서 『가제트 뒤 시네마』에 거의 글을 싣지 않는다. 시네마테크에서 봤던 옛날 영화에 대한 글(채플린의 〈시티 라이트City Lights〉, 드레이어 Carl Theodor Dreyer의 〈두 사람Två Människor〉, 그리피스의 〈어느 놀라운 밤

• 비시 정부에서 선전 방송을 지휘한 시인이자 기자
•• 프랑스 공산주의자이며 레지스탕스의 일원

One Exciting Night〉)이 대부분이었다. 무엇보다 그는 직접 글을 쓰기보다 다른 사람이 쓰도록 관리하는 편집장 역할을 한다. 그럼에도 1950년 11월에 이 비평가는 로베르토 로셀리니의 〈스트롬볼리Stromboli〉를 보고 어떻게 충격에 빠졌는지에 대해 설명한다. 그 글은 이 영화의 종교적 계시를 보여 주기 때문에 중요하다. "신이 부재하는 인간의 비참함을 높이 선포하면서, 어떤 수사도 없이, 우리에게 보도록 주어진 유일한 증거를 통해, 은총에 대한 기독교 사상을 이토록 황홀하고 놀랍게 표현한 영화를 나는 이 시대에 본 적이 없다. 모든 예술 가운데, 오늘날 영화만이 이 높은 곳에서 완전히 장엄하게, 흔들림 없이 움직일 수 있는 유일한 예술이며, 숭고라는 미학적 범주에 자리를 줄 수 있는 유일한 예술일 것이다." 셰레는 1950년 9월 초 시사회에서 잉그리드 버그먼Ingrid Bergman이 출연하는 로셀리니의 이 영화를 본다. 이 영화는 그에게 실존의 중요한 단계, 즉 회심을 이룬다. 훗날 그는 이렇게 시인한다. "내가 실존주의에서 벗어날 수 있었던 것은 로셀리니 덕분이다. 그 사건은 〈스트롬볼리〉가 한창 상영되고 있을 때 일어났다. 상영 첫 몇 분 동안 나는 이 영화가 스스로를 제한할 것이라 믿었던 사르트르 리얼리즘의 한계를 느꼈다. 이 영화가 보여 주는 세상에 대한 시선이 싫었다. 이어, 나는 이 영화가 나를 그 시선을 넘어서도록 격려한다는 것을 깨달았다. 그러다 회심이 일어났다. 그 일이 〈스트롬볼리〉를 보다가 일어난 놀라운 일이었고, 다마섹으로 가는 나의 길이었다. 영화 한 중간에 나는 회심했고, 내 시각은 바뀌었다."[73]

게다가 이 시기는 어쨌든 에릭 로메르라는 가명이 공식적으로 처음 사용된 때다. 1950년 9월 『가제트』 제3호에서 '편집장: 에릭 로메르'라는 언급이 등장한다. 가명 사용은 당시 언론에서는 일반적인 것이었고, 셰레와 친한 몇몇 젊은 비평가도 가명을 사용하고 있었다. 장뤽 고다르는 이미 '한스 루카스'로 쓰고 있었고, 프랑수아 트뤼포는 '로베르 라슈네'나 '프랑수아 드 몽페랑'을 쓰고, 클로드 샤브롤은 '장피에르 구트'라는 가명을 선택한다. 셰레에게 가명은 문학적 댄디즘이나 더 많은 기사를 신문에 실을 수 있는 방편이 아니라, 그의 학교 제자와 지인, 친구의 시선으로부터 그를 보호해 줄 분신을 만들어 낼 수 있는 착상이었다. 이는 특히 가족을 위한 것이며, 더 특별하게는 어머니를 위한 것이었다. 그의 어머니는 큰아들이 시험에 실패한 것 때문에 너무 근심했고, 교사 직업에 대해 크게 걱정하고 있으며, 좋은 평판과 가톨릭적 미덕에 매우 민감했기 때문에 자신의 아들이 예술가나 자유분방한 사람인 줄 알았다면 수치로 생각했을 것이다.

　가장 처음 등장한 가명은 앞서 보았듯 1946년 봄부터 사용한, 소설 『엘리자베스』의 저자 이름인 '질베르 코르디에'다. 1949년 말부터 사용한 '앙토니 바리에'라는 두 번째 가명은 한 번도 대중 앞에 나선 적이 없는 인물의 이름이었기 때문에 이를 둘러싸고 더 큰 의혹이 생긴다. 이 사람은 라탱 지구 시네클럽에서 상영된 작품 가운데 몇 편의 단편 영화를 만든 실험 영화 시네아스트, 아방가르드 예술가의 이름으로 소개된다. 1950년 1월, '장 데르Jean d'ER'라는 인물이 『라탱 지구 시네클럽 회보』에 앙토니 바리에에 대한 글을 쓴다. 대문자로 쓰인 'ER'는 에릭 로메르로 가는 첫 단계처럼 보인다. 시네아스트가 항상 주장해 왔듯이, 셰레가 로메르를 선택한 것은 순수 창작, 순수한 상상력에 의한 것이겠지만, 개인적으로 참조할 만한 분신을 찾을 수도 있지 않을까? 먼저 색스 로메르(헨리 사스필드 워드Arthur Henry Sarsfield Ward의 가명)는 영국의 대중 작가이자 탐정 소설 작가로, 1920년대에 프랑스에 번역되어 셰레가 읽었던 푸만추라는 인물이 등장하는 책의 창작자이기도 하다. 레지스 로메르Régis Rohmer에 대해 말하자면, 튈에서 코레즈 기록 보관소의 관리자이자 백년전쟁에 대한 역사학자이고, 로메르의 아버지와 공동 작업을 했기 때문에 셰레가 완전히 모른다고 할 수 없는 인물이다. 나머지 '에릭'은…… '모리스 셰레'의 모든 철자를 함께 놓고 이를 바꾸다 보면 완벽하게는 아니지만, '에릭 로메르'라는 글자가 만들어진다. 이렇게 셰레의 삶과 작품에 처음으로 '에릭'이라는 이름이 등장한다. 적어도 질베르란 이름보단 훨씬 낫다.

첫 번째 단편 영화들

첫 영화를 만들면서 모리스 셰레에게 가명은 더 필요한 것이 되었다. 모친의 눈에는 영화 작업이 더 평판이 좋지 않은 활동으로 보였기 때문이다. 이 영화 중 다수는 훗날 소실되거나 훼손된다. 그럼에도 불구하고 어떤 필름은 50년 후에 다시 나타나기도 하는데, 〈베레니스〉(1954)가 그런 경우다. 로메르 사무실 한 구석에 비디오vhs 형태로 방치되어 있는 것을 사람들이 나중에 발견한다. 〈크로이체르 소나타La Sonate à Kreutzer〉의 필름은 이미지 부분은 로장주 영화사에서, 사운드 부분은 로메르의 개인 기록 보관실에서 발견된다.[74]

1949년 장 콕토가 『콩바』에서 선언한 것처럼, 영화에 대한 셰레의 욕망은 그 시기 특유의 16밀리 영화에 대한 선호에서 가장 잘 나타난다. 장 콕토는 "16밀리는 기계 장치일 뿐만 아니라 영혼이다. 35밀리 카메라가 그 레일의 무게와 유연성의 결여, 비용 때문에 항상 자유가 제한된다는 점에 비추어 볼 때, 16밀리는 기본으로 돌아가게 하는 영화 장치다"[75]라고 주장한다. 16밀리에 대한 이런 편애는 결정적이다. 1940년대 말부터 16밀리를 통해 역사와 픽션, 이야기, 미장센에 대한 욕망을 꿈꾸고 구체화했으며, 이는 젊은 영화감독들이 사용하는 전형적인 포맷이 되었다. 이런 조건에서 직접 촬영했던 알렉상드르 아스트뤽은 『가제트 뒤 시네마』에 쓴 글에서 이렇게 말한다. "영화는 이미 지적 역사의 얼굴을 바꿔 놓았다. 오늘날 데카르트가 살아 있다면 16밀리 카메라를 들고 자기 방에 틀어박혀 영화를 찍거나, 『방법서설Discours de la Méthode』을 필름으로 쓰고 싶어 했을 것이다."[76]

셰레 역시 16밀리 활동가로, 아마추어 정신과 가벼움의 기술에서 생겨난 영화를 시도한다. 그렇지만 1949년 10월 『레 탕 모데른』에 쓴 글에서는 어떤 순간에 회의적 태도를 보인다. "16밀리 실천에 대한 지나치게 진지한 희망을 포기하자. 장 루슈Jean Rouch 가 만든 검은 아프리카에 대한 훌륭한 영화의 경우처럼 예외적인 주제의 특정 다큐멘터리를 제외하고, 우리는 가짜 시적 영화를 너무 많이 보아 왔다. 그런 영화에서는 몽유병자처럼 방황하는 주인공의 특징을, 단지 복잡한 번민으로 경련을 일으키는 얼굴을 포착한 흔들거리는 카메라로 보여 줄 뿐이다. 조화로운 조명과 이동식 파티션이 있는 스튜디오를 대체할 것은 없으리라. 아직까지 16밀리는 열정을 불태우고 책상을 어지럽히는 것을 두려워하지 않는 사람들을 위한 훌륭한 학교로 보일 뿐이다."[77] 이 기묘한 글에서 그는 기술적인 아마추어리즘을 비판하고 스튜디오에서의 고품격 영화 제작을 지지한다. 그는 16밀리를 '열정'에 추동된, 즉 자기 자신과 같은 젊은이가 이용 가능한 훈련장으로 취급한다.

일단 이런 망설임이 사라지자, 로메르는 CCQL의 친구들과 자신을 보호할 수 있는 영화 학교, 아마추어 영화에 대한 찬가를 바로 실천한다. 그 실천은 단순하고 빈약한 수단을 통해 영화를 쇄신하면서 자기주장을 할 수 있기 때문에 유익하다. 16밀리는 경제적인 필연성이긴 하지만, 주장이기도 하다. 즉, 감독이 스스로 창작할 수밖에 없는 숙명으로 여길 때, 16밀리는 신속하고 가볍게 촬영할 수 있는 기회이자 좋은 학교인 것이다. 1949년부터 『라탱 지구 시네클럽 회보』는 "시네클럽의 젊은 회원 3인"[78]이 활동하는 분과, "시네아스트 앙토니 바리에를 중심으로 한 연출 분과"의 창설을 공지한다. 사실 이 3인은 셰레와 생트바르브의 두 제자, 프뢰셸과 카플랑이다. 이렇게 앙토니 바리에의 시대에 접어들면서, 한편으로는 어떤 망상적 이야기가 퍼져나간다. 특히 폴 제고프는 그를 사악하고, 페티시즘적이며 성적 억압에 사로잡힌 실험 영화감독으로 만들어 버린다. 이와 관련해 로메르는 (드물게) 설명한다. "생트바르브에 한 동료가 있었는데, 그는 취미로 연극과 연기를 가르친다. 나는 취미로 영화 수업을 한다. 어느 날 제자 카플랑이 내게 말했다. '그런데 이런저런 영화를 비평하지만 말고, 당신은 영화를 만들어야 합니다.' 난 카메라가 없다고 대답했다. '내게 한 대 있어요. 빌려 드릴게요.' 그렇게 난 영화를 만들기 시작했다."[79] 라탱 지구 시네클럽에서 빌린 필름을 확보한 세레와 두 젊은 공모자는 가공의 영화감독을 창조하고, 상영회에서 그를 위한 모금을 진행한다. 그들은 회보를 통해 이 감독의 말을 전하고, 이후 16밀리 습작을 촬영한 후 CCQL의 상영회에서 보여 준다. 그 단편 영화 몇 편에 폴 제고프가 출연하고, 리베트는 편집하고, 고다르는 몇 장면을 촬영하는데, 이것이 고다르가 촬영한 첫 번째 영화다.

앙토니 바리에는 1949년 11월 『라탱 지구 시네클럽 회보』에 실린 한 기사를 통해 소개된다. 그의 16밀리 촬영 현장인 노트르담을 방문한 샹탈 데르베이(분명히 또 다른 가명일)는 기사에 이렇게 쓴다. "카키색 점퍼를 입은 짧은 갈색 머리의 키 큰 남자가 앙토니 바리에다. 이 아방가르드 젊은 미국 감독은 최근에 최고의 아마추어 미국 영화에 수여하는 상을 받은 바 있다."[80] 기사는 이렇게 이어진다. "앙토니 바리에는 최신 기술을 최대한 활용하는 것으로 알려져 있다. 실제로 여자 주인공이 남자 주인공에게 고백을 유도해서 남자 주인공이 비밀을 밝히는 순간, 이 부부는 카메라 쪽으로 걸어가는데 뷰파인더 프레임에 여자 주인공 입이 들어올 때까지 다가간다. 16밀리 카메라는 훌륭한 도구다."[81]

두 달 후, 셰레는 장 데르라는 가명 아래 자신을 숨기고, 바리에의 가짜 영화 〈초상화의 소년The Boy of the Portrait〉(너를 사랑할 수도 있었는데J'aurais pu vous aimer)에 대한 A에서 Z까지를 만들어 열광적인 언론 서평을 쓴다.[82] 앙드레 바쟁은 『시네몽드Cinémonde』에 "앙토니 바리에 앞에서 항복해야 한다. 그는 엄청난 강도에서, 표면에서 깊은 심연을 끄집어낼 줄 아는 감독이다"라고 쓰고, 반면 장 불레는 『라 스멘 드 수제트La Semaine de Suzette』에, 아르망 콜리에Armand Cauliez는 『라 르뷔 뒤 시네마』에, 클로드 모리악은 『레 탕 모데른』에, 프뢰셸은 『라 프라브다La Pravda』에 영화의 "절제된 대담함" 앞에서 행복을 만끽한다고 쓴다. 물론 모리스 셰레는 『르뷔 쉬레알리스트Revue surréaliste』에 바리에에 대한, 결국은 자기 자신에 대한 동어 반복적 찬사를 보낸다. "이 영화를 정말 좋아한다. 영화이기를 거부하기 때문에 결국 영화가 되는 영화다. 주제의 독창성은 매우 고전적 단순함과 겸손함에 있다. 어디에서 새로움을 말할 수 있을까? 하지만 발전은 때로 뒤로 가는 것이 아닐까?"[83] 종종 이런 비밀스러운 술책 안에 사춘기 학생처럼 자기 패러디적이고 유치한 로메르의 어조가 있다. 이런 비밀로 인해 같은 사람이 쓴 글에 영화에 대한 가장 위대한 생각과 모순적인 조롱이 공존한다.

라바르트와 샤브롤, 리베트의 일치된 증언에 따르면, 1951년 봄 CCQL에서 앙토니 바리에는 그의 첫 영화를 소개한다. 그들은 젊은 미국 예술가가 만든 탐사 영화 〈신선한 물과 사랑: 생 제르맹데프레에 대한 성적 랩소디D'Amour et d'Eau Fraiche: Rhapsodie Sexuelle sur Saint-Germain-des-Prés〉(〈성적 랩소디Sexual Rhapsody〉라고도 불린다)를 함께 봤다고 말한다. "리베트가 촬영한 후 매우 자랑스럽게 여겼던 시계추 숏"을 기억하는 앙드레 라바르트는 영화의 결말로 쓰인 초기 고다르적 장면 중 하나에 대해 이렇게 묘사한다. "우리는 꽤 오랫동안 남자 공중화장실을 봐야 했는데, 결국 마지막에 한 여성이 남자 공중화장실에서 나왔다."[84]

1950년 봄, 에릭 로메르는 가명으로 첫 영화 〈범죄자의 일기 Journal d'un Scélérat〉를 촬영한다. 30분 길이의 16밀리 무성 영화이며, 폴 제고프가 주연 배우로 출연한다. 필름 원본은 대부분 소실되었지만, 육필 시나리오 열 장이 남아 있다. 주인공 H는 이 여자 저 여자를 전전하는 바람둥이인데, 제고프의 실제 성격에 영감을 받았음이 분명하다. 그는 매일 벤치에 앉아 있는 한 쌍의 연인, 프랑수아즈와 베르나르를 자기 집 창문 밖으로 쳐다본다. 그는 불량배 프레데리크와 그녀를 겁탈하는 사기극을 꾸며 결국 여자를 유혹한다. 그녀에게 피아노를 가르쳐 준다는 핑계로 집에 끌어들여 그녀를 안심시키고 사랑을 나눈다. 하지만 베르나르가 사기극이란 사실을 알아차리자 H는 결국 그녀를 버린다. 그는 자신의 고양이와 피아노 곁으로 돌아간다.

1950년 6월 13일 자 LCM 현상소의 청구서 뒷면에 시네아스트는 두 주연 배우에게 전하는 지시 사항과 함께 편집에 대한 노트를 기록한다. "폴 제고프"는 H 역할, 그리고 "조제트 싱클레르

Josette Sinclair[85]는 프랑수아즈 역할". 마지막으로, 1950년 6월 28일 파리에 있던 조르주 카플랑은 뤽의 부모님 집에 체류하고 있던 모리스 셰레에게 크라프트 봉투를 발송했는데, 그 안에는 16밀리 네거티브 필름 일부가 들어 있었다. 영화 크레디트 제목이 분명하게 보이고, 20개 포토그램의 40개 조각은 각각 영화의 1분 정도에 해당하는 부분이다. 이 필름에서는 반나체의 제고프가 맞은편에서 옷을 입고 있는 금발 여성을 유혹하고, 멀리서 이 장면을 바라보는 또 다른 갈색 머리의 여성을 볼 수 있다.

〈유대인 쥐스〉 사건

세네필과 영화 비평, 영화 제작 활동이 왕성했던 이 시기는 혼란과 논쟁으로 마무리된다. 1950년 가을 『가제트』의 발행이 갑자기 중단된 것은 단순히 인쇄업자 베레스니아크에게 밀린 빚 때문만은 아니다. 모리스 셰레와 프레데리크 프뢰셸이 라탱 지구 시네클럽에서의 협업을 동시에 멈춘 것도 단순히 다른 일을 하기 위해서는 아니었다. 사실 분위기가 악화되고 있었다. 음주와 폭력, 병을 깨뜨리고 손님을 위협하는 등 제고프의 일탈 행동이 여러 차례 이어진 이후 『가제트 뒤 시네마』 집단은 본부인 루아얄 생제르맹에서 쫓겨난다. 프랑시스 부셰는 계속되는 엉뚱한 일에 진력이 난 데다 좌파에 더욱 민감해지면서 공산주의자에 가까워지고, 그들과 거리감을 유지하다가 18개월짜리 군복무에 지원한다. 게다가 시네클럽 상영회에 사람들을 끌어오기 위해 프뢰셸이 사용한 방법은 선동과 한바탕 소동에 기반한 것이다. 그는 생제르맹대로를 이리저리 다니는 샌드위치맨을 이용해 손님을 끌어들인다. 그리고 파이트 할란Veit Harlan의 〈유대인 쥐스Jud Süß〉(1940)와 한스 슈타인호프Hans Steinhoff의 〈젊은 히틀러Hitlerjunge Quex〉와 같은 나치 선전 영화의 상영을 약속한다. 이 일로 인해 CCQL에 대한 관심이 집중되면서 한편으로는 공산주의자 대학생의 반발을 부추기고, 다른 한편으로는 네오나치를 결집시키며 폭력을 불러모은다.

1950년 10월에 이 책략이 조금은 지나치게 잘 통하면서 굵직한 시위와 국가적 규모의 스캔들이 일어난다. 수백 명의 유대인 연합 대학생, 전쟁 퇴역 군인, 과거 강제 유형수, 공산주의와 사회주의자, 가톨릭 활동가가 생제르맹대로로 극장 앞으로 이동해 캠프를 치고, 10월 6일로 예정된 〈유대인 쥐스〉의 상영 금지를 요구한다. 이에 파리 3구 경찰청은 상영 금지령을 내린다. "라탱 지구 시네클럽에서 영화 〈유대인 쥐스〉의 상영 홍보를 위해 공공연하게 붙인 포스터에 비추어 볼 때, 히틀러에서 영감을 얻은 〈유대인 쥐스〉는 정부 허가권 없이 광고되고 있어 공공질서를 심각하게 어지럽힐 가능성이 있다고 판단한다. 제1조 명령, 1950년 10월 6일 금요일 17시 45분, 클뤼니 팔라스 영화관 라탱 지구 시네클럽에서의 상영을 금지한다. 제2조 명령, 시경찰의 사무국장과 그 명령 하에 있는 기관은 이 법령의 집행을 보증할 책임이 있다."[86]

10월 3일 아침에 경찰이 클뤼니 팔라스에 투입되어 네오나치 선동 자료로 의심되는 『가제트 뒤 시네마』 파일을 입수하고,

CCQL 대표인 모리스 셰레를 체포하기 위해 빅토르쿠쟁 거리 뤼테스 하숙집으로 올라간다. 다른 경찰 조는 생미셸대로 3가에 사는 경영 대표 프레데리크 프뢰셸의 기상 시간에 맞춰 진입한다. 며칠 후 프랑스 국회에서 한 의원이 내무부 장관에게 "가장 어두운 시절을 공개적으로 소환하는 이런 도발을 중지"[87]해 줄 것을 요청한다. 그리고 이 시네클럽과 그 재정을 조사해 줄 것을 표명한다. 경찰이 즉각적으로 수집한 모든 증언에 따르면 프뢰셸은 〈유대인 쥐스〉의 사본을 보유하고 있지 않았다. 순전히 홍보 효과를 노린 것이다. 이것이 두 시네필을 구한다. 그들은 하루 정도만 구류되었고, 고소나 재판 없이 방면된다.

하지만 CCQL은 강하게 타격을 입고, 셰레-프뢰셸 지휘 체계는 종말을 맞는다. 1950년 12월 1일 Ufocel(공립영화교육국 프랑스연합Union française des offices du cinéma éducateur laïque)은 "셰레와 프뢰셸"[88]을 사기 단체로 고소한다. 프레데리크 프뢰셸의 아버지는 빈번하게 반복되는 스캔들에 격노해서 CCQL을 포기하고, Ufocel을 내세워 더 이상 시네클럽에 재정적으로 보증하지 않겠다고 결정한다. Ufocel의 서기관 마르셀 카디Marcel Cady는 〈유대인 쥐스〉 사건이후 한 달 반 이내에 사건이 처리되기를 바라며, 모리스 셰레와 젊은 보좌관의 해임을 요구한다. 편지는 위협적이다. "조사가 이루어질 경우, 귀하 조직의 제명 원인이 되는 이유 전부를 알리지 않는 편이 좋겠습니다"[89]라고 그는 결론짓는다. 셰레는 이를 결행하고, CCQL 회장직에서 물러난다. 그러나 3개월 후 시네클럽은 재정비되어 활동을 재개한다. 장미셸 오퀴Jean-Michel Aucuy가 신임 대표가 되고, 이번에는 국제 아방가르드영화협회에 가입한다. 1951년 3~4월에는 새 이름을 가진 시네클럽 회보 『CCQL 신보 *Bulletin du Nouveau CCQL*』가 다시 등장한다. 5월 25일 자 후속 프로그램에 〈유대인 쥐스〉가 있었지만, "1935년 반인종주의 버전"[90]이라고 명시하고 있는 이 영화는 이전 영화와 다른, 영국에서 촬영하고 콘라트 바이트Conrad Veidt가 출연한 로타 멘데스Lothar Mendes의 작품이다. 이런 방법으로 그들은 이 사건을 정화한다.

게다가 『가제트 뒤 시네마』 마지막 호는 1950년 9월 비아리츠에서 열린 제2회 저주받은 영화제를 맞아 격렬한 논쟁을 일으킨다. 그들은 프랑스 시네필의 균열을 부추긴다. 자크 도니올발크로즈의 주도로 '오브젝티프 49'가 주최한 이 영화제에 대해, 『가제트 뒤 시네마』를 중심으로 모인 떠오르는 젊은 시네필과 CCQL이 혹독하게 이의를 제기한다. 자크 리베트는 제4호에서 '오브젝티프 49' 단체의 과시적 우월성과 교만함을 비난할 뿐만 아니라 영화의 잘못된 선택에 대해 공격한다. 이 젊은 비평가는 기사를 이렇게 끝맺는다. "우리에게는 판결이 남아 있다. 목적(오브젝티프)이 우리를 소환했지만, 그것은 오지 않았다. 이런 결론 외에 어떤 것이 있겠는가. "목적(오브젝티프) 파기"[91] 이 논쟁은 프랑스 비평의 분열을 반영하고 있기에 중요하다. 바쟁과 도니올의 세대, 즉 '오브젝티프 49'와 새로운 비평가 세대가 대립한다. 새로운 세대는 리베트와 고다르, 트뤼포, 샤브롤 등으로, 맏형 세레가 이끄는 CCQL과 『가제트 뒤 시네마』의 10년 어린 동생 세대다. 영화 선택, 비평의 논증 방식, 영화 제작 환경의 장소, 이념적 입장 등 모든 측면에서 때로는 급진적 방식으로 차별화된다. 모리스 셰레는 낯설고 불편한 자리이긴 하지만 전략적인 위치에 있었다. 나이와 문화로 보면 그는 바쟁과 도니올발크로즈, 아스트뤽과 대등하게 대화하고 있으며 이미 '오브젝티프 49'의 구성원이자 신진 비평가로 통합된 듯 보인다. 하지만 그는 도발적이고 때로 신랄하며, 때로 불한당처럼 보이거나 정치적으로 이단 같은 동생 시네필들에게 더 친밀감을 느낀다. 이 점은 제고프와 프뢰셀이 최고로 잘 구현한 것이며, 금기를 깨뜨리려는 리베트와 트뤼포, 고다르, 샤브롤 같은 젊은 지성을 매혹하는 점이다. 1951년 4월 선배들이 프랑스 시네필의 중심이 될 잡지 『카이에 뒤 시네마』를 창립하는 순간, 가장 젊은 비평가들은 오직 하나의 꿈을 꾼다. 즉, 이 요새를 공략하는 일이다. 모리스 셰레는 이 비평계의 전투에서 중심 역할을 하게 될 것이다.

『카이에 뒤 시네마』의 시작: 셰레학파

1950년 늦가을, 영화 배급자이자 영화관 경영자인 레오니드 케젤 Léonide Keigel은 자크 도니올발크로즈가 의뢰한 계획에 투자하기로 결심한다. '오브젝티프 49'의 일원이자 과거 레지스탕스였던 케젤은 샹젤리제 아래쪽에 파리에서 가장 아름다운 영화관 중 하나인 '브로드웨이'를 소유하고 있다. 도니올발크로즈는 『라 르뷔 뒤 시네마』를 전수하여 기념하고 설립자 장 조르주 오리올에게 경의를 표하기 위해 잡지를 창립하려고 한다. 하지만 연락했던 모든 출판사, 특히 쇠이유Le Seuil가 거절한다. 『라 르뷔 뒤 시네마』의 출판사였던 갈리마르는 표제를 재사용할 권리를 주지는 않았지만, 견본은 그와 비슷했다. 작은 판형에 잘 짜인 긴 분량의 글들이 문학적 방식으로 편집됐다. 비평가와 작가, 유명 시네아스트의 서명을 기입했으며, 한쪽이나 반쪽 분량의 아름다운 삽화가 몇 개 있고, 표지는 노란색이다. 새로운 잡지 제1호는 샹젤리제 거리 146번지에 마련된 사무실에서 1951년 4월 초에 등장한다. 『카이에 뒤 시네마』가 탄생한 것이다.[92] 편집장 자크 도니올발크로즈는 당시 비평계의 중심에 있던 앙드레 바쟁과 조세프마리 로 뒤카와 함께 작업한다.[93] 로 뒤카는 『라 르뷔 뒤 시네마』에서 일한 적이 있었다. 이후 그는 편집진에서 빨리 사라진다.

『카이에 뒤 시네마』는 새로운 비평의 약속과도 같은 특권을 얻는다. 『라코르드Raccords』, 『라주 뒤 시네마L'Age du Cinéma』, 『레자미 뒤 시네마Les Amis du Cinéma』, 『생시네마 데프레Saint-Cinéma-des-Prés』, 『가제트 뒤 시네마』와 같은 전후 프랑스에서 시네필 함대를 이뤘다가 매우 취약하게 사라진 다수의 잡지 가운데서 『카이에 뒤 시네마』는 기함旗艦이 된다. 30대의 자크 도니올발크로즈는 실제로 문학과 음악적인 문화 속에 사는 고상하고 친근하며 예의 바른 사람이다. 그는 제네바의 명문 개신교 가문 출신으로, 좌파이며 과거 레지스탕스였고, 장 조르주 오리엘의 권유에 따라 『리베라시옹Libération』에서 영화에 입문했다. 매력적이고 매혹적인 수완가인 그의 주변에는 전문가들이 모여들었다. 1951년 2월, 한 카페에서 바쟁과 케젤과 함께 긴 논의 끝에 잡지의 제목을 찾은 사람이 바로 이 사람, 도니올발크로즈다. 또한 그는 『카이에 뒤 시네마』
에 협력할 비평가 필진 대부분과 개인적으로 연락하는 사이였다.
그는 유연하게 일을 처리했고, 대립되는 의견을 조정하고, 프랑
스 영화 협회와 가능한 한 좋은 관계를 유지하면서, 저명한 시네
아스트와 만남을 갖는다. 그는 또한 아내이자 편집 실무 책임자
인 리디의 도움을 받아 제호 준비와 주문, 독자, 교정, 조판, 제작,
정기 구독 발송과 같은 관리를 대부분 담당한다.

　『카이에 뒤 시네마』 비평의 핵심은 앙드레 바쟁이다. 확실히 그
는 세계적으로 가장 중요한 '영화 비평가' 중 한 명이다.[94] 1951년
33세의 나이에 그는 이미 어떤 기준처럼 여겨졌고, 이 잡지의 양
심이 된다. 1958년 11월 그가 죽기까지 15년간 『에스프리』, 『레
크랑 프랑세』, 『프랑스 옵세바퇴르France Observateur』, 『르 파리지
앵 리베레Le Parisien Libéré』, 『라디오시네마텔레비지옹Radio-Cinéma-
Télévision』, 『카이에 뒤 시네마』, 『아르』 등에 동시에 기고했던 2천6
백 편에 달하는 수많은 기사 덕분에, 바쟁은 이 잡지에 더 심도 깊
은 이론과 어조, 의견을 제시했을 뿐만 아니라 잡지의 방향을 제
시하며, 필요하다고 판단되면 논쟁에 참여하기를 주저하지 않았
다. 바쟁은 오손 웰즈에 대한 사르트르의 의견에 반대했고, 미국
영화나 소비에트 영화에서 스탈린 신화에 대한 공산주의자와 루
이 다캥Louis Daquin, 조르주 사둘Georges Sadoul의 의견에 반대했다.
또한 그가 여러 차례 비난한 '신형식주의néo-formalisme'[95]를 취하려
는, 현실적 문제를 회피할 우려가 있으며 우파적으로 편류하는
스타일을 숭배하는 모든 젊은 비평가에 반대했다. 『카이에 뒤 시

네마』지휘 체계는 2인조로 이루어지는데, 도니올발크로즈는 편집장이자 외부적으로 리뷰를 대표하는 외교관이고, 바쟁은 비평지의 관점과 노선에서 일관성을 보증하는 중심인물이자 교육자이며 비평가다. 정신적 아버지[96]이기 때문이든, 무서운 기준이나 보호막이기 때문이든, 그가 가장 젊은 시네필을 끌어들이는(때로 근심하는) 사람이라는 사실은 이론의 여지가 없다. 그는『카이에 뒤 시네마』에 어떤 글이 실릴지를 결정하는 최종 심급에 있는 사람이다.

『라 르뷔 뒤 시네마』의 선배이자 이미 유명해진 평론가 모리스 셰레가 이내『카이에 뒤 시네마』에서 글을 쓰는 것은 필연적이었다. 도니올발크로즈의 요청으로 쓰인 그의 첫 번째 글은 1951년 6월 제3호에 등장한다. 「회화의 허무Vanité que la peinture」라는 제목의 8쪽짜리 기사는 플라어티Robert Joseph Flaherty의 〈북극의 나누크 Nanook of the North〉와 무르나우의 〈타부Tabu〉와 〈선라이즈L'Aurore〉의 사례를 주로 인용하여, 영화의 은총을 증명하는데, 영화는 사물의 움직임을 포착하여 아름다움을 주조하고 예술 체계에서 회화의 위치를 차지한다. 그에 따르면 영화는 사실주의와 미학적 재현을 자연스럽게 결합하기 때문에 세기의 예술이다. 반면 다른 모든 예술은 이제 인상을 찌푸리며 도피하고 도발하고 특성을 강화해야 한다. 이 글은 강한 인상을 남겼고, 특히 젊은 클로드 샤브롤에게는 당시 "이제껏 출판된 영화에 관한 글 중 가장 단호한 기사"[97]가 되었다.

셰레는 계속해서 글을 써서 4년 동안 열두 편의 중요한 글을 신는다.[98] 이 비평가는 힘을 분산하지 않고, 숫자가 아니라 가치로 인정받는다. 그의 글에는 변함없는 선택과 눈에 띄는 노선이 있다. 그는 르누아르와 히치콕,[99] 로셀리니,[100] 호크스,[101] 그리고 프리츠 랑Fritz Lang[102]을 제외하고는 동시대 영화에 대해서는 거의 쓰지 않는다. 그는 르누아르 영화의 경우 독창성을 보여 주는 전쟁 후, 미국에서 만든 영화를 선호한다. 그리고 과거 시네아스트 가운데 셰레가 영화사의 거장으로 여기는 무르나우를 중시한다. 그가 『카이에 뒤 시네마』에 쓴 초기 글은 절대적인 일관성을 보여 주지만 그중에 유일하게 엉뚱한 호기심을 보이는 글이 있다. 1952년 3월호에 실린 아방가르드 문자주의lettriste 예술가 이지도르 이주Isidore Isou에게 헌정한 긴 글이다. 셰레는 "있는 그대로의 것"과 사실주의적 상상력의 놀라운 힘을 성공적으로 연결한다.

『카이에 뒤 시네마』의 대표 비평가로 빠르게 자리를 잡으면서도 셰레는 여전히 무리의 우두머리, CCQL 단체의 대표로 남는다. 나아가 셰레 덕분에 이 무리는 『카이에』의 목차에서 점점 더 중요한 위치를 차지한다. 맏형은 그가 보호하는 젊은이들에게 계속 글을 쓰게 한다. 『가제트』가 중단되면서 외따로 남겨진 단체의 목표는 오래지 않아 『카이에』에 대한 공세가 된다. 이 공세는 저항이나 논쟁 없이는 진행되지 않으며, 이들의 비평적 전략의 도구는 다름 아닌 앨프리드 히치콕이며, 이 이름을 중심으로 당시 시네필의 분쟁이 집결된다.

프랑스인이든 미국인이든, 비평계 중심에서는 히치콕이 쇠락한 예술가라는 의견이 통용되었다. 히치콕이 할리우드에서 작업하면서 '서스펜스의 대가'라는 피상적인 명성에 안주해서 독창성과 야망을 잃어버렸다는 견해다. 그의 영화는 대중적이고 수백만 관객을 끌어들이지만, 지성인들은 그를 단순히 실추된 돈벌이꾼으로 여기고 경시한다. 『카이에 뒤 시네마』도 이런 가혹한 의견과 크게 다르지 않았다. 특히 앙드레 바쟁은 그의 영화를 인위적이고 허망한 것으로 판단하고, 히치콕을 그다지 높이 평가하지 않는다. 게다가 1951년 11월에 이 잡지는 뉴욕 통신원이자 뉴욕 현대미술관MoMA에서 영화 홍보를 담당하는 허먼 웨인버그Herman G. Weinberg의 회의적인 태도의 글을 싣는다. 그는 "히치콕 체계"를 젊은 관객을 즐겁게 하려는 "팝콘 만드는" 파렴치한으로 깎아내린다. "히치콕은 현란한 기술적 힘과 아랫배에 주먹질하는 것으로 우리를 필사적으로 현혹하려 한다. 이제는 충분하지 않을까 걱정스럽다. 그는 더 이상 크게 할 말이 없어 보인다."[103] 대가의 전당에 들어가기에 아직 논쟁의 여지가 있는 히치콕은 이제 프랑스 비평계가 중간에 놓고 서로 결투를 벌이는 시네아스트가 됐다.

1952년 3월, 22세의 장뤽 고다르는 셰레의 추천으로 『카이에 뒤 시네마』 제10호에 〈열차 안의 낯선 자들Strangers on a Train〉에 대한 글을 쓰면서 열렬하게 그를 옹호한다. 유머가 있고 오만한 이 젊은이는 자신의 기사를 신랄하게 마무리한다. "독자는 이 기사의 모든 논점이 편집장과는 반대로 가고 있다는 사실을 깨달을 것이다." 더 이상 분명할 수는 없다. 이 비평가에 따르면 히치콕은 강스Abel Gance나 드레이어에 맞먹는 '미장센의 재능'을 갖고 있다. 결국 바로 거기서 이 시네아스트의 위대함이 드러나며, 고다르에게 히치콕은 진실로 현대적이다. "확실히 히치콕은 현실에 저항하지만, 현실을 회피하지는 않는다. 만일 그가 현재에 들어선다면 그것은 부족한 스타일을 현실에 부여하기 위해서다."〈열차 안의 낯선 자들〉의 감독은 이렇게 "재현된 현실과의 관계를 통해, 카메라와 촬영 감독과 시네아스트의 분리 불가능성"을 바탕으로 영화를 촬영하면서, 양식화와 리얼리즘을 결합하는 방법을 아는 유일한 사람일 것이다. 이 표현은 모리스 셰레가 신문『앙세네 *Enchaîné*』에 실은 비평에서 문자 그대로 가져온 공식이다.

이런 히치콕 찬가는 결국 누군가의 눈에 띈다. 존경받는 비평가이자 과거 좌파 레지스탕스였던 피에르 카스트는 두 달 후에 같은 지면인 『카이에』에 대응하는 글을 싣는다. "물론 나는 셰레학파가 주도하는 히치콕에 대한 최근 방식이 보여 주는 청춘의 역설과 호의를 가장한 위선, 과도한 찬가에 무엇이 숨겨져 있는지 잘 알고 있다."[104] 장뤽 고다르가 얼마 전 견해를 표현한 이 학파는 젊은 영화 비평가 양성소가 될 수 있을까? 히치콕 영화가 개봉되거나 재개봉되는 리듬에 맞춰 이 논쟁은 빠르게 새로운 국면을 맞는다. 두 달 후 '셰레학파'의 지도자가 직접 1938년 작 영국 영화 〈사라진 여인The Lady Vanishes〉과 관련해 의견을 표현하기 때문이다. 이 영화는 당시 몇몇 비평가에 의해 작가의 걸작으로 꼽혔다. 셰레는 이 논쟁에 쐐기를 박는다. "분명하게 완벽한" 1938년 작 영화는 "〈로프Rope〉나 〈열차 안의 낯선 자들〉보다 못한 영화다"라고 셰레는 말한다. 이 비평가는 자문한다. 왜 히치콕이 현재, 그리고 할리우드에서 그렇게 위대한 감독인가? "왜냐하면 그는 자신이 보여 주는 것의 원초적 힘에 가장 주의를 기울이는 사람이기 때문이다."[105] 셰레는 다음과 같은 옹호하는 말로 글을 마무리한다. "아니, 히치콕은 기술자일 뿐만 아니라 전 영화사에서 가장 독창적이고 가장 심오한 작가다." 앨프리드 히치콕을 작가로 인정하려는 공방전은 『카이에 뒤 시네마』에서 본격적으로 시작된다.

피에르 카스트가 제기한 문제에 대해 모리스 셰레는 1953년 8~9월에 나온 제26호 『카이에』에서 응답한다. 그가 여기에 쓴 비평적 공방전에 대한 선언문은 CCQL 출신 무리가 이 잡지를 정복하는 데 중요한 단계가 된다. 이 기사는 그 '학파'를 명시적으로 언급하는 「세 편의 영화와 어떤 학파에 대해서De trois films et d'une certaine école」라는 제목이 붙는다. 사람들이 이 '학파'에 그의 이름을 붙여 부르면서 『카이에』에 혼란을 일으킨다. 셰레는 도입부에서 이렇게 해명하며 정당화한다. "왜냐하면 피에르 카스트가 최근에 나를 한 학파의 장으로 지명하는 영광을 베풀었기 때문이다. 이 학파는 앙드레 바쟁이 비평에서 극단적 독단주의라고 여기는 경향으로, 추종자의 숫자보다는 열정이 빛나는 집단이다. 그는 내게 확실히 소수파의 취향을 대변하게 만들었음에도 불구하고, 이 분파는 영화에 대한 동일한 사랑을 가진 폭넓은 잡지 편집권 안에 있으며, 전문성과 진지함이 충분히 보장된다." 그런 다음 셰레는 비평적 지형에 "신랄한 어떤 사회적 주장과 작품의 영화적 가치를 동일시하는 좌파"에서 말하는 사람들을 자신의 상대로 배치한다. 마지막으로 이 비평가는 논증을 보여 줄 대표작을 만든 세 명의 작가를 제시한다. 셰레는 바쟁이 좋아하는 휴스턴, 채플린, 데시카보다는 르누아르, 로셀리니, 히치콕을 선택한다. 이 감독들의 최신작 〈황금마차Le Carrosse d'Or〉, 〈유럽 51Europe 51〉, 〈나는 고백한다I Confess〉는 이 비평가가 보기에 유일하게 '현대적이 될' 수 있는 작품이다. 세 감독 모두가 보여 주는 것은 물질적 질서와 영적 질서의 깊은 분리 불가능성을 드러내는 리얼리즘이다. 히치콕 영화에서 이런 측면은 "주인공 얼굴 위의 가시적인 도덕적 고뇌"를 드러내는 현실(그 뒤를 따르는 행동, 서스펜스)을 기록하는 방식으로 전개된다. 그래서 주인공의 얼굴은 "영혼의 살chair spirituelle"이다. 인용되는 세 명의 대가 중 히치콕이 유일하게 논란의 여지가 있는 사람이기 때문에 셰레는 그를 중심으로 선언문을 완성한다. "영화 비평이 선배들이 말한 생각에서 자유로워지고, 예술의 창백한 생존보다는 우리 시대의 역사에서 더 중요한 작품을 새로운 영혼과 눈으로 바라볼 수 있기를 바란다."

『카이에』의 히치콕 논쟁은 1954년 10월이 되어서야 끝이 나는데, 10월호 전체를 히치콕에게 헌정한 특집호를 출간하면서 논쟁은 히치콕주의자의 승리로 마감된다. 이 기사는 획기적인 사건이 되는데, 이 거장을 형이상학적 해석, 나아가 도스토옙스키적 해석의 중심에, 신의 시선에 사로잡힌 작가에 놓았기 때문이다.[106] 셰레는 「누가 문제인가?À qui la faute?」라는 글에서 이런 해석을 제시한다. 이 글은 짓궂은 암시로 시작한다. "가장 뛰어난 기술자에게 헌정한 이번 호에는 기술적인 질문은 거의 없을 것이다. 트래블링과 프레이밍, 객관화라는 단어와 스튜디오의 모든 끔찍한 전문 용어 대신 영혼과 신, 악마, 근심, 구원, 죄악이라는 가장 정당하고 가장 고상한 용어를 발견하면서 많이 놀라지 않기를 바란다. 독자의 미간에 주름이 잡히는 것이 보인다. 르누아르와 로셀리니는 넘어가자, 그들은 철학적 특성을 소홀히 하지 않으니까, 하지만 이런 해학적인 대가에게 그런 자격이 있나, 그런 명예를 주장하는 것은 과잉이 아닌가? 그럼에도 불구하고 (…)."

세레학파의 영향력이 커지고 히치콕에 대한 관점이 크게 변화된 잡지에서 마지막 장애물은 바로 앙드레 바쟁 자신이다. 『카이에』의 이 논쟁에 관해 그는 전혀 개입하지 않는다. 하지만 고다르와 셰레, 리베트는 1953년 9월 〈나는 고백한다〉에 대한 중요한 글에, 트뤼포와 샤브롤은 이 거장과 나눈 긴 대담이 실린 특집호에, 바쟁을 논쟁에 참여시킨다. 1953년 10월 제27호에서의 바쟁은 좌파 참여 시네아스트이자 미국 비평가인 존 휴스턴을 지지하고 히치콕에 반대하면서 그를 우수하지만 경박한 기술자로 제한하는 입장에 서 있다. 바쟁은 이렇게 말한다. "사람들이 내게 히치콕이라는 이름에 동의하라고 공격하기 때문에 내 생각을 정확하게 말하자면, 〈나는 고백한다〉의 작가가 개인적 스타일이 있고 독창적 영화의 형식을 발명한 사람이며, 그런 점에서 휴스턴보다 우수하다는 것은 분명해 보인다. 그렇다고 존 휴스턴의 〈전사의 용기The Red Badge of Courage〉나 〈아프리카의 여왕African Queen〉을 〈열차 안의 낯선 자들〉보다 저평가할 작품으로 여기거나 덜 지지하는 것은 아니다. 결국 주제 역시 중요하기 때문이다!"[107] 바쟁과 모리스 셰레를 둘러싸고 모인 젊은 편집자 간의 이해에서 중요한 것은 예술에서 물질과 정신의 일치나 리얼리즘과 같은 주제이기 때문에, 그들 간의 대화도 취향에 대한 판단이나 히치콕 사건이 드러내는 어떤 선택으로 성립되는 것은 아니다. 그럼에도 셰레학파는 분명 이 비평 대결을 통해 강력해진다.

그와 한편에 있는 도니올발크로즈가 "비평적 절대주의"[108]의 실천으로 지칭한 것처럼 앙드레 바쟁은 CCQL 출신 무리에 맞서 격렬하게 대응할 수도 있었을 것이다. 또한 그들의 권력 상승에 반대할 수도 있었을 테다. 하지만 그는 모리스 셰레를 중심으로 형성된 이 경향에서 『카이에 뒤 시네마』의 미래를 내다보는 통찰력이 있었다. 1955년 2월 이 편집장은 "어떻게 히치콕-호크스적이 될 수 있을까?"라고 자문한다. 그리고 여전히 대개 경시되는 두 명의 할리우드 시네아스트를 '영턱스'가 지지하게 된 동기에 대해 질문한다. 그는 "일반적 통념에 반대되는 취향을 가진 우리 동료 중의 작은 팀"의 논증과 전략을 확실하고 엄격하게 분석한다. 하지만 그는 역설적으로 이 학파의 변호인이 되어, 그들의 에너지와 열정, 지식, 양식과 어조를 인정한다. 바쟁의 실질적인 추론은 "오해가 있기에 상대방의 주장을 정확하게 이해하려고 노력하자"는 것이며, 이 추론은 매우 암시적인 방식으로 앙드레 바쟁이 가진 성격의 중요한 측면을 말해 준다. 즉, 그는 타인의 말을 경청한다. 이런 관용 덕분에 셰레학파는 1950년대 중반 『카이에 뒤 시네마』에서 힘을 가질 수 있었다.

"삶은 스크린이었다"

이 작은 무리는 당시 파리 시네필의 분위기를 주도한다. 그러나 그때 일치되는 증언은 그들이 상당히 침울하고 초라한 무일푼의 존재였다는 주장이다. 시네필은 영화관과 영화를 토론할 수 있는 식당, 편집자 사무실, 아주 작은 촬영 편집실에서 대부분의 시간을 보낸다. 일에 매달려 있다가 몇몇 직업적 관계 유지를 위해 필요할 때만 외출해서 문학 카페에 가고 사교 생활을 한다. 에릭 로메르는 이렇게 고백했다. "우리에게 '아름다운 시절', 즉 벨 에포크belle époque는 없었다. 그럼에도 불구하고 우리가 내세울 게 있다면, 그것은 폴 니장Paul Nizan의 이런 구절이다. '나는 스무 살이 우리 생애의 가장 아름다운 순간이라고 말하지 못하게 할 것이다.' 이 시절은 불행하지는 않았지만 충분히 회색빛이었다. 우리는 그저 희망만으로 살았고, 심지어 살아 있지도 않았다. 누가 우리에게 '하지만 무엇으로 살았나요?'라고 묻는다면, '우린 살지 않았다'라고 대답하고 싶다. 삶은 스크린이었다, 영화였다."[109]

모든 사람의 사생활은 은밀하게 남는다. 이 젊은이들에게는 청교도적 본성이 있었다. 물론 그들 사이에 우정의 유대는 있었지만 가족 같은 친숙함은 없었다. 고다르는 이렇게 잘 표현한다. "우리는 오래된 개신교 가정과 비슷했다. 삶에 대해 거의 이야기하지 않았다. 각자 여러 일을 겪고 있었고 모두 그것을 알고 있었지만 그런 게 존재하지 않는 것처럼 행동했다. 우리는 이 사람이 그의 여자 친구라는 것을 알았지만 그게 전부였다. 그들이 서로에게 말하는 것은 다른 세계의 일이었다. 내밀한 것이 금기됐음은 사실이다. 우리는 예배당이라고 불리는 교회 다니는 사람들이랑 비슷했다. 교회에서 성인 바울과 마태가 자신의 유혹에 대해 이야기했던가?"[110]

가장 외향적인 폴 제고프는 서른 살에서 서른다섯 살 사이의 모리스 셰레에 대해 조금 더 개인적이고 내밀한 증언을 남긴다. 당시 셰레는 아직 독신이고, 빅토르쿠쟁 거리에 있는 뤼테스 하숙집의 가구가 딸린 방에서 여전히 초라하게 살고 있었다. 제고프는 이렇게 설명한다. "바르고 정직하고 아주 선생 같았다. 그는 방 안 흰 벽 사이에 있는 모든 것, 즉 동전 하나, 비스킷 한 조각, 티백 하나까지 세고 있었다. 그는 외모에 매우 공을 들였지만, 어떤 환상도 없이 엄격했다. 젊고 빈털터리였던 우리에게 항상 조금씩 돈을 줬지만, 대신 우리는 돈을 쓴 증거로 지하철 표나 기차표, 식료품점의 영수증 같은 것을 보여 주어야 했다."[111] 생트바르브고등학교에서 대리 교사로, 몽테뉴고등학교와 라카날고등학교에서 복습 교사로 몇 년을 보낸 후에, 셰레는 그가 보유한 교수 자격시험 준인정 등급으로 고전 문학 교사 자격의 통합 중등 교육증을 교육부에 신청한다. 나이와 짧은 교사 경력, 아이가 없는 독신이라는 신분 때문에 파리에서는 학교를 찾을 수 없었고, 심지어 꽤 먼 지방으로 발령이 났다. 하지만 셰레는 몇 해 동안 중등 교원 자격증으로 갈 수 있는 자리를 거부하고, 집 옆에 있는 사립학교에서 가르치는 일을 선호했다. 1952년 그는 이전보다는 조금 더 가까운, 라탱 지구에서 218킬로미터 떨어진 비에르종의 앙리브리송

고등학교에서 교사직을 제안받았고, 1952년 9월부터 1955년 학기말까지 그곳에서 학생들을 가르쳤다.

모리스 셰레의 기록 보관소에는 교육 활동에 대한 몇 가지 흔적이 보관되어 있다. 그는 주로 3학년과 2학년 학생들에게 라틴어와 그리스어를 가르쳤다. 이 학급 중 공식 사진이 한 장 남아 있다. 사진 뒷면에 "3학년 B반 학생들의 최고의 추억"[112]이라고 쓰여 있다. 열네 살 남녀 학생 열여섯 명 가운데 얌전한 모습의 키 큰 남자가 그다. 1954년 6월에 모리스 셰레는 '프랑스 정신'이라는 주제로 시상식 담화를 발표하는데, 글에서 전통을 주장하는 자부심과 자존감을 동시에 느낄 수 있다. "우리 학계, 우리를 질식시키는 것은 전통의 무게가 아닙니다. 우리 학교에는 오래된 유럽 학교 같은 어떤 준엄함이나 답답한 것이 없습니다. 우리 외연은 온화하고 친근하며 현대적입니다. 쓸모없는 제복이나 수염, 사각모도 없이, 우리 고등학교는 오늘 제가 여러분에게 말을 전하는 그 전통을 유지하고 있는 마지막 학교 중 하나입니다. 그렇지만 지난 100년 동안 우리 기본적인 교육과 프로그램과 방법론은 더 순응적인 다른 나라들에 비해 그다지 다양하지 않았습니다."[113] 이런 모든 말이 모리스 셰레를 더 깊이 보여 주는 것은 아니다. "그다지 흥미롭지 않은 도시" 비에르종을 오가는 몇 해의 여정에서 기억할 만한 것은 별로 없었다. "돌아오는 기차에서 한 남자와 자주 마주쳤는데, 그는 담배를 많이 피웠기에 나는 도망쳤다. 그런데 그가 자신을 소개하며 앙리브리송고등학교의 철학 교사임을 알렸다. 어느 날, 그의 이름이 질 들뢰즈Gilles Deleuze라는 사실을 알

1952년, 모리스 세레와 그의 학생들

았지만, 그와 말을 나눈 적은 없었다."[114] 진정한 삶은 다른 곳에, 『카이에 뒤 시네마』에 있었다. 거기서 그는 젊은 친구들과 권력을 잡고 영화에서 이미 선두를 차지하고 있었다.

사실 이 시기부터 '에릭 로메르'라고 서명하거나 공동 서명한 기획이 아주 많아진다. 1951년 5월에 쓰인 대단히 야심적인 16쪽 짜리 시나리오「세계의 교차로Carrefour du Monde」는 로메르적인 영감을 잘 보여 주는 매우 독창적인 작품이다. 50년 후에 촬영될〈삼중 스파이Triple Agent〉같은 역사극의 예고처럼 보인다. 시나리오는 파리에 피신해 있는 헝가리 파시스트 두목, 카렐 카로사라는 인물을 따라간다. 부다페스트 공산주의 비밀 정보기관에 쫓기던 그는 생제르맹데프레 한복판에서 자살을 시도한다.[115] 이 시기부터 1960년대까지 로메르는 어떤 기획의 첫 판본을 결국 연출할 수는 없었지만 여러 차례 수정한다. 이 작품은 도스토옙스키의 소설을 현대적으로 각색한〈온순한 여인Une Femme Douce〉으로, 또 다른 자살 이야기다.[116]

로메르는 폴 제고프와 함께〈장미원La Roseraie〉이라는 영화 기획을 써서, 1951년 9월『카이에 뒤 시네마』에 단편 소설 형식으로 싣는다. 줄거리는〈클레르의 무릎〉과 매우 비슷하다. 페티시즘의 대상이 바뀌긴 하지만, 줄거리는 모리스 셰레가 2년 전에 쓴 것이고, 20년 후에 촬영하게 된다. 여기서 성숙한 남성이 입맞춤하고 싶어 하는 대상은 젊은 여성의 귀밑이다. 또한 로메르는 프랑수아 트뤼포와도 작업하는데, 특히〈현대적 교회L'Eglise Moderne〉라는 제목의 기획은 그들이 한때 로베르토 로셀리니가 촬영해 주기를 바랐던 영화이기도 하다. 당시 이탈리아 시네아스트는 파리에 거주하면서 '영턱스'와 자주 왕래했기 때문이다. 1954년 12월에 트뤼포가 첫 단편 영화 〈방문Une Visite〉을 열심히 준비하고 있을 때 망형에게 휘갈겨 쓴 메모가 방증하듯, '위대한 모모'와 '트뤼프Truffe'• 사이에는 실질적인 유대가 있었다. "늙은 불량배, 친애하는 부랑아, 사기꾼 친구, 내 형제 악당, 이런저런 말로 시작하는 비난할 말이 천 개쯤 되지만…… 금방 알게 될 거예요! 다만 만회할 기회를 준다는 것만 알아 두세요. 지체하지 말고 조명, 전선, 필름, 돈 등 당신 골방에 있는 영화 장비 비슷한 것은 모두 다 『카이에』로 보내 주세요. 무시하지 말고 지체 없이 여기로 전화 주세요. 가능하면 내일까지요. 그렇지 않으면 또 연락할 수밖에 없어요. 여기 모든 사람이 당신을 좋아하지만, 당신이 친구들과 패거리를 도울 수 없다는 게 밝혀지면 우리 중 한 명 이상은 당신을 미워하게 될 거예요. 모리스 성인이여, 부디 빠른 소식을 전해 주소서!"[117]

그렇지만 로메르와 가장 가깝게 지내면서 영화에 대한 여러 생각을 나눴던 사람은 고다르다. 특히 그들은 로메르가 앙토니 바리에라는 가명으로 쓴 현대판 『파우스트』에 대한 생각을 나눈다. 이 시나리오에서 남자는 악마에게 영혼을 팔아 추상화가가 되고, 반 고흐 작품의 복제품을 그려서 돈을 벌기로 마음먹는다. 메피스토는 화가의 중개인이자 판매인이고 갤러리 주인이다. 부자

• 트뤼포의 별칭

가 된 화가가 젊은 여성을 만나 결혼하려는 순간, 경찰이 그 계략을 알아내고 예술가와 메피스토를 체포한다. 에릭 로메르의 기록 보관소에서 한스 루카스(고다르의 가명)가 쓴 「오딜Odile」이라는 제목의 50쪽짜리 시나리오 하나를 발견할 수 있다. 이 시나리오는 분명 훗날 이 감독의 첫 영화 〈네 멋대로 해라À Bout de Souffle〉가 된다.

로메르와 고다르는 10분 길이의 최초의 단편 영화 〈프레젠테이션Présentation〉도 함께 열심히 만든다. 맏형 로메르가 쓴 9쪽짜리 이야기를 각색한 이 영화는 이렇게 요약할 수 있다. "애착이 가장 강한 순간은 배신의 순간이다. 영원히 떠나기로 결심한 순간 떠날 수 있다면 결코 후회하지 않을 것이다."[118] 이 작은 영화는 실제로 이틀에 걸쳐, 1951년 12월 어느 하루와 1952년 2월 어느 하루 동안 촬영된다. 두 여자 배우 안 쿠드레Anne Coudret와 앙드레 베르트랑Andrée Bertrand과 함께 고다르가 검은색 외투를 입고 추위에 떠는, 안경을 쓴 우울한 젊은 남자 왈테르를 연기한다. 그는 두 소녀, 클라라와 알리스의 환심을 사려 한다. 이상한 부엌 장면에서 끈질기게 유혹한 끝에 마침내 그는 알리스를 선택하고, 알리스는 스테이크를 구워서 그와 나눠 먹고 입을 맞춘다. 로메르는 어떤 열정을 품고 고다르에게 그 역할을 맡긴다. "그가 잘생겼다고 생각했기 때문이다. 난 항상 그를 배우로 생각했다. 그는 느리게 말하고 매우 품위가 있고 배우의 몸을 가졌다."[119] 고다르는 흰 눈을 촬영하고 싶어 하는 로메르를 이끌고 스위스 쥐라에 있는 생세르그역으로 야외 촬영 사전 답사를 간다. 이후에는 파리에 사는 사진작가의 스튜디오에 마련된 부엌을 함께 장식한다. 로메르는 이렇게 회상한다. "고다르와 나는 모퉁이 한 상인이 빌려준 요리용 화덕을 들고 계단을 오르느라 진땀을 뺐다. 냄비는 내가 묵었던 호텔 사장이 대여해 준 것이었다. 시작은 희비극 같은 면이 있었다. 난 진짜로 아마추어 견습 과정을 마쳤다."[120] 1952년 5월 『카이에 뒤 시네마』는 이 영화의 '이야기'를 싣는다. 기사와 함께 실린 사진에는 고다르가 닉 브래드퍼드Nick Bradford라는 이름으로 실렸고, 이런 설명이 붙어 있다. "〈프레젠테이션〉을 끝낸 후, 기 드 레이Guy de Ray는 한스 루카스와 함께 영화적인 이야기 〈사랑의 주말Weekend d'Amour〉을 촬영할 예정이다."

결정적인 것은 아니지만 훗날 시네아스트는 직접 이렇게 말한다. "기록 보관소나 문서처럼 흥미로운 영화다."[121] 이 가벼운 희극을 눈 속에서 만들면서 로메르는 기 드 레이를 만난다. 그는 실존하는 시네필이자 사진작가이며, (『카이에 뒤 시네마』에서 셰레와 함께 글을 쓴) 젊은 비평가다. 그는 맏형에게 탄복할 만한 우정을 보여 주며 돈을 구하기 위해 갖은 노력을 한다. 그는 첫 영화 제작의 시도를 위해 비교적 수완을 발휘한다.

누벨바그의 첫 영화

1952년 10월 30일, 모리스 셰레는 첫 장편 영화 제작 계약서에 서명한다. 그는 몬트리올에 본사를 둔 파리 영화 제작 컨소시엄 Consortium parisien de production cinématographique, CPPC의 대표 조제프 케케Joseph Kéké, 기 드 레이와 협력하여 영화 〈모범 소녀들〉을 2,460 만 구프랑에 달하는 예산으로 제작하기로 한다. 제작사가 1,640 만 프랑을, 영화감독이 8백만 프랑을 가져와서 제작 팀을 구성하고, 이익 발생 시 분배하는 조건으로 일한다. 레이는 베냉에서 온 스물네 살 대학생 조제프 케케와 계약을 체결한다. 케케의 자산은 집안에서 운영하는 종려나무 야자유 사업에서 나온 것으로, 그는 아버지 폴랭 케케와 함께 사업을 운영하고 있다. 이 세 사람은 1952년 7월 20일 영화사 CPPC를 세우고, 이 회사는 유일한 기획인 〈모범 소녀들〉에 자금을 지원한다.[122]

이 영화 계약[123]은 거대한 야심의 증거다. 당시까지 필수였던 조감독을 거치지 않고 바로 장편 연출을 시도한, 시네필 세대의 비평가로서는 최초의 시도다. 간단하게 말해, 최초의 누벨바그 영화다.[124] 시기상조의 시기에 이런 사실은 놀랍다. 즉, 이때는 『카이에 뒤 시네마』에서 '고품격 프랑스 영화cinéma français de qualité' • 에 반대하는 공격이 아직 시작되지 않은 시기다. 프랑수아 트뤼포가 쓴 「프랑스 영화의 어떤 경향Une certaine tendance du cinéma français」이 발표되려면 1954년 1월까지 기다려야 한다. 이 글은 트뤼포가 프랑스 고품격 영화를 비난하면서 대신 작가 정책을 장려하여 가능한 대안적 형식을 마련하려는 글이다. 그런 점에서 〈모범 소녀들〉은 이론에 앞서 실천을 보여 준다. 이런 사실은 '영턱스'의 비

• 뛰어난 문학 원작과 시나리오 작가, 스튜디오 시스템에 의존해서 만들어진 당시 프랑스 주류 영화를 지칭한다.

평이 그들의 구체적인 영화 제작의 야심, 촬영과 편집 경험에 얼마나 연결되어 있는지를 확인해 준다.

모리스 셰레는 19세기 프랑스 작가를 좋아한다. 특히 발자크를 좋아해서 셰레'학파'의 모든 회원과 그의 취향을 공유한다. 그런데 그중에서도 어린 시절에 처음 접한 이래 "매년"[125] 한 번 이상 다시 읽고 있는 세귀르 백작부인에 대해서는 특히 각별한 애정이 있다. 백작부인의 작품에는 초기 로메르적인 인물들이 있다. 물론 백작부인의 젊은 여성 인물은 프랑스 문학에서 소재를 얻은 것이다. 하지만 또한 교육적 관심과 예의범절, 좋은 화법에 대한 관심이 이 고전 문학 선생에게 감동을 주었을 것이다. 세귀르 백작부인의 작품 제목도 로메르적이다. 그녀의 짧은 희극 모음집 제목이 『희극과 격언Comédies et Proverbes』이 아니던가? 결국 백작부인 스타일의 글은 로메르에게 "책을 손에 들고 촬영할 준비를 마친"[126] 글을 제공하는 것과 다름없다. 풍부한 대사, "특히 생기 있고 빠른 대사는"[127] 그녀 소설의 특징으로 로메르가 소설을 각색할 때 분명하게 보존한다. 그가 세귀르 백작부인을 가깝게 느끼는 부분은 백작부인의 글이 등장인물이 생각하는 상태를 별로 보여 주지 않으면서, 외면적 행동의 묘사를 더 선호하기 때문이다. 그는 백작부인의 책에 대해 "플뢰르빌Fleurville 성에서 소피Sophie Fichini의 모험은 서부극의 대서사시에 견줄 만하다"[128]고 즐겨 설명한다.

1856년에 출간된 소설 『모범 소녀들』은 노르망디에 사는 소녀 네 명의 교육 과정을 추적한다. 아버지가 죽거나 부재한, 남자가 등장하지 않는 작품이다. 여덟 살 카미유와 아홉 살 마들렌은 어머니 플뢰르빌 부인, 하녀 엘리자와 함께 가문의 성에 살고 있다. 어느 날 차가 도랑에 빠지는 사고가 나면서 여기서 구조된 로즈부르 부인과 여섯 살 난 딸 마르게리트가 성에 초대되어 머물게 된다. 얼마 후 이웃집에 사는 고아인 여덟 살 소피 피시니가 도착한다. 교만하고 무뚝뚝한 의붓어머니가 이탈리아 여행을 떠나면서 소피를 버린 것이다. 호기심 많고 무모한 소피는 비밀스럽고 위선적이며 건방진 아이가 되어 있다. 소피는 카미유와 마들렌느, 마르게리트와 조금씩 시간을 보내며, 연못, 방앗간, 숲, 철로로 이어지는 모험을 하고, 물리적이고 도덕적으로 많은 위험과 여러 시험에 맞닥뜨리게 되고, 그런 가운데 소피는 미덕의 원리를 배워 나간다.

시네아스트의 기록 보관소에는 〈모범 소녀들〉의 각색과 준비 작업, 촬영 작업을 추적할 수 있는 몇 가지 중요한 자료가 남아 있다. 특히 주목할 만한 자료는 100쪽 분량 공책 두 권에 걸쳐 셰레가 직접 손으로 기록하고 각색한 115쪽짜리 시나리오로, 「PFM」이라는 간단한 제목이 붙어 있다. 매우 문학적인 이 시나리오는 가장자리에 파란 볼펜으로 쓴 주석을 따라 분할되어 있다. 302개 숏으로 나뉘고, 숏 유형(아메리칸, 광각, 근접, 클로즈업)과 카메라 움직임 유형(트래블링, 파노라마), 혹은 숏/리버스 숏이 표시되어 있어, 작가가 촬영을 상세하게 준비해 두었음을 보여 준다. 글은 총 10장으로 나뉘어 상세하게 시간을 구분하는데, (각 9분 분량의) 시퀀스마다 거의 독립적인 모험으로 구성되어 있다.

소설의 이야기는 3년에 걸쳐 전개되지만, 로메르는 일부러 며칠로 시간을 단축하여, 시나리오는 90분 분량이다. 유일하게 결말만 바뀌는데, 사촌들이 도착하는 장면을 삭제하고, 플뢰르빌 부인이 소피를 입양해 가족으로 맞아들이는 가족 파티 장면을 넣는다. 대사는 대체로 유지하면서, 수많은 도덕적 해설은 "이야기 속도를 늦추지 않기 위해"[129] 줄이거나 생략한다. 이 외에 소설에서는 간접적인 것을 직접적인 방식으로 바꾼다. 세귀르 백작부인의 책을 유일하게 각색한 영화인 〈소피는 못 말려Les Malheurs de Sophie〉(1946)와는 구별되는 방법이기도 하다. 피에르 라로슈Pierre Laroche의 시나리오를 가지고 자클린 오드리Jacqueline Audry가 감독한 영화다. 라로슈는 여자 주인공을 성인으로 설정하고 인물을 창조하는데, 무엇보다도 제2제국 시대에 대한 정치적 독해를 유도한다. 로메르는 이 작품을 "가볍다"고 여기지만, 그래도 "유명한 책을 문자 그대로 따라가며" "아주 충실하게" 각색에 공을 들였다고 평가한다.[130]

작품 의도를 적은 노트에 시네아스트 견습생 로메르는 미리 구상한 작업 조건을 상세히 쓴다. "이 영화 연출은 비용이 너무 많이 들지 않도록 해야 한다. 촬영 조건은 픽션 다큐멘터리와 별로 다르지 않을 것이다. 성城 주인이 자발적으로 우리에게 필요한 것을 배치할 수 있게 해 주었기 때문에 최소한의 기술 장비로 자연 배경에서 촬영하고, 배우는 대부분 비전문 배우를 쓰고, 조감독이나 무대감독은 생략한다. 의상은 『장미 총서Bibliothèque Rose』●의 판화에서 영감을 얻어 전통 의상만 수선하거나 제작하게 될 것이다."[131] 이런 의도는 경제적으로 불안정한 예산(프랑스 장편 영화 평균 예산의 약 3분의 1에 해당)에 맞춰 보려는 형식이긴 하지만 무 엇보다 로메르적 직업적 믿음을 보여 준다. 이런 제작 형태는 앞 으로 1990년대 영화까지 시네아스트의 촬영 현장 모습을 예고한 다. 즉, 팀과 기술 장비를 축소하고, 무명 혹은 비전문 배우를 기 용하며, 자연경관을 배경으로, 특정 직급(조감독, 무대감독, 소품과 의상, 메이크업 담당자 등)은 자발적으로 포기한다. 의상은 사실성 에 주의하고, 다큐멘터리 스타일로 촬영하고, 이야기와 시나리오 순서대로 찍는다. 팀원들과의 계약은 훗날 로메르의 촬영 현장에 적용될 보이지 않는 규칙 중 하나를 명시하기도 한다. 숙박은 현 장에서 하고, 식사도 주어진 환경에서 준비하는데, 이 영화의 경 우에는 어린 배우의 엄마들이 돌아가며 그 역할을 담당한다. "촬 영 장소 근처 노르망디에서 숙박할 때 어려운 점은 샹드바타유 성에 기거해야 한다는 것이었다. 숙박과 하루 세 끼 식사와 잡다 한 일(세탁 등)과 같은 제작의 일정 부분을 담당해야 했다."[132] 바 로 이런 것이 로메르적인 방식에 대한 진짜 설명이다.[133]

신인 시네아스트는 『카이에 뒤 시네마』에는 글쓰기를 늦추고 ─ 1952년 여름부터 1953년 3월까지는 어떤 글도 발표하지 않는 다 ─ 첫 장편 영화 준비에 몰두한다. 플뢰르빌 부인 역할을 맡기 기 위해 〈범죄자의 일기〉 촬영 때 제고프를 통해 만난 배우 조제 트 싱클레르와 니수아즈Niçoise에게 연락한다. 폴 파비오Paul Paviot

─────────

• 아셰트 출판사에서 출간하는 소년 소녀를 위한 책

의 단편 영화〈생트로페, 바캉스의 과제Saint-Tropez, Devoir de Vacances〉
에서 알게 된 조제 두세Josée Doucet에게는 로즈부르 부인 역을 맡긴
다. 반면 그는 1952년 봄에〈오락거리Le Divertissement〉에서 연기했
고 리베트와 가까운 올가 바랑Olga Varen(올가 폴리아코프Olga Poliakof
라 부르기도 함)에게 악역 피시니 부인 역을 제안한다. 큰언니 올
가는 동생인 오딜 베르수아Odile Versois와 마리나 블라디Marina Vlady
와 함께 그르니에위스노 사社의 연극 무대에 데뷔했던 배우다.

소녀 배역 결정은 더 복잡했다. 로메르는 7세에서 10세 사이의
아는 소녀가 거의 없었다. 아는 사람들을 통해서 마르틴 레스네
Martine Laisné(카미유 역), 안나 미숑즈Anna Michonze(마들렌 역), 카트
린 클레망Catherine Clément(마르게리트 역)을 찾았지만, 주인공 소피
는 구하지 못했다. 거리나 어린이 정원, 공원, 혹은 학교 정문에서
젊은 남자가 서성이고 있다면, 난처한 상황이 초래되기 마련이
다. 클로드 샤브롤이 이야기를 전하면서 웃음을 주려고 틀림없이
과장해서 이렇게 말했을 것이다. "〈모범 소녀들〉을 영화화할 계
획을 가진 이 남자는 몽소 공원에 연기자를 찾으러 가는 게 적절
해 보였던 모양이다. 이런 장면을 상상해 보라. 외투를 걸친 갈색
머리에 마르고 기다란 모습의 남자가 사탕 상자를 손에 들고 정
원으로 가는 길로 조용히 미끄러지듯 걸어간다. 마음에 드는 소
녀가 나타나자 그는 이렇게 말한다. '이리 와 봐, 아이야, 내가 좋
은 이야기 해 줄게.' 물론 이 계획은 서너 시간 만에 광장 관리인의
저지로 중단된다. 너무 순진하게도 영화에 대한 열정에 빠진 이
남자는 경찰이 왜 자기를 경찰서에 끌고 가는지 알지 못했다."[134]

결국 이 시네아스트는 앙리4세고등학교에서 멀지 않은 길에서 어느 날 소피를 찾게 된다. 당시 열한 살이었던 마리엘렌 무니에 Marie-Hélène Mounier는 손에 아이스크림을 들고 엄마와 함께 길을 걷고 있었다.

모든 촬영은 자연을 배경으로 이루어진다. 로메르는 '플뢰르 빌 성'을 물색한다. 처음에는 세귀르 백작부인의 손녀인 피트레이Pitray 백작부인이 어린 시절을 보낸 지트 성에서 촬영할 생각을 했다가, 나중에 작은 숲이 있는 아름다운 평야와 공원으로 둘러싸인 뇌부르 마을 근처, 에브뢰에서 25킬로미터 떨어진 샹드바타유 성을 선택한다. 17세기에 지어진 이 건물은 대칭을 이루는 두 날개가 안뜰과 40개의 객실, 프랑스식 정원과 고전적 양식의 외관을 둘러싼 매우 멋진 성이다. 제작사가 아르쿠르Harcourt 공작에게 두 건물 중 주거용 건물을 아주 저렴한 가격에 임대한다. 아직 건물이 전체적으로 복원되지 않았기 때문이다. 이 건물은 1930년대 점령기 동안 독일군에 징발되어 병원으로 쓰이면서 손상을 입었다. 연합군의 노르망디 상륙 이후에도 전투가 혹독했기 때문에, 8년이 지나도 성은 여전히 그 상흔을 품고 있었다. 공용 건물은 거의 폐허가 되고, 아름다운 정원은 황폐해졌으며, 길은 독일 국방군 탱크에 의해 파헤쳐졌다. 하지만 1952년 6월 초에 기 드 레이와 함께 이곳을 방문한 로메르는 버려지다시피 한 이 성에 오히려 만족했다. 여기서 그는 더욱 수수한 세귀르의 집을 보여 줄 수 있는 장소를 찾은 것이다. 소설에서 백작부인에게 영감을 줬던 그 집이다.

기술 팀은 로메르의 예상을 완전히 벗어나 구성된다. 그는 젊은 친구들, 즉 자크 리베트에게는 촬영을, 장뤽 고다르와 조르주 카플랑에게는 조감독을 요청할 수 있을 거라 생각했다. 가장 섬세한 장비를 다루어야 하기에 반드시 전문가가 개입해야 하는 빛과 소리에 관련된 기술 팀만 보충적으로 쓸 예정이었다. 하지만 시네아스트가 35밀리 필름과 동시 녹음과 같은 전문적 조건에서 촬영할 경우 프랑스 국립영화센터Centre national du cinéma, CNC의 엄격한 규정을 준수해야 했다. 이 규정에 따르면 예외적 경우를 제외하고, 전문인 자격증 소지자만 촬영 기간에 주요직을 차지할 수 있다. 신인 감독은 촬영 시에 정당하게 위임된 기술 고문의 협조를 받아야만 했다. 로메르는 이를 수용해야 했고, 마지막 순간에 즉흥적으로 팀을 구성해야 했다.

기 드 레이가 CNC의 문제를 처리한다. 1952년 7월 23일로 예정된 촬영일을 열흘 남겨 두고, 그는 로메르에게 편지를 쓴다. "지금까지 모든 것이 순조롭게 진행되고 있습니다. 변압기는 찾았고, 오늘 오후에는 뇌부르로 출발할게요. 토요일 아침에는 레스네 부인과 함께 의상에 사용할 천을 사러 갈 생각입니다. 토요일 아침 전까지 도저히 당신에게 돈을 보낼 수 없어 매우 힘듭니다. 돈은 월요일에나 도착할 거예요. 그사이 보석상에 반지를 맡기고, 그 대가로 받은 돈은 일주일 안에 돌려주겠다고 말하세요. 아르쿠르 공작은 정말 친절하지만, 성을 사용하는 기간 화재 보험에 가입하기를 원하고 있어요. 내일 아침에 나는 기보Pierre Guilbaud와 그의 아내를 스크립터로 고용할 생각입니다. 고다르는 느려서, 내 생각에는, 다음 주에나 도착할 것 같아요. 아무 걱정하지 말아요, 다 준비될 거예요. 틱사도르André Tixador도 나름대로 동분서주하고 있고, 사운드 기사도 그와 비슷하게 자제하고 있습니다. 나는 전기와 침구, 요리사 한 명, 잡일을 도와줄 가정부 한 명을 구해서 뇌부르로 갑니다. 우정을 담아."[135] 주요 기술진의 배치는 다음과 같이 이루어진다. 이덱IDHEC*을 마치고 앙리 베르뇌유 Henri Verneuil와 이브 알레그레Yves Allégret와 함께 조감독으로 명예로운 경력을 쌓은 피에르 기보는 CNC의 제안에 따라 팀에서 기술 자문 역할로 참여한다. 촬영기사는 앙드레 틱사도르, 음향감독은 베르나르 클라랑Bernard Clarens(자크 베케르의 〈7월의 랑테부Rendez-vous de Juillet〉로 데뷔한)으로 이미 정해졌다. 기보는 과거 이덱 동창생 앙드레 캉트니André Cantenys를 조감독으로, 장이브 티에르스 Jean-Yves Tierce를 촬영 감독으로, 자신의 아내 실베트 보드로Sylvette Baudrot를 스크립터로 제안한다. 그녀는 바로 전에 〈윌로 씨의 휴가Les Vacances de M. Hulot〉에서 자크 타티Jacques Tati와 함께 일했고, 이후에는 알랭 레네Alain Resnais, 진 켈리Gene Kelly, 로만 폴란스키Roman Polanski와 함께 오랜 경력을 쌓는다. 다른 일곱 명의 기술자는 아직 젊지만 웬만한 실력을 보유한 팀으로 구성되고, 당시 '프랑스' 영화에 비해서는 상대적으로 작지만, 로메르의 촬영 원칙에서 보면 이미 너무 비대한 팀이었다.

• 1944년 제2차 세계대전 중 세워진 프랑스 국립영화학교L'Institut des hautes études cinématographiques이며, 1985~1986년 페미즈La Fémis로 명칭이 바뀐다.

불행한 모험

1952년 9월 초, 전체 팀이 현장에 도착했을 때 두 개의 강력한 아크 조명과 발전기, 트래블링 트랙, 운반차와 같은 막대한 장비가 있었지만, 첫 촬영은 최후까지 미뤄져 13일로 정해진다. 촬영은 쉽지 않았다.[136] 성에서의 생활은 실용적이지 않았고, 방치되어 있던 건물에는 식수나 전화, 난방 시설도 없었다. 모든 사람이 뇌부르 막사에서 빌린 캠핑용 침대를 깔고 2층에서 잠을 잤다. 갑작스러운 변압기 고장과 농번기가 한창인 주위의 트랙터 소음 등 여러 가지 사고가 작업 진행을 방해했다. 발전기 전력이 충분치 않아서 어떤 장면에서 로메르는 바라는 대로 성과 숲을 동시에 밝히는 것이 불가능하다는 사실을 깨닫는다.

   그렇지만 가장 심각한 것은 팀 내에서의 대립이다. 기술 고문인 피에르 기보는 이렇게 증언한다. "첫인상은 그리 좋지 않았다. 로메르는 순진한 초보였고, 꽤 큰 어려움이 빨리 닥쳐왔다. 예를 들어, 그는 인물의 시선 방향 개념을 제대로 숙지하지 못해, 숏 간 연결이 자주 맞지 않았다. 몽타주를 미리 염두에 두지 않았다. 견습 과정처럼 행동한 것이다. 그는 사전에 어떻게 촬영할지 숏과 스토리보드를 준비해 왔지만, 실제 제약을 제대로 알지 못했다."[137] 팀과의 충돌은 특히 로메르와 촬영기사 앙드레 틱사도르나 스크립터 실베트 보드로 사이에서 자주 발생했다.[138] 대부분 촬영 기술 팀 내에 회의적인 분위기가 빠르게 번져 갔는데, 음향 기술자 클라랑에 따르면, 그들은 "아주 어색하게 연기하는"[139] 아이들을 감독하는 시네아스트의 방식을 조롱하는 분위기였다고 한다. 부모들은 불평하기 시작한다. 특히 가을이 다가오면서 이른 추위와 피로와 무기력한 분위기가 고조되고, 소녀들이 차가운 물에 뛰어들어야 하는 연못 장면에 대해 불평했다.

조제트 싱클레르와 올가 바랑과 같은 배우에게 의지할 수 있었다 해도, 로메르는 고립되고 불편했으며, 불리한 판단과의 타협을 받아들여야 했다. 촬영장에서 자신을 지지해 주는 사람이 거의 없었다. 기 드 레이는 현장에 자주 없었다. 그는 파리에서 러시 필름•을 보느라 바빴고, 항상 위태위태한 제작을 위해 협상해야 했다. 리베트와 트뤼포, 특히 고다르는 여러 차례 샹드바타유 촬영 현장에 오지만 이런 문제들은 풀리지 않는다. 심지어 그들은 현장 경험이 없는 거만하고, 완전히 수상한 시네필 일당으로 취급받는다. 어느 날, 매일 보고서를 쓰는 데 사용하던 타자기가 사라지자 실베트 보드로는 분노한다. 임대한 마차와 말을 돌보던 청소년이 도난 혐의를 받는데, 이 청소년은 비행 청소년을 위한 재활 지원 기관에서 고용한 인력이다. 하지만 며칠 뒤 장뤽 고다르가 기계를 되팔기 위해 몰래 훔쳤다는 사실이 밝혀지자 모두 경악에 빠진다. 고다르는 제고프가 영화 준비 과정에서 사람들의 재킷과 외투 주머니를 조사 중이었다고 변명했던 것과 같은 말을 한다.[140]

또한 고다르는 『레자미 뒤 시네마』에 기사를 싣기 위해 에릭 로

• 편집 전 단계의 촬영된 필름

메르에게 인터뷰를 요청한다. 그는 1952년 10월 중순 촬영 중간에 나타나 불에 기름을 붓는다. 시네아스트는 현재 영화를 언급하며 "영감에 제동을 거는 프랑스 영화 기술 전문가의 관례"를 비난하면서, "기술 감독관을 동반해야 하는" 것에 대해 불평한다. 그는 "남용의 두려움 때문에 상당한 기술적 금기를 정해 작업 속도를 느리게 한다"고 비난하고, 자신을 변호하는 이런 말로 결론을 맺는다. "영화 제작의 노하우는 모두 혁명적인 것에서 획득된다. 비록 그게 역설적으로, 라신이나 괴테의 개념이기도 한 인간에 대한 개념을 확대하는 데 영화가 다른 어떤 예술보다 적합하다는 의미라 할지라도 말이다. 이탈리아 영화가 주는 진정한 교훈은 모든 사람에게 이해되지 않았다. 촬영기사가 당신에게 이렇게 말하는 것은 긍정적 측면에서 타당해 보이지 않는다. '이건 안됩니다, 촬영할 수 없어요. 배우가 너무 움직이면 안 됩니다, 그러면 조명을 다시 조정해야 합니다.' 이렇게 반대로 말해야 한다. '우리 촬영기사는 대담함이 부족하네요. 이덱 같은 학교에서 그런 것은 가르치지 않나 봅니다.'"[141] 그의 말에서 당시 현장 분위기가 고스란히 느껴진다.

그래도 1952년 11월 8일, 마침내 52일간의 작업 끝에 촬영이 완료된다. 계획한 숏보다 조금 더 많은 340개 숏이 촬영되었다. 약간의 의구심은 있지만, "편집 가능한"[142] 영화라는 의견이고, 완성까지 가야 한다는 것이 팀의 전반적인 소감이었다.

자크 리베트는 간단한 1차 편집을 했지만, CNC의 규정대로 편집은 전문가를 써야 했다. 그래서 편집은 영화 역사가이자 이론가이면서 편집자인 장 미트리Jean Mitry에게 맡긴다. 바로 얼마 전 미트리는 〈연애 참회Le Rideau Cramoisi〉에서 알렉상드르 아스트뤽과 함께 작업했다. 1953년 1월과 2월에 미트리는 조수 세실 데퀴지Cécile Decugis와 함께 한 달 넘게 〈모범 소녀들〉을 편집한다. 연수생 세실은 "몇 군데 조금 까다로운 편집"은 있었지만, "해결할 수 없는 문제"에 부딪혔다는 인상은 전혀 받지 못했다고 기억한다.[143] 1952년 3월의 기술 상영에는 기술 팀들이 참여한다. 특히 피에르 기보와 베르나르 클라랑, 실베트 보드로, 세실 데퀴지는 이 영화가 불일치한 곳이 없이 "잘 만들어진 작업"[144]이라는 데 만장일치로 의견을 모은다. 이제 음악과 동시 녹음, 사운드 편집과 몇 가지 음향 효과 같은 작은 작업이 남았다. 한 달이면 약 1시간 20분 분량의 영화가 완성될 것이다.

그런데 베냉 출신 공동 제작자 조제프 케케가 이 영화를 막는다. 기 드 레이, 에릭 로메르, 피에르 기보는 함께 세 번에 걸쳐 연속으로 회의를 진행하지만 아무런 소득을 얻지 못한다. 케케는 회사에 더 이상 한 푼도 투자하지 않겠다는 결심이 확고했다. 영화 배급자가 따로 없는 데다, 기 드 레이는 신용이 전혀 없었기 때문에 어떤 재정적 해결책도 찾지 못했다. 그렇지만 부족한 예산은 적은 액수였다.

케케가 갑작스럽고 결정적으로 〈모범 소녀들〉을 포기한 데는 분명 다른 이유가 있을 수 있다. 피에르 기보는 조제프 케케를 만나서, 그가 "궁지에 몰린 남자"와 "음란한 사건"[145]을 언급했을 때 그런 기분을 느꼈다고 한다. 기록 보관소에 보관된 언론의 기사가 그 내용을 뒷받침한다. 기사 제목은 "미, 케케에게 2백만을 요구하다"[146]다. 기사의 내용은 어두운 분위기다. 조제프 케케는 스트립 댄서 뤼세트 미Lucette My를 만난다. 그는 그녀에게 준비 중인 영화에서 역할을 주겠다고 말한다. 기자는 이렇게 설명한다. "하지만 물론, 그에게 운명을 맡기고 있는 미래 스타의 육체가 대중의 취향과 일치할지, 이 경우에는 남자의 취향에 맞을지 여부를 확인하지 않고 역할을 줄 수는 없었다." 싸움이 일어난다. 뤼세트 미는 폭행과 모욕을 당하고 이빨이 부러져서 손해 배상으로 2백만 프랑을 청구하고 고소한다. 공동 제작자가 소송에 휘말렸다는 사실이, 에릭 로메르의 영화가 갑작스럽게 좌절된 이유에 대한 설명이 될 수 있을까?

영화 원본은 LCM 현상소에서 오랫동안 보관되다가 회사가 파산할 때 인수 회사인 GTC로 이전되는데, 분명 그때 원본이 손실된 듯하다. 그 이상의 어떤 흔적도 남아 있지 않고, 촬영감독 조수가 확인용으로 혹은 언론용 사진을 제작하려고 떼어 둔 몇몇 조각만 남았다. 로메르 기록 보관소에 있는 25개 필름 조각은 15개 시퀀스를 설명해 준다. 로메르나 보드로, 기보가 찍은 촬영 사진도 몇 장 남아 있다. 소녀들이 책상에서 공부하고 있거나, 시네아스트가 시나리오를 손에 들고 지시하고 있거나, 정원에서 쉬고 있는 사진이다. 마지막으로 손에 인형을 든 기 드 레이와 농담하며 지나가는 고다르의 얼굴을 발견할 수 있다. 에브뢰 역에 도착한 영화 제작진 전체 사진도 있는데, 로메르는 맨 오른쪽에 수줍은 미소를 지으며 서 있다.

1952년, 〈모범 소녀들〉 촬영 현장에서 에릭 로메르와
배우들의 모습

손실된 영화에 대해 무엇을 말할 수 있을까? 대부분 잘 진행되었지만 초보 시네아스트에게는 불행한 경험이다. 촬영 현장과 팀 내의 분쟁, 자신의 영역에서 전문성을 의심하는 조롱, 급작스러운 중단은 분명 그에게 상처를 주었다. 그의 권위를 확인하고 다른 사람을 이해시키는 데 어려움이 있었다고 그들은 지적한다. 로메르는 그때부터 〈모범 소녀들〉을 잊기로 하고 인터뷰에서 전혀 언급하지 않는다. 그가 스스로 영화를 파기했을 거라는 소문에 대해서도 해명하지 않는다. 단 한 번, 1993년 5월 방송 프로그램 〈우리 시대의 시네아스트, 지지의 증거Cinéastes de Notre Temps, Preuves à l'Appui〉를 촬영할 때, 방송에 나가지 않은 러시 장면에서 그는 이 영화에 대해 상당히 짜증스럽게 언급한다. "너무 일찍 촬영한 장편 영화 〈모범 소녀들〉은 매우 불행한 경험이었다. 가장 큰 불행은 무엇보다 내 영화적 야심이 사라질 뻔했다는 점이다. 왜 시작했는지는 알 수 없지만, 실패했다는 사실은 너무도 분명하다."[147]

매우 소수이긴 하지만 당시 영화를 봤던 사람들의 의견은 완전히 다르다. 물론 아직 로메르적인 작품은 아니지만, 기보는 영화에서 "어떤 매력"[148]을 발견했다고 말한다. 촬영 현장에도 가고, 기술 상영도 봤던 『라디오시네마텔레비지옹』의 기자 클로드마리 트레무아Claude-Marie Trémois는 이렇게 쓴다. "에릭 로메르의 지성이 관객을 유혹했을 거라는 사실과 내가 봤던 〈모범 소녀들〉의 품격에 대해서는 보증할 수 있다."[149] 이것은 로메르에게 중요한 경험으로 남는다. 즉, 1960년대부터 그는 자신의 고유한 방식과 영화적 원칙에 적합한 작품을 제작하고 연출하려고 주의를 기울일 것이다. 실패로 끝난 이 모험에서 치른 수모만큼이나 그는 확신과 힘을 가지게 된다.

로메르의 사고

시네아스트로서의 첫 경험이 실패하면서 그는 비평가로서 활동에 집중했다.[150] 그는 1951년 여름부터 1957년 봄까지 『카이에 뒤 시네마』에 40여 개의 기사를 쓰고, 1956년부터는 '책과 리뷰' 지면을 담당한다. 그는 정기적으로 발언에 참여하면서, 작가들(히치콕, 로셀리니, 호크스, 르누아르, 드레이어, 니콜라스 레이Nicholas Ray, 웰스, 브레송, 잉마르 베리만Ingmar Bergman, 미조구치 겐지溝口健二, 앤서니 만Anthony Mann)을 선택하여 『카이에』의 취향과 생각을 구현하고, 작가주의 정책을 옹호하면서 『포지티프Positif』와의 격렬한 논쟁에서 활약한다. 『카이에』에서 그는 "우리 목표의 수호자"[151]로 활약하면서, 제68호에서는 은유를 사용하여 스크린에서의 운동적 신체에 대한 글을 멀리까지 밀어붙인다. 분산이나 동요도 없이 분별력 있고 변함없는 글을 쓰면서 로메르는 글 속에서 단순하면서 진지하고, 고전적이면서 명쾌하고, 때로 조금은 비뚤어지고 과장된 스타일로 일관성 있는 결론(평균 10여 쪽에 달하는)을 부여한다. 초기의 기준이 되는 두 사람, 즉 바쟁의 다채로운 논증이나 아스트뤽의 서정성과는 매우 다른 글을 쓴다.

　『카이에』의 관념론자인 그는 '미장센' 개념에 특히 집착하는

데, 잡지 비평가에게 이 개념은, 단숨에 그리고 궁극적으로, 그의 영화 취향을 가장 근접하게 정의하는 것이었다. 그는 맹키위츠 Joseph L. Mankiewicz의 〈조용한 미국인The Quiet American〉에 대한 중요한 글에서 이렇게 설명한다. "미장센은 신체적 표현과 공간 구조를 기록하는 것과 다르지 않다."[152] "공간에 연관된 몸을 기록하는" 연출을 하는 것, 이것이 모든 문학과 회화, 심리학을 넘어서 나타날 수 있는 영화의 형식이다. 영화를 판단하는 기준이 되는 미장센은 아름다움을 식별하는 비평을 소환한다. 1956년 10월 에릭 로메르는 이런 종류의 비평을 "미적 비평critique des beautés"[153] 이라고 부른다. 이에 대한 근거로 그는 몇 가지 고전을 참조한다. "알랭은 샤토브리앙François-René de Chateaubriand과 '미적 비평'에 대한 그의 사고를 연상시키는 이 법칙에서 그의 지론 중 하나를 만들어 낸다." 두 사람을 인용하면서 로메르는 이중의 반향을 담는다. 즉, '미적 비평'은 교육학(알랭을 참조한 것)이며, 간과되었던 천재의 표시(영화, 그리고 로메르가 더욱 지지하는 것)를 인식할 수 있는 유일한 감식안이다. 이렇게 볼 때 '미적 비평'은 '시선의 교육'으로 정의될 수 있다. 즉, 영화의 고유한 아름다움을 인식하고, 보는 법을 배우는 것이 중요하다. 아름다움을 보는 것은 영화의 제작 조건(맥락과 역사)을 무시하고, 작가가 드러내는 미장센의 단편에 주의를 집중하는 것이다. 『카이에 뒤 시네마』의 비평적 실천에서 이 철학은 로메르가 1957년 1월에 쓴 글에서 어떤 결론에 도달한다. "설립 이래 『카이에』는 '아름다움'에 대한 비평 규칙을 세워 왔다. 영화에 대한 서평은 보통 자신이 좋아하는 것에 대해 가장 잘 논증할 수 있는 사람이 담당했다."[154] 여기에 도덕적 요구 형식이 있다. 예외(존 휴스턴의 〈모비딕Moby Dick〉에 대한 로메르의 글에서 이 영화는 반모델, 다른 것을 부각하는 것, "추악한 비난"[155]의 대상이 된다)를 제외하고, 이 윤리는 비평적 글쓰기의 규칙으로 남는다. 1957년 6월의 한 글에서 트뤼포가 고백한 것처럼, "우리가 좋아하는 영화와 시네아스트에 대해서만 글을 쓰는 것이 이상적이다."[156] 대표 논객인 트뤼포가 사실은 이 이상의 정반대쪽에 있었던 만큼, 로메르는 이 규칙을 『카이에』의 전통으로 더 구체화한다.

바쟁의 제자인 로메르는 영상에서 리얼리즘에 대한 자신만의 고유한 정의를 제시함으로써 그와 차이를 보였다. 로메르의 정의 역시 리얼리즘은 정신적인 흔적을 나타내지만, 그의 경우에 영화의 예외성에 대한 믿음이 중요했다. 이 예외성은 진정한 예술 체계에 영감을 주며, 이 예술 체계 가운데 제7예술은 말 그대로 경직화된 다른 예술을 구원한다. 로메르는 영화 예술의 가정된 특이성(그것을 구별하고 글쓰기나 언어 그 자체로 주장할 수 있는 것)과 관련해서 1920년대 이후 다소 효력이 지난 논쟁에 다시 참여한다. 그의 명제는 영화를 언어가 아니라 존재론의 관점으로 생각한다. 다른 예술이 표현하는 것을 다르게 말하는 예술이 아니라, 영화는 '다른 것'을 말한다. 이런 확신에서 분명하게 보이는 정신주의적 특성은 젊은 시네필이 〈스트롬볼리〉를 발견한 동시에 만들어졌다. 영화의 마지막 이미지에서 환영에 사로잡힌 역할의 잉그리드 버그먼과 문화적 과잉과 좌절된 문학적 희망을 버리는 젊은 선생 셰레를 동일시하고 싶을 정도다. 영화는 제7예술이라기보다는 훨씬 더 나아가 제1예술이다. 부활의 장소일 뿐만 아니라 방황하는 예술을 자비롭게 밝힐 수 있는 구원의 장소다.

여기에는 그의 고전주의에 대한 집착이 있다. 그의 초기 글 중 하나의 머리말에서 로메르가 인용한 아르튀르 랭보Arthur Rimbaud 의 공식을 뒤집으면, 그의 모든 글은 단 하나의 신조를 표현하는 기호로 모인다. 즉, "절대적으로 고전적이어야 한다." 프랑스 혁명 이후 베토벤의 음악과 발자크의 소설이 도래한 것처럼 전쟁 이후의 혼란과 공존하는, 파괴 후의 고전주의다. 영화는 구속적 사명, 20세기가 더 이상 보는 법을 알지 못하는 신화적 기초를 되살리는 사명을 부여받는다. 즉, 재앙을 넘어서 확실한 아름다움의 비밀을 되찾는 것이다.

이 구성의 핵심이 1955년 이 비평가가 『카이에』에 5회에 걸쳐 연재한 글 「셀룰로이드와 대리석」에 있다.[157] 이 글은 그의 위대한 이론이 담긴 작품이다. 게다가 1955년 2월에 연재를 시작하는 첫 글은 에릭 로메르라는 이름으로 쓴 첫 번째 글이며, 그의 영화적 야망에 부응하는 것처럼 보인다. 로메르는 글의 서두에 스스로 "라 아르프Jean-François de La Harpe를 두려워하기에는 너무 젊은 예술의 부알로Nicolas Boileau"가 되고 싶고, "아무개가 아니라 영화에 대해 깨달은 소양 있는 아마추어"[158]라고 쓴다. 그는 영화의 궁극적 절대성을 더 잘 나타내기 위해 그야말로 모든 예술을 하나하나 살펴보기로 작정한다. 매 연구는 예술 분야의 대차 대조표로 제시되고, 마지막 분석에서는 항상 특권을 돋보이게 하는 역할로 되돌아온다. 다른 예술이 단념했던 고전적인 이상, 이것을 되살리는 것이 영화에 속한 일이다.

그리고 이것은 비인간적인 기계적 도구로서의 본성 때문이다. 즉, 카메라 장치의 무관심성, 인간적 개입의 한계가 영화의 미학적 우위는 물론 역사적 기회를 이루는 것이다. 우리는 리얼리즘에 충실해 보였던 바쟁의 사고가 얼마나 조금씩 멀어지는지를 볼수 있다. 즉, 로메르는 어떤 유형의 스타일도 특권화하지 않는다. 바쟁에게 존재론은 문법의 특수성과 문학의 모방을 통해 이루어지는데, 이것은 그 폭과 풍성함에 있어 시네아스트를 위대한 미국 소설가와 동등하게 해 준다. 그의 제자 로메르는 호크스적인만큼 히치콕적이다. 즉, 카메라의 '객관성'은 — 그는 다큐멘터리나 실시간으로 촬영한 스포츠 기록의 재방송마저 칭찬한다 — 결국 미와 진실의 이중 증언으로, 자급자족적 가치로 나타난다. 로메르는 역설을 이렇게 공식화한다. "사람들은 영화가 기계적인 재현 방식에 기반을 두지만 동시에 예술이기도 하다는 같은 말을 되풀이한다. 반대로 나는 영화의 가장 확실한 특권은 바보같이 정확하게 재생할 수 있는 힘이라고 확신한다."[159]

로메르에 따르면 영화감독은 예술에 반대하는 것이 아니라 예술 가운데에서 주장한다. 만일 그가 자신에 속한 진실을 표현할 수 있다면, 서구 문화에서 희소해진 어떤 믿음을 깨울 수 있다면, 그것은 다른 예술과 갈등하면서도 지속적인 대화를 한 결과이며, 이 대화는 그가 말해야 할 특이점을 더 많이 드러낼 것이다. 그리고 그는 언어로 성찰하거나 소외시킬 시간을 주지 않고, 원래 대상에서 예술적 감정을 포착한다는 영화의 고유한 특권을 드러낼 것이다. 이는 확실히 이상주의적인 비전이며, 시대에 뒤떨어졌다고 판단할 수 있는 비전이다. 이런 생각은 로메르를 영화의 가장 위대한 현대 사상가 중 한 명으로 만드는데, 왜냐하면 이런 사고는 (앙드레 지드나 폴 발레리Paul Valéry와 다르지 않은) 일종의 영원 회귀, 고전적인 사고로의 끊임없는 재개再開에 근거하기 때문이다.

우파로?

로메르가 현대와 고전 사이에 구축한 연결은 그를 보수적인 사상가, 나아가 반동적이지만 고전 안에서 "진정한 혁명"[160]을 파악하는 사상가로 만든다. 『레 탕 모데른』에서 배짱 좋은 기술을 가지고 도발적으로 쓴 것처럼, 그가 보기에 현재나 미래를 잘 대처해 나가려면 '진보적 가치'보다 '보수적 가치'를 우위에 둬야 한다. 이런 반동적 사고는 1950년대에 쓰인 다수의 글에서 제7예술에 대한 두 가지 주된 해석을 통해 표현된다. 그 두 해석은 그의 기독교적 정신과 '서구성occidentalité'이다.

　이 잡지에서 로메르에 반대한 주요 인물인 무신론 좌파 피에르 카스트는 『카이에 뒤 시네마』 제23호에서 "루르드• 성수로 목을 헹구는 사람들"[161]에 반대해서 클루조의 〈공포의 보수Le Salaire

---

• 성모 마리아의 환영이 목격되고 이 지역의 샘물이 불치병을 치료하는 효력이 있다는 소문이 퍼져 순례지가 된 프랑스의 작은 마을

de la Peur〉를 옹호하며, 자신의 글에 「위대한 무신론 영화Un grand film athée」라는 제목을 붙인다. 카스트는 이런 말로 결론을 내린다. "〈공포의 보수〉는 지고의 것도, 섭리도, 신앙심도, 심지어 하늘을 암시하는 것도 아니다. 영화 자체로 전체가 되는 영화다." 두 달 후 로메르는 로베르토 로셀리니의 〈유럽 51〉에 대한 예찬으로 이에 응답한다. 카스트의 제목과 마찬가지로 함축적인 제목을 가진 「기독교의 정수Génie du christianisme」[162]라는 글에서 그는 직접적으로 대답한다. "무신론자가 되면 카메라는 당신에게 순수 인과율적 법칙 외에는 다른 법칙이 없는, 신이 없는 세상의 광경을 보여줄 것이다." 로메르는 기독교인 바쟁으로부터 상당한 논거를 빌려와 일반 영화와 로셀리니 영화에 대한 영적 분석을 공공연하게 대응점으로 전개한다. 그에 따르면 〈유럽 51〉은 "스테인드글라스 예술 같은 은유의 예술"을 제안하는 영화이며, 여기서 "여성은 자기 소명의 은총으로 세상의 일그러짐에 저항한다." 즉, 영혼이 드러난다. 로메르에게 이런 차원은 물질성 그 자체인 신체의 밀도를 통해서만 드러날 수 있다. "영화의 정수는 재료인 신체의 영역과 대상인 영혼의 영역 사이, 매우 무한한 거리와 매우 긴밀한 연합을 동시에 발견하는 방법을 아는 데 있다." 모든 게 분리되었다고 생각할 수도 있는 신체와 영혼 사이의 '기적적인' 교신을 통해, 영화는 자신의 진실을 찾는다.

좀 더 일반적으로 말해서 '세례학파' 노선은 위대한 리얼리스트 감독에 대한 정신주의적 접근을 시작으로 1950년대 중반에 주로 형성된다. 이런 의미에서 히치콕은 이후 작품에서 『카이에』

의 열렬한 지지자에게 '형이상학적' 해석을 완벽하게 제공하는 '종교 영화'를 연달아 개시한다. 그리고 그들의 영화 읽기는 현실의 종교적 이야기로 확고해진다. 〈나는 고백한다〉와 〈오인The Wrong Man〉 사이에 『카이에』의 로메르적 노선은 히치콕식 주제와 전적인 조화를 이루면서, 트뤼포가 학생 같은 태도로 이렇게 쓸 정도가 된다. "『카이에 뒤 시네마』는 최근 〈오인〉을 촬영한 앨프리드 히치콕에게 감사한다. 이 영화는 우리를 기쁘게 했으며 세상에 우리 해석의 진실성을 증명했다."[163] 바쟁은 1940년대 후반에 만들어진 로셀리니 영화에서 영화적 지각의 이상적 사례를 발견했다. 같은 방식으로 『카이에』는 히치콕을 만나 로메르나 샤브롤, 트뤼포, 리베트가 짓궂게 제기한 기독교적 효과에 대해 검증한다. '영턱스'의 맏형은 기탄없이 이렇게 확신한다. 즉, "기독교는 영화와 동체다."[164] 영화는 그에게 "20세기의 대성당"[165]으로 보인다.

탈식민지 시대의 절정기에 '알제리 사건'이 해방 전쟁으로 바뀌는 무렵 영화의 서구성에 대한 로메르의 입장은 솔직히 반동적이다. 이 주제는 종종 '20세기의 신사'인 비평가의 글에서 종종 표현된다. "영화는 아이들이 아니라 오래되고 견고한, 문명화된 우리 같은 사람을 위해 만들어졌다."[166] 예를 들어, 로메르는 할리우드에서 "고전적이고 영적인 창조의 대지"[167], 서구적인 것, 고대 도시나 르네상스의 피렌체의 모습을 발견한다. "나는 캘리포니아 해안이 열정적이고 재능 있는 시네아스트에게 지옥이 아니라, 본토, 선택받은 땅이라고 확신한다. 이 땅은 화가에게 15세기의 이탈리아이며, 음악가에게는 19세기의 빈에 해당한다."[168]

영화를 고전화하면서 로메르는 할리우드, 로셀리니의 이탈리아, 르누아르의 프랑스를 영화의 선택받은 땅으로 지명한다. 이 비평가가 "위대한 창작자의 나라"[169]라는 신조에 기대어 무르나우의 〈타부〉를 분석하면서 썼던 것처럼, 그는 제7예술에서 "서구의 복수"[170]를 본다. 이는 영화사에서 로메르가 선호하는 영화인데, 독일 시네아스트는 서구에서 멀리 떨어진 타히티섬의 토착 원주민이 사는 곳으로 촬영을 떠났다. 1953년 3월에 발표된 매우 유쾌한 이 글은 보라보라섬을 '고전적 땅'으로 만들고, 이국적 거주민들을 '서구적 존재'로 만든다. "그(무르나우)가 폴리네시아인의 검게 그을린 피부 속 정맥에 흘려보낸 피는 백색이며, 논쟁의 여지가 있는 기원을 가진 인종과 유럽인과의 접촉은 그들의 모국어만을 발전시켰을 뿐이다. 이국적인 영화 〈타부〉는 이 시대의 모든 작품 가운데 나의 유럽적 기질을 가장 근본적으로 진동시킨 작품이다. 고갱은 병적 욕망과 지성만을 자극했던 곳으로 내 마음과 영혼을 데려가는데, 그것은 현대 서구가 한때 숭배했다가 불태운 것이다."[171]

「셀룰로이드와 대리석」의 네 번째 글에서 로메르는 이 인종적 생각과 영화의 서구성으로 되돌아간다. "자동차를 만들고 고층 빌딩을 건설할 권리만큼 영화를 만들 권리가 인도나 일본에도 있다는 것을 부인하지는 않지만, 그 나라 국민이 애착하는 전통은 우리보다 풍요롭지 않다고 생각한다. 영화는 우리 몸의 모양에 아주 잘 맞는 의복으로, 다른 사람이 그것을 입으면 이음새에 주름이나 균열이 생긴다. 당신이 태어난 장소의 경위선이 의지할 두툼한 과거를 주지 않는다면, 이 척박한 장난감을 능숙하게 다룰 기회는 거의 없을 것이다. 우리 서구인은 영화에 가장 적합한 사람들이다. 스크린은 기교를 싫어하며, 우리는 자연에 대한 가장 예민한 감각을 지녔기 때문이다. 민족학자는 여기에 절대적 기준으로 가를 수 없음을 보여 주기에 유리한 입장이다. 그러니까 호메로스의 영웅처럼 높은 의자에 앉는 것만큼 돗자리에 웅크리고 앉은 것 역시 정상이라는 말이다. 그렇다 해도 경기장 경주를 좋아하는 인종이 바닥에서 요가 훈련에 전념하는 인종보다 종의 기준에 더 부합하지 않다고 나를 설득하기는 어려울 것이다. 내게는 우리 문명이 아름다운 이상과 자연 개념을 의도적으로 뒤섞고, 나아가 이를 통해 명백한 보편성에 도달했다는 점이 중요하다."[172] 이 문화적 배타주의 이론은 서구(보편적 삶의 양식과 예술을 생산할 수 있는 유일한 문명)가 세계를 독자적인 창조 단위로 구분하고 계급에 따라 지배할 것이라는 오래된 전통주의 사상이다. 이런 사상은 19세기와 20세기 초에 고비노Arthur de Gobineau, 귀스타브 르 봉Gustave Le Bon, 체사레 롬브로소Cesare Lombroso, 샤를 모라스Charles Maurras와 같은 인종주의 사상가에 의해 널리 알려졌다. 이는 로메르에게 필연적으로 반향을 일으켰던 당시 유명한 논쟁을 통해 설명할 수 있다. 로메르는 예술과 사상에서 서구의 우월성을 옹호하는 로제 카유아Roger Caillois와, 고전 문명의 우월성을 주장하는 상대론적 민속학자 클로드 레비스트로스Claude Lévi-Strauss와 그의 책 『인종과 역사Race et Histoire』[173]를 대조시킨다. 카유아 진영을 선택한 로메르는 대담하게도 서구의 우월성에 대한 이런 생각을 영화에 적용한다. 그에 따르면 서구 이외의 시네아스트는 서구의 규범과 가치를 채택해야만 아름다움에 접근할 수 있다.[174] 따라서 킹 비더King Vidor의 영화 〈할렐루야!Hallelujah!〉에서 흑인 음악은 자신의 "모국어"를 포기하며 그의 천재성은 단지 "아프리카의 피와 기독교의 영성 사이의 행복한 결혼"[175]에서 기인한 것이다. 또 미조구치는 "동양의 요가 훈련"을 거부하고 "우리에게 매우 가까이 다가오지만, 서구의 표절이 아니라 아주 먼 곳에서 동일한 본질적 개념에 도달한다."[176]

로메르 담론의 또 다른 측면은 식민지 국민에 대한 서양의 죄의식을 거부하는 데 있다. 로메르는 식민지화에 대한 비평적 시각과 다른 나라에 대한 배려를[177] 무시할 뿐 아니라 거부한다. 한마디로, 영화는 "억압받은 국가"[178]로부터 배울 것이 없다. 예술의 이름으로 영화가 가져온 고전적 보편성의 운명은 살아남을 수밖에 없다. "최근 우리 시대를 운명fatum으로 설명하는 것이 예술에 대한 가장 심오하거나 매력적인 설명이라고 생각하지 않는다. 현재 서구의 엄청난 실수는 이 죽은 신에게 재물을 바치는 것이 아닌가?"[179]

이런 이데올로기는 프랑스 정치판에서 에릭 로메르를 단호하게 오른편에 분류시킨다. 그렇지만 그 자신은 우파성을 주장하지 않으며, 과잉과 극단을 불신하면서 엄격한 '비참여désengagement'를 고수한다. 이는 관용의 한 방법이면서 또한 단순화를 거부하는, 유보적이고 신중한 태도다. 그러나 다른 사람들은 로메르를 우파로 생각한다. 『카이에』의 피에르 카스트나 『포지티프』의 비평가들처럼 그의 반대자는 물론 그렇게 여긴다. 마찬가지로 앙드레 바쟁도 조르주 사둘에게 쓴 한 편지에서 지금 한창 부상하는 『카이에』의 필자인 셰레가 좌파 작가가 아니라고 걱정을 털어놓는다.[180] 한 인터뷰에서 고다르는 완곡하게 "비종교성을 매우 강조했던 바쟁이 당시 로메르가 보여 준 '우파'적 측면에 조금은 힘들어했을 것이다"[181]라고 말한다. 1960년대 초에 등장한 젊은 비평가 루이 마르코렐Louis Marcorelles은 10년 후 로메르에게 보낸 편지에서 "당신이 『카이에』에서 구현한 '전통적 우파 노선' 때문에 당신 글을 싫어했지만", 그럼에도 불구하고 "당신 글이 나를 자극해서 거의 모든 영화 개념을 수정하게 되었다"[182]라고 쓴다.

로메르의 삶에는 상당히 많은 보수주의의 징후가 보인다. 단지 그가 독실한 가톨릭 신자기 때문만은 아니다. 1955년부터 그는 피에르 부탕이 주관하는 왕정주의 주간지 『라 나시옹 프랑세즈La Nation Française』의 정기 구독자이자 세심한 독자로 있으면서, 모라스주의 지식인이자 철학자인 부탕에게 친밀감을 느낀다. 또한 그는 루이 14세의 사고와 천재성에 대한 열성 지지자들인 '루이카토르지앵Louisquatorzien'[183] 협회의 회원이기도 하다. 이 협회는 자칭 '산티아고 드 콩포스텔 공작'이라는 괴짜 조르주 코넨Georges Comnène이 이끄는 단체다.

마지막으로, 1950년대 그의 친한 친구 몇 명은 공개적으로 극우나 왕정주의적 사고와 참여를 보여 준다. 폴 제고프의 경우에 기병대 같은 도발과 우파적 댄디즘의 태도를 보였다고 이미 언급한 바 있다. 또 다른 오랜 친구 필리프 뒤그는 우아하고 교양 있는 자유주의적 우파의 젊은 시네필을 대표한다. 여기에 시네클럽 '자유의 젊은 친구들Jeunes Amis de la Liberté'의 진행자이자 파리정치대학에 다니던 피에르 레스타니Pierre Restany, 『카이에 뒤 시네마』에서 미래에 협력자가 될 앙드레 마르탱André Martin과 프랑수아 마르스François Mars를 연결할 수 있다. 히치콕에 대한 공동 숭배 문화 같은 시네필로서의 친밀감도 있지만, CCQL 회원 간에는 정치적 연관성도 있다. 그것은 반공산주의, 좌파 참여에 대한 거부, 할리우드 영화에 대한 애정과 연결된 도발적인 반순응주의에 대한 매력 같은 것이다. 나아가 나치 영화에 대한 엇나간 취향도 있다.

1950년 12월 루마니아에서 파리에 도착한 스물한 살의 장 파르뷜레스코Jean Parvulesco는 루아얄 생제르맹에서 셰레를 만나고, 글을 쓰지는 않지만 CCQL의 회원과 『가제트 뒤 시네마』의 편집자들과 자주 교류한다. 그는 자신이 '파시스트' 이데올로기를 가진 활동가라고 분명히 선언한다. 그는 곧 셰레와 고다르와 가까워지고, 소르본의 영화학 연구소에서 수업을 듣는다. 훗날 그는 토론의 밤 모임을 위해 빅토르쿠쟁 거리에 있는 맏형의 방에 정기적으로 모이는 세 명의 젊은이 사이의 형제애를 이렇게 묘사한다. 그는 이 우정을 정치적으로 해석했다. "리베트를 제외하고 이 모임은 항상 극우였다. 물론 아무도 대놓고 크게 말하진 않았지만, 우리들의 대화는 분명했다. 제고프는 그 태도로, 고다르는 댄디즘으로 보여 주었다. 트뤼포는 동료들 때문에, 그의 진정한 영웅 셰레 때문에 거기에 매료되었다. 트뤼포에게 셰레는 가톨릭이자 왕정주의자이며 위대한 신비주의였다. 몇 년 후, 솔직하게 정치적 감수성을 보여 줄 순간이 왔을 때는 다들 사라졌고, 각자 내부로 본능을 감추고, 극우적 어조를 지워 갔다."[184] 군사비밀조직 OAS Organisation armée secrète * 회원이자 프랑스 알제리 활동가인 파르뷜레스코는 스페인으로 추방되어 팔랑헤palange ** 잡지 『프리메르 플라노*Primer Plano*』에서 영화 비평가가 된다. 그는 누벨바그에 대해 글을 쓴 최초의 이베리아 시네필이 되고, 고다르와 샤브롤 영화를 옹호하지만, 프랑스 젊은 영화의 부흥을 "파시스트 혁명"[185]처럼 묘사한다. 고다르는 〈네 멋대로 해라〉에서 장피에르 멜빌이 연기한 작가의 이름에 그의 이름을 붙이고, 그에게 모호한 경의를 보낸다. 파르뷜레스코는 진실로 끝까지 에릭 로메르의 가까운 친구로 남는다.

16밀리 실험실

〈모범 소녀들〉의 전문적 제작에서 불행한 우여곡절을 겪은 후 에릭 로메르는 덜 제한적이고 더 영감을 주는 16밀리 필름으로 후련하게 돌아온다. 그래도 이제부터는 더 이상 혼자가 아니며, 아마추어 영화의 외로운 개척자가 아니다. 모든 '영턱스'가 그의 작업에 참여했다.[186] 영화 대부분의 크레디트에서 그들은 모든 분야

---

* 알제리 자치에 반대한 군사 비밀 조직
** 스페인의 파시스트

를 담당하며 서로의 자리를 이어받는다. 고다르는 배우와 제작자로, 나중에는 연출가로, 리베트는 촬영과 편집, 연출로, 프랑수아 트뤼포는 조감독이나 구경꾼으로, 클로드 샤브롤은 조감독과 제작자, 아파트를 빌려 주는 (특히 로메르가 촬영한 〈가정교사 베로니크Véronique et Son Cancre〉에서) 것으로 참여한다. 혹은 샤를 비치, 미셸 라투슈Michel Latouche는 영사기사로, 수잔 쉬프만, 장 그뤼오, 클로드 드 지브레는 조감독으로, 아녜스 기예모Agnès Guillemot나 세실 데퀴지는 편집으로, 폴 제고프는 영감을 주거나 시나리오로, 올가 바랑과 안 도아Anne Doat, 니콜 베르제Nicole Berger는 최초의 여성 조언자로, 장클로드 브리알리Jean-Claude Brialy와 제라르 블랭Gérard Blain, 장폴 벨몽도Jean-Paul Belmondo는 남자 주연으로 참여한다.

16밀리로 돌아간 에릭 로메르는 다듬어지지 않은 몇 가지 이야기를 염두에 두고 작업한다. 1953년 2월 그는 몇 해 전에 썼던 이야기 『폭풍우』를 77쪽의 긴 시나리오 형식으로 만든다. 여기서 그는 브르타뉴 한 섬의 큰 저택에 사는 백작이 소유한 일부 폐허가 된 상속 부지 주변에서 감정놀음을 하는 네 명의 젊은이를 대면시킨다. 또 다른 섬에 대한 시나리오인 「18세 소녀La Fille de 18 Ans」는 타자기로 쓴 14쪽 분량으로, 날짜는 없지만 아마도 같은 시기에 쓰였을 것이다. 아직 덜 발전된 이야기이지만, 이는 『폭풍우』의 변주작으로, 모르비앙만灣에 있는 아르즈섬에서 일어나는 이야기다. 첫 장면에서 40년 후 〈겨울 이야기Conte D'Hiver〉의 시작 장면과 매우 유사하게 스물세 살의 필리프와 열여덟 살의 크리스틴이 수영하다 파도 밖으로 나와 해변에서 서로 키스하고 사랑을 나눈다. 로메르의 기록 보관소에서 또 다른 영화 개요를 찾을 수 있다. 3쪽짜리 육필 원고인 『벤치에서 *Sur un Banc*』라는 제목의 이야기에서 사건이 일어나는 장소는 공원에 있는 두 개의 벤치다. 이 벤치에 아침부터 저녁까지 여러 인물이 지나간다. 아이들을 바라보는 노인에서 부랑자로, 젊은 엄마에서 잔소리 많은 노파로, 손에 책을 들고 있는 지적인 몽상가에서 연인에 이르기까지 여러 인물이 이어진다.

1954년 가을 어느 주말에, 로메르는 배우 테레사 그라티아 Teresa Gratia의 부모가 소유한 뫼동의 대저택에서 에드거 앨런 포의 『베레니스 *Berenice*』[187]를 각색한 영화를 촬영한다. 15분 길이의 영화에서 로메르는 내성적이고 고통받는 청년 이게우스를 직접 연기한다. 그는 강경증에 걸린 여자 사촌의 치아에 점점 매료되어 혼미해져 간다. 환상적인 분위기로 재현한 대조적인 흑백 화면에서 광기는 인물들을 엄습한다. 베레니스는 탈진 상태에서 경련에 사로잡히고, 반면 이게우스는 치아에 대한 페티시즘에 사로잡힌 뱀파이어처럼 빛을 피해 숨거나 그림자로 자신을 드러낸다. 이 스타일은 무르나우나 장 엡스탱 Jean Epstein의 영화처럼 쇠락기의 후기 표현주의를 연상시킨다. 리베트는 촬영과 영화 편집을 담당한다. 무성으로 촬영한 후 JEL 녹음기 덕분에 소리를 입힐 수 있게 된다. 지난 몇 주 동안 『카이에 뒤 시네마』의 편집자들이 존경하는 시네아스트와 인터뷰를 기록하는 데 사용하던 녹음기였다. 에릭 로메르의 기록 보관소에 보관된, 매우 수공업적으로 제작된 〈베레니스〉의 사운드 필름을 들어 보면, 로메르가 포의 단편 소설에서 영감을 받아 쓴 독백의 글을 읽고 난 뒤에, 후반부는 매우 명확하게 들리는데, 고다르가 『카이에』 사무실에서 20분 동안 최근에 본 영화를 논의하는 것을 들을 수 있다.

1956년 초에 로메르는 레프 톨스토이의 단편 소설을 각색한 새로운 16밀리 영화 〈크로이체르 소나타La Sonate à Kreutzer〉의 촬영을 시작한다. 그는 사샤 기트리Sacha Guitry의 영화에서 영감을 얻어, 스크린에 보이는 행동은 무성으로 처리하고 화면 밖 소리로 해설한다는 원칙을 따른다. 로메르는 16쪽 분량의 해설을 육필로 썼다. 전체는 32개 시퀀스로 나뉘어 있고, 총 상영 시간은 40여 분이다. 영화는 일련의 플래시백으로 이어져 있으며, 이야기는 1년 전 저녁 시간, 생제르맹데프레에 있는 지하 술집에서 로메르가 직접 연기한 30대의 유능한 건축가와 예쁘고 소극적인 젊은 여성(프랑수아즈 마르티넬Françoise Martinelle이 연기한)이 처음 만난 날로 거슬러 올라간다. 만난 지 얼마 지나지 않아 그는 젊은 여성에게 청혼하고, 그녀는 이를 받아들인다. 그러나 곧 두 사람은 서로 사랑하지 않는다는 것을 깨닫는다. 남편은 자신과 매우 다른, 재능 있고 "매우 높이 평가받는" 젊은 비평가(장클로드 브리알리가 연기한)를 알게 된다. 남편은 그를 아내에게 소개하는데, 그들은 서로 좋아하게 된다. 남편은 아내를 의심하고 칼로 찔러 죽인다. 그런데 우리는 이 비극이 단지 질투 어린 상상 속에서만 존재했던 것인지 궁금해진다. 그가 실제 제고프와 자신의 모호한 관계를 영화 속 브리알리와 로메르의 역할에 투영했던 게 아닌지 말이다.

로메르는 친구들을 다시 소집한다. 고다르는 폭스사의 언론 담당관 역할을 하면서 벌어들인 돈으로 필름을 산다. 고다르는 제고프의 집에서 촬영한 저녁 장면에 등장하고, 제작자로도 크레디트에 오른다. 또한 『카이에 뒤 시네마』에서 촬영한 짧은 시퀀스에서는 바쟁 주변에 군집한 잡지의 모든 편집진도 볼 수 있다. 다시 한 번 리베트가 만형 옆에서 영화의 편집을 담당한다. 부부의 아파트로 쓸 장소는 CCQL의 친구인 조르주 카플랑에게 빌린다. 물론 베토벤의 ('크로이처 소나타'로 알려진) 〈피아노와 바이올린 소나타 9번〉이 영화와 함께 제공된다.[188] 사운드 트랙에는 또한 같은 작곡가의 피아노곡 〈디아벨리 변주곡Diabelli Variation〉, 젤리 롤 모턴Jelly Roll Morton의 〈하이 소사이어티High Society〉, 루이 암스트롱Louis Armstrong이 연주한 〈댈러스 블루스Dallas Blues〉와 같은 재즈곡이 포함되어 있다.

　녹음기를 이용해 사운드 트랙을 만드는 이런 방식의 음향 기술에 위험이 없지는 않았다. 1956년 9월 파르나스 스튜디오에서 영화를 상영할 때 녹음이 여러 차례 일치하지 않아 로메르는 상영을 중단할 수밖에 없었고, 영상 진행에 맞게 음성 해설을 다시 조정한다. 하지만 몇 가지 일치된 증언에 따르면, 이 상영은 파르나스 스튜디오에 모인 시네필에게 분명한 영향을 미친다. 그들이 보기에 이것은 새로운 재능 있는 연출가의 발견이었다. 특히 그때까지 그의 비평에 감탄했던 전문가 관객에게 처음으로 시네아스트 로메르로서 깊은 인상을 남긴다. 클로드 샤브롤과 장 두셰, 장 그뤼오, 클로드 드 지브레, 앙드레 라바르트는 독특한 개성에 사로잡힌 영화적 세계의 탄생을 목격한 느낌을 훗날 고백한다.

마찬가지로 이 상영회에 초대받은 스무 살의 젊은 시네필 피에르 리시앙Pierre Rissient은 이렇게 말했다. "매혹적인 것은 신경증에 가까운 신경질적 방식으로 그 역할을 연기하던 로메르 자신이었다. 우리는 그의 정신에 들어가 주관적인 카메라로 미친 사람을 보는 느낌이 들었고, 편집증적 착란 상태에서 자기 행동을 해설하는 그의 목소리를 들었다. 나는 매력적이고 의미심장한 이 영화를 좋아했다. 이때가 그가 숨김없이 자신을 보여 준 유일한 순간이라고 생각한다."[189]

전문 비평가

에릭 로메르의 이중성격이 1956년 말처럼 노출된 적은 없었을 것이다. 한편으로 그는 16밀리 흑백 무성 영화에 집착하는 일그러진 유령이며, 순결한 소녀를 향해 이끌려 가는 뱀파이어이며, 마침내 통제 불가능한 페티시즘에 노출된 댄디한 남성이다. 다른 한편으로, 그는 단호하게 고전적이며, 공정하고 명확하고 신중한 문장으로 존경받는 비평가이며, 동시대 지식인이 종종 중요시하지 않던 예술을 특히 미적 표현으로 정당화하는 데 도달한, 앙드레 바쟁과 대등하게 대화할 수 있는 제7예술의 사상가다. 에릭 로메르는 누벨바그가 출현하기 전부터 비평계의 내부에서 확고부동한 아우라를 누린 유일한 '영틱스' 중 한 명이다. 트뤼포는 유명했고 사람들이 두려워했지만 공격을 받기도 했고, 리베트는 찬사를 받지만 극단적 교조주의로 비난도 받았다. 고다르와 샤브롤은 아직은 모호하고 대수롭지 않은 인물이었다.

이런 인정은 트뤼포가 그를 추천한 덕분에 빛을 발하고, 이로써 로메르는 진짜 전문 비평가가 된다. 1956년 4월 17일, 트뤼포는 로메르에게 속달 우편으로 편지를 쓴다. "친애하는 모리스에게, 『아르』에 재료가 바닥났습니다. 금요일 전까지 이 기회를 이용하세요. 내가 아주 쉽게 읽을 만한 것(미국 코미디나 누아르 영화든 뭐든 간에. 아니면 감독, 대사, 각색, 영화와 발자크, 또는 에드거 포, 스티븐슨Robert Stevenson 등)을 '비밀리'에 보내 주세요. 내가 칸에 있는 동안 당신이 두세 편의 비평을 쓸 수 있을 거예요. 친구 트뤼포로부터."[190] 로메르는 다음 주에 이 잡지에 첫 번째 글 「취향과 색채Des goûts et des couleurs」를 게재한다. 잡지에서 영화에 대한 성찰을 담은 기사를 싣는 '전문가의 비밀' 란에 이 글이 실린다.

2년 반 동안 그는 이 주간지에 180편의 기사를 쓰며, 때로는 그의 글이 동시에 두세 편씩 영화 지면을 차지하기도 한다. 잡지 『아르스펙타클Arts-Spectacles』은 부유한 갤러리 소유자이자 예술 애호가인 조르주 윌든스타인Georges Wildenstein이 창간한 1950년대 가장 영향력 있고 흥미로운 출판 매체[191] 중 하나다. 두 명의 편집장이 잡지에 명성을 가져다주는데, 1950년대 초반에는 루이 포웰스Louis Pauwels가, 1954년부터는 자크 로랑Jacques Laurent이 그 역할을 한다. 포웰스는 창립 초기에 그가 보기에 전시 화보집에 불과했던 잡지를, 특히 문학과 공연물을 포함해, 문화 예술 전반을 다루는 임무를 부여해 잡지를 현대화한다. 잡지의 어조는 종종 논란이 되는데, 일반적으로 예술가의 참여와 경향 문학에 반대해 싸운다. 이 주간지는 콕토와 자크 오디베르티Jacques Audiberti, 앙리 드 몽테를랑Henry de Montherlant, 장 지오노Jean Giono, 마르셀 에메Marcel Aymé 등 명망가의 협력 덕분에 우아하고 학식 있는 스타일로 인정을 받는다. 뒤를 이은 로랑은 한층 더 화려한 참신함을 가져온다. 그는 『고요한 신체Corps Tranquilles』의 작가이자 세실 생로랑이라는 가명으로 『친애하는 카롤린Caroline Chérie』을 써서 상당한 성공을 거두고, 그 자본으로 잡지 『라 파리지엔La Parisienne』을 창간하고 『아르』를 사들인다. 그는 "당파적이고 해학적인 언론"[192]을 지침 삼아 이 잡지를 운영한다. 그는 친구 작가와 기자들을 기병으로 영입하고, 또 다른 편의 지원군으로는 한창 활동 중인 젊은 우파 문학가들을 끌어들인다. 로제 니미에, 앙투안 블롱댕Antoine Blondin, 미셸 데옹Michel Déon, 마티외 갈레Matthieu Galey, 앙드레 파리노André Parinaud, 알렉상드르 비알라트Alexandre Vialatte, 보리스 비앙, 장 도르메송Jean d'Ormesson, 장르네 위그냉Jean-René Huguenin, 장루 다바디Jean-Loup Dabadie, 필리프 라브로Philippe Labro가 그들이다. 문화적 선택은 종종 격에 맞지 않을 때도 있지만, 보편적인 스타일과 당대 예술가들과 진행한 훌륭한 인터뷰는 우파에서 좌파까지 1950년대 문화 언론의 매우 풍성한 풍경을 새겨 넣으며 이 주간지에 깊이를 부여했다. 『아르』는 당시 문화 언론 『라 파리지엔』, 『오페라』, 『카르푸Carre-four』, 『레 누벨 리테레르Les Nouvelles Littéraires』, 『레 레트르 프랑세즈』와 시대를 함께한다. 『아르』는 흉내 낼 수 없는 방식을 갖춘다. 즉, 기본적으로 간행물(조사, 인터뷰, 품위 있는 기사)이면서, 동시에 문화계 뉴스를 다룬 잡지(예술, 문학 및 엔

터테인먼트의 모든 영역을 망라하는 비평의 넓은 외연과 다양성)이고, 참여적인 신문이었다. 예리한 시선, 무례한 어조, 반순응주의, 논쟁, 그리고 볼거리가 있는 조판, 도발적인 표제를 전시하면서, 일간지 신문처럼 기사를 게시하는, 이 모든 것이 효과적인 논단을 형성한다. 『아르』는 몇 주 만에 7만 명 이상의 독자를 모으는 데 성공했다.

1954년 초 자크 로랑은 비평가이자 시네아스트인 그의 친구 장 오렐Jean Aurel에게 영화 지면을 맡긴다. 주간 언론계에서 영화 비평은 영향력이 있었기에 중요한 문제였다. 이런 점은 『프랑스 옵세르바퇴르』의 자크 도니올발크로즈, 『르 피가로 리테레르 Le Figaro Littéraire』의 클로드 모르악, 『레 레트르 프랑세즈』의 조르주 사둘의 칼럼이 증명한다. 1954년 봄 오렐은 1월에 발표된 『카이에 뒤 시네마』의 기사 「프랑스 영화의 어떤 경향」으로 파리의 유명 인사들을 충격에 빠뜨린 스물두 살의 청년 프랑수아 트뤼포에게 이 지면을 맡기는 (위험천만한) 생각을 한다. 그렇게 해서 이 젊은 비평가는 4년 동안 거의 1천 건의 기사를 실으면서 영화 지면에 상당한 영향력을 갖게 된다. 그의 기사는 자주 논쟁적이고 부당하고 성가시지만, 항상 살아 있으며 편견과 발견으로 가득하고, 재미있고 독창적인 어조를 보여 준다. 트뤼포는 뛰어난 기교와 열정을 가지고 상당히 교활하게 『아르』를 자신의 "언론 홍보지"[193]로 이끌어 간다. 거기서 그는 자신이 선택한 시네아스트들을 알리고, 전투적이고 설득력 있게 작가 정책의 방향을 제시하고, '고품격 프랑스 영화'와 이런 경향을 대표하는 앙리 조르주 클루조와 클로드 오탕라라Claude Autant-Lara, 장 들라누아, 이브 알레 그레, 르네 클레망과 싸운다.

트뤼포가 로메르에게 『아르』를 제안했을 때, 트뤼포는 일이 넘쳐나고 있었다. 어떤 점에서는 성공의 제물이 되고 있었다. 그는 전문적인 첫 단편 영화 〈개구쟁이들Les Mistons〉을 촬영하고 있었고, 『르 탕 드 파리Le Temps de Paris』와 『라 파리지엔』 등 여러 신문의 기고 요청을 받는 데다, 로베르토 로셀리니의 조감독으로 일하고 있었다. 1956년 5월 말에는 칸 영화제로 출발해야 하고, 동시에 파리에 있는 신문사에 모든 최신 영화에 대해 글을 쓰는 평론가로 있어야 했다. 그는 로메르를 선택함으로써 후방을 확보할 수 있었다. 로메르는 성실함에 있어서 익히 좋은 평판을 얻고 있었다. 트뤼포는 이중직도 아니고 대체된 것도 아닌, 고전적이고 신중한 보조 평론가를 찾은 것이다. 이 과정을 걱정스럽게 여긴 『아르』의 편집진, 특히 편집장 앙트레 파리노는 1957년 9월 7일 트뤼포에게 자기 생각을 실은 글을 써 보낸다. "나는 자네가 여전히 『아르』에서의 일을 진지하게 여기는지 궁금하네. 영화 지면의 긴장감이 사라졌네. 에릭 로메르 같은 자네 친구들의 능력이 어떠하든 간에 직업적으로 미숙하네. 이런 점에서 로메르 씨는 다른데서 경험을 쌓는 것이 유용할 것이네. 자네가 그에게 이런 사실을 말해 주길 당부하네."[194]

트뤼포는 계속해서 로메르를 지지했고, 『아르』는 그를 받아들인다. 파리노가 지적한 로메르의 잡지 경험이나 '긴장감'의 부족은 완전히 틀린 말이 아니었는데, 그의 스타일은 트뤼포와 비교해서 확실히 활기가 부족했다. 하지만 그의 비평적 작업 능력이나 이런 요구를 수행하는 데 있어 진정한 즐거움을 의심하는 것은 아니다. 로메르는 『카이에』에서 훌륭한 이론적 주제로 대안적 글쓰기를 즐기면서 단련해 왔다. 물론 한동안 암중모색하기는 했지만, 독자와 대화하고, 가르치고, 영화에서 예기치 못한 주제를 발견하게 하고, 영화 목록을 몇 가지 문장으로 복습해 주고, 생각지도 못한 작품을 이해시키기 위한 뛰어난 교육 스타일을 창안한다. 이것은 매일 쓰는 칼럼으로, 대부분은 많이 잊히고 잊었을 법한 영화를 다루는 글이지만, 이런 형식의 기호화되고 선별된 글쓰기를 통해 로메르는 설득의 기술을 심화한다.

종종 간과되었던 이 경험에 대해 훗날 그는 거의 언급하지 않다가, 반세기가 지난 후 2008년에 미공개로 남은 인터뷰에 이르러서야 이렇게 언급한다. "『카이에』의 독자처럼 시네필이 아닌 독자에게 말해야 했다. 글은 더 짧았고, 일반적으로 최신 영화 비평이었고, 형식적 틀에 맞춰진 스타일이 제거된 글이었다. 『카이에』가 외딴곳에 있는 신전이라면, 『아르』는 공개된 객석이라고 할 수 있다. 트뤼포는 비평의 이런 저널리즘적 실천을 좋아했다, 물론 난 편안하지는 않았지만, 불쾌하지도 않았다."[195] 금요일에 영화가 개봉하면 즉시 영화를 보고, 토요일 아침까지 재빨리 글을 써야 다음 주 화요일 호에 실릴 수 있었다. 로메르는 이렇게 말을 잇는다. "우리는 자주 영화를 함께 보았고, 트뤼포나 다른 사람들과 영화 이야기를 나누었고, 매주 토요일 아침에 카페에서 글을 썼다. 모든 상영관에 공짜로 입장할 수 있도록 영화 기자에게 주는

'녹색 카드'를 갖게 된 것도 그 당시쯤이였다."[196]

트뤼포와 로메르는 『아르』에서 훌륭한 듀오를 이루며, 1956년 5월부터 이듬해 말까지 거의 독점적 위치를 차지한다. 이 조합에서 트뤼포적 전략이 발견되는데, 그는 기사와 영화로 재주를 부리고, 신문에 따라 역할을 배분하고, 전속력으로 글을 다시 읽고, 자르고, 쓰고, 맡기고, 관리하거나 공격한다. 그의 지시는 정확하고 눈은 예리하다. 무엇보다 그는 로메르를 보호했고, 로메르는 그의 손안에서 일종의 트뤼포적 피조물이 되며 두 남자 사이에 이상한 관계가 만들어졌다. 당시 인정받은 이론가임에도 불구하고 열두 살이 더 많은 맏형이 동생 역할을 하는 게임(아마도 부분적으로는 수입을 늘리기 위한)에 참여한 것이다.

1956년 8월 9일 한여름, 트뤼포는 『카이에』와 『아르』를 장악하고 있었고, 로메르는 몇 주 동안 휴가를 떠난다. 트뤼포가 그에게 쓴 편지에서 그들 관계의 본질을 파악할 수 있다. "여기는 모두 혹은 거의 괜찮아요. 우리(나와 리베트, 비치)가 직접 지면을 구성했어요. 이번 호는 상당한 외관을 갖추게 될 거예요. 『아르』에는 여성과 영화를 다룬 기사를 보내면 좋겠어요. 특히 당신이 26일 전에 파리로 돌아와서, 우리가 베니스로 출발하기 전에 도니올과 나를 만날 수 있다면 『카이에』와 『아르』를 위해 더 좋을 거예요. 내 서랍 속에 셰레 서류함이 눈에 띄게 두꺼워졌어요. 다음 호를 잘 완성할 수 있을 거예요. 짧게 답장 주세요. 그리고 영화, 친구들, 파리, 저널리즘, 당신의 시나리오, 나머지 것도 잊지 마시고요. 일광욕 잘하시고 우정을 담아 보내요."[197] 8월 말 베니스 영화제로 떠나는 순간 트뤼포는 『아르』에 실을 기사를 로메르에게 넘기면서 몇 가지 조언을 써 보낸다. "여기에 내가 아는 것을 몇 줄 써서 전달합니다. 『카이에』 관련한 사진 및 글 조판, 교정, 지면 구성, 인쇄 관련해서 비치가 당신에게 성실하게 도움을 줄 거예요. 『아르』의 글은 내가 늘 그랬던 것처럼 매주 월요일 오전 8시경에 인쇄 조판대로 보내지 않으면 좀 곤란해질 거예요. '선택'과 '영화 뉴스' 란은 도움을 받을 수 있지만, '영화 비평' 란은 당신이 직접 확인해야 합니다. 내가 파리를 떠나기 전에 한두 편의 예비 영화를 미리 남겨 둘 수 없는 경우에는 말이에요. 또한 베니스 영화제 기사에 쓰일 사진 서류함도 남겨 두겠습니다. 빈틈을 메꾸려고 파일에서 '비밀'을 찾을 필요가 없도록 충분히 긴 기사를 보낼게요. 그러니까 틀림없이 모두 잘될 거라는 말이에요. 당신의 표현력이 훨씬 낫다는 것은 당신 편지와 내 것을 나란히 놓고 보면 분명합니다. 아직은 독학보다는 대학이 이깁니다! 속도로 나를 이겨야 하겠다면…… 난 왼손으로는 먹지도 일하지도 않는답니다."[198]

좋은 학교에서 잘 배운 덕분에, 로메르는 진짜 영화 기자가 된다. 몇 달 후에 그는 빈약한 프랑스 영화나 공장에서 찍어 낸 할리우드 영화를 격렬하게 공격할 줄 알게 되고, 영화제를 방문해 (1957년 베니스 영화제) 수많은 영화와 분위기를 익히고, 앤서니만의 서부극에서 새롭고 흥미로운 것을 찾아서 전달하고, 〈더 걸 캔트 헬프 잇The Girl Can't Help It〉과 〈윌 석세스 스포일 락 헌터Will Success Spoil Rock Hunter?〉에서 프랑크 태슐린Frank Tashlin 감독이 배우

제인 맨스필드Jayne Mansfield를 활용하는 법을 추적하면서, 이 감독을 개인적인 거장의 신전 매우 높은 곳에 올려놓는다. 심지어 존경받는 국제 기관에 맞서 이런 기사를 쓰기도 한다. "칸 심사위원단이 상을 수여한 〈우정 있는 설복Friendly Persuasion〉은 최악의 아카데미즘을 보여 주는 완벽한 사례다." 이는 1957년 5월 24일 『아르』 1면에 6단 기사로 실렸다.

트뤼포는 또한 자크 로랑이 설립하고 프랑수아 누리시에François Nourissier가 지휘하는 『아르』와 비슷한 문예 월간지 『라 파리지엔』에 로메르가 글을 쓰게 한다. 젊은 비평가 트뤼포는 거기서 몇 달쯤 칼럼을 쓰다가, 다시 협력자가 필요해져서 1956년 봄에 만형에게 속달 편지를 보낸다. "나는 『라 파리지엔』에 평범한 글을 줄 수는 없습니다. 누리시에도 당신이 나를 대신한다는 것에 동의했어요. 그러니까 내일 오후 6시 20분에 올해에 성공하지 못했거나 충분히 언급되지 않은 거의 저주받은 영화에 대한 기사를 그에게 줘야 합니다. 〈사랑Amore〉, 〈공포La Peur〉, 〈구명 보트Lifeboat〉, 〈사냥꾼의 밤The Night of the Hunter〉, 〈아나타한Anatahan〉, 〈밤과 안개Nuit et Brouillard〉, 〈미스터 아카딘Mr. Arkadin〉, 〈황금팔을 가진 사나이The Man with the Golden Arm〉, 〈한여름 밤의 미소Sommarnattens Leende〉 〈라 푸앵트 쿠르트로의 여행La Pointe Courte〉이 영화 목록입니다."[199] 로메르는 다시 기회를 잡는다. 그는 1958년 봄 잡지가 폐간될 때까지 2년이 되지 않는 기간 동안 『라 파리지엔』에 열 편의 칼럼을 쓴다. 이 글들은 자유롭고 일상적인 어조와 친숙한 일지 스타일로 연결된, 주제별로 묶어 정리한 영화 서평과 리뷰다.

성숙한 남자

1956년 가을, 앙리 랑글루아는 시네마테크 프랑세즈에서 앨프리드 히치콕의 영국 영화 회고전을 연다. 초기부터 '히치콕-호크스주의자'였던 클로드 샤브롤과 에릭 로메르는 상영을 놓치지 않는다. 샤브롤은 이렇게 증언한다. "모모와 나는 히치콕의 모든 영화를 다시 보았고 영국 시절의 어떤 영화들을 재발견했다. (…) 그래서 나는 영국 시대, 그는 미국 시대를 맡아서 (…) 우리는 책을 썼다. 내가 미국 영화 두 편, 그가 영국 영화 두 편을 썼다는 점만 예외적이다. 우리는 50년 넘게 이 비밀을 지켰다!"[200] 대학 출판사에서 영화 책 총서를 맡은 장 미트리는 로메르에게 이 책의 출간을 제안한다.

이 책은 『카이에』의 두 편집자에게는 일종의 성과물과 같았다. 1940년대 말 이후부터 그들은 비평계의 큰 주류에 대항해 히치콕을 옹호했고, 이 책은 이 연출가와 관련된 최초의 책이 되고, 비방자에게는 논쟁의 대상이 된다. 로메르는 〈오명〉과 〈로프〉부터 〈오인〉에 이르기까지 거의 모든 최근 영화에 대한 글을 이미 썼다. 1950년대에 히치콕은 열 편의 영화를 만들었는데, 로메르는 이 책의 결론에서 "그는 영화사 전체에서 가장 위대한 형식의 창조자 중 한 사람이다. 아마도 유일하게 무르나우와 예이젠시테인만이 이 장에서 그와 비견될 수 있을 것이다."[201]라고 쓴다. 로메르는 『라 르뷔 뒤 시네마』, 『가제트 뒤 시네마』, 『카이에 뒤 시네마』, 『아르』, 『라 파리지엔』에 흩어져 있는 히치콕에 대한 글들을 모아서, 1940년(〈레베카Rebecca〉)과 1945년(〈스펠바운드 Spellbound〉) 사이에 누락된 영화에 대한 다른 10여 편의 글을 추가해 책을 출간한다.

책의 논증은 죄의식, 버려진 상태, 계시, 구속, 성화를 주제로 강조하면서 히치콕 영화에서 드러난 강력한 형이상학적 영감을 드러내는 데 있다. 로메르는 이 책을 위해 타자기로 쓴 원고를 정리해 놓은 노란색 파일에 멋진 자조 섞인 이름 "지그와 퓌스가 보는 형이상학자 앨프리드"[202]라고 붙여 부른다.* 수십 년 후 이 책에 대한 인터뷰에서 비평가 로메르는 "형이상학 예술가"라는 그의 발견을 되짚어 본다. "내가 감탄한 절정의 영화는 모두 제임스 스튜어트James Stewart가 연기한 세 편의 영화다. 이런 나의 적용이 이상하지 않은 것은 그가 히치콕의 완벽한 배우라고 생각하기 때문이다. 그 영화들은 1954년에서 1958년 사이에 연출한 〈이창Rear Window〉, 〈나는 비밀을 알고 있다The Man Who Knew Too Much〉, 〈현기증Vertigo〉이다. 세 영화의 진정한 주제는 동일하다. 즉, 플라톤의 철학이다. 이 영화는 초월성의 시공간을 가시화한 영화다."[203]

1957년 9월, 150쪽짜리 이 작은 책의 출간에 대한 반응은 전반적으로 강력했다. 대부분의 서평은 상당히 탁월한 분석에 대해서는 전적으로 인정하면서도, 그의 논증적인 어조와 철학적 주장에 대해서는 조롱한다. 많은 비평가에게 히치콕을 이런 식으로 말하는 것은 그리 심각한 비난이 아니거나, 오히려 항상 억지스럽고

• 알랭 생토강Alain Saint-Ogan의 만화 『지그와 퓌스Zig et Puce』를 본뜬 것

하찮게 여기던 감독에게 지나치게 진지한 것이었다. 이 연출가가 결정적으로 가장 위대한 영화감독으로 인정받기까지는 이후 일련의 걸작(〈북북서로 진로를 돌려라North by Northwest〉, 〈사이코Psycho〉, 〈새The Birds〉, 〈마니Marnie〉)과 1966년 트뤼포의 인터뷰 책 『히치콕과의 대화Hitchcock/Truffaut』의 출간을 기다려야 했다.

당시 일부 사람들은 대학 출판사에서 그런 책이 나온 것에 분노한다. 그들은 신비적이고 우파적인 편향, 기만을 비난한다. 『포지티프』에서 중심 역할을 하는 아도니스 키로우Adonis A. Kyrou 같은 사람은 『레 레트르 누벨』에 이렇게 쓴다. "히치콕은 영국, 즉 영화가 열악하고 국내 제작물을 권장할 필요가 있는 나라에서 우선 유명해졌고, 두 번째로는 제작자의 방식을 항상 따를 준비가 되어 있는 연출가를 좋아하는 할리우드에서 유명해졌다. 그리고 세 번째로 이제 막 재도약하고 있는데, 자신의 개인적인 선전을 위해 그를 이용하는 사람들에 의해 유명해졌다. 그들의 저작에서 히치콕은 이론을 수놓는 캔버스가 된다. 형편없는 스릴러는 무시무시한 독수리처럼 보이고, 작은 개그는 초형이상학적 의미를 담고 있다. 히치콕은 정상에 올라가는 자신을 보면서 너무 기뻐서 (그들이 파시즘이라도) 그렇게 하도록 내버려둔다. 그는 미소를 지으며 영화에 점점 더 자주 등장하고, 돈을 번다, 아주 많은 돈을. 그의 실수는 천재적 발견이 되고, 구멍은 심오한 의미로 채워지고, 개인적인 버릇은 더욱 많아지고, 그들이 소위 말하는 주제는 상징적인 중요성을 얻는다. 게다가 모든 젊은이를 이렇게 지루한 (아무튼 심각하지 않은) 영화로 끌어들일 뿐만 아니라 신新나치 문화로 인도한다."[204]

공격의 폭력성은 놀랍고 정치화는 기습적이다. 이 논쟁적인 게임을 진정시키기 위해서는 앙드레 바쟁이 필요했다. 비록 바쟁이 근본적으로 히치콕에 비우호적일지라도, 『카이에 뒤 시네마』에 이 자극적인 해석 작업에 찬사를 보내 주도록 제안해야 했다. "(…) 샤브롤과 로메르가 우리 정신을 고양한 가능성의 이상적이고 지적인 볼거리는 물론 히치콕 최고의 영화에 상응하는 것이다."[205] 이 칼럼은 일종의 작위 수여식이 된다. 즉, 바쟁은 로메르의 사고와 타당성에 경의를 표하며, 그에게『카이에』의 편집장 자리를 잇게 해 준다. 1957년 봄, 실제로 질병으로 약해진 이 잡지의 창업자는 두 살 어린 동생에게 자크 도니올발크로즈 옆자리를 물려준다. 얼마 지나지 않아 도니올발크로즈도 연출을 맡게 되면서, 로메르는 혼자서 배를 조종한다.

『카이에 뒤 시네마』의 수장이며, 『아르』의 기자이며, 『라 파리지엔』의 영화평 담당자이며, 숭배하는 영화감독의 첫 번째 책을 쓴 저자가 된 모리스 셰레는 마침내 당시 가장 존경받는 비평가 중의 한 사람인 에릭 로메르가 된다. 그때부터 그는 합법적인 전문가로 살게 된다. 『라 파리지엔』(기사당 3천 프랑)과 『아르』(주당 약 1천 프랑)의 원고료를 받고, 『카이에』 편집장으로는 시간제 근무 급여를 보장받으면서, 국립학교에서 휴직이 가능해졌고, 몽테뉴고등학교와 라카날고등학교의 복습 교사를 지낸 이후 맡았던 비에르종의 앙리브리송고등학교의 교사직을 포기할 수 있게 된다. 그는 여전히 빈약하게 살지만 1950년대 초보다는 더 편안해졌다.

　1956년 12월 어느 토요일 밤에 열린 광업학교École des Mines 댄스 파티에서 매우 수줍음이 많은 남자는 젊은 갈색 머리 여성에게 접근하는 대담함을 보인다. 역시 매우 신중한 성격의 그녀를 그는 이미 '점 찍어' 두었다(미래의 〈모드 집에서 하룻밤〉에서 온 편지를 미리 받아 본 기분이다). 여성에게 과감한 적이 없었던 이 청년은 대담하게 접근하면서, 친구 장 파르빌레스코에게 갑자기 내기를 걸며 이렇게 말한다. "오늘 밤 나는 아내를 만날 거네." 그녀의 이름은 테레즈 바르베Thérèse Barbet다. 스물일곱 살의 그녀는 가톨릭 신자이며 좋은 교육을 받은, 북쪽 지방 콩브레 출신의 좋은 집안의 여성이다. 그들은 자주 만난다. 1957년 7월 13일, 모리스 셰레는 처가의 휴가용 주택이 위치한 생말로 근처의 파라메 교회에서 테레즈 바르베와 결혼한다. 안정된 직업을 가진 서른일곱 살의 기혼자 로메르는 부부가 살 아파트를 찾는다. 마침내 그는 청년 시절을 끝내고, 15년간의 자유로운 거주지, 빅토르쿠쟁 거리의 뤼테스 하숙집을 떠난다.

3
〈사자자리〉 아래서
1959~1962

처음에는 불길한 이야기다. 1955년경 바르셀로나에 거주하면서 보석 밀매업자에게 명의를 빌려 주고 그 대가로 살던 폴 제고프라는 이름의 남자 이야기다. 이 물주가 갑자기 사라지자 제고프는 지방 리츠를 떠나 점점 더 허름한 호텔을 전전하다 잇달아 돈을 내지 않고 떠나 버린다. 멋쟁이 남자는 거지가 되어 매일 8킬로미터를 걸어서 은행에 가지만, 은행에는 돈이 아직 도착하지 않았다. 급기야 신발창이 떨어져 끈으로 묶어 신어야 할 지경에 이른다. 4개월이 지나서야 큰 금액이 은행에 들어오고, 마침내 그에게 지급된다. 로메르는 이 악몽 같은 이야기에서 영감을 얻어 장편 영화 대본으로 발전시킨다. 이 대본의 오프닝 타이틀에 표시된 것(시나리오, 폴 제고프)과는 반대로 로메르가 대사까지 쓴다. 제고프가 대사 작성에 기여한 것은 로메르가 작성한 대사를 듣고 '인준'한 것에 불과하다. 시나리오는 주인공의 특징, 특히 화려한 미사여구를 늘어놓으면서 다른 사람에게 기생해서 사는 그의 삶의 방식에 영감을 받아 구성되었다.

떠돌이 신사

이런 측면은 〈사자자리Le Signe du Lion〉의 첫 시놉시스에서 분명하게 나타난다. 글쓴이는 물론이고 그 대상도 쉽게 알아볼 수 있다. "폴은 무엇보다 자유를 사랑한다. (…) 그는 게으른가? 그보다는 오히려 정해진 일의 속박을 두려워하는 것 같다. 그는 운명을 믿지만 동시에 나이가 들면서 점차 불안을 느낀다. 그는 자기 같은 사람이 현대 사회에서 어울리지 않음을 느끼고, 냉소적인 겉모습 아래 숨어 있는 죄책감에 괴로워한다. 그는 쓸모없는 것에 우쭐하고, 익살꾼을 흉내 내며 무력하고 하찮은 사람인 척하기를 좋아한다. 바이올리니스트로서 진짜 재능을 가지고 있지만 그렇다고 작품을 연습해서 콘서트에서 연주할 결심을 한 적도 없다. 그와 정확한 대칭을 이루는 친구가 있다. 그가 돈을 낭비하고 태만한 반면, 기자 프랑수아 C는 검소하고 부지런하다. 그럼에도 불구하고 그들의 우정은 견고하다. 각자 서로에게서 보완점을 찾는다."[1]

이야기 시작부터 '여섯 편의 도덕 이야기'의 중심이 될 남성 커플이 여기 있다. 한 명은 무질서하게 에너지를 소비하는 탕자이고, 다른 한 명은 자신의 때를 기다리며 어둠 속에 머물러 있는 구경꾼이다. 이 자서전적 두 항은 훗날 〈수잔의 경력〉과 〈수집가〉

(그리고 〈해변의 폴린Pauline à la Plage〉)에서 전개되지만, 반대로 〈사자자리〉에서는 별로 눈에 띄지 않는다. 그래서 시나리오 초기 단계에서는 매우 분명하던 생제르맹데프레의 식객에 대한 풍자도 희미해진다. 초기 단계에서는 우스꽝스러운 '폴'의 모습을 오랜 시간 묘사하면서(그의 몰락을 침울하게 늘어놓는 학술 담론에 대한 패러디), 로메르는 잔인한 민족학자처럼 이 부족의 관습을 자세히 해부한다. 이 부족은 피갈•에서 밤을 지새우는 사람들이다. "거대한 노파"와 "물렁한 살을 가진" 여성 스트리퍼가 그들을 맞이한다. 일단 취기가 사라지면 신념을 포기하고 모두 자신을 위해 산다. 은식기나 그만한 값진 것을 훔쳐 달아나려는 유혹에 빠진다. 초기 시나리오 버전은 마지막 파티를 포함해 냉소주의적 흔적을 보이는데, 이야기가 끝나는 이 파티 장면에서 폴은 되찾은 재산으로 술독에 빠져 지낸다. "비참한 경험은 육체적이든 도덕적이든 어떤 흔적도 남기지 않은 것 같다. 그가 불행을 받아들였듯 그는 행운도 받아들인다. 아니, 더 정확하게 말해 그는 둘 다 받을 자격이 있다."[2] 로메르는 모순적 운명주의를 더 강조하려는 듯 에우리피데스를 인용한다.

〈사자자리〉가 이런 경향을 따랐다면, 〈사기꾼들Les Tricheurs〉과 〈사촌들Les Cousins〉 사이 어디쯤 있었을 것이다. 즉, 기준과 신념을 상실한 전후 청년들의 환멸을 표현한 연대기를 담은 영화가 되었을 것이다. 하지만 최종적으로 남은 장면은 영화 초반 3분의 1을

• 파리 몽마르트르 중심에 있는 환락가

차지하는 깜짝 파티 부분과 몇몇 실패한 보헤미안을 수줍게 조롱하는 듯한 몇 가지 요소뿐이다. 그런 점에서 폴 크로셰Paul Crauchet가 연기한 우유부단한 예술가 프레드는 이리저리 표류하는 아주 작은 세상을 빈정대는 목격자다(이런 점 역시 초기 버전의 대화가 분명하게 의도를 보여 준다. "당신도 음악가인가요? -아니요, 화가입니다. -그래요? 전시회도 여세요? -내가 마지막으로 그림을 그렸던 때가······ 가만있자······ 5년 전 7월이군."³). 혹은 이미 너무 알려진 무명의 인물(장뤽 고다르)은 예술과 관련된 물신 숭배적 편향을 구현하기라도 하듯 베토벤 사중주의 동일한 구절을 계속 다시 듣는다. 이 시퀀스에는 이런 개인적 농담이 산재해 있다. 농담의 많은 부분이 해석되지 않지만, 영화에 구두점을 찍는 길고 지루한 카페 토론처럼 자기 인생의 공허한 시기를 어렴풋이 낙담해서 바라보는 로메르의 시선이 표현되어 있다.

제고프에 대해서도 그렇다. 그에게는 약간의 악마적 기운이 여기저기 머물러 있다. 장 파르뷜레스코(〈사자자리〉에서 인용되는 인물로, 라데스코라고 불리는 키가 큰 대머리 루마니아인을 암시하며 의심스러운 거래를 한다)는 이 위험한 인물에 대해 훗날 이렇게 기억한다. "제고프는 무도회를 주도했다. 생제르맹데프레에서 그는 천장에 권총을 쐈다! 하지만 우리 삶은 아주 단순했다. 잠을 잘 곳이 없으면 호텔에 갔고, 아침에 돈을 지불하지 않고 도망쳤다."⁴ 피에르 코트렐Pierre Cottrell은 더 정확하게 설명해 준다. "제고프는 미친 짓을 하곤 했다! 로메르와 트뤼포와 함께 저녁 식사 중에 그는 루아얄 생제르맹(훗날 약국이 된다)의 샹들리에에 권총을 발사했다. (…) 로메르는 그를 한 번도 비난하지 않았고, 그의 모든 기괴함을 받아들였다."[5] 그는 자신의 영화에 이 사건을 거의 있는 그대로 인용할 정도다. 영화에서는 한밤에 금성을 향해 총을 쏘고, 날이 밝자 집주인을 피해 탈출하는 장면으로 묘사된다. 로메르는 점성술 신봉자는 아니며, 점성술에 대한 믿음 역시 제고프적 특성으로 보인다. 이 특성은 운명의 우연성을 승화시키기 위해 '좋은 별자리'(이 경우에는 사자자리에 위치)에 의존하려는 과장되고 경험적인 방식이다.

나머지 부분에서는 제고프와 너무 밀접하게 동일시할 수 있는 모든 것을 지우려고 노력한다. 초기 시놉시스에서 명백하게 보였던 장면("부패한 재능, 그는 재능을 키울 수 있는 모든 것을 소홀히 한다. 그는 한때 바이올린 독주회를 열기도 하고, 단편 소설과 몇몇 기사를 발표했다. 그러나 그는 자신의 별자리만 믿는 불안정한 사람이었다"[6]) 이 영화에서는 단지 간헐적인 영감을 얻는 음악가로만 비칠 뿐이다. 바르셀로나 '무인지대no man's land'에서 방황하던 폴은 파리에서 길을 잃은 미국인으로 대체된다(그리고 로메르는 그에게 자기 역할을 맡기는 것을 포기한다). 제스 한Jess Hahn이 피에르 웨설린을 연기한다. 그 역시 유쾌한 사람이다. 그러나 모든 친구와 모든 돈이 갑자기 사라지면서 그는 일종의 고요한 십자가의 길로 들어선다.

셀룰로이드와 대리석

로메르는 일화보다 우화에 더 흥미를 느꼈다. 그것은 아마도 속

죄의 우화일 것이다. 이 속죄의 우화를 통해 그는 제고프뿐만 아니라 그 자신이기도 했던 "모든 것에 예속된/무위의 청춘"[7]을 정화하려 한다. 이런 이유로 더욱 출처를 숨기기 위해 때로는 이야기를 진행하면서 도식화의 위험을 무릅쓴다. 예를 들어, 초여름이 되자 피에르의 여자 친구가 느닷없이 떠나는 것은 어떻게 설명해야 할까? 초기 원고에서는 이점이 더 명확했다. 그녀의 아버지 푸에타르가 개입해서 딸을 데리러 온다. 피에르는 느리지만 확실하게 노숙자가 되어 간다. 이 과정에서 그가 경제적 난관을 극복하기 위해 레알Les Halls 광장*의 인부로 일하려는 생각조차 없는 것을 어떻게 이해해야 할까? 이런 비사실성은 우화의 신뢰성을 떨어뜨린다. 이야기들이 상당히 조잡한 전개(사하라로 가는 기자 친구의 파견을 '스톡숏stock-shots'**을 이용한 빈약한 몽타주로 대체한 것)나 당혹스러운 어조의 단절(장 르 풀랭Jean Le Poulain과 함께하는 마지막 장면에서 서정적인 부랑자들의 웅장한 연주)로 이어지는 만큼 더욱 그러하다. 나중에 보겠지만, 〈사자자리〉가 받게 될 비평적이고 대중적인 반응은 무거웠다. 비사실성은 자연주의적 독해를 포기했더라면 더 잘 이해되었을 것이다. 비사실성은 샤브롤이나 트뤼포의 첫 작품에도 여전히 적용될 수 있는 동일한 것이다. 로메르는 첫 장편 영화에서 정신적인 여정을 말하면서도 사회적 현실을 묘사하지는 않는다.

---

* 1971년 개발되기 전까지 파리 중앙 시장이었고, 이후 대형 쇼핑센터가 들어서 있다.
** 뉴스나 다큐멘터리에서 발췌해서 영화나 배경 따위로 이용하는 사진

이 여정에는 제고프에게 귀중한 요소가 포함되어 있다. 바로 음악이다. 하지만 여기서도 여전히 로메르는 주인공을 바이올린 작곡가로 만들어 제고프의 흔적을 없앤다. 이 작곡가가 단숨에 구상했다가 금세 포기한 음악적 주제는 마치 자신의 성실한 지속성을 보여 주듯 일정한 간격으로 되돌아온다. 이런 측면은 일종의 숨겨진 전진이며, 인물을 난관에 빠뜨린 것처럼 보이는 불운과 모순된다. 그러면서도 로메르는 주제에 설명적이거나 감성적 가치를 부여하지 않는다. 그는 아방가르드 작곡가 루이 사귀에르Louis Saguer(장루이 보리의 소개로 만난)에게 버르토크Béla Bartók° 스타일로 무언가 작곡해 주기를 요청한다. "그래서 그는 한 곡을 작곡했는데…… 정확히 말해 계열 음악은 아니지만, 톤은 고전적이지 않았다. 파리 시장에 있는 한 남자가 거지가 되어 가는 과정을 이야기하는 시나리오만을 읽은 후에 만든 음악이었다. 그의 음악은 매우 아름다웠다! 난 이 음악이 영화 내내 흐르기를 원했지만, 그가 특정 순간에 쓰지 말라고 말해 준 것에 감사한다. 예를 들어, 제스 한이 무프타르 거리를 지나갈 때 그는 시장 소음만 사용하라고 조언해 줬다."[8]

이 음악적 주제와 관련해서 날카로운 소리를 통해 스스로를 찾아가는 멜로디에 대해 말할 수 있다. 그것이 중지든 망설임이든 실패든 간에 어렴풋이 그 경로를 추적하는 것이다. 이 관점에서 「셀룰로이드와 대리석」(그리고 『모차르트에서 베토벤까지De Mozart en

---

• 20세기 헝가리 작곡가

Beethoven』에서 이것이 반복될 것이다)에서 명시된 바와 같이, 로메르 영화에서 음악은 물질적 우연성과 갈등 관계에 있는 존재의 언어가 된다. 그리고 그의 이론적 글쓰기에서처럼, 음악은 영화의 "진정한 자매"로 표현된다. 두 예술은 모두 시간과 움직임에 기초하기 때문이다. 자신의 생존을 위한 음악가의 끊임없는 행진에 끈질긴 바이올린 솔로가 응답한다. 영화의 진짜 주제라도 되듯, 대리석 장식으로 가득한 셀룰로이드가 전개된다. 그것은 관광객을 위한 클리셰와 무심한 기념비로 굳어진 8월의 황량한 파리다.

우편엽서식 구성의 중심에서 등장인물 피에르 웨설린은 전대미문의 믿음을 구현한다. 더 이상 기독교 신앙은 전혀 아니다(〈스트롬볼리〉의 불모지대의 횡단이 로메르에게 큰 영감을 줬다 할지라도). 분명 점성술에 대한 믿음도 아니다. 영화에서 점성술은 눈속임에 지나지 않는다. 그리고 과도하게 접근할 경우(금성을 향한 발포), 주인공은 벌을 받을 것이다. 아니, 영화를 지배하는 믿음은 전적으로 영화의 힘, 즉 운동에 달려 있는 것 같다. 말했듯이, 이 운동 덕분에 개인은 묘지가 되어 버린 도시에서 멀어지고 자신의 활력을 되찾는다. 그리고 시선도 마찬가지다. 그가 몰락했다는 바로 그 사실 때문에 웨설린은 새로운 시선으로 존재와 사물을 바라본다. 센강 위로 새가 비행하고 물 표면에 햇빛이 반짝이는 것을 본다. 로메르의 첫 위대한 영화는 단지 미래 작품의 예정표를 겸한 「셀룰로이드와 대리석」에 대한 '추신'이 아니다. 이 영화는 무엇보다 (많은 우회迂廻를 통해) 시네아스트의 소명이 탄생했음을 알려 준다.

마지막 웃음

무엇보다 〈사자자리〉의 작가는 영화적 기원을 숨기고 싶어 한다 ("영화의 아이들ciné-fils", 트뤼포와 고다르와는 확실히 멀어진다. 그들은 이 분야에서 연출가로 자리를 잡았다). 그럼에도 영화 중간에 그 영감을 받은 출처에 사려 깊은 경의를 표한다. 예를 들어, 마르셀 카르네의 〈북호텔Hôtel du Nord〉에서 가져온 엄청난 사람들이 밀집한 7월 14일 장면을 명시적으로 인용하여 그가 젊은 시절 감탄했던 예술가에 찬사를 보낸다. 또 다른 사람은 그가 여전히 찬미하는 무르나우다. 무르나우의 〈마지막 웃음Le Dernier des hommes〉은 〈스트롬볼리〉만큼이나 이 영화의 모체였다. 로메르는 자기 방식으로 일화를 최대한 줄이는 선택을 통해 독일 실내극영화Kammerspiel의 급진성에 합류한다. 〈마지막 웃음〉에서 이 급진성은 특권을 잃은 큰 호텔 문지기가 기적처럼 막대한 재산을 얻는 것이었다. 〈사자자리〉에서는 모든 사회적 존엄성을 잃은 좌안에 사는 보헤미안이 마지막 사건으로 놀라운 반전을 맞는다. 무르나우와 마찬가지로 로메르 영화에서 야심은 거대하다. 즉, 고독으로만 규정할 수 있는 한 개인을 영화화하는 것이다. 그리고 발성 영화가 30년 전부터 존재해 온 만큼 1959년 영화에서 침묵의 크기는 더욱 커 보인다.

이 과제를 해결하기 위해 로메르는 프랑스 영화의 역사적 인물, 니콜라 아에르Nicolas Hayer를 소환한다. 그는 장 콕토와 클루조, 크리스티앙자크Christian-Jaque의 촬영감독이었다. 그럼 이 영화에서 표현주의의 어렴풋한 경향을 볼 수 있을까? 제스 한이 줄무늬로 그림자가 새겨진 계단을 내려가는 장면을 그렇게 생각할 수 있다 (〈까마귀Le Corbeau〉의 위대한 전통). 아에르가 장피에르 멜빌과 직전에 작업했음을 잊어서는 안 된다. 멜빌은 로메르에게 자신의 빛의 '논리' 개념을 얘기해 주면서 그것을 이 작업에 적용하도록 설득한다. 배우에게는 효과가 덜하더라도 광원은 정당화되어야 한다. 아에르는 관습적 방식(조명기 빔을 높은 곳에 배치하는 것)보다 간접적이고 확산되는 조명을 선호한다. 반사광을 기반으로 그는 이 조명 방식을 〈사자자리〉에서 사용한다(그리고 네스토르 알멘드로스Néstor Almendros가 이것을 기억하고 훗날 로메르 영화에서 사용한다). 이 장치는 아직은 상당히 무겁지만 누벨바그의 단순성에 대한 서약에 부합하는 방식이다. 촬영에서 로메르의 조감독을 맡은 필리프 콜랭Philippe Collin은 아에르를 '위대한 러시아 군주'로 기억하며 이렇게 말한다. 그러나 아에르는 "사람들이 앙리 드카이Henri Decaë의 사례만 따르려 했기 때문에 불편해하기 시작했다(이때는 라울 쿠타르Raoul Coutard는 아직 없었다. 그는 6개월 후에 〈네 멋대로 해라〉를 촬영했기 때문이다). 가장 큰 장비를 가지고 일했던 사람이, 이제는 그것 없이도 명예를 걸고 일하는 모습을 보는 건 기분 좋은 일이었다. 밤이 되자, 그는 세 개의 조명기flood로 대로를 비췄다. 그리고 내게 이렇게 말했다. '당신 친구 드카이는 감히 이렇게 하지 못할 거요.' 또 다른 날 밤, 그는 무프타르 거리 아래에 세 개의 조명기를 밝히며 말했다. '알다시피 여기서 앙리 드쿠앵Henri Decoin 감독과 〈세 편의 전보Trois Télégrammes〉를 촬영했었소. 그때는

216

발코니마다 아크 조명이 있었어요. 그런데 여기도 그런대로 괜찮아요, 그만큼 잘 보이잖소.' 유머와 약간의 향수, 비범한 전문 지식, 그리고 더욱 민감해진 필름이 모두 거기 한곳에 있었다."[9]

누벨바그 정신

촬영 조건의 관점에서 볼 때, 〈사자자리〉는 완전히 누벨바그의 산물이다. 우선 다음과 같은 경제적 제약 때문이다. 이 영화는 AJYM(샤브롤이 동료들의 데뷔작을 지원하기 위해 만든 제작사)의 지원으로 제작되었고, 자체 비용으로 만들어졌다. 실내 장면에서 비행기 소음이 들리고, 가게 창문에 기술 팀이 반사되어 보이며, 부족한 배우의 수를 메우려고 부랴부랴 동원된 친구들이 등장한다. 예를 들어, 샤브롤의 새 여자 친구(스테판 오드랑Stéphane Audran)와 제작사 대표(롤랑 노냉Roland Nonin)가 별로 그럴듯하지 않은 테나르디에 부부를 연기하며, 어려움에 처한 제스 한에게 돈을 집요하게 요구한다. 제스 한의 행적은 사람들이 운집한 가운데 대충 알아볼 수 있는 모습이다. 그리고 보이는 것과 달리, 이 장면에는 젊은 영화를 위해 유명한 이들이 우정 출연한다. 카페테라스에서 평범한 말을 주고받는 사람은 마리 뒤부아Marie Dubois고, 수수께끼 같은 침묵을 즐기는 사람은 프랑수아즈 프레보Françoise Prévost다. 또 다른 곳에 익명의 무리와 뒤섞여 있는 지지자(장 두셰, 피에르 리시앙)가 있다. 리시앙은 이렇게 말한다. "나는 촬영 현장에 두세 번 들렀다. 특히 샹젤리제에 있는 카페 '로드 바이런le Lord

Byron[*]에서 찍은 이 시퀀스 어딘가에서 등을 보이고 있는 사람이 나다. 엑스트라(또는 행인)는 기술 팀과 섞여 있었고, 모두 격식 없이 소박했다. 마치 손님 잔치 같았다."¹⁰

확실히 예산이 적다는 문제도 있었다(영화는 1959년 6월부터 8월까지 45일 동안 3천5백만 프랑으로 촬영되었다). 여기에 이미 전설이 된 로메르식 경제성이 추가된다. 촬영 현장에서 그는 '푸딩 들고 달리기Court-au-flan'•라는 별명이 생겼는데, 그가 허둥대며 케이크를 먹거나 급하게 달리며 일을 했기 때문이다. 그리고 한번은 그가 샹젤리제에 있는 어떤 호텔 앞에서 택시를 멈춰 세웠는데, 몰래 비밀 출구로 나가 돈을 안내고 사라졌다고 한다. 보헤미안적인 삶에 작별을 고하는 이 영화에는 지난 몇 년 동안의 많은 낙인이 따라다녔다. 하지만 이 경제성은 또한 윤리적이기도 하다. 로메르는 스스로 설정한 기획("현실 그 자체의 질감에서 스타일을 찾는다"¹¹)에 충실하면서, 자신의 작품을 볼거리 영화로 만들기를 거부한다. 그는 자신이 가진 것으로 영화를 만든다. 그는 자기 손으로 할 수 있는 것과 일상의 예측 불가능성, 우연성으로 영화를 만들었다. 레 되 마고 카페를 촬영에 사용할 수 있을까? 아무래도 괜찮다, 비슷한 의자가 있는 라탱 지구 카페에서 촬영하면 된다. 주차된 차 때문에 화면 내부가 혼란스럽다면? 카메라를 옮기면 된다. 제스 한이 건너는 거리가 돌연 한적해졌다면(어떤 사람이 방

• 로메르가 늘 허둥대며 케이크를 먹고 닥치는 대로 일을 처리하는 모양새를 본떠 단어를 만들어 붙인 별명으로 보인다.

금 창밖으로 몸을 던져서 모든 행인의 관심을 끌었기 때문에)? 이 기회에 숏을 촬영하면 된다.

로메르는 주저하지 않고, 시간 낭비도 하지 않는다. 그가 초반에 시네마스코프*로 촬영하려던 생각을 포기한 것도 같은 정신에서 나왔다. 또는 그는 재촬영을 거부해서 카메라맨 피에르 롬을 당황하게 했다. "정말 내게 충격을 준 것은 그가 단 한 번만 찍는다는 사실이다. 1차 촬영이 좋지 않아도, 로메르는 운명을 내세웠다. 그가 원했던 숏이 아닌 것은 존재할 수 없기 때문이다. 난 그에게 말했다. '에릭, 당신이 원했던 것을 우린 거의 얻었어요. 2차 촬영을 하면 만족할 겁니다. 적어도 선택할 수 있잖아요.' 이 말은 그를 언짢게 했다. 촬영이 끝날 무렵에는 우리 사이에 신뢰가 있었기 때문에 내 요구를 관철시킬 수 있었다."[12] 여기서 우리는 필름을 낭비하는 것에 대한 로메르의 두려움도 읽을 수 있다. 미신적이면서 동시에 파스칼적인 의미에서 일종의 '내기'인 이런 태도 덕분에, 로메르는 연출과 (미래에 있을) 편집에 대한 불안을 초월한다. 그러나 지금 이 믿음의 행위는 영화 제작 경험의 원재료인 현실에 대한 믿음과 분리될 수 없다.

그런 의미에서 〈사자자리〉는 다큐멘터리와 거의 구분할 수 없는 픽션 영화다. 먼저, 이 영화는 파리에 대한 다큐멘터리다. 누벨바그를 대표하는 어떤 시네아스트도 그렇게 구체적으로 파리를

• 표준 영화 화면 규격에 비해 가로의 비가 큰 대형 화면으로, 1950년대 이후 대작 영화에 많이 쓰였다.

보여 주지 않는다. 트뤼포의 〈400번의 구타Les Quatre Cents Coups〉와 고다르의 〈네 멋대로 해라〉에서 지속적으로 보여 주는 사랑과 사춘기 낭만주의와 달리, 로메르는 적의를 품지 않으면서 침투 불가능한 거대한 돌처럼, 어두운 장식처럼 이 도시를 촬영한다. 〈북호텔〉에서의 인공물과는 달리(이번에는), 그는 7월 14일에 열린 실제 무도회에 촬영 팀을 데려가서, 니콜라 아에르가 할 수 있는 조명을 밝히고, 현장에서 섭외한 낯선 여성에게 연기를 맡긴다. 그녀가 마샤 가가리나Macha Gagarina(이후 마샤 메릴Macha Méril로 개명)다. 로메르가 장 루슈에 가까운 시네마베리테cinéma-vérité•로 무르나우에 대한 무의식적 차용을 감춘 것은 〈사자자리〉의 대담함 중 하나다. 그는 거리에 있는 남자에게 즉석에서 시나리오를 보여 주고 연기를 부탁한다. 따라서 주인공이 식료품점 가판대에서 물건을 훔치는 시퀀스에서, 배우와 일부 엑스트라만 이 비밀을 알고 있기 때문에 이후 이 장면에서 일어나는 격렬한 싸움은 완전히 실제처럼 보인다. 제스 한이 과거에 자신이 부랑자였고 호전적이었다고 주장한 것을 기억한다면, 아마도 이 사실(특히 그의 미국식 억양, 압도적인 어깨 넓이, 수다스러움)은 로메르가 다른 사람이 아닌 이 배우를 선택한 데 영감을 주었을 것이다.

이처럼 불순하게 혼합된 기록은 로메르적 스타일의 특징이 된다. 이러한 것들은 처음부터 심사숙고한 결정으로, 로메르는 친

• '진실 영화'라는 의미이며, 가벼운 연출 장비를 활용해 미리 계획된 연출 없이 진실에 접근해 나가려는 프랑스에서 시작된 다이렉트 영화의 한 형식이다.

구인 파르빌레스코의 질문에 답하면서 재확인해 준다. "나는 파리 지리나 하루 중 어떤 시간도 속여서 찍은 적이 없다. 행인들이 보지 못하게 카메라(때로는 여러 대의 카메라)는 항상 숨겨져 있다. (…) 일반적으로, 나는 이 영화에서 (…) 직업 배우의 연기와 행인의 연기 사이의 완벽한 조화를 찾으려 했다. 순수 다큐멘터리는 사실적 요소를 사용하지만, 진정한 일관성 없이 단순히 그것들을 병치해서는 '예술의 진실'에 도달할 수 없다. '트릭으로 촬영한' 영화(스튜디오 촬영, 직업 배우 기용 등)는 관습적 진실에만 도달할 뿐이다. 내가 관심을 두었던 것은 불편을 피하고 두 방식의 장점을 결합하는 것으로, 기획의 큰 어려움을 최선의 격려로 삼으려 했다. 내가 충분히 성공했는지는 모르겠지만, 적어도 어떤 순간에는, 생생하게 포착한 현실의 자유에 예술 작품에 필요한 엄격함을 도입했다고 생각한다."[13]

안티 시네아스트

"기획의 큰 어려움". 이 단어로 로메르와 영화 제작 참여자 사이의 소통의 실패를 설명하기에는 부적절해 보인다. 그의 관점에서 중요한 것은 매혹이며, 그가 그렇게 어렵게 쓴 시나리오에서 배우(아마추어나 전문가)가 구현해 주기 바라는 것이 매혹이다. 배우의 관점에서는 상대적으로 실망감이 생긴다. 이 실망은 연기가 아니라 시선의 대상이 되는 데서 발생한다. 로메르가 배우에게 연기 지시를 하지 않는 것으로 전설이 된 일화가 있다. 피갈로 가는 길을 촬영하던 밤, 감독과 촬영 팀은 차 안에서 배우들이 탄 차를 따라간다. 배우들은 악마적인 소란을 피우는 것으로 예정되어 있다. 촬영을 시작할 준비를 하고 있는데, 배우들이 로메르에게 시선을 돌렸다. "그런데 대체 뭘 해야 하죠?"라고 그들이 묻자, 로메르는 "연기를 하세요, 연기!!!"라고 답했다. 조감독 필리프 콜랭이 해설을 해 준다. "아무것도 할 거 없어요. 그냥 바보짓을 하면 됩니다."[14]

실제로 로메르는 배우들에게 자연이나 건축물처럼 있기를 요구한다. 그의 말투는 자칫 수완이 정말 부족해 보였을 것이다. 예를 들어, 조연 역할로 온 신인 배우가 어떤 옷을 입어야 할지 알고 싶어 하는 경우, 그는 배우 앞에서 "그녀는 더럽고 야하게 입었다"라고 쓰인 시나리오의 지시만을 확인해 주고 "지금 당신 그대로 좋습니다"라고 말하는 식이다. 한 단역 배우가 감히 그에게 질문하는 경우라면, 이런 대화가 오갔다. "영화는 흑백인데 컬러 셔츠를 입어야 하나요?" "아! 원하는 대로 입으세요. 당신은 화면을 채우는 역할만 하면 됩니다." 이런 무심한 태도는 기술 스태프에게까지 이어진다. 감독은 카메라맨과 함께 그랑드아르메 거리를 걸으면서 촬영할 숏에 대해 (그의 특징인 스타카토식 수다스러움으로) 이야기한다. 이곳은 제스 한이 낭테르Nanterre에 볼 일을 보러 갔다가 비참하게 걸어서 되돌아와야 하는 길이었다. 지칠 줄 모르는 수다쟁이이자 숙련된 달리기 선수인 로메르가 너무 빨리 가는 바람에 피에르 롬이 서두르다가 가로등 기둥에 부딪힌다. 피에르가 다시 그를 따라잡았을 때, 로메르는 아무 일도 없는 것처럼 계속 말하고 있었다. 두 사람이 팀에 합류했을 때 사람들은 피로 얼룩진 롬의 얼굴을 발견하고 몹시 놀란다. 롬은 피가 났다는 사실을 의식하지 못했고, 로메르는 더더욱 몰랐다.

나중에 영화의 조감독 장샤를 라뇨Jean-Charles Lagneau는 로메르를 "완전히 우스꽝스러운 연출가였다. 하지만 그는 자신을 전문가라고 생각했다"[15]라고 묘사한다. 피에르 롬은 좀 더 점잖게 '님부스 교수professeur Nimbus'• 같은 면으로 그를 기억한다. 촬영 신호를 보내는 '액션'을 구겨진 평범한 종이를 던지는 것으로 대신했기 때문에 센강에 던져진 종이를 잡으러 노트르담으로 급히 달려가던 모습이나, 자신의 의도를 설명하는 데 거의 도움이 되지 않는 끝없는 독백 속으로 침잠하는 모습으로 로메르를 기억한다. 여기서 우리는 매우 사소한 시퀀스도 로메르에게 아주 복잡할 수 있음을 알게 된다. 커플들이 만나 서로 응대하고, 똑같은 말을 나누는 깜짝 파티 시퀀스가 그런 경우다. 그렇지만 이 장면은 다이렉트 사운드를 사용하는 혜택을 누린다(이 장면 외에는 야외에서 다루기가 더 쉬운 카메플렉스Caméflex••로 촬영했다). 피에르 롬은 이렇게 회상한다. "로메르는 조용한 에클레르 300 Eclair 300 카메라를 본 적이 없었다. 그는 그 카메라에 매우 깊은 인상을 받았고, 한번은 뷰파인더를 보고 싶어 했다. 이 카메라 뒷면에는 수동 셔터

• 1934년부터 앙드레 데André Daix가 프랑스 일간지에 연재한 4컷 만화의 주인공
•• 1947년 처음 판매된 프랑스 에클레르사 카메라로, 소음은 있지만 야외에서 휴대가 용이해서 1950~1960년대 누벨바그 영화에서 혹은 보조 카메라로 많이 사용되었다. 고다르의 〈네 멋대로 해라〉가 대표적 작품이다.

조정 장치가 있었다. 그는 거기를 뷰파인더로 생각하고 눈을 대었다!"[16]

나중에 스크린에서 이 시퀀스는 이상하게 어색해 보인다. 몸과 정욕의 움직임은 우울한 그레뱅 박물관*처럼 보인다. 로메르는 여러 인물이 출연하는 장면의 연기를 조율할 때 갑자기 불편해졌던 것 같다. 이런 장면보다는 파리 거리에서 제스 한의 고독한 방황을 촬영할 때가 낫다. 이는 전에 말한 인공적인 것에 대한 반감과 완강한 수줍음 때문이다. 이런 성격은 그가 배우와 명확하게 의사소통하는 것을 막고, 전통적인 의미에서 '팀의 대장'으로서의 존재를 드러내는 것을 막는다. 피에르 리시앙은 이렇게 설명한다. "그는 많은 배우가 있는 장면을 연출하는 데 능숙하지 않다는 것을 인지하고 있었다. 〈수집가〉에서 그는 반대 극단으로 갔다. 그에게 특권화된 카메라의 축은 서로 뒤섞이는 장의 축이 아니라, (대화에서 시작해서) 서로 마주보거나 반대하거나 충돌하는 장이라고 생각한다. 그는 시퀀스 숏plan-séquence**이나 와이드 앵글 숏*을 다루는 시네아스트가 아니다."[17] 그는 또한 질서 정연하게 짜인 콘티와 모든 것을 제어하는 대본, 미리 설정된 스토리보드로 영화를 찍는 시네아스트도 아니다. 〈모범 소녀들〉의 시기처럼 이 영화의 제작에서도 그에게 많은 제약 조건이 부과되었다. 그는 나중에 이 제약을 통과하는 방법을 터득하게 될 것이다.

• 유명 인사의 밀랍 인형을 주로 전시하는 프랑스의 박물관
•• 대상이나 움직임을 끊지 않고 하나의 긴 장면으로 촬영하는 숏
•* 피사체를 가까운 거리, 중간 거리 그리고 먼 거리에서 동시에 포착하는 심도 깊은 숏

저주받은 영화?

로메르가 위대한 소통 전문가가 아니라는 점(이후로도 그렇게 되지는 않는다)은 분명하다. 그는 기술 팀이나 소수 기자들의 촬영장 방문을 허용하지도 않고, 자신을 드러내는 것도 거절한다. 『카이에』(때로는 영화의 자유로운 측면을 강조하거나, 때로는 숨겨진 의미가 있는 경우)에서 한두 번의 시사회를 제외하고는, 〈사자자리〉는 〈네 멋대로 해라〉의 탄생을 둘러싼 성급한 속삭임과 위험한 향기를 동반하지 않았다. 확실히 영화와 관련해 개인적으로 칭찬하는 논평이 나왔지만, 이는 같은 시기에 비슷하게 촬영된 〈네 멋대로 해라〉의 감독이 (정확하게) 칭찬한 것이다(심지어 두 감독은 서로의 영화에 각자의 주인공을 '슬그머니 집어넣을' 생각을 했다!). 두 영화의 편집본 상영 시간 사이에 고다르는 주앵빌 현상소에서 열린 〈사자자리〉의 비밀 시사에 참석한다. 영화 속 노트르담 주변 장면의 아름다움에 흥분한 편집자 세실 데퀴지에게 그는 자신의 러시 필름을 가리키며 대답한다. "맞아요, 저거보다 낫겠지요. 게다가 로메르는 가장 지적인 두세 명의 프랑스인 중 한 사람이잖아요." 15년 후 그녀가 로메르에게 보고한 이 말 한 마디가 그를 화나게 한다. 물론 〈사자자리〉라는 제목 때문에 샤브롤은 이 영화를 아프리카 어딘가에 판매할 수 있었다. 그러나 어떤 프랑스 배급사도 이런 기괴한 물건을 구매하는 데 동의하지 않는다. 그들은 엄격한 중심 부분(거의 한 시간 동안 파리를 걸어 다니는 한 남자)과 어색한 장면 연출을 불편해한다. 이런 면은 누벨바그의 성공을 보장해 준 청춘과 감상적 주제와는 반대되는 것이다.

1959년 여름에 촬영한 로메르의 첫 장편 영화는 1962년 봄에도 여전히 개봉되지 못한다. 3년 동안 그는 시네마테크 프랑세즈에서 우정 시사를 할 기회를 가졌을 뿐이다(그리고 거기에서 여전히 관객의 야유를 받는다). 그는 또한 피에르 마르카브뤼Pierre Marcabru 나 장 두셰가 쓴 찬사를 담은 몇몇 글도 받는다. 마침내 영화는 삭제된 버전으로 배급된다. 로메르는 이를 비난했지만, 너무 뒤늦은 후였다. AJYM의 경영은 별로 양심적이지 않은 롤랑 노냉에게 맡겨졌는데, 나중에 샤브롤은 그가 "금고와 함께 사라졌다"[18]고 비난한다. 1959년 6월 노냉은 로메르에게 다음 조항을 포함하는 계약서 초안을 보냈다. "우리는 법적 또는 행정적 요구 사항, 영화의 길이, 프랑스 및 해외 검열의 요구 사항, 상업적 필요성과 같은 주요한 이유 때문에 촬영하는 동안은 물론이고 영화의 편집 기간 혹은 극장 상영 중에 장면 삭제를 진행할 권리를 갖습니다. 귀하는 이 제시 조항을 무조건적으로 수락하고, 영화의 수정 상영에 어떤 방해도 하지 않을 것을 약속합니다."[19]

로메르가 정말 (말장난이 아닌) 이 불공정 계약에 서명했을까? 이런 표준 공식이 수반되는 경우라도 서명했을 것이다. "(⋯) 매우 구체적인 상황에서 감독의 완전한 사전 동의라는 조건 하에, 영화 복사본에 기초해 두 번째 편집본을 준비할 수 있고, 첫 번째 편집본과 동시에 명확하게 미리 정해진 일부 유통망을 통해 배급 가능합니다. (⋯)"[20] 어쨌든 1960년 가을 로메르는 자신의 영화가 재편집되었다는 사실을 알고는 걱정한다. 그는 재편집본 문제를 해결하기 위해 믹싱을 담당한 회사에 연락하고, 이 회사는 AJYM 영화사에 의뢰한다. 이어서 그는 CNC로 관심을 돌린다(왜냐하면 CNC에서 〈사자자리〉의 긴 편집본으로 비자를 받은 데다 보조금도 받았기 때문이다). 이곳 소송 부서는 새 편집본이 유통되지 않는 이상 책임을 거부한다. 1962년 5월, 영화는 결국 로메르가 의도한 대로 개봉하지만, 롤랑 노냉과 주고받은 서신에서 이들 간의 타협점을 엿볼 수 있다. 노냉은 이렇게 허용한다. "라 파고드 영화관과 예술 영화관 및 시네클럽 영화관에서 귀하의 편집본 상영을 허용합니다. 다른 영화관에서 판본 선택은 경영자의 재량에 달려 있으며, 우리는 귀하의 편집본이 아닌 다른 편집본을 사용하도록 어떤 압력도 가하지 않을 것을 보장합니다."²¹

결국 다른 편집본은 실제로 시네필 네트워크에서 유통된다. 장 루이 로지에Jean-Louis Laugier(『카이에』 편집자)가 분개해서 쓴 서한은 이 판본이 로카르노에서 상영되었음을 증명한다. 그 삭제된 편집본은 영화 속 '사교계' 부분에 초점을 맞추고, 오랫동안 파리를 걸어 다니는 부분의 길이를 줄인 것이다. 루이 사귀에르의 엄숙한 음악을 없애고(브람스Johannes Brahms나 세자르 프랑크César Franck의 주제곡으로 대체함) 1시간 25분으로 축소 편집된 〈사자자리〉는 오랫동안 여기저기서 상영되었고, 로메르는 조금이라도 기회가 생기면 이 편집본을 강하게 부인했다. 1966년 '새로운 프랑스 영화'를 소개하는 핀란드 영화제에 초청되었을 때 그는 자신이 요구한 편집본으로 상영하는 경우에만 초청을 수락하겠다고 말한다. "하지만 이 판본은 시네마테크 프랑세즈가 소유한 판본이 아니며, 나의 반대에도 불구하고, 문화 교류 부서에서 제공한 것입니다. (…) 따라서 사본이 하나밖에 없는 편집본, (…) 즉, 긴 편집본의 요청을 주장해야 합니다. (…) 『카이에 뒤 시네마』에서 여러해 동안 작품에 대한 작가의 권리와 작가 영화의 지지를 위해 투쟁해 왔는데, 본의와 무관하게, 그리고 내게 알리지 않고 내 영화를 자르고 변형한 편집본을 상영한 일에 대해, 내가 어떤 식으로든 보증할 수 없음을 이해할 것입니다."[22] '본의와 무관하게, 그리고 내게 알리지 않고'? 이 부분은 완전히 확신할 수 없다. 그러나 양보해야 했던 그 시간은 1966년의 그에게 나쁜 기억으로 남았을 것이다.

십자가의 자리

〈사자자리〉 완성본은 1962년 5월 라 파고드 극장에서 단편 영화 한 편(니콜라 셰페르Nicolas Schöffer의 〈마욜라Mayola〉)과 과장된 보도 자료와 함께 개봉된다. 이 보도 자료는 로메르가 쓴 글 가운데서 이미 본 적이 있는 몇 가지 공식을 재인용한다. "이 영화는 모험 영화이며, 순수한 신체의 행동에 대한 영화입니다. 하지만 이 행위는 무인도나 극지방의 빙하에서 펼쳐지는 대신 큰 도시에서 전개됩니다. (…) 우리는 속임수를 쓰지 않고, 지역이나 하루의 시간을 속이지 않고 그 행위를 포착하려고 했습니다. 카메라는 계속 숨겨져 있습니다."[23] 정확하게 말해 이 제약을 통해, 시네아스트는 훗날 도시 영화를 만들면서 자신을 자유롭게 하는 법을 배운다. 하지만 현재로서 그는 영화에서 혐오스럽거나 급진적일 수 있는 모든 것은 그럴듯한 볼거리(또는 르포르타주 양식)로 포장해서 숨기려고 한다. 장 두셰는 그의 편에서 '쿠에 요법méthode Coué'의 진심 어린 예시를 보여 준다. "나는 배급 문제로 인해 에릭 로메르의 〈사자자리〉가 스크린에 일찍 나오지 못한 것이 기쁘다. 오직 관객의 진보만이, 3년 동안 확인된 진보만이 1959년에 연출된 엄격하고 어렵고 초연한 이 영화를 진정한 가치로 칭찬받게 할 것이다. 나는 이 영화를 누벨바그의 가장 중요한 작품 중 하나로 여긴다."[24]

하지만 이 영화는 누벨바그의 가장 큰 상업적 실패작이 된다. 누벨바그는 정말로 끝나 가고 있었다. 이 영화에는 겨우 5천 명의 관객이 든다. 관객 중에는 (미셸 마르도르Michel Mardore가 나중에 회고한다) 화면에 등장하는 제스 한에게 레알에서 일해서 생계비를 벌라고 소리치는 사람이 항상 있었다. 그들이 불편하게 여긴 것은 (마지막 반전을 포함해) 나태한 주인공과 비사실적인 상황이었다. 관객에게 주인공에 대한 동일화도 신뢰도 주지 못한 것이다. 생트바르브의 옛 동료인 바숄레Bachollet는 여론을 해석하며 솔직하게 이렇게 말했다. "난 지루했다. 사람들은 내게 '흥미롭지만, 그러나……'라고 말했는데, 말하자면 보지 말라는 경고였다. 하지만 앞으로 어떤 제작자도 당신에게 투자하지 않을 거라는 얘기를 듣고서, 나는 영화를 보러 갔다. 내가 지루했던 것은 전화 다이

• 에밀 쿠에Emile Coué가 주장한 자기 암시 요법

얼 번호를 끝까지 누르는 장면 때문이 아니다. 날 지루하게 한 건 인물이었다. 궁금한 마음이 생기는 파티의 단역 배우 한두 명을 제외하고는, 이 사람들의 운명에 전혀 흥미가 없었다."[25]

비평계의 일반적인 비난은 끝까지 화면에 담은 그 유명한 전화 번호에 대한 것이었다. 혹은 다른 식으로 말하면, 극적 효과를 거부하는 이야기의 단조로움에 대한 것이기도 했다. 『레 누벨 리테 레르』에서 조르주 샤랑솔Georges Charensol의 관점이 그런 경우다. 언론의 다양한 반응 중 한 극에서 베르나르 도르Bernard Dort(『프랑스 옵세르바퇴르』에서)는 생트바르브 동료와 비슷한 상식적인 의미 를 공유한다. 그 역시 피에르 웨설린의 갈보리 언덕의 분위기를 고조시키기 위해 존재할 뿐인 생기 없는 조연의 무의미함을 유감 스럽게 여긴다. 하지만 〈세 번째 사랑L'Œil du Malin〉*의 히치콕적 상징이 그를 짜증나게 했던 것처럼, 특히 이 기독교적 차원은 그 를 흥분시킨다. "로메르와 샤브롤 영화의 실패에 직면하여 (…) 나는 여전히 또 다른 질문을 제기하지 않을 수 없다. 두 영화에서 형이상학적 문제의 의도적 선택, 악과 죄의식에 대한 편애는 궁 극적으로 우리 사회의 구체적 현실을 직시하는 것에 대한 거부와 무능을 저버린 것이 아닌가?"[26]

하지만 다른 비평가들이 〈사자자리〉를 지지하기로 선택한 것 은 바로 이 형이상학적 문제라는 이름 때문이다. 사실 1962년에 누벨바그는 열띤 이데올로기 논쟁의 중심에 있었다. 그 사이에

---

* 클로드 샤브롤의 1962년 작품

는 참여적 영화 지지자와 종교적, 혹은 전통적인 '진정한 가치' 지지자가 있었다. 『카이에 뒤 시네마』에서 프랑수아 베이에르강스François Weyergans라는 젊은 비평가는 후자에 기치를 든다. 그는 로메르가 시련을 받게 한 주인공의 속죄와 정결 의식을 기념하기 위한 서정시를 쓴다. 이어서 이 영화가 계속 『카이에』의 지면을 채우며, 클로드 베일리Claude Beylie는 십자가에 못을 박는다. "〈사자자리〉는 다른 어떤 것도 아닌, 요약하면 타락과 속죄, 인간이 거부했다가 이후에 받아들인 은총, 그의 비참함과 위대함, 그의 죽음과 부활에 대한 잔인한 전설이다."[27]

여지없이 〈사자자리〉는 1962년 최고의 영화 10편을 선별하는 노란 잡지*의 수상작 가운데 5위를 차지한다. 편집장이 에릭 로메르라는 사람일 경우일지라도 말이다. 이 여정의 동반자(필리프 뒤그, 일명 필리프 드 콤Philippe de Cômes)는 매우 왕정주의적인 잡지인 『라 나시옹 프랑세즈』에 깊이 공들인 연구를 이 영화에 헌정한다. 그 제목은 「히치콕주의자들 공격하다Les "hitchcockiens" attaquent」다 (아마도 도르가 쓴 「히치콕을 추종하며À la remorque de Hitchcock」의 기사 제목에 대한 반격일 것이다). 다른 비평가와 마찬가지로, 그는 〈사자자리〉를 아녜스 바르다Agnès Varda의 〈5시부터 7시까지 클레오Cléo de 5 à 7〉와 비교한다. 그러나 그 이유는 이 영화를 누벨바그의 "화려하고 피상적 특징"으로 한정하고 싶어 하는 사람들에게, 이와 거리가 먼 로메르 영화에서 발견되는 간결함을 강조하기 위해서

• 『카이에 뒤 시네마』를 가리킨다.

다. 그는「셀룰로이드와 대리석」의 작가를 "고전주의에 사로잡힌 혁명가"로 정의한다. "이 혁명가의 유일한 근심은 첫 영화에서처럼, 자신의 글에서 예술적 전통의 근원을 단번에 되찾아 그 유산을 모으고 풍요롭게 하는 것이다."[28]

『라 나시옹 프랑세즈』의 극우파(만약 그것이 가능하다면)에는 장 파르뷜레스코가 있다. 그는 〈사자자리〉의 비의적祕儀的 암시를 손쉽게 활용하여 망상증적으로 해석하여 이른바 로메르의 '태양의 영화'가 그에게 충실한 영감을 줄 것으로 이야기한다. "〈사자자리〉에서 햇빛의 눈부신 환경과 서양의 신비의 결합을 알리는 (…) 영적 찬송을 어떻게 잊겠는가? 그것은 우리를 몽롱한 상태로 어둠과 밤의 종말의 신비의 중심에까지 끌어들이는 미셸 지라르동 Michèle Girardon의 절대적인 태양의 얼굴이다."[29] 파르뷜레스코는 이런 수수께끼 같은 해설에 만족하지 않고, 친구에게 — 로메르가 시네아스트로서 지키려는 정평이 나 있는 선중함에도 불구하고 — 상당히 놀라운 논쟁적 발언을 (〈수잔의 경력〉의 작은 원탁과 같은) 하게 한다. 미공개 상태로 남아 있는 인터뷰에서(영화 개봉이 유보되었던 '시련'의 시기에), 파르뷜레스코는 〈사자자리〉는 강렬한 감정을 좋아하는 샹젤리제의 관객을 유혹할 수는 없겠지만, 스페인 같은 나라(파르뷜레스코는 프랑코 장군의 스페인에서 여전히 망명 중이었다), 즉 "어떤 프랑스 영화의 체계화된 부도덕을 맛보지 못한 나라의 관객을 기쁘게 할 것"[30]이라고 로메르에게 말했다. 이 구절은 로메르에 의해 삭제되었다. 로메르는 자기 영화에 대한 모든 정치적 해석에 거리를 두기 때문에 결론 한 단락을 삭제한 것이다(그리고 느낌표로 주석을 달았다). 로메르를 대신해 파르빌레스코가 쓴 내용은 이렇다. "(…) 나는 정확한 전략과 전술 노선을 따르는, 집중되고 하나로 통제되고 통일된 특정 집단의 직접적이고 명쾌한 행동을 통해서만, 사회정치적 미래에 효과적으로 개입할 수 있다고 생각한다. 질서를 위해서든 반대해서든, 혼란이든 신을 위해서든, 이 집단은 행동할 수 있다."[31] 에릭 로메르, 그는 OAS의 비밀 요원인가?

그러나 파르빌레스코가 로메르에게 전달한 글 가운데 그가 삭제하지 않는 것은 신앙 고백이다. 그 인터뷰가 프랑스에서 출판되었더라도 그는 아마 그렇게 행동했을 것이다. 왜냐하면 모든 신앙 고백을 아주 명백하게 밝힘으로써 조금은 거리를 (적어도 카메라 뒤에서는) 둘 수 있기 때문이다. "나는 가톨릭 신자다. 기독교에만 진리가 있기 때문에 진실한 영화는 반드시 기독교 영화라고 생각한다. 나는 기독교의 정수를 믿으며, 영화사에서 기독교 사상의 빛을 통과하지 않는 위대한 영화는 단 하나도 없다고 생각한다."[32] 『카이에』 시절로 되돌아가서 로메르가 〈유럽 51〉의 로셀리니 영화에서 이 "기독교의 정수"를 상찬했을 때를 생각해 보자. 그러나 (로셀리니가 그렇게 하려 했던 것처럼) 그는 자신의 성대한 선언에 미묘한 차이를 주기 위해 주의를 기울이며 이렇게 명시한다. "신비주의적 영화? 그렇다, 만일 내재성에 대한 명확한 이해가 초월성으로 이어진다는 것이 사실이라면 말이다."[33] 이 주장의 행간을 읽을 줄 아는 비평가에게 축복이 있기를.

현대 영화

이 글에서 로메르는 특히 명상적인 영화를 주장하는데, 이는 르누아르나 로셀리니만큼이나 니콜라스 레이에게서 영감을 받은 것이다. 이것은 그가 이런 사고('행동 대신 상태를 묘사하는'[34])를 현대성의 사고와 얼마나 연관시키고 있는지를 말해 준다. 정신적 진리가 계시될 수 있으려면 그것은 반드시 재발견된 진리를 영화적 재현으로 통과시켜야 한다. 정신적 진리는 심지어 영화적 재현과 뒤섞일 수 있는데, 그것은 모든 의도적인 전언을 배제해 그 안에서 사라지기도 한다. 필리프 뒤그가 이를 잘 간파했다. 뒤그는 〈사자자리〉에서 "순수한 상태의 현상"[35]을 식별하고, 은유적 암시를 거둬 버리고, 카뮈의 『이방인L'Étranger』을 상기시킨다(『레레트르 프랑세즈』에서 미셸 카데낙Michel Capdenac도 마찬가지로 이런 비교를 했다). 이런 현상학적 독해는 『라디오시네마텔레비지옹』의 편집진 내부에 활발한 논쟁을 불러온다. 장 콜레Jean Collet는 로메르적 리얼리즘의 기초가 되는 모럴리스트moraliste•적인 목표를 해독하자고 주장하는 반면, 자크 시클리에Jacques Siclier는 반론을 편친다. 그가 보기에 〈사자자리〉는 본질적으로 행동comportement에 대한 연구이기 때문이다. 그것의 논리는 종교적 해석이 아니라 묘사의 논리다.

　　앙드레 라바르트는 더 멀리 나아간다. 그는 걷기라는 주제를

• 인간성에 대한 성찰을 주로 남긴 일련의 프랑스 작가를 일컫는 말

영화가 이야기하는 유일한 경험으로 구분한다. 순수 경험, 이것은 로브그리예Alain Robbe-Grillet의 누보로망Nouveau Roman과 유사하고 롤랑 바르트Roland Barthes와 공명한다. "이 소설은 여기서 (라바르트는 바르트를 인용한다) 더 이상 고전 소설가에게 중요한 의미를 지닌 위격들hypostases인 신앙 고해자, 의사 혹은 신의 눈이 아니라, 눈 이외의 다른 능력이 없는, 광경 이외의 다른 지평이 없는 도시를 걷는 사람의 눈으로 세상을 바라보라고 가르친다."[36] 우리는 〈사자자리〉의 진정한 주제인 이런 시선에 대한 학습을 재발견할 수 있다. 신의 부재나 신에 대한 간구懇求를 넘어서 사물을 있는 그대로 관조하는 것이다. 로메르(누보로망에 대해서는 거의 아마추어)는 현대 영화의 기초를 만든다.

로메르는 영화 스크린에 고집스럽게 적용한 이 '행동주의behaviourisme', 이러한 현대성에 대한 예상치 못한 증인이다. 한 노병이 여러 세대를 통과해 로메르에게 친절한 인사를 보내온다. 이 사람은 마르셀 레르비에Marcel L'Herbier다. 레르비에는 이 '젊은' 시네아스트를 초대해 텔레비전에서 로메르 자신의 미공개 영화에 대해 이야기하게 한다. 하지만 첫 상영 다음 날, 로메르에게 감동적인 편지를 쓴 사람은 1930년대 과거 뛰어난 비평가였던 니노 프랑크다. "굳이 말해야 한다면, 매우 민중선동적인 방식으로 표현해서, 난 이 영화의 관객이 두 종류일 거라고 생각합니다. 즉, 한 번도 배고파 본 적이 없는 사람과 이미 배고팠던 사람. 이미 배고팠던 (그리고 주로 감정적일 수 있는) 사람들이 내릴 수 있는 판단은 한 번도 배고팠던 적이 없는 사람들의 판단과 일치하지 않을 것입니다! 나의 경우는 과거에 굶주려 본 사람들에 속합니다. 나는 정말 감격했습니다. 큰 우정과 감탄을 담은 악수를 여기서 당신에게 보냅니다. (…) 당신은 분명히 꽤 괜찮은 소설, 크누트 함순 Knut Hamsun의 『굶주림 *Sult*』을 알고 있을 것입니다. 내가 보기에는 당신 영화가 훨씬 더 진지하고 가슴을 에는 듯합니다."³⁷

로메르는 이 소설을 알고 있었을까? 훨씬 나중에 그는 같은 저자가 쓴 『신비 *Mysterier*』의 각색을 검토하게 된다. 분명한 것은 그가 빅토르쿠쟁 거리에서 기근의 시대를 보냈고, 배고픔을 알았다는 것이다. 그리고 단지 암시만으로 니노 프랑크는 연출자가 여전히 숨기려고 애쓰는 자전적인 내용을 추측한 것이다. 그의 신중함 때문이든 두려움 때문이든 어떤 것이든, 이런 점은 로메르 스타일의 특별한 솔직함을 유지시킨다. 〈사자자리〉는 전체 상영 시간 중 한 시간을 한 남자의 초라한 오디세이로 펼쳐 보인다. 모두에게 버림받은 이 남자는 생존을 위해 단지 기계적으로 행동한다(되도록 오래 걷고, 잠을 청할 자리를 찾고, 신발 밑창을 다시 붙인다). 누구도 이보다 더 생생하게 완벽한 거부를 상상할 수는 없을 것이다. 극적 설명, 나아가 형이상학적 설명은 완전히 부재한다. 오직 별자리에 대한 언급만이 설명을 대신하는 미미한 흔적으로 작용할 뿐이다. 이 모든 것이 영화의 강점이 되고, 그에게 점점 더 많은 숭배자가 모여든다. 예를 들어, 라이너 베르너 파스빈더 Rainer Werner Fassbinder는 1966년 단편 영화 〈도시 열차 Der Stadtstreicher〉에서 그에게 경의를 표한다. 그것은 상황의 가혹함 때문만은 아닐 것이다. 믿기 어려운 너무나 장관인 '해피 엔딩'을 포함해 〈사자자리〉의 모든 결말을 관통하는 난해하게 감춰진 아이러니 때문일 것이다. 브레히트Berthold Brecht와 베게트Samuel Beckett 사이의 중간 길. 누가 이런 것을 생각할 수 있겠는가?

이 모든 것이 당시 영화의 실패를 설명한다. 첫 장편 영화를 통해 로메르는 네오리얼리즘néoréalisme, 심지어는 누벨바그 이상으로 멀리 간다. 누벨바그는 미디어 보도의 관심에서 이미 멀어졌다. 은밀한 촬영과 생생하게 포착한 이미지가 만들어 낸 참신함(더 이상 그렇게 새롭지 않은)의 효과라는 누벨바그의 혜택을 이 영화는 거의 받지 못했다. 고다르와 트뤼포, 샤브롤이 경력을 쌓아 가던 시기에, 〈사자자리〉 아래서 로메르는 완고하고 어렵고 불친절한 시네아스트라는 평판을 얻었을 뿐이다. 그가 『카이에』에 쓴 이론적 글보다는 이제 조금 접근하기 쉬워졌을 뿐이다. 지나친 금욕적인 이미지가 결국 변하기까지는 (그리고 그 매혹적인 측면이 인정받기까지는) 〈수집가〉가 나오기를 기다려야만 한다. 특히 로메르가 관습적인 제작 방법, 즉 그를 억압하는 전문가주의 professionnalisme에 순응하기를 멈추고 자기에게 고유한 자유를 창조하기까지 기다려야 할 테다. 이것은 로장주 영화사의 모험이 될 것이다.

4
『카이에』의 자리 아래서
1957~1963

1957년 3월 에릭 로메르는 『카이에 뒤 시네마』의 편집장이 된다. 이 직책은 잡지의 창립자 중 한 명이었던 조제프마리 로 뒤카의 자리를 이어받은 것으로, 뒤카는 한동안 잡지에서 활동적인 역할을 하지 않았다. 이 승진은 비평계의 새로운 세대 — 로메르 뒤를 이어 그룹을 이룬 '영턱스'[1] — 가 『카이에』 지면에서 점차 힘을 발휘하면서 이루어졌다.[2] 이는 또한 로메르가 리디 도니올발크로즈 Rydie Doniol-Valcroze 옆에서 몇 달 동안 "잡지 간행에 필수적인 읽기와 교정 작업"[3]을 하는 편집 비서 역할을 하면서, 샹젤리제 거리 146번지 사무실에 물리적으로 현존했던 결과이기도 하다. 『카이에 뒤 시네마』의 진정한 책임, 즉 방향을 잡고, 어조를 드러내고, 스타일을 새기는 일은 조금 더 나중에, 다시 말해 1958년에 곧 마흔 살이 될 남자가 부득이하게 홀로 지휘를 해야 하는 처지에 놓였을 때 수행하게 된다. 공동 편집자였던 다른 두 사람은 부재하거나 사라진다. 자크 도니올발크로즈는 첫 영화인 〈안녕하세요, 라 브뤼에르 씨Bonjour, Monsieur La Bruyère〉와 〈군침L'Eau à la Bouche〉을 준비하고 촬영하는 데 너무 바빴다. 초기 『카이에』의 정신적 아버지인 앙드레 바쟁은 1958년 11월 11일에 사망한다.

『카이에 뒤 시네마』의 살롱

장 르누아르는 "바쟁은 길잡이였다. 그가 없었다면 우리는 완전히 흩어졌을 것이다"[4]라고 말했다. 로메르는 바쟁의 계승자로, 그와 거의 동시대인—바쟁은 마흔 살에 사망했다—이 남긴 그 '길'에 들어섰고 과업을 이어 간다. 이것이 1959년 1월 『카이에』가 바쟁에게 헌정한 특집호 「앙드레 바쟁 전서La somme d'André Bazin」[5]에서 로메르가 이 비평가에게 바친 기사의 의미다. 영화에 대한 대립점과 작가 정책의 지지자들에 대항해 만형이 이끌었던 전투, 나아가 기본적인 불일치에도 불구하고, 로메르는 잡지의 연속성을 담당하는 방식으로 바쟁을 영화적 사유의 스승으로 인정한다. 로메르에게 바쟁 '전서'는 전후 영화에 대한 모든 현대적 분석을 구성하는 일이다. 『카이에』의 새로운 편집장은 바쟁의 전체 글이 확실히 "잡지, 주간지, 소책자로 뒤범벅된 채 분산되어 있음"에도 불구하고, 그 안에 있는 "감동적인 일관성"을 인지하고 있었다. 마침내 그 핵심이 『영화란 무엇인가?Qu'est-ce que le cinéma?』라는 제목으로 세르 출판사에서 네 권짜리 책으로 출간된다. 로메르는 인쇄 중인 첫 권의 교정쇄를 다시 읽었고, 이후 몇 달 동안 다른 세

권도 편집한다. 바쟁의 풍부함과 스타일, 논증적 가치가 담긴 이 책 전체는 그에게 깊은 인상을 남긴다. "언론인이라는 직업의 흔적은 없고, 작가의 흔적이 남았다. 상황에 따라 쓴 글들이지만, 사실 체계적인 계획에 따른 전개였다. 이 사실이 지금 우리에게 밝혀졌다. 모든 기사는 진정으로 엄격한 논증을 보여 준다."

로메르는 바쟁의 모든 업적을 구성하는 위대한 사고에서 이러한 일관성을 발견한다. 즉, "영화는 시간 안에서 사진적 객관성의 완성으로서 등장한다"는 사고다. 1945년 바쟁의 초기 글에 쓰인 이 문장은 영화 이론 분야에서 "코페르니쿠스적 미학 혁명"으로 작용한다. 바쟁 이전에는 거의 모두[6]가 반대로 영화의 주관성을 주장했다. 그 주장은 새로운 예술은 상상력의 힘을 통해 정당화되며, 상상력의 힘만이 모든 작품에서 한 세계를 창조하는 화가나 시인처럼 시네아스트를 진정한 예술가로 변모시킨다는 내용이다. 바쟁은 이 원칙을 전복한다. 즉, 그에게 영화 예술은 존재론적 사실주의를 가정하고 현실에 가능한 한 가장 가까워짐으로써 예술 그 자체를 거부하는 데 있다. 로메르는 이렇게 쓴다. "영화는 무엇보다 먼저 '있음'이다. 이 '있음$_{être}$'은 서부극이든 코미디, 다큐멘터리의 이름을 가지고 있든, 무성이든 유성이든, 흑백이든 색채든, 어떤 외형 아래 숨겨져 있든 그 밑바닥에서 탐구해야 한다. 그에게는 영화가 무엇을 통해 다른 예술과 비슷해지는가가 아니라, 어떤 점에서 다른 예술과 다른가 하는 점이 중요했다. 영화 미학에 가져온 이 혁명은 코페르니쿠스가 천문학에서 했던 것과 같은 질서처럼 보인다. 바쟁에게 영화의 정수, 독창성을 만드는 것은 복제라는 순수 기계적인 특성이다."[7]

바쟁이 1951년에 『카이에 뒤 시네마』를 창간하기 전에 이미 그
의 핵심적인 작품을 썼던 것처럼, 로메르는 잡지의 지휘권을 갖
기 전에 자신의 중요한 글 대부분을 이미 저술했다. 그는 1958년
에서 1963년 사이에 단지 20여 편의 기사를 썼다. 그중에서 서
너 편만이 잡지의 노선을 상기시키거나(1961년 7월의 「미적 취향Le
goût de la beauté」), 중요하게 평가된 영화(맹키위츠의 〈조용한 미국인〉,
히치콕의 〈현기증〉, 르누아르의 〈풀밭 위의 오찬Le Dejeuner sur l'Herbe〉, 베
리만의 〈생명에 가까이Nära livet〉)[8]를 거론하는 것으로 그 정신을 나
타낸다. 로메르는 원탁회의(〈히로시마, 내 사랑Hiroshima, Mon Amour〉
이나 그 비평에 대한)[9]와 그가 만나고 싶은 사람들과 시네아스트와
의 인터뷰에 중점을 둔다(큐커George Cukor, 아스트뤽, 프레민저Otto
Preminger, 랑글루아, 루슈, 로셀리니).[10] 그는 『카이에 뒤 시네마』 편집
장으로서의 역할을 다른 측면에서 했다. 그것은 샹젤리제 사무실
에서 그와 함께 자리를 잡은 특별한 분위기와 관련된다.

로메르는 『카이에』 사무실에 자주 출근해 독특한 방식으로 공
간을 차지했다. 커다란 편집 탁자 옆의 책상 뒤에 앉아서 글을 다
시 읽고 주석을 달고 교정을 한다. 그는 대부분의 시간을 사람들
과 만나는 데 썼고, 편집자들이 비공식적으로 방문해서 탁자 근
처에 앉아 함께 토론했다. 자유로운 주제로 영화와 예술, 음악,
책, 특히 영화 작품에 대해 이야기한다. 그는 말을 거의 하지 않고
주로 그들의 말에 귀를 기울인다. 이전의 협력자였던 도니올과
카스트가 이따금씩 방문했고, 고다르와 리베트, 도마르시 같은

사람은 일관성 있게 사무실을 찾아왔다. 반면 트뤼포나 샤브롤은 1958년 영화 연출을 시작한 이후로 더 이상 『카이에』를 방문하지 않는다. 로메르는 주로 새로운 젊은 사람들을 맞이했는데, 그 젊은이들은 점차 잡지를 중심으로 서클을 형성한다. 그들은 거의 매일 출근해 늦은 오후에 샹젤리제 근처의 영화관에서 방금 본 영화에 대해 토론하고 기사를 제안한다. 편집장은 듣고, 응답하고, 조언하고, 다시 읽고, 방향을 정한다. 이는 날짜와 시간, 제목이 있는 공식적인 편집 위원회가 아니라, 살롱 문화에 훨씬 가깝다. 1959년 가을부터 『카이에』 서클에 자주 참석했던 미셸 들라에Michel Delahaye[11]는 이 상황을 아주 잘 설명해 준다. "편집 회의는 없었고, 그것은 살롱이었다. 모든 편집자는 이런저런 이야기를 하기 위해 방문했고, 심지어 의무적으로 방문해야 했다. 이 끝없는 대화에 로메르가 있었고, 모든 기사는 『카이에』 사무실에서 이미 '이야기되었다'. 우리는 로메르 주위에서 회의를 열었다. 내가 보기에 그는 모든 사람에게 주의를 기울이고, 상대의 말을 듣는, 굉장히 관대하고 열린 정신을 가진 절대 교육자의 전형이었다. 대화가 끝날 때 그는 모두에게 '언제라도 『카이에』에 다시 들르세요'라고 말했다. 게다가 열흘이나 15일 동안 오지 않으면, 그게 문제가 되어 모임에서 제외될 수도 있었다. 반드시 참석하거나 결석을 미리 알려야 했다."[12]

이런 살롱식 사교성은 나중에 로메르가 로장주 영화사 사무실에서 (그때는 더 여성스럽게) 차를 마시며 다시 꽃피우며, 정확한 체계가 필요한 일이다. 『카이에』에서 로메르는 이런 접대를 하지만, 대화를 (다시) 시작하게 하고, 젊은 영화 애호가들을 재결합하고, 이 비공식 모임의 바퀴에 기름칠을 한 이는 다른 사람이다. 그는 사무실 입구 영화 서적이 정리된 책장 근처에 있는 안락의자에 편안하게 자리 잡고 앉아, 도니올발크로즈의 강아지와 의자를 공유한다. 장 두셰는 이 공간을 지배했다. 그는 '오브젝티프 49'와 『가제트 뒤 시네마』 시절 로메르의 첫 시네필 동료 중 한 명으로, 1951년에 병역을 위해 파리를 떠나야 했다. 그는 릴 근처에서 한동안 정착해 살면서 1949년에 돌아가신 아버지를 대신해 야금도매 회사를 그럭저럭 이끌어 갔다. 파산은 빠른 만큼 가혹했다. 그는 1956년 파리로 돌아와 1950년대 말에 『시네몽드』와 『카이에』, 그리고 『아르』에 글을 쓴다. 영화를 보고, 거기에 걸맞게 아주 정교하게 논평하면서 영화에 대한 글을 쓰고, 형식적인 해석을 멀리까지 이끌어 가고, 지식에 접근할 수 있는 실질적인 경로를 만들어 낸다. 두셰는 이 모든 것을 많은 덕목으로 수행해서 로메르를 즐겁게 만들고 때로는 놀라게 한다. 두셰가 특히 좋아하는 시네아스트는 이런 심층적 비평 분석에 가장 잘 저항하는 사람들이다. 특히 히치콕은 그에게 끝없이 면밀한 조사가 가능한 우주고, 고갈되지 않는 형식이다. 그뿐만 아니라 프레민저, 빈센트 미넬리Vincente Minnelli, 프리츠 랑, 니콜라스 레이, 머지않아 미조구치나 베리만도 그런 감독이 된다.

로메르와 두셰는 잘 어울렸고 서로를 보완했다. 키가 크고 마른 사람이 듣고 몇 가지 충고를 건넨다. 강하고 살찐 사람은 정평이 나 있는 빠른 달변으로 말하고, 사람들을 접대하고, 자신이 좋

아하는 젊고 열정적인 남성 무리를 시네마테크나 샹젤리제 영사
실로 인도한다. 로메르는 『카이에』 사무실에서 지내면서, 아침 9
시부터 저녁 7시까지 거의 쉬지 않고 일한다. 두셰는 오후가 끝
날 때쯤 『르 몽드』나 『프랑스수아르*France-Soir*』의 십자말풀이를 건
성으로 풀면서 정열적이고 순박하고 쾌활하며 활기찬 분위기를
만든다. 이 활동에 함께했던 사람 중 한 명인 바르베 슈뢰더Barbet
Schroeder는 두 사람의 상호적인 특성을 "두셰는 젊은 시네필을 사
로잡았고, 로메르는 그들의 말을 듣고 일을 주었다"[13]라고 정리
했다. 바로 옆, 로메르의 책상 뒤쪽으로 약간 떨어진 곳에 있는 편
집 비서들은 ─ 처음엔 리디 도니올발크로즈, 이어서 장 외스타
슈Jean Eustache의 아내 잔 들로Jeanne Delos나 마릴루 파롤리니Marilù
Parolini가 그 뒤를 이었다 ─ 입회식처럼 경험한 이 살롱 행사를 즐
긴다. 두셰는 이렇게 회상한다. "로메르는 그 생각에 동의하지 않
더라도 상대의 생각을 이해하려고 노력했다. 그런 다음 매우 정
밀하게 글을 읽는다. 이런 식으로 그는 『카이에』에 많은 젊은 비
평가를 받아들였다. 비평가들은 새로워져야 했다."[14] 두 공모자
는 들어온 모두가 다 머물지는 않았더라도 문을 활짝 열었다. 도
그마는 없었고 기회는 모두에게 있었지만 그것을 잡을 줄 알아야
했다.

　로메르의 이런 편집 방향은 정확한 문서나 정기적 편집 위원회
에 공식화되어 있지는 않지만 특정한 규칙을 따른다. 로메르 자
신은 잡지에 실리는 기사에 대한 가장 중요한 원칙인 "미적 비평
critique des beautés"[15]을 표명한다. 이런 관점에 근거해서 그 영화를 가

장 사랑하고 잘 지지할 수 있는 사람이 글을 쓴다. 로메르는 이렇게 설명한다. "철학자 알랭의 표현에 따르면 나는 미적 비평의 입장이다. 영화의 좋은 점만 말해야 한다고 생각했다. 영화의 장점을 말하는 사람이 있으면 나는 그의 기사를 내보냈다. 그 밖의 지지자를 찾지 못한 영화는 ― 그런 영화가 많았다 ― 제호의 마지막에 한두 문장으로 처리했다. 그런 식으로 브레송의 〈소매치기 Pickpocket〉에 대한 기사를 실을 때, 나는 가장 뛰어난 미셸 무를레 Michel Mourlet의 혹평보다는 아주 좋지는 않지만 호의적인 기사를 싣는 것을 선호했다."[16]

로메르가 지휘한 『카이에』의 제호 구성은 변함없는 편성에 따라 이루어진다. 즉, 각 제호의 시작은 두세 편의 기획 기사, 시네아스트를 기념하는 증언이나 선집, '작가'와의 인터뷰로 이루어진다. 그다음 '영화계 소식'은 일련의 정보와 해설이 달린 사진, 업계 뉴스를 종합 정리해서 보여 준다. 이어서 '카이에 비평'은 극장에 개봉된 영화에 대한 대여섯 편의 기사를 모아 놓은 지면이다. 마지막으로, 기타 최근 영화 뉴스를 보여 주는 20여 편의 영화를 다룬 짧은 지면이 이어진다. 마지막 쪽에 있는 '10인의 평가'는 선호도 순으로 비호감의 검은 점에서부터 걸작 별 네 개까지를 표시해 『카이에』의 비평가 10명이 가진 의견을 종합한 별점표로 지면을 마감한다. 로메르 휘하에서 지가 베르토프Dziga Vertov 영화에 대한 공산주의자 사둘Jacques Sadoul의 글에서부터 마크마옹Patrice de MacMahon•적인 ― 루이 마르코렐의 표현에 따르면 이 "유아적 파시즘"[17] ― 젊은 시네필들의 위험한 글에 이르기까지 매우 다양한 글을 이 잡지에서 읽을 수 있다.

반면 로메르의 엄격함은 다음과 같이 작동한다. 그는 사고나 정치적 견해에는 개방적인 반면, 프랑스어의 표현과 실수, 장황한 구절과 반복에 대해서는 타협하지 않는다. 편집장에게 제출되었다가 반환된 기사 사례에 대한 많은 증언이 있다. 반환된 기사에는 면밀하고 까다롭게 읽고 또 읽어서, 주석을 달아, 수정과 다시 쓰기를 요청하는 작은 카드가 첨부되어 있었다. 미셸 무를레의 경우, 로메르는 처음 두 편의 글을 거절한 다음, 조지프 로지 Joseph Losey에 대한 세 번째 글을 무를레에게 보내면서 자세한 메모를 작성해 다음과 같이 마무리한다. "좋습니다, 하지만 더 짧고 명확하게 쓰세요. 우정을 담아."[18] 앙드레 라바르트의 눈에 로메르는 거의 "관료주의적"[19]으로 보였고, 자크 리베트는 "선생 같다"고 놀리면서, 그의 젊은 학생들의 "도발적이고 반동적인 미성숙"[20]을 유감스럽게 여겼다. 로메르의 이런 가혹한 측면과 교정의 엄격함은 선배들을 즐겁게 해 주는데, 왜냐하면 아마도 그의 완고한 면 아래 숨겨진 장난스러운 면모와 유머를 알았기 때문일 것이다. 그래서 트뤼포는 1958년 봄, 편집장에게 그의 마지막 기사 중 하나를 보내며 짧은 메모를 남긴다. "친애하는 모모, 만약 내가 자동차 사고를 당하면 조금은 당신 탓입니다. 왜냐하면 지난밤에 〈미친 과실狂った果實〉**에 대한 이 빌어먹을 비평(「너

• 프랑스 군인, 정치가이며, 왕당파의 추대로 대통령이 된 인물이다.
•• 일본 영화감독 나카히라 코우中平康의 1956년 작

무 젊은데 벌써 조랑말…Si jeune et déjà poney…」*이라는 제목의)을 끝까지 작성하느라 다섯 시간밖에 못 잤기 때문입니다. 그러니까 비록 내 글재주가 당신에게는 차가운 대리석과 셀룰로이드를 남기더라도, 다른 사람을 즐겁게 할 수 있으니 이 작은 글을 너무 심하게 자르지는 마세요. 당신 아내에게 키스를, 당신에게 악수를 전합니다."[21] 마침내, 자크 도니올발크로즈가 1958년 8월 21일 자 편지에서 "과시하지 않는"[22] 겸손한 효율성을 인정하면서 짓궂게 표현한 것처럼, 로메르의 『카이에』는 한동안 문제없이 돌아간다. "당신의 전언이 간결한 것은 좋은 징조입니다. 성공적인 간행물은 이야기가 없는 법이죠."[23]

에릭 로메르는 "『카이에』의 젊은층"[24]에게 엄격하지만 보호자 같은 맏형으로서 잡지의 품위를 유지하는 데 주의를 기울이고, 새로운 비평 세대의 출현을 장려하며, 논란의 여지가 있더라도 자유롭게 표현하게 한다. 말하자면, 오자 없이 도발적으로.[25]

조용한 삶

1957년 말 모리스 셰레와 그의 아내 테레즈는 파리 5구 몽주 거리 72번지에 정착한다. 몽주 광장과 공화국 근위대 막사 바로 지척에 있는 곳이다. 건물은 공동 주택으로, 단순하고 밝고 세련

• 이는 트뤼포가 '일본의 매우 젊은 영화Si jeune Des japonais'라는 말과 붙어 발음이 비슷한 것에서 착안해 언어유희로 붙인 제목으로 보인다.

된 방이 세 개 있는 55제곱미터짜리 아파트다. 화장실은 층계참에 있었는데, 이는 그들이 얼마나 수수한 집을 샀는지를 보여 준다. 무엇보다 중요한 것은 집의 위치다. 자신이 사는 파리 구역에 충실한 이 남자는 라탱 지구를 결코 떠나지 않았다. 앞서 보았듯, 그는 전쟁 전 18세에 그곳에 정착했고, 수많은 서점과 작은 영화관, 생트주느비에브 언덕과 무프타르 거리, 카르디날르무안 거리, 뤼테스 경기장 사이의 가파른 산책로가 있는 파리에서 대학 시절을 보냈다. 로메르는 그곳을 편하게 여겼고 주로 걸어서 돌아다니며, 상시에 도방통 역이나 몽주 광장 역에서 지하철 7호선과 1호선을 타고 샹젤리제로 일하러 갔다. 그는 자동차를 운전하거나 소유한 적이 없었다. 그는 공해를 싫어했고, 40대부터 그를 괴롭힌 허리 통증 때문에 차를 타고 내리는 것을 힘들어했다. 매우 소수의 사람만이 그의 집에 초대받았다. 두셰나 슈뢰더가 여러 번 방문했다. 트뤼포와 그의 아내 마들렌 모르강스테른 Madeleine Morgenstern(영화계에서 소심하게 자주 만나던 유일한 부부)은 그 집의 간소함에 대해 증언한다. 나무 탁자 하나와 의자 몇 개, 서랍장과 흰 벽이 유일한 식당 장식이었다. 거기서 그는 매일 저녁 가족과 함께 식사했고, 극장이나 영화관에 갈 때를 제외하고는 절대 외식을 하지 않았다. 저녁 식사는 자신에게 허용한 유일한 식사인데, "건강 관리"[26]와 저축을 위해 그는 절대 점심을 먹지 않았다. 마지막으로, 로메르는 일요일에 무프타르 거리 아래에 있는 생메다르 교회 미사에 참석해서, 일주일에 여러 번 생테티엔뒤몽 성당을 방문하는 아내와 다른 교구에 속했다.

이런 긴축 재정은 선택이지만, 의무이기도 했다. 생활은 검소했다. 로메르는 부자가 아니었고, 부인은 일하지 않았으며 개인 재산도 없었기 때문이다. 1957~1958년 그는 월수입을 5만 구舊프랑 미만으로 신고했다.[27] 『카이에』는 편집장에게 한 달에 2만 5천 구프랑이라는 적은 월급을 지급한다. 게다가 프레스카드 위원회는 그에게 해당 지위 부여를 계속 거부하는데, "해당 언론의 주 수입이 편집장이나 부편집장의 현행 급여율, 심지어 최소 급여율에도 부합하지 않는다"[28]는 이유 때문이다. 그는 굴욕감을 느낀다. 1958년 1월 15일, 그는 다음과 같은 편지로 자신을 정당화한다. "급여액은 본인과 『카이에 뒤 시네마』 경영진 간의 합의에 의해 결정되었습니다. 실제로 창립 이래 적자 상태에 있었던 이 잡지가 이런 경제적 조건에서 존속할 수 있는 것은 자발적 동의하에 모든 협력자에게 재정적 희생을 요구해 왔기 때문입니다, 이는 그들이 어떤 민간 또는 공공 기관에 비해 누릴 수 있는 완전한 독립성과 지적 예술적 가치를 감안한 것입니다."[29] 그 뒤로 그의 월급은 1960년에는 750 신新프랑•, 1962년에 800신프랑을 추가로 받아 조금씩 액수가 높아졌지만, 여전히 "현재 급여율"에 한참 못 미치는 수준에 머물렀다. 1956년 봄부터 1959년 여름까지 로메르는 『아르』에 쓰는 비평 원고료에 의존한다. 그는 이 주간지 영화 섹션에 매년 약 50편의 기사를 쓰다가, 〈사자자리〉를 만들기 시작했을 때 공동 작업을 중단한다. 『아르』는 그를 만류하지

• 신프랑은 100구프랑에 해당되며, 1960년부터 사용되었다.

않았고 그렇다고 다시 불러내지도 않으며 다른 협력자에게 도움을 청한다. 그러니까 이 주간지의 원고료가 한동안 『카이에』 급여에 해당하는 수입원이었던 것이다. 1960년 이후 일부 공동 작업(프랑스 앵테르에서의 '마스크와 펜Masque et la Plume'의 몇몇 방송과 피에르 르프로옹Pierre Leprohon이 감독한 '동시대적 현재Presences contemporaines' 총서와 데브레즈 출판사에서 만든 하워드 호크스나 니콜라스 레이에 대한 글)은 그에게 3분의 1의 추가 수입을 가져온다. 1962년 로메르는 총 1만 1천 신프랑을 신고한다. 이 모든 것은 특히 그가 수행한 작업량에 비하면 매우 소박했다. 모리스 셰레의 일상은 시곗바늘처럼 오고 가는 것이 정확한 습관으로 이루어졌다. 식물원 주변을 45분간 달리고 나서, 오전 8시 30분에 일터로 출발해 오후 7시 30분에 귀가한다. 주중에는 집무실에서 하루 종일 일을 한다. 사무실에서의 활동 이외의 나머지 시간도 마찬가지로 매우 규칙적이다. 저녁 시간은 독서를 하거나 신문(1960년대 『프랑스수아르』[30])을 읽는 데 할애하고, 몇몇 라디오 방송을 청취하거나, 특히 클래식 음악을 많이 듣는다. 주말에는 16밀리 작업에 전념했는데, 여전히 아마추어적인 방식으로 몇 달에 걸쳐 연장된 중단편 영화를 촬영하고 편집하곤 했다. 휴가는 —그의 습관을 잘 아는 리디 도니올발크로즈가 "신성불가침의 가족 휴가"[31]라고 표현한— 셰레의 가족이 있는 튈에서 보냈다. 거기서 그들은 코레즈 주변을 거닐거나, 바르베 슈뢰더 집이 있는 비아리츠에서 바스크 지방 근처 언덕을 도보로 여행하며 수영과 비치 게임을 즐길 수 있었다.

이런 습관에서 그를 흐트러뜨릴 만한 것은 거의 없었으나,

1958년과 1961년에 두 명의 남자아이, 드니Denis Schérer와 로랑 Laurent Schérer이 태어나면서 시간과 공간을 조금 재조정해야 했다. 아이들을 위한 방을 마련하면서 셰레 가족 아파트는 더 비좁아 졌다. 아내 테레즈는 이렇게 회상한다. "집은 너무 작았다. 너무 많은 돈을 소비하면 안 된다고 생각했다. 셰레는 낭비하는 걸 좋 아하지 않았고 늘 절약했다. 나도 그랬다. 그래도 그는 도움이 필 요한 친구에게는 관대하게 대했다."[32] 몇 년 후, 아들들이 자라면 서 저녁 시간과 일요일을 그들에게 할애했다. 어머니는 매일 밤 쥘 베른의 책을 읽어 준다. 아버지는 시에 대한 애정을 그들에게 전해 주는데, 그는 많은 작품을 암송하고 있었다. 보들레르Charles Baudelaire, 베를렌Paul-Marie Verlaine, 랭보의 작품이나 독보적인 성공 을 거둔 빅토르 위고가 말한 "내 아버지, 이 영웅의 미소가 너무 달콤합니다……"의 구절은 결국 두 아들도 암송하게 된다. 안식 일에는 전시를 보러 간다. 로랑 셰레는 이렇게 회상한다. "우리 는 몇 시간 동안 박물관을 방문했다. 가족이 함께 루브르에서 카 르나발레에 이르기까지 사방 도처로, 그리고 아버지가 좋아하는 모든 시립, 지역 박물관을 다녔다. 또한 아버지는 우리에게 음악 을 사랑하라고 가르치셨다. 그는 많은 글을 썼지만 나는 항상 그 가 음반이나 클래식 라디오 방송을 듣는 모습을 봤다. 예를 들어, 매주 일요일 오후에 그는 〈음반 비평 트리뷴La Tribune des Critiques de Disques〉을 들었다. 이것은 그의 비밀 정원이었다. 아버지는 음악 가가 되고 싶었을 것이다."[33] 준비 과정과 정리 정돈은 어디에나 있었다. 로랑은 이렇게 회상한다. "아버지는 모든 일을 미리 해

두는 것을 좋아했다. 매번 기차표를 오래전에 사 두어야 했다. 모든 것이 그런 식이었고, 즉흥성을 거부하고 서둘러서 행동했다. 예기치 않은 것이나 불시에 닥치는 것을 싫어했다."[34]

  습관의 논리에 통제되는 모리스 셰레의 이런 가족 생활은 전기 작가에겐 흥미로울 게 거의 없다! 성가신 비밀처럼 추문이 없는 삶은 단순하고 조용하며 안심은 되지만 활기가 없을 것이고, 별 이야기가 없는 모든 삶이 그러하듯 분명 행복했을 테다. 하지만 이야기가 스며드는 것은 그런 방식을 통해서가 아닐까? 영화적 환경에서 완전히 단절되어 평범함을 중심으로 완벽하게 통제되고 조직된 일상은 픽션에 구멍을 제공한다. 즉, 가장 작은 것이 소설이 된다. 에릭 로메르가 이런 분리와 평온을 깊이 바란 이유는 아마도 드물고 요약된 것이라도 모든 단락이 미래에 어떤 영화의 주제가 될 수 있기 때문이 아닐까. 게다가 그의 아내 테레즈는 이 진부한 현실이 허구로 가는 탈주에 연루되어 있다. 테레즈는 진실을 이해할 수도, 감당할 수도 없을 시어머니에게 매주 편지를 쓰지 않았던가? 고등학교에서 고전 문학을 가르치는 아버지의 사랑으로 화목하고 가톨릭적 방식으로 성장하고 있는 두 손자에 대한 이야기를 전하려고 말이다.

누벨바그의 위기

1960년대 초, 로메르가 이끈 『카이에』는 누벨바그의 기원이 된 곳이지만 누벨바그 현상을 지면에 기사로 싣고 해석해 주는 역할에서는 상당히 멀어진 것처럼 보인다. 여기에 진정한 역설이 있다.[35] 이 잡지의 월례 심의회인 '10인 평의회'는 운동으로서의 영화와 관련해서, 특히 이전의 '영턱스' 영화에 대해 적어도 유보적인 태도를 보인다. 처음에 레네의 〈히로시마, 내 사랑〉을 중심으로 마련된 원탁회의와 〈네 멋대로 해라〉의 개봉을 계기로 뤽 물레Luc Moullets가 고다르를 '옹호하고 설명한' 기사를 제외하고, 『카이에』는 누벨바그 현상을 소개하고 이해하고 평가하는 어떤 종합적인 큰 기사도 게재하지 않는다.

어떻게 로메르가 자신에 대해, 그리고 샤브롤과 트뤼포, 고다르, 리베트의 첫 작품에 대해 말할 수 있을까? 로메르는 분명히 이를 시도한 적이 있다. 예를 들어 1959년 2월 11일 『아르』에 실린 〈미남 세르주Le Beau Serge〉에 대한 글에서 "진정한 새로움", "교훈적이 아니라 도덕적이기 때문에 아름다운 영화", "지방의 고통을 훌륭하게 표현한 이미지"라고 언급한 뒤 "때로 충돌하고 비일관적인 힘없는 구조"의 원인이 되는 편집을 안타까워하면서 "샤브롤은 아직 이 영화를 머릿속에 담고 있지 않지만, 더 나은 무언가를 갖고 있다"고 결론지었다. "영화의 이야기, 풍경, 인물, 그리고 그가 서정적인 것보다 조형적인 재능이 덜한 타고난 시네아스트라는 것을 보여 주는데, 즉 최소한의 이미지로 의미를 부여하는 예술, 카메라 움직임의 중개와 좋아하는 표현 양식을 통해 이미지에 울림을 주는 예술을 표현한다."

로메르는 심지어 사람들이 아직 누벨바그를 말하지 않던 1956년 5월 초, 고다르와 그의 단편 영화 중 하나인 〈요염한 여인Une

Femme Coquette〉에 대해 처음으로 글을 쓴다. "큰 포맷의 영화가 질투할 만한 16밀리 영화로는 놀랍게 마음에 드는 영화다. 이런 성공은 극히 드물며 주목할 만하다. 장뤽 고다르의 〈요염한 여인〉은 완벽한 여유와 함께 모파상에게 영감을 받은 순진한 일화를 가지고 우리를 제네바의 거리로 산책시킨다. 정말 빠르고 멋지게 이야기한다! 그가 지시하는 길을 따라가기만 하면 우리는 새로운 단편 영화의 길을 볼 수 있다. 소위 많은 아방가르드 졸작들이 '하지 말아야 할 것'만을 보여 줄 때 '해야 할 것'을 보여 주는 완벽한 사례다."[36] 통찰력 있는 견해와 친구에 대한 분명한 기대 사이에 있는 이런 찬사는 1958년 파르나스 스튜디오에서 상영된 열두 편의 실험 영화에서 발췌해 만든 리베트의 〈양치기 전법Le Coup du Berger〉에서도 계속된다. "이 영화는 (…) '미장센' 예술을 보여 준다. 조금도 경솔하게 말하거나 어떤 당파성에 사로잡히거나 맹목적인 것 없이, 난 이 30분 안에 지난 1년 동안 개봉한 모든 프랑스 영화보다 더 진실하고 좋은 영화가 들어 있다고 확신한다. (…) 거기에는 스타일, 명료함, 간결함이 있지만 의외의 풍성함도 있다. 스크린 위에서나 나올 수 있는 것들이기 때문에 본질적으로 영화적인 것으로 가득 차 있다. 이 영화를 다섯 번 봤고, 다섯 번 다 다른 새로운 이유로 이 영화를 좋아했다."[37]

우리는 이 몇몇 글에서 정황의 무게를 느낄 수 있다. 즉, 이 글들은 정확한 의미에서 젊은 시네아스트들의 첫 장편 영화의 실제 흐름보다 앞서 있다. 에릭 로메르는 누벨바그 이전에 글을 쓴다. 그러나 일단 운동이 시작되자 그는 유행의 흐름에 동참하기를 꺼렸다. 마치 작업의 시간이 끝나지 않았고 역사가 진행 중에 있는 상황에서 현상의 중요성을 평가하기가 어렵다고 생각한 것 같다. 그는 『카이에』에서 이렇게 인정한다. "나와 매우 가까운 새로운 프랑스 영화 작품 가운데 주관적이지 않은 다른 선택을 하는 것은 불가능하다. 내가 아는 전부는 누벨바그가 세계 역사 안에 들어갈 것이고 역사가 그것을 분류하리라 추측하지만, 이 분류 과정에서 누군가에게는 이것이 이익이고 또 다른 누군가에게는 손해일지에 대해서는 말할 수 없다."[38]

로메르는 그가 선택하고 쓴 글이 '파벌주의'의 표명으로 해석될까 염려한 것 같다. 하지만 파벌주의라는 표현이 실제로 사용되었고, 게다가 그것은 '작가 정책'의 창시자인 트뤼포가 짓궂게 "친구 정책"[39]이라고 부른 것을 수용할 준비가 되어 있지 않았던 로메르의 『카이에』를 사로잡는다. 이 문제를 잡지 지면에서 논하는 것조차 미묘한 문제가 된다. 1960년에서 1961년 사이에 『카이에』는 프랑스 영화, 특히 누벨바그 영화보다는 조지프 로지, 프리츠 랑, 오토 프레민저, 풀러Samuel Fuller, 월시, 큐커, 조지프 맹키위츠 또는 이탈리아 사극, 심지어 코타파비Vittorio Cottafavi, 퀸 Richard Quine, 도넌Stanley Donen, 태슐린, 러드윅Edward Ludwig 같은 소수 감독에 더 많은 주의를 기울인다. 이런 방식은 문제를 해결하지 않고 우회하는 것이다. 로메르는 그것을 솔직하게 인정한다. "우리는 1960년대 초 트뤼포와 분쟁이 있었다. 트뤼포는 『카이에』가 누벨바그 영화를 공격적으로 방어해야 한다고 생각했다. 나는 친구들 무리가 형성되었다는 인상을 외부에 주는 것은 잘

못이라고 생각했다."⁴⁰

신인 시네아스트들의 두세 번째 영화가 개봉하고(트뤼포의 〈피아니스트를 쏴라Tirez sur le Pianiste〉, 고다르의 〈여자는 여자다Une Femme est une Femme〉, 샤브롤의 〈레다À Double Tour〉와 〈젊은 멋쟁이들 Les Godelureaux〉, 〈착한 여자들Les Bonnes Femmes〉, 그리고 자크 드미Jacques Demy와 아스트릭, 루슈, 로지에, 카스트, 도니올발크로즈의 영화), 거의 모두 상업적으로 실패하면서, 이 운동에 반대하는 공격이 기회를 얻게 되었을 때 로메르가 이끄는 이 잡지는 그들을 방어하지 않는다. 1961년부터 누벨바그는 대중적 실패를 경험한다. 다수의 언론은 이들이 프랑스 영화 이미지를 손상시키고 영화관을 텅 비게 만든다고 비난했다. 마침 피에르 카스트는 이렇게 썼다. "환자가 있다는 사실은 분명하다. 질병의 본질에 대해서는 논란의 여지가 있다. 관객이 감소하고 있다고들 한다. 세균 사냥이 시작된다. 현미경에서 괴상한 괴물, 누벨바그가 나타난다. 그것은 분주히 움직이고, 의족을 가지고 사방으로 밀고 간다. 속물근성이 동원된다. 비평을 전염시킨다. 간단히 말해, 오디아르 박사의 묘약을 잘 주사하면 환자가 회복될 것이다. 기괴한 치료."⁴¹ 『아르』에 실린 한 기사에서 시나리오 작가 미셸 오디아르Michel Audiard는 신인 시네아스트들이 일반 대중을 영화에 질리게 한다고 비난한다. "트뤼포(또는 고다르)는 전문가를 비웃게 만들었지만, 불쌍한 에릭 로메르에게 깊은 인상을 남긴다. 예전에 아무 할 말이 없이 찻잔 주위에 모였던 사람들이 오늘날에는 스크린 앞에 모인다. 트뤼포가 로메르에게 박수를 보내고, 로메르는 한 주 전에 폴레Jean-

Daniel Pollet를 칭찬했고, 폴레는 다음 주에 고다르나 샤브롤을 칭찬할 것이다. 이들은 가족끼리 하는 일을 한다. 바로 이것이 프랑스 영화가 1년 넘게 해 온 일이다. 누벨바그는 죽었다. 사람들은 그것이 사실상 새롭다nouvelle기보다는 훨씬 더 모호vague하다는 것을 알아차렸다."[42] 트뤼포는 1960년 9월 26일 자 편지에서 "매주 라디오, TV, 신문에서 모욕당하는" 운동에 대해 언급한다. "저는 박해받는 사람이 아니며, 음모에 대해 이야기하고 싶지 않지만, 젊은 영화가 규범에서 멀어지자마자 배급업자와 언론으로부터 거센 비난을 받고 있다. 오래된 물결Vieille Vague의 복수의 향기가 느껴진다."[43]

　프랑스 영화계의 이런 혼란과 누벨바그의 위기에 직면해서 어떤 반응을 보여야 할까? 트뤼포는 누벨바그라고 낙인찍힌 많은 영화의 전체적 약점에 속지 않으면서 반격을 결심한다. "예전에 인터뷰에서 고다르와 레네, 샤브롤, 나, 그리고 다른 사람들은 '누벨바그는 존재하지 않으며, 그것은 아무 의미도 없다'고 말했다. 그 후, 나는 내가 이 운동에 속한다고 주장했다. 그러니까 나치 점령기의 유대인처럼 누벨바그인 것을 자랑스럽게 생각해야 했다."[44] 〈피아니스트를 쏴라〉가 실패한 후 〈여자는 여자다〉도 실패했고, 트뤼포와 고다르는 작가의 다양성에도 불구하고 '누벨바그 정신'이 존재한다는 사실을 상기하고 싶어 한다. 『카이에』에서의 상황은 더 모호하다. 로메르가 이끄는 편집진과 편집장 자신은 뜨거운 불에 직면해서, 시네마테크에서 피난처를 찾고 고전 영화에 더욱 전념하는 것을 선호한다. 게다가 이 상황은 1962년 앙리

260

랑글루아가 기획한 하워드 호크스 회고전과 잘 맞아떨어진다. 로메르가 몸소 데려온 젊은 비평가들은 울름 거리 상영관에 진지를 차리고 영화를 관람했고, 이 모습은 로메르 시대의 『카이에 뒤 시네마』에 속한 시네필 노선의 요체처럼 등장했다.

반면 누벨바그에 대한 이런 식의 후퇴는 이 잡지 선배들을 놀라게 했으며 나중에는 충격을 준다. 샤브롤은 어떤 상징적 영화를 방어하는데, 『카이에』가 보여 준 소심함에 심지어 분노한다. "내가 아는 한 가지는 시간이 지날수록 〈여자는 여자다〉처럼 아름다운 영화가 우리 덕분에 성공할 수 있었다는 사실이다. 우리는 고비를 넘겼고, 어떻게 했는지는 모르지만, 그 영화는 성공하고 있다. 좋은 것은 반드시 승리해야 하고, 승리하기 위해서는 모든 수단, 어떤 수단을 써도 좋다. 모욕을 받을 만한 사람들을 모욕하는 것을 포함해서. 트뤼포가 『카이에』에 글을 썼을 때 이룬 것을 보자. 그는 반란을 일으켰다. 우리 모두는 우리가 이 일을 시작할 수 있게 된 것에 대해 그에게 조금씩 빚을 지고 있다. 오늘날 사람들은 중요한 영화에 입을 다물고 있고, 『카이에』에 있는 당신들은 다른 것을 생각하고 있다! 〈여자는 여자다〉 같은 영화가 알려지지 않으면, 당신들의 작업은 성사되지 않을 것이다."[45] 같은 상황에서 고다르는 의식의 약화에 대해 말한다. "『카이에』는 특공대였다. 오늘날 그들은 때때로 기동 훈련을 하는 평화군이다."[46] 트뤼포는 이런 유보적 태도에 놀라면서, 1961년 젊은 영화가 사방으로 공격을 받을 무렵부터 격분하기 시작했다.

로메르는 전쟁도, 논쟁도, "친구 정책"도 좋아하지 않지만, 입장을 취해야 한다고 생각했다. 왜냐하면 이제 친구들의 눈에 『카이에』의 편집장으로서 그의 정통성이 위태로워 보였기 때문이다. 이 잡지는 해당 진영에서 나온 작가와의 연대 논리 안에서 누벨바그에 더 접근하기로 결정한다. 이런 방향 변화는 점진적이지만 대단히 중요하다. 이런 변화가 정체성 문제를 겪고 있는 『카이에』에 더 전투적인 어조를 조금씩 회복시켰기 때문이다. 2년이 넘는 침묵 끝에 지면을 통해 프랑스 영화 영역에 개입하는 일은 그때까지 그렇게 신중했던 로메르 자신에게 달려 있었다. 1961년 7월 「미적 취향」이라는 선언문이 등장하는데, 여기서 편집장은 "객관적인" 방법으로 누벨바그를 판단하기로 결정하고, 최근 세 편의 영화, 아스트뤽의 〈그림자 먹이La Proie pour l'Ombre〉와 샤브롤의 〈젊은 멋쟁이들〉, 루슈의 〈인간 피라미드La Pyramide Humaine〉를 영원한 고전적인 대리석에 올려놓는다. 그는 각 작품의 세 작가를 그가 "영화적으로 절대적인", "순수한 미적 작품"의 척도로 간주하는 시네아스트인 오토 프레민저와 비교한다. 이 글은 "영원의 상相 아래에서sub specie aeternitatis•를 판단하려는 야심 찬 목적을 만족시키는" "우리"라는 『카이에』의 이름으로 말하기 때문에 더욱 선언적이다. 로메르의 관점은 '박물관의 관점'이며, 이것으로 그는 최고로 아름다운 작품을 선정하여 영화의 토대를 세우고자 한다. 이 영화의 신전에 세 편의 누벨바그 영화를 입회시킴으로써 그는 "가장 활발하고, 가장 정확하고, 가장 정황적인 싸움"을 이끌고 있다

• 스피노자Baruch Spinoza의 용어로 세계의 진실을 포착한 초시간적인 인식

고 말한다. 이것이 앙가주망engagement•과 전투적인 태도를 촉구하는 사람들에게 응답하는 그의 방법이다. 즉, 로메르가 단지 했던 일은 당시의 움직임을 영원성과 박물관의 기준에 관련시키는 것이었다. 그는 이렇게 쓴다. "나는 특정 관점에서 볼 때 이 작품들이 아름다움을 나타낸다고 말하고 싶다. 그렇다, 언론이 즐겁게 찾아낸 결함을 가볍게 메우고, 숨기고, 지우는 그 단어, 아름다움 말이다. 나는 새로움에 대한 지각이 여기서 아름다움의 감정과 분리 불가능하다고 말한다." 이렇게 해서 분명히 부알로에 합당한 존엄한 최고의 몸짓이 성취되었다. 그것은 틀림없이 영화에 관한 로메르적 생각과 글쓰기의 정점 중 하나다.

하지만 특히 비평적 전략이라는 측면에서 보면 상당히 서투른 방식이다. 로메르는 트뤼포나 고다르, 리베트, 도니올, 카스트에 대해서도 말하지 않았고, 비평적 전투의 영역에 들어갔지만, 영원한 아름다움의 이름으로 그 싸움에서 너무 빨리 빠져나왔다. 누벨바그를 방어하는 데 있어 '모욕'과 '움직임'을 포함해 샤브롤이 주장한 "모든 수단, 어떤 수단이라도 좋다"는 주장과도 거리가 멀다. 누벨바그의 주요 작가들은 로메르가 제시한 고전적인 찬사를 인식하지 못했고, 회의론자들은 그 효율성을 의심스러워했다. 솔직히 말해 그들은 분노했다.

• 지식인의 사회 참여를 이르는 프랑스어

안티 로메르의 공격

누벨바그의 중심부는 로메르에 대한 공격을 계속하기로 결정한다. 이 잡지의 선배들에게는 『카이에』를 운동에 대한 전투적 지지로 전환하는 것이 중요했다. 이 공세는 —그리고 이것은 분명 잘못인데— 잡지가 제안하는 취향을 판단하는 열린 공간에서 공공연하게 이루어지지 않았다. 반대로 그런 공격은 특별히 로메르의 눈에는 오히려 음모처럼 보였다.

이 음모는 1962년 6월 초에 기획된다. 도니올과 리베트, 트뤼포, 고다르, 카스트는 서로 협의하여 잡지의 방향을 완전히 누벨바그에 통합하기 위해, 그러니까 방향을 매우 명확하게 바꾸기 위한 방편으로 『카이에』의 "합의제 경영"을 로메르에게 제안하기로 결정했다. 처음 열린 비공식 토론에서 로메르는 말을 듣지 않는다. 5인의 반란자들은 재빨리 그들의 의도를 명확히 하고 그들이 열망하는 새로운 『카이에』를 위한 선언을 제안하기 위해 글이 필요하다는 사실을 깨닫는다. 도니올이 그 역할을 담당한다. 그는 이스탄불에서 여자 친구 프랑수아즈 브리옹Françoise Brion과 함께 알랭 로브그리예의 〈불멸의 여인L'Immortelle〉에 배우로 출연하고 있었지만, 이러한 변화를 정당화하기 위해 6월 15일 트뤼포에게 잡지 머리말에 발표될 사설 초안을 보낸다. 문구는 신중하게 선택되었고 외교술적인 방식으로 로메르의 노선을 암묵적으로 공격한다. 타협가인 도니올은 영화 연출을 위해 모두 떠났던 순간에 자발적으로 잡지의 직분을 담당했던 로메르의 역사적 역할을 잊지 않았다. 도니올과 고다르, 카스트, 리베트, 트뤼포가 서명한 이 "5인의 선언"[47]은 『카이에』를 누벨바그와 실질적으로 연계시킬 것을 요구한다. "프랑스 영화는 위기에 있고 —이번에는 아마 다른 때보다 좀 더 사실이다— 비난받을 자가 필요했기에 사람들은 누벨바그의 잘못이라고 말한다. 사람들이 그런 분류로 『카이에』 출신의 감독들과 레네, 바르다, 드미와 같은 뛰어난 개인들을 직접적으로 지정한다면, 그 주장은 근거가 없을 뿐 아니라 거짓이다. 그러므로 우리는 우리의 기여를 부끄러워하지 않는다. 하지만 그것에 대해 토론하는 것은 무의미함을 알고 있다. 이런 비난은 통계적인 것이 아니다. 그러나 그 비난은 이런 종류의 영화를 만들어서는 안 되고, 이런 영화가 프랑스 영화 산업을 해친다고 규정하는 특정 도덕에서 비롯되었다. 대중에 관해서라면 그들은 권리가 없다. 즉, 대중을 위해 그들의 취향을 결정하는 것이다. 이런 나쁜 일이 준비되는 본거지, 『카이에 뒤 시네마』는 불태워져야 한다."[48]

그런 다음 도니올은 다른 위기, 이에 수반되는 『카이에』의 위기를 설명하려 한다. "『카이에 뒤 시네마』를 불태워야 할까? 어쩌면 수명이 다됐는지도 모른다. 무엇보다, 먼저 명성을 얻은 사람들이 목차에서 사라진 이유는 무엇일까? 우선 그것은 우리가 더 젊은 사람에게 자신을 표현하고 자질을 구체화할 수 있는 기회를 주기 원했기 때문이며, 그다음은 한 편의 영화 연출에 많은 시간이 걸리기 때문이며, 마지막으로 특히 우리가 '연출 활동을 시작한' 순간부터 타인의 나쁜 점이나 친구의 좋은 점을 말하는 게 미묘한 문제로 보였기 때문이다. 우리가 그것을 의도하지 않고도 『카이에』는 우리의 발판이 되었고, 그것은 자기만족이나 자기 정당화의 기획이 될 수 없었다." 끝으로 마지막 순간 도니올은 —능숙하게— 선언문을 현실적으로 정당화한 다음, 바로 이어서 "위대한 모모에게 경의"를 표한다. "지금 우리는 이 『카이에』를 만드는 데 더욱 적극적으로 참여하고자 하는 공통적인 욕망을 느낀다. 과거 우리가 현실 진영 내부로 이동했을 때, 우리 중 한 명만이 기꺼이 그 지위에 머물러 있기를 바랐다. 에릭 로메르는 신실한 열정의 수호자였다. 그 덕분에 매달 노란색 표지의 검은색 글자의 작은 잡지가 나왔고 전 세계에 독자를 두었으며, 그 덕분에 『카이에』는 오리올과 바쟁의 가치를 유지했다. 그의 엄격함은 타협이 없었고, 노력은 끝이 없었다. 여기 우리는 그의 주위에 모여 우리가 돌봐야 할 커다란 아이의 요람에 관심을 기울이고, 『카이에』를 다시금 필요한 전투의 도구로 보수하려고 한다."

누벨바그를 지지하는 '전투 도구'로서의 잡지와 권위 있고 합법적인 이전 선배들의 복귀는 미국 영화의 고전 작가를 특권화하면서 물신적 시네필에 갇혀 여전히 너무 연약한 젊은 편집자들을 해산한다는 의미다. 이것은 로메르의 "미적 취향"에 다분히 직접적이고 이중적인 답변이 된다. 적대적인 입장과 의견 불일치가 발생한다. 로메르는 5인의 선언문을 단호히 거부하고, 또한 자기 이름과의 연계도 거부했으며, 마지막으로 이 글을 『카이에』에 싣는 것마저 거부했다. 1962년 7월 5일 트뤼포는 도니올에게 다소 혼란스러운 편지를 쓴다. "카스트, 리베트와 함께 우리는 당신의 아름다운 글을 약간 단축하고 수정했지만 문제가 있습니다. 위대한 모모는 그 글의 출판을 거부합니다. 이유는 다음과 같습니다. 1) 그는 당신이 그에게 개인적으로 한마디도 언급하지 않았음을 유감스럽게 여기고 불평합니다. 2)『카이에』가 지금보다 더 좋았던 적이 없다는 것이 그의 의견이며 그것을 바꿀 의도가 없다고 생각합니다. 3) 그는 변화가 필요하다는 사실을 인정하며, 이에 대해 차분하게 검토하고 있다고 말합니다. 4) 그는 사설이 있으면 발행 부수가 감소한다고 말합니다. 5) 그는 우리가『카이에』의 구성과 편집에 더 이상 참여하지 않는 것은 유감스럽지만, 먼저 스스로 증명하는 편이 더 낫다고 생각합니다. 즉, 9월부터 석달 동안 효과적인 독해와 편집 작업을 하고, 그 후 결과가 설득력이 있다면 연말에 편집 위원회의 구성을 발표하겠다는 것입니다. 자, 남은 것은 두 가지 해결책뿐입니다. 체념하거나 주주 대표자, 특히 권리를 가진 관리자를 내쫓는 것입니다. 자연스럽게 제3의 해결책을 찾아보지만 그게 무엇일까요?"[49]

긴장을 풀고 트뤼포가 유머처럼 말하는 이 '제3의 길'을 찾아야 한다. 수완가인 도니올이 이 일을 맡는다. 그는 로메르에게 직접 글을 써서 설명했다. "나와 트뤼포, 리베트, 카스트가 논의한 사설과 편집 지침 계획에 대해 화가 났다는 메아리가 내가 있는 여기까지 들렸습니다. 이스탄불로 떠나기 며칠 전 예전 팀을『카이에』에 다시 데려오려는 내 생각을 당신에게 오랫동안 이야기했던 마지막 회의와 이 모든 것을 위해 트뤼포와 논의했던 만남에 대해서 상기해 주어야 합니까? 따라서 어떤 책략이나 음모도 없습니다. 게다가『카이에』를 새롭게 바꾸고 싶어 하는 사람들은 확실히 그럴 자격이 있습니다.『카이에』는 생긴 지 2년이 지난 후에 트뤼포와 리베트가 거기서 글을 쓰기 시작하면서 성공할 수 있었습니다. 나에 관해서라면 내 권리의 부분을 증명해야 합니까? 당신이 매일『카이에』에서 하는 일은 나 역시 5년 동안 매일 다소간의 행복과 함께 해 왔던 일입니다. 그래서 나는 내가 무슨 말을 하는지 알고 있으며, 동시에 '그만둔' 사람 중 일부가 다시 편집진에 돌아오고 싶어 한다는 것에 대한 당신의 짜증은 이해할 수 있습니다. 나는 트뤼포와 리베트가 본래 내 생각과는 상당히 다른 방식으로 잡지에 그들의 흔적을 남기기 시작했을 때에도 같은 느낌을 받았습니다. 그때 바쟁은 그들에게 자리를 줘야 한다는 것을 이해시켰고, 그는 전적으로 옳았습니다. 비록 오늘날 문제가 어떤 다른 말로 제기되더라도, 본질적으로 동일합니다.『카이에』는 어떤 무기력한 교리에 위협받고 있습니다. 프랑스 영화의 위기에 대해서만 얘기하고, 모든 가치 있는 시도가 사실상 체계적으로 차단된 시대에,『카이에』는 괴테의 작은 기병들이 평야에서 싸우는 것을 평온하게 성찰하는 상아탑으로 남을 수는 없습니다. 우리 방식과 스타일로 싸움을 시작해야 하며 그곳에서 우리의 보루를 방어하기를 두려워하지 말아야 합니다. 물론 (당신이 그랬듯) 새로운 사람을 부를 수 있지만…… 우리가 발견한 것은 가장 추상적이고, 가장 교리적이며, 마크마옹적인 것과 실증주의적인 것의 불확실한 혼종입니다. 내 의도는『카이에』를 '혁명하자'는 것이 아니라, 거기에 어떤 면을 추가하자는 것입니다. 즉, 트뤼포-리베트-카스트-고다르 팀은 다양성 측면에서, 나아가 그들의 반목을 통해 성장을 유리하게 할 수 있습니다. 시도해서 잃을 것이 무엇입니까? 『카이에』가 아주 단순하게 계속 존속할 수 있게 해 준 것, 또한 매우 높은 수준의 스타일과 표현에 도달하게 해 준 것에 대해서도 『카이에』가 당신에게 빚진 부분을 알고 있습니다. 성취된 업적을 거부하는 것이 아니라, 거기에 추가하자는 것입니다."[50]

로메르는 이 편지에 대해 자신을 위한 탄원이자 진정한 대항 표명으로 1962년 7월 중순 도니올에게 서른세 쪽에 달하는 방대한 답장을 보낸다. 여기서 그는 자기 팀이 이끈 공헌과 그가 구상하는 잡지의 강점을 하나씩 자세히 설명한다. 그는 한 가지 생각으로 이런 정당화를 이끈다. 로메르는 그의 편집권 아래에서 『카이에』는 "시네필의 잡지"가 되었고, 그 엄밀한 영향력은 "그들의 마차를 누벨바그 전차에 연결하지 않았기"[51] 때문이라고 쓴다. 1962년 7월 21일 이 잡지의 창립자 도니올은 트뤼포와 부드러우면서도 가시 돋친 편지를 주고받는다. "대강 말해서, 위대한 모모는 현 상태에 대한 어떤 변경도 거부하며, 나의 반박에도 불구하고 어떤 '음모'가 있다고 확신합니다. 그는 우리 의도의 '순도'를 강하게 의심합니다. 말했듯 그는 사임할 의사가 조금도 없으며, 반대로 하루에 한 끼 식사를 제공하는 빈약한 재원에도 불구하고 『카이에』를 향해 자신의 능력 전부를 이끌어 냈다고 주장합니다. 요컨대 우리가 모이기 전에는 아무 결정도 할 수 없습니다."[52]

로메르는 자신의 입장을 고수하고, '5인 집단'은 눈을 크게 뜨고 지켜보면서 기회를 기다리기로 결정한다. 도니올발크로즈는 8월

5일 이스탄불 촬영에서 돌아온다. 그달 말에 이 집단은 트뤼포의 '카로스 영화사'에서 만나 잡지를 위해 필요하거나 중요하다고 판단되는 경우 조치를 취할 수 있는 일종의 비정형적이고 공식적인 '통제 위원회'를 만들기로 결정했다. 그렇게 해서 1962년 여름부터 1963년 여름까지 마지막 1년 동안 로메르의 『카이에』는 감시를 받는 잡지가 된다. 절박한 위험이 그를 위협한다.

로메르는 상황을 잘 이해하고 있었다. 그래서 그는 도니올에게 주고 싶은 것보다 더 개방적으로, 시네필이라는 와인에 약간의 누벨바그 물을 넣기로 결정한다. 이제 그의 『카이에』는 시네마테크 회고전을 때때로 무시하는 것을 무릅쓰고라도, 영원한 아름다움의 고지를 포기하면서 전투의 장으로 더 자주 내려간다. 따라서 1962년 8월 잡지는 그때까지 새로운 프랑스 영화에 대한 지지 참여를 마비시킨 '친분 관계'에 대한 비난 혐의에 대해 공개적으로 답하기로 결정한다. 이 임무는 그 여름 5인의 공모자 중 한 명인 피에르 카스트에게 맡겨진다. 그는 공모자의 수장인 자크 도니올발크로즈의 영화 〈두근대는 심장Le Coeur Battant〉에 대해 비평한다. 카스트는 누벨바그에 대한 가장 좋은 글 중 하나인 「부끄러운 깃털에서D'une plume non embarrassée」[53]라는 기사를 쓰면서 어떤 탁월함을 증명하는 불편한 실행을 한다. 누벨바그의 새로운 참여자는 장 두셰로, 그는 1962년 9월 지지를 선언한다. 이 참여가 중요한 이유는 장 두셰는 로메르의 주요 보좌관인 데다가, 적어도 『카이에』에서는[54] 초기 운동에 대해 미온적인 태도를 보였기 때문이다. 하지만 1962년 9월 베니스에서 두셰는 고다르의 〈비브르 사

270

비Vivre Sa Vie〉의 계시적인 형식을 열광적으로 칭찬한다. "〈비브르 사 비〉는 많은 사람의 머리와 그들의 눈, 그리고 그들의 마음을 넘어선다. 이 작품은 고다르와 누벨바그의 빈틈없이 완벽한 최초의 영화이며, 순수 걸작이다."[55]

로메르 자신은 〈쥘 앤 짐Jules et Jim〉이 필름 등급 위원회로부터 "부도덕함"을 이유로 18세 미만 상영 금지를 받았을 때 주저 없이 트뤼포를 지지한다. 그는 이 운동을 더욱 광범위하게 옹호하며 이렇게 쓴다. "이 '누벨바그'에 대한 모든 비난 가운데 부도덕에 대한 것이 가장 놀랍다. 8년 전 프랑수아 트뤼포가 커다란 반향을 일으킨 기사에서 이미 이를 비난했다는 사실을 잊었는가? 그는 프랑스 '고품격' 영화의 거장들이 만든 작품에서 사실주의라는 변명을 내세우기에는 너무 체계적으로 비열하고, 떠들썩하고, 흉악하고, 치사하고, 추잡함에 사로잡힌 부분을 이미 비난한 바 있다. 적어도 이웃을 괴롭힌 범죄에 대해 책임지고 우스꽝스러운 일이라는 것을 인정하시오! 그런데 지금 이 시끄러운 시위는 무엇 때문인가? 역사가 증명하듯 관습적이기 때문에 단지 안심시키는 부도덕의 영향보다 진실에의 진정한 사랑이 종종 더 많은 검열을 야기한 것이 사실이다."[56] 마찬가지로 『레 레트르 프랑세즈』에서 로메르가 제라르 게강Gérard Guégan과 진행한 초기 인터뷰 중 하나에서 그는 누벨바그의 특이성을 명시한다. "우리가 만든 혁신의 핵심이 촬영 스타일이나 제작 방식은 아니라고 생각한다. 중요한 것은 오히려 주제의 갱신이다. 새로운 무언가를 해야 한다는 그런 의식이다."[57]

그때부터 로메르가 이끄는 『카이에』는 누벨바그를 점점 더 지지하게 됐고, 잡지의 분위기는 더욱 전투적이 된다. 1962년 12월, 운동이 시작된 지 거의 4년이 지난 후지만 괄목할 만한 발전의 성과로 '누벨바그' 특집호가 출간된다. 로메르는 주저하면서 자크 리베트가 편집한 이 특집호의 출판을 승인한다. 하지만 이미 나올 준비가 되었음에도 불구하고 그는 5개월 이상 출간을 연기했다. 샤브롤, 고다르, 트뤼포는 『카이에』에 특유의 장문 인터뷰를 통해 영화 작가로 자신들을 표현했으며, 반면 150명이 넘는 새로운 프랑스 시네아스트들이 사전 형식의 리뷰로 다뤄진다. 누벨바그를 경멸한 비평가들인 조르주 샤랑솔, 장 코, 자크로랑 보스 Jacques-Laurent Bost, 루이 포웰스, 앙리 장송 Henri Jeanson, 미셸 오디아르, 그리고 『포지티프』 편집진이 직접 그 임무를 담당한다. 마지막으로, 감시를 받긴 하지만 진정성을 의심할 필요가 없는 로메르의 에디토리얼은 "우리의 진실"에 대한 더욱 체계적인 방어의 노선, 즉 이제부터 채택될 비평 노선을 이렇게 묘사한다. "사람들은 우리가 젊은 프랑스 영화에 대해 이야기하지 않는다고 비난한다. 여기 그 영화는 소중할 뿐만 아니라 가까이 있지만, 우리는 자신에 대해 말하는 것을 늘 꺼리게 된다. 우리는 '누벨바그'를 충분히 객관적으로 판단할 수 없고, 우리가 그 탄생을 도왔던 것 이상을 보여 줬던 것에 대해 충분한 거리감을 두고 파악할 수도 없다. 다른 한편으로, 우리 잡지는 이미 역사의 일부가 된 이 '사실적' 존재를 감히 무시할 수 없다. 그러므로 이제 우리의 불안감을 지우도록 하자. 거리 두기가 불가능하다면, 그렇게 하지 말자. 누벨바그 운동 바깥에 위치하는 것이 어렵다면 내부에 머물자. 이런 관점은 독특하지만 유용하다. 진실이 없다면, 우리의 진실을 제공하자. 가치가 있는 것을 위해 진실을 취하겠지만, 그것이 진실을 아는 데 완전히 무관심한 태도라고 생각하지 않는다." 이런 옹호가 진실하고 상세하다면, 이것으로 『카이에』의 편집장 자리를 유지하기에 충분했을까?

샤를로트와 베로니크 사이

〈사자자리〉는 대중적인 흥행에 실패했지만 로메르는 의기소침하게 행동하지 않는다. 그의 최고 야망은 여전히 영화 연출이다. 그렇지만 이 야망의 방향은 전문적 제작과 제도적 투자의 틀 밖에 있는 '아마추어 영화'로 향한다. 이 점에 그는 전혀 불편해하지 않는다. 장인적인 맥락에서, 그는 소박하게라도 원하는 대로 표현할 수 있는 자유를 더 높이 평가한다. 로메르는 16밀리 영화를 옹호하는 전투적 태도를 통하여 이런 소박함과 자유를 받아들인다. 1970년대 중반에 쓴 자기 삶의 연대기에서 로메르는 이 선택에 대해 분명하게 설명한다. "나는 동료들이 촬영하는 모습을 보았고, 비용에 상관없이 촬영하고 싶었다. 그렇게 해서 16밀리로, 더 정확하게는 아마추어로 돌아가야겠다고 생각했다. 16밀리는 전문적인 포맷으로 인정되지 않아서 표준 이하 형식이라 불렸다. 이 형식은 아마추어를 위한 것, 전문가 과정이나 교육 훈련 과정을 위한 것, 그리고 처음부터 35밀리 필름처럼 무거운 장비를 쓰느라 수고할 필요가 없다고 생각한 텔레비전 분야를 위한 것이었다.[58] 로메르는 몇 가지 시도를 근거로 이런 결정을 내린다. 특히, 〈어느 여름의 기록Chronique d'un Été〉을 경유해 〈나, 흑인Moi, un Noir〉에서 〈인간 피라미드〉에 이르기까지 장 루슈의 영화—민족지학자들의 용어에 따르자면 "숨 쉬는 것 같은 영화"[59]라는 표현으로 지칭되는—에서 그가 나아갈 길을 발견한다. 또한 국립 영화 위원회가 투자한 캐나다 다큐멘터리 감독 미셸 브로Michel Brault의 영화도 있다. 혹은 리처드 리콕Richard Leacock이나 메이슬리스Maysles 형제의 미국 영화 같은 '다이렉트 시네마cinéma direct'•의 경향도 있다.

이 16밀리 실험자 대부분은 1950년대 말에 탄생한 새로운 카메라를 사용한다. 이 카메라는 직접 소리를 얻을 수 있는 동시 녹음 케이블이 장착되어 있었다. 발명가의 이름을 따 '쿠탕Coutant'이라 불리는 에클레르사社의 카메라다. 그때까지는 16밀리 카메라 대부분은 미국의 벨 앤드 하월Bell & Howell 또는 프랑스의 볼리외Beaulieu와 파이야르Paillard 같은 16밀리 스프링 카메라만 있었다. 이런 기술적 발전은 파리의 일부 극장이 16밀리 상영 설비를 갖추면서 뒷받침될 수 있었다. 혹은 더 쉽게 필름을 확대함으로써(상당히 비용이 들긴 해도 35밀리로 '확대한'), 아마추어 형식이 '전문성'을 획득할 수 있음을 보장했다.

• 1960년대 미국과 캐나다에서 발전했던 다큐멘터리 운동으로 감독의 개입을 최소화해 관찰만으로 있는 그대로를 보여 주는 영화 기법

따라서 16밀리는 로메르에게 있어 과거로의 회귀 혹은 첫사랑 그 이상의 의미였다. 1962년 초 잡지 『노르코뮈니카시옹*Nord-Communications*』에 실린 인터뷰에서, 로메르는 아마추어 영화 제작을 전적으로 표명하며 주저 없이 16밀리의 미래를 장담한다. "그래서 당신은 16밀리의 미래를 믿습니까?"라는 기자의 질문에 로메르는 "확실히"라고 대답한다. "나는 그 미래에 내기를 건다, 아니 이미 내기를 걸었다. 나는 앞으로 몇 년 동안 16밀리 필름 촬영에 내 시간의 일부를 바치겠다는 확고한 의지가 있다. 그렇다고 35밀리를 포기하는 것은 아니지만, 16밀리가 내가 마음에 두고 있는 특정 주제를 촬영하기 위한 이상적인 형식이라 생각한다. 이전에도 16밀리를 만들었지만 스케치나 초안, 습작하는 마음으로 작업했다. 기술이 만들어 낸 엄청난 진보와 더불어 표준 형식에 대한 내 이전 경험에서 여기로 되돌아왔다. 16밀리는 더 이상 열등한 것이 아니다. 내 영화를 이 형식으로 촬영한다면, 상대적이 아니라 절대적으로 영화를 더 좋게 만들기 위해서다. 나는 사실 영화를 개별 작품이 아니라 일련의 시리즈로 구상하고 있다. 그것은 서로를 지원한다. 일종의 앨범, 단편 소설 모음집을 이룬다. 요컨대 나는 이야기의 흐름을 확신한다. 아스트릭이 1948년에 쓴 글에서 격찬한 '카메라만년필caméra-stylo'의 시대와 매우 가까워졌다고 느낀다. 내 기획은 루슈의 것과 비슷하지만, 매우 다른 수단과 정신으로 시작하고 싶다. 지금까지 '개인적' 영화는 보고서, 일기, 스케치북의 형식으로 고안되었다. 내가 여기에 부여하고 싶은 것은 이 색채가 아니라 뉴스의 색채다."[60]

로메르는 〈샤를로트와 베로니크Charlotte and Véronique〉라는 제목
으로 일찍이 1950년대 중반에 장뤽 고다르와 함께 이 '새로운 영
화 연작'의 첫 번째 작품을 구상했었다. 서로 다른 에피소드[61]로
이루어진 전체 개요의 초기 버전에 따르는 열두 편에서 열일곱
편 사이의 스케치 연작 영화다. 파리에 '상경한' 20대 여자 대학
생 두 인물이 주인공으로, 이 매력 있고 순진한 젊은 주인공이 어
떤 물질적 조건이나 감상적 우화에 놓이면서 역설적인 상황에 처
하는 이야기다. 고다르와 로메르는 1957년 초에 주인공의 몇 가
지 특징[62]("예쁘지만 그뿐이다", "교육 수준: 고졸, 하지만 우둔하지 않
음", "『엘르Elle』를 조금 보지만, 또한 지적 호기심이 있음", "잘나가고 싶
어 한다")을 적어 둔다. 〈샤를로트와 베로니크〉라는 제목의 첫 번
째 에피소드의 초안은 연대기순으로 이 시리즈의 첫 번째는 아니
지만, 가장 먼저 촬영된 작품이다. 5쪽짜리 이 짧은 이야기에서
두 젊은 여성은 같은 사람, 즉 뤽상부르 정원의 유혹자이자 달변
가인 파트리크를 만나게 된다. 그는 공원에서 첫 번째 여성과 우
연히 만나 한잔하러 가자고 부추기고, 두 번째 여성은 첫 번째 소
녀가 떠난 직후 길에서 마주친다. 그는 두 학생 모두와 이틀 후 만
나기로 약속한다. 여성들은 대학생이면서 한집에 살며 비밀을 털
어놓고 이 우연의 일치를 즐긴다. 지금 그들은 잘생긴 남성과 사
랑에 빠졌고, 이 남성은 매우 다른 사람처럼 보이지만, 같은 이름
이다. 다음 날, 두 여성은 뤽상부르 공원 근처를 산책하다 파트리
크를 우연히 만나는데, 그는 방금 세 번째 소녀를 유혹한 뒤 택시
뒷좌석에 함께 타려고 한다. "모든 남자의 이름은 파트리크다"라

고 그들은 실망을 삼키며 말하는 듯하다. 피에르 브롱베르제Pierre Braunberger는 자신의 회사인 플레이아드 영화사에서 이 단편 영화를 제작한다. 1957년 6월 초 3일 만에 고다르가 촬영한다. 이 단편 영화가 1958년 봄 〈모든 남자의 이름은 패트릭이다Tous les Garçons S'Appellent Patrick〉라는 제목으로 나왔을 때, 로메르는 실망한다. 고다르가 자신의 시나리오를 가볍고 경멸적인 방식으로 취급했다고 생각했기 때문이다. 그들은 이 일 때문에 한동안 사이가 멀어진다. 먼저 로메르가, 이후엔 고다르가 각각 두 번째, 세 번째 에피소드인 〈가정교사 베로니크Véronique et Son Cancre〉와 〈샤를로트와 그녀의 줄Charlotte et son Jules〉을 차례로 촬영한다.

로메르는 클로드 샤브롤 덕분에 단편 〈가정교사 베로니크〉 대부분을 촬영한다. 그는 동생이 첫 장편 영화를 만든 직후 〈미남 세르주〉의 기술 팀, 특히 장클로드 마르셰티Jean-Claude Marchetti의 음향(동시 녹음 촬영이 가능해진다)과 자크 가이야르Jacques Gaillard의 편집을 이어받는다. 로메르는 샤브롤의 아파트를 배경으로 사용한다. 그곳은 〈가정교사 베로니크〉의 주요 제작사, 즉 AJYM 영화사다. 로메르는 베로니크의 생애(〈모범적인 열등생Un Petit Cancre Modèle〉이라는 제목으로 전개한 11쪽짜리 시놉시스와 2쪽짜리 상세한 스토리보드)[63]로 이 에피소드를 작성했다. 그는 훗날 이렇게 말한다. "거의 아무것도 지어내지 않은 영화다. 몇 년 전, 난 파리에서 살기 위해 교사직을 그만두었고, 이후 여러 명을 가르치는 개인 교습이 아니라 단지 한 명의 개인 교습으로만 생활을 꾸려갔다! 내게 말대꾸를 하고 나를 즐겁게 해 주는 어린 소년에게 일주일에 두세 번 수학과 불어 작문을 가르쳤다."[64] 실제로 영화에서 베로니크는 학업에 관심이 없는 11세 소년에게 보충 수업을 한다. 소년은 과제와 지시에 반박하고, 아무것도 기억하지 못하며, 구체적인 상식에 반대하며 자신이 배우는 고전 수업을 가능한 한 짧게 하려는 세속적 의지를 보인다. 베로니크 역시 지루해하며 신발을 벗고 발을 가지고 논다. 수업 시작 한 시간 후에 시계종이 울리면 아이는 베로니크를 밖으로 내보내고 자유를 되찾는다. 그가 얻은 유일한 것은 분명 여성의 발에 대한 페티시 장애인데, 왜냐하면 그녀가 자리를 떠나자마자 이 작은 악동은 예쁜 선생님이 발가락을 드러냈던 바닥에 몸을 던지기 때문이다. 영화는 시작과 마찬가지로 뮤직 박스에서 "비가 온다, 비가 온다, 목자여"가 후렴으로 흘러나오면서 끝난다.

매우 공을 들인 이 영화는 로메르의 초기 시도와는 상당히 다른, 용어의 양식적인 의미에서 '아마추어리즘'을 주장하는 16밀리 작품과도 다른 작품이다. '전문가주의'와 로메르의 복잡한 관계로 인해 그는 거의 차갑고 거리감 있는, 스타일의 순수 실천으로 이 작품을 만든다. 〈가정교사 베로니크〉는 1959년 2월 11일 극장에서 〈미남 세르주〉의 시작 부분으로 개봉된다. 하지만 샤브롤의 영화와 달리 주목받지 못한다.

1961년 가을 에릭 로메르가 16밀리와 아마추어 영화로 되돌아가려 했을 때, 그는 거의 자연스럽게 이 연작으로 되돌아온다. 하지만 고다르는 미장센의 스타가 되어 있었고, 샤를로트와 베로니크의 모험을 실행에 옮기고 싶은 마음이 없었다. 반면 로메르는 그의 지지자이자 예전의 공모자인 기 드 레이를 다시 만난다. 드 레이는 〈모범 소녀들〉의 무일푼의 제작자였다. 그는 고다르의 통 상적 투자자인 조르주 드 보르가르Georges de Beauregard와 공동 제작 으로 이 시리즈를 계획하고 싶어 한다. 로메르와 드 레이는 이 연 작을 발표하기 위한 제작 노트를 작성한다. "20대 두 젊은 여성 샤 를로트와 베로니크는 학업을 계속하기 위해 파리에 도착한다. 이 연작의 이야기는 그들의 만남과 모험의 일부다. 이 스케치의 연 출은 에릭 로메르에게 위임될 것이며, 그가 특정 미장센을 담당 할 뿐 아니라 총감독supervision générale의 역할도 할 것이다. 이 짧은 주제 중 일부는 로메르가 감독을 추천할 수 있다. 기 드 레이에게 도 같은 권한이 부여되지만, 모든 것은 로메르의 동의를 받아야 한다. 각 에피소드는 촬영 전에 고다르에게 공개된다. 기 드 레이 는 또한 제작자 역할을 할 것이다. 이 연작은 장편 영화 형식으로 프랑스와 독일에서 상영될 수 있어야 한다. 수익은 다음과 같이 분배된다. 에릭 로메르: 40퍼센트, 기 드 레이: 40퍼센트, 장뤽 고 다르: 20퍼센트."[65] 이어지는 두 개의 목록, 즉 여섯 개 에피소드의 한 목록과 열세 개 에피소드의 다른 한 목록은 분명 기 드 레이가 마련한 자금으로 이루어진 것이다. 동일한 시기의 한 문서는 로 메르가 작업 배치를 어떻게 설정했는지를 설명해 준다. 로메르는 일종의 옴니버스로 된 집단 영화를 예상하면서 이런 작업 스케 치를 구상한다. "1. 파리 도착(로메르) 2. 아파트(로메르) 3. 소르본 (뤽 물레) 4. 열쇠 분실(장 두셰 또는 샤를 비치) 5. 깜짝 파티(안나 카 리나Anna Karina가 출연, 마르셀 무시Marcel Moussy) 6. 음모, 사랑, 일, 돈

(리베트)."[66]

  하지만 조르주 드 보르가르가 상당히 빠르게 모험을 포기하면
서 이 계획은 빛을 보지 못한다. 기 드 레이는 1961년 10월에 적어
도 에피소드 한 편을 시작한다. 1952년 고다르가 배우로 출연하
고 에릭 로메르가 촬영한 〈프리젠테이션〉이라는 단편 영화를 재
개한다. 이 영화는 연작의 일관성 때문에 〈샤를로트와 그녀의 스
테이크Charlotte et Son Steak〉라는 제목이 붙는다. 또한 10년 전 무성
으로 촬영했기 때문에 고다르의 합의를 얻어 소리를 덧입힌다.
고다르는 자신의 목소리를 맡지만, 1952년의 두 여자 배우의 목
소리는 안나 카리나(베로니크)와 스테판 오드랑(샤를로트)이 맡
아 더빙한다. 이 영화는 1961년 11월 '투르 국제 단편 영화의 날
Journées internationales du court métrage de Tours'에 소개되었고, 이후 몇몇
영화관에서 공개되었다. 〈샤를로트와 그녀의 스테이크〉는 바타
영화사에 극장 배급용으로 6천 프랑 정도에 판매된다. 거기에 양
질의 영화 보조금으로 3천 프랑이 지불되면서, 로메르가 다음 작
품으로 계획한 〈몽소 빵집의 소녀〉에 즉시 재투자할 수 있는 흥미
로운 성과를 보여 준다. 로메르가 영화 계획을 계속할 수 있었던
것은 결국 첫 번째 연작에서 인공적이고 미숙하게 만들어진 〈샤
를로트와 그녀의 스테이크〉를 리메이크한 덕분이다. 시네아스트
는 이렇게 설명한다. "나는 전혀 기대하지 않았다. 실제적인 어떤
도움도 없이 매우 초반에 촬영된 이 작은 영화 〈샤를로트와 그녀
의 스테이크〉가 사실 내 경력을 결정했다."[67]

  그러나 조르주 드 보르가르는 로메르의 또 다른 미완성 프로젝

트인 〈온순한 여인〉과도 관련이 있었다. 몇 년 전부터 로메르는 도스토옙스키의 이 단편 소설을 각색하고 싶어 했다. 우리는 기록 보관소에서 발견된, 1950년대 중반에 쓰인 10쪽짜리 개요에서 이를 확인할 수 있다. 이 짧은 이야기의 각색은 이렇게 시작한다. "탁자 위에 아내의 시체를 올려놓고 있는 남편을 상상해 보자. 이 순간은 여성이 창문 밖으로 몸을 던져 자살한 지 몇 시간 지난 뒤다. 남편은 극도로 혼란을 느끼고 있고 아직 자기 생각에 집중할 수 없다. 그는 아파트를 걸어 다니며 사건을 해명하려고 노력하면서 한 지점에 자신의 생각을 집중시킨다. 왜, 어떤 이유로 이 여자는 죽었을까?"[68] 이는 전직 비행사이자 문학 잡지 편집자인 한 냉소적 남자에 대한 이야기다. 그는 자신을 존경해 주는 젊고 아름다운 한 여성을 만나는데, 그녀는 이 잡지의 비서로 일하고 있다. 그는 그녀를 유혹하고 결혼한다. 그런데 그녀는 자살에 집착한다. "삶에 대한 혐오감은 우리를 더 가깝게 했다." 부부 관계는 모든 면에서 빠르게 악화된다. 그는 무뚝뚝하고 짜증을 내고, 그녀는 위축되고 침묵 속으로 도피한다. 시놉시스에서는 이렇게 묘사된다. "내 사랑은 매우 빠르게 증오로 바뀌었다." 남자는 결국 폭력적이 되어 아내를 구타한다. 그녀는 도망치고, 그는 그녀를 찾아다닌다. 그녀는 아프고, 그는 그녀를 돌본다. 그들의 관계가 진정되는 것처럼 보일 때, 여자는 남편이 없는 틈을 이용해 창밖으로 몸을 던진다. 그가 돌아왔을 때, 그녀는 "잠든 것처럼 이상하게 평화롭고 고요한" 얼굴을 보인다. 한 행인이 피 웅덩이를 가리키며 말했다. "입에서 흘러나온 작고 동그란 피를 봤나요? 웃고 있는 것처럼 보이네요."

1961년 10월 로메르는 이 영화의 제작비로 40만 9천964프랑의 견적서를 제출하고, 조르주 드 보르가르를 여러 차례 만난다. 고다르는 이 영화를 열렬히 추천한다. 로메르는 시나리오를 막 완성하자마자 35밀리와 동시 녹음에 맞춰진 소그룹의 기술 팀으로 5주간의 촬영 계획을 제안한다. 3주는 스튜디오에서, 1주는 실내(호텔, 카페)에서, 마지막 1주는 야외(뱅센, 뷔트쇼몽, 푸아르 뒤 트론)로 촬영이 계획되었다. 조르주 사둘 덕분에 로메르는 도스토옙스키의 동일 단편 소설을 각색한 러시아 영화〈부드러운Douce〉에 관한 정보를 얻는다. 렌필름이 제작하고, 알렉산드르 보리소프Aleksandr Borisov가 촬영한 영화다. 하지만 제작은 무산된다. 조르주 드 보르가르와 그의 회사 '로마파리 영화사'는 진행 중인 멜빌의 프로젝트〈밀고자Le Doulos〉에 집중했고, 그 후에는 고다르의〈작은 병정Petit Soldat〉이 검열로 난관에 부딪히면서 영화에서 예상되는 수입이 가로막히게 되면서〈온순한 여인〉의 제작을 포기한다.

'도덕 이야기'의 탄생

역경 속에서도 에릭 로메르는 영화를 포기하지 않는다. 그는 당시 평론가로서 더 많은 인정을 받고 있었지만, 결코 그 직업에만 집중하지는 않았다. 〈사자자리〉는 파리에서 겨우 5천 명 정도의 관객을 모으면서 실패로 끝났고, 〈온순한 여인〉은 수포로 돌아가고 〈샤를로트와 베로니크〉 시리즈는 곤경에 빠졌지만, 이 시험은 오히려 로메르의 인내를 강화했다. 그는 이렇게 말한다. "〈사자자리〉 이후, 나는 바닥이 드러난 것을 알았다. 1961년 크리스마스 직전에 누군가가 '어떤 영화를 찍고 싶으세요?'라고 물었고, 나는 '모르겠습니다'라고 대답했다. 난 정말로 길을 잃었다."**69** 유레카의 순간은 1950년 6월 갈리마르가 거절했던 오래된 단편 소설 모음집에서 비롯된다. 그는 이 책에 이미 『도덕 이야기』라는 제목을 붙였다. "누벨바그 동료들은 성공을 거두고 계속해서 영화를 만들었지만, 나는 바닥을 드러내고 있었다. (…) 그리고 갑자기 깨달았다. 왜 『도덕 이야기』를 각색하지 않았을까?" 그는 다른 인터뷰에서 이렇게 설명한다. "나는 〈사자자리〉를 이미 만들었고, 다른 주제를 찾지 못하고 있다가, 스스로에 물었다. '누벨바그의 친구들은 지금 뭐 하고 있지? 그들은 첫 창작 영화를 만든 뒤 트뤼포는 데이비드 구디스David Goodis의 작품을 각색한 〈피아니스트를 쏴라〉를 만들고, 샤브롤은 스탠리 엘린Stanley Ellin의 작품을 각색한 〈이중의 열쇠À Double Tour〉를 만들었다. 나는 이 집단에서 문학 작품을 쓴 유일한 사람이었다. 왜 거기서 영감을 받지 못했을까?'"**70**

이 시나리오 대부분은 영화로 계획되기 전에 단편 소설과 이야기의 형태로 이미 작성되어 있었고, 이런 사전 작업은 '도덕 이야기'에 다른 곳에서는 찾아볼 수 없는 깊이와 일관성을 주었다. 그래서 〈수잔의 경력〉, 〈수집가〉, 〈모드 집에서의 하룻밤〉 그리고 〈클레르의 무릎〉은 영화로 연출되기 15~25년 전에 이야기로 쓰였다. 문학적 개념과 글쓰기 외에도 이 단편 소설은 공통된 주제로 연결되어 있다. 로메르는 이렇게 설명한다. "나는 이 작품들 간에 어떤 유사성이 있다는 사실을 발견했다. 한 여성을 찾다가 다른 여성을 만나게 되는 한 남자의 이야기다."[71] 여기에 위대한 독창성이 있다. 이전에는 이런 연작 스타일의 영화가 만들어진 적이 전혀 없었다.

'도덕 이야기'는 색조와 장르를 전제하는데, 둘 다 양면성에 근거한다. 로메르는 한 인터뷰에서 다음과 같이 인정한다. "'도덕 이야기Contes Moraux'라는 용어 자체도 모호하다. 이 두 단어를 여러 의미로 해석할 수 있다. '콩트Conte'는 흔히 말하듯 '실제 이야기'일 뿐만 아니라 '놀라운 모험'을 의미하기도 한다. 지금, 내 영화는 소설적 플롯으로 전개되는 현대적 삶에 대한 짧은 연대기이긴 하지만, 이는 주제의 비현실적인 성격을 드러낸다. 그리고 '도덕적moral'은 내 작품에서는 행동과 관련된 단어로, 사회학적이라기보다는 심리학적인 의미다. 아울러 도덕에 대한 고려, 선악에 관한 가치 판단을 다룬다. 내가 특정한 도덕을 제안한다고 믿는 것은 터무니없는 일이지만, 내 영화를 보는 누구나 자신에게 맞는 도덕을 거기에서 자유롭게 끌어낼 수 있을 것이다."[72] 그에 따르면, 이 연작의 색조는 개인적 서술 방식을 차용하고 사실 그 자체보다는 사실에 대한 해석을 암시한다. 이에 대해서도 로메르가 가장 잘 설명해 준다. 1974년 '여섯 가지 이야기'를 모아서 만들게 될 책의 서문에 그는 이렇게 쓴다. "내 의도는 있는 그대로의 사건이 아니라 누군가가 그 사건에 대해 만들어 낸 이야기를 영화화하는 데 있다. 이 이야기들을 '도덕적'이라고 부르는 이유 중의 하나는 육체적 행동이 거의 없기 때문이다. 모든 것은 화자의 머릿속에서 발생한다. 다른 사람이 말했다면 이야기는 다른 것이 되거나 전혀 없었던 일이 될 것이다."[73] 그 결과는 설명된 내면 이야기의 형식forme de confidence illustrée이며, 이 형식은 화자 그리고/또는 특권적인 관찰자의 특정 심리학적 구도에서 이 영화에서 이루어지는 언급을 단번에 위치시키고 유지시킨다. 이런 넓은 의미에서 '도덕 이야기'라는 표현의 의미를 이해해야 한다.

로메르가 이 연작에 대해 가장 명확하게 표현했던 것은, 면밀하게 다시 읽어보면 1962년 초 첫 번째 에피소드를 연출하기도 전에 잡지 『노르코뮈니카시옹』과 매우 자유롭게 인터뷰를 했을 때다. 그러나 이 글은 결국 출판되지 않았다. 로메르는 이렇게 설명한다. "나는 단편 소설의 영화 모음집에 '도덕 이야기'라는 제목을 붙이고 싶다. 이 이야기 영화contes-films는 모두 1인칭 시점의 이야기가 될 것이다. 이 영화는 시작부터 사람들의 내면에서 무슨일이 있었는지를 보여 주기 위해, 객관에서 주관으로 나아가려는 것이 아주 분명하다. 내 이야기에서 계속해서 표현하고 싶은 것은, 이렇게 말해도 좋다면, 자아와 자아 사이의 순수 관계다. 영화적 객관성의 원칙을 무시하지 않으면서 가장 절대적인 주관성을 탐구하는 것이다. 나는 우리 내면의 삶과 영혼에 숨겨진 세상을 준엄하기보다는 좀 더 친절한 형태로 탐구하려고 한다. 그러므로 우리는 생각 이면에 숨겨진 동기를 묘사하는 것을 목격할 테다. 마지막으로 모든 극적 잔여물에 해당하는 이야기를 정화하기 위해 나는 사소한 이야기만을 조심스럽게 다루면서 감정적 관계의 영역에 한정할 것이다. 이는 내가 배경이나 물리적·사회적 환경에 관심이 없다는 의미는 아니다. 하지만 나는 내면의 미로 속을 더욱 민첩하게 헤쳐 나갈 것이다. 왜냐하면 이것을 결코 '위대한 주제'의 문제로 삼지 않을 것이기 때문이다. 나는 모럴리스트의 작업을 하고 싶다."[74]

그러나 로메르는 자신의 첫 번째 도덕 이야기를 1940년대에 쓴 단편 소설에서 시작하지 않는다. 오히려 개인적인 기억에서 끌어낸다. 전쟁 후 그가 무일푼 대학생이었을 때, 어떤 날은 마비용대학 식당에서 저녁 식사를 했지만 다른 날은 공부를 해야 하거나 더 궁핍했기 때문에 뷔시 거리에 있는 빵집에서 산 건포도 빵으로 끼니를 대신해야 했다. 그 당시, 그의 환상은 대학 식당에 드나드는 유복한 가정의 학생과 빵집 종업원 사이에서 흔들렸다.

1962년 초에 쓰인 시나리오의 초안은 단지 사회적으로 잘 구분되는 젊은 여성들에 대해 교차하는 감성적인 줄거리를 과장해서 그린 내용이었다. "마비용대학 식당으로 가는 길에 있는 생제르맹 대로에서 한 대학생은 매우 마음에 드는 여성을 만난다. 하지만 바로 그 이유 때문에 그는 그녀를 쫓아가거나 눈길을 너무 주지도 못할뿐더러 접근할 수도 없다. 그러던 어느 날 그는 길 건너편 보도에서 그녀를 찾다가 뜻밖에 그녀와 다시 마주친다. 그는 그녀와 부딪혔고 그가 사과하면서 시작된 대화는 그녀가 가게에 들어갈 때까지 이어진다. 그는 감히 그녀를 따라가지 못한다. 그들은 약속 없이 헤어진다. 하지만 그는 다음 날, 그다음 날도 그녀를 보지 못한다. 그는 조바심이 났지만 시간을 낭비하지 않기로

하고(좋은 학생이다), 저녁 식사를 거르고, 옆 거리로 걸어가 뷔시 사거리의 군중 사이에서 건포도 빵 몇 개를 와작와작 먹는다. 그는 자신의 우상이 이 모습을 보지 못하도록 주위를 살핀다. 한편 빵집 소녀는 상냥하고 명랑한 성격이다. 그녀와 그 사이에서 어떤 친근함이 생겨난다. 그는 시간을 죽이려 너무 심각하지는 않게 그녀의 환심을 사려 한다. 이 일에 열중하다 그는 처음 목적을 잊고 결국 그녀와 만남을 약속한다. 하지만 그는 돌아가다가 대로에서 먼젓번 여성을 만난다. 빵집 여성은 갑자기 잊힌다. 첫 번째 여성은 우호적이며 발랄하고 오랜 친구처럼 그에게 말한다. 그녀는 몸이 매우 아팠고, 빵집 바로 맞은편에 살았기 때문에 집에서 건강을 회복하는 동안 문 앞에서 그가 서성거리는 모습을 보았다. 결국 그들은 결혼하여 많은 자녀를 낳아 살게 되고, 예쁘게 차려입고 약속 장소에 갔던 작은 빵집 여성은 친절한 손님이 자신을 우롱했다고 생각한다."[75] 그리고 시네아스트는 통찰력 있는 마지막 묘사에서 이렇게 덧붙인다. "이야기로 들려주기에 이런 이야기는 매우 진부해 보일 것이다. 나는 약간의 섬세함이 덧붙어 풍성해지기를 바란다. 뉘앙스가 필요한 순간이기 때문이다, 그렇지 않은가?"[76]

뉘앙스는 두 가지다. 먼저 유혹의 사회적 함의가 있다. 잘 차려입은 젊은 여성 실비와 빵집 견습생 자클린은 같은 세상에 있지 않다. 유혹하고 싶어 하는 '높은 범주'의 여성이 있다. 그녀는 교양 있고 까다로우며, 아마도 유복하고, 밀고 당기며, 즐기고, 사라졌다 다시 나타난다. 그리고 '내 범주에 속하지 않은' 여성은 화자가 말하는 것처럼 예쁘고 신선하며, 자연스럽게 접근할 수 있는 사람이다. 그녀는 '높은 범주'의 감상적 갈등이 개입될 여지가 없는 호감을 주는 단순하고 겸손한 여성이다. 로메르의 펜으로 묘사되는 화자는 빵집 여성에 대해 이렇게 고백한다. "충격을 받은 것은 그녀가 날 마음에 들어 했다는 점이 아니라, 어떻게 내 마음에 들 수 있을까 하고 그녀가 생각했을 수도 있다는 사실이다. 나는 늑대에게 접근한 그녀에게 벌을 주기 위해 그녀를 몰아붙이고 싶은 욕망을 느꼈다."[77]

로메르의 다른 특이점은 촬영된 공간의 지리적, 지형적 위치에 관한 것이다. "나는 걷거나 산책하는 것을 선호한다"라고 화자가 재빠르게 말하는 것처럼, 이 말이 암시하는 바는 행동은 매우 국지적이며, 그 추적은 철저하면서 충실해야 한다는 것이다. 로메르는 거의 광적일 정도로 여기에 매우 세심한 주의를 기울인다. 즉, 모든 위치와 이동, 움직임이 사실이어야 한다. 영화의 리얼리즘은 보도의 모든 장식, 거리의 모든 세부 사항, 모든 걸음과 모든 진열창 안에 존재한다. 만약 화자의 화면 밖 해설이 그 동기와 효과를 설명해서 상황을 해명해 주지 않는다면, 강박적인 이동 관례에 사로잡혀 있는 주체가 경험하듯, 상황은 진부하고 반복적으로 보였을 것이다.

그러나 바로 그런 이유로 시네아스트는 공간 이동을 실행해야 한다. 최초의 기억에 충실하게 초기 이야기는 마비용과 생제르맹, 뷔시 사이에서 이루어진다. 이 단편 영화는 그에게는 레비와 담 거리 사이, 몽소 공원과 바티뇰이 있는 빌리에르 지구를 탐험하는 것이다. 이 실험에 새로운 제약 조건이 발생한다. 로메르는 레비 거리 모퉁이에 있는 르장드르 거리의 그가 빌린 아파트에서 화자인 대학생 방 내부 장면을 촬영해야 하고, 이 공간을 중심으로 영화의 모든 부분을 정확하게 다시 생각해야 한다. 예를 들어, 르부퇴 거리에서 적당한 빵집 위치를 탐색한다. 로메르에게 이 공간은 과학적으로까지는 아니더라도 최소한 객관적으로 정밀하게 카메라를 통해 만들어져야 한다. 따라서 그는 탐험을 시작하고, 19세기에 오 드 몽소라고 불렸던 이 지역의 장소들을 세심하게 둘러본다.

로메르는 전문 배우와도, 숙련된 기술 팀과도 함께 일할 생각이 없었다. 돈을 지불할 방법이 없을뿐더러 유용하다고 생각하지도 않았기 때문이다. 그는 거의 매일 함께 『카이에 뒤 시네마』에서 공동 작업하며 알고 지내는 젊은이들을 주위에 두고 싶어 한다. 그들의 선의가 미숙함을 보상한다. 게다가 그것은 시네아스트에게 〈모범 소녀들〉의 촬영과 어느 정도는 〈사자자리〉 촬영에서 부딪혔던 —배우만큼이나 기술진에게도— 직업의 관습적 규제를 피할 수 있는 방법이다. 『카이에』 집단의 로메르파 젊은 시네필들인 장루이 코몰리Jean-Louis Comolli, 베르트랑 타베르니에 Bertrand Tavernier, 미셸 마르도르, 바르베 슈뢰더는 그렇게 해서 〈몽소 빵집의 소녀〉의 모험에 참여한다. 코몰리는 조감독으로, 타베르니에는 화자 해설에 목소리를 빌려 주고, 마르도르는 빵집 고객으로 등장한다. 마지막으로 슈뢰더는 주인공 역할을 연기하는데, 1962년 그해 슈뢰더와의 만남은 로메르에게 중요한 것이다.

바르베 슈뢰더는 그가 태어난 이란과 성장한 콜롬비아 사이에서 지질학자 아버지의 행로를 따라 여행을 하며 어린 시절을 보내고, 파리에서 공부를 이어 간다. 콩도르세고등학교와 앙리4세고등학교를 다니고, 소르본에서 철학 학위를 마친다. 시네필이자 『카이에』의 열렬한 독자로 로메르를 처음 알았고, 그 후 시네마테크에서 그를 만났다. 마침내 1961년 말, 그는 잡지에 들어온다. "로메르는 두세과 함께 내 우상이었다. 나는 시네마테크에서 그들을 만났다. 나는 그들과 가까워지기로 결심하고, 예전 『카이에』에 대한 상담을 핑계로 샹젤리제 사무실을 찾아갔다. 두세는 나를 환영해 주었다. 그렇게 매일 저녁 6시에 사무실에 가서 토론에 참여했다. 나는 두세 편의 적은 글밖에 쓰지 못했지만, 거기에 있다는 사실이 중요했다. 두세는 젊은이들을 사로잡았고, 나는 시네마테크에 다니는 장루이 코몰리와 장앙드레 피에시Jean-André Fieschi, 세르주 다네Serge Daney와 같은 내 시네필 친구 몇 명을 그에게 소개했다. 나는 거기서 로메르와 함께 호크스 영화 전편을 보았다. 이것이 내게 가장 인상적인 일이었다. 로메르는 히치콕적이기보다는 호크스적인 면이 많았으며, 하워드 호크스라는 사람과 그의 시스템과 연출 등 모든 것을 이해하고 낱낱이 드러냈다. 또한 이런 이유 때문에 나는 누벨바그 가운데 가장 호크스적 영화인 〈사자자리〉를 좋아한다."[78] 슈뢰더는 로메르에게 그의 영화에 대한 관심을 표명한다. "몇 주 후, 그는 내게 부탁이 있다고 말하면서 자신의 계획에 참여해 달라고 했다. 그 계획은 그의 첫 번째 '도덕 이야기', 즉 〈몽소 빵집의 소녀〉와 〈수잔의 경력〉 촬영이었다. 그렇게 나는 시작했다."[79]

스물한 살의 바르베 슈뢰더는 매우 고전적인 아름다움—금발에 키가 크고 날씬하며 우아함을 지닌 '호크스적인' 아름다움, 행동하는 남성의 아름다움—을 갖추고 있었다. 이것이 슈뢰더의 힘이다. 그는 조금도 두려워하지 않으며, 그때까지 저지당한 스승의 운명을 도와주기 위해 무엇이든 할 준비가 된 것처럼 보였다. 1962년 초, 이제 과제는 〈몽소 빵집의 소녀〉의 촬영을 준비하는 것이었다. 그는 로메르와 함께 촬영 장소를 꼼꼼하게 찾았다. "레비 거리의 시장과 빌리에 대로의 카페, 르부퇴 거리의 빵집 사이에 다른 대여섯 개의 길이 있었다."[80] 그리고 슈뢰더는 식욕이 없어질 때까지 달콤한 빵을 먹곤 했다. "로메르는 건포도 빵과 피낭시에, 망디앙, 사블레를 정말 좋아했다. 그는 오후 5시에 차와 함께 먹을 수 있는 대여섯 종류의 다른 빵을 준비하고 있었다."[81] 마지막으로, 그리고 무엇보다 바르베 슈뢰더는 영화 제작사를 차린다. 〈샤를로트와 그녀의 스테이크〉 덕분에 로메르가 투자한 몇천 프랑을 예산으로 할 수 있다. 하지만 3천 프랑이 부족했다. 물론하찮은 예산이지만 "로메르도, 『카이에』에 있는 누구도 그런 돈을 갖고 있지 않았다."[82] 이 젊은이는 공동 제작자를 찾는다.

조르주 드로클Georges Derocles과 그의 아프리카 스튜디오SAPSA의 알제리 제작사는 생라자르 거리에 본사를 둔 작은 회사로, 기업 영화, 특히 마그레브*에서 촬영한 영화를 전문으로 한다. 드로클

• 리비아, 튀니지, 알제리, 모로코 등 아프리카 북서부 일대의 총칭

은 16밀리 필름 1천 미터와 현상 작업, 러시 필름 현상, 표준 필름 카피본의 인화 작업을 제공한다. 그 대가로 그는 영화 흥행 수익의 50퍼센트를 로메르와 나누기로 한다.

1962년 7월 6일 이 계약이 체결되었을 때, 이미 2개월 전인 5월과 6월에 주말마다 빌리에에서 촬영이 진행되고 있었다. 시네아스트는 세세한 사항까지 준비한다. 베이지색 학생용 스프링 공책에 "1. 〈몽소 빵집의 소녀〉"[83]라고 제목이 기재되어 있고, 겉장에는 "에릭 로메르, '여섯 편의 도덕 이야기'"라고 적혀 있다. 그는 모든 장면별*로 이미지 편집을 계획하고, 이에 해당하는 다섯 개의 칸에 '소리', '효과', '분위기', '대사', '해설'을 각각 평행으로 표시한다. 소음과 소리, 대사와 해설이 적혀 있는 166개의 숏이 계획된다. 그리고 166장의 숏이 촬영되는데, 촬영장에서 교대로 사용된 두 대의 16밀리 카메라 덕분에 모든 것이 잘 기록된다. 처음에는 파이야르사의 카메라를 쓰다가, 나중에는 벨 앤드 하웰 것을 사용한다. 둘 다 대여한 것으로 동일한 단점이 있다. 태엽을 감아 써야 하고, 숏 지속 시간이 20초를 넘지 못하는 데다 무성이었다. 로메르는 이렇게 설명한다. "음향을 찍을 수 있는 쿠탕 카메라를 사용할 여유가 없었다. 나는 아마추어용 카메라를 갖고 있지 않았지만, 빌릴 수는 있었다. 무급으로 봉사해 줄 카메라 감독도 찾았다. 그는 나중에 텔레비전에서 일하게 되었고, 추상화가로 유명해진 장 미셸 뫼리스Jean Michel Meurice다. 내가 만든 아마추어

• 숏 바이 숏

영화의 대부분은 숏이 20초까지 지속된 적이 없거나 적어도 드물었다. 사운드가 있는 영화의 경우 20초는 짧게 느껴질 수 있지만, 다른 한편으로 나는 몽타주 영화, 분할된 영화film morcelé를 좋아하지 않는다. 일정한 지속성을 항상 선호했고, 더 정확하게 말하자면 이 영화에서 공간의 연속성을 보여 주고 싶었다. 나를 이끈 것이 이런 모험의 어려움이기도 했다. 전환을 보이지 않게 하고, 연결에 적합한 시점을 선택하는 방법을 알아야만 했다."[84] 이런 수완은 바르베 슈뢰더에게 로메르 영화의 특징 중 하나로 남는다. "그는 모든 것을 이용했고, 그런 이유로 제약은 그의 흥미를 끌었다. 따라서 그는 카메라에 따라 영화를 자르고 계획했다. 그는 머릿속에 20초짜리 숏들을 가지고 있었고, 이런 시간성은 그에게 잘 맞았다. 직접적이고 효율적이며 단순한 이런 측면은 영화에 대한 그의 생각과 일치했다."[85]

카로스 영화사에서 빌려 온 파이야르 카메라는 배우 테스트나 몇몇 사전 촬영 작업에 사용된다. 클로드 드 지브레는 이렇게 기억한다. "로메르가 카로스에 카메라를 빌리러 왔다. 이 신사는 나를 정말 겁먹게 만들었는데, 22초짜리 숏들을 시간을 재어 숏의 끝을 이어붙이겠다는 그의 생각이 나를 매우 감동시켰다고 말하고 싶다. 작업에 대한 이런 겸손이 영화의 매우 구조적인 사고와 결합되어 있어서, 이 점이 내게는 정말 아름다워 보였고, 큰 감동을 주었다."[86] 장 미셸 뫼리스는 두 번째 부분의 촬영 기간에 그에게 다른 카메라를 가져온다.

바르베 슈뢰더는 영화의 모든 배우를 빌리에의 카페에 불러 모아 신속하게 배역 연습을 시키고, 마신 음료의 값은 각자 지불하게 한다. 배우 가운데 특히 실비 역을 맡은 미셸 지라르동이 주목을 받는데, 루이 스코레키Louis Skorecki는 그녀를 호크스적인 주인공으로 보고, "앤지 디킨슨Angie Dickinson적인 스타"[87]라고 부른다. 그녀는 루이스 부뉴엘(〈애련의 장미La Mort en Ce Jardin〉)과 루이 말Louis Malle(〈연인들Les Amants〉)의 영화로 배우 경력을 시작한 예쁜 금발 여성이다. 〈사자자리〉에서 이미 그녀에게 역할을 준 적이 있던 로메르는 이 예민하고 지적인 배우에 매료되어 그녀가 탕가니카에서 하워드 호크스의 〈하타리Hatari!〉를 촬영하는 동안 서로 연락을 주고받는다. 그녀는 〈하타리〉에서 제라드 블랭과 함께 연기하며 『카이에 뒤 시네마』에 이야기를 전한다. 미셸 지라르동은 사실상 최초의 "로메르적인"[88] 여성이다.

낮에 촬영했기 때문에 어떠한 조명 장비도 사용하지 않았고, 16밀리 필름도 신제품이 아니기 때문에 현상된 이미지에서 회노랑색 부분이 종종 보이기도 한다. 그러나 창의성을 발휘한 새로운 착상은 22초로 제한된 것일지라도 더욱 복잡한 숏을 만들어 내곤 한다. 예를 들어, 돌리에 트래킹 숏, 창문이나 자동차 위에 설치된 이동하는 카메라, 창문과 유리에 반영된 이미지를 만든다. 드로클이 제공한 수천 미터의 필름 덕분에 촬영은 계획대로 끝난다. 그 후 몇 주 동안 로메르는 단순하고 경제적이지만 약간 거추장스러운 기계인 필름 접합기를 사용해 —이것으로 『카이에』에서뿐만 아니라 집에서도 일할 수 있다— 끝과 끝을 이어 붙여 22분짜리 필름을 편집한다. 시네아스트가 매 숏을 엄격하게 준비해서

"편집된 촬영을" 했기 때문에 과정이 그리 복잡하지 않았다.

더 큰 어려움은 아마도 '발성' 영화에 해당하는 음향 시스템에 관한 것이었다. 『카이에』에서 빌려 온 JEL 휴대용 녹음기를 사용해서 간단한 현장 음향을 포착한 것을 제외하고는 모든 것이 무음으로 촬영됐다. 따라서 적절한 소음과 분위기 음향을 찾아 녹음하고, 〈몽소 빵집의 소녀〉에는 적긴 하지만 대사를 동기화하고, 해설을 녹음하고, 그것을 숏에 배치한 다음 기존의 이미지 트랙과 사운드 트랙을 편집하고 믹싱하는 작업이 필요했다. 로메르는 다시 거리에서, 시장에서, 공원에서, 카페에서 마이크를 열어 두고 사냥에 나선다. 앙드레 라바르트의 증언에 따르면, 그는 자신이 사는 집과 건물의 계단, 몽주 거리, 『카이에 뒤 시네마』에서 소리를 녹음하기도 했다. "오후 7시경 샹젤리제 사무실에 들어갔다. 로메르는 혼자 창가에서 분주해 보였는데, 그는 배경 음향을 녹음하기 위해 페르골라La Pergola 레스토랑 아래쪽에 있는 전선 끝에 마이크를 매달아 놓고 있었다. 나는 소리를 내서 그에게 인사했다. '그래서 뭐가 좀 물었나요?' 그는 반가워했다. 그는 이런 종류의 농담을 정말 좋아했다."[89] 바르베 슈뢰더가 기억하기로는, 소수점까지 기록하고 초 단위까지 계산된 해설은 베르트랑 타베르니에가 녹음한다. "『카이에』에 여러 편의 글을 쓰고 있는 타베르니에와 잘 지냈다. 항상 같은 취향을 공유하지도 않았고, 서로에게 전혀 동의하지 않기도 했지만 우리는 친구로 지냈다. 나는 너무 파리 사람 같은 목소리였기 때문에 로메르는 그에게 해설을 해 달라고 요청했다."[90]

음향 편집과 믹싱은 불로뉴비양쿠르에 있는 작은 음향 실험실의 스튜디오에서 이루어진다. 이곳은 장다니엘 폴레의 사촌인 제라르 비엔Gerard Vienne이 소유한 곳으로, 로메르가 특별히 감탄한 동물 영화를 제작하는 곳이다. 그곳에서 22세의 편집 보조 자키 레날Jackie Raynal은 폴레의 〈지중해Méditerranée〉와 장 자크 로지에의 〈블루진Blue Jeans〉의 음향 작업을 하고 있었다. 그녀는 1962년 말부터 1963년 초까지 특별 우대 가격으로 로메르와 함께 〈몽소 빵집의 소녀〉의 음향 편집과 믹싱 작업을 진행한다. 하지만 이 단계에서 비용이 가장 많이 들어 드로클과 그의 회사인 SAPSA는 이를 지불하지 못했다. 바르베 슈뢰더는 영화를 완성하기 위한 최소한의 자금 지원처를 찾기 위해 다시 출발할 수밖에 없었다.

로장주의 기원

바르베 슈뢰더의 어머니는 부르고뉴Bourgogne 거리에 있는 아파트에 훌륭한 컬렉션을 소유하고 있었고, 슈뢰더는 그중 독일 표현주의 화가 에밀 놀데Emili Nolde의 그림을 담보로 해서 얻은 돈이 있었다. 그는 에릭 로메르에게 그 돈으로 둘이서 단편 영화의 완성을 위한 소규모 제작사를 만들자고 제안한다. 그렇게 1962년 말 로장주 영화사가 탄생한다. 바르베 슈뢰더는 이렇게 말한다. "처음 생각은 로메르와 함께 우리가 존경하는 그리피스를 참조해서 제작사 이름을 '트라이앵글 영화사'로 짓는 것이었다. 하지만 이미 그 이름을 쓰다가 파산한 프랑스 회사가 있음을 알게 되었다. 얼마 후, 내 친구 장다니엘 폴레를 통해 알게 된 필리프 솔레르Philippe Sollers와 저녁 식사를 하는 자리에서, 나는 그에게 우리의 실망감을 전했고 그는 농담처럼 말했다. '별거 아니에요, 그럼 로장주 영화사라고 부르세요. 마름모losange는 삼각형이 두 개니까 두 배 더 강하잖아요!' 모든 것이 거기서 시작되었다."[91]

새로운 회사는 제7구 국회의사당 옆 부르고뉴 거리 30번지에 있는 슈뢰더 어머니의 커다란 아파트에 자리를 잡는다. 그리고 사무실은…… 바르베 슈뢰더의 침실이다. 로장주 영화사는 처음에는 로메르 영화를 위한 자금을 모으는 데 전적으로 전념한다. 로메르는 그의 남동생과 함께 이 회사의 주요 주주이며, 반면 장 두셰와 조르주 베즈Georges Bez는 소주주다. 두셰는 이렇게 기억한다. "바르베 슈뢰더는 직접 연출에 참여하지 않고, 제작을 통해 비즈니스에 들어가려 했다. 그의 역할은 합의에 기초해 출발한 것이지만, 그는 열정으로 가득 차서 시작했다. 이런 제한된 제작 경험은 엄격한 절약 의지와 연결되어 있기에 가능했다. 로메르가 평생 추구했던 로장주의 기본 원칙은 경제적 미학을 바탕으로 하며, 이는 도덕의 문제였다. 또한 로장주 영화사의 기반에는 『카이에』와 비슷한 영화적 사고가 있다고 말할 수 있다. 로장주는 그 사고의 연장이었다. 주요 원칙 중 하나는 예술이 현실에 종속되는 것이지, 그 반대가 아니라는 것이다."[92]

로장주 영화사의 첫 번째 기금은 〈몽소 빵집의 소녀〉의 음향 편집과 믹싱 비용, 16밀리 네거티브 필름 현상, LTC 현상소에서의 카피본 제작에 사용된다. 슈뢰더와 로메르는 1963년 초 두 번째 도덕 이야기 〈수잔의 경력〉의 작업을 즉시 시작한다. 2월 26일 로장주는 파이야르 볼렉스 카메라를 하루 21프랑에 임대한다. 영화의 공동 제작 계약서(조르주 드로클의 SAPSA와 로장주의 에릭 로메르 간 계약으로, 〈몽소 빵집의 소녀〉의 재정 조항을 다시 만든다)는 3월 13일 자로 적혀 있다. 또한 로메르는 연출 조건을 갱신한다. 그는 장루이 코몰리, 바르베 슈뢰더, 그리고 또 다른 아주 젊고 열렬한 시네필인 피에르 코트렐의 도움을 받는다. 이 세 사람은 또한 모두 단역을 맡는다. 이 기획에 참여한 유일한 정식 전문가 는 이미지를 담당한 ETPC의 학생 다니엘 라캉브르Daniel Lacambre 와 편집과 믹싱을 맡은 자키 레날이다. 다른 모든 사람들은 아마 추어이고, 시네필 친구들이고, 그 친구의 친구들이다. 배우도 마 찬가지다. 바르베 슈뢰더는 로메르에게 수잔 역할로 카트린 세 Catherine Sée를 소개한다. 화자인 기욤을 연기한 크리스티앙 샤리 에르Christian Charrière는 제작자의 고등학교 시절 친구이며 아름답 고 신중한 젊은 남성이다. 마찬가지로 말이 많고 체격이 좋은 필 리프 뵈젱Philippe Beuzen은 베르트랑을 연기하는데, 그는 카트린 세 가 소개해 준 사람이다(그리고 로메르는 육군비밀조직OAS의 활동가 로서의 위험한 과거를 알자마자 그를 승인한다). 마지막으로 파트리 크 보쇼Patrick Bauchau(수잔의 약혼자인 프랑크 역)는 슈뢰더의 친구 이자 생제르맹데프레의 신사이며, 브리지트 바르도Brigitte Bardot의 여동생인 미자누 바르도Mijanou Bardot의 남편으로 알려져 있다. 세 심한 관객은 이 영화에서 또 다른 시네필이자 젊은 비평가인 장 클로드 비에트Jean-Claude Biette도 눈여겨볼 수 있다. 그는 장 두셰와 마찬가지로 영화관 앞에서 줄을 서고 있다. 장 나르보니와 자크 봉탕Jacques Bontemps은 카페테라스에서 음료를 마시고 있고, 회전 탁자 주위에서 라틴어로 말하는 로메르의 모습도 볼 수 있다.

로메르는 비전문가들과 함께한 이 작업을 자랑스러워했고 정당화하며 이렇게 쓴다. "나는 전문 배우가 되고 싶은 마음이 전혀 없는 절대적인 아마추어를 촬영했다. 내가 좋아한 것은 그들이 보여 주는 제스처의 순수함이다. 나는 그들에게 연기를 가르치지 않았고, 그런 만큼 연기자를 거의 '감독'하지도 않았다. 게다가 나는 그들과 전혀 거리감을 두지도, 그들을 냉정하게 대하지도 않았다. 사실 그들은 서로 아는 사이였고 편안해했다. 사전에 나는 처음부터 끝까지 모든 것을 글로 써놨기 때문에 거기에는 시네마 베리테의 요소가 조금도 없었지만, 마치 다큐멘터리를 만드는 느낌이 들었다."[93]

〈몽소 빵집의 소녀〉가 야외에서 촬영한 영화라면, 〈수잔의 경력〉은 '실내 작품', 더 나아가 '대학생 침실 영화'라고 할 수 있다. 주요한 행위가 밀폐된 방과 아파트, 클럽, 카페에서 펼쳐지고, 등장인물은 대화로 시간을 보내며, 저녁 파티와 밤, 특히 틸뷔리 클럽의 라붐 파티(Boom HEC 1963)를 좋아한다. 예외적으로 뤽상부르 공원과 델리니 수영장을 잠시 지나간다. 등장인물은 거의 이동하지 않으며, 고작 몸을 움직이는 정도인데, 서 있거나 앉아 있고, 몇 가지 몸짓을 보이거나 말을 한다. 이런 것이 극적인 긴장감을 보여 주는 핵심 요소다. 가장 중요한 것은 대화다. 따라서 촬영은 이전 촬영과 매우 다르다. 일반적으로 촬영은 카메라 감독 다니엘 라캉브르가 비추는 제한된 공간으로 한정되고, 장루이 코몰리는 녹음기가 연결된 실내 마이크를 이용해서 현장 음향을 녹음한다. 태엽 카메라의 연속 재생 시간은 여전히 22초로 제한적이지만, 로메르는 이제 사전 계획 아래 대화를 편집하는 데 장인이 된다. 이 역시 그의 기록 보관소에 있는 다양한 영화 편집 공책에서 확인할 수 있다. 이러한 계획은 '이미지, 소음, 효과, 분위기, 대화, 해설'로 정확하고 엄격하게 나눈 칸에 기입되어 있다. 총 53분의 최종 영화를 위해 298개의 숏이 계획되고, 목록에 기입되고 묘사되어 있다.[94] 하지만 시간의 경과를 보여 주기 위해 1963년 2월에서 11월 사이에 주말까지 여러 계절에 걸쳐 한 해 동안 나눠서 촬영한다.

〈수잔의 경력〉은 오래전 로메르가 쓴 글에서 나온 것이다. 최초 판본의 이야기는 14년 전 1949년 1월 7일 과거의 모리스 셰레가 쓴 「리볼버 권총」이라는 제목의 37쪽짜리 단편 소설에서 발견할 수 있다. 이야기는 "열여덟 살은 변명의 여지가 없는 나이다"라는 금언으로 시작해서, 그 후 "1935년 초반"에 "아르쿠르 카페에 자주 다니는 한 무리 대학생들"의 무분별한 행동으로 거슬러 올라간다. 화자인 의대생 기욤은 막스의 매력에 대해 이야기한다. 막스는 "그에게 모든 정복을 보장해 주는 냉소주의적 가식과 약간의 예의를 갖춘, 매우 명석하고 잘생긴 남성이다". 이 두 대학생은 기욤의 말에 의하면 "꽤 못생긴" 젊은 여성 폴을 만난다. 그들은 속기 타이피스트로 일하는 그녀를 업신여기지만, 그녀가 모든 비용을 지불하기 때문에 그녀를 꾀어서 외출한다. 폴은 결국 화자가 자기 집에 숨겨 놓았던 권총을 훔쳐서(경쟁자에게 꾸민 어두운 음모 이후에), 그들이 저녁 식사를 하는 동안 그녀가 갈취당한 금액 만큼, 어림잡아 수천 프랑을 받고 밀매업자에게 권총을 되판다. 그녀는 사라진다. 몇 달 후 그들은 폴을 다시 보는데, 그녀는 매력적인 젊은 여성으로 변신해서 부유한 사업가와 결혼했다. 반면 그들은 시험에 실패하면서 여전히 가난하게 살아간다. 그녀는 그들에게 마지막 말을 남기며 과거의 굴욕을 복수한다. "당신들이 길거리에서 죽어도 눈 하나 깜짝하지 않아요." 도덕을 대신하는 이야기의 마지막 문장은 따귀를 내리치는 듯하다. "이런 무관심은 증오보다 훨씬 끔찍하다. 불평할 권리마저 빼앗으며, 폴은 진정한 복수를 확인한다."[95] 흔히 있는 일이지만, 영화의 기원에는 시네아스트가 가진 영감으로 변모한 첫 작가적 야망의 흔적과 문학적 이야기가 발견된다.

로메르는 구조와 주요 특성을 유지하면서 「리볼버 권총」을 다시 작성하고 전복시킨다. 권총은 사라지고, 그 구실로 사용된 음모도 부모가 화자에게 준 "1만 프랑 지폐 몇 장"으로 대체된다. 화자의 이름은 그대로 기욤이고, 약학과 대학생인 그는 또 다른 젊은 여성인 아름답고 접근하기 힘든 소피에게 매료된다. 막스는 베르트랑이 되는데, 그는 이제 막 파리정치대학에 통과했다. 폴은 수잔으로 바뀐다. 조작적 성격이 훨씬 덜해져서, 그녀가 기욤의 방에서 혼자 아침을 보내는 동안 그의 돈을 훔쳤다고 사실상 아무도 말할 수 없다. 모호함이 지배적이다. 냉소적인 베르트랑 역시 의심할 수 있기 때문이다. 그리고 수잔이 결국 멋있게 나이든 돈 많은 남편의 팔짱을 끼고 돌아왔을 때, 그녀의 복수는 미묘한 풍미만을 주면서 확실히 더 효과적이고 '도덕적'이 되며, 화자의 말도 이렇게 바뀐다. "이번 학년 말에 나는 수잔을 두세 번, 특히 수영장에서 봤다. 그리고 난 그녀가 그다지 서툴지 않았다고 생각한다. 실제로 그녀에게는 남자들이 좋아할 만한 무언가가 있다. 무엇보다 나보다 성숙하다. 이런 반성 속에 빠져들었을 때 누군가 나를 물속으로 밀었다. 소녀들이 웃는다. 올해 나는 두 배나 불행했다. 방학이 시작되기도 전에 소피와 사이가 틀어졌고 시험에도 실패했다."[96]

1964년 5월, 바르베 슈뢰더와 로장주 영화사는 처음 두 편의 '도덕 이야기' 16밀리 네거티브 필름을 생모르의 SIM 연구소에서 35밀리로 확대한다. 로메르는 다정하게 애칭으로 부른 〈빵집 소녀〉와 〈수잔〉을 1964년 투르 국제단편영화제Tours International Short Film Festival에 출품하지만, 영화제 디렉터 피에르 바르뱅Pierre Barbin은 이 작품을 "흥미 없는" 것으로 판단하고 거부한다. 슈뢰더는 이렇게 회상한다. "나는 이 거절에 몹시 당황하고 실망했다. 나는 로메르에게 '도움이 되질 않는군요. 어렵겠어요. '도덕 이야기'는 아직 10년은 더 걸리잖아요'라고 말했다. 그는 침착하게 대답했다. '매우 좋은 징조예요, 이 거부는! 10년, 그건 아무것도 아닙니다. 영화는 성숙의 예술입니다. 내게 믿고 맡기세요.' 그는 자신의 재능을 확신했고, 영원을 위해 글을 쓰고 영화를 찍었으며, 현재의 부정적인 판단, 심지어 비웃음은 후대에 재검토되고 수정될 것이라고 확신했다."[97]

거의 현대적인 방식으로 촬영된 〈몽소 빵집의 소녀〉와 〈수잔의 경력〉은 함께 완성된 뒤 한 편으로 묶여 〈두 가지 도덕 이야기Deux Contes Moraux〉라는 제목으로 극장에 걸렸고, 비평가와 관객에게 소개된다. 1965년 1월 4일 앙리 랑글루아는 시네마테크에서 이 영화를 상영하면서 로메르에게 경의를 표한다. 이 상영을 계기로 첫 번째 기사들이 나온다. 1965년 1월 6일 『콩바』에는 앙리 샤피에Henry Chapier의 칼럼 머리말에 「라디게의 숨결Le souffle de Radiguet」이라는 제목의 기사가 실린다. "8년 전의 기분 좋은 저녁으로 되돌아온 기분이 들었다. 울름 거리 탁월한 작은 영화관 맨 앞줄을 차지하고 앉아 있던 로메르, 트뤼포, 고다르, 샤브롤, 레네, 도니올발크로즈, 피에르 카스트……라고 불리는 충성스러운 관객이 있었다. 이 '도덕 이야기'에서 우리는 라디게Raymond Radiguet•의 숨결, 그의 잔인함과 부드러움이 교차하고, 우리 내적 삶의 집요함과 완고함, 비밀스러운 모호함에 대한 그의 매혹이 지나가는 것을 느낀다. 여기 있는 모든 것이 현기증이 날 정도로 모호하다." 『레 레트르 프랑세즈』의 마르셀 마르탱Marcel Martin은 고집스럽고 특이한 개성에 경의를 표한다. "은둔자의 무의식과 용기를 가지고 로메르는 여전히 어렵고 혹독한 영화 실천을 계속하고 있다. 이 영화를 칭찬하지 않을 수는 있지만, 비타협성과 순수성을 부정할 수는 없다."[98]

1966년 10월 〈수잔의 경력〉은 텔레비전 2채널 저녁 방송에 방

• 20세에 요절한 천재 작가로 알려진 프랑스의 소설가이자 시인

영된다. 장피에르 레오나르디니Jean-Pierre Léonardini는 『뤼마니테 L'Humanité』의 독자들에게 "완벽한 통찰력을 지닌 예술가"의 "모든 것이 촘촘하게 분석적으로 다듬어진 문화적이고 지적인 영화"[99] 라고 소개한다. 그러나 1974년 3월이 되어서야 —슈뢰더와 로메르가 말한 10년이 지나서— 〈두 가지 도덕 이야기〉는 극장에서 제대로 상영된다. 이 두 편의 영화는 로메르가 15년 이상을 살았던 빅토르쿠쟁 거리에서 두 발자국 떨어진 팡테옹에서, 몇 주 만에 3만 3천748명의 관중을 끌어들이며 흥미로운 성과를 보여 준다. 자크 시클리에는 『르 몽드』에서 "도덕에 사로잡힌 곤충학자"라는 제목으로 부드러우면서도 가시 돋친 해설을 쓴다. "로메르의 남성 인물은 도덕을 갖고 있다. 그들은 18세기에서 이어받은 어떤 지적 퇴폐와 철학적 의미에서 냉소주의로 행동한다. 그리고 여성은 일종의 두뇌의 에로티시즘으로 관찰된다." 그럼에도 불구하고 이 비평가는 로메르가 "고급스럽고 다소 거만하고 우아한 분석의 문학과 행위의 영화라는 미묘한 조합을 통해 깊고 심오한 전형적으로 프랑스적인 작가"[100]라고 확신한다. 『레 누벨 리테레르』의 기 브로쿠르Guy Braucourt는 더 열광적이다. "우리는 각 장면마다 파고드는 감정의 분석과 영화의 지성을 잊지 못할 것이다!"[101]

1966년 말, 프랑스 텔레비전은 로장주 영화사의 계좌에 처음으로 두 가지 '도덕 이야기'에 대한 비용으로 5만 프랑을 입금했고, 그중 2만 프랑은 세 번째 영화 〈수집가〉의 자금으로 즉시 투자됐다.

리베트 대 로메르

1963년 봄 『카이에 뒤 시네마』에서 로메르에 대한 공격이 재개되었다. 이번에는 자크 리베트가 지능적으로 신중을 기하면서도 책략을 발휘한다. 그는 로메르의 비평적 노선에 대해 여러 차례 짜증을 냈다. 편집장의 일부 결점과 불미스러운 관계나 부주의를 악용하고, 당시의 정치 문화적 맥락을 이용해 반대 팀을 결집하고, 이어 『카이에』 수장의 대안으로 ─그는 자유로운 상태인 데다 두 번째 장편 영화 촬영에 어려움을 겪고 있었기 때문에─ 자기 자신을 공개적으로 앞세운다.[102]

리베트는 트뤼포, 카스트, 도니올의 신임을 받았고, 로메르는 샤브롤과 두셰와 가까이 지냈다. 이들 간의 견해는 몇 가지 지점에서 대립됐다. 이러한 대조점은 ─현대성에 대한 그들의 관계가 다르다 할지라도─ 성격적인 면이지 그다지 지적인 면은 아니다. 로메르는 규칙적이고 예의 바르고 신중하고 관대하며 반론에 열려 있는 반면, 리베트는 더 단정적이었다. 리베트는 토론을 이끄는 사람이고, 생각은 고정되어 있고, 자신의 확신에 감동하며, 적대자나 보잘것없는 사람을 내쫓는 데 망설임이 없다. 그는 끊임없이 불만을 품고 영구한 의심 속에 살았고, 그의 급변은 파문을 일으켰다. 그러나 리베트는 『카이에』의 몇몇 작가들과 시네필에게 분명한 영향력을 갖고 있었다.

적대자들은 그를 존중할지라도 좋아하지는 않았고, 퉁명스럽고 거만하며 독단적인 사람으로 여겼다. 『카이에』의 장 두셰가 그런 경우다. "리베트는 자신이 더 이상 은밀한 스승이 아니라는 것을 알고 분노했다. 그는 공모자가 되었고, '조제프 신부père Joseph'가 되었다."[103] 장 도마르시, 페레이둔 호베이다Fereydoun Hoveyda, 필리프 데몽사블롱Philippe Demonsablon과 같은 선배나 클로드 베일리와 필리프 뒤그와 같은 젊은 로메르적 시네필도 그런 경우다. 게다가 필리프 뒤그는 격분한다. "리베트는 생쥐스트Saint-Just•적인 면을 갖고 있었고, 자신에게 동의하지 않으면 당신을 바보처럼 보는 비타협적인 자코뱅••이었다. 그는 감시자의 모습으로 무엇이 도덕적이고 옳은지를 판단했다."[104] 반대 논리에 따르면, 리베트의 지지자들은 그의 대담함과 지적인 탁월함, 예술적 호기심을 강조하고, 조금 거친 완강함을 좋아한다. 그의 주요한 두 명의 보좌관인 미셸 들라에("리베트는 독보적 카리스마를 지닌 가장 비상한 사람이었다"[105])와 앙드레 라바르트("그가 『카이에』 우편물을 열어 시네필 견습생들이 쓴 길고 지루한 기사를 쓰레기통에 넣으면서, 애석하고 악의적인 분위기로 '내가 쓰레기통에 넣지 않으면 모모가 이걸 출판할 거다'라고 말했던 것을 나는 좋아했다."[106])가 그런 경우다.

리베트와 로메르는 반순응주의적인 기질과 호크스적인 취향

• 조제프 신부로 알려진 프랑수아 르클레르크 뒤 트랑블레François Leclerc du Tremblay(1577~ 1638)는 성프란치스코의 수도사이며, 루이 13세의 총리를 섬기면서 은밀하고 비공식적으로 의사 결정에 영향을 미치는 활동을 해서 "배우 조정자éminence grise"라는 용어가 최초로 붙은 인물이다.

•• 생쥐스트Louis Antoine Léon de Saint Just는 프랑스 혁명의 지도자 중의 한 사람으로, 로베르 피에르와 함께 자코뱅 당 독재와 공포 정치의 확립에 힘썼다.

•• 프랑스 혁명기에 생긴 정파 중 하나로 과격한 정치가, 파괴적인 개혁자를 가리키는 말이다.

을 가지고 서로 존중한다. 맏형은 심지어 동생의 대담함과 허점 없이 글을 마무리하는 방식에 확실히 감탄했고, 리베트와 그의 영화에 대한 존경을 늘 간직했는데, 특히 1970년대에 만들어진 가장 실험적이고 즉흥적인 영화들을 좋아했다. 오랫동안 그들 사이에 직접적인 충돌은 없었다. 그렇지만 첫 번째 충돌은 1962년 12월 리베트가 담당한 『카이에』의 누벨바그 특집호를 준비하는 과정에서 발생한다. 특집호가 약간 지연되고 분량이 많아지면서 리베트는 할당된 예산을 초과한다. 바르베 슈뢰더는 이렇게 지적한다. "예산을 과잉 지출하는 것보다 로메르를 더 많이 자극할 수 있는 일은 없다. 그는 이런 일을 가장 심각한 잘못, 무분별하고 부도덕한 잘못으로 생각한다."107 편집장은 격노하고 리베트를 가혹하게 비난한다. 슈뢰더는 "그가 누군가에게 화내는 것을 본 드문 경우 중 하나였다"108고 덧붙여 말한다. 특히 특집호의 주제인 누벨바그가 극도로 민감한 것인 만큼 그때부터 리베트는 공개적으로 로메르에 반대한다.

미셸 들라에는 "충돌은 뿌리 깊은 분쟁으로 바뀌었다. 그때부터 그들은 모든 것에 반대했다. 리베트는 로메르를 반대하는 데 전적으로 강박 관념을 보였다"109고 말한다. 라바르트는 이렇게 확인해 준다. "리베트는 우리를 모이게 한 다음 말했다. '로메르는 문제가 있다. 그는 두세와 함께 전적으로 혼자서 결정하지만, 그들은 낡고 있다. 일부 기사는 매우 나쁘고, 그들이 『카이에』에 바라는 대로 반동이 발생하고 있다. 누벨바그를 충분히 지지하지 않고 있으며 편집 위원회도 없다. 바뀌어야 하고 로메르를 쫓아내야 한다.' 그 순간부터 트뤼포, 도니올, 카스트, 들라에와 나는 리베트를 중심으로 작은 팀을 구성했다. 회의는 주말에 노장에 있는 자닌 바쟁Janine Bazin의 집에서 열렸다!"[110]

누벨바그 외에 다른 갈등도 생긴다. 주로 정치적인 갈등으로, 리베트는 로메르에 대해 가장 효과적으로 공격할 수 있는 각도를 드러낸다. 가장 젊은 사람들에게 로메르의 『카이에』는 우파의 본거지가 되어 있었고, 어떤 글은 파시즘이나 인종 차별에 가까운 것으로 비쳐진다. 리베트와 도니올발크로즈는 ―특히 도니올은 자신을 『카이에』를 설립한 좌파 전통의 관리자로 여겨 왔다― 일부 보수주의 이데올로기로의 일탈과 "교조적이고 반동적인"[111] 시네필 경향이 잡지에 과도한 영향을 미치고 있는 데 대해 로메르를 비판한다. 그들은 이런 경향을 "마크마옹학파"[112]라는 용어로 지칭한다. 마크마옹은 에투알 근처 마크마옹 대로에 있는 극장 이름으로, 한 시네필 동아리가 '네 장의 에이스carré d'as(조지프 로지, 프리츠 랑, 오토 프레민저, 라울 월시)'로 영화 프로그램을 진행하는 곳이다. 이에 반해 풀러, 투르뇌르Jacques Tourneur, 코타파비, 앨런 드완, 드밀 등의 다른 작품은 지루하고 과장되고 퇴화된 지하 세계로 보내고 멸시한다. 그들에 따르면 웰스, 카잔, 비스콘티, 펠리니Federico Fellini, 안토니오니Michelangelo Antonioni, 베리만과 다른 누벨바그 영화들은 모두 유행에 의해 과대평가된 것이다. 이 학파의 사람들로 미셸 무를레, 자크 루르셀Jacques Lourcelles, 미셸 파브르Michel Fabre, 자크 세르긴Jacques Serguine, 마크 베르나르Marc Bernard, 알프레드 에벨Alfred Eibel과 같은 추종자와 지지자, 학자와 광신자가 있으며, 그중에서 무를레와 같은 몇몇 사람은 『카이에』에 글을 쓰고 있다.

무를레가 1959년 8월 이 잡지에 쓴 「간과된 예술에 대하여Sur un art ignoré」[113]는 마크마웅학파의 성격을 드러내는 주요한 글이다. 이 글은 순수 영화를 위한 선언문으로, 질서정연한 선을 따라 그려진 거의 추상적인 단 하나의 연출에 매혹되어 있으며, 아름다움과 폭력을 정화淨化적 시각으로 찬양한다. 그 밖의 모든 것은 추악하거나 어리석다는 이유로 거부한다. 따라서 무를레는 순전한 미장센의 살아 있는 신체적 명제[114]로 여기는 배우 찰턴 헤스턴Charlton Heston과 "백치 난쟁이에 하찮고 비참하고 그로테스크한 것"[115]으로 간주하는 줄리에타 마시나Giulietta Masina를 대조하고, 그래서 마시나의 퇴화된 괴물 같은 형상은 영화 자체의 혐오감을 일으킬 수밖에 없다고 여긴다. 아름답고 폭력적인 신체에 대한 매혹에서부터 추악한 신체에 대한 혐오에 이르기까지 열거된 이런 영화의 절대적 위계는, 매너리즘과 퇴폐한 것으로 평가된 비정상성과 변형에 대조되는, 정화된 선의 미학을 탐구하는 데 있어 형식적인 등가물을 찾을 뿐만 아니라, 이념적 등가도 가지고 있었다. 무를레 자신은 이를 인지하고 있었다. 마크마웅적인 미장센은 선별된 인종의 광채를 찬미하고, 결국 "어떤 이들이 '파시즘!'이라고 부르는 것"[116]으로 향하게 된다.

확실히 1959년에 마크마웅파 사람 중 어느 누구도 공개적으로 극우 운동에 관여하지 않았으며, 비정치성과 탈참여주의의 규칙을 유지했지만 이 학파에는 위험한 냄새가 난다. 게다가 이런 이유 때문에 로메르와 두셰는 어느 정도의 신중함을 가지고 같은 해 8월 「간과된 예술에 대하여」를 싣는다. 이 기사는 이탤릭체로 쓰이고 다음과 같은 내용을 포함한 서문이 앞에 온다. "『카이에』의 행동 지침은 때로 우리가 생각하는 것보다 훨씬 엄격하지 않지만, 이 글은 분명히 몇 가지 점에서만 일치한다. 그러나 모든 극단적 의견은 존중할 만하며, 우리는 다른 추가 해설 없이 독자에게 판단을 맡기고 싶다."[117]

리베트와 도니올은 결코 전적으로 마크마옹적인 것이 되었던 적이 없는 이 잡지에 주도권을 쥔 로메르와 두셰가 거리감을 두고 있더라도 이런 종류의 기사를 수용한 것에 대해 비난한다. 게다가 리베트는 이데올로기적으로 문제가 되는 또 다른 기사를 지적한다. 1962년 1월에 실린 존 포드의 〈투 로드 투게더Two Rode Together〉에 대한 필리프 뒤그의 리뷰다. 리베트는 인종주의에 대한 당시—알제리 전쟁이 끝날 무렵—의 예민한 문제에 혼란을 초래할 수 있는 구절에 대해 비난한다. 필리프 뒤그는 이렇게 쓰고 있다. "우리의 현대적 논쟁과는 멀리 떨어져서, 존 포드는 과학적 교리라는 현대적이고 실현 가능한 형태를 취하지 않았을 때 인종주의가 정말 무엇인지를 보여 준다. 사실 그것은 실제보다 그다지 가혹하지 않은, 일종의 조금 촌스러운 속물주의일 뿐이다. 간단히 말해 사회적 삶의 순수 산물이다."[118] 이 글이 인종주의의 위험을 축소한다고 생각한 리베트는 격노해 『카이에』에서 반격을 가한다. 파리에서 북아프리카 마그레브 사람 250명을 죽음에 이르게 한 라토나드ratonnade*, 즉 1961년 10월 학살에 관한 전 민족해방전선FLN의 짧은 글을 싣는다. 그는 이 글에서 자크 파니젤Jacques Panijel이 「파리의 10월Octobre à Paris」이라는 글에서 프랑스 북아프리카인의 상황과 1961~1962년 겨울 전투를 전투적으로 증언한 것을 공개적으로 지지한다. 자크 리베트는 1962년 12월에 "이 영화는 우리 시대의 역사를 위한 중요한 자료다"[119]라고 쓴다.

이것은 역사의 두 가지 개념으로, 대체로 뭉툭한 검으로 대결하는 것과 같은데, 리베트는 로메르가 잡지에 자신의 정치적 견해를 드러냈다고 비난했다. 그는 필리프 뒤그의 글을 잡지에서 읽는 것을 좋아하지 않으며, 게다가 『라 나시옹 프랑세즈』를 비판했다. 리베트는 사무실에서 로메르의 예전 친구들, 특히 장 파르뷜레스코와 마주치기를 거부했다. 파르뷜레스코는 OAS의 회원이자 프랑스 알제리 지하 운동의 일종의 문화부 장관인 로셰누아르Rocher-Noir 정부의 수장 중 한 사람이며, 스페인에서 몇 년 동안 망명 생활을 한 뒤 1962년에 파리로 돌아왔다.

때로 로메르는 『라 나시옹 프랑세즈』를 읽고 있다는 사실을 숨기지 않고 도발적으로 행동했다. 그러나 그는 전투적이거나 극단주의자도 아니고, 잡지가 한 진영이나 다른 진영의 입장에 서지 않도록 유의한다. 그래서 앞서 인용한 리베트의 글을 제외하고는 그의 책임하에 알제리 전쟁에 대한 직접적인 암시가 있는 글은 『카이에』에 발표되지 않았고, 당시 프랑스 언론에서는 드문 이상한 중립을 보여 준다. 그러나 리베트와 도니올이 누벨바그만큼이

• 유럽인에 의한 북아프리카 아랍인에 대한 박해

나 정치적으로 로메르를 비난한 것은 정확히 말해 이런 참여 거부다. 로메르는 자신의 의견을 숨기지는 않는다. 그는 드골이 "알제리를 헐값에 팔고 라울 살랑Raoul Salan 장군을 배신했다"[120]고 원망한다. 로메르는 알제리를 프랑스령으로 여기는 경향에 가까웠고, "프랑스가 버렸다"[121]고 할 수 있는 사람들의 주장을 잘 이해했다. 젊은 진보주의자인 바르베 슈뢰더는 "그는 드골의 태도에 충격을 받았다"[122]고 설명한다. 또 다른 좌파인 미셸 들라에는 이렇게 덧붙인다. "로메르는 대단한 인물이었다. 우리는 그의 전통적인 정치적 견해를 알았지만, 그는 어떤 글도 『카이에』에 게재되는 것을 막은 적이 없었다. 매우 아름다운 일이다."[123]

다른 영역의 갈등은 문화의 현대성과의 관계에 대한 것이다.[124] 자크 리베트는 이것을 프로그램으로 만들고 싶어 한다. 그는 이탈리아의 베르톨루치Bernardo Bertolucci와 파솔리니Pier Paolo Pasolini, 미국의 카사베츠John Cassavetes, 영국의 '프리 시네마Free Cinema'•, 독일의 오버하우젠 선언••을 둘러싼 영화, 일본의 오시마 나기사大島渚, 중앙 유럽의 폴란드, 체코, 헝가리의 젊은 시네아스트 등등 프랑스 밖에서 태어난 새로운 영화의 탄생을 격찬한다. 그는 『카이에』가 안토니오니나 브뉘엘 같은 "위대한 현대 시네아스트"를 위

• 1956~1959년 영국에서 존 그리어슨과 동료들이 이끈 영화 운동으로, 과거 영국 다큐멘터리 학파의 유산을 극복하고 다큐멘터리 정신을 부활시키고자 했으며, 프리 시네마 작가들은 이후 극영화를 연출했다.
•• 1962년에 열린 독일 오버하우젠 영화제에서 뉴 저먼 시네마를 이끈 감독들이 자신들의 영화적 비전을 밝힌 선언. 그들은 기존 독일 영화에 죽음을 선고하고 혁신을 통한 새로운 독일 영화의 탄생을 알렸다.

한 지면을 거의 두지 않은 것에 항의한다. 그리고 당시에 주장된 지적인 풍경─구조주의, 기호학, 반론, 구상 음악─에 대한 흐름이 잡지에서 공정하게 고려되도록 요구한다. 그에 따르면 영화 비평은 바르트, 레비스트로스, 푸코Michel Foucault, 폴랑Jean Paulhan, 솔레르스, 플레네Marcelin Pleynet, 불레즈Pierre Boulez, 메시앙Olivier Messiaen 또는 슈토크하우젠Karlheinz Stockhausen이 가져온 영향을 받아들여야 한다. 예를 들어 자크 리베트는 이렇게 쓴다. "내가 충격을 받은 것은 우리가 몹시도 사랑했던 미국 영화가 얼마나 과거의 영화인지 하는 것이다. 좋든 싫든 간에 영화는 절충된 형식의 유럽 영화로 진화할 운명에 놓여 있다. 그리고 우리가 좋아하든 그렇지 않든, 이 새로운 유럽 영화는 현재 역사적으로 최전선에서 ─이 단어가 마음에 들지 않지만─ 세계적 영화의 수석 연구원 같은 모양으로 존재한다. 우리는 현대 예술의 진화를 따라가야 한다. 내기를 의미하는 것이라 해도 그것이 살아가는 의미다."[125]

에릭 로메르는 현대성과 다른 관계였다. 그것은 고대적이고, 역설적이며, 비옥한 현대성이다. 그는 호기심이 많고 실험성이 강하며, 그것들 중 일부는 1950~1960년대 전환기의 현대성에서 온 것이다. 예를 들어 그는 이지도르 이주의 레트리즘lettrisme,* 텔레비전, 스포츠 영화 촬영[126]에 대한 글을 『카이에』에 썼고,[127] 계획되고 있는 새로운 도시 건축을 포함하여 건축에 대한 열정을 가

---

* 1940년대 후반 프랑스의 문학 운동으로, 향후의 예술은 문자에 기초해야 한다고 보는 문자주의를 가리킨다.

졌다. 그는 피카소와 추상 미술이 현대회화에서 일으킨 혁명에 동화되어 있다. 〈사자자리〉의 음악은 구상 음악과 그리 멀지 않으며, 16밀리 실험 영화와 시네마베리테로서의 다이렉트 시네마, 루슈, 리처드 리콕, 미셸 브로의 모험을 지지했다.[128] 로메르를 고전적 시네필의 협소한 옹호자로 만드는 것은 잘못된 해석일 테다.[129] 현대 예술에 대한 그의 생각은 역설적이기 때문에 자극적이다. 즉, 고전적 관점에서 본 현대예술이다.

리베트의 강점은 '프로그램적으로' 현대적인 반면, 로메르는 역설적으로 현대적이다. 리베트는 바르트와 불레즈, 레비스트로스의 사상을 지지하면서 현대 영화의 '수석 연구자'로서 비평의 개념에 내기를 걸고, 이를 『카이에 뒤 시네마』에 활동 프로그램으로 제공한다. 로메르와 두셰가 "뒤떨어진"[130] 비평이라는 지적에 항의할 수 있더라도, 전략적이고 명백한 리베트의 입장은 1963년 봄에 목표를 달성한다. 『카이에 뒤 시네마』가 속한 정치 문화적 · 지적 맥락에서 봤을 때 리베트가 점유한 위치가 궁극적으로 대망의 부흥에 부합하기 때문이다.

로메르적 『카이에』의 종말

누가 이것을 바랄 것인가? 여기 질문이 있다. 리베트와 도니올발크로즈, 트뤼포, 카스트, 라바르트, 들라에가 이런 변화를 추진하고 있다면, 로메르, 두셰, 도마르시와 젊은 시네필들은 이에 대항한다. 힘은 거의 동등했다고 말할 수 있다. 1962년 7월 트뤼포가 상기한 것처럼, 첫 번째 그룹은 분명히 법적으로 "로메르를 내쫓을 수 있는" 힘을 갖고 있다. 잡지 주간인 도니올발크로즈는 『카이에』의 다른 주주—영화관 '브로드웨이'의 소유자인 도시아 마주Dossia Mage와 1957년에 사망한 창립자 레오니드 케젤의 사위인 레오나르 케젤Léonard Keigel—와 함께 진정한 의사 결정권이 있었기 때문이다. 하지만 그러한 실력 행사는 구성된 팀이 리베트를 따라 새로운 『카이에』의 모험에 참여할 준비가 된 경우에만 효력을 발휘할 수 있다. 그래서 전투는 두셰와 로메르가 직접 이끌고 훈련한 젊은 시네필 편집진 안에서 벌어진다. 상황을 역전시키는 것이 중요했다. 두 번째 그룹을 제거하는 일은 1962년 『카이에』에 들어와 이 파벌 싸움에 즉시 포섭된 새로운 세대의 변절에 의해서만 야기될 수 있다.

장앙드레 피에시는 1962년 3월 처음으로 (니콜라스 레이에 대한) 글을 쓴다. 장루이 코몰리는 1962년 9월에 (하워드 호크스와 오토 프레민저에 대해) 쓴다. 1963년 3월에 발표된 코몰리의 선언문 「영화를 살다Vivre le film」는 그를 젊은 비평가들의 지도자로 만든다. 그들 뒤로 폴 베시알리Paul Vecchiali, 장 나르보니(그들의 적수인 『포지티프』는 아이러니하게 그들을 "코르시카 마피아clan des Corses"라 불렀다), 세르주 다네, 루이 스코레키, 자크 봉탕이 등장한다. 그들은 당연히 로메르적 사람, 혹은 오히려 "두셰적인" 사람으로 『카이에』에 입문했지만, 잡지가 분열되어 있다는 것을 재빨리 파악했다. 그들은 자크 리베트와 그의 카리스마, 그가 제안하는 "현대화" 프로그램, 그리고 그의 중요한 역할 전망에 끌린다. 들라에가 말한 것처럼 그들은 "승부를 계산했다".[131] 그런 다음 궁극적으로 가장 강력한 진영으로 넘어간다. 로메르는 지나간 일을 돌이켜보며 이렇게 기록할 뿐이다. "1963년 3~5월, 『카이에』의 혁명, 장루이 코몰리와 장앙드레 피에시는 나를 출구로 밀어붙였다."[132] 두세는 이를 두고 후회한다. "내가 데려온 젊은이 중 일부가 등 뒤에서 우리를 찔렀다는 생각에 아팠다."[133]

그러나 1963년 3월 로메르의 부주의는 상황을 악화시킨다. 알랭 로브그리예가 지난여름 이스탄불에서 촬영한 영화 〈불멸의 여인〉은 도니올발크로즈가 주연을 맡아 3월 27일 극장에서 상영될 예정이었다. 『카이에』 편집자 중 프랑수아 베이에르강스만 유일하게 혼자 언론 시사에서 영화를 본다. 화가 난 도니올은 영화가 개봉되기 며칠 전에 '그의' 잡지 편집장에게 다음과 같은 글을 쓴다. "〈불멸의 여인〉의 상영은 지금까지 만석인 가운데 진행되었습니다. 우리는 사람들을 돌려보냈습니다. 폴랑은 오늘 아침 9시에 영화를 보러 와 주었습니다. 콕토, 말로, 레네, 크노 역시 영화를 보고 싶다고 요청하고 와 주었습니다. 우리는 50석을 배치해 놓고 『카이에』를 위한 특별 시사를 계획했습니다. 그 결과는 관객 한 명. 더 이상 언급하고 싶지 않습니다. 나는 영화를 보고 어떻게 생각하든 『카이에』를 무관심 속에 내버려두면 안 된다는 방향으로 일했던 선의의 사람들에게 더 이상 무례하게 대하기는 어렵다고 생각합니다. 개인적으로 나는 『카이에』에 더 이상 놀랄 것이 없습니다만, 그러나 다소 놀란 사람들에게는 유감입니다."[134] 이 불화를 계기로 로메르와 도니올은 서로 만난다. 도니올은 로메르에게 솔직하게 이제부터 잡지의 수장 교체를 위해 활동하겠다고 알린다. 게다가 재정적인 소식도 좋지 않았다. 걱정할 수준은 아니지만, 『카이에』 기업은 평온한 일상에 매몰되고 있었다. 1959년에서 1961년 사이에 증가했던 판매 부수—매우 수익성 있는 예전 특집호 컬렉션을 제외하고—는 성장을 멈추고 심지어 정체되었다. 1957년 이후 처음으로 잡지는 1963년 첫 3개월 동안 손실을 봤다. 로메르는 상처받았고, 리베트와 그의 누벨바그 특집호에 잘못을 떠넘겼다. 이 특집호는 도니올과 '5인 그룹'이 강하게 주장한 것이었기 때문이다.

도니올은 로메르에게 마지막으로 경고한다. 즉, 『카이에』는 지휘 방식을 변경하고, 시네필적인 단조로움을 부수고, 젊은 편집자와 오래된 편집자가 함께하는 편집 위원회 제도를 도입하고, 새로운 형식으로 잡지를 다시 활성화할 수 있는 견고한 편집자를 찾아야 한다는 것이다. 로메르는 특히 장 두세[135]를 잡지의 지휘권에서 멀리하는 것을 거부한다. 도니올은 이렇게 증언한다. "난 그에게 경고했지만 아무 소용이 없었다. 로메르는 정말로 고집이 세고 완고한 사람이다. 이는 시네아스트로서 그의 훌륭한 자질 중 하나이지만, 결국엔 이로 인해 1963년 5월 앞으로의 변화를 모색하기 위한 『카이에』 책임자 회의가 열렸다. 로메르에게 이 회의는 스캔들 중의 스캔들로 보였다. 왜냐하면 그가 편집장의 유임을 절대적으로 주장했기 때문이다. 이런 분열을 겪으면서 갈등이 폭발했다."[136]

이 회의는 1963년 5월 중순 잡지의 세 명의 주주 중 한 사람인 레오나르 케젤의 집에서 열린다. 그는 이렇게 말한다. "리베트의 집권은 일종의 음모이며, 음모자들은 결과의 확신과 다수결을 위해 나를 필요로 했다. 자크 리베트는 나에게 전화했다. '우리가 서로 만나는 것이 중요합니다.' 그는 정중하지만 단호했다. 그는 대표단과 함께 내 집에 왔다. 선배들로 도니올, 트뤼포, 카스트가 있었고 젊은이는 피에시, 코몰리, 라바르트, 들라에가 있었다. 그들은 내게 '우리는 로메르와 문제가 있습니다. 그는 더 이상 잡지 목표를 달성할 수 없고 재정적 문제가 있습니다. 『카이에』를 리베트에게 맡기고 싶습니다'라고 말했다. 도니올은 주장했다. '나는 항상 로메르를 지원해 왔지만, 나는 그들에게 청신호를 주었습니다.'"[137] 장 도마르시는 로메르 이후의 최후 작전을 시도하며, 장 피에르 멜빌을 고용하고 『카이에』를 사들여 멜빌에게 편집장 자리를 주자고 제안한다. 그러나 도니올과 트뤼포는 이 제안을 거부했다.

한편 1963년 4월 말, 로메르는 위협받고 있다고 느끼고 자신의 권리와 요구할 수 있는 것, 그리고 가능한 구제책에 관해 문의한다. 그는 프랑스기독교노동자연맹CFTC의 프랑스 언론인 조합에 연락하고 약속을 요청해 5월 24일 대표자 앙드레 티세랑André Tisserand과 만난다. 마찬가지로 그는 변호사 마리클레르 사르베이Marie-Claire Sarvey도 만난다. 그녀는 1963년 5월 11일 자 서신에서 이 사건에 대한 상황을 정확히 판단한다. 그는 해고 예고 통지와 유급 휴가 보상금, 해지 보상금을 받을 권리가 있다. 그녀는 또한 "부적절한 계약 위반"에 대한 가능한 제소에 관해서도 조언하지만, 비관적인 태도를 보인다. "이유를 주장하는 부당성의 기준은 거의 부정확합니다. 그러나 일을 서두르지 않고 신사적으로 해결책을 찾을 수 있기를 꼭 바랍니다."[138]

하지만 로메르의 해고는 3대 주주인 도니올과 케젤, 마주에 의해 법적으로 유효해진다. 명목상 계속 이 잡지의 공동 편집장으로 있었던 도니올은 1963년 5월 31일 서한으로 동료에게 사실을 알린다. "친애하는 로메르에게, 이 서한이 도착할 때면 당신은 직무가 끝나는 공식 서한을 받을 무렵일 것입니다. 일이 이렇게 된 점과, 당신 눈에 우리가 살인 집행인처럼 비칠 것은 유감입니다. 그러나 자녀 같은 『카이에』에게 마지막 살아 있는 아버지, 이 역할을 담당하는 것이 아마 내게 맡겨진 일이며, 나는 책임을 회피하는 일에 익숙하지 않습니다. 거의 1년 전에 나는 일정 정도의 개혁을 제안했습니다. 이런 모든 격동 없이 성공할 수 있다고 항상 생각해 왔습니다. 하지만 당신은 믿지 않았습니다. 그러고 나서 사건은 다른 국면으로 흘렀습니다. 기질적으로 나는 이런 국면에 찬성하지 않지만, 이제는 모든 것을 돌이킬 수 없습니다. 나는 항상 당신의 『카이에』와는 상당히 다른 개념을 가지고 있었지만, 당신의 개념을 존중하고 인정했으며…… 잡지에 대한 당신의 양심적인 헌신에 감탄했습니다. 배를 구하기 위해 우리가 함께 노력할 수 없었던 것이 유감입니다. 어쨌든 나는 이 모든 것에서 도덕적 정직의 원칙을 저버린 일은 결코 없으며, 다른 사람들과 마찬가지로 당신과 함께 지키려 했던 유일한 관심은 『카이에』라는 것을 믿어 주십시오, 안녕히."[139]

5월 30일 오후 8시, 몽주 거리 72번지『카이에 뒤 시네마』에 배달 증명 우편이 실제로 도착한다. "친애하는 친구에게,『카이에』개편의 일환으로 1963년 6월 1일부터 편집장으로서의 당신의 직무가 끝났음을 알려 드립니다. 따라서 귀하에게는 노동 증명서와 함께 귀하가 임의로 보유하고 있는 다음과 같은 금액이 지불됩니다. 해고 통지: 2천4백 프랑, 해고 수당: 4천535프랑, 유급 휴가: 6백 프랑, 합계: 7천535프랑[140]. 다른 누구보다 당신이 잘 알고 있듯이『카이에 뒤 시네마』의 유동 자산의 어려움을 고려하여 이 총액에서 3천535프랑은 즉시 지불하며, 차액은 1천 프랑씩 4개월에 걸쳐 지불됨에 동의해 주시기를 바랍니다. 당신이『카이에』를 위해 글을 쓰는 일을 우리는 항상 기쁘게 여길 것이며, 우리의 최선의 감정을 믿어 주시기를 간청합니다."[141] (우리가 봤듯)『카이에』가 당시 유일한 소득원이었던 로메르는 더 많은 돈을 요구한다. 결국 약 14개월 치 월급에 해당하는 1만 568프랑을 받는 것으로 끝난다. 자크 도니올발크로즈는 이 일화에 대해 매우 나쁜 기억을 간직하며 "어느 날 로메르 씨는 쫓겨났다"[142]고 이야기했다.

5
실험의 시간
1963~1970

『카이에 뒤 시네마』에서 해고된 에릭 로메르는 약간의 지원을 받는다. 그에게는 친한 친구들이 있다. 장 두셰는 앨프리드 히치콕의 〈마니〉에 대한 기사를 마지막으로 쓰고 몇 달 후 이 잡지 일을 그만둔다. 바르베 슈뢰더는 로장주 활동을 더욱 늘려서 로메르의 촬영을 돕는다. 조르주 사둘은 로메르가 직접 알려 준 "쿠데타"에 대해 그에게 편지를 쓴다. "당신의 편지에 깊은 감동을 받았습니다. 저는 미처 상황을 몰랐는데, 『카이에』에 일어난 일이별로 명예롭지 않네요. 당신의 새로운 시작을 기원합니다. 적어도 당신의 능력에 대해 걱정하지 않는다는 말씀은 드리고 싶네요. 당신에게 호의를 보내며."[1] 쿠데타 선동자들은 직접 소식을 전해 온다. 미셸 들라에는 곤혹스러운 듯 "『카이에』에 언제 돌아오시나요?"[2]라고 질문한다. 죄책감을 느낀 트뤼포는 만회할 방법을 찾아 로메르에게 편지를 쓴다. "내 친애하는 모모에게, 〈사

5. 실험의 시간 1963~1970 323

자자리〉와 16밀리 영화를 다시 봤는데 정말 좋았습니다. 『카이에』에서 내가 당신을 반대했다고 확신하고 화가 나 있는 거 알고 있습니다. 아무것도 할 수 없지만, 호혜 없이도 난 누군가를 존경하고 사랑할 수 있으며, 그래서 당신에게 충실합니다. PS. 젊은 제작자 클로드 네자르Claude Nedjar가 에드거 앨런 포의 작품을 각색한 시리즈 영화 제작에 관심이 있습니다. 그가 당신의 〈베레니스〉를 본 후에, 이 작품을 구매해서 시리즈에 통합할 수 있을지 확인하고 당신에게 에드거 포의 다른 단편 소설을 각색한 35밀리 영화 촬영을 제안하고 싶어 합니다. 그와 연락하실 생각이 있나요?"[3]

『카이에 뒤 시네마』의 애도

『카이에』의 지면에서 단절은 완곡하게 표현된다. 1963년 7월호 에디토리얼은 정중한 말로 새로운 방향을 제시한다. "이번 호부터 편집 위원회는 이전 편집장 자리를 대신하여 『카이에 뒤 시네마』의 편집 방향을 확고히 할 것입니다. 이것은 우리 팀의 내부 조직과 구조의 변화일 뿐입니다. 옛 사람과 새로운 사람이 함께 이 위원회를 구성해서 다양성을 이루고, 계속되는 영화계 상황의 변화에 유연하고 효과적으로 대응할 수 있을 것입니다. 우리의 바람대로 말입니다. 따라서 『카이에 뒤 시네마』의 노선이나 방향은 바뀌지 않습니다. 다시 말하면, 잡지가 우리에게 보여 준 문화와 정보기관 본연의 역할 외에도 예전처럼 투쟁의 도구가 되어야 합니다."[4] 공공연한 화합(로메르와 두셰는 아직 편집 위원회에 속해 있다)은 단지 눈속임일 뿐이며, 에디토리얼이 제안하는 유일한 혁신에서 —"다시 전투 도구가 되는 것", 즉 누벨바그를 더욱 지지하는 것— 더 중대한 변화가 일어난다. 장 두셰에 이어 로메르의 사람들이 사라진다. 장 도마르시, 페레이둔 호베이다, 바르베 슈뢰더, 클로드 베일리뿐만 아니라 로메르를 해고하는 데 동의하지 않았던 새로운 시네필 베르트랑 타베르니에, 자크 구아마르Jacques Goimard, 이브 부아세Yves Boisset도 역시 사라진다. 곧이어 1964년 11월부터 잡지의 새로운 공식이 발효된다. 『카이에』의 역사에서, 비평계 환경에서, 그리고 시네필 사회[5]에 깊은 균열이 일어난다. 오랜 세월 동안 쌓아 온 우정은 때로 끊어진다.

1964년 10월 『아르』에 실린 크리스티앙 르디외Christian Ledieu의 비관적인 기사는 『카이에』의 상황을 일종의 재앙, 세기말적 상황으로 바라본다. "사실 1963년 7월의 에디토리얼은 궁중 혁명을 간략하게 감추고 있다. 리베트의 서열에 들어간 예외적인 반역자 몇몇을 제외하고, 로메르의 사람들은 스승의 뒤를 따라 점차 혼란스럽게 퇴각하고 있다. 사태가 수습된 지금에서 보면 당시에 이미 우세해 보였던 인상이 분명한 사실로 드러났다. 바쟁의 죽음으로 부상당했다가 '위대한 팀'의 해산으로 더욱 약화된 『카이에 뒤 시네마』는 사실상 종말에 이르렀고 이제 더 이상 파국에서 벗어날 수 없게 되었다."[6] 배신과 부정, 고뇌(나아가 부활에 이르는)의 이런 징후가 거의 초기부터 현재까지 격동적인 잡지의 여정에 하나의 구두점을 찍는 것임을 우리는 알고 있지만, 1963년 여름

이 징후는 확실히 에릭 로메르의 육체에 고통스럽게 새겨질 것이다.[7]

『카이에』에서의 퇴거는 그를 연출의 길로 이끌 것이고, 이 시련 덕분에 결국 그는 확실히 시네아스트가 될 것이라고 많은 사람들이 이야기했다. 이해 당사자의 생각도 그와 별반 다르지 않았던 것 같다. 이 점에 있어서는 수년 후 이 주제에 대해 "매우 재미있는 음모"[8]라고 회상하거나, 혹은 1984년 트뤼포의 죽음에 대한 글을 쓰면서 언급한 사실에서 참조할 수 있다. "어떤 면에서 나는 그에게 갚아야 할 감사의 빚이 매우 크다고 말해야 한다. 그와 작은 불화가 있었지만 그것은 결국 내 이점으로 바뀌었다. 1963년 나를 리베트로 교체하려던 『카이에 뒤 시네마』의 결정에 트뤼포가 힘을 실었다고 하자. 그런데 지금은 그가 옳았다고 말할 수 있다. 적어도 언론인이 아니라 시네아스트로서 내가 정말로 더 잘할 수 있었다는 점에서는 그렇다."[9]

하지만 1963년 당시에 로메르는 미래에 대한 깊은 불안과 현실적인 근심이 많았다. 특히 경제적인 문제가 있었다. 일하지 않는 아내와 두 살, 다섯 살 난 두 아들을 부양해야 했다. 그럴 때 그는 자신 안에 은둔하는 방법을 택한다. "좋지 않을 때, 의심이 가거나 아플 때 나는 타인에게 말하는 것을 좋아하지 않는다. 특히 아내에게 말하지 않았다. 아내는 그런 이유로 있는 사람이 아니다. 홀로 있으면서 나 자신에게 잘못된 것을 발견하고, 혼자 이 장애물을 극복하고 싶다."[10] 테레즈 셰레는 그녀의 입장에서 이렇게 증언한다. "그는 직업에 대해 크게 말하지 않았다. 특히 내게 걱정을 끼치고 싶어 하지 않았고, 어머니에게는 더욱 그랬다. 영화 제작 기획은 자주 연기되었고 안정감이 없었다. 그는 그 일에 나를 끌어들이기를 원치 않았다. 나 역시 관여하기를 주장하지 않았다."[11]

이런 근심의 징후로, 로메르의 이력서는 점점 많아졌고, 가짜 신분의 흔적도 더 많이 나타났다. "에릭 로메르, 1920년 4월 4일 낭시 출생."[12] 이는 열심히 직장을 찾으려는 자취이기도 하지만, 어머니에게는, 무엇보다 셰레를 아는 사람들의 눈에는 아마추어 영화에 국한된 경험과 잡지사에서 해고된 곤란한 처지에 있는 로메르라는 사람의 당황스럽고 힘없는 경력을 숨기는 이중인격의 흔적으로 보였다. 지나온 시련은 동시에 작품 뒤로 방어진을 치고 익명성을 보장받고 고립되려는 욕망을 강화한다. 이 작품은 내적으로는 이미 발전되었지만 다른 사람들의 눈에는 아직 성공하지 못한 작품이다. 대중 앞에 나서거나 사진 찍기를 거부하면서 로메르가 확인하려는 욕망이다. 로메르는 리옹 시네클럽의 운영자에게 이렇게 편지한다. "당신의 요청에 응하지 못해서 죄송하지만 여섯 개의 '도덕 이야기'의 촬영을 마치기 전에는 대중 앞에 나서지 않기로 결심했습니다."[13] 이런 거절은 로메르 특유의 서신이 된다. 조심스럽게 살기 위해, 그리고 앞으로 작품을 더 잘하기 위해 은둔자는 뒤로 물러선다.

1963년 여름, 로메르는 적극적으로 일자리를 찾는다. 테레즈 셰레는 이렇게 회고한다. "『카이에 뒤 시네마』 이후 그는 아무것도 찾지 못했다. 때문에 걱정이 많았다. 편집장이 되었던 1957년 그는 국가 교육 공무원이었지만, 개인 사정을 이유로 휴직을 신청했다. 1963년 6월부터 그는 새로운 교육 공무원 자리를 신청했지만, 내무부에서 제안한 학교는 차년도의 지방 학교, 특히 방데의 사블돌론에 있는 고등학교뿐이었다. 그는 거기에 가고 싶어 하지 않았다."[14] 로메르는 가족이 파리에 살고 있기 때문에 이사를 강요하고 싶지 않았고, 사실상 제안을 거절했다. 무엇보다 그는 수도권에 집중된 영화계 환경을 포기하고 싶지 않았다. 하지만 무엇을 해야 할까? 계획이라면 얼마든지 있다. 영화 경력을 시작하기 위해 15년간 준비된 힘으로 자신의 운명을 바꾸려는 43세의 성숙한 남자는 계획을 추진한다.

영화 잡지를 다시 하게 될까? 바르베 슈뢰더의 증언에 따르면, 이 생각이 로메르에게 스쳤지만 분명 『카이에』에 대한 복수로서 그러했을 것이다. 더욱 성공적인 계획으로 구체화될 수 있는 또 다른 가능한 복수는 영화에 대한 저작을 쓰는 일이다. 더 특별하게는 그가 『카이에』와 『아르』, 『라 르뷔 뒤 시네마』, 『레 탕 모데른』에 썼던 주요 글을 엮은 책을 통해 얼마 전 잡지에 의해 도전받았던 정당성을 되찾고자 하는 것이다. 이전에 앙드레 바쟁의 전서[15]가 있었던 것처럼, 그 책은 에릭 로메르 전서가 될 것이다. 로메르의 명성에 관심이 있는 출판사들도 그에게 글쓰기를 제안한다. 세게르 출판사에서 감독론 총서 발행을 시작한 피에르 레르미니에Pierre Lherminier는 —얼마 전 뤽 물레가 쓴 프리츠 랑에 대한 책을 출간했다— 그에게 니콜라스 레이에 관한 책을 제안한다.[16] 이탈리아 편집자 파올로 리오니Paolo Lionni는 『카이에 뒤 시네마』

의 '기념할 만한 글' 모음을 로마에서 출판한 다음 영어 번역본으로 출간할 준비를 하고 있다. 『카이에』는 외국에서 깊은 관심을 불러올 수 있기 때문이다.[17]

하지만 로메르가 가장 먼저 관심을 가진 것은 자신의 글 모음집이다. 그는 1963년 7월 초부터 1940년대 후반과 1960년대 초 사이에 발표된 총 스무 개의 기사를 시간순과 주제별로 정리하여 정확한 목차에 따라 모은다.[18] 이 총서에 맞는 두 제목은 『고전 영화의 시대 L'Âge Classique du Cinéma』와 『셀룰로이드와 대리석』이다. 게다가 1955년에 쓴 다섯 편의 글은 10년이 지나 로메르가 판단하기에 좀 구식이고, 적어도 "시대에 맞게 수정해야 할"[19] 것이어서 계획에 포함시키지 않는다. 1963년 7월에 발행된 약 25쪽의 서문에서 그는 무분별하게 특정 미학의 현대성을 다룬 것에 대해 엄격한 자기비판을 실천한다. "나는 1963년과 1948년, 1955년의 내 생각 사이의 의견이 일치하지 않는다는 점을 간단히 지적하는 것으로 만족하겠다. 내 글을 다시 읽었을 때 무엇이 충격을 주었을까? 그것은 무엇보다 내 관점의 협소함이며, 다른 사람들처럼 말하자면, '반동적'이라고 규정할 수 있다. 용어의 윤리적, 미학적 의미에서 그러하다."[20] 로메르가 스스로 "자신의 윤리에 충실하다"고 말하고, 그가 성취한 작업에 어느 정도 자부심을 느끼는 것처럼 보이지만, 그는 또한 스스로 "퇴보적 정신"을 가졌음을 인정하고 "더 심각한 여러 비난들"[21]도 받아들인다. 이 작업의 요점은 자신의 비평적 업적을 영광스럽게 하는 위대한 유산을 구축하는 것과 자신의 일부 입장에 의문을 제기하는 절대적이며 명쾌한 실천 사이를 계속해서 진동하는 것이다. 이는 특히 고전과 현대 사이를 유기적으로 결합하려는 작업이다. 이런 점은 쇤베르크Arnold Schönberg와 베베른Anton von Webern("동시대 음악에 대한 이러한 판단은 오늘날 나를 분개하게 한다"22), 나아가 장 르누아르와 관련하여 민감하게 반응한다. 비평가의 글에서 이런 자기비판을 읽는 것은 극히 드문 일이다. 말하자면, 로메르는 스스로 예술적 사유의 진화를 평가한 것이다.

이 계획은 당장은 빛을 보지 못하고 1967년 로메르의 친구 도미니크 드 루Dominique de Roux가 운영하는 레른 출판사를 통해 이루어진다. 그들은 로메르의 참고 문헌과 함께 『셀룰로이드와 대리석』에 '주석'을 단 증보판 출간을 검토한다. 하지만 1977년 편집자의 사망으로 이 책은 완성되지 못한다. 시네아스트의 또 다른 친구 필리프 뒤그는 1974년 CNC 책임자인 피에르 비오Pierre Viot의 업무를 담당하면서 이를 제안한다. 하지만 상황이 달라진 데다, 시네아스트는 창작 열의가 충만해진 상태였기 때문에 이런 말로 포기한다. "모든 것을 고려해 본 결과, 오래된 글을 재출간하는 것에 정말 어떤 즐거움도 느끼지 못할 것 같습니다. 오히려 귀찮은 일입니다. 무언가를 출판한다면, 옛것이 아니라 새로운 것이 더 좋겠습니다. 지금 말하려는 것이 더 좋지 않을 수도 있고, 이전에 말했던 것과 크게 다르지 않을 수도 있지만, 두 가지 진실 혹은 오류 사이에서 내가 1950년대보다는 1970년대를 선택한다는 것을 이해해 주세요. 내 주장 중 많은 것이 힘을 잃었고, 당시에 도발로 생각했던 것은 이제 순진한 것이 되었습니다. 어쨌든 그 글들은 주석 없이는 전달될 수 없습니다. 그리고 주석을 다는 데 시간을 들이느니 좀 더 동시대 영화를 다룬 글을 쓰는 것이 솔직히 낫겠습니다. 비평은 가장 유행을 타는 일입니다. 모든 것에도 불구하고 이겼다는 이유 때문에, 그래서 모든 무기가 좋아 보인다는 이유 때문에 벌인 전투의 열기로 썼던 기사들은 도서관 열람에 별 어려움이 없을 영화사 전문가들만 관심을 보일 것입니다. 당신은 내가 너무 겸손하다고 여길 수도 있습니다. 사실 그 글들을 출판하는 것은 내가 더 잘할 게 없다고 인정하는 일 같습니다. 내가 착각하게 내버려두세요."[23]

1984년 2월이 되어서야 장 나르보니의 도움으로 에릭 로메르의 비평 글을 모은 『미적 취향』이 카이에 뒤 시네마 출판사에서 빛을 본다. 나르보니는 이렇게 설명한다. "카이에 뒤 시네마가 출판사를 운영하기를 항상 바랐다. 마침내 1980년대 초에 출판사가 설립되었고, 나는 빨리 누벨바그의 예전 글을 편집하고 싶었다. 트뤼포는 여기에 동의했고, 고다르는 알랭 베르갈라Alain Bergala와 함께 수정할 예정이고, 리베트는 내 제안을 여러 번 거절했다. 그는 예전 글들을 다시 읽고 싶은 마음이 없었고, 필요한 주석을 작성하려는 욕구도 시간도 없었다."[24] 1983년 5월 23일, 장 나르보니는 로메르에게 편지를 쓴다. "몇 주 전에 전화로 말씀드린 대로, 당신의 글의 내용과 출간의 방안을 어떻게 할지 이야기하고 싶습니다. '시대에 맞는 수정'이 아니라 오늘날 '사람들이 찾을 만한'(서문, 글의 연결, 또는 당신과 저의 인터뷰······[25]) 방식이 될 것입니다." 1983년 6월 그들은 로장주 사무실에서 만나기로 약속한다. 나르보니는 다음 말을 이어 간다. "로메르는 이렇게 말했다. '요청한 것은 아니지만 수락합니다. 난 이 책을 바라지 않지만, 당신이 원한다면 하십시오. 단지 두 가지만 바랍니다. 「셀룰로이드와 대리석」은 싣지 말아 주세요. 지금은 여유가 없지만 이 글은 추후 중요한 주석과 함께 독자적인 방식으로 출간되어야 합니다. 다른 하나는 이지도르 이주와 레트리즘에 대한 기사를 실었으면 합니다."[26]

전직 비평가 로메르는 서문을 작성하고 싶어 하진 않지만 도입부의 인터뷰 형식은 수락한다. 장 나르보니는 이렇게 회상한다. "대화는 매우 잘 진행되었다. 이 인터뷰는 당시 상황과 각자의 입장, 전투를 재조명했다. 그는 단 한 부분만을 삭제했는데, 남자가 여자에게 끌리는 피부의 질감에 대한 내용이었다. 우리가 촉각 위험 구역을 건드린 것이다!"[27] 시네아스트는 마침내 『미적 취향』이라는 매우 로메르적인 제목의 책을 기쁘게 여긴다. 책은 재판을 거듭하며 판매 부수 1만 부에 가까운 확실한 성공을 거둔다. 로메르의 글을 읽고 싶어 하는 호기심 많은 학생과 시네필 대중의 숫자가 도서관에서 그의 글을 열람하는 소수의 영화사가의 수를 훨씬 넘어선 것이다.

에릭 로메르는 국립 교육 공무원이지만 사블돌론의 고전 문학 교사 자리를 거절하고, 프랑스 국립과학연구센터CNRS에 들어가려고 한다. 후보자로 지원하려면 연구 주제와 논문 계획서를 준비하고, 지도 감독을 찾아야 한다. 그는 「1945년 이후 미국 영화에서 신화의 진화L'Évolution des mythes dans le cinéma américain depuis 1945」라는 제목으로 앞으로 쓸 논문 계획 제안서를 등록하고, 파리제1대학의 미학 교수인 에티엔 수리오Etienne Souriau를 지도 감독으로 지정한다. 로메르는 이 계획서에서 신화의 '비사회학적'이고 '비심리학적인' 개념을 옹호한다. 예를 들어, 이런 논점은 영화나 할리우드 스타에 대한 에드가 모랭Edgar Morin의 작업에 반대되는 것이다. 로메르는 이렇게 쓴다. "신화라는 용어는 영화가 모든 원시 예술이나 대중 예술에 적합한 풍부한 창작 능력을 가지고 있음을 의미한다. 영화는 전통이 물려준 도식에 적용되지 않으며 우리에게 새로운 것을 제안한다. 영화가 창조하는 유형은 그러한 매혹의 힘이 부여되어 모범이 되고 자신의 삶을 사는 것처럼 보인다. 찰리 채플린은 그의 행동이 일정한 보편성을 따를 뿐만 아니라 인간과 세계에 대한 정확한 개념을 보여 준다는 점에서 신화적인 인물이다. 마찬가지로 그레타 가르보Greta Garbo와 험프리 보가트Humphrey Bogart는 그들 각자가 구현하는 인물과 배우와는 다른, 자신의 신화를 탄생시킨다. 그래서 이 신화는 가장 포괄적인 개념을 포함하며 그 연구 대상은 사랑, 폭력, 모험, 성공, 실패, 선한 양심이나 나쁜 양심이 될 것이다."[28] 그런 다음 이 예비 연구원은 '미국적 신화 도식'에 대한 연구를 전개하는 데 필요한 여러 영화를 열거한다. 앨프리드 히치콕의 〈나는 고백한다〉, 하워드 호크스의 〈신사는 금발을 좋아한다Gentlemen Prefer Blondes〉, 프레스턴 스터지스Preston Sturges의 〈설리반의 여행Sullivan's Travels〉, 조지 스티븐스George Stevens의 〈젊은이의 양지A Place in the Sun〉, 존 휴스턴의 〈아스팔트 정글The Asphalt Jungle〉, 빌리 와일더Billy Wilder의 〈7년 만의 외출

The Seven Year Itch〉, 조지프 맹키위츠의 〈조용한 미국인〉, 베네데크 라슬로Benedek László의 〈위험한 질주The Wild One〉, 빈센트 미넬리의 〈OK 부부의 신혼여행The Long, Long Trailer〉, 조지 큐커의 〈스타 탄생 A Star is Born〉이 그런 영화다.

사회학에 대한 편견에도 불구하고 로메르는 에드가 모랭에게 자신의 계획서를 읽게 해 주고, 뤼에유말메종에 있는 모랭의 집에서 만나 1963년 10월 CNRS 위원회에 후보자로 지원한다. 이 계획은 이후 어떤 흔적도 남아 있지 않기 때문에 지원 결과는 실패한 것으로 보인다.

텔레비전학교에 들어가다

막다른 상황에서 로메르는 자신이 할 수 있는 일로 선회하는데, 가르치는 일이지만 영화와 관련된 교육을 한다. 당시 프랑스에 존재하는 이런 유형의 과정은 단 하나 있었을 뿐이다. 볼테르고등학교에서 앙리 아젤Henri Agel이 운영하는 프랑스국립영화학교 IDHEC 준비반의 '영화 수업'이다. 로메르는 앙드레 바쟁과 친한 기독교 영화 사상가인 아젤과 알고 있었고, 1963년 6월 중순에 그를 만나 조언을 구한다. 이 중개를 통해 비에르종고등학교 전 문학 교사는 프랑스 교육부 장관 기술 고문인 장프랑수아 알라르 Jean-François Allard를 통해 교수단*Alma mater*이 된다. 1963년 6월 24일 알라르는 로메르의 제안을 수용해 그를 다음과 같은 길로 안내한다. "저는 귀하의 사안에 많은 관심이 있습니다. 물론 시청각 자원 활용 교육이 전개되는 과정에 영화 분야에서 귀하의 역량을 활용할 수 있어야 합니다. 장관 사무실에 있는 이 문제의 전문가이자 책임을 맡고 있는 르 파주 씨에게 말씀하시는 게 좋겠습니다. 제 이름을 언급해서 그에게 약속을 요청하고 당신의 사안을 이야기하십시오."[29] 이 새로운 중개자를 통해 국립 교육 시청각 자원 부서에서 텔레비전학교의 프로그램을 담당하는 조르주 고뒤Georges Gaudu를 만났고, 고뒤는 이 시네아스트의 말을 잘 들어준다.

로메르는 1963년 6월 26일 자 편지에서 "내년 텔레비전학교 방송에 협력하겠습니다"[30]라고 그에게 제안한다. 고뒤는 즉시 "당신이 관심을 가질 만한 과목과 주제를 함께 검토할 수 있게 되어 매우 기쁩니다"[31]라고 답하고, 라디오텔레비전학교Radio-télévision scolaire, RTS를 지휘하는 앙리 디외제드Henri Dieuzeide를 자신과 함께 만나자고 제안한다. 모든 것이 잘 진행되고 로메르는 그해 10월 8일 RTS에 '제작자 및 감독'으로 채용되어 첫 영화 〈18세기 물리학 연구실Les Cabinets de Physique au XVIII Siècle〉을 맡는다. 당시는 주요한 사회 변혁의 시기로, 프랑스의 공립고등학교는 완전히 진화하고 있었다. 소수의 특권층을 계승하는 좁은 교육을 떠나 모든 사회 계급의 더 많은 학생들을 포함하려 한다. 이 확대된 학생층을 위한 새로운 지식 전달 방법이 연구되고 있었고, 그중 혁신에 대한 두 가지 희망을 결합한 것이 라디오텔레비전학교로 나타났다. 두 희망은 감각과 감정을 통한 강력한 학습 수단으로서 이미지의 덕목과 교육적 매개 도구로서 텔레비전에 대한 믿음에 기반했다.[32] 1945년 이래 프랑스 텔레비전에 교육적 사명을 맡은 부문이 존재해 왔으며, 1951년부터 이것은 프랑스 교육부 장관의 감독 하에 편성되었다. 그러나 1962년에는 라디오텔레비전학교가 행정 구조로 탄생한다. 공교육 총감독관 피에르 칠로티Pierre Chilotti가 운영하는 국립교육연구소Institut national de recherches pédagogiques, INRP 의 권한 아래 앙리 디외제드가 이끄는 본격적인 부서가 된다. RTS는 교육 프로그램을 만들어 방송한다. 이곳에는 공무원처럼 내부에 고용된 자체 감독이 있고, 로메르처럼 근무일에 맞춰 영화 편당 보수를 받는 외부 감독이 있다.[33] RTS는 또한 자체적으로 16밀리 전문 장비를 보유하고 있었다. 12구의 제네랄미셸비조가에 있는 촬영 스튜디오는 34명의 기술자, 무대장치가, 보조, 기계공, 전기 기사를 고용하고 있다. 그리고 파리 근교 몽루주에 위치한 오래된 공장 안에 편집과 교정, 믹싱 스튜디오가 있다. 마지막으로 시네마테크 프랑세즈에서 10미터 떨어진 울름 거리에 INRP 전용 사무실과 작업실이 있다.

방송은 당시 국가교육기관의 공휴일과 목요일을 제외하고 매일, 학교에서 수신 가능한 특정 채널을 통해 이루어진다. 정확한 시간표에 따라 오전 10시에서 오후 5시 사이에 일반적으로 20~30분짜리 프로그램 대여섯 개가 이어진다. 초등학교에서 고등학교까지 각 학교마다 텔레비전(또는 라디오)이 설치된 방이 있으며, 학생들은 교사의 지시에 따라 프로그램을 보기 위해 모인다. 1962년에서 1978년 사이에 수천 편의 프로그램이 방송된다. 각 방송에는 교육 자료가 첨부되어 있는데, 원래는 지역 교육 문서 센터에서 배포하다가 1964년부터는 '교육 목적'과 '방송 내용',

'사용 지침'을 구분해 교사를 위한 『프랑스 라디오텔레비전 회보 Bulletin de la Radio-télévision Française』로 보급된다.

텔레비전학교를 통해 여러 유형의 프로그램이 제공된다. 즉, 수학, 기술, 물리 과학, 역사, 철학, 지리 여행, 세계관, 문학, 현대 언어 학습과 같은 수업이다. 곧이어 '연극과 작품의 시작Théâtre et Initiations aux Œuvres'과 '영화관에 가다Aller au Cinéma'라는 프로그램도 만들어지는데, 이는 로메르와도 관련이 있다. 로메르는 특히 문학 부문을 맡아 '글의 소개En Profil dans le Texte', '프랑스어 표현Expression Française', '문명Civilisations', '세계 연합을 향해Vers l'Unité du Monde', 그리고 '영화관에 가다'와 같은 여러 제목의 학교 프로그램을 함께 담당한다. 이텍 출신에 문학 교사였던 조르주 고뒤가 이 부서를 담당하고 프로그램을 책임지고 있으며, 잘 손질된 수염에 둘러싸인 안경 쓴 얼굴의 이미지처럼 솔직하고 우아하고 교양 있는 권위로 텔레비전학교를 이끌어 간다. 각 프로그램에는 이중 책임자가 있다. 즉, 기획하고 쓰고 인터뷰를 진행하는 제작자와 이미지와 사운드를 넣는 작업을 감독하는 연출가다. 제작자는 일반적으로 실습 교사이고, 연출가는 이미지 전문가다. 중등 교원 자격증을 갖고 있는 에릭 로메르는 영화를 가르치고 촬영하는 두 가지 기능을 모두 수행할 수 있었다. 이 때문에 조르주 가뒤에게 의뢰받은 방송을 가장 자유롭게 구상할 수 있는 분위기가 로메르에게 주어진다.

1960년대 RTS는 혁신과 지식 보급을 위한 양성소였다. 철학에서 디나 드레퓌스Dina Dreyfus나 알랭 바디우Alain Badiou, 수학에서 잔 볼롱Jeanne Bolon, 역사에서 프랑스 응오킴France Ngo-Kim을 통해 만들어진 방송은 불행히도 잊힌 보물이 되었다. 당시 이곳은 프랑스 지성이 좋은 역할을 했던 곳이다. 영화의 경우 조르주 루키에Georges Rouquier, 필리프 필라르Philippe Pilard, 장 두셰, 장 외스타슈, 베르나르 에젠쉬츠Bernard Eisenschitz, 장폴 토로크Jean-Paul Török, 세르주 그라브Serge Grave와 같은 인물이 최선을 다해 일했다. 전문 기술 지식이 이런 프로그램을 통해서도 유지되는데, 이 프로그램들은 다이렉트 시네마 전통의 실험적 촬영과 텔레비전 스튜디오 사이의 중간 지점에서 길을 이어간다. 네스토르 알멘드로스, 피에르 롬, 피에르 기보, 자크 오돌랑Jacques Audollent, 마크와 카트린 테르지에프Marc et Catherine Terzieff, 마리본 블레Maryvonne Blais와 같은 연출가들이 함께한다.

이런 환경은 에릭 로메르가 완벽한 의미의 작가로서, 교사와 연출가 역할을 동시에 하는 데 편안한 조건이 된다. 또한 그는 RTS를 위해 제작과 감독을 맡은 20~30분짜리 단편 영화 스물여덟 편을 만드는데, 1964년 1월 방영된 〈18세기 물리학 연구실〉과 1970년 말에 방영된 〈아이는 자기 언어를 배운다L'enfant Apprend Sa Langue〉는 그의 작품 중 예외적인 실험이 된다. 그가 "작은 것들"[34] 이라고 부르는 이 단편 영화들은 개념적인 구상과 구체적인 작업을 결합한, 문학과 역사, 건축, 자연, 도시계획, 영화에 대한 그의 취향과 호기심을 반영한다. 이 영화들은 그에게 금지되었던 장편 영화 제작에 대담함과 형식적 실험을 허락한다(인터뷰, 개인적 일기, 이미지나 해설 인용의 편집, 시대극, 영화적 글쓰기 등). 이 영화들은 훌륭한 도구로 사용되어, 그중 다수는 훗날 〈모드 집에서의 하룻밤〉, 〈O 후작 부인〉, 〈갈루아인 페르스발Perceval le Gallois〉, 〈나무, 시장, 미디어테크L'Arbre, le Maire et la Médiathèque〉, 〈영국 여인과 공작〉에 흔적을 남긴다.

로메르가 교육적 사명에 집착하지는 않는다는 점은 확실했다. 스스로 인정하듯 그는 이 사명을 별로 믿지 않는다. "나에게 그 일은 무엇보다 필요한 순간에 얻은 하나의 직업이다. 아주 현실적인 문제다. 소규모 수업에서 시골이나 도시를 보여 주거나 언어를 배우는 것을 제외하고는 텔레비전학교를 그다지 믿지 않았다. 문학 분야에서 이 영화들은 학생 수준보다 훨씬 높다고 생각한다. 학생들은 많은 것을 이해하지 못했을 테다. 우리는 조르주 가뒤가 보장한 큰 자유를 이용해 프로그램에서 너무 멀어졌다. 이 작은 영화들은 영화계 사람들과 비평가에게는 보기 드문 기회이며 어느 정도 성공을 거두었지만, 학생들이 정말로 그것을 보았는지는 의문이다."³⁵ 근무일마다 150프랑씩 지급되었다. 로메르는 RTS에서 서너 편의 방송을 만들면서 1년에 약 70일을 일했는데, 『카이에』가 이전에 지불한 급여와 동일한 약 1만 프랑의 연간 수입이 있다고 추정할 수 있다. 그는 매우 빨리 일에 열중했고, 그 영화들을 개인 작업장처럼 여겼다. 그는 자기 삶의 연대기를 논평하며 자신만의 방식으로 이렇게 쓴다. "1963년 『카이에』를 떠나 텔레비전학교에 들어가서 조르주 가뒤 감독 덕분에 그저 일용할 양식만은 아닌 매우 독립적으로 방송 프로그램을 제작하다."³⁶

16밀리 모험

『카이에 뒤 시네마』에서 해고된 로메르가 바르베 슈뢰더에게 "다른 잡지를 만들자"고 제안하자, 슈뢰더는 이를 재빨리 되받아친다. "전진해서 영화를 만듭시다." 로장주의 젊은 사장은 두 가지 계획을 진행한다. 하나는 매우 신속하게 진행될 수 있는 작품으로, "일하는 프랑스 여성"을 찍으라는 외무부 장관의 주문이다. 이는 전 세계에 있는 프랑스 동맹국과 대사관, 영사관을 대상으로 기획된 단편 영화 시리즈로, 로메르는 그 "시범 작품"[37]을 연출해야 한다. 다른 하나는 〈내가 본 파리Paris Vu Par〉다. 수도 파리의 특정 구역에 대한 일련의 스케치 영화인데, 아직 진행 중이었다.

1963년 9월 로메르는 프랑스 정부가 의뢰한 시리즈의 첫 번째 영화를 준비한다. 이 영화에서 그는 파리에 사는 한 외국인 여자 학생을 다루고 싶어 한다. 그는 이렇게 기억한다. "나는 시테 대학기숙사에 관한 영화를 제안 받았다. 주제는 명확하지 않았다. 나는 시테에 살고 있는 한 외국인 대학생을 만나서, 어떤 것도 요구하지 않으면서 그녀가 말한 것만을 가지고 영화로 만들고 싶었다."[38] 시네아스트는 외국인을 많이 알지 못하지만, 시테 기숙사에 사는 30대 쿠바인 네스토르 알멘드로스를 알게 된다. 그는 생계를 위해 스페인어를 가르치면서 시테에 사는 대학생 중 몇몇과 친구로 지내고 있었다. 그런 식으로 로메르가 만난 사람이 유고슬라비아 출신 미국인 나자 테시즈Nadja Tesich다. 그녀는 프루스트에 대한 논문을 준비하고 있었다.

로메르는 그녀를 자주 방문해서 함께 산책하고 커피를 마시며 즐거워한다. 그녀는 교양 있고 호기심 많으며 예쁜 갈색 머리를 가졌다. 그는 그녀의 말을 많이 듣는다. 로메르는 대화 내용을 녹음기에 수차례 녹음한 다음 그것을 글로 풀어낸다. "그녀의 제안에 따라 그녀가 한 말을 글로 쓰고, 그것을 그녀에게 제출했다. 그녀는 나를 절제 있게 부추겼다."[39] 확실히 이런 방식으로 쓰였다는 것이 여자 대학생의 해설을 적어 타자기로 쓴 5쪽짜리 글 「나자Nadja」의 하단에 쓰인 "p.c.c.* ER"이나 "원본 인증 사본 에릭 로메르"[40]라는 서명에서 확인할 수 있다. 로메르는 이 방식을 훗날 몇몇 장편 영화에 사용한다. 시네아스트는 자신을 실제 '작가'보다는 학생 이야기의 중계자이자 삽화가로 묘사한다. 마찬가지로 기록 보관소에는 로메르가 테시츠와 진행한 11쪽짜리 주요 인터뷰 녹취록이 있다. 거기에는 젊은 여성의 시테 기숙사 생활과 연극 활동, "좌안에 있는 오래된 거리를"[41] 한가롭게 산책하며 외출을 즐기는 것이 묘사되어 있다. 이 영화에서 몇 군데 로메르적인 장소와 마주친다. 서점 가판대에 진열된 책들, 카페테라스뿐만 아니라 몇몇 전형적인 유명 장소도 있다. 해설자 나자는 말을 이어 간다. "우린 파리로 와서 얘기를 나눴다. 그렇게 나는 파리와 외국 작가, 화가, 보헤미안 중에 수많은 친구를 사귀었다. 우린 밤새도록 수다를 떨기도 했다."[42] 이 젊은 여성은 현대 미술에 입문하듯 이 만남을 경험한다. 하지만 이것으로 충분치 않다. "나는 종

• pour copie conforme, '원본과 다름없음을 증명함'의 약자

종 생제르맹과 몽파르나스의 모든 사람과 나를 분리할 필요성을 느끼고, 파리 지성계의 좁은 지대 밖으로 나간다. 그래서 파리 깊숙한 곳에 있는 뷔트쇼몽 공원에 들어간다. 원시적이고 황량해서 이곳을 좋아한다. 그리고 인기 있는 벨빌 지구를 하루 종일 탐험하기 시작한다. 나는 미국인들은 알지 못하는 노인의 품위가 있는 이 시장을 좋아한다. 파리의 이곳은 역사적 명소가 아니기 때문에 무시되지만, 낡은 간판과 앙상한 나무가 있는 작은 광장은 또한 내 역사이기도 하다. 다른 곳에서는 사라진 친절이 여기에는 남아 있다. 사람들은 내가 외국인이라는 사실을 알지만 나를 받아들인다. 나를 침입자로 보지 않는다."[43]

로메르는 1964년 4월과 6월 사이에 시테 기숙사와 파리의 다른 장소들, 그리고 나자 테시츠가 선택한 장소를 촬영한다. 16밀리 파이야르 카메라로 동시 녹음 없이, 하지만 스크립트 한 명으로 구성된 이 작은 촬영 팀은 카페나 어디서든 눈에 띄지 않는다. 눈에 띄지 않는 것을 좋아하는 시네아스트는 큰 만족감을 털어놓는다. "내 촬영 감독, 네스토르 알멘드로스는 영화 속 인물처럼 보이지 않기 때문에 아무도 우리를 알아차리지 못했다. 그는 옷을 너무 잘 차려입었다."[44] 반면 테라스에서 커피를 마시고 있는 장피에르 레오Jean-Pierre Léaud는 눈에 띈다.

나자 테시츠는 결국 파리에서 2년을 보낸다. 촬영 후 그녀는 시테 기숙사를 떠나 마레 지구 아르시브* 거리에 정착한다. 시네아

---

* Archives. '고문서古文書'라는 뜻이 있다.

스트는 그녀와 자주 왕래한다. 그녀는 그를 둘러싸고 있던 최초의 '로메르적인 여성들' 중 한 명이다. 영화 첫 상영 후 1964년 8월 22일 그녀는 로메르에게 편지를 쓴다. "어제 〈파리의 나자Nadja à Paris〉를 봤어요. 두세는 영화가 매우 훌륭하고 당신과 닮은 영화라고 말했어요. 내일 나는 떠나요. 슬퍼요, 너무 슬퍼요. 이 도시를 떠나는 게 무섭고 힘들어요. 바르베는 9개월이 금세 지날 거라며 나를 위로했어요. 하지만 그 시간은 나에게 평생 같아요. 여기서 살았던 시간의 거의 절반이에요. 죽거나 다른 사람이 될 수도 있잖아요. 두고 보면 알겠죠. 즐거운 얘기를 하고 싶은데 아무것도 없네요. 파리의 날씨, 여름 공기가 좋은 것을 제외하고요. 여전히 난 작은 카페에서 적포도주를 마셔요. 시간이 되면 편지해 주세요."[45]

〈파리의 나자〉 상영이 외무부의 출자자들을 설득하면서 "일하는 프랑스 여성"인 학생, 농부, 운동선수를 다룬 세 편의 시리즈 영화 제작이 확정된다. 이 결정으로 첫 번째 자금이 입금되고, 로장주는 이 자금을 즉시 또 다른 야심찬 계획인 〈내가 본 파리〉의 제작에 투자한다. 네스토르 알멘드로스의 친구이자 젊은 미국인 앨프리드 드 그래프Alfred de Graaff가 이 영화 투자에 합류한다. 1963년 봄 알멘드로스는 그를 『카이에』 사무실에 데려갔다. 거기서 로메르와 두세, 슈뢰더를 만난 것을 시작으로 나중에 드 그래프는 칸 영화제에 참석하기 위해 젊은이들과 함께 차를 타고 여행한다. 이 미국인은 뉴욕에서 편집 보조 일을 했고 프랑스어를 배우기 위해 파리에 머물고 있었다. 상당한 개인 소유 재산이 있어서 로장주의 〈내가 본 파리〉 제작에 일부를 투자하기로 결심한다. 동시에 영화에서 '후원 조감독'이라고 부를 수 있는 일종의 "총괄 보조"[46] 역할을 맡는다. 드 그래프는 〈수집가〉와 〈모드 집에서의 하룻밤〉에서도 이 역할을 담당하여 로장주 사람, 즉 직업적이고 친근한 댄디 같은 작은 가족의 일원이 되었다. 또 다른 친구이자 새로운 공동 제작자인 파트리크 보쇼는 〈수잔의 경력〉의 마지막에 나오는 배우인데, 그도 돈이 조금 있다. 그 역시 일부를 로장주에 투자하고 로메르-슈뢰더 협회에서 우아한 계급장을 획득한다.

바르베 슈뢰더는 〈내가 본 파리〉의 중심 제작자다. 그는 영화를 제작하고, 파리 여섯 개 지역을 찾아다니고, 여섯 명의 작가를 섭외해 그들과 여섯 편의 단편 영화에 대해 토론함으로써, 이질적일 수 있는 전체에 일관성을 부여한다. 이렇게 해서 그는 〈내가 본 파리〉 기획을 백조의 노래*를 부르며 누벨바그를 끝내는 집행자 역할로 삼는 데 성공한다. 그는 이 기획을 어떤 선언으로 만들고 싶어 했고, 언론 보도 자료를 통해 그것을 주장한다. "로장주 영화사는 단순한 제작사가 아니다. 로장주는 특정 경제 개념과 관련된 미학 운동이기를 원한다. 먼저 연출가, 그들은 현재 프랑스 영화계의 가장 활발한 영역에 속한 것처럼 보인다. 그들은 출판사나 회화 갤러리 같은 것이며, 노선을 선택하고 유지하는 일이 중요하다. 장기적으로 적어도 관객의 일부는 따라올 것이라고 확신한다. 우리가 확립하고자 하는 것은 결실 없는 전위적 집단의 통치가 아니라 작가의 통치다. (⋯) 〈내가 본 파리〉가 보여 주는 것

• 백조는 죽기 직전에 노래한다는 북유럽의 전설에서 유래했다.

은 새로운 리얼리즘 미학이다. 이 모든 스케치에는 각 감독의 심오한 독창성이 있지만, 그럼에도 공통적 의지, 즉 환경과 사회 계층, 인물을 복원하려는 의지가 있다. 그것을 채우려는 것이 아니다. 사물에 대한 이런 존중을 가지고 '현장 사운드'와 색채를 사용하며, 이것이 규칙이 되기를 원한다. 이 기술은 영화의 경제성을 구하기 위해 올 것이고, 이미 와 있다. 따라서 16밀리는 이러한 경제 효과를 실현하고 카메라를 가장 자유롭게 한다. 16밀리가 만병통치약은 아니지만, 혁명의 도구가 될 수 있다. 치유책은 비용을 낮추고 편수를 늘리는 것이다. 그렇게 영화 한 편의 성공으로 네 편을 상각償却할 수 있다."[47]

슈뢰더는 공통 주제를 제시한다. 영화 제목은 개봉할 무렵까지 오랫동안 〈파리의 구역들Les Quartiers de Paris〉이었다. 그리고 정확하게 제한된 장소를 선택한 여섯 명의 시네아스트 각각(샤브롤, 두셰, 폴레, 루슈, 로메르, 고다르)의 동의하에 그 장소에서 15~20분 정도의 우화, 짧은 이야기를 전개한다.[48]

슈뢰더가 이런 감독들을 선택한 이유를 이해할 수 있다. 이는 누벨바그 경험을 종결하는 것이며, 『카이에』의 음모에 대한 논쟁적 응답이기도 하다. 이 음모에 따르긴 했지만 꽤 멀리 있었던 고다르를 제외하고 "5인회"(리베트, 트뤼포, 도니올발크로즈, 카스트)의 누구도 이 모험에 참여하지 않았다. 따라서 역설은 누벨바그의 원칙을 준수하지 않아서 『카이에』에서 쫓겨난 사람들이 유일한 집단 선언문에 그 원칙을 적용했다는 것이다. 에릭 로메르와 장 두셰, 바르베 슈뢰더는 이 복수의 향기가 풍기는 요리를 기꺼이 즐긴다.

로메르는 에투알 광장을 선택한다. 이곳은 그가 잘 아는 장소이며, 샹젤리제 위쪽은 매일 일했던 곳이다. 이 장소는 중심 공간 주변의 원형 광장 때문에 그가 흥미를 품는다. 로메르 영화의 주인공인 장 마크는 과거 400미터 달리기 선수였고, 매일 『레퀴프 *L'Équipe*』를 전문가처럼 읽으며, 빅토르위고 가에 있는 셔츠 가게에서 일하는 판매원이다. 매일 아침 그는 지하철을 타고 에투알로 출근한다. 어느 날 지하철에서 자신의 발을 밟은 한 여성 때문에 이미 화가 나 있는 상태에서 에투알 광장을 지나던 까다로운 한 남자와 부딪힌다. 말다툼이 벌어지다 나중에는 싸움이 일어난다. 마침내 장 마크가 우산으로 턱에 일격을 가하면서 피해자 행인이 쓰러진다.[49] 장 마크는 도망치면서 그 남자가 다쳤거나 죽었다고 생각한다. 몇 주 동안 그는 더욱 조심하면서 감히 에투알 광장으로 나가지도 못하고, 고뇌와 죄책감으로 숨바꼭질을 하면서 요령 있게 외곽 거리로 그 장소를 돌아서 간다. 그러나 장 마크는 마침내 그의 '피해자'를 만나게 되는데, 늘 불평 많은 그 남자는 오늘도 지하철에서 다른 승객들과 다투고 있다.

주제와 연출은 전적으로 에투알 광장의 기하학적 구조에서 추론되는데, 이 구조는 경로와 우회로, 만남과 도주를 결정한다. 이미 〈몽소 빵집의 소녀〉에서 밀리미터 단위로 촬영 계획을 짜서 섬세하게 구현했던 로메르는 도시 보행자의 의례적 행위를 기록한

• 프랑스 일간 스포츠 신문

다. 얼마 전 기 드보르Guy Debord•가 내놓은 '표류 이론'과 유사해 보이는 우회적 예화例話와 지지를 덧붙여[50] 로메르는 이렇게 쓴 다. "사람은 한 장소에 가는 서로 다른 두 가능성을 준비해 놓고 싶어 한다. 그의 환상은 진전될 수 있어야 한다."[51] 로메르는 여기 서 처음으로 도시를 배회하는 환상을 금지하는 현대 도시 계획의 미학, "파리를 파괴하는" 미학을 비난한다. "그렇기 때문에 내 영 화는 중요한 주제를 다루고 있으며, 파리에 대해 논할 때 본질적 인 문제는 그 아름다움을 이해하고 이해시키는 것이라고 생각한 다. 내 영화는 현실 참여적인 영화다"[52]라고 결론짓는다.

로메르는 제한적이지만 적절한 예산[53]과 현대적 장비, 나그라 Nagra•• 덕분에 사운드가 장착된 16밀리 컬러 쿠탕 카메라, 작지만 효율적인 기술 팀(이 팀에서 네스토르 알멘드로스, 미래 시네아스트 가 될 파스칼 오비에Pascal Aubier, 조제 바렐라José Varela, 제작자 스테판 찰 가지에프Stéphane Tchalgadjieff가 데뷔한다)과 함께 전문적인 조건에서 촬영한다. 1964년 5월 9일, 계약서에 서명하기 전인 1963년 11월 과 12월에 이미 영화 촬영을 마쳤고, 초봄에 (자키 레날과 함께) 편 집을 끝낸 상태였다. 장 마크를 연기한 장미셸 루지에르Jean-Michel Rouzière는 팔레루아얄 극단을 이끄는 배우이며, 피해자 역할을 맡 은 마르셀 갈롱Marcel Gallon은 프랑스 전 챔피언 권투 선수이며 스 턴트맨이다. 그리고 장 두셰, 필리프 솔레르스, 마야 조세Maya Josse,

---

• 마르크스주의 이론가 작가, 영화 제작자
•• 야외 촬영이 가능한 간편한 이동식 오디오 녹음기

조르주 베즈 등 시네아스트의 여러 친구와 아는 사람이 영화에 등장한다. 하지만 로메르에게 있어 핵심 협력자는 네스토르 알멘드로스다. 시네아스트는 그에게 진 빚을 인정한다. "네스토르는 가장 아름다운 인공 조명만큼이나 촬영하기 좋은 특권적인 순간을 자연광에서 찾는 것을 추구했다."[54]

1930년 스페인 바르셀로나에서 태어난 네스토르 알멘드로스는 1948년 스페인 공화당원이었다가 아바나로 추방된 아버지에게 간다. 시네필 천국인 쿠바에서 그는 스무 살이 되기 전에 첫 번째 시네클럽을 설립하고 8밀리 영화를 연출한다. 그는 뉴욕과 로마의 이탈리아국립영화학교Centro Sperimentale di Cinematografia에서 공부를 계속한 후 한 섬에 가서 그때부터 카스트로주의자가 된다. 그 섬에서 볼렉스Bolex 카메라를 들고 쿠바영화산업예술연구소 ICAIC를 위해 몇 편의 다큐멘터리를 연출한다. 그는 들판이나 공장, 거리, 해변 등 야외에서 촬영하면서 가볍고 유연하고 빠른 기술을 연마하기 시작한다. 1961년 쿠바 영화계가 알프레도 게바라 발데스Alfredo Guevara Valdés의 까다롭고 권위적인 통제 아래에 있을 때 알멘드로스는 비밀리에 〈해변의 사람들Gente en la Playa〉을 촬영하고 프랑스로 망명하기로 결정한다. 프랑스는 〈400번의 구타〉, 〈사촌들〉, 〈사형대의 엘리베이터Ascenseur pour l'Échafaud〉, 〈히로시마, 내 사랑〉을 보며 영화적으로 그가 선망하던 나라다. 1961년 여름, 자신의 영화를 품에 안고 파리에 도착한 그는 소르본대학 철학과에 입학한다. 그가 시네클럽를 통해 알게 된 앙리 랑글루아는 〈해변의 사람들〉의 상영회를 마련하고 이렇게 선언한다. "이것이 시네마베리테다."⁵⁵ 에드가 모랭과 함께 〈어느 여름의 기록〉을 막 끝낸 장 루슈는 다이렉트 시네마를 새로운 학파로 선언하여 주변의 기대감을 이끌어 내고 승리를 거둔다. 그리고 인류학 박물관, 피렌체 페스티발, 프랑스 TV라디오방송사무소ORTF에서 주최한 리옹 세미나에서 이 영화를 상영하고 16밀리 영화 기술에 대해 소개한다. 알멘드로스의 영화 〈해변의 사람들〉은 런던, 오버하우젠, 바르셀로나 등 유수 영화제에서 상영되는 놀라운 이력을 갖게 된다.

이를 통해 1963년 알멘드로스는 루이 마르코렐을 만나는데, 마르코렐은 비슷한 시기에 『카이에 뒤 시네마』에 루슈와 시네마베리테의 경험을 소개했던 인물이다. 로메르는 다이렉트 시네마와 루슈의 에세이 영화에 깊은 관심을 보이며, 마르코렐과 함께 최초로 민족지학자와의 인터뷰를 진행하기에 이르고, 1963년 6월 이를 『카이에』에 싣는다. 그때부터 알멘드로스는 늦은 오후가 되면 『카이에』 사무실에 방문했다.

알멘드로스는 거기서 로메르 팀과 만난다. 그는 슈뢰더 곁에서 로장주의 촬영을 계속 따라다녔고, 〈내가 본 파리〉 촬영 팀의 이동을 따라 "대수롭지 않은 모든 것을 지켜보던"⁵⁶ 1963년 11월 어느 날, 에투알 광장에서 자기 자리를 찾는다. 그날 촬영감독 알랭 르방Alain Levent은 로메르의 까다로운 지시에 짜증이 나서 방금 전 자신이 조르주 드 보르가르와 계약했다는 사실을 알린다. 그렇게 르방은 어리둥절해진 모든 사람을 남겨두고 촬영장을 떠나 버렸다. 슈뢰더는 이렇게 말한다. "로메르와 나는 서로의 얼굴을 바라봤다. 어떻게 해야 하나? 그때 무리 가운데 작은 목소리가 들렸다. '내가 작동법을 알고 있어요.' 네스토르 알멘드로스였다. 그는 쿠탕 카메라를 어깨에 멨다. 그는 조명 사용법도 알고 있었다. 로메르는 기뻐했다. 로메르는 이런 종류의 일을 엄청나게 좋아했다."[57]

로메르적인 사건으로 마침내 로장주에 고용된 알멘드로스는 두셰의 에피소드도 이어 촬영하고, 이후 다른 모든 사람에게 도움을 준다. 알멘드로스는 "〈내가 본 파리〉는 비교 불가능한 경험이자 시험대가 되었다. 16밀리 촬영은 마음의 상태를 보여 주는 것이다. 그렇게 난 프랑스 영화계에 입문했다"[58]고 말했다. 알멘드로스가 사망한 1992년 로메르는 이렇게 쓴다. "네스토르는 대조로 만들어진 사람이었다. 일상에서는 신중한 사람이었지만, 촬영할 때는 완전히 대담해졌다. 겉으로 보기에 육체적인 일에 재능이 없어 보이지만(전기 콘센트 꽂는 것을 싫어했다), 불평 없이 혼자서 헤쳐 나가는 법을 완벽하게 알고 있었고, 카메라를 어깨에 메고 촬영하는 데 탁월했다. 말하는 데 세심하고 해야 할 부분에서 주저하는 것처럼 보였지만, 그는 지금껏 내가 알고 있는 단연코 가장 행동이 재빠른 촬영감독이었다."[59]

1965년 10월 〈내가 본 파리〉의 극장 개봉으로 로장주 영화사는 널리 인정받는다. 『콩바』의 앙리 샤피에는 「작가 영화를 위한 선언」[60]이라는 제목으로 한 장의 지면 전체를 여섯 명의 "셀룰로이드 모험가"에 대한 찬사로 가득 채운다. 비평가는 이것을 "새로운 『크롬웰Cromwell』의 서문"*으로 보고, "16밀리의 현대화를 위한 『에르나니 *Hernani*』 전투에" 참여할 준비가 되어 있다고 주장한다. 비평가는 이어서 로메르에 대해 "거의 알려지지 않았지만 명백하게 최고의 프랑스 시네아스트 중 한 명"으로 묘사한다. 다른 신문의 칼럼에서 마크 뷔파Marc Buffat는 「에릭 로메르의 위대함」이라는 제목으로 한술 더 떠서 말한다. "내가 여기서 말하고 싶은 사람은 거의 언급되지 않는 적은 수의 영화만을 만든 일반 대중은 모르는 사람으로, 그는 위대한 에릭 로메르다. 왜냐하면 그는 세상의 아름다움을 노래하는 예찬자이기 때문이다."[61] 『텔레라마 *Télérama*』의 장 콜레 역시 열정적인 글을 쓴다. "여섯 명의 감독은 위험을 무릅쓰고 파리라는 가장 진부한 주제를 취한다. 왜일까? 중요한 것은 자유로움이다. 시나리오 각 장마다 당신에게 여기서 키스하고 거기서 가슴을 보여 줘야 한다고 이야기하는 영화 판매상에 대응하지 않으면서 저렴한 가격에 영화를 만드는 것이다. 요컨대 미래 영화관의 좁은 문을 열 수 있을지가 문제다."[62]

로장주에서 중단된 기획들

1960년대 중반부터 로장주 영화사는 에릭 로메르에게 실험의 장소가 되어 많은 기획이 전개된다. "상상력 없는"[63] 이 사람은 이런 주문이나 우연한 만남의 기회를 민감하게 받아들인다. 게다가 이

• 빅토르 위고가 1827년 발표한 희곡 「크롬웰」에 붙은 서문으로 흔히 '낭만주의 선언문'으로 불린다.

시기는 그의 경력에서 가장 많은 영화 기획이 존재했던 때다. 첫 성공의 시기부터 로메르의 길을 계속 따라가다 보면 이런 기획들은 점차 정리된다. 그때까지 빈번한 실패에도 불구하고 이 기획들은 그의 끊임없는 시도를 증명한다.

1963년 12월 시네아스트는 ORTF의 자금을 조달받아 다시 한 번 그의 가장 문학적인 기획을 시도한다. 바로 도스토옙스키의 단편 소설 『온순한 여인』을 각색하는 작업이다. 슈뢰더와 로장주는 누벨바그 작가들과 기꺼이 협력하는 마그 보다르Mag Bodard와 그녀의 회사 파르크 영화사와 연대를 맺고 있다. 그러나 제2채널의 프로그램 책임자 알베르 올리비에Albert Ollivier는 로메르가 전개한 글을 읽고 "신중하면서도 호의적인 의견"을 보내온다. 그는 "각색의 첫 번째 부분의 높은 수준"을 인정하는 반면 "두 번째 부분은 수정하기"를 제안하며 이렇게 평가한다. "인물들이 행동하기 시작하자 글이 갑자기 간략해지는 것처럼 보입니다. 인물의 행위가 내적 요구에 따르기보다는 저자의 의도에 따라 훨씬 더 많이 움직이는 것 같습니다. 인물들이 살아 있는 존재처럼 느껴지도록 이 부분을 다듬어야 할 것입니다. 이 두 번째 부분을 다시 쓰는 데 로메르 씨가 동의하신다면 이 기획의 연출에 관심이 있습니다."[64] 1964년 2월 10일 보낸 로메르의 답변은 예상대로 가혹하며 흥미롭다. "이 단계의 각색에서 글을 다시 고쳐 주인공들을 더 사실적으로, 더 감동적으로 만들 필요가 없다고 생각합니다. 종이에 쓴 글을 본 독자는 실망할 수 있다고 인정합니다. 하지만 이미지로 보여 줘야 할 것을 왜 미리 보려고 할까요? 나의 경우 그것은 연출의 역할로만 존재합니다. 제게 지적하신 결점은 첫 크랭크 인crank in•이 돌아가기 전에 연출의 특권을 침해하지 않고 중복을 피하려는 매우 예민한 관심에서 비롯된 부분입니다."[65]

로메르는 연작을 좋아한다. 1964년 11월 그는 〈파비앵과 파비엔Fabien et Fabienne〉이라는 제목의 13분 분량의 열세 편의 에피소드를 종이 한 장에 담는다. 이전 〈샤를로트와 베로니크〉 시리즈의 교외/임대 아파트HLM 버전이다. 로메르는 그의 현재, 즉 1960년대 소비 사회의 현실에 맞춰 확실히 각색한다. 그는 자신의 과거에서 온 인물과 상황을 사실주의적 방식으로 바꿔 묘사하고 동시대에 맞게 통합한다. 시대의 융합 과정을 그는 곧 체계화한다. 소시민 계급의 젊은 신혼 부부 파비앵과 파비엔은 아파트를 찾아다니다 결국 그들이 꿈꾸던 임대 아파트를 얻는다. 한 에피소드는 아파트 대단지 속에 사는 삶의 기술을 묘사한다. 생필품 보급과 교통에서 겪는 어려움이다. 또 다른 에피소드에서 파비엔은 "그녀에게 필요하지도 않은 물건을 사게 하고 끝없이 소비를 계속하게 하는 외판원"[66]의 방문을 받는다. 마지막 두 에피소드는 두 가지 궁극적인 상황 유형에 중점을 둔다. 자동차 구매에 이어 캠핑으로 연장되고, 로메르가 잘 알고 있는 점증하는 관행은 주말 나들이를 중단시킨다. 이 '사회학적' 영화 기획은 1962년 크리스 마르케의 〈아름다운 5월Le Joli Mai〉과 1961년 모리스 피알라Maurice Pialat의 〈사랑은 존재한다L'Amour Exist〉, 그 후 1967년 장뤽 고다

• 한 편의 영화 촬영을 시작하는 것

르가 〈그녀에 대해 아는 두세 가지 것들Deux ou Trois Choses que Je Sais d'Elle〉에서 보여 준 도시 교외 지역에 대한 동시대적인 조사와 비교할 수 있다. 특히 고다르의 이 영화는 로메르에게 깊은 인상을 남긴다. 하지만 〈파비앙과 파비엔〉은 직접적이고 반어적이며, 당대의 사회적 관습에 대한 다큐멘터리적이고 거리감을 둔 시선을 보여 준다. 전쟁 후 생제르맹데프레의 세계(〈푸세트Poucette〉) 이후에 1960년대 대학생 숙소 생활을 거친 후, 이 기획에서 묘사한 교외 거주자의 시기는 나중에는 신도시나 농촌 사회의 변모로 이행한다.

가장 흥미로운 생각은 「지하철의 미친 사람Un Fou dans le Métro」이라는 제목의 글에서 펼쳐진다. 자화상 같은 강박적인 내면의 이야기가 한 50대 남성의 평범한 재난을 통해 펼쳐진다. 주인공은 육가공 식료품점과 신문 가판대, 지하철 개찰구 등 여기저기서 줄을 서다가 지하철을 탄다. 그러곤 승차권 검표원과 사소한 문제가 발생한다. 그는 무고하지만 사실 잘못이 있는데, 승차권 하나로 개찰구를 두 번 통과했기 때문이다. 신문을 사러 나가다 무심결에 승차권 천공기를 통과했던 것이다. 검표원은 일을 악화시킨다. 성급해진 남자는 처음에는 예의 바르게 설명하다가, 나중에는 신경질적이 되고 거만해진다. 역장이 도착하고 나중에는 경찰 두 명이 오는데 경찰서에서도 사건은 계속된다. 몇 시간의 치열한 공방전 끝에 남자는 무죄를 증명하고 집으로 돌아간다. 녹초가 된 그는 혼자서 큰 소리로 불평한다. 그를 지나치던 두 행인이 말한다. "파리에 미친 사람들이 있다니 미친 거야."[67] 끊임없이

354

중얼거리는 남자의 논평이 혼자 사는 조울증 남자에게 일상적 메커니즘의 모든 기능 장애가 덮치는 이야기와 함께 제공된다. 세상은 논리적으로 피할 수 없는 방식으로 그에게 대항한다. 타자기로 쓰인 34쪽짜리 이 불안 가득한 글은 분명 로메르가 단편으로 만들려고 했던 순수한 편집광에 대한 영화다. 바르베 슈뢰더는 이렇게 말한다. "(…) 여기에 로메르를 이해하는 열쇠가 있다. 〈에투알 광장〉에 나오는 인물 같은 미친 사람도 그와 조금 비슷하다. 그는 보기보다 훨씬 복잡한 사람이다."[68]

마지막으로 언급할 로메르의 미완성 기획은 1966년에 이루어진, 주주Zouzou와의 부조화스러운 만남에서 나온 결과다. 주주는 시네아스트가 파트리크 보쇼 덕분에 만난 파리의 밤의 세계에서 유명한 인물이다. 이 젊은 여성은 가출과 무분별한 행동을 일삼아 세월을 보내다 『패션의 정원Jardin des Modes』의 편집장과 카트린 아를레Catherine Harlé에 의해 발굴되어 패션 사진으로 경력을 시작한다. 그녀는 관능적인 큰 입, 약간 구부러진 코, 아름다운 연갈색 머리칼, 버뮤다 반바지, 이른 아침까지 트위스트를 추는 열정, 그리고 요동치는 1960년대 파리 여성으로 표현된다. 그녀는 생제르맹에 있는 나이트클럽 카스텔과 골프드루오에서 춤과 파티가 있는 밤의 세계에 살면서, 『파리 마치Paris Match』의 보도 기사에 따르면, "트위스트 주주", "코발스키", 혹은 그녀가 자주 착용하는 브란도 가죽 재킷에서 따온 "라 마를론"과 같은 연상적인 별명을 부여받는다. 저녁 파티와 노출, 사교계 생활을 피하는 로메르의 금욕적인 면모와는 정반대다.

그럼에도 불구하고 시네아스트는 보쇼와 슈뢰더를 통해 그녀에게 흥미를 느낀다. 그녀의 놀라운 본성에 사로잡힌다. 그 혼자만 매료된 것은 아니었다. 주주는 도노반Donovan과 뒤트롱Jacques Dutronc과 함께 두 장의 음반을 녹음해서 비교적 성공을 거두었으며, 브라이언 존스Brian Jones를 따라 롤링 스톤스The Rolling Stones와 함께 런던을 여행하고, 다섯 편의 영화를 촬영한다. 베르트랑 블리에Bertrand Blier의 〈히틀러, 모르겠는데Hitler, Connais Pas〉와 앙드레 미셸André Michel의 〈물속의 물고기처럼Comme un Poisson dans l'Eau〉, 그리고 필리프 가렐Philippe Garrel의 세 작품, 〈처녀자리Le Lit de la Vierge〉, 〈집중La Concentration〉, 〈기억 속의 마리Marie pour Mémoire〉에 출연한다. 그녀는 가렐의 첫 번째 뮤즈 중 한 명이다. 로메르는 그녀에게 1960년대 중반을 특징짓는 "만화 스타일"[69]과 〈댕.당.동.Dim' Dam' Dom〉•의 정신적 분위기 사이에 있는 텔레비전 시리즈 〈주주의 모험Les Aventures de Zouzou〉을 제안한다. 13분짜리 30회 분량의 기획에서 이 젊은 여성은 시골 고향(그녀는 '농부의 딸'이다)에서 자유분방한 삶을 보내다가 온갖 종류의 모험과 만남을 이어 간다. 전체는 "주주가 고안해서 에릭 로메르가 연속극으로 만든다"[70]는 계획이었다. 로메르는 이 기획에 대한 간단한 제안서를 작성하여 ORTF에 제출한다. "드라마의 주인공은 그녀가 겪는 불행이나 순진함, 어리석음이 아니라 가장 위험한 상황을 헤쳐 나가는 놀라운 요령, 시의 적절성과 임기응변, 유혹하고 설

• 프랑스의 TV 시리즈 이름

득하는 능력, 당혹스러운 대담함, 세계 최고의 본성과 결합된 모든 것에 흥미를 느끼고 즐길 것이다. 주주는 시대의 풍조에 걸맞은 사람이다. 어떤 것도 그녀를 위협하거나 놀라게 하지 못한다. 존재와 생활, 행동, 옷 입는 방식에서 그녀는 시대를 앞서가며, 이런 점 때문에 다소 비현실적인 공상 과학의 여자 주인공 같은 면모를 보인다. 그녀는 매일 거리에서 만나는 그런 여성이 아니라—때로 그녀를 그들의 원형으로 삼을 수 있지만—, 만화에서 나왔다고 생각할 것이다. 그러나 그녀는 존재한다. 현실 세계와 신화의 세계에 동시에 속하는 이중성이 이 기획을 흥미롭게 만들 것 같지 않은가?"[71]

1966년 3월에서 6월 사이에 ORTF의 영화 및 외부 자원 부서의 책임자 장 조제 마르샹Jean José Marchand과의 서신 교환에서 로장주가 제안한 이 기획이 실패했음을 알 수 있다. 슈뢰더는 "우호적이지만 유보적인 의견"[72]을 받았고, ORTF는 예산의 절반(13만 프랑) 미만으로만 참여하려고 한다. 부족한 16만 프랑을 마련하는 것은 로장주 영화사에 달려 있다. 그런데 이 돈은 바르베 슈뢰더가 마련할 수 있는 수단을 넘어선 액수였다. 기획은 포기했지만 주주는 솔직한 아름다움과 자유로운 언어로 로메르적 여자 주인공의 계보에 독특한 흔적을 남겼다. 그녀는 1972년 〈오후의 연정 L'Amour, l'Après-Midi〉에서 결혼한 남자를 유혹하는 여성을 연기하며 로메르 영화에 돌아온다.

교육적인 영화

1963년 11월 에릭 로메르는 "초심자의 열정으로"[73] 텔레비전학교를 위한 첫 프로그램을 촬영한다. 그는 계몽주의 과학 실험에 대한 24분짜리 교육용 작품 〈18세기 물리학 연구실〉을 비조 대로에 있는 스튜디오에서 16밀리로 촬영한다. 로메르는 놀레 신부 abbé Nollet와 볼테르Voltaire, 샤틀레 부인Mme du Châtelet, 시고 드 라퐁 Joseph-Aignan Sigaud de Lafond 또는 백과사전의 설명에 의존하여 단역을 써서 당대 다섯 가지 실험을 재구성한다. 영화는 놀레 신부가 정전기 실험을 하는 '놀이'로 끝난다. 놀라운 효과(머리카락이 서고 불꽃이 튀는)는 과학 실험실을 호기심의 방, 조상의 발명 궁전으로 변모시킨다. 모두 스튜디오에서 촬영되는데, 당대의 물리 실험 도구와 책들이 배치된 방에서 로메르는 물리학자와 인터뷰를 진행한다. 로메르는 유머를 담아 이렇게 쓴다. "거기에도 사랑 장면이나 갱스터 사이의 결투 장면만큼이나 좋은 촬영 효과를 내는 소재가 있다고 느낀다."[74] 시네아스트이자 교육자인 그는 구체적인 세부 사항, 실험 기록과 글 읽기 사이의 연결, 꾸며 놓은 무대와 도구 자체를 통한 맥락화에 관심을 기울이는 유일한 사람이 된다. 로메르는 리슐리외 거리에 있는 국립 도서관의 열람권을 만들어 그곳에 자주 출입하며 많은 자료를 읽는다.

연구 조사 작업과 역사 문학적 지식에 걸맞은 시각적 등가물을 찾아야 하는 의무감, 그리고 글에서 읽은 당대의 몸짓과 태도, 의상 간의 몽타주는 단번에 시네아스트를 자극한다. 교사로서의 열정이 깨어나고 중립적이고 재미있게 기록한 간단한 이야기가 20~30분 분량의 짧은 방송으로 살아남는다. 거의 서른 편의 시험적 영상을 연달아 만들고, 총 열두 시간에 달하는 자료는 그의 깊은 집중력을 보여 준다.[75] 피에르 레옹Pierre Léon 은 「교육자 로메르 Rohmer educateur」라는 글에서 이렇게 쓴다. "이 영화 에세이는 자연스럽게 로메르의 초상을 형성하고, 대조적인 빛으로 한 사람의 생각을 조명하며, 고전적이고 예리하고 수직적이며 능숙한 사고가 우리에게 발휘하는 모든 매력의 힘을 드러낸다."[76]

비평가 올리비에 세귀레Olivier Séguret 는 『리베라시옹』에서 로메르에게 더욱 가치를 부여한다. "시詩는 이런 미세화에서 유일한 진짜 주제다. 시는 생겨나고 풍겨 나오고 빛나지만, 우리가 바라보고 추적하고 꼼짝 못하는 대상처럼 그렇게 촬영되지 않는다. 아마 로메르는 예외일 것이다. 어떤 천재가 있을 때 시는 촬영될 수 있다. 그는 우쭐하고 과도하게 포장된 위압적인 천재가 아니다. 그와 반대로 이 천재는 공인된 겸손함을 가진 장인이다. (…) 이 영화들의 이상한 조합은 거기에 접근하는 기발한 경로가 어떻든지 간에 교육적 요구도 결코 놓치지 않는다. 교육이 목적인 이 영화들은 특히 로메르에게 교육적이었다."[77]

작은 사실을 묘사하는 이런 정확성은 시네아스트에게 필수적인데, 역설적 접근을 통해 영화가 시가 되는 것처럼 시네아스트는 거기서 영화적 윤리를 발견한다. 사실을 근거로 진실을 분리하고 그것을 직접 촬영한다. 30여 편의 단편 영화에서 로메르 작품의 본질을 잘 이해하기는 쉽지 않지만, 문자 그대로의 의미에서 예술, 문학, 역사, 삶에 대한 이런 실험적 접근은 영화를 통해 이루어진다. 필리프 포벨Philippe Fauvel이 「에릭 로메르의 실험실Le laboratoire d'Éric Rohmer」이라는 제목의 글에서 정확하게 이해한 것처럼 시네아스트가 시험을 이끌어 가는 곳은 이 실험실이다. "샤틀레 부인 저택에 있는 물리학 연구소가 볼테르 것인 것처럼, RTS를 위해 연출된 이 영화들은 로메르의 것이다. 즉 그가 세운 가설이 바르게 가고 있는지 여부를 확인하는 실험 장소다."[78]

이 실험실에서 로메르의 실험은 주로 두 종류다. 한편으로 그는 글과 이미지를 비교, 대조하여 지식을 생산한다. 1968년 5월 로메르는 『라디오텔레비전학교 회보Bulletin de la Radio-television scolaire』에 이렇게 쓴다. "이미지는 글을 더 잘 이해하는 데 도움이 되어야 할 뿐만 아니라 글 역시 이미지, 즉 세계를 더 잘 이해하는 데 도움이 되어야 한다. 일반적인 예술이나 인생을 더 잘 이해할 수 없다면 교육이 어디에 쓰이겠는가? 양식적으로 뛰어난 장인일 뿐만 아니라 독창적인 생각을 세상에 제공하기 때문에 훌륭한 작가를 공부하는 일은 흥미롭다. 그가 쓴 글을 영감을 준 세계와 비교, 대조하는 것이 텔레비전의 고유성이며, 그것에서 텔레비전의 유익하고 진정한 교육 임무가 주어진다. 이상적인 방송에서 작가의 글은 시각적 현실을 지시하기에 충분히 정확하고 구체적이며, 되도록이면 보여 줄 수 있는 조형적 현실이어야 한다. 따라서 우리의 임무는 텍스트로 보여 주는 데 있다."[79] 다른 한편으로 로메르는 자신의 영화적 지식을 통해 다양한 예술을 혼합하고, 호기심과 취향을 반영한다. 시(크레티앵 드 트루아Chrétien de Troyes, 포, 위

고, 말라르메Stéphane Mallarmé에 대한 영화)와 음악(〈말라르메〉에서의
드뷔시 음악, 〈페르스발, 성배 이야기Perceval ou le Conte du Graal〉나 〈18세
기 낭시Nancy au XVIIIe Siècle〉에 선정된 음악 작품 등), 그림(〈물리학 연
구실〉, 〈페르스발〉, 〈세르반테스의 돈키호테Don Quichotte de Cervantès〉,
〈라브뤼예르의 성격론Les Caractères de La Bruyère〉 등), 건축(〈풍경의 변모
Métamorphoses du Paysage〉, 〈건축가 빅토르 위고Victor Hugo Architecte〉, 〈콘크
리트에 대한 인터뷰Entretien sur le Béton〉), 그리고 물론 영화(〈라탈랑트
L'Atalante〉, 〈루이 뤼미에르Louis Lumière〉, 〈부뒤Boudu〉)도 있다. 여기서
우리는 「셀룰로이드와 대리석」에서 의문을 제기했던 관점에서
주요한 로메르의 예술을 발견할 수 있다.

　로메르는 자신의 영화적 사고와 실천에서 이런 방송의 중요성
을 빠르게 인지한다. 1960년대 중반부터 그는 방송을 재평가하는
데, 예를 들어 극장용 영화보다 방송을 부차적인 것으로 여기지
않는다. "화면의 한 이미지는 크기에 상관없이 화면의 한 이미지
다. 모든 것은 무엇보다 화면과 관련해 우리가 자리한 거리에 달
려 있다."[80] 1966년 11월에 쓴 미출간된 글 「교육적인 영화Le cinéma
didactique」[81]에서 그는 텔레비전과 교육적 실천을 크게 옹호한다.
"지난 2년 동안 나는 텔레비전학교를 위해 여러 편의 방송(정확
히 여덟 편)을 만들었다. 나는 '방송émission'이라고 표현하지만 '영
화film'라고도 말할 수 있는데, 누구도 '생방송'으로 연출한 사람
은 없기 때문이다. 그것들은 모두 내 극영화들과 같은 내 작품의
일부라고 생각한다. 그리고 그것이 사소하다고 생각하지 않는다.
다른 나머지에 해당하는 가치가 있다."[82] 시네아스트는 이런 유

형의 작은 영화적 작품에 관심이 있음을 설명하려 한다. "난 갈수록 영화관에 덜 가게 되는데, 현재의 영화가 지루하기 때문이다. 아무것도 배울 게 없기 때문에 지루하다. 예전 영화에는 항상 사람과 세계, 혹은 영화 예술에 대해 배우는 점이 있었다. 오늘날 영화는 자신을 응시하고 모방하고, 또는 엄격하게 스스로 비판하는 것 외에는 하지 않는다. 영화는 더 이상 다른 곳을 바라보는 법을 모른다. 우리가 아직 모르는 어떤 것은 주지 못한다. 우리를 지루하게 한다."[83]

이런 이유로 그는 학교 방송을 동시대 다큐멘터리 영화적 실험에 더 가깝게 만든다. "정보 영화 분야에 행복한 진화가 이루어지고 있고, 요란하고 속 빈 해설로 꾸며진 이미지 모음집 같은 외형을 점점 더 많이 버리고 있다. 40년 전 예이젠시테인은 〈자본Le Capital〉을 촬영할 수 있는 날이 곧 올 것이라고 쓴 바 있다. 오늘날 텔레비전 방송으로 만들 수 없는 추상적인 개념의 대상은 없다. 사용된 수단은 매우 직접적이다. 주로 인터뷰, 토론, 대담 등 모든 말하는 방식에 도움을 받아 만든다. 이는 매우 영화적이고 현대적이라 할 수 있다. 따라서 이 분야는 극영화와 함께 고전 다큐멘터리보다 무한히 더 광대한 영역이 만들어지고 있다."[84] 이 미개척 분야의 범위를 정의하는 데 시네아스트에게는 드문 예언자적 열정이 스쳐 지나간다. "단지 엄밀한 학문적 의미에서 교육이나 저널리즘적 의미에서 정보를 제공하는 문제일 뿐만 아니라, 인간적 성찰이나 지식의 영역 어떤 부분도 영화에 갇혀 있지 않으려는 것이 중요하다. 이 거대한 야망 내부에 교육적인 영화의 자리가 있다. 영화 예술이 다른 예술에 추가되지만 이를 대체하지 않는 것처럼, 영화는 모든 것을 말할 수 있고 추가되지만 대체될 수 없다. 영화는 사물을 다른 방식으로 생각할 수 있게 하며, 지금까지 보이지 않았던 면을 보게 해 준다."[85]

1964년 5월 파리에서 열린 텔레비전학교에 관한 회담을 위해 쓴 또 다른 글에서 새로운 전향자 로메르는 이렇게 말한다. "보는 법을 배우는 것은 우리 교육에서 가장 시급한 과제 중 하나다. 이것은 무엇보다 자신의 눈으로 확인하고, '소문'을 믿지 않고, 사실로 돌아가서 출처를 찾는 것을 의미한다. 학교 방송은 학생에게 자료를 제공하여 무관심에서 벗어날 수 있게 한다. 중요한 것은 그 자료가 담화의 삽화가 아니라 연구를 상세화한 재료로서 제공되고, 그 영화는 연구 전개로 이루어지고 취향을 전달하려고 시도한다. 항상 자료에 대한 지식에 미학적 판단을 연관시키는 것이 중요하다. '아름다운 것만이 진실하다', 이것이 우리의 격언이다. 마지막으로 학교는 따분한 것을 의미하지 않는다. 여기서 기쁨은 도주가 아니라 탐구하는 데 있다. 이 즐거움은 사물을 보는 데서 온다. 텔레비전은 이 회복을 작동시키고 어린 청중이 교실에 있는 것조차 잊어버릴 만큼 매력적인 비교할 수 없는 도구다. 그런 다음, 마법을 발산하거나 연장하는 것은 교사의 몫이다."[86]

로메르 교수와 텔레비전 수업을

에릭 로메르는 1964년에서 1970년 사이에 텔레비전학교를 위해 매년 약 네 편의 방송을 기획하고 촬영했는데,[87] 특히 1968년 겨울에 〈모드 집에서 하룻밤〉의 촬영 전까지 이 활동이 그를 먹여 살렸고 이 시절의 중요한 순간이었다.

1964년 가을, 연달아 공들여 만든 〈페르스발, 성배 이야기〉와 〈세르반테스의 돈키호테〉는 '교육적 영화' 측면에서 로메르의 방법론을 가장 잘 보여 준다. 먼저 그는 국립 도서관이나 INRP 도서관에서 심도 깊고 엄격한 연구를 수행한다. 그런 다음 그가 직접 쓴 말처럼 "자료를 촬영"[88]한다. 이어서 글을 인용하고 이미지 작업을 한다. 이 영화의 경우엔 국립 도서관에 소장된 크레티앵 드 트루아의 수사본의 세밀화, 쿠아펠Charles-Antoine Coypel에서 나투아르Charles-Joseph Natoire까지의 돈키호테와 토니 조아노Tony Johannot, 도레Gustave Doré, 도미에Honoré Daumier의 낭만주의 시대의 돈키호테를 재현한 판화를 섬세하게 살펴본다. 이 화가들은 이 전설적 인물 돈키호테를 창조하고 확정했으며, 그 이미지 대부분은 촬영되거나 사진으로 찍힌 적이 없다. 마지막으로 "어휘 수업"[89]이 있다. 시네아스트는 크레티앵 드 트루아의 단어를 하나하나 재번역하여 12세기 작가의 옛 프랑스어를 새로운 작시법으로 복원한다. 이 도상적이고 문학적인 작업은 23분의 방송으로 전파되고, 12년 후 〈갈루아인 페르스발〉을 구상하고 촬영할 때 다시 사용된다.

이 활동은 중요한 만남의 기회이기도 하다. 크레티앵 드 트루아의 글을 구사하는 배우를 찾던 로메르는 RTS 출판사의 '레트르Lettres' 총서 제작자이자 부르주의 문화원을 거쳐 간 연극인 피에르 가바리Pierre Gavarry를 통해 앙투안 비테즈Antoine Vitez를 만난다. 서른네 살의 이 배우는 타니아 발라코바Tania Balachova에게 훈련받고 1960년부터 1962년까지 루이 아라공Louis Aragon의 개인 비서를 거친 후 라디오 낭독과 영화 더빙을 하며 활동을 시작한다. 그는 클로드 레지Claude Régy, 롤랑 모노Roland Monod, 장마리 세로Jean-Marie Serreau와 함께 극단에서 일하고, 1958년 미셸 비나베르Michel Vinaver의 〈한국 사람들Les Coréens〉에 출연한다. 그리고 캉Caen 문화원에서 피에르 바라Pierre Barrat가 연출한 코르네유의 〈니코메드Nicomède〉에서 처음으로 주역을 맡는다. 또한 비테즈는 1966년 캉에서 첫 번째 연출작인 소포클레스Sophocles의 〈엘렉트라Electre〉를 공연하는데, 이를 본 로메르는 깊은 인상을 받는다. 비테즈의 공산주의 활동도 두 사람을 갈라놓지 못한다. 반대로 시네아스트는 연극하는 남자의 "무신론적 장세니슴"[90]에 항상 흥미를 느끼고, 나아가 자극을 받는다. 그들은 여섯 편의 학교 방송을 함께 작업한다.[91] 시청자는 문학적 글과 해설을 읽는 깊고 차분하고 낮은 비테즈의 목소리를 들을 수 있다.

로메르는 〈에드거 포의 놀라운 이야기Les Histoires Extraordinaires d'Edgar Poe〉로 애독 작가를 다룬다. 그는 더 이상 판화와 그림을 참조하지 않고 기존 영화에서 장면을 인용해 사용하는데, 이는 '시네필적 인용'을 견딜 수 없어 했던 그의 작품에 참신한 경험이 된다. 이렇게 로메르는 "환상적인 것이 사유가 되는"[92] 포의 작품에 대해 해설하는데, 이것은 『그로테스크하고 아라베스크한 이야기들 Tales of the Grotesque and Arabesque』을 각색한 '비할리우드적' 전통 덕분에 가능해진다. 즉 알렉상드르 아스트뤽(《구덩이와 시계추Le Puits et le Pendule》), 장뤽 고다르(《비브르 사 비》, 얼굴 초상 장면), 장 엡스탱 (《어셔가의 몰락La Chute de la Maison Usher》), 더크 피터스(《베레니스》) 와 같은 영화가 그 예다. 언급한 마지막 감독은, 우리가 잘 알듯 이, 속임수(에드거 포의 인물 이름에서 따서 로메르가 지어 낸 자칭 영국 시네아스트)이며 그의 영화를 위장한 것이다. 즉 1954년에 만든 6분짜리 그의 무성 단편 영화는 실제로 텔레비전 방송에 방영된 다! 조소하는 얼굴로 고문을 당하는 모리스 셰레의 유령은 이렇게 프랑스 고등학생을 위한 환영에 사로잡힌다.

1965년 시네아스트는 역사적 무대 배경 위로 조각상 같은 열 두 명의 '무성' 배우들과 함께 〈라브뤼예르의 성격론〉을 촬영한 다. 그 형상들은 바보, 뚱보 필레몬Philémon, 뷔를레스크 작가, 자두 애호가, 사무원 첼스, 농민, 염세주의자 젤리, 잘 웃는 뤼팽의 모습이며, 마지막으로 그들은 베르사유 궁전에서 뒷모습의 4분의 3 이 보이는 태양왕 주위에 모여 고전 모럴리스트의 인용문을 설명한다. 전체를 이루는 것은 샹티이 성에서 스승 라브뤼예르가 살고, 움직이고, 글로 썼던 세상을 시각적으로 재구성한 것이다. 로메르와 그의 팀은 베르사유와 광장, 예배당, 정원, 주변 시골을 촬영했고, 시네아스트가 쓴 해설과 선별된 인용문을 읽는 비테즈의 목소리를 들었다.

제목에서 알 수 있듯 〈파스칼에 대한 대담Entretien sur Pascal〉에서 로메르는 마음에 두고 있던 대화의 기술을 소개한다. 그는 이 대화의 기술을 여러 학교 방송에서 일반화하고 몇몇 극영화에서 다시 사용한다. 로메르는 인터뷰를 좋아했다. 『카이에 뒤 시네마』
에서 대담을 실천했고—그중 약 열다섯 편이 잡지에 실렸다—,
라디오로 듣고, 텔레비전에서 시청(예를 들어 장 위톨드가 진행하는
대담)한다. 그는 "대담은 텔레비전 지식의 도구이며, 훌륭한 작가
들에게 더 가까이 갈 수 있게 해 준다. 우리는 그들을 듣고 본다.
재미있는 동시에 교육적이다"[93]라고 말했다. 시네아스트는 파스
칼을 주제로, 무신론 언어학자 브리스 파랭Brice Parain과 성 도미
니크회 신부 도니미크 뒤바를르Dominique Dubarle 간의 신학적이고
철학적이고 우애 있는 고상한 의미의 '논쟁'을 조직한다. 로메르
는 22분간 이 토론을 이끌고 지시한다. 파스칼의 내기에 대한 논
쟁으로 논점을 재조정하고, 파랭을 비테즈로 바꾸고 뒤바를르를
트랭티냥Jean-Louis Trintignant으로 대체해 보면, 3년 뒤에 촬영할〈모
드 집에서의 하룻밤〉속 유명한 카페 대화 시퀀스의 근거를 분명
히 알 수 있다.

로메르는 그가 아주 좋아하는 시인인 빅토르 위고에게 두 편의
방송을 헌정한다. 1969년 4월 14일에 방송된 두 번째 작품〈건축
가 빅토르 위고〉는 그 후 고전이 된 텔레비전 로메리즘rohmérisme
형식을 사용한다. 즉, 글(『파리의 노트르담Notre-Dame de Paris』, 『93년
Quatre Vingt-Treize』, 『라인강Rhin』에서 발췌한 내용)과 이미지(위고의 데
생과 판화, 철판화 잉크, 아제Eugène Atget의 오래된 파리 사진), 그리고
로메르가 쓰고 비테즈가 읽은 해설을 서로 대비한다.〈빅토르 위
고, 명상 시집Victor Hugo, Les Contemplations〉(1966)의 형식은 더 독창
적이다. 로메르는 저지섬을 홀로 방문해 작은 16밀리 파이야르

카메라를 손에 들고 촬영한다. 이 섬은 위고가 「나는 너의 갈매기를 사랑해, 오 깊은 바다⋯J'aime ta mouette, ô mer profonde...」, 「매일 가는 계곡은 매력적이네Le vallon où je vais tous les jours est charmant」, 「언덕에서 널 위해 이 꽃을 골랐어J'ai cueilli cette fleur pour toi sur la colline」 혹은 「그림자의 입La bouche d'ombre」과 같은 그가 가장 좋아하는 시의 영감을 얻은 장소다. 그는 빅토르 위고가 1852년 8월 8일 친구에게 쓴 편지에서 여행 동기를 발견한다. "시 구절은 어떤 점에서 경이로운 자연 그 자체에서 나온다."[94] 로메르는 그의 방송으로 순례하지만, 또한 국립 도서관에서 열람한 수사본에 기록된 장소와 날짜를 기준으로 현장 조사도 한다. 저지섬에서 그는 남쪽 해안 바닷가 쪽으로 테라스가 있는 대저택이나 유명한 '추방자들의 바위 rocher des Proscrits'를 보여 주기도 하지만, 또한 수많은 작은 만灣으로 잘린 거친 영국령 노르망디anglo-normande섬의 북쪽 해안을 따라 걸어 다니며, 이상한 모양의 동굴과 외진 곳, 북서쪽의 그로네 성터의 폐허, 그루빌의 작은 마을, 그리고 양 떼를 방목하는 전원의 신선함을 지닌 퀸스 밸리도 방문한다. 시네아스트는 이 기회를 활용해 시인이 다녀간 몇몇 환상적인 위치를 세심하고 정확하게 다듬고 매우 즐거워한다.

　여행은 두 번에 걸쳐 진행된다. 1965년 가을 사전 답사를 진행한 다음, 이듬해 4월 실제 촬영이 이루어진다. 로메르는 위고가 숨 쉬던 공기를 깊이 들이쉬고, 그가 찍은 안개 끼고 떨리는 숏의 유연한 진동을 통해 바위의 질감과 추방당한 시인에게 부여된 공간의 무한성을 재구성한다. 그는 홀로 그 자리에서 많은 기술적 문제(특히 필터링과 광도)에 직면해 많은 지식을 습득하고, 경험을 통해 해결책을 찾아야 했다. 주요한 근심은 네스토르 알멘드로스가 빌려 준 파이아르 볼렉스 카메라와 관련된 일이다. 연속 작동 시간이 단지 20초뿐인 데다가, 더운 기후에 익숙해져 있어서인지 서리가 생기면 작동 10초 만에 속도가 느려지고 멈추었다. 4월 말 아직 추운 바람이 불 때 시네아스트는 저녁이면 침대 이불 아래 몸에 대고 따뜻하게 할 수 있는 모든 방법을 써서 기계를 보호했다. 작가의 가치는 흥미로운 일화를 통해 드러난다. 약 40년 후 『리베라시옹』의 올리비에 세귀레는 그에 대한 열렬한 기사를 쓴다. "에릭 로메르가 우리에게 이야기하는 것은 황금 같은 비밀이다. 그렇다, 그는 카메라와 잤다고 고백한다. 꽤 상당한 분량의 소식을 소화하려면 '결국 모든 것이 밝혀질 때' 헐떡이는 숨을 쉴 수 있어야 하고, 알프스 샤르트르회 수도원에서 6개월간의 비평적 거리 두기가 당장 필요하다. 장면이 몹시도 아름답기 때문이다. 당연히 재미있고 애정도 있다. 직업적 임무를 수행하는 현실의 노골적이고 분명한 진실, 매력과 짓궂음, 무엇보다 시가 있다."[95] 에릭 로메르가 다시 읽으며, 걸어가며 촬영한 작품 〈빅토르 위고, 명상 시집〉은 시네아스트의 가장 시적인 소품 중 하나를 확실히 보여 준다. 그가 국가 유산을 다루는 단순성은 여기서 모범적 사례가 된다.

〈스테판 말라르메〉는 또 다른 보석이며, 1967년 11월에 촬영해 1968년 1월 19일에 방송된다. 로메르에게 있어 이 영화는 무엇보다 하나의 도전이다. 말라르메는 그에게 소중하지만 쉽지 않은 시인이다. 시 구절에 대한 모든 설명은 고등학생에게 만큼이나 입문자에게도 어렵다고 판명되었다. 시네아스트는 임무를 의식하고 낱장의 종이에 시인의 구절을 인용한 글귀를 '말라르메 자료'에 핀으로 꽂아 보관한다. "한 남성이 겨우 15분 만에 의미를 파악할 수 있는 / 소네트를 창작하는 데 내 인생의 / 15년을 보낸다면 그럴 가치가 없을 것이다"[96]라는 구절이다. 말라르메의 난해성 문제를 해결하기 위해 로메르는 인터뷰를 하기로 결정하는데, 이번에는 그가 태어나기 20년 전에 죽은 이 시인과 직접 대화하는 형식으로 진행한다. 국립 도서관에서 작업하던 시네아스트는 1891년 『레코 드 파리 L'Écho de Paris』에 실린 말라르메가 쥘 위레 Jules Huret 와 진행한 인터뷰를 발견하고, 그것을 영화에 사용하기로 결정한다. 시네아스트는 자신의 목소리로 쥘 위레의 질문을 담당하고, 주름살을 그려 분장한 배우 장마리 로뱅 Jean-Marie Robain[97]이 답변을 '재연'한다. 로메르는 이 작업을 위해 말라르메 전문가 앙드레 힌슈베르거 Andrée Hinschberger 를 합류시킨다. 그녀는 문서를 작업하고, 글을 선택하며, 만남이 진행되는 장소의 말라르메적 실내 장식을 결정하고 재건하는 데 도움을 준다. 실내 장식 팀은 제네랄 미셸비조 가에 있는 스튜디오에서 데생과 회화, 사진을 기반으로 말라르메의 살롱 내부를 세심하게 재건한다. '대가'와의 인터뷰는 익살스러운 어조로 진행되며 마지막 답변은 재미있으면서도 귀중한 이런 달콤한 양식으로 표현된다. "사실상 보다시피, 세상은 아름다운 책으로 귀결됩니다!" 로메르는 이 영화의 구상과 준비를 즐긴다. 특히 그가 앙드레 힌슈베르거와 함께 소통하는 방식은 장난스럽고 전염성 있는 말레르메식의 단어 유희를 즐기는 편집광적인 것이다. 예를 들어, 그녀는 개성적인 봉투에 주소를 운문으로 작성해 자신의 공모자에게 이렇게 보낸다. "황새처럼 빠른, 우체부 님, 해변에서 쓴, 이 문자를, 부르고뉴 거리 30번지, 에릭 로메르 씨에게."[98] 그 후에도 시네아스트는 가까운 사람이나 동업자 관계에서 이런 시적 언어유희를 즐겼다. 반면 앙드레 힌슈베르거는 불행하게도 영화 촬영을 끝내지 못하고 1967년 11월 21일 치명적인 백혈병으로 사망한다. 로메르는 박식한 동료보다도 유희 공모자를 잃은 것에 매우 마음 아파한다.

예술가에게 듣다

또 다른 텔레비전 작업인 ORTF의 작업이 1960년대 중반의 로메르를 지배한다. 1964년 4월 자닌 바쟁과 앙드레 라바르트는 텔레비전 제2채널에서 방송되는 〈우리 시대의 시네아스트Cinéastes de Notre Temps〉[99] 시리즈를 시작한다. 앙드레 바쟁의 아내와 『카이에』의 비평가에게 이 방송은 노란색 표지 잡지가 실천한 시네필 작업의 "성찰적 반향"[100]이며, 작가 정책에 대한 16밀리 변주다.

그래서 처음부터 이 작업의 착상은 시네아스트 혹은 특정 학파나 운동의 초상을 개괄하는 데 있으며, 젊은 감독이나 종종 선배 감독이 직접 참여하거나, 나아가 비평가에게 일을 맡긴다. 라바르트는 이렇게 설명했다. "이 방송을 제작하는 데 있어 하청업자를 피하고, 영화를 사랑하고 잘 아는 시네아스트 또는/그리고 비평가인 사람들에게 연락했다. 그들이 초상이나 에세이, 좋은 기획 기사에 해당하는 작품을 연출할 능력이 있는 것을 알고 있었다."[101]

이 시리즈는 1964년 4월 21일에 방송된 〈루이스 부뉴엘: 우리 시대의 시네아스트Luis Buñuel: un Cinéaste de Notre Temps〉를 시작으로, 1964년 5월과 6월에 두 편으로 구성된 다수의 초상화 〈누벨바그가 보는 누벨바그La Nouvelle Vague par Elle-Même〉, 자크 로지에의 〈장 비고Jean Vigo〉, 위베르 나프Hubert Knapp의 〈아벨 강스, 부서진 초상 Abel Gance, Portrait Brisé〉으로 이어진다. 자넌 바쟁과 앙드레 라바르트의 동업 관계에 대해 라바르트는 "그녀는 불꽃이고 나는 연료다"[102]라고 말했다. 결국 그들은 ORTF에서 1964~1975년 사이에 연출해서 방송된 쉰여덟 편의 보물을 만들어 냈다.

에릭 로메르는 1965년 초에 촬영한 시리즈의 여섯 번째 작품 〈칼 테오도르 드레이어Carl Th. Dreyer〉를 연출한다. 원래 라바르트는 알렉상드르 아스트뤽에게 이 덴마크 거장의 초상화를 맡기려 했지만 그가 장편 〈대장정La Longue Marche〉을 준비하기 위해 제안을 거절하자 이를 친구 로메르에게 주문한다. 라바르트와 로메르는 『카이에』 전투에서 확실히 같은 진영은 아니었지만, 서로에 대한 존중을 항상 유지해 왔다. 게다가 자넌 바쟁은 그를 『카이에』에서 남편의 계승자로 여기며 크게 존중했다. 로메르는 곧바로 제안을 수락한다. 로메르는 드레이어의 작품에 관해 1950년 『가제트 뒤 시네마』[103]에서 짧은 해설과 1956년 『카이에』에 「기독교인 알세스트Une Alceste chrétienne」라는 제목으로 〈오데트Ordet〉를 참고한 기사 단 두 편의 글을 썼지만, 드레이어는 로메르의 개인 신전에서 중요한 시네아스트다. 두 시네아스트의 세계 사이에는 영화의 도덕적 엄격함과 금욕적 아름다움이라는 강한 연결 고리가 존재했다.

1965년 2월 8일부터 15일까지 로메르는 자닌 바쟁과 앙드레 라바르트, 촬영기사 자크 뒤아멜Jacques Duhamel, 음향기사 다니엘 레오나르Daniel Léonard와 함께 코펜하겐으로 촬영을 떠난다. 이 작은 팀은 덴마크 수도 중심가의 한 아름다운 건물 2층에 있는 사무실에서 드레이어의 응대를 받는다. 대담은 고전적인 방식인 미디엄숏•으로 진행되고 촬영된다. 그는 드레이어 영화의 주요 형식 및 주제의 특성을 상기시킨다. 로메르는 시네아스트에게 그가 모국어를 말하면 동시통역하는 방식을 제안한다. 라바르트는 이렇게 회상한다. "두 번째 필름 릴이 끝날 무렵 드레이어는 그만 멈췄다. 그는 재개하고 싶어 하지 않았고, 우리는 당황했다. 잠시 후, 그는 불어로 다시 이야기를 시작했다. 우리가 덴마크어를 요구해서 화가 난 것이다."104 드레이어의 공동 작업자, 즉 배우 리스베트 모빈Lisbeth Movin, 프레벤 레어도르프 라이Preben Lerdorff Rye, 벤트 로테Bendt Rothe, 시네아스트 요르겐 루스Jorgen Roos, 그리고 덴마크 시네마테크 관장과의 대담도 진행된다. 마지막으로 라바르트와 로메르는 덴마크 출신 누벨바그의 뮤즈 안나 카리나에게 영화에 관한

• 인물의 머리 위부터 허리나 무릎 위쪽까지의 촬영 장면. 주위 배경보다는 인물이나 피사체가 화면을 지배한다.

원고 일부를 읽어 달라고 요청한다(이는 녹음된 인터뷰의 결점을 숨기는 데 도움이 된다). 로메르는 안나 카리나가 1964년 11월 파리를 방문했을 때 그녀의 남편 장뤽 고다르와 함께 만났다. 영화 발췌본은 〈분노의 날Dies Irae〉의 작가가 독창적 연출의 거장임을 예시한다. 드레이어의 마지막 영화 〈게르트루드Gertrud〉는 프로그램이 방송되기 두 달 전인 1965년 4월 8일 프랑스 극장에 개봉된다. 자크 시클리에는 『텔레라마』의 기사에서 덴마크 거장의 작품과 적절하게 관련시켜 로메르의 작품에 경의를 표한다. "드레이어가 〈게르트루드〉에서 인물을 촬영한 것과 비슷하게 에릭 로메르는 작품에서 드레이어를 촬영했다. 그는 결과를 기꺼이 단념하고 드레이어가 말하는 것을 그저 바라본다. 드레이어의 연기자와 친구들이 말한 드레이어는 비밀스럽고 외롭고 과묵한 사람이었고, 그의 예술에 대한 질문에 조금씩 떠밀린 드레이어는 자신의 모든 창작 과정을 명상을 통해 스스로 발견한 것으로 정의한다. 이런 명료하고 선명한 글쓰기는 이 고귀하고 진지한 사람에게 썩 잘 어울린다."[105]

두 달 후, 앙드레 라바르트의 보조 중 한 명인 클로드장 필리프 Claude-Jean Philippe는 몇 년 전 로메르의 수락으로 『카이에』에 기사를 몇 편 썼었는데,[106] 10년 전에 스승이 쓴 긴 글 「셀룰로이드와 대리석」을 '우리 시대의 시네아스트' 시리즈로 만들 생각을 품고 비평의 스승에게 돌아온다. 그는 프로그램의 원칙을 기본적으로 인터뷰로 고수하고, 10년 동안 로메르의 입지 변화를 강조하기 위해 이번에는 화가, 건축가, 시인, 음악가, 조각가와 같은 창작자에게 질문해서 영화에 대해 말하게 한다. 1955년 고전적인 시네 필은 제7의 예술을 영광스럽게 했으며, 그 승리는 다른 여섯 가지 예술의 강점을 이용하고 확장해 그것들을 승화시켜 융합한 것이었다. 1965년 이 남자는 현대성과의 관계에 대해 끊임없이 질문 하며 예술가들에게 말하게 한다. 이런 놀라운 진화는 이 새로운 텔레비전 계획의 중심에 놓인다. 로메르는 "이번에 다른 예술을 평가하는 것은 더 이상 시네필이 아니다. 이젠 예술가들이 영화 를 평가한다"[107]라는 말로 이 사실을 확인했다.

앙드레 라바르트는 오직 이런 생각에 마음이 사로잡힌다. 예술 가와의 교류는 물론이고 동시대 예술에 대한 호기심을 가진 시네 필을 폐쇄적인 환경으로 안내한 것이 이 비평가가 아니었던가? 라바르트는 이렇게 설명한다. "1955년의 이 글이 내 눈에 띄었다. 로메르는 영화 아닌 것으로 영화와의 관계에 대해 매우 직접적 방식으로 글을 쓴 최초의 인물이다. 내가 그의 입장에 서지 않았 던 것은 분명하다. 하지만 시네필의 글 가운데 이 질문을 처음으 로 제기한 로메르의 '비평' 방식은 언제나 내게 흥미롭다."[108] 동 일한 질문이 『카이에』 전투의 중심에 있었다. 이 질문이 리베트와 그 집단을 부추겼고, 이 질문 때문에 그들은 로메르를 흔들 수 있 었다. 로메르가 다른 현대 사상가 및 예술가와 영화를 주제로 대 화하는 것을 꺼렸기 때문이다. 라바르트는 말을 이어 간다. "로메 르가 이 질문 방식으로 돌아와서 예술가와 이야기를 나누는 것은 우리에게, 그러니까 리베트와 나에게 그가 그저 구식 시네필이 아니라고 말해 주는 확실한 방법이었다. 그래서 그는 자기 방식으로 우리에게 진격한다. 즉 '나도 예술가들에 관심이 있고, 그들의 말을 듣고 이해할 수 있다……'[109] 예술적 현대성에 대한 간극과 다소 공개적으로 인정된 이런 쟁점을 보여 준다는 점에서 〈셀룰로이드와 대리석〉 프로그램은 매우 흥미롭다.

라바르트와 로메르는 동시에 작업을 진행한다. 첫째, 라바르트는 자신의 인맥과 지식을 동원해 열두 명의 예술가를 찾아서 영화에 대해 말하도록 설득한다. 쿠르트 소네르보르Kurt Sonderborg와 그의 "액션 페인팅peinture gestuelle", 조각가 세자르César Baldaccini와 타키스Takis, 빅토르 바사렐리Victor Vasarely와 시각 예술, 음악가 이안니스 크세나키스Iannis Xenakis, 작가 클로드 시몽과 피에르 클로소프스키Pierre Klossowski, 연출가 로제 플랑숑Roger Planchon, 그리고 랑그도크 해안 개발을 책임지고 있는 건축가 조르주 칸딜리스Georges Candilis, 클로드 파랑Claude Parent, 폴 비릴리오Paul Virilio(이론가 사회학자)를 촬영한다. 둘째, 로메르는 인터뷰를 준비한다. 제기하려는 질문의 범위를 정하는 것보다 자신이 거의 또는 전혀 모르는 예술가 각자에게 관심을 갖고 인터뷰를 준비한다. 그는 1955년 버전의 「셀룰로이드와 대리석」을 다시 읽고 자기 입장이 어떻게 변했는지 가늠하여 그것을 종이에 빠르게 적어 내려간다. "『미적 취향』에서 이미 말한 것을 반복하지 않는다", "다시 읽으면서 내게 충격을 준 것은 무엇보다 관점의 협소함이다."[110] 시네아스트는 또한 미래의 인터뷰 대상자를 위해 자신의 계획을 분명히 한다. "우리는 시네아스트가 아닌 화가, 조각가, 음악가, 소설가, 연극 연출가, 건축가를 대상으로 영화를 조사하고 싶다. 영화와 관련한 그들의 예술과 활동을 표현 수단으로뿐만 아니라 현대인의 특정한 요구에 부응하는 방법으로 제시한다는 것이 중요하다. 제작 단계뿐만 아니라 기능에서도 마찬가지다. 이것을 '셀룰로이드와 대리석'이라고 부를 것이다. 셀룰로이드는 필름이고, 우리들이다. 대리석은 당신들이다. 대리석이 점점 덜 대리석이 되고, 셀룰로이드는 박물관에 들어오고 있다는 인상을 받는다. 영화와 다른 예술 간의 대조가 정당한지 자문해야 할까? 어쨌든 우리는 선입견이 없고, 이것은 조사다. 우리가 관심 있는 것은 영화에 대한 외부의 시선이고, 게다가 완전히 외부는 아니다. 영화는 모든 예술에 참여하고 현재 모든 예술이 조금씩 영화에 참여하기 때문이다."[111] 몇 가지 구체적인 질문은 다음과 같다.[112] "전통은 얼마나 중요할까요?", "당신은 지속 가능한 일을 하고 있나요, 아니면 사라질 일을 하고 있습니까?", "사람에게 탈출이 필요할까요?"

로메르와 라바르트는 1965년 가을에 토크 콘서트를 진행하고 일부를 촬영한다. 열두 명의 예술가와 함께하면서 로메르는 이렇게 인정한다. "예술가들의 생각은 흥미롭다. 그들은 나보다 좀 더 잘 알고, 좀 더 정보력이 있는 라바르트와 함께했다. (…) 나는 수천 권의 책을 읽거나 수천 번의 전시회를 가 본 사람이 아니다." 그는 비릴리오와 파랑의 건축학적 제안에 특히 관심을 보이는데, 이것은 파리의 도시 구조에 위협적이지 않기 때문이다. 로메르는 영화의 이 부분에 대해 이렇게 고백한다. "그것이 나의 계획이었다. 전위적인 계획에 기반한 반동적인 계획이었다!"[113] 라바르트의 입장에서는 로메르의 기억에 대해 이렇게 설명한다. "그는 모든 것을 들었고, 개방적이었고, 때로 말을 많이 했다. 그는 영화가 무엇보다 사실주의라는 본인의 생각을 유지했지만, 다른 영역에서 완벽하게 유동적으로 적용될 수 있었다. 나는 그에게 '큰 귀를 가진 모모'라는 별명을 붙였다."[114]

로메르와 라바르트는 둘 다 프로그램에서 분명히 드러나는 클로드 시몽과 한 번 심각하게 충돌한 기억을 공통으로 갖고 있다. 로메르는 이렇게 회상한다. "그는 '현재 영화는 에밀 졸라 시대처럼 역사를 이야기한다. 마치 영화가 누보로망과 동시대에 있지 않은 것처럼'이라고 말했다. 그가 좋아하는 시네아스트 중에는 알랭 로브그리예(《불멸의 여인》)와 알랭 레네(《지난해 마리엥바드에서L'Année Dernière à Marienbad》)가 있었다. 이 감독들은 초현실주의자와 함께 그에게 호감을 얻은 유일한 시네아스트였다. 나는 그에게 영화에서 내가 싫어했던 것은 현재의 지각과 기억을 동일한 차원에 두는 것이라고 말했다. (…) 거기에서 이 영화에 대한 토론이 시작되었다."[115]

편집은 복잡했다. 열두 번의 만남을 전체적으로 일관된 방식으로 직조하는 문제이기 때문이다. 로메르는 진행 중인 다른 기획으로 바빴기 때문에 라바르트가 기본적으로 담당한 이 단계에서 참여하기로 했던 작업 횟수에서 한 번 결석한다. 라바르트는 이렇게 기억한다. "편집은 엄청난 분량의 작업이었다! 마지막에 나는 로메르에게 한 번의 결석에 대한 사과와 함께 해당 영화 사례금의 일부에 해당하는 수표를 받았다. 그런 식의 세심함을 가진 사람이었다. 나에게 그는 확실히 훌륭한 신사다."[116]

시리즈 열세 번째 작품의 방송은 예외적으로 90분 분량으로, 1966년 2월 3일 오후 9시에 제2채널에서 방송된다. 그 전날『르몽드』는 이 방송에 대한 기사를 싣는다. "에릭 로메르는 가장 현대적인 흐름을 대표하는 예술가들을 선택하여 특별한 조사를 통해 영화에 접근한다. 이런 방식은 20세기 예술의 역설을 드러내고, 미래의 문명에 대한 훨씬 더 넓은 성찰을 이끌어 낸다. 우리는 여기 미학적 성찰과 전문화된 분석의 영역에 있으며, 일반 대중은 아마도 이러한 논쟁에 당황할 수 있다." 〈셀룰로이드와 대리석〉이 라바르트와 매우 비슷하다면, 방송은 로메르의 정신과 태도로 유지된다. 즉 호기심과 역방향의 장난스러운 예술이다.

로메르, 조사를 진행하다

1960년대 중반, 에릭 로메르가 품은 야심의 일부는 조사 모델에서 드러난다. 그의 방법은 자료 수집, 인터뷰, 16밀리 사용이고, 추구하는 목적은 설득하고, 흥미롭게 하고, 정보를 주고, 사회 영역에 적용하는 일이다. ORTF와 텔레비전학교, 외무부에서 받은 주문과 같은 의뢰받은 기획(〈샤를로트와 베로니크〉나 〈파비앵과 파비엔〉 같은 사회학 시리즈), 이 모든 것에 조사 매뉴얼이 사용된다. 로메르는 이 분야에서 혼자가 아니며, 영화적으로 다양한 사람들이 존재했다. 즉 에드가 모랭과 장 루슈의 시네마베리테, 캐나다, 미국 또는 이탈리아의 다이렉트 시네마, 크리스 마르케의 시적 영화사회학cinésociologie, 고다르의 반체제적 영화사회학의 실험과 베르트랑 블리에의 초기 에세이 영화(〈히틀러, 모르겠는데〉), 그리고 물론 텔레비전에서 방영된 수많은 장르의 방송도 포함되었다.

로메르는 두 가지를 염두에 둔다. 먼저 그는 현대의 일시적인 징후를 파악한다. 하지만 조사는 정보 출처를 이미지로 보여 주는 것이며, 이 또한 작업의 방법이다. 시네아스트가 배우나 증인과 인터뷰하면서 그들의 대화와 자료 일부를 서로 결합하기 때문이다. 조사는 영화를 만든다. 반면 시네아스트는 그가 찍은 것이 '사회학적인 것'에 고착되지 않도록 즐거운 회의주의의 태도를 취한다. 심오한 진실을 강조하고 현실에 친밀해지더라도, 조사는 결코 완전히 만족스러울 수 없다. 그래서 이 영화들은 시대에 정의로운 동시에 현재에 비판적일 수 있다. 즉 로메르는 확실히 사회학적이지만, 거리감과 유머가 있는, 과신하지 않는 사회학자이자, 언저리 조사관이다.

로장주 영화사가 외무부의 영화부로부터 의뢰받은 건에 대해 로메르는 흥미를 갖고 작업하지만, ORTF와 텔레비전학교에서 맡은 작업 때문에 시간이 별로 없었다. 하지만 로장주의 금고에는 이 투자가 필요했기에, 로메르는 매우 신경 쓸 수밖에 없었다. 로메르는 옆에서 함께 조사를 진행할 사람으로 RTS에서 만난 젊은 여성 드니즈 바드방Denise Basdevant을 고용하고 그녀에게 도움을 청한다. 먼저 그녀는 여자 대학생에 대한 주요 자료를 모으고 글쓰기 작업을 실행한다. 6쪽짜리 첫 번째 시놉시스는 "생트주느비에브산에 대해 공부하는 여자 대학생" 안에 대한 것이다. 안은 앙리4세고등학교를 마치고 대학입학 시험을 통과해 소르본 문과대학에 입학한다. 그녀가 집에서 부모와 형제와 함께 있는 모습을 관찰하고, 그녀의 꿈을 영상화한다. 그녀는 의사나 기업의 대표, 건축가가 되는 게 꿈이다. 곧이어 그녀는 수업에서 처음으로 구두 발표를 하고, 복습하고, 운동 수업을 받고, 남자와 함께 영화관에 간다. 마지막 장면은 학기가 시작된 후 가족과 식사하는 것이다.[117] 이 시놉시스는 전체적으로 로메르적이라고 할 수는 없다. 시네아스트는 꿈 장면이나 대학과 가족 생활이 섞이는 것을 전혀 좋아하지 않기 때문이다. 그래서 드니즈 바드방은 원고를 수정하고, 로메르의 요청에 따라 많은 양의 더 객관적인 자료를 수집한다. 즉 그녀는 숫자(1964~1965년 프랑스에서 여자 대학생의 수 12만 3천326명), 백분율(전체 학생의 43%를 차지하는 젊은 여성은 법학 정원의 29%, 문과 정원의 64%, 의학 정원의 27%, 물리학 정원의 12%, 생물학 정원의 28%……), 그리고 여자 학생의 전문직 취업에 대한 구체적 보고서를 제출한다. 12쪽 분량의 이 조사 보고서에 기초해서,[118] 로메르는 구체적이고 정확한 해설을 작성하고, 앙투안 비테즈가 읽은 것을 드니즈 바드방이 직접 출연한 〈현대 여대생〉의 이미지와 서로 일치시킨다. 이 영화는 1966년 2월 오르세과학대학의 새로운 캠퍼스에서 네스토르 알멘드로스가 무성으로 촬영했다.

시네아스트는 다시 한 번 바드방과 함께 외무부와 농림부가 공동 제작하는 농부편, 〈몽포콩의 여자 농부Fermière à Montfaucon〉를 준비하고 촬영한다. 드니즈 바드방은 티에리 성(엔Aisne 지방) 근처 몽포콩의 작은 마을을 돌아다니다가 상드롱Sendron 부부가 운영하는 농장을 찾아낸다. 그녀는 1967년 말 이곳을 두 번 방문하여 정보를 얻어 내고, 이를 토대로 시네아스트의 작업을 위한 기본 문서를 만든다. 바드방은 4쪽 분량의 "몽포콩의 여자 농부, 상드롱 부인의 일정표"[119]를 손으로 쓴다. 상드롱 부인은 하루 두 번 서른여섯 마리 젖소를 데리고 목초지에 찾아가고, 오전 6시와 오후 6시에 헛간에 가서 젖을 짠다. 남편은 120만 제곱미터의 밭에서 밀을 경작한다. 아내는 닭장, 아들, 가족 생활을 돌보는 데다 시의회 의원직을 맡고 있어서 남는 시간이 거의 없다. 로메르가 좋아하는 한 존재에 대한 이런 형태의 객관화는 그의 시적 취향을 건드린다. 일정표는 해설이 되고, 모니크 상드롱Monique Sendron이 직접 등장해 해설을 읽으면, 로메르가 16밀리 쿠탕 컬러 카메라를 직접 들거나 삼각대에 올려놓고 이를 촬영한다. 그는 1968년 1월 현장에서 발견한 농장 생활에 큰 관심을 보였다.

12분과 13분짜리 이 두 단편 영화에 여성 운동 선수에 대한 제3편이 더 만들어져야 했다. 이는 결국 제작되지 못했지만, 문서는 시네아스트의 기록 보관소에 남아 있다. 거기에서 로메르가 수집한 많은 언론 기사를 볼 수 있다. 프랑스 체조의 희망 에블린 르투르뇌르Evelyne Letourneur와 100~200미터 프랑스 육상 경기 챔피언인 "금발의 레이서", 실비 텔리에즈Sylvie Telliez 등 1968년 여름에 있을 멕시코 올림픽을 위해 선발된 운동선수의 이름을 발견할 수 있다." 로메르는 또한 빌프랑슈쉬르손의 유수지遊水池에서 조정 연습을 하는 여성을 만나 노트를 작성한다. 시네아스트는 설명한다. "우리가 하려던 것은 스포츠에 대한 묘사가 아니라 스포츠가 자리한 삶에 대한 묘사다."[120] 이번에는 시네아스트는 공동 작업을 하지 않는다. 스포츠, 특히 육상 경기는 그의 오래된 열정 중 하나이기 때문이다. 에릭 로메르는 한 인터뷰에서 그의 영화 경력에서 유일하게 후회하는 일을 고백한다. "〈운동하는 여성La Femme Sportive〉을 연출하지 않았다. 내가 주목했던 유명하고 매우 포토제닉한 운동선수가 있었는데 영화로 만들지 못했고, 나는 몹시 후회했다. 왜냐하면 그녀는 몇 주 후 올림픽 경기에서 모두를 놀라게 했던 400미터 우승자, 콜레트 베송Colette Besson이었기 때문이다!"[121]

이 조사 모델을 기반으로 로메르는 텔레비전학교, 특히 '문명 Civilisations' 시리즈의 여러 편을 연출한다. 1967년과 1968년에 촬영된 30분짜리 인터뷰 영화 일곱 편이 여기에 해당하는데, 시네아스트에게 그다지 관심 없는 주제를 순수 '연출' 기술자로 찍은 작품이다. 이 시리즈에는 〈인간과 기계L'Homme et la Machine〉, 〈인간과 신문L'Homme et Son Journal〉, 〈인간과 이미지L'homme et les Images〉, 〈인간과 국경L'Homme et les Frontières〉(두 편), 〈인간과 정부L'Homme et les Gouvernements〉(두 편)가 있다. 이 작품들에는 유력 인사와 학계 인사 및 전문가가 줄줄이 등장한다.[122] 〈인간과 이미지〉에서는 조르주 가뒤가 인터뷰를 진행하고, 시네아스트 르네 클레르, 장 루슈, 장뤽 고다르가 자신의 의견을 표현한다. 확실히 이 편에서 로메르적 터치가 더욱 민감하게 나타난다.

1964년 봄부터 촬영된 〈풍경의 변모〉에서의 작업은 훨씬 더 개인적인 의미가 있다. 로메르는 혼자 또는 바르베 슈뢰더와 함께 프랑스 북부의 산업적 풍경(방앗간, 됭케르크 항구, 채광 갱도, 전리품 더미, 베튄 인근 공장들), 파리 북서부 교외 지역(생드니 평원, 오베르빌리에에 있는 굴착기, 랑디 다리, 포르트 드 팡탱의 작업장, 라데팡스에 건축 중인 건물들)이나 수도 안에서 여러 곳(파시 다리, 샤펠 대로 공중 전철, 생마르탱과 크리메 거리의 운하 다리)을 찾아다닌다. 그런 다음 촬영기사 피에르 롬과 16밀리 카메라와 함께 현장에 돌아와서 "산업 풍경의 아름다움"[123]을 넓은 롱 숏으로 고정해 촬영한다. 미추美醜에 대한 이 에세이 작품은 현대 예술에 대한 로메르의 모든 성찰을 확장한다. 그는 이렇게 쓴다. "모더니즘이 추한 것만은 아니다. 그것을 보는 법을 배워야 한다. (…) 그러므로 세계가 산업혁명의 영향으로 그 얼굴이 변했다는 점을 확인하는 것이 아니라, 이런 풍경의 변모 안에서 시적 몽상과 명상의 기회를 찾는 것이 중요하다. 기뻐하는 이유가 후회를 이겨야 한다."[124] 이 "고독한 산책자를 위한 방법서설"[125]은 로메르 안에 있는 다른 미의 예찬자를 드러낸다. 22분 동안 그는 1960년대 상반기에 개척한 비옥한 영화적 영토의 흔적을 새기는데, 모리스 피알라의 〈사랑은 존재한다〉, 크리스 마르케와 피에르 롬의 〈아름다운 5월〉 또는 장뤽 고다르의 〈알파빌Alphaville〉과 같은 이 시기의 영화들을 떠올릴 수 있다.

텔레비전학교 방송에서 도시 건축에 대한 그의 관심이 점차 높아진다. 곧 로메르적인 작품의 중요한 부분이 작동하기 시작한다. 이 관심은 무엇보다 그의 작은 텔레비전 영화 중 가장 개인적인 작품인 〈콘크리트에 대한 인터뷰〉로 시네아스트를 인도한다. 경사진 도시 개념의 창시자이자 이 분야의 옹호자 클로드 파랑은 경사면에 대한 취향까지 공유하지 않더라도 문자 그대로 로메르를 사로잡는다. 파랑은 이렇게 쓴다. "미래의 도시 기반은 단 하나의 교육, 단 하나의 철학이 될 것이다. 즉 기울어진 삶, 경사면 위에 있는 삶이 존재할 것이다. 이런 시설들은 거대한 경사지이거나 직선, 곡선의 구조물들, 경사진 장소, 연속된 혹은 고립된 "경사지들inclinistes"에 이런 새로운 삶의 양식을 수용하도록 세워진 것이다. 이런 기관들은 우리가 실천하는 것과는 다른 인간 공동체와 개인적 관계를 허용하거나 심지어 발생시킨다."[126] 로메르는 콘크리트 전문가 장 뤼델Jean Rudel의 지원으로 파랑과 그의 동료 비릴리오와의 대담을 진행한다. 건축가 파랑은 이 대담에 매우 민감하게 반응해서, 그와 의견이 아주 다름에도 불구하고 자신의 말을 들어준 로메르에 대해 높이 평가한다. 그는 1969년 5월 16일 로메르에게 이렇게 썼다. "친애하는 친구, 콘크리트에 대한 방송을 봤습니다. (…) 그저 당신에게 감탄하며 감사를 보낼 뿐입니다. 모든 미학 공식을 넘어, 숙련을 넘어, 품질을 넘어서, 이 영화는 현실에 있다는 탁월한 장점이 있습니다. 내가 아는 사람 가운데 현실의 무게를 획득한 사람은 당신 말고 한 사람뿐입니다. 비슷한 분야에 있는 사진가 질 에르만Gilles Ehrmann 입니다. 건축에 대한 모든 내 개인적 노력은 모두 같은 결과를 향한 것입니다. 이 시대의 시각적 비천함은 길고 어렵습니다. 당신이 보여 준 태도는 고독에 대한 격려이자 보호입니다. 그러나 인구의 영광을 위한 열 사람, 얼마 남지 않았습니다. 우정을 담아."[127]

1970년 텔레비전학교를 위해 에릭 로메르가 연출한 마지막 프로그램은 언어학, 특히 언어 학습과 불어 교육이라는 또 다른 조사 영역의 길을 연다. 이는 단어의 정확성과 고전 프랑스어의 보존에 매우 애착이 있는 이 남자에게는 핵심적인 주제다. 하지만 INRP와 함께 일하는 언어 분야에 속한 대부분의 '개혁적' 언어학자와는 의견 차이가 많이 난다.[128] 로메르는 RTS의 의뢰를 받아들인 후에 소쉬르Ferdinand de Saussure와 방브니스트Émile Benveniste를 열심히 연구해 문서 작업을 한 다음, 1969년 6월 여러 준비 작업 회의에 참여하며 마치 학습을 즐기는 학생의 정신으로 작업에 임한다. 그는 마침내 세 편의 방송을 촬영한다. 첫 번째 편인 〈펜에서 문체까지Du Stylo au Style〉는 프랑스어의 특성을 제시하는 언어학자들의 원탁회의다. 두 번째 〈생활 프랑스어?Le Français Langue Vivante?〉는 미셸 뷔토르Michel Butor의 『변모La Modification』를 사례로 사용하여 프랑스어를 가르치는 데 중점을 둔다. 세 번째 방송 〈아이는 자기 언어를 배운다〉는 어린아이가 배우는 첫 문장들과 새로운 표현을 배우는 수업 시간, 그리고 단어를 가지고 노는 첫 유희가 이어진다. 여기서 우리는 시네아스트의 서명을 알아볼 수 있다. "램프가 깨져서 더 이상 작동하지marche 않는다. 나는 걷는다marche."

1968년과 거리를 두다

1968년 1월 초 에릭 로메르는 폴 비릴리오로부터 한 장의 카드를 받는다. 경찰의 개입으로 불타고 있는 도시 풍경을 배경으로 한 디트로이트 폭동 사진의 사본 위로 또렷이 부각되는 글자를 읽을 수 있다. "1968년 근하신년謹賀新年."[129] 로메르는 사회 정치적 현실과 폭발적인 관련성은 그다지 없다. 1968년 5월에 대한 그의 주된 기억은 다른 영역과 관련이 있다. "시위가 진행되는 동안 생미셸 대로를 지나는 중이었다. 나는 시위대 규모를 확인하러 갔다. 경찰과 시위대가 서로 다른 수치를 말해서 이에 관심이 있었고, 나는 수치 계산 방식을 조정했다. 갑자기 행렬하는 배우 무리 가운데서 앙투안 비테즈가 눈에 들어왔다. 나는 그를 불렀고, 시위 행렬에 합류해 그에게 다가갔다. 그런 다음 그에게 말했다. '내일 클뤼니 카페에서 만날 수 있을까요?' 그는 좋다고 대답했고 그와 헤어져서 나는 계속 셈했다. 그다음 날, 나는 〈모드 집에서의 하룻밤〉에서의 비달 역할을 그에게 제안했다."[130] 1968년에 대한 로메르의 기억은 이랬다. 멀리 있지만 관심이 있는 구경꾼, 혁명적인 동요에 대한 어떤 정치적 결론도 내리지 않으면서 때로 놀라고, 때로 즐겁고, 때로는 짜증 내는 구경꾼이다. 그는 사고하는 일뿐만 아니라 삶에서도 보수주의적 태도를 지니며 역사가 지나가는 장면을 바라보았다. 시네아스트에게 가장 중요한 건 작품뿐이었다.

이 남자는 변화하려는 기질도 없고, 혁명적이거나 심지어 개혁적인 기질도 없다. 그가 『카이에 뒤 시네마』와의 인터뷰에서 언급한 것처럼 그는 '좌파를 제외한 모든 것'이다. "내가 우파인지는 잘 모르겠지만 어쨌든 좌파가 아니라는 것은 확실하다. 그렇다,

왜 내가 좌파여야 하나? 어떤 이유로? 누가 강요할 수 있나? 난 자유롭다고 생각한다! 그런데 사람들은 그렇지 않은 것 같다. 오늘날에는 먼저 좌파로 신앙 고백을 해야 그 후에 모든 것이 허용된다. 내가 아는 한 좌파는 진리와 정의의 독점권을 가지지 않았다. 나 역시 —누가 아니겠는가?— 평화와 자유, 빈곤의 근절, 소수자의 존중을 지지한다. 하지만 나는 이런 것들이 좌파에 있다고 생각하지는 않는다. 좌파가 된다는 것은 특정 사람이나 정당, 특정 정권이 그렇다고 말하는 정책을 승인하고, 이를 거리낌 없이 실천하는 사람들을 돕는 일이며, 그렇게 독재, 거짓말, 폭력, 특혜, 반계몽주의, 테러리즘, 군국주의, 호전주의, 인종주의, 식민주의, 대량 학살이 생겨나게 한다."[131] 이보다 더 확실할 수는 없다.

자신과 관련이 있는 첫 장소, 즉 영화에 대해서조차 로메르는 모든 '진보적인' 참여를 거부한다. 1968년 4월, 점점 더 정치화되고 있던 『카이에』가 제기한 질문에 그가 한 답변은 다수의 참여적인 시네아스트들이 급진적인 제안을 쏟아 낸 것과 비교해 매우 동떨어진 답변처럼 보인다. "영화 분야에서 국립영화센터CNC의 중개를 통한 정부의 역할에 만족하는가?"라는 잡지의 질문에 그는 이렇게 답한다. "내가 불만족스러운 점은 국가가 거기서 어떤 역할을 한다는 것이다. 영화는 공공 서비스가 아니며 독점 기관도 아니고 보조금을 지급 받는 조직도 아니다. 그런데 국가가 꼭 어떤 역할을 해야 하나? 그들은 항상 바쁘게 움직이지만 별 도움이 되지 않는다. 너무 자주 조정만 당한다."[132] 한 달 후 영화 삼부회États généraux가 열렸을 때 영화 업계가 대대적으로 표현한 영화의 혁명적인 징집과 '국유화'를 희망했던 것과는 거리가 먼 이야기다.

그럼에도 불구하고 1968년의 사건 동안 비록 거기서 멀리 떨어져 있었지만, 로메르는 수수방관했던 것은 아니며, 그 활동은 무엇보다 거리 시위대 참여와 관련해 거리를 유지하기 위함이었다. 그는 항상 과도함과 단순화, 집단적 행동을 개탄했으며, 그런 면은 프랑스령 알제리와 OAS 봉기의 순간에는 다른 방향으로 작동되었다. 홀로, 동원된 군중과 거리를 두고 멀리 바라보는 로메르의 모습에서, 1968년에 대한 그의 태도를 보여 주는 어떤 동일한 은유를 항상 재발견하게 된다. 5월이 오기 몇 달 전부터 랑글루아 사건[133]으로 시네필이 결집했던 시기에 시네아스트는 고독한 자리를 차지하고 있었다. 1968년 2월 앙드레 말로의 문화부에서 선동한 음모를 계기로 앙리 랑글루아가 시네마테크 프랑세즈의 관장직에서 해임되었을 때, 로메르는 "우리의 보물을 지키는 용dragon qui veille sur nos trésors"[134]을 지지하는 데 공개적으로 참여하지 않은 『카이에』의 유일한 대선배가 된다. 그는 길거리나 기자 회견 혹은 신문 인터뷰나 지지 위원회에도 나가지 않는다. 따라서 그는 시위자들의 열기, 전단지, 플래카드, 공화국 보안 기동대인 CRS의 공격, 쏟아지는 곤봉, 소란스러운 총회가 열리는 동안 표현되던 분노, 야만적 점거, 콘벤디트Daniel Marc Cohn-Bendit라 불리는 빨간 머리 젊은이를 지지하는 군중에게 특공대가 철문에 매달려 연설하던 행동도 보지 못했다.

피에르 카스트는 1968년 4월호 『카이에』를 랑글루아에게 헌정하면서 가속화된 이 정치적 학습을 이렇게 정리한다. "나는 '랑글루아 만세'를 외치지 않고 '카스트로 만세'를 외치는 것이 불가능하지만, '카스트로 만세'를 생각하지 않고 '랑글루아 만세'를 완벽하게 외칠 수 있단 것을 잘 알고 있다. 그러나 결국 이 싸움, 전단지, 확고부동함, 토론은 시네마테크 사태를 훨씬 뛰어넘는 것이다. 영화는 전문화된 장소에서 판매되는 어떤 상품과 다르지 않은 것이 되었다. 시네마테크 프랑세즈의 존재를 지지하는 것은 기묘하게도 정치적 행위다."[135] 로메르는 '카스트로 만세'도 '랑글루아 만세'도 외치지 않고, 이런 영화의 정치화에 완전히 무심한 채로 남는다.

그렇지만 그는 자신의 방식으로 문제의 중심에 선다. 이를 가장 잘 설명해 주는 것이 이런 일화다. 1968년 3월 로메르는 장 르누아르, 그리고 앙리 랑글루아와 텔레비전학교 방송을 연출한다. 방송에서 그들은 확실히 로메르의 질문에 대답하면서 완전히 다른 얘기, 즉 70년 전 태어난 영화 예술과 루이 뤼미에르Louis Lumière에 대해 이야기한다. 그렇지만 개인적인 자리에서 로메르는 시네마테크 관장에게 지지를 표명한다. 랑글루아 역시 국가에 반역하는 '혁명적인' 전개를 언급했던 자신의 영상을 로메르가 삭제한 일을 가지고 인색하게 굴지 않는다. 초기 편집본이 이를 방증하는데, 현재 국립교육문서센터Centre national de documentation pédagogique의 시청각 유산으로 보존되어 있다.[136] 이 영상에서 랑글루아는 문화부와 CNC, 그의 은퇴 전략으로 복잡하게 얽힌 사건을 거론하며, 시네아스트와 배우, 시네필에게 최전선에서 자신을 지지해

줄 것을 요구했다. 랑글루아는 로메르의 "신중한 능동적인" 태도
를 이해하고 훗날 그를 주요 은인으로 생각한다. 일단 문제가 해
결되고 그의 존속이 유지된 후 랑글루아는 (거짓으로 꾸며 낸) 평
화로운 비둘기 배경의 그림 위에 매우 개인적인 기원을 담아 로
메르에게 보낸다. "평화! 평화 만세, 그런즉, 전쟁인 거죠. 무능함
과의 전쟁, 관료주의와의 전쟁, 거짓 비판과의 전쟁 말이에요. 시
네마테크에서 새해의 기원을 담아 보냅니다. 소중한 로메르에게
여전히 감사를 보내며, 앙리 랑글루아."[137]

정확하게 1968년 5월에, 비참여적인 시네아스트는 『라디오텔
레비전학교 회보』에 문학에 대한 사랑과 이미지에 대한 교육적
소명에 대한 입장을 개진하는데, 그 역설과 간격은 다시 한 번 그
를 닮았다. 로메르는 이 운동에 주의를 기울였다. 그가 5월의 뉴
스로 보관하고 있는 수많은 언론 보도, 전단지, 행동 지침, 행동
위원회의 소환 등이 이를 증명한다. 다른 한편으로 그의 참여를
표시하는 출석 노트와 소환에 대해서는 물론 매번 뒤로 물러서
고, 시네마테크와 텔레비전 업계의 정치 집회에는 구경꾼으로 참
석하며, 청원서나 성명서, 요구 사항에는 절대 서명하지 않고 행
동에도 참여하지 않는다. 하지만 그는 사안을 이해한다는 점에서
의도적으로 증인의 위치를 스스로 유지한다. 이와 관련해 편집
담당자 자키 레날이 개인적으로 증언한다. 당시 자키 레날은 정
치적 활동에 매우 참여적이었다. "1968년에 그는 정말 나를 보호
해 주었다! 나는 바보 같은 짓을 해서 닭장에 갇히게 되었다. 바르
베 슈뢰더와 자크 바라티에Jacques Baratier가 와서 나를 꺼내 주었다.

내가 충격을 받아서 그들은 영화 삼부회에 대한 내 증언을 녹음하도록 설득했는데, 다음 날 언론에 보도됐다. 그런데 아침 7시에 로메르가 전화해서는 '내가 당신이라면 친구 집에 가서 지내겠소'라고 말했다. 나는 그의 말을 따랐고, 나중에 집 관리인이 CRS가 실제로 내 집에 왔었다고 전했다."[138]

로메르는 5월 28일 쉬렌에서 열린 영화 삼부회 총회 중 하나에 참석하지만 상정된 어떤 발의안에도 관여하지 않는다. 그런 다음 1968년 6월 25일 총회에서 열린 영화감독협회Société des réalisateurs de films, SRF 창립 회의에도 참석한다. 도니올발크로즈, 리베트, 레네, 카스트, 뤽 물레, 루이 말, 폴레, 로지에는 함께 있었지만, 트뤼포와 고다르, 샤브롤은 없었다. 이후 1968년 6월 29일에는 텔레비전시네마교육Éducation Télévision Cinéma, ETC 집단의 모임에 간다. ETC는 텔레비전학교를 위해 일하는 연출자와 기술자가 결집하는 곳으로, 〈모범 소녀들〉의 촬영 보조를 담당했던 피에르 기보가 의장을 맡아 사무실에서 일하고 있었다. 그날 표결된 발의안은 ─로메르는 투표에 참여하지 않는 것으로 보인다─ 시청각 교육에 관한 것으로, 드골 정부에 대해 불신하는 기조가 섞인 두 가지 안건인 결산안과 계획안을 개괄했다. "우리는 시청각 교육이 프랑스에 자리할 공간이 없고, 특히 라디오텔레비전학교와 시청각 방법이 인지도를 높이고 더 많이 봉사할 기회를 갖지 못한다는 사실을 매우 유감스럽게 생각한다. 우리는 다음을 요청한다. 1) 각 교육 시설은 실제로 완전한 시청각 장비를 갖추어야 한다. 2) 방송은 연출자와 기술 팀이 긴밀히 협력하여 혼합 그룹

(학생과 다전공 분야 교사)이 준비해야 한다. 이 그룹의 목표는 학과목의 전통적인 분화에 반대되는 실질적 다면성을 가르치는 것이다."[139] 로메르가 특히 두 번째 요청과 관련하여 발의안에 동조했는지는 확실하지 않다. 한편, 얼마 지나지 않아 그는 여전히 5월의 정신으로 텔레비전학교 감독들이 동원된 사회 운동에 참여한다. RTS에서의 근무일 보수의 50퍼센트 인상을 요구하기 위해 1969년 3월 〈콘크리트에 대한 인터뷰〉 촬영을 하루 중단하고 파업에 참여한 것이다. 이것은 그가 관여한 가장 대담한 혁명의 위업이다.

몇 년 후 로메르는 그 장소를 회고하며 1968년 5월의 의미를 부여한다. "나는 1968년 5월에 적대적이지 않았다. 거기에 참여한 사람들은 그것을 시작으로 보았지만, 나는 오히려 끝으로 보았다. 1968년 5월은 마르크스주의의 늪에서 처음으로 튀어나온 포석이다. 마르크스주의의 이데올로기적 파국은 1968년에 시작되었다. 역설적으로 나를 포함한 많은 사람들이 공산주의와 반공산주의에서 받은 상처를 1968년 5월이 치유했다고 믿기 때문이다. 나는 1968년 5월 이후에 일어난 이런 종류의 마르크스 열병은 그 자체로 자신의 유죄 판결과 종말을 가져왔다고 생각한다. 그것은 최후의 몰락이었다. 바로 이것이 내가 봤던 1968년 5월의 모습이며, 그래서 개인적으로 나는 일어날 수 있는 일과 관련하여 무심하고 고요한 상태를 유지했다. 나는 내 작품을 계속했다."[140]

정치를 하지 않은 거라면 로메르는 무엇을 했던 걸까? 이 기간 그는 주로 텔레비전학교를 위해 '영화에 대한 방송'을 연출하는

데, 이렇게 죽어 가던 시네필의 마음이, 그나마 고전적인 형태로 죽어 가던 순간에 그의 영화에 대한 사랑은 결실을 맺는다. 이 기회로 그는 장 두셰를 다시 만나는데, 두셰가 조르주 가뒤의 요청으로 1967년 하반기에 RTS를 위해 '영화관에 가다' 시리즈를 개설한 것이다. 영화에 대한 방송은 1962년부터 이미 열두 편이 촬영되었다. 특히 조르주 루키에, 로베르 베나윤Robert Benayoun, 필리프 필라르, 조르주 가뒤, 그리고 에릭 로메르 자신이(〈에드거 포의 놀라운 이야기〉, 〈인간과 이미지〉) 연출한 바 있다. 그러나 두셰가 개입하면서 이 프로그램이 이어지고 일관성이 생겼다. 이 비평가는 1967년부터 1969년까지 영화에 대한 방송 열네 편을 개인적으로 구상했으며,[141] 한편으로 이 시리즈는 그의 감독 하에서 장 외스타슈, 장폴 토로크, 로제 타이외르Roger Tailleur, 베르나르 에젠쉬츠, 조르주 루키에의 영화로 풍성해졌다. 총 마흔여 편의 프로그램이 3년 동안 연출되었다.[142]

친근한 분위기에서 로메르는 자연스럽게 자리를 찾는다. 그는 세 편의 방송을 준비하고 촬영한다. 1968년 1월 24일에서 1969년 12월 16일 사이에 〈라탈랑트의 후기Postface à L'Atalante〉, 〈루이 뤼미에르〉, 〈익사 직전에 구조된 부뒤의 후기Postface à Boudu Sauvé des Eaux〉가 방송된다. 첫 번째 영화는 장 비고의 영화적 비전에 대한 프랑수아 트뤼포와의 17분짜리 인터뷰다. 세 번째는 〈익사 직전에 구조된 부뒤〉에 대한 장 두셰와 에릭 로메르 간의 30분간의 대화다. 그들은 르누아르의 계몽적이고 고전적인 문화, 사악하고 파괴적인 측면, 풍부한 인물들에 대한 대화를 나눈다. 로메르 영화나 '영화관에 가다' 시리즈에서도 르누아르는 여기저기 항상 존재한다. 이 "우두머리"[143]는 그렇게 프랑스 문화계 생활로 돌아와 —그는 파리의 프로쇼 대로에 살면서 누벨바그의 친구들을 정기적으로 집에 초대하고, 1968년 앙리 랑글루아의 지지위원회 위원장으로 있으면서— 작가의 대표적인 모범으로 자리 잡는다.

르누아르는 영화에 관한 로메르의 주요 작품인 〈루이 뤼미에르〉에 직접 출연한다. 로메르의 요청과 질문에 따라서 영화적 관점을 해설하는 사람이 바로 그다. 그가 안락의자에 편안하게 앉아 있으면 곧이어 즉흥적이고 명석한 랑글루아가 합류하고, 르누아르는 뤼미에르의 단편 영화를 보고 놀라움을 금치 못했다고 말한다. 그는 이 영화들의 회화적인 면과 문명 전파의 맥락을 상기시키고, 그것을 인상주의 작품과 동등한 것으로 여기고, 또한 영화 속 실생활의 생생한 포착을 찬미하고, 숏과 지속 시간, 움직임에 있어 사람들이 일반적으로 생각했던 것보다 훨씬 정교한 구성에 칭찬을 아끼지 않는다. 르누아르와 랑글루아 덕분에 로메르는 말하게 하는 사람의 입장에서 영화 천재 뤼미에르를 결정적으로 인정하는 순간에 겸허하게 동참한다.

두셰와 로메르는 서로 암묵적으로 금세 들통 날 비밀처럼 텔레비전학교를 위한 이 영화들에 장난스럽게 분장하고 출연한다. 장 두셰는 〈라브뤼예르의 성격론〉 속 베르사유 교회에서 매우 격식을 차린 루이 14세로 등장한다. 한편 에릭 로메르는 〈익사 직전에 구조된 부뒤의 후기〉가 촬영된 울름 거리 INRP의 영사실에서 '가면처럼' 가짜 콧수염을 붙인 우스꽝스러운 모습으로 르누아르

에 대해 이야기한다(또한 두셰가 연출을 맡는, 역시 르누아르에 대한
영화 〈게으름뱅이 병사의 후기Postface à Tire-au-Flanc〉에도 출연했다).

　1969년 6월 앙리 랑글루아는 에릭 로메르와 엮어 낸 은밀한 우
정을 기념하며, RTS에 헌정한 시네마테크 프로그램에서 이런 방
송 작품들을 선정하여 소개하면서 텔레비전학교의 작업을 칭찬
한다. 시네필적 관점에서 이 방송들은 진정한 영화로 변모한다.
랑글루아는 이 영화들을 이렇게 소개한다. "텔레비전학교는 따
라서 하나의 양성소다. 여기서는 영화를 이론화하지 않으며, 실
제로 (그리피스와 멜리에스Georges Méliès가 했던 오래된 방법으로) 실습
을 통해 손으로 영화를 배운다. (…) 훗날 이러저런 시네아스트의
기원으로 돌아가려면, 우리는 한 영화, 즉 텔레비전학교에 제작
의뢰한 영화로 귀결될 것이다."[144] 랑글루아가 정확하게 보았다.
그는 텔레비전학교에서의 로메르 작품의 중요성을 강조하면서,
1960년대에 시네마테크에서 이 작품들에 한자리를 부여한다. 이
시기를 거치면서 『카이에 뒤 시네마』의 과거 편집장 에릭 로메르
는 시네아스트가 된다.

네 편의 도덕 이야기

1966~1972

모든 것은 계획된 일이었다. 세 번째 '도덕 이야기'가 될 예정인
『자전거를 탄 소녀Fille à Bicyclette』는 특별히 에릭 로메르의 마음을
끌었다. 20년 이상 그 계획을 품고 있었기 때문이다. 유명한 배우
(장루이 트랭티냥, 프랑수아즈 파비앙Françoise Fabian)가 참여하며 클
레르몽페랑에서의 비교적 긴 촬영이 포함된 야심 찬 계획이었다.
이런 조건에서 제작 지원금을 받지 못하면 작업 계획은 흔들릴
수밖에 없다. 그래서 『자전거를 탄 소녀』는 다시 기회를 기다려야
만 했다('도덕 이야기'의 엄밀한 분류로 보면 세 번째 이야기로 남더라
도). 〈몽소 빵집의 소녀〉와 〈수잔의 경력〉이 텔레비전에서 방영되
며 번 돈으로 바르베 슈뢰더는 저예산 영화를 제작할 수 있었다.
덕분에 로메르는 어쨌든 장편 영화를 다시 만들 수 있게 되는데,
그 작품이 바로 〈수집가〉다.

깨진 꽃병

이는 오래된 계획이었다. 1949년 11월 모리스 셰레가 쓴 「샹탈 혹은 시험Chantal ou l'Épreuve」이라는 제목의 이야기 초안에서 나왔다. 이 초안은 『엘리자베스』에 이어서 구상한 단편 소설 중 하나로, 여기에서 '도덕 이야기'의 첫 번째 문학 버전이 탄생했다. 이 초안에서 1966년 여름에 촬영될 영화의 주제 대부분을 발견할 수 있다. 내용은 "천사의 얼굴과 눈부신 혈색, 그리고 풋풋한 태도"[1]를 겸비한 평판이 나쁜 젊은 여성과 외진 별장에서 지내는 두 명의 댄디 청년에 대한 이야기다. 한 명은 그녀와 자고, 다른 한 명은 그렇게 하기를 거절한다. 위험한 불놀이를 즐기기 위해 그는 세 번째 인물, 즉 수집품 자랑을 즐기는 달변가의 품에 그녀를 던지며 이렇게 말한다. "가르니에는 어리석게도 젊은 시절 사랑의 추억이 담긴 자신의 수집품인 한 꽃병의 아름다움에 대해 늘어놓았다. 우리 셋은 실컷 마신 상태였고, 나는 그 꽃병이 놓여 있는 탁자 반대편에 있는 샹탈이 가르니에를 유인하려고 술수를 쓰는 모습을 보았다. (…) 그녀가 내게 공모의 눈길을 보냈고, 그러다 갑자기 그녀가 너무 뒤로 물러나 탁자가 위험하게 뒤집힐 뻔했다."[2] 매우 결정적인 이 장면에 영감을 받은 청년 셰레는 두 번째 제목을 「깨진 꽃병Le Vase Brisé」이라고 붙인다. 그러나 당분간 이 페티시의 대상은 낙하를 모면하고, 글 속의 화자 또한 아름다운 샹탈의 매력에 굴복하지 않을 이유를 끊임없이 찾는 일종의 음울한 나르키소스*가 된다.

이 상황은 자전적인가? 15년의 시간 차를 두고 만들어진 〈수집가〉의 핵심이 무엇인지는 적어도 알아볼 수 있다. 그 핵심을 맴돌고 있던 이데올로기적 지표는 최종판에서 삭제된다. 1949년 판본에서 사건은 인민 전선Front populaire ** 시대를 배경으로 펼쳐지고, 두 명의 라스티냐크Rastignac **를 정치계의 무대에 올려놓는다. 동료에 비해 덜 기회주의자인 화자는 "좌파 권력에 다가가려는 정부 업무를 그만두고 싶어 한다."³ 이 인물에 상응하는 영화 속 인물은 고독 속으로 후퇴해서 장자크 루소Jean-Jacques Rousseau의 책을 읽는다. 그렇지만 이는 어떤 자연주의적 환상에 빠지려는 것이 아니라, 민주주의에 대한 진정한 비평을 작성하려는 것이다. "현대 세계를 좀먹는 악의 근원을 드러내고, 우리 정부, 심지어 가장 권위주의적인 정부까지도 사라지게 하는 '평등'이라는 치명적 사고의 기원을 연구하는 것은, 루소의 전부를 거꾸로 되짚어 보는 것과 다름없는 질문이었다. 나는 공공선公共善이 모든 개인의 행복의 총합이라는 사실을 인정한다. 그러나 개인의 행복은 전체의 일관성을 보장하는 어떤 권리를 거부할 때만 발생할 수 있다. 한편으로 인간의 선을 주장하면서, 다른 한편으로 미덕이라는 이름의 괴상한 이론적 평등에 대한 증오스러운 요구 외에 공적 삶의 다른 동력을 상상하지 않는 것은 이상한 모순이다."⁴

이런 엘리트주의적 주장이 다소 퇴폐적인 민중주의를 배제하

• 물에 비친 자기의 모습을 연모하여 빠져 죽어서 수선화가 된 미모의 청년
•• 1930년대 후반 파시즘과 전쟁의 위기에서 결성된 반파시즘의 광범위한 통일 전선
:• 발자크의 소설집 『인간 희극La Comédie Humaine』에 등장하는 젊은 야심가

는 것은 아니다(오히려 반대다). 주인공은 가난한 동네에 살면서 무뎌진 신경을 자극하는 것을 좋아하는데, 이는 사라진 활력의 흔적을 느낄 수 있는 유일한 방법이다. 그의 애인은 젊은 노동자이며, 그는 아름다움 때문에 그녀의 어리석음을 용인한다. 이런 면은 그의 거만한 우월성을 고취하지만, 또한 샹탈을 마주했을 때 불안해지는 이유가 된다. 샹탈은 '나약한 성性 여성'의 복수와 여성 혐오의 패배를 구현한다. 이 모든 것은 자유사상의 전통과 폴 모랑Paul Morand•의 단편 소설 사이 중간쯤의 냉담한 톤으로 표현된다. 이런 점이 〈수집가〉에 남긴 유일한 명백한 흔적은 해설이다. 해설은 화자의 자기만족적 담화를 최대한 유지해 주는 프랑스식 분석 소설의 가상 구조다. 그러나 슈뢰더는 최종 편집에서 상당한 분량을 줄일 것을 요구했고, 훗날 로메르는 여전히 너무 많은 비중을 차지했다고 말한다. 마치 이제 문학적 장치에서 벗어난 현실을 연출하는 것이 중요하다는 듯이 말이다.

새로운 사기꾼들

아! 물론 〈수집가〉에는 화면 밖 목소리만이 아니라 많은 대화가 존재한다. 아드리앙(화자)이 저속한 노동자 무리와 섞이지 않으려 할 때나 다니엘(『샹탈 혹은 시험』에서는 동브뢰즈라는 이름)이 오만함으로 새로운 여성 대적을 쓰러뜨릴 때, 거기서 근원의 역설

• 프랑스 소설가. 제1차 세계대전 후의 혼란과 퇴폐를 그린 신감각파적 소설로 유명하다.

적 메아리를 들을 수 있다. 흥미롭게도 1949년 글에서는 희미하던 개인사적 요소가 1966년 영화에서는 표면으로 부상한다. 따라서 도발적이고 화려한 애호가 다니엘은 동브뢰즈보다는 제고프처럼 보인다. 그리고 여러 특징으로 보아(관음증, 자기 분석적 취향, 타인에게 속는 것에 대한 두려움) 아드리앙은 젊은 세례의 숨겨진 분신으로 드러난다. 이 어려운 곡예에서 로메르는 이야기를 완전히 현대적으로 바꾸고 자전적 (혹은 자기 비판적) 측면을 철저히 숨겨 놓는다. 1949년의 자기도취적 수사와 여성에 대한 경멸을 키우던 젊은 기병들은 1966년의 '새로운 사기꾼들'로 계승된다. 그들은 모든 금기를 위반하는 데 이미 무감각해졌고, 자신들의 욕망이 무기력하게 시들해지는 것을 목격한다. 요컨대 전쟁 이후 환멸의 세대가 끝난 것이다. 로메르는 그 시대의 인질이자 검사다.

여기서 그에게 복수심에 찬 의도를 찾는 것은 한 걸음 차이인데, 『카이에 드 레른 Cahiers de l'Herne』의 창시자이자 우파 논객인 친구 도미니크 드 루가 무턱대고 그 선을 넘어 버린다. 그는 로메르에게 보낸 편지에 이렇게 쓴다. "당신의 영화는 전제주의에의 반응에 대한 것입니다. (…) 〈수집가〉에서 이기심을 즐기는 네 명의 민병대 골동품상을 통해 나는 마침내 당신의 세계관을 깨달았습니다. 반프랑스적 요소에 대한 당신의 증오와 예술을 낮지게 하는 이 순간적 퇴락의 모든 음란함은 배설물에 대한 개의 무관심을 드러내고, 아무리 바보 당나귀라도 단번에 왕실의 방울새로 변모시킵니다. 〈수집가〉에서 당신은 등장인물의 증오와 경멸을 통해 가장 전복적으로 미래의 뉘른베르크 문화 재판소(의 기초?)를 세우는 것처럼 보입니다. 그곳으로 우리는 한 명의 피콩Picon과 한 명의 뷔토르Michel Butor, 한두 명의 예쁜 여자, 모든 화가와 서기들을 출두하게 할 수 있습니다. 당신은 오직 프랑스를 신뢰할 뿐입니다. 내면으로 열린 눈을 가진 프랑스, 괴테와 베토벤, 모차르트를 되찾게 될 프랑스를. 그리고 이 위업을 성취할 수 있었던 사람은 당신이라는 광인입니다."[5] 이전에 〈사자자리〉에 대해 파르뷜레스코가 했던 것처럼, 여기서 루는 로메르가 자신의 기획에서 주의를 기울여 제거한 논쟁적 의도를 그에게 다시 돌려준 것이다. 〈수집가〉의 인물들이 어떤 퇴폐, 일종의 사랑스럽고 예술적인 곤경을 보여 준다는 사실은 1955년의 「셀룰로이드와 대리석」에서 비난한 환멸의 최종점이다. 아마도 로메르는 그렇게 생각했을 것이다. 그러나 그는 그 사실을 입 밖에 내지 않도록 조심한다. 단지 보여 줄 뿐이다.

로메르는 누구를 보여 주는가? 당시 사람들이 말하듯 '유행을 아는' 세 젊은이다. 로메르는 청교도적이지만 그들은 관습에서 자유롭고, 로메르는 이상주의적이지만 그들은 겉보기에 냉소적이다. 이론적으로 그와는 완전히 반대의 인물이다. 그럼에도 불구하고 그는 인물들을 빌려 통제된 자유의 섬세한 연기를 통해 생각을 표현한다. 영화 개봉에 맞춰 진행된 (피에르앙드레 부탕의 한 방송) 인터뷰에서, 세 배우는 다소 당혹감을 드러낸다. 뒤늦게 시네아스트가 그들에게 설정한 퇴폐성이라는 함정을 발견한 것이다. 그들은 자기 자신으로만 있으면 된다고 믿었는데 영악한

404

창작자가 정해 놓은 인물을 생생하게 그려 냈던 것이다. 〈수집가〉는 완전히 새로운 표현 방식을 도입하는데, 그 구성은 외부 세계를 소환하여 내면의 비전을 확인하고, 예측 불가능한 삶 아래 도덕적 목표를 숨기는 데 있다. 이런 논리를 추구하면서 로메르는 극영화 감독보다는 다큐멘터리 감독처럼 행동한다. 말하자면 그가 영화로 담고 싶은 것은 더 이상 배우도 아니고, 등장인물도 아니다. 그들은 자기 현존의 흐름과 그들 생애의 부도덕성에 사로잡힌, 완전한 권리를 가진 사람들이다.

먼저 파트리크 보쇼가 있다. 좋은 집안 출신의 이 잘생긴 청년은 플로르 카페와 『카이에 뒤 시네마』에서 우아한 외모를 과시한다. 그는 이미 〈수잔의 경력〉(글이 완성되기 전에 〈수집가〉에 운 좋게 선택되었다)과 〈라브뤼예르의 성격론〉의 텔레비전 버전에 출연했다. 이번에는 현대적 댄디 청년을 연기한다. 그는 가까운 친구 다니엘 포머뢸Daniel Pommereulle을 로메르에게 소개했고, 포머뢸은 어느 정도는 그 자신의 모습을 연기한다. 즉, 특이한 물건을 수집해서 그의 작업에 대해 뛰어난 솜씨로 말하는 실험적인 예술가다. 영화 도입부에서 그가 예술 평론가 알랭 주프루아Alain Jouffroy(그가 '반대자'라고 부르는 예술가들의 작품 사이에 자신의 작품을 전시해서 추문으로 악명을 떨친 사람이다)와 함께하는 연기가 그런 것이다. 또 다른 담화자로는 세이무르 에르츠베르Seymour Hertzberg라는 가명으로 수집가의 모습을 구현하는 영화 기자가 있다. 바르베 슈뢰더는 그에 대해 이렇게 말한다. "로메르가 한 연기자를 1천 명 중에서 캐스팅하는 일은 없었다. 캐스팅은 항상 관계를 통해 이루어졌다. 파트리크 보쇼는 『뉴욕 타임즈*New York Times*』의 영화 평론가 유진 아처Eugene Archer와 친하게 지냈고, 우리는 그에게 영화에서 부유한 미국인의 역할을 맡겼다. 문제는 그가 폭음하는 성향이 있는 데다 타고난 배우는 정말 아니라는 점이었다! 그래서 힘들었다. 나는 아마추어로만 이루어진 촬영 체계가 얼마나 퇴화할 수 있는지를 보았다."[6]

그럼에도 불구하고 로메르에게는 자신의 극을 실현해 줄 아마추어가 필요했다. 극은 그의 외부에 존재하기 전에 내면에 존재했기 때문이다. 그렇게 그는 어느 날 저녁, (영화 시작 부분과 매우 흡사하게) 퐁투아즈에 있는 별장, 폴 제고프의 집에서 위험한 향기가 나는 미지의 미인을 알게 된다. 그의 오래전 글 속의 상탈처럼, 그녀는 "천사의 얼굴과 눈부신 혈색, 그리고 풋풋한 태도"[7]를 겸비하고 있었다. 거기에 루이즈 브룩스Louise Brooks•처럼 짧은 머리가 추가되는데, 꿈꾸던 여성의 초상화를 완성하기에 딱 적당한 만큼의 양성적 이미지다. 그녀의 성은 폴리토프Politoff고, 이름은 『몬테크리스토 백작*Comte de Monte-Cristo*』의 유명한 인물을 연상시키는 아이데Haydée다. 그녀는 그다지 낭만적이지는 않은 부동산에서 일하고 있었지만, 로메르는 마침내 '그의' 수집가를 만난다. 〈에투알 광장〉의 편집이 한창일 때 그가 전한 내용을 자키 레날은 이렇게 말한다. "하루는 로메르가 도착해서는 내게 '찾았다'고 말했다. 그는 내게 사진 한 장을 보여 줬다. 그가 감독이라고 말했더

• 보브컷을 유행시킨 미국의 여자 배우

니 그녀가 건네준 사진이라고 했다. 그는 되감기 장치에 우표 크기의 사진을 붙였다. 그리고 로메르는 이 사진을 바탕으로 〈수집가〉를 쓰기 시작했다."[8]

사실 로메르는 결코 〈수집가〉를 쓴 적이 없다. 오히려 그는 세 명의 청년이 전개하는 장면을 지켜볼 수 있을 정도의 꽤 촘촘한 드라마 초안, 함정을 만든다. 시나리오의 첫 번째 단계는 상당한 분량의 대사는 보류하고, 세부적인 상황에 집중한다. 거기서부터 녹음기를 통해 영화가 쓰인다. 이 도구는 로메르가 『카이에』 사무실에서 라신의 시 구절이나 〈크로이체르 소나타〉의 해설을 낭송할 때 즐겨 쓰던 것이다. 그는 몇 시간 동안 연기자들의 말을 녹음하는데, 연기자에게 그들의 열정과 사랑에 대해 자유롭게 말하게 하지만 항상 만들어질 영화와 관련된 상상으로 '대담하게' 초대한다. 자신이 생각하는 대사를 배우에게 전달하는 이런 고다르적(혹은 트뤼포적) 방식은 촬영하는 그날그날 이루어진다. 그리고 그는 배우의 표현, 언어적 버릇, 존재 방식에서 많은 영감을 얻는다. 작업의 진행은 거기서 멈추지 않는다. 촬영 준비 과정에서 리허설이 여러 차례 진행된다. 거기서 아이데와 다니엘, 파트리크(세 명 모두 이야기에서 실제 이름을 쓴다)는 카메라 앞에서 말할 내용을 계속 만들어 낸다. 로메르에게 이것은 전례 없는 실험이며, 20년이 지난 후 〈레네트와 미라벨의 네 가지 모험〉을 촬영하면서 한 번 더 시도한다. 그는 이 모든 실험의 기록을 바르베 슈뢰더의 매우 어린 조수 피에르 코트렐에게 보내도록 주의를 기울인다. 코트렐은 이렇게 설명한다. "이 대사는 즉흥적으로 진행된 것은 아니지만, 로메르가 설정한 주제를 바탕으로 그에게는 매우 낯설고 젊은 어휘들로 현장에서 조정되었다. 내 임무는 새로운 러시 필름이 주어지는 대로 카세트 내용을 시나리오로 작성하는 것이었다. 그런데 이 시나리오는 사전 제작 지원 공모에서 보기 좋게 떨어졌다."9

미적 취향

그래서 사람들은 〈수집가〉에서 해설의 쓰기 형식이나 (연출가의 적극적인 공모로) 배우들이 보여 준 구두 형식으로 말을 많이 한다. 하지만 이 영화는 언어를 넘어선 것, 영화만이 보여 줄 수 있는 면을 부각시키는데, 그것은 도입부에서 볼 수 있듯 매우 주의 깊게 촬영된 신체의 아름다움이다. 우아한 팔의 움직임과 신비로운 미소가 무엇을 의미할 수 있는지 아드리앙은 자문한다. 더 넓게 말해서 그는 의식과 담론의 (남성적?) 지배에서 벗어난 모든 것을 자문한다. 이는 영화에서 두 남성을 배신하는 신체의 오류를 포함해, 아이데를 보는 분노와 그녀가 그들을 벗어나 표현하는 형언 불가능한 것들이다. 예를 들어, 다니엘의 발이 있다. 그가 자칭 '수집가'를 향해 폭력적인 비난을 퍼붓는 동안 발을 계속 벽난로에 부딪친다. 포머렐은 즉흥적으로 몹시 강박적인 흥분에 사로잡히고, 로메르는 이것을 강조한다. 그렇게 시네아스트는 스파이처럼 배우 스스로도 몰랐던 자연스러움을 드러나게 하려고 애쓴다 (로메르가 인정하듯, 어떤 프랑스 배우도 파트리크 보쇼처럼 그렇게 우아하게 조약돌에 키스할 수 없을 것이다). 그리고 그들이 어떻게 말의 한계를 넘어서는지를 드러낸다. 실재는 매우 빛나고 놀라우며, 우리가 가두고 싶어 하는 빈약한 범주로는 얼마나 환원 불가능한 것인가.

이런 화려함을 포착하고 놀라움을 소환하는 데 있어, 로메르는 네스토르 알멘드로스의 재능에서 이상적인 촬영감독의 면모를 발견한다. 알멘드로스는 최고의 회화적 소양과 놀라운 활용 능력을 겸비하고 있다. 또 그는 〈수집가〉를 35밀리로 만들도록 시네아스트를 설득하고(16밀리 카피본을 확대하는 것보다 비용이 많이 들지 않는다), 영화 촬영에서 거울을 통해 반사하는 조명 시스템을 완성한다. 이 시스템은 영화사에서 이정표가 된다. 이 작은 혁명에 대해 미래에 또 다른 위대한 촬영 감독이 될 필리프 루슬로 Philippe Rousselot(〈모드 집에서의 하룻밤〉에서 알멘드로스의 두 번째 조수)는 이렇게 이야기한다. "〈수집가〉를 봤을 때 난 아직 영화 학교에 다니고 있었다. 그리고 이렇게 혼잣말을 했다. '반드시 이 영화의 조명을 쓴 사람과 일하겠어!' 필름에 빛을 비추는 수단이 무엇인지 인식하지 못한 것은 그때가 처음이었다. 그럼에도 불구하고 이미지는 매우 아름다웠다."[10] 이 수단은 존재하지 않았기 때문에 감지되지 않았다. 다섯 대의 소형 투광기, 그리고 핵심은 벽이나 평평한 면에 반사된 햇빛이다. 나무 아래에서 대화 장면을 촬영하는 로메르의 트릭 덕분에 빛을 야외에서 조정해 그 강도가 약해지는 것을 막을 수 있었다. 이런 계속되는 즉흥적 연출은 어느 정도는 자발적인 자금의 부족과 관련된 제약(예산은 약 3만 프랑으로 제한되었다) 때문만은 아니다. 그것은 어떤 금욕적인 것, '아름다운 이미지'의 기교에서 영화를 보호하고 생생한 결을 간직하려는 금욕주의에서 비롯되었다.

이런 아마추어리즘적 정신의 모든 특징은 촬영 현장에도 똑같이 적용된다. 배우와 기술자는 무급으로 일하며, 제작자가 생트로페 한복판에서 힘들게 발견한 빌라에 다 함께 기숙한다. 이곳은 또한 영화의 주요 배경이기도 하다. 아래쪽에는 해변이 있지만 "비닐봉지가 해변으로 밀려와 쓰레기장과 비슷했다"고 로메르는 말한다. "배우들과 함께 해변을 청소하는 데 두 시간이 걸렸다. 이 풍경에서 내 마음에 든 것은 마을에서 바다로 이어지는 긴 길이었다. 그 길을 따라 영화에 긴 해설을 이어 붙일 수 있었다."[11] 식사는 슈뢰더가 현지에서 채용한 작은 체구의 이탈리아 부인에게 맡겼다. 슈뢰더는 즐겁게 이야기했다. "문제는 그녀가 한 가지 요리밖에 못한다는 점이었다. 미네스트로네minestrone*였다. 항상 같은 요리가 제공되자 사람들은 조금씩 불평했다. 마지막 날 촬영에 후하게 쓰고 싶어서, 나는 커다란 양 다리를 사서 요리사에게 주었다. 식탁에 앉았는데 부인이 미네스트로네를 가져왔다. 우리는 괜찮다고 말하면서 예의상 먹었다. 그리고 나는 언제 양 다리 요리가 오는지 물었다. '아! 미네스트로네에 있는 고기를 정말 못 보신 건가요?'"[12] 이런 임시방편적인 공동체 생활은 어떤 감독도 해낼 수 없는 배우들 사이의 확실한 유대감을 만든다. 하지

---

* 갖은 야채와 고기를 넣고 끓인 이탈리아 밀라노식 수프

만 로메르는 보쇼-포머뢸 듀오와 아이데 폴리토프 사이의 긴장감 역시 은근히 활용한다. 이 긴장감은 보통 마초적인 빈정거림으로 표현되는데, 화면 속 인물들이 이와 동일한 말을 내뱉는 것을 볼 수 있다.

함정이 놓인 이 전략에 중심 역할을 하는 것은 단 한 번뿐인 촬영이다. 이것 역시, 경제적인 요구에 따른 그만의 해결책인 셈인데, 이는 그에게 허락된 얼마 안 되는 필름을 낭비하지 않으려는 자구책이다. 그는 5천 미터의 네거티브 필름만을 사용한다. 그래서 현상을 맡은 현상소 담당자는 이 영화가 단편일 거라 생각했다! 말했듯이 각 숏은 치밀한 연습을 통해 준비됐다. 로메르는 심지어 "액션"이라고 말하기 전에, 배우들이 상황에 바로 적응할 수 있게 미리 움직이기 시작하라고 지시했다. 그렇게 해서 최대한의 강도強度가 촬영 순간에 주어지고 일종의 극적 현현이 창조된다. 이 순간 연기자는 그가 연기한 것과 더 이상 구별되지 않는다. 그 순간 감독의 음흉하고 기뻐하는 눈앞에 드러난 그 연기는 진실이 된다. 그러므로 빈곤한 장비와 적은 수의 기술진, 마지막 순간 아이데가 입을 옷을 사려 했던 생트로페에서의 쇼핑 따위는 중요하지 않다. 이 궁핍함은 로메르의 목적에 부합한다. '영화'의 모든 거짓 위엄이 사라지고, 순수한 상태에서 존재의 본성(그리고 자연 그 자체)이 피어오른다.

스캔들의 향기

마찬가지로 로메르는 실험 음악(작곡가 미셸 파노Michel Fano와 함께 한동안 논의했던)을 영화에 추가하지 않기로 결정하고, 대신 귀뚜라미나 비행기 소리의 구체성에만 중점을 둔다. 편집기사 자키 레날은 이렇게 말한다. "1년 전 그는 그 집 주위 덤불숲에서 들리는 (꾀꼬리, 나이팅게일 등) 모든 소리에 주목했다. 촬영장에는 늘 다이렉트 사운드만 있었다. 그래서 그는 미셸 파노의 음향 도서관과 새소리를 녹음하는 아마추어에게 도움을 청했다. 나는 그가 전화하는 소리를 들었다. '잔디 꾀꼬리 확실한가요? 생트로페에서 2시에서 5시 사이에 부르는 겁니까?'"[13] 음악이 삽입될 때 앞으로 그가 꼼꼼하게 챙기게 될 이 원칙은 이야기가 펼쳐지는 그 장소에서 물리적으로 존재하는가가 기준이 된다는 것이다. 이 규칙을 유일하게 위반한 부분은 오프닝 크레디트다. 간단한 타악기를 원하던 로메르는 슈뢰더의 집에서 아프리카 탐탐을 발견한다. 그는 그 북을 가져다가 제작자가 구리 냄비를 두드리는 소리와 함께 녹음한다. 그는 편집자에게 이 '원본'을 들려주고 그녀에게 "여기서 영감을 받을 만한 음악가를 알고 있나요?"라고 묻는다. "(…) 이 분야에 꽤 정통한 그녀가 내게 말했다. '그냥 이대로 쓰면 되겠어요! 훌륭해요!' 그래서 우린 그렇게 했고, 이 소리를 리듬 없이 내보냈다. 정말 엄청난 짓이었다. 그렇게 그때부터 난 구태여 영화 음악가를 찾을 필요가 없다고 생각했다."[14]

사운드 트랙에 이 작업을 입히려면 새로운 자금이 필요했다. 슈뢰더는 (로메르가 영화 편집의 전 단계로 자주 하는 것처럼 구석에서 혼자 직접 이어 붙인) 무성 흑백 필름을 하나하나 연결한 것을 가지고, 조르주 드 보르가르를 위한 상영을 준비한다. 이 간소한 편집용 상영이 시작한 지 30분이 지나자 고다르와 드미의 제작자 드 보르가르는 졸기 시작한다. 그때 한 목소리(지원군으로 불려 나온 피에르 리시앙)가 그의 귀에 대고 속삭인다. "집중하세요! 상상적 난교가 시작됩니다." 드 보르가르는 자세를 바로 하였고, 시사가 완료되자 영화 후시녹음에 필요한 자금을 지원하는 데 동의한다. 드 보르가르는 리시앙의 재치 있는 말에 웃음을 터뜨리며 자리를 떠나고, 리시앙이 로메르에게 다가가자 한숨을 내쉬며 이렇게 말한다. "피에르, 당신이 영화를 위해 한 말인 줄은 알아요······. 그래도 제발! 그런 식으로 말하지 마세요."

하지만 영화는 실제로 그런 방식으로 판매된다. 로제 바딤과 그의 대담한 환상과 크게 다르지 않은, 관습에서의 해방이라는 외설적 연대기처럼 말이다. 이런 정신적 분위기에서 (명백하게) 외설스러운 장면들을 모아 놓은 홍보 영상이 만들어진다. 또한 털이 많은 다리를 애무하는 여성의 손을 보여 주는 포스터도 그렇다. 〈클레르의 무릎〉 이전에 그 역할이 역전된 것인가? 아무튼 모든 건 〈수집가〉의 이야기와 별 관련은 없지만, 언론에 노출된 것은 이런 신화다. 여기에 18세 미만 관람 불가 등급이 추가되면서 영화는 마침내 금기만큼이나 유혹적인 것이 된다. 1967년 3월 '최신 유행'의 장소가 되려는 목적으로 새롭게 개장한 지르쾨르 스튜디오에서 영화가 소개된다. 파리 유명 인사들로 붐비는 이곳에서 매우 사교적인 시사회로 영화의 여정이 시작된다. 거기에는 로스차 일드Rothschild의 거물 두 사람이 있었다. 페르낭 그라베Fernand Gravey 와 마르셀 카르네도 있었다. 카르네는 아마도 이 〈수집가〉에서 〈사기꾼들〉의 무의식적 차용을 보았을 것이다(아무튼 그는 아이데 폴리토프에게 매혹되어 다음 영화 〈젊은 늑대들Les Jeunes Loups〉에 배우 로 기용한다). 알랭 로브그리예, 마르그리트 뒤라스, 카트린 드뇌 브Catherine Deneuve가 거기 있었고, 드뇌브는 곧 작가에게 찬사의 편 지를 쓴다("저는 이 영화를 자주 생각하며 영화가 잊히지 않는다는 것 은 꽤 기분 좋은 일입니다"[15]). 갈색 가발을 쓰고 온 브리지트 바르도 는 여동생 미자누에게 박수를 보낸다. 미자누는 영화 시작 부분 에서 파트리크 보쇼의 여자 친구 역으로 잠깐 등장한다. 사람들 은 참석자 중에 B. B.*를 알아보고 특히 감동을 받았고, 영화의 가 장 냉소적인 말에 즐겁게 킥킥대며 웃는다. "난 말이야, 나라를 위 해 일하는 것보다 친구 집에서 사는 게 더 명예로운 일 같아."

〈수집가〉로 로메르는 성공을 거둔다. 영화는 단독 개봉해서 거의 30만 명의 관중을 끌어들인다. 많은 젊은 여성들이 아이데 처럼 "보이시한 스타일"로 머리를 자르고, 많은 젊은이들은 파 트리크 보쇼처럼 젤라바djellaba**를 입거나 데니스 베리Dennis Berry (진 세버그Jean Seberg와 안나 카리나의 미래의 남편)의 폴라로이드 안 경을 착용한다. 이 영화는 (광고에 따르면 "파리에서 가장 최신 영

• 브리지트 바르도의 약칭
•• 북아프리카인이 입는 긴 외투

화관"인) 지르퀴르 스튜디오에서 몇 달 동안 단독으로 걸려 있게 되며, 르네 클레르가 심사위원장을 맡고 있는 프라드영화회의 Rencontres Cinématographiques de Prades에서 대상을 수상한다. 심지어 가장 무감각한 비평가들마저 매료된다. 예를 들어 『르 카나르 앙셰네Le Canard Enchaîné』의 미셸 뒤랑Michel Duran은 전반적인 열의를 이렇게 정리한다. "라마튀엘의 시골 풍경, 생트로페의 몇 가지 전망, 바르 지방의 집, 인테리어, 모든 것이 눈을 즐겁게 한다. 특히 그 가운데서 둥근 얼굴에 들창코와 도도한 눈빛을 가진, 모든 것이 근사한 한 여성이 살아 움직인다."[16] 일부 저항적인 사람들(미셸 오브리앙Michel Aubriant, 로베르 샤잘Robert Chazal, 피에르 빌라르Pierre Billard)은 빈곤한 미장센이나 공허한 주제를 비난하는데, 이런 것은 되려 (〈사자자리〉의 경우와는 반대로) 현대적이기 때문에 영화에 바람직한 것이 된다. 마치 약간 외설적이고 상황의 생생한 묘사가 오히려 금욕적인 글쓰기를 용인하게 하고, 로메르를 (그의 의지와는 다르게?) 1968년 5월을 예견한 선지자쯤으로 여기게 된 것처럼 말이다.

시네아스트의 모호한 관점에 대해서는 두세 명의 칼럼니스트가 더 통찰력 있는 글로 밝혀낸다. 마르셀 마르탱이 『레 레트르 프랑세즈』에 쓴 것처럼 그의 "우파" 문화를 비난하기도 하고, 혹은 『르 누벨 옵세르바퇴르Le Nouvel Observateur』의 장루이 보리가 쓴 것처럼 마리보Marivaux 전통*에 그의 영화를 반어적으로 연결해 쓰기도 한다. 이렇게 해서 언론에서 편리하게 분류한 그의 영화에 대한 기나긴 경력이 시작된다. 『텔레라마』에서는 클로드장 필리프가 가톨릭 신자 프랑시스 마요르Francis Mayor와 '찬반양론'을 펼치면서 논쟁을 증폭시킨다(그는 『카이에 뒤 시네마』에서 거의 같은 주장을 펼칠 것이다). 물론 〈수집가〉의 인물들은 부도덕하다. 그들은 확실히 『텔레라마』를 읽지 않는다! 물론 그들은 타인과의 소통이 불가능하다. 그러나 그들의 악은 더 먼 곳에서 나온 것이다. "그들은 자신을 비우고 아무것도 찾지 않기를 원하지만, 거울이 항상 거기 있어 그들의 생각을 무한히 반영하여 현기증을 일으킨다. 그래서 로메르는 현대적 사유의 비극을 강조한다. 스스로에게서 빠져나갈 수 없다는 그 불가능성. (…) 너무나도 따뜻하고 황금빛으로 반짝이는 빛 아래, 불안이 드리운 순수함과 거기 있었다 쫓겨난 낙원에 대한 그 감정을 드러내기 위해 이 영화는 아름다워야 하고, 최상의 아름다움을 보여 줘야 한다. 이 영화에는 우리 주변의 세상, 사물과 사람, 존재에 대한 증거가 있다. 언뜻 보기에 놀라운 이 근거는 예술가의 증거다."[17] 로메르의 비밀스러운 과정을 이보다 섬세하게 드러내기는 어려울 것이다. 그 비밀의 과정은 허위 의식을 철저하게 소진시켜서 영화의 절대적 진실을 더욱 찬양하는 데 있다.

• 피에르 드 마리보Pierre de Marivaux(1688~1763)는 프랑스의 극작가, 소설가다. 섬세하게 멋을 부린 그의 문체는 마리보다지marivaudage라 불린다.

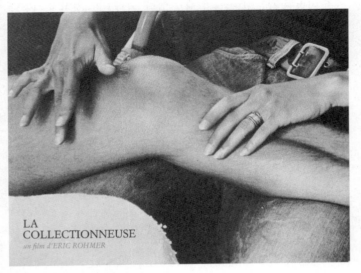

LA
COLLECTIONNEUSE
un film d'ERIC ROHMER

1967년, 〈수집가〉 언론 보도자료

세상 모든 영화인이……

〈수집가〉의 성공에도 불구하고 세 번째 도덕 이야기는 1968년 봄까지 여전히 사문서死文書인 채로 있다. 로메르는 정치적 사건에는 별로 개의치 않고 오직 『자전거를 탄 소녀』의 촬영만 생각하는데, 이것이 훗날 〈모드 집에서의 하룻밤〉이 된다. 그때까지 이 영화는 두 가지 큰 난관에 부딪힌다. 먼저 시네아스트가 다음 영화의 주연으로 제안한 장루이 트랭티냥의 우유부단함 때문이다. 그가 맡을 역할은 여성을 유혹하는 것은 좋아하지만 도덕적 불안감으로 괴로워하는 가톨릭 신자 엔지니어다. 하지만 트랭티냥은 가톨릭 신자가 아닌 데다 자신이 돈 후안보다는 사랑의 희생자에 가깝다고 생각한다. 하지만 트랭티냥의 망설임은 그가 연기할 인물과 자신이 근본적으로 다를 수밖에 없는 로메르적 배우의 역설을 확인시켜 준다. 로메르는 그가 배역을 맡아 주길 바라며 동의를 얻기까지 시간이 걸려도 기다린다. 두 번째 난관은 이 계획에 대한 사전 제작 지원금 신청이 두 번이나 거부된 것이다. 연출이 중단된 까닭은 이전 영화보다 예산이 월등히 많기 때문이었다(약 60만 프랑). CNC 관장을 설득하기 위해 로메르는 '도덕 이야기'가 특정 순서로 촬영해야 할 필요성을 논증하는 편지를 쓴다. 그리고 시나리오에서 해설의 중요성(특히 이것이 그의 약점이다)을 축소하기 위해 노력한다. "마지막으로 나는 '새로운 사실', 즉 네 번째 이야기 〈수집가〉의 개봉을 내 입장의 증거로 내세워 보겠습니다. 이 영화는 내 촬영 방식에 대한 생각을 보여 주고 내 '연출'이 담화로 환원될 수 없는 지점을 보여 줬을 것입니다. 내 가장 열렬한 지지자들은 이 영화의 검소함, 나아가 소위 '투명성'을 칭찬합니다. 그렇다면 화면상의 미덕이 지면상의 결함이 될 수 있을까요? 글로 쓸 수 있는 것—내가 싫어하는 모든 것—은 속임수나 효과일 수밖에 없습니다. 그렇기에 내 글이 충분히 설득력이 없다는 점을 인정합니다. 그 글이 단지 문학적으로 보이는 이유는, 내가 표현 불가능한 것을 말하고 싶어 하지 않기 때문입니다."[18]

하지만 별 소득이 없었고, 뜻밖의 인물이 개입하지 않았다면 〈모드 집에서의 하룻밤〉은 아마도 로메르의 영화 작품 목록에서 빠져 어둠 속에 남았을 것이다(로베르 브레송의 작품 목록에 들어간 〈부드러운 여인〉처럼). 그 뜻밖의 인물은 바로 프랑수아 트뤼포다. 여전히 굴욕당하는 누벨바그의 아버지 취급을 받는 맏형에게 복수하고 싶었던 것일까? 로메르를 『카이에』에서 배제하는 일에 동참한 것을 후회한 것일까? 이 이중적 움직임(아버지 살해/아버지에 대한 경의)이 약간은 트뤼포의 약점이란 사실을 우리는 알고 있다. 아무튼 〈400번의 구타〉의 작가는 영화의 자금 운용 조절을 위해 아낌없는 노력을 기울인다. 먼저 트뤼포는 바르베 슈뢰더와 제라르 르보비시Gérard Lebovici와 함께 공동 제작자로 참여한다. 그런 다음 제작 협력 회사를 구성해 거기서 미래 배당금을 조건으로 각자가 조촐한 투자로 지분을 '구매'하게 하는 훌륭한 생각을 구상한다(한편에는 6개월 후에 벌어질 랑글루아 사태라는 큰 집단적 폭발을 준비하는 영화 〈세상 모든 사람들이…Si Tous les Gars du Monde...〉가 있다). 1967년 말 트뤼포가 마그 보다르에게 보낸 한 편지를 통해 이 기획이 이미 진척되고 있음을 알 수 있다. "로메르는 프랑스 최고의 시네아스트 중 한 명이자 가장 진지한 인물이란 점을 감안했을 때 제작 지원이 거부되는 것은 부당하다고 생각합니다. (…) 클로드 베리Claude Berri, 알비코코Jean-Gabriel Albicocco, 제라르 르보비시는 직무에 충실하며, 역시 충실한 (제작의 두 업무를 맡은) 바르베 슈뢰더와 장뤽 고다르가 오늘 아침에 이렇게 말했습니다. '로메르 영화에 제 이름을 올려놓게 되어 영광입니다.'" 트뤼포는 베리와 공동으로 자금을 조달하려는 다른 영화(모리스 피알라의 〈벌거벗은 유년 시절L'Enfance Nue〉)를 언급하면서 다음과 같이 덧붙인다. "이 두 사안은 돈을 벌기 위해 참여하는 것은 아니지만, 돈을 잃지 않기를 희망하며 무엇보다도 두 개의 좋은 기획을 실현하는 데 도움이 되고자 하는 열망이 있습니다."[19] 하지만 곧 이 아름다운 단일화는 깨진다. 마그 보다르에 이어 고다르와 알비코코가 계획을 철회한다. 다른 예산 마련이 어려워지면서 미셸 드브로카Michelle de Broca나 니콜 스테판Nicole Stéphane, 루이 말은 〈모드 집에서의 하룻밤〉과 관련한 제안을 거절한다. 클로드 를루슈는 영화의 배급권 보장을 요청하면서 이상한 우유부단함을 보여 준다.

1968년 5월 중순, 를루슈는 트뤼포에게 거절하는 모든 이유를 적은 긴 편지를 쓴다. 그는 예상할 수 있는 신중함을 표현한다. 해설이 너무 많고, 파스칼Blaise Pascal에 대한 언급이 너무 많고, 너무 엄격해서 팔리는 영화로는 부적합하다는 것이다. 흥미롭게도 그는 로메르가 CNC에서 방어한 주장을 뒤집어 놓는다. "〈모드 집에서의 하룻밤〉은 잘 쓰인 대화라는 측면이 아니라 영화 개념의 측면에서 내게는 너무 문학적으로 보이네요. 이 대본을 읽으면서 대본을 읽는 느낌이 전혀 없고 책을 읽는 느낌이었어요. 아마 로메르가 바라던 것일 수도 있는 게, 보통 삼인칭으로 쓰는 것을 그는 일인칭으로 썼기 때문입니다. 내가 걱정스러운 점은 이 글에서 시네아스트의 의지가 아니라 이야기꾼의 의지가 느껴진다는 점 때문입니다. 그렇긴 해도 연출에 따라 최고와 최악의 상황이 발생할 수 있겠지요."20 이러한 우려에도 불구하고 를루슈는 최후의 순간에 가능성을 연다. "그럼에도 불구하고 애초에 비영리성이 판명된 영화를 제작하는 데 여러 제작자와 연합하게 되어 기쁩니다. 이런 종류의 경험에 꼭 참여하고 싶습니다."21

이 말을 들은 바르베 슈뢰더는 로메르에게 이 불확실한 배급자를 만나러 가자고 설득한다. 하지만 약속(아침 5시 30분으로 예정된!)은 이어지지 않는다. 를루슈가 영화가 흑백이라는 걸 뒤늦게 알게 된 양 말했기 때문이다. 새옹지마 같은 또 다른 일은 UGC*의 사장 클로드 콩타민Claude Contamine을 통해 전해진다. 완성된 제작물 상영에 초대받은 그는 아주 간략한 언급만 한다. "로메르 씨, 좋은 영화를 만들었군요." 이 선한 가톨릭 신자 콩타민(얼마 전 교회에서 결혼한)은 서둘러 트뤼포에게 전화를 걸어서 이렇게 간청한다. "당신 친구 로메르가 교회 장면을 좀 줄이게 할 수 있을까요?" 그는 어쨌든 배급 계약을 유지하고, CNC는 마지막에 10만

---

* UGC는 원래 Union Générale Cinématographique의 약자이지만 오늘날에는 이니셜만 사용한다. 여러 지역 영화 회사의 합병으로 설립된 프랑스 영화사이며, 현재 유럽에서 두 번째로 큰 영화관 배급망을 갖추고 있다.

프랑을 제공한다. 특이한 방식으로 사전 제작 지원 원칙이 적용되는데, 이는 로메르가 나중에 언급할 것이다. 한편 트뤼포는 일곱 명의 제작자로 구성된 이사회를 구성한다. 이미 언급한 사람들 외에 다니엘 들로름Danièle Delorme, 클로드 지디Claude Zidi, 피에르 브롱베르제(마지막 순간에 개입)와 장루이 트랭티냥이 모험을 시작한다. 상대역인 프랑수아즈 파비앙도 참여하고 싶어 하지만 이미 열한 명의 몫을 배정했기 때문에 로메르가 꺼린다. 여기에 피에르 코트렐의 도움이 뜻밖에 추가되는데, 마침 클레르몽페랑 촬영을 준비하는 데 돈이 다 떨어질 때였다. 코트렐은 그의 할머니의 도움으로 보충 예산 2만 프랑을 내놓는다.

코트렐 역시 영화 수익에 대한 지분을 전혀 보유하지 않는다. 그러나 슈뢰더가 자기 역할로 돌아온 뒤(그는 〈모어More〉의 촬영을 위해 떠나 있었다), 그는 각 주주에게 배당금을 지급한다. 하지만 이는 트뤼포의 입장에서는 조금 괴로운 일이었다. "매번 (이 편지는 10년 후 트뤼포가 로메르에게 보낸 것이다) 외부에서 영화의 공동 제작자를 데려올 때마다 나는 이런저런 식으로 실망했고, 내가 실망하지 않는 경우엔 연출자와 재정 담당자가 그 합의에 후회하는 것처럼 보였어요. 〈모드 집에서의 하룻밤〉이 개봉된 지 1년 후에 피에르 코트렐이 단호하게 말하더군요. '난 공동 제작자가 충분한 수익을 올렸다고 생각하며, 더 이상 돈을 보내지 않겠습니다.' 당신에게 〈모드 집에서의 하룻밤〉의 사례를 인용하는 것은 이 영화가 〈오르페의 유언Le Testament d'Orphée〉과 함께 내가 기대를 갖고 달성한 유일한 공동 제작이기 때문입니다."[22] 아름다운 참가자 트뤼포는 결국 (로장주의 미래 관리자인 마르가레트 메네고즈Margaret Ménégoz의 요청으로) 권리를 포기한다. 하지만 이는 로메르에게 영화 소유권을 주기 위한 행동이다. 그날 그는 1968년에 참여한 모든 제작자에게도 같은 편지를 써서 자신과 같이하기를 제안한다. 그들 대부분은 이를 받아들인다. 〈모드 집에서의 하룻밤〉의 경우에 있어 작가 정책은 빈 단어가 아니다.

자전거를 탄 소녀

무엇이 이 기획을 그렇게 두려운 것으로 만들었을까? 먼저 앞서 봤듯이 전지적 시점의 해설(적어도 초기 시나리오에서)로 전달되는 '문학적' 차원의 문제가 있다. 〈수집가〉와 마찬가지로 사실 이 글은 매우 오래된, 감춰진 토대의 흔적이며 긴 단편 소설 형식으로 이루어져 있다. 1944년 모리스 셰레는 「몽주 거리」라는 제목의 글을 쓰고 있었는데 여기에서 〈모드 집에서의 하룻밤〉의 주요 요소가 등장한다. 이 글은 에릭 로메르의 모든 영화를 관통하는 주제인 관음증, 첩보 행위, 미행 등으로 시작한다. 〈비행사의 아내〉나 〈삼중 스파이〉가 나오기 오래전에, 「몽주 거리」의 화자는 보여주지 않으면서 보고 싶어 하는 사람이다. 마치 자신의 삶을 (시선을 통해) 소유하려는 듯이 거리에서 예쁜 여자를 따라가는 사람이다. 그녀가 알아채려는 순간 그는 광장에서 도망치지만, 서둘러 관찰자의 지위를 전부 포기하지는 않는다. 이는 미완성 상태지만 꽤 로메르적이라 할 수 있는 다른 두 가지 강박 관념으로 갈라진다. 하나는 공간을 통제하려는 강박 관념이다. 교차로와 분기점이 있는 라탱 지구의 지리가 매우 정밀하게 묘사된다. 마치 함정을 준비하는 것처럼 조심스럽게 여성 먹잇감을 준비한다. 다른하나는 모든 함축적인 의미에서, 통제해야 하는 시간이다. 여기에 우연이라는 신뢰하기 힘든 조합이 포함되고, 화자는 계속 일을 더 잘 도모하려 한다. 이러한 조건에서 그 유명한 '모드 집에서의 그 밤'(이미 영화에 그녀가 있을 거라는 점, 인물의 이름과 호의적인 제3의 존재라는 점까지 제목은 암시한다)은 예상 범위를 벗어난 상상할 수 없는 탁월한 순간을 보여 준다. "진한 갈색 머리카락의 너무 날씬한 모드는 내가 원하는 유형의 여성에 해당하지 않으며, 어느 날 지하철에서 그녀에게 말을 걸더라도 그녀를 유혹하고픈 생각이 전혀 들지 않았을 것이다. (…) 연속된 실패로 인해 기회가 왔을 때 더 대담해지도록 나를 부추겨야 했던 것 같다. 그러나 그 반대 역시 그럴듯해 보였고, 불가능하다고 여긴 것을 찾은 후에는 정말 그렇게 생각할 수 있다. 나는 자연스럽게 제공된 것에 대해 본능적으로 어떤 반감을 느껴야 했다."[23]

이로써 모든 로메르의 작품에 영감을 주게 될 이상주의적 토대가 잘 마련된다(그 절정은 〈O 후작 부인〉이 될 것이다). 이상주의는 처음부터 영화를 소환해서 만족시키고 초월할 수 있는 유일한 힘 같은 것이지만, 당분간은 협소한 수사학적 형태로 유지될 것이다. 이 수사학은 원인과 결과, 자초지종을 끊임없이 계산하는 것으로, 해석망상증에 가까운 지점까지 간다. '사소한 것에 집착하는' 젊은 작가의 이런 경향은 어른 시네아스트가 되어서도 쉽게 포기하지 않는다.

1960년대 초 그가 기본적 초안으로 돌아갔을 때, 이 토대를 전지적 화면 밖 소리로 만든다. 이 화면 밖 의식의 소리는 일인칭 시점에서 주인공의 행동과 자세를 분석한다. 하지만 이것은 또한 무의식의 소리이기도 한데(로메르 영화에서는 드문 경우), 모드 집에서 긴 밤을 보낸 후 새벽녘에 들리는 소리다. "나는 프랑수아즈와 함께, 흰 눈이 덮인 오베르뉴의 화산 분화구 바닥에, 커다란 시골 침대 위에 누워 있었다. 모드와 비달은 각각 침대 한쪽을 차지하고 서서 메피스토가 되어 비웃고 있었다. '음! 멋지군! 멋져!' 프랑수아즈의 몸은 하얗고 단단하고, 대리석처럼 윤이 났고, 우리는 조각상처럼 벗은 채로 꼼짝없이 누워 있었다. 그리고 추위가 엄습하면서 나는 점점 더 마비되었다."[24] 다른 중요한 요소들은 발언의 상징성을 강화한다. 예를 들어, 교회에서 처음 들었던 설교는 행운이라는 현대적 미신을 비난한다(화자의 주장과 동일하다). 또한 마르크스주의 철학자 비달과의 대화가 있다. 비달은 블레즈 파스칼의 변증법적 사고에 대한 훌륭한 논리 전개를 보여 준다.

본래 문학적 기획에서 나온 많은 부산물은 연출과 편집을 통해 지워진다. 해설은? 해설은 이야기의 시작과 끝에서 단 두 번만 등장한다. 해설은 영화에 화자가 있다는 것을 보여 주는 이론적 틀을 확립(그리고 의심)하는 신중한 수단처럼 쓰인다. 교회 설교는? 기 레제Guy Léger 신부가 미사 진행을 기초로 해서 무료로 진행한다. 앙드레 바쟁의 성 도미니크회 친구자 영화 애호가인 이 신부는 촬영을 마친 후 수도원으로 돌아간다. 철학적 대화는 —적어도 마르크스주의적 관점과 관련해서는— 텔레비전학교에서 로메르의 작품을 해설하는 목소리를 맡았던 앙투안 비테즈에게 즉흥적으로 맡겨진다. 그는 시네아스트에게 이렇게 쓴다. "파스칼에 대한 비달의 생각—전반적으로 두 남자가 논쟁하는 그 생각—과 내 생각이 우연히 일치한다는 것에 매우 놀랐어요. 원한다면 내 생각을 당신에게 말할 테니 필요하다면 사용하세요."[25] 이런 식으로 비테즈가 완전히 단독으로 파스칼의 내기에 헤겔의 역사관을 적용하게 되고, 이런 즉흥성 때문에 극영화 한중간에 다큐멘터리적 시선으로 대상을 바라보게 된다. 바이올리니스트 레오니드 코간Leonid Kogan의 연주나 미슐랭 공장 매점에서의 토론도 같은 방식으로 이루어진다. 로메르는 〈사자자리〉나 〈수집가〉에서보다 더욱 비밀스러운 방식으로 여기저기에 탐사 형식을 사용해서 시나리오의 초기 구성이 희미해지도록 작업한다.

역설이 없는 배우들

로메르는 더 멀리 간다. 비테즈에게 스스로 만든 역할을 하도록 요청한 것처럼, 그는 프랑수아즈 파비앙에게 모드라는 느낌을 주기 위한 모든 일을 한다. 먼저, 영화 속 화자가 거리에서 만난 '자전거를 탄 소녀' 프랑수아즈를 결혼할 여성으로 선택한 것처럼, 로메르는 파비앙을 선택한다. 왜냐하면 그 누구도 아닌 그녀이기 때문이다. 자의적이면서도 분명한 방식이다. 그들의 만남은 파비앙이 마리니 극장에서 연기한 〈의심 품기La Puce à l'Oreille〉의 보드빌 장면처럼 시작한다. 로메르는 소심하게 분장실로 슬그머니 들어가서 파비앙에게 영화 시나리오를 건네주고 바로 사라진다. 이 사실을 알지 못한 채 트뤼포는 바로 그의 뒤를 따라 들어가서 배우에게 이렇게 알린다. "에릭 로메르는 훌륭한 시네아스트이고, 그가 당신에게 무언가를 제안할 텐데, 반드시 해야 합니다." 파비앙은 트뤼포만큼이나 그 글에 확신을 품고 알겠다고 대답한다. 이 만남을 시작으로 그들은 음식점 '리프Lipp'에서 긴 시리즈처럼 점심 식사를 자주 함께한다. 그녀는 이렇게 묘사한다. "로메르와 나는 아주 다양한 주제를 이야기했다. 인생, 죽음, 사랑, 욕망, 성실함, 종교 등⋯⋯. 하지만 영화 얘기는 전혀 하지 않았다! 내가 그를 즐겁게 했던 것 같고(그를 웃게 했고 조금 자극했다), 그는 나에 대해 더 많이 알고 싶어 했다. 그래서 〈모드 집에서의 하룻밤〉의 촬영은 우리 대화가 연속되는 것처럼 느껴졌다."²⁶

실제 사람과 그의 영화적 인물 간의 차이는 없다. 이 원칙(〈수집가〉 이후 그가 설정한)에 충실한 로메르는 파비앙(모드?)에게 주도권을 최대한 보장한다. 그녀는 해변 복장과 침구를 선택한다. 대사 중간에 멈춰서 담배에 불을 붙이기도 한다. 그녀는 연출가의 존재를 잊어버릴 수 있었다(첫 러시 필름을 본 후 연출가는 모든 것을 그녀에게 맡긴다. "이제 더 이상 할 말이 없습니다. 모드는 당신 것입니다."). 물론 이 자유는 배우에게 위험할 수도 있다. 로메르는 두 번째 원칙 역시 존중하기 때문이다. 바로 촬영은 단 한 번뿐이라는 원칙이다. 안전장치나 번복도 없다. 프랑수아즈 파비앙은 가장 어려운 시퀀스를 촬영할 때 씁쓸한 경험을 한다. 그 장면은 사랑 이야기의 비극적인 결말을 회상하는 모드를 근접 숏으로 촬영한 고백 장면이다. 자신의 연기에 불만족한 배우는 그 장면을 다시 찍기를 원한다. 그녀는 촬영 마지막 날에 로메르가 재촬영하는 호의를 베풀어 주기를 요청한다. 상대역 트랭티냥은 심지어 재촬 영 자금을 제안하면서 500프랑 지폐를 꺼낸다. 마치 이것이 단순 히 경제적인 문제인 것처럼! 로메르는 결국 양보하지만, 자신이 첫 촬영본으로 편집할 거란 사실을 매우 잘 알고 있었다.

이런 방식은 '현행범flagrante delicto의 전략'이라고 부를 수 있다. 연기자에게 자유롭게 맡기면서 그 인물을 인질로 만드는 것이다. 이 전략의 효과는 영화를 훨씬 뛰어넘는다. 숭고한 모드(이 경우 는 스파게티 웨스턴•에 나오는 부패한 은행가의 숭고) 이후 무엇이든 자유롭게 연기할 수 있다고 믿는 파비앙에게 로메르는 그가 그녀 의 선택에 대해 얼마나 반대하는지를 알려 주는 매우 퉁명스러운 편지를 보낸다. 그가 한 번도 기용한 적이 없는 유일한 유명 여자 배우이지만, 그럼에도 파비앙은 어떤 다른 역할보다 모드와 자신 을 동일시한다. 그녀는 운명론이 뒤섞인 우울한 감정으로 기꺼이 이 사실을 인정한다. "이 인물은 나와 닮았다. 난 무신론자며 독 립적이고, 일하며 혼자 산다. 틀에 맞춰 살지 않는다."[27] 달리 말하 면, 이런 개성을 잘 포착한 덕분에 로메르는 자신의 서사에서 자

• 스파게티 웨스턴Spaghetti Western은 기존의 정형화된 미국 서부극의 틀을 깬 1960~1970년대 수정주의 서부극의 한 종류이며, 세르지오 레오네 감독의 영화들이 대표적인 작품이다.

서전적 요소를 변형시킬 수 있었다.

트랭티냥의 경우는 정확하게 로메르의 다른 자아로 인식될 수 있기에 그 과정은 더욱 음흉하다. 로메르는 트랭티냥의 이름 '장루이'를 인물의 이름으로 정하고(적어도 시나리오에서는), 벨일에 있는 그의 별장에서 마지막 장면을 찍어서 또한 혼란을 암시한다. 나머지는 배우에게 발음과 관련한 기술적 조언을 하는 데 그친다. 트랭티냥은 이렇게 회상했다. "시나리오는 매우 엄격하게 쓰였다. 심지어 망설이는 소리 '음'마저 정확하게 지시했다. 난 이 모든 것을 기억해서 충실하게 말해야 했고, 동시에 많은 말을 하는 로메르의 얘기도 들어야 했다. 내 역할에 집중하려고 애쓰면서 너무 많이 듣지 않으려고 귀마개를 구입했다. 하지만 귀마개를 뺐을 때 나는 그가 매우 지적인 말을 했다는 것을 깨달았다!"[28] 마리크리스틴 바로Marie-Christine Barrault에게도 동일한 '간접적' 지시가 적용된다. 트랭티냥처럼 바로도 인물과의 신체적·도덕적 유사성 때문에 로메르가 선택한 경우다. 더욱이 그녀는 정말로 가톨릭 신자이며 소녀들을 위한 수도원 기숙학교를 갓 졸업한 상태였다. 그리고 그녀의 삼촌 장루이 바로Jean-Louis Barrault가 운영하는 극단에서 겨우 몇 가지 역할을 맡았을 뿐이다. 그녀는 로장주 사무실에서 차를 마시며 얘기하고, 차를 가장 잘 만드는 방법(이번에는 영화의 한 장면으로 나온다)을 연습하는 데 시간을 보내고, 감독은 그녀가 연기하는 모습을 지켜보며 만족한다. 매번 로메르가 사람에게 내기를 한 것처럼 진행된다. 그가 백배 이상의 영화적 보상을 기대하듯이 말이다.

영화에 내기를 걸다

〈모드 집에서의 하룻밤〉의 핵심을 이루는 것은 다음과 같은 주제다. 독일 점령기 때 사람들이 궁핍을 모면하려고 계략에 빠진 도시, 「몽주 거리」의 배경이었던 음울한 파리에서 꽤 멀어진다. 1968년 영화에는 로메르가 자신의 젊은 시절을 승화시키거나, 더 정확하게는 이전시키려고 애쓴다는 느낌이 있다. 왜냐면 거기서 많은 개인적인 요소를 발견할 수 있지만, 그 장소에는 더 이상 아무것도 없기 때문이다. 1940년대의 가난한 학생은 훌륭한 엔지니어가 되었다. 라탱 지구에 이어 클레르몽페랑에서 로메르는 고등사범학교 입학을 준비했고(우리가 기억하듯), 또한 이곳은 블레즈 파스칼이 태어난 도시다. 로메르는 지방 도시에 맞게 서로 만나고 알아보는 것이 더 쉽게 이 새로운 틀에서 시나리오를 구성한다. 말하자면 장루이는 미사에서 미지의 여성을 만나 사랑에 빠진다. 또한 그는 우연히 예전 동급생(비달)을 만나고, 비달은 그에게 아름답고 관능적인 모드를 소개하고, 그는 그녀 집에서 하룻밤을 보내게 된다. 장루이는 그녀 옆에서 정숙한 상태를 유지한다. 전날 만났던 가톨릭 신자이면서 단 하나뿐인, 젊은 여성 프랑수아즈에게 충실하기 위해서다. 계속되는 우연으로 그는 아내가 될 사람 프랑수아즈를 다시 만난다. 그러나 최종적으로 잔인한 우연의 일치로 프랑수아즈가 모드 남편의 내연녀였다는 사실을 알게 된다. 1944년 이야기의 초안이 이렇게 강화되면서 로메르의 내밀한 추억(오데트에 대한 정신적 사랑을 간직한 채 테레즈에게 청혼하는)을 드러내면서도, 로메르적 주제인 충실성과 사랑의 자율성 사이의 망설임을 모두 배치한다. 게다가 작가가 '도덕 이야기'의 시리즈 전체를 출판한 책에 이런 말이 서명처럼 들어가 있다. 즉, 한 여자와 연결된 남자가 다른 여자와 바람을 피우지만 결국 처음 여자에게로 돌아온다는 얘기다. 실제로는 단지 〈오후의 연정〉만이 공식을 분명하게 실현했다.

이 영화의 두 번째 주요 주제는 파스칼의 『팡세Pensées』를 둘러싸고 벌이는 주인공들의 대화다. 고등사범학교 준비반 시절의 길고 지루한 토론에 대한 추억인가? 아니면 영적인 질문을 인정하는 공산주의 철학자들의 영향 (비테즈가 연기하는 비달을 상상하려고) 때문인가? 로메르는 분명 뤼시앵 골드만Lucien Goldmann의 독자였고, 포르루아얄°의 관점에 비추어 마르크스를 재창조한 그의 저작 『숨은 신Dieu Caché』의 독자였다. 고등사범학교 준비반 시절에 그는 로제 가로디Roger Garaudy를 알았던 것 같다. 가로디는 그 후에 마르크스주의를 철회하고 이슬람을 지지해서 소란을 일으킨다. 시네아스트가 얼마 전 텔레비전학교에서 제작한 〈파스칼에 대한 대담〉은 물론이고, 그 안에 있는 철학적 역설은 〈모드 집에서의 하룻밤〉에서도 뚜렷이 드러난다. 두 경우 모두에서 악마의 옹호자, 즉 파스칼이 지나치게 폄하했던 인류의 옹호자 역할을 하는 사람은 기독교 대표자들이다. 하지만 로메르 영화에서 자주 그러하듯(이미 〈수집가〉에서 루소의 경우와 비슷한), 영화에 인용된 작품

• 포르루아얄 수도원을 중심으로 17세기 장세니즘 종교 운동이 전개되었다.

은 이론적인 참조에 지나지 않는다. 즉, 인물이 문자 그대로 자신을 해방하기 위해 소환한 플라톤의 유명한 동굴일 뿐이다.

〈모드 집에서의 하룻밤〉의 장루이는 파스칼을 다시 읽고 인용하지만 어떤 식이든 결코 그를 따르지는 않는다. 그는 파스칼의 엄숙주의를 거부하고, 식사하는 즐거움이나 사랑의 즐거움을 포기할 의사가 없다. 그는 심지어 자연과 은총을 일치시키려고 조금은 그럴듯한 궤변을 전개해 특정 예수회의 도덕률(적어도 비달이 그를 비난하는 것)에 이를 정도다. 더욱이 그는 이런 모순을 아주 잘 의식하고 있다. 만일 그가 자신을 속이는 거라면 오히려 이는 그의 '행운'에 관한 것이다. 이런 행운은 선택의 불안을 해소하고 사랑하는 사람을 우연히 발견했다는 인상을 주기 때문이다. 정말이지 이 영화는 파스칼과는 아주 거리가 멀고, 그 유명한 내기가 제공하는 무섭고도 짜릿한 위기와도 거리가 멀다. 반면, 이 영화는 「몽주 거리」와 아주 가깝고, 점점 사라져 가는 여성적 이미지에 사로잡혀 함정에 빠져서 집착하는 젊은 시절 세레의 자화상과도 매우 근접한 것이다. 아마도 이것이 〈모드 집에서의 하룻밤〉의 숨겨진 주제이며, 그것은 영화cinema와 직접적 관련이 있다. 즉, 영화의 저주에 로메르가 자신의 인물과 (은밀하게) 공유하는 가톨릭 전문 용어를 적용한 것이다. 오프닝 숏을 떠올려 보자. 이 장면에서 트랭티냥의 어두운 그림자가 펼쳐지고, 그는 강렬한 시선으로 풍경을 점유하고 있다(마치 그는 무르나우의 위대한 포식자, 노스페라투나 메피스토의 화신 같다). 다음으로 차 내부에서 촬영된 모든 시퀀스를 생각해 보자. 한 남자의 관점에서 찍힌 이 장면은 도심을 열심히 돌아다니며 삼킬 사람을 찾는 ―그리고 알아보려는― 것 같다. 그 순간 로메르가 연출하는 것은 온당치 못한 야심 같다. 모든 외부의 징후를 주시하여 실재를 가두려는 야심이다. 그가 〈모드 집에서의 하룻밤〉의 촬영 작업에서도 적용하려 한 바로 그 야심이다.

이를 위해 로메르는 처음으로 상당한 예산을 쓰고, 코트렐(최소한의 그의 욕망을 수행하는 사람)을 통해 '진짜' 조감독을 배치한다. 그는 「몽주 거리」의 화자와 『라 르뷔 뒤 시네마』의 이론가의 계획을 최대한 적용한다. 그것은 무엇보다, 공간을 지배하는 것이다. 자동차로 왕복으로 오가는 장면을 촬영할 때 카메라가 어떤 거리로 가느냐는 중요하지 않다. 중요한 것은 매우 정확한 경로이며, 이 부분은 전체 팀이 매 장면으로 다시 돌아갈 수밖에 없더라도 존중해야 한다. 무성 영화를 연상시키는 흑백을 사용한 대비와 양식화를 통해 강조하려는 것은 어떤 페티시즘이다. 하지만 또한 모드의 아파트에서 일어나는 매우 긴 장면을 찍는 데 사용된 무프타르 지구에 위치한(이런!) 스튜디오도 그런 의지에서다. 로메르는 완벽한 고요함을 얻기 위해 자기 방식으로 실내 배경을 구성하기로 결심한다. 눈처럼 흰 하얀색이 지배하는 이 금욕적인 방에 (밖에는 반복해서 눈이 내리는 것으로 추정) 로메르는 직접 우아한 놀Knoll• 가구나 레오나르도 다빈치Leonardo da Vinci의 복제품을 배치한다. 이 가구와 장식은 프랑수아즈 파비앙의 미적 스타일에

• 현대적 디자인의 가구 브랜드

맞춘 것이다. 단 한 번의 촬영이라는 내기에 자신을 내맡기기 전에, 그는 계속 중얼거리면서 이 물건 저 물건을 재배치하는 데 몇 시간을 보낸다. 이런 특이한 작업 방식에 익숙하지 않은 남자 배우를 신경질 나게 하는 재능이다. "그런데 대체 우린 뭘 하는 겁니까?"라고 그의 주연 남자 배우는 상대 배우에게 은근히 묻는다. 어느 날, 남자 배우는 로메르가 자신보다 재떨이에 더 신경을 쓴다며 공개적으로 비난한다. 로메르는 이 말에 이렇게 대답한다. "당신이 재떨이보다 걱정할 게 없는 거죠."

다음은 날씨에 대한 지배다. 날씨의 예측 불가능성은 문제가 되지 않는다. 클레르몽페랑에서 거리 시퀀스를 촬영한 후에 눈이 내리기 시작한다면? 하는 수 없이 그는 그 장면을 다시 촬영한다. 트랭티냥이 다음 날 아침 자신의 차에 눈이 덮여 있는 것을 보게 된다면? 그는 밤새 눈이 내리기를 조용히 기다릴 것이다. 이 모든 것은 교묘하게 계산된 확률에 근거한 것이며, 우연을 길들이기 위한 수천 가지 술책 중 하나일 뿐이다. 이런 예모豫謀는 촬영 일정에도 중요한 역할을 한다. 트랭티냥은 이렇게 회상한다. "로메르는 촬영을 그해 특정 시점에 끝내고 싶어 했는데, 난 이유를 알 수 없었다. 어느 날 그가 크로스 뒤 피가로Cross du Figaro 마라톤 경기에 참여해야 하며, 이는 자신에게 매우 중요한 기회라 놓치고 싶지 않다고 고백했다. 그래서 영화를 그 전에 끝내야 했다."[29] 로메르의 완벽주의는 촬영에만 국한되지 않는다. 작은 촬영 팀에 새로 합류한 두 사람은 이렇게 증언했다. 그중 음향을 맡은 장피에르 뤼Jean-Pierre Ruh는 장 외스타슈 영화를 보며 로메르가 감탄했던 다이렉트 사운드의 사도이며, 〈모드 집에서의 하룻밤〉부터 팀에 참여해서 사운드에 사실적인 측면을 보완하는 역할을 담당한다. 이런 사실성을 얻어 내려면 편집광적인 정확성이 있어야 한다. 뤼는 이렇게 말한다. "(…) 그는 자주 음향실에 왔다. 사운드 매칭과 침묵이나 분위기(예를 들어 〈모드 집에서의 하룻밤〉에서 아파트에 감도는 분위기)를 녹음하는 것을 나와 함께 들으러 왔다. 나는 혼잣말을 했다. '적절한 분위기를 유지하기 위해 한 시간을 기다렸다가 컷이 만들어지고 완성될 때까지 장면들을 편집하려면 일이 정말 힘들겠구나…….'"[30]

이 영화를 시작으로 (뉴욕에 가서 살고 있는 자키 레날을 대신해) 공식 편집자가 된 세실 데퀴지가 묘사하는 그의 모습도 마찬가지로 섬세한 세공 장인의 모습이다. 고다르와 트뤼포와 함께 일했고, 좌파 활동에도 적극적인 이 여성은 알제리 전쟁이 끝날 무렵 민족해방전선을 도왔다는 이유로 감옥에 갔었고, 말이 많은 편집자로, 이때부터 매년 그럭저럭 로메르의 영화 작업에 적응해 간다. "그는 원하는 바를 정확히 알고 있었다. 어떤 망설임도 없었다. 다른 계획은 전혀 없었다. 내 역할은 그저 집행자일 뿐이었다! 때로 해설을 하기도 했다. 마리크리스틴 바로가 트랭티냥에게 과거에 애인이 있었다고 고백하는 장면을 볼 때 그는 '이 가슴 아픈 장면은…….'이라고 중얼거렸다. 사실 나는 항상 그가 영화감독보다는 작가처럼 행동한다고 생각했다. 어느 날 그는 내게 말했다. '영화를 만들려면 많은 생각을 해야 합니다.'"[31] 모든 단계에서 로메르는 이런 식으로 문학적 실천(적어도 「몽주 거리」를 썼을 당시

1968년, 〈모드 집에서의 하룻밤〉 촬영 현장, 에릭 로메르와 네스토르 알멘드로스

에 그가 했던)에 적용되는 전통적인 통제를 확장하여, 문학이 포기한 창작자의 이상을 영화에 위임하려 한다. 그럼에도 〈모드 집에서의 하룻밤〉이 그의 걸작인 이유는 이 이상이 긴장 상태에 있기 때문이다. 앞서 봤듯, 배우들의 타자성을 통해서 감독은 빼앗는 동시에 격려한다. 예기치 못한 일의 출현과 함께 마지막 시퀀스는 놀랍게 정리된다. 프랑수아즈의 과거 무분별한 행동에 대한 의심이 휴가의 멋진 풍경을 뒤죽박죽으로 만든다. 이 새로운 도덕 이야기를 위해 로메르는 〈수집가〉에서 축소되었던 이미지와 언어 사이의 숨바꼭질 놀이를 훨씬 뛰어넘는다. 그가 연출한 영화 기획 자체가 그를 벗어난 방향으로 완전히 확장된다. 그가 연출에서 벗어나기를 정말 열망한 것은 바로 영화 기획 자체다.

새로운 전율

기획을 진행하는 과정에서 로메르는 시나리오를 읽은 사람들이 그토록 우려했던 이 '급진성'을 결코 포기하지 않았다. 흑백 영화에, 모든 사건은 클레르몽페랑에서 일어나고, 신학적 토론을 중심으로 연결되어 있다. 심지어 한 방에서 46분간 진행되는 한 장면은 대화를 제외하고는 아무 일도 일어나지 않는다. 관객의 듣기 능력과 주의력에 다시 한 번 내기를 거는 것이며, 결코 작지 않은 내기다. 편집실에서 시네아스트는 스스로도 성공 가능성을 의심한다("그래도 세 명의 관객은 있을 영화네요!"). 〈모드 집에서의 하룻밤〉은 칸 영화제에 선정되지만, 한없이 긴 동유럽 흑백 단편 영화 상영 다음에 편성된다. 이 단편은 교회에서 고양이를 쫓아다니는 아이의 이야기다. 다음 로메르의 영화 상영에서 레제르 신부의 설교 장면이 나왔을 때, 조바심이 난 관객은 조롱을 한껏 퍼붓는다. 트랭티냥은 낙담해서 파리로 돌아온다. 반전은 얼마 있지 않아 미국에서 생긴다. 뉴욕의 링컨 센터에 영화가 초대되어 상영되었고, 프랑수아즈 파비앙은 영화관에서 열광적인 관객들의 환호를 받고 사인 요청이 쇄도한다. 영화가 오스카상 경쟁에 오르면서 로스앤젤레스에서도 피에르 코트렐은 같은 호응을 받는다. 바르베 슈뢰더는 아직도 믿기지 않을 정도다. "가장 큰 경험 중의 하나는 칸에서 무료 자리에 앉아 격식을 차린 관객과 함께 〈모드 집에서의 하룻밤〉을 봤던 때다. 그들은 영화를 전혀 마음에 들어 하지 않았고, 심심해했고, 자리에서 일어났다. 안토니오니의 〈정사L'Avventura〉에 견줄 만한 실패(수다스럽고 가톨릭적인 측면 때문에)였다. 시간이 좀 지난 후 대서양 건너편에서 영화를 다시 봤을 때 사람들은 대화에서 모든 유머를 감지했다. 이 작품은 미국 코미디 영화가 되었다!"[32]

칸에서는 오해를 받고 지나갔지만, 〈모드 집에서의 하룻밤〉은 프랑스에서도 (누가 예상했겠는가?) 성공을 거둔다. 영화는 매우 오랫동안 극장에 상영되었고, 1백만 명이 넘는 관객이 든 작품으로 남는다. 〈모드 집에서의 하룻밤〉은 분명 로메르의 가장 엄숙한 작품이지만, 그의 영화 경력에서 사실상 가장 큰 상업적 성공을 거둔 영화이기도 하다. 이 역설을 어떻게 설명할 수 있을까? 코트렐은 다소 평범한 답변을 들려준다. "로메르는 바보가 아니었다. 그는 연기자로 프랑수아즈 파비앙(피에르 라자레프Pierre Lazareff의 후원), 혹은 마리크리스틴 바로(당시 광고 책임자 블뢰스텐블랑셰 Marcel Bleustein-Blanchet●의 보좌관, 다니엘 토스캉 뒤 플랑티에Daniel Toscan du Plantier의 아내)를 선택하면서, 그의 영화가 언론의 지지를 받을 가능성을 높였다."[33] 어쨌든 그 화려함의 가치가 상승한 것이다. 더 진지하게 말하자면, 금융인들의 반감을 샀던 동일한 측면에 비평계와 관객은 (예상과는 달리) 호감을 느꼈던 것으로 보인다. 노련한 평론가 클로드 모리아크(『르 피가로 리테레르』)에서부터 활동가 장루이 보리(『르 누벨 옵세르바퇴르』)를 거쳐, 초보자 미셸 시망Michel Ciment(『포지티프』)에 이르기까지, 비평계는 〈모드 집에서의 하룻밤〉이 영화적 스타일의 품질과 연출의 엄격함을 유지하는 정신적·지적인 태도에 일치된 견해로 경의를 표한다. 칸에서 영화가 소개되자 매우 보수적인 로베르 샤잘은 서슴없이 이렇게 쓴다. "시대의 흐름을 거슬러 놀랍게도 가톨릭 윤리가 큰 비중을 차지하는 이 영화는 현재 제작 흐름상 이런 종류의 볼거리에 준비가 안 되어 있는 관객을 놀라게 하고, 많은 부분에서 유혹한다. 성공은 칭송 이상의 가치가 있고, 49세의 에릭 로메르는 〈모드 집에서의 하룻밤〉으로 우리 시대의 감독 첫 줄에 오른다."[34]

망설임은 거의 찾아볼 수 없다. 『카이에 뒤 시네마』를 제외하고는. 이 잡지는 이제 보니체Pascal Bonitzer의 펜 아래 있다. 보니체는 새로운 좌파 잡지 지향이라는 명목으로 명확한 이데올로기 분

● 세계적인 커뮤니케이션 회사인 퍼블리시스 그룹을 창업한 프랑스 광고업계의 대가

석을 제공한다. 그에 따르면 우리는 자유로운 삶의 욕망을 해로운 것으로 치부해서 이상적 부부를 찬양하는 완전한 우익 영화에 직면해 있다. 그 영화는 우연적 사유만을 다룸으로써 운명의 도덕적 임무를 강조한다. 이 영화의 이런 경향적 독해는 은연중에 영화가 성공한 정도를 말해 준다. 우리가 1968년 5월의 폭발이나 누벨바그의 대담성에 진력이 난 그 시기에 때마침 〈모드 집에서의 하룻밤〉이 나온 것이다. 마지막으로, 그 인물들은 사랑을 나누는 것보다 사랑을 말하는 데 더 신경 쓰는 사람들이다! 거기에 여자 학생의 도발과는 다른, 프랑스 최고의 전통에 걸맞게 우아한 언어로……. 특히 이런 관점에서 로메르의 내기는 완전히 성공했다. 과거 『카이에』 시절 함께 작업했던 미셸 마르도르는 짓궂게 그 사실을 확인한다. "10년 전이라면 그런 주제에 우리는 웃었을 것이다. 이 영화는 관객 5천 명도 끌지 못했을 테다. 오늘날에는 '구식' 감정에 충실한 관객이 있고, 그 숫자도 늘고 있다. (…) 로메르의 영화에 대한 관심이 이를 증명하듯, 신과 도덕이 우리 사회에 자리를 잡고 있다는 사실이 분명해 보인다. (…) 그런데 어떻게 프랑스에서 단 한 명의 시네아스트만이 이 현실을 의식하게 되었을까? 그의 동료들이 여전히 신종 이론과 예예족yé-yé*의 춤에 대한 끝없는 이론을 늘어놓고 있을 때, 왜 그가 다른 사람들보다 먼저 성찰과 진지함에 대한 이 욕망을 이해한 유일한 사람이 된 것

---

* 1960년대 물질적·정신적으로 풍요로운 시기에 로큰롤 문화를 즐기며 춤과 노래로 소일하는 프랑스 젊은 세대에 붙은 명칭

일까? 간단히 말해, 왜 에릭 로메르는 정각에 맞춰 온 것일까? 왜 냐하면 그는 항상 늦었기 때문이다. 알면서도. 〈수집가〉로 이 시 대와의 조화를 보여 주었던 그날, 겨우 2년 전에야 자신의 정당성 을 발견한 그 '복고주의적' 고집으로."[35] 희한한 운명의 장난은 전 후의 옛날 청교도인을 1960년대를 마감하는 최고의 관찰자로 만 든다. 이 자리를 로메르는 빨리 떠나지는 않을 것이다.

울고 있는 소녀

〈모드 집에서의 하룻밤〉이 인정을 받으면서 로메르에게는 나머 지 두 편의 '도덕 이야기'를 실현할 수 있는 분명한 자유가 생긴 다. 그 다섯 번째는 〈클레르의 무릎〉이라는 제목의 영화로, 이전 과 마찬가지로 오래전에 구상한 이야기다. 이것은 일종의 유치한 로즈버드Rosebud● 같은 거의 태곳적 이미지에서 파생됐으며, 시네 아스트가 인터뷰 중에 우연히 이를 언급한다. "주된 요소는 물이 다. 비와 눈물에 대한 생각…… 통속적으로 보이지만, 사람들이 '누가 운다'라고 말할 때, 적어도 내가 있던 시골 사람들은, 그것 을…… '비가 오겠군'이라고 말했다. 하지만 나는 이런 아주 단순 한 것을 좋아한다. 또한 내 어린 시절의 추억, 가장 오래된 추억 중 하나이기도 하다. 헛간이나 창고에서 울고 있던 소녀에 대한 기 억이 있다. 밖에는 비가 오고 있고, 큰언니는 소녀를 위로하고 있

● 오손 웰스의 영화 〈시민 케인〉에서 어릴 적 순수함 등을 상징하는 단어

었다."[36] 튈의 어린 사촌과 영원히 연결된 이 '근원적 장면'으로 돌아가려면 (로메르의 작업이 항상 그렇듯이) 많은 우회로와 잘못된 길을 따라야 한다.

그 시작은 『누가 신과 같은가?*Qui est comme Dieu?*』라는 이상한 제목의 이야기 초안이다. 이 글은 사드Marquis de Sade에서 인용한 이런 문장으로 시작한다. "사람을 행복하게 하는 것은 즐거움이 아니라, 욕망과 이 욕망을 성취하는 가운데 만난 장애물이다." 이 문장은 이미 〈클레르의 무릎〉 전체의 기획이며, 이 제목은 이미 단편 소설의 두 번째 판본에 붙은 것이다. 1949년에 쓰인 이 판본은 장 파르빌레스코에게 헌정한 작품이다. 글은 장자크 루소의 『고백록*Confessions*』이나 프루스트의 『꽃핀 소녀들의 그늘에서*À l'Ombre des Jeunes Filles en Fleurs*』를 연상시키는 문체에서 모리스 셰레는 자신이 가장 좋아하는 주제를 확인한다. 특히 관음증이 있다. 이 글에서는 30대의 돈 후안이 이를 실행한다. 그는 뤼실이라는 여성과 결혼해 견실하게 살기로 결심했지만, 창문 아래서 테니스를 치는 두 명의 10대 소녀를 자꾸 곁눈질하게 된다. 그는 그 광경을 잘 즐기기 위해 나뭇가지에 올라가거나 소녀들을 자신의 은신처로 그들을 끌어들이려고 집 안에 굴러온 테니스공을 숨길 정도가 된다.

여기에 추가된 전형적인 페티시즘은 점차 화자의 의식을 사로잡고, 페티시즘의 대상은 신체의 정확한 한 지점인 무릎에 집중된다. 그는 클레르(두 자매 중 더 까다로운)의 몸에 대한 소유를 무릎을 만지는 것으로 제한하기로 하고, 그렇게 하기 위한 가상의 상황을 구상한다. 비가 오는 날 그녀의 남자 친구를 비방해서 그녀를 울게 만들 때까지. "미리 구상해 놓은 생각이 없다면 즐거움에 어떤 기준이 있겠는가? 내 손가락이 내가 표시한 너무 정확한 그 지점에 놓였기 때문에 미지의 육체에 닿은 이 접촉은 그 가치에 해당하는 놀라운 감각마저 일으키지 않았다. 나는 한 가지만 생각했는데, 내가 원하던 것을 하고 있다는 생각만으로도 무한한 즐거움이 사라졌다. (⋯) 내가 세상에서 갑자기 분리된 것 같았고, 손가락을 따라 모든 삶을 흘려보내는 이 몸만 존재했다."[37]

다른 두 가지 동기는 상보적이면서도 모순적이며, 글 중간에 확실히 드러난다. 하나는 충실함이다. (화자를 단번에 '불성실'에 걸려들게 한) 무감각한 위반 때문에 손상되긴 하지만, 충실함은 그 자체의 가치로 전개된다. 다른 하나는 질투다. 질투는 사악한 음모에 시동을 거는 요소다. 복수의 전략은 어린 풋내기가 애무하게 내버려두는 클레르를 봤을 때 생겨난다. 그 전략은 육체에 대한 정신의 복수, 무사태평한 사춘기에 대한 성인 조종자의 복수다. 이런 요소들이 1970년 이 영화에 자리를 잡으려면 기묘한 중간 단계가 있어야 한다. 에릭 로메르와 폴 제고프가 공동 저자로 『카이에 뒤 시네마』의 제5호(1951년)에 실린 「장미원」이라는 제목의 시나리오가 그것이다. 어조는 변했다. 시퀀스로 분할되고 차갑게 묘사된 이야기로 바뀌면서 영화적 객관성에 더 가까워진다. 그 글에서 우리는 화자의 고백을 집중해서 들어주는 역할을 하는 내담 상담자(B 부인)의 출현을 볼 수 있다. 우리가 알고 있는, 특히 제고프의 가학적인 특징은 이 인물을 뛰어난 애호가로 만들고, 그는 어린 클레르에게 애매한 피아노 교습(정원을 가꾸고 사진을 찍는 두 일정 사이에)을 한다. 클레르가 남자 친구와의 관계에서 임신한 사실을 알게 되었을 때, M. H는 클레르가 남자 친구의 충실함을 의심하게 만드는 정보를 준다. 결국 그는 그녀를 절망에 빠뜨리고 자살하게 한다. 이 아름다운 '흉악범'은 어떤 후회도 느끼지 않고 몬테카를로에서 샴페인을 단숨에 들이켜며 오랜 친구에게 그 사실을 고백한다. 어떤 순간에도 클레르의 무릎은 문제 삼지 않으면서.

비상수단

거의 20년이 지난 후 로메르는 원래 시나리오로 돌아와 제고프가 괴상하게 만든 멜로드라마풍의 비애를 제거한다. 이때는 그가 1950년대의 이 위험한 조언자와 결국 결별하기로 결심했던 시기다. 〈모드 집에서의 하룻밤〉이 개봉한 직후 그는 제고프를 방문해서 불쑥 선언한다. "그렇다, 난 당신의 영향에서 자유로워졌다." 그 여세를 몰아 그는 최소한의 심리적 문제를 중심으로 새로운 이야기를 전개한다. 즉, '주인공(이후부터 제롬이라는 이름)이 문제의 무릎 만지는 데 최고로 명예로운 의도는 어떤 것일까?'라는 문제다. 히치콕이라면 결코 그런 하찮은 맥거핀macguffin•으로 영화를 만들 생각을 하지 않았을 것이다. 로메르 역시 한 번도 그런 비

• 속임수, 미끼라는 뜻으로 영화에서 중요한 요소처럼 등장했다가 실은 아무런 구실도 하지 않는 극적 장치를 말한다.

상수단의 수혜를 받은 적이 없기 때문에, 그 배치는 조촐한 이야기와 대조를 이룬다. 앞서 봤듯 〈모드 집에서의 하룻밤〉은 미국에서, 특히 대담한 젊은 제작자 버트 슈나이더Bert Schneider에게 깊은 인상을 남긴다. 그는 컬럼비아 영화사의 실력자의 아들로 〈이지 라이더Easy Rider〉를 제작해서 모든 사람(그의 아버지마저도)을 깜짝 놀라게 했다. 이 영화는 나중에 '뉴 할리우드New Hollywood'라고 부르게 될 흐름을 선도할 영화가 된다. 따라서 그는 자신이 좋아하는 기획에 자금을 조달할 전권을 가지게 되었고, 이 기획으로 그의 친구 피에르 코트렐이 말해 준 〈클레르의 무릎〉이 선택된다. 코트렐은 이렇게 말한다. "컬럼비아 영화사는 로장주 영화사의 해외 판권 담당자 알랭 바니에Alain Vannier(트뤼포의 예전 공동 제작자)에게 연락했다. 바니에는 그들에게 '사실 이것은 당신들을 위한 영화가 아니다'라고 말했다. 그들은 끈질기게 고집했다. 그리고 결국 그들은 영화 예산 50만 달러를 초과하는 금액을 투자했다! 그들은 로메르에게 수익의 30퍼센트를 주는 놀라운 계약을 맺었다."[38]

이런 조건은 유일한 배경인 안시 호수에서 촬영이 기껏 6주간 (6월 중순부터 7월 말까지) 진행되는 만큼 후한 조건이다. 로메르는 처음으로 촬영 팀에 스틸 사진작가를 추가했고, 기술 장비에는 (줌이 결합된) 이동식 카메라를 보유하게 된다. 그는 그때그때 여유를 가지고 러시 필름을 비춰 봤고, 심지어 나중에 시퀀스를 재촬영하는 것도 허용한다. 인공 비를 생성하는 영리한 장치를 발명한 음향기사 장피에르 뤼의 요청으로, 로메르는 믹싱을 다시 시작하는 최고의 호사를 누린다. 마지막 단계의 이런 안락함은 극한의 준비 과정, 즉 시네아스트의 약점과 함께 진행되는데, 이번에는 어떤 방해도 받지 않는다. 고갱의 폴리네시아 그림과 무르나우의 〈타부〉(비평가 시절 그의 주요 참고 작품 중 하나)에서 동시에 영감을 받아, 그는 여자 배우의 의상들 간의 색상의 조화를 계획한다. 이 색상은 1.33의 화면비율 덕분에 산과 호수의 푸른 빛에 부각되어 눈에 띄어야 했다. 그는 또한 위대한 자연 시계 제조공이 되는데, 체리가 완전히 숙성한 날 체리 따는 장면 촬영에 맞춰 계획을 세운다. 바르베 슈뢰더는 "하지만 가장 황당한 예측은 장클로드 브리알리가 몸을 숙여서 장미를 따는 시퀀스"라고 회상했다. "1년 전, 로메르는 작업표에 입력된 개화 날짜를 계산해서 개화할 곳에 장미를 심었다. 그리고 모든 것이 계획대로 진행되었다!"[39]

장클로드 브리알리 역시 그런 경우다. 로메르는 매우 바쁜 배우를 확보하기 위해 오래전에 미리 준비한다. 그들은 『카이에』 시절부터 서로 알게 되어 친해진 사이인데, 시네아스트가 제롬 역할을 제안한 것은 브리알리의 제고프적 댄디즘(샤브롤의 〈사촌들〉의 기억 때문인가?)이라고 추측할 수 있다. 트랭티냥이 이 역을 매우 원했지만 로메르는 그보다는 브리알리를 선택한다. 게다가 이 제안은 〈모드 집에서의 하룻밤〉 촬영 전, 브리알리가 프랑수아즈 파비앙과 함께 마리니 극장에서 〈의심 품기〉를 연기할 때 이루어졌다. 이미 작성된 글을 보고 마음에 들어 한 배우는 즉시 동의한다. 2년이 흐른다. 1970년 봄, 그는 로메르로부터 한 통의 전화를 받는다. 로메르는 오는 6월 촬영을 준비하라고 요청하고, 수염을 기르라는 유일한 지시를 내린다. 로메르가 저지른 한 가지 실수는 브리알리의 개성 중 필수 요소인 명품에 대한 취향을 잊은 것이다. 브리알리는 운전기사가 있는 롤스로이스에서 내려 영화 촬영장에 들어와 그에게 지정된 스파르타식 침실을 발견하고 낙담한다. 불면의 하룻밤을 보낸 후, 그는 탈루아르에 있는 세련된 호텔에서 지내기 시작한다.

여름 캠프

로메르는 안시에 〈수집가〉의 상영을 소개하러 왔다가 미래에 촬영할 〈클레르의 무릎〉의 배경을 발견한다. 촬영은 영화의 극적인 외형에 훌륭하게 부합하는 두 별장에서 이루어진다. 한 별장은 제롬이 거주하게 될 곳으로 보이며, 벽화(최종 시나리오에서 그가 연기할 역할인 '두 눈을 가린 돈키호테'가 있는)가 있다. 다른 별장은 두 어린 소녀가 바캉스를 보내는 곳이며, 촬영 작업 팀 모두를 효과적으로 수용할 수 있는 장소다. 원래는 질레트 면도기 회사 직원을 위한 레저 센터로 쓰던 곳이다. 숙박에 초대된 특별한 소수의 사람들과, 멀지 않은 곳에 아내와 아이들과 거주하고 있는 로메르를 제외한 모든 사람이 작고 불편한 똑같은 방갈로에 머물렀다. 그중 한 사람이 코트렐인데, 그는 매일 저녁 임시로 설치된 무비올라moviola*에서 러시 필름을 걸어간다. 감독은 낭비에 대한 강박 관념(슈뢰더가 "수집가적 충동"[40]이라고 재밌게 말하는) 때문에 컬럼비아의 후한 인심을 수정해 가는 데 만족하지 않고, 거의 군대식 시간표를 적용한다. 그는 새벽에 일어나 아침 조깅으로 하루를 시작하며, 때로는 내친김에 그의 동료들을 깨우기도 했다. 이따금 점심시간 중간에 음향기사와 함께 새소리를 녹음하러 어디론가 사라졌다. 코트렐이 강조해 말하는 것처럼 "로메르는 평소 보기 힘든 헌신을 불러일으킬 수 있었다".[41] 그가 비밀리에 사라졌다 해도 오랜 시간이 지난 후에 다시 돌아와서 꾸준한 속도로 촬영을 다시 시작했다.

수많은 현장 사진은 영화 제작에서 수천 가지 세부에 집착하고 긴장하고 집중하고 있는 로메르의 모습을 보여 준다. 하지만 그를 둘러싼 주위의 분위기는 여름 캠프 분위기다. 여기 모든 사람은 약간 미친 큰형의 요구 사항에 좋은 분위기로 따른다. 왜냐하면 이 사람에겐 젊은이들이 그를 둘러싸게 하는 재능이 있기 때문이다. 예를 들어 파브리스 루치니는 로메르가 필리프 라브로의 영화에서 맡은 작은 역할을 보고 발견한 견습 배우(그전에는 미용사였던)다. 루치니는 첫 만남에서부터 니체를 낭송해서 로메르를 놀라게 한다. 스무 살의 루치니는 톡톡 튀는 지능과 유머 감각으로 로메르를 흉내 내거나 비밀리에 알게 된 기발한 이론 중 하나를 열거해서 〈클레르의 무릎〉의 모든 무리를 눈물 날 정도로 웃게 만든다. 로메르가 루치니에게 카메라 앞에서 스스로 대사를 만들게 하면서, 브리알리는 아연실색해진 관객 역할을 하게 했을

• 편집용 영사기

정도다. 여기에 〈잔 다르크의 열정La Passion de Jeanne d'Arc〉의 주인공의 손자인 제라르 팔코네티Gérard Falconetti도 있다. 그는 호숫가에서 수영복을 입은 완벽한 몸매를 보여 준다. 그의 거만한 성격은 단번에 시네아스트를 유혹한다. 그가 연기한 클레르의 오만한 약혼자 질처럼 그는 화단 위를 걸어가는 서민적인 야영자들에게 소리친다. 이 시퀀스 역시 즉흥적으로 진행된다. 마치 로메르가 각각의 젊은 연기자와 현실과 허구의 경계를 최대한 흐리게 하려고 했듯 말이다.

클레르를 연기하는 배우에게도 똑같은 일이 반복된다. 하지만 이 선택은 더 어렵다. 어느 정도 그 역할을 연기할 능력이 있는 "매혹적인 무릎을 가진 어린 여자 학생"[42](『프랑스수아르』의 광고 문구)을 찾는 문제이기 때문이다. 로메르와 친한 몇몇 사람은 희귀한 배우를 찾아 좌안의 유명한 장소를 돌아다닌다. 이 탐색은 그중 한 사람이 루아얄 생제르맹 역 출구에서 꿈꾸던 외모를 갖춘 것처럼 보이는 낯선 여성에게 접근하는 날까지 계속된다. 그녀의 이름은 로랑스 드 모나강Laurence de Monaghan이다. 열여섯 살 예쁜 금발의 그녀는 내성적이고 조용한 성격이며, 뤼베크 거리(로장주 영화사에서 두 걸음 거리에 있는)에 있는 수녀의 집에서 대학 입학 자격시험을 준비하고 있었다. 로메르는 그녀의 부모님 아파트에 정중하게 방문한다. 그곳에서 그들은 라비슈Eugène Marin Labiche•의 연극에나 어울릴 법한 소심한 연기를 펼친다. 로메르는 마침내 로랑스를 트로카데로 정원으로 데려갈 정도로 대담해진다. 거기서 그는 그녀의 맨 무릎과 얼굴을 촬영하고, 그의 카메라는 포획된 동물처럼 그 모습을 포착한다. 그는 망설이며 이 소녀를 고용해야 할지 자문한다. "특별한 재능이 없다는 것은 인정하지만, 내가 정말 좋아하는 목소리다. 하지만 연극에 어울리는 목소리는 아니다. 그녀를 기용할 것 같다."[43]

로랑스 드 모나강은 전혀 배우가 아니며 배우가 되고 싶은 마음도 거의 없다(영화 애호가인 그녀의 어머니가 시네아스트의 제안을 받아들이도록 권유한다). 이로 인해 그녀는 로메르가 원하는 연기자와 인물 사이에서의 혼란에 더욱 적합한 사람이 되고, 순간적이고 덧없는 개인의 광채 속에 오직 그 사람만이 남게 되는 지점에 이른다. 그녀의 스승은 심지어 그녀가 유명인의 신기루에 넘어가지 않게 하려고 주의를 기울이고, (그의 영화 속 다른 초보자들과 마찬가지로) 특별히 대우한다. 말하자면 어떤 시퀀스에서 대사를 즉흥적으로 말하게 하거나, 액터스 스튜디오Actors Studio의 연기자 같은 방식으로 매우 친밀한 느낌으로 연기하게 한다. 그녀는 이렇게 말한다. "내가 울어야 하는 장면에 대해, 그는 내가 느꼈던 감정을 내 안에서 찾을 수 있도록, 그런 기분으로 만들라고 말했다. '그런 순간이라면 넌 이렇게 할 거야'라고는 설명하지 않으면서 내가 눈물이 날 것 같은 상태로 만들었다. 촬영을 마친 후, 나는 그가 만족했다고 생각했다. 하지만 배우에 대한 지시가 매우 분명하다고 할 수는 없다."[44] 하기야 우리가 그의 배우 지시에

• 가볍고 풍자적인 보드빌 연극의 황제로 불리는 이 프랑스 희극 작가의 작품 중 「무한히 예의 바른 남자 드 쿠알랭 씨Monsieur de Coyllin, l'Homme Infiniment Poli」라는 연극이 있다.

1970년, 로랑스 드 모나강과 베아트리스 로망.〈클레르의 무릎〉준비 과정이다.

대해 말할 수 있을까? 로메르는 클레르 역할을 연기하도록 로랑스를 초대하고, 소녀의 옷장에서 의상을 선택하고, 모든 대기 시간과 테이크 수를 최소화하면서 연기자가 영화의 존재를 잊을 수 있도록 미묘한 함정을 설정했을 뿐이다.

세 명의 뮤즈

더 좋은 점은 그가 배우에게 영화의 저자나 공동 저자라는 환상을 준다는 것이다. 이 지위는 오로라 코르뉘Aurora Cornu가 주장하는 것이다. 그녀는 자신이 직접 작품의 대사를 창작했다고 확신하지만, 기껏해야 그녀의 특이한 화법에서 영감을 받은 것이다. 로메르는 몇 년 동안 이 루마니아 여성 문인과 자주 왕래해 왔기 때문에 그녀의 화법을 잘 알고 있고, 그 솔직한 화법과 반순응주의를 높이 평가했다. 그들은 함께 어울려 카페 드 플로르 1층에서 객담을 나누거나 파리 교회를 방문하는 데 오후 시간 전부를 보낸다. 그녀는 (파르빌레스코와 함께) 모리스 셰레가 집으로 저녁 식사를 초대하는 소수의 사람 중 한 명이다. 그는 그녀와 함께 가장 지속적인 열정을 가지고 이 대화의 기술을 즐겁게 실천한다. 그래서 아주 자연스럽게 그가 예전에 제고프와 상상했던 역할을 그녀에게 맡긴다. 다시 말해, 영화 속 제롬의 영적 상태와 관능적 흥분을 듣도록 하는 내담 조언자의 역할을 그녀에게 맡긴다. 하지만 그는 오로라 코르뉘의 성격과 문화와 관련된 면을 보충하여 추가한다. 오로라(영화에서 그녀의 이름)는 소설가가 되어 대담자에게 이야기를 포기하지 말고 시작하도록 부추긴다. 여기서 〈클레르의 무릎〉 첫 판본에 있는 테니스를 치는 소녀들과의 숨바꼭질 에피소드를 알아볼 수 있다. 오로라는 마법 견습생의 역할을 하며, 제롬을 주인공으로 한 가상 소설을 구상한다. 어린 로라와 자매 클레르에게는 가상 상대역을 맡긴다.

이런 종류의 미장아빔mise en abyme•에 거의 흥미가 없던 악마 로메르가 어째서 이번에는 이야기 속 이야기를 끼워 넣게 된 것일까? 아마도 영화 개봉 후 발표한 「한 평론가에게 보내는 편지」라는 제목의 글에서 답을 찾아야 할 것이다. 비평가들은 전체적으로 〈클레르의 무릎〉에서 대화의 기교와 아름다운 촬영에 열정적인 찬사를 보내고, 마침내 1971년 이 영화는 루이들뤼크Louis Delluc 상을 수상한다. 장루이 보리는 로메르의 주제를 "반동적인 것"(안전하고 무위의 작은 사회에 머물면서 행동하기를 거부하도록 권장하기 때문에)으로 판단하면서도, 이 다섯 번째 도덕적 이야기가 선사하는 즐거움을 싫어하지 않는다. 그는 짓궂게도 이를 자크 드미의 〈당나귀 공주Peau d'Âne〉와 비교한다. "옛날 옛적 한 호숫가에……늑대는 빨간 망토(들)를 잡아먹지 않는다. 이 늑대는 도덕적 늑대가 아니라 복잡한 늑대인 것이다. 버터 항아리를 먹는 것으로 그는 충분히 행복하다."45 아니, 비난은 주로 '시각적' 영화를 주로 옹호해 온 비평가들로부터 나왔다. 그들은 로메르가 말에 특권을 주고 이미지는 거의 중시하지 않는다고 비난했다. 이 주장(이미

• '그림 속의 그림', '이야기 속의 이야기', 즉 액자 구조를 일컫는 용어

여러 번 들었던)은 조르주 샤랑솔이나 피에르 마르카브뤼의 논쟁이다. 이들은 라디오 방송 〈가면과 펜Masque et la Plume〉에서 로메르가 뱅자맹 콩스탕Benjamin Constant과 자크 샤르돈Jacques Chardonne의 문학적 전통에 있다고 말한다.

"내 영화는 문학적이다. 그러니까 내 영화에서 말하는 것은 소설로 말할 수 있다."[46] 로메르가 반대하는 것이 정확히 그의 영화의 본질을 이루는 것이다. 즉 그가 그려 내는 세계의 다양한 요소가 있고, 거기서 말은 다른 요소처럼 하나의 역할을 할 뿐이다. 그가 '도덕 이야기' 시나리오의 소설적 기원을 인정한다면, 발자크나 도스토옙스키(살아 있는 인물로 채워진 풍부한 작품의 저자들) 근처에 자신의 작품을 배치할 것이다. 그에게 영화를 만드는 일은 단조로운 논증에 삶의 복잡성을 제공하는 것이다. "내가 가장 많이 생각하는 것은 단순한 구조가 아니라 내가 다루는 재료들, 즉 내 이야기가 펼쳐지는 풍경과 내가 연기하도록 선택한 배우들이다. 이런 자연적 요소의 선택과 활력을 손상하지 않고 내 보호망에 유지할 방법이 주요 관심을 독차지한다."[47] 동시에 그는 해설을 포기한 이유를 설명한다. 해설은 초기 '이야기'에서 화자의 생각과 행동 사이에 꽤 비약적인 간격을 만들었다. 특히 〈클레르의 무릎〉에서 행동은 꿈꾸던 순간(문제의 무릎을 만질 수 있는 순간)으로 제한적이다. 그래서 소설가가 개입하고, 일이 일어난 후 환상이든 현실이든 제롬의 소심한 대담성을 분석한다. 중개인 오로라를 통해 로메르는 해설의 관습과 '내담 조언자'의 관습을 동시에 피하면서, 자기 이야기의 소유권을 박탈당한 척한다. 그러니까

이 모든 이야기를 원했던 것은 더 이상 시네아스트(또는 그의 분신인 제롬)가 아니며, 배후에서 조종하기 좋아하는 이국적이고 개방적인 창조주다. 반면 실제 작가인 그는 그림자로 물러난다.

소유권의 박탈이라고 우리는 말했다. 이 박탈은 영화의 두 번째 뮤즈와 더불어 훨씬 더 복잡한 형태를 띤다. 그녀는 어린 베아트리스 수리오Béatrice Souriau이며, 로메르가 베아트리스 로망Béatrice Romand으로 이름을 바꿔 준다. 그녀는 로라 역할로 매우 빠르게 강한 인상을 준다. 다소 평범한 알제리 집안 출신의 이 영악한 아이는 고상한 로랑스 드 모나강이나 도도한 아이데 폴리토프와는 전혀 다르다(무경험자라는 것을 제외하고). 그럼에도 불구하고 그녀는 무궁무진한 입심과 솔직한 언변으로, 혹은 유별난 여자아이나 남자아이 같은 모습으로 시네아스트를 사로잡는다. 그는 〈수집가〉를 시작으로 관행처럼 자리 잡은 녹음기를 두고 연기자와 한담을 나누는 일을 그녀와 다시 시작한다. 그는 그녀가 여기서 말한 문구나 성찰 중의 몇 가지를 마지막 대화에 사용한다. "나는 모성애나 부성애가 결핍된 게 분명하다. 그래서 나는 나이가 많은 사람과 잘 지낸다. 나는 그들에게서 조금은 아버지를 발견한다. 항상 그 옆에 있고 싶고, 함께 있을 때면 작아지고 싶다. 그런 게 기분이 좋다. (…) 난 사랑하는 사람들과 친구처럼 지내지 않는다. 그런 건 나를 나쁜 아이로 만든다. (…) 사랑에 빠지면 내 전부를 바친다."[48] 베아트리스의 이 말을 다시 로라가 말하게 함으로써 로메르는 앞서 말했던 전략을 추구한다. 그 전략은 자신의 힘을 다른 사람에게 위임하고 자신의 흔적을 지우려는 경향이다.

그는 연출가의 권위에 의문이 제기될 위험을 무릅쓰고 그렇게 한다. 촬영 도중 그에게 그녀를 바라보라고 속삭였던 이 '작은' 베아트리스와 브리알리 사이에 격렬한 말다툼이 벌어지던 날, 연출가는 그 권위를 분명히 해야 했다. 혹은 파브리스(루치니)의 지나치게 무람없는 태도를 베아트리스가 불평했을 때도 로메르는 결정을 내려야 하는 코르네유풍의 딜레마에 빠진다. 이 청소년은 어린 나이의 독점욕으로 그의 총애를 확보하려고 상상 가능한 모든 심술에 몰두한다. 그녀는 이렇게 회상했다. "촬영하는 동안 로메르는 카메라 옆에 자리를 잡고, 내가 연기하는 모습을 지켜보며 기뻐했다. 나는 그가 원하는 대로 연기하는 법을 정확히 알고 있었다. 그것은 마법이고 텔레파시였다."[49] 그녀는 심지어 그에게 어떤 혼란을 야기했는데, 이는 그가 등장인물 제롬과 동일시하는 것처럼 보였기 때문이다. 예를 들어 안시로 가는 여정에서 그는 감히 그녀의 무릎을 만지며 "이런 게 어떤 효과가 있나요?"라고 묻는다. 이 혼란은 위대한 신비주의자 오로라 코르뉘가 친구 에릭을 교회에 데리고 가서 깊이 묵상하게 하고, 유혹자의 베개 아래에 성수 몇 방울을 떨어뜨리는 결과를 가져온다. 그가 베아트리스 로망의 매력에 완전히 빠졌다는 사실은 몇 달 후에 그가 그녀에게 쓴 편지를 보면 의심의 여지가 없다. 하지만 그녀는 이란으로 날아가서 이 편지를 받지 못했고, 편지는 발신자에게 되돌아왔다.

"생라자르 지구의 익명의 카페에서 당신에게 편지를 씁니다. 이곳은 다음 영화의 무대가 될 것입니다. 엔진이 부르릉대는 소리나 매연 속에서 촬영할 영화에 대한 생각이라면 작년처럼 매혹적인 섬이나 푸르른 골짜기 어딘가에서 일어나는 이야기를 창작해서 친구들을 초대하는 것뿐이네요! 지금 나에게 당신은 달나라에 있는 사람이네요. 페르시아 사람 베아트리스는 모든 상상력을 넘어섭니다. 나는 탈루아르에서의 그때, 더 정확하게 말해서 요즘, 우리가 머물렀던 첫 순간만을 꿈꿉니다. 하지만 당신이 무슨 상관이겠어요? 당신은 충분히 현재에 집중하고 있다는 생각이 듭니다. 게다가 나 역시 이 짧은 향수의 순간을 제외하고는, 글을 쓰기 전에 머릿속으로〈오후의 연정〉의 결정적 사건의 반전을 되새김질하고 있습니다. 난 쓰고 싶은 마음이 생기려면 좀 더 쓸쓸해야 한다고 당신에게 말했잖아요. 당신이 없어 쓸쓸한 것이 아마 충분한 이유가 되겠네요."[50] 이 편지의 행간은 호숫가에서 촬영하는 동안 시네아스트와 베아트리스와의 어렴풋한 관계에 대한 모든 것을 말해 준다. 소녀와 짧은 목가적인 꿈, 간신히 스치고 지나간 죄의 위험, 정상으로의 복귀, 특히 작업으로의 복귀…….이 여담이 정말 단지 시네아스트의 상상을 불러일으키는 일만 했는지 궁금할 정도다. 우리는 곧〈오후의 연정〉에서 그 상상을 보게 될 것이다. 하지만〈클레르의 무릎〉의 상상에서 로라에 대한 제롬의 감정만을 잘 보여 주었음을 우리는 이미 알고 있다.

그러나 한 뮤즈는 다른 뮤즈를 숨길 수 있다.〈클레르의 무릎〉의 진짜 이야기는 순수한 주제이긴 하지만 적어도 영화에 모든 무게를 실어 구현되는 이야기이며, 얼마 전 로메르가 한동안 경험했던 일이다. 이야기의 출발점은〈수집가〉개봉 다음 날, 작가이자 방송국에서 일하는 자크 다리브오드Jacques d'Arribehaude가 그에게 남긴 짧은 글에서 시작한다. "제작자와 아이데(폴리토프)가 관심을 가질 만한 영화와 관련해 되도록 빨리 당신을 만나고 싶습니다. (⋯) 만일 내가 (⋯) 내 첫 장편 영화의 '거장'을 선택할 수 있다면 —그러니까 나 혼자 결정한다면— 당신을 선택하겠습니다. 이 선택은 시나리오의 초기 구상을 했던 여자 친구와 제작자의 모든 승인을 받은 것입니다."51 문제의 여자 친구는 루시아 로티발Roussia Rotival이라고 불리는 다소 기발한 러시아 여성으로, 그녀가 〈두 소녀들Les Deux Filles〉이라는 대본을 구상했다. 모두의 기대를 저버린, 마르셀 카르네도 로메르도 받지 못한 1968년 CNC의 명망 높은 사전 제작 지원금을 그녀가 받았다. 루시아 로티발은 자신이 기획한 영화를 다리브오드(그녀의 동반자)가 연출하기를 원했고, 또한 자신이 기획한 〈두 소녀들〉에 두 딸이 연기하기를 바란다. 한 명은 갈색 머리칼에 수수께끼 같은 소녀이고, 다른 한 명은 금발에 외향적이고 강렬한 인상이다. 금발 소녀의 이름은 이렌 스코블린Irène Skobline이다.

바로 이 시기에 로메르가 개입한다. 공식적으로는 다리브오드에게 조언하기 위해서다. 다리브오드는 장편 영화를 연출한 적이 없는 데다, 곧 자신의 텔레비전 작업에 전념하느라 이 작업에서 멀어진다. 비공식적으로는 드뢰에 있는 그들의 집에서 어머니와 두 딸과 함께 차를 마시며 오랜 시간을 보내기 위해서다. 그리고 앞으로 찍을 작품을 예측해 보기 위해 작은 아마추어 영화로 이렌의 연기를 지도하면서, 이 10대 소녀에게 연기 수업을 받도록 격려하면서 시간을 보낸다. 하지만 소녀는 관심이 없다. 게으름 때문이다. 딸을 배우로 만들려는 열정에 불타고 있는 어머니는 크게 절망한다. 또 다른 이유는 그녀가 사랑에 빠졌기 때문이다. 특히 에릭 로메르가 그녀 앞에 등장한 순간부터. 그녀는 이렇게 말한다. "사람들은 나를 종종 장 지로두Jean Giraudoux의 희곡「옹딘Ondine」*과 비교한다. 난 그를 기사 한스라고 생각했다. 우리는 서로 아주 자주 보았고, 오후 내내 함께 시간을 보냈다. 내가 고고학자가 되고 싶어 했기 때문에 그는 투탕카멘Tutankhamun** 전시회에 나를 데려갔다. 그런 다음 그가 나를 집에 데려다 주면, 나는 그를 다시 지하철역으로 데려다 주고, 그가 다시 나를 집에 데려다 주고, 그런 식으로 이어졌다. 그는 말했다. '당신은 내 리듬에 맞춰 걷는 유일한 여성입니다.' 나는 그에게 사랑을 고백했지만 그는 이렇게 대답했다. '작은 이렌, 난 결혼했고 아내를 사랑한단다.' '아니, 당신은 이혼할 거예요.' 어머니(이 모든 일에 매우 만족해했던)는 내게 말했다. '에릭이 이 주제로 글을 쓰도록 그를 꿈꾸게 해야 한다.' 우리 이야기가 그를 꿈꾸게 했다고 생각한다."[52]

누가 신과 같은가?

어떤 특별한 추억보다 〈클레르의 무릎〉에 양분을 더 많이 공급한

---

* 기사 한스가 우연히 물의 요정 '옹딘'을 만나 첫눈에 사랑에 빠지는 줄거리의 희극
** 기원전 14세기 고대 이집트 왕으로 그의 무덤에서 수많은 유물이 나왔다.

것은 꿈의 역할이다. 〈두 소녀들〉의 시나리오는 결코 실현되지 못한 채 잊히고, 로메르의 영화에서 단편적인 상황으로만 남는다. 이렌의 형상이 둘로 나뉘어 클레르와 로라라는 인물로 표현된다. 한 명은 매력적인 금발(동시에 그녀는 동년배 소년에게 관심이 생기면서 질투심을 유발한다)이다. 다른 한 명은 나이 든 남자의 목에 자신을 던지는 위협적인 방식을 보인다. 시네아스트가 이 소녀들, 이렌 스코블린이나 곧 베아트리스 로망과 이런 가벼운 연정을 나누기라도 한 것처럼 모든 일이 일어나고, 영화적 허구를 통해 그는 자신을 더 잘 보호할 수 있게 된다.

사실 〈클레르의 무릎〉은 욕망의 대상보다는 자신의 욕망 자체를 더 좋아하는 남자를 표현하는 게 아니던가? 이는 욕망의 삼각형désir triangulaire, 즉 르네 지라르René Girard가 생각하는 그 욕망이다. 제롬이 남성과 함께 있는 클레르를 발견한 바로 그 순간 우연처럼 자신을 주장하기 때문이다. 삼각형 모양을 하고 펼쳐진 사다리의 꼭대기에서…… 그렇지만 중요한 것은 어린 남자 친구에게서 미인을 빼앗는 것이 아니라, 그녀 곁에서 더 신비한 힘을 경험하는 문제다. 즉 연출의 능력을 시험하는 것이다.

몸 전체를 장악하기보다는 클레르의 무릎과의 은밀한 접촉에 집중함으로써 제롬은 승화의 프로이트적 메커니즘과 예술적 전개를 작동시킨다. 이 목적을 달성하기 위해 그는 염탐과 조작에 몰두하고 즉흥적으로 연출가 역할을 하고, 1949년의 단편 소설 「누가 신과 같은가?」의 야망을 희미하게 실현한다. 다음 몇 줄을 떠올려 보자. "나는 한 가지만 생각했는데, 내가 원하던 것을 하고 있다는 생각만으로도 무한한 즐거움이 사라졌다. (…) 내가 세상에서 갑자기 분리된 것 같았고, 손가락을 따라 모든 삶을 흘려보내는 이 몸만 존재했다."[53] 고리는 채워졌고, 우리를 더 멀리까지 거슬러 올라가게 한다. 비가 에워싸고 있는 이 헛간에서 어린 모리스 셰레는 소녀가 우는 것을 봤고, 그 이미지에 멈춰 있다.

하지만 또 다른 영감의 원천은 한 책의 구절에 다시 등장난다. 『고백록_Les Confessions_』의 유명한 장면에서 장자크 루소는 안시 근처에서의 목가적 방랑 생활과 거기 살았던 두 소녀, 갈레Mlle Galley와 그라팡리에Mlle de Graffenried와의 만남을 회상한다. 젊은 장자크는 말을 안전하게 데리고 와서 "삼발이 나무 의자"[54]에 앉아 두 여성 사이에서 저녁 식사를 한 후 이 새로운 친구들과 아주 순진한 게임에 빠져든다. 그가 나무 꼭대기에 올라가 체리를 던질 때 간혹 가슴 움푹한 곳으로 체리가 떨어진다. 그는 한 소녀의 손에 입맞춤을 할 정도로 대담해지고, 다른 한 소녀는 내담 조언자처럼 꿈꾸기 시작한다. "이 글을 읽는 사람들은 내 연애 사건이 수많은 예비 단계를 거쳐 최고로 진척된 얘기가 손에 하는 입맞춤으로 끝난다고 지적하면서 비웃을 겁니다. 독자 여러분, 알아 두세요. 난 손의 입맞춤으로 끝나는 내 사랑에서 더 진정한 기쁨을 맛보았습니다. 적어도 거기서 시작되는 당신의 이야기에서 당신이 느꼈을 것보다는 말이죠."[55] 범부凡夫가 비약적 전개를 시작했을 지점에서 상상을 멈추고 그 순간을 특권화하면서, 루소는 이미 〈클레르의 무릎〉을 쓰고 있었다.

마법의 광선

환상의 힘, 로메르는 다음 영화에서 이 힘을 숨김없이 펼칠 것이다. 앞서 인용한 베아트리스 로망에게 보낸 편지에 쓴 것처럼 그에게는 새로운 도전이다. "그런데 연기자를 찾은 것 같아요. 이전 인물들은 광기가 너무 부족했는데, 이번엔 내가 복원하고 싶은 금발에 파란 눈을 가진 약간 광적인 배우입니다. 이 영화는 다른 영화보다 조금 더 무분별하고, 꿈에 더 가깝고, 더 뒤틀리고 밀도가 있어야 합니다. 풍경처럼 군중이 있을 거예요. 점점 더 영화로 만들고 싶어집니다. 내일 그 장소에 볼리외 카메라를 들고 가서 자리를 잡고, 테라스 앞으로 지나는 사람들을 찍을 거예요. 생동감은 전혀 없는 아주 진부한 표현에 가깝지요. 난 그런 걸 좋아합니다."[56] 브레송이 〈몽상가의 나흘 밤Quatre Nuits d'un Rêveur〉을 만든 같은 해에, 로메르 역시 (도스토옙스키와의 불발된 영화적 만남에서 완전히 회복되지는 않았지만)『백야Belye Nochi』의 작가에게 영감을 받는다. 즉 이중생활을 주제로 전개하면서, '두 사람을 동시에 사랑하는 것이 가능한가?'를 묻는다. 그러나 우선, 로메르는 화자를 상습적 몽상가로 만든다. 그는 도시 생활의 흐름에 매료되고 길에서 마주쳤던 여자들을 한없이 꿈꿨다. 이런 도스토옙스키적 참조에 확실히 추가되어야 할 것은 쥘 베른의 기억이다. 이는 몽상가가 원하는 피조물을 유인할 수 있는 마법의 부적을 연상시킨다.

이 장면은 〈오후의 연정〉의 가장 유명한 시퀀스가 될 것이다.

우리는 그것이 매우 데카르트적인 로메르의 일반 작품에 등장하는 공상적 삽입구라는 데 동의할 것이다. 사실 이 삽입구는 〈클레르의 무릎〉(그리고 단편 소설 「누가 신과 같은가?」)에서 이미 묘사한 적이 있는 성찰적 직관의 연장일 뿐이다. 여섯 번째 도덕 이야기의 프레데리크는 제롬처럼 영화의 연출자이자, 구경꾼, 음모자이며, 그리고 정신의 조정자 위치를 점유한다. 이 정신적 조정자는 그가 자신의 배우들에 대해 말할 때의 로메르와 특히 비슷하다. "그들과 나의 관계는 신비하다. 자기 현상이라고 말하고 싶진 않지만, 사실 다른 표현을 찾을 수 없다."[57] 주인공 프레데리크가 욕망하는 (그리고 부적 덕분에 대부분 유혹에 넘어오는) 모든 여성은 그의 이전 영화들에서의 기본적인 속성을 보여 주는데, 그 특징은 이런 것이다. 아이데 폴리토프는 모순성을, 프랑수아즈 파비앙과 오로라 코르뉘는 솔직함을, 로랑스 드 모나강은 망설임을 보여 준다. 게다가 로랑스는 〈클레르의 무릎〉에서의 남자 친구와 매우 닮은 남자와 동행한다. 부적이 만들어 내는 폭로 효과에 대한 명확한 정의는 초기 시나리오에서 볼 수 있다. "(⋯) 너무 쉬운 게임의 규칙을 관습으로 흥미롭게 하려면 그 작동 원리 자체로는 아무것도 할 수 없을 것이다. 이를 통해 단지 내 논리를 방해하는 모든 거짓 겸손이 벗겨지고, 내 희생자 인물들은 그들의 진실과 대면한다. 그렇기 때문에 매 경우 내 요구를 다르게 공식화해야 한다. 그리고 성공은 저절로 이루어지지 않는다."[58]

여기 우리는 로메르적 역설의 중심에 있다. 시네아스트는 자신을 창조주, 창조의 절대주로 주장하지만, 분명히 더 강력한 실제의 저항을 느낀다. 베아트리스 로망이 이 저항의 대변인 역할을 하지만, 그럼에도 그녀는 '도덕 이야기'의 젊은 여성 중 가장 거친 인물은 아니다. 프레데리크(로메르?)는 자신이 조정해 놓은 주문으로 그녀를 꼼짝 못하게 만들려 하지만, 그녀는 회피하며 이런 대화를 나눈다. "나: 나와 함께 갈래요? 그녀: 아뇨. 나: 왜죠? 그녀: 다른 사람을 만나러 가는 길인데요. 나: 난…… 음…… 그녀: 말 더듬지 말아요! 설득하지 못할 걸요. 난 사랑하는 단 한 사람이 있고, 그만이 날 행복하게 해요. 이봐요, 이건 반박 불가예요."[59] 로메르가 원해서 마련된 (장면에 몽환적 분위기를 추가하기 위해) 후시녹음 과정에서 배우는 '반박 불가'란 단어를 발음하기 어려워 한다. 하지만 이 장면은 영화가 은밀하게 인도하는 꿈의 한계를 잘 말해 준다.

실제의 저항

〈오후의 연정〉은 환상에 대한 로메르의 자서전이자 자기비판이며, 동시에 가장 명료한 영화다. 연출가는 소시민 계급(프레데리크라는 이름의)의 모습으로 등장해서 아내와 자녀가 있는 가정과 사무실을 오가며 매우 견실하게 살고 있다. 예쁜 비서들에 둘러싸여 지내던 그는 클로에라는 아름다운 낙오자와 함께 사랑스러운 오후 시간을 보내다가…… 점점 더 두려움이 밀려드는 순간까지 가고, 최후의 순간에 가정으로 돌아온다. 로메르의 일상생활에 대한 거의 투명한 연대기를 여기서 어떻게 볼 수 없겠는가? 등장인물보다 조금 나이가 많지만, 로메르 역시 두 아들을 키우는 젊은 남편이다. 그 또한 영화에서 다니엘 세칼디Daniel Ceccaldi가 연기하는 한 동업자와 함께 자신의 사무실, 즉 로장주 영화사를 설립했다. 또한 영화에서 중요한 것은 일과를 구분하는 것이다. 즉 가족과 보내는 저녁 시간과 사무실에서 일하는 시간, 그리고 나머지 빈 시간을 구분한다. 빈 시간은 대중교통에서 보내는 시간으로 여기서 모험이 시작된다. 또한 그 시간은 오후에 그가 배우 지망생쯤 되는 젊은 여성들과 차를 마시며 이야기를 나누는 데 보내는 시간이다. 한편으로, 그는 모리스 셰레라는 이름으로 실제의 삶을 살며, 다정함과 성실함과 의무를 다하는 데 모든 비중을 둔다. 다른 한편으로, 에릭 로메르라는 이름으로 꿈속의 삶을 살며, 젊은 여성들과 만남을 통해 청년기를 연장하지만, 결코 어떤 결과도 초래하지 않는다. 그리고 이러한 두 평행 곡선이 교차할 가능성은 거의 없다.

"완벽하고 완전한 두 삶을 동시에 사는 꿈을 꿔 본 적이 전혀 없어?"—불가능해. —그건 그냥 꿈이야." 프레데리크와 클로에 사이의 이 대화는 앞으로 로메르의 모든 작품을 관통할 주제를 개시한다. 이전까지 결정적 (그리고 끝까지 남을) 문제는 '선택'과 관련됐다. 즉, 프랑수아즈인가 모드인가? 로라인가 클레르인가? 하지만 〈오후의 연정〉을 시작으로 〈보름달이 뜨는 밤〉과 〈삼중 스파이〉에서 전개될 결정적 문제는 이중성에 대한 유토피아다. 즉, 이것은 동시에 여러 사람이 될 수 있을 것 같은, 정체성과 부부 관계의 한계에서 벗어나려는 미친 희망이다. 통속적이고 고전적 의

미에서 간음의 유혹이 아니다. 우리는 프레데리크와 클로에의 연애 감정에서 결론이 불가능하다고 규정된 무언의 계약이 있음을 추측할 수 있다. 그것은 로장주 영화사에 드나드는 여성들에 대해 로메르가 갖는 편한 마음의 정중한 관심과 비슷하다. 우리는 이렌 스코블린과의 낭만적인 에피소드와 베아트리스 로망과의 더 위험한 에피소드에서 그것을 보았다. 로메르가 타인이나 자신의 욕망을 가지고 즐겁게 연기하는 것은 아내에 대한 그의 애착, 그리고 양도 불가능한 자유 의지를 재확인하려는 것일 뿐이다.

물론 우리는 프레데리크에게 가장 명백하게 드러나 보이는 로고스와 리비도 사이의 간극에 대해 논의할 수도 있다(그리고 사람들은 어김없이 그렇게 했다). 그리고 물론 우리는 그가 클로에와의 육체적 결합을 피하려고 전속력으로 급히 계단을 내려가는 시퀀스에 감동을 받을 수도 있다. 특히 이 장면에서 로메르는 히치콕식 부감 숏 촬영을 해서 자기 분신의 공황 상태를 잘 부각시킨다. 하지만 동시에 그는 어쨌든 자신과 인물 안에 있는 근본적인 진실을 보여 준다. 그 생각은 "자유는 자신을 제한함으로써 표현된다"[60]는 것이다. 풍부한 가능성과 유일한 선택 사이에는 균형이 필요하며, 이를 통해 정신적 건강과 확실한 자유를 보호하는 것이 중요하다. 프레데리크가 클로에에게서 도망치는 이유는 육체의 죄를 짓는 것보다는 영원한 몽상가의 자리를 타자에 의해 빼앗겨 함정에 빠질 위험이 더 크기 때문일 테다. 그는 아내의 품으로 피신해서 공중누각을 건설할 권리를 되찾는다. 〈아름다운 결혼Le Beau Mariage〉의 시작 부분에 인용된 라 퐁텐Jean de La Fontaine의 문장이 곧 말하게 되듯이 말이다. 그리고 그 훌륭한 암시처럼, 창문에서 마지막 파노라마를 펼쳐 보이듯 이 부부는 '오후의 연정'을 나누기 위해 사라진다.

예정된 예기치 못한 일

로메르가 자신의 다른 영화에서보다 이 영화에서 더 고백적이긴 하지만, 부끄러움이나 주저함이 없기 때문은 아니다. 피에르 코트렐은 주저 없이 이렇게 증언한다. "그는 촬영 중에 동력을 잃어 버리기도 했다. 평소처럼 자연스럽게 진행되지 않았다. 어느 순간 그는 '그만, 오늘은 여기서 그만할게요'라고 말했다. 분명 그것은 영화의 주제와 관련이 있었을 것이다."[61] 이런 불편함은 클로에와 프레데리크 사이의 애정 장면을 촬영할 때 절정에 달한다. 감독은 먼저 침대에 알몸의 여자 배우를 배치하기 시작한다. 곤혹스럽게 얼굴을 붉히면서 남자 배우를 찾으러 가서 연기 위치로 오라고 요청한다. 촬영이 완료되자 위층에서 로메르의 헛기침 소리가 들린다. "이대로 아주 좋아요!" 남자 배우는 이렇게 회상한다. "촬영장에 레슬리 카롱Leslie Caron이 방문해 있었는데, 그녀는 배꼽을 잡고 웃고 있었다. 그는 모든 권한이 있는 연출가 자리에 있어야 했지만, 구경꾼 자리에 있었다. 초반에 꽤 따뜻하게 대했었는데, 촬영 내내 그는 내게 차갑게 대했다. 마지막 숏이 끝난 뒤에야 그는 긴장을 풀고 나에게 "어떻게 지내요?"라고 물었다. 잠시 그는 나에게 자신의 어떤 측면을 투영했다. 나는 조금 그의 분신 같았다."[62]

로메르는 베르나르 베를레Bernard Verley를 자신의 분신으로 만들고, 자신의 고백이 너무 쉽게 읽히지 않도록 이상한 전략을 펼친다. 이 배우가 말하는 이 "구경꾼 자리", 미행의 취향에 충실한 그는 배우 주위에 광대한 거미줄을 친다. 먼저, 그는 『파리 마치』에서 일하는 피에르 코트렐의 아내가 모아 놓은 풍부한 사진을 참조한다. 에드몽 로스탕의 희곡 「새끼 독수리」를 각색한 동명의 텔레비전 프로그램에 나온 그의 사진, 결혼식 날의 사진 등이다. 그는 베르나르 베를레의 무엇에 끌렸을까? 그것은 로메르가 베아트리스 로망에게 보낸 편지에서 강조했던 것, 즉 드골파 장관 올리비에 기샤르Olivier Guichard를 연상시키는 투박한 체격에 결합된 이 '약간 미친' 측면 때문임이 분명하다. 이런 낭만주의와 진부함이 혼합된 모습은 인물의 양면성에 잘 부합한다. 그래서 시네아스트는 이 배우를 염탐하는데, 생제르맹의 술집과 특히 카페 드 플로르(그가 '푸이 클럽Pouilly Club'의 회원이었던 카페)에서 그의 습관을 관찰한다. 로메르는 베를레가 프레데리크의 역할을 수락하자마자 모든 것을 정확하게 준비해서, 그가 거기서 그 역할이 아니라 그 자신의 순수하고 단순한 연속을 볼 수 있게 만든다. 로메르는 베를레를 9구로 데려가서 한 건물을 알려 준다. "여기가 당신 사무실이 있는 곳입니다." 어느 날 오전 7시에 로메르는 생라자르 역 맞은 편 카페로 베를레를 불러낸다. 로메르는 익숙하게 그를 맞으며 말한다. "역에서 내려오는 에스컬레이터가 보이나요? 내려오는 사람 가운데 세 명의 금발 여성이 차례로 보일 겁니다. 당신은 그녀들 중간에, 가능하면 세 번째 여성 앞 세 번째 위치에서 내려와야 합니다." 이런 식으로 상황을 준비해서 시네아스트는 다음 날 아침 작은 16밀리 카메라로 이 장면을 촬영한다. 베를레에 따르면 이 젊은 여성들은 로메르가 사전에 찾아낸 완전히 낯선 여성들이다. 코트렐에 따르면 로메르는 촬영을 위해 가짜 낯선 여성(티나 미셸리노Tina Michelino)을 고용했고, 젊은 카메라 보조 필리프 루슬로는 그녀를 몰래 촬영해야 한다. 어쨌든 강박 관념을 가진 로메르는 자신의 배우를 완전히 진실처럼 보이는 거짓말에 빠뜨린 것에 만족한다.

촬영 4개월 전에 〈오후의 연정〉(로메르가 기존 단편 소설에서 가져오지 않은 유일한 '도덕 이야기')의 대본이 완전히 준비된다. 하지만 프레데리크의 아내 역을 담당할 연기자는 아직 불확실한 상황이 로메르는 이 일을 회피하고 있다가 어느 날 베를레에게 이렇게 털어놓는다. "당신 아내의 사진을 봤는데, 그녀가 이 영화에서 연기할 수 있을 것 같은데요. 예를 들면 딸과 함께 말이죠? ─아이가 너무 어린데요! ─그 나이에는 잘 모를 겁니다." 프랑수아즈 베를레Françoise Verley는 비록 배우는 아니었지만(그녀는 스타일리스트와 잡지 표지 모델로 일했다), 익숙한 환경에 잘 적응해서 주연 역할에 몰입했다. 혼란이 없지는 않다. 예를 들어 영화 개봉에 맞춰 편성된 〈현대 여성Aujourd'hui Madame〉이라는 방송에서, 그녀는 실제 부부의 모습과 화면에 나타난 부부의 모습을 구별하는 데 많은 주의를 기울여야 한다. 베르나르 베를레 역시 명확하지 않을 것이다. 오늘날까지 여전히 기이해 보이는 연금술에서 그의 사생활에 속한 것과 로메르의 상상력에 속한 것을 풀어내기는 어렵다.

베를레는 이렇게 말했다. "로메르는 예정된 예기치 못한 일을 찾아내려는 우연의 도둑이었다. 그는 사람들의 강박적 특징, 반복되는 몸짓, 반응에 대해 많이 성찰했다. 그는 그런 것을 이용했고, 또한 우연을 이용해 약간의 차이(그가 이끌어 낸 그 차이)를 가져왔다. 날이 더웠기 때문에, 스웨터를 머리에 끼우고 있는 세부 동작을 제안한 것은 바로 나였는데…… 그 동작을 하면서 내가 완전히 로메르풍의 사람이 됐음을 알았다! 그는 그의 허구가 너무 강해서 허구가 현실에 들어오게 하는 사람이다. 그리고 그는 당신의 실제 모습을 유지하면서 그 모습으로 그가 만든 허구 속으로 들어가게 한다."[63]

이 동일시를 완성하기 위해 로메르는 베를레에게 그가 잘 아는 다른 상대역을 제공한다. 여러 해 동안 로메르는 그녀와 영화 속 프레데리크와 클로에의 대화에 비길 만한 가상의 유혹을 유지해 왔다. 그녀는 로메르가 벌써 여러 차례 배우로 기용하려다 실패한 생제르맹데프레의 뮤즈, 주주다. 예를 들어, 아이데 폴리토프로 결정하기 전 〈수집가〉에서 그의 선택은 주주였고, 1960년대에 사라진 그의 여러 계획 중 하나가 〈주주의 모험〉이었다. 데니스 베리의 단편 영화에 등장한 그녀를 다시 보면서, 그리고 1970년 크리스마스이브의 저녁 식사 자리에서 그는 그녀에게 클로에 역을 제안하기로 결심한다. 그녀에게는 로메르풍 여성(아마도 그 태도에서 태연자약과 자유를 연상시키는 베아트리스 로망을 제외하고는)의 특징이라 할 수 있는 부드러움과 달콤함이 없기 때문에 이는 색다른 선택이다. 연출가를 매료시킨 것은 바로 이 근본적으로 다른 성격이다. 그녀가 로메르의 분신인 인물이 일하는 관료주의적 회색빛 풍경 가운데 있기에는 너무 부조화스럽다는 사실이다. 그는 훗날 자크 시클리에게 이렇게 설명했다. "(…) 프레데리크와 클로에 사이에 어떤 부조화가 있기를 원했다. 사람들이 '저 커플은 잘 어울리지 않아'라고 말하는 그런 면이. 나는 그들이 서로 어울리지 않음을 보여 주고 싶었다. 여기서 유혹은 놀라운 것이 되어야 한다."[64] 이런 식으로 로메르는 자신의 자서전을 다큐멘터리라는 가면으로 위장한다. 그 다큐멘터리는 행복에 대한 혼란스러운 열망과 이전 세대가 물려준 틀에 들어가기를 거부하는 1968년 5월 이후 세대에 관한 내용이다. 아이데보다는 클로에(적어도 주주는 이 영화와 관련된 인터뷰에서 인물과 자신을 구별하는 데 주의를 기울인다)가 훨씬 더 발자크적 유형의 인물로 남을 것이다. 여자 배우는 그 인물을 한마디로 정리한다. "낙오자, 전문적인 낙오자다."[65] 그렇지만 영화에 발자크의 설교자 같은 흔적은 전혀 없다. 다시 말해, 로메르는 이전의 〈파리의 나자〉나 〈현대 여학생〉처럼 이 시대에 등장하고 있고 그 발현을 특히 방해해서는 안 되는 한 여성의 표본을 보여 주는 데 만족한다.

실내

우리는 다큐멘터리적 측면에 대해 언급했다. 이 측면은 도입부의 기차 출근 시퀀스나 생라자르 지구에서의 산책에서 아주 분명히 나타난다(트뤼포의 〈여자들을 사랑한 남자L'Homme qui Aimait les Femmes〉

를 예고하는 성적 몽상과 결합된). 앞서 봤듯 이 '몰래 찍힌' 장면들은 실제로는 신중하게 준비된 것이며, 로메르는 그 안에서 예모豫謀된 것과 즉흥적인 것의 취약한 결합을 구축한다. 특히 클로에의 방과 관련하여 때로 촬영지를 조정해야 했다. 클로에의 방은 아주 정확하게 묘사된 시나리오로 보면(욕실과 인접해 출입문이 있고, 프레데리크가 살짝 도망갈 수 있게 또 다른 문이 있다), 스튜디오가 아닌 다른 곳에서 촬영해도 문제가 없을 터였다. 자동차 소음과 과도한 촬영 횟수를 피하기 위해 스튜디오에서의 사무실 장면 촬영에도 동일한 제약이 적용된다. 네스토르 알멘드로스가 이런 조건에서의 촬영을 불평하지 않은 이유는 빛의 변화에 대처하는 데 도움이 되기 때문이다. 그는 심지어 한 계절에서 다른 계절로의 이행을 제안했는데, 시간 차가 너무 짧아서 자연 배경으로는 연출할 수 없었을 것이다(이 실내 시퀀스는 1971년 가을에 외부 촬영을 마친 뒤 2주 동안 연출된다). 로메르는 별로 편안해하지 않았고, 이 불편함은 배우를 지시하는 데 영향을 미친다. 베를레는 이렇게 설명한다. "배경 장식은 현실적이긴 하지만 소리가 약간 가짜처럼 울렸다. 스튜디오가 주는 관습적이고 허구적인 분위기 때문이다. 실제 배경에서 촬영했다면 로메르가 주주를 훨씬 더 차분하게 대했을 것이고, 그녀도 더 정확하게 연기했을 것이다. 그녀와 열다섯 번째 테이크까지 촬영했다고 기억한다!"[66] 이는 로메르적 윤리와 경제성을 고려할 때 정말 드문 일이다.

〈클레르의 무릎〉이 성공한 후 컬럼비아 영화사는 다시 한 번 '작은 기업' 로장주와 협력한다. 그리고 힘든 일을 자처하면서 작

472

품의 연출가는 불로뉴 스튜디오에 자신의 편집증적 진실주의를 적용해 놓는데, 훗날 그는 〈영국 여인과 공작〉의 회화적인 디지털 프레임 안에서 이 작업을 다시 한다. 이런 눈속임 효과, 이 불순한 장르의 혼합은 비밀을 은밀히 즐기지 않고서는 안 된다. 한편, 비서 역할은 실제 비서로 일했던 두 명의 젊은 여성이 연기했다. 파리 거리 쪽으로 나 있는 사무실 창문에는 확대한 사진을 붙였다. 클로에의 방은 일부러 평범한 스타일로 꾸몄지만, 배우의 알몸을 돋보이게 하기에 더 좋았다. 그녀는 앵그르Jean Auguste Dominique Ingres의 그림 속 하렘harem*에서 바로 걸어 나온 것처럼 보인다. 마치 영화가 그 모순성을 조절할 수 있게 해 준 것처럼, 로메르는 영화 창작의 단계마다 환상과 현실을 결합했다.

도덕 이야기?

지나는 모든 구석마다 〈오후의 연정〉은 한 시대의 축소판을 그려 보인다. 이른바 "권태"에 빠진 퐁피두Georges Pompidou**적 프랑스의 연대기다. 이 말은 당시 피에르 비앙송-퐁테Pierre Viansson-Ponté가 1968년 5월의 폭발에서 막연하게 살아남아 탈출의 꿈을 키우고 있다고 비난한 말이다. 이 세대는 자신은 평범한 추함 속에 갇혀 있지만, 갑자기 떠오르는 아름다움의 환상을 여전히 추구한다.

---

* 이슬람 국가에서 부인들이 거처하는 방으로, 남성의 출입이 금지된 장소다.
** 1969~1974년까지 프랑스 대통령을 지낸 인물

이 거울 효과는 비평가들 사이에 혼란을 만들어 내고, 저자에게 어떤 의도를 부여하느냐에 따라 의견이 갈라진다. 어떤 이들(다수의 경우)은 영화에서 오래된 가치의 옹호만을 읽어 낸다. "이 실내 영화는 궁극적으로 통속극에 해당한다. 현대화된 통속극, 즉 최신 취향에 맞게 새롭게 다시 칠하고 개조했지만 소시민 계급의 지평 너머 더 멀리 내다볼 수 없는 통속극으로, 무시간적인 감상적 소우주 자체에 갇혀 현실에서 완전히 차단되어 있다. 수준 있는 스타일이 목적의 공허함을 보상하지 않으며, 인물을 연구한다는 구실 아래 지배적 윤리에 매우 호의적으로 부합한다."[67] "로메르는 도덕적 관점에서 인간의 문제를 제기하는데, 이는 좌파적 태도와 반대다. (…) 이 작은 세상에서 도덕적 행동은 인물의 의지에 의해서만 결정될 뿐 다른 결정론은 없어 보인다. 이것은 근절된 이상주의적 비전이고, 따라서 궁극적으로 반동적인 비전이다."[68] "(…) 이 도덕 이야기는 교훈적이며, 그리고 반동적이다. 오후의 사랑이 있어야 할 곳은 결혼한 아내들과 함께일 것이다. 이것은 가정을 위한 축제일 뿐이다."[69]

마지막 줄을 장식하는 사람은 장루이 보리다. 〈오후의 연정〉으로 신랄한 논쟁을 불러일으킨 라디오 방송 〈가면과 펜〉을 포함해서, 그는 로메르 영화를 끈질기게 옹호한다. 이 방송에서 보리(시네아스트가 전개한 그의 관점의 엄격함을 칭찬한다)와 달리 피에르 빌라르는 부족한 연출과 비굴한 주인공에 대해서만 말한다. 비공개적인 자리에서 장 외스타슈는 서슴없이 화를 내며 표현한다. "벌거벗은 여자에게서 도망치는 남자라니! 절대 이해할 수 없다." 이

와 반대로 또 다른 해설가들은 클로에의 모습에 경탄한다. 그들
에 따르면 클로에는 가부장제가 제기하는 문제에 도전하는 인물
이다. "모든 위대한 문명의 시대는 필연적으로 페미니즘으로, 그
리고 에로티즘을 통해 (…) 따라서 모든 가치의 소용돌이로 표시
한다. (…) 이런 점에서 로메르는 우리 시대의 가장 현대적인 감독
이며, 이 영화는 ─아마도 자신도 모르게 쓴─ 가장 혁명적인 작
품일 것이다."[70]

페미니즘적이고 좌파적인 이런 독해는 뉴욕 영화제 기간 동안
흥미로운 오해를 불러일으키는데, 로메르는 (예외적으로) 뉴욕에
자신의 영화를 소개하러 간다. 피에르 코트렐이 그와 동행하고,
그는 피에르 리시앙에게 인터뷰 통역의 임무를 맡긴다. 리시앙
은 시네아스트의 의도를 충실하게 통역해 여성 해방에 찬성하는
담화를 듣고 싶어 하는 기자를 지옥에 빠뜨린다. 그녀는 리시앙
이 로메르의 생각을 왜곡한다고 비난하고, 로메르는 자신의 통역
자를 변호하고, 논쟁은 악화된다. "질문들은 그에게 위압감을 주
었고, 그는 말을 더듬거렸고, 감당할 수 없는 상태가 됐다. 그녀는
화가 났고, 로메르는 그녀가 화난 것에 화가 났다. 나는 너털웃음
이 났다."[71] 다른 많은 인터뷰가 진행됐고, 로메르는 누구도 속지
않을 작은 콧수염으로 괴상하게 꾸미고 텔레비전에 출연했다. 미
국에 체류하는 동안 그는 아주 즐거운 시간을 보낸다. 주주는 (로
스앤젤레스 영화제에서) 존 카사베티스와 친구가 되고 싶어 하고,
로메르는 밥 라펠슨Bob Rafelson과 친구가 되어 만남의 범위를 넓혀
간다. 흥분이 이어져 〈오후의 연정〉은 놀라운 환대를 받고, 제목

이 〈오후의 클로에Chloe in the Afternoon〉로 바뀐다. 그리고 이 작품은 미국에서 가장 성공한 '도덕 이야기'로 불리게 된다.

또 다른 오해인가? 대서양 저편 미국에서 〈오후의 클로에〉가 얻은 인기는 영화 외적인 이유, 즉 프랑스 스타일의 불륜이 선사하는 전율과 공포 때문으로 보인다. 불륜이 완성되지 않았기 때문에 더욱 흥미진진해진 것 같다. 어쨌든 이런 내용은 아프리카계 미국인 코미디 작가 크리스 록Chris Rock이 리메이크해서 2007년에 연출하게 될 〈난 아내를 사랑하는 것 같아I Think I Love My Wife〉에서도 유지된다. 로메르의 이름은 크레디트 어느 곳에서도 언급되지 않으며, 이야기의 배경은 뉴욕 비즈니스 업계로 옮겨졌다. 그렇지만 원작 시나리오의 주요 부분은 한 가지 중요한 세부 사항인 성관계를 포함해 잘 지켜지고 있다. 작은 차이점은 여기서 성관계는 남편과 아내가 오랜 세월 동안 사랑을 나누지 않았기 때문에 그들을 멀어지게 하고, 남편이 다른 곳을 보고 싶게 만드는 요소(올바른 결혼 생활의 해피엔딩과 맞바꿔서라도)로 작용한다. 1972년 영화 역시 세심한 의도를 분명히 밝히지는 않으며, 로메르 자신은 결혼이든 방종이든 옹호할 의도가 있었는지는 부인한다. 앞서 말했듯 마지막 도덕 이야기의 진정한 주제는 더 은밀하기 때문에 더 많은 모순적인 해석을 불러일으킨다. 이 영화는 허구의 능력과 한계를 질문하는 작가의 가장 성찰적인 작품이다. 로메르는 이 허구를 유례없는 자리로 옮겨 곧 '희극과 격언Comédies et Proverbes'에서 작품으로 만들어 완성할 것이다. 그것은 관객의 자리다.

1970년 전후로 로메르의 입지는 완전히 바뀌었다. '도덕 이야기'의 마지막 세 편이 예상치 못한 경이로운 성공을 거두며 전환점이 되었다. 3년 동안 로메르는 단지 세 편의 중요한 작품을 촬영한 것이 아니라, 프랑스에서 300만 명에 가까운 관객을 극장에 끌어들였다. 그는 전 세계에 있는 수십만의 시네필에게도 명성을 날렸고, 특히 미국과 일본, 이탈리아, 스칸디나비아 등에서 높은 명성을 얻었다. 이런 결과는 일종의 역설이자 역사의 아이러니이며, 나아가 운명의 설욕전이 되었다. 말하자면 같은 시기에 최초로 누벨바그를 이끌었던 장뤽 고다르(10년 동안 스크린에서 사라진다)와 프랑수아 트뤼포(재정적 어려움과 개인적 위기를 맞는다), 클로드 샤브롤(대체로 어쩔 수 없이 의뢰받은 일을 해야 했다)이 장애물을 만나거나 실패를 맛보던 순간, 에릭 로메르는 비록 늦었지만 이 물결에서 빠져나온 진정한 생존자처럼 보였다. 그는 대중적인 시네아스트는 아니지만, 타협 없는 고집과 분명한 개성을 지니면서도 유례없는 대중적 반향에 힘입어 매우 특별한 종류의 영화 작가가 되어 가고 있었다. 〈모드 집에서의 하룻밤〉은 100만 명이 넘는 관객을 이끌었고, 〈오후의 연정〉은 100만 명에 조금 못 미쳤으며, 〈클레르의 무릎〉은 70만 명 가까운 관객을 동원했다. 이 시네아스트는 성공적인 한 장르를 발명했고, 오랫동안 '로메르 영화'라는 장르의 독립적인 작가가 된다.

50대의 변화

이 성공은 에릭 로메르의 직업적·개인적 삶에 분명한 영향을 미쳤다. 먼저 그는 더 넓고 편안한 사무실에 로장주 영화사를 마련할 수 있었다. 1968년 바르베 슈뢰더가 결혼하면서 영화사는 설립부터 함께해 온 부르고뉴 거리의 아파트를 떠나야 했다. 첫 번째 이사는 샹젤리제 인근 장구종 거리 6번지로 제작사를 옮긴 것이다. 슈뢰더와 코트렐, 로메르는 예전 하녀 숙소였던 평범한 방두 개를 서로 공유한다. 1969년 말 〈모드 집에서의 하룻밤〉이 거두어들인, 특히 해외 판매의 첫 배당금으로 로장주는 수백 미터 떨어진 피에르1세드세르비 거리로 이사할 수 있었다. 그 거리는 이에나 광장에서 조르주5세 거리까지 이어지는 부유하고 조용한 축에 속해 있었다. 피에르1세드세르비 거리 26번지의 거대한 건물에는 프랑스 영화들, 특히 트뤼포와 로메르의 영화를 해외에 판매한 최고의 에이전트 중 한 명인 알랭 바니에의 사무실이 있다. 그는 친구인 바르베 슈뢰더에게 맞은편 같은 층 건물이 비어 있다고 알려 준다. 로장주 영화사는 이 거리에 정착한 이래 거의 45년이 지난 후에도 여전히 그곳에 자리해 있다. 로메르는 창문이 마주 보이는 곳에 소박한 나무 탁자가 놓인 작은 사무실이 생겼다. 탁자 바로 뒤에는 영화와 미술 도서로 뒤덮인 책장이 있다. 그 책장은 완성되었거나 진행 중이거나 계획 중인 그의 영화와 관련된 서류를 보관하는 곳이다. 안쪽에는 부엌 및 위생 시설과, 잡동사니를 보관하는 뒷방이 있다. 슈뢰더와 코트렐도 역시 그곳에서 일하고, 로장주는 마침내 비서 클레오에게 정규직 급료를 지불할 수 있게 된다. 12년 후인 1980년대 초에는 마르가레트 메네고즈의 권유로 같은 거리 22번지 건물에 다른 사무실을 사들여 제작사를 확장한다. 에릭 로메르는 이곳에 두 번째 사무실을 역시 간소하게 꾸리고, 주로 직업적 만남을 위한 장소로 사용한다. 26번지 사무실은 친구들과의 만남을 위해 사용했다.

컬럼비아 영화사가 〈클레르의 무릎〉에 사전 자금의 일부를 지원하고 수익의 30퍼센트 지급을 보장하면서, 에릭 로메르는 아내와 두 아들이 거주할 개인용 아파트를 바로 구입할 수 있게 된다. 1970년 봄, 그는 파리 사람들이 가장 애착하는 지구, 그가 학창 시절을 보냈던 앙리4세고등학교에서 멀지 않은 곳, 그가 많은 영화를 봤던 시네마테크 프랑세즈 상영관이 거의 맞은편에 있는, 팡테옹이 바로 옆에 위치한 윌름 거리 4번지에서 90제곱미터 크기의 아파트를 발견했다. 이 아파트는 몽주 거리의 아파트보다 더 넓어서 그의 두 아들은 셰레 부부와 마찬가지로 각자 침실을 갖게 됐다. 아파트 전체는 다소 검소하고 엄격했다. 집은 왁스칠된 마룻바닥, 고전적 양식의 그림 한두 개로 꾸며진 단순한 식당, 주인의 안락의자가 창문을 마주보고 있는 작은 서재로 이루어져 있었다. 애독 작가들, 특히 발자크와 쥘 베른, 도스토옙스키의 책으로 가득 찬 수수한 책장이 있었으며, 비디오 책장 한쪽은 1980년부터 텔레비전에서 녹화한 수많은 작품과 영화 카세트로 채워졌다.

1970년 5월 18일, 에릭 로메르의 어머니 잔 셰레는 윌름 거리로 이사한 직후 84세에 세상을 떠난다. 가까이 머물면서 평생 동안 계속해서 어머니를 보아 온 로메르는 큰 충격을 받았다. 잔의 손자 로랑 셰레는 이렇게 회상한다. "할머니는 강한 성격이었다. 두 아들의 운명에 매우 세심한 주의를 기울이고, 손자들에게 배려심이 많은, 고정된 사고를 가진 매우 교양 있고 전통적인 가톨릭 신자였다."[1] 시네아스트에게 있어 이 일은 어떤 면에서는 해방이기도 하다. 잊지 말아야 할 점은 그가 자신의 진짜 성격을 어머니에게 밝히기를 원치 않았거나 감히 그렇게 하지 못했으며, 좋은 지방학교의 고전문학 선생님인 모리스 셰레라는 허구의 인물로 계속 알려 왔다는 사실이다. 잔 셰레는 에릭 로메르를 알지 못하고 죽었고, 이 사실은 로랑 셰레가 확인해 준다. "할머니는 아버지의 시네아스트 활동을 알지 못했다. 할머니는 한순간도 의심하지 않고 아버지가 선생이라고 생각했다. 영화를 하는 것은 그녀에게는 상상도 할 수 없는 일이었다."[2] 신중한 로메르는 오랫동안 텔레비전 인터뷰를 거부했다. 1970년 봄 이후부터 그는 시네아스트로서 자신의 개성을 더 편하게 주장할 수 있었다. 그는 처음으로 몇 편

의 텔레비전 다큐멘터리 촬영을 허락한다. 심지어 1970년 여름에
는 안시 호숫가에 있는 〈클레르의 무릎〉 촬영장에서 멀지 않은 곳
에 가족을 숙박시킨다.

그렇지만 마지막 '도덕 이야기'의 성공은 에릭 로메르를 크게
변화시키지 않는다. 그의 삶은 확실히 더 편안해졌고 더 이상 궁
핍하지 않았다. 1960년대 특정 시기에 그는 실제 궁핍했거나, 궁
핍을 두려워했을 수도 있다. 하지만 그는 50세의 나이에 뒤늦게
사회적 인정을 누렸다고 해서 자기 것이 아닌 삶의 방식과 장소
를 요구하지는 않았다. 역설적으로 우리는 이상한 불안이 그의
영혼을 엄습했으리라 말할 수도 있다. 마치 그가 이런 성공이 그
저 일시적일 거라고 확신했듯 말이다. 1969~1970년의 개인적·
직업적인 면에서의 성공이 의문과 근심, 불안을 없애지는 못했
다. 예를 들어 그는 자신이 시작한 영화의 '장르'를 이용하거나,
우아하고 세련된 감정적 고통을 동반한 도덕 우화의 영역에서
확실한 수완으로 이익을 얻으려 하지 않는다. 로메르는 (적어도
당장은) 새로운 연작 이야기를 시작할 의지가 없었다. 이는 그가
보기에 호기심이나 대담함이 부족하고 너무 손쉬운 일이었다.
어떤 직업 경력을 따라가야 할지에 대한 망설임, 활동을 다양화
하려는 의지와 영감이 고갈될 것에 대한 염려가 함께 존재하는
시기였다.

로메르 안에는 세 가지 성격이 공존한다. 즉, 그가 항상 되고 싶
어 하는 교수, 모든 것에 호기심이 많은 시네아스트, 그리고 상상
력 없는 남자다. 1974년 4월 잡지 『에크랑』과의 인터뷰 마지막에

클로드 베일리가 자신을 어떻게 정의하는지를 묻자 로메르는 이렇게 대답한다. "실제로 나는 세 가지 활동을 한다. 첫 번째는 영화고, 두 번째는 영화 교육인데 이것은 이론적 성찰의 작업이다. 마지막은 더 열린 교육학으로, 영화를 통한 교육학이다. 나는 텔레비전학교와 연구부에서 이 일을 했고, 세 가지 소명에 매우 만족한다. 왜냐하면 순수한 허구인 개인적 우주에 자신을 가두고 싶지 않기 때문이다. 나는 가능한 한 모든 방법으로 세상과의 접촉을 유지하려고 노력한다."[3]

로메르, 무르나우, 독일

'도덕 이야기' 이후 '시네아스트 로메르'가 "영감이 고갈되는 시기"[4]를 지나게 될까 걱정한다면, 세계에 뿌리를 둔 셰레보다는 다른 두 로메르가 해결책을 줄 수 있다. '이론적 성찰'을 위해 교육자 로메르는 자신의 취향을 활용할 방법을 찾고, 호기심 많은 교육학자 로메르에게는 연구를 전개할 수 있는 탐구의 장이 열린다. 실제로 파리 제1대학에서 1968년 5월 이후 개혁과 혁신의 바람이 불면서, 에티엔 수리오가 이끄는 예술 및 고고학 학부는 생미셸 대로 위에 붉은 벽돌로 만든 무어 양식의 건축물 미술레 센터에 시설을 갖추고, 영화 교육을 시작했다. 이 일을 맡은 자크 구아마르는 작은 팀을 꾸렸는데, 대학 내에서 반순응주의적 인물이자 공상과학 소설과 탐정 소설 같은 '작은' 장르의 위대한 전문가인 구아마르는 로메르에게 이곳에 와 달라고 제안했다. 로메르는 열의를 가지고 제안을 받아들였으며, 1969년 11월 강의를 시작했다.

　좀 더 나은 학내 지위를 유지하고 전임 강사로 선출되기 위해, 그래서 고정된 직책과 임금 혜택을 받기 위해 이 '젊은' 교사 로메르는 구아마르의 권고에 따라 박사 과정에 착수하기로 결정한다. 여기에서 그는 3년간의 연구를 통해 논문을 작성하고, 청원자로서 심사위원들 앞에서 논문 심사를 받아야 한다. 1963년 『카이에 뒤 시네마』를 떠난 뒤 일자리를 찾고 있을 때 로메르는 이미 이런 생각을 하고 있었다. 그때 그는 「1945년 이후 미국 영화의 신화의 진화」에 관한 논문 계획을 가지고 소르본대학의 에티엔 수리오와 사회과학고등연구원EHESS의 에드가 모랭에게 연락을 취했었다. 6년 후, 이 박사 논문 준비자는 주제를 바꿔 프리드리히 빌헬름 무르나우를 선택한다. 로메르가 일관적으로 유지해 온 교수의 이상은 이제 라인강 저편 독일로 그를 인도한다.

　로메르에게는 독일에 대한 어떤 취향이 있었다. 이 남자는 게르만 문화에 영향을 받았다. 그는 학창 시절부터 괴테의 언어인 독일어를 알았고 그의 책을 읽었다. 그가 찬양하는 독일 작가는 괴테뿐 아니라 19세기 초의 주요 작가인 하인리히 폰 클라이스트Heinrich von Kleist, 프리드리히 폰 실러Friedrich von Schiller, 노발리스Novalis, 장 파울Jean Paul, 프리드리히 슐레겔Friedrich Schlegel 혹은 프리드리히 휠덜린Friedrich Hölderlin이 있었다. 샤를 테송Charles Tesson이 『카이에 뒤 시네마』에서 지적한 부분은 완전히 정당하다. "로메르는 고다르와 함께 누벨바그의 위대한 독일 문화 연구자다. 독일 영화(무르나우, 랑)뿐만 아니라 독일 문화(예술, 철학, 문학)와 정치사에 대해서도 그렇다."[5]

로메르의 기록 보관소에는 어휘 공책부터 시작해 독일어로 된 수십 권의 책, 그리고 영화, 소설, 시, 철학 개론, 언론 발췌문에서 가져온, 노트에 직접 독일어로 쓴 글과 편지에 이르기까지, 독일 문화에 대한 애정의 증거가 다수 존재한다. 특히 뮌헨에서 발행되는 교양 문화적 중도 좌파 독일 일간지 『쥐트도이체 차이퉁 Süddeutsche Zeitung』은 그가 좋아하던 신문으로, 직접 번역해서 보관했고, 괴테, 클라이스트, 헤겔, 실러 또는 심지어 동시대 극작가 하이너 뮐러Heiner Müller의 상당히 많은 발췌문을 프랑스어로 기록했다. 또한 바이에른의 성들이 그려진 책들과 티롤Tyrol 지방의 엽서도 보관되어 있다. 이곳은 1970년대 중반 로메르가 가족과 함께 여름휴가를 떠나 산에 오르고 일주를 하며 보냈던 곳이다. 1977년에 기록된 미완성 텔레비전 기획도 있다. 이는 프랑스-독일 공동 제작물로, 시네아스트는 교양과 우아함을 갖춘 동료 장 조제 마르샹과 함께 ORTF의 방송 〈20세기의 기록물Archives du XXe Siècle〉에서 『무법자Réprouvés』의 저자 에른스트 폰 살로몬Ernst von Salomon과 인터뷰를 진행해 영감을 얻고자 했다.

장 두셰와의 한 인터뷰에서 로메르는 자신의 성격과 문화, 작품의 '독일 성향'에 대해 설명했다. "철학적으로 나는 헤겔을 지나서…… 마르크스주의자는 아니지만 부득이하게 마르크스를 관통하는 칸트의 계승자, 초월적 이상주의 학파였다고 생각한다. 물론 괴테나 클라이스트의 문학도 있었다. 또한 독일 음악에 매우 매료되었다."[6] 그의 둘째 아들 로랑 셰레는 자신이 청소년이던 시기에 아버지가 괴테의 언어를 정기적으로 사용했다고 증언한다. "아버지는 라틴어와 독일어를 좋아했다. 아버지는 고등학생 때 독일어를 시작했고, 알자스 출신인 할아버지가 독일어를 할 줄 알았다. 아버지는 영어를 조금 말하고 읽을 수 있었지만, 이 언어는 좋아하지 않았다. 1970년대 초반 그는 클라이스트나 괴테의 글을 편하게 읽으려고 독일어 공부를 다시 시작했다. 독일어를 읽고 썼지만 말하는 것은 그다지 좋아하지 않았다. 종종 농담을 했고 다른 언어로 낱말 놀이나 단어 맞추기 놀이를 즐겼다. 오스트리아에서 경보를 하고 있는데 산책하던 사람이 아버지에게 영어로 말을 걸었던 일을 기억한다. 아버지는 독일어로 이렇게 대답했다. '죄송하지만 잘 이해하지 못했는데요. 어디 방언인가요?' 티롤에서 보내는 휴가 기간 동안 그는 지역 신문을 읽고 십자말풀이를 했다. 우리도 고등학교에서 독일어를 배웠다."[7]

논문의 주제로 무르나우를 선택하면서 로메르는 지적 및 예술적으로 독일식 교육을 충실히 했고, 작품과 생활 속에서도 '독일 시기'를 연장했다. 그는 『파우스트』, 『O 후작 부인』, 「하일브론의 케트헨Das Käthchen von Heilbronn」의 영향 아래 1970년대를 보내며, 동시에 회담에 참여하거나 (열흘 혹은 보통은 며칠에 걸쳐 영화나 논문을 준비하기 위한) 체류 혹은 독일 프랑켄 지역에서의 촬영 일정을 소화하고 티롤에서 휴가를 보내기도 한다. 이는 특히 1960년대의 '도덕 이야기'와 1980년대의 '희극과 격언'이라는 가장 프랑스적인 두 연작 사이에 있는 여러 기획에 영감을 주는 원천이 된다.

로메르가 무르나우에 관심을 가진 것은 이때가 처음은 아니다. 비평가 시절에 그는 위대한 작가 중 한 명으로 무르나우를 꼽았고, 그에게 (부분 혹은 전체로 다룬) 네 편의 중요한 기사를 헌정했다. 1948년 「영화, 공간의 예술Le cinéma, art de l'espace」, 1949년 「고전 영화의 시대L'âge classique du cinéma」, 1951년 「회화의 허무Vanité que la peinture」, 1953년 「서양의 복수La revanche de l'Occident」가 그것이다. 로메르는 무르나우의 작품에서 어떤 역설을 식별해 낸다. 즉, 공간의 지배를 통한 불안의 영화라는 점이다. 무르나우의 영화는 비장미나 감상적 태도 없이 단지 움직임과 이동, 자세, 시선이라는 오직 "생생한 조형적 표현"[8]을 통해서만 모든 것을 보여 준다. 공간을 지배하는 아름다움, 외적인 행동에 의한 영혼의 가시성, 즉 "영화적 가시성"[9]을 통해 비가시성을 표현하는 것은 탁월한 무르나우적인 불안이다[10].

로메르는 첫 번째 글에서 이미 이렇게 썼다.

"자주 상영할 기회가 드물다는 이유로 우리가 위대한 감독들의 자리에, 그 첫 번째일 수도 있는 자리에 올려놓지 않는 F. W. 무르나우에게 매우 특별한 경의를 표하는 것이 적절해 보인다. (⋯) 무르나우는 모든 걸 일화로 만드는 일을 피할 수 있었을 뿐만 아니라 외형상 가장 풍성한 주제인 인간적 감정을 비인간화할 수 있었다. (⋯) 그는 우리의 주의를 끌 만한 다른 모든 요소를 제거하고, 오직 기호 내면의 초월성을 즉시 포착한다. 〈노스페라투〉와 〈타루튀프Herr Tartuff〉, 〈마지막 웃음Der Letzte Mann〉, 그리고 감탄할 만하지만 아직 논쟁의 여지가 많은 〈파우스트〉와 〈선라이즈Sunrise〉, '극화된 다큐멘터리'

〈타부〉는 전체 모든 숏을 통해 가장 풍부한 영화적 상상력을 보여 준다!"[11]

로메르는 어떤 측면에서 이 기사에서 20년 앞서 자신의 논문 계획을 어렴풋이 보여 준다. 즉 그는 세부적인 것은 무시하고 공간에서 개념을 구체화하는 이 '영화적 상상력'을 '숏 전체'에서 추적한다. 그는 심지어 1926년 괴테의 신화를 각색한 ―'감탄할 만하지만 아직 논쟁의 여지가 많은'― 〈파우스트〉에 대해 관심을 보이기도 했다.[12] 그는 결국 1969년 가을에 논문 주제로 이 작품을 선택한다. 로메르는 이 영화를 선택한 세 가지 이유를 제시한다. "그다지 존경받는 영화가 아니다. 〈마지막 웃음〉, 〈노스페라투〉, 〈선라이즈〉 등보다 덜 알려져 있다."[13], "이미지의 구성이 일관되어 있고, 철저히 해부하기에 흥미진진하다. 즉, 부각시키기 매우 쉬운 우아한 양식이다."[14], "이 영화는 시네마테크 프랑세즈에서 구할 수 있었고, 친절하게도 사본을 제공해 줬다."[15]

실제로 〈파우스트〉는 사랑받지 못한 영화다. 엄청나게 야심 찬 기획의 이 영화는 수십 명의 기술자, 무대 장치가, 의상 담당자, 조명 담당자, 그리고 배우들이 무르나우의 편집증적이고 좀스러운 지시에 따라 2년간 준비하고 촬영했다. 영화는 첫 상영부터 비평가와 관중을 실망시켰다. 뒤이어 이런 나쁜 평판 때문에 이 작품은 작가의 걸작 순서에서 이류를 차지한다. 조르주 사둘은 『영화통사General History of Cinema』[16]에서 이 영화를 단 두 줄로 정리했고, 일반적 비평은 파우스트를 연기한 배우 괴스타 에크만Gösta Ekman

의 따분한 연기로 인해 뻣뻣하게 만들어진 학문적 회화주의°로 이 영화를 깎아 내렸다. 하지만 로메르에게는 실추된 명성과 비순응주의적 취향, 색다른 독창성을 복원시키려는 사도의 소명이 있었고, 이런 특성은 자연스럽게 그를 〈파우스트〉로 인도했다.

그의 논문 중 상당 부분은 극도로 해박한 참고 문헌 연구[17]와 더불어 무르나우가 편집한 620개의 숏을 그림으로 그린 각 이미지에 대한 정확한 분석으로 이루어져 있다. 그는 앙리 랑글루아가 빌려 준 시네마테크 프랑세즈의 덴마크어 사본으로 이 작업을 시작한다. 로메르는 로장주 영화사 사무실에 설치된 편집대에서 이 사본을 한 숏씩 영사해서 본다. 하지만 로메르가 발굴한 다른 두 사본은 그 장소에 방문해서 본다. 그중 첫 번째는 영어 원본 사본으로, 브뤼셀에 있는 자크 르두Jacques Ledoux가 관장하는 벨기에 왕립 시네마테크Cinémathèque royale de Belgique에 있으며, 이 판본에는 다섯 개의 숏이 추가로 포함되어 있다. 두 번째는 독일어 사본으로, 에버하르트 슈피스Eberhard Spiess가 관리하는 비스바덴의 독일필름연구소Deutsches Institut für Filmkunde, DIF에서 발견한 것이다. 이 사본이 흥미로운 이유는 메피스토(에밀 야닝스Emil Jannings)가 마르테 곁에서 해바라기 꽃잎을 따는 완전히 새로운 장면이 포함되어 있기 때문이다.

이 세심한 장면 분석을 기반으로 로메르는 영화에서 세 가지 공

° 픽토리얼리즘pictorialism이라고도 하며, 사진이 발명되면서 19세기 후반에 생겨난 예술성 회화적 기법을 도입한 그림 같은 예술 사진을 일컫는다.

간을 구분한다. 즉, 회화 공간, 건축 공간, 영화 공간이 그것이다. 무르나우의 〈파우스트〉는 오랫동안 본질적으로 회화적인 기획으로 간주되어 왔으며, 그 주요 야망은 독일이나 네덜란드 회화의 대가, 특히 뒤러Albrecht Dürer나 렘브란트의 그림을 영화로 재현하는 것이다. 로메르의 계획은 우선 빛과 움직임에 대한 독해에 초점을 두고 이러한 모호함을 해소하고자 한다. 무르나우는 확실히 회화적이긴 하지만, 유식한 체하며 그림을 복제하는 사람은 아니다. 오히려 그는 빛과 움직임으로 '그림을 그리는' 본질적으로 회화적인 연출가다. 박사 논문 준비자 로메르는 이렇게 쓴다. 빛은 "형태를 만들고 조각한다. 〈파우스트〉가 그의 영화 중에서 가장 회화적인 이유는 빛과 그림자의 싸움이 그 주제이기 때문이다. 시네아스트는 기본적인 겸손을 잃지 않으면서, 이 창조 행위를 기록할 뿐이다."[18] 로메르에 따르면, 무르나우 영화에서 움직임을 통해 공간을 구성하는 힘의 선들이 만들어진다. 로메르가 숏마다 세심함을 기울여 논문에서 보여 주는 것은 인물과 감정, 거대한 이야기 구조의 깊은 본질을 드러내면서 '〈파우스트〉의 공간이 얼마나 역동적으로, 나아가 모순적인 역동성으로 구성되어 있는가'다.[19]

그러므로 몸짓은 어떤 연극적 수사학과도 다른 것이며, "표현할 단어를 찾을 수 없는 한 인물의 감정을 직접 표시"[20]하는 것이다. 로메르에 따르면 애정 장면은 "때로는 남자가, 때로는 여자가 공격하거나 공격당하며, 쫓거나 쫓기는 전투"[21]로 구상되었다. 논문을 통해 이러한 모든 움직임은 드러나거나 숨겨진 중심과의 관계에서 수렴/발산, 이끌림/반감의 이중 도식으로 통합된다. 그가 "특권적 지시directions privilégiées"라고 이름 붙인 이것이 논거의 진정한 핵심이다. 그는 이렇게 쓴다. "이러한 움직임은 때로는 구심적이고 때로는 원심적이며, 극적 효율성과 특정한 상징적 힘을 부여받은 것으로 보인다. 그것들은 확장, 개화, 생식 또는 반대로 후퇴, 시듦, 죽음을 의미한다. 혹은 선과 악, 신과 사탄, 밝음과 어둠이다."[22] 〈파우스트〉의 모든 주제는 이 역동적 도식을 따른다. 로메르는 이어 간다. "어떤 시네아스트도 공간 내에서 형상의 순수 연주를 통해 내면의 감정을 그토록 강렬하게 그리는 데 성공하지 못했다."[23]

이 논문은 "조형적 표현에 대한 연구"[24]로 정의되었고 1971년 1월 파리 제1대학의 논문 사무국에 두 권으로 제출된다. 논문 제1권은 「무르나우의 〈파우스트〉에서의 공간 구성(회화 공간, 건축 공간, 영화 공간)」이라는 제목으로 전체 142쪽으로 구성되며, 제2권은 논문의 보충 역할을 하며 '숏 분석plan par plan'과 영화의 '전체 장면 구성découpage intégral'을 포함한다. 논문은 완벽한 학계 형식이지만, 전통적인 로메르풍의 문체를 유지하며 종종 "고루한 학자"[25]적 표현이 있다. 2년 동안 두 영화 〈클레르의 무릎〉과 〈오후의 연정〉을 연출하면서, 박사 논문을 준비한 로메르는 목표를 달성한다. 논문 구두 심사는 1972년 1월 14일, 심사위원 자크 구아마르와 장 미트리, 논문 지도 교수 에티엔 수리오 앞에서 간단하고 신중하게 진행된다. 관행과 달리 그는 가족이나 친구를 초대하지 않았기 때문에 청원자는 빈 방에서 홀로 단상을 마주한다.

그는 최고 평점으로 논문 심사 위원의 축하를 받는다.

이 작업은 본질적으로 출판을 위한 것은 아니었다. 그러나 로메르의 친구이자 비평가 장 콜레는 그가 지휘하는 아르망 콜랭 출판사의 총서 일부로 출간을 제안했다. 시네아스트는 수락했지만, 출판사는 1974년 6월 마지막 순간 "과도하게 전문적인"[26] 글로 평가하면서 책의 출간을 단념한다. 그 뒤를 이어 피에르 레르미니에Pierre Lherminier가 자신의 이름으로 설립한 출판사에서 출간을 시도하지만 그 역시 1년 후에 포기한다. 마침내 사실 까다로운 이 책이 빛을 보기 위해서는 위니옹 제네랄 출판사와 포켓 컬렉션 10/18을 지휘하는 크리스티앙 부르주아Christian Bourgois의 제안을 기다려야 한다. 1976년 10월 12일 부르주아는 로메르에게 이렇게 편지한다. "나는 이번 여름『에튀드Études』에서 당신의 최신 영화 〈O 후작 부인〉에 대한 아주 좋은 기사를 읽었습니다. 그 글을 쓴 장 콜레는 당신의 박사 논문에 편집자들이 관심을 갖게 만들었지만, 나는 감히 결정하지 못했습니다. 현재 사전 계약을 체결한 작품이 200건이 넘는데, 이는 현재 10/18의 출판 속도로 2년 동안 제작될 분량입니다. 그래서 새로운 계약을 하기가 매우 어렵고 정말 불가능합니다. 하지만 어젯밤 페터 슈타인Peter Stein의 훌륭한 무대(오데옹 극장에 올려진 고리키Maksim Gor'kii의 희곡「피서객Les Estivants」)을 보고 들으면서, 당신을 많이 생각했습니다. 왜냐하면 거기서 당신 영화의 배우들을 발견했기 때문입니다. 그리고 저는 혼잣말을 했습니다. 그 이름에 걸맞은 편집자라면 재정적인 문제에도 불구하고 기회를 잡아야 한다고, 그렇지 않으면 출판은 불안한 관료의 반복적인 활동이 될 위험이 있다고 말이죠. 따라서 내년 6월에 당신의 아름다운 글을 출판할 것을 제안합니다. 이 제안을 분명히 하기 위해 계약서 초안을 보내드립니다."[27] 『무르나우의 〈파우스트〉에서의 공간 구성』은 실제로 1977년 도미니크 라부르댕Dominique Rabourdin[28]이 지휘하는 10/18 출판사의 한 컬렉션으로 출간된다. 동시에 『아방센 시네마Avant-Scène Cinéma』는 로메르가 만든 영화의 전체 장면 구성을 무르나우 특집호에 싣는다.[29]

이 책은 서점에서 성공하진 못하지만, 1925년 템펠호프의 UFA 스튜디오에서 〈파우스트〉를 촬영한 4개월 동안 무르나우의 조감독이었던 스위스 출신 로베르 셰세Robert Chessex의 축하를 받는다. 로메르는 1977년 11월 그를 만나러 로잔의 고지에 있는 셰세의 집을 방문했다. 이 노인은 가장 스펙터클한 장면을 촬영하는 데 무르나우가 사용한 많은 특수 효과에 대한 소중한 정보와 사진, 작업 문서를 보관하고 있었다. 이는 페스트가 도시를 휩쓸고 악마와 그의 기사들이 파우스트와 악마의 조약을 맺으러 길에 올라 지나가는 장면이다.[30]

로메르는 독일과 프랑스에서 무르나우와 〈파우스트〉에 대해 강연해 달라는 초청을 정기적으로 받았는데, 큰 주저 없이 요청을 받아들인다. 그는 시네아스트로서 자신의 영화를 대중에게 소개하는 것은 꺼리지만, 교수로서 꽤 엄격한 학문적 틀에서 강연하는 것에는 상당한 호의를 보였다. 그래서 그는 1979년 1월 26일 무르나우 전작 회고전[31]이 개최되는 프랑크푸르트의 공공영화관 Kommunales Kino을 방문해 독일어로 강연하고,[32] 1988년에는 빌레

펠트의 F. W. 무르나우 재단이 수여하는 최초의 무르나우상을 받는다. 이후 이 상은 2년마다 빔 벤더스Wim Wenders, 앙리 아를르켕Henri Alekan, 스티븐 소더버그Steven Soderbergh, 리베트, 베르너 헤어초크Werner Herzog, 혹은 뮌헨 영화 박물관의 관리자이자 영화 역사가인 에노 파탈라스Enno Patalas 같은 영화계 인물에게 수여되었다. 이때 로메르는 로타 프록스Lothar Prox 교수가 발견한 무르나우의 무덤이 있는 베를린의 슈탄스도르프 묘지에 방문한다. 무르나우의 시신은 방부 처리되어 여전히 유리관에 보관되어 있었다. 로메르는 무르나우의 데스마스크*를 가져와 로장주 영화사의 자기 사무실에 보관했다.

에릭 로메르는 독일에서 좋은 평판을 얻는다. 그의 저작이 번역되었고,[33] 그의 몇몇 작품— 〈해변의 폴린〉, 〈보름달이 뜨는 밤〉, 〈파리의 랑데부〉, 〈가을 이야기〉—은 각각 10만 명이 넘는 관객을 모으며 환영을 받는다. 1993년 2월, 노이슈타트에 거주하는 라이너 뷜케Rainer Böhlke라는 사람이 시네아스트에게 자신의 유언을 알리는 편지를 쓸 정도였다. 로메르가 "세상에서 가장 존경하는 시네아스트"이고, 자신은 나이가 많고 혼자이기 때문에 그의 말에 의하면 "상당한 재산"을 로메르에게 물려주기 원한다는 것이다. 시네아스트는 즉시 독일어로 답신한다. "매우 영광스럽지만 모든 양심을 걸고, 당신을 화나게 할 위험을 무릅쓰고, 제안을 받아들일 수 없음을 알려야겠습니다. 저는 성공적인 경력을 쌓았고,

---

* 사람이 죽은 직후에 그 얼굴을 본떠서 만든 안면상

현재 영화를 만들고 작업에 필요한 자금을 구하는 데 어려움이 없습니다. 게다가 저의 경력은 이제 끝나 갑니다. 이미 고령(73세)입니다. 영화에 관심이 많으시다면, 어려움을 겪고 있는 젊은 예술가를 돕는 재단에 당신의 돈을 기부하는 것이 좋겠습니다."[34]

독일어로 〈O 후작 부인〉을

로메르는 독일 취향을 연장하기 위해 독일 영화를 촬영하기로 결정한다. 정확하게 말해서 독일어로 쓴 시나리오로 독일 배우가 연기하고 독일에서 독일어로 촬영하는 것이다. 시네아스트는 이렇게 설명한다. "왜 독일 영화인가? 독일어 공부를 재개하면서 몇 권의 책을 읽었다. 〈클레르의 무릎〉을 촬영하는 동안 나는 괴테의 책을 독일어로 읽기 시작했다. 그러던 어느 날 지베르 서점에서 독일 고전이 놓인 선반을 둘러보다가 클라이스트의 단편 소설에 눈길이 갔다.[35] 아무것도 바꾸지 않고 촬영에 들어갈 수 있는 주제라고 바로 생각했지만, 내가 할 일이라고 생각하지는 않았다. 나는 심지어 영화 주제를 찾는 친구들에게 이 책에 대해 얘기해 주기도 했다(그 후 폴란스키가 촬영을 고려하고 있다는 얘기를 들었으나, 이후 그는 마음을 바꿨다.[36])"

하지만 로메르가 『O 후작 부인』을 선택한 것은 단지 1972년 여름 끝 무렵에 클라이스트의 단편 소설과 이런 '영화적 글쓰기'를 발견했기 때문만은 아니다. 행동과 움직임, 몸짓, 태도, 장소, 공간의 세부 사항에 대한 외면적 묘사에 집중하는 이런 이야기 방식은 분명 그의 선택에 핵심적 요소다.[37] 그럼에도 로메르에게 최고로 영감을 준 것은 그가 "독일에 몰입"[38]했다는 사실이다. 그는 이어서 말한다. "〈O 후작 부인〉를 준비하고 있을 때 지하철에서 우연히 알랭 레네를 만났다. 레네는 자신의 기획을 실현하지 못한 채 미국에서 오래 체류하면서 1960년대를 그냥 보냈다고 말했다. 그리고 덧붙이기를 '그래도 적어도 영어를 배웠는데, 영어로 된 영화를 만들면 완벽하게 영어를 알 것 같아요'라고 말했다. 레네는 영어를 배우기 위해 〈프로비던스Providence〉를, 나는 독일어를 위해 〈O 후작 부인〉을 만들었다. 독일에 대한 나의 접근 방식(문학과 음악뿐만 아니라 지리, 국가, 사람들)은 우연히 '관광객'으로 그랬던 것보다 클라이스트를 중심으로 클라이스트에 관련된 부분에 더 많은 흥미를 갖는 것이었다. 이게 바로 시네아스트 직업의 즐거움 중 하나다."[39] 이런 마음가짐 때문에 그는 〈Die Marquise von O〉* 혹은 독일어 글을 본래 언어가 아닌 다른 언어로 각색해서 완전히 다른 영화로 만드는 일이 배신처럼 여겼을 것이다.

로메르는 연출 동기에 대해 이렇게 덧붙였다. "주제가 좋았다. 다른 측면에서는 탈출한 것이기도 하지만 그것이 내 세계로 들어왔다. '도덕 이야기'의 도덕과는 상당히 다르지만 어떤 점에서는 도덕 이야기이고, 그리고 거기엔 클라이스트가 있었다."[40] 시네아스트를 매료시킨 이 젊은 작가이자 극작가는 1810년 『O 후작 부인』을 포함한 단편집을 출간한 후 1811년 34세의 나이에 반

---

* 〈O 후작 부인〉 독일어 제목

제 호숫가에서 자살한다. 육체적이고 도덕적인 깊은 위기감으로 표현되는, 그리고 열정적이며 감상적이고 또한 정치적이며 민족주의적인 헌신으로 표현되는 짧은 삶에서 그는 격정과 방황, 유폐된 시간을 살았다. 그는 「펜테질레아Penthesilea」, 「하일브론의 케트헨」, 「홈부르크의 공자Prinz Friedrich von Homburg」, 「헤르만의 전쟁 Die Hermannsschlacht」과 같은 몇몇 역사극과 「미하엘 콜하스Michael Kohlhaas」와 「O 후작 부인」의 짧은 이야기, 그리고 「인형극에 대하여Über das Marionettentheater」와 같은 철학 에세이를 남겼다. 간결하지만 생생하고, 현실적이지만 서정적인 그의 글은 그 정확성과 적절성으로 고전주의와 현대성 사이의 모범적 언어가 되기 전에 당대에는 어떤 오해를 받았다. 로테 H. 아이즈너Lotte H. Eisner는 〈O 후작 부인〉을 본 후 로메르에게 편지를 통해 제대로 된 말을 한다. "당신은 라움Raum[41]이라는 단어가 항상 형이상학에 열중하는 독일인에게 의미하는 바를 이해하는 드문 프랑스인 중 한 명입니다. 클라이스트의 이 놀라운 단편 소설을 당신의 〈O 후작 부인〉으로 볼 수 있어 즐거웠습니다. 나는 시력이 매우 약하지만 순수 독일 문체를 유지하기 위해 자주 클라이스트의 단편 소설을 읽는답니다."[42]

　사람들은 독일인이 생동감과 집중력 있는 문체의 클라이스트를 읽었기 때문에 로메르의 "도덕적 이야기"에 대해 좋은 해설을 쓸 수 있을 거라고 종종 말하곤 한다. 게다가 시네아스트는 이 작가와 어떤 구조를 공유한다. 그것은 적극적이고 욕망하는 주관적 인물과 무심한 객관적 현실 사이의 갈등이다.[43] 인물이 가진 고정된 생각은 사물의 무심한 본질과 충돌한다. 파스칼 보니체가 로메르에 대해 쓴 글에서처럼 그의 영화는 두 평면을 배치하는 것을 기반으로 한다. 즉 그것은 "화자의 욕망에 따라 모든 게 작동되는 듯 보이는 가시적 세계의 전경"과 "잠재적으로 그에게 위협적인 방식으로, 그와 무관하게 사물들이 그들의 삶을 사는 덜 가시적인 후경"이다. 이 두 평면의 유기적 결합은 "허구 세계와 실제 세계 사이의, 그리고 환상에 빠진 주관성과 환상을 주는 객관성 사이의 서로 다름"[44]을 표현한다. 이런 관점에서 클라이스트는 로메르와 비슷하다. O 후작 부인은 이중 세계에서 살고 있다. 정숙한 젊은 여성은 자신이 '무고하게' 임신했다고 생각하는 반면, 모든 것은 그녀가 실수했다고 암시하는 듯 보인다. 그녀의 주관성은 결백하지만, 현실의 객관성은 그녀를 유죄로 지명한다.

『O 후작 부인』은 당시에는 기이해 보였을 어떤 대담한 이야기를 독자에게 소개한다. 사건은 1790년대 후반 이탈리아 북부에서 나폴레옹 보나파르트Napoléon Bonaparte의 초기 군사 작전 동안 일어난다. 젊고 남편을 여읜 후작 부인의 아버지가 지휘하는 요새가 공격을 당하는 동안 후작 부인은 정신을 잃는다. 러시아 장교가 이를 발견하고 러시아 군대 기병의 손에 넘어가지 않도록 그녀를 안전한 곳으로 옮긴다. 그녀는 구원자에 대한 깊은 감사를 간직하는 한편, 러시아 장교는 전투를 이어 나간다. 그녀는 그에 대한 아무런 소식도 듣지 못한다. 몇 주 후, 그녀는 자신이 임신했음을 알게 된다. 후작 부인은 자신의 무죄를 주장하지만 아버지는 그녀를 믿지 않고 집에서 쫓아낸다. 불행한 후작 부인은 자신의 이야기를 신문에 싣기로 결심하고, 범인이 스스로 모습을 드러내도록 초대해 그녀와 결혼하라고 알린다. 범인이 드디어 모습을 드러낸다. 그는 다름 아닌 러시아 장교였다. 그는 요새가 공격당하는 동안 그녀가 정신을 잃고 의식이 없었을 때 그녀를 농락했다고 고백한다. 분개한 그녀는 결혼한 직후 그에게 떠나라고 명령한다. 그러나 태어난 아이가 세례를 받는 중에 그가 등장하고, 관대해진 그녀는 그를 용서하고 그와 화해한다. 약 50쪽 분량의 이야기는 키스 장면과 함께 이런 문장으로 끝난다. "그녀는 그의 목에 팔을 두르며, 그녀가 첫날 그를 봤을 때 천사로 보지 않았다면, 그날 그를 악마로 보지 않았을 거라고 그에게 대답한다. 로메르는 영화 마지막 화면에 클라이스트의 글에서 따온 문장을 추가한다. "긴 젊은 러시아군 행렬 끝에 새로 태어난 생명이 뒤따르다."[45]

세 번째 이유 때문에 시네아스트는 이 영화를 만들게 된다. 그는 이렇게 회상한다. "나는 항상 아무것도 바꾸지 않고 소설을 화면에 옮기고 싶었다. 『카이에 뒤 시네마』의 비평가였을 때, 문학작품을 영화로 각색하면 연륜 있는 비평가들은 항상 이렇게 말하곤 했다. '책만큼 좋지 않다.' 이것이 틀린 말이 아닌 까닭은 그야말로 각색이 나빴기 때문이다. 영화감독은 상황을 바꾸고, 등가물을 만들어 내고, 대화가 아니었던 것을 대화로 넣고, 바꿀 이유가 없는 부분을 중심에 넣고 요약해 버린다. 하지만 비평가들은 이렇게 덧붙인다. '영화가 위대한 문학 작품과 더 이상 겨룰 수 없다는 증거다.' 여기에는 난 동의하지 않는다."[46] 로메르는 이런 필연과 "영화적 거짓 본성"[47]을 만드는 것을 거부한다. 이 경우에 그

500

는 클라이스트의 글 "그 자체로 영화적인" "소설을 영화화하기"[48]
를 선호한다. 그는 영화 안내서인 『미장센에 대한 노트Note sur la mise
en scène』에서 다음과 같이 설명했다. "〈O 후작 부인〉은 이미 진정
한 시나리오이며, '각색'이라는 중재 없이 소설에 근거해 직접 연
출 작업을 할 수 있다. 우선, 영화에 사용될 대화는 완벽하게 화면
에 '펼쳐질' 것 같은 형태로 이미 모두 쓰여 있다. 다음으로, 화자
는 주인공의 내적 생각에 대한 모든 언급을 피한다. 외적인 모습
을 묘사한 것이 전부로, 카메라의 객관성과 동일한 무심한 태도
로 관찰한 것이다. 마지막으로, 어떤 시나리오 작가도 그보다 섬
세할 수 없을 만큼 클라이스트는 주인공의 태도, 움직임, 몸짓과
표현에 대해 가장 정확하게 알려 준다. 우리는 인물이 서 있는지
무릎을 꿇고 있는지, 상대방을 안고 있는지 아니면 손을 잡고 있
는지를 늘 알 수 있다."[49]

그때부터 로메르의 작업은 주로 그것을 자르고 붙이고, 때로는
문장이나 표현을 옮기고, 소품, 의상, 분위기, 몸짓, 태도를 재구
성하면서 문맥을 재연출하여 단편 소설에서 클라이스트가 보여
준 동일한 사실성으로 이야기의 세부 사항과 그 시대를 화면 안
으로 끌어오는 데 있다. 시네아스트의 기록 보관소에 있는 〈O 후
작 부인〉의 시나리오 공책을 통해 이 준비 작업을 확인할 수 있는
데, 공책 한 면에는 독일어로 된 영화 대사가 있고, 마주 보는 면에
는 이에 해당하는 단편 소설의 글을 가위로 오려 붙여놓았다. 로
메르의 충실성은 매우 물질적인 형태를 가지며 이런 방식으로 클
라이스트 글 전체를 존중하려 한다.[50]

로메르는 소르본에서 그의 수업을 들었던 셰릴 칼리시모Cheryl Carlesimo의 도움을 받아 소설을 직접 프랑스어로 다시 번역한다. 시네아스트는 결론적으로 글의 한 부분만 변경한다. 소설에서 후작 부인은 그저 '정신을 잃는' 것으로 나오지만, 시나리오에서 그녀는 강간당할 때 기면증의 영향으로 잠에 빠진다. 로메르는 촬영 직전 『르 필름 프랑세Le Film Français』와의 인터뷰에서 이렇게 설명한다. "나는 문자에 충실할 것이다. 내게 흥미로운 것은 그 글이고, 최소한의 '아무것도 아닌 것nicht'을 존중하고 싶다. 난 작은 부분 하나만 변형했다. 이 변형은 글을 바꾸지 않고, 내 생각에 관객이 놀랄 수 있는 사실 같지 않은 부분을 제거하려고 진행한 작업이었다. 관객이 여자 주인공이 거짓말을 하거나 그런 척하고 있다고 생각해서는 안 되기 때문이다. 관객이 그녀가 속았다는 사실을 믿을 수 있도록 나는 관객을 조금 속여야 한다. 다른 말로 표현하자면, 내가 보기에 이미 매우 히치콕적인 이 이야기를 '히치콕화한' 것이다. 탐정 영화와 책을 보고 읽었던 우리 시대의 관객들은 클라이스트 시대의 독자처럼 그렇게 순진하지 않기 때문에 영화 어떤 순간에 이렇게 말할 것이다. '어쩌면 내가 틀렸을지도 몰라. 진실은 내가 생각했던 게 아니야.' 이것으로 후작 부인의 진정성을 입증하기에 충분할 것이다."[51]

로메르는 상당한 자료를 축적한다. 이 작업은 로장주 영화사에서 일하는 16~17세기 전문 젊은 연구자이자 그의 '역사 조언가' 에르베 그랑사르Hervé Grandsart의 제안에 따른 것이다. 그가 준비한 자료에는 당시의 책과 신문, 머리 모양과 숄, 드레스, 군대와 민간 의상에 대한 이미지, 하일브론에 있는 클라이스트 자료 박물관에서 가져온 글과 수첩, 독일과 이탈리아 북부의 프랑스 점령과 제국의 역사, 군대와 나폴레옹 전장, 그리고 클라이스트에 대한 저작들에서 발췌한 노트가 있다. 또한 1951~1955년 사이 아비뇽 연극제에서 연출하고 제라르 필리프Gérard Philipe와 잔 모로Jeanne Moreau가 연기한 장 빌라르Jean Vilar의 유명한 연극 「홈부르크의 공자」와 관련한 국립민중극장Théâtre National Populaire, TNP의 글과 프로그램, 리뷰를 발견할 수 있다.

로메르는 텔레비전학교 작품 몇 편에서 했던 것처럼 이 기획의 회화적 측면에 큰 관심을 보였다. 그의 목표는 회화의 역사 한 시기에 몰입하는 것인데, 이 경우는 19세기 초 독일 전통인 다비드Jacques-Louis David의 영향을 받은 독일 신고전주의 학파다. 그는 독일에서 출판된 책과 전시 도록을 도움으로 중요한 작품의 수많은 복제품을 모은다. 카를 프리드리히 싱켈Karl Friedrich Schinkel이 그린 극장 무대(특히 〈마술 피리Die Zauberflöte〉), 카를 구스타프 카루스Karl Gustav Carus의 매우 양식적인 정원이나 실내 장면, 카스파르 다비트 프리드리히Caspar David Friedrich의 〈창가의 여인Frau am Fenster〉 같은 후기 풍경화가 그것이다. 또한 자료 보관소에서 프랑스 신고전주의 학파의 회화와 판화에서 가져온 두발 유형과 복장을 가까이서 찍은 장면, 가구의 부분과 건축 세부 사항, 노인의 자세, 여성적 외형을 그대로 재현해 검고, 붉고, 파란 날카로운 펠트 펜화로 그려서 첨부한 30여 개의 투사지도 발견할 수 있다. 시네아스트는 또한 흐트러진 침대와 성적인 암시를 묘사한 장오노레 프라고나르Jean-Honoré Fragonard의 유명한 작품 〈빗장Le Verrou〉의 컬러 복제본을 배우들에게 보여 준다.[52]

1969년 취리히의 쿤스트하우스에서 요한 하인리히 퓌슬리 Johann Heinrich Füssli의 작품에 대한 첫 주요 회고전이 열린다. 퓌슬리는 1741년 이 도시에서 태어나 1825년 영국에서 사망한 화가다. 로메르는 그 도록을 손에 넣어 화가가 1781년에 그린 〈악몽Die Nachtmahr〉의 복제본을 한 장 뜯어낸다. 그 그림은 침대 위에서 뒤로 젖혀 누워 있는 젊은 여성과 그 위에 올라탄 악마, 그리고 불타는 눈을 가진 당나귀 머리가 있는 환각적인 악몽을 그린 유명한 유화다.[53] 로메르는 그의 작품 경력에서 유일하게 의도적으로 영화 안에 회화를 재구성한다. 그는 이렇게 설명한다. "후작 부인의 강간 장면 이전 (…) 그녀가 러시아 장교의 눈앞에서 잠이 드는 장면에서 (…) 요한 하인리히 퓌슬리의 (…) 작품을 사용했다. 내가 회화를 본뜬 것은 그때가 처음이었다. 그런데 그렇게 되지 않았다. 뻗어 있는 인체의 이미지는 해부학적 관점에서 완전히 비사실적이었다. 그녀는 기이한 방식으로 몸을 구부리고 있어서, 쿠션을 배치해 봐도 우아한 자세를 찾을 수 없었다. 이 시퀀스는 성공적인 장면은 아니다. 이 경험으로 회화를 모방해서는 안 된다는 사실이 충분히 증명되었다."[54] 회화를 직접적으로 사용함으로써 중요한 것은 로메르가 거기서 얻어낸 이점이다. 그것은 클라이스트 글에서는 거의 생략되어 있는 순간을 이미지로 만드는 일이다. 사실 소설에서 후작 부인의 강간 장면은 한 문장, 심지어 은밀한 몸짓 하나로 요약된다. "그리고 잠시 후, 이제 도착한 겁에 질린 후작 부인의 하녀들에게 그[러시아 장교]는 의사를 부르라고 지시하고, 모자를 다시 고쳐 쓰면서 그녀가 곧 정신이 들 거라고 그들을 안심시킨다. 이후 그는 전투에 복귀한다." 로메르가 퓌슬리의 〈악몽〉에서 모방하려는 것은 클라이스트가 글에서 모자를 고쳐 쓰는 이 몸짓에 숨겨진 의미를 구현하는 일이다. 그것은 회화의 색다른 표현력, 자크 라캉Jacques Lacan이 "회화적 기능fonction tableau"[55]이라고 부르는 최소 시각적 간격이다.

샤우뷔네 극단의 정신으로

독일어로 촬영한 영화 〈O 후작 부인〉은 독일적 색채로 제작하는 모험이기도 했다. 이 시기 로장주 영화사의 역사는 중요한 단계를 지나는데, 바로 '도덕 이야기'가 끝난 후 첫 번째 영화와 피에르1세드세르비 거리에 정착한 이후 새로운 조직원을 찾는 일이었다. 1972년 회사를 공동 지휘하던 피에르 코트렐은 건강 문제에 직면했고, 창립자 바르베 슈뢰더는 영화 〈모어〉(1969)와 〈구름에 가린 계곡La Vallée〉(1971)을 시작으로 영화 연출을 계속하고 싶어 한다. 슈뢰더는 1975년 프랑스에서 제라르 드파르디외Gérard Depardieu와 뷜 오지에Bulle Ogier와 함께 〈메이트리스Maîtresse〉를 연출하고, 아프리카에서 다큐멘터리 〈장군 이디 아민 다다Général Idi Amin Dada: autoportrait〉를 작업하고, 미국에서는 〈코코, 말하는 고릴라Koko, le Gorille qui Parle〉, 〈트리처스Tricheurs〉를, 이후에는 〈술고래 Barfly〉를 촬영한다. 슈뢰더는 노골적으로 말한다. "코트렐은 문제가 있었다. 그는 치료를 받기를 거부했고 그의 건강에 대한 걱정은 때로 망상적인 폭발로 바뀌었다. 로메르는 매우 걱정했고, 그가 더 이상 수표와 계약서에 서명하게 둘 수 없다고 느꼈다. 곤혹스러웠다. 내가 떠나고 싶었을 순간에 그의 실패가 드러났기 때문이다."[56] 1972년 가을 피에르 코트렐은 2천 프랑에 로장주 영화사에서의 그의 지분을 팔기로 동의하고, 로메르와 슈뢰더는 그 지분의 동등한 소유주가 된다.

시네아스트는 슈뢰더를 지원하고 그를 계승할 새로운 제작 관리자를 찾기 시작했다. 당장 계획이 없기 때문에 서두르지는 않았다. 그러나 1974년에 〈O 후작 부인〉이 구체화되면서, 로메르와 슈뢰더는 독일에서 촬영을 준비하기에 적합한 사람을 찾았다. 로메르가 친구 필리프 뒤그의 소개로 만난 CNC의 관리자 피에르 비오는 프랑스에 사는 젊은 헝가리 여성을 추천했다. 그녀는 다큐멘터리 감독 로베르 메네고즈Robert Ménégoz와 결혼한 마르가레트 바랑에Margaret Baranyai다. 바랑에는 슈바벤 출신으로 부다페스트에서 33년 전에 태어났다. 전쟁이 끝날 무렵 그녀의 부모는 러시아인들이 도착했을 때 고국을 떠나, 슈투트가르트 남쪽에 있는 독일 마을 타일핑겐에 정착했고, 그녀는 독일 연방 공화국에서 자랐다. 20세에 그녀는 베를린에서 한 기업의 작은 영화사에서 일하다 1961년 베를린 영화제에서 각자 다큐멘터리를 소개하면서 로베르 메네고즈를 만났다. 그녀는 다언어 사용자로 파리에 정착해 살며 곧 제작 관리, 스크립터, 제작자, 그리고 한 아이의 어머니 역할을 하면서 남편과 함께 수많은 다큐멘터리를 제작했다.

10년이 지난 후, 그녀는 안정된 직업을 찾고 있었다.[57]

　1974년 여름, 마르가레트 메네고즈는 로메르와 슈뢰더를 만나 〈O 후작 부인〉의 시나리오와 제작에 참여한다. 그녀는 이렇게 회상한다. "그들은 '집을 관리해 줄' 사람, '모든 일을 할 가정부'를 찾고 있었다. 슈뢰더는 한 달에 5천 프랑의 월급으로 나를 고용했다."[58] 마르가레트 메네고즈의 첫 번째 일은 〈O 후작 부인〉의 프랑스어 번역을 감수하고, 샤우뷔네의 극작가 하르트무트 랑게 Hartmut Lange가 제안한 독일어 각색을 로메르와 함께 다시 읽는 것이다. 그녀가 이 각색본에 매우 회의적인 반응을 보이면서 시네아스트는 자신의 각색본을 내놓을 용기를 얻는다. 1975년 여름 이 젊은 여성은 '관리인' 또는 '영화 제작 조정자'로 모든 촬영을 따라다닌다. 마르가레트 메네고즈는 일종의 "다목적 조감독"[59] 역할을 하며 로메르가 촬영을 원할 때 여러 기능과 능력을 갖춘 동료가 되었다.[60]

　그전에 마르가레트 메네고즈는 바르베 슈뢰더를 보좌해서 독일의 공동 제작자와 연락한 적이 있다. 1973년 11월부터 로장주는 프랑크푸르트의 작은 회사 야누스와 협력을 맺는데, 이는 파트리크 보쇼의 소개로 슈뢰더가 만났던 클라우스 헬비크 Klaus Hellwig가 운영하는 회사다. 2년 동안 헬비크는 독일에서 로장주의 가장 가까운 협력자가 된다. 예를 들어, 그 당시부터 독일과의 모든 공동 제작 영화에 없어서는 안 될 협력사인 텔레비전 회사에 연락한 사람이 바로 헬비크다. 먼저 쾰른 텔레비전은 영화의 원칙을 꺼려서 포기한다. 반면에 프랑크푸르트 텔레비전은 주저하다가 수락한다. 야누스는 또한 요헨 기어슈Jochen Girsch가 운영하는, 아티스트 조합들과 연계된 베를린 제작사 아르테미스와도 협력한다. 〈O 후작 부인〉은 재정적 측면에서 70퍼센트가 독일 영화이며, 이를 텔레비전 회사와 두 영화 제작사가 공평하게 분담하고, 나머지 30퍼센트는 로장주와 고몽이 맡고, 고몽은 해외 배급을 담당한다. 예산은 255만 프랑 또는 150만 마르크로 책정된다. 마르가레트 메네고즈는 이렇게 설명한다. "조직적 측면에서 독일은 배우와 의상, 세트, 이동과 관련된 모든 것을 담당했다. 기술자, 촬영 장비, 편집 작업은 프랑스에서 담당했다. 영화 배역에 프랑스 배우를 포함시키는 것이 불가능했기 때문에 CNC의 특별 예외 조항이 필요했다. 그 대신 일반적으로 공동 제작 계약에 의해 주요 국가가 제공하도록 되어 있는 편집실이 프랑스에 있는 것에 대해 독일 당국과 합의해야 했다."[61]

로메르에게 중요한 점은 독일 배우와의 작업이었다. 시네아스트는 1974년 4월 29일 공동 제작자 클라우스 헬비크에게 보낸 편지에서 이를 설명한다. "지난 몇 주 동안, 다가올 순간을 상상하며 나는 일을 시작했고, 화면에서 각 장면이 어떻게 보일지 머릿속으로 그려 보며 글을 한 줄씩 다시 읽고 있습니다. 내게 중요한 것은 시대와 소설의 문자를 절대적으로 충실히 구현하는 것입니다. (…) 이 작품의 복잡성과 모호한 모든 측면을 묘사하고 싶습니다. 그러니까 특히 희극적인 것과 비장한 것 사이에서 클라이스트가 했던 것 이상으로 구분하고 싶지는 않습니다. 이런 내 생각과 달리 연출이 이런저런 방향으로 기울여지기 마련이라 쉽지 않겠지만, 나는 이런 어려움을 좋아합니다. 〈모드 집에서의 하룻밤〉에서도 역시 미묘한 균형이 있었습니다. 나는 배우들 덕분에 그럭저럭 해낼 수 있었습니다. 이번 연기자들도 똑같이 훌륭히 해야 합니다. 모국어가 아닌 언어로 사람들을 감독하기 때문에 염려하는 건 아닙니다. 언제나 내 영화에서 나 자신이 매우 '틀리게' 말하면서 억양이나 발성에 어떤 지시도 내리지 않으려 하기 때문입니다. 오히려 나는 연극배우를 상대해야 하는 점이 염려되는데, 그들이 주인공의 행동에서 연극적으로 보이는 부분을 더 강조할 테기 때문입니다. 그런 연기는 내가 바라는 바와 정확히 반대일 것입니다. 감정 표현이 절정에 이를 때라도, 항상 고유하게 영화적인 사실주의로, 감히 말하자면 '누벨바그'[62]처럼 자연스럽게 표현되어야 합니다."

헬비크는 중개자이자 비평가이자 극작가인 페터 이덴Peter Iden과 함께 로메르가 많은 배우를 볼 수 있도록 독일 '촬영'을 준비한다. 시네아스트는 당시의 주요 연극 극단을 검토하고 배우를 판단한다. 그는 뒤셀도르프(페터 차덱Peter Zadek이 특히 소냐 카르차우Sonja Karzau를 감독하는)와, 비엔나의 부르크 극장(요아힘 비스마이어 Joachim Bissmeier, 프레테 치머Frete Zimmer), 발Bâle(베레나 부스Verena Buss), 프랑크푸르트의 투름 극장(엘리자베트 슈바르츠Elisabeth Schwartz, 마를렌 딕호프Marlen Dieckhoff)에 가고, 앙겔라 빙클러Angela Winkler를 보기 위해 쾰른 샤우슈필과 뮌헨의 카머슈필레(페터 뤼르Peter Lühr)에도 간다. 물론 베를린에 방문해서 에다 자이펠Edda Seippel과 베른하르트 미네티Bernhard Minetti가 연기하는 도이체 극장의 공연물을 보거나, 페터 슈타인Peter Stein이 연출한 샤우뷔네의 연극을 본다. 로메르는 독일 연극 순회 방침을 "큰 즐거움으로"[63] 수락하고, 1974년 9월 연극 시즌이 시작되는 시기에 "마음껏 돌아다니는" 조건으로 12일간 여행한다. 그는 이렇게 쓴다. "너무 잘 계획된 여행에 불편함을 느낍니다. 그리고 나는 반드시 독일과 독일어를 풍부하게 경험해야 합니다. 현재 내 경험은 매우 빈약합니다!"[64]

로메르는 세계에서 가장 화려한 연극 문화 중 하나에 휩싸여 지낸 후, 좀 더 특별한 한 극단, 즉 베를린의 샤우뷔네와의 작업에 특권을 주기로 결정한다. 거기서 그가 본 두 편의 연극은 페터 한트케Peter Handke의 창작극 「비이성적인 사람들이 죽어 가고 있다Die Unvernünftigen Sterben Aus」와 헨리크 입센Henrik Ibsen의 「페르 귄트Peer Gynt」의 제2부를 각색한 작품으로 페터 슈타인이 연출했다. 샤우뷔네[65]는 1962년 위르겐 쉬텔름Jürgen Schitthelm이 창단해서, 크로이츠베르그 지구의 할레셰스 우퍼의 장벽 근처 오래된 회색 건물에 정착해 있다가 페터 슈타인이 들어온 1970년에 새롭게 바뀐 극단이다. 33세의 이 새로운 예술 감독 슈타인은 브루노 간츠, 에디트 클레버Edith Clever, 오토 잔더Otto Sander, 유타 람페Jutta Lampe, 미하엘 쾨니히Michael König, 곧이어 앙겔라 빙클러 등과 같은 매우 재능 있는 젊은 배우단을 지휘한다. 샤우뷔네는 "유럽에서" 가장 혁신적이고 가장 존경받는 연극 무대가 된다. 이곳은 1968년 이후의 민주주의와 평등주의를 규범으로 한 공동 관리 극장으로, 모든 사람들이 동일한 급여를 받고, 레퍼토리 선택에서 재정 문제에 이르기까지 모든 결정이 공동으로 이루어진다. 배우들은 매우 헌신적으로 일했고 다른 곳에서 일할 권리가 없었다. 페터 슈타인[66]은 정확하고 세심한 맥락에 맞는 접근 방식을 선호하면서 고전과 현대 저작에 대한 관심으로 명성을 얻었다. "오직 과거의 글에 대한 엄격한 존중을 통해 오늘날의 시각으로 과거를 읽고 해석할 수 있는 자유를 얻을 수 있다"[67]라는 슈타인의 설명은 로메르의 야망을 연상시킨다. 배우의 연기는 세트 위에서 길고 강렬한 작업을 거친 후 무대로 옮겨진다. 1974년부터 샤우뷔네의 조연출가였던 클라우스 미하엘 그뤼버Klaus Michael Grüber가 말한 것처럼, 여기서는 "모든 사람은 깊고 가벼운 호흡의 정화 효과를 느껴야 한다."[68] 이 말 또한 로메르의 원칙에 호응하는데, 그가 "매우 긴장되고 조금 엄격한 분위기의 영화"[69]로 구상한 〈O 후작 부인〉과 관련해서는 특히 그렇다.

로메르는 이런 글 작업과 연기 접근법, 배우 집단을 발견해 가면서 기적에 가까운 활력을 얻는다. 〈O 후작 부인〉은 완전히 로메르적인 영화이면서 동시에 연극사에서 중요한 순간에 대한 증언이 된다. 페터 이덴이 쓴 것처럼 "로메르가 선택한 샤우뷔네 배우들은 상호 합의를 통해 클라이스트의 글을 한 마디도 빼지 않고 따르기로 결정하고, 그래서 작가의 시대와 역사 사이에 존재하는 직접적인 관계를 관객에게 전달하기로 결정한다."[70] 시네아스트가 확인하듯, "배우 연기는 감동에 빠지지 말아야 하며, 자연스러워야 한다. 현재의 표준에 따르는 게 아니라, 과거에 그랬던 것처럼 자연스러워야 한다. 이것이 우리가 모든 패러디 정신을 금하는 이유다. 사람들은 우리가 줄타기를 하고 있다고 말하겠지만, 이는 클라이스트 자신이 했던 방식이며, 한 마디 한 마디가 객관성을 가지는 동시에 우리의 관심을 이 작품으로 이끌어야 하는 이 공간에서, 이 기획의 어려움이다."[71] 〈O 후작 부인〉은 그 시대의 연극적 맥락 안에 있는 것과 마찬가지로 로메르 작품의 연속성 안에 포함된다.

페터 슈타인은 그와 직접 공동 작업하지는 않았기 때문에 —영화 촬영장에 방문하지 않았다— 에릭 로메르는 그의 배우들과 집중적으로 일했다. 1974년 10월 7일부터 9일까지 베를린에서 사진, 의상, 낭독이나 무대 위의 연기에 대한 시험을 마친 후—여기에는 앙겔라 빙클러, 오스카 프라이탁Oskar Freitag, 루트 로이베리크Ruth Leuwerik, 요제피네 슐트프라세Josefine Schult-Prasser도 참여한다—, 시네아스트는 세 역할 모두 샤우뷔네 출신에서 선택한다. 그들은 공작 역의 브루노 간츠, 후작 부인 역의 에디트 클레버, 그녀의 형제자 숲 관리인 역의 오토 잔더다. 「비이성적인 사람들이 죽어 가고 있다」에서 부부 역을 맡아 격찬을 받은 앞의 두 사람은 1974년 10월 25일 전보를 통해 로메르의 제안을 받아들인다. 클라우스 헬비크는 이렇게 쓰고 있다. "어제 에디트 클레버와 브루노 간츠에게 연락했습니다. 영화 주인공 역할로 그들을 기용하고 싶다는 당신의 의사를 전달했습니다. 반응은 매우 긍정적이었고, 그들은 선택되어 매우 기쁘다고 당신에게 전해 달라고 했습니다. 에디트 클레버는 이미 글 전체를 읽었습니다. 그녀는 글의 구상과 일련의 시퀀스를 많이 좋아했습니다."[72] 한 달 후 두 배우가 로메르에게 보낸 편지에서 확인할 수 있는 내용이다. "시나리오와 구상의 자유로움 양쪽 모두에 깊은 인상을 받았습니다. 우리는 당신만의 방식으로 클라이스트의 단편 소설을 영화로 만들 수 있다고 확신했습니다. 그리고 에디트 클레버는 머리카락을 자르지 않기로 했습니다."[73] 다른 배역으로 요새要塞 지휘관인 아버지 역은 페터 뤼르와 어머니 역은 에다 자이펠이 추가되었고, 이 두 사람은 베를린 극단 밖에서 선발되었다.

　마지막 두 역할은 이 프랑스 시네아스트에게 실현할 수 없는 이중의 꿈으로 남게 된다. 하나는 비스콘티의 〈백야Le Notti Bianche〉와 아스트뤽의 〈여자의 일생Une Vie〉에 출연했던 오스트리아 배우 마리아 셸Maria Schell을 기용하는 것인데, 그녀는 "어떤 배우에서도 볼 수 없는 독창성과 광채를 어머니 역할에 줄 수 있는"[74] 배우였다. 로메르는 그녀에게 연락을 취했다가 결국 물러선다. 이 역을 맡기에는 그녀가 조금 젊은 데다, 그 배우의 카리스마가 샤우뷔네 두 배우의 카리스마를 가리고 영화 내부 구조를 혼란스럽게 만들지도 모른다는 우려감 때문이었다.[75] 다른 하나는 독일 연극계의 전설 베른하르트 미네티를 섭외하는 것이었는데, 그는 "시간 부족과 건강상의 이유로"[76] 초대를 거절한다. 또 다른 두 배우가 스스로 배역을 맡겠다고 제안한다. 1974년 11월 4일 마르트 켈러Marthe Keller는 "(로메르에게) 큰 찬사를 전하고 (그의) 지시에 따라 일하게 된다면 매우 기쁘겠습니다"[77]라고 쓰고, 트뤼포의 전작 〈쥴과 짐〉에서 쥴 역할로 출연한 배우 오스카 베르너Oskar Werner는 1975년 4월 27일 로메르에게 이렇게 썼다. "당신이 촬영하려는 〈O 후작 부인〉의 짜릿한 단편 소설을 읽었습니다. 나 역시 적어도 15년 동안 이 소설을 영화로 만드는 걸 꿈꿔 왔습니다. 그러나 오스트리아 영화는 더 이상 존재하지 않으며, 독일인은 그들의 가장 위대한 시인에게 상당히 편협합니다. 클라이스트는 언제나 내 마음속에 있고, 나는 2년 전 〈홈부르크의 공자〉에서 연기했습니다. 공작 역을 이미 결정했나요? 당신을 위해 연기하게 된다면 매우 기쁘겠습니다."[78]

로메르는 샤우뷔네의 무대 의상가이자 세계에서 가장 유명한 사람 중 한 명인 모이델 비켈Moidele Bickel, 그리고 극단의 무대 장치가들과 함께 촬영을 준비한다. 이 작업은 베를린에 있는 클라이스트의 이전 연출 작품과 당대의 회화와 조각 작품을 기반으로 이루어졌고, 시네아스트의 기록 보관소에 많은 증거가 남아 있다. 또한 에르베 그랑사르의 조언에 따라 클라우스 헬비크와 네스토르 알멘드로스가 진행한 사전 답사를 통해 로메르는 18세기에 개조된 중세 성, 비른스베르크의 요새를 발견한다. 이 우아한 바이에른 건물은 프랑켄회헤 자연 공원에서 플락스란덴의 마을 위 숲이 우거진 언덕에 자리 잡고 있다. 영화 팀도 함께 성에서 숙박할 수 있었는데, 이는 로메르의 관점에서는 중요한 일이었다. 나머지 촬영은 18세기 성이 있는 북쪽으로 몇 킬로미터 떨어진 예쁜 도시 오베르젠과 바이에른 프랑켄에서 좀 더 남쪽에 있는 작은 마을 안스바흐에서 진행되었다. 이곳은 불행한 수수께끼 같은 인물 카스파어 하우저Kaspar Hauser가 입양된 고향이자 오래된 낭만적 명소다.

안스바흐에서 칸까지

독일에서, 특히 1975년 봄 샤우뷔네가 〈홈부르크의 공자〉로 순회 공연하는 뮌헨에서 사전답사와 준비 작업을 마친 후, 에릭 로메르는 7월 7일에서 8월 4일까지 대륙의 여름 더위 속에서 〈O 후작 부인〉을 촬영했다. 학교는 방학 기간이었기 때문에 그는 아내와 아이들을 안스바흐 근처에 있는 작은 집에 거주시켰다. 시네아스트는 매일 저녁 가족과 함께 보냈지만, 진행 중인 영화에 대해서는 말하지 않았으며, 17세와 15세인 아들들에게 촬영장을 보여 줄 계획도 세우지 않았다. 둘째 로랑 셰레는 이렇게 증언했다. "우리는 영화에 대해 이야기하지 않았다. 나는 아버지 영화 중에서 단 한 번 〈갈루아인 페르스발〉을 보려고 영화관에 갔다. 시네마테크에는 오히려 키튼이나 채플린의 영화를 보려고 갔다. 아버지는 신중했고 영화 만드는 것을 자랑한 적이 없었다. 그는 사람들이 자기를 알아보거나 방해받는 것을 좋아하지 않았고, 이 때문에 가족이 동요하는 것을 좋아하지 않았다. 우리 중 어느 누구도 로장주 영화사에 가 본 적이 없었다. 직업과 가족 관계가 뒤섞이는 일이 그에게 이상하고 부적절하게 느껴진 듯하다. 우리 입장에서는 이런 선택을 존중하는 게 자연스러웠다. 나는 시네아스트의 아들처럼 자라지 않았다."[79]

촬영은 비른스베르크 요새 안팎의 시퀀스로 시작하는데, 이 장면은 클라이스트의 소설 도입부다. 공격, 날개 달린 천사 같은 공작의 등장, 후작 부인의 강간으로 이어지는 장면이다. 로메르는 가능한 한 이야기 순서를 존중해서 촬영하는 것을 좋아한다. 화려한 볼거리는 없으며 모든 것은 암시적이다. 그럼에도 불구하고 몇몇 폭발 장면과 군인들의 이동 장면이 있다. 대사 없는 작은 역할인 러시아 장교 역을 시네아스트가 직접 하면서 조감독 마르가레트 메네고즈에게 이 장면을 맡기고, 그녀는 불어를 못하는 엑스트라들에게 독일어로 지시한다. 그녀는 이렇게 회상한다. "그는 독일어를 완벽하게 이해했지만, 말하는 것, 특히 무리에게 말하는 것은 꺼렸다. 나는 엑스트라와 기술자와 소통하며 진행 관리에 관한 모든 것을 협상할 책임이 있었다. 성 근처에서 미군 군사 훈련이 있었는데 비행기와 탱크 때문에 소음이 많이 발생했다. 우리가 동독 국경에서 그리 멀지 않는 곳에 있었기 때문이다. 로메르는 소음 때문에 매우 예민해졌다. 우리는 책임자인 미국 연대장을 촬영장에 초대했다. 그는 기뻐하며 왔고 군사 훈련을 예정보다 빨리 멈추게 해 주었다! 반면 나는 배우들과 얘기해서는 안 되었다. 그것은 로메르 전담 영역이었다."[80]

브루노 간츠는 불어를 할 수 있었지만 에디트 클레버나 다른 독일 연극배우들은 프랑스어를 말하지 못했다. 그래서 로메르는 당시 베르너 슈뢰터Werner Schroeter와 함께 일하고 있던 그의 미국인 학생 셰릴 칼리시모에게 샤우뷔네 극단과의 교섭을 도와주러 촬영장에 와 달라고 제안했다. 그녀는 이렇게 회상한다. "그는 말하는 데 어려움이 있었다. 그래서 나는 그가 배우들과 소통할 수 있도록 도왔다. 촬영을 마친 어느 저녁 그는 자신이 가장 빨리 배울 수 있는 언어는 일본어일 거라고 말했다."[81] 마르가레트 메네고즈는 말을 이어 간다. "마르고 연약한 외모에도 불구하고 에릭은 놀라운 힘과 저항력을 가졌다. 촬영장에서 그는 매우 힘이 넘쳤다. 〈O 후작 부인〉의 도입부 촬영은 매우 육체적인 일이었다. 요새 촬영은 며칠 만에 빨리 끝내야 했다. 아침 일찍 촬영을 시작했고, 일부 장면은 밤까지 이어졌다. 한번은 새벽에 군인들이 처형되는 장면을 연속으로 촬영해야 했다. 이 장면은 최종판에는 들어가지 않았다. 꼭두새벽에 이 장면을 찍기에 적합한 장소를 찾아 다녔던 사람이 바로 에릭이었다."[82]

3주 동안의 촬영에서 다음 장소인 오베르젠으로 이동한다. 내부 장면을 촬영할 아직 복원되지 않은 이탈리아식 작은 성이자 시립 건물인 슈타트보눙의 거실이다. 샤우뷔네의 무대 장치가들이 덧칠하거나 재구성해서 방들을 준비했지만, 로메르가 싫어하는 바로크 양식이었다. 에르베 그랑사르는 몇 가지 장식품을 급히 모아서 파리에서 트럭으로 운송한다. 그다음으로 안스바흐에서 멀지 않은 시골에서 다양한 숏을 촬영하고, 마지막으로 마을의 한 18세기 집에서 후작 부인의 방 장면을 촬영했다. 로메르는 이전 '도덕 이야기'에서 다양하게 협력 작업을 하면서 알게 된 프랑스의 주요 기술 팀[83]과 함께 독일에 왔다. 네스토르 알멘드로스의 조명 작업은 특히 주목할 만하다. 그는 이렇게 설명했다. "〈O 후작 부인〉은 광도가 탁월한 영화다. 그 흰색은 찻물에 담그거나 자연 그대로의 직물로 만든 의상과 세트의 색이다. (…) 우리는 (오베르젠 성) 내부에 색을 칠했다. 회색 벽은 중간색이어서 가구와 의상, 얼굴에 색채의 전염 없이 매우 적절하고 고상한 효과를 가져 온다. 자주 그랬듯이 나는 장식이나 의상, 심지어 장식품 선택에도 참여했다. (⋯) 성은 같은 방향으로 방이 연이어 있도록 설계되었고, 창문을 통해 들어오는 햇빛은 지면에 멋진 전망을 투사했다. 〈수집가〉에서 그러했던 것처럼 우리는 가장 미학적으로 감동적인 순간의 특권을 부여하기 위해 이 태양광(여름이었다)의 다양한 위치를 연구했다. (⋯) 그러니까 영화의 모든 조명은 18세기의 건축가가 만들어 냈다고 할 수 있다! 과도함은 우리를 곤란하게 했고, 너무 복잡한 것도 마찬가지였다. 우리는 오직 단순한 것만 좋아했다. (⋯) 〈O 후작 부인〉의 내 촬영은 아마도 현재까지 가장 완성도가 높은 작품이다."[84]

시네아스트는 배우들과 시간을 보내는 일을 중시했고 오래 연습하고, 그들의 의견을 듣고 고려했다. 평소처럼 촬영은, 정확한 의미에서 더 빨리 진행되었다. 대개는 한 번에, 가끔은 두 번에 걸쳐 찍었고, 여러 카메라 각도에서 촬영해서 더 "채울" 필요를 느끼지 않았다. 일반적인 분위기는 샤우뷔네와 같은 극단의 집단 정신의 혜택을 누리며 긴장감 없이 선량하고 고요했다. 촬영장 사진을 보면 로메르와 브루노 간츠나 에디트 클레버 사이의 진정한 유대감을 느낄 수 있다.

1975년 가을, 세실 데퀴지가 영화 편집을 담당해서 몽파르나스 근처의 오디텔 스튜디오에서 시네아스트가 매일 참여하는 가운데 작업이 이루어졌다.[85] 또한 로메르는 영화 배급사 고몽의 간곡한 부탁으로 프랑스어 더빙 버전을 제작했는데, 이 더빙 역시 클라이스트의 소설 속 모든 단어를 존중하는 동일한 원칙에 따라 이루어졌다. 그는 마리크리스틴 바로에게 에디트 클레버 역, 페오도르 아트킨Féodor Atkine에게 간츠 역, 위베르 지뉴Hubert Gignoux와 수잔 플롱Suzanne Flon에게는 후작 부인의 부모 역할의 목소리 더빙을 제안한다. 하지만 그에게 정말 중요한 것은 오직 독일어 버전이었음이 매우 분명하다.

〈O 후작 부인〉은 1976년 5월 칸 영화제에 선정되었다. 논리적으로 에릭 로메르는 이 경쟁에서 독일연방공화국을 대표했고, 그는 이를 자랑스러워했다. 그러나 이런 일이 프랑스에서 반드시 이해받는 건 아니었다. 자크 실클리에는 『텔레라마』에 이렇게 썼다. "프랑스 심리 분석 소설의 전통과 매우 밀접한 관련이 있는 우리의 시네아스트 에릭 로메르가 칸 영화제에서 (서)독일을 대표한다는 사실은 흥미로운 일이다."[86] 로메르는 영화제 군중 앞에서 공식적으로 자신의 모습을 보이는 일을 극도로 꺼린다. 계단을 오르는 의식과 기자 회견 절차는 문자 그대로 그에게 공포감을 주었다. 행사 몇 주 전, 그는 영화제 위원장 로베르 파브르 르 브레Robert Favre Le Bret에게 자신의 부재를 변명하는 편지를 써 보냈다. "5월 한 달 동안 칸에 방문할 계획이 없으며, 따라서 행사 기자 회견에도 참석할 수 없음을 알려 드리게 되어 유감입니다. (…) 내가 관객에게 작품을 소개해야 하며, 그 소개가 명성과 문화를 위한 성대함에 둘러싸일 수 있는 일이라는 사실을 기꺼이 인정하지만, 그럼에도 불구하고 나 개인이 드러나기를 자제하며 조심스럽게 지낼 수 있기를 바랍니다. 내가 최근에 거둔 성공이 수년간의 어둠 속 투쟁으로 얻은 가장 소중한 이 자유의 대가라면, 그건 너무 큰 비용을 치르는 것입니다. 군중 앞에서의 나의 소심함을 극복하기에 이젠 너무 나이가 많습니다. 이런 성격을 당신이 병적이라고 말해도 좋습니다. 모든 내 동료들이 나처럼 공개적인 석상을 꺼린다면 행사 주최자와 기자들이 당혹스러울 수 있다고 생각합니다. 하지만 이 일은 저 혼자에게만 해당되는 게 확실합니다. 내 변덕이 영화제의 평온을 해치지 않고 전체의 조화를 강화시키는 적절한 가벼운 불협화음이 될 수 있기를 바랍니다."[87]

〈O 후작 부인〉은 5월 17일 영화제 개막식에 선보여 관객에게 깊은 인상을 남긴다. 많은 언론 보도가 있었고 몇몇 예외를 제외한 비평에서도 찬사를 받으면서, 프랑스에서 거의 알려지지 않은 클라이스트의 작품에 대한 충실함과 시네아스트의 야심과 진정성에 대한 진지한 존중을 표시한다. 독일 작가에서 가져 온 눈물 샘을 자극하는 멜로 양식이 로메르의 계획된 간극과 의도적 연출을 통해 현대 관객에게 일으키는 웃음 효과에 대해서는 단지 몇몇 냉소적인 관객만이 소문을 퍼뜨린다. 사실 이 영화와 제목, 독일에서의 촬영, 영화적 수준, 영화가 일으키는 감정, 심지어 시네아스트의 부재까지도 크루아제트Croisette•에 대한 호기심을 불러일으켰다. 〈O 후작 부인〉의 상영은 1976년 이 영화제의 사건 중 하나가 됐고, 리옹의 『프로그레Progrès』 특파원은 이렇게 썼다. "에릭 로메르를 따르기는 쉽지 않다. 뒤늦게 시네아스트가 되었지

• 칸의 해안대로. 칸 영화제 황금종려상 로고가 이 길에 나 있는 종려나무에 영감을 받아 제작되었다.

만 그의 가족은 이 사실을 모르고 있고, 아무도 그가 누군지 알지 못한 채 가짜 이름으로 유명해졌다. 그가 만든 유명한 가증스러운 영화 〈모드 집에서의 하룻밤〉은 겨우 3천 명의 관객이 들 거라고들 예상했지만 이미 100만 명이 넘는 관객을 끌어들였다. 올해 그는 영화제의 스타가 되었지만 실제 독일 영화보다 더 독일적인 영화를 들고 왔다. 우리는 그를 성대하게 기다렸지만 그는 위원장 파브르 르브레에게 자신의 병적인 소심함 때문에 오지 못한다는 편지를 썼다. 갑작스럽게 칸 해설가들은 이 편지의 유머 처방에 갈피를 잡지 못하고 있다. 명예에 대한 조롱인가, 홍보에 대한 천성적인 반감인가, 사전에 불편한 질문에 대답해야 한다는 생각에서 온 게으름인가, 신비로운 인물을 계속하고 싶은 마음인가? 이유가 뭔지 알 수 없다. 하지만 무엇보다 그는 우리의 상상 이상의 가장 예기치 못한 영화, 가장 색다른 영화를 칸에 선보였다."[88]

모든 예측에서 이 영화는 유리한 자리를 차지하게 될까. 당연히 심사위원장 테네시 윌리엄스Tennessee Williams의 수상자 명부는 그를 잊지 않는다. 마틴 스코세이지Martin Scorsese의 〈택시 드라이버 Taxi Driver〉가 황금종려상으로 선정되고, 〈O 후작 부인〉은 카를로스 사우라Carlos Saura의 〈까마귀 기르기Cría Cuervos〉와 함께 심사위원특별상을 받는다. 그러나 기자 기 테제르Guy Teisseire가 별명을 붙인 것처럼 "에리히 폰 로머Erich von Rohmer"[89]는 수상하기 위해 칸에 오지 않는다. 그러니까 5월 30일, 그 일요일에 로메르는 바이에른의 축제회관에서 안스바흐 주민들의 환대에 감사를 표하며 〈O 후작 부인〉을 소개 상영하고 있었다.

⟨O 후작 부인⟩은 그달 26일부터 극장에서 개봉된다. '도덕 이야기' 후반 세 편의 놀라운 성공에는 이르지 못했지만, 3개월 동안 30만 명에 가까운 프랑스 관객을 끌어들인다. 라인강 이쪽 프랑스에서는 알려진 배우가 없는 독일어의 금욕적 영화가 거둔 예기치 못한 성공에 대해 로메르는 장난스러운 근거를 제시한다. "나는 이 영화가 ⟨O양 이야기Histoire d'O⟩*와 비슷한 제목이기 때문에 영화를 본 억지 관객이 있음을 기꺼이 인정합니다." 폴린 레아주Pauline Réage의 에로 소설을 각색해서 만든 이 영화는 실제로 전년도에 공개되었다. 어떤 이유가 됐든 고몽의 CEO 니콜라 세이두Nicolas Seydoux는 성공을 기뻐하며, 5월 12일 로메르에게 편지를 쓴다. "나는 놀라운 감동을 재차 말하고 싶습니다. 당신은 그곳에서 놀라운 영화를 만들었습니다. 수준 높은 영상과 아름다운 배경은 감독의 재능과 이야기의 힘을 통해서만 발휘될 수 있습니다."90 프랑수아 트뤼포는 거의 질투를 보이며 로메르에게 이렇게 말한다. "클라이스트를 깊이 존경합니다. 누군가 그에게 아름답다고 생각한 여성을 소개했을 때 그가 완전히 실신했기 때문입니다."91

해외에서의 성공은 더욱 놀라운 일이다. 이는 명성의 인지도와 몇몇 좋은 관객 수치가 결합된 것이다. 독일은 물론이고 이탈리아, 영국, 캐나다, 일본, 심지어 중국에서도 이 영화를 베이징 배급사에서 5천 달러에 구입했다. ⟨O 후작 부인⟩의 미국에서의 성공

• 국내 개봉 제목은 ⟨르네의 사생활⟩이다.

역시 놀랍다. 1976년 10월 19일 뉴욕 영화제 시사회에서 로메르가 직접 영화를 소개했으며, 영화는 수많은 비평과 찬사를 불러일으키며 약 서른 개의 주요 대학 도시에서 개봉되어 15만 달러이상을 벌어들였고, 1977년 2월 시네아스트는 이 현상을 주목한 『뉴욕 타임스*New York Times*』에서 「뉴욕, 클라이스트와 로메르를 발견하다」[92]라는 표제를 선사받는다.

에릭 로메르의 명성은 궁극적으로 〈O 후작 부인〉과 함께 새로운 차원에 접어든다. '도덕 이야기'와 관련된 반쯤 댄디하고 반쯤 고상한 현대 세계의 연대기에 약간 고정된 그의 이미지는 독일어로 된 역사 영화에서 더 넓게 펼쳐진 공간을 발견한다. 파스칼 보니체는 『카이에 뒤 시네마』에 자신의 방식으로 이 영화에 경의를 표하는 글(「영광스러운 저속함」)을 쓰면서 이런 지위의 변화를 언급한다.

"극적인 능숙함에도 불구하고 아마도 그 이유 때문에 '도덕 이야기'에서 부족했던 아름다움과 힘을 〈O 후작 부인〉에 부여하는 것은, 로메르나 그의 영화를 자극한 것으로 보이는 질문이 이 영화에서는 훨씬 더 알몸으로, 말 그대로 더 외설적으로 포착되기 때문이다. 이번 경우에는 기독교 부르주아 여성의 몸이기 때문에 더욱 외설적이다. 지금까지는 무대 위에 있었던 '다른 여성', 즉 성적이고 무신론자인 유혹자의 존재에 의해 영화 주변부에 보존되어 있었던 여성의 몸이다. 엄밀한 글과 유머로, 그리고 아마도 이 영화가 상영되는 극장에 〈감각의 제국〉과 정확히 똑같은 종류의 불안한 웃음—확인해 볼 수 있다—을 일으키는 은밀한 공포로

1975년, 〈O 후작 부인〉 촬영 현장에서 에디트 클레버와 에릭 로메르

이 영화가 드러내는 것은 기독교적인 몸이다."[93]

「하일브론의 케트헨」과 멍청한 비평가

에릭 로메르는 독일을 경험하는 것, 즉 1974년부터 참여한 연극 작업과 하인리히 폰 클라이스트와의 작업을 확장하기 위해 낭테르의 문화회관인 아망디에 극장에서 「하일브론의 케트헨」 연출을 감행한다. 로장주 영화사는 라울 상클라Raoul Sangla의 감독 하에 아망디에와 미셸 기Michel Guy가 지휘하는 가을 축제와 공동 제작으로 이 유례없는 모험에 재정적으로 투자하여 시네아스트가 완전히 자유롭게 극작과 무대를 결정하고 배우와 기술진을 선택하도록 한다. 1979년 3월 21일 계약서에 서명이 이루어진다. 로메르는 거의 10개월 동안 그를 매료시키는 이 모험에 전념했다.

〈O 후작 부인〉을 영화화한 이후 그는 클라이스트의 저서를 다시 작업하고 싶어 했고, 연극에 대한 열망이 그를 자극했다. 하지만 그는 코르네유의 저작, 특히 희극에 매우 경탄했음에도 불구하고 정작 자신이 프랑스 고전을 연출할 생각은 하지 못한다. 클라이스트 작품에 매료된 것, 그리고 아마도 로메르를 안심시킨 것은 클라이스트의 저작과 연극에 담긴 영화적 요소다. 그는 대하극 「하일브론의 케트헨」을 선택한다. 이 대하극은 중세 역사적 프레스코화처럼 놀랍고 장엄하며, 서사적이고 감상적이고 멜로드라마적인 장르가 혼합된 풍부하고 복잡한 저작이다. 요컨대 이 연극 실험은 매우 위험한 것인데, 1967년 1월 몽파르나스 극장에

서 「하일브론의 케트헨」을 각색한 작가이자 무대 연출가인 장 아
누이Jean Anouilh가 큰 비용을 치른 (그러고 실패한) 데서 이미 파악
할 수 있다. 이 작품은 비평가들에게 매우 냉정한 평가를 받는다.

로메르는 〈O 후작 부인〉처럼 글 자체를 극단적으로 충실하게
진행하지는 않는다. 이번에 그는 프랑스어로 번역하고—공연은
프랑스어로 오른다—, 각색하고, 편집하고, 잘라내고, 장면을 옮
기고, 심지어 두 개의 꿈(슈트랄 백작과 마녀 쿠니군데의 꿈)은 영
화 이미지로 바꾼다. 그는 이렇게 설명한다. "이 희곡은 감동받
고 눈물을 흘리기 위해 쓰인 것이다. 첫 번째 임무는 작품의 각색
이었다. 나는 이 대하극의 주요 인물들을 축소했다. 기사단의 스
펙터클한 요소도 지웠는데, 이 장면은 1905년 막스 라인하르트
Max Reinhardt의 무대에서 관중을 사로잡았지만 아누이는 10년 전
에 실패했던 장면이다."[94] 또 다른 어려움은 이 희곡이 산문과 시
구가 번갈아 쓰인 특이한 구조라는 점이다. 로메르는 이 '마법'을
보존하고 싶어 한다. "시구에서 산문으로의 이행은 오페라 속 서
창*에서 노래로의 이행과 같은 역할을 한다. 작품에 고유한 음악
적 요소에 충실하기 위해 난 독일어 시구를 프랑스어 시구로 번
역하는 위험을 감수하기로 결정했다. 어떤 때는 고전적 알렉상드
랭alexandrin**으로 하되 운을 맞추지 않고, 어떤 때는 더 짧거나 더
긴 자유시로 하되 이번에는 운을 맞춰서 번역했다."[95] 제운시題韻

---

* 레치타티보recitativo, 오페라에서 대사를 말하듯이 노래하는 형식
** 12음절 시구

詩 애호가 로메르는 즐거운 마음으로 이 일을 한다. "산문은 중세적이고 마법적인 측면, 동화 같은 차원, 빛과 어둠의 양면성, 천사와 악마의 이중성을 강조하여 매우 복잡한 플롯에 긴박감의 차원을 부여하면서 번역했다. 클라이스트 글에는 히치콕이 있다. 이글 속에 있는 공포와 호기심, 망상의 능력을 두려움 없이 불러일으켜야 한다. 우리가 그림책을 믿듯이 관객이 이 동화 속으로 '깊이 들어간다'는 것을 믿어야 한다. 클라이스트의 연극은 차가운 연극과 완전히 반대다."⁹⁶ 로메르의 시구들과 이 놀라운 주장은 작품에 대한 평가에서 가장 논쟁적인 두 가지 논점이 된다.

배우와의 작업은 늘 그렇듯 로메르에게 핵심적이다. 그는 자신의 '샤우뷔네' 극단인 〈갈루아인 페르스발〉에 출연한 배우들로 구성된 무리의 상당 부분을 유입시킨다. 그들은 아망디에Amandiers 극장 연극에 오른 열두 명 중 여섯 명이 한 기획에서 다른 기획으로 이동한다. 그들은 장 부아세리Jan Boissery, 다니엘 타라르Daniel Tarrare, 제라르 팔코네티, 파스칼 오지에Pascale Ogier, 아리엘 동발 Arielle Dombasle, 마리 리비에르Marie Rivière다. 파브리스 루치니가 남자 주연 슈트랄 백작 역을 맡고, 제라르 팔코네티가 소개한 그의 친구, 파스칼 그레고리가 로메르 영화에 새롭게 등장한다. 그레고리는 이렇게 회상한다. "로메르는 언젠가 '우연이 아니고는 모든 것이 뜻밖이다'라고 말했다. 우리 만남은 좀 그런 식이었다. (…) 나는 크리스틴 들로름Christine Delorme의 집에서 살았다. 그녀의 어머니는 〈모드 집에서의 하룻밤〉의 인물에 영감을 준 모드였다. 난 결국 로메르에게 전화했다. 우리는 약속했고 그는 진심으로 나를 대접했지만 그게 전부라고 생각했다. 그런데 3개월 후 그가 내게 전화해서 연극 「하일브론의 케트헨Catherine de Heilbronn」의 연기를 맡겼다."[97] 스물다섯 살 그레고리는 5년 전 호르헤 라벨리 Jorge Lavelli와 안드레아스 부트시나스Andréas Voutsinas의 작품으로 연극을 시작했으며, 아돌포 아리에타Adolfo Arrieta의 〈플람Flammes〉과 앙드레 테시네André Téchiné의 〈브론테 자매Les Sœurs Brontë〉에서 첫 역할을 맡아 주목을 받으며 영화 연기를 시작했다.

연출가는 사랑과 광기의 경쟁자이자 갈색 머리와 금발 머리, 천사와 마녀로 구분되는 두 여자 주인공인 케트헨과 쿠니군데 역할을 파스칼 오지에와 아리엘 동발에게 맡긴다. 마리 리비에르의 친구 프랑수아즈 케레Françoise Quéré도 로메르의 배우 목록에 들어온다. "어느 날 오후, 로장주 영화사에 그의 사무실에서 그가 나를 맞이했고 우리는 중국 차를 마시며 허물없이 대화했다. 내가 유일하게 기억하는 것은 그가 나에게 학교 공책에 생년월일을 써 달라고 요청했던 것과 여자 배우라는 직업을 강하게 만류했던 사실이다. 그런 상황에서 2주 후에 그에게 전화가 와서 다시 만났고, 마침내 그다음 해에 (…), 그는 「하일브론의 케트헨」에 나를 섭외했다. (…) 나는 여기서 세 가지 역할(어린 소년, 천사, 하녀)을 맡았는데, 아마도 경제적 이유 때문에 나를 썼던 것 같다."[98] 연출가가 그녀의 이름을 '로제트'로 개명한 연유를 그녀는 이렇게 설명했다. "클라이스트 희곡에서 내 역은 '로잘리'라는 이름이었다. 가끔 우리를 보러왔던 파브리스 루치니는 나를 '푸르제트'라고 불렀다. 에릭은 일종의 줄임말인 '로제트'로 내 이름을 바꿨다. 그렇게 난 그에게 배우명을 빚지게 되었고 그것이 갑자기 내 이름이 되었다. 파리에 와서 연극 수업료를 벌기 위해 생제르맹 야외 테라스에서 장미꽃을 팔던 일이 있었는데, 마치 운명 같았다."[99]

몇몇 리허설 사진을 보면 로메르는 대부분 초보자인 아주 젊은 배우들을 하나로 묶는 큰 유대를 강조한다. 파스칼 오지에와 마리 리비에르, 로제트처럼 연극 무대가 처음인 배우들에게도 그는 자신의 신임을 보이며 일을 시작한다. 9월 1일부터 11월 7일까지의 리허설은 점점 더 강렬해진다. 아리엘 동발은 이렇게 기억했다. "분위기는 놀라웠다. 우리는 많이 시간을 함께 보냈다. 지칠 때까지 매우 집중한 적이 많았고, 때로는 끔찍하게 산만해지기도 했다. 우리는 젊었고, 감정과 몸, 말, 모든 것이 순환되었다. 우리는 정기적으로 호화 호텔에 갔는데, 두 명의 파스칼이 정말 자주 이용했다. 이 모든 것이 로메르를 매료시켰고 즐겁게 했으며 또 두렵게 했다. 그는 자신의 생활을 유지하면서 우리와 함께 있는 것을 좋아했다. 우리는 그에게 중요한 사람들이었다. 우리는 아름다웠고 유치하고 유쾌했으며, 그를 웃게 만들었다. 서로 만남과 음모와 뒤틀림으로 가득했던 우리의 삶을 그에게 말했다. 우리는 그 순간을 매우 강렬하게 살았다."[100]

로메르는 무대 미술과 의상을 앙투안 비테즈의 무대설계가 야니스 코코스Yannis Kokkos에게 맡긴다. 코코스는 또한 자크 라살Jacques Lassalle이나 피에르 바라Pierre Barrat와도 작업한다. 무대미술은 비사실적이며 동화의 삽화처럼 보인다. 성, 나무, 바위는 폴리스티렌을 잘라서 만들고 검은색이나 암청색으로 색칠한 다음 다양한 평면 위의 무대 천장에 매달았다. 의상은 아서 라컴Arthur Rackham의 영국 삽화에서 영감을 얻어 회청색과 가을빛 붉은색으로 만들어진다. 연출가 로메르는 이렇게 설명했다. "처음에는 슬라이드 상영이 가미된 추상적인 무대 배경을 생각했다. 야니스 코코스는 이런 실루엣에 대한 생각을 갖고 있었다. 그가 그걸 제안하지 않고 앙투안 비테즈의 사례가 내게 용기를 주지 않았다면 나는 십중팔구 그런 자유를 감히 감행하지 못했을 테다."[101]

로메르는 또한 영화 이미지에 역할을 부여하여 일부 기교적인 면을 강화한다. 관객에게 혼란을 주고 특정 인물의 꿈을 보여 줘서 방향을 잃게 하는 것을 무릅쓰고, 공연 도중 두 번에 걸쳐 무대 배경에 이미지를 상영한다. 시네아스트는 네스토르 알멘드로스와 함께 환상적이며 왜곡된 얼굴 클로즈업으로 몇몇 몽환적 시퀀스를 촬영한다. 아리엘 동발은 이렇게 말했다. "그는 무대에 영화를 도입했다. 당시에는 드문 일이었다. 무대에서 나는 예쁜 금발이었지만, 이 이미지로는 마녀처럼 검은 이를 가진 가짜 해골의 모습이었다. 매우 지능적이고 도발적이었다. 관객은 내가 무서운 창조물이라는 것을 알았고 정말 그렇게 보였지만, 연극 속 인물들은 나를 순진하고 사랑스러운 젊은 여성으로 보고 있었다. 매우 충격적이었다. 극장에 온 일부 관객은 이해하지 못했고, 비평가들은 오만하다고 생각했다! 로메르는 관습적 사실주의적 연기와는 거리가 먼, 정교하게 표현된 채색 삽화에서 가져온 중세 분위기의 기교적인 요소를 좋아했다. 매우 아름답고 시적이고 재미있었지만, 사람들을 웃게 하지는 못했다."[102]

1979년 11월 9일부터 12월 8일까지 낭테르에서 공개된 「하일 브론의 케트헨」에 대한 반응은 적어도 강한 대조를 보인다. 아리엘 동발은 이렇게 회상한다. "처음부터 이 연극은 조롱과 찬사 사이의 진정한 전투인 「에르나니Hernani」* 같은 것이었다. 프랑스에서, 누벨바그 시네아스트가 감히 이런 복잡한 낭만주의 글을 무대에 올리기 위해 낭테르에 갔다는 것이 하나의 대단한 도발이었다. 연출과 무대 미술의 공공연한 인공적인 선택과 가식에 가까운 평면적 연기를 비평가들은 거만하거나 아마추어적인 것으로 이해했다. 하지만 이것은 로메르가 이 장르를 뒤집어 놓을 정도의 사건이었다."[103] 파스칼 그레고리는 이렇게 덧붙인다. "연기할 때 사람들의 거부감을 느꼈고 나는 때로 눈물을 흘리며 분장실로 돌아왔다."[104]

비평은 참혹했다. 폭력적인 어조는 놀라웠다. 로메르에게 정말로 굴욕적인 일이었다. 1979년 11월 13일 『르 몽드』의 콜레 고다르Collet Godard는 「아마추어리즘」이라는 충격적인 제목의 글을 써서 공연을 암살한다. "이 공연은 아무것도 아니며, 심지어 부정도 아니다. 그 책임은 에릭 로메르에게 있다. 처음으로 연출한 이 작품을 연극적이라고 할 수 있을까? (…) 중세 의상을 입은 사람들이 움직이거나 말을 하며 서 있는 모습을 볼 수 있을 뿐이다. 각색은 의도적으로 평면적이고 미숙하다. 로메르는 슈트랄 백작과 케트헨과 쿠니군데라는 거대한 역할에 무대에 오른 경험이 없는 너

• 빅토르 위고의 희곡으로, 당시 프랑스 극단에 몰고 온 파장에 빗댄 말

무 유순한 연기자들을 선택해서, 그들에게 서툰 어린아이가 과시하는 바보 같은 억양으로 말하게 했다. 에릭 로메르는 세련된 만화책 같은 순수함을 추구했지만, 계속 같은 음악이 들리는 동안 어두운 순간에 나뉘는 연속되는 그림들, 리듬감 없는 단조로움만을 얻었을 뿐이다. 그는 연극에 대해 아무것도 모른다. 그의 연출은 아름다움과 고급스러움에 길을 잃을 만큼 당혹스러운 아마추어리즘이다. 이 모험은 적어도 연극이 하나의 직업이며 연구되어야 한다는 것을 확인한 자리였다."[105] 『르 피가로』의 피에르 마르카브뤼Pierre Marcabru는 악의적으로 조롱한다. "시립대학의 독일어 교수 에릭 로메르는 시구를 매우 친절하게 바꾼다. 클라이스트는 로메르가 자신의 책을 번역할 줄 알았다면 분명 더 일찍 익사했을 것이다."[106] 『텔레라마』의 파비엔 파스코Fabienne Pascaud는 혹독하게 지적한다. "안타깝게도 '도덕 이야기'의 섬세하고 저명한 시네아스트는 연극 무대에서 완전히 무력한 상태를 보여 준다. 그는 우화에서 세상 너머의 몽상이나 마법을 부리고 싶어 했다. 가장 세련되고 신비로울 정도의 낭만주의적 이미지로 무대 배경을 만들고 가식적으로 연기하는 배우들과 함께 비현실적인 것에 도달한다. 그는 영혼이 꾸는 예쁜 꿈을 만들어 내려 했다. 그러나 서투른 순진함으로 인해 연출은 자기도 모르게 혼성 모방에 빠진다. 좋은 감독의 부재로 배우들은 큰 무대에서 길을 잃는다. 길을 잃은 것처럼 불안해한다. 아무나 연극인이 될 수 있는 것은 아니다, 가장 연극적인 시네아스트라도 말이다. 무대는 영화 세트장과 다른 방식으로 살아 움직이며, 리듬과 지속이 필요하다. 에릭 로메르는 대실패작을 만들었다."[107] 『파리의 아침 Le Matin de Paris』의 영향력 있는 비평가 질 상디에Gilles Sandier는 로메르에게 "무대를 버리고 카메라로 돌아오라"[108]고 충고했다.

모든 것은 흡사 연극 전문가 편에서 보내는 거절처럼 보였다. 로메르의 작품과 공연이 동시대 연극의 흐름과 경향에 동떨어진, 다른 방식의 연극을 실천하는 거라고 확신했기 때문에 더욱 잔인했다. 이러한 거절에 대해 『레 누벨 리테레르』의 마티외 갈레가 제대로 분석했는데, 그는 「하일브론의 케트헨」에 대해 유일하게 관대함을 보여 준 연극 비평가다. "비평가는 관습적인 사람들이다. 그들은 작고 단단히 닫힌 상자 속에 자신의 세계를 정리하며 삶을 보낸다. 그들은 주목하고 분류하는 질서의 수호자이지만, 이는 창작을 통제한다는 것의 다른 말이다. 그 관심이 모든 것을 서랍 속에 정리하는 데 있기 때문에 그들은 영혼을 열지 못한다. 그들의 상자에서 벗어난 자는 누구든 유죄다. 예술가들은 거주지가 지정되어 있다. 에릭 로메르는 큰 희생을 치르고 이 사실을 배웠을 것이다."[109]

이에 대한 응수는 소수이지만, 엄한 질책에 충격을 받은 지식인이나 영화계 사람들에게서 주로 나온다. 도미니크 라부르댕은 『파리스코프』에 「우리가 암살한 것은 로메르다」라는 제목의 글을 쓴다. "이 발언은 일종의 높은 권위, 신적 공의에서 나온 말 같다. 즉, 에릭 로메르는 연극을 하고 싶었지만 그럴 권리가 없었다. (…) 로메르와 시네아스트의 경력은 인정받아야 한다. 그럼에도 우리가 그의 작품을 보려고 했다면, 무대에서 보기 힘든 아름다움, 매우 사실적인 아름다움을 발견할 수도 있을 것이다. 그의 번역은 클라이스트의 스타일을 훌륭하게 재현한다. 또한 아주 작은 몸짓의 아름다움, 장면 편집의 지성, 아망디에 극단의 거대한 무대에서 배우들이 움직이는 방식을 보라. 배우 파스칼 오지에과 아리엘 동발, 파스칼 그레고리의 목소리를 들어 보라. 그들은 우리를 감동시킨다. 그들이 매우 젊고 아름답기 때문이고, 로메르가 그들에게 오늘날 연극에서 익숙해진 것과는 완전히 다른 말투로 연기하도록 요구했기 때문이다. 단순히 구호로만 외칠 것이 아니라 새롭고 독창적이며 깊은 감동을 주는 이 시도, 이 '다름에 대한 권리'는 인정되어야 한다."[110] 그리고 이 영화잡지 편집자는 1948년 보리스 비앙의 폭언을 다시 인용한다. "비평가, 당신은 멍청이다! 언제 자유를 인정할 것인가?" 연출가의 동생 르네 셰레르는 콜레 고다르의 비평에 대한 반응으로, 이 연극을 구하기 위해 일간지 『르 몽드』에 편지를 보낸다. 이 철학자는 우선 연출의 의도, 작품에 대한 로메르의 고유한 '해석'을 변호한다. "에릭 로메르의 작품은 클라이스트 연극의 핵심을 이루는 요소인 몽환증을 훌륭하게 강조한다. 이 연극은 현실과 꿈의 이중 명부에서 작동되며, 로메르는 이 둘 사이의 영원한 진동을 나타내는 방법을 알고 있다. 예를 들어, 파스칼 오지에는 케트헨을 놀랍게 연기한다. 그녀는 사실 같지 않은 것을 사실처럼 만들고, 내 생각으로 분명히 클라이스트적인, 경험한 열정의 순수함과 몽유병적 통찰력을 정확한 지점에서 단 하나의 태도로 결합시키기 때문이다. '바보 같은 억양'(인용하자면)이라고 말하는 것은 오역이거나 고의적으로 비하하려는 의도적인 의지다."[111] 르네 셰레는 『르 몽드』 비평가에게 그녀의 "닫힌 정신", "집단이기주의적 반응", "사상경찰"이라는 말로 되돌려 주며 지적하고, "누벨바그 시절에 나온 한 기사"를 상기시키면서 이렇게 썼다. "그 기사는 『카이에 뒤 시네마』의 모든 협력자인 고다르와 샤브롤, 리베트를 비방하며 전문 기술을 갖추지 않은 '아마추어로' 감히 예술에 도전한다고 그들의 명예를 훼손했다!"[112]

에릭 로메르는 의심할 여지없이 「하일브론의 케트헨」에 대한 비평계의 반응 때문에 상처를 받는다.[113] 그는 몇 주 후 잡지 『테아트르 퓌블릭*Théâtre Public*』과의 인터뷰에서 이 논쟁에 대해 솔직하게 말한다. "나는 비평가들에게 매우 폭력적인 말로 아마추어리즘, 평범함, 연출의 부재에 대한 비난을 받았다. 그런 반응을 예상했다. 왜냐하면 나는 오늘날 프랑스 연극계가 끌어가는 것처럼 배우를 이끌고 싶지 않았기 때문이다. 나의 「하일브론의 케트헨」과 연극계 사람들 사이에 일종의 오해가 있는 것은 분명하다. 사람들은 내가 1900년대의, 심지어 그 이전의 낡아빠진 연출을 했다고 비난했다. 하지만 정확하게 이 '유행'이란 함정에 굴하고 싶지 않았다. 예를 들어 비테즈의 작업처럼 현재 연극에서 하는 어떤 것이 감탄할 만하더라도, 난 그것을 '유행'으로 생각한다. 그것을 모방하는 것은 나로서는 그 유행에 따른다는 의미다. 영화계에서 나는 항상 주류 바깥에 머물러 있었다. 연극계 사람들에게 연출은 글의 상징적 의미와 평행하게 발전된 몸짓의 상징으로 구성되어 있는 듯 보인다. 글을 연기하는 것이 아니다. 글과 나란히 작동하는 몸짓을 발명하는 것이다. 나로서는 그 모든 점이 분명히 이해되기를 바랐다."[114]

교수 로메르

1977년 9월 파리 제1대학에서 영화 교육 분야가 독립된다. 자크 구아마르는 에릭 로메르에게 교육 활동을 늘려 달라고 요청했다. 시네아스트는 '영화학 학부licence d'études cinématographiques'가 설립된 1969년 11월부터 그곳에서 학생을 가르쳤다. 그는 '영화 실습'이라는 이름의 두 시간짜리 3학년 수업을 2주에 한 번씩 담당한다. 그는 자신의 이력서에서 이 수업을 이렇게 정의한다. "시네아스트로서의 활동에서 가져온 사례를 통해, 이미지와 사운드를 기록하는 방법을 기술적인 관점에서가 아니라 시공간 구조의 예술적 기준에 따르는 것으로 연출 실습을 설명한다. 그런 다음, 격주로 진행되는 영화 상영 후 학생들이 완성된 작품의 비전을 거슬러 가서 그런 결과를 만들어 낸 다양한 영역의 작업에서 출발해서 살펴보도록 권장한다. 매년 연구될 영화는 정확한 주제에 따라 선별된다."[115]

이런 구체적인 가르침을 통해 로메르는 탁월한 실습과 미장센, 영화적 개념에 대한 세부 사항으로 들어가 자신의 영화를 '상세히 검토'할 수 있게 된다. 매년 그는 다음과 같은 주제를 다룬다. "영화와 언어", "조형적 표현의 우위", "담론의 방법", "고전 수사학의 종말", "색채", "이야기와 역사", "화면과 외화면", "내레이션의 시간", "배우 감독법", "사운드의 기술", "영화에서의 배경", "영화와 건축", "영화와 돈"……[116] 동시에 그는 루이 다캥, 장 루슈, 장 두셰나 장폴 르 샤누아Jean-Paul Le Chanois와 같은 동료들과 함께 1975년에서 1977년 사이에 누보 카레 실비아몽포르Nouveau Carré Silvia-Monfort•에서 매주 진행되는 '영화의 기술과 예술'의 개인 강의에 한동안 참여했다.

에릭 로메르는 제라드 르그랑Gérard Legrand, 프랑시스 라카생 Francis Lacassin, 장 미트리, 자크 드뫼르Jacques Demeure, 필리프 뒤그, 미셸 무를레, 클로드 베일리와 함께 파리 제1대학에서 학생들을 가르쳤지만, 정식 직책을 얻지 못하고 자유 계약과 시간 강사의 직위에 한정됐다. 1972년 초에 무르나우의 〈파우스트〉에 대한 그의 박사 논문이 정식으로 학술적 형식에 맞게 심사를 받았지만, 대학은 그에 대한 인정을 거부한다. 그럼에도 불구하고 그는 어머니 테레즈 셰레가 제안했던, "어머니가 그에게 바라는 꿈이고 야망이었다"[117]는 상징적인 이유로 확실히 훌륭한 전문가적 의식을 품고 이런 인정을 추구한다. 1972년 4월, 그는 대학자문위원회 CCU에 조교수 자격을 신청했지만, 2개월 후에 받은 응답은 부정적이었고, 다음과 같은 부적합 판정을 받았다. "상세한 교육 증명서가 없기 때문에 교육 시간이 확실하지 않습니다. 모리스 셰레는 훌륭한 시네아스트이지만, 대학에서 강사 자리가 아닌 조교수 직책에 필요한 조건을 충족시키지 못하는 계류점을 찾아야 할 것

• 파리의 문화 시설

입니다."[118] CCU 위원이자 역사학자인 미셸 루슈Michel Rouche는 로메르의 요청을 지지했던 것이 허사가 되자 이 결정에 대해 그에게 이렇게 설명했다. "과학적 기준이 좋았지만 교육 기준이 없습니다. 활발한 토론을 거친 후, 고등 교육기관에 있는 한두 개의 교육 부서가 모든 문제를 해결하는 것 같습니다. 우리는 이 규칙에 예외를 둘 수 없습니다. 우리가 많이 애석해한다는 점을 이해해 주기 바랍니다. 바로 이것이 대학 게토에 영화 교육을 가두는 것이라고 믿습니다. 내 입장에서는 당신이 우리와 함께하기를 강력하게 바랍니다. 대중과 우리를 나누는 나폴레옹식의 환상곡을 스크린에서 지우기 위해서라도 말입니다. 진심으로 존중을 담아 보내며."[119] 1979년의 연극계가 그랬던 것처럼, 대학가는 실력자 앞에서 문을 닫는다. 이러한 유형의 환멸은 고등사범학교 입학에서의 거듭되는 실패와 프레스카드 위원회의 거부, 전문 감독 조합 혹은 텔레비전 기술 조합의 반대에 이르기까지 로메르의 삶에 점철되어 있다. 그의 경력은 이런 장애물에 계속 부딪히지만, 로메르는 그것을 우회해 나갔으며, 인정을 향한 외길을 달려 결국 그곳에 도달했다.

파리 제1대학의 학부 과정부터 박사준비 과정DEA, 박사 과정에 이르기까지 영화 특수 교육의 설립을 지원하기 위해 자크 구아마르는 로메르의 명성에 기대를 걸고 그에게 주도권을 지원하겠다고 약속한다. 1977년 봄 시네아스트가 파리 제1대학 총장에게 쓴 서한은 그의 교육적 헌신을 잘 나타낸다. "나는 파리 제1대학에 완전한 영화 교육 기관이 만들어져야 한다고 생각합니다.

베리만이 스웨덴의 이름을 높이고, 펠리니가 거의 홀로 이탈리아의 영광을 만든 그 시간에, 얼마 전에야 고다르가 프랑스의 영광을 높이고 있습니다. 영화가 대학에 들어가는 일뿐만 아니라 예술사나 사회학, 언어학에 편입되지 않고 자율적인 학문 대열에 이르는 것이 매우 중요합니다. 프랑스가 다른 나라에 뒤처질 필요가 없습니다. 나아가 우리가 길을 열어야 합니다. 영화는 프랑스에서 태어났습니다. 우리는 적어도 지난 30년 동안 영화 이론의 유일한 스승이었습니다. 다른 나라의 영화 비평은 우리 체계를 몇 개월 혹은 몇 년 뒤에 적용한 것일 뿐입니다. 그것이 앙드레 바쟁의 존재론이고, 『카이에 뒤 시네마』의 작가 정책이고, 혹은 크리스티앙 메츠Christian Metz의 구조주의입니다. 영화가 프랑스 문화생활에서 차지하는 자리를 대학에서도 점하는 것은 당연한 일입니다. (⋯) 영화의 선구자들은 예술가의 자녀나 시장의 흥행사, 재주꾼들이었고, 나중에는 신분을 망각한 집안의 아들이거나 소르본의 이탈자들이었습니다. 이제 학위자를 위한 시간이 왔습니다. 이미 이덱과 국립고등 루이뤼미에르영화학교가 있지만, 공공 및 민간 영역의 시청각 산업에는 유능한 행정가가 필요합니다. 현재 시청각 산업은 너무 자주 영화에 무지한 관료의 손에 맡겨져 있습니다. 그들은 다른 관점에서 교양 있고 유능한 사람들입니다. 영화 교육의 창설은 실용성과 역사성, 경제성이 큰 분야이며, 영화와 텔레비전의 운명을 좀 더 전문가의 손에 맡기는 일입니다."[120] 파리 제1대학에서의 영화 교육은 그때부터 일부 성공을 거두었다. 1977~1978년도 학년에 DEA까지 자율화되고 확장되면서, 이 제도는 3년 후에 결실을 맺는다. 1981년 6월, 79명의 학생이 졸업했으며, 이 중 38명은 바로 일자리를 찾았고, 그중 4분의 3은 해외에서 일자리를 구했다.

로메르는 1년에 50시간씩 강의를 계속하며, 2주에 한 번 월요일은 오전 11~12시에 미슐레 센터 106호 강의실에서, 화요일은 12~1시에 대형 원형 강당에서 수업을 하고, 수업이 끝나면 선정한 영화를 상영했다. 1984년부터는 자크 구아마르에 이어 클로드 베일리가 그의 특별 교섭 상대가 된다. 로메르는 수업[121] 내용을 세심하게 준비하고 써서, 검정색과 파랑색 서류 정리함에 정리한다. 수업 내용은 정확한 기술적 전개와 수많은 박식한 사례와 대학 언어로 쓰인 까다로운 것으로, 로장주 사무실에서의 비공식적인 대화와는 거리가 멀다. 그 형식은 전문적이고 학문적이며 고전적이다. 로메르는 자리에 앉아 다소 훈계하듯 지루한 어조로 강의한다. 학생들은 수업을 들으며 필기하고, 당시 대형 세미나가 있을 때면 전방위적으로 아주 멀리까지 교류가 이루어진다. 그들은 콜레주드프랑스에서는 바르트나 푸코, 부르디외Pierre Bourdieu나 레비스트로스 수업을, 파리 제8대학에서는 들뢰즈 수업을, 고등사범학교에서는 라캉 수업을, 사회과학고등연구원에서는 자크 데리다Jacques Derrida나 루이 마랭Louis Marin의 수업을 교환했다. 숨겨진 이야기나 이론적 비약, 논쟁적인 독설이나 친숙함도 없이 이 사람은 신중함을 유지한다. 말하자면 결국 그가 출연한 뤽 물레의 1965년 영화 〈브리지트와 브리지트Brigitte et Brigitte〉에서 그가 맡은 역할인 소르본대학의 교수와 비슷하다. 영화에서 발표를 끝낸 두 여자 주인공에게 그는 호되게 말한다. "숙녀 분들, 어떻게 이렇게 발표를 못할 수 있습니까?"[122]

1990년 10월 29일 대학 은퇴가 임박한 70세의 나이에 에릭 로메르는 절제를 지키면서도 공개적으로 말한다. "당신은 내가 시네아스트, 더 정확하게는 작가이자 감독 혹은 시나리오 작가이자 연출가, 그리고 제작자라는 사실을 알고 있으리라 생각합니다. 하지만 1969년부터 1989년까지 20년 동안 제가 여기서 가르쳤다는 사실은 잘 알지 못할 수도 있습니다. (…) 나는 항상 영화를 완전히 자유롭게 만들고 싶었고, 두 번째 직업이 있어서 모든 돈 버는 일에서 자유로울 수 있었습니다. 대다수의 동료에게는 해당하지 않는 경우입니다. 처음에 나는 나 자신을 주변인, 심지어 아마추어로 생각했습니다. 그러나 영화가 성공하면서 나는 정말 전문직 시네아스트가 되었습니다. (…) 이 수업은 부수적인 것이 되었습니다. 하지만 시간을 많이 쓰는 일이 아니기 때문에 이곳을 떠날 이유가 없었고, 나는 아주 작은 일을 맡아서 계속했습니다. (…) 프랑스에는 학계 출신은 거의 없지만, 비평계에서 온 사람은 많습니다. (…) 사람들은 비평가 출신 시네아스트는 현학적인 영화, 시네필적 암시로 가득 찬 영화, 형식주의적 (…) 영화를 만들 것으로 예상합니다만, 사실 그렇지 않습니다."[123]

로메르 교수는 신중함을 유지하면서도, 수업 후에 주저 없이 그를 보러 오는 학생들을 많이 만났다. 그중에서도 더욱 친밀감이 생긴 학생들은 로장주 영화사 그의 사무실에 자주 방문했다. 제1세대, 특히 시네아스트와 가까운 학생들은 1970년대 초반부터 등장했다. 특히 일군의 재능 있는 젊은 미국인들은 그의 협력자가 되었다. 셰릴 칼리시모, 주디스 브로다Judith Browda, 린다 맥클린Linda Macklin, 데버라 네이선Deborah Nathan 혹은 나중에 편집자가 될 메리 스티븐Mary Stephen이 그들이다. 몇몇 영화에서 시네아스트와 함께 일했던 셰릴 칼리시모는 월요일 오전 끝 무렵 미슐레 센터 106호 강의실의 분위기를 재현해서 이렇게 말했다. "1972년 10월부터 그의 수업을 들었다. 나는 불어를 잘 못했지만 그래도 수업에 참여하고 싶었다. 아주 훌륭한 수업이었고 잘 짜여 있었다. 우리는 책상 뒤에 앉아 있는 근엄한 신사의 말을 조용히 들었다. 그는 아스트뤽과 바쟁에 대해 말했고, 미국 시네아스트인 호크스와 히치콕, 키튼의 이름을 프랑스식으로 발음했다. 내게는 매우 이국적이면서 매력적이고 아주 권위 있는 것으로 다가왔다. 이 장소에서 발산되는 마법적인 힘이 존재했는데, 그것이 시네필의 언어이기 때문이었고, 또한 그들은 내가 가장 좋아하는 시네아스트들이기 때문이었다. 그는 언어학도 강의했는데 그 수업은 더 어려웠다. 나는 중세 시대의 시를 좋아했다. 어떤 수업에서는 그가 텔레비전학교에서 만든 단편 영화들, 특히 〈크레티앵 드 트루아Chrétien de Troyes〉를 가지고 설명했다. 수업이 끝나면 미국에서 온 다른 학생들과 함께 남아서 그와 토론을 시작했다. 우리 대학에서는 일반적인 관행이었다. 그 후에 나는 그의 사무실에 가서 차를 마셨다. 그 시간은 그에게 매우 중요했다. 그의 모든 영화의 핵심은 거기에 있었다. 차를 마시며 나누는 대화에."[124]

로메르의 교육을 받은 또 다른 세대는 1980년대에 수업을 들은

542

학생들이다. 예를 들어 영화감독 프랑수아 오종François Ozon, 중국 작가이자 시네아스트 다이 시지에戴思杰, "무르나우와 그리피스에 대한 (그의) 수업에서 감동적인 추억을 간직하고 있는"[125] 시네아스트이자 교육자 프레데리크 소이체Frédéric Sojcher, 그리고 비평가이자 시네아스트인 세르주 보종Serge Bozon이 그들이다. 그 당시 철학 전공 대학생이었던 보종은 그의 수업을 들은 지 3년 후 그에게 편지를 보내 몇몇 시네필 친구들과 함께 설립한 잡지 『라 레트르 뒤 시네마La Lettre du Cinema』를 위한 인터뷰를 요청한다. "거짓말에 대한 당신의 관심을 알고 있습니다. 여기 논리적인 수수께끼가 있습니다. 에릭 로메르는 최근 몹시 피곤한 영화 촬영을 마친 후 아주 흥미로운 섬, 순수와 최악의 섬으로 휴가를 떠납니다. 순수한 사람들은 항상 진실을 말하고, 최악의 사람들은 항상 거짓말을 합니다. 모든 섬 주민들은 순수하거나 최악입니다. 시네아스트는 세 명의 주민 A, B, C를 발견합니다. 그는 A에게 묻습니다. '당신은 순수한 사람입니까, 최악의 사람입니까?' A는 이해하기 힘들게 성급하고 불분명하게 대답합니다. 그래서 에릭 로메르는 B에게 물어봅니다. 'A가 뭐라는 건가요?' B는 대답합니다. 'A는 그가 최악의 사람이라고 말했습니다.' 그러자 C가 개입해서 말합니다. 'B를 믿지 마세요, 거짓말을 하고 있습니다!' 문제는 다음과 같습니다. B와 C 중 누가 최악의 사람일까요? 정답을 모르시겠다면, 『라 레트르 뒤 시네마』의 인터뷰 당일에 제 존경의 표시로 당신에게 답을 드리겠습니다. 인터뷰는 내가 16밀리 중편 영화를 연출하는 5월 11일부터 19일까지의 주간을 제외하고는 당신이 원할 때 언제든지 가능합니다. 당신에게 경의를 표하며."[126] 인터뷰는 성사되지 않았지만, 세르주 보종은 1996년 초 『라 레트르 뒤 시네마』 제1호에 로메르의 영화에 대한 긴 글을 쓴다.

에릭 로메르는 1995년 3월 20일 오후 5시 콜레주드프랑스에서 '시네마토그래피적 표현: 형식 연구에 대한 소개'에 관한 공개 강연을 진행한 후, 이 명망 높은 기관의 행정관인 앙드레 미켈André Miquel이 주관하는 리셉션에 참석한다. 이 행사는 로메르를 기념하는 자리였다. 이 일은 확실히 시네아스트의 학술적 경력의 최고점을 나타내며, 언제나 그랬듯 이런 인정은 그가 75세가 되었을 무렵 늦게 찾아왔다. 많은 공책과 손으로 직접 쓴 44쪽 분량의 글은 그가 발언을 준비하는 데 기울인 열렬한 노력과 함께, 강연 날짜가 다가옴에 따라 커진 불안 역시 분명하게 보여 준다. 강연은 벌라주Béla Balázs, 바쟁, 말로, 메를로퐁티를 중심으로 한 일련의 전개를 펼쳐 가며 시네마토그래피 형식 연구를 교양 있는 방식으로 접근하면서 채플린과 키튼, 무르나우, 그리피스, 랑에 대한 언급이 덧입혀진 철학적 문체로 이루어진다. 시네아스트가 아닌 교수로서 로메르는 거의 두 시간 동안 말한다. '도덕 이야기'의 실무자가 아닌 영화 이론가로서 그는 이렇게 발언한다. "먼저, 따분하고 모호한 제목을 선택한 것에 대해 용서를 구합니다. 게다가 약간은 고의적인 것이기 때문에 더욱 그렇습니다. 제가 따분함을 선택한 것은 제 작품이나 작업 방식에 대해 듣고 싶은 사람들을 만류하기 위해서입니다. 시네아스트로서 실천하는 바는 제가 오늘 말씀드리는 의견에 포함되어 있지 않습니다. 오늘 진술하려는 생각은 제가 카메라를 만지고 배우를 감독하기 오래전에 했던 생각입니다."[127]

　이어지는 순서에서 콜레주드프랑스 행정관은 마르크 퓌마롤리Marc Fumaroli—강연 전에 로메르를 소개한 사람—를 대동하여 이 기관의 창립 국왕 프랑수아 1세François I의 아름다운 초상화가 새겨져 있는 명예 훈장을 로메르에게 수여한다. 테레즈 셰레는 "그는 굉장히 자랑스럽고 행복해했다"[128]고 말했다.

비평계와 시네필, 그리고 대중의 인정

에릭 로메르는 이러한 인정을 참을성 있게 구축해 갔다. 트뤼포나 고다르, 혹은 샤브롤이 이미 20년 전에, 리베트가 15년 전에 성취했던 이 인정을 로메르는 50대가 되어서야 쌓아 나가기 시작한다. 이러한 인정은 영화제 주요 행사나 직업적 수상에 의한 것도 아니다. 어떤 황금종려상도, 세자르상도, 오스카상도 로장주 영화사 사무실 벽을 장식하지 못했다. 심지어 1984년 〈보름달이 뜨는 밤〉은 세자르 다섯 개 부문에 후보로 올랐지만 하나도 수상하지 못했다. 1976년 〈O 후작 부인〉이 심사위원특별상을 받은 것을 제외하고 칸 영화제는 로메르를 무시했다. 로메르가 그곳에 가는 것을 좋아하지 않았기 때문에 그들도 그에게 똑같이 대했다. 베를린 영화제는 좀 더 관대해서 1967년 〈수집가〉와 1983년 〈해변의 폴린〉에 은곰상을 두 번 수상했다. 베니스 영화제는 1986년 〈녹색 광선〉에 황금사자상, 1995년 〈파리의 랑데부〉에 각본상을

(매우) 뒤늦게 수상하면서* 마침내 로메르에게 헌정하는 중심 영화제로 등장했다. 그리고 영예의 절정은 시네아스트 나이 여든에 그의 작품 전체로 황금사자상을 받은 것이다. 로메르는 이 상을 받기 위해 2001년 9월 7일 예외적으로 리도섬에 방문했다. 〈모드 집에서의 하룻밤〉과 〈갈루아인 페르스발〉, 〈해변의 폴린〉, 〈보름달이 뜨는 밤〉으로 받은 프랑스 비평가 조합이 수여하는 네 번의 멜리에스상(레네는 여섯 번, 트뤼포는 다섯 번을 받았다)도, 〈클레르의 무릎〉으로 받은 단 한 번의 루이들뤼크상도 아닌, 심지어 비평계가 변함없이 시네아스트의 영화에 보여 준 애착을 증언한다 할지라도, 에릭 로메르를 프랑스에서 왕좌에 오른 예술가로 만든 것은 그의 동료들이다.

행정 당국은 그와 일회적인 관계만 가졌다. 문화부 장관은 베니스 영화제 수상이 진행되는 동안 몇 마디의 의례적인 축하 인사만을 건넸을 뿐이다. 로메르 자신은 국가에 관련된 일에 극도로 신중하고, 정말로 조심스러워했다. 공적 지원금에 의존해야 하는 것을 좋아하지 않았으며(그가 요청한 사전 제작 지원금은 충분히 체계적으로 거부되었다), 누구와도 정치적 친분 관계를 유지하지 않았다. 그가 1984년 프랑스 국립영화센터CNC에서 수상자 명단을 담당했던 친구 필리프 뒤그의 손을 통해 레지옹 도뇌르** 훈장을 받았다는 사실을 아는 사람은 거의 없다. 로메르는 이를 한

---

* 실제로 베니스 영화제 각본상은 1995년 〈파리의 랑데부〉가 아니라 1998년 〈가을 이야기〉로 받았다. 원저자가 오기誤記한 것으로 보인다.
** 프랑스 최고 권위의 훈장

번도 몸에 단 적이 없었다.

궁극적으로 중요한 평가는 무엇보다 충성스러운 수많은 (하지만 대규모도 대중적이지도 않은) 관객에게서 나온다. 파리지앵이라고 부르는 엘리트 지식인 영화광만을 위한 시네아스트로 보는 로메르의 잘못된 이미지와 달리, 그의 작품은 1960년대 말부터 정기적으로 수십만 관객을 모았다. 프랑스에서 영화 단독 개봉 시절인 1969년부터 1972년까지 후기 '도덕 이야기' 네 편은 300만 관객을 끌어들인다. '희극과 격언' 연작은 200만, '사계절 이야기'는 120만, 연작 이외의 영화들은 총 150만 명 이상의 관객 수를 기록한다. 따라서 에릭 로메르의 장편 스물다섯 편을 보러 간 사람은 프랑스에서 거의 800만 명이다.

에릭 로메르의 영화를 가장 잘 옹호하고 홍보한 것은 시네필과 비평가였음은 분명하다. 그의 회고전과 기념 상영회는 프랑스에서 아주 일찍부터 개최되었다. 1965년 앙리 랑글루아의 시네마테크를 시작으로, 이후부터 정기적으로 개최됐다. 1967년 5월 파리와 리옹의 국립 대중 영화관에서, 1970년 3월 젠빌리에 문화회관에서, 1971년 3월 안시에서 열린 제6회 시네마토그래피 회담에서 회고전이 열렸다. 그다음 1997년 1월 앙제 유럽 프르미에 플랑 영화제에서, 2004년 봄 시네마테크 프랑세즈에서, 2010년 7월 라로셸 영화제에서도 위엄 있는 전작 상영전이 열렸다. 마찬가지로 이 대가와 함께 진행한 그의 작품과 생각에 대한 주요 인터뷰도 빼놓을 수 없다. 1965년부터 2004년까지 『카이에 뒤 시네마』는 열여섯 번, 『포지티프』는 1986년부터 2004년까지 일곱 번에 걸쳐 인터뷰를 실었다. 다양한 프랑스 신문과 잡지와의 인터뷰도 약 100여 건에 달한다. 로메르의 영화에 관한 책도 존재했다. 그는 저주받고 과소평가되고 무시당하는 시네아스트와는 거리가 멀었다. 로메르 자신이 지적 중개자 역할에 애착이 강해서, 로장주 사무실에서 비평가나 언론인을 정기적으로 접하는 일을 주저하지 않았다. 장 두셰, 클로드 베일리, 장 콜레, 조엘 마니Joël Magny, 기 브로쿠르, 도미니크 라부르댕, 앙리 아젤, 필리프 뒤그나 미셸 무를레와의 가까운 관계가 이를 설명해 준다. 프랑스의 대학도 이에 뒤지지 않는다. 1970년 초기 '도덕 이야기'에 관해 쓴 미셸 마리Michel Marie의 논문에서부터 마리아 토르타자다Maria Tortajada (1997년, 자유주의에 관한), 장 클레데Jean Cléder(1995년, 문학과 영화의 관계에 관한), 필리프 몰리니에Philippe Molinier(1999년, 촬영에 관한) 또는 비올렌 카미나드 드 쉬이테Violaine Caminade de Schuytter(2008년, 로메르 영화의 신체에 관한)의 논문 등 시네아스트에 대한 중요한 저작이 열두 편 가까이 된다. 브리브에 있는 카나비중학교 3학년 한 학급에서는 1999년 12월 '유명한 코레즈 사람' 기획의 일환으로 이 튈 사람과 연락을 취한다. 그들은 그에게 찬사를 담은 편지를 보낸다. "당신은 독창적인 시네아스트이며, 제7의 예술을 구현한 유일한 코레즈 사람입니다."[129] 게다가 2011년 3월에는 에릭 로메르 미디어테크 개관식이 튈에서 열렸는데, 이 행사를 주도한 프랑수아 올랑드François Hollande*는 그 당시 코레즈 당선자에서 국

---

* 올랑드는 2008년까지 튈 시장을 역임했고, 2012년 프랑스 대통령으로 당선됐다.

가의 운명을 위해 비상하던 시기에 놓여 있었다.

　해외의 많은 나라들[130]에서 에릭 로메르의 영화는 정기적으로 상영되고 있으며, 시네필의 헌정식에서 빠지지 않는다. 미국을 예로 들면, 리처드 라우드Richard Roud의 뉴욕 영화제는 1970년대에 미국에서 그의 영화 대부분을 처음으로 상영하였고, 1972년과 1976년, 1978년 세 번에 걸쳐 시네아스트를 직접 초대했다. 〈O 후작 부인〉과 〈해변의 폴린〉(40만 관객), 이후에는 〈파리의 랑데부〉(62만 달러의 수익), 마지막으로 '사계절 이야기' 연작의 놀라운 성공은 로장주에 총 300만 달러의 수익을 가져다주며, 미국 내 성공의 지표가 되었다. 그에게 경의를 표한 가장 중요한 프로그램은 2001년에 준비됐다. 2월 9일부터 3월 15일까지 뉴욕의 필름 포럼에서 '로메르 이야기'라는 제목으로 전 작품이 상영되었으며, 이후 6개월 동안 열세 편의 영화 회고전이 서른 개의 도시에서 열렸다. 그러나 로메르에게 더 큰 감동을 준 것은 1977년 11월 3일 유진 오닐Eugene O'Neill을 대신하여 그가 '마크 트웨인Mark Twain의 친구들 협회'의 명예 회원으로 임명되었다는 사실이다. 그리고 2006년 6월 25일에는 노트르담대학교에서 주는 명예박사 학위를 받았다. 이 학교는 인디애나주 사우스 벤드에 있는 가장 중요한 미국 신학 대학이다.

'위대한 모모'인가 '별난 사람'인가?

로메르는 다른 누벨바그 시네아스트와의 관계를 유지했다. 장뤽 고다르의 경우에는 피에르1세드세르비 거리 26번지를 오가다가 우연히 만나거나 짧은 메모를 주고받았다. 고다르의 파리 영화사 페리페리아 사무실이 로장주와 바로 이웃에 있었기 때문이다. 과묵한 두 사람의 마주침은 기묘한 우유부단한 모습으로 이루어지고, 그 침묵의 효과가 로메르식의 대화에 재미를 더했다.

프랑수아 트뤼포는 〈모드 집에서의 하룻밤〉의 공동 제작에 자신의 회사 카로스 영화사와 함께 중요한 역할을 함으로써 1963년의 부채와 『카이에 뒤 시네마』 편집장을 해고한 '반역' 행위에 대해 보상한다. 그 뒤, 그들은 로장주에서 세 걸음 떨어진 마르뵈프 거리에 있는 카로스 영화사와 인접한 라 블랑제리 카페에서 함께 차를 마시며 진심 어린 동료 관계를 이루어 간다. 그들의 영화가 차례로 서로 다른 시점에 개봉될 때마다 로메르와 트뤼포는 간단한 말을 주고받았다. 그 글들을 엮은 선문집은 두 시네아스트 사이의 애정과 10년간의 유대감, 독서의 공유, 상호 간의 작은 후원과 암시를 보여 준다. 1975년 1월 2일, "모모에게, 예전 우리 친구 로레트가 보낸 편지 사본을 보냅니다. 그녀의 육필 편지 상단에 '셰레는 어떻게 지내요?'라고 쓰여서 어안이 벙벙했는데, 셰레와 로메르가 같은 인물이란 걸 그녀가 모르는 것처럼 보였거든요. 당장은 그 전언에 답하지 않기로 했어요. 당신의 의도가 어떤지 모를뿐더러, 당신이 줄 감정적 충격이 더 커질 것 같아서요. 당신이 대응할 차례입니다. 충실함과 우정을 담아."[131] 문제의 로레트는 젊은 모리스 셰레가 한때 흠모한 여성 중 한 명이었다. 〈녹색 방La Chambre Verte〉이 개봉한 시기에 로메르에게 트뤼포가 쓴 우편엽서 한 장이 도착한다. 이 영화는 헨리 제임스Henry James의 단편 소설 「사자들을 위한 제단The Altar of the Dead」을 각색한 것으로, 예전에 동생 트뤼포가 형 로메르에게 읽으라고 빌려 주었던 책이다. "친애하는 로메르, 당신의 칭찬에 감동했어요. 알다시피 〈녹색 방〉의 흥행 수익은 처참하지만, 당신의 두 줄짜리 글이 20만 관객의 가치가 있습니다. 곧 뵙기를 바라며, 우정을 담아."[132] 1977년 6월 8일, "친애하는 친구, 당신의 다음 영화(〈갈루아인 페르스발〉)에 대한 사전 제작 지원금 얘기를 듣고 분개했습니다. 일이 잘 정리되기를 바랍니다. 곧 뵙기를, 우연히 거리에서, 우정을 담아."[133] 1979년 1월 8일, "당신이 점심 식사를 하지 않는 것은 알지만, 당신 영화 개봉 전이나 후에 같이 차 한잔해요. 추신, 〈사랑의 도피L'Amour en Fuite〉는 보지 않기를 바랍니다. 감사합니다."[134] 로메르는 1984년 가을 트뤼포가 사망한 직후 트뤼포와 나눈 거의 모든 글들을 한데 모은다. 이 거대한 혼란의 시기에 이 남자는 그의 젊은 뮤즈 파스칼 오지에 역시 잃게 된다. 그는 크라프트 봉투 안에 이 소중한 보물의 사본을 담아 클로드 드 지브레에게 보냈다. 지브레는 아티에 출판사의 질 자콥Gilles Jacob이 감독하는 총서에서 두꺼운 트뤼포 서신집으로 출간을 준비하고 있었다. 로메르는 이렇게 편지를 보낸다. "친애하는 클로드, 이것이 내가 수집한 결과물입니다. 극소수의 구절, 특히 프랑수아가 나와 편지를 주고받는 동안 유일하고도 최종적으로 그의 애정 생활의 속내를 말한 한 군데를 삭제했습니다."[135]

『카이에 뒤 시네마』의 전 편집장 로메르는 1963년에 결별하며 생긴 반목에도 불구하고 자크 리베트와 화해한다. 로메르는 리베트의 실험성에 진정한 관심을 갖고 그의 영화들에 진심으로 감탄한다. 리베트의 결과물은 1968년의 〈미치광이 같은 사랑L'Amour Fou〉, 1971년의 〈아웃 원Out 1〉으로 나타나고, 로메르는 리베트에게 되돌아와 영화 〈아웃 원〉을 로장주와 공동 제작하기에 이른다. 이 열두 시간 사십 분짜리 대하 작품에서 로메르는 리베트의 요청에 따라 가짜 수염을 붙이고 한 인물을 연기한다. 이 영화에 매료됐던 로메르는 몇 년 후에 다음과 같이 편지를 쓴다. "내 눈에 이것은 독특한 기획이자 현대 영화사의 중대한 기념물이며 영화적 유산의 핵심 작품입니다. 〈아웃 원〉은 루슈와 카사베티스와 같은 선구자가 묘사한 소위 즉흥 영화 계열에 속하지만, 그는 보호막 없이, 한 번도 사용한 적이 없는 평범한 방식으로 궁극적 결과를 얻기까지 밀고 나가, 주제를 체계화한 유일한 사람입니다. 리베트는 솔직하고 독특한 용기로 다큐멘터리적 측면에든 허구적 측면에든 기대지 않고 위태로운 길로 나아갑니다. 배우가 어떤 순간도 그의 영감의 구멍을 채우는 것이 아닙니다. 그가 기대는 것은 오직 순수한 창의성뿐입니다. 제 생각에, 가장 결정적인 예는 뷜 오지에Bulle Ogier의 사례입니다. 그녀는 처음에는 군중 속에서 사라졌다가, 최종 단계에서 부각되고, 그 권위의 빛을 통해 우리를 매료시킵니다."[136] 로메르와 리베트 사이의 적대 관계를 기억한다면, 맏형의 이 같은 반응은 진정으로 기사도적이다.

시네아스트는 『카이에 뒤 시네마』와도 물론 가장 가까운 유대 관계를 유지한다. 그는 수많은 잡지와 인터뷰했지만 잡지보다는 출판사와 더 많은 작업을 함께했다. 1980년대 초에 태어난 카이에 출판사는 장 나르보니, 알랭 베르갈라, 클로딘 파코Claudine Paquot가 차례로 지휘한다. 1984년 『미적 취향』 이후부터 『도덕 이야기』, 『희극과 격언』, 『사계절 이야기』, 『삼중 스파이』의 시나리오집에 이르기까지 로메르의 책을 여러 권 출간하고, 논문 「파우스트」에 대한 문고판과 1950년대 인터뷰와 주요 글을 재출간했다. 카이에 출판사에게 로메르는 안전한 투자이며, 이런저런 다양한 제목으로 2만 부 이상의 판매가 보장되는 정기 수입이었다. 클로딘 파코는 시네아스트와 함께 그의 작품에 대한 자세한 이야기를 듣는 작업을 진행하려 했지만, 원하던 책을 결국 출간하지는 못했다. 이 제안은 여러 번, 정확하게 다섯 차례 이루어졌다. 1987년 6월에는 알랭 베르갈라와 함께 "유성 영화에 대한 책"[137]의 대담자로, 1988년 2월에는 세르주 다네와 "대담집"[138]을, 2003년 1월에는 장 두세와 "로장주 사무실에서 당신이 보관하고 있는 기록들"에서 "일하는 로메르"[139]에 대한 것을, 2003년 9월에는 엘렌 프라파Hélène Frappat와 "인터뷰와 자료를 결합한 도서 작업장"[140]에 대해, 그리고 마지막은 〈로맨스L'Astrée〉 개봉 후 쥘리에트 세르Juliette Cerf가 제안한 것이다.

카이에가 이 책의 출판을 주장하게 된 것은, 분명히 시네아스트가 기록 보관소라는 보물의 존재와 이런 작업에 몰두하는 자신의 취향을 공개했기 때문이다. 1993년 봄, 실제로 그는 자기 작품과 작업 방법에 대한 영화를 촬영한다. 그는 개인 자료를 바탕으로 카메라와 대담자 장 두세를 마주보고 이야기한다. 이 영화는

'우리 시대의 시네아스트' 시리즈 중 하나로 기록된 52분짜리 두 편의 영화 〈에릭 로메르, 확실한 증거Éric Rohmer, Preuves à l'Appui〉다. 1964년 이후부터 텔레비전용으로 촬영된 이 인물 초상 컬렉션을 감독한 앙드레 라바르트와 자닌 바쟁은 로메르에 대한 영화를 만들고 싶어 했다. 그래서 1975년 1월 자닌 바쟁은 그에게 편지를 썼다. "당신에 대한 '우리 시대의 시네아스트'를 구상하고 있습니다. 이 일에 대해 이야기해도 괜찮을까요, 아니면 한번 생각해 보겠습니까? 그리고 가까운 미래에 생각해 볼 만하다면, 대담자로 누구를 선호하는지 살피시기 바랍니다."[141] 시네아스트는 "나중에 봅시다."[142]라며 〈O 후작 부인〉 촬영을 바로 앞두고 대담을 하던 중 제안에 거절하는 답변을 한다. 이러한 연기延期는 오랫동안 지속된다. 13년 후에도 로메르는 새로운 제안을 거부했다. 이번에는 자닌 바쟁과 앙드레 라바르트의 동의 하에 『카이에 뒤 시네마』의 전 비평가였던 파리 제3대학의 자크 오몽Jacques Aumont 교수가 제안한 것이다. 1988년 3월 31일 오몽은 그에게 이렇게 편지했다. "이 시리즈의 모든 방송 작품이 원칙적으로 관심을 보이는 부분은 시네아스트의 작품과 이에 대한 성찰과 작업이지, 사람 자체에 대한 것이 아닙니다. 당신에 대한 방송에서 화면에 나오지 않으려는 당신의 단호한 바람으로 볼 때 이 원칙은 절대적으로 지켜질 것입니다. 따라서 방송의 진행 방향은 당신 영화에 대한 개념과 표현의 이중적 의미가 될 것입니다. 몇 가지 명제와 고유한 관념을 중심으로 전개된, 그러니까 영화 존재론과 여기서 파생되는 명제들, '미적 취향', 미장센, '공간 예술'로서의 영화, 요컨대 당신이 비평가로서 정의하고 시네아스트로서 묘사한 이런 주제에 대한 내용이 될 것입니다."[143] 오몽은 "매일 동료들과 함께 있는 가운데 당신이 하루 업무를 수행하는" 로장주 사무실에서 촬영하자고 제안한다. 그리고 등 쪽에서 촬영하거나 녹음으로 대신해서 그의 영화와 다른 작품들, 즉 무르나우에서 페르메이르 Johannes Vermeer, 르누아르에서 푸생Nicolas Poussin, 고다르에서 발자크까지의 작품에 대해 시네아스트와 토론을 열어 가자고 제안한다. 하지만 로메르는 다시 거절한다.

1993년 3월, 5년이 더 걸리고서야 그가 마침내 제안을 수용했다. 라바르트는 이렇게 설명했다. "이제는 후손에게 말을 남겨야 한다는 의식이 그에게 생겼다고 생각한다. 트뤼포와 고다르는 1960년대에 오랫동안 그것을 해 왔으며, 리베트와 샤브롤은 얼마 전부터 시작했다. 리베트는 1990년에 세르주 다네, 클레르 드니Claire Denis와 함께, 샤브롤은 1992년 장 두셰와 함께했다. 로메르는 이제 시간이 되었다고 느꼈다. 이 방송에서 리베트는 다네에게 말한다. '어느 순간 우리는 더 이상 아들이 아니라 아버지가 되었다.' 로메르는 이 문장이 마음 깊이 남았다고 내게 말했다."[144] 1993년 3월 5일 시네아스트는 '우리 시대의 시네아스트'와 계약을 체결한다. 그런데 그는 자신이 죽기 전에 이 영화를 공개하지 않겠다는 언급을 명기하도록 요구한다. 라바르트는 거기에 "내 동의 없이는"이라는 말을 덧붙이게 한다.

로메르는 그의 대담자로 장 두셰를, 감독으로 앙드레 라바르트를 제안했다. 촬영은 1993년 5월 로장주 사무실에서 일주일 동안 진행되었다. 라바르트는 말을 이었다. "아침에 도착해 셋이서 토론했다. 그런 다음 나는 두셰와 점심을 먹으러 갔고 시간을 보냈다. 로메르는 혼자 남아 차를 마셨는데, 그는 점심을 절대 먹지 않았다. 사실 그는 자신의 답변과 자료를 준비했고, 그것을 손이 닿는 서랍 안에 보관했다. 촬영 팀은 이른 오후부터 준비했고, 16밀리 카메라로 10분 분량으로 촬영해 그가 충분히 오래 이야기를 전개할 수 있게끔 했다. 그는 넓은 화면으로 꽤 먼 거리에서 촬영해 달라고 요청했지만, 촬영 팀은 작은 트래블링 레일을 설치하여 그와 대화하는 두셰의 어깨까지 접근할 수 있었다. 한번은 너무 가까이 다가가서 카메라가 두셰의 어깨에 닿았는데, 두셰는 자고 있었다! 그런데 로메르는 아무 일도 없는 것처럼 의연한 전문가로 그에게 말하고 있었다. 그의 이런 세심함에 난 감탄했다. 그러니까 그는 친구가 잘못했다고 느끼게 될까 봐 친구를 깨우지 않은 것이다."[145] 장 두셰는 깨어나서 다음 얘기를 이어 간다. "로메르는 이 일에 푹 빠졌다. 그는 모든 것을 준비했다. 그는 자료로 보여 주고자 하는 것을 정확히 알고 있었고, 내가 질문하기 전에 답이 준비되어 있었다. 그는 항상, 그리고 끝까지 자신에게 일어날 수 있는 모든 일의 감독으로 있었다."[146]

이 작품은 카메라로 10여 시간 동안 촬영되었고, 그 전체가 다시 흥미진진하게 필사되어 200쪽에 달하는 글로 남는다.[147] 로메르는 정확하게, 때로는 지나치게 꼼꼼하고 매우 집중적으로 설명한다. 두셰는 더 넓은 주제와 관심을 끌기 위해 노력했지만, 시네아스트는 매번 토론에 다시 초점을 맞추고 자신의 맥락에서 다시 이야기를 시작했다. 두 사람이 오래 맺어온 유대감은 로메르의 영화 제작법에 대해 세부적인 탐험을 가능하게 해 주었다. 가장 놀라우며 종종 재밌는 점은 로메르가 설명을 보충하기 위해 자료를 보여 주는 모습이다. 마치 마술사가 모자에서 토끼를 꺼내는 것처럼, 로메르는 수첩과 끊임없이 이어지는 시나리오, 물건, 그림, 사진, 8밀리 필름, 과자 상자에 정리된 카세트를 꺼내 보여 준다.[148]

편집은 상당히 길고 힘들고 복잡해서 8개월 이상이 소요됐다. 1994년 2월 20일 라바르트는 시네아스트에게 편지를 썼다. "마침내 〈에릭 로메르, 확실한 증거〉 두 편이 끝났습니다. 아리엘 동발에게 해설을 요청했기 때문에 제1편의 시작 부분을 리믹스해야 합니다. 뒤늦게 내 목소리가 별로 적합해 보이지 않았기 때문입니다. 아리엘이 아주 잘하는 것 같습니다. 게다가 그녀는 당신과 언어 이상의 즐거운 연대를 만들었습니다. 그러나 판단은 당신에게 맡깁니다."[149] 로메르는 실제로 '판단'한다. 라바르트는 말을 이어 간다. "최악의 상황을 예상했다. 이 두 시간짜리 영화에 그가 어떻게 반응할지 전혀 알 수가 없었다. 그가 그다지 공개하고 싶지 않은 것을 말하는 모습이나 작업을 설명하는 그의 모습을 정면에서 볼 수 있기 때문이다. 그 자신도 조금은 벗어나고 싶은, 자기 자신의 이미지에 대한 두려움이 있었던 것 같다. 그런데 최종적으로 그는 매우 만족했다. 10개월이 지나면서, 시간이 자신의 이미지를 견딜 만하게 만들었을 수도 있다. 그는 장면 배치를, 구체적으로는 책상 위에 쌓여 있는 자료와 두셰의 놀란 눈앞에서 꺼내 들었던 모든 자료의 장면 배치를 재미있어 했다."[150]

라바르트와 자닌 바쟁, 장 두셰는 로메르를 찾아가 이 영화의 방송에 동의하는지 확인한다. 시네아스트는 불평하며 들어주지 않는다. "서류에 서명하지 않았나요? 내가 죽기 전에 영화를 내보내지 않겠다고…….." 라바르트는 "하지만 '내 동의 없이는'이라고 써 있습니다!"[151]라고 응수한다. 그렇게 해서 로메르는 동의한다. 다만 그는 광고나 언론에 사전 보도 자료 없이 아르테Arte*에서 방송해 줄 것을 요청한다. 프레데리크 보노Frédéric Bonnaud는 『리베라시옹』에 이렇게 쓴다. "증거가 더욱 많아질수록, 로메르는 평범한 세부 사항에 더욱 지체하고, 미스터리는 더욱 짙어 간다. 결국 영화의 증거 더미 한가운데 침몰할 때까지 모든 것을 늘어놓고 나서야 그는 성공을 거둔 듯한 표정을 짓는다. 그는 모든 것을 보여주었고, 방법에 대한 담론을 설명하면서 두 시간 동안 우리를 매료시켰지만, 다 내맡기지는 않았다. 비밀은 온전히 남아 있고, 창조는 계속될 것이다. 별난 사람이다."[152]

---

* 문화 협력을 위해 프랑스와 독일이 공동으로 설립한 문화 예술 전문 방송

8
페르스발의 흔적을 따라
1978~1979

모리스 셰레가 연출가로서 소명을 얻은 일은 튈의 고향집에서 일어났다. 그 집 계단 벽에 걸려 있던 오래된 장식 융단에 꼭 끼는 바지를 입은 젊은 중세 기사의 모습이 그려져 있었고, 거기에서 영향을 받은 것이다. 어느 날 정원에서 나뭇가지를 모으고 있던 어린 소년은 아버지 때문에 놀란다. 소년은 "잔다르크처럼 [나뭇가지를] 불태우려!" 했었다고 훗날 고백한다. 연극에의 취향과 중세시대 취향 사이에 조숙한 혼란이 있긴 했지만, 이 취향은 결코 완전히 부인된 적이 없었다. 말하자면, 그는 프랑스어 교수가 되어서 『페르스발 혹은 그라알 이야기 Perceval ou le Conte du Graal』의 구절을 학생들에게 연기하게 하며 엄청난 기쁨을 느꼈다. 이는 프랑스 소설 전통의 토대가 되는 작품이며, 아직 은유적으로 복잡해지지 않은 인물과 상황이 담긴 레퍼토리다. 에릭 로메르는 설명한다. "내가 이 글에 관심 있는 부분은 구체적인 측면이다. 여기에는 문체랄 게 없으며, 이야기도 잘 정리되지 않는다. […] 이런 단순함 때문에 아이들이 이해하기 쉬운 작품이고, 라신보다, 때로는 몰리에르보다도 이해하기 쉽다."[1]

글의 즐거움

크레티앵 드 트루아Chrétien de Troyes*가 쓴 글의 단순성은 특별한 "문학적" 장치를 전개하지 않고도 이미지를 보여 주며, 사실 매우 일찍부터 로메르가 영화로 만들고픈 꿈의 대상이 되었다. 그가 텔레비전학교에서 〈갈루아인 페르스발〉을 만들었을 때 이미 제작의 꿈을 꿨지만, 배우를 쓰기에는 너무 무일푼이었다. 10년 후 그는 이 꿈으로 다시 돌아온다. 1970년대 프랑스 대학가에서 이 책을 다시 읽고 의상을 모방하는 등 유행했던 중세 부흥 열기에 부응하는 것이었을까? 아마 그럴지도 모른다. 그의 이전 작품에 출연한 배우 파브리스 루치니가 나오는 피에르 주카Pierre Zucca의 영화 〈뱅상은 당나귀를 풀밭에 두다Vincent mit l'âne dans un pré〉를 보면서 마침내 '자신의' 페르스발을 발견했다는 게 구실이 되었을까? 확실히 그럴 것이다. 그러나 『성배 소설Le Roman du Graal』을 각색하는 일은 무엇보다 사라진 언어를 적용하는 고독한 기획이며, 현대 번역의 배신을 넘어서는 일이다. 이에 도달하기 위해 로메르는 그가 느꼈던 경이의 근원으로 되돌아간다. 그것은 귀스타

• 12세기 프랑스 설화작가(1130?~1195)

브 코앙Gustave Cohen 교수가 초안을 만들었고, 오래전 로메르가 학생들과 함께 발견했던 시구로 된 버전이다. 산문으로 된 버전(그에 따르면 본래의 8음절을 약화시키는)에는 끌리지 않았기 때문에 시네아스트는 이 책을 전부 직접 재번역하기로 결정한다. 크레티앵 드 트루아의 운율법을 존중하면서, 여전히 이해 가능한 고어古語(moult, occire* 등과 같은 단어)를 보존하면서, 필요하면 언어를 보다 친숙하게 만들려고 했다.

로메르는 이 번역 작업을 너무 자랑스럽게 여긴 나머지 〈가면과 펜〉의 한 여성 방청객에게 이렇게 심하게 반응할 정도가 됐다. 그는 그녀가 자신의 운문 번역 〈갈루아인 페르스발〉을 출판사 폴리오Folio에서 발매된 산문 번역으로 오인했다고 생각한다. "나는 라투슈Latouche 부인께서 앞으로 공연한 주장을 하지 않기를 권하며, 영화에서 페르스발이 '하지만 이 조언은 무시될 것이다'라고 말한 것처럼, 그녀가 대답하지 않기를 바랍니다. 혹은 그녀가 원한다면, 푸쉐Foucher의 글의 경우는 '하지만 그렇게는 안 할 것이다.' 혹은 풀레Foulet의 글이라면 '내 귀에 들리지 않는다.' 또는 루보Roubaud나 들라이Delay의 글이라면, '나는, 그렇게 하지 않을 것이다.' 또는 귀스타브 코앙이라면 '그러나 이 의견은 무시될 것이다.' 또는 크레티앵 드 트루아라면, '그러나 이것은 무시될 것이다 mais cest ensaing desdaignerai라고 했을 것입니다.[2]" 이처럼 반복해 말하는 것처럼 로메르는 단어의 의미보다는 소리의 울림에 집착할 뿐

---

* 'moult'는 '많이', 'occire'는 '죽이다'라는 뜻이다.

만 아니라 서술적 장치에도 집착해서, 물리적으로 가장 적합한 형태를 찾는 것을 중시했다. 첫 시나리오 버전은 전통적인 방식으로 서창자를 등장시켜 그 소리(감독의 목소리인가?)를 책 앞부분에 곁들이고, 누락된 구절을 요약해 주고, 미완성으로 끝나는 이야기를 설명해 준다. 영화는 최종적으로 이런 편의성을 우회적으로 표현하기로 결정했고, 주인공에게 직접 자신의 이야기를 전하게 했다. 주인공이 하는 것은, "연극에서만 하는 '그가 말하기를' 이라는 말을 영화에 적용한 경우다. 그런데 정말, 우리가 알고 있는 것인가?³"

이러한 점에서 볼 때, 〈갈루아인 페르스발〉은 문학적 각색 이상, 즉 문자 그대로 각색의 의미를 가진다. 어떤 시네아스트라도 『성배 이야기』의 놀랍도록 많은 플롯만을 단순히 가져다가 연출했을 것이다. 이 글에서 연속되는 예기치 못한 사건, 만남, 여담은 선형적인 이야기 구조를 선호하는 우리 시대의 취향과 충돌하기 때문이다. 하지만 로메르는 본질적인 요소를 유지하는 모험을 한다. 원래 시구절의 3분의 2 정도가 그의 영화에 포함되고, (고전기부터 줄거리의 일관성에 주의를 기울였지만, 적어도 현대 관객에게는) 부차적으로 보일 수 있는 에피소드까지 포함했다. 따라서 페르스발의 여정 중간에 갑자기 고뱅Gauvain의 모험이 끼어들어 고뱅의 긴 여담이 진행되다가, 최후의 순간에야 중심 이야기로 되돌아온다. 시네아스트가 크레티앵 드 트루아에 대한 불성실을 감수하는 부분은 말 그대로 그보다 기독교적인 것을 보여 주기 위해서다. 예를 들어, 놀라운 난입(그에게는 감동이 없는 켈트족이나 이교도의 민음과 관련된)을 제거해서 여정의 도덕적 차원을 향상시키려 한다. 즉, 처음에 풋내기 기사를 매혹한 영광과 전쟁의 신과는 아주 다른 사랑의 신을 발견한다. 그것은 특히 그레고리오 성가가 노래하는 일련의 조악한 촌극으로 그려 낸 그리스도의 수난을 페르스발에게 되살아나게 하면서 이루어진다. 『성배 이야기』와 관련하여 로메르가 선택한 이런 몇 가지 자유로움이 1979년 대중에게 충분히 가까이 갈 수 있을지는 분명치 않다.

연극으로 우회

로메르의 또 다른 대담함이긴 하지만, 이는 또한 수백 년 된 전통에 근거하고 있다. 이런 연극적 배치는 〈O 후작 부인〉의 실내극 영화를 통해 그가 이미 실험해 본 바 있다. 그렇다고 1970년대에 시네아스트가 베를린의 샤우뷔네를 자주 방문했던 건 아니다. 그는 앙투안 비테즈의 무대, 특히 1971년 시테 대학기숙사 극장에 올려진 「앙드로마크Andromaque」* 무대를 세심하게 관람했다. 로메르는 라신에게 편지를 썼다. "당신의 「앙드로마크」는 정말 좋았을 뿐만 아니라, 내게 큰 가르침을 주었습니다(두 문장을 거꾸로 할수도 있습니다). 이번에 라신의 연극을 처음 봤습니다. 이제껏 순진하게도 난 그것이 상영 불가능한 작품이라고 생각했습니다. 내가 대충 암송하고 있는 드문 희극에 대한 생각을 조금은 전복하

---

* 프랑스 극작가 라신의 운문 비극

면서도 확실히 확인시켜 주었습니다.⁴" 로메르는 국립장식미술
고등사범학교École nationale supérieure des arts décoratifs에서 플로랑스 들
라이Florence Delay와 자크 루보Jacques Roubaud가 아서 왕 저작들을 기
반으로 구상한 대연작「성배 연극Graal Théâtre」의 요약본 공연을 본
다(그리고 마르셀 마레샬Marcel Maréchal은 곧 파리에서 이 공연을 재연한
다). 이 화려한 공연에서 가장 그의 관심을 끈 것은 배우들 한가운
데 관객을 배치하는 원형 무대가 자주 사용된다는 점이었다.

　로메르는 자신의 작품 〈갈루아인 페르스발〉을 비슷한 배치로
구상하면서 소외 효과와 고풍스러운 표현을 강조했다. 그는 마음
속에 중세 시대의 집들에 대한 분명한 참조가 있다. 즉, 교회 안팎
으로 신비가 퍼져나가고, 교회 주위로 대중의 호기심이 순환하는
구조에 대한 것이다. 따라서 페르스발이 다양하고 상호 교체가
가능한 배경(성, 도시, 성)에 따라 신비에서 신비로 움직이면, 움직
이는 카메라의 눈이, 하지만 독특한 공간의 중심에서 그를 쫓아
간다. 여기에 인물들이 겪고 있는 일에 대한 해설이 추가된다. 다
시 말해, 크레티앵 드 트루아가 일부러 생략한 공상적인 부분을
추가하여, 로메르는 연극성을 순수 상태로 대체해, 처음부터 볼
거리로 만들어진 일종의 중세적 재현의 현상학으로 대체해 완성
한다. 로메르는 이렇게 설명한다. "이 영화의 배우는 서창자다. 글
에 심취한 서창자는 단순히 말하도록 되어 있는 것을 연기하기에
이른다.⁵"

　이런 연극성을 펼치기 위해 그는 무대 경험이 있는 배우에
게 도움을 청한다. 연극학교Conservatoire d'art dramatique를 갓 졸업한

앙드레 뒤솔리에André Dussollier는 고뱅 역할을 아름답고 위엄 있게 보여 줬다. 미셸 에체베리Michel Etcheverry와 위베르 지누Hubert Gignoux, 파스칼 드 부아송Pascale de Boysson은 각각 어부왕과 은둔자, 페르스발의 어머니 역할을 맡았다(처음에는 어머니 역할은 수잔 엘롱Suzanne Elon, 아서 왕 역할은 로제 플랑숑에게 의향을 타진했다). 이 배우들을 중심으로 그는 자기 주변의 독특한 무리를 모아들였다. 이 무리는 앞으로 20년 동안 그와 함께하게 될 것이며, 한 번도 연기해 본 적이 없는 매우 젊은 사람들로만 이루어졌다. 먼저, 파브리스 뤼치니는 〈클레르의 무릎〉 이후 장로랑 코셰Jean-Laurent Cochet와 함께 대본 작업을 단련해 왔다. 하지만 로메르가 뤼치니를 선택한 것은 무엇보다 그가 가진 신선함, 개인적인 일종의 순진한 해학적인 면모 때문이었다. 코셰의 어떤 제자, 제라드 드파르디유Gerard Depardieu가 "내가 너의 페르스발을 할 거야!"라며 도전했음에도 불구하고 로메르는 드파르디유보다 뤼치니를 선호했을 것이라는 전설 같은 이야기도 있다. 아리엘 동발은 시몽 과정Cours Simon*과 파리국제음악학교Conservatoire international de musique de Paris의 학생이다. 그녀의 잘 찢어진 눈과 꾀꼬리 같은 목소리, 그리고 로메르의 웃음을 터트리게 하는 아이 같은 공상적 성격은 블랑슈플뢰르Blanchefleur의 묘사와 완벽하게 어울린다. 파스칼 오지에는 뷜 오지에Bulle Ogier의 딸이며, 상시에Censier에 있는 파리3대학 영화과 대학생으로, 그녀 역시 그가 애정을 가지고 합창단

---

* 르네 시몽René Simon의 연기 예술 과정

으로 채용한다. 그리고 아주 어린 고등학생 안로르 뫼리Anne-Laure
Meury가 있다('고뱅의 모험' 이야기가 들어간 것은 한 에피소드를 연출
하기 위해서라는 의심이 있다. 이 "짧은 소매 옷을 입은 소녀" 에피소드
에서 심술궂은 여자아이가 언니를 상대로 음모를 꾸미는데, 안로르가
이 역할을 맡아 14세의 감미로운 악의를 보여 준다.) 또한 마리 리비에
르도 로메르 극단에 이제 막 발을 내딛는다. "1978년 〈오후의 연
정〉을 본 후 나는 영화에 많이 감동했다는 편지를 그에게 썼다.
당시 로메르는 〈갈루아인 페르스발〉을 촬영하고 있었고 내 사진
은 중세 시대와 전혀 관련이 없었다. 나는 아주 짧은 머리와 짧은
치마에 나막신을 신고 있었다. 로장주 사무실에 도착했을 때 (…)
아리엘 동발과 파브리스 뤼치니 등 매우 외향적인 사람들이 있었
다. 그래서 난 더욱 주눅이 들었다. 로메르가 내게 '얼굴이 빨개졌
네요'라고 말했고, 그 후 내 얼굴은 보랏빛이 되었다. 배역 선정은
끝났지만 그는 합창단의 작은 역할을 내게 맡겼다.[6]"

극단이라기보다는 벌통 속 같다고 표현해야 할 것이다. 거기에
는 여러 에너지와 주장과 성격이 순환한다. 로메르와의 작업은
무엇보다 피에르1세드세르비 거리에 있는 그의 사무실에서 긴
시간을 보내는 것이다. 사무실에서 차를 마시며 별일 아닌 일들
과 〈갈루아인 페르스발〉에 대한 모든 것을 이야기한다. 뤼치니가
크레티앵 드 트루아의 시구절을 루이 주베Louis Jouvet나 미셸 부케
Michel Bouquet, 허풍 떠는 피에 누아르인pied-noir*을 흉내 내며 암송

---

* 프랑스령 북아프리카에 사는 유럽계 사람

하는 소리를 듣는다. 대가 로메르와 박식한 소품 담당자 에르베 그랑사르가 배구 하는 모습도 거기서 볼 수 있다. 이렇게 함께 나눈 행복감에 대한 최고의 증언은 영화 개봉 직후 필리프 콜랭이 말한 것이다. 기쁨에 빛나는 로메르는 자신을 촬영하게 내버려두고(그가 장 두셰에게 세트에서 마음껏 자신을 촬영하게 한 것처럼), 루치니의 재치와 젊게 빛나는 소녀들 무리의 아름다움에 아주 즐거워한다. 하지만 이런 비공식적 교제 외에 면밀한 준비 과정이 있으며, 이 안에서 위대한 중세 장인의 엄격함을 찾을 수 있다. 루치니는 일 년 반 전부터 두 군데서 피자 배달 일을 하면서 사이사이 운문 발성과 승마, 무술을 연습한다. 일 년 전부터 로메르는 구어체와 노래 부분, 암송 부분 사이의 조화를 맞추면서 연기 리허설을 감독한다. 작은 슈퍼 8미리 카메라를 장착하고 말을 탄 기사들이 거니는 모습을 촬영하면서, 그는 사방으로 돌아다니며 어떤 것도 자신의 경계에서 벗어나지 않도록 주의한다. 긴 플랑세캉스 plan-séquence*에서 배우의 연기 동선을 예측하기 위해 로메르는 촬영 직전에 글 전체의 연속성 내에서 이 장면이 재현될 수 있도록 전체 리허설을 조직했다. 그래서 이 영화는 그의 어떤 영화보다 연극에 가깝다. 하지만 중세적 이상에 따라 분명하게 경험되었던 연극과 비슷하다. 즉, 감독은 뒤로 물러서 있고 완전하게 말의 활용을 추구하는 집단적 친교 같은 것이 된다.

• 한 시퀀스를 하나의 숏으로 구성하는 것, 영어식으로 시퀀스 숏이라고도 한다.

무엇보다 먼저 음악이

음악의 활용도 마찬가지다. 음악은 로메르가 통과하는 또 다른 우회로이기 때문에, 『성배 이야기』를 공연물로 변환시켜서 시각적인 동시에 청각적인 공간 안에 음악을 배치한다. 그리고 이번에도 역시 과거로 거슬러 가서 그가 시작점으로 삼는 현재의 모델이 있는데, 예를 들면 뮤지컬이다. "어쨌든 나는 하나는 썼다. 〈갈루아인 페르스발〉! 나는 기존 노래에 가사를 바꿔서 삽입했는데, 각색한 글에는 없던 것이었다. 그러니까 각색본을 뮤지컬로 바꿨다고 말할 수 있지만, 실은 참신한 악보를 작곡할 프랑스 음악가를 찾지 못했던 것이다." 사실대로 말하면 그는 처음에 한 사람을 찾았다. 누벨바그와 함께 일했던 유명한 작곡가 중 한 사람인 앙투안 뒤아멜Antoine Duhamel이다. 그는 고다르의 〈미치광이 피에로Pierrot le Fou〉와 트뤼포의 〈도둑맞은 키스Baisers volés〉에서 작업했다. 하지만 그들은 서로 통하지 않다는 사실을 일찌감치 알았다. 뒤아멜이 아리엘 동발의 배역 선택을 비판했기 때문이다. 그는 동발의 목소리가 중세풍 선율을 노래하기에 자기 취향에서 보면 너무 오페라극적이며 고전적인 목소리라고 판단했다. 무엇보다 뒤아멜이 로메르의 철학과 정반대되는 영화 음악musique de film을 쓰려고 했기 때문이다. 로메르에게는 결코 영화 음악이 아니라, 영화 속 음악이며, 그것은 얼굴, 풍경, 사물과 같은 자격으로 현실의 한 단편으로 표현될 뿐이다.

그래서 로메르는 다른 쪽을 향해 간다. 1970년대 중반 프랑스에서 중세 음악의 재해석이 매우 유행했다. 12세기 음악 전문가 (말하자면, 크레티앵 드 트루아가 글을 썼던 시대) 기 로베르Guy Robert 의 도움으로, 로메르는 이야기 전체의 주요 부분을 합창단에 맡기는데, 합창단은 행동을 동반하기보다는 직접 해설하는 역할을 한다. 인물의 몇 걸음으로, 때로는 같은 장면 안에서 계속되는 메아리 효과를 사용하여 실감 나게 이야기를 만들어 갈 수 있다. 그렇기 때문에 로메르는 사용되는 악기(류트, 숌•, 플루트)의 리얼리즘, 재연된 악기의 역사적 적합성, 합창단원의 우아함에 애착을 보인다. 합창단 중 일부는 촬영 후 뮤지컬 그룹 '페르스발'을 만들고, 또 다른 사람들은 각자 솔로로 경력을 계속한다. 그런 경우가 젊은 미국 여성 데보라 나단Deborah Nathan인데, 그녀의 목소리는 합창단에서는 파묻히지만(목소리가 거의 들리지 않는다), 플루트 연주자로서의 재능은 영화 내내 은밀하게 여러 색깔로 펼쳐진다. 〈클레르의 무릎〉에서 이렌 스코블린이 그랬던 것처럼 그녀는 〈갈루아인 페르스발〉의 숨겨진 뮤즈다. 이 영화에서 그녀는 부드러움으로 가득 찬 수호적 존재이며, 예술적 실천으로 즉시 승화된 부드러움이다.

로메르는 미슐레 거리의 미국 학생들 중 한 명인 린디 맥클린 Linda Macklin을 통해 장피에르 랑팔Jean-Pierre Rampal의 제자인 나단을 알게 된다. 갓 파리에 도착한 크고 아름다운 갈색 머리 소녀는 하루 종일 플루트 연습을 해서 이웃 사람들을 아주 힘들게 한다. 시

• 류트는 유럽의 현악기, 숌은 중세 이후에 쓰인 유럽의 야외용 관악기다.

네아스트는 그녀에게 매일 로장주에 와서 연습하라고 제안한다. 부엌과 잡동사니를 넣어 두는 데 쓰던 사무실 안쪽 방을 연습실로 내어 준다. 이렇게 우정이 시작되고, 거기서 음악은 토론의 대상이자 실험적인 공유 대상으로 핵심 역할을 한다(로메르가 피아노 연주를 다시 하게 되었을 때 그가 피아노를 치면, 그녀는 플루트를 불었다). 데보라가 모범적인 젊은 여성의 역할에서 벗어나 파리의 밤거리로 나갈 때 로메르는 아버지처럼 그녀를 걱정했다. 그녀에게 여러 연인이 있다는 사실을 그는 알고 있었지만, 그들 사이에는 조금의 모호함도 존재하지 않았다.

훗날 데보라가 시네아스트에게 남편을 소개했을 때 그는 그녀에게 아름다운 편지를 쓰는데, 이 편지는 그런 측면에서 일말의 의심도 남기지 않는다. "네가 파리에서 보낸 이틀 동안 널 다시 볼 수 있어 내가 얼마나 행복했는지 짐작할 수 있을까. 무엇보다 모든 (외형적·지적·도덕적) 면에서 완벽해 보이고 기적에 가깝게 너와 잘 어울리는 남자와 연합하여 행복해하는 네 모습을 보니 정말 좋다. 나만큼이나 네게도 많은 행운이 있구나. 그 행운은 말이야, 25년간 한 여성과 연결되어 있다는 것이지. 내가 말한 적은 거의 없지만 여러 가지 단서를 보였으니 아내를 향한 나의 깊은 불멸의 애착을 넌 짐작할 수 있었을 거다. 주위의 너무 많은 부부가 헤어지는 시대에 우리 부부는 모든 권태와 쇠락에 저항한다. 너희 부부도 그와 같을 거라고 확신하고 또 바란다.[8]" 마지막에 로메르는 '애정'이라는 단어를 지우고 '사랑'으로 대체한다. 이 사랑이라는 단어에 또 다른 단어가 반향을 일으킨다. 그것은 '궁정풍 사랑'의 전통을 지시하는 것이며, 이는 〈갈루아인 페르스발〉에 잘 표현되어 있다. 어떤 사람이 그에게 "그런데 어떻게 이 아름다운 소녀들과 매일 차를 마실 수 있습니까?"라고 물었을 때, 그는 대답한다. "내 비밀은 절대적 순결입니다."

회화에서 건축까지

〈갈루아인 페르스발〉의 최종 보수적 혁신은 중세 시대의 표현에 맞춰 회화적 공간을 재창조하는 데 있다. 〈O 후작 부인〉과 마찬가지로, 로메르는 사라진 시대의 사실적이지 않은 진실을 재구성하는 척하지 않는다. 그럴 게 아니라면 과거의 사람들이 스스로 만들었던 이미지를 통해, 그리고 그들이 우리에게 남겨둔 이미지를 통해 재구성해야 한다. "나에게 한 시대에 대한 충실함은 그 시대가 남긴 것에 대한 충실함이다! 시대 그 자체일 수 있는 탐구는 헛된 것이 아니다.[9]" 그는 박식하고 근면한 베네딕트 수도사 같은 인내심을 가지고 그 흔적을 추격한다. 그는 동료 셰릴 카를시모Cheryl Carlesimo와 함께 교회에 방문해서, 동상의 몸짓에 특히 주의를 기울인다. 국립 도서관은 이전에 크레티앵 드 트루아에 대한 교육용 영화를 준비하면서 자주 방문한 적이 있다. 그는 아리엘 동발의 호위를 받으며 도서관에 다시 와서 12세기의 도상학 자료들을 열람하거나, 저명한 중세 연구가의 의견을 구한다. 그는 미셸 파스투로Michel Pastoureau에게 편지를 쓴다. "(…) 여전히 일상생활의 특정 몸짓(특히 인사법)과 페르스발의 동료와 적의 문장

紋章에 대한 정보가 부족합니다. 당신의 지식에 도움을 청합니다 (…)."[10] 필요한 경우 로메르 자신이 직접 역사가가 됐다. 예를 들어, 그는 당시 '짧은 소매petite manche'가 어떤 것이었는지 재발견했다. 그 '짧은 소매'란 여자가 소매에서 떼어 낼 수 있는 천 조각으로, 전쟁 중에 남자들을 격려하기 위해 만들어진 것이었다. 그는 의상과 건축의 세부 사항을 옮겨 그리면서 공책 전체를 스케치로 가득 채웠다. 그는 당연히 스토리 보드라고 불러야 할 것들을 (예외적으로 집에서 작업하며) 기꺼이 직접 그렸다.

이것은 〈갈루아인 페르스발〉을 연출하면서 그가 항상 불신해 왔던 영화적 회화성을 수용하게 되었다는 의미일까? 그는 무엇보다 의상의 역사적 정확성에 집착한다. 특히 쇠사슬 갑옷은 모든 제조 작업장을 동원해 제작했다(이 갑옷은 끔찍한 속박이 된다. 마르가레트 메네고즈는 철갑옷을 꽉 껴입은 단역 배우가 말에서 떨어지면서 병원 한복판에 옮겨졌던 희한한 광경에 대해 이야기해 주었다). 그는 여자 배우들에게 로마네스크 양식의 세밀화처럼 손을 벌리고 있으라고 요청한다. 그리고 아직 존재하지 않은 관점을 지우고, 시대 고증의 오류일 수 있는 빛의 대조를 줄이면서 그 스타일을 떠올리게 하려고 노력한다. 교회의 합각머리 삼각면이나 대형 장식문자에서 볼 수 있는 몸을 구부리는 모습도 물론이다. 로메르는 특정 미학적 구성을 존중하면서도 지나치게 가시적인 모든 인공적인 것을 피하며 연기자가 이 구성 안에서 왕래하게끔 노력한다.

여기에 건축이 개입한다. 장피에르 코위 스벨코Jean-Pierre Kohut-

Svelko(1972년부터 프랑수아 트뤼포의 정식 미술 감독)의 도움으로 시네아스트는 로마네스크 회화의 수직적 곡선 효과를 수평면 위에 옮겨 놓는다. 원형으로 된 무대 장치 중심에 두 그루의 나무를 세워서 (중세적 환유 전통에 따라) 숲을 지시하고, 거기서 페르스발의 여정은 타원형의 경로를 따라간다. 로메르는 (기존 현실에 근거하지 않고는 아무것도 발명하지 않았다는 사실을 증명하려는 것처럼) 이렇게 주장한다. "수평면에 원근법적으로 투영된 이 곡선 공간이 실제로 존재한다는 점이 나를 이끌었다. 그것은 로마네스크 양식 교회의 공간, 제단 뒤 반월형의 후진後陣이다. 우리는 제단 주위를 촬영할 수 있다. 그래서 내 영화의 배경은 중세 시대의 진실 안에 있다. 이것은 축소 모형으로 재현된 평면일 뿐만 아니라 건축이기도 하다.¹¹" 게다가 그것은 촬영하는 앵글에 따라 배열이 달라지는 실내 무대 장치를 주관하는 동일한 회전 원리다.

경로가 그려지는 타원 안에서 우리는 로메르 작품의 기본 도식 중 하나를 눈치 챌 수 있다. 1974년 〈에투알 광장〉에 영감을 준 같은 사람이고, 개선문을 둘러싼 모든 교차로를 가로지르던 그의 영화 속 작은 인물이다. 로메르가 생각하는 페르스발은 (그 무엇보다) 과거의 흔적 한가운데서 완고하게 선회하고 있는 한 인물이다. 마치 거기서 벗어나 자유를 확인할 길을 찾는 것처럼 말이다. 무엇보다 다른 예술의 폐허 위에서 이 영화가 우리에게 말하는 것은 영화의 탄생이다. 에피네 스튜디오studios d'Épinay에 설치된 거대한 무덤에서 그는 유일한 창작자다. 에릭 로메르, 그는 끊임없이 동정을 살피며, 어디든 가며 혹은 아무 데도 가지 않으면서, 언제라도 새로운 궂은일을 기꺼이 한다. 귀네비어Guenièvre 역을 연기한 마리 크리스틴 바로는 누군가의 도움이 필요하면 바로 그를 보며 손가락을 올린다. "저요! 할 일이 없어요!" 로메르가 바닥에 뿌려진 모래를 비로 쓸며 일과를 보내던 중, 신입 동료(검술 사범 라울 빌레리Raoul Billerey)가 그에게 다가오는 모습을 보고 급히 멈추어 세운다. "어, 어…… 당신은 거기 초원을 걷고 있습니다." 〈갈루아인 페르스발〉 덕분에 그는 무르나우의 꿈이었던 조물주의 꿈을 실현한다. 다시 말해, 세상을 자신의 시선에 맞게 재창조할 수 있었다.

셀룰로이드의 승리

우리는 방금 전 무르나우를 인용했다. 로메르가 6년 전 그에게 바친 논문과 거기서 전개한 공간에 대한 그의 이론을 어떻게 생각하지 않을 수 있을까? 〈갈루아인 페르스발〉은 그렇게 정의된 모범적인 지점과는 상당히 거리가 있긴 해도, 그는 거기서 주요 직관을 발견한다. 즉, 그것은 영화적 공간에 대한 사고이며, 이 사고는 회화적인 것과 건축적인 것을 포함하고 또 초월하면서, 그 총체성은 물론이고 한계까지 보여 준다. 무엇보다도 「셀룰로이드와 대리석」에서, 그리고 『카이에 뒤 시네마』의 비평가로서 예술 가운데 제7예술의 위대함을 더 잘 칭송하기 위해 실천했던 예술의 면밀한 분석을 어떻게 생각하지 않을 수 있을까? 물론 〈갈루아인 페르스발〉이 장면화하는 것은 초기 예술의 모습이다. 즉, 이 영화 속에서 소설과 연극, 음악, 회화, 건축은 주관성과 현대성 속으로 추락하기 훨씬 전인 그 근원에서 되살아난다. 물론, 로메르가 재현하고 싶어 하는 것은 순수한 중세 시대이며, 이 중세는 환멸과 낭만주의로 가득 찬 안개 속 같은 로베르 브레송의 방식과는 거리가 멀다(1974년에 개봉된 〈호수의 란슬로Lancelot du Lac〉는 로메르에게 깊은 인상을 남겼다. 마르가레트 메네고즈가 브레송과도 일할 계획이라는 이유로 그녀에게 질투를 보일 정도로 그는 절대로 이 영화와 구분되어야 한다고 생각했다). 하지만 이 순수는 영원히 상실된 것이다. 이 순수는 순진한 신기루, 진부한 이야기, 중단된 이야기의 형식을 가지며, 오직 영화만이 그것을 오늘날 다시 시작할 수 있다.

이 말을 통해 영화가 개봉할 때 이루어진 많은 인터뷰 중 로메르가 버스터 키튼을 자주 언급한 이유를 이해할 수 있다. 키튼을 언급한 것은 단지 루치니가 정색하고 농담하는 익살에 대한 헌정이나 20세기 대중에 대한 암시만은 아니다. 버스터 키튼(로메르는 1994년 한 기사에서 이에 대해 다시 언급한다)은 무엇보다 직선의 균일하고 지속적인 움직임이 지배하는 공간의 조직자다. 〈갈루아인 페르스발〉에서 지배하는 공간과 매우 유사하다. 키튼의 주위와 마찬가지로 페르스발 주변에서, 세계는 전체 구성의 일부인 예술적 형식을 포함해 민감한 단일성 내에서 보인다. 그렇기 때문에 로메르는 정색하고 "다큐멘터리 시네아스트[12]"라는 수식어를 주장한다. 그렇기 때문에 그는 몽타주나 이미지의 속임수를 거부한다(눈 위에 떨어진 핏방울, 그리고 회상 역할을 하는 짧은 애니메이션 시퀀스 같은 특수 효과를 제외하고). 그렇기 때문에 장피에르

루Jean-Pierre Ruh가 녹음한 새소리로 이야기의 구두점을 찍는 계절을 표시하는 것과 무거운 쇠사슬 갑옷을 입은 것은, 결국 진실에 대한 그의 요구다. 〈갈루아인 페르스발〉를 통해 영화cinéma는 노아의 방주로 탈바꿈하여 사라진 우주에 전체적 일관성을 부여받고 현존하게 된다.

그때부터, 로메르가 키튼과 공유하는 미덕, 즉 어린 시절의 정신을 되살리기 위한 모든 조건이 충족된다. 그는 이렇게 썼다. "(…) 버스터 키튼이 유발하는 웃음은 어린아이가 자신의 나이와 능력을 넘어선 임무를 진지하게 여기면서 유발하는 웃음과 같은 본성을 가지고 있다. '어른'이 되려고 하는 아이다. (…) 그 웃음은 아이의 생각, 순진하면서도 효과적인 생각을 끝까지 따라간 사람이 터트리는 웃음이다.¹³" 여기서 페르스발의 초상화라는 게, 성배를 "놓칠" 위기와 바보에게 일어날 수 있는 위기 상황에서 길에서 만난 대인*이나 어머니의 교훈을 어설프게 적용하려는 게 아닌가? 영화에서 일어나는 모든 일은 마치 로메르가 모성적 인물에 대한 충실함, 그리고 모성이 물려준 것인 동시에 그의 불가능한 해방인 모든 문화에 대한 충실함을 재확인하는 것과 같다. 페르스발은 스스로의 힘으로 기사가 되고, 여자를 정복하고, 남자를 이기기를 원했다. 그러나 그가 떠날 때 어머니의 절망적인 죽음은 그의 운명에 지울 수 없는 그림자를 드리운다(그가 이 장면을 볼 줄 모르기 때문에 더욱 잔인하다). 그래서 그는 닫힌 공간을 선회

---

* 〈갈루아인 페르스발〉의 등장인물

1978년, 에릭 로메르가 그린 〈갈루아인 페르스발〉 디자인

해야 하는, 결코 잊을 수 없는 유아적 표상의 중심에서 "성인을 연기하도록" 운명을 선고받는다.

셀룰로이드의 승리, 즉 주인공의 성숙과 일치되는 영화적인 성숙인가? 생각해 보면 이는 성급한 말일 것이다. 오히려 로메르(수년 전에 그는 어머니를 잃었고, 앞서 봤듯이 처음으로 본 촬영 외에 자신의 촬영을 허락한다)는 여기서 어린 소년의 시행착오를 반복하며 그럭저럭 자신의 정체성을 확인하는 것처럼 보인다. 잔다르크를 불태우면서, 혹은 페르스발의 모습으로 돌아오는 꿈을 꾸면서.

어른에게는 금지된

또한 이 영화를 중심으로 진행되는 강화된 "의사소통"에는 아이들이 중심을 차지한다. 로장주는 아이들의 뜻에 따라 교육용 문서를 배로 늘리고, 로메르는 그가 번역했으며 충분히 이해 가능한 8음절 시구를 듣고 싶어 하는 이들에게 반복해서 수업했다(그들이 고등학생 때 했던 것처럼). 여기에 몇 가지 쿠에 요법을 사용했지만 이는 우리가 학교에서 진행한 토론을 신뢰한다는 사실에 기초했다. 감독과 주연 배우가 대화하면서 학생들은 〈갈루아인 페르스발〉의 언어와 그 언어가 만들어 낸 이미지에 아주 자연스럽게 적용한다. 배우 학생들은 이번에 그것을 연극적으로 재해석해서 무대에 적용하고, 로메르의 접근 방법을 축소된 규모로 재현한다. 이런 교류가 로메르에게 가져다준 행복감이 어떨지 짐작할 수 있다. 이 유치한 차원의 중요성을 가늠한 유일한 사람, 다니엘 뒤브루Danièle Dubroux는 기사에서 그에게 준 즐거움에 대해 이렇게 썼다. "파브리스 루치니의 환영에 사로잡힌 시선(…)은 현실에 조용히 반응하는 아이의 시선을 재현한다. 하지만 영화에 설정된 표현 장치는 아역 배우만큼이나 (주위의 현실에 현혹되는) 아동 관객의 상징적 장소를 가정하는데, 이는 아이들의 놀이에서 아직도 이루어지는 창조주의 관습에 따른 것이다. 즉, '너는 페르스발, 너는 아서왕, 너는 블랑슈플뢰르야. 그리고 이 상자는 성이고, 이 기둥은 나무야……' 배우가 행동할 때 자신을 삼인칭으로 지시한다는 사실은 (…) 이 '관습적인' 거리감의 효과를 배가시킨다. 여기서 아이들은 바로 자신이 잘 알고 있는 나라에 와 있다고 생각하는 반면, 성인들은 자신이 바보로 취급받거나 오해받고 있다는 느낌을 받는다. 사실 그들은 나쁜 경기자들이다.[14]"

이 나쁜 경기자들, 어른들은 위대한 현장의 단계마다 존재하며, 그들 때문에 로메르는 어떤 고독 속에서 싸울 수밖에 없었을 테다. 그는 마르가레트 메네고즈와 자크 플로Jacques Flaud(CNC 책임자)의 도움으로 적어도 제작 지원금(백만 프랑)과 해외 텔레비전의 상당한 도움(독일 채널 ARD, BBC, RAI가 450만 프랑 정도를 지급함)을 받는다. 거기에 추가된 150만 프랑은 고몽 영화사의 다니엘 토스캉 뒤 플랑티에Daniel Toscan du Plantier가 탁자 위에 올려놨던 것이다. 세실 데쿠지는 이렇게 말했다. "제작에 문제가 생겼다. 로메르에게 해를 입히고, 고몽이 결국 프랑크 카상티Frank Cassenti가 준비 중인 비슷한 주제의 영화(《롤랑드의 노래La Chanson de Roland》)에 더 유리한 선택을 했다. 그 결과로 〈갈루아인 페르스발〉의 예산이

삭감되었다.[15]" 감독이 급하게 쓴 메모가 이 사실을 확인해 주는데, 각자 배정된 자리에서 절약을 권장하는 내용의 메모다. 스튜디오 촬영은 고작 7주간 진행되며 영화 재정은 천만 프랑을 넘지 않는다. 어떤 기자가 로메르에게 말한 것처럼 "실제 필요한 시간과 돈의 절반밖에 없었다[16]"는 사실을 유감스러워 해야 할까? 그와 반대로, 모든 상황으로 보아 그는 바로 이 불균형을 예상하고 영화의 배경과 극을 상상했던 것 같다. 그가 이 기획의 중심으로 여기는 세련된 아마추어리즘을 계발해 가면서 말이다.

하지만 이런 노력은 그에게 대항하는 두 번째 유형의 나쁜 경기자들이 그가 설정한 게임의 규칙을 문제 삼을 것을 각오해야 한다는 의미다. 이 두 번째 유형은 배우들이다. 어쨌든, 공식 보도자료를 보면 배우 대표자들(프랑스 배우조합 사무실)은 저임금(1년의 무급 리허설 후에) 또는 강요된 희생(각자 자기 간식과 분장 도구를 직접 가져오는)에 경고를 보낸다. 이번 한 번만큼은 로메르도 이런 고발에 답하기 위해 논쟁의 펜을 든다. "(…) 반대로 배우 조합은 나를 칭찬해야 한다. ─독일에서 제안한 유리한 조건에도 불구하고, 프랑스 배우와 기술자, 스튜디오에 일자리를 제공하는 프랑스 영화를 촬영한 것에 대해. ─포스터 전면을 장식할 유명 배우 X나 Y의 은행 계좌를 불리기보다는 재능 있는 무명 배우에게 자신을 펼칠 기회를 제공한 것에 대해. (…) ─일부 투자자의 갑작스러운 결별에도 불구하고, 각자의 수고에 맞게 즉시 공정하게 보상한 것에 대해. (…) '연기자' 부문은 예산 삭감에서 제외된 유일한 분야다. ─긴축이 있었고, 그 긴축의 시작을 내게 먼저 부과한 것에 대해. 나는 내 급여를 팀에 기부했을 뿐만 아니라, 편의를 보장하는 직책에서 우선적인 배제를 자원했다. 하루에 열여덟 시간 동안 보조와 대본, 조감독, 심부름꾼의 자리를 겸한다는 것은 즐거운 마음만은 아니다. 나는 조합이 대상을 착각하고 있다고 생각한다. 프랑스 영화에 생명을 불어넣는 독립 제작자와 다툼하는 대신, 프랑스 영화를 질식시키는 관료주의와 독점권, 돈의 힘을 비난하는 게 더 고무적일 것이다.[17]" 자신을 위한 변론은 "희극과 격언"에서 서문으로 사용될 것이며, 그리고 그의 스파르타식 경제관념은 곧 작품으로 구현될 것이다. 이것은 감독의 절대적 자유를 보다 더 잘 보호하기 위해서다.

아직 나쁜 경기자에 네스토르 알멘드로스가 있다. 그렇지만 그는 지난 10년 동안 로메르적인 고행에 헌신하지 않았던가? 촬영 직전에 그는 모든 것을 포기할 준비를 해서 로메르를 혼란에 빠트린다. 마르가레트 메네고즈는 두 사람 사이의 오해에 대해 증언하는데, 그 오해의 흔적은 촬영 기간 내내 지속되었다. "네스토르는 영화 전체를 스튜디오에서 촬영하지 않고 12세기 성과 내부, 진짜 숲과 길을 찾으려고 아주 분투했다. 무에서 모든 것을 창작해야 하는 것에 그는 매우 우려를 표했다. 에피네 스튜디오에서 네스토르는 〈O 후작 부인〉 때와 똑같은 질문을 내게 했다. '태양은 어디 있지?' '네가 원하는 곳에, 네스토르.' 산책로에 설치된 조명기로는 빛의 변화를 거의 예측할 수 없었다. 게다가 그는 그림자가 지는 뤼치니의 커다란 결후結喉를 혐오스럽고 추하다고 생각했다.[18]" 알멘드로스는 프레임을 조절하는 순간 자신에게 다가오지 않는 이 기사를 화면 안에서 항상 봐야 한다는 점에 화가 났다. 게다가 (항상 동료들을 매우 존중했던) 로메르조차 한 장면이 너무 노랗다고 비판하면서 오랫동안 화를 냈다. 이 장면은 블랑플뢰르의 얼굴 위 눈물이 흰 눈 위의 핏방울로 연결되는 장면이다. 그렇지만 전에 없이 〈갈루아인 페르스발〉에 적용된 기교적인 면이 확실한 역사적 사실에 기초하기를 원했던 사람은 바로 로메르다. 이 경우 조명으로 촛불을 사용했다. 우리는 이래저래 그 상대들(앙투안 뒤아멜처럼 임시직이든 네스토르 알멘드로스처럼 정규직이든)이 때로 냉정함을 잃었을 수도 있다고 생각해 볼 수 있다.

마지막으로 나쁜 경기자는 기자와 관객이다. 관객은 페르스발의 모험에 감탄하려고 별로 서두르지 않는다. 관객 수는 단독 개봉으로 겨우 14만 5천 명이다. 기자들이 관객을 격려하는 데 아무 일도 하지 않은 것도 사실이다. 모든 언론은 한결같은 목소리로 영화의 차가움과 학생 연극 같은 어색함을 개탄했다. 심지어 장 드 브롱셀리Jean De Baroncelli 같은 신중한 비평가도 그런 훌륭한 노력이 관객에게 거리를 유지하게 만든 이유라고 탄식했다. 장루이 보리(로메르 초기 영화의 수비수였지만)는 이런 기사를 써서 최후의 일격을 가했다. "내가 유감인 점은 깊은 숲을 재현하는 섬세한 작업이 줄기 끝에 올려진 양배추 화단으로 대충 표현됐다는 것이며, 그 추함이 여기서 그토록 부족했던 그 마법을 부리는 친절하게 흰 눈이 내렸을 때에만 조금 약화된다는 점이다. '양식화된' 순수함이나 순진함을 빙자한 페르스발을 내가 유감으로 여기는 것처럼, 그것 역시 (…) 매력 없는 미련한 것이며, 우아한 부인과 부드러운 동정녀의 감동을 거의 정당화하지 못한다.[19]" 유일하게 미셸 페레Michel Pérez와 미셸 마르맹Michel Marmin이 연출이 주장하는 고풍스러운 표현을 옹호해 준다. 한 명은 할리우드 고전주의의 이름으로, 다른 한 명은 프랑스어의 수호라는 이름으로, 〈갈루아인 페르스발〉에 간접적인 경의를 표한다.

이러한 논쟁에 들어가지 않고 우리가 단지 확인할 수 있는 바는 로메르가 스스로에게 선고한 빛나는 고립이다. 영화를 좋아할 만하게 만드는 최소한의 양보도 거부하면서(2시간 20분에 가까운 상영 시간을 포함하여), 그리고 영화 속 인물처럼 사막에서의 긴 여정을 계속하면서 말이다. 그의 지평은, 중세보다 혹은 사라진 훌륭한 예술의 수호보다 훨씬 더 멀리 있는, 영화에 대한 욕망의 모호한 근원이다. 깨지기 쉬운 로즈버드와 비슷한 어떤 것, 그것은 그혼자만 아는 비밀이다.

여섯 편의 희극과 격언
1980~1986

1980년대가 밝아오며 에릭 로메르는 새로운 연작을 시작하는데, 겉으로는 모순적으로 보이는 몇 가지 생각을 따라간다. 첫 번째 생각은 1960년대 초 '도덕 이야기'의 구상으로 되돌아가는 것으로 새롭지 않다. 즉, 이제 그에게 중요한 것은 자신의 '레퍼토리'와 다른 낯선 주제는 피하고 연작 안에 명확한 기획을 구성해서, 미래의 투자자에게 신뢰를 주는 일이다. 〈갈루아인 페르스발〉에서 자금 운용의 어려움(그리고 혹독한 흥행 실패)을 겪은 직후여서 이런 전략은 그에게 현실감을 회복시켜 주었다. 이를 통해 로메르는 자신과 동료들을 안심시키는 구조 안으로 되돌아올 수 있게 된다. 비록 그것이 눈속임 구조라도 말이다. 이는 발자크가 자신의 『인간 희극*Comédie humaine*』의 흩어져 있는 단편들을 사후에 재구성했던 것 같은 경우다.

예를 들어, 눈속임은 연극을 참조한 것인가? 아무튼 눈속임은 로메르가 새로운 연작을 소개하면서 열거한 언어 가운데 가장 먼저 보이는 단어다. 연작은 '희극과 격언'이라는 제목으로 시작하는데, 이 제목은 알프레드 드 뮈세Alfred de Musset, 카르몽텔Carmontelle, 세귀르 백작부인에서 빌려 왔다. 또한 르네 클레르의 『희극과 해설Comédies et Commentaires』도 생각할 수 있다. 로메르가 과거의 대가와 위대한 세기의 극작가를 모방한 만큼 그의 의도를 분명히 밝힌 서문을 읽어 볼 필요가 있다. "과거와 다른 가장 큰 차이점은 이 새로운 연작 전체가 주제나 구성에 있어서 더 이상 소설이 아니라 연극을 참조한다는 점이다. 첫 번째 연작인 소설의 인물은 그 안에 살면서 자신의 이야기를 서술하는 데 전념하는 반면, 두 번째 연작인 연극의 인물은 자신을 무대에 올리는 데 더 집중한다. 첫 번째 사람은 자신을 소설의 주인공으로 여기지만, 두 번째 사람은 자신이 돋보이는 상황에 있는 희극 속 인물과 동일시할 것이다."[1] 그래서 '도덕 이야기'의 인물들과 어떤 문학적 거리를 유지했던 화면 밖 목소리 해설은 사라진다. 인물이 계속 거짓말하게 만들었던 이미지와 분석적 언어 사이의 (때로 약간 체계적인) 이중성을 넘어선다. '희극과 격언'의 주인공은 **상황성**situation과 **재현성**représentation을 동시에 보여 줄 것이다. 그들은 삶에서 작가와 배우와 관객의 면모를 차례로 보이지만, 진실과 거짓이 이전만큼 쉽게 구별되지 않은 채로 살아갈 것이다.

확실한 눈속임인 이 격언은 이제부터 각 희극에 동반되며 오프닝 시퀀스 마지막에 역설적인 도덕률처럼 등장한다. 그럼에도 첫 글에서부터 로메르는 그가 설정한 구성의 상대성을 인정한다. 그는 '도덕 이야기'에서 그랬던 것처럼 작업 중인 영화의 주제와 편수를 공개하기를 거부한다. 왜냐하면 이번에는 대부분의 시나리오를 이제부터 써야 하기 때문이다. "일관된 주제가 있긴 하지만 미리 제공하지는 않을 것이다. 하지만 작품이 진행되면서 관객과 작가, 그리고 아마도 인물들 자신이 그 주제를 발견하게 될 것이다."[2] 이 말에서 즉흥성이 드러나는데, 이 즉흥적 요소는 연작 후반부에 무르익는다. 한 영화에서 다른 영화로 이어지는 이 인간 희극적 면모는 예측 불가능하며, 초기 연작에서 중심이 된 엘리트주의적이고 미시적인 사회성과 비교해서 더욱 다양하고 풍부해진다. 〈수집가〉와 〈클레르의 무릎〉에서 연출되었던 거만하고 지적인 담화자는 사랑에 힘들어하는 여자나 성장기의 젊은이로 바뀐다. 제고프의 영향은 마침내 사라진다. 분명 덜 화려하긴 하지만 훨씬 더 많이 애착이 가는 인간의 모습으로 바뀔 것이다.

반면 누벨바그에 대한 충실성은 약화되지 않는다. 1970년대 자신의 경험에 근거한 연극성을 주장하면서도 로메르는 1960년대 영화 제작 양식과 단절하지 않았다고 아주 강하게 확신한다. 그는 〈갈루아인 페르스발〉의 스튜디오에 오래 갇혀 있었기 때문에 그 후 이런 근원으로의 귀환은 심지어 불가피해 보인다. 그는 과거 형식에 대한 노스탤지어와 거리를 두면서 (『카이에 뒤 시네마』에서 인터뷰어로 왔던) 세르주 다네와 파스칼 보니체르에게 전투적인 어조로 말한다. "(…) 현재 프랑스 영화는 누벨바그 이전의 '고품격' 영화로 되돌아가고 있는 것 같다. 누벨바그가 지나갈 것이라면, 적어도 고품격 영화 형식으로는 되돌아가지 말아야 한다. 누벨바그가 있었던 과거와 그 이상으로 나아갔던 점을 고려하여 변증법적 운동을 통해 누벨바그는 극복되어야 한다."[3] 그 외에도, 이 말은 무엇보다 팀의 변화를 의미하며, 조직이 경직화되거나 습관이 자리 잡으려는 위협을 피하려는 것이다. 네스토르 알멘드로스(미국에서 일하기 위해 떠난)는 베르나르 뤼티크Bernard Lutic로 바뀌었다가, 얼마 후 다시 다른 촬영 감독들에게 자리가 넘어간다. 장피에르 뤼는 흡연가여서 촬영장에서 로메르가 불편했을 것이다. 그 뒤를 이은 조르주 프라Georges Prat는 여러 제약에서 벗어난 다이렉트 사운드를 실천하면서 더욱 발전했다. 그리고 〈갈루아인 페르스발〉의 시기에 젊은 연기자로 구성된 비공식적 무리가 등장했다는 점은 이미 언급한 바 있다. 로메르는 배우를 경험보다는 아름다움과 자발성을 기준으로 선택한다. 그들은 발자크(다시 발자크!) 작품에서 반복되는 인물처럼 '희극과 격언' 연작 여기저기에 등장할 것이다. 하지만 1980년대 그들과 함께 환하게 빛나던 로장주 사무실을 보며 우리에게 더 떠오르는 작품은 괴테의 『빌헬름 마이스터의 수업시대Wilhelm Meisters Lehrjahre』다. 그렇게 활기 넘치는 무리가 있는 유랑 극장에서 로메르는 눈에 띄게 젊어지는 파우스트 박사 역할을 연기할 것이다.

또한 제작과 배급의 경제적 측면에서도 근원으로 회귀한다. 더 이상 고비용의 기획을 진행하거나 공동 투자를 요청하는 일은 없을 것이다. 로메르는 저예산 영화만 구상하고, 이전 영화의 수입으로 자금을 조달하고, 촬영 비용을 최대한 줄이면서(조감독이나 스크립터도 없고, 식당이나 택시 계산서 지급도 없다), 완전한 자급자족 구조를 확보했다. 이 자급자족 때문에 그에게 허용되는 것은 자율성이었다. "프랑스 시네아스트 가운데 가장 자유로운 감독이다. 바로 이것이 내가 주장하는 자격이다. 우발적 사태에서 더 이상 안전한 사람을 보지 못했기 때문이다. 모든 결정을 내가 직접 내릴 수 있다."[4] 이런 자율성에 대한 관심 때문에 그는 결국 로장주 영화사보다 더 유연한 미시 조직인 에릭 로메르 제작사 Compagnie Éric Rohmer, CER를 만든다. 게다가 당시는 미국 상업 영화의 압력에 대항해 프랑스 영화가 표현할 수 있는 다양한 스타일로 격렬하게 방어할 때이기도 했다(얼마 전, 한 비평가는 〈갈루아인 페르스발〉의 연약한 용기를 프랑스 슈퍼맨으로 찬양하며 즐거워했다). 로메르에게 이것은 자기 방식의 '작가 정책'을 은연중에 표현하면서, 자신이 소외될 위험이 있는 모든 중개자에 대항해 자신의 개성을 지키는 일이었다.

여기에는 배급사도 포함되는데, 그들은 작가와 관객 사이의 교류를 왜곡할 우려가 있기 때문이다. 영화계에 멀티플렉스 극장이라고 부르는 것이 확산되기 시작한 시기이고, (영화 제작의 즉각적 수익성을 보장하기 위한) 홍보 비용이 증가하는 반면, 로메르는 인간적 대면을 통한 배급을 지지한다. 입소문을 기반으로 작은 영화관을 선택해서 오랫동안 독점 상영을 하고, 덕분에 관객에게 자신이 좋아하는 시네아스트를 발견할 수 있는 기회를 주려는 것이다. 젊은 시절 동네에 있던 영화관에 대한 회한일까? 아니면 여전히 영화계의 제도적 압박을 피하는 것이 가능한 연극계에 대한 모방일까? 부분적으로는 분명 그럴 것이다. 여기에 조심스럽게 예전 모델과 양립 가능한 새로운 모델이 추가되는데, 그것은 텔레비전이다.

1970년대 말 시네아스트는 '앵티미스트intimiste'* 텔레비전 영화 téléfilm에 대한 열정을 발견한다. 이 영화들은 특히 3번 채널에서 방송되었는데, 여기서 그는 염원하던 실내 영화의 사례를 찾았다. 문자 그대로 시청자의 방에 설치된 이 영화관은 하나가 아니기 때문에, 볼거리와 광고 같은 모든 신기루를 사라지게 하고 직접적 연결을 만들어 낸다. 훗날 로메르와 마르가레트 메네고즈는 카날 플뤼스Canal+에서 선방송한 덕분에 〈녹색 광선〉의 재정을 충당할 수 있었다고 회상했다. 그 기간 동안 감독은 지금껏 고수해 온 1.33 화면비율을 지킨다는 점에서 이 작은 화면이 자신의 영화를 상영하기에 완벽하게 적합하다는 것을 깨달았다. 하지만 무엇보다 좋은 점은 아직 구축 중인 텔레비전의 시각적 미학이라는 게 그의 추구와 매우 흡사한 상투성의 현현顯現이라는 점에서 그러하다. 이런 식으로 그는 자신이 열망하던 누벨바그 너머의 모든 의미를 획득한다. "(…) 내가 프랑스의 작은 텔레비전 영화, 연속극에 흥미를 느끼기 시작했을 때 (…), 난 거기서 누벨바그에 존재했던, 어떤 일이 일어나는 것을 보여 주는 미장센

---

* 일상생활에서 흔히 대할 수 있는 정경이나 사물을 작품의 소재로 하는 작가나 화가

을 발견했다."[5] 이것은 그의 숨은 야망이 반영되는 곳이고, 바로 이것이 그의 '희극과 격언'을 관통하는 것이다(동시에 〈사자자리 아래〉의 불순한 기록을 그에게 돌려준다). 즉, 일상의 중심에 연극적인 것을, 다큐멘터리의 가면 아래 허구를 숨기는 일이다. 아마도, 사람들이 그의 영화가 자전적 소설이라는 사실을 더 잘 잊어버릴 수 있도록 말이다.

숨겨진 이야기

이 자전적 소설은 그럼에도 새로운 연작에 개입하는 첫 영감의 원천이 된다. 하지만 로메르는 암시적이고 생략적인 언급을 제외하고는 인터뷰에서 이에 대해 말하지 않으려고 조심한다. 심지어 최근에 다시 찾은 글을 언급하는 것도 생략하는데, 그 글은 고등사범학교 입시 준비반 시절 동급생 중 한 명의 배려로 찾았고, 그는 로메르에게 그 사본을 건네줬다. 이 글은 1940년대에 잡지 『에스팔Espale』에 실린 「청혼La Demande en mariage」이라는 제목의 글이지만, 〈아름다운 결혼〉과 관련성은 별로 없다. 이와 별개로 글의 예화가 구실이 되어 그는 이야기를 만들어 간다. 즉, 한 젊은이는 사랑에 빠진 여성에게 어떻게 청혼해야 할지 잘 알지 못한다. 나머지 부분은 그가 암중모색을 반복하며 만든 〈비행사의 아내〉가 될 것이다. 무의미한 대화, 나약한 인물들, 과감하게 맞서지 못하는 운명을 둘러싼 망상……. 전후 문학의 모든 상투적 공간, 숨 막히는 공상의 모든 징후는 영화적 초월을 요구하는 것처럼 보인다.

심지어 이야기의 본문에서도, 주인공(로제 마티아Roger Mathias)은 마치 단지 관객의 관객인 양 영화관 근처에서 들어가지 않고 배회한다.

"그는 주머니에 손을 넣고 벽에 기대 서 있다. 가로등과 집 조명 때문에 거리는 꽤 밝았다. 영화관 앞 보도를 지나가는 사람들의 인상을 거의 구별할 수 있다. 그는 자세를 바로 하고 그곳을 떠난다. 그는 상당히 빨리 올라가다 걸음을 늦추면서 거리와 나란히 난 작은 길모퉁이 자신의 집으로 가까이 간다. 바로 2주 전 어느 날 이 작은 길을 지나 자크 집에 가다가, 복숭아나 살구나무가 심겨진 정원 같은 안뜰 위 창문에서 그녀를 보았다. (…) 두 문은 열려 있었다. 마티아는 문을 부드럽게 밀고 들어가 방으로 들어갔다. 그는 거의 반대편에 있는 문까지 더듬어 찾아가 전등 버튼을 켰다. 두 개의 내실이 있는 상당히 넓은 방이었다. 하나는 침실용이고, 다른 하나는 커튼으로 분리된 화장실일 것이다. (…) 벽은 사진으로 장식되어 있다. 산의 경관과 예술가의 초상화다. 침대 옆 탁자 위에는 광택이 나는 엽서 두 장이 있다. 한 장은 다니엘 다리외Danielle Darrieux*, 다른 한 장은 타이론 파워Tyrone Power**의 모습이 담겨 있다."[6]

우리는 젊은 셰레의 단편 소설에 자주 등장하는 상황을 알고 있다. 욕망하는 여성이 움직이는 공간을 차지하려고 (시선으로) 살

---

* 프랑스 여자 배우이자 샹송 가수
** 1930~1950년대에 활동한 미국 남자 배우

피면서 미행하는 위치에 있는 한 남성 인물이 있다. 그러나 〈모드 집에서의 하룻밤〉이나 〈클레르의 무릎〉의 초안과 달리, 여기서 관음증은 어떤 조작이나 장면화도 동반하지 않는다. 이 관음증은 순수한 동기에서, 대가를 요구하지 않는 수동적 상태로 보도록 주어진 상황이다. 주인공들이 서로 결혼할 수 있을 거라고 상상하게 내버려두면서, 이 오해의 영향 때문에 (한 아이가 그들을 남편과 아내로 생각한다) 무의식적으로 그들은 어떤 가능한 행동에 몰두한다. 우리가 무슨 생각을 하는지 정말 모를 수 있을까? 이 질문이 이야기의 긴장감을 유지하고, 동시에 〈비행사의 아내〉('아무것도 생각하지 않을 수는 없다')의 자막을 표시하면서, 작가의 미시적 강박 관념, 즉 자신의 욕망을 정탐하려는 강박 관념을 배신한다. 이런 정도의 강렬함으로 생길 법한 유일한 사건은 대화이고, 그것은 이미 로메르 영화의 대화다.

다시 한 번 대화가 있고, 대화는 같은 시기에 쓰인 두 번째 글에서 포화 상태에 이른다. 「어떤 날Une journée」이라는 제목으로 모리스 셰레는 아주 간결한 서사로 일련의 시퀀스를 작성한다. 아침부터 저녁까지 단지 시간순으로 연결되는 서사다.

첫 번째 시퀀스: 1940년 3월 '기묘한 전쟁' 기간의 파리가 배경이다. 아니의 침실로 제라르가 방문한다. 그는 이 방문을 기회 삼아 그녀에게 기분 좋지 않은 소식을 전한다. 그는 아내에게 돌아가기로 결심했다고 말한다.

두 번째 시퀀스: 아니는 콜레트와 점심 식사를 하면서 제라르와 헤어졌다는 소식을 전한다. 그런데 자크가 끼어들어서 대화가

중단된다. 자크는 그녀를 돕는다는 핑계로 아니에게 오늘 아침에 옆에 있던 낯선 남자에 대해 질문한다. 그녀는 그를 돌려보내고 미용실 예약을 잡는다.

세 번째 시퀀스: (우편물 분류 센터에서 밤에 일하는) 자크는 우연히 제라르를 카페테라스에서 발견한 후 그를 미행하며 오후를 보내던 중 한 여자가 그에게 합류한다. 그는 지하철까지 이 작은 놀이를 계속한다. "뒤록Duroc 역에서 자크 옆에 있던 사람들이 내린다. 그보다 전에 세브르Sèvres 역에서 탔던 젊은 여성은 문 옆에 있다가 유리창에 기대면서 그가 그녀를 보지 못하게 긴 의자 뒤로 몸을 숨기려 한다. (⋯) 젊은 여성은 가방에서 책을 꺼낸다. 그림이 있는 영어 교본이다. 그녀는 머리를 숙여 책을 읽는다. 그녀의 매우 긴 머리카락은 (⋯) 얼굴을 거의 가린다. 그녀는 감색 가죽 벨트로 여민 밝은 베이지색 코트를 입고 있다. 열여덟 살이 넘지 않아 보인다."[7] 이 10대 소녀는 자크가 미행을 계속하는 불로뉴 숲Bois de Boulogne 경마장에서 그와 공모자가 될 것이다.

네 번째 시퀀스: 아니를 보러 돌아온 자크는 격한 질투심을 보인다. 아니는 비난을 피하면서, 아침에 방문한 사람은 결혼 소식을 전하러 온 것일 뿐이라고 말한다. 그녀는 사진을 보여 주는데, 그 사진에는 장교복을 입은 그 남자가 아내와 다른 여자(방금 전에 봤던 미지의 여성, 우리는 그녀가 누군지 알지 못한다)와 함께 있다. 자크는 아니의 질투심을 일으키려고 밖에서 만났던 젊은 여성에 대해 말해 준다. 그들은 부드럽게 화해한다.

마지막 다섯 번째 시퀀스: 자크는 거리에서 문제의 젊은 여성을 다시 만난다. 그녀는 이 '우연'한 만남에 대해 농담하며, 그에게 작별 인사를 하자 자크가 말한다. "그럼 또, 그래요, 그럼 또 봐요." 자크는 그녀가 길을 건널 때까지 기다린다. 그녀는 빵집 옆 몇 미터 떨어진 집의 초인종을 누른다. 그는 시계를 본다. 9시 15분이다. 점점 더 추워지고 있다. 그는 코트를 사러 가는 게 좋겠다고 생각한다. 그는 달리기 시작한다."[8]

이번에는 '몽주 거리'(미래의 〈모드 집에서의 하룻밤〉)의 상황이 문자 그대로 역전된다. 우리와 함께 방에 갇혀 있는 이 소녀는 고정된 생각, 강박적이고 실망스러운 공상을 표상한다. 그리고 우리가 외부에서 마주치는 이 소녀는 어느 정도 도발적인 상황에서 경합을 벌이다가 영원히 놓쳐 버린 기회를 표상한다. 한 가지 공상의 두 얼굴을 로메르는 작품 내에서 가장 다양한 형태로 확장해 나간다. 그리고 〈비행사의 아내〉는 정확하게 이 형식에 속한다. 본래 이야기를 복잡하게 만든 몇 가지 중간 판본이 있었을 것이다(이 소녀와 자크 사이의 짧은 서정적 이야기나 알제리 전쟁에 간 자크의 죽음을 이야기 속에 포함시킨). 하지만 1970년대 말에 시네아스트는 자신의 출발점이었던 미시적인 일화로 충실하게 되돌아온다. 그는 이야기 속에 모든 세부 사항을 다루는데, 우리가 먹는 음식이나 고장 난 펜에 대한 토론이 포함된다. 그리고 매우 사르트르적인 우울함도 포함되는데, 그의 인물들은 이 우울감에 매몰되어 사랑에 빠졌지만 '행동'하는 데 무능력한 상태에 있다. 게다가 이런 측면은 그가 영화의 기원을 분명히 밝히면서 제시한 유일한 실제 흔적이다. "이 이야기에 매우 오래된 영향이 있다면, 그

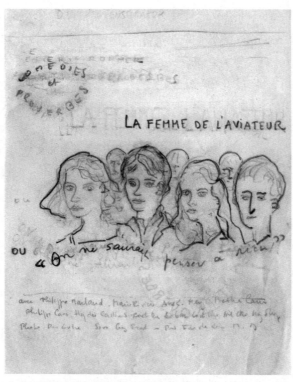

1981년, 에릭 로메르가 그린 〈비행사의 아내〉 포스터 디자인

것은 당신에게 이상해 보일 수도 있는, 실존주의 문학이다. '도덕 이야기'에는 반−실존주의적 측면, 고전적인 서술로 회귀, 감정에 대한 묘사가 있었지만, 이와 달리 이제 더 중요한 것은 행동 문학 littérature de comportement이다. 그리고 이것은 명백한 심리학적 영향 아래서, 마리보 문체Marivaudage•속에서 1950년대 문학처럼 심리적·도덕적 범주 밖에 있는 실존주의적이고 반영웅적인 특정 인물들까지 적용된다."9 요컨대, 행동주의behiavourisme로의 귀환은 문학적 소명을 나타내는 동시에 최초의 가면이었던 난처해진 자서전을 표시하는 것이다. 그 과정에서, 허용된다는 의미일지라도 몇 가지 해독 불가능한 개인적인 농담이 있다. 동생 르네 셰레가 기억하는, "모리스의 여자 친구 중 한 명이 스튜어디스였다. 〈비행사의 아내〉는 아마 거기서 (그 역할이 도치되어) 나왔을 것이다."10 라는 말이다.

환생한 실내극

30년이 지난 후 이 젊은 시절의 글에 생명력을 부여하기 위해 로메르는 그의 마지막 두 영화에서 선택한 것과 비슷한 우회를 거친다. 다시 말해, 그는 스스로 연극 연출가가 되어, 자신이 원재료로 쓴 것과 각색해야 할 것을 고려한다. 이 각색 작업은 우선 배경의 변화를 거친다. 이 배경은 사실 새로운 시나리오 판본에서 시

• 섬세하게 멋을 부린 말투

작됐다. 불로뉴 숲의 경마장을 지나는 뷔트 쇼몽 공원에 로메르가 흥미를 느끼는 것은 이 공원은 (〈클레르의 무릎〉의 산처럼) 높이에 따라 다양한 지대가 있기 때문이며, 특히 구경꾼들이 중앙 고원 주위(〈갈루아인 페르스발〉의 순환적 연극이 되풀이된다)에 분포되어 있기 때문일 테다. 궁극적으로 이 새로운 영화에 보편적 색채를 주기 때문이다. 파랑과 노랑이 결합된 녹색으로 매우 잘 구성된 주조 이미지가 만들어지기 때문만이 아니라, 또한 스튜디오에서 재구성된 것처럼 보이는 자연의 조금은 인공적이고 낡은 '분위기'를 주기 때문이다. 이 시기에 로메르가 일반적으로 참조했다고 밝힌 시네아스트 마르셀 카르네의 한 영화처럼 보인다. 로메르는 카르네 영화의 조형적 엄격함, 그리고 하나의 균일한 시공간에 이야기를 기입하는 방식에 감탄하는데, 단 하나의 배경에서 하나의 제한된 행동이 몇 시간 동안 진행되다가 시작된 것처럼 끝이 난다. 이러한 제약 때문에 그는 1930년대 프랑스 영화를 넘어 1920년대 독일 영화와 무르나우가 묘사한 카머스피엘 Kammerspiel(혹은 '실내극영화')을 참조한다.

이 실내극은 두 주인공이 마주하는 긴 실내 시퀀스에서 훨씬 더 분명하다. 마찬가지로 1939년 카르네가 연출한 〈새벽 Le Jour se lève〉에 대한 참조도 분명하다. 이를테면, 자명종이 울리기 전 시간을 거슬러 가서 불가능한 사랑과 모순적 운명의 덫에 걸려 있는 보잘것없는 남자의 모습을 통과한다. 그렇지만 우편 엽서의 서정성과 함께 마지막 노래(「파리가 날 유혹해 Paris m'a séduit」)가 흘러나오기 전까지는 젊은 시절 모리스 셰레와 동시대의 운명론적 신화가 연상되지 않는다. 그렇지만 에릭 로메르는 여기서 어떤 영향을 주장하는데, 예전에는 그가 영향을 받지 않았고, 『카이에 뒤 시네마』에 글을 쓸 때는 더욱 아니었던 그 영향은 마르셀 파뇰Marcel Pagnol의 영화다. 밀폐된 공간(예술 감독 에르베 그랑사르가 빌려 준 아주 작은 하녀방)에서 촬영하면서 그는 편집을 보이지 않게 하고 플랑세캉스 효과를 만들려고 주의를 기울인다. 실제 파뇰적인 지속 시간은 여러 대의 카메라로 촬영하는 텔레비전 촬영의 지속 시간일 수도 있다. 그리고 이것은 갇혀 있던 배우들에게 자유를 되찾아 준다.

물론 그는 시나리오를 연습하는 과정에서는 배우에게 자유를 주지 않았다. 안로르 뫼리는 이렇게 말했다. "기술 팀이 공간에 물건을 배치하고 있는 동안, 로메르는 〈비행사의 아내〉의 장면 리허설을 멈추지 말고 계속해서 시나리오를 읽으라고 지시했다. 그러다 무너지는 순간이 있다. 아무 감정 없이 말하는 기계가 되어 버린다. (…) 하지만 그는 그 지점을 통과하기를 원했다. (…) 거기가 기적의 장소다. 더 이상 생각할 수 없는 순간에…… 새로운 신선함이 소생하고, 이미 완벽하게 조절되어 있기 때문에 놀라움이 된다."[11] 로메르가 매우 젊은 연기자를 선택하는 만큼 이런 리허설은 더욱 필요했다. 그는 역할을 연기하기(이 말의 전통적인 의미에서)보다는 「어떤 날」의 인물에 배우의 개성을 불어넣어 연기하기를 요청했고, 이런 식으로 자전적 이야기와 거리감을 유지하는 데 성공했다. 1940년대 말의 남녀가 1980년대 초의 남녀로 탈바꿈한다. 에릭 로메르 외에는 아무도 이 조화를 의식하지 못했다.

로메르는 〈비행사의 아내〉가 '동시대' 영화로 인식된다는 사실에 매우 즐거워했을 것이다. 로메르의 분신 몽상가인 자크는 영화에서 프랑수아가 된다. 그 역시 우편물 분류 센터에서 일하고(시네아스트의 장남 드니가 그런 것처럼), 필리프 마를로Philippe Marlaud의 조금 무거운 표정을 끌어온다. 로메르가 모리스 피알라의 작품(〈대학부터 붙어라Passe ton bac d'abord〉의 세미 다큐멘터리적 기록에서)에서 봤던 배우가 아마추어 탐정 프랑수아를 연기할 예정이었지만, 그는 촬영 직후 캠프장 화재로 비극적으로 사망했다. 자주 토라지는 애인, 아니는 영화에서도 이름이 안느다. 안느의 큰 체형이 보여 주는 미숙한 모습, 갑작스러운 몸짓, 극도로 예민한 솔직함을 표현하게 될 연기자는 마리 리비에르다. 처음 글에서는 이름이 지정되지 않았던 10대 소녀의 경우 루시가 된다. 다시 말해, 안로르 뫼리는 다시 한 번 학교를 빼먹는 전형적으로 로메르적인 젊은 여성의 모습을 구현한다. 1980년 시나리오에서 이 인물은 뷔트 쇼몽에서 숨바꼭질 놀이가 중요한 역할을 차지하면서, 성격에 새롭게 무례한 태도가 적용되면서 비중이 크게 확대된 인물이다. 게다가 이 영화 판본에서 크게 새로워진 요소 중 하나는 두 여자 배우의 강한 성격에서 영감을 얻었다는 점이다. 즉, "결정하는 사람은 언제나 여성이다."[12] 두 연인 사이에서 (그때까지 남자에게 가능한 가벼운 죄악) 균형을 잡아가는 안느만큼이나, 루시는 넘쳐나는 환상으로 프랑수아의 몽상을 연출한다.

시대 분위기에 맞는 이런 각색은 연기자를 선택하는 다른 방식에서도 드러난다. 예를 들어, 마티유 카리에르Mathieu Carrière는 당시 '지식인' 미남 주인공의 전형이다(로메르가 매우 인상적으로 본 영화, 마르그리트 뒤라스의 〈인디아 송India Song〉에서 그를 보았고, 로메르는 특히 그의 프랑스-독일의 이중 문화와 클라이스트에 대한 애정을 칭찬했다). 바로 그가 잘생긴 비행사, 「어떤 날」속 휴가 중인 장교의 현대적인 모습을 연기한다. 새로운 이미지 효과로 화제가 된 인물은 〈갈루아인 페르스발〉에 나왔던 플루트 연주자 데버라 네이선이다. 그녀는 아주 잠깐 사진 속에서 비행사의 신비로운 아내로 등장한다. 나머지 배역 선정에서 로메르는 로장주에서 주위를 맴도는 젊은 여성들에게 작은 역할 맡기는 것을 즐겼다. 먼저, 아이데 카이요Haydée Caillot는 지하철에서 그에게 접근한 극성팬이다. 바로 그녀가 그를 데리고 〈인디아 송〉을 보러 간다. 그 후 그녀는 그날 "거의 [그의] 손을 잡을 뻔"[13] 했다고 고백하는 매우 스탕달적인 편지를 그에게 써 보낸다. 그녀는 비행사의 여동생 역할을 맡아 연기하지만, 그들의 즉흥적인 대사는 편집되어 삭제된다. 하지만 아마도 그들 사이의 어떤 속내는 (실제 그녀 자신이 비행사의 약혼자다) 이야기를 풍성하게 만들었을 것이다. 다음은 마리 스테판Mary Stephen이다. 그녀는 파리1대학에서 로메르의 수업을 들었던 중국계 캐나다인 영화과 학생이다. 그녀가 로메르에게 〈갈루아인 페르스발〉의 예산을 설명해 달라고 요청하면서 그들은 다시 만났다. 스테판 역시 뒤라스 영화의 팬이어서, 그녀가 감독으로 만든 첫 습작에 뒤라스는 어느 정도 영향을 준다. 〈비행사의 아내〉 촬영장에서 그녀는 모든 영역에서 다양한 역할을 담당한다. 뷔트 쇼몽에서는 지적인 단역 배우, 세실 데쿠지의 편집 보조, 심지어 로메르가 초안을 작성한 최종 멜로디의 공동 작곡가이기도 했다!

시네아스트가 정식으로 임명한 또 다른 미래의 편집자가 될 인물이 이 영화에 출연한다. 로메르의 새 친구 장클로드 브리소Jean-Claude Brisseau의 수수께끼 같은 뮤즈 리자 에레디아Lisa Heredia다. 그녀는 한마디 말도 하지 못하고 로장주 사무실에서 오랜 시간을 보낸다. 시네아스트는 그녀의 듣는 능력과 호기심, 문학에 대한 갈증을 높이 평가했다(그녀는 세귀르 백작 부인의 모든 책을 읽었다). 그는 그녀에게 일상과 비슷한 역할로 마리 리비에르의 빈정대는 절친한 친구 역할을 맡겼다. 그전에 그녀는 브리소의 영화 〈이런 인생La Vie comme ça〉에서 함께 연기하면서 리비에르와 친구가 되었다. 반면, 젊은 조사관들이 질문을 던지는 관리인 배역은 로메르가 로제트에게 주려고 만든 역할이었다. 로메르는 이제 파리에 상경한 이 노르망디 출신 젊은 여성의 단순함과 신선함을 좋아했고, 그녀의 사랑 이야기를 듣는 것, 곧이어 그녀의 첫 단편 영화 작업을 도와주는 것을 즐겼다. 〈비행사의 아내〉와 이어지는 영화들에서 그녀는 그럭저럭 '로메르적 여자 배우'를 담당한다. 그녀는 일종의 마스코트, 식별의 표시, 친숙한 존재이며, 장면들 사이에서 그녀를 발견하는 즐거움을 준다. 그녀는 그 자체로 로메르가 실천하는 배우 감독의 원칙을 요약해 주는데, 이는 (우리가 아는 것처럼) 관행적인 배우 감독과는 정반대다. 그것은 글이 쓰인 대로, 작가의 주요 의도를 드러낼 수 있는 모든 것으로, 가장 자연스럽게 재창조될 수 있도록 하는 방식이다. 마치 시네아스트와 배우가 더 이상 존재하지 않는 것처럼, 하지만 카메라 앞에서 단지 자신의 삶을 사는 개인만이 있는 듯 말이다.

뤼미에르 형제로 귀환

"〈비행사의 아내〉의 독창성은 (…) 몰래 이미지를 찍는 방식이 아니라, 예측 불능의 상황에 있는 거리에서 희극을 만들고, 스튜디오에 있는 것처럼 자유롭게 돌아다니는 것이다."[14] 이 선언은 로메르의 작업에서의 모든 양면성을 표현한다. 우리가 봤듯 그가 연극적 장치를 재설치하는 것은 다큐멘터리적 장치의 도움으로 그것을 보이지 않게 하기 위해서다. 그의 이런 정신 안에는 예를 들어, 35밀리(이 필름의 너무 잘 다듬어진 극현실주의hyperréalisme를 싫어한다)의 사용을 포기하고 16밀리 필름으로 촬영해서 이미지에 보다 민감한 입자를 부여할 수 있다는 판단이 들어 있다. 그런 이유로 그가 뷔트 쇼몽 공원의 일반인들 사이에서 조심스레 조화를 이루는 대여섯 명의 팀에 둘러싸여 있을 수 있다. 시선을 끌 위험이 있는 붐 마이크의 사용은 생각할 수 없는 일이다. 사운드 기술팀 조르주 프라는 더블 트랙 방식과 결합하여 HF 마이크를 설치하는데, 이는 주변 소음을 약화시켜 두 배우의 대화를 녹음할 수 있게 해 준다. 그는 꽥꽥 소리를 내서 사운드 트랙의 평정을 위협하는 오리를 멀리 보내기 위해 기발한 재능을 발휘한다. 혹은 안로르 뫼리가 빵 조각을 나눠 줘서 오리가 가까이 다가오게 한다. 그의 표현에 따르면 불가피한 유일한 소음은 '유아차 랠리' 소음인데, 일정한 시간이 되면 수십 대의 유아차와 그 안에서 흔들리는 아기들이 등장한다. 이런 순간에는 촬영을 중단하고 다음 장면의 배경을 확인한다. 하지만 대부분 실내외 모두에서 로메르는 촬영의 연속성을 확보하는 데 중점을 둔다.

예기치 못한 기상 현상이 발생하면 이를 시나리오에 반영하고 상황에 따라 바꾸는 것에 로메르는 어떤 행복감마저 느낀다. 조르주 프라는 "르포 소설reportage-fiction"[15]의 형식을 찾아가는 로메르의 소중한 일화를 기억한다. "안로르 뫼리와 필리프 마를로가 뷔트 쇼몽을 떠나려는 순간 비가 내리기 시작했다. 에릭이 예상한 건지는 모르겠지만(이것이 그의 방식이다!), 안로르에게 노란색 방수복을 입혀 주었다. 우리가 촬영을 중단하자고 제안하자, 그는 말했다. "좋아요, 하지만 8일 동안 비가 오면 어떡하죠?" 그래서 그는 그들을 대로를 건너 카페에 가게 했다. 그런데 이 카페 문이 닫혀 있었다. 우리는 그날이 휴무일인지 아니면 바캉스 기간 내내 그런 건지 알 수 없었다(그때는 8월이었다). 나는 9월로 연기해야 할 것 같았는데……. 아니었다, 다음 날 카페가 문을 열었다! 반대로 날씨도 매우 좋았고 햇빛이 자동차 위로 빛나고 있었다. 촬영 감독 베르나르 뤼티크가 그것을 알려 줘서 우리는 검은 천 조각으로 차를 덮었다. 나는 가벼운 비의 배경음을 추가했는데 매우 잘 맞았다. 로메르에게 놀랍고 몹시 기쁜 일이었다. 장면을 찍는 중에 자연현상이 발생했고 기적적으로 다음 날 카페가 문을 열었다. 정말로 천만다행이었다! 하지만 그는 우연을 즐기는 일을 좋아했다."[16]

'우연을 즐기다'. 이 공식은 〈비행사의 아내〉로 다시 시작된 실험을 잘 정의해 주는 말이다(그리고 〈사자자리〉의 거리 장면 이후 시네아스트가 다소 방치한 면이다). 예술에서 유래한 것과 자연에서 발생한 것의 구분이 거의 불가능해지는 지점까지 간다. 수많은 탐색과 세심한 준비 작업을 하면서, 안로르 뫼리의 노란색 방수복(혹은 필리프 마를로의 볼펜)에 이르기까지 모든 면을 예측하면서, 로메르는 현실이 그의 허구 앞으로 다가오는 순간을 기다린다. 마치 아무것도 아닌 것처럼, 저절로 쓰인 영화를 위하여 모든 그의 작업이 사라지는 듯이. 이렇게 〈갈루아인 페르스발〉의 선조의 이상(재현된 작품 뒤로 작가의 소멸)과 누벨바그의 현대성을 확장하려는 야심이 모여서 작가의 명백한 흔적을 지우고, 배우의 흔적조차 지운다. 관객이 빠져 들 유리창만 남겨두기 위하여.

이러한 관점에서 로메르가 말하는 또 다른 일화는 흥미롭다. "(…) 뷔트 쇼몽 꼭대기에 있는 의자에 앉아 있는 사람들은 습관적으로 매일 그곳에 온다. 그래서 며칠에 걸쳐 만들어진 장면들을 같은 장소에 있는 동일한 사람들로 뒤섞을 수 있다."[17] 이 구경꾼들은 때로 카메라 쪽을 바라보는 모호한 시선이 끼어드는 편집 숏 덕분에 여러 차례 이야기 속으로 초대된다. 그들이 〈비행사의 아내〉의 진정한 주인공이라면 어떨까?

관객의 자리

1981년 3월에 영화가 개봉되었을 때, 이런 로메르적 '투명성'은 몇 가지 열광을 불러일으켰다. 먼저, 이 열광은 과장되고 괴상한 오랜 친구 장 파르빌레스코에서 시작되었다. 그가 쓴 편지는 너무 믿기 어려워서 상세하게 인용해야 한다. "(…) 일반적인 신비보다 더 신비롭고 훌륭한 '아무것도 생각하지 않을 수는 없다'는 당신 영화의 도덕적 질문 속에 (…) 암호화된 신학적 담론이 심오하게 설정된 것이 확실히 보이네요. 이 신학적 담론은 운행하는 신적 섭리의 신비로운 발전에 대한 (…) 당신의 위대한 예언자적 기여입니다. 내 말이 충분히 명확한가요? (…) 이 도덕적 교훈은 당신에게 깊이 암호화된 언어로 쓰여서 이 비밀스러운 영적 과학을, 금기가 아니라면, 열렬한 숨결을 통해, 예언자적 호흡을 통해 생동하는 구원과 해방에 관한 위대한 신학을 확신시켜 주었소. 이 열렬한 숨결은 성 요한 교회의 촛대인 한스카Ewelina Hańska 부인*에게 전달된 신앙 고백 서신에서 말한 성체聖體 제단祭壇 협회의 신비로운 가르침에 그 자신을 바친 발자크의 것입니다. 그런데 그렇게 되어 (…) 난 '아무것도 생각하지 않을 수는 없다'를 통해 이해해야 한다고 보았고, (…) 때문에 난 갑자기 마지막 싸움을 결심할 수 있었소(…). 그래서 당신은 날 위해 그렇게 신비로운 많은 일을 한 거요 (…) 그러니 자유와 구원의 마지막 기회를 나 스스로 가질 가능성을 주시기를(…). 아미라에게 내 이름 앞으로 3천 프랑이 든 봉투를 남겨 주시오(어떻게 달리 처리할지, 내 은행 계좌는 정지되었소). 이것으로, 나는 마지막 순간 모든 것을 구하고, 오랫동안 나

---

* 발자크와 결혼한 여성으로 잘 알려진 폴란드 귀족이며 프랑스 소설가

를 파괴하려 했던 말로 표현하기 힘든 힘의 계략에서 완전히 벗어날 것이오."[18] 아미라 셰마키Amira Chemakhi는 로장주 영화사의 회계 업무 직원이며, 〈비행사의 아내〉에서 밝은 분위기의 단역으로 출연했었다.

　진지하게 말하자면, 이 새로운 영화가 만들어 낸 감동적인 현실 효과는 세 가지 반응으로 증명된다. 관객 중 한 부부의 반응은 배우가 자신들의 이야기를 한다고 믿은 것 같다. "크리스티앙은 항공 조종사와 배우라는 두 가지 직업을 훌륭하게 조절했군요. 우리는 시차 적응이 얼마나 어려운지 아는데, 크리스티앙의 연기에는 어떤 순간에도 그런 기색이 없더군요. 우편 분류 야간작업도 역시 피곤한 일이겠지만, (…) 프랑수아의 미행이 느슨해진 순간은 편집에서 '잘라 낼' 수는 없었을까요?"[19] 다음으로, 네스토르 알멘드로스의 반응은 몇 가지 기술적 결함을 지적하긴 하지만 그의 감탄을 잘 말해 준다. "이런 걸 깨닫는 경우는 드뭅니다(그것이 내 직업이기 때문에 더욱이), 왜냐면 진실한 상황과 장소, 연기자, 무엇보다 진실한 대화가 나를 아주 저 멀리 데려갔기 때문에……."[20] 마지막으로, 프랑수아 트뤼포의 반응은 〈비행사의 아내〉를 두 번 보고, 좋은 비평가라는 입장에서 로메르적인 리얼리즘의 비밀을 이해하려 한다. "당신 영화의 겸손함과 사실성에 놀랐어요. 이제부터 난 더 이상 시네마-베리테(진실)와 시네마-거짓을 대조하지 않을 겁니다. 왜냐하면 당신이 그 작용을 복잡하게 만든 데다 상당히 세련되게 만들었으니까요. 한 번 더 내기에서 이겼군요."[21]

이 작품이 모두의 마음에 든 것은 아니었다. 비평가들은 까다롭게 굴었다. 특히 〈가면과 펜〉에서 잔인하게 비평하던 중 프랑수아 포레스티에François Forestier는 크로크무슈•를 둘러싼 진부한 대화에 아연실색한다. 대중의 반응은 소심했다. 단지 만 천 명이 조금 넘는 사람들이 이 영화를 보았다. 이미 상업적 실패작이었던 〈페르스발〉보다 10배 적은 숫자다. 사실 로메르는 큰 희생을 치르고 광고 없이 제한된 장소에서 영화를 배급한다는 생각을 실천했다. 그리고 군중을 끌어들일 수도 있는 영화의 제목은 마지막 순간에 선택된 이상야릇한 제목이 아니었다(더 좋아한 제목은 〈특별한 날Un jour exceptionnel〉이었는데 에토레 스콜라Ettore Scola의 〈특별한 날Une journée particulière〉과 너무 비슷했다). 트뤼포가 로메르 자신보다 더 실망해서 유동 자산을 막기 위해 『카이에』의 오랜 친구에게 백만 프랑을 주었다.

역설적으로 〈비행사의 아내〉에 그렇게 적은 관객이 모인 것은 아마도 초반에 제안했던 이유, 즉 영화의 주제 때문일 것이다. 로메르는 〈오후의 연정〉에서 구상하고 〈페르스발〉에서 이론화한 생각을 거기서 전개했다. 그 생각은 상상의 순수 기능만을 보여주는 것이다. 그때부터 일화는 중요하지 않으며 최소한으로 줄어들고, 히치콕적인 미끼(뷔트 쇼몽의 미지의 그녀는 비행사의 아내인가 아닌가?)는 이야기가 진행되는 과정에서 곧 잊힌다. 사람들이 1980년대 초반에 그들에 대해 말하는 것처럼, 그들 사이의 감상

• 치즈와 햄을 넣고 구운 샌드위치

적 오해와 '소통' 문제가 얽혀 있는 너무나 평범한 남자와 여자의 관심은 무엇일까? 자신의 무기력을 정당화하려는 프랑수아는 더이상 〈모드 집에서의 하룻밤〉의 해설자와 같은 수사적 광채를 보여 주지 않는다. 그의 전략을 구현하는 루시는 〈클레르의 무릎〉에서 소설가가 스스로 부여한 악마와 같은 위치는 아니다. 아니, 그들은 그저 당신과 나 같은 사람들이고, 아주 작고 가난한 꿈(눈송이, 금붕어 수족관)에 집착하는 우리는 그들이 "바라보고 있는 것을 바라본다."[22] 특히 젊은 남자는 사랑의 가능성에서 어긋나 있고, 자기 환상의 미로에서 길을 잃는다. 우리는 때로 미켈란젤로 안토니오니의 〈욕망Blow-Up〉(이 영화보다 15년 전)을 떠올리지만, 여기서 사진은 미미한 역할을 할 뿐이다. 사진은 사실 같지 않은 흔적이나 실패한 음모의 역할이다. 다시 한 번, 이것이 로메르가 연출한 영화의 힘이고, 그 힘은 그의 낭만적 글쓰기가 실패하고 인물의 수다가 실패하는 바로 거기에 있다. 그는 현실의 두꺼운 틈을 깨뜨리고 일상 속에서 놀라운 것을 이끌어 낸다.

"수많은 자갈 중 하나가 된 나, 길 위에 나뒹구는 플라타너스 잎사귀는, 지하철역 계단으로 굴러 떨어져, 저 높이 떠오르는 태양에서 멀어져만 가겠지." 〈비행사의 아내〉의 마지막 장면에서 아리엘 동발이 노래하는 내용이다. 프랑수아는 우편함에 의미 없는 우편엽서를 넣고, 페터 슐레밀Peter Schlemihl*이 그런 것처럼 자신의 그림자를 쫓으며 밤 속으로 사라진다. 모든 것은 몇 가지 단어로

---

* 소설 『페터 슐레밀의 기이한 이야기』에서 그림자를 판 남자

마무리된다. 아무것도 아닌 감각, 그리고 숭고의 감정.

공상가의 향수

숭고의 감정. 연작의 두 번째 영화는 형식은 바뀌었으나 본질은
유지됐다. 영화는 문학의 기억에서 시작된다. 〈클레르의 무릎〉이
장자크 루소가 쓴 책 몇 장에서 시작된 경우와 같다(하지만 이번에
는 무의식적 차용이 잘 숨겨져 있다). 그 문학은 「쏘의 무도회Le Bal de
Sceaux」라는 제목의 발자크 단편 소설일 것이다. 이 소설에서 젊은
여성은 그녀가 일방적으로 결혼하겠다고 선택한 남성에게 눈길
이 간다. 높은 가문에서 선택되는 행복감을 그녀가 알게 되면서
그녀의 황홀감은 절정에 이른다. "이 사건은 퐁텐느 양의 비밀스
러운 감정을 더욱 강하게 만든다. 그녀가 희망을 키워 온 꿈의 가
장 빛나는 그림이 대부분 이 밤 사이에 펼쳐진다. 결국 그렇게 자
주 바랐던 이 우연 덕분에, 그녀는 이제 이상적인 존재와는 완전
히 다른 것을 갖게 되는데, 이는 그녀가 즐겨 꿈꾸던 미래의 삶에
대한 풍요로운 상상의 기원을 만들기 위해서였다. 대부분의 젊은
이와 비슷하게 그녀는 사랑과 결혼의 위험을 무시하고 결혼과 사
랑의 기만적인 외형에 매료된다. 유아기에 많은 변덕이 생기는
것처럼, 미래의 행복을 살피기에는 그다지 경험이 없는 젊은 여성
의 현존은 부드럽고 잔인한 실수에서 생겨난 감정으로 인해 치명
적인 영향을 받는다."[23]
 상상력의 이런 우선권, 사춘기의 위태로운 특권과 발자크의

"낭만주의"(로메르가 숭배하는 소설인 「골짜기의 백합Lys dans la vallée」의 낭만주의)는 당장은 다른 곳, 젊은 셰레의 단편 소설에서 발견된다. 그 글은 이미 언급했던 「청혼」이라는 제목의 글로, 공상의 무능함이 이제야 장면화된 것이다. 즉, 결혼을 꿈꾸는 사람은 다른 사람이나 자기 자신에게조차 감히 이 꿈을 표현하지 못하게 되고, 스스로 일관성 없는 대화와 상황에 이래저래 치인다는 것이다. 전후 몇 년 동안 이 허구의 정점에서 보여 주려 한 면은 오히려 모리스 셰레의 사생활이다. 그는 무도회에서 잠시 본 젊은 여성에게 돌진해서 청혼한 (그리고 성취한) 돈키호테의 도전에 대한 증인이다. 그에게 결혼은 여전히 허락된 유일한 유토피아, 현대의 평범함에 대한 구시대적 이상주의의 복수처럼 보인다. 우리는 그가 샤르니스라는 이름의 남자와 결혼한 데버라 네이선에게 보여 준 찬가를 알고 있다. 이제 우리는 그가 〈클레르의 무릎〉 시절 그의 사랑을 받았던 베아트리스 로망이 결혼 계획에 열중하는 모습을 보게 된다. 그는 온화한 염려의 마음으로 그녀의 속내를 듣는다. 평범한 환경에서 자란 이 젊은 여성은 명문가의 자제와 사랑에 빠졌다. 아직 부모를 설득하지 못했다. 그들을 설득하기 위해 정신분석학자 친구의 조언에 따라 그녀는 자신에게 스위스 은행 계좌가 있다고 말한다. 그들의 결혼 생활은 짧게 끝난다. 명석한 고등사범학교 출신은 교사로 일하러 그녀와 함께 인도에 가서 정착해 살다가, 갑자기 죽었고, 그녀는 파리로 돌아온다.

그런데 이상하게도 1982년 『프랑스수아르』와의 인터뷰에서 베아트리스 로망은 남편이 마치 여전히 살아 있는 것처럼 말한다. 어쨌든 로메르는 자신의 모험 이야기에 열심을 낸다. 그의 충직한 녹음기를 켜서 이야기를 녹음하고, 인물을 구축하는 데 도움을 받는다. 그는 또한 시나리오를 쓰는 공책에 영화에 인용할 수도 있는 배우의 말을 기록한다. "결혼에서 가장 존중받아야 하는 것은 여성이다. 누군가와 결혼하고 싶다면 그를 사랑하지 않아야 한다. (…) 나는 미친 게 아니다. 아주 제정신이다. 가장 분별력 있는 상태다. 난 내게 필요한 것, 내가 원하는 것을 알고 있다. (…) -그러니까 아름답고 부유한? - 그렇다! 아름다움을 추구해야 한다. (나는 아름답고, 잘생기고 부자이며 젊은 남자를 가질 자격이 있다.) (내가 결혼에 흥미를 갖는 이유는 단지 결혼이 특별한 것이기 때문이다. 초라한 결혼이 아니라 아름다운 결혼.) (…) 무언가를 하기 위해서는 내가 특권적인 환경에 있어야 한다. (…) 난 이미 아주 야심이 있기 때문에 더욱 내 몫을 잡을 것이다. 난 수위의 딸이다. (…) 남자가 돈을 가져와야 한다고 생각한다. 이는 진부한 이론이 아니다. (…) 그녀는 부부 관계에서 예술가가 더 되고 싶을 것이다."[24] 때로 이런 진술은 아리엘 동발과의 대화로 대체되는데, 그녀는 남녀 간의 신비한 의사소통을 변론한다.

날짜에 대한 언급이 없어서 이 인터뷰가 로망이 인도에서 체류하기 전인지 후인지 알기가 어렵다. 배우에게 해당하는 말인지, 아니면 이미 로메르의 이야기인지, 말하자면 그 주변의 현실에서 그가 제시한 극적 상황의 목적에 해당하는 부분만 로메르가 선별한 것인지 구별하기도 어렵다. 이 공책을 읽다보면, 젊은 배우(그녀의 결단과 사회적 야망을 표현하면서)가 조금은 시네아스트가 들고 싶어 하는 말을 하고 있다는 인상을 받는다. 즉, 나는 아름다운 결혼을 꿈꾸고, 그것은 여성에게 가장 바람직한 조건이다. 이 라이트모티프는 영화가 개봉된 직후 아리엘 동발이 녹음한 노래에 담겨 있다. 그리고 무엇보다 로메르 자신도 논쟁적이고 도발적인 표현을 주저하지 않는다. "어떤 여성은 싫증 나는 일을 하기보다는 집에 있기를 선호하지 않을까? (…) 2백만 명의 실업자가 있다. (…) 그러니까 여성의 경우 출퇴근표를 찍는 것보다 집에 있는 것이 낫다. 그녀들이 이렇게 생각한다, 여자들이…… (…) 속으로는 결혼을 동경하고 남성에게 의지하는 여성이 많다. 한 세기 동안 여성에게 유일한 진정한 변화는 담화의 영역이다. 그들은 더 이상 자기감정을 숨기지 않는다. 그래서 내 등장인물 사빈은 유혹의 전술, 사랑의 전략을 잊어버렸다. 안타까운 일이다. 페미니즘은 남자들을 두렵게 한다."[25] 로메르는 자신의 여자 주인공을 이중 풍자적 인물(복고주의자이면서 페미니스트)로 만듦으로써 〈아름다운 결혼Beau Mariage〉에서 그가 선택한 스타일을 보여 주었다.

통속극

그가 적용한 스타일은 어떤 건조함(나아가 잔임함)으로 특징지을 수 있다. 〈비행사의 아내〉의 감정적 색조와 반대다. 초기 판본의 대본을 보면 그는 두 가지 다른 각도에서 이 특징을 탐구한다. 먼저, 초기 단계의 단편 소설은 거리를 둔 모순성이라는 점에서 1940년대의 "도덕 이야기"와 상당히 비교할 만하다. 주인공의 친구가 이야기를 진행한다. 주인공의 이름은 사빈으로, 미술사 대학생이며 파리와 루앙Rouen(그녀가 골동품 가게 직원으로 파트타임으로 일하는 곳) 사이를 오가고 있다. 그녀는 자신의 사회적 신분 상승과 실내 장식 작업에 집중하게 해 줄 결혼 계획에 몰두한다. 진행될 영화의 모든 요소는 사회학적 의미뿐만 아니라 드라마적 측면에서도 적절하다. 과거 무도회를 연상시키는 사교 모임에서 에드몽이라는 잘생긴 변호사와 만난다. 그녀는 그를 남편으로 만들기 위한 전략을 펼치다가, 마지막에 남자의 관심에서 벗어난다. 마지막 장면이 유일하게 미래의 〈아름다운 결혼〉과 다소 다르다. 낙관적이고 순환적인 측면에 대한 강조가 나중 영화에서는 약해진다. 사빈은 초반에 떠났던 연인에게 돌아와서 그녀의 실패를 자신에게 유리한 이야기로 만들어 설명하고, 스스로에 **행복한 결말**을 선사한다. "알다시피 선택되는 것을 힘들어하는 남자들이 있다. 다른 남자들은 그저 그렇게 되기만 바랄 뿐이다. 파리로 가는 기차에서 꽤 정기적으로 마주치던 젊은 기술자는 두 번째 분류에 속하기에는 너무 잘생긴 남자였다. 사빈과 그는 동시에 서로 선택했다고 믿어야 한다. 그리고 그들은 몇 달 동안 동거하며 서로 꿈꾸던 아름다운 결혼을 하기로 합의해 결정한다."[26] 하지만 이는 또 다른 이야기인데, 5년 후에 〈녹색 광선〉이라는 이름으로 이야기될 것이다.

로메르는 지금껏 전혀 해 본 적이 없는 새로운 스타일을 적용하는데, 작품에서 그것이 차지하는 비중이 점점 커진다. 그 양식은 통속극이다. 사람들은 그와 마리보Pierre de Marivaux와의 유사성에 대해 많이 말하지만, 쿠르틀린Georges Courteline에 대한 애정은 잘 알지 못한다. 로메르는 그를 우회해서 발자크, 즉 『악덕 상인 *Faiseur*』이나 『사촌 퐁스*Cousin Pons*』에서의 풍자적인 발자크로 돌아온다. 〈아름다운 결혼〉의 작가는 이전 영화의 미묘한 톤의 인물과 사라져 가는 일화와 더 거리가 멀어져서, 이번에는 모든 잠재적 희극성을 전개하고 상황을 장면화하려고 노력한다. 한 젊은 여성은 자의든 강제든 한 남자와 결혼하기로 결정한다. 매우 단순한 사실에서 출발해 로메르는 한 장면, 즉 탐내던 남자에게 기권을 선언하는 장면을 쓰면서 이야기를 시작한다. 그런 다음 그는 이야기의 연극적 구조를 정확히 하기 위해 상당한 양의 메모를 종이에 적는다. 예를 들어, 그는 두 젊은이의 주일 산책을 플래시백 회고 장면으로 설정해 그가 애착하는 장소의 통일성이 지나치게 훼손되지 않도록 만든다. 그는 분명하게 식별이 가능하고 리듬감 있는 행위의 연속으로서 행동 묘사를 거부한다. 결국, 그는 몰리에르의 희극과 같은 인물을 제시한다. "사빈 아바디Sabine Abadie, 26세 미술사 대학생. 클라리스 엑카르Clarisse Hecquart, 25세 명주에 그림을 그리는 화가. (⋯) 아바디 부인, 사빈의 어머니 (⋯) 프레데릭 망다르, 38세 화가, 에드몽 프로, 34세 변호사."[27] 많은 인물 유형이 고전의 목록(열정적 여성, 이성적 여성, 돈 주앙)에서 빌려 온 것으로, 시대에 뒤떨어진 지방을 배경으로 진행되지만, 그래도 현대적 풍습이 적용된다.

몇 년 후, 「선의의 배우들Les Acteurs de bonne foi」이라는 제목의 공연에서 두 여자 배우는 두 글 사이에 비연속성의 문제에도 불구하고 영화에서 추출한 내용과 마리보의 연극을 결합할 수 있게 된다. 이것은 로메르의 〈아름다운 결혼〉이 얼마나 성공적이었는지를 보여 주는데, 먼저 고전과 현대의 결합이라는 점에서 그렇다. 그는 과거의 관습을 적용해서 1980년대 초반에 현존하는 이런저런 성격을 묘사하는 방법을 잘 알고 있었다. 앞서 언급한 복고주의적 페미니스트는 사랑 놀음을 이끌어 가는 동시에 매력적인 왕자에게 압도되는 것을 꿈꾼다(작가가 준비 노트에서 제시한 것처럼 이 성격은 〈비행사의 아내〉 속 안로르의 성격에서 예견됐다). 결혼했든 독신이든 이 미숙한 유혹자는 절대 실제로 참여하지 않으면서 여기저기를 배회한다. 1968년 5월의 아이들이 빠져든 모순을 조롱하고 과장함으로써, 로메르는 과거 〈수집가〉에서 구상했던 반동적 풍자 정신을 이 영화에서 발전시킨다. 그는 속셈 없이 그런 일을 하지 않는다. 새로운 연작의 첫 작품이 실패한 후에, 더욱 재미있어진 이 희극은 비평과 대중의 호응을 되찾는 것을 목표로 삼는다. 그 목표의 절반만이 달성되었다.

물론 조르주 샤랑솔Georges Charensol과 로베르 샤잘Robert Chazal은 이 마리보적 섬세함을 묘사하기에 적절한 찬양의 말을 애써 찾으려 한다. 10만 명의 관객이 베니스 영화제가 베아트리스 로망에게 상을 수여(연기상을 받는다)한 이 영화를 보러 간다. 칸 영화제에서 〈아름다운 결혼〉을 선정하지 않은 문제를 둘러싸고 그동안 증폭되었던 논란은 완전히 사라지지 않는다. 찬성 두 표와 반대 두 표, 그리고 위원장 로베르 파브르 르 브레Robert Favre Le Bret의 표는 최종적으로 이 영화를 제외하는 결단을 내린다. 선정자 중 한 명인 미셸 부쥐Michel Boujut가 이 심의의 비밀을 누설하면서 조직의 분노를 초래한다. 그는 맹렬하게 대답한다. "우리의 고상한 70대 노인들이 평정을 잃어버릴 정도가 되고, 심지어 명예 훼손 행사가 오고 갈 정도라도 진정한 문제로 여겨야 한다. (…) 그가 로메르의 영화를 보긴 한 건가? 난 맹세하지 않겠다. 하지만 거기서 그만두자. 악착스레 추격하진 않을 것이다."[28] 어디에 문제가 생겨서 두 세대 시네필 간의 격차가 이렇게 벌어지게 되었을까? 단지 '마이너' 로메르가 문제라는 관점(어쩔 수 없이 논쟁적인)인가? 아니면 더 모호하게 말해, 관객이 쓴웃음과 당혹스러운 동일화 사이에서 불안정한 균형을 유지하게 되는 〈아름다운 결혼〉이 일으키는 표현하기 힘든 불편함 때문인가? 이에 대한 대답으로 피에르 빌라르가 제시한 답변은 주연 배우의 선정을 비난하며 했던 말이다. "베아트리스 로망은 인물과 배우 사이의 더 이상 구분이 불가능한 정말 완벽하게 골치 아픈 사람을 보여 줘서 우리는 같은 단호함으로 둘 다 거부한다. 이 불행한 베아트리스의 맞은편에서 가장 확실한 배우 앙드레 뒤솔리에André Dussollier는 경직된 것처럼 있다. 도대체 어디에서 이런 상대역을 찾은 것인가?"[29] 클로드장 필리프는 이런 불편함을 로메르 작업의 장점으로 평가한다. "이는 역설이라는 현장에서 진실을 포착하는 문제다. 사빈(베아트리스 로망)의 눈물은 감동적인 동시에 고통스럽다. 에드몽(앙드레 뒤솔리에)의 계속되는 어색한 미소는 뭉클한 동시에 불가사의하고 웃기지만, 그들의 대사는 스크린에서 실제로 일어나고 있는 일을 말하기에 그렇게 가볍지 않다."[30] 정확히 말해, 지나치게 충만한 사실성, 그것이 전통적 희극의 한계를 넘어선 것이다.

인생은 어디서 시작될까?

여기에 매우 르누아르적인 긴장감이 있다. 이 긴장감은 두 배우 사이의 적대감에서 출발하여 로메르가 (오용이 없지 않지만) 이용하려고 관심을 쏟는 것이다. 한편으로, 앙드레 뒤솔리에는 모든 면밀한 전문성을 가지고, 촬영할 장면에 더욱 젖어 들기 위해 미리 촬영 현장을 돌아본다. 때로 어떤 완고함을 보여 주는 누군가 (사운드 기술 팀의 조르주 프라라고 생각된다)는 뒤솔리에가 조금 사소한 대사를 받아들이는 것을 주저하게 만든다. 이것은 긴 독백 중 다음과 같은 대사로, 이 독백에서 그는 구혼자를 거절한다. "내게 정말 맘에 드는 시골집이 있어요. 하지만 그것 때문에 집을 사지는 않아요. 당분간 시골에 가고 싶은 마음이 없다면 말이죠."31 결국 뒤솔리에는 이 장면을 쓰이고 구성된 대로 충실하게 연기한다. 반면 그녀의 편에서 보면, 베아트리스 로망은 오히려 격렬하게 반항하는 유형의 사람이다. 그녀는 〈클레르의 무릎〉의 촬영장을 지배하던 학생의 환상과는 거리가 먼, 작업의 강제적 측면을 용납하지 않는다. 하지만 로메르가 은밀히 찾던 것이 완벽하게 이런 대조였다. 즉, 어른들 한가운데 있는 한 불손한 아이, 노련한 연극배우 앞에서 자기 자신만의 경험을 구현하는 한 젊은 여성. 사무실에서 녹음기에 대화를 기록한 후 바로 그는 베아트리스에게 이 자유로운 역할을 맡긴다. 그는 그녀에게 이렇게 말했다. "당신의 장점이 있는데, 그것은 통속극 배우가 아니라는 것이다. 당신은 현대적이고, 절대로 시대에 뒤떨어진 사람이 아니다. 당신은 흉내 낼 수 없다, 그게 흥미롭다."[32]

그렇지만 〈클레르의 무릎〉 시대가 아닌 만큼 베아트리스 로망은 〈아름다운 결혼〉의 유일한 뮤즈는 아니다. 자신의 그림을 구축하기 위해 로메르는 평소처럼 여러 유형의 인물을 혼합하고, 작은 준비 공책에 그들의 이름 첫 글자를 써서 식별했다. 그의 미국인 학생 중에서는 그녀가 큰 기대를 품었던 청년이 결혼식 전날 자신을 버렸다는 한 여자 학생이 있다. 특히 1978년 어느 날 피에르1세드세르비 거리의 사무실에 불쑥 등장한 젊은 여성이 있다. 키가 크고 아름다운 마리 부틀루Marie Bouteloup는 '영화와 회화'라는 로메르적인 주제로 인터뷰 책을 준비하고 있다. 그는 기꺼이 인터뷰에 응하지만 얼마 후 오히려 그가 그녀에게 오랫동안 질문한다. 그녀의 열정과 사랑, 파리(그녀가 일하는 곳)와 르망Le Mans(남편이 사는 곳) 사이를 오가는 이중생활에 대해서. '두 집'이라는 주제는 그를 매료시킨다. 그는 지방 교사로 살았던 적이 있고, 일터와 가정 사이에서 자신을 둘로 나누는 생활을 계속하고 있다. 이 낭만적 호기심은 시네아스트의 실용주의로 변모한다. 그는 자신이 앞으로 촬영할 영화의 배경을 발견했다고 생각하면서, SNCF 열차 시간표와 역에서 환승 가능한 자동차에 대한 모든 정보를 알고 싶어 하고, 마리와 함께 (작은 슈퍼8 카메라를 갖추고) 오래된 도시 르망을 탐험하기 위해 떠난다. 영감을 준 마리에게는 서서히 비공식 조감독의 역할이 주어졌다. 그녀는 자신이 아는 상점으로 로메르를 데려가 샴페인 상자에 대한 답례로 촬영 허가를 얻는다. 그녀는 자신의 집을 빌려 주어 거기서 팀을 기숙하게 하고, 그곳에서 사빈의 가족 장면을 촬영한다. 그녀는 식사를 준비하고, 물질적인 문제를 해결하고, 〈아름다운 결혼〉에서 잡역부이자 동시에 보이지 않는 영혼이 된다.

로메르의 선택에 계속해서 영향을 미치는 경제적 근심(우아한 용어 사용을 위해)은 따로 강조할 필요가 없다. 촬영 현장의 기후에 대한 부담도 빼놓을 수 없다. 예를 들어, 여자 배우들(베아트리스 로망, 아리엘 동발, 막내 소피 르누아르Sophie Renoir)은 욕실을 교대로 사용할 수밖에 없어서 사생활의 자유가 부족했다. 베아트리스가 뜨거운 물로 씻기를 요구하면서, 다른 집으로 황급히 이동하기도 했다. 그러나 이러한 비전문적 조건에서 촬영하는 것은 무엇보다도 '영화cinéma'에서 벗어날 수 있는 방법이며, 이것이 의미하는 기교와 무게로 연기자들을 말 그대로 유리한 분위기에 몰입하게 만든다. 아리엘 동발은 로메르가 바라는 불안정한 상태를 기꺼이 불러일으킨다. 로메르는 그들이 (진짜 슬레이트를 쓰지 않아서) 어느 순간에 촬영이 시작되는지 모르는 채로, 실제 성격과 등장인물을 구별할 수 없는 그런 상태를 유지하기를 바랐다.

같은 정신으로, 로메르는 그의 학생 중 한 사람을 통해 알게 된 18세 청년 로낭 지르Ronan Girre에게 〈아름다운 결혼〉의 음악을 의뢰한다. 긴 머리에 가슴 장식이 달린 셔츠를 입고 카우보이 부츠를 신은 이 젊은 로커는 겉모습만 보면 로메르의 세계와는 매우 동떨어진 인물 같다. 하지만 로메르는 로낭 지르가 고등사범학교

시험에서 실패한 이야기를 즐겁게 듣고(로메르 자신도 그런 경험이 있다!), 그의 음악 작업이 내포한 프랑스적인 면을 높이 평가한다. 로낭 지르는 스스로의 힘으로 오프닝 크레디트에 쓸 음악을 작곡한다. 그리고 그는 로메르가 거기에 어떤 변화를 주는 게 유용할지 생각하지 않고 자신의 원곡을 그대로 영화에 썼다는 사실에 매우 놀랐다. 로메르에게 처음부터 끝까지 중요한 것은 현실의 요소를 다루는 것, 그 현실이 가져오는 초보적인 허구의 약속과 함께하는 것이었다.

견습 예술가

〈아름다운 결혼〉을 계기로 두 명의 청춘이 로메르 극단에 합류한다. 언급했듯 소피 르누아르는 (최근 사망한) 장 르누아르의 종손녀이며, 로메르가 고용해서 사빈의 여동생 역을 맡긴다. 베아트리스 로망과 함께 그녀는 남프랑스 스타일의 아름다움을 공유한다. 증조부 오귀스트 르누아르Pierre-Auguste Renoir를 연상시키는 둥근 몸매와 함께 매우 검은 머리와 눈, 거무스레한 얼굴이 특징이다. 또한 그녀는 즐거운 에너지를 공유하는데, 현재 그녀에게 또다른 종조부에 해당하는 로메르에 대한 재미있는 모방으로 그에게 영감을 준다. 그녀는 자신이 촬영장에 늦게 도착한 것(16세의 그녀는 기차를 혼자 탔는데 잘못 타서 반대 방향으로 갔다)에 대한 스승의 이해할 수 없는 두려움과 염려하는 말을 들어야 했다. 그녀는 로메르의 사무실에서 과자를 먹거나 경건한 침묵 속에서 타히티 음악을 들으며 시간을 보내며 이야기를 들었다.

또 다른 새로운 인물은 약혼식 시퀀스(마리 부틀루 주변의 실제 이웃들이 참여하는 진짜 초대)에서 발견된다. 그녀는 비르지니 테브네Virginie Thévenet다. 으스타슈의 집에서 열린 저녁 파티에서 로메르와 마주친 이 젊은 여성 역시 피에르1세드세르비 거리 26번지를 찾아오는 단골이 된다. 시네아스트는 그녀의 아름다움과 의상에 대한 상상력에 감탄한다. 그는 그녀에게 페르스발의 살아 있는 그림에서 영감을 얻어 삽화 책을 구상하라고 격려한다. 어느 날 로메르는 아내의 활동을 간략한 특징으로 묘사하면서 그녀를 크게 웃게 만든다. "아내는 동물을 그린답니다."

그의 말에는 어떤 교만도 없다. 우리는 로메르가 얼마나 아마추어, 초보자, 애호가와 함께 있는 것을 즐겼는지 알고 있다. 그는 그들의 모습을 〈아름다운 결혼〉에서 재현하는데, 등장인물 클라리스(아리엘 동발)는 전등갓에 태양을 섬세하게 그린다. 그는 사빈을 견습 예술가로 만드는데, 사빈은 아름다운 물건과 예쁜 그림에 관심이 있다. 그리고 그녀는 자신도 창작할 수 있기를 바라면서 현실을 서투르게 무대로 삼아 자신의 낭만적인 꿈의 모양을 만들고자 한다. 그녀는 더 이상 구경꾼은 아니지만, 아직 창작자도 아닌 상태, 『청혼』에 나오는 인물들이 부유하는 것 같은 중간 상태를 보여 준다. 즉, 허구를 욕망하며 어떻게든 구체화되기를 바라는 상태다. 통속극적 외형을 가진 이 영화는 아마도 〈비행사의 아내〉보다 더 혼란스러울 수 있다. 로메르는 이상에 대한 열망과 플로베르적 일상적 평범함 사이의 간극을 넓힌다. 그는 거의

1981년, 에릭 로메르가 그린 〈아름다운 결혼〉에서의 소피 르누아르

비전문 배우를 선택하여 상상력의 전개를 제어한다. 때로 배우가 자신이 연기하는 작품에 불편해질 수 있기 때문이다. 이런 모든 보이지 않는 전략을 통해 그는 가장 진부한 현실을 변형하는 기대의 지평으로서 영화cinéma를 확고히 한다.

오프닝 크레디트 마지막에 인용된 라 퐁텐의 유명한 구절("망상해 보지 않은 이가 어디 있겠는가. 상상의 성을 지어 보지 않은 이가 어디 있으랴")에 은밀하게 답할 수 있는 것은 몇 가지 숏뿐이다. 사빈이 파리와 지방을 오가며 계속 여행하는 동안, 열차 창문을 통해 언뜻 보이는 볕이 잘 드는 시골 풍경 숏이 그렇다. 방금 이 젊은 여성은 결혼하고 싶은 사람에게 버림받았는데, 주관적 전경을 보여 주는 풍경은 매우 아름답다. 여기서 슬그머니 제7의 예술이 복수한다. 왜냐하면 이 예술은 또 다른 삶에 대한 믿음의 마지막 피난처이기 때문이다.

오늘 밤 극장에서

이 책의 독자는 아마도 이 '희극과 격언'을 지배하는 의식의 과정을 이제 조금 짐작하기 시작했을 테다. 각 영화의 기원에 전락한 유토피아가 있다고 말할 수 있다. 그것은 과도한 현실이나 명료함에 질식한, 버려진 공상적 유토피아다. 어린 시절로 거슬러 올라가는 공상적 유토피아, 이것을 1980년대 로메르는 연극 덕분에 다시 배치한다. 한 놀라운 구조를 통해 오래되고 소심한 상황에 대한 사고가 형태를 갖춘다. 그리고 새로운 우회를 통해, 그는 영화적 사실주의라는 외형 아래 이 연극적 장치를 은폐하려고 애쓴다. 왜냐하면 그는 사실주의를 기적으로 눈을 다시 뜨게 하는 유일한 (또한 극히 드문) 기회로 확실히 믿었기 때문이다.

여기 이 여정은 음흉하고 신비롭지만 완벽하고 일관되게 그의 젊은 날의 글을 포함해 하나에서 다른 하나로 영화의 궤적을 잇는다. 이 여정은 연작 세 번째 작품에서 더 짧고 더 급진적인 것이 된다. 매우 간단한 이유 때문이다. 로메르가 상자에서 꺼내든 새로운 기획이 그가 소설 쓰기를 이미 포기한 시절에 기록한 것이기 때문이다. 우리가 초기 '도덕 이야기'(향락적인 사람 제고프, 몽상가 셰레)에서 온 원형을 인지하더라도, 그 글들은 시작부터 환멸을 보여 주는 통속극 논리에 배치되어 있다. 그런 경우는 사실 『바캉스Les Vacances』(세귀르 백작부인에 대한 경의의 표시인가?)나 또 다른 판본에서의 『도자기 장난꾸러기Friponnes de porcelaine』(로메르가 대사 작성에 큰 영감을 받았다고 말한 조지 메러디스George Meredith에 경의의 표시로)라는 제목의 초안이 그렇다. 특히 별장에 모여 사랑을 얘기하고 혹평하는 네 명의 젊은이는 로저 바딤의 초기 영화를 연상시킨다. 그리고 이 견습 극작가(또는 시나리오 작가)는 아주 진지하게 브리지트 바르도를 여성 인물을 연기할 배우로 생각했다. 이 단계에서는 인물의 대조는 아직 부정확하고 일반적인 생각만 보임을 알 수 있다. "플롯의 정확성을 최대한 엄격하게 해결하라. 투쟁과 배신이 극적 동력이 될 줄은 분명하다. 마지막에 모두가 느끼는 감각은 모든 것이 정돈되어 있고 큰 위험에서 벗어났다는 느낌이다."[33] 게다가 우리는 극적 동기의 등장을 목격하는데, 거기서 출발해 모든 극적 장치가 전개된다. 즉, 한 젊은 여성이 애인의 부정을 발견하려는 순간, 꾸며 낸 작은 연출이 그녀의 시선을 가린다.

그러나 1970년대 후반이 되어서야 로메르는 이 미완성된 글을 가져와서 처음의 직관대로 끝까지 밀고 간다. 그런 다음 그는 제목을 주인공의 심리를 묘사하는 데 도움이 되는 『늑대, 거기 있니?*Loup, yes-tu?*』로 바꾸고 일련의 다소 분리된 장면들을 써 내려간다. 우선, 소심한 애인 피에르, 이 인물을 통해 그는 특이한 자화상을 그린다. 즉, "그는 정당하게 우연에 기인한 것만을 추구하는 데 모든 의지를 쏟아 붓는다."[34] 로메르의 광기와 천재성을 이보다 더 잘 정의할 수 없을 것이다. 왜냐면 바로 그가 연인의 무관심을 인정하지 않고 맹렬하게 질투하여 재앙을 일으키는 사람이기 때문이다. 반대로, 제고프적 인물을 표현하는 앙리는 여자가 다가오게 하는 유혹자이지만, 그렇다고 피에르가 말하는 것처럼 반드시 '흉악범'[35]은 아니다. 두 남자 사이에서 세 명의 여성 인물이 살아 움직인다. 먼저, 마리옹은 피에르가 매우 열중하는 사람으로 앙리에게 유혹을 느낀다. 루이제트 역시 앙리의 매력에 굴복한다(피에르가 그들 사이의 에로틱한 장면을 목격하고 이를 이용하려 한다). 그리고 열다섯 살 청소년 폴린은 겉멋만 부리는 남자의 공격에 저항하고 또래 남자 친구와 가깝게 지내면서 돌아가는 이 모든 일에 거리를 둔다.

여전히 모든 인물을 설득력 있게 '사랑에 불타게' 할 불씨, 계기가 아직 부족하다. 배우는? 로메르는 아리엘 동발, 파스칼 그레고리, 로제트를 생각하면서 그들과 함께 만들어질 영화에 대한 인터뷰를 시작한다. 배경은? 마리 부틀루가 그녀 소유의 쥘루빌 Jullouville에 있는 휴가 별장에 대해 말하자, 어떻게 생겼는지 보러 가기로 했다. 로메르는 이렇게 이야기했다. "(…) 그 별장에서 돌아오는 (…), 한 역에서 기차가 갑자기 제멋대로 구는 무리로 가득 찼다. 그들은 기차에서 고함을 치고, 소풍이라도 나온 것처럼 식사하고 술을 마셨다. 그 순간 난 더 이상 읽을 수가 없었다. 읽기는 불가능했는데, 어느 순간 글을 쓰기는 더 쉬워졌다. 그래서 나는 쓰기에 집중했다. 가지고 있던 공책에 (…) 주위에서 말하는 것을 듣지 않고 전속력으로 글을 쓰기 시작했고 거기서 영화의 연속성에 대한 생각을 정리할 수 있었다."[36] 이런 종류의 열기는 〈아름다운 결혼〉 촬영 전날까지 계속되어 로메르는 대본을 이야기 형식으로 다시 작성하고 대화를 재배치한 다음, 상황을 보강하며 거의 완벽한 극적 장치를 연구했다.

결국 『늑대, 거기 있니?』는 속임수와 오해, 성적인 관계를 거짓말로 무마하려고 하는 점에서 페이도 Georges Feydeau의 희극과 비슷해지기 시작한다. 하지만 그것은 마리보와 라신을 꿈꾸는 페이도다. 해체된 꼭두각시처럼 동요하면서도 주인공은 포기하지 않고 자신의 감정을 분석하고, 위대한 세기가 물려준 유명한 문구로 포장하려 한다. 마치 그들 자신이 지어낸 생각과 그들의 사소한 성적 욕망 사이에 어쩔 수 없는 분리가 있었던 것처럼 말이다. 이 점은 '도덕 이야기'에서 자주 관찰되는 단절이다. 로메르는 의도적으로 여기에 풍자적인 면을 부여해서, 모든 진실이 도주한 곳에서 영원한 재현에 갇힌 사람들, 이른바 연극 무대에 떨어진 창조물을 우리에게 보여 준다.

카펫 이미지

로메르가 이 새로운 영화를 기획함에 있어 의존하는 또 다른 미학적 전형은 회화다. 회화는 〈비행사의 아내〉나 〈아름다운 결혼〉에서는 거짓된 우울 아래 거의 가려져 있다. 그가 그랑팔레Grand Palais의 전시회 일환으로 의뢰받아서 연출했던 이 시기에 회화는 그의 관심의 중심을 차지한다. 이 짧은 작품에서 페오도르 아트킨Féodor Atkine이 아름답고 깊은 목소리로 해설하는 가운데, 티치아노Titien의 그림과 라파엘Raphaël의 그림이 슬라이드로 펼쳐진다. 로메르는 여전히 교육자의 면모를 보이며 이렇게 설명한다. "사진적 구도를 잡기 어려운 요소를 분명히 해결해야 한다. 예를 들어, 성모 마리아는 반드시 아래쪽에서 프레임을 잡아야 한다. 위대한 프레스코화 중에 카르파초Vittore Carpaccio의 「성녀 우르술라Sainte Ursule」나 지오토Giotto di Bondone, 보쉬Hieronymus Bosch의 그림보다 이 요소를 분리하기는 더 어렵다. 라파엘의 그림에서 일화는 훨씬 작은 역할을 한다."[37] 10분짜리 영화 두 편을 통해 로메르는 그가 10대 시절에 흑백으로 찍은 복제품을 그림으로 모사했을 때 가졌던 이상을 유지한다. 그것은 최대한 충실하게 예술 작품을 설명하면서 동시에 그 수단의 방법을 이에 적절하게 적용하는 것이다.

또한 『늑대, 거기 있니?』의 기원에서 체계적인 회화에 대한 관심이 시작된다. 그리고 이것은 글쓰기가 물질적 형태를 갖추는 순간부터 시작됐다. 이것은 바로 시네아스트가 연속적인 대본의 판본들을 (대개는 연필로 쓴) 기록한 작은 공책들이다. 장 두셰와의 인터뷰가 촬영되고 있을 때 로메르는 그중 몇 개를 보여 주는데, 거기서 그는 〈해변의 폴린〉 시작 부분에 대해 오랫동안 설명한다. 각 표지색에 따라 나뉜 세 가지 색상은 우연한 선택이 아니다. 그것은 파랑과 빨강, 흰색이며, 흰색은 로메르가 촬영에서 지배적인 색조(다른 두 색보다 더 많이)로 원했던 것이다. 영화를 찍으려고 미국에서 돌아온 네스토르 알멘드로스에게 그는 외젠 부댕Eugène Boudin•이 그린 노르망디 회화와 이미지를 잠기게 하는 눈부신 빛에 대해 이야기한다(심지어 최대한 과다 노출하여 두 번째 현상본을 요청했다). 흐린 날 촬영한 첫 장면을 맑은 날 재촬영하면서까지, 이 연출가는 이 영화에서 전례 없는 회화적 완벽주의를 추구한다. 이번 한 번만큼은 공간의 성스러운 진실성을 좀 매만져 바꾸기를 감행하여 저급한 취향의 노란색 욕실 복도를 다시 칠한다. 하지만 이런 개입에는 한계가 있다. 그것은 왕보다 더 왕정주의자인 알멘드로스가 발견한 것으로, 그는 눈에 거슬리게 칠해진 벽을 크래프트 종이로 덮는 게 좋겠다고 말한다. 하지만 로메르가 이를 반대한다. 아마도 주도권이 그에게 나오지 않았기 때문

• 프랑스 풍경화 화가로, 주로 프랑스 북부의 노르망디나 브르타뉴 지방 해변의 풍경화를 많이 그렸다.

일 것이다. "당신이 괜찮다면, 항상 너무 체계적이지 않은 것도 그리 나쁘지 않을 거예요."[38]

마찬가지로, 시네아스트는 앙리 마티스의 작품을 모호하게 참조해 사용한다. 마티스는 그가 가장 좋아하는 화가 중 한 사람으로, 그는 마티스를 새로운 작품의 공식 '수호자'로 삼는다. 때로 그는 자신의 대담성을 자랑스럽게 여기는데, 마티스가 허락했더라도 그 앞에서 그렇게 했을 것이다. 그 일은 앞서 본 것처럼 이미 작업한 것을 지우고 손질하거나 의자 다리의 수직선을 수영복 줄무늬의 수평선과 연결하는 것이다. 어떤 때 그는 우연히 이미지를 재발견한 양 구는데, 이것이 바로 그의 강박 관념을 확인해 준다. "(…) 나는 (지금은 사라진) 한 가게 앞을 지나다 대형 복제 그림을 파는 것을 보았다. 거기에 마티스의 「루마니아풍의 블라우스를 입은 여인La Blouse roumaine」이 있었다. 난 그것을 아망다 랑글레 Amanda Langlet의 침실에 걸었고, 그 사진을 영화 포스터에도 사용했다. 「루마니아풍의 블라우스를 입은 여인」(신기하게 프랑스 국기 색상이다)의 색상도 폴린의 기본 색상이다. 이 경우는 정확하게 의도한 것이다!"[39] 또 매우 의도적으로 흰색 침대보와 빨간색 구명대를 배치했는데, 빨간색 구명대는 다시 칠할 필요가 없다는 핑계로 방 난방기를 가려 놓는다. 실제적 우연성에 그럭저럭 따르는 것처럼 보이게 하면서, 작은 손길을 통해 마티스를 연상시키는 분위기가 실제로 확장된다. 식당 장면에서 배우가 「루마니아풍의 블라우스를 입은 여인」처럼 어깨를 으쓱 하는 것은 (분명히) 새로운 우연의 효과일 것이다. 회화성이 은밀하게 진행됨에 따라 장 콕토의 이 말이 반대로 재창조되는 것을 볼 수 있다. '이 수수께끼는 우리가 조작한 것이니까, 우리는 수수께끼에 놀라는 척합시다.'

세상은 하나의 무대다

이런 전략은 배역 선정과 관련해 훨씬 더 은밀히 전개된다. 예를 들어, 연기자 선정에서 중요한 것은 폴린이라는 인물을 연기할 사람을 찾는 것이다. 로메르는 로제트와 함께 프랑스제작협회 Société française de productio, SFP의 아역 배우 파일을 찾아본다. 그는 간단한 사진에서 (꽤 자주 그렇게 하듯) 시작해서 전화로 간단하게 음성을 듣고 결정한다. 그때부터 진행된 아망다와의 인터뷰는 로장주 사무실에서 늘 같은 차를 마시며 연출가와 배우 사이의 의례적인 대화와는 관련 없는 얘기를 나누며 진행된다. 심지어 성인과 청소년 간의 대화와도 관련도 없다. 15세의 나이와 다소 순진한 로리타적 분위기에도 불구하고 아망다는 자신이 성인처럼 대우받는 것에 매우 놀란다. 로메르는 인물 성격에 대한 심리적 세부 사항에 관련해 그녀와 상의하는 척하면서 시나리오에 그 내용을 전개한다. 그리고 그가 그녀를 슈퍼8 카메라로 촬영한 몇 가지 시범 연기를 하게 한 것은, 그녀를 캐스팅(그녀를 놀라게 할 수 있는 단어)한다기보다는 폴린과 동일시되도록 서서히 초대하기 위함이다. 그는 특히 녹음하는 시간을 여러 배로 늘려서 다른 배우들과 대면하지 않은 상태에서 의도적으로 피에르 역할에 응수하는 대사를 그녀에게 준다. 이 녹음테이프를 듣다 보면, 어떤 구절을 한 마디 한 마디 읽는 것이 (사랑과 결혼, 남자에 대한) 지시를 받은 즉흥적인 대사인지 잡담인지 구분하기가 어렵다. 로메르가 처음부터 구축하려 했던 것이 바로 이런 혼란이다.

그가 연기자에게 인물 이름을 스스로 선택하게 했을 때도 역시 혼란을 준다. 또는 촬영장에서 마치 각자 배우의 고유한 발성에 맞게 바꾸려는 것처럼 그가 계속해서 대본 위에 손으로 대사를 수정할 때도 그렇다. 그는 심지어 아만다의 남자 친구 역을 맡은 청년 시몽 드라브로스Simon de La Brosse가 제안한 "bouffonne(익살맞은)"이라는 단어를 수용했을 정도다. 그는 아망다를 울게 하려고 적당한 순간에 그녀가 불편하게 여길 만한 모든 할 수 있는 행동을 한다(〈클레르의 무릎〉 당시 로랑스 드 모나강에게 사용한 방법). 무엇보다도 몸짓은 각자의 특성대로 하도록 권장한다. 아리엘 동발이 고풍스러운 용어로 자신의 "사랑에 불타는"[40] 욕망을 표현하는 또 다른 섬세한 시퀀스가 촬영되는 동안, 그녀는 촬영을 중단하고 싶다는 표시를 하려고 입술 위에 손을 올린다. 화면 밖에서 로메르는 그녀에게 계속하라는 신호를 보내고, 그는 편집에서 이 촬영 장면을 포함시킨다. 불편과 곤란함, 대립을 감수하고라도 인위적인 글을 덮는 진정한 배우의 모습을 보는 것보다 그를 기쁘게 하는 것은 없다. 이것은 장 르누아르와 〈게임의 법칙〉에서 배운 교훈이다. 촬영 현장 사진을 담당했던 프랑수아마리 바니에 François-Marie Banier에 따르면, 르누아르의 이 영화는 〈해변의 폴린〉의 작가 로메르가 일과를 마친 후 관람했던 영화다.

르누아르의 또 다른 교훈은 친숙하고 가족적인 분위기로 촬영이 이루어진다는 점이다. 그들은 현지인의 집에서 생활했다. 이 경우는 마리 부틀루가 쥘루빌에 있는 자신의 집을 빌려준 것이다(그리고 계속해서 식사를 제공했다). 임대한 별장은 파스칼 그레고리와 프랑수아마리 바니에의 사랑의 피난처가 되고, 주말에는 아리엘 동발과 그녀의 새 애인인 베르나르앙리 레비Bernard-Henri Lévy와의 재회 장소가 된다. 때때로 사람들은 거기서 성대한 식사를 하지만, 분별을 지킨다. 왜냐면 감독이 이 무리를 진지하게 감시했기 때문이다. 〈아름다운 결혼〉의 시기와 마찬가지로 어떤 좋은 기운의 분위기는 절대적인 반순응주의를 동반하면서 그 임무를 수행한다. 레코드 소리에 맞춰 젊은이들이 춤추게 하려면? 이 때 사용한 음악은 로메르가 직접 작곡한 〈아일랜드 슬로우Slow des iles〉라는 곡으로, 그의 충실한 협력자 장루이 발레로Jean-Louis Valéro가 편집한 것이다. 트레블링이 필요하다면? 가정부 아줌마의 차를 이용해서 찍고, 운동을 좋아하는 페오도르 아트킨(앙리 역 연기자)에게 해변을 따라 밀어 달라고 부탁한다. 이렇게 계속되는 손수 작업과 임시방편적인 조치는 약간의 조바심을 불러오기도 한다. 이 경우는 특히 촬영 감독에 해당했는데, 이에 대해 비르지니 테브네는 이렇게 말했다. "네스토르는 미국에서 스타가 되었다. 프랑스로 돌아와 둘이 재회했는데 에릭이 여전히 자기 커피 값을 계산하겠다고 옥신각신해서 그를 화나게 했다! 〈해변의 폴린〉에서 파스칼 그레고리와 아망다 랑글레가 식당에서 저녁을 먹는 장면이 있다. 네스토르가 '음식점은 어디에 있어요?'라고 묻자, 에릭이 답했다. '여기 집에서요. 내가 해변에 산책하러 갔는데, 이 집 식당과 똑같아 보이는 음식점이 있더군요. —그럼 식탁은 어디 있죠? 그리고 주변의 엑스트라는요? —알다시피, 손님이 아무도 없어요. 어쨌든, 다른 식탁이 보이지 않는 방향에서 찍을 거예요.' 결국 그들은 이 장면을 단 한 벌의 식기 세트로 촬영했다. 네스토르는 도저히 이해할 수 없었다. '두 사람 중 한 사람은 식사를 안 하나요? —리버스 숏을 찍을 때, 접시와 식기를 옮길 거예요.' 네스토르는 로메르와 함께 일하는 것은 이번이 마지막이라고 혼잣말을 했다."[41] 앞서 말했듯이 이런 방식의 경제는 무엇보다 작업 윤리다. 이 윤리는 팀 구성원에게 스스로 너무 중요시하지 못하게 하고(심지어 그의 명성이 감독의 명성과 겨룰 수 있을 때라도), 일상생활과 영화적 전환 사이의 결정 불가능한 흔들림을 유지할 수 있게 해 준다.

이 흔들림 가운데 파스칼 그레고리가 윈드서핑 기술을 배우려다 실패한 노력보다 더 아름다운 은유는 아마 없을 것이다. 촬영 전 그레고리는 앙기앵Enghien 호수의 잔잔한 물에서 연습에 전념했다. 그런데 막상 노르망디에서 그는 보드 위에서 1초 이상 서 있는 장면을 촬영하는 데 큰 어려움을 겪었다. 왜냐하면 파도가 더 빠르게 그를 불안정하게 만들었기 때문이다. 거기서 연출가는 크게 폭소를 터트렸다. 로메르의 영화는 불안정성에 대한 찬가인가?

폴린의 토끼

무엇보다 배우가 촬영 중임을 잊게 만드는 일이 중요했다. 매일 저녁 사람들이 알멘드로스와 함께 영화관에 러시 필름을 보러 가면 어린 아망다도 자리를 비우고 자주 그들과 함께 가고 싶어 했다(예전에 〈클레르의 무릎〉의 베아트리스처럼). 촬영 몇 주 전 아망다와 아리엘, 파스칼을 쥘주빌로 데려올 때까지 사전 작업이 연장되었지만, 막상 촬영이 시작되면 촬영 현장의 수많은 곤경 가운데에서 로메르는 사라진다. 정확하게 말해, 이것은 그의 실험용 쥐를 놀라지 않게 하면서 그가 보이지 않고 볼 수 있는 가장 좋은 방법이다. 일이 끝난 후에야 비로소 배우들은 로메르가 배우에게 알리지 않고 그들에게 보여 줬던 모든 것의 의미를 이해하게 된다. 물론 약간의 혼란이 발생할 위험이 있다. 이 혼란은 페오도르 아킨이 고백했다. 그는 이미 〈O 후작 부인〉에서 부르노 간츠의 목소리를 더빙한 바 있으며, 자신의 매력이 확실한 배우다. "(…) 배우로서 내 감성에 엄청난 충격을 주었던 것은 그가 이렇게 선언한 것이다. '아무튼, 당신이 카메라 앞에서 무엇을 하든 난 좋습니다.'"⁴² 시네아스트의 이런 역설을 더 잘 이해하는 법을 배운 파스칼 그레고리는 이 혼란을 이렇게 분석했다. "(…) 로메르가 이런 종류의 태도를 허용할 수 있는 것은, 크랭크인에 들어가기 전까지 그가 우리를 너무 많이 탐색하고 해부해서 (…) 우리에 대해, 그의 장면 내부에 들어가 우리가 취할 모든 태도와 관련해 대본에 이미 너무 많이 썼기 때문이다! 우리 각 개인은 배우라기보다는 그의 인물에 가깝다! (⋯) 촬영 전에 접촉이 강한 만큼 일단 촬영이 시작되면 그는 사라진다. (⋯) 여담으로 말하자면, 게다가 그는 사람과의 물리적 접촉을 의미하는, 접촉과 관련해 진짜 문제가 있다. (⋯) 단순한 배우 지시로 되돌아가서 말하자면, 로메르의 시선을 맞추기가 아주 어렵다고 합시다."[43]

마지막으로 아리엘 동발이 느끼는 불안감에 대한 것이다. 이 영화를 본 관객들이 그녀의 우스꽝스러운 모습을 조롱하는 것을 본 후에, 그녀는 어떤 역할도 다시 맡을 수 없을 것 같다고 말했다. 이 영화에 대한 반응을 말할 때 이 양면성으로 되돌아가 살펴볼 예정이지만, 일단 이러한 의견이 모아진 기사에 잠시 멈추자. 그 기사의 제목은 「폴린의 토끼Le lapin de Pauline」이며 『르 몽드』에서 영화 기사를 담당하는 에르베 기베르Hervé Guibert가 쓴 글이다. 기사 제목은 원래 인터뷰에 참여할 예정이었던 아망다 랑글레의 부재에 대한 설명*이지만, 다른 배우들(동발, 그레고리, 아킨, 드라브로스)은 〈해변의 폴린〉에 대해 이야기하기 위해 거기, 로장주 사무실에 있었다. 기베르는 (짓궂게도) 시네아스트부터 시작해서, 참석한 각 인물의 초상을 만들어 가는 '실내 게임'[44]을 해 보자고 제안한다. 시네아스트는 분명하게 반대하면서 속마음의 문을 닫는다. 젊은 사람들이 게임에 자극을 받을수록 그는 '신중의 의무'[45]를 내세우며, "배우는 연출가에 대한 개인적인 의견을 말해서는 안 됩니다. 배우가 노출증 성향이 있다면, 자신에 대해서만 말하

• 불어 표현에서 poser un lapin라는 말은 약속 장소에 나오지 않는다는 의미다.

1982년 〈해변의 폴린〉 촬영 현장. 왼쪽부터 파스칼 그레고리, 아리엘 동발, 에릭 로메르다.

면 됩니다."[46] 토론을 끝내기 위해 그는 기베르에게 말을 돌려서, 잠재적인 전기 작가를 낙심하게 할 만큼 정교한 공식을 입 밖에 낸다. "어제 당신에게 난 삶이 없다고 말했는데, 행복에는 이야기가 없다는 말을 덧붙여 줄 수 있을까요?"[47]

논쟁은 거기서 멈추지 않는다. 이 기사가 취한 무분별한 표현에 불만을 품은 로메르는 아망다에 대해 말한 (그의 경고에도 불구하고 실린) 몇 마디를 구실 삼아 『르 몽드』의 편집장에게 이 '상스러움'[48]을 비난하는데, 이 경우 대상은 에르베 기베르일 것이다. 기베르는 자신의 결백을 주장한다. "이 제목 '폴린의 토끼'는 어떤 비난의 뜻도 없으며, 단지 당신의 영화만큼 가볍고 매력적이기를 바라는 마음이었습니다. 내가 여자 주인공의 부재를 언급할 수밖에 없었던 것은 당신이 이해하리라 생각하지만, 한순간도 부재를 비난한 적은 없으며, 다른 배우들이 참석한 것으로 또한 정당화될 수 있을 겁니다. 내가 이 일을 매우 기쁜 마음으로 했던 만큼 이런 오해에 더욱 유감입니다."[49] 이 논쟁의 세부 사항과 무관하게, 로메르가 말했던 핵심은 기베르가 다음과 같이 쓴 행간의 의미다. 즉, '자신의 실제 얼굴을 숨기는 것이 가능한 아주 많은 마스크처럼 자신의 배우(그의 인물?)를 강조하려는 그의 강박 관념'이라는 표현이다.

많은 논객이 여기에 참여했다. 이전의 어떤 로메르의 영화보다 (1983년 3월에 개봉된) 〈해변의 폴린〉은 비평가를 혼란스럽게 했고, 그들은 이 통속극적 상황에 대해 어떻게 생각할지 몰랐다. 이 상황에서 배우의 당혹감은 엿볼 수 있지만, 감독의 관점은 전혀 보이지 않는다. '마스크와 펜'에서 대선배 조르주 샤랑솔과 '영턱스' 제라르 르포르Gerrard Lefort는 한 가지 점에서 의견이 일치한다. 영화가 많은 사람을 웃게 만든 것은 에릭 로메르의 의도가 아니었으며, 그는 사건이 지나가도록 내버려뒀다는 것이다. 『르 피가로』에서 클로드 베네르Claude Baignères가 최후의 일격을 가한다. "에릭 로메르의 〈해변의 폴린〉은 지금 1983년 세자르 가장 웃긴 영화상을 받을 만한 강력한 우승 후보자다. 모든 것이 거짓처럼 들리는 이 영화에 창작자는 분명 깊이 감동 받기를 원했을 것이다. 최악의 부문은 대본이 아니다. 물론 겉보기에 문맹자가 쓴 것처럼 보이는 심리 상담 기사에 쓸 법한 심리학 입문서의 문장을 대충 혼합해서 더듬거리며 읽는 것처럼 보인다. 아니. 최악의 부문은 배우들이다. 배우의 모든 몸짓과 발음은 재능이 부족한 아마추어라면 피하고 싶었을 어설픔을 보여 준다. 최고상은 아리엘 동발에게 돌아갈 테다. 그녀가 글리세린을 바른 속눈썹을 붙이고 고상한 척 꾸민 선정적인 미소를 지으면서 간지러운 소녀 취향의 가는 웃음과 둥글게 내민 뾰로통한 입술로 도빌Deauville(원문대로!)의 모래 위를 걷는 것은 그녀가 진부한 말들을 꼬꼬댁거릴지라도 연결될 수 없을 것처럼 보인다."[50] 일반적인 오해(〈해변의 폴린〉이 최근 성공한 클로드 피노토Claude Pinoteau의 〈라붐La Boum〉의 정교한 재탕처럼 보인다)에도 불구하고 몇몇 해설가는 다른 평가를 보이고, 그중 엠마뉘엘 카레르Emmanuel Carrère나 장 콜레는 더욱 선견지명을 보여 준다. 그리고 이런 비평에도 불구하고 영화는 베를린 영화제에서 감독상을 받고, 게다가 미국에서 상당한 성공을 거두며 250만 달러 이상을 벌어들였다. 이미 〈오후의 연정〉의 성공을 만들어 낸 바 있는 자유로운 분위기 때문인가? 아마도 그럴 것이다. 이 성공에 대해 로메르는 대화를 단순하게 만든 영어 자막 때문이라는 다른 가설을 제시했다.

프랑스 언론 주변에 어떤 오해가 있다면, 〈해변의 폴린〉을 보러 간 일부 대중(그럼에도 많은)은 영화의 주제인 엄청난 불협화음에 견줄 만한 반응을 실제로 보인다. '말이 많은 자는 화를 입는다.' 오프닝 크레디트의 마지막에 등장하는 크레티앵 드 트루아의 이 문장은 불협화음을 내는 콘서트, 부재하는 현실을 증언하기에 지친 담론의 경합을 이끌어 간다. 얼마나 많은 인물이 언어의 희생자가 되었는지, 인간적 담화의 무한한 상대성이 서로를 배신하는 지옥의 오해(루이제트와 잤던 사람이 실뱅인가 앙리인가?)에 빠트렸는지에 대해 말했다. 가장 숨 막히지만 연극적 관습이 로메르에게 필요해 보이는 것은 영화의 힘을 더 잘 발휘하기 위해서다. "나는 연극을 떠날 것이고 거기서 벗어나기를 바란다."[51] 르누아르의 영화와 마찬가지로, 로메르 영화의 모든 것은 연극적 재현과 영화적 진실 사이, 과장된 대사와 욕망하는 몸 사이, 과거 레퍼토리의 자세와 오늘날 연기자의 자세 사이에서 발생한다.

이 틈은 폴린에게 주어진 매우 특별한 위치에도 있다. 그녀는 그림 한구석에, 여기 없는 채로 여기에 있으며, 자신의 사려 깊은 은총으로 그녀보다 나이 든 사람들의 수사적 표현에서 벗어난다 (여기서 〈해변의 폴린〉이라는 회화적 제목이 〈늑대, 어디 있니?〉라는 발음하기 힘든 제목을 대체한다). 때로 의식하지 못한 채 그녀는 제7예술의 신화적인 순간을 다시 체험한다. 〈아일랜드 슬로우〉에 맞춰 추는 춤이 암시하는 무르나우의 〈타부〉의 폴리네시아 연인들의 서정적 순간처럼……. 로메르가 영화에 기대하는 것, 영원하고 놀라운 첫 경험을 그녀는 훌륭하게 구현했다.

선택과 몽상

로메르의 작업을 관찰하면 어떤 현상이 드러나는데, 이는 그의 예술 작업 과정의 비밀일 수도 있다. 그것은 선택의 불안이다. 영화와 다른 예술 사이의 선택은 그에게 문제가 되지 않는다. 혼란을 인정하면서 계속 혼합하고 실천할 수 있다. 이야기의 진행에서 이거냐 저거냐 사이에서 선택하는 문제도 아니다. 그는 새하얀 종이의 현기증과 절대 마주하지 않으려 한다는 말을 클로드 장 필리프에게 (〈해변의 폴린〉에 헌정한 한 아름다운 방송에서) 밝힌 바 있다. 그는 초기 시나리오 판본을 수정하고 옮겨 적는 데 글쓰는 시간을 보낸다(여기서 다시, 우리는 오래된 거장의 글을 참을성 있게 옮겨 쓰는 소년을 발견한다). 마지막으로, 다수의 배우 중에, 혹은 많은 장면 가운데 선택하는 문제도 아니다. 불확실성의 악마를 물리치기 위해, 덫을 놓아 잡기 위해 그는 모든 일을 한 다음 운명에 맡긴다.

이 '뷔리당 콤플렉스complexe de Buridan*'는 우리가 이미 관찰할 기회가 있었던 이중인격을 가리키는 말이다. 이는 모리스 셰레와 에릭 로메르를 분리한다. 즉 부르주아 셰레는 정돈되고 감춰진 삶을 살고 있고, 유명한 시네아스트 로메르는 그를 우상처럼 숭배하는 찬미자와 아름다운 젊은 여성들에 둘러싸여 지낸다. 이것은 이미 〈오후의 연정〉의 주요 주제였다. 우리는 동시에 두 개의 삶을 살 수 있을까? 이 질문에 일부 대답을 주는 '도덕 이야기'나 '희극과 격언'은 〈모드 집에서의 하룻밤〉 혹은 〈비행사의 아내〉였다. 하지만 로메르가 이 질문을 끝내려면 아직 멀었고, 이 질문은 새로운 영화 기획에서 다시 시작된다. 처음에는 「독신자 아파트La Garçonnière」였다가, 그 후 「아파트L'Appartement」라고 바뀐 제목의 시나리오가 그것인데, 1980년대 초반 그는 평상시와 달리 쉽게 써 내려간다. 물론 그는 〈아름다운 결혼〉(이야기 처음과 끝에 등장하는 부동산 중개인의 방문)의 구조처럼 부차적 플롯(상대방의 질투를 유발하거나 전환하려는 남성 인물의 음모)이나 순환적인 구조를 상상하면서 조금 주저한다. 하지만 미래의 〈보름달이 뜨는 밤Les Nuits de la pleine lune〉의 개요는 상당히 빠르게 설정된다. 이 부분은 1981년 3월에 작성된 요약본에서 확인할 수 있으며, 인물의 이름만 정하지 못한 상태다. "I의 관점에서 〈오후의 연정〉과 쌍을 이룬다. 1) 여자는 외출을 좋아한다. 남자는 좋아하지 않는다. 게다가 여자는 자신이 남자 없이 외출하기를 좋아한다는 것을 스스로 의식하고 있다. 남자는 여자가 싫어하는 운동을 한다. 여자는 K와 가짜 연인으로 외출한다. 그런데 여자는 집에 돌아오고 싶지 않

• 프랑스 신부 뷔리당Jean Buridan의 이름을 딴 역설적 개념으로, '뷔리당의 당나귀'로 주로 일컫는다. 양쪽에 동일한 먹이를 놓았을 때 당나귀가 어느 쪽을 먹을지 결정하지 못해서 굶어 죽는다는 가설로 뷔리당의 윤리적 결정론을 풍자한 말이다.

다. (…) 2) 여자는 아파트를 구입한다. 처음에 여자는 더 일찍 잠자리에 들고 더 이상 외출하지 않는 비슷한 생활을 한다. 3) 그 후, 여자는 K와 관계를 갖는다(…). 그들은 함께 자지만 그녀는 잠들 수 없다. 그녀는 옷을 입고 외출한다. 4) 여자는 길을 걷다 카페에 간다. 그녀는 한 올빼미족을 만나는데, 그는 여자에게 질문한다. (…) 해가 뜨자 그녀는 집으로 돌아온다. 5) J는 여기 없다. 여자는 기다리다 예민해지고, 그 후에 침대에 눕는다. 남자가 집으로 돌아온다. 그녀는 그에겐 그럴 권리가 있고, 그를 더 사랑하겠다고 말한다. 그는 자신은 사랑에 빠졌고, 더 이상 그녀를 사랑하지 않는다고 말한다."[52]

이 망설임의 주제는 영화 서두에 놓인 이른바 '샹파뉴champenois의 격언'[53]("두 여자를 가진 자는 영혼을 잃고, 두 집을 가진 자는 이성을 잃는다"[54])이 펼쳐 나갈 주제이며, 필연적이고 대칭적인 방식으로 또 다른 주제를 반영한다. 이것은 몽상이라는 주제이며, 몽상은 성인됨을 의미하는 선택의 불안에 대한 청춘의 응답이다. 〈보름달이 뜨는 밤〉에서 몽상은 상호 보완적인 3단계로 진행된다. 첫 번째, 자신이 가진 삶 이외의 다른 삶을 꿈꾸다, 이 단계에서 여성 인물은 스스로 이 상태를 유지하려 하면서, 루시엔느 부아에 Lucienne Boyer(「사랑의 별L'Étoile d'amour」)의 감미로운 유행가 음악에 따라 여전히 가능한 만남을 꿈꾸며 파리의 비밀 정원을 상상한다. 그리고 독신자 아파트가 진부한 불륜의 장소가 되어 버리면, 그녀가 방치했던 부부의 모습으로 되돌아간다(이것은 이미 〈오후의 연정〉의 결론이었다). 멀리서 등장하는 타자의 이미지를 또한 꿈꾸기도 하는데, 이는 관객이나 시네필의 위치에서 상상하는 것이다. 〈비행사의 아내〉의 프랑수아나 〈해변의 폴린〉의 피에르와 마찬가지로 〈보름달이 뜨는 밤〉의 여자 주인공은 지나는 길에 언뜻 만난 한 사람, 아마도 술집에서 우연히 마주쳤던 가장 친한 친구의 동료에서 시작해서 '모든 영화'를 상상하며 만들어 낸다. 몽상의 두 번째 단계에서, 그녀는 속내를 나눈 사람의 도움을 받는데, 그는 편향된 가설을 세워 해석 망상증으로 그것을 조정해서 완성하는 사람이다.

몽상의 세 번째 단계는 가장 흥미진진하다. 이것은 뒤로 물러나 있는 것처럼 보이는 타인의 삶을 무대에 올리면서 이루어지는 단계다. 여기에 묘사된 마법 견습생apprentie sorcière•은 로메르처럼 무대 배경으로 사라진 것처럼 보이지만, 비밀 계획을 더욱 잘 실현하기 위해서다. 게다가 그다지 비밀이 아닌 것은, 영화 초반부터 그녀가 약혼자와 다투는 과정에서 이를 말하기 때문이다. "자기에게 더 좋은 사람이 있을 거야. 예를 들어 늘 자기 옆에 있고 싶어 하는 여자, 그런 사람 만나서 사랑하게 되면 맹세코 내가 물러나 줄게. 하지만 정말 많이 슬프겠지. 많이."⁵⁵ 그녀 자신이 이런 말을 했음을 잊을 때쯤 이 예언은 말 그대로 이루어진다. 그리고 그녀는 자기 의지의 결과일 뿐인 일로 운명처럼 이별을 받아들이고 살아간다.

• 스스로 감당할 수 없는 사태를 유발하는 사람을 의미

유행의 나라에 선 로메르

이러한 관점에서 〈보름달이 뜨는 밤〉은 로메르의 가장 반성적인 영화 중 하나다. 또한 사회학적 조사에 적합하게 가장 잘 위장된 영화이기도 하다. 우리가 방금 언급한 가상의 차원은 1968년 5월이 아껴 둔 마지막 금기를 뛰어넘어 모든 형태의 과잉이 번성하던 한 시대(미테랑 정권 초기, 자유 방송의 출현, 축제 같은 성본능의 폭발)에서 구체화된다. 파리 밤의 세계와 사람들이 '접속된branché'이라고 부르는 것에 호기심을 느낀 로메르는 질문을 던진다. 먼저, 파스칼 그레고리에게 질문한다. 그레고리의 실제 모습은 〈해변의 폴린〉에서 낭만적 탄식을 하는 인물과는 아주 다르며, 궁전에서 자주 파티하며 밤을 보낸다. 다음으로, 비르지니 테브네에게 질문하는데, 그녀는 자신의 우아한 드레스와 주소록을 영화 촬영에 빌려 준다. 비르지니의 젊은 친구, 제자벨 카르피Jezabel Carpi에게도 질문하는데, 노신사 로메르가 그녀의 남자 관계나 애정 생활에 대한 무분별하게 질문하자 그녀는 겁을 먹는다. 〈아름다운 결혼〉의 음악적 동지(멋진 로커인 로낭 지르)와 동행으로 로메르는 청춘의 밤 파티에 슬며시 끼어들어 모퉁이에 앉아서 소리의 강도가 허락하는 대로 대화에 귀를 기울인다. 사람들은 그에게 말해 주었던 배우–작곡가 이인조, 엘리와 자크노Elli et Jacno의 곡 중에서 특히 그가 칭찬한 그들 노래 중 한 곡(「너를 잊다T'oublier」)은 〈해변의 폴린〉에서 라이트모티프가 될 수도 있었다. 그들이 다음 앨범을 녹음하러 스튜디오에 도착하자마자 로메르는 주저 없이 세 곡

(「보름달이 뜨는 밤Les Nuits de la pleine lune」, 「타로카드Les Tarots」, 「일곱 개의 섬Les Sept Îles」)을 선택한다. 이 곡들은 그가 염두에 두고 있는 영화와 완벽하게 어울린다. 다소 난해한 주제 때문에, 그리고 특히 다른 한 가지 이유에 대해서는 자크노는 이제 알게 될 것이고, 로낭 지르는 이미 잘 알고 있는 사실이다. "그가 내 음악을 좋아하는 것은 가사가 완전히 프랑스어이기 때문이다. 로메르는 매우 프랑스어적이고, 매우 고전적이고, 매우 문학적이다. 그는 '위크엔드week-end' 대신 '주말fin de semaine'이라고 말할 것이다."[56]

특히 이 음악이 흐르는 장면은 〈보름달이 뜨는 밤〉에서 일종의 '절정'인 화려한 파티 장면이다. 로장주 영화사는 1984년 1월 31일 밤 파리 8구에 있는 메종 데 상트로Maison des Centraux에서 파티를 열어 아름다운 사람들을 초대한다. 사운드 기술 담당 조르주 프라에 따르면 사람이 너무 많아서 기술 팀은 군중이 빠지기를 기다리면서 뷔페 뒤에서 야영해야겠다고 생각했을 정도였다고 한다. 로메르는 이런 예측 불가능한 것에 조바심을 냈다. 그는 엑스트라들이 작은 케이크에 몰려드는 것을 막으려 하고, 소음 때문에 귀마개를 끼고, 또 촬영 감독 레나토 베르타Renato Berta의 압력 때문에 트레블링해야 할 것을 걱정한다. 〈사자자리〉의 기습 파티 이후에, 이런 예상치 못한 일은 (그는 세심하게 준비해서 안심한 후에도 계속 확인하려 한다) 문자 그대로 불시에 그를 사로잡고, 사방에서 그를 속수무책으로 만드는 그의 경력에서 드문 순간 중 하나다. 이 시퀀스는 대본에서 거의 쉼표까지 쓰인 것임에도 불구하고 놀라운 다큐멘터리적 진실을 보여 준다.

로장주 사무실에서 비밀리에 배우들과 촬영을 준비하면서 로메르는 자신과 이 밤의 세계와의 거리감을 분명히 표현했다. "뱅두슈Bains-Douches•에 한두 번 가 봤다. (…) 담배 연기는 참을 수 있지만, 문제는 소음이다. (…) 귀가 손상되지 않을까? (…) 내가 큰 소리로 음악 듣기를 좋아하는 일은 불가능하다. 내 아내도 큰 소리를 좋아하지 않는 사람이다. (…) 육체적 사랑은 음악과 관련이 있다고 생각한다."[57] 젊은 여성들을 초대해 춤추게 하는 옛날식의 무도회는 이제 사라졌고, 60대의 시네아스트는 이를 유감스럽게 느끼는 듯하다. 그런 만큼 그는 더욱 노골적으로 오늘날의 풍습을 봐야 할 것으로 제시한다. 예를 들어 여자 주인공 파스칼 오지에가 섹시한 크리스티앙 바딤Christian Vadim과 가까워지는 것은 이런 사랑의 과시다. 로메르는 「하일브론의 케트헨」의 공연 이래로 다정한 우정을 나누고 있는 파스칼 오지에에게 극중 그녀가 사는 두 아파트의 실내 장식을 직접 구상해 달라고 요청한다(〈보름달이 뜨는 밤〉에서 그녀의 역할이 바로 수습 실내 장식가다). 그는 오지에가 자신이 좋아하지 않는 화가 몬드리안Piet Mondrian의 그림은 그냥 벽에 장식하게 둔다. 그래도 그녀가 최신 디자인과 시대에 뒤떨어진 것을 약간 혼합한 것은 훨씬 그의 마음에 들어 한다. 그중에서 이 젊은 여성이 만들어 독신자 아파트 한가운데 놓아둔 고대 기둥은 〈갈루아인 페르스발〉의 흔적이 될 수 있다. 그녀는 의상 선택에도 자유 재량권이 주어진다. 비록 로메르가 조심스레 회색

• 공중 목욕탕이라는 의미의 유명한 나이트클럽

을 사용하도록 권유하긴 하지만 말이다. 회색은 그가 새로운 영화의 주조색으로 결정한 색상이다.

진실한 거짓말

사실, 시네아스트가 파스칼 오지에가 주장한 '접속성branchitude'을 이렇게 활용한 것은 그가 대본에서 구상한 인물의 역할과 분명한 관련이 있기 때문이다. 그는 녹음된 대화를 발제해 기록할 때 많은 문장을 미리 설정된 극적 형식에 맞게 옮긴다("예를 들어, 애정 관계에서 내가 속으로 이런 사람에게 사랑받고 싶다고 말할 때마다 나는 항상 그렇게 됐다. (…) 난 항상 동시에 두 사람이 있었다. (…) 극단적으로 나는 스튜디오를 하나 빌릴 생각을 했는데, 그것이 나만을 위한, 개인적인 장소가 될 수 있기 때문이었다."[58]) 이런 초기 상황은 그의 자전적 묘사와 여성들의 내면 이야기가 뒤섞여 있는 상태다. 여기에는 파스칼 오지에뿐만 아니라, 마리 부틀루, 아리엘 동발, 이렌느 스코블린, 그리고 프랑수아즈 에체가라이Françoise Etchegaray의 속내 이야기도 포함되는데, 에체가라이는 곧 그의 작은 모임에서 다시 볼 수 있다. 거기서 출발해 그는 연기자에게 고유한 언어와 경험을 가져오게 해서 그의 기획에 적합한 방향으로 특성을 강조한다. 파스칼 오지에가 좋아하는 유형의 남자에 대해 생생하게 토론하면서 그는 너무 밀어붙여서 그녀를 불편하게 만들기도 한다. "당신은 남성성의 모델이 있는 것 같군요. (…) (내 개인적으로 싫어하는) 엘비스 프레슬리. 당신 방에 그 사람 사진이 있던데. ─그거요? 말론 브란도예요. -마찬가지예요. 오토바이를 타든 로커든. (…) 그래도 당신은 시속 이백 킬로로 파리를 부르릉 달리는 사람에게 끌린단 말이죠. (…) 속도를 좋아하는 것 같군요. (…) -그런 류의 일에 환상을 품는 건 싫어요. 죽음으로 이어지기 때문이에요. (…) 내 폭력성은 내 활력과 에너지, 내 욕망으로 전환돼요. (…) -그렇지만 폭력성은 파괴적이잖아요. (…) 파괴하는 것에 관심이 있나요? (…) 이게 약간 수수께끼로 남아서 당신이 좀 더 전개했으면 하는 성격의 특성이라는 생각이 드네요."⁵⁹

촬영과 관련한 세 가지 일화는 로메르적 희극의 진실한 거짓말을 보여 준다. 첫 번째 사례는 영화 마지막의 이별 장면과 관련된다. 그는 파스칼 오지에가 눈물을 흘리게 하는데, 로랑스 드 모나강이나 아망다 랑글레에게 썼던 전략을 더 이상 쓰지 않는다. 로메르는 이 젊은 여성이 주어진 상황에서 연기하게 두고, 어떤 특별한 지시도 주지 않는다. 하지만 그녀가 매우 섬세하게 루이즈(그녀가 선택한 이름)라는 인물에 동일화하게 해서 첫 촬영부터 그녀는 자연스러운 감정이 복받쳐 오르며 눈물이 터진다. 두 번째 사례는 영화 초반에 그녀가 체키 카료Tchéky Karyo가 연기하는 동거인과 오랫동안 다투는 장면이다. 액터스 스튜디오에서 훈련을 받은 연극배우 체키 카료는 벽에 머리를 치면서 분노를 표현한다. 이런 연기는 로메르의 취향이라기보다는 모리스 피알라의 세계에 더 적절한 것이다. 로메르는 얼굴을 찌푸리고 체키도 고집하다가, 결국 로메르가 "하지만 당신은 연출에 간섭하는 거예요!"라고 외친다. 마침내 그들은 타협점을 찾는다(체키가 여러 번 소심하게 자기 따귀를 때리는 것으로). 이 사례는 한계를 넘더라도 어떻게 연기자의 제안을 수용해야 할지에 대한 연출가의 근심을 보여준다.

세 번째 사례는 배우 감독을 하지 않는 로메르의 영화 현장에서 실제 연기 지도를 했던 유일한 사례다. 시네아스트는 파브리스 루치니에게 루이즈의 수다스러운 절친한 친구인 옥타브 역할을 맡기면서 어느 때보다 이 배우가 가진 개인적 아우라를 활용한다. 대화 속 자전적 요소(지방 교사 시절을 암시)를 감추면서, 그는 루치니에게 아름다운 문구와 예쁜 여성들에 대한 사랑을 큰 소리로 선포하며 연기하라고 지시했다. 여성들이 그저 재치로만 인식했을 때 그가 느꼈던 극심한 좌절감을 표현하게 했다. 그의 불분명한 공모는 요정 같은 파스칼의 동요로 이어진다. 하지만 생미셸 광장 한 카페에서 두 인물의 대화를 촬영할 때 로메르는 갑자기 촬영을 중단하고 무엇이 문제인지 설명도 없이 한쪽 구석에 가서 불평하기 시작했다(배우와의 너무 직접적인 접촉을 피하기 위해 소심하게 피신하는 시네아스트의 이런 류의 자폐증을 루치니는 놀랍게 흉내 낸다). 결국 그는 화가 나서 두 단어를 던졌다. "페르당델 Fernandel•은 그만!" 그는 더 이상 말하지 않는다. 연기자가 자기 개인적인 특성을 묘사해야 한다는 사실은 기본적으로 그들이 모르는 가운데 이루어지기 때문이다.

• 프랑스 코미디 배우

시대의 영화

〈보름달이 뜨는 밤〉에서 로메르는 이런 양식화의 의지와 실제 삶에서 포착한 세부적 의미 사이의 기적적인 균형에 도달한다. 가장 먼저 배우가 그 혜택을 누린다. 먼저 루치니는 이 영화를 통해 그림자에서 빛으로 옮겨 간다. 〈페르스발〉 이후 그에게 고착된 지루한 지식인 이미지에서 재미있고 재기 넘치는 지성인 이미지로 바뀌면서 지속적인 인기를 누린다. 물론 파스칼 오지에는 수많은 인터뷰 (그리고 베니스 영화제 여자연기상 수상) 덕분에 1984년의 파리지엔의 절대적인 원형으로 인정받고, 이런 경험을 확대해 가고 싶어 하는 동시에 어떤 낭만주의를 추구한다. 사람들은 그녀의 모든 것을 궁금해하고, 레알 중심지에 있는 그녀의 매우 트랜디한 아파트에 황홀해한다(이곳에서 그녀는 영화 포스터 작가인 벵자맹 발티모르Benjamin Baltimore와 함께 산다). 그녀는 '유목민적 사랑'에 관한 방송 〈현대 여성〉에 초대되어서 자신이 연기한 인물의 취약한 유토피아를 변호한다.

〈보름달이 뜨는 밤〉이 시대적 분위기와 완벽하게 조화를 이루면서 그 영향을 받은 아류작이 만들어진다. 그런 영화가 비르지니 테브네의 〈밤에 가터벨트를La Nuit porte jarretelles〉이다. 이 영화에서 제자벨 카르피는 젊은 미소년을 흔히 말하는 최신 쾌락의 미로 '속'으로 끌어들인다. 테브네의 첫 장편 영화의 시나리오는 로메르와 동시에 쓰인 것이지만, 언론은 이 둘 간의 연관성을 잊지 않고 강조한다. 대가 로메르는 이에 대해 약간 분개하지만, 동시에 자신의 새로운 희극 열풍에 더 기뻐하면서, 아주 잘 준비된 구도 안에서 자신의 반응을 나타낸다. 로메르는 전 세대에게 인정받는 영화를 만들고 싶어 했고 그의 도전은 기대 이상으로 성취된다. 이 영화는 예전 〈수집가〉가 얻었던 세계적 성공을 넘어선다. 오랫동안 〈보름달이 뜨는 밤〉은 환상적인 파티와 의상, 새로운 무질서한 사랑, 전통에 대한 향수로 1980년대를 풍미했던 파리의 이미지를 구축한다. 베니스에서 이 영화는 상영회를 포함해 열렬한 박수를 받는다. 로메르는 니콜라 세이두(고몽 CEO)와 다니엘 토스캉 뒤 플랑티에(고몽 대표, 그는 〈페르스발〉 이후 5년 만에 새로운 공동 제작의 포문을 연다), 혹은 문화부 장관 자크 랑Jack Lang으로부터 멜리에스상 수상에 대한 축하 서신을 받는다. 〈해변의 폴린〉을 비방했던 『르피가로』의 클로드 베네르Claude Baignères와 같은 비평가조차도 〈보름달이 뜨는 밤〉의 연기와 대사에서 모든 장점을 발견했다.

완전한 행복감이 펼쳐지는 중에 불편함을 표현하는 몇 사람의 목소리가 눈에 띈다. 거의 모든 곳에서 걸작으로 찬사를 받는 영화의 이런저런 결함을 증명하려는 것은 아니다. 하지만 그들은 로메르 효과, 그가 오랜 시간 걸어온 이 확대경의 어떤 불편함을 표현한다. 클로드장 필리프는 이 주제에 대해 흥미롭게 질문하고, 이 불편함을 희극과 비극 사이에서 부유하는 형식으로 주장한다. 세르주 다네는 관객이 로메르의 '분신'에 완전히 동일시할 수 없게 하는 이상한 간극에 의문을 제기한다. "로메르는 일종의 타락한 브레히트주의를 실천한다. 처음에 관습에 따라 작가가 우리에게 인물에 '붙어' 있도록 요청하면, 인물이 변덕을 부리며 이야기가 작동된다. 하지만 우리가 이 인물이 처벌을 자초한다는 것을 알고 어쩔 수 없이 인물을 놓아주고, 그 순간 작가가 기다리고 있다가 인물과 함께 단둘이 남아서 그를 위로하고 그 눈물을 즐긴다."[60]

불행의 연속

1984년은 단지 성공만이 아니라, 많은 눈물이 흐른 해이기도 했다. 그해 가을 로메르는 『카이에』의 황금시대를 함께 보냈던 두 동료 피에르 카스트와 프랑수아 트뤼포가 사라지는 것을 본다. 앞서 말했듯, 트뤼포는 '위대한 모모'와 더욱 친밀한 사이가 되어 〈비행사의 아내〉나 〈아름다운 결혼〉에 재정적으로 조심스레 이바지했다. 트뤼포는 심지어 자신과 함께 일하고 싶어 하는 베아트리스 로망의 요청을 "당신에겐 로메르가 있습니다"라며 우아하게 (또는 능란하게?) 거절한다. 트뤼포가 사망한 직후 『카이에』에서 출간된 『프랑수아 트뤼포의 이야기 Le Roman de François Truffaut』에서 〈보름달이 뜨는 밤〉의 작가는 아름답고 애절한 글을 쓴다. 여기서 그는 전후의 위대한 시네필 시대를 되살린다. 이와 동시에, 더 분석적인 관점을 더한 인터뷰를 『미적 취향』의 서두에 싣는다. 여기서 시네아스트는 자신의 현재 작품을 30년 전의 비평적 글쓰기와 연결한다.

또 다른 죽음은 비극과 폭력, 과도함의 표시로 일어난다. 로메르의 과거 조언자 폴 제고프의 죽음은 1983년 12월 그의 젊은 아내가 그를 칼로 찌르면서 일어난 결과다. 이 여성(코코 두카도스 Coco Ducados)은 〈갈루아인 페르스발〉에서 '추한 아가씨' 역할을 했으며, 그때 그녀는 로메르에게 그들 부부의 파탄을 예감하는 속내를 이야기했다. 7월에는 〈클레르의 무릎〉에서 잘생긴 질 역할을 맡았던 제라르 팔코네티가 35세의 나이로 자살했다. 프랑스 시네마테크는 그에게 경의를 표하고, 이 일을 계기로 로메르는 그에 대한 감동적인 초상을 작성한다. 이 글에서 그는 마리 리비에르의 믿음직한 친구이자, 파스칼 오지에의 파티 친구였던 이 남성에 대해 그가 짐작하는 모든 감수성을 동원해 말한다. 그는 이 동성애자를 번뇌하게 했던 모든 고통에 대해, 현실에 전혀 편안함을 느끼지 못한 채 오만한 겉모습을 두르고 있던 모습에 대해 (행간을 통해) 말한다. "내가 〈클레르의 무릎〉을 준비 중일 때 소속사에서 그의 사진을 보내왔다. 난 사진을 보고 흥미를 느껴서 그에게 전화했다. 제라드는 거만에 가까운 자기 만족감을 보이며 내게 대답했다. 그게 난 마음에 들었다. 이런 특성은 내가 연기해 주기를 바라는 인물과 완전히 일치했다. 그렇기에 그는 내 영화들, 〈클레르의 무릎〉과 〈갈루아인 페르스발〉, 「하일브론의 케트헨」에서 '악당들'을 계속 연기해 왔다."[61]

1984년 10월 25일 로메르는 지하철을 타고 피에르 카스트의 장례식에 가다가 한 친구를 만나는데, 그가 파스칼 오지에의 부고 소식을 전해 준다. 그는 급하게 로장주 사무실로 되돌아온다. 그날 로메르와 약속이 있었던 자키 래날은 피에르1세드세르비 거리, 건물 22층 계단까지 울려 퍼졌던 고통스러운 울음소리를 기억한다. 언론과 친한 지인들은 이 사건의 전말을 재구성하려고 한다. 지난 두 달 동안 젊은 배우는 〈보름달이 뜨는 밤〉의 성공으로 행복의 기운에 잠겨 있었다. 그 전날 고급 파티가 있었고, 거기서 그녀는 (얼마 전부터 그녀가 '끊었던') 마약을 사용한다. 밤중에 심장에 무리가 왔고, 같이 있던 상대는 응급 구조대에 호출하기를 지체한다. 로메르는 이 죽음으로 황폐화된다. 그는 파스칼의 아버지이자 동시에 배우자를 잃은 사람처럼 장례식을 치른다. 그는 자료 보관소에 〈O 후작 부인〉에서 부녀처럼 단정하게 포옹한 사진과 같은 당시 감정의 혼란을 보여 주는 몇 장의 사진을 따로 보관한다.

〈보름달이 뜨는 밤〉은 시대의 영화일 뿐만 아니라 전반기 '희극과 격언'의 종결이 된다. 1984년 여름부터 로메르는 주변에 있던 전문가(레나토 베르타, 조르주 프라)와 멀어지고, 새로운 더 젊은 팀을 모집하고, 근본적으로 다른 기획에 착수한다. 하지만 그는 여전히 사람들이 물질주의적이라고 믿는 세상에서 끊임없는 상상의 움직임을 되살리고자 추구했다.

쥘 베른 쪽으로

이것은 평범함에 대한 그의 매혹과 동시에 신비로운 로메르의 부활을 볼 수 있는 기회다. 그 기원에는 〈갈루아인 페르스발〉처럼 어린 시절 기억이 있다. 이번에는 튈 도서관의 책장에 진열되어 있던 넬슨Nelson 총서 중 쥘 베른의 책을 읽었던 기억이다. 이 책은 초록색이라는 주제로 진열되어 있었고, 어린 모리스는 당시에 (혹은 좀 더 나중에) 「녹색 광선Le Rayon vert」이라는 제목의 1882년 소설을 읽을 수 있었다. 이 소설은 희극적인 동시에 환상적인 여정에 대한 이야기다. 두 삼촌이 반드시 결혼시키고 싶어 하는 한 부유한 스코틀랜드 상속녀에 대한 소설이다. 그녀는 전설로 내려오는 유명한 '녹색 광선'(즉, 일몰의 마지막 광선)을 이용해 그 생각을 읽을 수 있는 남자와 결혼하고 싶어 한다. 그래서 그녀는 맑은 하늘과 매력적인 왕자를 찾아 해안 지방을 방문한다. 그 과정에서 그녀는 아리스토불러스 어시클로스Aristobulus Ursiclos라는 이름의 지루한 학자의 접근을 물리치고, 젊은 화가의 품에 안긴다. 그리고 더 이상 관심을 갖지 않았던 순간, 마침내 녹색 광선이 나타난다.

소녀 취향의 이 사랑스러운 동화에서 로메르는 신화적인 구조를 중요하게 유지한다. 이상향의 자취를 따라가는 첫 여행은 매우 특별한 풍경을 구현할 것이다. 그는 또한 몇몇 더욱 사실주의적인 묘사를 유지하면서, 사소한 일상생활과 꿈이 만나는 장면으로 연결할 것이다. 말하자면, 그것은 19세기 말 대중화되었던 해수욕장의 일상적 풍경에 대한 묘사다. "긴 일과 동안 삼촌들은 그녀의 약혼자를 선택하는 데 고군분투하게 내버려두고, 캠벨 양은 가끔 베스 양과 함께 가기도 하지만, 더 자주는 혼자 모래사장을 헤매고 다닌다. 그녀는 해수욕장 도시 도처에서 만날 수 있는 비슷한 부동 인구로 구성된 이 무위의 사람들에서 기꺼이 멀어졌다. 이 가족들의 유일한 활동은 해변에 앉아 바다가 오르내리는 풍경을 보는 것이고, 그동안 어린 소년소녀는 매우 영국적인 자유로운 태도로 젖은 모래 위를 뒹군다. 진지하고 침착한 신사들은 수영복은 입었지만 원기가 너무 부족해서 인생의 큰일을 치르듯 6분 동안 바닷물에 몸을 담근다. (…) 마지막으로 '음유시인들'은 (…) 반복해서 지방 애가를 노래하고, 그를 둘러싼 아이들 무리는 합창으로 후렴구를 진지하게 다시 따라 부른다. 캠벨 양에게 이 해수욕장의 존재는 더 이상 어떤 비밀도 매력도 없었다. 그녀는 유럽 전역에서 와서 서로에게 이방인처럼 보이며 왕래하는 행인들에게 멀어지기를 바랐다."[62] 자신의 독특함을 확신하면서 낭만적인 젊은 여성이 거리감을 두고 바라본 이런 성찰을 포함하여, 또 다른 〈녹색 광선〉이 담아 낼 관광 엽서 분위기가 여기서 벌써 보이지 않는가?

이것은 실제로 로메르 영화의 주제가 될 것이다. 1983년 말 그는 주제의 윤곽을 잡기 위해 여기저기에 몇 가지를 메모한다. 그는 바스크 해안 지방 신문에서 읽은 작은 광고에서 영감을 얻는다. 이곳은 그가 매년 휴가의 일정 기간을 보내는 곳으로 아내 소유의 집이 있다. 광고에는 이렇게 쓰여 있다. "난 비아리츠 출신의 아름다운 여성이에요. 즐겁게 지내야 하는데 남자들은 내게 관심이 없어요, 왜죠?" 그는 또한 좀 더 확장된 방식으로, 자신의 젊은 시절 영혼의 짝을 찾았지만 지나친 소심함 때문에 접근할 수 없었던 데서 느꼈던 고독감에서 영감을 받는다. 노트를 써 내려가며 몇 가지 교차되는 주제가 나타난다. "태양 / 황금빛과 녹색 /

몸-모래, 돌 / 산-바다의 광대함 / 식물적-동물적 본성 / 채식, 비폭력-생태학 / 금욕-무관심 / 군중-외로움 / 만남 / 우연-행운 / 별자리-카드 / 휴가-일 (…)."[63] 특히 휴가는 그의 영화에서 특권적 시간으로 만들어 왔던 것이다. 〈사자자리〉의 절망적 휴가부터 〈수집가〉, 〈클레르의 무릎〉이나 〈해변의 폴린〉의 낭만적인 피서지에 이르기까지 모두 휴가의 시간을 다룬다. 여기저기서 이야기의 맥락이 잡힌다. 그것은 남자를 만나기 위해 여름을 활용하고 싶은 젊은 비서의 방황이다. 장면들이 쓰인다. 예를 들어, 자연주의자 해변에서 상대를 찾는 남자들이 자신보다 도발적인 스웨덴 두 여성에게 관심을 보이는 상황에서 여자 주인공이 느끼는 갑갑함을 묘사하는 식이다. 혹은 이야기의 결론(로메르는 자주 이야기를 결론에서 시작한다)이 쓰이는데, 한 청년과의 예기치 않은 만남 후에 그녀는 마침내 그의 곁에서 녹색 광선을 발견한다. 몇 가지 가제를 고려 중이다. 〈산보하는 여자La Promeneuse〉, 〈바캉스의 사랑Un amour de vacances〉, 〈8월의 사람들Les Aoûtiennes〉은 오랫동안 이 기획과 관련성을 유지하긴 하지만 이 비공식적 이야기의 최종적 지평에서는 단연 〈녹색 광선〉이 보인다.

오늘 밤 즉흥적으로

로메르에게 한 가지 감춰 둔 생각이 있다. 〈보름달이 뜨는 밤〉의 성공으로 인해 그는 다소 지쳐 있었다. 그는 큰 열의 없이 이 영화 기획을 파브리스 루치니("처음에는 좀 느리게 가다가 나중에는 정리

될 것이다")나 프랑수아즈 에체가라이에게 보여 주면서, 형식에 얽매이지 않으려는 자신의 바람을 털어놓는다. 그는 픽션 영화에서 즉흥성을 도입했던 장 루슈와 자크 리베트, 폴 베시알리의 영화적 경험에서 깊은 인상을 받은 바 있다. 게다가 그는 자신의 영화가 '문학적'이라거나, 글로만 가치가 있다거나, 등장인물이 작위적으로 말하게 한다거나 하는 얘기를 듣는 데 이력이 났다. 그래서 그는 어느 날 이에 대한 도전을 마리 리비에르에게 알린다. "에릭은 이렇게 말했다. '사람들은 내 문장이 너무 길다고 비난한다. 하지만 삶에서 사람들은 끊임없이 오랫동안 이야기한다! 그것을 증명해 보일 것이다. 아무도 내가 쓴 글과 즉흥적인 글의 차이점을 알아볼 수 없을 것이다.' 이게 그의 기본적인 생각이었고, 그는 그 연기를 하기에 내가 적합하다고 생각했다."[64] 처음에는 이 비정형적인 영화의 주연 배우를 프랑수아즈 에체가라이에게 맡길 생각도 있었다. 하지만 매우 빨리 마리 리비에르를 선택했음이 분명해 보인다.

그녀가 액터스 스튜디오 교육 과정에서 블랑쉬 살랑Blanche Salant의 즉흥 연기 과정을 들었기 때문만은 아니다(그녀는 거기서 우연히 이렌느 스코블린을 만나고, 스코블린은 〈녹색 광선〉에서 하늘이 도운 친구 역할을 연기한다). 무엇보다도 로메르가 상상한 주인공 같지 않은 반反여자 주인공antihéroïne과 그녀가 여러 면에서 비슷하기 때문이다. 그는 그녀에게 델핀이라는 이름을 지어 준다. 그녀의 숨겨진 아름다움은 언뜻 보이지 않지만 고양된 순간에 드러난다. 그녀의 우울한 얼굴 표정은 쉽게 무너져 오열을 터트린다. 자신이 꿈꾸는 위대한 사랑을 그녀는 아주 단순한 말로 표현한다. 아리엘 동발의 정교함이나 베아트리스 로망의 수사와는 매우 거리가 멀다. 로메르는 마리에게 책 한 권을 읽게 하는데, 그녀는 너무 지루해서 졸다 책을 손에서 떨어트리긴 하지만, 영화에서 그녀는 그 책을 곁에 두고 있을 것이다. 그 책은 도스토옙스키의 『백치』다. 그는 그녀를 평범하게 꾸며진 작은 다락방에서 연기하게 하는데, 이 공간은 이미 〈비행사의 아내〉에서 경험했던 배경이다. 그리고 녹음기로 지시하고 기록된 즉흥성을 기반으로, 그는 그녀에게 말 그대로 자기 삶의 한 장면을 연기하라고 요청한다. 그들은 사무실에서 오랜 시간을 함께 보내면서, 마리가 길거리에서 주운 트럼프 카드와 그녀의 고기 공포증이나 외로움에서 벗어나는 데 겪는 어려움에 대해 말한다. 너무 드러내 보이지 않으면서 로메르는 흥미를 끄는 방향으로 이 토론을 진행하면서 주제와 시퀀스를 설정하고, 연기자에게 영화를 작성하는 것이 그녀 자신이라는 인상을 남긴다.

마찬가지로 로메르는 마리 주변에 친숙한 환경을 재구성한다. 로장주에서 사전 인터뷰를 진행할 때부터 마리의 여자 친구 로제트를 초대하고, 그녀의 부모님 댁이나 친구들 집에서의 초반 장면들을 촬영하는 곳에 로제트를 데려간다. 또한 전체 팀도 여성으로 구성한다. 그는 『마리클레르*Marie-Claire*』 기자와의 인터뷰에서 그 이유를 이렇게 설명했다. "〈녹색 광선〉은 거의 전체가 즉흥적으로 이루어졌다. 상황은 만들어져 있었지만, 어떤 대화도 쓰이지 않았다. 마리 리비에르가 내밀한 순간에도 분명히 더욱 자유로울 수 있었던 까닭은 모든 기술 팀이 여성으로 구성되었기 때문이 확실하다. 이 팀은 어떤 암묵적인 동조, 친밀함을 형성했다."[65] 이 친밀함의 일부는 그가 담당하는 것이며, 그런 만큼 그는 이 여성적 세계에서 자취를 감추려고 노력하고, 여성적 세계는 그의 영화에서 점점 더 중심을 차지한다. 이때부터 그는 얼굴도 붉히지 않고 이런 당혹스러운 고백을 하는데, 이 고백은 〈로맨스〉의 '여성 되기'를 예고한다. "나는 젊은 여성을 너무 좋아하는 것이 아니라 젊은 여성이 모든 남자 안에 있다고 느낀다. 내 안에서 그걸 느낀다."[66] 그러면 에릭 로메르가 몽테를랑Henri Millon Montherlant*의 여성들보다 훨씬 더 호감이 가는 이 젊은 여성들(혹은 대부분의 젊은 여성들)은 누구인가? 그는 마리 리비에르의 주변에 그녀에게 익숙한 여성적 공간을 불러 온다. 앞서 언급한 로제트뿐만 아니라 베아트리스 로망과 리자 에레디아도 있다. 에레디아의 집에 모여 그들은 친구에게 조언을 쏟아 낸다. 이 한 장면, 간단한 구상으로 한 번에 촬영한 장면이다. 그리고 이 장면은 연출가를 너무 만족시켜서, 그가 그럴 생각이었던 것처럼 리자가 일광욕하는 장면의 촬영으로 되돌아와서 장면을 더 연장시키지 않는다.

음향을 맡은 26세의 클로딘 누가레Claudine Nougaret는 루이 뤼미에르 학교를 갓 졸업했다. 영상을 맡은 23세의 소피 맹티뇌Sophie

---

* 프랑스 소설가(1896~1972)로 여성적 감상성을 비난한 작품 4부작 『젊은 처녀들Les Jeunes Filles』을 썼다.

Maintigneux는 로메르가 단지 약간의 시험(갈리에라 공원square Galliera 시퀀스)을 거친 후 고풍스러운 줌이 장착된 수수한 16미리 아통 Aaton 카메라를 그녀에게 맡긴다. 예를 들어 마리가 눈물을 흘리는 장면을 재구성하기 위해 소피에게 이 줌을 사용하도록 조심스레 요청한 것을 제외하고는 그는 일반적으로 그녀가 적합하다고 생각하는 대로 화면 크기를 결정하게 했다. 쉘부르Cherbourg에서 저녁 식사를 하는 동안, 그녀는 초대 손님과의 토론과 붐 마이크의 이동에 따라 파노라마 촬영이 가능한 방식으로 자리를 설치했다. 노르망디 시골에서 마리가 외롭게 산책하는 동안, 그녀는 배우가 배회하는 상황에 맞게 요동치는 풍경(이것은 델핀의 감정을 증폭시킨다)을 담은 몇 개의 숏을 '도둑질'하여 선수를 친다. 각 단계마다 즉흥적인 촬영은 즉흥적인 연기에 상응하고, 그것을 통제하는 작가를 제거하면서 동시에 은밀하게 그것을 강화한다.

마지막으로 관리 감독 역할은 프랑수아즈 에체가라이가 맡는다. 그녀는 이미 〈보름달이 뜨는 밤〉의 준비 과정과 이미 관련이 있었다. 그녀는 30세의 매우 아름다운 젊은 여성이며 날씬한 몸매에 귀족적이고 서민적인 말씨를 번갈아 구사한다. 말하자면, 그녀는 다른 화법을 조금씩 활용하여 로메르를 매혹시키고, 그녀가 구사하는 자유로운 화법은 그가 모든 것보다 가장 높이 평가하는 것이다. 그들은 1974년 장 으스타슈의 제작사인 엘리트Elite 사무실에서 만났다. 그들은 〈페르스발〉의 촬영장과 그들의 같은 친구인 릴리안 드레퓌스Liliane Dreyfus 집에서 다시 마주친다. 그들은 차 한 잔을 마시며 다른 세상을 꿈꾸며 문학이나 그림에 대해 이야기하면서 몇 시간을 보낸다(당시 프랑수아즈는 화가 로베르 라푸자드Robert Lapoujade와 살고 있었고, 로메르는 이 화가의 작품을 사무실에 걸어 놓을 정도로 좋아했다). 그들은 함께 누벨바그의 영웅적인 시대처럼 아마추어 영화를 만들려는 미친 야망에 착수한다. 로메르는 바벳 슈로더의 최근 조언에 따라 그가 만든 조직을 활용해 이 계획을 진행하자고 제안한다. 그는 이 조직명을 '에릭 로메르 제작사Compagnie Eric Rohmer, CER'라고 짓는다. 로장주 영화사 외부에 둔 이 조직은 그에게 재정과 예술적 측면에서 더 큰 자율성을 확보해 줄 수 있었다.

그러나 프랑수아즈는 제작자 감투를 쓰는 것을 망설인다. 그래서 초기에는 공식 제작자 없이 로메르는 탁자 구석에서 간략하게 서명한 몇 가지 계약만으로 〈녹색 광선〉의 모험에 착수한다. 그 계약서 중 하나(클로딘 누가레의 계약)는 인용할 만하다. 이 계약서는 촬영 전날까지 영화 형식과 예산에 대한 감독의 불확실성을 표시한다. "(…) 당신에게 음향 기사의 직책을 맡기게 되어 기쁩니다. 이 작업은 다섯 번째 '희극과 격언' 촬영을 위한 시범 사전 작업입니다. 이 시범 작업은 제작 시작 전에 진행되며, 영화 자금이 확보되는 순간까지 당신의 보수 지급이 지연되는 것에 양해를 부탁드립니다. 이에 대한 보상으로, 나는 에릭 로메르 회사의 경영자로서 노동조합 최저 임금에 근거해 귀하에게 보수를 지급할 것에 동의합니다(…). 이 계약은 수익 분배를 배제하지 않습니다."[67] 이런 불안정한 조건은 어떤 긴장을 일으키지 않을 수 없었다. 특히 무급 조연 배우들과 함께 점심 식사한 후에 로메르가 밥

1986년, 〈로제트 방을 찾다〉 촬영 현장에서 로제트와 에릭 로메르

값을 지불하는 것에 불만을 보이다가 결국 지폐 한 장을 탁자 위에 던져 놓고 식당을 떠났을 때가 그런 경우다. 다음 날 프랑수아즈는 못된 스쿠루지 같은 연기를 계속 고집하면 다 그만두겠다고 로메르를 위협한다.

　그녀가 그에게 감히 대항한 것은 이번이 처음이고, 이것이 그를 그렇게 불쾌하게 만들지는 않았다. 특히 그녀는 바벳 슈로더 이후 마리 부틀루보다 더 완벽하게 기꺼이 헌신한 최초의 사람이며 위대한 로메르의 꿈을 실현하기 위해 전력을 기울인다. 상황에 자유롭게 적응하면서 전통적인 제작 환경(조감독, 스크립터, 작업 계획)의 제약을 신경 쓰지 않고 상황에 따라 수완을 발휘하며 그날그날 해결한다. 그녀의 무궁무진한 수완 덕분에 그럭저럭 우연히 배우를 구하고, 현지인 집에 여기저기서 기거하면서 델핀의 휴가를 연대순으로 촬영할 수 있었다. 쉘부르에서는 로제트의 가족 집에 머물렀으며, 집주인은 고맙게도 즉흥 상영에 참여하고 그동안 프랑수아즈는 요리하는 것을 도왔다. 비아리츠에서 그녀는 바스크 지역에 대한 자신의 지식을 활용하여 모든 장비 보급 문제를 해결했다. 그녀는 촬영 시작 몇 주 전에 로메르에게 이렇게 보고했다. "(…) 내가 거주하는 집에서 멀지 않은 곳에 침실 세 개와 부엌이 있는 작은 빌라를 빌렸어요. 이 집에서 프랑스어 교사를 알게 되었는데, 이름은 마리아 하모니아Maria Harmonia이고 별명은 모니크인데, '녹색 광선'에 대한 추억이 있어서 카메라 앞에서 얘기할 수 있답니다. 세 군데 연극 회사를 돌아본 후 (…) 비아리츠와 바욘Bayonne에 있는 청년 문화의 집Maisons des jeunes et de la culture, MJC 세 곳에 가서, 바욘의 관광조합 관장을 통해 당신의 기획에 가장 적합한 '이 지역 남자들'을 찾을 것 같습니다."[68]

카페테라스에서 델핀과 그녀의 친구를 유혹하는 젊은 바람둥이를 연기할 사람은 결국 마지막 순간에 해변에서 우연히 만난 마리 리비에르의 친구이긴 하지만 완전히 낯선 사람이다. 이 시퀀스는 생생하게 포착한 저속함의 명장면이 된다. 쥘 베른과 『녹색 광선』을 중심으로 한 석양의 대화에 생기를 불어넣을 장면에서는 이 신기한 기상 현상에 대한 전문가인 흰 수염의 늙은 독일 연구자가 말하는데, 그는 바로 그 장소에서 가장 경이로운 우연을 발견한 사람이다. 두 극단적 사례 사이에 영화의 모든 독창성이 드러난다. '현실 그대로의 질감'[69]으로 쓰인 것처럼 보이지만, 시네아스트가 상상했던 것과 이상하게 닮은 그런 영화다.

카날 플뤼스의 기적

일단 상자에 담긴 촬영 필름은 거의 2년 가까이 그대로 보관된다. 로메르는 그것을 어떻게 해야 할지 여전히 막연한 상태다. 그저 전문적인 35미리 영화의 초본으로 볼 것인가? 아니면 새롭게 취할 수 있는 다른 형식이 있는가? 그는 평소처럼 틀어박혀서 러시 필름을 보면서 자신에게 맞는 것을 표시한다. 〈모드 집에서의 하룻밤〉 이후 그의 정식 편집자 역할을 했던 세실 데쿠지는 자신의 영화를 제작하기로 결정한다. 시네아스트의 조금 짓궂은 예측에도 불구하고, 데쿠지는 끈기 있고 수다쟁이인 어린 보조 리자 에레디아와 사이가 아주 좋았다. 그래서 로메르는 아주 자연스럽게 에레디아에게 그녀의 뒤를 이어 편집자를 제안했다. 그녀는 이 시도가 실패하더라도 좋은 친구로 남는다는 조건으로 받아들였다. 첫날, 그녀가 점심시간이 아직 멀었는지 물어봤을 때 감독은 내심 웃으며 이렇게 말한다. "스무 시간 만에 휴식이라니! 지금 오후 5시예요……." 이 젊은 여성은 시간이 지나는 줄도 모르고 일에 몰두했던 것이다. 그녀는 열정적으로 다루기 어려운 재료를 몽타주에 맞게 편집하고, 영리한 생각으로 효과를 배가시킨다. 예를 들어, 비아리츠 역에서의 마지막 만남의 순간, 마리 리비에르와 그녀의 멋진 왕자 뱅상 고티에Vincent Gauthier의 시선을 연결시킨다. 혹은 택시 운전사가 속내를 고백하는 장면은 며칠 간격을 두고 촬영된 장면이지만 한 번에 연결했다. 처음에 로메르는 이런 이단적 발상에 분노하지만, 그 결과를 보고 결국 항복한다.

로메르 자신은 어떤 장면 전체를 드러내는 것을 한 번도 힘들어하지 않았다. 그렇게 한 것이 비아리츠 부인들이 나누는 외로움에 대한 대화인데, 이 장면은 델핀이 우연히 엿듣게 되면서 그녀의 우울한 방황과 공명하는 부분이다. 마리 리비에르가 채식주의자의 권리를 변호하는 샐러드 논쟁 장면에 대해서는 그는 더 오래 망설인다. 이 장면은 〈녹색 광선〉에서 가장 설득력 있는 장면 중 하나이지만 그녀 자신을 묘사하는 어떤 부분은 우스꽝스러워 보일 위험이 있다. "그리고 도살장이 어떤지 봤어요? (…) 그러니까, 진짜 오랫동안 키운 거잖아요. 게다가, 소는 오래 살잖아요!

(웃음) (⋯) 소에게 이렇게 수레를 끌게 하고, 순박한 눈과 큰 입을 항상 봤잖아요. (⋯) 근데 남자가 그렇게 죽이고, 웃으면서 그걸 해요. 모두 그걸 본다면, 아무도 고기가 먹고 싶지 않을 거예요."[70] 〈보름달이 뜨는 밤〉을 편집할 때 (라슬로 사보László Szabó와의 카페 대화 장면은 최종적으로 포함되었다) 그랬던 것처럼, 로메르는 그의 아내에게 조언을 구한다. 아내는 그 시퀀스 시연 상영을 보고 줄이라고 충고한다.

독특한 대상이 윤곽을 드러내기 시작한다. 그런데 아직 필수적인 것이 빠졌다. 영화 제목이자 델핀이 생장드뤼즈Saint-Jean-de-Luz에서 연인과 함께 보는 것으로 설정된 녹색 광선이 문제다. 로메르와 소규모의 팀이 바스크 지방에 도착한 날 저녁에는 날씨가 좋았다. 그런데 소피 맹티뇌가 여행과 기술 장비 운반에 너무 지쳐 있어서 그는 석양을 보러가자고 차마 요청할 수 없었다. 그 후 필름에 녹색 광선을 그리려고 했으나 임시방편일 뿐이다. 속임수에 대한 불안에도 불구하고, 로메르는 한 촬영기사를 카나리 제도îles Canaries에 보내기로 결심하고, 그는 만족스러운 이미지를 가져온다. 로메르는 심지어 문제의 녹색을 약간 보강하는 것도 허락한다. 그는 이런 평범한 이야기에는 그와 반대되는 마법이 필요하다는 사실을 알고 있다. 그런 것이 델핀이 걷다가 발아래에서 발견한 트럼프 카드와 몇몇 구절의 음악(요한 제바스티안 바흐의 곡에서 영감을 받아 장루이 발레로가 푸가 형식으로 만든), 마지막으로 그것들이 강조하는 기적이다. 그 비밀이 〈사자자리〉 이후 사라진 것처럼 보였던 경이로운 해피 엔딩이다.

이 기적은 더욱 많아진다. 편집본을 보고 확신한 마르가레트 메네고즈는 제작자 역할을 다시 수락했다. 마지막 시퀀스의 특수효과와 35미리로 확대하면서 비용이 두 배가 되었지만 〈녹색 광선〉의 제작비는 여전히 소박하다. 4백만 프랑, 즉 비슷한 유형의 일반 예산보다 3배 적은 비용이다. 이미 미국 배급사 오리온 클래식Orion Classics은 (제작 마감에 시간이 지체되는 것을 조금 초조해하면서) 선구매로 십만 달러를 지불했다. 하지만 지나친 광고 비용을 피하면서 어떻게 이런 취약한 영화를 홍보해야 할까? 그래서 마르가레트 메네고즈는 기발한 생각을 하는데, 이는 영화와 텔레비전 사이의 새로운 동맹으로 로메르의 생각과 비슷했다. 그들은 〈녹색 광선〉을 카날 플뤼스에 선판매했다. 이 채널은 이미 40만 명이 가입한 신생 유로 채널이다. 일정 유예 기간 전에 영화 작품이 텔레비전 채널에서 방송되는 것을 막는 법적 장애를 피하기 위해 그들은 이 영화를 텔레비전용 영화로 재등록한다. 이 덕분에 그는 문화 산업에 주는 지원 기금을 받을 자격도 얻었다. 선판매의 결과로 얻은 85만 프랑에 이렇게 두 배의 금액이 추가된다. 극장에 개봉하기도 전에 〈녹색 광선〉은 비용의 3분의 2가 상환되었다! 이제 손익분기점까지 6만 명의 관객이면 충분하다.

넘어야 할 마지막 장애물은 극장주의 불만이다. 극장주가 걱정하는 것은 텔레비전 시사회로 방영했던 영화를 극장에서 보는 관객의 불만이다. 바로 여기가 최종적 녹색 광선이 개입하는 장소다. 모든 앞선 우려와 반대로, 그리고 알랭 로브그리에의 의견(로메르 입장의 심사위원장이라고 거의 볼 수 없는)과 반대로 이 영화적 미확인 비행 물체는 마리 리비에르의 연기상과 함께 베니스 영화제에서 황금사자상을 차지한다. 황금사자장과 카날 플뤼스의 방영, 그리고 입소문이 동시에 발생한다. 〈녹색 광선〉은 독점 개봉으로 45만 이상의 관객을 극장으로 끌어들였다. 이는 외국에서의 관객 수를 제외한 숫자다. 확실히 이 영화는 제작비 대비 경제적 측면에서 프랑스 영화사상 가장 높은 수익성을 거둔 영화 중한 편이 된다. 하지만 이것이 완벽한 기적일까? 만장일치에 가까운 열성적인 언론(조르주 샤랑솔을 포함) 한가운데 제라르 레포르 Gérard Lefort는 로메르의 내기가 거둔 성공의 비밀을 밝히려고 한다. "수년 동안 '나만의' 영화를 (잿빛으로) 만들어 왔던 경량급 선수 로메르는 최근 '우리의' 영화를 발명했다. 완전히 사로잡히지 않으면서도 모두가 함께 공감할 수 있는 방식으로(…), 왜냐하면, 〈녹색 광선〉은 진정한 프랑스 스타일적 특성을 다룬, 우리가 말하는 모든 방식을 즐겁게 다룬 목록이기 때문이다. (…) 그 스타일은 항상 눈에 띄지 않게 우아하게 잘 관리된 우리 손끝에서 이루어졌다. 정확하게 말해 고상한 노신사와 비슷하다. 그들은 술집 한 모퉁이에서 파스칼을 다시 읽는 척하면서 듣고 있지 않는 것처럼 보이지만, 사생활로 여기는 주변의 언쟁을 한 마디도 놓치지 않고 듣고 있다."71

이 내기는 작가의 관점을 익명의 구경꾼이 가진 시선으로 녹여 구성한 것으로, 로메르는 이전에 〈비행사의 아내〉에서도 시도한 바 있다. 하지만 분명 1986년의 대중은 이런 양식을 받아들일 준비가 되어 있지 않았고, 이런 양식은 훗날 시트콤이나 리얼리티 방송으로 일반화된다. 로메르의 경우에는 자신의 젊은 직관에 전적으로 충실하게 〈녹색 광선〉에 있는 그대로 완성했다. 〈스트롬볼리〉의 잉그리드 버그만에게 경의를 보내며, 마리 리비에르는 사막을 헤매다 자신도 모르게 다시 살아난다(그리고 로셀리니의 행로를 보면 그 역시 텔레비전 덕분에 새로운 활로를 찾았던 것을 떠올릴 수 있다). '셀룰로이드와 대리석'의 시절에 표현했던 방송의 모든 세세한 부분에서의 연출을 거쳐, 그는 모든 인간적 의지가 분명하게 부재하는 상황에서 기적을 되살릴 특권적 공간으로서의 영화cinéma를 만든 것이다. 이런 관점에서 볼 때, 이 영화의 상징적인 순간은 리자 에레디아가 우울한 눈빛의 마리 리비에르 아래에 있던 먼지가 가득한 조각상을 쓰다듬는 순간이다. 이 조각상은 셰익스피어의 『겨울 이야기』처럼 살아 움직이는 것은 아니다. 하지만 그것은 구식이 되어 버린 재현 너머에 있는 바로 사실성 전체이며, 시네아스트 로메르는 우리에게 그 마법을 발견하게 해준다.

광선, 물결을 일으키다

모든 사람이 〈녹색 광선〉을 본 것은 아니다. 이 말은 문자적인 의미에서 사실이다. 그 이유는 카날 플뤼스 시청자에겐 일몰의 마지막 불빛은 알아보기 힘든 것이었기 때문이다. 비유적인 의미에서도 더욱 사실이다. 널리 사람들을 즐겁게 했지만, 사소한 일상을 보여 주는 데 영화가 활용한 돋보기의 크기 때문에 많은 사람을 예민하게 했기 때문이다. 많은 관객이 영화에서 자신을 정확히 알아보고 당혹감을 느꼈고, 그들 중 한 여성은 법적 소송을 시작했다. 그녀는 한 장면의 후면에 있는 자신을 알아보고 자신이 모르는 사이 촬영되었다고 불만을 제기한다. 변호에 나선 로메르는 모순적인 동시에 서정적인 주장을 개괄한다. "우아한 식당 테라스에서 불특정 날짜와 시간에 대낮에 흡연하며 혼자 앉아 있는 모습이 촬영되었다는 사실만으로 당사자가 여성인, M. 양의 사생활 침해에 해당된다고 인정하기 어렵습니다. (…) 우리는 1960년대 누벨바그를 칭찬했고, 난 거기에 속한 것을 자랑스러워하며 거리로 내려가 '아버지 영화'의 먼지를 털어 낼 수 있었습니다. 그리고 이 '거리'는 포석과 보도, 건물의 외관, 가게 진열대뿐만 아니라 진짜 군중이 만들어 낸 생동감을 포함한 의미입니다. 이 배경을 제거하는 것은 프랑스 영화의 생명력을 제거하는 것이며 그 독특성과 해외적 명성을 박탈하는 것입니다. (…) 더 멀리 영화가 시작된 이래 스크린에서의 출연은 프랑스는 전통적으로 불명예가 아닌 명예로 간주했습니다. 이제 소환할 것은 누벨바그가 아니라 영화 자체를 발명한 사람입니다. 뤼미에르는 거리에서 파리 사람들을 촬영했고 그들을 초대해 스크린에서 자신을 보게 했습니다. 그들은 기뻐했습니다. 그들은 손해 배상을 요구하지 않았고, 자신이 앉은 좌석의 비용을 지불했습니다."[72]

또 다른 절치부심은 장뤽 고다르의 표현에 따르면, '전문가의 전문가들'에 의한 것이다. 어떤 사람들은 이런 수공업 조건에서의 작업에 동의해서 이 직업의 환경을 망치고 있다고 소피 맹티뇌를 비난한다. 게다가 그녀는 실직 상태에 있게 되는데, 〈녹색 광선〉을 촬영한 후 단지 고다르만이 〈리어왕King Lear〉의 촬영 감독으로 그녀를 고용한다. 고다르는 로메르의 영화에 크게 감탄해서 그에게 편지를 쓴다. "친애하는 '위대한 모모'에게, 〈녹색 광선〉에서 젊음과 장엄함이 너무나 화려해서 부족한 말로는 표현할 수 없네요. 그 감정은 인류와 우주가 교대로 타자의 관점이 되는 수많은 믿음의 증거를 통해 만들어진 것입니다. 마리 리비에르에게 단지 성실성을 통해 그녀의 재능이 커지는 거라고 전해 주시길 바랍니다."[73] 또한 로메르는 그의 영화 촬영지와 가까운 지역에서 〈방랑자Sans toit ni loi〉의 촬영을 이제 막 마친 아네스 바르다에게 따뜻한 전보를 받는다. 조엘 주아노Joël Jouanneau는 〈녹색 광선〉의 대사를 기반으로 연극 작품을 공연하기로 결정했고, 로메르는 주아노의 결정을 호의적으로 환영한다. 로메르는 통제 너머의 상황에 있는 남자처럼 반응하지만, 많은 사람이 작가로서의 그의 야망에 경의를 표한다.

1980년대의 후반부는 마치 사슬에서 해방된 것처럼 과거에는 볼 수 없었던 대담함이 허용되는 자유로운 로메르의 시기다. 예를 들어, 공적 논쟁에 개입하는 것을 항상 스스로 엄격히 거부해 왔던 로메르가 한 위험한 인물에게 관심을 보인다. 로제 크노벨피스Roger Knobelpiess는 일련의 강도 사건으로 감옥에서 15년을 보낸다. 그는 사법제도와 형무소의 기능 장애에 관한 책을 몇 권 쓴다. 그는 1987년 봄에 모호한 상황에서 총격을 벌이고 도주한 죄로 다시 한 번 유죄 판결을 받는다. 그래서 상당수의 좌파 지식인이 그를 위해서 결집했고, 또한 그와 이제 막 관계를 맺어가던 한 젊은 배우도 가담한다. 그녀가 바로 마리 리비에르이며, 그녀는 이 낯선 이야기를 담은 책『중죄재판소에 있는 사랑*Un amour aux assises*』을 직접 쓴다. 여러 차례에 걸쳐 그녀는 로메르와 함께 크노벨피스에 대한 지지 성명서의 연대 서명을 위한 대열에 뛰어든다. 로메르는 더 많은 행동을 한다. 그는 새로운 재판에서 변호인측 증언을 작성하여 피고인의 인생에서 불운한 부분을 강조할 뿐만 아니라 젊은 연기자와 결합할 수 있었던 '친화력'에 대해 (보다 신중하게) 강조한다. "그녀는 마음의 품성이나 결백에 대한 욕구, 올바름, 무엇보다 관계 선택에 있어 매우 엄격한 —우리 생각에는 심지어 과도한— 도덕적 욕구를 갖고 있으며 이에 대해 나 자신과 동료들이 높이 평가하는 배우입니다. 마리가 결백과 올바름에 동일한 욕구를 갖지 못한 사람에게 그녀의 존중과 사랑, 충실함을 쏟았을 거라는 생각을 나로서는 절대로 할 수 없습니다."[74]

로메르적인 자유는 그때까지 그저 유령 회사였던 에릭 로메르 제작사를 공식화하고, 〈녹색 광선〉의 실험을 계속하기 위해 프랑수아즈 에체가라이에게 열쇠를 넘겨주면서 이루어진다. 그 결과는 〈레네트와 미라벨의 네 가지 모험4 *aventures de Reinette et Mirabelle*〉이 된다. 그런데 그다음 변신과 갱신이 한창일 때 시네아스트가 제자리걸음을 하며 더 고전적 기획으로 되돌아가기로 갑자기 결정한 것은 무슨 까닭일까?

세르지 퐁투아즈Cergy-Pontoise의 괴테

그가 몇 달 동안 두 번째 '아마추어' 영화를 촬영하면서 첫 영화의 개봉보다 못한 성공에서 느꼈을 수 있는 상대적 탈진 때문인가? 아니면 '도덕 이야기'에서 이미 만들었던 숫자 6에 맞춰서 '희극과 격언'(그가 억지로 〈녹색 광선〉을 포함시킨) 연작을 완결하려는 의도인가? 그 이유는 무엇보다 오랫동안 끌어왔던 시나리오에 대한 오래된 생각 때문이다. 그는 마침내 구체화하기를 원한다. 그의 말에 따르면, 그가 희극 자체를 주제로 구상한 첫 번째 '희극'이다. 항상 그렇듯 자서전 요소가 혼합된, 적어도 매우 개인적인 희극이기도 하다. 이 희극은 사랑하는 두 대상 (로메르의 많은 인물이 그렇듯) 사이에서 망설이는 낭만적인 젊은 여성(〈O 후작 부인〉의 분신 같은)을 중심으로 구체화된다. 또한 이 여성은 돈 주앙(제고프와 약간 닮은)에게 매력을 느끼고, 〈클레르의 무릎〉의 소설가가 연상되는 두 명의 절친한 친구에게 동시에 조종당한다.

여기에 로메르는 두 가지 모델을 추가하는데, 이는 혼란을 야기하는 동시에 그의 영감의 지속성을 재확인해 준다. 첫 번째는 젊은 시절로 거슬러 가서, 그가 이미 「셀룰로이드와 대리석」에서 존경심을 가지고 인용한 바 있다. 또한 그가 영화로 각색할 꿈을 가졌던 작품인데, 당시 초보자였던 그에게는 너무 고비용이었을 테다. 그것은 괴테의 소설 『친화력Les Affinités électives』이다. 이것의 과학적 논증으로 치명적 운명인 사람에게 자연스럽게 서로 끌리게 되어 있기 때문에 엇갈린 사랑을 위한 출발점 역할을 한다. 두 번째는 1980년대 초에 시네아스트가 (재)발견한 것이며, 앞으로 만들 여러 영화에 영향을 미친다. 그것은 코르네유의 희극이다. 로메르는 코르네유의 극적 긴장감 이론(히치콕적 긴장감보다 더 선호한다)을 매우 높이 평가한다. 이 이론에서 엄격하게 조절된 사랑의 안무가 반드시 닫힌 공간이 아니라도 단일 공간 내에서 발생한다. 그는 특히 「루아얄 광장La Place royale」을 염두에 둔다. 이 작품은 1985년에 막을 올린 일련의 코르네이유 연극전의 일환으로 브리지트 자크Brigitte Jaques가 곧 공연한다. 로메르는 요령을 익히려고 자신의 주제를 12음절 시구로 전개하기를 즐긴다. "레아, 넌 운이 좋은 것 같아. / 그렇게 빨리 사랑에 빠지다니 / 게다가 찾지도 않았는데 항상 그런 남자를 발견하다니 / 이러 저렇게 널 기쁘게 하는 남자를 말이야 / 난, 내 유일한 기쁨은…… / 레아: 알아, 바스티앙이지."[75] 그리고 조금 더 지나면, 이 외침은 시멘Chimène에게 해당하는 것이다. "아니, 난 그가 싫지 않아. 그냥 그런 거 같아. /내 생각에, 넌 그와 너무 안 어울려. / 블랑쉬: 그는 잘생겼지만, 난 못생겼지. 그래, 잘 알고 있어! / 레아: 블랑쉬, 넌 왜 항상 자신을 비하해?"[76]

이런 고상한 참조 외에 추측 가능한 세 번째 모델은 로메르가 채택한 대본의 제목에서 감지된다. 그것은 〈네 모퉁이Les Quatre Coins〉다. 이 제목은 사샤 기트리의 〈카드리유Quadrille〉•를 의식하고 조금 경의를 표한 것이다. 이 작가는 로메르가 과거에 마지못

• 네 명이 한 조로 사방에서 서로 마주 보며 추는 프랑스 춤

해 인정한 작가인데, 특히 〈파리 여성La Parisienne〉에서 〈살인자와 도둑Assassins et Voleurs〉이 그런 작품이다(하지만 당시 그는 트뤼포의 영향 아래 있었다). 그가 '희극과 격언'을 만들 무렵에 기트리가 전쟁 이전에 만든 영화 몇 편을 다시 봤던 게 분명하다. 그래서 〈내 여자 친구의 남자 친구〉가 될 영화에서 그는 〈카드리유〉의 프롤로그와 에필로그를 공개적으로 모방하기에 이른다. 그럼에도 불구하고 처음에는 이런 희극적 차원은 분명하게 적용되지 않는다. 초반에 로메르는 「마리에트의 불행Les malheurs de Mariette」(마리에트의 이름은 나중에 블랑쉬가 된다)이라는 제목의 글을 쓰기 시작했다. 친구 페레트(이름은 나중에 레아가 된다)와 달리 마리에트는 계속 사랑에 실망하면서 마지막에 모든 것이 헛수고가 된 자신을 발견한다. 이런 상황은 그녀를 고집스러운 이상주의자로 만들고, 그녀는 스스로 꾸며 낸 타인의 이미지를 계속 고집하면서 결정적으로 〈O 후작 부인〉과 비슷해진다. 그리하여 페레트의 남자 친구 파비앙과 사랑의 하룻밤을 보낸 후 그녀는 바스티앙에 대한 자신의 숭배를 배신할까 두려워 도망친다. "난 다른 사람을 사랑하고 싶지 않아요. 내가 원하는 사람은 그이예요. 당신이 그보다 천 배나 더 나을지 모르지만 난 그를 원해요. 당신을 원했던 게 아니에요."[77]

로메르는 조금씩 결론을 해피 엔딩으로 결집시켜, 젊은 여성은 여자 친구의 남자 친구와 더 가까워지고, 반면 여자 친구는 그렇게 바라던 아폴론의 품에 안긴다. 그러나 〈녹색 광선〉(또는 훗날 〈겨울 이야기〉)의 마지막처럼, 회색빛 상황을 작가의 권위로 초월하게 하는 그런 마법의 지팡이는 더 이상 없다. 작가는 〈내 여자 친구의 남자 친구〉에서 숭고함과 초라함 사이의 간격을 좁혀 그의 영화의 주요 원칙 중 하나를 만든다. 혹은 더 정확히 말해, 레아가 했던 말을 다시 쓰면, '놀라움'[78]과 '견고함'[79] 사이의 간격을 좁힌다. 놀라운 계시가 펼쳐지는 것은 견고함(덜 빛나는 남자, 덜 낭만적인 이야기)을 수용하는 가운데 이루어진다. 미래의 연인이 숭고한 감정에 사로잡히는 것은 초라함(신도시 외곽에 가난한 대중적 오락거리)과 가까이 있기 때문이다. 그래서 감독은 이런 대화를 전개하고 촬영을 준비하는 데 상투적인 이미지를 가진 배우에게 의지한다. 부드러운 남프랑스적인 아름다운 여성이 있다. 그녀는 〈아름다운 결혼〉 이후 그가 계속 알고 지냈던 소피 르누아르다. 로메르는 그녀를 '무례한 낭만주의자'라고 부르며, 어느 날 점심 식사에 초대할 정도로 그녀의 신랄한 유머를 높이 평가한다. 이일은 로장주라는 작은 세계에서 자주 언급되는 사건이 된다. 그는 그녀에게 애정 생활에 대한 질문을 한다('여자 친구가 당신의 남자 친구를 빼앗으면 어떻게 할 건가요?'와 같은). 하지만 그는 그녀의 반발과 충동적 반응은 거의 사용하지 않고 훨씬 더 사려 깊은 인물로 만들었다.

그녀와 반대로 순진한 아가씨(잘 어울리게 블랑쉬라는 이름을 짓는다)가 있다. 그녀는 위대한 사랑을 믿지만 남자들과 매우 잘 안풀린다. 로메르는 메리 슈트어트Marie-Stuart 극장을 여행하는 중에 그녀를 발견한다. 그는 아이데 카이요와 함께 그곳을 방문해서 액터즈 스튜디오 명부에 있는 학생 연습 작품을 관람한다. 그녀의 이름은 프레데리크 숄레Frédérique Chaulet이며, 로메르가 엠마뉘엘Emmanuelle이라고 이름을 새롭게 바꿔 준다. 그녀는 매력은 없어 보이지만 자신이 원하는 바를 알고 있는 젊은 여성이다. 로메르의 사무실에서 첫 인터뷰를 한 후 그녀는 여기서 몇 달 동안 질문-응답 연기에 열정적으로 참여한다. 이 대의명분을 위해 그녀의 환상과 감정적 경험 전체를 드러낼 정도로 몰두한다. 두 남자를 찾는 일이 남았다. 소피 르누아르는 그녀의 친구들이 아는 두명의 배우를 시네아스트에게 소개한다. 먼저 프랑수아에릭 장드롱François-Éric Gendron은 이미 몇몇 대중 영화에 출연한 경험이 있으며, 로메르는 그의 신체적 조건 때문에 겉멋만 부리는 사람 역할을 맡긴다. 망설임 없이 그는 바로 참여한다. 그리고 에릭 비에야르Eric Viellard는 더 신중한 용모 때문에 미남 주연을 맡기는데, 그는 〈게임셋Jeu, set et match〉이라는 TV 연속극에서 이제 막 주목받고 있는 배우다. 로메르는 비에야르가 롤랑가로스Roland-Garros 경기•의 열성적인 텔레비전 시청자라는 사실을 알고 바로 그를 선택한다. 게다가 이 경기는 희극 속 한 시퀀스의 배경이 되고 그는 거기서 연기한다.

마지막으로 루아얄 광장place royale을 고전적이고 현대적으로 정의하는 일이 남았다. 이 공간에서 주인공들이 배회하게 될 것이다. 오래전부터 로메르는 파리 외곽 신도시에 인물의 행동을 배치시키는 장면을 상상해 왔다. 그는 최근 〈보름달이 뜨는 밤〉의

• 유명 국제적 테니스 경기

시작과 마지막 장면에서 신도시 중 하나인 마른 라 발레Marne-la-Vallée를 촬영했다. 이번에는 세르지 퐁투아즈Cergy-Pontoise를 더 많이 생각하고 있다. 그리고 매우 특별한 한 구역(벨베데르 생 크리스토프Belvédère Saint-Christophe)이 완공되기를 기다렸다가 촬영 날짜를 정한다. 그는 이 간결하고 시대를 초월한 듯한 유령 같은 건축물을 좋아했고, 여성의 마음속 평범한 흔들림을 화면으로 잡기에 적합한 장소로 여긴다. 하지만 로메르는 이 장소를 선택한 사람이 엠마뉘엘 숄레 자신이라고 믿게 한다. 다른 사람과 대화 중에 그녀가 세르지 호수에서 윈드서핑을 잘한다고 말하는 것은 운동을 좋아하는 인물의 성격을 설명한다. 따라서 로메르와 엠마뉘엘은 그곳을 산책하고 사진을 찍으며 촬영하기에 좋은 지점을 확인한다. 촬영 기간 동안 이 여성은 주위에 아무것도 없는 스파르타식 아파트에 너무 자주 가서 거주할 정도가 된다. 파리 수도권 고속전철 RER을 타려면 새벽에 일어나야 하는 소피 르누아르도 할 수 없이 곧 그녀를 따라 여기에 기거한다. 이렇게 함정을 구성하는 모든 세부 사항이 마련되면 거기서 일상의 현실이 생겨날 것이다.

혼란에 빠진 창조자

모든 세부 사항을 확인한 것인가? 그렇게 확실하지는 않다. 처음으로 로메르는 현장 사전 작업에서 장소 찾기를 어려워했고 약간 암중모색하는 것처럼 보여서 촬영에 영향을 미쳤다. 예를 들어, 문제의 아파트는 라데팡스La Défense가 보이는 확 트인 전망 때문에 선택되었고, 부엌에서부터 화면의 심도를 보여 준다. 하지만 거실 한 가운데가 거대한 기둥에 막혀 있어 기술 팀은 그것을 피하기 위해 모든 방책을 동원해야 했다. 혹은 블랑쉬와 파비앙이 서로에 대한 욕망이 시작되어 서로 결합하는 시점에 해당하는 '들판 장면'을 촬영할 시간이 되었을 때도 그렇다. 미리 점찍어 둔 구석진 초목은 이미 누군가 차지하고 있었고, 적합한 다른 곳을 찾느라 오랜 시간 걸어 다녀야 했다. 그러면 이 모든 일에 프랑수아즈 에체가라이는 무엇을 했던 걸까? 〈녹색 광선〉과 〈레네트와 미라벨〉과 같은 '휴가' 영화에 특화된 여성 제작자 에체가라이는 더 문명화된 제작과 비개성적인 배경에 적합한 장소를 찾기 위해 고군분투했다. 로메르는 촬영을 중단하고 싶은 마음이 들었다. 어느 슬픈 저녁에 에체가라이가 로메르를 5구 자택으로 배웅해 줄 때 그는 그런 마음을 그녀에게 고백했다. 그녀는 이 위기 상황에서 에너지를 끌어올려 주었다. 덕분에 영화는 그럭저럭 마무리되었다.

하지만 불편한 기색은 전반적으로 퍼진다. 로메르는 프레임 작업(이 역할은 소피 맹티뇌가 맡았고, 그는 그녀와 세르지에서 많은 사전 작업을 한다)과 카메라 작업을 분리하려는 이상한 생각을 했다. 카메라는 베르나르 뤼티크가 담당하고 사빈 랑슬랭Sabine Lancelin은 카메라 보조를 맡는다. 그렇게 해서 이 둘 사이의 관계는 최악이 된다. 게다가 엠마뉘엘과 친구가 되려는 소피의 노력이 기대에 어긋나면서 두 여자 배우 사이의 관계도 최악이 되었다. 엠마뉘엘은 불안함과 자기 확신의 부족으로 소피를 불신하게 되었고 기회가 생길 때마다 그녀와 문제를 일으켰다. 두 여성이 세르지 거리를 걷고 있을 때 감독은 먼 거리에서 알아볼 수 없는 신호를 보내고(눈에 띄지 않으려고 조심스럽게 모자만 들어 보인다), 엠마뉘엘의 무기력은 혼란의 절정에 이른다. 시간에 맞춰 카메라 화면 밖으로 나가는 것을 잊어버리는 일은 말할 필요도 없고, 많은 기술적 용어에 거의 익숙해지지 않았다. 혹은 그녀가 계속 울음을 터트려서 로메르는 측은하게 여기지만 촬영이 지연됐다.

〈내 여자 친구의 남자 친구〉의 작가는 이런 연약함과 서투름을 조금 사악하게 이용하는 방법을 알고 있다. 엠마뉘엘이 예정된 동작을 자신이 정확하게 하지 못할까 봐 초조해하면서 길 한가운데서 몹시 낙담해 있는 동안 로메르는 은밀히 그녀를 촬영했다. 그녀가 소파에 주저앉는 장면에서는 그녀의 이중 턱을 감추려고 매우 조심한다. 그래서 이 장면은 리자 에레디아가 편집할 때 매우 골칫거리가 된다. 숲가에서 중요한 감정적인 장면을 찍을 때 로메르는 그녀가 예상치 못한 당혹감을 이끌어 낸다. 그녀는 다음과 같이 말한다. "나는 아주 빨리 울기 시작했다. 로메르는 전혀 만족하지 않고 내게 말했다. '우는 거 즉시 멈추세요! 아직 클로즈업 화면이 아닌데, 벌써 울면 계속해서 울 수 없잖아요!' 이 말이 나를 굳게 했고, 다음 클로즈업에서 눈물을 연기하기가 아주 어려웠다. 나는 이 장면을 부드러움과 해방의 장면으로 생각했는데, 블랑쉬가 예민해지고 경직된, 더욱 긴장된 장면이 되었다. 나는 로메르가 블랑쉬 내면에서 고군분투하는 죄책감과 수치심을 보고 일부러 그런 상태를 부추겼다고 생각한다."[80]

그렇다고 해도 창조주는 적어도 한 번 이상은 자신의 피조물을 통제할 수 없었던 것 같다. 배우들은 그가 은밀하게 지정해 준 프레임을 너무 쉽게 벗어났다. 엠마뉘엘의 불안감에 소피는 반항으로 응답한다. 소피는 로메르에게 대항하고 마음대로 밤에 나가 버렸다. 게다가 안로르 뫼리도 사라졌다. 그녀는 여기서 분량이 적은 조연 역할(프랑수아-에릭 장드롱의 불성실한 여자 친구)이어서, 그걸 이용해 촬영 일정을 무시하고 하루 종일 사라졌다. 다음날이 되어서야 그녀는 다시 나타났다. 감독의 미친 듯한 질문에 그녀는 얼버무리며 회피하는 대답만 했다. "그래도 우리가 결혼한 건 아니잖아요!" 게다가 안로르는 여섯 번째 '희극'의 힘든 촬영을 식상하지 않은 한 단어로 요약한다. "은총은 촬영장에 있지 않았다. (…) [로메르는] 아주 작고 가벼운 팀을 더 편안해하는 것 같다. 〈내 여자 친구의 남자 친구〉는 일반적인 촬영에 비해 아주 작은 팀이지만, 그에게는 아주 큰 것이었다."[81]

더 전통적인 촬영과 아주 정확하게 쓰인 글에서 발견되는 제약을 비난해야 할까(로메르는 불안한 순간에 안심하려고 소피에게 열중해서 연기를 되풀이하게 한다)? 아니면, 세르지 퐁투아즈의 빈 공간을 배경으로 선택한 것을 문제 삼아야 할까? 이 도시에서 행인은 드물고 무관심하게 돌아다니며, 화면에 빼앗긴 영혼을 방증하는 도시처럼 보인다. 어쨌든 로메르의 세계에서 매우 핵심적이고 이 영화 기획의 독특함인 '놀라움'과 '견고함' 사이의 일치가 이번만큼은 평균 이하로 작동하는 것은 사실이다. 그럼에도 불구하고

〈내 여자 친구의 남자 친구〉는 대중의 호응을 얻는다. 〈해변의 폴린〉의 통속극의 신선한 시도와 같은 즐거움으로 환영받는다. 독점 개봉으로 거의 50만 명의 관객을 끌어들이면서 〈보름달이 뜨는 밤〉이후 이 연작에서 가장 큰 성공을 거둔 작품이 된다. 그러나 비평계는 당혹스러워 한다. 반응은 정중한 지지(미셸 시망)와 가혹한 빈정거림(루이 스코레키), 혹은 솔직한 염증(제라르 르포르나 세르주 투비아나Serge Toubiana)으로 나뉜다. 시간이 지나면서 영화의 결함 자체가 소중해진다. 이 결함은 '희극과 격언'에 나타난 기적적인 연금술을 설명해 준다. 그 연금술은 1980년에서 1986년 사이의 걸작에만 영감을 주었다. 연금술은 로메르가 자신의 글쓰기 전략을 숨기고, 자신의 흔적을 점차 지워 나가는 것이었다. 삶보다 더 진실한 영화의 환상을 만들기 위해서.

도시 로메르와 시골 로메르
1973~1995

〈나무, 시장, 미디어테크〉의 시작 부분에서, 마을 시장과 사랑에 빠진 소설가 베레니스 보리바쥬Bérénice Beaurivage는 시골과의 유대감을 발견하는 중이다. 그러다 시장이 그녀에게 시골에 정착하라고 제안하자 이렇게 외친다. "아뇨, 불가능해요. 내겐 소음, 동요, 혼란이 필요해요. 여기는 활기가 부족해요, 글쎄요, 생각의 흐름이 단절돼요." 아리엘 동발은 이런 말로 영화의 처음 20분을 차지하는 시골과 도시의 장단점에 대한 논의를 다시 시작한다. 로메르는 서슴없이 들판과 농경지를 지나는 산책으로 도입부를 길게 이어간다. 이 장면에서 방데Vendée 지역 생쥐르Saint-Juire 시장은 파리만 신뢰하는 새 여자 친구의 편견에 맞서 자신의 작은 마을을 변호한다.

　로메르 영화에서 등장인물은 종종 그들이 살고 움직이는 장소에 대해 말한다.[1] 이런 점을 보여 주는 사례는 아주 많다. 〈내 여자 친구의 남자 친구〉의 블랑쉬는 "난 대도시도 지방도 잘 안 맞는 거 같아"라고 말하고, 〈보름달이 뜨는 밤〉의 옥타브는 "교외는 나를 우울하게 해"라고 반박한다. 이는 생활 방식을 말해 주는 평범한 대화이자 중요한 상황이다. 그들은 지방이나 파리에 아파트를 선택하고, 휴가를 보낼 장소를 찾고, 교외 주택에서 삶을 경험하고, 교외와 도시 중, 혹은 시골과 도시 중 어디서 살지 망설인다. 이런 지리학적 논의는 로메르적인 사실이며, 로메르의 경력 초기부터 써 온 기사에서 발견되는 그의 영화 이론 개념이 말해 주는 것이다. 그런 이론은 1948년의 『영화, 공간의 예술』과 1955년 연작 『셀룰로이드와 대리석』에서의 건축학적 일화, 혹은 더 나중에 논문 「무르나우의 〈파우스트〉에서 공간 구조」와 같은 글이다. 공간적 강박 관념은 로메르 영화에 대한 사고와 구체적 영화에서 매우 근본적이며, 그의 영화는 이런 세계관을 중심으로 촬영된다. 그의 영화에서 공간 이동이나 공간에 대한 대화 가운데 무엇도 하찮은 것은 없다. 공간 구성은 로메르의 위대한 환상이다. 즉, 여기에서 모든 일이 생기고 이해 가능한 것이 된다.[2]

　로메르 영화 속 공간 점유 유형에는 네 가지 모델이 있다. 대도시(파리), 교외(신도시), 소도시(지방 도시), 시골(농촌 사회의 변모)이다. 시대순에 따른 분류인 연작의 법칙에서 벗어나 이 유형에 따라 그의 영화를 분류할 수 있다. 〈사자자리〉에서 〈로맨스〉에 이르기까지 이 분류 체계를 벗어나는 작업은 없다. 파리에 관한 영화들(1960년대 장단편 영화들, 〈파리의 랑데부〉, 프랑스 대혁명 시기나 1930년대의 수도에 관한 역사 영화들), 교외에 관한 영화(1975년의 〈신도시Ville Nouvelle〉나 〈풍경의 변모Métamorphoses du paysage〉)나 '희극과 격언'에 포함된 두 편의 영화는 마른 라 발레(〈보름달이 뜨는 밤〉)와 세르지 퐁투아즈(〈내 여자 친구의 남자 친구〉)에서 일어나는 이야기다. 지방에 대한 영화, 특히 〈모드 집에서의 하룻밤〉(클레르 몽페랑), 〈아름다운 결혼〉(르망), 〈녹색 광선〉(비아리츠), 〈겨울 이야기〉(느베르)가 있고, 시골에 대한 영화³는 〈몽포콩의 여자 농부〉, 〈수집가〉, 〈녹색 광선〉, 〈레네트와 미라벨의 네 가지 모험〉의 첫 번째 이야기 '블루 아워L'Heure bleue', 〈나무, 시장, 미디어테크〉, 〈가을 이야기〉 혹은 〈로맨스〉가 있다. 고전적 발자크 전형에서, 로메르는 파리와 지방, 도시와 시골을 대조해 보여 주지만, 동시대의 지리역사적인 발전도 고려한다. 그리고 이런 점에서 또한 그는 현대적이다. 그는 비평적 거리를 두고 도시 공간 사이를 대면시켜서 그 대립을 흐리고, 대조의 방식을 혼란하게 하고, 한 영화 안에 여러 공간과 분위기를 작동시킨다. 도시 쥐와 시골 쥐의 전통적인 패러다임을 넘어 그는 도시 세계와 농촌 세계의 공존에 대한 모순적이고, 나아가 신랄한 성찰로 대체한다.

심지어 이 문제는 그의 영화에서 시네아스트와 호기심 많은 지식인, 원칙주의자의 면모를 결합해 자신이 속한 시대의 한 시민을 만들어 낼 수 있는 유일한 주제다. 로메르는 도시와 시골 사이의 선택과 관련해 등장인물에게 그럴듯한 핑계를 대서 이 소중한 딜레마를 해결한다. "시골을 선호한다고도 생각하지만 도시에 사는 게 좋아요! 내가 싫어하는 것은 중간 도시예요."⁴

건축가 로메르

"왜 건축에 관심을 가지는가?"라고 물었을 때, 시네아스트는 두 가지 주요한 이유를 제시했다. "첫째로, 난 고전적이기를 원하지만, 또한 현대적이기를 원하기 때문이다. 그래서 우리 시대의 건축을 보여 주려고 했다. 둘째로, 동시대 예술가와 시네아스트를 대조한 텔레비전 방송 〈셀룰로이드와 대리석〉(1966)을 만들면서, 매우 관심이 있던 건축가들과 만났다. 바로 그들이 신도시 개발, 특히 세르지와 에브리Évry, 보드뢰이유Le Vaudreuil, 마른 라 발레[5]와 관련된 사람들을 연결해 주었다." 이런 건축적 관심은 어떤 뉘우침에서 나왔다. 1955년 그의 전집 「셀룰로이드와 대리석」의 마지막 장 「아포칼립스 건축Architecture d'apocalypse」이라는 제목의 글에서, 로메르는 자신이 현대 건축에 매료된 동시에 두려워하고 있음을 보여 준다. 왜냐하면 현대 건축이 르 코르뷔지에Le Corbusier, 발터 그로피우스Walter Gropius, 미스 반 데어 로에Mies Van der Rohe와 같은 사상가이자 예술가의 창조적 개성을 가진 인물을 거치면서 과거의 파괴를 통한 도시를 재건할 권력을 가졌기 때문이다. 로메르는 이렇게 쓰고 있다. "시네아스트는 있는 그대로의 세상을 유지하지만, 건축가가 변모시킨다. 파괴하지 않고 건설할 수 없기 때문에 그의 책임은 무섭다. 혹은 그가 시골에 건축하더라도 자연에 위협을 가한다. 아니면 그가 기존에 있는 구조에 건설한다면 한 부분을 파괴해야 다른 조직으로 교체될 수 있다. 사람들은 그 파괴된 부분이 당연하다고 이의를 제기할 수 있다. 그렇게 해서 18세기에 중세 시대의 어떤 건물은 새로운 건물로 교체되었고, 그것을 다시 백 년 후에 오스만Haussmann이 무너뜨렸다. 하지만 우리는 시시하다고 여겼던 어떤 유산이 이제 보존할 가치가 있다는 것을 알고 있다. 자칫했으면 르 코르뷔지에[6]는 지금 오르세 미술관Musée d' Orsay이 된 건물을 파괴할 뻔했다. 과거를 파괴하는 것은 매우 위험하다. 매우 심각한 일이다. 건축가들은 선이든 악이든 그 방향을 지휘해 갈 권력이 있다. 그들은 그런 힘을 소유한 유일한 예술가다. 화가는 작품을 만들기 위해 이전 작품을 파괴할 필요가 없으며, 시네아스트는 영화를 만들기 위해 시네마테크에 불을 지르지 않아도 된다. 건축가는 망설임 없이 그 일을 한다. 왜냐면 현실에서 작품을 만들기 때문이다."[7]

빅토르 위고는 아르 에 메티에Arts et Métiers 지구에 있는 한 중세 탑이 파괴되는 상황에 맞서 이렇게 말했다. "파괴해야 할 것은 그 탑이 아니라 건축가다." 에릭 로메르는 〈나무, 시장, 미디어테크〉에서 파브리스 루치니에게 이렇게 말하게 한다. "건축가를 위해 사형 제도를 복권해야 한다."

로메르는 건설하고 파괴하는 건축에 대한 반감을 품고 보수적인 입장을 공개적으로 평생 유지한다. 예를 들어, 그는 구 파리 도심 조직에 통합된 대부분의 새로운 건물에 대한 비판을 아끼지 않는다. 몽파르나스 타워, 퐁피두 센터, 프랑스 국립 도서관 등이 그런 경우다. 시네아스트가 참을 수 없는 것은 시간의 흔적이 새겨진 오래된 건물에 오늘날 건축가의 기념비적 야망을 담음으로써 우리의 시선을 사로잡는, 도시에서 벌어지는 이런 류의 오만한 공존과 혼합이다. "20세기 초반에 세상을 다시 만들고 싶은 과도한 자부심을 가진 건축가들이 있었다. 그들은 건축이 인간의 삶을 바꿀 거라 믿었다. 그것은 전체주의적 몸짓이었다. 과거를 근절시키고 모두를 위해 어디에 살아야 하는지, 어떻게 살아야 하는지를 자신이 좋은 대로 결정하는 것이다."[8] 그래서 그는 '루브르를 구조하라!Au secours le Louvre!' 협회의 초기 회원이 됐다. 이 협회는 위대한 루브르 계획과 루브르 피라미드pyramide de Pei에 반대하고, 미셸 기Michel Guy와 브뤼노 푸카르Bruno Foucart가 함께 "파리에서 가장 아름다운 지역을 변질시키는 쓸모없는 피라미드를 반대하고, 지하 공간의 문화잡화점을 반대하고, 불일치하고 비합리적인 야심 찬 계획에 반대해 항의한다."[9]

그렇긴 하지만 1965년부터 〈셀룰로이드와 대리석〉의 TV 판본 연출을 계기로 시네아스트는 상당수의 동시대 건축가들을 만난다. 조르주 캉딜리Georges Candilis와 클로드 파랑, 폴 비릴리오와 함께 그는 유익한 대화를 나눈다. 로메르의 입장은 근본적으로 변하지 않지만, 이러한 높은 수준의 논의에 자극을 받고 자신의 동시대성을 의식한다. 즉, 사실주의적 방식으로 현재를 영화화하는 것이다. 그의 기획에서 도시 풍경의 변모와 새로운 공간 개발을 포착할 필요가 있다는 것이다. 이런 이유로 로메르는 1960년대 중반부터 '신도시' 건설 정책에 관심을 가졌다. 신도시 정책은 근본적으로 실용적인 프로그램에 따라 구舊파리를 대상으로 하지는 않지만, 외곽에 새로운 건물을 건설하려는 것이다. 그는 이렇게 설명했다. "나는 단순히 복고주의자가 아니다. 타당한 건축이 제시된 것이 아니라면 기존의 것을 소중히 유지해야 하며, 다른 곳에 건축해야 한다고 생각한다. 그렇기에 나는 구도시 근방에 건축된 현대 도시에는 찬성했으며, 1960년대 초 '평행한 파리' 계획을 지지했다."[10] 1965년 드골 정부는 파리 지역의 도시 계획과 정비 체계에 대한 과감한 계획을 채택한다. 이는 주택 위기를 개선하면서 대도시의 도시 집중을 피하기 위해 반경 15~50킬로미터 반경 내에 파리 주위에 여덟 개의 도시를 건설하는 계획이다. 1961년부터 1969년까지 파리 지역의 대의원이자 열렬한 기획 전문가이며 고위관리인 폴 델루브리에Paul Delouvrier 지휘하에 이 계획 전체가 배치되었다. 예정된 여덟 개의 도시 대신 실제로는 다섯 개의 새로운 도시가 20년 동안 건설됐다. 세르지 퐁투아즈, 생컹탱 엉 이블린Saint-Quentin-en-Yvelines, 마른 라 발레Marne-la-Vallée, 믈렁 세나르Melun-Sénart, 에브리가 그곳이다. 여기에 지방 도시의 네 개 단위도 추가됐다. 릴Lille 근처에 있는 빌뇌브 다스크Villeneuve-d'Ascq, 리옹 근처의 릴 다보L'Isle-d'Abeau, 노르망디의 르 보드뢰이Le Vaudreuil, 마르세유Marseille 가까이 있는 베르 레탕Berre-l'Étang이 그곳이다.

로메르는 매우 일찍부터 새로운 건축에 대한 그의 —거의 마조히스트적— 관심을 영화로 옮길 생각을 하고 있었다. 그래서 1967년에 텔레비전 학교 작품으로 그 첫 번째 기획을 구상해서 4쪽으로 기록했다. 그것이 「건축도시, 현대 프랑스 건축에 관한 영화의 논쟁Architectopolis, Argument pour un film sur l'architecture française contemporaine」이다. 시네아스트는 확실히 낙관적이다. "건축 기술,

재료 및 형태의 계획과 관련하여 모든 것이 가능하고 쉬워졌으며 모든 것이 발명되었거나 발명 가능하게 보인다. 그렇지만 건축은 꿈이 아니라 꿈과 인간 현실이 만나는 지점에 위치한다. 건축은 인간에 의해, 인간을 위해 만들어진다. 건축은 오늘의 인간에 의해, 내일의 인간을 위해 만들어진다."[11] 로메르는 '건축학적 프랑스'의 부흥을 영화로 만들고 싶어 한다. "오늘날, 건축은 인간에게 유용한 기술을 제공하고, 큰 규모의 기념비적 세계를 창조하고, 인본주의의 영향 아래 새로운 세계를 건설하는 것이다. 많은 건축물이 지난 20년 동안 건설되었다. 프랑스 건축업자들은 과거의 유산이 특별한 비중을 갖는 이 나라에 그 작업을 확산시켰다."[12] 영화의 목표는 "고고학자들이 최근 구성된 작업 중에서 가장 전형적인 작업을 출발점 삼아 폼페이를 재구성했던 것처럼 이 현대 프랑스 건축의 수고를 재구성하는 것"이다.[13] 우리는 영화의 힘을 통해 "현재의 삶에 필요한 모든 건물, 즉 주거 및 공장, 극장 및 교회, 학교, 경기장, 공항 등"이 결합되어 있음을 발견할 것이다. "이 건물들은 각 개념에 근거한 논리에 따라 분류되었으며, 그들 사이에는 어떤 과거 기념물도 없다."[14] 로메르에게 이것은 대문자로 쓰인 "건축도시ARCHITECTOPOLIS"가 될 것이다.

그는 파리 지역에서 촬영을 기획해서, "모르는 사이에 우리 눈앞에 건설되고 있는 내일의 세상"[15]을 생생하게 포착하려 한다. 보비니Bobigny의 시테 라브르부아르cité de l'Abreuvoir, 팡탱Pantin의 시테 쿠르틸리에르cité des Courtillières, 샤르셀Sarcelles, 에피네Épinay, 마시Massy, 앙토니Antony의 도시 건물들, 멘몽파르나스Maine-Montparnasse

지구, 라데팡스의 원형 교차로, 쏘Sceaux와 클리쉬Clichy의 쇼핑 센터, 비앙쿠르Billancourt의 르노 공장, 뇌이이Neuilly에 있는 건축연맹을 위해 장 프루베Jean Prouvé가 지은 건물, 메종 드 라 라디오Maison de la radio, 오를리 공항, 파리 종합 체육관Palais des sports de Paris, 오르세Orsay의 대학 건물, 바니유Bagneux과 쉬렌Suresnes의 학교 복합단지, 블라지 드 쏘Blagis de Sceaux의 유치원이 그런 것들이다. 이 건축 계획은 시네아스트가 새로운 프랑스를 건설하려는 야심에 부응해 기꺼이 미래주의자가 되어야 할 것처럼 로메르를 이상하게 서정적으로 만든다. 마지막에 그는 이렇게 끝맺는다. "그리고 카메라는 10층 건물의 금속 벽을 따라 도약을 가속화하며 올라가야 하며, 원근법 견지에서 하늘로 로켓이 출발하는 것 같은 방식으로 촬영된다. 카메라는 태양에 번쩍거리는 유리창을 따라 미끄러져 가다가, 갑자기 꼭대기 층에서 투명한 벽 뒤로 침투해 인간의 집으로, 임대 아파트의 단순하고 완벽하게 배열된 내부로 들어간다. 거기서 영화가 시작된 이후 처음으로 살과 피를 가진 인물들이 나타날 것이다."[16] 이 영화는 클라마르Clamart의 어린이 도서관에서 끝난다. 거기서 한 소년이 쥘 베른의 커다란 모험 소설 책을 넘기고 있다. 화면에는 미래 도시를 꿈꾸는 이런 단어들이 새겨진다. "자신의 운명 앞에 선 미래의 인간, 도시의 존재 이유."[17]

1968년 두 번째 기획, 「현재의 건축 양식Architecture présente」에서 로메르는 이 건축적 야망을 이런 방식의 영화 제작으로 계획한다. 즉, 공간 연출, 건물, 거기에 사는 사람의 실천적 문제를 영화에서 정면으로 다루면서, 시네아스트는 건축 예술로서 영화의 특이성에 대한 사고를 옹호한다. "모든 표현 수단 중에서 텔레비전은 건축에 관한 진지하고 자세한 정보 제공에 가장 적합한 매체로 보인다. 영화는 실제 공간과 절대적 위엄을 소생시키는 특권이 있다. 순수한 사진에 비해 그 장점은 확실하다. 건물 내부에서 이동하는 주체와 카메라의 움직임은 특유의 3차원을 연상시킨다. 영화로 보여 주는 방송에서, 우리는 또한 말에도 많은 역할을 맡길 것이다. 이미지는 형식을 만든 사람의 목적에 맞게 자연스럽게 합쳐지고, 어떤 의미에서 그것은 스크린에서 재창조될 것이다. 결국 그 이미지는 성찰을 유도할 것이다. 이로써 본래 의미와 비유적 의미에서 이 주제의 모두 측면을 검토할 수 있다. 삶의 우회를 통해 우리는 건축에 도달할 것이다. 바로 이 삶이 시네아스트의 관점과 건축가의 관점 간의 중계 역할을 할 터다."[18]

이런 방법론은 에릭 로메르가 〈신도시〉를 연출했을 때 마침내 실행에 옮길 수 있었다. 이 방송은 52분짜리 4부로 구성된다. 1974년 말에서 1975년 초까지 INA*에서 클로드 기사르Claude Guisard가 감독하는 부서의 의뢰로 촬영된 것이며, 1975년 8월에서 9월 사이에 (TF1**에서) 방영된다. 이 기획은 신도시 보드뢰이Vaudreuil의 코디네이터 건축가 제라르 튀르노에Gérard Thurnauer가 제안한 아이디어에서 구체적으로 처음 시작되었다. 그는 1972년 6월 15만 프랑 정도의 자금을 '시범 도시Germe de ville'의 "촬영 작

• 국립시청각연구원
•• 프랑스 공영방송 1번 채널

업"[19]에 지원해 줄 것을 ORTF•[20]에 요청한다. 4천 명의 주민이 살아갈 시범 건물이 건설되는 과정을 따라가며 촬영하는 작업이었다. 이 촬영은 초기 집 소유자들이 방문할 때, 혹은 실제 입주 후 몇 개월 뒤까지로 계획해서, "구상 단계에서 연구된 것과 사용 단계에서 발견된 것", "건축가의 지적 담론과 사용자의 대중 담론" 사이의 차이를 평가하려는 것이다.[21]

ORTF는 1973년 3월에 바로 작업에 착수했으며, 초기 제안을 확장해 '장편 4부작'으로 기획되었다. 그 후 〈건축 연구Recherche architecturale〉[22]라는 제목을 붙여 12월 13일에 로메르와 계약을 체결한다. 그래서 세 편의 방송이 추가되는데, 다음과 같은 작품이다. 1부 '도시의 어린 시절L'Enfance d'une ville'은 신도시 세르지 퐁투아즈의 건설에 초점을 둔다. 2부 '도시 경관의 다양성La Diversité du paysage urbain'은 베르나르 암뷔르게Bernard Hamburger와 장미셸 루Jean-Michel Roux가 이끄는 '개발연구및조사 연구소AREA' 회원의 작업을 뒤따라간다. 특히 그르노블Grenoble 근처의 에쉬롤 빌뇌브Villeneuve d'Échirolles와 에밀 아이요Émile Aillaud가 파리 근처에 건설해서 만오천 명의 주민이 사는 도시 라그랑드 보른La Grande Borne을 보여 준다. 3부 '도시의 형태La Forme de la ville'에는 바뇰레Bagnolet의 '건축과 도시 계획 연구소Atelier d'urbanisme et d'architecture AUA'와 공동 작업자 중 일부[23]가 함께 참여한다. 그들 가운데 폴 체메토프Paul Chemetov는 에브리의 신도시 계획에 참여하고 있었다. 그 지역 가운데 특

• 프랑스 국영 라디오 텔레비전 방송국

히 아를르캥Arlequin 지구는 80헥타르에 7천 주택과 2만 8천 주민을 포함하고 있다.

로메르는 계획마다 세부적인 사항에 관심을 가지고 밀도 있는 자료를 축적하고, 많은 건축가를 만났다. 종종 1968년 이후 분위기에서 열광적인 창의성을 보여 주는 젊은 건축가나, 특히 건축과 도시화에 대한 이론과 실천이 풍부한 건축가를 많이 만났다. 놀랍고 계시적인 일은 전통적이고 고정된 사유를 품은 이 남자 로메르가 새로우며 때로 가장 유토피아적인 생각에 개방적인 태도를 보였다는 점이다. 개념과 구체적인 성과를 혼합하는 이 실험적 측면은 실제로 그를 매료시킨다. 1973년 3월, 로메르가 종이에 쓴 몇 개의 노트가 이를 증명하며, 이 시기에 시네아스트는 ORTF 연구부 소속이자 INA의 수석 제작자이며, 그 자신이 도시 계획자이자 기자인 장폴 피제Jean-Paul Pigeat와 함께 이 연작을 구상한다. 로메르는 이렇게 쓴다. "지면상의 건축 연구로는 충분치 않다. 실험은 구체적이지만, 우리는 대비책을 구해야 한다. 실험상의 화려한 면모로 건설을 진행해서는 안 된다. 작업이 전체 개념과 주민의 일상에 통합될 때 비로소 성공적인 작품이 된다. 그 결과는 하나의 생활양식과 도시 계획을 낳는다."[24] 또한 이 노트에서 시네아스트는 다음과 같은 지침을 보여 준다. "프랑스가 변형되어서는 안 된다. 단지 보수적으로 접근하는 지엽적인 태도여야 한다. 그렇지만 건축 혁신의 중의성을 보여 주어야 한다. 작업과 비작업에 대해 어떻게 생각해야 할까? 건축학적 사고는 검토되어야 하며, 어려운 일이지만 영화는 도시 공간에 관한 담론을

전달해야 한다."²⁵

　로메르에게 가장 중요한 것은 분명 강력한 작업과의 만남일 것이다. 이 작업은 1973년 봄에서 1974년 봄 사이 1년 이상 그를 점령한다. 그 후 1974년 말부터 1975년 초까지는 방송을 촬영하고 편집한다. 게다가 그는 공책과 수첩에 몇 명의 이름을 기록하고, 로장주 비서 클레오에게 만남 약속을 요청한다. 그 사람들은 에밀 아이요("현재 ORTF와 협상 중인 건축 연구와 관련해 영화적 관점에서 정보를 완성하기 위해"), 필리프 부동Philippe Boudon, 자크 보쏭Jacques Bosson("건축양식=신체의 회복"), 베르나르 앙뷔르게("매우 흥미로운")이며, "젊은 팀에는 베르나르 위에Bernard Huet, 그룹바흐Grumbach, 카스트로Castro"가 있으며, 체메토프Paul Chemetov, 탕카Tonka, 보필Ricardo Bofill이다. 마지막 내용은, "카스트로가 내게 말한 젊은 건축가에 대한 노트가 필요하다. 철자 오기된 이름으로 드포르장팍Deporzenpac, 확인 요망……."²⁶

　이 4부작 영화—12명의 ORTF 기술 팀과 함께 연출한—는 기본적으로 인터뷰로 구성된다. 현장에서 개인이나 집단을 대상으로, 도시의 다양성과 형태, 주택의 용도와 세르지가 생겨난 특별한 사례 같은 주제로 순서대로 인터뷰한다. 로메르는 이 기회를 이용해 〈셀룰로이드와 대리석〉과 〈콘크리트에 대한 대담〉을 만들 당시 시작했던 클로드 파랑과 폴 비릴리오와의 유익한 대화를 재개했다. 그러나 가장 인상적인 두 만남은 아마 롤랑 카스트로와 폴 체메토프과 함께 했던 일일 테다. 매번 만남에서 시네아스트가 아주 좋아했던 것은 그들이 교외 신도시를 통과하며 걸었던 산책로다. 이것을 카스트로는 "저인망底引網 답사repérages à la traîne"[27]라고 부르고, 체메토프는 "순례길virée"나 "둘레길circuit"[28]이라고 불렀다. 사르셀Sarcelles에서 이 순회 중 하나를 마친 후, 카스트로는 1973년 5월 로메르에게 1929년에 발행된 『릴뤼스트라시옹L'Illustration』 한 호인 '집'에 대한 멋진 특집호를 보내면서, 앞으로 진행될 공모를 방증하는 이런 편지를 쓴다. "당신이 흥미 있어 할 만한 『릴뤼스트라시옹』 한 호를 보냅니다. 스타이우스Staius의 노동자 주택 건축이나 쉬렌Suresnes의 정원 도시 건축에서 당시 1925년의 원형에서 발견한 공영 주택의 사례를 발견했습니다. 손실이나 '추가'에 대한 전체 역할입니다. 우리는 사르셀에서 멀리 있습니다! 당신이 파리와 교외에서 '저인망 답사'를 계속하고 싶다면 돌아가서 신속하게 연락하겠습니다. 나로서는 이런 영화로의 외도가 흥미롭습니다. 오래전부터 하고 싶었습니다."[29]

폴 체메토프[30]는 그와의 만남을 기억한다. "1972년 나는 에브리에 경쟁에 참여한 적이 있고, 다음 해에 그가 나를 만나러 왔다. 우리는 교외를 함께 돌아봤다. 나는 그와 함께 걸었던 둘레길을 차를 타거나 걸어서 다시 돌아다녔다. 한 가지 사실이 내 인생에 깊은 인상을 남겼다. 당시 우리는 교외의 외진 카페에 있었는데 그가 갑자기 내게 말했다. "모든 것은 관점의 문제, 그러니까, '카메라를 어디에 놓을까?'라는 문제죠." 나는 그때 거기서 제기된 이 질문이 놀랍다고 생각했다. 건축가로서 이런 질문은 즐거운 일이다. 왜냐면 건축 역시 관점의 문제이기 때문이다. 우리가 함께 이동할 때 로메르는 항상 이 질문을 염두에 두고 있었다. "카메라를 어디에 놓을까?" 나는 그를 호감이 가는 놀랍고 독창적인 사람으로 생각했고, 그와 함께 돌아다니는 것을 매우 좋아했다. 흥미롭고 교육적인 실습이었다. 나중에 나는 건축과 학생들과 그것을 실습했다. 한 장소에 가서 걸어 다니면서 이렇게 자문한다. 또 다른 관점을 가지려면 무엇을 제거해야 할까, 혹은 무엇을 추가해야 할까?"[31] 체메토프는 이 보행과 건축의 동료 관계에서 로메르를 떠올리게 하는 한 초상을 그려 낸다. "나에게 로메르는 러스킨 Ruskin 같은 남자, 교양 있는 댄디 귀족이었다. 또한 우리는 가까이 살았기 때문에 무프타르 거리에서 마주치곤 했다. 로메르는 여전히 걷고 있었다. 그는 위대한 보행자였다."[32]

로메르는 신도시 건축 전체에 관심을 가지고 애정에 가까운 감정을 느낀다. "거기에 살고 싶나요?"라는 질문에 대한 그의 대답은 확실히 부정적이지만 미묘한 차이가 있다. "문제는 그게 아니다. 이 건축물은 확실히 1950년대에 지어진 건물의 탑과 건물보다 더 잘 낡아질 것이다. 이 도시 풍경은 분명 고독하고 기계적으로 만들어진 듯한 인상을 주지만 회화적 관점에서 거기에는 아름다운 무언가가 있다. 먼저 기차역의 단정한 선을 보이고, 그다음 후면에 있는 큰 건물들이 보인다. 파란색과 흰색이 조화로운 더 낮은 건축물에 이른다. 그렇게 열렬한 감정은 아니지만 마음에 든다. 미학적으로 흥미로운 곳이다."[33]

그러나 분명히 파리를 능가하는 곳은 없다. 적어도 자신이 좋아하고 그리는 수도에 대한 생각을 로메르는 1974년 5월에 이렇게 털어놓는다. "파리에 대한 나의 생각? 매우 단순하다. 아무것도 무너트리거나 건설하지 않고 있는 그대로 파리를 보존해야 한다는 것이다(이미 조금 늦었기 때문에 지금이라도 그렇게 해야 한다). 단지 필리프 오귀스트Philippe Auguste나 왕정시대 소작인의 '역사적인' 파리만이 아니라, 나는 사람들이 13구, 15구, 20구에서 부수고 있는 매력적인 모든 장소에 대해 말하는 것이다. 벨빌Belleville은 생제르맹 인근보다 중요하다. 프랑스에는 18세기의 또 다른 전체가 있지만 벨빌은 특이했고, 또 여전히 특이하다. (…) 이 외곽 지역들은 약간 색칠만 해 주면 된다. 그곳은 오스만의 획일성에서 벗어난 일부를 보존하고 있다. 그곳은 전원적인 동시에 전형적인 파리의 분위기를 보존한다. '그 시대의' 건축에서 살아야 한다는 생각은 정말 어리석다. 예를 들어, 나는 '고층 건물'에 반대한다. 그렇게 높이 세워서 어떤 점이 좋은가? 시내 인구 밀도가 너무 높아서 감소시켜야 하는가? 건축은 결코 그 시대에 있지 않고, 앞서 있거나 뒤에 있다."[34]

에릭 로메르는 청소년기가 끝날 무렵 학업을 위해 상경한 지방 출신자로 파리를 좋아했고, 결코 수도를 떠나지 않았다. 그러니까 그에게 파리란 그가 열여덟 살 이후 계속 살았던, 단호히 보존된 오래된 파리, 파리 문화유산의 상징과도 같은 라탱 지구였다.

하지만 훌륭한 보행자인 그가 칭찬하는 '오래된 파리'는 한가로이 산책하며 발견한 장소인 벨빌과 메닐몽탕Ménilmontant, 몽마르트 언덕, 뷔트 쇼몽, 몽수리Montsouris, 뷔트 오 카이으Butte-aux-Cailles며, 영광의 30년간 도시 혁신 때문에 전체 주요 면모가 사라지고 변한 도시였다.

로메르는 자신이 살고 지키려는[35] 파리인들의 도시 공간에 자신의 등장인물이 살아 움직이는 것을 좋아한다. 『텔레라마』에서 출간된 특집호 「영화에서의 도시La ville au cinéma」에 대한 인터뷰에서 로메르는 이렇게 설명했다. "내게 흥미로운 것은 건축 그 자체가 아니라, 내가 인물을 움직이게 할 수 있는 도시 공간이다. 나는 거리, 광장, 가게들을 좋아한다. 내 영화 대부분은 만남에 대한 것이다. 많은 사람이 사는 파리 같은 도시에서의 만남은 항상 놀랍고 조금 예외적인 면이 있다. 또한 베니스와 달리 파리가 좋은 이유는 너무 그림처럼 아름다운 도시가 아니라는 점이다. 그래서 영화가 거기에 끼어들 수 있다. 인생처럼, 그런 점이 시네아스트에게 흥미진진하다. 파리를 촬영하는 데는 수많은 방법이 있다. 거의 같은 시기인 1959년과 1960년에 촬영된 세 영화를 비교해 보자. 〈사자자리〉의 내가 본 파리는 〈파리는 우리의 것Paris nous appartient〉의 리베트가 본 파리와 비슷하지 않고, 또한 〈네 멋대로 해라〉의 고다르가 본 파리와도 아주 다르다."[36]

파리에 관한 영화를 로메르는 계속 만들고 다시 만든다. 그의 첫 장편 영화 〈사자자리〉, '도덕 이야기' 세 편, 그리고 빼놓을 수 없는 에투알 광장에 대한 소묘 〈내가 본 파리〉와 〈파리의 나자〉나 파리를 오랫동안 배회하는 영화 〈비행사의 아내〉가 그렇다. 이런 욕망은 시네아스트가 증언하듯 새롭지는 않다. "우리가 젊은 비평가였고 영화에 관해 글을 쓰기 시작했을 때, 프랑스 시네아스트들은 파리를 너무 적게 보여 주었던 반면 미국 시네아스트들은 에펠탑이나 개선문과 같은 비록 상투적 형태이지만 파리를 잘 보여 주었다. 프랑수아즈 트뤼포는 『카이에』에 이렇게 썼다. '미국인이 파리를 그렇게 영화화하는 것은 옳다. 왜냐하면 파리가 그렇기 때문이다.' 개인적으로 나는 상투적 표현이나 우편엽서 같은 이미지를 피하지 않는다. 〈사자자리〉에서 센강변과 노트르담, 생제르맹 데프레 등을 볼 수 있다. 누벨바그 대부분의 기획은 바로 파리 거리로 내려간 것이었다."[37]

1973년 유럽 평의회가 대륙의 수도 건축에 대한 일련의 자금을 지원하면서, 로메르는 1930년대 파리에 대한 15분짜리 다큐멘터리를 시작할 수 있었다. 당시 시네아스트는 이렇게 설명했다. "난 양차 세계대전 사이에 있었던 건물 외관을 다룬 단편 영화를 기획하고 있다. 그 건물들은 규격품으로 대량 생산된 19세기 말의 건물보다 훨씬 더 아름답다. 오스만이 만든 파리의 건물은 기껏 10개나 12개 유형의 집밖에 없다. 반대로 1925~1930년에 만들어진 건물은 두 배로 다양한 문양과 구조물이 있었다. 그 문양의 주제는 완벽하게 독창적인 형식의 세계를 보여 준다. 오랫동안 멸시당한 이 장식은 현재 다시 복고가 유행하면서 인정받고 있다. 특히 발코니와 건물 대문의 철세공 장식은 전례 없는 독창성을 보여 준다. 당시는 연철 분야의 전성기였다."[38]

로메르는 가장 잘 어울리는 건물을 찾기 위해 파리를 두루 걸어 다니며 자신만의 방식으로 일했다. 울퉁불퉁하고 둥근 정면부, 거리로 난 돌출부, 움푹 들어간 부분, 로지아Ioggias*, 활창, 곡선, 끌로 조각한 발코니 등을 둘러보았다. 매번 그는 사진을 찍고 분류하고 목록을 작성했다. 사마리텐Samaritaine 백화점, 오르세 기차역, 13구 레옹 모리스 노르만Léon-Maurice-Nordmann 거리의 둥근 건물들, 플레엘 홀Salle Pleyel, 14구 시청, 19구의 에두아르 파이에롱Édouard-Pailleron 수영장, 샹젤리제 인근의 엘리제 비아리츠 Élysées Biarritz, 엘리제 몽마르트Élysée Montmartre, 라스파이Raspail 극장, 오를레앙Orléans 거리의 모노프리Monoprix, 마그드뷔르Magdeburg 와 쿠르셀Courcelles 거리의 복합 단지, 오퇴유Auteuil의 온실이나 식물 정원의 온실을 찾아갔다. 이렇게 해서 시네아스트는 많은 건축가를 발견했다. 주르댕Frantz Jourdain과 소바쥬Henri Sauvage, 오뷔르탱Auburtin, 페레 형제들frères Perret, 사라쟁Sarrazin, 소렐Sorel, 가브리엘 브룅Gabriel Brun, 플뤼메Plumet, 토장Tauzin, 위야르Huillard, 루이 수 Louis Süe, 파비에Favier, 그라네Granet, 나통Nathon 등 프랑스 도시 계획이 가장 풍성한 시기였다.

로메르는 네 장짜리 시놉시스를 작성한다. 한편으로 그는 롤랑 카스트로와 2천 프랑 정도의 계약을 맺어 정식으로 그를 '건축 고문'으로 고용해 일을 맡겼고, 다른 한편으로 미국인 학생인 셰릴 칼리시모와 일했다. 로메르의 기록 보관소에는 그가 직접 손으로

---

* 외부 발코니

쓴 많은 파일, 메모, 서평이 남아 있다. 칼리시모는 이렇게 회상한다. "우리는 아침부터 늦은 오후까지 정말 많이 걸어 다녔다. 걸으면서 대화했다. 내가 말을 많이 했다. 건물 정면부를 현장 답사하는 동안 로메르와 말하면서 난 프랑스어를 배웠다. 아쉽게도 영화는 제작되지 않았다. 유럽평의회는 이 기획의 지원처가 아니었다."[39] 게다가 비교적 근래에 지어진 건물이나 공유지가 아닌 모든 건물에 대한 판권 문제도 있었다. 1970년에 화가 베르나르 뷔페Bernard Buffet는 그가 그림으로 그린 건물 정면부의 건물주에게 고소를 당했다. 이 시절 1972년에는 개인 건물의 이미지와 제작에 관한 법률은 매우 제한적이었다. 시네아스트는 영화를 구상하는 동안 요령 없는 소유자가 그에게 소송을 제기하거나 세금을 지급해야 하는 문제를 항상 걱정했다. 그래서 그는 기획이 마음에 들었지만 이를 포기해야 했다.

신도시의 무미건조한 행복

한 편의 다큐멘터리를 파리 건축 양식에 집중하는 것이 이상적인 듯 보이지만, 로메르는 신도시를 영화 속 진짜 배우처럼 형상화했다. 1982년 가을, 그는 마른 라 발레에서 〈보름달이 뜨는 밤〉의 일부를 촬영하기로 하고 극영화에서의 핵심 역할을 신도시에 부여한다. 1983년 3월 18일에 쓴 시놉시스의 첫 부분은 이런 선택을 보여 준다.

"24세 루이즈는 실내 디자인 대학원을 마치고 한 대행사에서 연수하고 있다. 현재 그녀는 파리 인근 신도시에서 약혼자 레미와 함께 살고 있다. 건축과를 막 졸업한 레미는 도시개발 업무를 맡아 일하고 있다. 이 업무를 맡은 덕에 그는 넓고 편안한 아파트에 사는 특권을 누린다. 레미는 자신의 상황에 매우 만족하며, 저녁이나 일요일에 기차나 자동차로 겨우 30분 거리에 있는 파리에 가고 싶은 마음이 점점 없어진다. 반면 루이즈는 예전 학생 시절 파리에 살았을 때 즐겁게 지내던 독립된 생활을 그리워한다. 이야기는 그녀가 독립된 생활로 돌아가려고 준비하는 결정적인 순간에 시작된다. 그녀는 생활비를 벌면서, 파리에 있는 상속받은 스튜디오를 임시 거처로 삼는 여유를 누리고 싶어 한다. 때로 혼자 외출해서 파리 밤 문화에 빠져드는 일이 그녀에게는 아직 필요하다."[40] 두 가지 삶, 파리와 마른 라 발레의 두 아파트 사이에 있는 젊은 여성, 이것이 〈보름달이 뜨는 밤〉의 지리학적 픽션이다.

에릭 로메르는 마른 라 발레 신도시 개발의 공공시설 설계자 앙리 자라Henri Jara를 만나, 최근 완공된 주거용 건물과 특정 공간에 초대를 받아 안내를 받는다. 특히 신도시로 통합되는 스물일곱 개의 마을 중 하나인 로니으Lognes를 방문한다. 시네아스트의 문제는 사실 20킬로미터에 달하는 크기의 지면에 있는 기념비적인 단지 중 어디에서 이야기를 시작할지 선택하는 것이다. 공공시설 건축가의 안내를 받은 후 로메르는 영화 배경과 인물의 최종 선택을 주연 배우 파스칼 오지에에게 맡긴다. 그녀는 이렇게 설명한다. "에릭 로메르는 실내 장식과 건축에 대한 내 취향을 알았고 함께 공유하고 있었다. 영화에서 루이즈가 자신의 집 실내를 다양하게 꾸미는 것처럼, 로메르는 내 인물이 할 역할 중 하나를 내가 직접 기획해서 수행해 달라고 제안했다."⁴¹

24세의 배우는 영화에서 루이즈가 소유한 파리의 작은 아파트를 자신의 방식으로 꾸미는 일뿐만 아니라, 레미(체키 카리오)와 함께 살게 될 현대식 아파트를 찾는 일도 담당했다. 로메르는 그녀에게 "신도시 건축을 담당하는 건축가는 어디에 살까?"⁴²라는 단 하나의 지침만 제시한다. 파스칼 오지에는 1982년 11월 한 달 동안 이 지역을 돌아다닌 후 그 경험을 바탕으로 3쪽 분량의 보고서를 스승에게 제출했다. "아케이드 센터와 망디네lMandinet, 이 두 지구가 화려한 방식으로 현재 건축 중이다. 특히 첫 번째, 아케이드 센터는 수백 미터 떨어진 보필의 극장Théâtre de Bofill과 경쟁하기 위해 마누엘 누녜즈Manuel Núñez가 설계한 괴물 같은 건물(피카소의 원형경기장Arènes de Picasso)까지 포함한다. 특기할 만한 것은 보필의 전 협력자였던 누녜즈가 보필의 기백을 증오한다는 점이다. 내 생각에는 너무 '허식적인' 건축이고, 신도시 공직자는 그곳에 살지 않을 것이다. 그래도 보이는 것만으로는 알 수 없기에 오륙 년 전의 신도시 '공연 정치politique-spectacle'를 잘 보여 줄지 앞으로 볼 일이다. 두 번째 지구(망디네)는 훨씬 더 흥미로워 보인다. 이 지구는 정확하게 오늘날 신도시 건축가와 도시 계획가가 좋아할 만한 것으로, 정밀하게 디자인된 공공시설(학교 및 작은 건축물) 같은 소박한 포스트모던 건축이다. RER 역과 매우 가까운 곳에 위치한 이 지구는 두 개의 작은 호수 주변에 분포되어 있다. 다음 두 건물이 적합할 것 같다. 테라스 뒤 파크Terrasses du Parc는 카메라가 거리를 둘 수 있는 건물이고, 포르트 뒤 락Portes du lac은 가짜 기둥과 헛간 같은 지붕이 있는 유행하는 '톱 빌딩top building'이다. 이 건물 내부에는 복층으로 된 아름다운 다섯 개의 방이 있다."[43]

시네아스트는 그의 뮤즈 파스칼 오지에와 합의하여 레미와 루이즈가 살 집으로 포르트 뒤 락의 복층 아파트를 선택한다. 파란색 창틀의 유리 기둥과 흰색 상자 모양이 합해진 작은 5층짜리 건물이 연이어 있는 구조로, 롤랑 카스트로가 건축한 것이다. 이 선택은 또한 10년 전 그들의 만남에 대한 눈짓이다. 로메르는 『텔레라마』에서 이렇게 언급한다. "그것은 그녀의 생각과 내 생각의 공모다. 그녀는 유행하는 건물인 복층 아파트와 소파에 두를 회색 천을 선택했다. 나는 실험적 유형의 현대적 주택과 호화롭지 않은 편안함을 원했기 때문에, 마른 라 발레를 촬영지로 선택했다."[44] 그는 잡지 『현재의 건축Architecture présente』에서도 이렇게 설명했다. "나는 마른 라 발레에 있는 이 주택에 드라마를 설정하고 주변을 돌아다니면서 다양한 각도에서 볼 수 있었다. 예를 들어, 선박의 계단과 비슷한 구조의 계단은 여러 가능한 용도와 다양한 각도로 쓸 수 있다. 정면에서, 뒤에서, 위에서, 아래에서도 촬영할 수 있다. 여기서 루이즈가 움직이면서 주변의 사물을 빛나게 만들어간다. 이곳은 움직이고, 항상 이동 중이며, 결코 정착하지 않을 인물에게 아주 적당한 장소다."[45]

로메르의 주요 관심사는 장면 속에 건축과 도시 계획을 입히는 일이다. 즉, 공간과 인물의 성격, 그리고 그들 사이에 흐르는 긴

장 사이에 상응하는 연출을 구상하는 것이다. 반면, 파리 아파트에서 파스칼 오지에는 '1980년대 최신 유행에 맞는'[46] 양식으로 '루이즈 스튜디오'를 장식한다. 신상품의 시제품(이오나 아데르카 Iona Aderca, 크리스티앙 뒤크Christian Duc, 올리비에 가녜르Olivier Gagnère, 제롬 테르모필Jérôme Thermopyles에게 주문한 물건)과 더 고전적 영향을 받은 것들(몬드리안, 기둥, 커튼, 바우하우스 미학의 일반적 속례)을 혼합 사용하여 장식적인 균형을 보여 준다. 실제로 그녀와 뱅자맹 발티모르가 함께 지내는 아파트를 조금 연상시킨다.

1983년 가을, 34일간의 촬영일 가운데 마른 라 발레의 작업 계획은 5주와 6주 차에 있으며 9개의 시퀀스가 할당된다. 조명을 맡은 레나토 베르타Renato Berta와 사운드를 맡은 조르주 프라는 마른 라 발레와 파리 간에 대조적인 방식으로 작업하여 서로 아주 다른 시청각적 분위기를 적용한다. 교외 아파트는 큰 창문이 있고, 앞이 탁 트인 작은 건물이고, 내부의 빛은 훨씬 선명하고 흰빛인 반면, 파리의 공간은 더 폐쇄되고 제한적이지만 친밀하고 보호를 받는 듯한 느낌을 준다. 사운드 역시 놀라운 대조를 보여 준다. 한쪽은 보편적인 도시 환경이고, 다른 한쪽은 시골의 고요함과 현대적 기계음의 급작스러운 난입을 혼합시킨 '교외풍'의 소리를 들려준다.

1년 후 1984년 9월에 영화가 개봉되었을 때, 〈보름달이 뜨는 밤〉에 등장하는 신도시의 개성적 존재감을 강조한 비평은 거의 없었다. 비평에서 마른 라 발레는 영화 속 진정한 주연이 아니라 무엇보다 순수하게 사회적 심리적으로 인물을 성격화하는 공간으로 간주되었다. 따라서 그런 비평은 로메르의 관점이 아니라, 파브리스 루치니가 연기하는 고질적인 파리 사람 옥타브의 관점이다. "옥타브가 친구 루이즈에게 "어떻게 그런데서 묻혀 살 수 있어?"라고 말을 꺼내면, 그녀는 대답한다. -레미의 직장 조건이 좋으니까. 신도시 개발 팀이잖아. (…) -그 '신도시'라는 거 난 안 믿어, -레미는 믿어. (…) 그리고 자기가 만든 장소에서 사는 게 좋대, -감옥을 지었어도 거기 살았을까?, -그이라면 그럴걸, 자기 스타일이니까. -너도 따라갈 거야? 그녀는 결국 이렇게 대답한다. -지금도 같이 산다고 볼 순 없지. 난 이 집이 있고 내 물건들도 여기에 뒀잖아."[47]

세르지 퐁투아즈에서는 로메르적인 동업 관계가 더욱 일관되고 강렬해진다. 완전히 새롭게 떠오른 신도시에 대한 텔레비전 방송을 헌정한 지 12년 후에 시네아스트는 온전한 극영화 한 편을 거기서 만들기로 한다. 바로 '희극과 격언' 마지막 편 〈내 여자 친구의 남자 친구〉다. 최근 완공된 중심가의 건축과 도시 계획이 영화의 중심적인 역할을 한다. 게다가 오프닝 시퀀스는 세르지의 도시 풍경 안에 인물의 행위를 분명히 위치시켜 보여 준다. 세르지 도청 소재지의 주요 건물이 빠른 고정 숏으로 연속해서 보인다. 대광장Grand-Place, 시청(블랑쉬가 젊은 행정 담당관으로 업무를 보는 사무실이 있는 곳), 프랑스 전력공사EDF 고층 건물(알렉상드르가 엔지니어로 일하는 곳), 컴퓨터 학교(레아가 수업을 받는 곳), 세르지 생 크리스토프Cergy-Saint-Christophe(파비앙이 스포츠 의류 회사에서 모델 제작자로 일하는 사무실이 있는 곳), 예술 학교(아드리안이 학생으로 있는 곳), 그다음 장면은 공무원 식당에서 다른 직종 사람들의 우연한 만남이 이루어진다. 마찬가지로, 로메르는 1985년에 37쪽으로 상세하게 기술한 시놉시스에서 현장 답사를 하면서 손으로 직접 정확하게 표시하여 영화의 플롯을 명확하게 구축한다. 시네아스트는 다른 구성 방식으로 배열한 플롯을 감정의 기하학이라고 부르고, 첫 제목을 「네 모퉁이Les Quatre Coins」라고 붙인다. "고등상업학교HEC를 졸업한 블랑쉬는 파리 지역의 신도시 세르지에 본사를 둔 대기업에서 직장을 구한다. 그녀는 아직 건설 중인 지역에 아파트를 임대한다. 현재로서는 동료와의 일적인 관계만 있다. 그녀는 과거 학교 친구들과 연락을 유지하려고 하지만 항상 쉬운 것은 아니다. 그날, 그녀는 식당에서 점심을 먹는다. 같은 신도시에 있는 컴퓨터 학교의 학생 레아가 식판을 들고 그녀 맞은편에 앉는다."[48]

세르지 퐁투아즈의 새로운 건설은 1973년에 시작되었고, 악스마죄르Axe-Majeur*의 낙성식은 1986년 1월 문화부 장관 자크 랑Jack Lang이 와서 거행한다. 이 기념비적 복합단지는 벨베데르 생 크리스토프belvédère Saint-Christophe(리카르도 보필Ricardo Bofill이 신고전주의 스타일로 건축한 웅장한 건물이 반원의 기둥과 함께 모양을 이루고 내부에 광장이 있다)에서 뇌빌Neuville 호수(그 안에 피라미드가 솟아 있는 섬을 포함해서)까지 3킬로미터에 이르며 열두 개의 역을 포함한다. 이스라엘 조각가 다니 카라반Dani Karavan이 공들여 만든 높이

---

* 신도시를 상징하는 기념물

36미터에 측면 3.6미터인 흰색 탑을 통과하면서 레이저 광선을 시작점 삼아 약간 기울어져 있어 원근감 있는 직선을 따라가다 보면, 과수원, 전망대, 넓은 테라스를 지나 정원과 작은 언덕이 나오고 우아즈Oise와 연못 쪽으로 점차 내려간다. 에릭 로메르는 이 작업에 지속적인 관심을 가지고 뒤따라간다. 그의 기록 보관소에 보관된 자료는 이를 상세히 입증한다.

그는 심지어 신도시 역사로 기록될 토론과 결정에도 참여했다. 1984년 그는 퐁피두 보부르Beaubourg에서의 악스마죄르 계획에 대해 발표하는 세르지 개발공사Etablissement public d'aménagement, EPA 회의에 참가한다. 그런 다음 베르나르 이르슈Bernard Hirsch와 미셸 가이야르Michel Gaillard의 초청으로 세르지 대학교 여름 연수에서 수업한 후에 건축 학교 학생과 교사와 함께 도시의 주요 건물을 방문했다. 마지막으로 로메르는 EPA 사무국장이며 초기부터 신도시 핵심인력인 베르트랑 와르니에Bertrand Warnier와 EPA 대표이자 1985년 악스 마죄르 후원회에 있는 피에르 르포르Pierre Lefort의 요청으로 협력을 맺게 된다. 베르트랑 와르니에는 로메르에게 편지를 썼다. "당신은 세르지 퐁투아즈에 대해 잘 알고 있습니다. 당신은 그곳에서 상당한 시간을 보냈고, 그래서 개발 공사의 몇몇 사람들이 당신을 만날 수 있는 좋은 계기가 되었습니다. 우리는 당신을 신개발을 경험 중인 우리 도시의 후원자 중 한 명으로 매우 영광으로 생각하고 관심을 가질 것입니다."[49] 시네아스트와 좋은 관계에 있는 비아시니Biasini, 보필, 뒤비Duby, 레스타니Restany, 스트를레Strehler, 에코Eco, 들루브리에Delouvrier, 불레Boulez, 망데 프랑스

Mendès France, 위젤Wiesel도 역시 후원 위원회에 참석하기로 동의한다. 로메르는 〈내 여자 친구의 남자 친구〉를 준비하며, EPA 연구부에서 일하는 미셀 자우엥Michel Jaouën이나 도시기획자 미셀 가이야르 같은 몇몇 건축가와 함께 공사 중인 현장과 건축된 건물을 둘러보며 EPA와의 연계를 구축했다. 그는 1986년 보필이 건축한 벨베데르 생 크리스토프가 완성되기를 기다렸다가 실제로 거기서 그의 영화를 촬영했다.

로메르는 이 공간에 대한 개인적 지식이 어떻게 영화로 만들려는 욕구를 불러일으켰는지 설명한다. "〈신도시〉 연작을 만들 당시 처음으로 세르지에 왔을 때는 아직 도청과 쇼핑센터, 상업 학교밖에 없었다. 초기 주민들이 도착했고 그들은 개척자처럼 보였다. [그들은] 많은 아이디어가 있었고 강하게 결속된 생활을 하면서 서로를 만났다. 내게 흥미로운 점은 이런 현대성이 영화적 인물의 특성을 이끌어 내기 때문이다. 〈내 여자 친구의 남자 친구〉의 인물들은 생활에 정박되어 있고, 이 도시 계획은 그들의 희망과 이상이나 실망에 대한 건축학적 형태를 부여한다. 그래서 세르지는 유토피아적 공간인 동시에 구체적 공간 경험을 제공하는 실험실로 쓰이며, 그곳에서 어떤 방해 없이 영화와 인물을 전개할 수 있다. 세르지가 나를 유혹했다. 신도시는 살기에 편하고 활기 넘치고, 광장과 거리, 공간이 있는 도시의 주거 밀집 지역으로 기능한다. 동시에, 생 크리스토프 지구는 정말로 어디서도 볼 수 없을 것 같은 인상을 준다. 다른 사람들[고다르, 장피에르 모키Jean-Pierre Mocky 등]은 특히 도시의 억압적인 성격을 강조했지만, 내 관점은 이 신도시의 사랑스러운 이미지를 제시하는 데 있다. [내 생각에는] 순수한 젊은이들이 본연의 모습으로 서로를 만나는 17세기 연극처럼 이곳은 사랑과 우정의 경험을 펼칠 수 있는 평화롭고 고립된 공간을 형성한다. 이 영화는 이런 공간에서 영감을 얻었다. 도시의 첫 시간과 영화의 첫 시간, 그런 방식으로 그 윤곽을 잡아갔다."[50]

시네아스트는 다섯 명의 인물인 블랑쉬와 레아, 아드리엔, 파비앙, 알렉상드르의 감성적 교차를 상상하고, 신도시에 대한 사회학적 관점에서 학생과 젊은 직장인에게 전형적인 다섯 가지 동선을 만든다. 그들이 좋아할 만한 스포츠, 직업적 정체성과 삶의 방식에 따라 세르지의 건물과 광장, 거리를 적절하게 조정한다. 블랑쉬는 그녀가 사는 생 크리스토프의 공간을 '궁전' 또는 '큰 호텔'로 묘사하며 자랑스럽게 생각했다. 로메르는 이 공간을 이용하여 자신의 피조물에 생명을 불어넣고 그들의 행로를 다양하게 만들고, 그렇게 해서 서로 만남이 가능해진다. 세르지에서 여가 생활을 하면서 '어쩔 수 없이' 통행하게 되는 갤러리Galeries 거리는 계속해서 이런 유형의 엇갈림, 때로는 부적절하고 때로는 반가운 우연한 만남을 발생시킨다. 파비앙은 "여기는 시골 마을과 약간 비슷해요. 저번엔 같은 사람을 일곱 번 만난 적도 있어요"라고 인정한다. 기대와 망설임, 열망과 소심함 사이에 있는 블랑쉬 같은 성격도 양면성과 대조를 만드는 이 도시 공간과 함께 표현된다. 무미건조하고 깨끗한 배경과 실내 배경 안에서 무미건조한 인물들은 스스로 강한 소속감을 느낀다. 인물들은 자신을 품고 이동시키는 역사의 공간과 움직임에 참여하고 있다는 느낌을 받는다. 그래서 알렉상드르는 거창하고 오만하게 이렇게 인정한다. "파리 어떤 지구의 오지에 살았던 때보다 지금이 훨씬 더 거대한 파리에 사는 느낌이에요. 여기서 내 행동반경은 거대 도시 파리까지 다 걸쳐 있어요."

이 영화는 1986년 5월 19일부터 7월 5일까지 7주 동안 세르지 에서 전부 촬영되었다. 블랑쉬의 아파트는 바로 얼마 전 완공된 보필의 벨베데르의 주거지가 선택됐다. 그 발코니에서 우아즈가 내려다보이는 남서쪽 날개 쪽에 있는 방 세 개짜리 아파트다. 앞 서 봤듯이 프랑수아즈 에체가라이는 촬영을 조직하는 데 주도권 을 쥐고 있다. 세르지 시청Cergy-Préfecture과 세르지 벨베데르Cergy-Belvédère라는 양극 사이에는 종종 방금 완성된, 혹은 완공 중인, 그 리고 다시 건설하는 수많은 공간이 있기에 촬영 장소 선정이 그 리 쉽지 않다는 사실도 우리는 알고 있다. 두 지역 사이에는 여전 히 사람이 살지 않는 취약한 공간이 여전히 있다. 프랑수아즈 에 체가라이는 마지막 순간에 영화 배경을 찾거나 때로는 즉흥적으 로 찾아야 했다. 아무도 이 장소를 잘 알지 못했다. 그녀는 다음과 같이 설명했다. "로메르는 이 도시를 저녁에 개를 데리고 지나가 는 사람들이 있는 그런 정겨운 도시로 생각했다. (…) 나는 처음부 터 그곳을 대도시 주변의 빈민 구역으로 여겼다. 하지만 그는 약 간 지방 같은 중심가와 주위에 건물, 플라타너스, 그리고 카페가 있는 이 광장을 매우 조화로운 공간으로 생각했다."[51]

영화가 개봉되었을 때(1987년 8월 베니스 영화제에서 처음 공개된

후 8월 26일 극장에서 상영됨) 비평계는 로메르가 세르지의 건축과 도시 배치를 미장센으로 사용한 점에 주목한다.『마탱드파리*Le Matin de Paris*』에서 미셸 페레*Michel Pérez*는 "인물의 행동 역시 그와 완벽하게 어울리는 화면 배치만큼이나 매우 강력하고 명료하다."[52] 라고 쓴다.『르 몽드』의 자크 시클리에*Jacques Siclier*는 "배경과 공간, 몸짓, 시선, 도심 궤도의 역할에 따라 계획된 카메라 움직임은 일종의 환희를 가져온다."[53]이란 글로 더욱 가치를 두고 말하는 한편,『텔레 7주르*Télé 7 Jours*』는 "에릭 로메르가 촬영한 신도시에는 목가적인 면이 있다."[54]고 열광한다.『파리 마치』의 장도미니크 보비*Jean-Dominique Bauby* 역시 이런 점을 지적한다. "로메르는 우리 사회를 끊임없이 가혹하게 재판하지 않는다. 그의 동료들의 작품 대부분이 그런 심판으로 가득 채워져 있다. 고다르나 페레리*Marco Ferreri*, 혹은 다른 시네아스트 백 명에게 신도시 세르지는 모든 억압의 상징처럼 보였을 것이다. 그런 부분이 이 영화에는 없다. 이미 구식의 정서를 가진 이 보수적인 사람은 우리에게 완전히 둥글게 돌아가는 세상을 보여 주려고 한다. 풀 한 포기 나지 않았는데 말이다! 부동산 중개인은 그에게 도움을 요청해야 한다. 우리는 그의 영화를 보고 세르지 퐁투아즈로 가서 살면서, 사무실 밖에서 나가 윈드서핑을 꿈꾼다!"[55]

확실히 그보다는 좀 더 복잡하지만······. 그래도 도시 공직자들이 〈내 여자 친구의 남자 친구〉에 큰 만족감을 보인 것은 사실이다. 1987년 9월 3일 세르지 관청에서 열린 이 영화의 특별 상영이 이를 잘 보여 준다. 출연 배우들과 도지사, EPA 국장, 주거밀집 지역협회 부회장이 참석한 가운데 열린다. 로메르는 참석하는 대신 신도시의 품격을 칭찬하는 편지를 보내고, 『가제트 드 세르지 *La Gazette de Cergy*』의 칼럼니스트는 몹시 열광적으로 이 소식을 전한다. "여기, 이 영화를 통해 모두가 가까이 가고 싶어 할 꿈의 도시가 있다. 벨베데르 생 크리스토프 지구는 환상의 세계가 된다. 여가 시설에 있는 호수는 지중해의 분위기를 보여 준다. 보행자 거리는 쾌적하다. 도시공동체조합에서 이 생생한 다큐멘터리적 제작을 요청했다고 생각할 수도 있을 것이다. 하지만 사실이 아니다!"[56] EPA 책임자 피에르 르포르 역시 특별 상영 후에 주저 없이 이런 편지를 쓴다. "훌륭한 영화에 다시 한 번 감사합니다. 세르지 퐁투아즈를 건설한 모든 사람을 대신해 감사의 말을 전합니다. 모두가 기쁘게 생각하고 있고 당신에게 깊은 감사의 뜻을 표현하고 있습니다."[57]

몇 년 후 시네아스트 자신이 말한 것처럼 조금 더 깊이 들어가 보면 "우리는 겉모습 뒤에 숨겨진 것을 발견한다."[58] 그는 이렇게 말을 이어간다. "모든 신도시와 마찬가지로 세르지에도 건물을 건설하는 데 따르는 어떤 평범함이 있다. 설계도와 외관, 도시 계획과 이를 실행하는 기술이 있다. 페인트와 외장재가 항상 충분한 수준은 아니며, 재료는 인공적이고 나무는 아직 크지도 울창하지도 않다. 이런 점은 인물들도 정확히 마찬가지다. 그들은 경쟁하는 법을 배우는 젊은 여성들이며 깊이가 거의 없다. 세르지의 생활은 현대인이 되려는 고정관념에 따라 구성된 것이다. 현대적인 직업을 갖고 스포츠를 즐기며 자신의 시대를 살아간다.

무엇보다 매우 낙관적이어야 하고, 인생을 다르게 보지 말아야한다. 나는 이런 점을 공격성 없이 어떤 모순을 알아챌 수 있는 우화로 보여 주는 것을 즐긴다. 모든 관객이 영화관을 나오면서 세르지에 살고 싶어 할지는 나는 확신할 수 없다."[59] 실제로 뉴욕영화제 주최로 〈남자 친구와 여자 친구Boyfriends and Girlfriends〉•가 상영된 후에 『뉴욕타임즈』의 한 비평가는 전혀 세르지에서 살고 싶어 하지 않는다. "우리는 이 신도시를 에스키모 마을로 생각할 수 있다. 거기도 미니어처 골프장만큼 재미있다. 세르지 퐁투아즈는 공동체 사회의 악몽이다."[60]

물론 로메르는 조심스러운 사람이고, 꿈의 도시와 악몽의 도시라는 두 가지 해석이 공존할 수 있다. 그는 세르지를 라쿠르뇌브 La Courneuve[61]에 있는 긴 막대 모양의 건물처럼 찍고 싶지는 않았다. 1977년 로메르가 라쿠르뇌브에 호기심을 느끼자 그의 친구 장클로드 브리소 감독이 시테 4000Cité des 4000••에 데리고 갔던 적이 있어서 알고 있는 장소다. 하지만 그는 속임수가 아닌 모순적인 의미를 갖는 상황과 대화를 영화 속에 조심스레 산재시켜 놓는다. "광고 전단에 나온 대로 말하는 거야!" 이렇게 말하며 블랑쉬는 레아에게 (거의 매료되지는 않지만) 벨베테르에 있는 건물과 자신의 아파트를 보여 준다. 고다르 영화의 인물처럼 광고 언어의 문구를 빌려 말한 것이다. 기본적으로 모든 로메르 영화의 다

• 〈내 여자 친구의 남자 친구〉의 영어 제목
•• 생드니에 있는 라쿠르뇌브의 한 지구의 명칭

의적 차원은 다음과 같은 반향을 일으키는 모호성을 가진다. 즉, 모든 것은 거짓으로 중립적이며 간접적으로 비판적이고, 포스트 모더니즘—리키르도 보필의 일종의 엠블럼—의 낙관적이고 상냥한 미덕으로 채색된 것이며, 현대적 삶의 연대기에 수반되는 은밀한 불안을 퍼트리기 위한 것이다. 1975년 세르지의 탄생을 다룬 영화에서 건축가 한 사람은 이렇게 외쳤다. "끔찍한 것은 침묵하는 도시다." 〈내 여자 친구의 남자 친구〉에서 세르지 퐁투아즈가 보여 주는 매력은 신도회적 존재들의 순응주의가 '침묵하는 방식'을 말한다는 것이다. 이상적인 도시의 평범함은 무미건조한 행복의 가능한 지평일 뿐이다.

시골 레네트와 도시 미라벨

1984년 11월, 17세 한 소녀가 로장주에 전화해서 에릭 로메르와 통화를 요청한다. 로메르는 결국 전화를 받으러 와서는 전화를 그냥 끊게 하려고 성가신 듯 이렇게 말한다. "영화 준비 중입니다. 죄송합니다. 아무에게나 시간이 없습니다." "맞아요, 아무개가 제 이름이에요!!!" 전화기 저편에서 목소리가 응답한다. 이런 대담성에 당황한 시네아스트는 그다음 날 15분간의 면담을 허용한다. 〈보름달이 뜨는 밤〉을 좋아했던 어린 배우 조엘 미켈Joëlle Miquel은 이렇게 이야기한다. "나는 그를 보러 갔고, 이 15분은 한 시간, 두 시간, 세 시간으로 길어졌다. 내 이야기를 했고, 그는 듣고 있었다. 난 당시 그가 〈녹색 광선〉을 촬영하고 싶어 한다는 것을 모른

1980년경, 에릭 로메르

채 블루 아워에 대해 이야기했다. 그는 블루 아워를 아주 좋아했는데, 이 시간은 일출 직전 시골의 평화 속에서 절대적 침묵의 독특한 순간을 일컫는 말이다. 그런 다음, 나는 한 카페 종업원에 대해서도 말했다. 그 종업원은 커피 값을 지불할 동전이 없다는 이유로 나를 가지 못하게 했다. 그는 녹음기를 켜고 네 시간 후에 내게 말했다. "당신과 함께 영화를 만들어야겠군요."[62]

로메르는 실제로 이 어린 여성의 언어적 활력에 매료되었고, 그녀는 거의 4개월 동안 매일같이 그에게 수십 개의 일화와 촌극을 들려주었다. 상상력이 필요한 예술가는 영감의 원천을 손에 넣은 것 같았고, 그는 그 풍부함에 놀라고 즐거워했다. 1987년 『포지티프』와의 인터뷰에서 그는 다음과 같이 말했다. "〈레네트와 미라벨Reinette et Mirabelle〉은 매우 빠르게 결정되었다. 레네트를 만났고 그녀가 특별하다고 여겨졌기 때문이다. 그녀가 처음에 말한 것 중 하나는 이런 이야기다. "나는 원칙에 따라 내 인생을 계획해요. -아주 좋군요. 예를 들어? -어떤 결정을 내리고 그대로 따라요. 한번은 말을 하지 않기로 결정해서, 말을 하지 않았어요." 여기서 마지막 에피소드가 시작된다. 카페 이야기도 그녀에게 실제 있었던 일이다. 그런 다음 우린 이야기를 수정했다. 많은 카페 소비자들이 이런 종류의 경험을 했을 수도 있다. 세 번째 에피소드에서 그녀는 또 다른 이야기를 제공했다. 사기꾼 여성을 만난 이야기를 들려주었다. 그런 이야기는 당시 나의 관심사 중 하나와 정확히 일치했다. 나는 엄격한 원칙을 가진 소녀, 조금 지나칠 정도로 엄격한 사람과, 또 그와 반대로 이 모든 것을 개의치 않는 사람, 더 반항적이고, 더 관용적이고, 더 자유로운 사람인 사람과 영화를 만들고 싶었다."[63]

그렇다고 조엘 미켈이 갑자기 등장한 사람은 아니다. 눈썹을 찌푸리며 쾌활한 미소를 짓는 항상 놀란 표정의 이 갈색 머리의 보기 좋은 소녀는 시몽학교Cours Simon•에 다녔다. 그녀는 엘도라도Eldorado 극장에서 올려진 〈아를르의 여인L'Arlésienne〉에서 비베트 역을 맡아 16세에 『르 몽드』 기자의 눈에 띄었다. 그녀는 또한 델보Paul Delvaux와 달리Salvador Dalì, 마그리트René Magritte의 초현실주의에서 영감을 받아 누드 그림을 그렸다. 그녀의 야생적 젊음은 노르망디의 리옹 라포레Lyons-la-Forêt 근처의 시골에서 생겨났다. 이후 그녀는 부모를 따라 파리 북부 교외의 젠느빌리에Gennevilliers에 정착한다. 조숙한 개성을 가진 그녀에게는 성공하려는 야망과 배우와 화가, 작가 등 다양한 분야에서 활동하려는 의지가 공존했다. 그녀는 한동안 에릭 로메르를 매료시키지만, 동시에 그녀의 성장을 거부하는 듯한 방식과 태도, 확신은 함께 일해야 하는 몇몇 남녀 배우들의 신경을 자극했다.

로메르가 영화 준비 과정에서 그저 이야기를 듣고만 있었던 것은 아니다. 그는 두 가지 방식 사이에서 망설인다. 〈레네트와 미라벨〉의 독창성은 그것을 활용하는 데 있다. 하나는 '희극과 격언'의 고전적 맥락에서 정확하게 대화로 써서 그것을 문자 그대로 촬영하는 방식이고, 다른 하나는 시네아스트가 〈녹색 광선〉에

• 드라마예술학교

서 그의 예상을 뛰어넘는 성공을 거둔 것처럼, 상황에서 출발해 연기자들이 전개시킨 것을 즉흥적으로 촬영하는 방식이다. 그는 이렇게 설명한다. "〈녹색 광선〉은 아주 큰 성공을 거두었다. 촬영하기 쉬웠고 편집도 쉬웠다. 난 사람들이 그 영화를 좋아하지 않을 거라 생각했지만 좋아했다. 그래서 그 후에 바로 〈레네트와 미라벨의 모험〉을 시작할 수 있었다. 이런 가벼움과 즉흥성의 원칙이 또 다른 실험에도 작동하게 될지 확인하면서 올바른 길을 가고 있는지 알고 싶었다. 이런 즉흥 장면 연출에는 '피보Pivot 양식'과 '폴라Polac 양식'이 있다. 피보는 상대에게 끼어들지 않고 말하게 두고 정중하게 다음 대화를 이어가는 것이다. 폴라는 그들이 동시에 말해야 함을 의미한다. 후자의 방식이 자연스럽고 더 완벽하다. 평범한 토론에서 우리가 하던 방식 같아서 배우가 카메라를 완전히 잊을 수 있기 때문이다."[64]

이 기획은 또한 그가 단편 형식으로 되돌아가는 방법이다. 처음부터 에피소드 형식으로 기획된 영화이기 때문에 시네아스트에게 영화화되지 못했던 시절의 몇몇 기획으로 되돌아가게 해 준다. 그때의 기획은 〈파비앵과 파비엔〉, 〈주주의 모험〉, 부분적으로 촬영된 단편 연작 〈샤를로트와 베로니크〉와 같은 단편이었다. 이 기획과 마지막 연작 샤를로트와 베로니크와는 많은 공통점이 있다. 즉, 다른 성격을 가진 두 여자 친구, 전형적인 우연한 만남과 상황의 연속, 사회적 지위와 마음의 상태가 드러남, 파리에 살게 된 학생들의 이야기라는 공통점이 있다. 이 '샤를로트와 베로니크charlotévéronique' 도식에 부가적 이중 대결의 자극적인 맛이 더

728

해야 한다. 그것은 엄숙주의자 대 자유주의자, 시골 쥐와 도시 쥐 라는 대결이다. 그래서 이런 단편 형식과 아마추어 영화로의 귀 환을 어떤 사람들이 그랬던 것처럼 야심 찬 두 기획 사이의 여담 이나, 기본으로 선택된 작은 형식으로 해석되어서는 안 된다. 이 기획은 무엇보다 소망에 대한 주장, 기원에 대한 사랑, 실험적 서 사 양식의 영화 촬영과 지속 시간을 다시 생각하는 겸손하면서 대담한 방식이며, 만남에 대한 환상, '영화 만들기'[65]의 순수한 기 쁨의 문제이기 때문이다.

로메르가 선택한 '모험'은 네 가지다. 첫 번째 '블루 아워'에서 시골에서 미라벨이 자전거에 펑크가 나면서 레네트와 서로 만난 다. 레네트가 전문가 솜씨로 자전거를 수리해 주고, 미라벨을 자 기 집으로 초대한다. 첫날에는 새벽이 오기 직전 자연의 고요한 블루 아워의 순간을 오토바이가 갑자기 지나가는 바람에 놓친 다. 하지만 이 만남이 실패하면서 그들은 다음 날 블루 아워까지 더 오래 함께 지낼 수 있게 되고, 다음 시도에서는 성공한다. 그때 부터 두 젊은 여성은 친구가 된다. 레네트가 파리에 예술 공부를 하러 오면서 파리에 있는 미라벨의 집에서 함께 살기로 정한다. 두 번째 에피소드, '카페 종업원'은 커피값을 거슬러 줄 동전이 없 다고 주장하는 테라스의 폭군 종업원과의 실랑이를 보여 준다. 미라벨 입장에서 이 상황에서 더 좋은 선택은 돈을 지불하지 않 고 슬그머니 빠져나가는 것이다. 레네트 입장에서 그녀의 원칙은 끝까지 남아서 백 프랑 지폐를 지불할 것을 요구하는 거다. 세 번 째 에피소드 '거짓말쟁이, 절도광, 사기꾼Le Mendiant, la Cleptomane et l'Arnaqueuse'에서 우리는 이 두 젊은 여성이 서로 대립되는 윤리적 논쟁을 벌이는 장면을 보게 된다. 거리에서 거지를 만났을 때 레네트는 만나는 모든 거지에게 동전을 주고, 미라벨은 동정을 느끼는 사람에게만 준다. 더구나 미라벨은 슈퍼마켓에서 훈제 연어 도둑을 도와준다. 레네트는 이에 분개한다. 도둑에게 베푸는 최악의 원조는 도둑을 돕는 것이라고 생각하기 때문이다. 미라벨은 이 도덕가적인 미덕을 조롱한다. 레네트는 자신이 놓은 함정에 빠진다. 그녀는 몽파르나스 역에서 불행한 이야기로 사람들의 동정심을 자극해서 동전을 얻어 내는 한 여성에게 붙잡혀 사기를 당한다. 하지만 레네트가 이를 눈치를 챘을 때 잊지 않고 이 여성을 훈계한다. 마지막 네 번째 에피소드, '그림 팔기La Vente du tableau'에서 미라벨은 레네트가 말을 너무 많이 한다고 비난한다. 이에 대한 마지막 대답으로 레네트는 하루 종일 침묵하겠다고 서약한다. 그날 하필이면 갤러리 사장이 레네트의 그림을 사겠다는 연락이 온다. 레네트는 돈이 절대적으로 필요하다. 그러니까 그녀는 갤러리에 가서 말을 하지 않고 미술 판매상에게 그림을 판매해야 한다. 미라벨은 레네트의 도움으로 마침내 가까스로 승리한다.

에피소드가 전개되는 동안 두 젊은 여성 사이에 어떤 마찰이 생기고, 그래서 함께 사는 일이나 우정이 지속되지 않을 것 같긴 하지만, 로메르는 또 다른 가능한 에피소드를 선택한다. 그래서 그가 생각한 이야기는 공중전화에서 시간을 너무 오래 쓰는 한 예의 없는 남자를 두고 벌어지는 다툼에 대한 것('전화Le Téléphone'라고 제목을 붙인)이다. 또 다른 제목 '나의 귀여운 배Mon joli bateau'도 상세히 검토하는데, 미라벨이 자신이 잃어버렸거나 한 소년이 훔쳐 갔다고 의심하는 (사실은 레네트가 범인이지만, '미라벨을 위한 일' 이었던) 열쇠에 대한 심리극이다. 세 번째 에피소드는 '어린 사촌 La Petite Cousine'이다. 여기서 레네트는 카페테라스에서 미라벨을 기다리는 동안 미지의 여인, 카린의 모습을 그린다. 곧 그녀가 이를 눈치채면서 이 그림의 소유가 누구인지에 대한 논쟁이 시작된다. 그림을 기획한 사람의 것인가, 아니면 영감을 준 사람의 것인가? 이 모든 이야기는 〈레네트와 미라벨〉의 에피소드에 포함된 다른 이야기와 마찬가지로, 1985년 3월 'ER'**66**이라고 서명해서 여러 쪽에 걸쳐 전개된 내용을 타자로 쳐서 종이로 보관된다.

기획 초기부터 시네아스트가 유지했던 '그레네트Grainette'라는 이름을 재빨리 레네트로 바꾸고, 이제 미라벨을 찾기 시작한다. 그는 좋아하는 배우 중의 한 명인 안로르 뫼리에게 이 역을 한동안 맡긴다. 그의 영화에 출연하며 경력을 쌓은 그녀는 〈페르스발〉과 〈비행사의 아내〉에 출연했고 〈내 여자 친구의 남자 친구〉에서도 다시 등장한다. 그러나 작업을 시작한 지 몇 주 후 이 여배우는 조엘 미켈과 서로 맞지 않아서 포기한다. 미켈이 '자신의' 이야기에 엄격한 정통성을 둔 나머지 지나치게 시기하며 경계한 것이다.

촬영하기 한 달 전인 1985년 5월, 시네아스트는 그녀를 대체할 사람을 찾는다. 동양어학 전공의 19세의 어린 대학생 제시카 포르드는 민족학자가 되고 싶어 하면서도 배우 경력에도 눈길을 주고 있다. 포르드는 금발에 조각 같은 우아한 외모를, 조엘 미켈은 갈색 머리에 작은 인형 같은 외모를 갖고 있다. 이 배우는 이렇게 설명한다. "사진 작가 카롤 벨라이체Carole Bellaïche에게 먼저 로메르 자신의 사진 한 장을 찍게 하고 내게 초보 배우의 여러 자세를 취하게 한 다음 그는 내 얘기를 들었다. 그는 내 자동 응답기에 '안녕하세요. 에릭 로메르입니다. 만나고 싶습니다'라는 메시지를 남겨 놓았다. 나는 로장주에 갔고, 그는 글을 읽게 했는데, '도덕 이야기' 중 하나였던 것 같다. 그리고 다음 날, 그는 그 역이 나를 위한 것이라고 말하면서도 내가 영화를 하려는 것을 조금 만류했다. 하지만 나는 하기를 원했고, 그는 나를 선택했다. 로메르를 만나기 전에는 우리는 아무것도 아니었다. 조엘 미켈의 첫 영화였고 나에게도 역시 첫 번째 영화였다. 난 겨우 연극 수업을 하나 들었을 뿐이다. 역할이 뒤바뀌었다는 점이 재미있었다. 도시의 반항적 인물을 맡는 나는 시골에서 자랐고, 시골 쥐 조엘은 파리 근처의 도시에서 살고 있었다."[67]

〈레네트와 미라벨〉는 가장 가볍게 촬영된 영화 중 하나다. 6주가 소요되는 촬영을 1985년 6월부터 1986년 3월까지 열 달에 걸쳐 주로 주말과 휴가 기간을 이용해 분할 촬영한다. 시네아스트는 〈녹색 광선〉 기술 팀의 세 사람을 거의 그대로 위임한다. 촬영기사 소피 맹티뇌과 음향 담당자('블루 아워'는 피에르 카뮈Pierre Camus, 다른 에피소드 세 편은 로메르 영화로 데뷔한 파스칼 리비에가 맡는다), 그리고 프랑수아즈 에체가라이는 '제작 관리자'로 활약한다. 더욱이 에체가라이는 라 페르테 수 주아르La Ferté-sous-Jouarre 근처 그녀의 시골집에 2주 동안 팀을 수용하여 '블루 아워'를 촬영하게 한다. 그녀는 이렇게 회상한다. "로메르는 바닥에서 잠을 잤다. 음향 담당자에게 자기 방을 내줬기 때문이다. 카메라가 작동하지 않아 나는 건조기로 카메라를 예열해야 했다. 블루 아워를 보려면 새벽 4시에 촬영을 해야 하기 때문에 난 잠을 자지 않는 편을 택했다. 내 딸 아이는 소피 맹티뇌의 촬영 보고서에 낙서했다. 로메르는 '아이도 즐거워야지!'라고 말했다."[68]

로장주 영화사 위층에 여자 학생 방 장면에 쓰일 세트를 설치한다. 갈등이 일어나는 카페테라스, 그리고 카페 멀지 않은 곳에서 프랑수아마리 바니에와 장클로드 브리소가 행인으로 출연하는 장소는 몽파르나스 방향 게테Gaîté 거리 근처다. 몽파르나스에서는 사기꾼 여성이 나오는 장면을 찍는다. 프랑수아즈 에체가라이는 1985년 9월 9일 기차역의 촬영 허가를 "여자 학생이 지나가는 사람들과 관용을 주제로 인터뷰하는 장면"으로 SNCF•에 신청해서 받는다.[69] 매우 활기 넘치는 생라자르Saint-Lazare 지구의 또 다른 역과 가까운 곳에 있는 대형 마트에서는 변변찮은 관리인 역할을 맡은 베아트리스 로랑과 제라르 쿠랑이 지키고 있는 가운데 언어 절도 사건이 발생하는 장면을 찍는다. 마지막으로, 겨울이 오면 소규모 촬영 팀은 게네고Guénégaud 거리 14번지에 있는 카롤린 코레Caroline Corre 갤러리에서 파브리스 루치니와 함께 '그림 판매' 에피소드를 촬영한다. 프랑수아즈 에체가라이는 이렇게 말한다.

• 프랑스 국유 철도

"로메르는 어느 날 루치니가 자기 흉내를 아주 잘 낸다는 사실을 알고 이렇게 말했다. '계속하세요, 파브리스, 프랑수아즈가 즐거워하잖아요!'"[70]

파리에서의 촬영은 거의 눈에 띄지 않고 촬영된다. 제시카 포르드는 "길거리과 기차역, 카페테라스 등에서 무허가로 항상 은밀하게 찍었다."[71]고 기억한다. 로메르는 즐거워하며 말한다. "'카페 종업원'을 촬영하는 동안 사람들은 거의 눈치채지 못했다. 우리 쪽으로 눈길을 주던 유일한 몇 사람들은 종업원과 두 고객 사이에 언쟁이 있다고 여기는 듯했다. 게다가 이 가엾은 종업원은 주문받으려는 다른 손님에게 재촉을 당했다."[72] 완고하고 위풍당당하게, 그리고 대단히 쩨쩨하게 구는 카페 종업원의 연기를 했던 배우 필리프 로덴바흐Philippe Laudenbach는 비엔나에 가서 마음의 평정을 되찾은 후 그의 연출가에게 몇 마디 말을 써서 보낸다. "당신에게 감사와 우정의 말을 전합니다. 그런데 비엔나의 카페 종업원은 그들의 케이크만큼이나 훌륭하군요."[73]

로메르는 이 경험에 어느 정도 만족해하며 이렇게 선언한다. "〈녹색 광선〉과 〈레네트와 미라벨〉은 아마추어 영화다. 하나는 휴가 영화이고, 다른 하나는 주말 영화다. 내 신경을 자극하지 않는 영화들이 있다. 이런 영화를 보며 쉴 수 있다."[74] 그렇긴 해도, 촬영이 진행될수록 긴장감이 고조된다. 제시카 포르드는 이에 대해 설명했다. "나는 조엘 미켈과 전혀 어울리지 않았다. 로메르가 그녀에게 흥미를 품은 것은 그녀의 미련한 측면이다. 순진함과 인형처럼 옷을 입은 방식, 약간 바보 같고, 심지어 도덕가인 양 하는 소녀적인 측면……. 이 모든 것이 그를 즐겁게 했지만, 또한 화나게도 했다. 게다가 그는 때로 화를 냈고, 사무실에 혼자 묵묵히 있었고, 촬영이 멈추고, 다음 날도 일주일 뒤에도 재개하지 않았다. 그녀 혼자서 그를 이런 상태로 만들었다. 그가 배우들과 갈등을 겪는 일은 극히 드문 일이다. 그는 내게로 와서 속삭였다. "제시카, 이 영화를 끝내야 합니다!" 즉흥적인 면이 있지만 이 영화는 그에게 중요했다. 이것은 로장주에서 독립해서 만든 자신의 영화사, '에릭 로메르 제작사'에서 처음으로 제작된 영화였다."[75] 로메르가 조엘 미켈의 세귀르 백작 부인 작품의 매우 전형적인 '모범 소녀들' 같은 면에 확실히 매료된 것이긴 하지만, '레네트' 가 그와 가까운 동료들과 사이가 점차 틀어지면서 또한 불쾌하게 한 측면이기도 하다. 그래서 〈레네트와 미라벨의 모험〉 연작을 만들려는 생각도 금방 포기한다.

단편 영화의 활동가 로메르는 1987년 2월 2일 프랑스에서 주요 영화적 회합의 장소인 클레르 몽페랑 국제단편영화제Festival international du court métrage de Clermont-Ferrand[76]에 〈레네트와 미라벨의 네 가지 모험〉의 최초 상영을 맡기기로 결정한다. 이틀 후 이 에피소드 영화는 극장에서 개봉되어 예상치 못한 성공을 거두며 거의 20만 명의 관객[77]을 끌어 모았고, 전체 35만 프랑에 불과한 작품에 비해 비교적 큰 투자 수익을 가져왔다.[78]

그래도 〈레네트와 미라벨〉에 대한 언론의 반응은 꽤 관대한 편이다. '도시 쥐와 시골 쥐'[79], '나이든 남자의 환상'[80], '반복의 즐거움'[81], '꽃다운 나이의 소녀들'[82], '신선한 미덕'[83], '삽화가 들어간

작은 로메르'**84**라는 표현으로 미화한다. 특히『카이에』표지**85**로
이 영화가 실린 것과 알랭 필립퐁Alain Philippon 관련 기사, 그리고
『리베라시옹』에 실린 세르주 다네의 글은 기억할 만하다. "이 남
자는 젊은 여자 배우들에게 일어나는 혼란을 보려는 영화만 만든
다는 감정을 우리에게 느끼게 하고, 겉으로 보기에 너무 단순한
영화들을 제작해서 관객을 갈등하게 한다. 왜냐면 이 영화들은
모든 어리석거나 감미로운 불편한 작은 것들 아래 음흉하게 계산
된 괴물이기 때문이다. 그렇게 해서〈레네트와 미라벨의 네 가지
모험〉은 로메르 작품의 새로운 장이자 동시에 이상적 텔레비전
에게 보내는 익명의 겸손한 네 가지 에피소드가 된다. 우리는 채
널을 돌리다 우연히 예상치 못한 연속극을 보는 것처럼 레네트와
미라벨과 만날 수 있다. 이들은 이미 상당한 분량이 된 로메르적
여자 주인공 서류 안에 진지하게 분류될 것이다. 귀족적 이상을
가진 작가에게 이중의 신뢰를 얻는 것보다 더 아름다운 성공이
있을까? 즉, 처음은 영화에서, 다른 한번은 텔레비전에서, 그러니
까 그는 처음은 (영화광의) 정상에서, 다른 한번은 (텔레비전광의)
바닥에서 일궈 낸 이중의 신뢰를 얻은 것이다."**86**

라자르 가르생의 기록영화

몇 년 후에 로메르는 초경량 촬영 형식으로 다시 돌아가 파리를
영화화하는 자신의 취향을 다시 확인시켜 준다. 그는〈내가 본 파
리〉에 대한 일종의 리메이크작에 착수한다. 하지만 단지 향수를

부르는 귀환일 수 있는 일에서 그는 자신의 진정한 즐거움의 원천을 드러낸다. 이 시네아스트는 매우 제한적인 이야기 안에서 프레임 너머, 제한 너머, 규칙과 연작 너머에서 자유롭게 촬영한다. 〈파리의 랑데부Rendez-vous de Paris〉는 세 가지 파리 스케치 모음집이다. 각 스케치의 연결은 지리적인 것과 산책뿐이다. 각 단편은 모든 우발적 상황에서 자유로운 로메르적 주제를 변주하려는 욕망과 만남을 통해 이루어진 결과다.[87] 처음 두 작품, 〈7시의 랑데부Le Rendez-vous de 7 heures〉와 〈파리의 벤치Les Bancs de Paris〉에서 로메르는 단지 한 젊은 여성에 집중해서 시간을 보내고, 이 설정에 따라 토론과 이야기, 기획이 진행된다. 세 번째 이야기, 〈어머니와 아이, 1907Mère et Enfant 1907〉은 예전 '도덕 이야기'와 유사한 짜임으로 회화적이고 서사적인 순수한 기교가 만들어 낸 변주다.

로메르는 먼저 플로랑스 로셰Florence Rauscher를 만난다. 그녀는 '파리의 벤치'를 촬영하기 거의 5년 전 1989년 가을부터 이 영화를 위해 이름을 오로르Aurore로 개명했다. 그녀는 이렇게 설명한다. "나는 쏘에 있는 라카날Lakanal 고등학교의 고등사범 준비반 1년차에 있었다. 친구 중 한 명이 배우였는데 그는 프랑수아즈 에체가라이를 알고 있었다. 에체가라이를 통해 에릭을 만났다. 그는 젊은 여성을 만나는 걸 좋아했다. 우리 사이에는 그런 만남 외에 어떤 목적도 없었다. 로메르는 내 남자 형제도 만나서 그를 촬영했다. 나는 로장주에 프랑수아즈와 에릭을 보러 가곤 했다. 그는 직접 라카날에 나를 찾아온 적이 있었는데, 고등사범 준비반 1년차 여성이 어떻게 지내는지 관심을 가지고 보고 싶어 했다. 우리는 대화를 나누었다. 영화나 일이나 내가 읽는 책, 거의 모든 것에 대해 이야기했다. 나는 스무 살이었고, 그는 그런 걸 좋아했다. 엄청난 세대차이가 있었지만 그 차이가 매우 좋게 작동했다. 그가 내 나이 때 했던 일이나, 매우 최근의 일, 때로는 하찮은 일들에 대해 말해 주었다. 난 차를 마시며 진행되는 그의 동아리에 들어간 것이다. 우리는 또한 다음 영화를 찍을 장소나 그가 다른 기획을 준비하는 동안 함께 외출해서 산책하기도 했다. 공원이나 묘지를 걸어 다녔다. 만난 지 일 년 후 그는 〈파리의 랑데부〉 연출을 생각하기 시작했고, 우리는 가능한 줄거리에 대해 이야기를 나누었다. 그는 내 성격에서 영감을 받아 '파리의 벤치'의 젊은 여성 인물을 만들었다."[88] 이 여성 인물은 교외에 임시 거처를 두고 지방 교사를 하는 한 남자와 파리에서 낭만적인 만남을 이어간다. 이 커플은 매번 다른 정원에서 만난다. 이런 만남은 호텔에서 함께 첫날밤을 보내는 데 대한 두려움 때문에 계속 이야기의 결론을 연기하려는 방법이다. 1993년 가을 시네아스트는 상대 남자 인물을 연기할 배우를 찾기 시작한다. 그 인물은 1950년대 초반 비에르종 고등학교에 있었던 로메르 자신처럼 젊은 문학 선생이다.[89]

로메르는 극단에서 훈련을 받은 배우 세르주 랑코Serge Renko를 상대역으로 선택한다. 랑코는 장피에르 모키의 영화 〈노다지Le Pactole〉나 안마리 미에빌Anne-Marie Miéville의 영화 〈루는 아니라고 말하지 않았다Lou n'a pas dit non〉에 출연한 바 있다. 랑코는 이렇게 이야기한다. "나는 로메르의 여자 배우인 샤를로트 베리와 친구 사이다. 샤를로트는 내 얼굴이 '로메르 남자 배우의 외모'라고 말했다. 그녀는 로메르에게 편지를 써 보라고 충고했고, 다음 날 나는 그렇게 했다. 그러는 동안 그녀는 로메르에게 나에 대해 말했다. 그의 사무실에는 그가 받은 편지와 사진, 이력서를 정리하는 두 개의 서랍이 있는데, 오른쪽에는 '여성' 서랍이, 왼쪽에는 '남성' 서랍이 있었다. 샤를로트 베리 덕분에 내 서류가 왼쪽 서랍 위쪽에 있는 것을 알았다. 그는 다른 두 사람과 동시에 나를 뽑아 놓고 있었다. 그는 오로르 로셰에게 세 장의 사진을 보여 주면서 어떤 사진이 가장 좋을지 물었다. 오로르가 나를 가리켰고 로메르는 나를 불렀다. 내가 로메르를 보러 갔을 때 그는 기획을 설명하고 내가 노동조합 기준 최저 지급을 받을 거라고 말해 주었다."[90]

랑코가 기억하는 로메르의 작업 방식은 다음과 같은 준비 과정을 통해 이루어진다. 먼저, 로장주 사무실에서다. "그는 오로르 로셰를 위한 이야기를 썼고, 매주 화요일 오후에 그녀를 만났다. 그들은 한담을 나누고, 때로 아주 피상적인 것을 이야기했다. 핸드백의 최신 경향, 유행하는 다이어트, 꽃무늬 드레스의 등장, 별자리, 여자들의 이야기를 했다. 그는 확실히 젊은 여성들과 더 편안해 보였다. 여성들과 대화하면서 그는 바로 놀라운 점을 찾아냈다! 내 경우에는 로메르는 내게 영화 속 두 장면의 시나리오를 주었다. 일주일 후에 다시 만났을 때 난 그 앞에서 그 장면을 낭독했다. 이런 과정이 몇 주 동안 계속되었다. 그리고 오로르가 도착하면, 우리는 사무실에서 로메르와 함께 연습했다. 여기 우리는 룩셈부르그에 있어요. 지금 우리는 벨빌 언덕에 있어요. 여기는 오테이유 식물원, 여기는 우르크Ourcq 운하가 있어요……. 그는 의

자 두 개를 가져다가 우린 그 위에 올라갔고, 그 운하 위에서 서로 이야기를 나눴다. 두 달쯤 지나서 난 그에게 역할에 대한 답을 줄 수 있는지를 물었다. 그는 어리둥절해서 나를 바라보았다. '처음 연습할 때부터 난 좋았어요. 내가 그 얘길 안 했던가요?' 그저 잊어버리고 나를 고용했다는 말을 안 한 것이다."[91] 이제 현장에서 준비 과정 고급반이 시작되는 시기다.

첫 번째 스케치 '7시의 랑데부'에 대한 생각은 1992년 가을, 그가 젊은 배우 클라라 벨라Clara Bellar를 만났을 때 영감을 받았다. 그 후 그녀는 연극 「사랑과 우연의 장난Le Jeu de l'amour et du hasard」으로 데뷔했고, 시네아스트에게 존경의 말을 담은 편지를 써서 공연 관람권 두 장과 함께 보냈다. 그녀의 프로필은 오른쪽 '여성' 서랍에 수십 명의 다른 사람과 함께 있었지만, 그녀는 로메르에게 지속적으로 연락했다. 1992년 10월 29일 그녀는 다시 편지를 썼다. "로메르 씨에게, 당신에게 편지를 보낸 게 이번이 일곱 번째이지만, 당신은 한 번도 답장하지 않았습니다. 처음에 보낸 어리석고 서투른 편지에서 초연한 문체로 보낸 편지까지 나는 모든 시도를 했습니다! 웃기려고도 애써 보았지만 아무 도움이 되지 않네요. 그래도 당신을 좋아하고, 엄청나게 당신과 함께 일하고 싶다는 말을 반복하는 게 당신을 기쁘게 할 거라 믿습니다. 이런 게 당신을 싫증 나게 할까요? 불가능합니다! 어쨌든 당신은 아닐 거예요. 나는 어제 스무 살이 되었고 매우 겸손하게 당신에게 선물을 요청합니다. 내게 기회를 주세요! 나는 당신과 함께 무언가를 할 수 있다는 생각만으로 흥분됩니다. 주연 배우나 공동 시나리오 작가가 아니라, 다섯 번째 조감독, 말단 소품 담당자, 심지어 마이크를 드는 사람이 되더라도 정말 기쁘게 여기겠습니다. 어쨌든, 내 운을 믿고 언젠가 당신과 함께 일할 것을 알고 있습니다. 그래서 빨리 이루어진다면 더욱 좋겠습니다. 존경과 조바심을 담아, 클라라가."[92] 이 고집에 감동한 로메르는 클라라 벨라에게 연락하여 그녀를 맞이한다. 그녀는 자극적인 만큼 매혹적이었다. 그들은 이야기를 시작했고, 특히 음악에 대한 열정을 공유했다. 그는 또한 클라라 벨라의 가장 친한 친구인 쥐디트 샹셀Judith Chancel을 영화에 출연시켰다. 그녀가 또 다른 편지에서 언급한 것처럼 "금발은 춤을 추고 갈색 머리칼은 노래하는, 우리는 상호 보완적인 둘도 없는 친구입니다."[93] 갈색 머리 클라라는 질투하고 걱정하는 주인공 에스테르 역을 맡고, 그녀의 경쟁자인 쥐디트 아리시 역은…… 자주 그렇듯 모든 과정의 마지막에야 세 명의 남자 배우가 추가됐다. 그들은 앙투안 바슬레르Antoine Basler, 마티아스 메가르Mathias Mégard, 말콤 콘라트Malcolm Conrath다.

매주 월요일에 있는 로장주의 차 모임은 이번에는 자리를 옮겨 때로 이 젊은 여성의 집에서 이루어졌다. 로메르는 생세브랭Saint-Séverin 거리에 있는 방 두 개짜리 아파트를 방문해서 이 여성이 사는 모습을 보고 싶어 했다. 노인과 초보자 사이에 강한 유대가 다시 한 번 형성되는데, 또 다른 편지에서 알 수 있다. "당신이 그리워서 너무 슬퍼요! 당신이 나를 잊지 않도록 사진과 인물 사진을 많이 보냅니다. 당신이 궁금해하던 '가족사진'을 보내니 어떤지 말씀해 주세요. 하루 종일 당신을 위해 피아노를 연주하고 싶어요. 당신이 내게 해 줄 수 있는 최고의 선물은 피아니스트 역할일 거예요! 나는 하루에 스무 시간씩 모차르트, 슈만, 리스트를 연습하고, 나머지 네 시간은 우리가 새로운 음악을 작곡하는 데 쓰거나…… 잠을 자야겠죠! 이런 즐거운 생각으로, 당신에게 다정한 키스를 보냅니다. 바로 금방 뵐게요."[94] 이런 종류의 플라토닉 연애편지는 얼마 후 로메르적인 이야기, 즉 약 15쪽 분량의 짧은 대본으로 바뀐다. 그녀는 이렇게 말한다. "하루는 그가 내게 시나리오를 줬다. 그는 내가 말했던 두 가지 이야기를 엮어서 하나로 만들었다. 우리는 배경과 의상을 함께 찾았다. 그런 다음 그는 영화에 출연할 남성을 내게 선택하라고 말했다. 나에게 사진을 보여 줬고, 나는 역할에 가장 적합해 보이는 사람을 선택할 수 있었다."[95]

1993년 당시 영화의 윤곽을 잡아가는 동안, 월요일의 여성인 클라라 벨라와 화요일의 여성인 오로르 로셰가 있었다. 수요일의 여성은 1994년 초가 되어서야 등장한다. 그녀의 이름은 베네딕트 루아이앵Bénédicte Loyen이며 토니 갓리프Tony Gatlif와 줄랍스키Andrzej Żuławski, 모키, 고다르(〈아이들은 러시아에서 논다Les enfants jouent à la Russie〉)의 영화에서 화려한 경력을 쌓기 시작한 배우다. 세 번째 스케치 〈어머니와 아이, 1907〉에서 그녀가 구현할 이야기는 분명 가장 눈에 띄는 것이다. 아틀리에에서 열심히 일하던 화가는 스웨덴 소녀의 방문을 받고 하던 작업을 멈추고 그녀를 파리 시내로 안내한다. 그녀는 그의 그림을 좋아하지 않지만 못생기지 않았기 때문에, 그는 그녀를 피카소 박물관에 데려간다. 잠시 후 그는 그림을 끝내야 한다는 핑계를 대고 그녀를 거기에 남겨두고 홀로 떠난다. 집으로 돌아가는 길에 그는 아주 마음에 드는 젊은 여성을 우연히 마주치고 그녀를 따라간다. 그녀가 피카소 박물관으로 들어가는 바람에 그는 다시 박물관으로 들어가 낯선 젊은 여성에게 접근한다. 최근에 결혼한 그녀는 파리에서 하루를 보내는 중이다. 하지만 그녀는 순수하게 그의 그림을 보고 싶어서 아틀리에로 올라간다. 그는 영감의 은총을 받아 작품에 마지막 붓질을 하고, 하루를 완전히 허비하지 않게 된다.

이 신비로운 젊은 여성을 연기한 배우인 베네딕트 루아이앵은 파리에 사는 리에주Liège 사람으로, 이 모험에 대해 이렇게 이야기했다. "나는 한 여자 친구를 통해 에릭 로메르를 만났다. 나는 내 사진과 함께 시 한 편을 그에게 보냈다. 로메르가 꽤 빨리 전화를 해 줘서, 친구가 장난을 친 줄 알았다. 하지만 진짜였다! 나는 그를 보러 갔다. 얘기를 나누고, 로메르는 자신이 쓴 글을 내게 읽게 했다. 그는 어떤 것을 준비하고 있다고는 설명했지만 더 이상은 말하지 않았다."[96] 다시 한 번, 이 만남을 바탕으로 영화 제작이 엮인다. 그녀는 말을 이어간다. "그는 내 외모와 내가 말하는 방식을 적용해서 몇 주 동안 대본 작업을 했다. 두 번째 만남에서 나는 상대역인 미카엘 크라프트Michaël Kraft[97]를 만났다. 그 후 우리는 로메르와 함께 다시 만났다. 그는 내 삶에 대해 질문했지만, 일을 도모하는 형식에서 벗어나지 않은 호기심이었다. 그는 내가 말한 것을 직접 사용하지 않았지만, 인물을 내 성격에 맞게 조절했다. 그런 다음 미카엘 크라프트와 함께 대본을 읽고 촬영 전에 여러 장면을 많이 연습했다. 동선 작업이 매우 정확했다. 우리가 제안할 수도 있었다. 그와 함께하는 일은 정당하고 온화했다."⁹⁸ 영화 속 화가를 묘사하기 위해 시네아스트는 베르나데트 라퐁Bernadette Lafont의 동반자이자 구상화가인 피에르 드 셰빌리Pierre De Chevilly에서 영감을 얻는다. 보행자들, 푸르스름한 배경, 바다, 도시나 시골을 그린 셰빌리의 그림에 로메르는 매료되었고, 셰빌리는 파사주 생세바스티앙passage Saint-Sébastien에 있는 자신의 작업실에서 로메르가 촬영할 수 있게 허락해 주었다.

〈레네트와 미라벨〉의 경우와 마찬가지로 촬영은 1994년 봄부터 늦가을까지 몇 개월에 걸쳐 빠르고 가볍게 진행된다. 문제는 로메르가 매우 즐거워하는 일, 즉 눈에 띄지 않고 파리 중심부에 있는 거리나 광장, 공원, 때로는 시장이나 박물관의 한가운데서 촬영하는 일이다. 현장에는 두 명, 때로는 서너 명의 배우가 있고, 카메라의 디안 바라티에, 음향의 파스칼 리비에, 제작 관리의 프랑수아즈 에체가라이, 그리고 시네아스트 자신을 포함해 최대 여섯 명으로 구성된 팀이 있다. 16밀리 카메라는 가벼워서, 삼각대에 올려놓거나 어깨에 올려놓고 트레블링 대신 휠체어를 사용해 움직일 수도 있다. 배우들은 HF 마이크를 장착한다. 로메르는 파리 시청에 몇 가지 촬영 허가를 요청한다. 그런데 퀘벡 감독 라자르 가르생Lazare Garcin과 그의 작은 회사 캐나다 유럽 기록영화 Canadian European Reportage ('에릭 로메르 제작사'처럼 약자가 CER이다)라는 이름으로 '파리의 벤치에 대한 다큐멘터리' 제작을 목적으로 허가를 신청한다. 이런 은밀한 남학생 같은 유머는 로메르의 큰 즐거움이다. 프랑수아즈 에체가라이는 이렇게 기억한다. "〈파리의 랑데부〉 촬영 현장의 경우, 사람들은 카메라를 든 어떤 여자가 휠체어를 타고 있고 이를 밀고 있는 남자가 지나가는 것을 쳐다본다. 어떤 사람들은 그들이 하반신이 마비된 딸과 함께 있는 아버지라고 생각했다. 누가 우리에게 물으면 우리는 이렇게 대답했다. '보다시피 그냥 아마추어 영화 촬영이에요!'"[99]

〈파리의 랑데부〉는 1995년 3월 22일 몇 개의 극장에서 개봉되고, 『르 몽드』의 장미셸 프로동Jean-Michel Frodon과 『카이에 뒤 시네마』의 티에리 주스Thierry Jousse 같은 몇몇 비평가는 작은 걸작으로 경의를 표한다. 그렇지만 일반적으로 언론은 조금 관대한 반응을 보이며, '기분 전환용 영화'[100]나 '평범한 작품'[101]쯤으로 여긴다. 『레쟁로큅티블Les Inrockuptibles』에서는 심지어 "로메르의 지성이 때로 이 영화를 숨 막히게 한다."[102]라는 표현을 썼다. 그러나 자크 리베트는 자유롭고 우아한 최상의 형식이라는 찬사를 숨김없이 표현한다. "나는 로메르 영화가 미니멀리즘의 가장 멀리까지 가기를 바라고, 그래서 미장센의 절정에 이르기를 바란다. 내가 무엇보다 최고작으로 여기는 것은 〈파리의 랑데부〉다. 두 번째 에피소드는 첫 번째보다 훨씬 아름답고, 세 번째 에피소드는 프랑스 영화의 정점이라고 생각한다. 내게 있어 이 영화는 절대적 은총의 영화다."[103]

〈파리의 랑데부〉는 프랑스에 8만 명의 관중을 끌어들이는데, 이는 최소 비용을 상환하기에 충분하지만 그다지 성공적인 결과는 아니다. 반대로 이 영화는 프랑스 밖에서 마치 전형적인 누벨바그의 파리 낭만주의를 상징하는 것처럼 여겨지며 놀라운 기록을 쌓는다. 프랑스보다 미국, 일본, 독일에서 6배나 더 많은 수익을 가져오고, 언론의 반응 역시 풍성한 격찬을 끌어 모은다.

환경 보호에 동참하다

1987년 8월 26일에 〈내 여자 친구의 남자 친구〉가 개봉되면서, 로메르 영화를 둘러싼 드문 논쟁 중 하나가 터졌다. 이 논쟁은 공개적으로 정치적이기 때문에 더욱 (흥미롭고) 드문 일이다.[104] 『리베라시옹』에서 루이 스코레키는 그의 기사에 「메르게즈* 나라의 로메르Rohmer au pays des merguez」라는 제목을 붙이고 공격의 방향을 설정하는데, 10년 후에 때때로 그는 기사에서 이 공격으로 되돌아갈 것이다.[105] 그 비평의 내용은 로메르의 작업에는 어떤 혼합도 없이 정제된 백인의 세계가 있으며, 그 세계에는 외국에서 온 다채로운 엑스트라를 제외하고 다른 인종이나 하층민이 부재한다는 거였다. 이 비평가는 이렇게 썼다. "에릭 로메르의 영화에는 서민이 거의 등장하지 않는다. 어느 날(그때 그는 거의 40세였다), 그는 노숙자가 되어 가는 한 예술가의 여정을 묘사했다. 그의 첫 장편 영화 〈사자자리〉에서다. 이때가 그가 환상적이고 편집증적, 자전적 요소를 숨기고 살갗에 더러운 것이 들러붙는 거리로 가까이 간 유일한 시간이었다. 30년 후 67세가 되어 그는 다

---

* 메르게즈merguez는 프랑스인이 즐겨 먹는 북아프리카의 전형적인 가느다란 소시지다.

시 한 번 심지어 하층민이라고 말할 수 있는 서민을 만난다. 여름이다. 블랑쉬와 파비앙은 물에서 나온다. 그들은 수십 명의 사람들을 지나치며 함께 걷는다. 로메르가 선호하는 것은 완전무결한 이미지 모음집에서 나온 것 같은 이미지인데, 이 가족 단위의 프로레타리아 무리는…… 글쎄, 어울리지 않는 것 같다. 지저분하다. 그다지 깨끗하지 않다. 블랑쉬와 파비앙은 결국 소박한 프랑스 본토 사람에 걸맞게 메르게즈와 감자튀김을 먹는다. 이 장면은 그리 오래가지 않는다. 파비앙은 블랑쉬를 더 문명화된 작은 초목으로 데려가서 매우 적절하게 구애한다. 가슴을 애무하기 전에 그는 심지어 가장 솔직한 목소리로 손끝으로 만지며 물어본다. "해도 될까?" 그녀는 즉시 대답한다. "너를 좋아해." 그들은 잔디 위에 눕는다. 바로 조금 전 파비앙은 블랑쉬에게, 또 동시에 우리에게 여기에 왜 이렇게 많은 프롤레타리아와 이민자들이 있는지를 설명했다. "여기[세르지] 사람이 아니고, 험악한 교외에서 온 사람들이야." 실제로, 아랍인들은 에릭 로메르의 신작 영화 속 풍경의 일부를 침범한다. 로메르는 시네아스트로서의 정직함 때문에 그들을 보여 줄 수밖에 없었다. 하지만 또한 그는 왜 이들을 이야기의 일부로 만들지 않았는지도 설명해야 했다. 이야기는 가구와 인물 등 그 밖의 모든 요소를 제거했을 때 남는 것이다. 그리고 이 이야기 속에는 아랍인도, 메르게즈도, 서민을 위한 자리도 없다."[106]

스코레키가 의문을 제기한 시퀀스는 즉흥적으로 촬영된 것이 아니라, 촬영 몇 달 전에 기록된 〈내 여자 친구의 남자 친구〉 시나리오의 모든 측면에서 명백하게 드러나 있던 것이다. 시나리오 첫 번째 버전 중 하나를 보자. "블랑쉬와 파비앙은 물놀이 구역을 떠난다. 공원에는 군중이 있다. 아프리카인과 아시아인들이 본국의 음악 소리를 들으며 불 주위에 모여 성찬을 나눈다. 연못을 따라 산책하며 파비앙과 블랑쉬는 그들이 본 것에 대한 생각을 나누었다.

블랑쉬: 신기해. 신도시를 만들어 사회 계급을 폐지하려고 했는데 그들 스스로 재구성된다니. 계층 사다리의 최고층은 윈드서핑이야. 물놀이는 덜 좋은 거지만, 그래도 이 역시 입장료를 지불할 수 있는 특권을 가진 사람들을 위한 것이니까.

파비앙: 10프랑이면 큰 비용은 아니잖아.

블랑쉬: 가족이 열 명이면 그렇지도 않아.

파비앙: 일광욕이 유럽인의 강박 관념이라 그럴 수도 있어. 이 공원에서 더 멀어질수록 더 프롤레타리아화가 되는 거지.

블랑쉬: 난 별로 신경 쓰이지 않아. 오히려 관심이 있어.

파비앙: 더러운 기름종이가 아무렇지도 않다고?

블랑쉬: 그다지.

파비앙: 그럼 튀김 냄새는?

블랑쉬: 아주 좋아한다고는 말할 수는 없지만, 전쟁 때는 전시처럼, 상황에 맞춰 사는 거지.

파비앙: 레아는 아주 못 견뎌. 일요일에 여기 데려왔는데, 절대로 다시 오지 않겠다고 했어.

블랑쉬: 난 외국을 여행하는 기분이야. 평소에 불쾌한 그런 특별한 냄새나 일도 여행에서는 받아들이잖아. 여기는 시간을 여

행하는 느낌이야. 20세기 초로 되돌아가서 노동자들이 센
강변이나 마른Marne강변 풀밭으로 점심을 먹으러 온 느낌이
랄까. 이젠 존재하지 않지만.

파비앙: 이 사람들은 세르지 사람들이 아니야. 대부분은 저렴한 임대
주택에서 서로 부대끼며 일주일을 사는 그런 험악한 교외에
서 왔을 거야. 그 사람들한테 이곳은 베르사유 궁전이지.[107]

여기서 그의 중요한 작품에 존재하는 로메르의 오래된 주제를
식별할 수 있다. 고전적 미와 예술(영화, 음악, 건축), 문명의 서구
성에는 혼합을 용인하지 않는다. 로메르 영화에서 이런 점은 일
반적으로 잠재적 상태로 존재한다. 그의 모든 작품에서 어떤 등
장인물도 흑인, 유라시아 사람, 북아프리카 사람은 없으며, 비서
구적 예술을 참조하거나 '외국' 문화의 흔적도 소개하지 않는다.
마찬가지로 일부 등장인물은 중산층이나 농민 출신이긴 하지만
서민이나 대중에 대한 암시는 거의 없다. 첫 번째 '도덕 이야기'의
여자 제빵사나 〈해변의 폴린〉의 사탕을 파는 로제트, 〈녹색 광선〉
의 여자 비서, 〈겨울 이야기〉의 미용사, 〈클레르의 무릎〉의 야영
장 관리인, 〈레네트와 미라벨〉나 〈나무, 시장, 미디어테크〉의 농
부들 같은 사람들이다. 로메르의 이상적 체계는 귀족적이고 백
인 중심이고, 프롤레타리아 문화나 문화의 세계화와는 거리가 멀
다. 또한 1957년에 쓴 글에서 그가 "용서받을 수 없는 것"[108]으로
묘사했고, '저속함의 죄'라고 부르는 것에서 벗어나 있다. 로메르
는 이 "예술의 귀족적 개념이 그[자신]의 것"이라고 인정한다.[109]

이런 의미에서 〈내 여자 친구의 남자 친구〉는 예외적이다. 이 영화에서 함축적 의미는 거만한 인용구로 바뀌고, 부재하던 타자가 화면에 뜻하지 않게 출현한다. 하지만 "저렴한 임대 주택에서 서로 부대끼며 일주일을 사는 험악한 교외에서" 온 사람들, "튀김 냄새", "더러운 기름종이", "외국", "노동자들", "본국 음악 소리를 들으며 불 주위에서 만찬을 즐기는 아프리카와 아시아에서 온 사람들"은 거슬리는 더러움 같은 것이다. 마치 로메르가 정직하게 시선의 객관성을 유지하고 싶었던 것처럼 말이다. 일요일 세르지의 뇌빌 호수 근처에 다수의 외국인과 가난한 가족들이 있고, 이 점을 시나리오에서 예측하고 카메라가 기록한 것은 사실이다. 다만 로메르는 이를 인정하고 어떤 입장을 취하지는 않는다. 비록 그의 등장인물은 이에 대해 논쟁하더라도 말이다. 파비앙은 '백인'의 입장을 표현하며 다소 비판적이다. 블랑쉬는 민족학자의 관점을 자신만의 방식으로 묘사하면서 관심과 호기심과 관용을 보인다. 이것은 서민과 외국인이냐 아니냐 이외의 면을 바라보는 두 가지 다른 방법이다.

　로메르에게 소중한 귀족적 백인의 이상은 전통적으로 두 가지 유형의 반대에 직면해 왔다. 즉, 반부르주아, 반식민주의 비평가들과 특정 페미니스트 운동가들이다. 첫 번째 유형에서 일반적으로 극좌 언론으로 분류되는 알랭 바디우의 친우 알랭 오제Alain Auger가 쓴 가장 가혹한 글은 1983년 5월 잡지 『비고답파 L'Imparnassien』에 실린 글이다. "로메르의 프랑스는 동시대적이지만 근본적으로는 부르주아 중산층 출신으로 좋은 교육을 받고 자란 지방의 고위 관리인 지방 전통주의자의 프랑스다. 그가 거쳐 간 경로는 놀랍도록 좁은 비전에 꼭 들어맞는다. 파리 17구나 뷔트 쇼몽의 오래된 바로크 양식,〈클레르의 무릎〉의 안시,〈수집가〉의 생트로페,〈모드 집에서의 하룻밤〉의 클레르몽페랑이다. 이 지방들은 부르주아 세대의 존재에 의해 오랫동안 다듬어진 휴양지로 안정된 문화유산이나 오래된 전통을 가진 지방 도시다. 모든 위기가 굴절되고 혼합된 현대적 교외는 특히 아니다. 로메르는 모든 종류의 고고학에서 현대성의 가능성을 배제한다. 이 점에서 여전히 모랄리스트로서의 로메르에게 남겨진 자리가 있을까? 이에 대한 진실을 말할 수 있는 전체에서 이질적인 작은 지점을 찾기는 어렵다. 아마도 덤불 뒤에서 나와서 전보를 내려놓고 왔던 대로 돌아가는 장발의 우체부나, 과장된 저속함으로 다른 사람의 진짜 저급함을 드러내는 사탕 판매인이 있을 것이다. 마찬가지로, 로메르의 영화적 체계를 형성하는 부르주아의 기본적 공허함에 대한 비난은 분명히 존재하지만, 파괴할 수 있다고 믿을 만한 힘의 출현은 없으며, 그 잠재적 힘을 지시하는 정도다. 로메르는 현대 부르주아의 이미지를 공허하지만 안심되고 위기 없는 세상의 거울로 비춰 준다. "우리가 형편없는 것은 사실이지만 우리 서로는 정말로 좋아하잖아요!" 부분적으로 이것이 현대적 공포인데, 이 영화가 일련의 배제를 기반으로 민족주의적 향수를 키우는 것이 분명하기 때문이다."[110]

게다가 로메르는 그다지 페미니스트가 아니며, 그가 묘사한 젊은 여성의 초상은 유혹이라는 전통적 관습에 순응적이어서 몇몇 여성 문제 활동가를 격분시켰을 것이다. '로메르의 여성'은 페미니스트 전투에 참여적이지 않다. 〈아름다운 결혼〉은 역설적인 예외에 속한다. 그리고 이 남자는 이 점에서 상당히 보수적이며, 여성 역할의 진화를 암시적으로 안타까워한다. 〈내 여자 친구의 남자 친구〉를 준비하는 대화에서 그는 이렇게 말했다. "예전에 여자는 집을 지키면서 돈을 관리했다. 남자는 여자의 동의 없이는 아무것도 할 수 없었고, 재정적으로 아내에게 의존했다. 게다가 거실을 쥐고 진정한 영향력을 행사하는 여성들이 있었다. 난 페미니스트와 함께 여성들이 얻은 것보다 잃은 것이 더 많다고 생각한다."[111] 몇몇 페미니스트들은 시네아스트의 '여성 혐오'를 공격한다. "이 연출가가 여성 인물 대부분에게 부여한 역할 중 담화만 놓고 본다면, 여성은 수다스럽고, 피곤하고 이해할 수 없는 존재다. 이런 식의 여성 인식에서 가능한 한 빨리 벗어나기를 바란다."[112] 이런 시선이 아리엘 동발과 베아트리스 로망, 파스칼 오지에의 스승을 바라보는 일반적인 시선이며, 로메르를 공격하는 여성들을 특징짓는 성찰이다.

로메르는 자신을 반대하는 비방의 글에 그다지 영향받지 않는다. 로메르는 그들은 자신이 민감하게 여기는 유일한 목적인 미장센을 놓치고 있다고 판단했다. 반동적인 영화를 만든다는 얘기에는 거의 개의치 않지만, 나쁜 영화를 만든다는 글을 그는 훨씬 더 견딜 수 없었다. 그는 영화 분야에 대한 의견만 중요하게 여겼다. 나머지 모든 것은 멀리 있었다.[113]

그의 이런 강한 자제력을 방해할 만한 원인은 거의 없다. 어떤 청원도, 이러저러한 정치 후보를 지지하는 일은 더더욱 없었다. 그는 확실히 군주제 전통, 우파 정당주의나 가톨릭 전통, 심지어 장 파르빌레스코, 필리프 뒤그나 미셸 마르맹과 같은 오랜 친구들과 그를 연결하는 프랑스령 알제리에 대한 충실함을 오랫동안 유지했다. OAS의 이전 책임자였던 파르빌레스코는 괴상한 비의적인 작가가 되었다. 파르빌레스코는 로메르가 상당 부분 그의 생활을 지원했다는 점에서 없어서는 안 될 그의 '심복'으로 끝까지 남는다. 예를 들어 로메르는 그에게 세르지 퐁투아즈의 아파트를 빌려 주거나, 몇 편의 영화(〈오후의 연정〉, 〈나무, 시장, 미디어테크〉)에 출연하거나 시나리오와 대사를 다시 읽게 해서 보수를 준다. 파르빌레스코는 이렇게 설명했다. "우리는 40년 동안 일주일에 수차례 만났다. 로장주에서 내가 '의장 고문'으로 급료를 받아서 바르베 슈뢰더와 마르가레트 메네고즈를 화나게 했다. 그들은 로메르에 대한 내 지위나 역할을 이해하지 못했다. 우리의 관계는 지적 동반자이자 역설적 우정이었다. 그는 대부분의 왕정주의자 친구들과 관계를 끊었지만, 내게는 항상 충실했다. 우리의 깊은 관계는 가톨릭에서 나왔다. 나는 불가지론적 가톨릭이고, 로메르는 전통적인 가톨릭, 파스칼적 전통의 신비주의자다. 그에게는 오랫동안 군주제에 대한 애달픈 향수가 있었다. 난 그것을 '상급 모라시즘maurrassisme'•이라고 불렀다. 하지만 그는 그것을 숨겼다. 앙시엥 레짐 사회에 뿌리내린 세계에 대한 이런 견해는 〈영국

• 샤를 모라스(1868~1952)에서 생겨난 정치 교리, 일종의 통합국민주의

여인과 공작〉에서만 나타난다. 정말 놀라운 일이다. 그는 결코 공개적으로 밝히지 않으면서, 그의 영화를 그런 견해로 만들려는 시도도 하지 않으면서, 평생 왕정주의자로 견뎌 냈다. 나는 그가 이런 것을 이야기할 수 있는 유일한 사람이 되었다. 그렇지 않으면 그가 만들고자 하는 영화에서 자신의 위치가 위험해진다고 여겼기 때문이다. 그는 근본적으로 보수적인 성격과 절대 중립성을 가진 작업 사이에서 분열된 사람이었다. 피에르 부탕은 이런 점에서 그의 '비겁함'을 비난했다. 나는 그를 고통스럽게 했던 그런 이중생활에 감탄했다. 이런 점이 오랫동안 그가 내게 충실했던 이유라고 생각한다."[114]

부끄러운 가톨릭 왕정주의자라는 로메르의 이런 초상에서 장 파르뷜레스코는 그의 유일한 정치 참여를 (확실히 고의적으로) 간과하고 있다. 1970년대부터 1990년대까지 시네아스트는 환경 보호 지지자가 된다. 르네 셰레는 형이 자기에게 말했던 유일한 투표가 1974년 대통령 선거에서 최초 환경 보호 후보인 르메 뒤몽René Dumont을 지지한 것이었다고 강조한다. 르네는 "그는 환경 보호에 많은 정성을 쏟았다"[115]라고 설명하며 이같이 덧붙인다. "그는 우파가 아니다. 좌파도 아니고……. 그는 종속을 견딜 수 없어 했다. 내 생각에, 그는 무엇보다 맹렬하게 독립적인 무정부주의자였다."[116]

어떤 프랑스 전통에서 합법적 왕정주의와 환경 운동은 모순되지 않는다. 환경에 대한 관심은 귀족 계급의 가장 오래된 참여 중 하나다. 영주는 자신의 숲과 영토를 돌보고, 중농주의 지도자는 자연을 존중하면서 합리적이고 현대적으로 농촌 개발을 보장하고, 지주는 농민의 말을 듣는다. 이 모든 것은 종종 공화국의 국립 공원과 국가 보호 지역이 된 양도 불가능한 영광의 영토(왕가의 숲, 왕실 사냥터 등)를 보호하는 왕의 이미지에서 볼 수 있다. 1901년 시인 장 라오르Jean Lahor가 창립한 잡지 『프랑스 미학 및 경관 보호협회Société pour la protection des paysages et de l'esthétique de la France』는 환경 보호의 이러한 전통적 경향을 상당히 잘 보여 준다. 가장 유명한 대표자는 시인 쉴리 프뤼돔Sully Prudhomme, 백작 코르뉘데Cornudet, 방데Vendée 상원 의원인 기사 모페우Maupeou가 있다. 보존해야 할 환경과 자연의 균형을 근본적으로 보존하는, '프랑스의 미학'을 옹호하는 생태학의 이런 귀족적인 피는 에릭 로메르의 것이다. 1970년대에 이 운동이 정치적으로 구조화되기 이전부터 그는 자신의 방식으로 항상 환경 보호론자였다.

로메르는 결코 어떤 정당에도 가입하지 않는다. 하지만 그는 환경주의자들과 함께 꽤 많은 요구 사항과 투쟁에 참여한다. 모든 사례가 그에게 개인적으로 영향을 줄 수 있는 사안을 옹호하는 구체적인 참여다. 그는 각 사안의 원인과 이유, 그 결과까지 지켜본다. 이 관점으로 되돌아보면 환경을 지키는 데 그의 일관된 행동을 요약할 수 있다. 이런 의미에서 시네아스트의 첫 행보는 1974년 1월에 보행자 권리Les droits du piéton 협회에 가입한 것이었다. 이 협회의 구호는 "보행자에게 인도를!"[117]이었다. 이 협회는 시내 중심가에서 자동차 교통량이 절정에 이르렀던 1969년 이후 생겨났다. 이 협회는 법에 의해 무시되는 존재인 도시 보행자를 보호하기 위해 활동했다. 1969년부터 행정 당국에 의해 첫 번째 조치가 취해지면서 이런 인식은 상징적인 열매를 거두지만, 매우 실질적인 결과는 자동차의 도심 속도 제한이 시속 60킬로로 일반화되면서부터 드러났다.

로메르는 또한 흡연자 반대에 참여했다. 1980년 5월에 그는 흡연 반대 국가 위원회Comité national contre le tabagisme 회장에게 그 활동을 지지하는 다음과 같은 서한을 보냈다. "흡연자에 관해서는 나는 간호사와 같은 소명은 못 느끼며, 그냥 무시하고 피합니다. 저의 관심은 건강한 사람들, 타인의 악습에 의한 무고한 희생자, '비흡연자'를 향합니다. 내가 틀린 게 아니라면, 내가 비난하는 사람은 헌법이 우선적으로 보장하는 건강에 대한 권리, 그들의 권리에 예리한 인식을 갖지 못한 바로 그들입니다. 비겁함과 소심함, 혹은 무지로 인해 흡연 행위를 하는 그들의 존재가 심지어 폭언이나 폭력, 모욕보다 더 진정한 위험이며, 또한 위험한 행동이라는 사실을 그들은 알지 못합니다. 흡연의 위협에 대항해 법이 무기로 준 것, 그리고 파업도 그중 하나입니다. 예를 들어, 흡연하는 교수에 반대하는 파업은 오늘 나에게 유용하고 필요할 것 같습니다. 내 표현이 거친 것에 용서를 바랍니다. 하지만 양해 없이 누군가의 면전에 담배를 피우는 일은 무례할 뿐만 아니라 용납할 수 없는 폭력이라고 주장할 기회를 놓치고 싶지 않습니다. 자동차와 화학적 오염을 포함한 은밀한 폭력, 과도하게 시끄러운 음악과 소음, 예를 들어 RER 안에서, 이 모든 것들과 싸워야 합니다."[118]
로메르의 영화 속에든, 촬영장에서든 아무도 흡연하지 않는다.

〈파리의 랑데부〉를 찍는 동안 세르주 랑코와 프랑수아즈 에체가 라이처럼 숨어서 하는 경우를 제외하고 말이다.

1994년 12월, 이듬해 봄 대통령 선거의 녹생당 후보 도미니크 부아네Dominique Voynet는 로메르가 이따금 참여한다는 것을 알고 그를 선거 운동에 동원하려고 한다. 예를 들어, 그녀는 1995년 1월 15일로 예정된 황금 시간대의 텔레비전 방송「진실의 시간 L'Heure de vérité」에 그를 지지자로 초대하는 편지를 쓴다. "아시겠지만, 이 프로그램에서 발언자는 특정 인물을 초대할 수 있습니다. 이 행사에 참석해 주신다면 매우 기쁠 것입니다. 이 방송은 우리가 공유하는 가치와 원칙에 대한 논쟁을 이끌 수 있습니다. 토론장에서 당신의 존재는 환경 보호에 대한 당신의 관심과 모든 민주주의에 필수적인 다원주의에 대한 당신의 애착을 보여 줄 것입니다. 친애하는 에릭 로메르 씨, 당신이 어떤 결정을 내리든 저는 당신의 예술적 헌신에 진심으로 감사드립니다."[119] 시네아스트는 활동가적 관련뿐 아니라 텔레비전 출연도 거부하고 요청에 응답하지 않지만, "우리가 공유하는 가치와 원칙"[120]을 결코 부인하지 않았다.

로메르가 만나서 서명을 통해 더욱 적극적으로 지지했던 유일한 대통령 후보자가 있다. 하지만 선출에 필요한 오백 명의 서명을 모으지 못해 포기해야 했기 때문에 로메르의 노력은 성공하지 못했다. 그 후보자는 2002년에 출마한 피에르 라비Pierre Rabhi다. 그는 "의식의 반란을 위한" 환경 보호에 민감한 후보이며, 그의 주요 슬로건은 "성장은 해결이 아니라 문제다" "과소비 사회에서 해방되기"를 추구하며, "모든 형태의 생명을 존중하고", "대지에 발을 디디는"[121] 길을 모색하는 동시에 그는 농촌의 인구 감소와의 투쟁을 옹호한다. 이는 〈나무, 시장, 미디어테크〉의 작가가 민감하게 느끼는 모든 주제다.

고도로 정치적인 영화

〈나무, 시장, 미디어테크〉의 시작 부분에 다음과 같은 문구가 등장한다. "이 이야기는 상상을 토대로 한다. 등장인물과 언론과 정치계의 이런저런 인물과의 모든 유사성은 순수한 우연일 뿐이다. 이 영화의 줄거리에서 우연은 많이 그러하듯 길잡이로 선택된 것이다." 그런 다음 로메르의 이 영화는 일곱 번의 연속적인 우연에 따라 항해한다. 그럼에도 에릭 로메르의 경력 전체에서 이 영화보다 덜 위험한 영화는 없을 테다. 정치 영화를 만들겠다는 그의 생각은 신중하게 고려되었다. 영화에서 교차하는 세 가지 주제—도시와 시골의 관계, 환경 보호, 문화 정책의 주장에 대한 비판—는 문서로 풍부하게 정리되어 있다.[122] 작품 준비 작업은 세심하게 진행되었다. 언론 보도 자료에서 로메르는 추가적으로 설명했다. "이 '정치적인' 영화는 문제를 다루는 영화가 아니다. 특정 이데올로기를 찬성하거나 반대하지도 않는다. 사회주의자도 환경주의자도, 기술관료도 누구도 예찬하지도 비판하지도 않는다. 이 영화는 파리주의도 지역주의도, 수완가적인 것도, 정치윤리적인 것도 누구도 조롱하지 않는다. 이 영화에서 한 마을 시장의 야망에서 출발한 선거 운동과 지역 개발 문제는 역사에서 우연의 역할을 모순적으로 성찰하기 위한 단순한 배경이다."[123] 이런 일련의 부정은 고도의 코미디다. 시네아스트는 분명 속이기 쉬운 사람은 아니다. 〈나무, 시장, 미디어테크〉는 신랄한 모순과 정의로운 날카로움을 보여 주는 놀라운 풍자문이다. 그는 사회주의자, 기술 관료, 환경주의자, 파리주의자, 지역주의자, 수완가, 정치윤리, 선거 운동, 마을 시장의 야심과 지역 개발에 분명하게 반대하며 이 영화를 이끌어 간다. 이 영화는 아마추어적 영화의 겉모양과 특유의 가벼운 어조 아래 숨은 로메르의 가장 야심 찬 영화 중 하나이며, 그의 인생에 참여적인 면모가 표현된 유일한 영화일 것이다. 1991년과 1992년 2년 동안 로메르는 이 기획에 관한 상당한 문서를 축적했다.

그는 시골 공간을 변화시키는 한 현상에 열중했다. 이른바 농경지는 점점 줄어들지만 더 '시골'이 되어 가는, 즉 귀농 현상이다. 1976년에 제라르 바우에Gérard Bauer와 장미셸 루Jean-Michel Roux의 고전이 된 책 『도농복합화 혹은 분산되는 도시La Rurbanisation ou la Ville éparpillée』가 진단하는 '귀농'에 따른 이농離農, 시골에서의 도시 확산이다. 이런 시골의 변모가 영화 속 문제와 담론의 중심에 있으며, 특히 마을 시장이 담당하는 담화의 중심을 차지한다. 시장 자신이 귀농인이며, 그는 파리에서 탈출하고 싶어서 자기 선조의 지방에 다시 정착했다. 시네아스트는 상당한 시간 동안 이 주제에 관심을 가졌다. 그 첫 흔적은 1973년 7월 농림부의 알린 바이우Aline Baillou가 보낸 편지에서 발견된다. 그는 로메르에게 '숲의 재생'에 관한 다큐멘터리 연출을 제안한다. "특히 재식림에 관심이 많은 귀농 인구가 일구어 놓은 결과로서의 현재의 삶이 어떻게 아무것도 자라지 않은 곳에서 재창조될 수 있었는지 보여 줄 수 있습니다."[124]

언론에서 수집한 것 외에 가장 직접적 영향을 미쳤을 것으로 보이는 세 가지 영감의 원천이 있다. 먼저, 『시사 경제*L'Actualité économique*』에 대한 참고 작업이다. 『시사 경제』는 코레즈 농업신용금고Crédit agricole de Corrèze가 매월 발행하는 잡지다. 시네아스트가 보관하던 이 시기 잡지에서 영화에 등장하는 것과 동일한 문장과 주장을 발견할 수 있다. "프랑스 시골의 저개발은 불가피하지 않다. 반대로, 프랑스 시골은 지역과 부처를 통해 정부에서 지방 공동체에 이르기까지 지역 개발에 적극 협력적인 역할을 하는 관계자 간의 연결만 있으면 계발될 수 있는 엄청난 잠재적 부를 품고 있다. 농촌 세계는 자원과의 근접성, 공간의 질과 가용성, 삶의 질과 같은 자산을 최대한 활용할 수 있다."[125] 지역 행정부에서 쓰는 이 언어가 로메르적인 아이러니의 한 재료로 사용된다. 다음으로, 곧 젊은 환경부 장관이 될 세골렌 루아얄Ségolène Royal이 1990년에 로베르 라퐁Robert Laffont에서 출간한 보고서, 『나라, 농민, 경관 *Pays, Paysans, Paysages*』이다. 같은 방식으로 '농촌 갱신을 위한 10가지 제안'이 포함된 이 보고서의 특정 부분은 문자 그대로 영화 속에서 사회주의와 농촌 환경문제 전문가적인 시장의 담화로 사용된다. 마지막으로, 1992년 초에 출간된 피에르 게바에르Pierre Gevaert의 시론(『미래는 시골이다*L'Avenir sera rural*』)이다. 이 역시 영화의 다른 부분과 그리 다르지 않게, 신랄한 관점에서 그 정신이 반영됐다.

일반적 문화 정책, 특히 널리 확장된 미디어 도서관 네트워크를 꿈꾸는 사회주의 정책 역시 시네아스트의 비판적 관심의 중심에 있다. 로메르는 이 정책을 문화 민주화에 대한 전형적인 '자크 랑적인languien'• 과도한 자발성으로 인식한다. 로메르는 특히 서쪽 지방에 최근에 건설된 미디어 도서관에서, 그리고 이런 문화의 전방위적 확산에 따르는 남용이라는 측면에서 영감을 얻는다. 이런 경우가 캠페르Quimper의 사례다. 매우 논란이 된 이곳 미디어 도서관은 수도권의 정치적 지지와 중계로 인한 혼란이 동반되었고, 지방 행정의 지나친 야심 때문에 실행된 것으로 밝혀진다. 이 사건은 1992년 초에 지역 및 전국적인 화젯거리가 된다. 같은 유형의 또 다른 논쟁이 있다. 리옹 근처 생로망오몽도르Saint-Romain-au-Mont-d'Or에서 그곳 시장이 주도한 미디어 도서관 계획이 논란을 일으킨다. 〈나무, 시장, 미디어테크〉를 본 후 편지를 보내온 이 사건의 주요 고소인에게 로메르는 이렇게 답장했다. "당신의 호소에 감동했습니다. 당신은 내 이야기가 허구인지 물었습니다. 네, 그렇습니다. 하지만 아쉽게도 프랑스에는 지방분권화법이 부여한 권력을 시장이 남용하는 사례가 너무 많습니다. 현재 제가 보여 주는 방데 지역이나, 당신이 사는 마을처럼 현대 건축물로 인해 주변 환경이 훼손되지 않고 절대적인 보존의 노력이

• 1981~1986년과 1988~1992년에 프랑스 문화부 장관을 역임한 자크 랑의 정책을 가리키는 말이다.

필요 없는 그런 마을은 그리 많지 않습니다. 적당한 시간에 상영회를 계획해서 내 영화를 무료로 보여 줘서 도움이 된다면 좋겠습니다."[126]

시네아스트는 서로 다른 구성 요소에서 자신의 주제를 보여 준다. 그 요소는 농촌 풍경의 변화, 문화 정책의 확산, 때로 부당하게 여겨지는 선출 시의원의 권력, 1992년의 면의회선거와 1993년의 국회의원선거에서 불리한 선거 마감일이 가까워지자 어떤 사회주의자의 공황 상태가 보여 주는 정치적 맥락이다. 그러나 그는 환경 보호와 정치적 경험으로 구상 중인 이 영화를 정확하게 배치할 장소를 아직 찾고 있다.

두 차례 우연의 일치가 그의 목적에 유리하게 작용한다. 우연이긴 해도 로메르가 자신의 기획을 주위 지인들에게 얘기했기 때문에 유도된 우연의 일치다. 1991년 초반 로메르는 아리엘 동발과 그녀의 동거인 베르나르앙리 레비와 대화하면서 이 기획을 미디어 도서관을 건설해서 선거의 위기를 모면하려는 한 마을의 좌파 시장에 대한 것으로 설명한다."[127] 5월 6일, 아리엘 동발은 몹시 들뜬 기쁜 표현으로 그에게 편지를 썼다. "친애하는 에릭에게, 방데에 사는 약혼자가 있는 내 친구 크리스티앙(구두 디자이너)이 찍은 훌륭한 컬러 사진을 동봉합니다. 그 약혼자는 사회주의 시장이에요! 놀라운 우연의 일치로……. 그의 '성 같은 집'은 15~16세기, 18세기와 19세기 초 양식이 조금씩 섞여 있고, 시기는 부정확해요. 정면에 덧문은 없어요. 그래도 내 친구 크리스티앙이 복원한 멋진 정원이 있는 조금 낡은 놀라운 건물이에요. 작은 온실, 두 개의 작은 채소밭, 미로, 가축 농장(다양한 품종의 오리, 작은 암탉과 알을 많이 낳는 슈퍼 암탉), 정원사, 농부, 모두가 숙박할 수 있는 들판의 전망이 매우 좋은 많은 방이 있어요. 내가 보기에 이상적인 곳 같아요! 파리에서 TGV로 두 시간 거리. 게다가, 그의 약혼자는 최근 당선된 사회주의자 시장이에요. 전에는 파리에서 경매인을 했고, (갸루스트Gérard Garouste가 설계한 가로등 같은) 이 마을을 위한 훌륭한 생각을 내놓으려 하고 있어요. 당신을 자주 생각하고 큰 애정을 보내요. 달콤한 키스를 담아. 아리엘이."[128] 아리엘 동발의 친구는 구두 디자이너 크리스티앙 루부탱Christian Louboutin이다. 그는 1991년 후반 2구에 장자크 루소 거리에 매장을 열었고, 곧 국제적 인기를 얻으며 유명해진다. 그의 친구의 친구 이름은 브뤼노 샹벨랑Bruno Chambelland으로, 최근에 개조한 이 부동산의 소유주다. 그는 1989년 이래로 방데 지역의 라로슈쉬르용La Roche-sur-Yon에서 멀지 않은 450명의 주민이 사는 생쥐르 샹피용Saint-Juire-Champgillon의 (무소속이지만 사회주의에 가까운) 실제 시장이다.

또한 샹벨랑와 루부탱은 파스칼 그레고리의 친구다. 그레고리는 방데 성에서 꽤 많은 주말을 프랑수아마리 바니에와 함께 보냈다. 그레고리는 이렇게 말한다. "로메르가 이 기획에 대해 말해주었고, 난 그에게 샹피용의 시장 브뤼노 샹벨랑에 대해 얘기해주었다. 그는 관심을 보였다. 그래서 나는 브루노에게 영화 팀 수용이 가능한지와 마을에서 촬영할 수 있는지를 물어보았다. 로메르는 즐거워했다. 그에게는 모두가 성에서 지내는 점이 매우 중요했다. 열두 개의 방, 부서진 침대, 두 개의 욕실이 있었지만 물은 모두에게 충분하지 않았다. 꽤 투박해 보였지만, 공원은 아름다웠다. 성은 무료였고, 우리도 그랬다. 로메르를 기쁘게 한 일종의 '뜻밖의 행운'인 셈이다."[129]

에릭 로메르와 프랑수아즈 에체가라이는 생쥐르 상피용 지역에 의뢰해서 거기서 두 명의 중개인을 찾는다. 그들은 20개월 (사전 준비 기간과 영화 촬영 기간) 동안 매우 귀중하게 쓰인다. 첫 번째, 사블 돌론느Sables-d'Olonne에 거주하는 한 젊은 여성은 생쥐르 지역과 사랑에 빠져서, 지방 자치단체의 요청에 따라 1991년 초 인터뷰를 기반으로 작은 마을에 대한 조사를 수행했다. 그리고 시네아스트는 이 조사에 영감을 받아 이 지역에 대한 자신의 연구를 진행했다. 연구는 몇몇 마을 사람과 여성 기자와의 인터뷰 형태로 진행되어 영화에 그대로 등장한다. 40여 쪽의 보고서 역시 로메르적 아이러니에 통제를 받는다.[130] 다른 사람은 그 지역에 사는 25세의 역사전공 대학생 장클로드 퓌베르Jean-Claude Pubert다. 그는 시네아스트의 또 다른 핵심 통신원이다. 퓌베르는 그 마을과 문화, 문화유산에 대한 모든 것을 알고 있으며, 목수 친구 크리스토프 코송Christophe Cosson과 함께 이 지역의 전형적인 표현과 관용구에 대한 목록을 만들어서 작은 책『생쥐르의 방언 Le Parler Saint-Juirien』[131]을 출간했는데, 로메르는 이 책을 매우 마음에 들어 했다. 퓌베르의 문헌 정보 작업과 색인 카드, 현장에서 수집할 수 있는 모든 것 덕분에 시네아스트는 효과적으로 정보를 제공 받았다. 퓌베르는 1989년과 1992년 브뤼노 샹벨랑의 선거 운동 자료를 제공한 사람이기도 하다. 예를 들어, 그 선거 전단지에는 "듣고, 성찰하고, 행동하세요"라는 표어와 함께 "무소속 후보, 브뤼노 샹벨랑에게 투표하세요"[132]라고 적혀 있다. 엄밀히 말해서 샹벨랑은 미디어 도서관을 건설을 모색하지 않았고, 더 수수하지만 매우 현실적인 건축과 문화 혁신 계획을 옹호했다. 그는 교회 광장과 시립 도서관을 재정비하여, 여름 기간에 세 개의 작은 전시회를 동시에 선보일 수 있었다. 그리고 갸루스트가 디자인한 유명한 단철 가로등은 "계속 남아서 우리가 백 년 후에 보게 될 것"[133]으로 샹벨랑이 시민에게 공약한 것이다. 샹벨랑은 그의 계획에 대해 이렇게 쓴다. "우리가 아주 작은 공동체에 산다는 이유로 대도시에서는 쉽게 접할 수 있는 문화적 양식을 빼앗기는 일은 용납되지 않는다."[134] 마지막으로, 장클로드 퓌베르가 영화 준비 작업에 참여한 정점은 로메르가 찾고 있던 나무를 발견한 것이다. 퓌베르는 로메르를 위해 사진을 찍어 보냈다.[135] 그것은 19세기에 지어진 돌담에 둘러싸인 학교 바로 앞에 있는 100년 된 흰 버드나무다.

로메르의 진짜 발명품은 미디어 도서관 그 자체다. 작은 방데 마을에 미디어 도서관의 건축적 현대성과 과도한 규모는 생쥬이르의 지방 자치 단체의 계획을 훨씬 능가했다. 이것을 '가상적으로' 구상하기 위해 시네아스트는 건축가 미셸 자우엥에게 필수적인 도움을 받았다. 앞서 봤듯이 로메르는 〈내 여자 친구의 남자 친구〉 준비 당시 세르지 퐁투아즈에서 자우엥을 만났다. 자우엥이 신도시의 연구부를 담당하고 있었기 때문이다. 그동안 이 건축가는 로메르가 제공한 세르지 아파트에 사는 장 파르빌레스코와 친구가 되었다. 자우엥과 파르빌레스코는 1991년 초에 한 여자 배우를 소개하려고 로장주를 방문한다. 이 건축가는 이때의 상황을 설명했다. "그는 배우에 전혀 관심이 없었고 계속 나를 보고 있었다. 우리는 건축과 도시 계획에 대해 이야기했다(…). 아마도 영토 문제, 도시와 농업의 관계, 일드프랑스의 신도시의 역할에 대해 언급했던 것 같다. 프랑수아즈 에체가라이가 나중에 로메르가 이 만남에서 시나리오를 구축했다고 내게 확인해 주었다(…). 그녀는 로메르가 그렇게 흥분하는 것을 본 적이 없다고 말했다. '차를 준비하려고 부엌에 갔는데 로메르가 나에게 '자우엥이 떠나면 안 되고, 계속 말하게 해야 한다'고 했어요.' 몇 주 후에 장 파르빌레스코는 내게 전화를 걸어 이렇게 말했다. '(…) 당신이 말한 것이 로메르를 매료시켰고 당신과 영화를 만들고 싶어 합니다. 배우가 되고 싶나요? 대개 그런 제안은 거절하지 않죠.'[136]

그래서 1991년 봄에 미셸 자우엥은 에릭 로메르와 여러 차례 만나면서, 두 사람은 영화 준비 작업에 전념한다. 당시 이 영화의 암호명 역시 신비롭고 시사적이다. 암호명 'HP'는 '고도로 정치적인Haute politique'이다.[137] 건축가는 이어서 말한다. "(…) 그는 영화 줄거리를 말해 줬다. '한 마을에 시민 문화회관을 건축할 예정인데, 그것을 둘러싸고 환경 보호와 정치적 문제가 생깁니다.' 나는 시민 문화회관이어서는 안 되고, 오히려 미디어 도서관이어야 한다고 말했다. 마을 규모에 비해 다소 큰 규모의 계획으로, 조금 엉뚱하지만 거의 가능성이 있는 계획이며, 1980년대 후반의 매우 전형적인 계획이었다. 많은 시장들이 재정적 능력 규모를 초과하는 사치스러운 계획에 착수했다. 미디어 도서관이라는 생각에서 출발해서 나는 수영장과 야외극장을 추가했다. 그래서 기발하고, 약간 정신 나간 비현실적 계획이었지만 현실적인 방식으로 묘사되었다."[138]

이 과정의 다음 단계는 '가짜 계획'을 만드는 것이다. 그들은 자우엥이 직접 영화에 출연해서 발표하게 될 미디어 도서관 계획을 (실제로 건설될 것처럼) 구체화한다. 영화에서 자우엥은 앙투안 페르골라Antoine Pergola로 이름을 바꾸는데, 그는 "(…) 이탈리아인이고 건축가 이름 같았다"[139]라고 말한다. 로메르의 요청으로 자우엥은 생쥐이르에 가서 브뤼노 샹벨랑을 만나 도면과 초안을 준비하고, 설계도를 그리고 난 다음 모형으로 제작한다. 마지막으로 미셸 자우엥은 이렇게 덧붙인다. "로메르는 내가 나무를 자를 것이라고 확신했다. 난 그가 그럴 것을 예상하고, 약간 장난으로 나무를 그대로 두었다. 게다가 실제 계획이라도 당연히 그렇게 했을 것이다. 그는 대화의 일부를 바꿔야 했다."[140] 이 미디어 도시관은 영화에서 유일한 '과도한 것'이기 때문에, 그래서 완전히 현실적이다. 사람들은 그것이 한 사회주의자 관리의 자크 랑적인 상상력에서 나왔다고 생각할 것이다. 미디어 도서관은 작은 풍자일 뿐이지만, 무엇보다 이 영화의 허구를 작동시키는 확실한 장치다.

"오! 샐러드!"

에릭 로메르는 1991년 말 대본의 첫 번째 버전을 완료한다. 시나리오에서 그는 생쥐이르의 사회주의자 시장 줄리앙 드숌Julien Dechaumes의 야망을 서술한다. 드숌은 선거 마감일 전에 시민들을 유혹하려 하고, 그의 새로운 약혼녀인 파리에 사는 작가 베레니스 보리바쥬는 문화 및 스포츠 센터 건설이라는 거대한 계획을 갖고 있다. 이 센터에는 수영장과 야외극장 외에도 도서관, 비디오 도서관, 음반 도서관, 전시장 등이 미디어 도서관에 모여 있다. 그러나 시장은 저항에 마주한다. 한편에는, 환경 운동가의 대표이자 교사인 마크 로시뇰Marc Rossignol이 있다. 그가 좋아하는 백년 된 흰 버드나무는 이 계획 때문에 위협을 받는다. 다른 한편에는, 월간지 『아프레드맹Après-demain』의 파리 기자 블랑딘 르누아르Blandine Lenoir가 있다. 그녀는 현장 조사를 하기 위해 이 마을에 와서 주민들을 만난다.[141]

첫 번째 장면은 드숌/보리바쥬 커플이 연기했다. 이 역할의 연기는 기획의 시초였던 파스칼 그레고리와 아리엘 동발이 자연스럽게 담당했다. 20분 동안 커플은 성에서 시청까지 여러 단계에 걸쳐 들판과 초목, 경작지를 도보로 산책하며 파리와 시골의 각각의 장단점을 논의한다. 아리엘 동발의 꾸민 듯한 놀라운 감탄사, "오! 샐러드!"[142]는 이 마을이 최고로 도시화되기를 바라는 시장의 신농촌주의 주제에 대한 응답이다. "도시가 시골에 올 것이기" 때문에 미디어 도서관을 건설하는 것이 그의 꿈이 된다. 그 반면에 그의 파리 약혼녀는 그를 속물과 댄디라고 부르면서 다양하고 흥미진진한 만남이 가능한 유일한 장소로 대도시에 대한 찬가를 시작한다. 마침내 그녀는 "파리에서는 무슨 일이든 일어날 수 있어요"라고 그에 대한 반박을 마무리한다.

파브리스 루치니가 신랄한 달변으로 연기하는 환경 보호자 교사는 미디어 도서관 계획과 이런 유형의 문화 건축이 상징하는 모든 현대적 골칫거리에 맞서 격분한다. 그는 달변으로 모든 것을 묵살한다. 건축가("어떤 사람들은 기관총으로 아이들을 쏜다, 난 건축가를 쏘겠다."), 환경과 문화유산에 대한 유사 존중("존중할 만하기 때문에 더 작은 악에 속하지만, 그래서 더 막기 어렵다."), 주차장, 원형 교차로, 모든 자동차 기반 도시 계획("프랑스는 진입 차선에 의해 변형된다. 프랑스는 교량과 도로의 독재하에 있다."), TGV의 유해성, 빠르고 전방위적인 교통량("TGV를 타는 것은 더 이상 여행이 아니라 그저 이동이다. 난 여행을 좋아하지만, 이동은 싫다"). 지방 공직자의 권력에 대해서는, "최악의 사람은 시장이다. 그들은 은밀하게 마을의 도시화를 목표로 하는 정책을 추진해서 프랑스를 무너뜨린다. 이 모든 활동의 추진은 문화부가 정한 모델에 따라 위에서 나온 것이다." 이와 반대로, 그는 지방의 과거와 경관에 대해서는 찬양한다. "지형은 예술 작품이다. 모두 보존해야 한다. 과거의 농민들은 예술가였다." 이 배우가 말하는 끔찍한 모순성을 통해 우리는 로메르적 담론의 핵심과 그의 환경 보호 참여의식을 인식한다.

기자 블랑딘 르누아르가 시장에 반대하고 교사와 흰 버드나무를 지지하면서 진행하는 조사 방식을 위해 로메르는 1960년대부터 좋아했던 인터뷰 기록 방식을 영화에 적용했다. 그렇게 기자는 (카메라 앞에서) 마을의 상점 주인, 젊은 양심적 병역 거부자, 두 명의 농민, 나이 든 장인, 교사를 인터뷰했다. 시네아스트는 이 즉흥적인 인터뷰에서 큰 즐거움을 얻는다. 기자와 그녀의 기사 때문에 마을의 계획이 묻히기는 하지만, 다른 측면에서 이 기자는 음흉하고 이중적인 현대적 기자의 전형적 유형을 보여 주는 다면적 성격을 연기해야 했다. 로메르는 이 인물을 연기할 사람을 찾기 위해 로장주 사무실 오른쪽 서랍에 있는 '여성' 서류 중 맨 위에 있는 여러 젊은 배우들 사이에서 오랫동안 망설였다.

그들 가운데, 최근 그에게 편지를 보내온 파비엔느 바베Fabienne Babe가 있다. "최근 『카이에 뒤 시네마』에 실린 촬영 중인 당신의 사진을 좋아합니다. 몇 년이 지났지만…… 당신과 영화를 찍고 싶은 내 바람은 여전히 남아 있습니다. 조만간 무슨 일이 있어도 당신에게 분명히 보여 주고 싶습니다. 늙은 여자가 되기 전에 이 꿈을 실현하고 싶습니다. 가까운 시일 내에 차 마시는 시간에 방문을 원합니다. 알려 주세요."[143] 하지만 이자벨 카레Isabelle Carré도 있다. 그녀는 〈녹색 광선〉 이후 그에게 처음 편지를 보냈다. 그녀는 "[그의] 모든 영화를 보았고 엄청 좋아하며", "기적이 될 사람을 기다리고 있으며", "〈레네트와 미라벨〉에서 연기한 배우처럼 [그와 함께] 오랫동안 이야기할 수 있기를 꿈꾸고 있다"[144]고 썼다. 또한 스무 살 엘렌 필리에르Hélène Fillières는 말브랑슈Malebranche 거리의 인도에서 로메르에게 접근한 후에 다음과 같이 편지를 썼다. "로메르 씨, 그저께 거리에서 제가 당신에게 실례를 범했을 때 제안하신 대로 당신에게 편지를 쓰고 있습니다. 나는 현재 상시에Censier 파리3대학에서 영문학 석사 과정에 있으며, 또한 배우 생활을 시작했습니다. 당신이 만든 영화를 정말 좋아합니다. 부모님이 내게 처음 보여 준 영화가 당신의 영화입니다. 그 영화들은 매우 날카롭고 재미있습니다. 당신이 말하는 것이 매번 나를 안심시킵니다. 원하는 대로 다 표현할 수는 없지만, 다시 만날 수 있기를 바랍니다."[145] 결국 세 명의 재능 있는 여자 배우 중 누구도 선택되지 않았다. 시네아스트는 이 역할에 클레망틴 아무루 Clémentine Amouroux를 선택한다. 그녀는 로메르의 배우들이 주로 배출되었던 〈페르스발〉에 이미 등장한 적이 있다.

영화의 모든 것은 이 노래와 함께 끝난다. 에릭 로메르가 보기에 프랑스 정치가 그래야 한다는 듯한 내용이다. 이 노래 「우리 모두 시골에 살게 될 거야Nous vivrons tous à la campagne」는 시네아스트가 작사·작곡한 것이다. 모든 배우는 자신만의 특정 멜로디를 맡고, 후렴구는 이웃 마을 생트에르민Sainte-Hermine의 합창단이 부른다. "그리고 시골은 아름다워질 거예요 / 제비도 다시 볼 수 있고 / 초원은 산형화로 덮여 있고, / 거기서 무당벌레가 날아들 거예요 / 살충제도 없고 / 농약도 없고 / 아스팔트도 없고 / 고속도로도 없고 / 등유가 아닌 / 산소 / 폐기물 매립도 없고 / 원자력 발전소도 없는. / 오존 구멍 없고 / 재정비 대상 지역도 없는. / 미디어 도서관도 없고 / 오래된 다락방에서 도서관을 / 오래된 물레방앗간에서 비디오 도서관을 / 와인 창고에서 음반 도서관을."[146]

32일간의 촬영은 1992년 3월부터 9월까지 주말이나 2주간의 휴가 기간에 걸쳐 거의 8개월간 진행되었다. 어떤 장면은 파리에서 촬영됐다. 예를 들어, 첫 촬영은 로메르에게 친숙한 생제르맹 교차로의 '브라스리 립Lipp brasserie'에서 이루어졌다. 시네아스트의 두 친구, 우파 장 파르빌레스코와 좌파 프랑수아마리 바니에 사이의 정치적 대화를 나누는 형식의 일종의 프롤로그다. 영화에서 바니에는 블랑딘 르누아르가 글을 쓰는 정치 월간지 『아프레드 맹』을 이끄는 사람이다. 이 잡지 사무실은 블루Bleue 거리, 정확하게 말해서 IMEC 파리 사무실에 위치한다. 올리비에 코르페Olivier Corpet가 대표로 있는 IMEC Institut mémoire de l'édition contemporaine (동시대 출간 기념회)는 아카이브를 보관하고 열람하는 장소다. 시네아스트는 사망하기 전에 자신의 자료를 이곳에 위탁하기로 정했다. 시장과 그의 약혼녀에게 미디어 도서관의 모형을 소개하는 부분적으로 즉흥적으로 촬영된 유쾌한 장면은 세르지에 있는 미셸 자우엥의 건축 회사 사무실에서 촬영되었다.

하지만 영화 대부분은 생쥐이르에서 이루어지며, 영화 팀은 브뤼노 샹벨랑의 유명한 성에 자리를 잡는다. 로메르의 영화 팀이 자주 그렇듯 아주 작게 구성됐다. 음향 기사 파스칼 리비에와 프랑수아즈 에체가라이, 그리고 새롭게 들어와 카메라를 담당한 디안 바라티에Diane Baratier가 있다. 디안 바라티에는 1950년대 말에 전성기를 보낸 시네아스트이자, 〈고하Goha〉와 〈시고 달콤한 Dragées au poivre〉의 작가 자크 바라티에의 딸이다. 사실 에릭 로메르는 10년 동안 함께 일했던 소피 맹티뇌와 계속 작업하고 싶어 했지만, 맹티뇌는 다른 영화 시스템으로 옮기기로 결심했다. "그녀는 〈녹색 광선〉을 위해 ORTF에서 구입한 오래된 16밀리 카메라와 두 개의 이동식 조명기로 버티는 아마추어 방식의 촬영에 지쳤다. 그녀는 결국 〈녹색 광선〉을 싫어하게 되었다."[147] 그래서 시네아스트는 극도의 빈곤 상태에서 촬영할 수 있는 경험이 부족한 갓 졸업한 젊은 카메라 감독인 '초보자'[148]를 고용하고 싶어 했다. 그는 기술자든 배우든 자신과 다른 체계에 이미 익숙해진 사람들과 일하는 것을 좋아하지 않았다. 그는 주위 사람에게 적당한 사람을 찾고 있다고 말했다. 그의 편집자 마리 스테판은 같은 편집자이자 디안 바라티에의 어머니 네나 바라티에Néna Baratier에게 이 사실을 말한다. 28세의 이 젊은 기술자는 루이 뤼미에르 학교를 마친 후 몇 편의 단편 영화와 광고, 장편 영화(모키의 〈지옥에서 얼다Il gèle en enfer〉, 피네이로Pinheiro의 〈화장한 여자La Femme fardée〉, 폴레의 〈그리스에서 3일Trois jours en Grèce〉)에서 첫 번째나 두 번째 보조로 참여했고, 종종 누벨바그의 가장 위대한 촬영 감독 중 한 사람인 라울 쿠타르Raoul Coutard의 지휘하에 있었다. 디안 바라티에는 말한다. "나는 이력서를 보냈고, 6개월 후에 로메르에게 전화가 왔다. 다음 날 로장주에서 만나기로 했다. 나는 여러 경쟁자가 있을 거라고 생각했다. 차를 마셨고, 얘기를 나눴다. 그는 내게 차와 운전면허가 있는지 물었다. 난 그렇다고 대답했다. "그렇다면 당신을 고용하겠습니다. -그럼, 다른 사람은 안 만나시나요? -네, 당신으로 결정했습니다." 근무 조건은 분명했다. "당신은 조수나, 전기 기사, 기계공 없이 혼자 맡아서 할 것이며, 주말과 휴일에만 일할 것입니다." 나는 단편 다큐멘터리 한 편에서만 메인 촬영 감독을 해 봤기 때문에 놀라고 감동했다."[149]

브라스리 립에서 촬영된 첫 장면은 기술적인 관점에서 그다지 좋지 않다. 디안 바라티에가 어깨에 카메라를 들고 너무 많이 움직인 데다, 아직 로메르의 원칙에 익숙해지지 않았기 때문이다. 로메르는 러시 필름을 보고 만족하지는 않았지만, 젊은 기술자에 대한 신뢰를 유지했다. "그가 일에 대한 나의 진지함을 평가해 준 거라고 여기며, 나로서는 '꼭 노력해서 넘어서겠어'라고 생각했다. 하지만 그 후 그는 카메라를 내려놓고 찍었다!"[150] 생쥐이르에 일단 도착한 후에는 그들은 함께 작업하며 서로를 알아 간다. 시네아스트는 그의 젊은 카메라 감독을 교육하고, 이들은 10년이 넘도록 어떤 영화든 실패하지 않을 방법을 완성해 나간다.[151] 디안 바라티에는 말을 이었다. "우리는 편집을 진행하는 동시에 사전 답사를 했다. 방향과 프레임은 미리 결정되었다. 모든 것이 준비되었고, 로메르는 필요한 것만 촬영하기 때문에 편집 가능성은 별로 없었다. 일반적으로 촬영 속도를 늦추는 여유분이나 예비 숏도 없었다. 그는 재빨리 두 가지를 가르쳤다. 한편으로는 유연한 연속성이라는 그의 대원칙이 있고, 다른 한편으로 알멘드로스와 함께 완성한 매우 효율적이고 독창적이면서, 경제적인 조명 기술이 있다. 마지막으로 그는 16밀리를 아주 좋아했다. 이 필름의 입자와 심도, 쉬운 카메라 작동법과 가벼움을 좋아했다."[152]

〈나무, 시장, 미디어테크〉는 불안정하고 실험적인 "매우 작은"[153] 영화다. 비록 로메르가 매우 헌신했고 현재의 관심을 많이 부여했다고 해도 말이다. 어떤 사람들은 이런 체계를 공개적으로 비웃는다. 『스튜디오』에서 알랭 샤바Alain Chabat와 도미니크 파루지아Dominique Farrugia는 영화 촬영 소식을 전하며 이런 식으로 조롱했다. "아리엘 동발과 파브리스 루치니네거Fabrice Luchinegger가 출연한 안드로이드 사회주의 교사가 탁구대를 만든다. 마침내 그는 그것을 빨아먹는다. 〈폭풍 후 달 물결 이야기Contes de la lune vague après l'orage〉의 작가의 특수 효과 남용."[154] 하지만 "작은 것이 아름답다"[155]를 보여 주는 이 영화의 개봉 방식은 매우 지능적이다. 단 한 번의 언론 시사회는 단독 배급 개봉관, 생제르맹 데프레 영화관 Cinéma Saint-Germain-des-Prés에서 개봉 전 마지막 순간에 열린다. 개봉은 국회의원 선거 한 달 전, 1993년 2월 12일 금요일로 잡힌다. 이 선거로 우익이 다시 집권하고 사회당에 심각한 위기를 일으키게 되는 만큼 모든 요소가 이 '정치적인 영화'에 주의를 집중시켰다. 게다가 로메르는 이 점을 의식하고, 로장주 영화사의 배급 담당자 레진 비달Régine Vial[156]과 공동으로 이런 형태의 '반反홍보 활동'의 진정한 전략가로서 활동한다. 『레쟁로큅티블』과의 긴 인터뷰에서 그는 이렇게 인정했다. "내가 이 영화를 광고하지 않는 것은 사실이지만, 반홍보라고 부를 만한 일을 한 것도 사실이다. 홍보의 부재로 은연중에 관중의 호기심을 불러일으켰다. 광고로 작동되는 세상에 살고 있는데 광고가 없다는 단순한 사실은 광고를 하는 독창적인 방법이다. 그래서 광고나 언론홍보 없이 〈나무, 시장, 미디어테크〉를 개봉할 수 있는 상황을 이용했다."[157]

영화는 성공적이었다. 훗날 〈파리의 랑데부〉의 배우 클라라 벨라가 묘사한 바에 따르면 거의 유행에 가까운 뜻밖의 사건이 된다. "사람들은 영화관에 들어가려고 서로 싸우고, 욕설을 퍼붓고, 몰래 들어간다. 난 두 번이나 갔지만 매진되어서 그대로 돌아가야 했다. 그리고 관객은 매우 젊고 열정적이었다!"[158] 생제르맹에서 8주간 상영된 이 영화는 4만 8천 명의 관중을 끌어들였으며, 이례적인 매진율을 기록한다. 전체적으로 〈나무, 시장, 미디어테크〉는 프랑스에서 거의 20만 관객을 모으며, 제작비의 두 배에 달하는 3백만 프랑의 수입을 거두었다. 로메르는 확실히 수익성 있는 작가다.

시네아스트는 수많은 계시적인 반응을 접한다. 친구 시네아스트, 피에르 주카는 이런 짧은 말을 로메르에게 전했다. "이 영화에 감사드립니다. 형식과 내용에서 모두 재미있고 단순하며 정의로운 영화였습니다. 수년에 걸쳐 획득한 우리의 무게는 상업적인 저울로는 가늠할 수 없지만, 그래도 측정한다면 극도로 가벼울 것입니다. 이 영화가 잘되기를 바랍니다. 내가 갔던 일요일 오후 6시에 극장 앞에 긴 줄이 있었어요. 주카."[159] 우리는 또한 기록 보관소에서 오래전부터 로메르적인 사람이었던 한 사람의 편지를 발견했다. 바로 〈시몬 바르베 혹은 미덕Simone Barbès ou la Vertu〉을 만든 여성 감독 마리클로드 트레이우Marie-Claude Treilhou다. "에릭, 감히 이렇게 말할 사람은 없겠죠. 당신이 최근 영화에서마저 너무 강력해서 허용해서는 안 된다고 말이에요. 훌륭하고 자극적이었고 아주 기뻤어요. 이런 이상한 시대에 당신이 그 정신이 되어 줘서 정말 영광입니다. 정말 기쁩니다!"[160] 또한 〈모드 집에서의 하룻밤〉의 작가를 매우 좋아하는 가톨릭 비평가이자 예수회 신부인 장 망브리노Jean Mambrino가 쓴 글도 인용할 수 있다. "방금 매우 기쁜 마음으로 〈나무, 시장, 미디어테크〉를 봤습니다. 완전히 새로운 방식으로 (어떤 불신을 일으킬 수 있는 말이지만) 당신은 생각을 자극하는 유쾌한 작품을 만들었습니다. 위대한 예술은 느림과 속도를 겸비한 것입니다. 거기에는 태곳적 고요함과 변화무쌍한 가벼움이 있습니다. 매우 재밌고, 슬프고 부드럽고, 구름처럼 덧없으면서 인류에겐 무겁습니다. 진지하지만 어린 시절 같은 진지함……. 영화를 보고 나와서 거리를 걸으면서 난 입이 귀에 걸리게 웃고 있었습니다! 당신을 독자와 친구로 두어 자랑스럽고 기쁩니다."[161] 하지만 아마도 로메르에게 가장 큰 즐거움을 준 반응은 소규모 잡지 『경관과 유적*Sites et Monuments*』의 편집장의 글일 테다. 이 잡지는 로메르와 비슷한 보수적 성향의 환경 보호주의적 계간지다. "에릭 로메르의 최신 영화 〈나무, 시장, 미디어테크〉에 주목하자. 이 잡지에서 전념하는 주제를 영화로 다룬다면, 바로 이런 것이다. 자연경관을 가진 지역에 대한 애정, 지방 분산화의 당면한 폐해, 꽤 자주 있는 경우로, 시장의 지나친 야심, 한 마을의 삶과 생존, '경관으로 통합된' 건축 계획, 접근성과 주변 환경의 문제 등이다. 한 등장인물이 결론짓는 '프랑스는 토목공사의 손에 달려 있어요' 하는 말까지 포함해서."[162]

드문 경우를 제외하고는, 언론 시사도 거의 없이 일부러 기자들을 무시하는 영화치고는 비평계는 예상치 못한 좋은 반응을 보인다. 이런 일은 대개 막대한 대가를 치를 수 있는 오만이다. 1993년 2월 중순 로메르가 비평계에 도발한 것은 오히려 기쁨이 된다. '마법사 로메르'는 『카이에 뒤 시네마』의 헤드라인을 장식했고, 곧이어 독자와 편집진은 〈나무, 시장, 미디어테크〉를 1993년 최고의 영화 10편"[163] 중 하나로 선정했다. 『가제트 드 로잔*La Gazette de Lausanne*』의 프레디 뷔아슈Freddy Buache의 비평은 아마도 가장 세련된 경우다. "우리는 로메르의 최신작을 서둘러 보아야 한다. 우리는 미디어 시대의 언어가 정치로 작동하는 것을 기분 좋게 불경스러운 코미디의 인장 아래 발견한다. 로메르는 거의 다큐멘터리적인 장면에서 진지하지 않으면서도 동시에 매우 진지한 말의 운무 안에 현지 농부의 정통 사투리를 밀어 넣는다. 완벽하게 원활하게 작동되는 기계 같은 놀라운 현실 효과다. 적은 예산으로 제작되었지만 엄청나게 숙련된 영화이고, 보기 드문 활력과 자유, 지성과 유머가 넘쳐나는 영화이며, 이른바 동시대의 뛰어난 영화들을 가볍게 능가한다."[164] 로메르가 그의 논문 심사 위원을 맡아서 잘 알고 있는 장 콜레의 글은 가장 열정적이다. 그는 『에튀드』에 이렇게 썼다. "우화 같은 제목과 코믹한 어조로, 여기 신원 불명의, 비범하고, 친숙한 화성인 같은 영화, 위장 폭탄, 그들이 발견하기 전에 어떤 대가를 치르더라도 알고 싶은 사람에게 던져진 미끼 같은 영화가 있다. 논쟁적 의도나 주장 없는 이토록 고요한 선량함으로 현실에 접근하는 이런 프랑스 영화는 매일 볼 수 있는 것이 아니다. 그럼에도 불구하고 가장 중요한 주제는 행복이다. 더 흔치 않은 것은 극영화에서 우화의 풍미와 모랄리스트의 거리감을 결합해서 보는 즐거움이다."[165]

그렇지만 부고로 이 장을 마무리해야 한다는 것은 좀 슬픈 일이다. 1994년 4월 9일 토요일 오후 5시경, 영웅의 지위를 얻은 지 약 2년이 지난 후에 오래된 흰 버드나무는 프랑스 서부 일부를 황폐하게 만든 그날의 폭풍우에 의해 쓰러졌다. 며칠 후, 이 사건은 "로메르 영화의 상징, 나무가 폭풍에 쓰러지다"라는 제목으로 지역 신문에 게재되었다. "이 나무는 시네아스트가 영화에서 미디어 도서관 계획에 맞서 싸우는 교사 파브리스 루치니의 투쟁의 군마로 삼으면서 불멸의 존재가 되었고, 생쥐이르에서 사람들이 가장 많이 방문하는 장소가 되었다. 수많은 예술가가 이 나무를 그리러 왔으며, 맞은편 학교는 곧 '흰 버들 학교Le Saule blanc'[166]로 이름을 바꿀 예정이었다." 1994년 가을, 같은 종의 어린나무가 오래된 나무 자리에 다시 심겼다. 생쥐이르의 로메르의 통신원, 장 클로드 퓌베르가 그에게 보낸 편지는 나무에 "두 개의 몸"을 부여하며 글을 마친다. "다행히도, 나무의 영화 경력이 그에게 아름다운 후손을 약속하네요."[167]

11
계절의 리듬
1989~1998

'사계절 이야기'는 로메르가 결정한 새로운 연작의 제목이며, 1988년경 구체화되기 시작한다. 계절은 그의 영화에서 비관습적 모습으로 종종 등장한다. 〈모드 집에서의 하룻밤〉의 흥분되는 겨울, 〈녹색 광선〉의 우울한 여름 같은 식이다. 하지만 〈오후의 사랑〉(몇 개월에 걸쳐 이야기가 펼쳐지는)을 제외하고, 그는 계절의 흐름과 다양성을 보여 줄 기회는 아직 없었다. 고전적 은유에 의존하더라도 그가 다음 연작에서 다루고 싶은 건 이런 부분이다. 〈봄 이야기〉의 만개한 여성이나 젊은 여성, 〈겨울 이야기〉의 겨울잠을 자고 있는 사랑, 〈여름 이야기〉의 연장된 청소년기에 보내는 휴가, 〈가을 이야기〉의 한낮의 악마*다. 사실대로 말하면, 이 계절 표시는 '희극' 앞에 있는 '격언'과 약간 같은 역할을 한다. 계절은

• 시편 91장 6절의 "밝을 때 닥쳐오는 재앙"에 대한 암시

시네아스트가 자신의 자유를 재창조할 수 있도록 보호해 주는 선의의 가짜 지표다. '사계절 이야기'에서 자유는 그 어느 때보다 커진다. 이번에 로메르는 촬영 4~5년 전에야 시나리오를 쓴다. 그렇게 해서 그는 이 '위대한' 영화들 사이에 좀 덜 야심 찬 시도나 습작에 몰두할 수 있었다.

아무것도 생각하지 않아야 한다

그렇다고 로메르가 연작 전체 구성을 염두에 두고 서로 조응하면서 평행적인 효과가 있도록 미리 계획하지 않았던 것은 아니다. 그리고 로메르가 (단 한 번) 스스로 해설을 작성한 글을 나중에 분석해 보면 이런 면이 드러난다. '도덕 이야기' 시절처럼 처음부터 주어진 주제적 일관성에 대한 새로운 '이야기conte'라는 점은 의문의 여지없이 분명하다. "그러나 우리는 이 영화들의 구조와 문제제기 방식의 유사점과 대비점, 나아가 진정한 대칭적 조화를 귀납적으로 발견할 수 있다. 예를 들어, 세 번째 이야기(가을)는 넓은 의미에서 '사유'를 다루며, 하나나 여러 가지 유효하거나 가정된 음모를 묘사하는 것으로 첫 번째(봄)와 짝을 이룬다. 네 번째(겨울)와 두 번째(여름)는 각각 한 여자와 세 남자, 그리고 한 남자와 세 여자라는 대조적인 이미지를 보여 준다. 그들은 중요한 목적을 가지고 있고, 한 영화에서 인물은 이 목적의 선택에 대한 확실한 '믿음'을 가지고 있고, 다른 영화에서 인물은 자신의 비非선택에 대한 확신을 가지고 있다고 말할 수 있다."[1] 로메르가 그런 권한을 주었기 때문에 연대순을 뒤집어 재편성하면 〈봄 이야기〉 (1990)와 〈가을 이야기〉(1998)를 첫 번째 그룹으로 분류할 수 있다. 이 두 편의 영화는 조용한 단조로 전개되며, 연작의 다른 두 가지 움직임이 펼치는 감상적 대오르간 연주와는 거리가 멀다. 사실, 그것은 이 영화의 목적이 본질적으로 영화적 볼거리에 저항하기 때문일 것이다. 말하자면, 실제적 의미에서 그렇게 되기 이전에 철학적 관점에서 맞닥뜨린, 정말로 사유의 문제이기 때문이다.

로메르가 철학적이었던가? 우리는 셰레 가족 가운데 이 소명이 그의 남동생 르네에게 맡겨져서 이 분야에서 이룩한 훌륭한 경력을 알고 있다. 데카르트 전통의 최고 대표자 알랭의 저작에 대한 로메르의 신심이 다소 퇴색했음도 알고 있다. 아마추어로서도 접근한 적 없는 이 분야에 대한 그의 위축된 호기심을 짐작할 수 있다. 이 호기심은 시네아스트가 음악으로 돌아온 1980년대 후반에 열정적으로 다시 깨어난다. 1970년대 초에 로메르가 독일 문학, 1970년대 말에는 연극 연출에 집중했던 것처럼, 각 연작 사이 잠복기 동안 이런저런 영화 밖 영역에 대한 지식을 풍부하게하기 위해 필요했던 것처럼 보인다. 그는 『모차르트에서 베토벤까지』라는 제목의 책을 출간하는데, 이 책은 철학자들, 특히 칸트가 구상했던 것 같은 음악 창작에 대한 그의 독서의 폭을 증명한다. 특히 칸트는 그가 〈봄 이야기〉를 준비하는 동안 매우 진지하게 다시 읽는다. 그는 안로르 뫼리와 이에 대해 논의했으며, 그녀는 시험 준비를 돕는 것처럼 그에게 칸트의 『도덕적 형이상학의 기초

Fondements de la métaphysique des moeurs』를 다시 읽게 한다. 그는 또한 프랑수아즈 에체가라이가 그에게 소개한 명석한 철학 교수자격자 클레르 바르베리Claire Barbéris와 다시 이야기하며 새로운 흐름에 대해서도 질문한다.

이때의 성찰은 「절친한 친구La Confidente」라는 제목의 초기 시나리오에 영감을 준다. 이 글에서 당시 그가 받은 칸트의 영향을 분명히 읽을 수 있다. 모든 것은 주인공의 관점에서 일어난다. 순수함에 집착하는 젊은 여성은 첫 장면에서 거짓말을 더 이상 견딜수 없어 연인과 헤어진다. 그녀는 한 소녀와 친구가 되는데, 이 소녀는 여러 음모를 꾸민다. 소녀는 자신이 싫어하는 새어머니와 아버지 사이를 멀어지게 하기 위해 아버지와 젊은 여성을 연결해주려 한다. 「잃어버린 목걸이collier perdu」의 이야기(두 번째 대본의 제목이 된다)에서는 문제의 새어머니가 집안 보석을 훔쳤을 것이라는 암시가 나온다. 이런 인간적 판단의 취약성의 많은 징후를 지켜보면서 젊은 여성(이미 그녀 이름은 잔느다)은 진정성에 대한 요구를 상대적 가치로 인정하게 되고 처음에 그녀가 떠났던 남자에게 돌아온다. 나중에 로메르는 결론과 도입부를 없앤다. 이 부분의 순환적 아이러니는 '희극과 격언'의 '희극'과 너무 연결되고, 교훈적인 면은 첫 연작 '도덕 이야기'의 '도덕'과 연결되기 때문이다. 그래서 남자 친구 인물은 생략하고, 잔느가 경험한 이론적 측면이 보다 강조된다. 잔느는 칸트적 선善을 찾아 사고와 지식의 한계를 시험하려 한다. 내러티브의 배치가 어느 정도 건조해질 위험이 있다. 젊은 여성은 이야기가 진행되는 동안 정서적 관계에서 분리되어, 지켜보는 증인의 위치가 된다. 그녀는 결코 놀랍지 않은 진실의 증인이 된다.

감독은 더욱 은밀하게 이전 영화의 연장으로 볼 수 있는 영화적 측면(또한 자서전적 측면)을 발전시킨다. 〈보름달이 뜨는 밤〉의 루이즈나 〈녹색 광선〉의 델핀처럼 (그리고 그의 여러 경력 가운데 방황했던 젊은 보조 교사 시절의 로메르 자신처럼) 잔느는 장소에 집착하지 않는 전형적인 사람이다. 자신이 원하는 공간을 찾지 못한 그녀는 집이 없이 도시에서 시골로, 이 아파트 저 아파트를 전전한다. 이런 내면의 혼란 상태인 그녀의 눈앞에 해체되고 재구성되는 가족의 혼란이 더해져 펼쳐진다. 이 가족 관계에서 딜레탕트 지식인 아버지는 그보다 훨씬 어린 여자 대학생과 짝이 되고, 그 딸은(아버지에게 버림받아서 홧김에 그러는 것처럼) 40세의 남성과 다정한 관계가 된다. 여기에 약간 반동적인 풍속 희극에의 유혹, 〈가을 이야기〉에서 전개될 유혹이 등장한다. 그렇다고 해도 로메르는 자신의 맥락을 놓치지 않는다. 그것은 불가능한 조화와 진실한 문제의식을 동시에 추구하는 것이다. 〈해변의 폴린〉과 연장선에 있는 〈봄의 이야기〉의 순진한 여성은 앞서 언급한 관람자 위치에 남더라도 타인의 음모에 갇히기를 거부한다. 그녀는 자신의 생각을 주장하고 분석하려고 하지만("난 내 생각에 대해 많이 생각해요"[2]라고 그녀는 영화 초반에 선언한다), 이야기의 숨겨진 전체 논리는 그녀가 그 생각들을 내버려두는 쪽으로 끌고 간다.

이런 내버려둠은 베토벤이나 슈만에서 빌려 온 음악적 깨달음에 의해 준비되거나 봉헌된다. 그리고 이것을 이용해 로메르는 이야기 외부 음악을 사용하거나, 심지어 평소와 다르게 달리아 웃 숏*을 사용하면서 그의 신성불가침한 원칙을 위반한다. 내버려둠은 더 이상 아무것도 생각하지 않고(그래서 〈비행사의 아내〉의 부제를 거짓으로 만들고), 우연에 자신을 내맡기는 데 있다. 예를 들어, 내버려둠은 영화에서 어떤 일이 일어날 수 있는 유일한 순간, 즉 잔느와 어린 친구의 아버지 사이가 육체적으로 결합하려는 순간에 소환된다. 그리고 무엇보다도, 잔느가 마침내 '진실'을 발견하는 것은 우연이 허락한 것이다. 부당하게 도난당한 것으로 여겼던 목걸이가 실제로는 실수로 신발 상자에 보관되어 있었던 것이다. 이런 우회를 통해 불명료한 의식을 초월하는 것은 영화의 객관성이다. 그리고 확실치는 않지만 이 때문에 단편적인 추측이 가능하다. 로메르는 이렇게 표현한다. "내 관점은 신의 관점이 아니다. 왜냐면 신은 자신의 창조를 이해하기 때문이다. 내 관점은 영화에서 언급된 플라톤의 기게스의 관점이다. 기게스는 안 보이게 될 수 있고, 일을 도모할 수도 있지만, 부분적인 관찰자일 뿐이며 존재의 비밀에 접근할 수 없다. (…) 주관성의 신비를 존중하는 것, 내가 영화에 흥미를 갖는 건 이런 면 때문이다."[3]

---

* dolly-out, 카메라를 대상으로부터 멀어지게 이동하면서 촬영하는 기법

커다란 간극

'사계절 이야기'를 시작하면서 시네아스트가 스스로에게 내건 도전이 드러나는 것을 볼 수 있다. '희극과 격언'의 평범한 인간성을 계속 유지하면서 '도덕 이야기'의 철학적 야망(〈모드 집에서의 하룻밤〉의 경우)을 되찾는 것이다. 완강하게 평범한 인물과 되찾은 금욕적 주제 사이의 간격의 확장은 자신의 관점을 숨기려는 것처럼 보인다(이것이 그가 그의 서문에서 발자크의 『가재 잡는 여인*La Rabouilleuse*』에 대해 옹호하는 이상이며, 작가가 풍요로운 삶 속으로 사라지게 될 이상이다). 〈봄 이야기〉에서 이 연금술은 절반의 성공에 불과함을 알아야 한다. 첫째로, 여기에 묘사되는 미시적 사회는 외부 세계에서 아무것도 유입되지 않는 조용한 무대로 '작은 로메르의 세계'에 대한 일종의 풍자이기 때문이다. 로메르는 확실히 예측할 수 없는 일에 이젠 익숙해져서 민첩하게 반응한다. 베르나르 에이젠슈츠Bernard Eisenschitz가 빌려준 리셰Richer 거리에 있는 아름다운 아파트에 부엌을 나누는 두 개의 쓸모없는 기둥이 있다? 그렇다면, 그는 시나리오에 건축가의 엉뚱한 착상을 비꼬는 대사 몇 줄을 추가한다. 나무의 꽃이 계절보다 일찍 피었다? 촬영 날짜를 며칠 앞당겨 퐁텐블로Fontainebleau 근처에 있는 배우(플로랑스 다렐Florence Darel)의 집에서 촬영한다. 그리고 그 '아마존' 같은 풍경을 촬영하러 갔을 때, 안개로 뒤덮인 그날의 이색적인 풍경은 나타샤가 구현하려는 현실에 대한 저항의 표현으로 사용한다.

　나머지는 별걱정 없이 모든 것이 쉽게 들어맞는다. 그래서 시네아스트에게 새로운 연작의 첫 번째 작품은 〈겨울 이야기〉여야 했지만, 배급이 분명치 않아서 잠시 접어둔다. 또한 〈사교 게임Les Jeux de société〉에서도 등장하는 플로랑스 다렐은 로메르가 아끼는 젊은 여성의 전형이다. 그녀는 '아네스 베Agnès B' 옷가게에서 함께 고른 얌전한 옷을 입고 세귀르 부인의 책에서 바로 튀어나온 것 같은 뿌루퉁한 아이의 얼굴을 가지고 있다. 게다가 그녀는 피아노를 연주한다. 〈봄 이야기〉에서 그녀는 이 재능을 그녀의 집, 말하자면 러시아 출신 부르주아 가족의 시골집에서 보여 줄수 있다. 로메르 영화에서 등장인물과 연기자 사이에 이런 특유의 혼동이 생기는 게 처음은 아니지만, 그녀의 경우 초보 배우가 역에서 빠져나오며 매우 힘들어하는 상투적인 모습을 보인다. 영화 개봉 직후, 그녀는 모리스 피알라(그는 예전에 광고 영상에서 그녀를 감독한 적이 있고, 이런 과도함은 그에게 처음 있는 일이 아니다)가 로메르와 함께 일하면서 수치스럽게 '협력'했다는 구실로 모욕을 퍼부은 것을 듣는다! 그녀는 연극에서 경험을 쌓아 새로운 길을 찾는다. 그녀는 더 이상 〈봄 이야기〉의 작가의 영화에 관심을 보이지 않고, 이 영화에서 자신의 역할을 계속해서 로리타 역할과 동일시한다.

아버지 역할과 관련해서 정체성은 더욱 혼란스러워진다. 로메르는 위그 케스테르Hugues Quester에게 이 역을 맡긴다. 로메르는 1979년 「하일브론의 케트헨」에서 그를 기용하고 싶어 했고, 파트리스 셰로Patrice Chéreau의 작품에서 케스테르의 연기를 높이 평가한다. 노련한 배우(장마크 보리Jean-Marc Bory에서 디디에 상드르Didier

Sandre, 그리고 장클로드 드레퓌스Jean-Claude Dreyfus까지)를 기용해서, 경험이 없는 젊은 여성들과 그들을 대면하게 것을 로메르는 불쾌하게 여기지 않는다. 그가 케스테르에게 위임한 암묵적인 작업 목록은 훨씬 더 짓궂은 것이어서 남자 배우가 로베르의 말을 매우 미묘하게 받아들일 수 있었다. 자신처럼 키가 크고 약간 뱀파이어 모습 같고 서투른 느낌의 인물을 기용하면서…… 이상하게 케스테르는 로메르와 꼭 닮은 모습이 된다. 무르나우의 창조물, 노스페라투 혹은 타르튀프Tartuffe*와 비슷한 로메르의 분신이 갑자기 화면에 등장해서 욕망을 드러낸다. 이런 특징의 교환은 이전의 장루이 트랭티냥이나 이후에 멜빌 푸포Melvil Poupaud 때와 마찬가지로 말없이 이루어진다. 그 제안이 젊잖게 포장되어 전달되었기 때문에 시네아스트는 자신의 남성적 분신과 그 어떤 것도 소통하지 못한다. 그렇다 해도 케스테르에게서 로메르의 그림자를 발견하는 것이 앞서 언급한 영화의 풍자적 분위기를 만드는데 기여했다는 점은 변함이 없다.

확실히 예측되는 분위기는, 사람들은 오직 표면으로만 이해한다는 것을 더 잘 입증하려는 것처럼 보인다. 이 순수 외면적 요소는 전후 미국 소설가들의 책을 읽을 때 모리스 셰레를 매료시켰던 것이다. 또한 이 분위기는 유명한 기게스의 관점을 존중하기 위해서다. 이 관점은 칸트적 젊은 여성의 플라톤에 대한 향수로 나타나며, 그래서 그녀의 내면 역시 지워질 정도가 된다. 로메

• 몰리에르 작품 속 위선적 인물

르는 잔느 역할에 최근 음악원을 졸업한 젊은 배우를 선택한다 (몇 년 전 그의 친구 클로딘 길보Claudine Guilbaud의 영화 〈내 나이 열다 섯 살의 여름L'Été de mes quinze ans〉에서 그의 눈에 띄었다). 그녀의 이름 은 안느 테세드르Anne Teyssèdre다. 많은 다른 배우들처럼, 그녀도 로 메르에게 그와 함께 일하고 싶다는 편지를 썼다. 첫 만남에서 그 녀에게 재미있는 일이 있었는데, 로메르가 원통형 용기에 포스터 를 넣으려고 계속 그 물건과 씨름하고 있었기 때문이다. 또한 그 녀는 지성과 거만한 태도, 철학 지식으로 바로 그에게 만족감을 주고, 그녀의 철학 지식은 그들 사이의 긴 대화를 이끈다(비록 그 녀가 사기로 석사 학위를 받은 '야바위 철학자filousophe'라고 스스로 말 하며, 철학책을 읽을 수 없는 척할지라도). 이런 우정 때문에 로메르 가 잔느를 철학 교사로 만들 생각을 했던 것일까? 적어도 그가 그 녀로 생각한 것은 엠마뉘엘 숄레가 세르지 퐁투아즈를 '선택했 기' 때문에 숄레를 생각 것과 같은 경우다. 그 모습은 로메르가 상 상한 철학 교사의 외모였다. 하지만 그녀가 클레르 바르베리Claire Barbéris처럼 가죽 미니스커트를 입을 줄은 몰랐다. 혹은 안느 테세 드르가 실생활에서 보여 주는 풍성한 환상을 그대로 표현할 거란 예측도 못했다. 로메르는 그녀의 역할에 분리 불가능하다고 여기 는 신중함, 나아가 어떤 중립성을 그녀에게 부과했다.

이런 신중함에 답답함을 느낀 배우는 감독이 그녀에게 기대하 는 것과 달리 큰 간극을 만들어 낸다. 로메르의 조언과 반대로 그 녀는 촬영 전날 머리를 매우 짧게 자른다거나 식물성 담배라고 주장하면서 감독 앞에서 담배를 피운다(예전 로메르 신전에서 추방된 주주에 버금가는 최고의 이단아!). 간신히 면허 시험에 합격했다는 사실을 로메르에게 감히 말하지 못해서 자동차 운전 장면에서 그녀는 '커닝 페이퍼'를 만든다. 로메르가 이를 알아차리고 요령껏 프랑수아즈 예체가라이를 운전자 발아래 두고 페달을 움직여 운전하게 한다. 이 모든 것이 앞서 언급한 큰 간극을 만들어 내면서, 그녀의 경우에는 무르나우보다 르누아르의 과정을 따르게 한다. 로메르가 매우 좋아하는 르누아르의 영화 〈엘레나와 남자들 Elena〉이나 〈코르들리에 박사의 유언Le Testament du docteur Cordelier〉에서 인물과 배우 사이의 차이에 주력하고, 인물이 차이를 벌리고 있기 때문에 더욱 그렇게 한다. 이 차이는 자칫 이탈이 될 수 있는데, 이것은 분명 그가 예상치 못한 일이다. 그래서 때로 〈봄 이야기〉를 보는 관객은 여자 주인공이 이야기의 외부인 같다는 인상을 받을 수 있다. 그럼에도 불구하고 영화는 베를린 영화제에 선정되고, 비평계도 호의적으로 평가한다. 그뿐 아니라 로메르도 그녀에게 아주 특별한 애정을 갖는다. 아마도 외면적인 냉정함 너머 속삭이는 듯한 매우 낮은 목소리가 주는 진정한 시적 예술성 때문일 것이다.

결혼 희극

우리는 〈봄 이야기〉에서 묘사되는 희극적 시도를 발견한다. 풍습에 대한 풍자극이기 때문에 진정으로 웃기에는 많이 신경에 거슬린다(소시지를 자르면서 '초월성'에 대해 이야기하거나, 〈사교 게임〉에서도 봤던 엘로이즈 베네트Éloïse Bennett가 새롭고 우스꽝스럽게 연기하는 명장면들을 제외하고). 로메르의 이 희극적 열망이 끝까지 가는 것을 보려면 10년 후 연출하게 될 이 연작의 네 번째 작품을 기다려야 한다. 그렇지만 〈가을 이야기〉는 매우 다른 장르로 만들어진다. 이 영화는 온갖 가혹하고 인상을 찌푸리게 하는 일을 만들면서 행복한 결말로 끝날 때까지 주인공들은 서로를 분열시키는 착각과 오해에만 집착한다. 외젠 스크리브Eugene Scribe의 시절에는 이런 것을 '계략 희극comédie d'intrigue'이라고 불렀다. 하워드 혹스 시절에는(스탠리 카벨Stanley Cavell이 이론화한 것에 의하면) 이런 것은 '재혼 희극'으로 만들어졌다. 로메르는 혹스(시네필 견습생 시절 로메르의 스승 중 한 사람)에게 경의를 표하면서, 히치콕의 서스펜스에 관한 가르침을 잊지 않는다. 〈가을 이야기〉에서 그는 매우 촘촘하게 짜인 플롯만으로 흥미를 불러일으키는 것에 작품의 명예를 건다. 하지만 관객이 즐기고 웃는 것은 등장인물보다 조금 더 많은 사실을 알고 있다는 점에 있다.

사실 이 플롯은 몇 마디로 요약될 수 있다. 특히 문제의 등장인물들이 〈모드 집에서의 하룻밤〉의 불가사의한 인간성보다는 더욱 (선험적으로) 원형적인 레퍼토리에 속하기 때문에 더욱 그렇다. 40대 여성 이자벨은 오랜 독신 생활에 침울해하는 마갈리라는 동년배 친구를 보고 안타까워한다. 이자벨은 신문에 작은 광고를 내서 제랄드라는 고상한 40대 남성을 만나고, 그를 잘 파악하기 위해 한동안 가깝게 지낸다. 마침내 이자벨은 제랄드에게 친구 마갈리를 만나게 하려는 의도를 밝힌다. 제랄드는 이자벨의 딸의 결혼식 피로연에서 친구를 만나는 데 동의한다. 일찌감치 조작극임을 짐작한 마갈리의 의심에도 불구하고 그녀와 미지의 남성은 낭만적 전원시처럼 맺어진다. 사실 이 영화는 결혼 희극이며, 그 풍취와 유머는 제랄드가 이자벨의 음모를 알게 되는 순간 절정에 이른다. 마치 겉모습의 베일이 한 번에 찢겨 이야기 구조가 드러나는 것과 같다.

이런 방식으로 성찰적 차원을 드러내면서 〈가을 이야기〉는 재밌고 피상적인 처음 전망에서 짐작할 수 있는 것보다 훨씬 더 멀리 간다. 좀 더 자세히 살펴보면, 로메르가 영화를 만들면서 통과하는 모든 단계, 특히 다음과 같은 단계를 우리에게 말해 준다. 각각의 단계에서 잠시 멈춰 보자. 첫 번째이자 가장 중요한 것은 공상의 단계다. 공상은 로메르적 세계의 중심을 차지한다고 이미 언급했다. 이 공상적 세계는 선택보다 우선적으로 존재하며, 선택은 고통을 야기하는 것이며 어떤 대가를 치르더라도 피해야 하는 것이다. 한 편의 촬영이 끝나고 새로운 이야기를 쓰는 사이에 로메르는 오랜 기간 공상하며 (일반적으로 산책하거나 한담을 나누면서) 보낸다는 사실을 기억할 것이다. 이 과정을 통해 머릿속에 있는 생각을 점차 명확하게 할 수 있다. 〈가을 이야기〉에서 두 장면은 이 단계를 훌륭하게 보여 준다. 영화 초반, 이자벨이 평범한 가족 간의 대화 중 생각에 잠길 때가 있다. 그리고 마지막 장면, 그녀는 마갈리와 제랄드를 가깝게 하는 데 성공하지만, 엔딩 자막이 올라가는 추가 장면에서 그녀가 우울한 시선으로 먼 곳을 바라본다. 이 장면에 대한 이야기는 로메르의 창작 과정의 핵심이었던 '표류하는 관심'에 대해 많은 것을 말해 준다. 편집자 마리 스테판이 이 마지막 장면을 편집하고 있는 동안, 〈비행사의 아내〉에서 프랑수아가 그런 것처럼 시네아스트는 그녀에게 전권을 위임하고 낮잠을 잔다. 잠에서 깨어났을 때 마리는 예정되지 않은 방식으로 영화 결론을 맺자는 제안을 한다. 꿈꾸는 표정으로 먼 곳을 바라보며 춤을 추는 마리 리비에르를 몰래 찍은 장면을 쓰자는 것이다. 로메르는 이 생각에 동의했고, 훗날 이 이미지가 (위에서 언급한 다른 한 이미지와 함께) 〈가을 이야기〉에서 가장 아름다운 장면 중 하나라고 말한다. 마리 스테판은 이에 대해 섬세하게 설명한다. "편집자의 작업은 감독이 신중해서 혹은 자기 검열 때문에 명시적으로 요청하지 않더라도 간혹 감독의 의도를 이끌어 내는 경우가 있다. 이 작업은 그림의 개작이 아니라 그림의 복원 작업에 더 가깝기 때문이다. 즉, 숨겨진 선을 끄집어내는 것이다."⁴

작업 감추기

에피소드는 더욱 흥미롭다. 로메르의 작업이 개인적 영감처럼 보일 수 있는 모든 것을 점차 소거하면서 (이전 영화보다 〈가을 이야기〉에서 훨씬 더) 구성되기 때문이다. 이런 점은 1992년에 쓴 시나리오 초안(즉, 촬영 5년 전) 도처에서 드러난다. 이야기의 진짜 출발점인 이자벨의 욕구 불만이 여기서는 더욱 솔직하게 표현된다. 작가는 이렇게 적고 있다. "모든 사람은 그녀가 행복하고 평안하다고 믿는다. 그러나 그녀는 근심을 숨기고 있고, 이 계략을 시작함으로써 불안을 완화하려 한다."⁵ 이 경우의 불안은 남편의 불성실로 설명되며, 자신의 연애 감정을 보여 줘서 남편을 질투하게 만들고 싶다는 욕망으로 표현된다. 문제를 복잡하게 만들기 위해, 로메르는 미래의 마갈리와 그녀가 오랜 후에 다시 만나게 될 사람(미래의 제랄드?) 사이의 과거의 관계도 상상한다. 그러나 그는 이 사건이 〈겨울 이야기〉의 주제와 너무 흡사하다고 그의 원고 여백에 적어 놓는다. 그는 선택적 친화력으로 서로 끌리게 될 인물들의 성격을 육필로 확실하게 묘사한다. 이런 이유 때문에 O.(당장은 이것이 유일한 이름이다) 같은 계산적인 사람이 기질적으로 자신과 너무 비슷한 N.보다 M.과 더 잘 어울린다. 그는 이렇게 변호한다. "나는 계산적인 사람은 아니지만, 현실, 특히 현대 세계의 현실을 알고 있다. 그것은 소통을 어지럽히는 세계, 자연적 관계망에 있지 않은 존재들 사이의 소통 관계망을 수립하는 세계다. 예를 들어, 그 관계망은 더 이상 지리적 근접성에 의한 것이 아니다. 같은 층 옆집에 사는 이웃보다 먼 나라의 사람과 연락하는 것이 더 쉽다. 인공적 관계망이 존재한다. 그러므로 반려자가 문을 두드리기를 기다리지 말고 그것을 이용해야 한다."⁶ 이런 모든 이론적 기초는 계속 수정해 가는 가운데 실제 인물(로메르의 절친한 친구 릴리안 드레퓌스)이나 문학적 모델에서의 인용이 사라지고 점차 희미해진다. 문학적 모델의 인용은 발자크의 『모데스트 미니용-*Modeste Mignon*』에 등장하는 로맨틱한 소녀다. 이 소녀는 편지를 주고받으면서 예술가와 사랑에 빠지지만 사실 그 편지는 예술가의 비서가 작성한 것이다. 〈가을 이야기〉의 이자벨이 비밀리에 작은 광고를 낸 것처럼 로메르는 가장 단순하고 중립적인 골자만 남기고 그 이상의 것은 체계적으로 제거한다.

세 번째 단계 역시 이야기의 본문에 매우 구체적으로 제시된다. 사전 답사의 단계다. 이야기의 시작 부분에서 이자벨은 친구의 포도원을 방문하고, 친구는 작업 원칙에 대해 자세히 설명해 준다. 영화를 구상하던 초반에 로메르는 직접 이야기가 진행될 장소, 이전에 촬영하지 않았던 장소를 찾는다(발자크처럼 로메르는 작품의 사회학적 다양성만큼이나 지리적 다양성에도 관심을 둔다). 로메르의 젊은 친구 플로랑스 로셰는 자신의 출신지인 프랑스 남동부의 한 곳을 알려 준다. 이 지역은 론Rhône 계곡의 심장부, 아르데슈Ardèche와 드롬Drôme의 변두리에 있다. 더 정확하게는 부르 생 앙데오Bourg-Saint-Andéo와 생폴 트라 샤토Saint-Paul-Trois-Châteaux 사이에 있다. 거기서 영화제가 준비되고 있었는데, 로메르는 예외적으로 영화제 참석에 동의한다. 앞으로 제작될 영화의 가능한 배경을 돌아볼 수 있는 기회였기 때문이다(게다가 그는 촬영 일 년 후에 다시 와서 제작한 영화를 소개한다). 그는 이 지역의 아름다움과 (많이 마시지는 않지만) 높은 품질의 와인에 매료된다. 그는 거의 모든 곳을 걸어 다니며 사진을 찍고 사람들과 대화를 나눈다. 부르Bourg 근처에 로셰 가족의 와인 농장을 관리하는 사빈 고상Sabine Gossens과 함께하면서 그녀의 직업에 대해 오랫동안 질문한다. 그녀는 다른 사람들 같은 농업 종사자가 아니다. 그녀는 시골에서 자라지 않았고 무엇보다 자신을 '장인'이라고 생

798

각한다. 로메르는 이런 특이점을 사용하여 마갈리의 성격을 설계함으로써, 한 포도주 제조자인 여성 관객의 분노를 불러일으킬 위험에 처한다. 이 여성 관객이 로메르에게 영화의 대화 방식을 비난하자 그는 겸손하게 자신을 정당화한다. "나도 영화가 시골과 농부의 환경에 대해 충분히 보여 주지 않는다는 당신의 말에 동의합니다. 그러나 나는 이 위대한 주제를 영화 내에서 다룰 역량이 내게 있다고 생각하지 않습니다. 인물의 직업을 다양하게 하려는 바람으로 우연히 간접적으로 접근한 것입니다. 물론 시네아스트 (그리고 교수) 외에 모든 직업을 내가 직접 겪어 볼 수도 없습니다."[7]

로메르의 대화 상대는 생폴Saint-Paul 지역에 살면서 영화제를 이끌고 있는 마르틴Martine과 파비앙 리몽타Fabien Limonta 부부다. 로메르는 그들의 집에서 결혼식 장면을 촬영한다. 로메르는 두 딸의 결혼식을 치른 경험이 있는 그들에게 손님을 접대하는 방법이나 식탁 배치에 대해 많은 질문을 한다. 로메르는 그들의 이야기에 귀를 기울이며, 그곳에서 멀지 않은 트리카스탱Tricastin 원자력 발전소 근처에 감춰져 있던 백년 노송을 잘라 버린 비운의 날에 대해 함께 분노한다. 그는 이 모든 것을 기억했다가 〈가을 이야기〉의 마지막 시나리오에서 그가 구성한 이야기 골격의 살로 이 내용을 붙인다. 마르틴 리몽타는 로메르의 이야기가 "이미 잘 구성되어 완벽하게 일관성이 있었다. 매우 강력한 지역 현실에 인물을 추가하는 일만 남아 있었다."[8]고 회상한다. 〈나무, 시장, 미디어테크〉를 위한 방데에서의 사전 답사를 제외하고는, 이 점에

있어 로메르는 자신의 상상과 그가 발견한 공간 사이의 혼란을
일으킨 적이 없다.

로진의 민소매 끈

영화는 공간의 예술이다. 그러나 또한 배우의 예술이다. 다시 말
해, (로메르와 관련해서는) 자신의 배역을 전적으로 담당할 배우를
찾는다는 의미다. 하지만 감독과 달리 배우는 배역을 찾아 방황
하는 영혼처럼 머물면서 다른 배우에게 시나리오를 넘기기 전까
지는 작품을 연기한다는 생각으로 환심을 사려 한다. 각각의 이
런 미묘한 차이는 이야기가 전개되는 중심에 표현되며 심지어 로
메르적 연출의 핵심을 차지하는 연기자들 간의 대화도 그러하다.
이 경우가 이자벨과 제랄드 사이의 대화다. 여기서 이자벨은 제
랄드를 유혹하고 다른 여자의 연인 역할을 하려 한다. 〈가을 이
야기〉에서 캐스팅(프랑스에서 1990년대에 자리를 잡은 용어)은 주
로 40대 배우가 참여하는 만큼 이런 긴 사전 토론을 필요로 하지
않는다. 알랭 리볼트Alain Libolt는 왕년의 미남 주연배우이자 노련
한 연극배우로, 매끈한 발성과 작품에 욕망이 있는 매우 전형적
인 유형의 배우다. 알랭은 다른 시대의 예의 바름과 우아함으로
제랄드의 형상에 조금 빛바랜 매력을 부여한다. 이미 〈봄 이야기〉
시기에 사전 교섭을 했던 리볼트는 망설임 없이 선정되었고, 로
메르의 남성 연기자가 일반적으로 그런 것처럼 쓰인 그대로의 대
사에 자유롭게 적응해 가도록 한다. 로메르는 제랄드가 알랭이

비공개 자리에서 말했던 발언을 영화에서 하게 한다. 그는 악마의 변호사 역을 연기하면서 트리카스탱 산업 탑의 아름다움을 찬양하는 말을 한다. 이런 방식으로 〈풍경의 변모〉의 주제와 다시 만나지만, 이번에 그 역할을 담당해서 감정을 느끼는 사람은 배우다.

　로메르는 이사벨과 마갈리 역할에 대해서는 더 망설인다. 프랑수아즈 예체가라이는 마갈리 역으로 크리스틴 부아송Christine Boisson을 제안하지만 시네아스트는 그보다는 좋아하는 배우들 중 두 명의 한 쌍을 생각한다. 즉, 얼마 전 그에게 다시 일하고 싶다고 말한 베아트리리스 로망과 〈녹색 광선〉의 기적적인 순간 이후로 매우 소중한 친구로 남은 마리 리비에르다. 누가 어떤 역을 맡을 것인가? 베아트리스가 이자벨을, 마리가 마갈리를 맡는다면 〈녹색 광선〉의 상황, '스스로 노력해서' 남자를 찾으라고 자극하던 호의적인 친구의 상황을 단지 재연하는 것처럼 보일 것이다. 그리고 우리는 로메르(특히 이 마지막 작품에서)가 어떻게 자신의 '인간 희극'을 다양화하여 자신이 정한 일반적 틀 내에서 최대의 조합을 제공하고 싶어 하는지 알고 있다. 그래서 이제껏 거의 표현하지 않은 환상과 관능으로 이자벨이 될 사람은 마리 리비에르다. 그리고 〈아름다운 결혼〉에서 보여 줬던 사빈의 일종의 부정적 버전으로 마갈리를 구현할 사람은 베아트리스 로망이다. 이번에 그녀는 전혀 결혼하고 싶어 하는 사람이 아니고, 자신의 욕망에 따라 끝까지 믿고 기다리다 언젠가 부지중에 만남으로 이끌리고 싶어 하는 사람이다. "네가 광고로 유인하려 했던 것은 중요하지 않아. 중요한 것은 내가 그 사실을 전혀 몰랐을 때 그를 알아봤다는 거야."9 바로 여기서 로메르의 연출 기법이 가진 궁극적 비밀을 볼 수 있다. 다시 말해, 로메르는 배우에게 자신이 상황의 주인이라고 상상하게 하지만, 사실 모든 것은 그림자 속에 숨어 있는 신중한 창조자에 의해 결정되어 있다.

로메르는 배우가 자신이 구상한 인물에 반대하지 않는 한 두 연기자에게 무해한 범위에서 주도권을 쥐어 주면서, 반대로 그들이 인물에 더 잘 동일시하도록 도와준다. 예를 들어, 마리 리비에르가 장면 연습 중에 치마 아래의 혹을 툭하니 벗기면서 준수 사항을 짓궂게 위반하면, 바로 그 순간에 촬영을 시작한다. 또는 베아트리스 로망이 아들을 레옹스라고 부르는 것에 화를 내면 아들의 이름을 레오로 바꿔 준다. 그녀는 또한 '수도원'이라는 이름의 소유지에서 팀 전체가 식사하는 중에 유기농 음식 문화를 강요하고 싶어 한다. 하지만 프랑수아즈 예체가라이는 음식 취향이 달랐기 때문에, 그들의 논쟁은 호메로스식의 웅장한 갈등으로 악화된다. 어떤 내색도 하지 않으면서 로메르는 이 긴장감을 이용한다. 특히 자동차 장면을 촬영할 때 알랭 리볼트와 베아트리스 로망 사이의 긴장감이 그런 경우다. 베아트리스 로망은 단단히 굳게 닫혀서 상대방을 바라보기를 거부하면서 마지못해 그에게 대답만 한다. 이 순간 배우 안에 감춰진 분노는 자기 역할의 한계를 넘어서는 뜻밖의 진실을 제공한다.

이 전략은 리몽타 부부 집에서 촬영한 결혼식 피로연에서도 유효하게 작동한다. 이 장면은 사람들로 채워져야 하기 때문에 평소와 달리 (〈보름달이 뜨는 밤〉의 대축제 이후 처음으로) 엑스트라가 많이 동원된다. 큰 접시에 음식을 담아 놓았지만, 촬영이 시작되기 전에는 만지지 못하게 한다. 문제는 슬레이트도 없고, 즉흥적으로 '스크립터'를 맡은 베트사베 드레퓌스Bethsabée Dreyfus에게 겨우 작은 공책이 있을 뿐이다. 게다가 감독은 자신이 원하는 바를 잘 모르는 듯 보인다. 이런 분위기는 분명한 기획 매니저 없이 이 가짜 결혼식에 초대된 손님들 중 한 명인 카트린 몰랭Catherine Molin이 당시 받았던 인상을 설명한 것이다. "그는 우리에게 할 일을 구체적으로 말하지 않고 모호하게 "모두들 거기에 계세요"라고 말했다. 그는 왔다 갔다 하면서, 때때로 태양을 바라보았고 꿈꾸는 것처럼 보였다. 카메라맨이 "그럼, 시작할까요?"라고 초초하게 말하면, 로메르는 "아직 아니에요"라고 대답했다. 사실, (…) 우리는 나중에야 이해했다, 그는 배우의 동정을 살피며 그들을 놀라게 하려 했다. 심지어 "액션!"이라고 외치는 소리도 들을 수 없었다. 우리는 시사회에서 장면을 확인하고서야 촬영되었다는 사실을 알았다."[10]

보이지 않고 보기만 한다. 이것은 위대한 로메르적인 신조다. 이 신조는 〈가을 이야기〉에서는 그 반례나 그의 서투른 아바타를 만들 정도로 미장아빔으로 숨겨져 있다. 영화는 이자벨로 형상화된 시네아스트의 영악한 분신(시네아스트는 작품 뒤로 사라지는 법을 잘 알고 있다)과 미숙한 마법 견습생 로진을 대결시킨다. 젊은 여성 로진은 마갈리의 지루한 아들(레오)의 약혼녀이며, 매력적인 중년의 철학 교수(에티엔)와 가벼운 연애를 한다. 〈봄 이야기〉

부터 여러 세대 간의 활발한 교류가 계속되는 것은 로메르의 명성에 따라붙는 '젊은 세대 취향'이란 수식어의 상대화를 완성하는 듯 보인다. 특히 〈보름달이 뜨는 밤〉의 주제가 다시 등장한다. 즉, 한 여성이 두 가지 감상적 삶의 방식 사이에서 주저하고, 연출가의 역할로 피신해서 자신의 연인을 다른 사람과 연결해 주려 한다. 그녀는 에피엔느가 마갈리와 결혼하기를 원한다고 그에게 공공연하게 알리고, 마갈리에게도 똑같이 알리는 매우 나쁜 연출가다. 이 때문에 그 당사자들은 불편함과 망설임을 느낀다.

두 번째 음모의 실패는 시나리오의 매우 이론적인 부분을 영화로 적용해야 하는 부분에서 흥미롭게도 (의도적으로?) 로메르의 실패로 연결된다. 레오의 배역 때문인데, 로메르는 지나치게 파리 사람 같은 다른 배우들을 보완할 수 있는 남프랑스 억양을 가진 남성을 원했다. 그전에 로메르는 스테판 다르몽Stéphane Darmon이 열정적인 표현을 담아 쓴 편지를 받았다. "마크 알레그레Marc Allégret 감독이 영화를 만들면서 미셸 모르강Michèle Morgan, 장피에르 오몽Jean-Pierre Aumont, 브리지트 바르도나 제라르 필리프Gérard Philipe 같은 젊은 무명에게 도움을 주었던 것처럼, 이번에 저의 재능과 최선을 보일 수 있는 프랑스 영화계에 발판을 마련해 주시길 간절히 바랍니다."[11] 그는 영화에서 미숙함을 외에는 아무것도 보여 주지 못하지만 그래도 감독은 (프랑수아즈 예체가라이가 이미 경고한 바 있지만) 이에 대해 별로 신경 쓰지 않는 것처럼 보인다. 더욱 교활한 배역 선정은 유명한 연극배우 디디에 상드르에게 에티엔 역할을 맡긴 것이다. 로메르는 TV 영화 〈왕의 길L'Allée du roi〉

에서 그가 루이 14세를 품격 있게 묘사한 모습을 매우 극찬했다. 감독이 〈가을 이야기〉에서 활용하고 싶어 했던 부분은 그의 다소 완고해 보이는 위엄이다. 비록 이 연기자가 다소 불편해하고 여성 인물에게 자주 질투의 시선을 보낼지라도 말이다.

로진 역은 가장 고전적인 TV 제작사에서 이미 활동한 경력이 있는 세련된 갈색 머리의 알렉시아 포르탈Alexia Portal이 연기한다. 아마 이런 경력 때문에 생기는 그녀의 불안정을 이용하면서 로메르는 꾀바르게 즐거워한다. 생폴에서 결혼식 장면을 찍을 때, 그는 첫 번째 테이크에서 말을 더듬거려서 한 번 더 촬영하자는 그녀의 주장을 받아들이긴 하지만, 물론 실제 편집에 사용하는 장면은 첫 번째 테이크다. 이런 작업 방식은 젊은 배우의 신경을 자극했고, 게다가 그녀는 나중에 인터뷰에서 숨김없이 털어놓는다. "나는 좌절했다. 일단 어떤 특징이 정해지면 다른 사람을 찾으려 할 수 있기 때문이다! 에릭과 더 소통하고 싶었다."[12] 하지만 이런 좌절과 자극은 로진의 인물을 명확하게 하는 데 도움이 된다. 양립 불가능한 두 남성 유형 중 하나를 선택하고 결혼 계획을 실행하는 것을 어려워하는 그녀를 표현해야 하기 때문이다. 로메르가 〈가을 이야기〉를 통해 함축적으로 말하는 것은 좋은 감독이 되기 위해서는 자기의 욕망을 포기하고 궁극적으로 이를 제어할 수 있어야 한다는 것이다. 글로 쓰인 허구 앞으로 (적어도 외형상으로) 현실이 오게 해야 한다.

바로 그 순간 귀중한 실수로 로진의 민소매 끈이 맨 팔 위로 미끄러지는 것을 목격한다. 시나리오 상에서 의도된 장면인지를 물어보는 관객에게 로메르는 아니라고 대답한다. "그것은 장면에 매력을 주는 것이며, 내가 신중하게 보존하려는 돌발적인 일 중 하나입니다. 물론 이야기의 흐름을 끊지 않는 조건에서 그렇죠. 이 장면을 살펴보면서, 알렉시아가 '상의'의 끈을 조정하려는 움직임이 매우 우아하다고 생각했습니다. 우연이지만 필수적인 작은 세부 사항을 알아주셔서 감사합니다."[13] 가볍고 자유로운 겉모습 아래 있는 로메르의 생각을 이 영화보다 더 잘 표현한 영화는 없다. 즉, 분리된 것에 완전히 붙어 있는 전체다.

"당신의 믿음을 깨워야 합니다"

이 '이야기들'의 처음과 마지막에 있는 사고의 굴곡, 즉 4부작의 중심에 있는 두 작품에는 믿음의 모험이 있다. 이 믿음은 모리스 셰레의 사생활에서 큰 자리를 차지하지만, 에릭 로메르의 영화에서는 분명하게 묘사하기를 항상 거부해 왔던 것이다(이 점에서 로메르는 모든 면에서 상반된 특권을 유지하는 로베르 브레송의 믿음과는 매우 다르다). 두 가지 예외적인 사례가 로메르적 가톨릭 사상이 스크린에 남긴 이 침묵의 규칙을 확인해 준다. 먼저, 그것은 〈모드 집에서의 하룻밤〉에서 파스칼의 내기에 대한 토론으로 복잡해진 제삼자의 설교가 있는 크리스마스 미사다. 또한 〈갈루아인 페르스발〉에 재현된 그리스도의 수난은 중세 신화의 무교성을 벗어나려는 시도가 표현되는 지점이다. 하지만 본질적으로, 로메르 내면의 신앙인의 모습은 마치 도덕적 교훈의 위험을 피하려는 듯 자신의 시네아스트 면모 뒤로 사라진다. 특히 이것은 오래전 그가 〈스트롬볼리〉를 발견했을 때 형성되었던 미친 내기를 존중하기 위한 것처럼 보인다. 즉, 영화를 종교적 재정복의 영토로 만드는 것이다.

그러므로 한 번도 명명된 적 없는 중심에 가장 가까워지는 것을 무릅쓰고 숨어서 나아가야 한다. 로메르에게 이 기회가 주어진 것은 1980년대 중반 「겨울 이야기」라는 제목의 셰익스피어 연극의 발견을 통해서다. 코메디 프랑세즈Comédie-Française(그가 두 아들을 정기적으로 데리고 갔던 곳) 공연과 텔레비전에서 중계 방송된 연극(초기 그가 소장한 비디오 컬렉션 대부분이 이 연극이다) 애호가인 그는 어느 날 저녁 작은 티비 화면에서 본 BBC 버전의 「겨울 이야기」에 깊은 감동을 받는다. 하지만 얼마 후 미셸 피콜리Michel Piccoli가 레온테스 왕을 연기한 뤽 봉디Luc Bondy의 연출작에서는 덜 감명을 받는다. 셰익스피어 연극의 마지막 장면을 보면서 그가 느꼈던 특별한 감정을 거기서는 찾지 못했기 때문이다. 그 장면은 시녀 파울리나의 배려로 죽은 여왕이 동상의 모습으로 비탄에 빠진 왕 앞에 나타나는 장면이다. 군주와 딸 페르디타, 궁정에 있는 황홀해진 모두의 눈앞에서 이 동상은 인간의 모습으로 움직이기 시작한다.

로메르는 이 연극의 기적에 매우 매료되어 원문 그대로 영화에 인용한다. 영화 속 인물들은 연극 공연을 통해 이 장면을 관람한다. 심지어 그가 「겨울 이야기」를 영화로 만들려는 계획 전체가 이 정지된 순간을 찍기 위해서가 아닐까 궁금해할 수도 있다. 이 순간은 그의 작품에서 여담으로 구성되며, 일반적으로 연극에 적합한 것은 아니다. 먼저 그는 마음속에 큰 계획을 세운다. 프랑수아즈 파비앙에게 헤르미오네 왕비를, 장클로드 브리알리에게 레온테스 역을 맡기고 싶어 한다. 그는 과거 〈클레르의 무릎〉의 연기자 브리알리에게 편지를 쓴다. "난 항상 당신이 훌륭한 셰익스피어의 위대한 배우라고 생각했지만, 실제로 이 생각이 내게 들었던 것은 어젯밤 텔레비전에 당신이 나왔을 때였어요. 당신이 연기한 숭고한 경찰관을 보고 나는 바로 레온테스를 떠올렸답니다."¹⁴ 브리알리가 연속극 〈페르박Ferbac〉*에서 셰익스피어로 넘어야 할 준비는…… 단지 한 발자국이었다. "카메라 옆에서 당신을 다시 보게 된다면 정말 기쁠 것입니다. (…) 그리고 〈겨울 이야기〉를 위한 시간이 난다면, 내 모든 시간을 로메르의 셰익스피어를 시도하는 당신에게 맡길 것이다."¹⁵ 하지만 그도 파비앙도 결국 맡을 수 없게 된다. 그래서 감독은 디안 르프브리에Diane Lepvrier에게 자신의 선택을 넘긴다. 그는 오래전 알랭 카발리에Alain Cavalier의 〈섬에서의 전투Le Combat dans l'île〉에서 그녀의 도도한 아름다움에 감탄했었다. 그리고 그는 한 배우 등록부에서 로제 뒤마Roger Dumas의 사진을 찾아낸다. 이 사진에 가짜 콧수염만 붙이면 마침내 자신의 레온테스를 발견한 것이라고 로메르는 만족한다. 파울리나 역할로 다니엘 르브룅Danièle Lebrun이 맡으면서 고상하고 다소 판에 박은 듯한 출연진이 완성된다. 무대 의상은 마르가레트

---

* 페르박이라는 경찰관이 나오는 프랑스 텔리비전 연속극(1991~1994)

메네고스가 고용한 사람(그녀는 로제 플랑숑의 〈어린 왕, 루이Louis, enfant roi〉에서 의상 조수를 담당한 그의 작업을 높이 평가한다)이 담당한다. 그의 이름은 피에르장 라로크Pierre-Jean Larroque이며, 그는 마리 드 메디시스Marie de Médicis에게 헌정한 유명한 루벤스Peter Paul Rubens의 그림에서 영감을 받아 빨간색 배경에 황금색 흉갑을 제안한다. 우리는 여기서 15년 후에 〈로맨스〉에서 선보일 17세기 미니멀리즘의 전조를 보게 된다.

모든 것이 너무 비싸지 않다는 장점이 있다. 극장 장면에서 관객석을 보여 주는 역숏은 생드니Saint-Denis의 제라르 필리프 극장 어둠 속에서 몇몇 엑스트라와 함께 촬영한다. 그리고 연극을 보는 두 관객 배우는 빈 공연장을 유심히 바라본다. 셰익스피어 연극 장면은 몇 주 후에 롱뿌앙Rond-Point 극장에서만 촬영할 수 있었기 때문이다(〈사교 게임〉 이후 정식으로 로메르의 공동 작업자가 된 촬영 감독 뤽 파제Luc Pagès의 부재로). 이런 것은 별로 중요하지 않다. 시네아스트는 조금은 고의로 가난한 사람의 극장으로 향한다. 약간 보잘것없어 보이는 파손된 공간이지만 거기로부터 모든 것이 가능하다. 파울리나는 신고전주의 무대 배경과 진홍색 커튼 사이로 등장하면서 이렇게 경고한다. "당신의 믿음을 깨워야 합니다."[16] 로메르는 〈겨울 이야기〉 전체에 걸쳐 잃어버린 믿음의 기호들을 증가시킬 것이다. 〈녹색 광선〉에서 길을 가다 발견한 게임 카드가 영화적 목적의 구두점을 찍는 것처럼 이 기호는 여자 주인공의 여정에 구두점을 찍는다. 여기서는 플라톤의 상기설想起說의 환기시키는 것으로, "당대의 믿음과 관련해 알맞은 설명의 한 형태이며, 궁극적으로 영혼이 실체로서 불멸임을 증명하는 것은 아니지만, 경험 이전에 무언가를 아는 능력이 우리에게 존재함을 확인해 준다."[17] 〈겨울 이야기〉는 영혼의 전생이나 환생에 대한 업보業報, karmique의 믿음이다. 이는 그의 절친한 친구 아이데 카이요가 로메르에게 설명해 준 것이다. 그리고 영화 속에서 카이요가 변론하는 것으로, 그 옆에서 장클로드 비에트는 침묵을 지키고 있다(사실 이 장면의 절반은 즉흥 연출이다). 로메르는 도서관 사서의 목소리를 통해 사유의 역사에 대해 끊임없이 강의하게 하면서, 장 비고나 블레즈 파스칼에 대한 언급도 잊지 않는다. 수많은 죽은 별들과 모순적인 반신들은 각자 자신의 방식으로 재에서 다시 태어나기를 원한다.

사실임직한 것에서 진실로

또한 핍진성逼眞性의 법칙도 잊지 않는다. 로메르는 그가 '고전 동화'[18]를 이야기하려는 만큼 이 규칙을 더욱 엄격하게 존중하려 한다. 여름휴가에서 강렬한 사랑을 나눴지만 연인과 연락할 방법을 잃어버린 펠리시라는 평범한 신분의 젊은 여성에 대한 이야기다. 그들이 헤어질 때 그녀는 잘못된 주소를 알려 준다. 5년이 지난 후에도 그녀는 여전히 어느 길모퉁이에서 그녀의 매력적인 왕자님을 만나기를 소망한다. 우연의 섭리가 그녀의 인내심과 고통을 보상한다. 로메르에게 아주 중요한 것은 이야기 구성에서 (놀라운 일이 예고 없이 들이닥친 〈녹색 광선〉과 달리) 가장 작은 세부 사항도 신뢰할 수 있다는 것이다. 영화 속 그녀가 실제로는 르발루아 Levallois에 사는데 실수로 쿠르브부아Courbevoie에 산다고 말한다? 이런 말실수가 정말로 드문 일인지를 확인하기 위해 시네아스트는 두 장의 편지를 보낸다. 한 장은 쿠르브부아, 빅토르 위고 37가에 사는 프랑수아즈 에체가라이에게 보낸다. 다른 한 장은 우체국 유치 우편으로 같은 도시의 펠리시를 연기할 사람에게 보낸다. 두 장의 편지는 '표기된 주소에 살지 않음'과 '청구되지 않음, 발신자에게 반환'으로 표시되어 되돌아온다. 설상가상으로 (정말 실제로) 그는 빅토르 위고 36가의 건물이 철거되고 있다는 것을 알게 된다. 쿠르브부아나 르발루아나 마찬가지인 것이다.

이러한 신중함은 시나리오에도 영향을 미친다. 로메르(그는 파스칼적인 만큼 또한 데카르트적이다)는 자의적으로 보일 수 있는 모든 것을 정당화하려 한다. 시나리오 중간 버전에서, 그는 펠리시의 자동차 고장을 상세하게 표현하는 데 한 장면 전체를 사용하는데, 이 장면은 나중에 버스에서의 '우연한' 만남을 더 잘 준비하려는 밑바탕이다. 영화 중간에 그는 여자 주인공이 자신의 불운의 모든 측면을 명확하게 설명하는 긴 시퀀스를 유지한다. 로메르는 알랭 베르갈라(그가 로메르에게 히치콕은 어떤 가책도 없었을 거라고 지적했던 것에 대해)에게 이렇게 대답한다. "내가 보여 주고 싶었던 점은 사실임직 하지 않은 것으로 여겨지던 일이 결국에는 그렇지 않다는 점이다. 심지어 그 반대가 사실일 수 있다."[19]

사실임직 한 것, 혹은 진실을 향한 첫 단계는 읽을 수 있는 과정을 통과한다는 것이다. 이것은 로메르가 유지하고 싶어 하는 귀중한 세 번째 개념으로, 관객이 이야기의 진행과 귀결점을 다 알고 있다는 것이다. 그래서 그의 영화들 내에서 움직임의 중요성은 인물이 거주하는 공간을 정확하게 구분할 수 있게 해 준다. 그가 (〈보름달이 뜨는 밤〉을 리자 에레디아가 편집하는 동안) 나중에 촬영 현장으로 되돌아가서 계단을 올라가면서 한 걸음을 잊어버린 게 아닌지 확인한 적이 있었다. 리자 에레디아가 장클로드 브리소의 작업에 참여하면서, 마리 스테판이 〈겨울 이야기〉에서 편집을 다시 담당한다. 앞으로 몇 년 동안 그녀는 전임자가 그랬듯 로메르에게 대항하지 않으면서도 여러 대담한 시도를 한다. 이에 대해 시네아스트는 짐짓 모르는 척 동의해 준다. 예를 들어, 인물이 움직이는 동안 몇 걸음을 편집하려는 모험을 한다. 하지만 당분간 그녀는 〈비행사의 아내〉 이후 작가와 다시 만나 전적으로 동조하고 그의 요구에 의문을 제기하는 일은 하지 않는다. 예를 들어, 관객이 길을 잃지 않도록 이야기 시작 부분에 흰색 자갈처럼 뿌려 구성한 것을 볼 수 있다. 즉, 도입부의 끝에서 정사 장면에 입혀진 화면 밖 소리("넌 정말 무모해, 알겠지!")는 펠리시가 어떻게 샤를르의 아이를 임신하게 되었는지 분명하게 말해 준다. 그녀가 집으로 돌아가는 여행 중에 '르발루아 도시'를 나타내는 두 숏은 그녀가 저지른 치명적인 실수의 모든 모호한 요소를 제거한다.

계시로 가는 길에 또 다른 제약이 생긴다. 예를 들어, 사랑하는 사람과 마침내 만나는 장면에서 실제 버스를 쓰지 못하게 된 것이다. 실제로 찍힌 승객을 연결하는 숏-역숏 구성 과정해서 복잡한 문제가 초래될 수 있기 때문이다. 그래서 로메르는 전혀 좋아하지 않는 일을 하기로 결심한다. 시간에 맞춰 빨간불의 리듬을 맞추고 보수를 줘야 하는 엑스트라를 기용하고 가짜 버스를 빌린다. 작은 비디오 카메라를 장착하고 그는 몰래 버스에서 몇 시간이고 리허설 촬영을 하는데, 프랑수아즈 에체가라이는 샤를르의 '여자 친구'(나중에 마리 리비에르가 연기하게 될 역할) 자리에 앉는다. 샤를르를 연기할 배우 프레데릭 반 덴 드리에쉬Frédéric van den Driessche는 가능한 날짜가 제한되어 있어 시퀀스의 시간 순서를 뒤섞어 놓는다. 로메르의 취향과는 거의 맞지 않는 일이긴 하지만 그래서 이 장면이 먼저 촬영된다. 그날이 왔지만, 그들의 진심은 거기에 없었다. 로메르는 이 사실을 인정한다. "나는 시나리오 내용에만 충실하려 했고, 촬영의 역동성에 휩쓸리지 않았다. 배우들도 분위기에 집중하지 않았고, 나 역시 그랬다. 냉정하게 그 작업을 했다."[20] 반면, 자동차 안에서의 긴 대화 장면 연출은 매우 즐겁게 한다. 사운드 기사 파스칼 리비에가 트렁크에서 쭈그려 있는 동안 그는 뒷좌석 카메라 감독 옆에 자리를 잡는다. 이를 통해 자동차 앞 유리창에서 찍는 별로 그럴듯하지 않은 시점(그럼에도 〈가을 이야기〉에서 사용하게 될)을 피하면서 비가시적 관찰자 시점을 정할 수 있게 된다.

추함에 대한 취향

로메르는 현실을 묘사하기 위해서라면 진실에 대한 작은 불성실을 허용한다. 현실(이를 구성하는 인공물까지 포함해서)이 주인공의

현실이 된다는 점, 그리고 더 이상 자신의 것이 아니라는 점이 중
요하다. 그는 이 정신으로 특히 펠리시의 잃어버린 여름에 대한
몇 가지 이미지가 펼쳐지는 〈겨울 이야기〉에 대한 도입부를 구상
한다. 그것은 단지 행복한 미소와 전형적인 자세로 연결되고 진
행되는 일련의 우편엽서처럼 보인다. 그리고 감상적인 음악은 값
싼 뮤직비디오를 모방한 것처럼 보인다. 로메르는 이 곡(그가 작
곡가임)을 조금 부끄러워해서 평소 함께 하던 작곡가 장루이 발레
로에게도 차마 보여 주지 못한다. 그는 음모를 꾸미는 10대처럼
흥분해서 편집자의 음악 지식을 이용해서 푸가로 바꾼다. 이 두
사람은 뻔히 보이는 가명, 세바스티앙 에름Sébastien Erms을 만들어
작곡가 이름에 올린다. 즉 에릭 로메르와 마리 스테판(하지만 아
마도 좀 더 비밀스럽게는 에릭 로메르와 모리스 셰레)이다. 아마추어
리즘을 완성하기 위해 그는 너무 깨끗한 녹음을 거부하고 저가의
피아노로 녹음을 다시 시작한다. 마치 펠리시가 잃어버린 아름
다운 연인을 추억하면서 단지 이 수수한 곡을 피아노로 서투르게
연주하듯 말이다.

이 아름다운 연인은 그녀가 간직하고 있는 이미지와 일치한다
(게다가 배우 등록부에서 직접 발견해서 이 얼굴을 제안한 사람은 여
배우다). 마찬가지로 그녀가 샤를르의 품에 다시 안기기 전에 그
사이에서 균형을 유지하는 두 남자, 로익과 막상스를 연기할 사
람도 그녀의 취향에 따른다. 먼저 로익 역은 에르베 퓌뤼크Hervé
Furic가 맡는다. 그는 지나치게 진지한 도서관 사서 역할에 완전
한 신뢰를 준다. 그는 박식함으로 펠레시에게 감동을 주지만 육

체적으로 그녀를 유혹하지 못한다. 두 번째 막상스는 미셸 볼레티Michel Voletti가 연기한다. 그는 로메르가 전에 마리 스테관의 장편 영화(〈쥐스토쾨르Justocoeur〉)에서 눈여겨봤던 배우이며, 여자 배우가 (이번에도) 막상스의 배역으로 열렬히 추천한 배우다. 따라서 용모에 어울리지 않은 이상한 배역이 된다. 남성적인 보호자 역할을 연기하기에는 너무 섬세하고, 미용사처럼 보이기에는 너무 덩치가 큰 미셸 볼레티는 역할의 한계를 넘어 풍자적인 면을 보여 준다. 이런 것은 로메르를 그다지 싫어하지 않는데, 앞서 언급했듯 르누아르의 교훈에서 얼마나 많은 것을 배웠는지를 보여 준다. 그는 때로 그들이 연기할 인물에 관계없이 연기자를 선택해 왔다. 마치 자신의 리얼리즘의 힘을 더 잘 시험해 보려는 듯 말이다.

그는 연기자가 쓰인 대로 대화하지 않는 것을 싫어했다. 이와 관련해 파시칼 리비에는 설득력 있는 에피소드를 들려준다. "약간 긴 장면이었기 때문에 로메르는 정확히 무엇이 잘못되었는지 파악할 수 없었다. 그는 대사가 준수되지 않고 있다는 사실을 알아차렸는데, 미셸 볼레티가 그의 대답을 약간 줄인 것이었다. 로메르가 표현하려고 했던 미묘한 차이가 갈가리 찢겨졌다. 그는 매우 화를 냈고 배우는 연기를 수정해서 다시 시작했다. 그가 썼던 걸 설명하기 위해 배우를 지시하는 감독으로 행동하는 장면을 본 것은 그때가 유일했다! 그가 결코 하지 않는 종류의 일이다."[21] 감독은 막상스와 펠리시가 만들 예비 부부의 환경을 실제보다 더 사실적인 지역색 있는 사랑의 둥지로 만든다. 아이데 카이요가 감독에게 소개한 장뤽 르볼Jean-Luc Revol이라는 남자 덕분이다. 그는 나중에 연극 연출가가 된다. 그는 〈겨울 이야기〉를 준비할 때 '희극과 격언'의 주변에서 마리 부틀루가 맡았던 것과 동일한 비공식적 기능을 담당한다. 비공식 조감독으로 그곳에서 그가 아는 장소와 사람들을 영화에 제공하는 책임을 담당한다. 느베르Nevers의 경우에 그의 숙모가 소유한 미용실은 거의 그대로 막상스가 운영하는 미용실로 사용된다. 로메르는 〈히로시마, 내 사랑〉(이 도시에서 부분적으로 촬영한 레네의 영화)에 대한 언급은 하지 않도록 주의하지만, 연인들이 오래된 거리를 산책하면서 슬쩍 성 베르나데트Sainte Bernadette의 성골함을 가로질러오게 한다.

시네아스트가 지방이나 파리 교외, 파리에서 이미 존재하는 배경(어머니의 아파트는 "예전에 사람들이 말하곤 했던 '레비탄Levitan'• 양식이다"22)을 중시하는 게 단순히 경제적인 부분 때문이 아님은 분명하다. 그 어느 때보다, 그는 가능한 한 사소하고 평범함 일상생활 속에 자신을 숨기기로 했다. 저급 취향의 벽지와 대중교통의 칙칙한 회색, 그리고 일요일에 어울리는 즐거운 식단을 구성했다. 16미리로 촬영하고 정성을 가장 덜 들인 이미지를 보여 주는 〈겨울 이야기〉는 모든 로메르 영화 중에서 가장 덜 아름답다고 말해야 할 것이다(『위마니테L'Humanité』에서 이 단조로운 추함을 애도한 장 로이Jean Roy 같은 특정 비평가들을 당황스럽게 한 것도 빼트릴 수 없다). 그가 로익의 거실에 있는 칸딘스키 작품을 잠깐 보여 주거

• 이삭 레비탄Isaak Levitan(1860~1900)은 서정적 풍경화를 주로 그린 러시아 화가다.

나 사운드 트랙에 새소리를 집어넣으면서 현실 여기저기에 몇 가지 손질을 하도록 허용한 것은 자신의 색조를 신중하게 돋보이게 하려는 화가와 같다. 비록 그가 가장 칙칙한 색을 선택했을지라도 말이다.

기쁨의 눈물

이 어둡고 흐릿한 배경 화면에서 한 모델이 부각되는 것을 볼 수 있다. 조작과 강박 관념을 의미할 수 있는 모든 것을 포함한 브레송적 의미의 모델은 아니다(로메르는 배우 지시 방식에 대한 권위주의적 개념에 격렬하게 반대한다). 아니, 살과 피를 가진 한 존재, 한 타자는 종이에 묘사된 인물의 감정을 스스로 만들 수 있다. 〈겨울 이야기〉의 준비 작업 중 로메르는 전화로 한 농담 덕분에 사무실에 어느 날 들이닥친 젊은 여성과 오랫동안 이야기를 나누었다. 그녀의 이름은 안소피 루빌루아Anne-Sophie Rouvillois로 조금은 '우유부단한 사람L'Indécise'의 전형(이것은 첫 번째 대본의 제목이다)이며, 분명하지 않은 여러 자질 사이에서 망설이고 있고, 남성과의 사랑 이야기는 시작할 수도 없었다. 그녀의 고민은 〈녹색 광선〉의 델핀, 그리고 셰레가 겪었던 젊은 시절의 괴로움과 그리 다르지 않다. 로메르는 그녀가 눈물을 흘리는 것을 호기심을 가지고 바라보고, 그녀의 심경에 대한 얘기를 듣고 무기력을 극복하도록 도와주려 한다. 그녀에게 영화(단지 〈사교 게임〉에서 작은 역할을 한다) 출연을 제안하지는 않지만, 1989년 6월 〈겨울 이야기〉의 도입부를 그녀의 집에서 촬영하게 된다. 그는 모르비앙Morbihan 만灣에 있는 일 드 무완느Île-aux-Moines에서 셰익스피어의 『폭풍우The Tempest』에 영향을 받아 썼던 과거의 해변가 이야기를 추억한다. 펠레시의 새로운 이야기에서 안느 소피의 몇 가지 우울한 흔적을 발견할 수 있다.

몇 달 전에는 또 다른 여성이 로메르의 사무실에 뜻하게 않게 나타난다. 그와 일하기를 희망하며 편지를 쓴 수많은 배우 중 한 명이지만 로메르로부터 답장을 받지는 못했다. 그녀가 단편 영화 상영에 초대하려고 전화를 걸었지만 그는 별 관심을 보이지 않았다. 전화를 끊기 직전에 그녀는 사무실에서 카세트를 맡기러 오겠다고 말한다. 그렇게 해서 그녀는 사무실에 다시 올 좋은 이유가 생긴다. 카세트를 다시 찾으러 온 것이다. 그때부터 로메르는 샤를로트 베리Charlotte Véry와 대화를 시작했다. 그는 그녀가 맡긴 영화를 싫어하지만 이 단호하고 쾌활한 젊은 여성에게 흥미를 느꼈다. 그녀는 바로 본론으로 들어가서 많은 말을 했다. 몇 달 동안 그들은 차 한 잔과 쿠키 몇 개, 녹음기를 주위에 두고 유명한 만남의 의식을 재개했다. 로메르는 특히 샤를로트 베리의 서투른 태도와 부정확한 말의 사용법에 주의를 기울였다. 그는 이런 점을 사용해 펠리시의 대사를 쓰는 데 도움을 받았다('거친fruste' 대신에 '빼앗긴frustre'이라고 말하는 장면). 그녀가 역할을 맡자마자, 그들은 함께 그녀의 모든 대사를 다시 읽었고, 그래서 그녀는 때로 구식 표현을 자신만의 단어로 바꿀 수 있게 됐다.

로메르는 한동안 샤를로트 베리의 진짜 어머니에게 펠리시의 어머니 역할을 맡기기를 고려했다. 나중에 포기하긴 하지만 그녀의 어머니는 그의 영화에 감격해서 "(…) '진짜 그대로의' 내 딸을 다시 찾았습니다"[23]라고 말한다. 그는 인물을 미용사로 만들기 위해 배우의 경력(그녀는 분장사로 파트타임으로 일했다)에 의존했다. 그녀의 그림 실력을 이용해 폭풍우에 길을 잃은 작은 두 사람이 있는 엄청나게 순진한 영화 포스터를 만든다. 그리고 베아트리스 로망이 분개한 내용에 의하면, 배우가 출연료 대부분을 사이언톨로지 교회에 부어 줬다는 사실에 그는 충격을 받지 않는다. 이때 "그녀가 믿음을 갖는 게 좋다!"라고 했던 로메르의 말은 〈겨울 이야기〉의 전체 정신을 온전하게 요약할 수 있는 문장일 테다. 도리어 그에게 더 큰 충격을 준 것은 이 젊은 여성이 주장하는 자연주의 문화다. 그녀는 해변에서 나체로 있기를 좋아하고 성애 장면을 연기하는 데 어떤 당혹감도 느끼지 않았다. 촬영하는 동안에 감독은 (〈오후의 연정〉 시절에 주주에게 그랬던 것처럼) 복도에 피신해서 격렬한 체조 운동에 열중했다. 아마도 지나친 수줍음 때문일 것이다. 그리고 때로 둘 다 유혹적 감정에 끌리면서, 그는 샤를로트 베리가 야기한 혼란에 대처하기를 거부했다. 확실히 그는 스스로 허용하지 않는 대담함을 여자 배우에게 떠넘기는 경향이 있었다. 그는 웃지도 않고 감히 이렇게 말한다. "현재, 사람들은 이 분야에서 조금 청교도적이어서, 이 불쌍한 여자 배우들을 노출시킨다고 말한다. 나는 전혀 그렇게 생각하지 않는다. 내가 보기에 그들이 나체로 있는 것은 그들 자신이 '아! 알몸으로 촬영될 수 있다면!'이라고 생각하기 때문이다."[24]

더 호감이 가는 로메르의 면모는 샤를로트와 접촉하면서 드러난다. 그것은 모든 신중함과 두려움을 버리고 영화적 모험을 감행할 수 있는 면모다. 몇 년 동안 그는 이 시나리오를 실현할 사람을 찾지 못했기 때문에 〈겨울 이야기〉의 제작을 망설였다. 하지만 수개월간의 대화 끝에 그는 마침내 6월 일 드 무완느에서 단편 영화를 만들겠다고 샤를로트 베리에게 이야기했다. 그런데 갑자기 일이 가속화되면서 도입부를 촬영하기도 전에 그해 겨울에 실제 장편 영화로 이어진다. 로메르는 그녀에게 내기처럼 들리는 편지를 쓴다. "당신 작품은 성공할 가치가 있다고 생각합니다. 다음 영화의 주연을 당신에게 맡기는 게 틀리지 않다고 생각하지만, 그게 확실하다면 더더욱 확인을 받는 게 좋겠지요. 애정을 담아, 에릭. 추신. 내가 서두르는 것에 놀라지 마세요. 촬영은 여자 주인공처럼 진행될 것입니다. 그녀는 자신만의 생각이 있으며 매우 빨리 결정하니까요."[25] 촬영을 마친 후 로메르는 펠리시의 이야기와 그 이야기를 들려주는 영화 이야기 사이의 이런 평행 관계를 (알랭 베르갈라와 막대한 분량의 인터뷰에서) 강력하게 다시 확언한다. 그것은 선택의 불안을 기적적으로 초월하는 믿음의 승리다.

"옳고 그른 선택이란 없다. 필요한 것은 선택의 문제가 제기되지 않는 것이다."[26] 두 번에 걸쳐 펠리시는 모든 의문이 정지되는 상태를 경험한다. 느베르 교회에서 제단을 바라보고 있을 때, 그리고 셰익스피어의 연극이 펼쳐지는 극장 무대를 바라보면서다. 이때 그녀가 느끼는 것은 종교적 감정이지만, 영화를 통해서만 표현할 수 있는 감정이다. 다른 어떤 예술이 그토록 진실하게 관객의 입장, 즉 그가 보기 때문에 깨닫게 되는 그 관객의 입장을 표현할 수 있을까? 그것은 바로 영화적 계시다. 이 계시는 〈겨울 이야기〉의 중심에, 그것이 전제하는 모든 자서전적 하부 텍스트(파리와 지방을 오가던 젊은 시절의 셰레, 이런저런 삶의 선택 사이의 망설임, 그의 미래 작품의 주제를 예고하는 〈스트롬볼리〉의 발견, 정확하게 말해, 가장 깊은 사막에서 울리는 믿음의 외침)와 함께 있다. 이 계시가 성취되려면 두 가지 조건이 충족되어야 한다. 평범함이라는 절대적 전제, 이것은 마지막 장면의 기적을 더욱 강력하게 만든다. 그리고 어린 시절 정신으로의 회귀, 이것은 영화 내내 여주인공의 손을 잡고 있는 소녀로 구현된다. 이 소녀는 끊임없이 두서없는 서투른 말을 하고 있지만, 그녀에게 어떤 길로 가야 할지 지시해 준다.

이 유년기의 정신은 펠리시/샤를로트의 주지周知의 교양 없음과 결합되어, 온유하고 순결한 자가 지면을 차지하게 된다는 기독교 전통을 나타낸다. 또한 이 정신은 로메르의 영화가 충실하게 발전시켜 왔던 『셀룰로이드와 대리석』의 주제를 나타낸다. 즉, 세상을 순수하게 볼 권리를 되찾기 위해 희생되어야 했던 문화의 넘침에 대한 생각이다. 그 유명한 '희락의 눈물'은 블레즈 파스칼의 얼굴에 흘러내린 것이며, 여기서는 처음인 것처럼 한 어린 아이가 눈물을 흘린다. 기상천외한 줄거리와 엄숙한 웅변조의 셰익스피어의 작품 「겨울 이야기」의 모든 아름다움을 느끼기에는 그녀는 거의 문맹자에 가깝지만, 언어를 훨씬 넘어선 것을 이해했다. "그냥 살아계신다고 말씀드리면 여러분은 동화 같은 얘기라고 하시겠죠. 하지만 말씀은 없으셔도 왕비님은 분명 살아계십니다."27 하지만 죽은 어머니가 다시 살아서 마침내 그 모습을 보이고 딸을 포옹하는 이 장면에서 세 번째 주제가 드러난다. 이 주제는 우리를 정신분석의 영역으로 이끌 수 있다. 어머니와의 유대를 재창조하려는 희망이 아니면, 영화란 무엇일까? 그것은 한 어머니, 영화를 만들기 위해 '에릭 로메르'라는 가명을 사용했던 한 어머니다.

존재냐 아니냐

〈겨울 이야기〉에는 한 여성과 세 남성이 있고, 〈여름 이야기〉에는 한 남성과 세 여성이 있다. 하지만 둘을 비교하는 거울 효과는 바로 효력을 잃는다. 펠리시와 가스파르는 서로 너무 다른 인물이기 때문이다(가스파르는 세귀르 부인을 언뜻 떠올리게 하는 세 번째 '이야기'의 주인공 이름이며, 그 시작은 두 번째와 비슷하지만 4년 후에야 실현될 것이다). 로메르는 오래전부터 처음으로 남자 주인공을 다룬 시나리오를 상상해 왔다. 알랭 베르갈라에게 매우 진솔하게 고백한 것처럼 그에게 문제가 생길 수밖에 없는 일이다. "(…) 나는 조금 당혹감을 느꼈다. 여성 인물보다 편안하지 않았다. (…) 그 정도로 나 자신이 여성화되어 버린 걸 난들 알았겠는가?"28 문제가 생기는 것은 그뿐만은 아닐 테다. 결국 가스파르의 남성성은 '도덕 이야기'에 나오는 유명한 문장과 편향적인 담론에 빠져 있는 달변가의 남성성과 비슷하다. 〈수집가〉나 〈클레르의 무릎〉

처럼 〈여름 이야기〉도 바캉스 영화이지만, 인물이 살아가는 것보다는 자신의 감정을 분석하는 데 시간을 보낸다.

　로메르 자신을 포함한 많은 사람들이 그의 영화에서 여름휴가가 드러내는 실존적 공허에 대한 많은 해석을 내놨다. 또한 그의 남자 주인공(여자 주인공보다 확실히 훨씬 더)을 특징짓는 잘못된 믿음에 대해서도 많이 얘기했다. 그들은 현실을 자의적으로 해석해서 안심이 되게 적용하려는 생각에 사로잡혀 있다. 〈여름 이야기〉에서 이런 휴가와 잘못된 믿음은 가장 문자적인 의미, 즉 공허함과 믿음의 부재를 발견한다. 앙리(〈해변의 폴린〉)나 알렉상드르(〈내 여자친구의 남자친구〉)에게 여전히 발견되는 자기중심성과 제고프적 외형을 보여 주는 어떤 흔적도 더 이상 이 영화에는 없다. 등장인물 가스파르는 자기 입장에서 자질이 없는 사람이다. 그는 놀랍도록 솔직하게 무의미한 자신의 감정을 말한다. "주위에 세상은 나만 빼고 존재하는 것처럼 느낀다. 나는 없고, 투명하고 보이지 않는다. 난 다른 사람을 보지만 그들은 나를 보지 않는다."[29] 이 '투명 인간 콤플렉스'는 자칫하면 〈사자자리〉의 버려진 상태를 연상시킬 수도 있다. 이 영화는 어쨌든 첫 영화의 자랑과 초기의 단호한 순환 논법 너머에 있는 에릭 로메르의 비밀을 드러낸다. 불안은 단지 전후 세대의 이념적 혼란과 실패한 유토피아에 직면한 세대의 유산만은 아니다(그것은 무엇보다 기독교적 유토피아의 불안이며, 1940년대 젊은 지식인이 감당하기에 너무 거추장스러워진 것이다). 불안은 무엇보다 주체의 불안이며, 있는 그대로 정의되는 단지 주체의 무능함이다.

우리는 여기서 자서전적 해석을 적용해 볼 수 있다. 〈여름 이야기〉의 개봉과 함께 진행된 인터뷰에서 로메르 자신이 그런 제안을 주저하지 않았기 때문이다. "내가 만든 모든 영화 중에서 이 영화가 가장 개인적인 매개라고 생각한다. 이 영화에 있는 모든 것이 사실이다. 젊은 시절에 경험한 일이거나 내가 목격한 일이다."[30] 혹은 "나는 오래전부터 사춘기 시절에 경험한 일에 부분적으로 영감을 받아 이 영화 줄거리를 만들었다."[31] 이 사실이 무엇인지 현미경으로 찾지도 않을 것이며, 튈에서 만난 눈부신 젊은 여성들이나 사랑스럽지만 접근 불가능했던 (영화에서는 모드가 되는) 오테트의 그늘에서 겪은 극심한 감정의 혼란을 분석하지도 않을 것이다. 또한 모성애적 호기심에 더 이상 머물지도 않을 것이다. 이는 〈여름 이야기〉에서 특권적 역할을 하는 플라톤적인 절친한 친구를 다시 한 번 찾는 것을 의미하기 때문이다. 즉, "우리가 함께 산책했던 것을 결코 잊을 수 없을 거야"[32]라고 말하며, 가스파르는 마지막에 부드럽게 그녀에게 빠져 든다. 마치 대화로 사랑을 나누는 근본적 경험에 경의를 표하는 것처럼 말이다.

〈모드 집에서의 하룻밤〉에서 시작해 〈오후의 연정〉과 〈겨울 이야기〉까지 더 정교화된 한 주제의 일관성을 확인하는 것으로 충분하다. 그리고 모든 측면에서 이 영화에서 전개된 가장 큰 불안은 망설임이다. 펠리시보다 더 심하게 가스파르는 우유부단한 사람이며, 세 여성 사이에서 망설이면서 자신의 입장을 운명이 결정해 주기를 기다린다. 먼저, 마음으로 선택한 이상형인 레나가 있는데, 그를 대하는 (적어도 말로) 잔인함에도 불구하고 열

824

심히 그녀를 쫓는다. 다음으로, 휴가의 연인 솔렌은 그에게 더욱 진지하게 영향을 주려고 애쓴다. 그 둘 사이에 마고가 있다. 그녀가 앞서 언급한 절친한 친구다. 가스파르는 마고에게 매우 작은 감정적 흔들림까지 이야기한다. 그는 그녀와 함께하면서 이름도 밝히지 않는 가벼운 연애 상대처럼 행동한다. 청년의 우유부단함은 결정적 문제를 중심으로 절정에 이른다. 이 세 명의 상대 중 누구와 함께 키티라Cythera섬에 배를 타고 갈 것인가? 그곳은 영화의 배경으로 선택한 웨상Ouessant섬이다. 운명의 아이러니를 통해 예기치 않은 해결사deus ex machina가 개입하여 그는 의심에서 해방된다.

그의 내면이 방황하는 내내 또 다른 징후가 나타난다. 로메르의 초기 주인공처럼 가스파르는 시선으로 공간을 소유하는 법을 잘 알고 있다. 이것이 고요하고 느리게 진행되는 서두의 주제이며, 그가 좋아하는 사람을 엿볼 장소를 살피는 장면으로 구성된다. 이 장면은 플래허티의 〈북극의 나누크〉에서 오랫동안 먹잇감을 기다리는 사냥꾼 시퀀스를 칭찬했던 초기 로메르의 글을 떠오르게 한다. 〈여름 이야기〉의 아마추어 사냥꾼도 생각으로 시간을 조정하려 한다. 여기에서 습득한 이 '우연의 습관'³³은 그가 탈출한 현실에 계략을 세울 수 있게 해 준다. 너무나 작고 여전히 어설픈 배치이긴 하지만, 로메르에 따르면 영화라는 거대하고 섬세한 계략을 자신의 방식으로 미리 표시한 것이다.

실제를 노리다

시네아스트가 확신이 없는 인물을 확실하게 전개하는 것은 자신의 인물(자기 인격)에 복수한다는 의미일까? 이런 결론은 글쓰기 단계를 간과한다. 이 글쓰기는 로메르를 항상 망설임, 시행착오, 혼란의 악마로 돌아가게 한다. 〈여름 이야기〉의 경우는 더욱 그러한데, 앞서 언급한 이유와 기획의 오랜 숙성을 설명해 주는 이유 때문이다. 그는 1990년대 초반에 다시 시작하여, 안느 소피 루빌루아(영원히 우유부단한 사람)와 대화를 녹음하면서, 한 명의 남성 인물과 세 명의 여성을 조합하려고 하는데, 이 단계는 문자로만 지정해 놓는다. 그는 그들 관계의 구축을 지나치게 명시하고 있는데, 나중에 삭제할 것을 염두에 두고 낭만적인 자료를 확보하려 한 것처럼 보인다. 예를 들어, 장래의 가스파르와 레나, 혹은 마고의 질투 사이의 이전 애정 관계는 최종 버전보다 훨씬 명확하다. 그는 남녀 인물의 특성이나 주인공의 심리 상태, 타인을 정면에서 바라보는 것에 대한 두려움, 남자임을 증명하려는 욕구, 부유하는 정체성에 대한 주제에서 벗어난 긴 여담을 발전시킨다. "그래서 나와 있을 때 네 자신이 된다고?" 결국 그는 친구에게 묻는다. 그: "모르겠어." B: "뭐라고? 그렇다고 했잖아." 그: "난 분명 나 자신과 가장 가까운데, 나는 무엇일까? 내 꿈이 나라면, 난 한 번도 너를 꿈꿔 본 적이 없어. 이전에는 너를 상상도 못했어. 너는 내가 이전에 품었던 진실한 이상에 해당하지 않아. 하지만 그런 이상을 가진 건 내 실수라고 생각해."[34]

불확실성은 예비 버전에만 한정되지 않는다. 〈여름 이야기〉는 로메르가 촬영을 마친 후에 시나리오의 한 부분 전체를 포기한 드문 영화 중의 하나다. 이 장면은 해변에서 레나와 가스파르가 길게 논쟁하는 한 과정인데, 서로 원망하는 공허한 수사에 빠져든 것이 문제다. 리듬의 문제인가? 아마도. 하지만 감독도 인물의 성격을 넘어서는 배우의 폭발을 조정하는 데 어려움을 느낀다. 로메르는 레나 역할을 오렐리아 놀랭Aurélia Nolin에게 맡긴다(그가 예전에 알았던 배우 카트린 위보Catherine Hubeau의 딸). 사무실에서 그는 그녀의 인어 같은 외모와 도도한 얼굴 사진을 찍는다. 하지만 촬영하는 동안 그녀는 자신이 연기해야 할 감정에 사로잡힌다. 파스칼 리비에는 이렇게 설명한다. "이 긴 시퀀스는 뒤쪽에서 트래블링으로 시작해서 그녀가 멀어지는 장면으로 끝난다. 악몽이었다! 왜냐면 한번은 그녀는 바른 방향으로 가지 않아서, 두 번째는 상대역이 너무 뒤에 있었기 때문이다. 그렇지 않으면 그들은 사이가 좋지 않아서……. 그리고 결국 두 사람 모두 잘 촬영되었을 때, 에릭은 그녀가 화면 밖으로 완전히 사라지기를 원했는데, 그녀가 '나 괜찮았어요?'라고 말하면서 화면 안으로 되돌아왔다. 결과적으로, 이 장면에는 이전에 나온 모든 것이 담겨 있었다."[35] 우리가 본 바와 같이, 시네아스트는 연기자의 어떤 불편함을 이용하여 이러저러한 상황에 모든 현실의 무게를 부여했다.

그리고 몇 번의 만남이 창작 과정을 가속화했다. 로메르는 아리엘 동발이 소개해 라울 루이즈Raoul Ruiz의 〈파도, 성년과 미성년Fado, majeur et mineur〉 촬영을 방금 마친 젊은 배우를 알게 된다. 25

세는 아니지만 이름이 이미 알려진 배우 멜빌 푸포다. 그는 어린 시절부터 루이즈와 자크 드와이옹Jacques Doillon, 장자크 아노Jean-Jacques Annaud의 영화에서 많은 역할을 연기해 왔다. 그는 1990년 대의 주연 미남 배우가 되었고, 그의 아름다움에 어우러진 미묘한 구식 느낌을 로메르는 싫어하지 않았다. 게다가 시나리오는 1930년대에나 어울릴 몇 가지 발음하기 힘든 대사를 쓰고 있다 ("(…)년 나와 같은 지점에서 날 놀리는 것을 좋아해"³⁶). 로메르는 특히 HF 마이크를 채울 수 없는 해변 장면에서 멜빌이 분명하게 발음할 수 있을지 약간 걱정했다. 그는 작은 실험을 시도했다. 라디오 소리를 최대로 켜고, 부엌에 앉아서 멜빌에게 시나리오를 큰 소리로 알아들을 수 있는 목소리로 읽으라고 요청했다. 거기서 연기 감독은 멈춘다. 트랭티냥이나 케스테르의 경우와 마찬가지로, 설명이 따로 필요 없는 이행의 과정, 비밀스러운 위임이 이루어진다. 암묵적으로 멜빌 푸포는 자신의 역할을 로메르의 과거 10대 시절의 분신으로 이해하고, 현재 로메르가 하는 성인의 버릇, 즉 손을 비비거나 우유부단의 표시로 입술을 물어뜯는 습관을 살짝 자신의 것으로 만든다. 촬영장에서 찍은 한 장의 사진은 두 사람이 흰색 폴로셔츠, 밀짚모자, 검은 안경으로 똑같은 차림을 한 모습을 보여 준다. 멜빌은 자서전적 이야기를 구현할 이상적 분신이다.

또 다른 만남이 이루어진다. 로장주 30주년을 기념하는 칵테일 파티에서 우연히 로메르는 〈해변의 폴린〉의 연기자 아망다 랑글레를 다시 만난다. 10년 만에 본 것이다. 그녀가 바로 마고 역을 연기하게 될 사람이며, (그녀의 말에 의하면) 배역 이름을 직접 고르지만, 그 이름은 시나리오의 여백에 이미 기록되어 있었다. 한담을 나누면서 등장인물을 함께 만들어가는 것도 이번에는 문제가 없다. 시나리오는 시나리오일 뿐이다. 아망다 랑글레가 연기를 시작했을 때(크레이프 가게에서 첫 시퀀스를 찍는 노골적인 암시를 보이는 시간), 별로 만족스럽지 않게 된다. 사랑에 빠진 세 번째 애인은 신인 그웨나엘 시몽Gwenaëlle Simon이다. 그녀는 자신의 연기를 보여 주려고 로메르를 극장으로 초대하며 이렇게 편지했다. "당신의 영화를 좋아합니다. 당신의 영화를 통해 당신을 좋아하며, 당신도 저를 좋아하기를 바랍니다. 아주 단순하게."[37] 이런 태연자약함은 '해적의 딸' 솔렌의 방식과 완벽하게 부합하고, 그녀가 가스파르를 배로 데리고 가서 결심을 부추기는 방식이다. 게다가 그웨나엘 시몽은 생말로 해안 출신이어서 시네아스트에게 더욱 확신을 준다.

로메르는 1957년 자신이 테레즈 바르베과 결혼했던 지역인 생말로와 파라메Paramé에서 멀지 않은 디나르Dinard에 〈여름 이야기〉의 배경을 마련한다. 그 후 그는 다시 그곳에 방문할 기회가 있었고 이 지역의 아름다움을 간과하지 않았다. 이곳에는 솔리도르Solidor 탑(유명한 가수 이름을 붙인)과 성티에 데 두아니에sentier des douaniers*는 해변을 따라 꾸불꾸불한 길이 나 있고, 그가 휴가를 보낸 긴 산책로가 있다. 프랑수아즈 에체가라이와 아주 친하며 이

---

* 세관원의 길, 원래 불법 밀수업자를 찾는 세관이나 해안 경비대가 사용하기 위해 만들어진 길

지역 시네아스트인 알랭 겔라프Alain Guellaff는 이전 〈겨울 이야기〉
에서 장뤽 르볼과 〈가을 이야기〉에서 플로랑스 로셰에게 맡겼던
임무를 수행한다. 그는 장소를 준비하고 사람들을 소개하고 촬영
할 장소를 제안하는 안내자 역할을 했다. 이 지역이 그의 재량에
맡겨지면서 그는 '달빛 크레프리Crêperie du clair de lune'라는 상호의
가짜 크레이프 가게를 만들고 모호한 입간판을 달아 광고한다.
급기야 맞은편 진짜 크레이프 가게에서 경찰을 불러 부정 경쟁이
라며 불평한다! 프랑수아즈 에체가라이가 문제를 해결하기 위해
혼신을 쏟는 동안, 로메르는 숨어서 온몸을 뒤흔들며 웃음을 그
치지 못한다.

〈여름 이야기〉에서 촬영 단계마다 그가 존중하기로 결정한 절
약의 원칙이 위반되는 드문 사례가 발생한다. 얼마 전에 그는 디
안 바라티에와 이 지역에서 일주일을 보내면서 가능한 프레임을
살펴보고 배경을 확인한다. 촬영 첫날, 페리선을 탔던 열두 명이
넘지 않는 작은 팀이 하선한다. 그럼에도 로메르는 시나리오에
예외적인 호사를 부여하긴 하지만, 부분적으로는 그의 친구 릴리
안의 딸 베트사베 드레퓌스를 기쁘게 하려는 것이다. 베트사베는
그가 후기 영화를 만드는 내내 애정을 가지고 노년의 의지가 되
는 친구로 남는다. 배우들에게 장비를 운반하는 임무를 맡기고,
(해변에서 배회하는 인물을 찍기 위해 마련한 또 다른 호사인) 돌리에
설치된 카트를 미는 역할은 감독이 직접 맡는다. 붐 마이크가 너
무 눈길을 끌지 않도록 교묘하게 위장한 HF 마이크를 사용한다.
아망다 랑글레의 상의나 오렐리아 놀랭의 긴 머리카락 속에 숨긴

다. 구경꾼이 모이거나 카메라에 대한 시선을 피하기 위해 로메르는 검은 안경과 머리에 스카프를 둘러 알아볼 수 없게 하고 촬영 팀과 거리를 두고 대중의 호기심이 사라질 때까지 기다린다. 그런 다음 '액션'을 의미하는 신호로 그는 스카프를 조금 들어올린다.

〈'여름 이야기' 제작기La Fabrique du Conte d'été〉를 봐야 한다. 프랑수아즈 에체가라이가 현장에서 촬영한 것을 바탕으로 장앙드레 피에쉬Jean-André Fieschi가 편집한 장편 다큐멘타리다(그녀가 촬영한 영화의 다른 비공식 '메이킹 필름' 가운데 나머지는 탐험해야 할 보물로 기록물 보관소에 남아 있다). 〈'여름 이야기' 제작기〉는 마스크를 한 키 큰 노인이 이끄는 기묘한 발자크적 음모와 비슷하다. 이 노인은 작은 부대를 전략적 장소로 데려와 신호로만 그들과 의사소통했다. 사실 아주 세부적인 사항도 감독과 디안 바라티에나 파스칼 리비에와의 사전 토론을 통해 이미 결정된 것이었다. 단지 몇 가지만 조종하고 기획대로 발생할 사건을 지켜보는 일만 남았다. 멜빌 푸포는 이렇게 말했다. "모든 것은 계획됐다. 에릭은 조수간만 시간표와 일조 시간 통계를 계산했으며 1년 전부터 그 지역을 사전 답사했다. 마침내 촬영할 준비가 되었을 때, 촬영 중에 그는 아주 흥분했고 카메라에 매우 주의를 기울였다. 그가 나를 선택했을 때 느꼈던 인상을 확인해 주는 그런 것이다. 말하자면, 모두가 제자리에 있고 모든 것이 이미 갖추어져 있는 상태에서, 그는 현실이 현장에 전달되기를 기다리고 있었다."[38] 이 작업을 성공적으로 수행하려면 다음 세 가지 핵심 단어가 필요하다. 책략(즉, 세심한 준비)과 침묵(보이지 않고 본다), 그리고 포착(오래 기다려 온 대상이 한순간 나타나게 유도한다)이다. 사람들은 로메르를 사냥꾼으로 묘사하기도 하고, 뱀파이어로도 묘사할 것이다. 확실히 위대한 배덕자背德者이며, 영화로 통하는 길을 이용해 실제 삶을 점유한다.

〈'여름 이야기' 제작기〉는 은밀하게 촬영되었기 때문에 영화 주변의 실제 삶은 계속 이어진다. 예를 들어, 그녀가 출연하는 장면 촬영을 모두 마친 후 멜빌에게 작별 인사를 해야 할 때 아망다 랑글레의 얼굴에 스치는 슬픈 기색을 볼 수 있다(로메르의 배우들에 대한 영화 〈은밀한 이야기Contes secrets〉에서도 그 흔적을 발견할 수 있다. 이 영화의 쓸쓸한 인터뷰에서 마리 비네Marie Binet는 이전 상대 배우와 함께한 시간을 떠올린다). 헛되이 녹색 광선을 뒤쫓고 난 후에 로메르는 나이트클럽에서 힘껏 흔들며 마음을 위로하는 행복한 순간에 있다. 대개 그는 야밤에 표류하는 젊은 동료들을 매우 못마땅한 눈으로 바라보곤 했다. 어느 날 그는 영화관으로 외출을 한다. 디나르에서 클로드 샤브롤의 신작 〈의식La Cérémonie〉의 시사회가 열렸기 때문이다. 멜빌 푸포는 이렇게 회상한다. "로메르가 홀멀리서 샤브롤에게 신호를 보냈다. 그가 앉은 좌석 열에 그 혼자 앉았는데, 사람들이 자신을 알아보기를 원치 않았지만 모두 그를 봤다. 상영이 끝난 후 그는 서둘러 집으로 돌아갔다. 내가 숙소에 들어갔을 때 그는 거실에서 비디오로 러시 필름을 보는 중이었다. 마치 자신의 작업과 샤브롤의 작업을 비교하는 것처럼, "이게 정말 좋은가?"[39]라고 혼잣말을 했다." 중요한 것은 그의 영화를 그 자신, 에릭 로메르에게 보여 주는 일이라는 듯, 다시 한 번 실제 삶은 사방에서 넘쳐 나온다. 안아 줄 수 없는 한 젊은이의 유령 옆으로.

"난 항상 음악에 주목해요"

〈여름 이야기〉는 무슨 얘기를 하는 걸까? 아마도, 아무것도 아닌 무無. 가스파르는 이 무의 문제에 사로잡히고, 무와 자신을 동일시한다. 동시에 공개적으로 주장하지 않으면서 이야기가 진행되는 내내 흰색 자갈을 쌓아 놓는 것으로 예술가적 소명을 알린다. 인물이 아직 젊기 때문에 그는 자신의 길을 아직 찾지 못했다. 또한 로메르 영화의 결정적인 수줍음 때문이다. 여기서 감히 (회고적인 동시에 예언적으로) 그의 작품에서 인용한다면, 그것은 숨겨진 인용이며, 카페트의 형상이다. 거리를 지나다 빛나는 표지판의 배경으로 부각되는 그림자이며, 〈사자자리〉의 야간 시퀀스다. 〈수집자〉의 다니엘 포머렐과 같은 방식으로 거울에 비친 자신의 모습에 머물러 있는 남성이다. 〈클레르의 무릎〉이 덧없이 연상시키는 것처럼 전경에서 흔들거리는 마고의 무릎이다. 이 영화film 속 영화cinema의 진정한 대변인인 음악이 재현하는 은밀하고 지속적이고, 간접적인 은유도 빼놓을 수 없다.

음악은 〈여름 이야기〉의 시나리오 단계부터 로메르가 시나리오를 쓰느라 고군분투했던 여러 버전의 뱃사람 노래로 계속 등장한다. 마리 스테판이 편곡한 선율에는 〈페르스발〉의 반향이 숨겨겨 있다. 시나리오 초고에서 그 가사는 〈겨울 이야기〉의 펠리시와 이상하게 닮은 자랑스러운 '해적의 딸'의 모험 이야기를 들려준다. "나는 몇 달이고, 몇 년이고 찾아다녔네 / 육지와 바다에서 / 결코 찾을 수 없었네 / 그래도 꿈꾼 건 아니야 / 꿈꾸는…… 꿈꾸는…… 꿈꾸는! / 그러다 갑자기 나타났네 / 이번엔 확실히 그 사람이야 / 맞아, 그를 보고 듣고 만지고 / 신선한 입술을 느끼네 / 그 사람이야…… 그 사람이야…… 그 사람이야!"[40] 로메르는 브르타뉴 지방의 레퍼토리 자료를 수집한다. 그는 셀틱록rock celtique의 전문가 필리프 에델Philippe Eidel에게 자문을 얻는다(그들의 대화가 시나리오 대사로 연장되는 것을 볼 수 있다). 그는 이 분야에 대해 멜빌 푸포를 연습시키려 하는데, 그의 기타리스트로서의 재능은 영화의 음악적 색채를 정하는 데 도움이 된다. 하지만 멜빌을 가까스로 설득해서 가스파르가 사랑하는 사람을 위해 기타 가사를 쓰는 것으로 수정한다.

이 '해적의 딸'도 아코디언 반주에 맞춰 노래를 부른다. 비록 쉰 소리를 몇 번 내긴 하지만, 감독은 나중에 좋은 농담처럼 아주 즐거워한다. "(…) 이 곡에는 4~5개의 연속 톤이 있었다. 우리는 생말로에서 아코디언 연주자 선원을 찾았다. 그런데 이러한 전조는 온음계인 그의 악기로는 연주할 수 없었으며 특정 음조만 있었다. 그런 이유로 장면의 어떤 지점에서 연주를 멈추고 흥얼거리며 노래를 시작했다. 나는 반음계 아코디언과 온음계 아코디언의 이러한 차이점을 알지 못했다! 하지만 그것은 영화를 풍부하게 해 주었다."[41] 이 풍성함은 빈곤으로 만들어진 것이며, 약간은 미리 준비된 빈곤이며, 아마추어리즘을 주장하는 것이다. 즉, 예술이 모든 약속을 이행할 수 있으려면 어린 시절로 돌아가 눈앞에서 학습 과정을 반복해야 한다. 이것이 솔렌을 두고 전개되는 이 시퀀스의 의미이다. 거기서 그녀는 여전히 불완전한 악보를 서툴게 해석한다. 또한 이전 장면과 마찬가지로 즉흥적으로 연출된 늙은 원양어선 선원Terre-Neuvas•과 함께 나누는 것의 의미이다. 몇 가지 고전 뱃노래를 부른다는 구실로 아주 자연스럽게 시행착오의 교육학 형식을 만들어 낸다.

이런 식으로 〈여름 이야기〉는 예술적 자서전을 제시한다. 그 자서전은 인물이 몸부림치는 고뇌에 대한 정확한 안티테제를 제공하는(〈'여름 이야기' 제작기〉의 액자 구조 같은) 촬영 조건에 의한 것이다. 말하자면, 의심을 선호하는 도박이며, 수다보다는 비밀이며, 외부 세계의 변화 양상을 파악하는 것인데, 이는 동시에 엿보이는 여정을 따라가다가 스스로 함정에 빠지는 두려움을 대신하는 것이다. 그리고 아이에게 하듯 로메르는 그 리듬을 존중한다. 로메르는 이렇게 설명한다. "가스파르가 우유부단해 보이는 것은 아주 단순하게 말해 참여하기를 원치 않기 때문이다. 그것은 인생의 한순간, 이 휴지부의 기간, 그의 젊은 시절과 연결된 실존적 선택이다. 그래서 이 우유부단함은 진정한 불확실성을 숨길 수 있다. 〈겨울 이야기〉를 촬영할 때 '우유부단한 사람'이라는 임시 제목을 붙였지만, 여자 주인공은 자신이 원하는 바를 아주 잘

• 뉴펀들랜드 근방의 어장에 나가는 선원

알고 있었다. 하지만 그녀가 선택한 것은 불가능하기 때문에, 그녀는 남자들을 만나면서도 그들 사이를 계속 이리저리 피한다. (…) 가스파르는 선택하지 않는 것을 선택한다."[42] 이 비선택에서 그를 구원할 아주 작은 사건이 최후의 순간에 생길 때까지 말이다. 갑자기 그에게 여자 친구들을 남겨두고 녹음기를 얻기 위해 라로셸La Rochelle에 갈 기회가 생긴다. 덕분에 그는 작곡한 음악을 다듬을 수 있게 된다. 간단히 말해 우연의 일치다. 에릭 로메르에게 우연의 일치는 아마도 예술의 가면들 중 하나일 뿐이다.

심오한 애호가

전체 언론은 〈여름 이야기〉를 고전이 된 시네아스트의 걸작 중 하나로 높이 평가했다. 1996년 6월, 개봉 직전 이 영화는 칸 영화제에 초대되었다('어떤 시선' 공식 섹션의 마지막 작품으로 상영되었다). 영화는 30만 명이 넘는 관중을 끌어들였다. 나중에 나올 〈가을 이야기〉보다는 적고 〈겨울 이야기〉보다는 많은 숫자다. '연작 효과'가 점점 로메르에 대한 관객의 충성도를 높이는 듯 보였다(이전 두 시리즈의 경우에도 이미 그랬다). 세 번째 이야기는 마침내 해외에서, 특히 에릭 로메르의 영화를 매우 좋아하는 일본에서 큰 열광을 불러일으켰다. 잘생긴 멜빌과 '해적의 딸'은 프랑스 젊은이의 시대와 맞지 않는 매력적인 아이콘이 된다. 이 찬양 교향곡에 단 하나의 플랫음이 들린다. 뒤늦게 나오긴 했지만 마침 작품의 음악적 차원에 초점을 맞춘 것이다. "(…) 멜빌 푸포가 힘들게 작곡한 '뱃노래'에 세 여자 친구 중 한 명은 마치 자크 브렐Jacques Brel 의 노래처럼 놀라며 기쁜 기색을 보인다. 하지만 나는 가사나 음 악이 정말 한심해서 화가 난다. 로메르의 엄격하지만 공포증적 미학은 단지 따분함을 의미한다는 인상을 받았다. 음악적 표출, 순간의 표출, 이형을 만들어 내기 위해 그가 원하는 선을 넘어갈 (저자가 감당하기에는 무시무시한) 위험이 있다."[43] 『포지티프』에 미 셸 시옹Michel Chion이 쓴 이 몇 줄은 민감한 지점에서 로메르를 자 극했다. 그는 자신의 영화에 대해 쓴 글에 결코 반응하지 않지만, 그와 마지막으로 인터뷰한 사람 중 한 명인 비올렌 드 쉬이테와 의 인터뷰에서 이 글을 신랄하게 인용했다.

　민감한 지점은 무엇이었을까? 그걸 이해하려면 시간을 거슬러 올라가야 한다. '소명'이라는 용어는 분명 너무 강할 것이다. 하지 만 로메르는 어린 시절부터 음악에 분명한 매력을 경험한 듯 보 인다. 화가의 재능이나 작가의 야심을 억눌러야 했던 것처럼 보 류 중인 그의 소명이다. 70년 후 그는 은근히 아쉬워하며 이 에피 소드에 대해 말했다. "더 어릴 때부터 피아노를 시작했어야 했다. 이모 중 한 명이 아주 훌륭한 피아니스트였다. 하지만 그녀는 내 게 재능이 없다고 생각했고, 공부에 전념하는 것이 낫다고 여겼 다. 하지만 피아노와 공부는 같이 할 수도 있는 일이었다."[44] 그때 부터 그는 부족한 피아니스트로서 연주를 계속했다. 스무 살까지 두 손으로 연주하는 법조차 몰랐지만 말이다. 제고프가 그의 피 아노 연주를 도왔고 그는 훌륭하게 연주했지만, 계속되지는 않았 다. 그리고 마지막으로 그가 다시 시도했을 때(60년이 지나서 로장주 사무실에서 비밀리에), 막연한 죄책감을 동반한 기쁨에 빠져 그 사실을 너무 알려지지 않도록 했다. 단지 몇몇 친구와 전문가만 이 그와 함께 음악적 순간을 나눴다. 〈페르스발〉의 플루트 연주 자 데보라 나단 샤르네스와 함께 그는 플루트와 피아노를 사이에 놓고 대화를 계속했다. 그는 편집자 마리 스테판이 여러 클래식 악보를 연주하는 것을 좋아했다(그녀에게 도움 받은 것이 아니라면, '도덕 이야기'의 '금지된 음악'에 대한 조롱으로 영화에 짓궂게 집어넣은 피리 선율 중 하나를 작곡한다). 물론 아리엘 동발에게는 그의 독주 회에 참석할 특권을 제공한다. 그녀는 이렇게 말했다. "에릭은 피 아노 연주를 너무 늦게 배운 것을 자랑스럽게 생각했다. 내 경우 엔 이미 상당히 연습했기 때문에, 조금 명연주자 같은 것을 바랐 는데 그는 완전히 분석적이었다. 그는 화음에 대해 많이 질문하 면서 근면한 방식으로 모든 음을 상세하게 관찰하려 했다. 정말 미치도록 참을 수 없었다! 하지만 그런 내색은 하지 않았고, 난 많 은 것을 배웠다."[45] 그가 바그너를 폄하하거나 슈베르트를 칭찬하 면, 때로 그녀는 감히 스승에게 반론을 제기했다. 음악에 관한 한 그들 사이의 논쟁은 열정이 되었다.

집요하고 양식 있는 애호가로서 로메르가 연주 연습과 음악 듣 기를 좋아하는 것은(이 즐거움을 보통 프랑수아즈 에체가라이와 나눈 다), 무엇보다 그것에 대해 이야기하기를 좋아하기 때문이다. 판 본의 장점을 비교하고, 작품의 미묘함을 해부하고, 생성 과정에 숨겨진 기반에 대해 궁금해한다. 파스칼 리비에는 이렇게 말하며 재미있어했다. "이 분야에 있어 로메르에겐 고정관념이 있었다.

모차르트가 거꾸로 작품을 썼고, 그 작품들 속에 함축된 주제를 우리가 찾을 수 있다고 믿었다. 그는 내게 '어떻게 해야 하죠? 거꾸로 재생하고 싶은 녹음이 있는데'라고 물었다. '반대 방향으로 녹음해 볼게요.' 그는 내게 카세트를 주었다. 그런 다음 그는 작품과 비교해서 들었다."[46] 이 해석적 광기의 흔적은 〈여름 이야기〉가 나온 같은 해 1996년에 출판된 『모차르트에서 베토벤까지』라는 제목의 책에서 발견할 수 있다. 여기서 그는 즉시 자신을 아마추어 음악 이론가라고 선언하고 피아노를 연주한 경험은 언급하지 않는다(이 출판물과 관련한 『프랑스 음악France Musique』과의 인터뷰에서 그는 겨우 음표를 읽을 수 있는 것처럼 말한다!). 그러나 제목에서 알 수 있듯이, 자신이 제시한 지적 목표에서 볼 때 그는 엄청나게 야심 찬 아마추어다. 그냥 보기에도 가스파르를 통해 작곡한 '가벼운 음악'[47]과는 아주 거리가 멀다.

『모차르트에서 베토벤까지』에서 로메르는 하찮아 보일 수 있는 몇 가지 주제에 대해 확실히 언급한다. 예를 들어 공공장소에서 틀어 놓은 음반을 들을 때 그가 경험한 염증(대중가요가 어린아이의 침실까지 들리던 것은 이미 1930년대부터의 일이었다), 또는 이와 반대로, 선택한 음악 소리에 잠이 들 때 느끼는 즐거움이다. 인종과 문화와 관련한 춤의 분류에 열중하거나(첫 번째 육필 원고에서는 더욱 집요하다), 천재 모차르트의 독일적 특징에 오래 시간을 들이면서, 그는 자기 세대의 어떤 강박 관념을 드러낸다. 마침내 그는 음악의 영화적 사용이 그에게 영감을 준 불신으로 돌아온다. 이 불신에서 그는 제7의 예술의 '가짜 친구'[48]와 '진짜 자매'[49]

를 동시에 본다. 음악이 '가짜 친구'인 것은 몇 가지 예외를 제외하고 이미지 고유한 복잡성과 객관성을 제한하기 때문이다. 장피에르 멜빌의 〈무서운 아이들Les Enfants terribles〉에서 바흐의 구절들이 배치된 임의적인 방식이나, 혹은 마르그리트 뒤라스의 〈인디아 송〉에서 베토벤을 인용한 것은 예외적인 경우다. 특히 장뤽 고다르 역시 여러 영화에서 베토벤을 인용한다. 고다르가 정기적으로 인용하는 마지막 사중주는 로메르가 그에게 소개한 바로 그 음악(작품을 명시하지 않는다)이지만 영화에서 재사용되어 제고프는 날카롭게 항의한다(그는 이 이야기를 돌려서 말한다).

음악은 영화의 '진짜 자매'다. 그것은 두 예술의 선출된 영역이 서로 융합할 권리를 갖기에는 너무 가깝기 때문이다. "영화 예술은 기본적으로 평범한 지각이 감추고 있는 이 선율, 존재와 세계의 비밀 노래를 발견하게 한다. 이것을 느끼는 사람에게 영화 예술이 계시하는 아름다움은 본질적으로 회화적이기보다는 음악적이다."[50] 거의 40년 전에 「셀룰로이드와 대리석」에서 했던 서정적 긍정을 거의 말 그대로 여기서 인정할 수 있다. 로메르가 보편적 아름다움의 기준으로 만든 1780년에서 1820년까지의 독일 음악의 위인들을 우리가 인정하는 것과 마찬가지다. 하지만 『모차르트에서 베토벤까지』를 심화시킨 것은 그가 음악에서 기대하는 면과 음악만이 그에게 줄 수 있는 면이다. 말하자면 존재에 대한 직접적인 접근이며, 이것은 바로크적 난해함이나 낭만적 주관성을 넘어 초기 고전주의의 위대한 정복이다. 역사의 한순간에 생겨났지만 재건은 불가능해 보이는 일종의 거대한 도전이다. 혹은 표현하기는 매우 어렵지만, 이를 달성하기 위해 로메르는 무엇보다 칸트를 거쳐 헤겔에서 쇼펜하우어까지 많은 철학적 인용을 사용했다(게다가 이런 글쓰기를 촉발시킨 것은 음악과 철학자들에 대한 독서였다). 그는 악보 선집을 해독하고, 참고 문헌과 참조를 정리하여, 거대한 자기중심적 혼미함 속에서 비평가를 공손하게 침묵하게 만들고 독자에게는 어떤 당혹감을 주었다. 마치 말에 저항하는 존재론적 수수께끼를 추구하다가 말이 완전히 고갈되어 버린 것처럼 말이다.

실내 음악

영원한 학습, 끝없는 분석……. 이것이 〈여름 이야기〉의 반영웅을 특징짓고 실제로 사춘기에 오래 머무르게 하는 작은 결점이다. 에릭 로메르가 한 최고의 대응은 〈여름 이야기〉를 연출하는 것이며, 이 존재(사유를 탐색하는 자로서)가 카메라의 영역에서 자신을 표현하게 하는 것이다. 이런 관점에서 음악은 창작의 움직임을 추측할 수 있게 해 주는 좋은 길잡이가 된다. 예를 들어, 그가 무대에서 연출한 유일하고 독특한 작품 〈피아노 삼중주〉를 만든 10년 전 당시로 되돌아가 보자. 여기서도 여전히 그는 '아마추어 작가'로 활동하며 자신의 작업 조건을 비권위적으로 만드는 데 주의를 기울인다. "극본 형식으로 시나리오를 쓰긴 했지만, 연극을 생각했던 것은 아니다. 내 영화 중 하나에 포함될 거라고 생각했다. 그 작업은 이루어지지 않았지만 르노 바로Renaud-Barrault 극장 경영진이 그 대본을 입수하고 내게 연극으로 올려 달라고 제안했다. 기뻤다."51 사실 이 글은 처음에 〈레네트와 미라벨의 모험〉의 다섯 번째 이야기로 쓴 것이다. 등장인물 아델은 첫 번째 버전의 미라벨이며, 두 번째 스케치의 카페 종업원처럼 화를 잘 내는 음반 판매원과 싸운다. 설명해야 할 것은 글을 연극 형식으로 바꾼 후에 로메르가 수용할 만한 공간을 찾아 나섰다는 것이다.

「하일브론의 케트헨」 당시 그의 수석 무대 디자이너였던 야니스 코코스Yannis Kokkos에게 먼저 극본을 보낸다. 열렬한 답변이 온다. "〈피아노 삼중주〉가 얼마나 좋았는지 말하고 싶어 몇 가지 적습니다. 이 글은 알세스트Alceste와 셀리멘Célimène•의 관계를 놀랍게 변형시킨 것처럼 보이네요. 적어도 난 그렇게 읽었습니다. 창작에 참여하게 되어 정말 기쁩니다. (…) '오픈 극장Théâtre Ouvert'은 이 〈피아노 삼중주〉를 하기에 추천할 만한 장소는 아닌 느낌이네요. 내가 지금 일하고 있는 '레스칼리에 도르L'Escalier d'Or'를 고려해 보세요. 이 극장은 도시 극장Théâtre de la Ville 관할에 있고 당신이 생각하는 재현의 원칙에 맞을 것 같습니다."52 야니 코코스는 배경을 계절의 변화가 우울하게 펼쳐지는 아주 길고 아름답고 간결한 세트로 구상했다. 하지만 롱푸앙RondPoint 극장의 예술감독 프랑시 위스테Francis Huster의 원칙에 동의를 얻은 사람은 파스칼 그레고리(로메르는 그에게도 자신의 희곡을 보여줬다)다. 1987년 8월 작은 홀에서 11월 28일부터 12월 31일까지 일련의 공연을

• 몰리에르의 희곡 「인간 혐오자」의 등장인물

위한 계약이 체결된다. 예정된 연습 기간은 여유가 있다. 3개월이 넘는 시간 동안 로메르는 까다로운 지휘자처럼 두 연기자를 지휘해야 한다. 어떤 영화보다 더 엄격하다. 그는 그들의 움직임을 밀리미터 단위로 조정하고, 아주 미세한 단어의 발음을 요구하고, 글에 대한 기계적인 지식을 강화하여 시기가 되었을 때 그것을 재발견하게 하는 이탈리아풍의 연습을 반복한다. 그는 이전의 미라벨이고 이제는 아델이 된 제시카 포르드에게 브리지트 바르도(〈해변의 폴린〉에서 아리엘 동발이 했던 것 같은)가 출연한 영화들을 보여 주면서 그런 얼굴과 심통 난 아이 같은 목소리를 하도록 부추긴다. 하지만 그는 그녀를 몇몇 비평가의 조롱에 노출시킬 위험에 처했다. "제시카 포르드가 순진하다는 생각을 어떻게 할 수 있는가? 그녀의 목소리와 동작의 실수가 그런 무대와 그런 연출가의 지시에 엄청난 위기를 주는데도? 파스칼 그레고리가 그런 여성에게 애착한다는 생각을 어떻게 할 수 있는가? 그가 몸으로 무엇을 해야 할지 정말 모르는 것 같지만 그런 여성을 대하는 어조가 더 올바른데도?"⁵³

로메르는 이런 불협화음에 거의 신경 쓰지 않는다. 일단 공연이 시작되면 그는 배우에게 완전한 자유를 주고, 그가 그들을 보러 다시 올 때면 이제 자체적으로 공연되는 '작은 음악'에 감탄한다. 그는 롱 푸앙 극장에 드나드는 것을 좋아한다. 이 극장에는 여전히 장루이 바로의 그림자가 맴돌고 있고, 메인 극장에선 코르네유의 『르 시드Le Cid』의 공연과 함께 가끔 패러디극이 올라왔다. 프랑시 위스테의 생일을 맞아 그는 에릭 로메르라는 정체성 대신 소중한 낡은 유령 복장으로 바꿔 입으며 즐거워했다. 볼프강 아마데우스 모차르트로 변장해서 그는 불가능한 환생을 찾는 천재를 주제로 카메라 앞에서 괴상하게 연설한다. 사실 〈피아노 삼중주〉의 중심에 있는 주제가 환생이다. 모차르트에 필적하는 것은 불가능하기 때문에, 그의 초기의 신선함을 통해 그를 보여 주자는 것이다. 이는 한 젊은이가 자연스럽게 재발견하는 것이다. 남성 인물(폴)은 교양 있는 음악 애호가이며, 전 애인이자 충실한 친구 아델의 음악적 취향에 영향을 주고 싶어 한다. 폴의 입을 통해 로메르의 많은 주제가 표현되었다. 특히 두 존재 간의 친화력이 무엇보다 음악으로 전달된다는 생각이 그것이다. 〈겨울 이야기〉의 도서관 사서인 로익의 일부 특징에서도 이런 점을 발견할 수 있다. 그 역시 펠리시를 '교육'하려 필사적으로 노력한다(게다가 그가 함께 극장에 가자고 물어볼 때 셰익스피어의 연극이 인용된다). 폴은 모차르트의「피아노 삼중주」CD를 생일 선물 속에 슬쩍 끼워 넣는데, 그가 아델이 흥얼거리는 소리를 들으며 행복해했던 음악이다. 그는 그녀가 직접 이 얘기를 해 주기를 기다리지만, CD가 너무 잘 숨겨져 있어 그녀가 찾지 못했기 때문에 최후의 순간에야 그녀의 말을 듣는다.

또 다른 로메르의 주제는 오해라는 주제다. 오해는 〈겨울 이야기〉에서 영감을 주고 〈로맨스〉에서 비극으로 피어난다. 기적 같은 우연의 일치로 이번에는 아델이 폴에게「피아노 삼중주」를 준다. 그가 온 힘을 다해 바랐던 것은 이 기적이다. 우연처럼 다른 사람이 그의 마음 깊은 욕망을 예측하고 그 존재의 클래식 음악 목록을 알아채는 것이다. 연극에서 이 모든 것은 정리定理의 방식으로 무대에 옮겨진다. 실제 실내악단이 오랫동안 기다려 온 모차르트의 곡을 끝내 연주하지 않았다면 무대는 조금 건조했을 것이다. 로메르 영화의 아름다움을 구성하는 구체화가 부족해 보인다(그렇지만 〈피아노 삼중주〉가 대중적인 성공과 비평적인 성공을 거두고, 훗날 아마추어 극단이 수없이 재연을 하는 데는 문제가 되지 않는다). 하지만 앞서 말했듯이 그는 모든 작업을 통해 환생이라는 환상을 드러냈다. 다시 말해, '나는 사라지고 젊은 피조물이 내 자리에서 살게 한다'는 환상이다.

클립 영상에서 클립 영상으로

이런 현상은 로메르가 익명으로 작업한 '작은 형식'에서 더 잘 표현된다. 예를 들어, 클립 영상은 음악 방송과 여자 배우 가수가 번성했던 1980년대 후반에 그가 마음껏 실험한 영역이다. 당시 로제트는 가수로 데뷔하고 싶어 했다. 로메르는 그녀를 위해 장 루이 발레로의 음악에 맞춰 가사를 공들여 준비하는데, '해적의 딸'에 맞먹는 순진한 내용이다. "커피 마셔, 식겠어 / 커피 마셔, 식겠어 / 매일 아침 넌 내게 말하지 / 커피 마셔, 식겠어 / 하지만 작은 침대에 파묻혀 / 작은 거위털 침대에서 / 난 천천히 깨어나 / 태평하게 기지개를 켜네." 〈피아노 삼중주〉와 별로 다르지 않게 연극에서 여자가 멋진 음악에 눈을 뜨는 것처럼 여기서도 잠에서 깨어나는 아이 같은 여자가 등장한다. 그리고 파스칼 그레고리는 여기서도 비슷한 흥을 깨는 역할을 한다. 그는 사람들이 너무 늦게 자지 못하게 하고, 일정을 결정하고, 커피를 만드는 사람인데, 이 보람 없는 임무를 로메르처럼 아주 엄격하게 수행하는 역할이다.

이 엄격함은 아파트 공간을 설정하는 짧은 도입 숏이나 무르나우의 〈마지막 웃음〉을 연상시키는 계단을 보여 주는 질서정연한 미장센으로 확인된다. 그런데 감독은 이 클립 영상에 대한 예술적 책임을 거부하며 이상한 숨바꼭질 게임을 한다. 그는 〈커피 마셔〉가 로메르의 영화인 것처럼 칼럼을 쓴 혐의로 기자 올리비에 세귀레에게 보낸 편지에서 자신의 입장을 분명히 한다. "(…) 당신은 〈녹색 광선〉이나 〈레네트와 미라벨〉처럼 이 영화를 내 개인적인 작품 (혹은 졸작) 중 하나라고 암시합니다. (…) 그런데 내가 말하고 싶고 말할 수 있는 유일한 정보는 이 작업에서 내 역할은 제작자라는 것입니다. (…) 이 클립 영상은 작가가 없는, 기본 가치가 대중을 감동시키는 데 있는 '홍보' 수단입니다. 난 홍보 분야에서 지금 유행하는 방식을 따랐습니다. 나만 예외일 이유를 모르겠습니다. 분명히 말해 내 이름이 광고 목적으로 사용되기를 원치 않습니다. 그래서 발행인에게 (…) 음반 표지에 나에 대한 모든 언급을 삭제하라고 말했습니다. 그 표지에는 낯선 사람이 내 동의 없이 찍은 완전히 무례한 사진도 포함되어 있었습니다. 내 이름이 이 작업과 연관되어 있는 것을 불명예로 느끼는 것은 전혀 아닙니다. 만일 로제트가 겸손하게 (이 노래를) 내게 돌리려는 것이라면, 나 역시 같은 겸손으로 로제트에게 그 절반의 이름을

돌릴 것입니다."⁵⁴

정말 겸손일까? 음악과 관련한 아마추어로서의 열등감이 작가로서 인정을 주저한 것일까? 문제의 클립 영상의 은밀한 노출 장면에 대한 책임을 거부하는 것일까? 로메르의 반응에 이 모든 의미가 함께 있으며, 심지어 그 반대도 마찬가지다. 왜냐하면 결국 〈커피 마셔〉는 〈내 여자 친구의 남자 친구〉의 도입부로 매우 공식적으로 극장에서 상영되었기 때문이다. 무엇보다 자신의 흔적을 지우려는 간헐적인 욕구가 있다. 마치 자신의 작품이 그 없이, 이처럼 유치한 아바타를 통해서도 존재할 수 있는 것처럼 말이다.

얼마 후 그는 이 경험을 새롭게 다듬을 기회가 생긴다. 아리엘 동발은 AB제작사와 접촉하여 「사랑의 교향악Amour symphonique」이라는 멜로디를 기반으로 클립 영상을 기획한다. 이 영상에서 그녀는 오페라에 대한 사랑과 위대한 디바(유명 여자 가수)로서의 사명을 노래한다. 이 분야는 로메르와 거리가 멀다. 그는 독일이나 이탈리아의 과장된 레퍼토리를 좋아하지 않는다(유일하게 모차르트의 「돈 후안Don Juan」만이 그의 마음에 든다). 그럼에도 불구하고 그는 호기심과 우정에서 「사랑의 교향악」을 촬영하기로 결정한다. 70세의 나이에 카메라를 든 사람이 바로 자신이기 때문에 말 그대로 그가 찍은 영화다. 아주 새로운 바스티유 오페라Opéra Bastille 홀에서 전혀 로메르 같지 않은 공연을 촬영한다. 열창하는 아리엘 주위에서 키치적인 타이즈를 입은 무용단이 관능적인 안무를 선보인다. 그녀의 서정적 재능을 보여 주기 위해 그는 작은 혼성곡을 즐겁게 연출한다. 그는 이렇게 말한다. "(…) 아리엘은 멜로디에 집중하고 있었고, 피아니스트가 아니다. 때문에 내게 피아노 연주를 부탁했다. 그녀가 노래하는 동안 내가 건반을 치고 있다고 합시다! 그것이 바그너와 다소 비슷한 오페라를 구상하는 데 내가 막연하게 기여한 부분입니다."[55] 〈사랑의 교향악〉이 에릭 로메르의 필모그래피에 한 번도 등장하지 않을 정도라면, 누구도 더 이상 겸손할 수 없을 것이다.

그럼에도 영상에는 흉내 낼 수 없고 또한 사려 깊은 두 가지 서명 효과가 포함되어 있다. 첫 번째 효과는 우리를 〈비행사의 아내〉로 돌아가게 한다. 로메르는 오페라 관객들 가운데 희미하게 보이는 한 젊은 남자를 부각시킨다. 그는 말 그대로 매료되어 객석을 바라보다가 클립 마지막에 익명의 행인 물결 속으로 사라진다. 거의 눈에 띄지 않는 이미지이지만 시네아스트가 은밀하게 자신에게 부여한 유령의 지위를 확인해 준다. 또 다른 효과는 10년 후에 연출될 한 영화를 예고한다. 바스티유 오페라의 무대 장면에서(막간에 부랴부랴 촬영된), 그는 성악가 아리엘의 이미지를 파란색 배경 위로 뚜렷하게 부각시킨다. 2000년에 완성될 〈영국 여인과 공작〉에서 색칠한 화폭 위에 진행될 특수 효과 과정이 수공업적인 형태로 이미 이루어진다. 하지만 이것은 또 다른 이야기다.

12
역사 영화
1998~2004

로메르는 이렇게 인정한다. "역사에 항상 관심이 있었다. 젊은 시절에 문학을 가르친 것처럼 역사를 선택해서 가르칠 수도 있었다. 하지만 문학도 어느 정도는 역사다. 역사는 그 자체로 흥미롭다. 말하자면 난 과거를 좋아하고 호기심을 가지고 역사책을 읽는다."[1] 많은 독서와 문헌 작업, 영화가 증명하는 것처럼 견고한 문화사로 변모된 이 관심은 로메르의 영화에서 과거와 지식의 보존에 대한 깊은 정신 상태와 연결된다. 로메르는 단지 역사에 대해 궁금한 게 아니다. 때로는 동시대 사람의 덧없는 의상과 관습, 대화를 연출할 수 있는 능력을 가진 이 시네아스트는 연작 이야기 외에 구상한 모든 영화, 즉 자기 영화의 5분의 1 이상(23편의 영화 중 5편의 장편 영화)을 역사 영화로 만든다. 〈O후작 부인〉, 〈갈루아인 페르스발〉, 〈영국 여인과 공작〉, 〈삼중 스파이〉, 〈로맨스〉가 그런 작품이다. 로메르는 이렇게 확인한다. "역사에 관심이 없는 시네아스트들도 역사 영화를 연출하고 싶은 유혹을 느낀다. 과거 시대에 일어난 일을 영화로 만들지 않은 시네아스트는 거의 없다고 생각한다."[2]

로메르가 작품 활동을 한 마지막 시기인 2000년대 초에 연출한 두 편의 주요 역사 영화, 〈영국 여인과 공작〉과 〈삼중 스파이〉에 근거해 이 '유혹'을 이해해 보고자 한다. 이 작품들과 더불어 때로는 이전에 예시되거나 선행된 기획이나 연출이 추가될 것이다. 그런 작품에는 1989년 텔레비전용으로 촬영한 〈사교 게임〉과 1990년대 중반 아리엘 동발과 함께 준비하다 중단된 시나리오 〈소피 아르누Sophie Arnould〉가 있다.

로메르에게 역사를 영화로 만드는 것[3]은 먼저 말하자면 고고학적 관심을 포함한다. 즉, 옛날에 남녀가 당시에 했을 거라고 생각되는 행동을 카메라 덕분에 재발견하고 재구성하고 다시 기록하는 것이다. 바로 이 유혹이 로메르 역사 영화 기획의 중심에 있다. 그는 이렇게 선언했다. "영화는 무엇보다 먼저 증언의 도구다. 이 기록 보관의 수단은 그런 의미에서 우리가 무언가를 보존할 수 있게 해 준다. 흥미로운 점은 영화가 없었던 시기에 영화를 대신해서 만들어졌던 것을 재구성한다는 점이다."[4] "예전에 영화가 있었다면……."이라는 이 불가능한 명제가 로메르의 호기심을 불러일으킨다. 과거의 시선으로 재구성된 영화적 기록 과정의 중심을 차지하는 것이 〈O후작 부인〉과 〈갈루아인 페르스발〉, 〈영국 여인과 공작〉, 〈삼중 스파이〉다. 이 영화들은 시대와 각색한 역사적 글에 맞게 정신적·언어적·시각적 맥락에서 복원을 거쳤다. 〈O후작 부인〉에서 단어 외에도 말하는 방식뿐만 아니라 자세, 감정, 태도, 의상, 실내장식 등을 그 방식에서 '예전과 같이' 표현한다. 〈갈루아인 페르스발〉에서 등장인물은 12세기 크레티앵 드 트루아의 로마네스크 시대의 정신적 세계를 복구하는 것처럼 보인다. 〈영국 여인과 공작〉에서 이 재구성 작업이 완료된다. 여기서 프랑스 혁명은 과거의 이미지에 행동에 대한 디지털 특수 효과의 영향으로 그의 화면에서도 움직이고 돌아오고 살아간다. 마지막으로, 더 전통적으로는 〈삼중 스파이〉에서 기능하는 파리의 백인 이민자들의 러시아 문화와 1930년대 실내와 사진, 의상, 장식의 세심한 재구성을 통해 매번 '역사의 볼거리를 장면화'하는 것과 비슷하다. 이렇게 로메르는 과거를 해석하지 않으며 절대로 실제 역사가의 자리를 대신하지는 않는다. 하지만 그는 특히 시각적이고 언어적인 고고학 작업을 통해 시대의 관점에서 가능한 환경을 재구성한다.

로메르는 그의 '시대극'에서 역사적 초상에 대한 어떤 시각을 제시한다. 그는 세심하게 재구성되고 선택된 표현 체계를 담당하면서 관객을 이야기의 중심에 놓는다. 현대 관객은 과거에 자신을 투사하도록 초대된다. 로메르는 영화를 통해 과거를 '현대화'하지 않고 경험을 복원한다. 그가 〈O후작 부인〉에 대해 쓴 것처럼, "작품을 새롭게 함은 그것을 현대화하는 것이 아니라 그 시대로 되돌려 놓는 것을 의미한다."[5] 오늘날의 시선이 아니라 언제나 "당시의 사람들이 표현했을 것 같은 그런 세상을 재창조"[6]하는 것이 중요하다. 오늘날의 시선은 현대적 상상력의 시선(예를 들어 할리우드 영화의 신화적 역사의 비전)이거나 역사가 자신의 시선(현재로부터 쓰인 역사가 되는)이다. 그래서 이제 우리가 이제 침투하려는 것은 로메르 영화에서 "역사를 영화화한다"라고 부르는 매우 일관된 체계다.

계몽주의 시대의 게임과 노래

에릭 로메르는 1987년 11월 9일 프랑스 텔레비전 FR3와 이니시알Initial 제작사와 함께 〈사교 게임〉이라는 제목의 52분짜리 영화를 계약한다. 그에게 이 영화는 250만 프랑 예산이 산정된 상대적으로 중대한 제작이다. 시네아스트의 보수(10만 프랑) 외에 주요 비용은 배우와 관련된다. 6개의 시대에 예산의 4분의 1에 해당하는 58명의 다른 배우들이 연기할 135개의 역할을 분배해야 한다. 〈갈루아인 페르스발〉과 곧 만들 〈영국 부인과 공작〉에서와 같이 로메르가 수십 명의 연기자와 기술 팀과 협력하여 역사 기획에 열중하는 일은 일상에서 벗어나기 위함이기도 하다. 게다가 이 영화는 그가 주요 연작에 착수하는 동안 막간극처럼 구상된다. 따라서 〈사교 게임〉은 두 개의 연작 사이, '희극과 격언'의 끝과 '사계절 이야기'의 시작 사이의 간격을 메우면서 작품에서 일정한 역사적 선을 그린다. 그것은 촬영 방식과 장소와 형식을 다양화하고, 지나치게 일관되고 반복적인 체계를 피하는 한 방법이다.

이렇게 해서 시네아스트의 과거 학생 중 한 명인 드니 프레이

Denis Freyd[7]가 운영하는 작은 제작사 이니시알과의 공동 작업이 시작된다. 프레이는 1978년 소르본에서 로메르의 수업을 들었고 그를 지도교수로 삼아 카를로스 사우라Carlos Saura에 대한 DEA 논문을 썼다. 1987년 4월, 프레이는 자신의 제작사를 설립하는데, 그중 첫 번째 계획 중 하나가 쇠이유 출판사의 조르주 뒤비Georges Duby와 필리프 아리에스Philippe Ariès가 책임 편집을 맡은 시리즈 도서 『사생활의 역사Histoire de la vie privée』를 텔레비전으로 각색하는 것이었다. 에릭 로메르는 그 제안을 이렇게 기억했다. "어느 날 젊은 제작자에게 전화가 왔다. "『사생활의 역사』 시리즈에 참여하시겠습니까? 뒤비가 책임 편집한 책의 판권을 샀습니다." 난 상대적으로 여유가 있던 시기였다. "물론이죠. 책을 보내 주세요." 책을 받아 보았지만 나는 사생활에 대한 영화로 어떤 이야기를 할 수 있을지 아무 생각도 얻을 수 없었다. 반면, 전쟁 후 젊은 시절에 라블레Rabelais, 생시몽Saint-Simon, 뮈세Musset, 발자크, 바르비 도르빌리Barbey d'Aurevilly, 세귀르 부인의 책에서 묘사된 사교 게임에 대한 작은 책을 읽었는데, 나는 그 시기부터 사교 게임에 대해 영화를 만들고 싶었다. 그래서 그 주제를 제안했다. 물론 분명히 뒤비의 책에서 흥미로운 부분을 발견할 수는 있겠지만 그 책을 읽었을 때는 그다지 확신이 들지 않았다. 그러나 나는 역사가보다 과거 문학 작가의 책을 읽는 것을 항상 선호해 왔다. 예를 들어 레스티프 드 라 브르톤느Restif de La Bretonne나 세바스티앙 메르시에Sébastien Mercier의 책이다. 거기서 훨씬 더 구체적인 사실을 발견했다."[8] 로메르의 이런 반응은 역사가와 그의 관계에 대해 많은 것을 말해 준다. 그는 역사적 해석보다는 학식이 풍부한 문학을 선호한다. 드니 프레이는 텔레비전 국제 연작을 제작한다는 계획으로 다른 유럽 감독들에게 연락할 생각이었다. 이 계획은 실패했고, 다른 영화는 결국 만들어지지 않는다. 따라서 그는 이때부터 한 편의 영화를 위해 이니시알과 FR3, 라세트La Sept, 그리고 로메르의 제작사와 함께 공동 제작에 들어갔다.

로메르는 주어진 주제인 "로마 제국에서 오늘날에 이르기까지 사생활과 공적 생활의 관계라는 각도에서 통시적으로 다룬 사교 게임"[9]을 활용하여 원하는 대로 문헌 조사에 몰두한다.[10] 그는 곧 영화에 묘사될 각 게임을 프랑스 역사의 특정 시기와 시나리오의 중심이 될 문학적 텍스트[11]와 관련시키기로 한다. 로메르는 게임 규정, 그 시대의 의상과 장식, 노래하고 말하는 방식과 단어를 세심하게 복원하기를 좋아했다(아담 드라알Adam de la Halle의 오래된 피카르드, 술래잡기를 위한 고전적 안무와 표현법 등). 드니 프레이가 편지에서 "대화와 의상, 액세서리, 선택한 게임의 시대와 게임과 관련해 사실이어야 한다는 목적"[12]을 지정해 준 것이다.

시네아스트의 기록 보관소에서 메모, 파일, 사본과 복제물로 채워진 세 개의 파일을 찾을 수 있는데, 그런 만큼 크레디트 시퀀스에 에르베 그랑사르를 '역사 연구'로 올려 그가 축적한 많은 문서를 인정해 준다. 그랑사르는 이런 분류에 속하는 거의 모든 로메르의 기획에 참여했다. 그는 이 분야에서 기준과 확신을 가진 사람으로, 직업적 혹은 정식 역사가는 아니지만 앙시엥 레짐 시대에 특화된 수집가이자 전문가로서 도서관이나 국립 기록 보관소에서 놀라운 면밀한 조사가 가능했다. 그는 문서와 장소를 찾고 인물을 추적하며 인물의 초상을 그렸다. '역사 탐정'[13] 그랑사르는 자신의 역사적 재료를 시네아스트에게 제공했다. 그랑사르는 이렇게 회상했다. "〈O 후작 부인〉 때부터 로메르를 만났다. 나는 1973년부터 잡일하는 사람으로 로장주에 보조로 있었다. 미술사와 법학을 공부한 후 매우 일찍 입사해서 한 번도 떠난 적이 없다. 나는 무엇보다 나 자신을 '세부적인 일을 하는 사람'으로 규정한다. 로메르는 내가 제공할 수 있는 특정 능력을 필요로 했다. 〈O후작 부인〉 이후 모든 역사 영화에서 나는 문서와 장소를 찾아내거나 물건과 액세서리를 빌려 오는 일을 맡았다. 로메르는 특히 회화적 진실을 추구하면서 과거의 분위기를 섬세하게 재현하려고 노력했다. 그는 사물을 좋아하는 사람은 아니었기에, 무언가를 소유하고 있는 일은 드물었다."[14]

〈사교 게임〉의 경우 에르베 그랑사르는 배치의 중심에서 문서를 축적하고 촬영 장소를 찾아 조사했다. 예를 들어 10구 오트빌Hauteville 거리에 있는 부리엔느Bourrienne의 개인 호텔, 마레Marais 지구에 있는 유적지의 금융공사에 속해 있는 슐리Sully 호텔, 콩데 쉬르 레스코Condé-sur-l'Escaut에 있는 은신처의 정원과 원형의 성, 혹은 벨기에의 벨외이Beloeil 성이 있다. 한편 로메르는 촬영 감독 뢱파제에게 제출한 문서, 시대 의상과 실내에서 영감을 받아 특정 장면을 묘사했다. 여섯 편의 역사 에피소드는 1988년 2월에는 파리 지역에서, 1988년 6~7월에는 콩데 쉬르 레스코와 벨외이에서 일주일에 세 번 촬영했다. 그런데 총재정부Directoire* 시대 시퀀스를 촬영한 네거티브 필름에 긴 파란색 줄무늬가 계속 생기면서 1988년 9월 말 완전히 새로운 촬영 일정을 재개해야 했으며, 보험 회사는 이 재해에 총 102,673프랑을 지불했다. 이런 종류의 장애 는 시네아스트에게 최초이자 유일하게 발생했다.

로메르가 가장 많이 담당한 일은 분명 여러 배우와의 작업으로, 그는 여러 세대와 배우 집단들을 모을 수 있었다. 장 두셰, 알렉상 드라 스튜어트Alexandra Stewart, 파스칼 그레고리, 프랑수아즈 에체 가라이, 다니엘 타라르, 안소피 루빌루아, 로제트와 같은 친구들 도 있고, 플로랑스 다렐이나 엘로이즈 베네트Éloïse Bennett처럼 〈봄 이야기〉와 같은 시기에 연기를 '진행하고 있는' 젊은 여자 배우도 있다. 로메르가 매우 마음에 들어 했던 1987년 2월 샹젤리제 코 미디Comédie des Champs-Élysées에서 아르투어 슈니츨러Arthur Schnitzleris 연극 「아나톨Anatole」을 공연한 닐 극예술 고등전문학교École professionnelle supérieure d'art dramatique de Lille의 많은 학생들도 있다.[15] 시 네아스트가 연기 연습을 가장 많이 한 것은 이 극단에서다.

이 영화는 1990년 8월 20일 FR3에서 오세앙Océaniques 방송으로 방영되었고, 연출가의 섬세한 예술을 감상한 몇몇 칼럼니스트가 이를 칭찬했다. "에릭 로메르는 이러한 TV 영화 〈사교 게임〉을 통해 역사와 박식함을 바탕으로 영화를 계속 특별하게 만들고 가 장 아름다운 애용품인 언어를 자유롭게 즐기려고 노력한다. 그는 이 분야에 정통하다."[16]라고 『르 코티디앙 드 파리Le Quotidien de Paris』

• 프랑스 대혁명기의 총재회의

의 마크 조아유Marc Joyeux가 썼다.

1994년 10월 아리엘 동발은 에릭 로메르에게 13쪽짜리 타자로 쓴 글「친절한 복수Les Vengeances bienfaisantes」를 보낸다. 소피 아르누의 전기를 시나리오로 쓴 글이다. 소피 아르누는 계몽주의 시대 말기의 유명한 가수이자 배우이며, '가장 지혜로운 여자 사제'[17]로 18세기의 정신과 고통을 상징하는 인물이다. 그녀는 글루크Christoph Willibald Gluck의 애호가와 피치니Niccolò Piccinni의 애호가 사이에서 벌어진 유명한 싸움의 중심에 있었다. 아리엘 동발은 이렇게 말했다. "우리는 이 계획에 대해 2년 동안 작업했다. 나는 18세기 여자 가수를 연기하고 싶었다. 소피 아르누에 대해 말해 준 사람이 에릭이다. 난 이 인물에 매료되었다. 난 짧은 시나리오를 써서 로메르에게 보여 주었다. 그는 그것을 계속 수정했다. 우리는 새로운 버전을 함께 작업했다. 비올라다감바viole de gambe•와 고대 악기를 연주하는 음악가 친구들과 함께, 우리는 역사 문헌에서 이 가수의 레퍼토리를 발굴했다. 하지만 왜 영화가 만들어지지 않았는지 모르겠다."[18]

로메르는 이 문서 작업을 그랑사르에게 맡긴다. 그는 국립도서관에서 1994년 11월과 1995년 1월 사이에 축적된 보물인 훌륭한 문헌 조사를 수집했다. 시네아스트는 이 시대에 열정을 갖고 계몽주의와 프랑스 혁명에 몰두하면서, 18세기 연극을 보러 극장에 갔다. 특히 1995년 2월 코냐제Cognacq-Jay 박물관에서 레미 드 푸

• 옛날 첼로의 일종

르나Rémi de Fournas가 연기한 인정받지 못한 작가들(파강Fagan, 콜레 Collé, 바르트Barthe, 포르조Forgeot)의 오락물을 보러 갔다. 우리는 그의 대작 〈영국 여인과 공작〉을 이끌어 갈 역사적 기원이 여기서 스며들었을 거라고 짐작할 수 있다.

혁명기 혼란 속 영국 여성

1998년 초, 에릭 로메르는 잡지 『히스토리아*Histtoria*』의 오래된 제호를 발견한다. 그 안의 짧은 기사는 프랑스 혁명기에 파리에서 살았던 한 영국 귀족, 그레이스 달림플 엘리엇Grace Dalrymple Elliott 과 1801년 영국 조지왕 3세의 요청으로 작성된 그녀의 회고록 『프랑스 혁명기의 나의 일기*Journal of my Life during the French Revolution*』에 대한 것이다. 그리고 이 책은 1861년 미셸 레비 형제Michel Lévy Frères 출판사에서 『프랑스 혁명기의 엘리엇 부인의 회고록*Mémoires de Mme Elliott sur la Révolution française*』이라는 제목으로 프랑스어로 번역되었다. 이 글은 시네아스트가 이미 부분적으로 읽은 적이 있다. 10년 전 〈사교 게임〉의 문서 작업할 때 에르베 그랑사르가 그에게 앙시앙 레짐 말기와 프랑스 혁명 초기에 게임의 사원인 팔레루아알Palais-Royal에 관한 장을 복사해 주었기 때문이다.

자주 그렇듯 로메르의 관심을 끄는 것은 세부적인 면이다. 그는 그레이스 엘리엇이 파리에서 살았던 사저를 찾고 싶어 했는데, 리뷰의 기사가 그 주소를 제공했다. "작가는 그녀의 사저를 미로메닐Miromesnil 거리의 이 주소에서 여전히 볼 수 있다고 했다. 나는 장소에 매우 관심이 있다. 이 사저가 여전히 존재한다는 사실, 우리가 그 위치를 알 수 있다는 사실이 특히 인상적이었다. 그리고 여기서 한 영화에 대한 착상이 떠올랐다. 정확히 그 장소에서 펼쳐지게 될 영화였다. 가장 흥미로운 점은 나중에 그 기사가 잘못되었음을 알았다는 거다. 미로메닐 거리에 있는 건물은 혁명 이후의 건물이었기 때문에, 그레이스 엘리엇은 거기서 살 수 없었다! 그런데 이 오류가 없었다면 이 기사가 그렇게 내 안에서 동기를 유발했을 거라고 확신할 수 없다."[19]

이런 동기 부여에 드러난 세부 사항은 물론이고 글의 내용도 기여한다. 그레이스 엘리엇의 회고록은 시네아스트에게 깊은 흥미를 일으킨다. 그 이유는 무엇보다 로메르와 비슷한 혁명에 대한 견해, 영국 여인이 그녀의 회고록에서 스스로 일컫는 것처럼 "고질적인 왕정주의자[20]로서의 견해 때문이다. 1786년에 프랑스에 거주한 그레이스 엘리엇은 혁명적 요구가 증가되고 왕권이 붕괴되는 것을 목격했고, 이후 군주제의 몰락, 루이 16세의 처형, 공화정의 "급등"과 함께 그녀의 전 애인이자 가까운 친구 오를레앙 공작duc d'Orléans이 민중선동에 표류하는 것을 두렵게 지켜본다. 이 공작은 '평등한 필리프Philippe Égalité*'가 되어 국민의회Convention에 그의 사촌의 죽음에 투표하러 갈 정도로 바뀐다. 그녀에게 프랑스 혁명은 그저 단두대가 주된 수단이 된 공화정의 이름이라는 가면을 쓴 야만적 상태로의 퇴보일 뿐이다.

• 프랑스 혁명에 동조하면서 생긴 별명

하지만 로메르의 의도는 절대 이런 담론을 주장하지 않는다. 그는 혁명에 관한 영화들이 '판단'(일반적으로 부정적인)은 있지만, '관점'은 없다고 비판했기 때문이다. 그 관점은 왕정주의도 공화정도 아니지만, 무엇보다 오직 영화를 통해서만, 그리고 영화가 전달하는 사물을 보는 독특한 시선을 가정한다. 시네아스트는 제작 의도 노트에 이렇게 쓴다. "영화를 보는 관객을 전개되는 사건의 직접적인 구경꾼으로 가정하고 만들어진 영화는 그 안에서 주장하는 진실을 더욱 의심스럽게 할 뿐이다. 반대로, 객관적 시선은 오히려 초반 주관적 시선이라는 필터를 통해서만 도달할 수 있는 것 같다. 다시 말해서, 증인의 증언이 비록 부분적이고 편파적이고 기만적일지라도, 증언 자체로서의 존재는 부인할 수 없다."[21] 로메르는 그레이스 엘리엇의 회고록에서 이러한 '관점'과 널리 알려지지 않은 자료의 근거를 유지한다. 이 책에서의 사건은 화자가 직접 경험했거나 매번 세심하게 묘사된 상황에서 제3자의 입을 통해 들었던 그런 사건이다. 시네아스트는 이렇게 강조한다. "이것이 제공하는 이야기는 여성의 시련뿐만 아니라 사물을 보는 그녀의 시선에 대한 이야기다. 그리고 시네아스트가 그런 글이 가진 좋은 이점을 살리려는 것은 당연하다."[22] 시네아스트가 발견한 것은 문학적 걸작이 아니라, 그가 영화로 상상할 수 있는, 사람이 살면서 구체화하고 상세하게 들려주는 내러티브다. 또한 로메르는 말한다. "책을 읽었을 때 나는 이미 만들어진 영화를 보았다. 잘 표현된 대사와 매우 생생한 공간 묘사에 감탄했다. 그 대사를 사실상 그대로 사용했다. 엄청난 사건에 직면한 개인의 운명에 대한 문제다. 역사적 상황에 놓인 개인 드라마는 내게 있어 역사에 접근하는 최고의 방법이며, 진정성에 대한 나의 취향을 가장 만족시키는 방식이다."[23]

최종적으로 시네아스트를 설득한 것은 그레이스 엘리엇을 둘러싼 불가사의, 그녀의 양면성이다. 연구를 어렵게 만들고, 궁극적으로 그녀를 전형적인 로메르적 여자 주인공으로 만드는 과정은 그녀가 말한 것과 존재하는 것 사이, 그녀가 쓴 것과 행동한 것 사이의 모순에 담겨 있다. 그녀는 확실히 이중 간첩으로, 마리 앙투아네트에게 영국에 대한 도움을 제공하고, 친혁명적 영국 지도자 찰스 폭스Charles Fox의 파리 연락책으로 도움을 준다. 그녀는 괴롭힘과 감시를 받지만, 보호도 받는다. 특히 로베스피에르 Robespierre는 그녀를 재판에서 구해 내고, 그녀가 용의자로 감옥에 있으면서도 단두대는 면한다. 이런 모든 모호성 때문에 로메르에게 그레이스 엘리엇은 매력적인 캐릭터가 된다.

에릭 로메르는 이 역사물 각색을 시작하기 전에 (또는 더 잘 시작하기 위해) 에르베 그랑사르에게 이 책을 조사하고 평가하고 연구하도록 맡긴다. 시네아스트는 일부이긴 하지만 그럼에도 존재하는 그레이스 엘리엇 전문가[24]나 역사가에게 자문을 구하지는 않고, 대신 그랑사르와의 오랜 공모에 의존한다. 그는 한 인터뷰에서 그랑사르의 역할을 이렇게 정의한다. "내 자료 관리자에게 맡긴 이유는 그가 세부 사항에 매우 능숙하기 때문이다. 그는 18세기의 모든 집과 파리의 모든 건물, 모든 박물관의 모든 그림을 알고 있다. 그는 18세기 창문이 어떻게 생겼는지, 집의 돌 모양, 방의 규모, 벽지의 색깔, 과일의 모양, 옷의 품질 등을 어땠는지를 정확히 안다. 나는 이런 유형의 일을 중시한다. 그 부분에서의 잘못은 내가 저지르고 싶지 않은 유형의 실수다."[25]

그랑사르는 실제로 18세기 프랑스 회화와 가구 전문가이며 앙시앙 레짐 시대 파리의 훌륭한 감정가로서 이미 1982년 안제이 바이다Andrzej Wajda가 연출한 혁명에 관한 영화 〈당통Danton〉에서 작업한 바 있다. 그는 로메르에게 이중 임무를 받는다. 먼저, 일부 역사가가 반세기 후에 쓰인 창작품이라고 의심하는 그레이스 엘리엇의 회고록이 진짜인지 그 진실성을 평가하는 것이다. 그런 다음, 이 영국 여인이 살았던 미로메닐 거리의 저택을 찾는 것이다. 이 탐정 자료 관리자는 스스로 '셜록'이란 별명을 붙이고, 로메르를 '친애하는 왓슨Warson'[26]이라 칭하면서 정보를 찾기 시작한다. 인내와 정성을 요구하는 이 최초 작업의 결과로 1999년 2월 말, 그랑사르는 그레이스 엘리엇의 이야기가 화자의 입장에서 오류가 포함되었을지라도 매우 진정성이 있음을 증명했다. 다른 한편으로, 그는 "그레이스 엘리엇이 살았던 집에 대한 비판적 연구"에서 영국 귀족 여인이 실제로 미로메닐 거리 31번지에 거주했음을 증명했다.

초기 전문 연구에 안심하고 흥분한 로메르는 그의 탐정에게 그레이스 엘리엇의 회고록에 등장하는 장소와 인물, 사물을 철저히 조사해 달라고 요청했다. 1999년 1월에서 4월 사이에 그랑사르는 엄청난 작업을 수행하는데, 그중 20여 개의 파일이 검은색 나선형 바인딩에 묶여 로메르의 기록 보관소에 보관되어 있다. 마지막으로 1999년 3월 17일과 4월 15일, 5월 17일에 거쳐 자료 관리자는 "파리 주변의 최대 반경 40킬로미터 이내"의 촬영이 가능한 장소를 제대로 확인하고 사진을 찍고 해설을 달아 제시한다. 그레이스 엘리엇 저택을 구체화할 장소로 아홉 군데의 장소, 특히 〈사교 게임〉에서 이미 쓰였던 오트빌 거리의 부리엔느 저택과 같은 장소가 계획됐다.[27]

로메르는 때때로 이 연구에 참여하고, 그랑사르가 추천한 장소를 방문하면서 혁명기의 노래와 음악 앨범 작업에 몰두했다. 하지만 주로 그레이스 엘리엇의 회고록을 각색해서 시나리오를 작성하는 데 집중했다. 시네아스트의 모든 노트와 파일을 모아놓은 작은 학교 공책 일곱 권이 이를 증명한다. 육필로 쓴 시나리오 36쪽은 나중에 83쪽의 버전으로 만들어졌고, 마지막 1999년 1월 1일에는 〈영국 여인과 공작〉이라는 제목으로 75쪽의 타자로 쓴 글로 귀착된다.

이미지 실험

프랑스 혁명을 어떻게 연출할까? 시네아스트는 역사적 문서와 병행해서 영화의 시각적 개념을 성찰했다. 한동안 그는 자연적 배경을 활용할 생각을 하지만 조심스러워한다. 게다가 일반적으로 1세기 후에 복원된 18세기 성과 거실에 가두고 싶어 하지는 않았다. 그는 광대한 견지에서 도시 폭동에 휩싸인 거리와 광장이 있는 혁명의 수도 파리와 그 외관을 촬영하고 싶어 했다. 이 점에 있어서는 그는 인공물을 우려한다. 눈속임용 정면 장식과 가짜 도보로 만들어진 스튜디오에서 당시 시대 분위기를 어떻게 얻을 수 있을까? 아니면 실제 파리 거리에서 촬영할까? 시네아스트는 이것도 더 이상 생각하지 않는다. 제작 의도 노트에 그는 이렇게 쓴다. "파리의 얼굴은 너무나 많이 바뀌어서 혁명기 시대의 어떤 경관도 남아 있지 않다. 심지어 생토노레Saint-Honoré 거리나 심지어 콩코드Concorde 광장조차도 교통 때문에 변모되었고, 거리에는 1미터마다 시대 고증의 오류가 매복되어 있다."[28] 로메르는 자신이 가장 중요하게 여기는 것(공간의 미장센)이나 이 글을 선택하게 된 이유(화자가 사물의 보는 시선)에 있어 속임수를 쓰고 싶어 하지 않는다. 그는 이렇게 확신했다. "그레이스 엘리엇이 부분적으로만 봤던 그 순간은 진정성과 절대로 온전하게 유지되어야 한다. 그녀가 8월 10일 아침 미로메닐 거리 저택의 다락방에서 바라본 것처럼 관객도 그런 관점에서 1킬로미터 이상을 포함하는 전경 너머로 튈르리Tuileries 궁에서 시작된 포성의 섬광과 연기를 보는 것이 적절하다. 혹은 그녀가 콩코드 광장을 가로지르며 바닥에 잔뜩 뒤덮인 백여 구의 시체에 몰래 흘깃 던지는 시선을 관객과 함께하는 것이 적절하다."[29] 시네아스트는 이 혁명의 날의 공기를 "(그녀와) 함께 숨쉬고" 싶어 한다. 이를 위해 로메르는 촬영하게 될 사건과 인물과 장면을 혁명기의 파리로 남아 있는 유일한 사실적 배경에 합성한 특수 효과 처리를 하기로 결정했다. 이 사실적 배경은 당시의 이미지와 회화, 판화이며, 그리고 200주년을 맞아 역사 연구가 이제 막 밝혀낸[30], 시네아스트가 카르나발레

Carnavalet 박물관을 오래 방문하면서 이런 유형의 유산으로 세계에서 가장 풍부하다고 평가할 수 있는 막대한 보물들이다.

로메르는 곧 이 이미지에 대한 광범위한 지식을 얻는데, 그것은 루이 레오폴 부알리Louis Léopold Boilly, 위베르 로베르Hubert Robert, 피에르 앙투안 드마쉬Pierre-Antoine Demachy, 장밥티스트 랄망Jean-Baptiste Lallemand의 작품, 좀 더 후에는 장밥티스트 코로Jean-Baptiste Corot나 아라스 베르네Horace Vernet의 그림이다. 〈영국 여인과 공작〉의 스타일은 회화적 사실주의의 형상에 가장 가까이 접근한 당대의 그림과 이미지다. 등장인물들은 적어도 당대의 예술가가 포착하고 표현한 것과 같은 그들이 살았던 시각적 세계에서 살아 움직인다. 로메르는 영화가 개봉된 후 『카이에 뒤 시네마』에서 주관한 긴 인터뷰에서 이를 설명했다. "나는 현실이 그림이 되기를 원했다."31

이 명령이 구체화될 수 있도록 그는 특별한 기술, 즉 합성에 의한 특수 효과를 선택했다. 이미 1990년에 시네아스트는 앞서 봤던 아리엘 동발과 공동 작업한 영상 클립 〈사랑의 교향악〉을 만들면서 이 기술에 관심을 가지게 되었다. 아리엘 동발은 이렇게 회고한다. "그는 이미지에 나를 합성시켰다. 그가 컴퓨터를 만진 것이 그때가 처음이었다. 그는 아주 좋아했고, 이러한 시각 효과에 매우 즐거워했다. 거기서 이 기술을 사용해 영화 전체를 만들 생각이 나왔다."32

10년 후에 이런 효과는 디지털 기술 덕분에 현실감과 정확성이 크게 향상되었다. 시네아스트는 이렇게 언급한다. "당연히 조작이라는 사실을 알 수 있다. 그것은 절대적 사실주의에 도달하는 문제가 아니라, 내게는 구성되거나 재구성된 배경의 허위를 넘어서는 또 다른 진실의 문제다. 나는 방대한 파리 전망, 웅장한 전경을 재현하고 싶었고, 이 특별한 기술로 영화에서 보지 못했던 혁명의 도시를 보여 줄 수 있기를 바랐다."[33] 수공업적이고 장인적인 방식의 영화 제작에 익숙한 80세의 예술가가 최고의 디지털 기술을 활용할 생각을 한 것은 강조할 만하며 매우 드물고 놀라운 일이다.

그러나 이 문제를 다른 방식으로 이해할 수도 있다. 로메르는 기술적으로 실험적이면서 또한 최신의 영화인 데다, 복잡한 촬영과 수많은 엑스트라가 나오는 아주 막대한 예산의 작품을 조정할 수 있을까? 분명히 시네아스트 자신도 그 질문을 던졌다. 그래서 그는 두 개의 짧은 시퀀스를 실제 규모로 시험해 보고 싶어 했다. 그레이스 엘리엇이 마차를 타고 그녀의 저택을 떠나올 때 미로메닐 거리의 낮 효과, 그리고 이 마차가 랑크리Lancry 거리에 있는 집 현관에 도착할 때 밤의 효과다. 이 장면에서 여자 주인공이 마부의 인도를 받고 한 여자 친구가 그녀를 맞이한다. 19세기 초 파리의 두 전망은 회화적 배경의 표본을 사용하여 정밀하게 재현된다. 1999년 4월 26일 생투앙Saint-Ouen의 뒤부아Duboi 스튜디오에서 로메르를 중심으로 작은 팀이 꾸려진다. 플로랑스 로셰는 두 단역 배우와 함께 이 특수 효과 실험에서 영국 여인을 연기한다.

시네아스트는 이것이 "쓸 만하다"고 확신했다. 로메르는 궁극적으로 단순하고 독창적인 이 새로운 화면 합성 기술을 통해 자신의 필수적 참조 작품이라 할 수 있는 무성 영화의 시적 정취를 재발견한 듯한 인상을 받는다. 바로 혁명의 서정시에 감히 도전하는 영화들인데, 데이빗 그리피스는 〈폭풍 속의 고아들Orphans of the Storm〉에서 채색한 화폭이나 배경을 특별하게 사용했고, 혹은 아벨 강스는 〈나폴레옹Napoléon〉에서 바다와 동물, 우화적, 회화적 숏을 국민의회와 당통과 보나파르트의 이미지 위에 겹쳐 놓았다.

그렇지만 이 모든 것은 비싸다. 초기 영화 예산 추정치는 약 3천만 프랑에 달한다. 이는 로메르 영화 중 가장 큰 예산으로 〈나무, 시장, 미디어테크〉 예산의 20배다. 〈영국 여인과 공작〉은 로메르에겐 블록버스터다. 여기에 선장의 나이와 승무원 일부의 상대적 무경험이 더해진다. 수석 촬영 감독 디안 바라티에는 한 번도 대작 영화를 연출한 적이 없었고, 제작 감독으로서 프랑수아즈 에체가라이도 마찬가지였다. 때문에 로장주 영화사의 총감독 마르가레트 메네고즈는 불안해하고 이 기획의 실행 가능성을 의심한다. 위기는 1999년 12월에 추가된 두 가지 불확실성으로 정점에 이른다. 영화의 사전 제작 지원금이 거부되었고, 디지털 특수 효과 전문회사인 뒤부아 스튜디오가 로메르의 작업 계획에서 예정된 25분 분량의 화면 합성에 대해 공개적인 회의감을 표현했다.

그래서 마르가레트 메네고즈는 기획을 재구성하려고 했다. 그녀는 특수 효과를 담당할 예술 감독을 로메르에게 제시하고 싶어 했다. 그런 후 그녀는 얼마 전 로장주에서 역사 영화 〈로트렉Lautrec〉을 연출한 로제 플랑숑을 그의 조감독으로 떠올렸다. 그런 다음 그녀는 프랑수아즈 에체가라이가 아닌 다른 제작 감독을 요구했다. 마지막으로, 그녀는 시네아스트에게 숏 바이 숏과 모든 카메라의 움직임 등 영화에 대한 세부적인 설명을 기대한다. 36년 전에 로장주 영화사를 설립하고 21편의 장편 영화를 감독한 에릭 로메르는 어떤 요청도 받아들이지 않았다.

마르가레트 메네고즈는 자신의 관점을 전하며 이렇게 설명한다. "우리는 헤어졌다. 프랑수아즈 에체가라이는 내가 제작 감독으로 참여하는 것을 거부했다. 그럼에도 난 〈영국 여인과 공작〉을 제작할 준비가 되어 있었지만 특정 조건에서 그랬다. 결국 그들은 거의 일 년 동안 영화 작업을 했고, 역사 연구가 완료되었고, 배경과 의상 제작을 시작했고, 디지털 테스트를 마쳤고, 돈도 거의 모았다. 의견 불일치가 악화되었을 때 프랑수아즈와 나는 로메르와 함께 두 번 만났다. 그는 우리가 화해하기를 원했을 것이다. 하지만 난 더 이상 프랑수아즈 에체가라이와 함께 일하고 싶지 않았다. 나는 이 결별로 인해 상처를 입었고 아팠다. 그 문제로 난 〈영국 여인과 공작〉을 볼 수 없었고, 게다가 〈삼중 스파이〉나 〈로맨스〉도 보지 못했다. 너무 고통스러울 것 같았다."[34] 로메르는 이 에피소드에 대해 거의 언급하지는 않는다. 그도 고통스러웠겠지만 또한 아마도 자유로웠을 것이다. 수천만 프랑의 비용이 드는 실험 영화라는 가장 무모한 의미를 포함해, 결국 자신의 자유를 책임지는 80대 예술가 말년의 해방감 같은 것이다. 자전적 고백에서 그는 이렇게 말했다. "1990년대에는 모든 일이 순조롭게 돌아갔다. 어려움은 '시대극' 〈영국 여인과 공작〉과 함께 돌아왔다. 특히 사전 제작 지원이 거부되면서 그 무게가 로장주에게 너무 무거워졌다. 프랑수아즈 에체가라이와 나는 파테Pathé사에 전화를 걸었다."[35]

사실상 가장 오래된 프랑스 제작사 중 하나로, 제롬 세이두 Jérôme Seydoux가 운영하고 대중적인 영화를 주로 제작하는 이 거대 제작사는 새천년 첫 달에 에릭 로메르의 혁명적 계획을 곤경에서 구출한다. 그러나 몇 주 동안은 근심이 지배적이었다. 제작 측면에서 프랑수아즈 에체가라이는 손에 두 개의 (작은) 패를 가지고 있다. 에릭 로메르 제작사는 영화 시험과 준비를 진행하기 위한 2백만이나 3백만 정도의 적은 돈을 투자할 수 있고, 카날플뤼스와 제작자 나탈리 블로쉬레네Nathalie Bloch-Lainé는 8백만 프랑을 보장했다. 예산의 3분의 1에 불과했다. 프랑수아즈 에체가라이는 이렇게 회상한다. "처음에는 우연처럼 모든 문이 닫힌 것처럼 보였다! 우리는 아무것도 없이 오갈 데 없는 상황에서 특수 효과를 쓰는 시대극 영화를 시도하고 있었다. 그때 난 할리우드를 생각했다. 나는 프란시스 포드 코폴라Francis Ford Coppola와 마틴 스코세이지, 조지 루카스George Lucas가 로메르를 알고 있고, 그들에게 3천만 프랑은 큰 액수가 아니라는 사실을 알고 있었다. 그래서 나는 미국인을 잘 아는 과거 로장주에 있었던 피에르 코트렐에게 전화했다. 그는 조금 의심하면서, 내게 추천해 준 곳이······ 파테였다. 안 될 게 뭐 있나? 거기까지 생각이 닿지 못했지만, 그래도 시도할 수는 있었다. 나는 그에게 중개자 역할을 해 달라고 부탁했다.[36]"

피에르 코트렐은 그의 오랜 시네필 친구인 피에르 리시앙과 아주 가까운 사이다. 과거 마크마옹 애호가 리시앙은 파테사에서 자문 역할을 하면서, 제인 캠피온Jane Campion, 스코세이지, 클린트 이스트우드Clint Eastwood, 왕가위Wong Kar-wai 등 국제 영화계의 유명 인사 몇 명에 주목하고 있었다. 그는 회사 결정권자인 프랑수아 이베르넬François Ivernel, 로망 르 그랑Romain Le Grand, 레오나르 글로윈스키Léonard Glowinski의 마음을 움직일 수 있었다. 리시앙은 이렇게 설명했다. "코트렐이 어느 날 내게 전화를 했다. '파테에서 로메르 영화에 관심이 있을 것 같은가?' 난 그 제안을 전달했고, 모든 것이 매우 빠르게 진행되었고, 합의는 빠르게 이루어졌다. 시기가 잘 맞아떨어졌다. 파테는 소니 클래식Sony Classic이나 스튜디오카날Studiocanal이 했던 것처럼 자회사 '파테 이마쥬Pathé Images'를 국제적 위상과 명성에 걸맞은 영화들로 확장하고 있었다. 이 회사 영화 목록에 로메르 작품이 들어간다는 점은 파테 이마쥬에 흥미로운 일이었다. 예산과 여자 배우에 대한 약간의 토론이 벌어졌다. 자세히 보지는 않았지만 전체적으로 정말 순조로운 협업이었다."[37]

파테의 참여에 힘입어 〈영국 여인과 공작〉의 제작은 카날플뤼스와 작은 독일 회사(디터 마이어Dieter Meyer가 운영하는 케이시 미디엔 에이지KC Medien AG), 그리고 유럽투자기금 유리마쥬Eurimages의 참여로 2000년 봄에 확정적으로 정리된다. 총 3천 8백만 프랑이 모였다.

로장주와의 결별로 인해 에르베 그랑사르까지 부수적인 희생자가 되었지만, 에릭 로메르와 프랑수아즈 에체가라이 사이의 긴밀한 협력이 이루어졌다. 분명히 시네아스트는 그녀와 영화를 만드는 것을 더 선호했다. 따라서 2000년 1월, '예체Etché'라고도 불리는 '관리자'는 〈영국 여인과 공작〉을 손에 넣는다. 그녀는 제작을 살리고 공동 작업자를 선택하고 일부 사람을 해고하면서, 새로운 열정으로 복잡해질 촬영을 준비한다. 그때부터 프랑수아즈 에체가라이와 에릭 로메르는 진정한 직업적 동반 관계를 형성한다. 그녀는 즐거워하면서 자신을 '첩 2호'라는 별명으로 불렀다. "내 사랑, 새로운 첩이 다른 첩을 쫓아냈다는 소식에 실망했어요. 난 너무 슬퍼서 바로 (인질로) 도망쳐서 다른 하늘 아래로 가서 당신의 경솔한 과실을 슬퍼해야겠어요. 네! 당신이 첩 1호의 손에 있다는 걸 알아요, 안타깝지만 잘됐어요! 내일까지 새벽이 어떤 아침으로 바뀌지 않는다면 말이죠! 원망은 없지만……. 그래도 약간 실망이네요!! F."[38] 또한 시네아스트의 책상에 핀으로 꽂혀 있거나 무심히 놔둔 이런 작은 메모도 읽을 수 있다. "에릭, (허공을) 달려서 왔다가 다시 (빠르게) 달려서 떠나요. 월요일 오후에 다시 올게요. F."[39] 혹은 "에릭, 끔찍한 편두통 때문에 으스피린 믁으러 집으로 가요. 브활절 암호에요. 내일 봐요, F."[40]

장인의 연대

2000년 1월에 이 모험이 확정되기 전부터 프랑수아즈 에체가라이는 에릭 로메르 제작사 CER의 자금으로 〈영국 여인과 공작〉의 준비를 시작한다. 첫 임무는 야심 찬 역사 영화를 만드는 데 필요한 기술 작업과 관련된 것이다. 즉, 로메르가 그토록 애착하는 혁명적 분위기를 "렌더링한 것●"과 장신구, 의상, 배경, 그림들이다.[41] 에르베 그랑사르가 연구한 중요한 역사 문서가 활용되는 과정이며, 시네아스트도 직접 이 단계를 아주 면밀히 지켜본다. 그의 사실주의적 강박 관념과 진실에 대한 페티시즘 때문에 세부적인 데까지 놀라울 정도로 꽤 정교하게 적용된다. 그는 혁명기 때 몇몇 날들인 1792년 8월 10일, 9월 2일, 3일의 일출과 일몰 시간, 혹은 1792년 9월 16일 오전 7시 43분에서 오전 8시 사이 파리에서 관측된 일식 현상까지 외우고 있을 정도였다.

회화 작업은 이미 진행 중이다. 에릭 로메르는 1998년 7월 계획 초반에 장밥티스트 마로Jean-Baptiste Marot를 만나는데, 영화의 시각적 성공을 위해서는 그는 외부에서 본 혁명의 파리가 결정적인 역할을 한다고 믿었다. 36세의 마로는 이미 오데옹Odéon에서 스테판 브라운슈바이크Stéphane Braunschweig와 함께 극장의 배경 채색 작업을 해 왔다. 아르망디에Amandiers 극장의 무대 장식 감독이자 〈사교 게임〉의 전임자였던 알빈 드 다르델Alvine de Dardel이 시네아스트에게 그를 소개했다. 1999년 봄 내내 로메르는 주간 회의를 통해 참고 자료와 문서 작업, 제안과 반대 제안을 주고받으면서 마로의 작업을 면밀히 따라간다. 마로는 이렇게 밝히고 있다. "나의 전문성과 조형적 주요 관심은 원근법의 관점이다. 아마 그로 인해 카메라의 모든 제약과 엄격한 조건을 이해할 수 있었다. 나는 또한 사진의 명암법 기술도 많이 작업했다. 마지막으로 컴퓨터

● 2차원의 이미지에 사실감을 불어넣어 3차원으로 만드는 과정

신기술을 사용해 매우 정확하게 했다. 난 몇 밀리 차이가 화면에서는 치명적일 수 있다는 점을 알았고, 인물이 지면에서 50센티미터를 걷는 것처럼 보이게 만들었다. 로메르는 아주 관심이 많았고 매우 주의를 기울였다. 그는 어떤 날 저녁의 달이 얼마나 높았는지, 어느 거리에서 봤을 때 원근감이 왜곡된다는 사실을 알 정도로 정확했다. 그에게 날짜, 표지판, 창틀 등 모든 요소가 중요했다. 조사에서처럼 우연적인 것은 아무것도 없었다."[42]

마로가 처음에 초안을 제공하면, 시네아스트는 그 안에 있는 인물과 마차, 말, 군중의 움직임을 상상하고, 그 초안을 승인한다. 컴퓨터를 사용하여 카메라의 각도와 초점거리를 계산한 다음 실제 그림이 그려지고, 한편 축소된 형식의 이미지는 참고 자료로 무대 장식가와 의상 담당자에게 제공된다. 일부 그림은 기존의 회화에서 영감을 얻은 것이다. 샹쥬Change 다리와 생미셸 다리에서 본 경관, 그리고 생로슈Saint-Roch 교회에서 바라본 또 다른 전망이 그것이다. 나머지 작업의 경우는 그 장소의 사전 답사와 당시의 지도, 카르나발레 박물관에 보존된 판화, 1850년대 마르빌Marville이 찍은 오스만의 개조 작업 이전의 첫 파리 사진을 기반으로 작업을 시작한다. 마로는 이렇게 회상한다. "파리 밖으로 나가면 나는 프랑스 혁명기 때 있었을 것만 보였다. 그림 작업은 아주 작은 세부 사항과 돌출 장식, 발코니를 중심에 둔 강렬한 시각적 집중을 의미한다. 난 옛날 파리에 집착하게 되었다."[43] 2000년 초에 마침내 완성된 60×40센티미터의 수도 주위의 시골과 파리 그림들 총 36점은 영화의 배경으로 17분 57초 동안 쓰이게 된다. 그

것이 "프랑스 혁명의 역사 회화들"의 진정한 컬렉션이었다.[44]

이 17분 57초를 디지털 특수 효과로 만들어 내는 데 거의 20명이 동원된다. 에릭 로메르가 합성 영상을 구상하고 있을 때 그는 프랑수아즈 에체가라이와 디안 바라티에와 함께 프랑스의 주요 특수 효과 회사, 생투앙에 있는 뒤부아에 연락했다. 이 회사는 1995년 마크 카로Marc Caro와 장피에르 쥬네Jean-Pierre Jeunet의 영화 〈잃어버린 아이들의 도시La Cité des enfants perdus〉의 디지털 특수 효과로 유명해졌다. 당시 뒤부아는 "혁신적 프랑스 스타일"[45]의 상징으로 언론과 영화계의 찬사를 받은 이 영화의 거의 20분을 합성했다. 이 회사는 관심을 가지고 로메르의 제안을 받아들였지만, 시네아스트가 원하는 구식 렌더링과 연출에 대해서는 회의적이었다. 프랑수아즈 에체가라이는 이렇게 설명했다. "로메르는 특수 효과를 좋아하지 않았다. 그가 찾는 것은 할리우드나 뒤부아의 특수 효과가 아니라, 유년기의 정신 같은 것이었다. 환등기 같은 방식의 활동사진이었다."[46] 로메르의 작업에서 기술은 무엇보다 공상과학의 미래로 투사하는 것이 아니라, 영화의 기원으로 되돌아가는 역할로 사용된다.

1999년 4월, 아주 결정적이지는 않지만 첫 시험을 거친 후 해결책을 발견한다. 뒤부아는 특히 생투앙에 있는 완벽하게 갖춰진 대형 스튜디오 덕분에 프레임 작업과 기본 설비로서 역할을 하지만, 한 소규모 회사가 디지털 특수 효과 제작을 직접 맡았다. 피에르 뷔팽Pierre Buffin이 이끄는 뷔프 제작사Buf Compagnie다. 뷔팽은 세계적인 애니메이션 전문가이지만, 또한 과거 건축가였고 세련된 문화 취향을 가진 2미터의 거인이며, 레이 해리하우젠Ray Harryhausen의 숭배자이며, 19세기 마술환등fantasmagorie과 환등기 전문가다. 에체가라이에 따르면, "그는 로메르가 원하는 것을 즉시 이해했다."[47] 구체적으로 말해, 로메르의 팀이 녹색 배경의 스튜디오에서 디지털 카메라로 촬영한 각 장면은 후반 작업 단계에서 합성된다. 즉, 촬영장에서 센티미터까지 위치와 움직임을 완벽하게 조정해야 한다는 의미다. 이를 위해 에릭 페브르Eric Faivre와 그의 소규모 회사인 아틀리에 드 베르시Ateliers de Bercy가 영화에 적용한 측량 기술인 레이저 광선을 통해 원근감 있는 채색된 그림 공간을 바닥에 투사해야 한다. 이렇게 고도로 정밀한 협업이 이 영화 연출에 필수였다. 2000년 7월에서 12월 사이 6개월 동안 10명의 버프 직원이 동원되어 이러한 특수 효과 작업을 했다. 로메르는 다양한 조명판과 장면을 배치하고 배경과 인물의 표준을 정하고 추가할 요소(새, 물, 연기, 불, 하늘 등)를 통합해서 적용된 모든 모델을 검증했다. 그런 다음 모든 디지털 이미지를 35미리 필름으로 전송해야 한다. 첫 시도는 최악이었다. 마지막 단계는 다니엘 보랑스텡Daniel Borenstein이 개입하면서 해결됐다. 그는 유스리 나스랄라Yousry Nasrallah의 영화 〈엘 메디나El Medina〉에서 개발했던 기술을 〈영국 여인과 공작〉에서 일종의 전송으로 다시 사용했다. 이렇게 일 드 프랑스의 하늘은 최대한 보존된다. 모든 작업 비용은 3백만 프랑에 가까웠다.

로메르는 남은 47분의 필름에 대해서는 보다 전통적인 기술을 사용하지만 그래도 상당한 비용과 준비 작업이 필요했다. 무대 장식가, 화가, 초상화가, 목공, 가구 세공인, 그래픽 디자이너, 무대 의상가, 의상 담당자, 소품 담당자, 메이크업 담당자, 가발 제작자, 구두 제조인, 미용사, 무기 제작자, 스턴트맨, 말과 수레 전문가 등 모두 정확히 57명의 협력 작업자들과 함께했고, 예산의 약 15퍼센트 정도 4백만 프랑 이상이 소요됐으며, 그중 의상으로 230만, 세트 제작과 그림 작업으로 100만이 쓰였다.

시네아스트는 당대의 실내를 찾아 촬영하기보다는 그림을 배경으로 선택해 그의 기획에 회화적 야심을 부여했다. 영화의 11개 실내 장식(그레이스의 집, 뫼동Meudon 집, 혁명 재판정, 혁명 때 사형수를 수용한 파리 고등법원 부속 감옥, 팔레 루아얄 등)은 모두 스튜디오에서 100평방미터 남짓한 단일 구조로 만들어졌고, 독창적으로 배치된 이동식 칸막이에는 채색한 화폭이 씌워져 있다. 건설 관리자 제롬 푸바레Jérôme Pouvaret와 무대 장치가 앙투안 퐁텐Antoine Fontaine의 조합 덕분에 독창적 발상(로메르가 "브리콜라주 bricolage"[48]라고 부르고 싶어 하는)이 가능해졌고, 이 발상은 장밥티스트 마로가 그린 파리 거리의 외부 분위기와 더 나은 시각적 연속성을 갖도록 선택된 것이다. 푸바레는 〈사교 게임〉에서 로메르와 함께 일했으며 이동식 칸막이를 정기적으로 작업하는 전시장 무대 장식가 출신이다. 한편 퐁텐은 극장에서 (특히 파트리스 셰로와 리샤르 페두치Richard Peduzzi와 함께) 주로 작업했으며 무엇보다 자신을 화가로 생각했다. 그는 또한 에르베 그랑사르가 수집한 문서와 이미지에서 영감을 받았다. 퐁텐은 이렇게 설명했다. "실내 장식의 기본 구조는 그레이스 엘리엇의 아파트다. 모두 해결되었다. 장소가 바뀔 때 방 크기를 조정할 수 있는 이동식 칸막이를 추가했다. 일종의 무대 장식의 빠른 변환이었다. 우리는 칸막이를 옮기고 난후 채색한 화폭을 벽 위에 고정시켰다. 그런 다음 소품과 가구를 바꿨다. 그리고 다음 날 우리는 새로운 배경에서 촬영했다. 일반적으로 이런 종류의 역사 영화는 나란히 고정된 두 가지 배경에서 작업한다. 〈영국 여인과 공작〉의 경우 모든 것이 작은 공간에 집중되어 더 빠르고 가벼워졌다. 하지만 꽤 위험하고 긴장감이 있었다. 촬영이 월요일 아침에 이어지려면 주말에 한 배경에서 다른 배경으로 옮겨 놔야 했다. 진짜 도박이었다. 하지만 같은 공간이 귀족적인 배경에서 사무실이나 감옥, 혁명 재판소 같은 훨씬 더 평범한 배경으로 바뀔 수 있다는 점이 즐거웠다. 흥미진진한 직업이었다."[49]

〈영국 여인과 공작〉을 위한 200여 개의 의상 디자인과 제작은 이미 10년 전 〈겨울 이야기〉에서 함께 일한 적이 있고, 그 사이 로제 플랑숑의 영화 〈로트렉〉으로 세자르상을 받았던 피에르장 라로크에게 맡겼다. 의상은 두 가지 우선순위를 존중해야 한다. 즉, 로메르의 표어인 사실성과 정확성이다. 하지만 또한 라로크가 매우 민감하게 여긴 부분은 실내와 외부의 회화성과 잘 통합되는 의상으로, 회화적 순화로 정의할 수 있다. 1999년 4월부터 작업을 시작하면서 라코르는 영감을 찾아 구현할 시간을 가졌다. 부알리, 드마쉬, 다비드David, 레뇨Regnault의 회화와 새로운 정치인의 초상화들, 혁명기 유명인의 메달, 공화정의 공식 의상 조각, 국민병 병사, 수많은 삽화가 들어간 패션 간행물을 찾아본다. 여기에 카르나발레 박물관을 정기적으로 방문한 것과 벼룩시장과 기타 골동품 중고시장, 골동품상 비엔날레에 규칙적으로 드나든 것까지 추가된다. 이 골동품 사냥은 1999년 여름의 소중한 발견으로 이어진다. 그것은 혁명기 파리의 전형적인 인물들을 재현한 말레 Mallet의 일련의 고무 수채화와 매우 세련된 의상이 정밀하고 화려하게 그려진 초상화다. 로메르는 이 "매우 정확한 측면"[50]과 사실적인 세부 묘사를 즉시 좋아했다. 고무 수채화는 수십 가지 의상을 만드는 출발점으로 쓰였다. 라로크는 이렇게 말했다. "에릭 로메르는 (…) 자신의 감정이나 욕구를 아주 적은 단어로 표현한다 (…). 그가 만족하지 못할 때는 얼굴을 찡그린다! (…) 무엇보다 중요한 것은 사실성과 구체성이다. 확실히 그런 식으로 역사적인 "사실 같지 않은 진실"이 나타날 수 있다. (…) 그는 일화에 굴복하지 않으며, "예쁘게 보이거나" "더 사실적으로 만드는 것"에 굴복하지 않는다. (…) 때로 영국 여성의 연약하고 관능적인 면을 보여 줄 필요가 있었다. 잠옷은 몸의 한숨을 연상시켜야 했다. (…) 그녀의 매우 아름다운 가슴골은 그다지 중요하지 않다."[51] 또한 로메르는 영화 속 배우가 당대 속옷을 입기를 원했다. 여자 배우들은 그 시대에 영감을 받은 스타킹, 속치마, 코르셋을 입는다. 남자 배우들은 몸에 붙는 속바지와 스타킹을 입는데, 이것은 인물의 몸짓과 진실성을 위해 중요하다. 로메르는 "예를 들어, 여자 배우가 움직이기가 조금 불편하다고 내게 말했다"[52]고 했다.

마침내, 수백 개의 물건과 가구, 소품이 〈영국 여인과 공작〉에 등장했다. 이것은 모두 에르베 그랑사르가 정확하게 목록을 작성해서 1999년 봄부터 장면별로 분류한 것이다. 하지만 여전히 찾아야 할 것이 있었다. 툴루즈Toulouse 근처 무테Moutet에 있는 골동품상 장자크 르세르Jean-Jacques Lecerf가 큰 도움이 됐다. 그는 영화의 소품으로 가구와 식기, 세면도구, 게임, 탁자, 사무실과 관리 도구를 제공한다. 물론 이 관점에서 매우 까다로운 그랑사르에 따르면 "모든 것이 완벽과는 거리가 멀다."[53] 하지만 이 컬렉션의 대여와 보험을 40만 프랑이 조금 넘는 금액으로 협상한 프랑수아즈 에체가라이에 따르면 "그것은 놀라운 알리바바의 동굴이었다. 그는 14세 때부터 이 물건을 수집해 왔다. 모든 물건과 가구는 진품이었고, 실제로는 1789년이 아닌 1792년에 제작된 것이었다."[54] 영화 속 문서들, 편지와 돈, 단어, 위임장, 포스터, 간판, 통행증 관련해서는 재능 있는 서예가인 카텔 포스틱Katell Postic에게 위임하는데, 그는 기록물 보관소의 문서에서 영감을 얻는다. 이 모든 전문가들은 사전 작업에서 촬영, 그리고 후반 작업에 이르기까지 기술적 장인들의 연대를 형성하여, 로메르의 큰 찬사를 받았으며 〈영국 부인과 공작〉에 진실성을 부여한다.

"그것은 지옥의 묵시록이었다"

에릭 로메르는 프랑수아즈 에체가라이와 단독 공동 작업으로 영화 속 53명의 배역을 담당할 배우 53명을 찾기 위한 중요한 캐스팅 작업을 수행한다. 엑스트라는 말할 것도 없다. 시네아스트는 10년 전 연작 '사계절 이야기'가 시작된 이후부터 축적된 이력서와 사진이 있는 로장주 사무실의 두 서랍 속 '여성'과 '남성'을 꺼내는 일부터 시작했다. 1999년 여름부터 일주일에 여러 번 오후에 그는 자신이 이미 알고 있거나 사진으로 점찍어 둔 신인 배우를 만나는 데 시간을 썼다. 이런 식으로 그는 오히려 빠르게 대부분의 주요 역할을 결정할 수 있었다.[55] 세르주 랑코는 이 영화의 많은 배우들이 공유하는 당시 경험에 대해 설명한다. "로메르는 1999년 여름이 끝나갈 무렵 어느 날 아침에 전화를 했다. '프랑스 혁명에 관한 영화를 준비하고 있어요. 당신에게 맞는 역할이 있는데, 당신처럼 리무쟁Limousin 출신의 지롱드파Girondin·였던 베르니오Pierre Vergniaud··입니다. 당신과 동년배이고 당신과 약간 닮은 것 같은데, 괜찮을까요? 지롱드파 좋아합니까?' 우리는 어느 오후에 영화와 인물, 혁명에 대해 함께 이야기했다. 그는 나에게 베르니오 초상이 새겨진 메달을 보여 주었는데, 그게 작용했던 것 같다. 난 그에 대한 글을 조금 읽었고, 그다음 피에르장 라로크와 의상 테스트를 했다. 그건 로메르에게 중요한 일이었다. 의상을 입은 배우를 볼 필요가 있었다. 몇 달 후 월요일과 화요일에 리허설을 했고 수요일과 목요일에 촬영했다. 모든 것이 빠르고 순조롭게 진행되었다."[56]

두 명의 주연 배우, 그레이스 엘리엇과 오를레앙 공작도 역시 상당히 일찍 배역이 결정되었다. 그레이스 엘리엇 역할은 로메르

· 프랑스 혁명기의 온건 공화파
·· 프랑스 혁명의 지도자

가 다음과 같이 인정하듯 운이 좋았다. "나는 종종 영화 운이 좋았다. 전혀 내 공로가 아니라 정말 행운이라고 믿기 때문에 이런 말을 하는 것이다. 예를 들어 그레이스 엘리엇을 연기할 만한 마음에 드는 배우를 만났다. 사람들이 내게 추천해 준 배우가 등장하는 15편의 영어 영화를 봤지만 내 맘에 들지 않았다. 그런데 루시 러셀Lucy Russell은 그냥 우연히 발견했다."[57] 그렇긴 하지만 이 우연은 주요 캐스팅 대행사와 영국 전문 신문에 실은 작은 광고를 내면서 이루어진 것이다. 시네아스트와 로장주는 "그레이스 엘리엇의 회고록을 각색한 영화에 출연할 파란 눈과 금발의 프랑스어를 잘하는 젊은 영국 여자 배우"[58]를 찾는다. 로메르는 이 영화를 만들고 싶어 하는 엠마 톰슨Emma Thompson을 이미 배제했다. 한편 루시 러셀은 소르본에서 2년 이상 공부했고, 프랑스어를 유창하게 구사하며, 연극계에서 일했으며, 런던 무대에서 열두 가지쯤 역할을 했으며, 1998년에 친구의 영화 〈미행Following〉으로 데뷔한다. 이 영화는 젊은 시네아스트 크리스토퍼 놀란Christopher Nolan의 첫 장편이며, 훗날 그의 이름은 아주 유명해진다. 1999년 8월 19일, 그녀는 대행사에 이렇게 보고한다. "광고를 읽고 이력서와 사진 한 장, 내가 프랑스어를 말하는 것을 녹음한 카세트를 보냅니다. 오늘 아침 엘리엇 양의 회고록을 읽고 내 할머니를 연상시키는 어조를 발견했습니다. 그레이스 엘리엇은 놀라운 일생과 엄청난 침착함을 가진 일종의 18세기 파멜라 해리먼Pamela Harriman[59]이라는 생각이 듭니다. 러디어드 키플링Rudyard Kipling을 인용하면 그레이스 엘리엇은 '왕들과 함께 걸었고 결코 평범해 보인 적이 없었다.' 광고를 읽을 때 정말 흥분했습니다. 나는 이 배역에 많은 희망을 가져 봅니다."[60]

로메르는 영국 대행사를 통해 로장주로 전달된 이 편지를 읽은 후 런던 크리스토우Cristowe 가街에 사는 루시 러셀에게 연락했다. 그녀는 이렇게 회상한다. "나는 로메르의 이름을 알고 있었다. 좋은 영화라는 건 알았지만 그의 영화를 본 적은 없었다. 당시 나는 생계를 위해 은행에서 비서로 일하고 있었는데 흥미롭게도 옆자리 동료가 그의 팬이었다. 로메르는 그저 동료가 가장 좋아하는 시네아스트였다. 동료가 영화 비디오테이프를 빌려 주었는데, 나는 〈가을 이야기〉와 〈갈루아인 페르스발〉이 좋았다. 나는 얼마 후 파리에 도착했다. 로장주에서의 첫 만남은 끔찍했다. 나는 엉망이었다. 언어가 너무 복잡했다. 어려울 줄은 알았지만 그 정도까지는 아니었다. 로메르는 친절했고 어쨌든 다시 오라고 요청했는데, 내 가능성을 봤던 것 같다. 그래서 사람들은 시나리오를 너무 이해하려고 하지 말고 암기하라고 말했다. 난 그렇게 했지만 계속 나빠졌다. 난 로메르에게 겁을 먹었고 말을 더듬었다. 그는 인내심을 가지고 내가 언어를 조절할 수 있다고 생각했다. '몸단장 좀 도와주세요'와 같은 간단한 말도 발음 할 수 없었다. 그래서 나는 런던의 알리앙스 프랑세즈Alliance Française에 가서 말하는 법을 배웠다. 빨리 말하기로, '레 쇼세트 데 라흐쉬뒤쉐스 송텔 세슈?Les chaussettes de l'archiduchesse sont-elles sèches'* 혹은 이렇게도 말한다.

---

* 프랑스어 발음 연습 때 자주 사용하는 문장으로, 의미는 '대공비의 양말은 말라 있느냐'다.

'투흔 통 쿠 오귀스트 타 르 투호 뒤 쿠 트로 쥐스트Tourne ton cou, Auguste, t'as le tour du cou trop juste [*]'. 난 두 번째 문장을 좋아한다. 그리고 조금씩 나아졌다. 가장 놀라운 것은 로메르가 나에 대해 한 번도 의심하지 않았다는 점이다."[61]

뒤부아에서 만든 특수 효과의 내용을 이해하려고 카로와 주네의 〈잃어버린 아이들의 도시〉를 봤을 때 에릭 로메르는 장클로드 드레퓌스를 눈여겨보는데, 특히 그의 "부르봉가 사람Bourbonnian의 외모"[62]를 강조하고 싶어 한다. 루이 필리프Louis-Philippe의 아버지 필리프 도를레앙Philippe d'Orléans은 사실 루이 16세와 루이 17세, 샤를르 10세 부르봉가 형제의 사촌이었다. 드레퓌스는 프랑스 연극계의 저명인사다. 그는 타니아 발라쇼바Tania Balachova에게 훈련을 받아 라살Lassalle과 레지Régy, 로즈네Rosner, 엥겔Engel, 뱅상Vincent, 사바리Savary, 베노앙Bénoin과 함께 연기했다. 그는 셰익스피어에서 페터 한트케Peter Handke에 이르는 고전과 현대의 훌륭한 작가의 작품에서 자신의 인상적인 체형과 깊고 감각적인 목소리를 보여주었다. 그는 일반 영화에서 조연의 '얼굴'로 많이 등장했다. 로메르가 그다지 선호하는 작가는 아니지만 모키나 알랭 코르노Alain Corneau, 를루슈, 부아세, 피노토 또는 자크 마르뵈프Jacques Marbeuf의 작품에 주로 등장했다. 하지만 그의 역량과 구변은 로메르를 유혹했고, 로메르는 그의 모습에서 오를레앙 공작이 가진 양면적 카리스마의 완전한 실제적 화신을 발견했다. 말하자면, 오를레

---

[*] 의미는 '목을 돌려, 오귀스트, 목이 너무 똑바르다'다.

앙 공작을 추종하는 사람들은 그가 절대 군주제에서 해방된 왕국을 통치하기를 오랫 동안 바랐지만, 그럼에도 무력하게 드러나면서 공포 정치의 단두대 칼에 죽기까지 자신이 말려든 모순 때문에 입이 막힌다. 로메르가 대중적 배우를 고용한 것은 이번이 처음이다. 파브리스 루치니, 파스칼 그레고리, 아리엘 동발은 그의 영화와 함께 성장했고 부분적으로는 그 덕분에 점차 유명해졌다. 장클로드 드레퓌스는 다른 경우다. 시네아스트가 주연을 맡긴 이 배우는 1988년부터 소스 요리를 자랑하며 광고에 반복적으로 등장하면서 "프랑스인이 가장 좋아하는 사람"[63] 중 한 명이 된 '무슈 마리Monsieur Marie'다. 국영 텔레비전 화면에서 일종의 돈 파티요 Don Patillo나 어머니 드니Mère Denis* 같은 인물이다. 게다가 드레퓌스는 정겨운 성격으로 시네아스트와도 곧 잘 어울린다. 또한 그는 약 2,500조각에 해당하는 온갖 종류의 돼지 수집품(박제, 도자기, 모피, 종이 반죽 등으로 만든 장난감 동물)과 두 마리 개와 일곱 마리 고양이를 키우는 파리 바티뇰Batignolles 지구의 매우 다채로운 인물이다.

파테에서 〈영국 부인과 공작〉의 제작을 맡으면서 에릭 로메르에게 물었던 유일한 질문은 영화를 짊어질 주연 배우에 대한 것이었다. 파테는 아무것도 요구하지 않지만 그럼에도 무명의 젊은 영국 여성보다는 더 유명한 배우, 특히 외국에서 유명한 배우를, 소스 요리 광고 배우보다는 더 든든한 배우를 바랐다. 두 이름이

---

* 1970~1980년대 텔레비전에서 파스타와 세제 광고로 유명한 인물

제안되는데, 크리스틴 스콧 토마스Kristin Scott Thomas는 끈질기게, 제라르 드파르뒤는 탐욕스럽게 요구했다. "난 드레퓌스를 받아들이도록 강조해야 했다. 그 역시 명성이 있는 사람이지만 쉽지 않았다. 사람들은 항상 이의를 제기하고, 심지어 제안도 한다."[64] 라고 시네아스트는 답했다. 그는 또한 그레이스 엘리엇 역할로 루시 러셀을 완강히 변호했다. 파테는 더 이상 주장하지 않았다.

2000년 3월 20일에 시작된 〈영국 여인과 공작〉의 촬영은 생투앙에 있는 뒤부아의 천 평방 미터짜리 거대한 스튜디오에서 3주간, 나중에는 같은 장소 350평방미터의 작은 스튜디오에서 12주간 진행되었다. 완벽한 기술 설비를 갖춘 이 스튜디오의 임대료는 80만 프랑이었다. 에릭 로메르에게 이는 또 다른 세상이다. 어떤 면에서는 80세의 나이에 '그리피스 스타일'의 영화를 만드는 꿈을 꾼 것이다. 하지만 현실에 직면한 그는 촬영 첫날 전에 겁에 질려 거의 마비된다. 프랑수아즈 에체가라이는 "〈영국 여인과 공작〉은 〈지옥의 묵시록〉이었다"라고 회상했다. 그녀는 시네아스트를 생투앙의 거대한 촬영장으로 데려갔다. "백 명의 사람이 그곳에서 기다리고 있었다. 첫날, 그는 무대에 들어오다가 뒤로 뛰어서 다시 나갔다. '프랑수아즈, 당장 이리 와요! 적어도 이 사람들의 절반은 필요 없다고 확신합니다.' 나는 거기 있는 각각의 기술자가 하는 일을 그에게 설명해야 했다. 그는 내보낼 수 있는 사람을 찾는 데 시간을 쓰기 시작했다."[65] 그건 그렇게 쉽지 않았다. 확실히 큰 규모의 촬영이지만 과도한 인력은 없었기 때문이다. 로메르는 평소처럼 자신의 팀원에게 일을 맡기고 싶어 했고, 그들이 혼자 오는 대신 단지 평소보다 더 많은 사람과 함께 오는 거라고 여겼다. 그렇게 해서 영상을 맡은 디안 바라티에는 세 명의 보조를 맡고, 그 가운데 앙드레와 자닌의 아들 플로랑 바쟁Florent Bazin이 첫 번째 조감독이다. 사운드 기술자인 파스칼 리비에는 두 명의 보조와 함께 두 명의 음향 효과 전문가를 담당했다. 전기와 기계 기술 팀은 열 명으로 구성되었다. 무대 배경과 칸막이를 만들고, 채색한 화폭을 고정시키고, 녹색 배경막을 두고 연기하는 장면에 필요한 매우 세심한 준비 작업은 매번 매우 정밀한 레이저로 쏘아 화면 바닥에 표시되어야 했다. 모든 것에 기술과 인력이 필요했다. 시네아스트가 불만을 제기했던 청소차도 촬영하는 내내 바닥을 깨끗하게 유지하는 데 유용했다.

에릭 로메르는 초과분의 진가를 알아보기 시작한다. 프랑수아즈 에체가라이는 이어서 말한다. "나는 그가 촬영장의 백 명의 사람에 대처하는 데 재빨리 적응했다는 점에 정말 놀랐다. 두 시간 동안 그가 사라졌는데, 알고 보니 열이 39도까지 올라 담요 아래 몸을 묻고 있었다. 난 조금 투덜거렸다. "에릭, 여기 모든 사람들은 쓸모가 있어요, 당신이 평소처럼 와서 이끌어야 해요." 그 후 일단 납득이 되자 그는 촬영 팀을 받아들이고 그 안에 뛰어들었다. 두세 명의 배우가 나오는 장면으로 영화를 만들어 왔던 그에게 9월 학살massacre des Carmes•의 군중 장면은 놀라운 것이었다. 하루 만에 모든 것이 제자리를 잡았다."[66]

• 프랑스 혁명기 중 파리 감옥에서 일어난 학살 사건

그래서 로메르는 촬영 습관을 바꾼다. 처음으로 그는 촬영을 비디오로 실시간으로 재생해 주는 작은 모니터 화면인 콤보를 사용한다. 그는 배우가 있는 촬영장 중심에서 멀어진다. 더 멀리서 약간 고립된 시선은 다수의 기술진과 배우와 거리를 두는 데는 도움이 되지만, 앵글을 바꾸고 배우의 자세를 바로잡고 군중의 움직임을 활용하는 일은 두 명의 중개자에게 위임할 수밖에 없다. 그의 옆에 있던 프랑수아즈 에체가라이와 그의 '동반자'[67] 베트사베 드레퓌스가 단역 배우를 돕는다. 로메르는 옛날 방식, 특히 더 진전된 시나리오로 주연 배우와 함께하는 일정한 시간의 장면 리허설은 유지하기로 결정한다.

촬영은 2000년 6월 30일 영화의 마지막 숏으로 끝난다. 이 장면은 각 주요 배역이 정면에서 카메라 렌즈를 바라보며 등장한다. 프랑수아즈 에체가라이는 이야기를 이렇게 마무리한다. "이 숏은 그가 전날 생각한 것이라고 말했다. 그가 전에는 한 번도 해 본 적이 없는 일을 했다. 즉, 인물들의 목을 자르겠다는 것이다. 나는 어리둥절해서 물었다. "프레임으로 그들을 참수한다구요?" 그는 매우 행복해하면서 말했다. "아, 봤군요! 아주 괜찮아요!"[68] 그렇지만 〈영국 여인과 공작〉의 편집과 특수 효과에 할당된 6개월간의 후반 작업이 남아 있다. 편집은 평소대로 마리 스테판에게 맡기고, 그녀는 시네아스트를 자기 옆에 두고 (결국) 혼자 작업했다.

로메르 혁명

작업의 첫 편집본 상영은 2000년 12월 22일 오전 10시 파테 영화사에서 열렸다. 상영관을 나와 피에르 리시앙은 시네아스트에게 이런 편지를 쓴다. "친애하는 에릭 로메르, 오늘 아침에 당신 영화를 주의해서 즐겁게 보았습니다. 독특하며 유려하고 원숙함에 박수를 보내고 감사합니다. 개인적으로는 상영 시간에 어떤 문제도 느끼지 않았지만, 영화 미장센에 대한 생각의 교환을 위해 몇 가지 고려할 점에 대해 말씀드리고 싶습니다. 왜냐하면 여러 번 기억하거나 생각하느라 멈췄기 때문입니다. 제7예술이 다른 많은 예술로 확장되지만 다른 예술과 혼동할 수 없다는 사실을 상기시키는 것은 이 영화의 하찮은 장점이 아닙니다."[69] 첫 편집본의 상영 시간은 2시간 15분이다. 호의적이고 고양 있는 말의 행간 사이에 "상영 시간 문제"에 대한 약간의 불편함이 감지된다. 파테의 운영 팀은 상영본을 2시간 정도에 맞추려 하지만 그래도 로메르와 충돌하고 싶어 하지는 않는다. 피에르 리시앙은 이렇게 기억한다. "보조 출연자의 몇몇 태도와 보기 흉한 옷, 불필요한 계단의 일부 장면에서 부정적 의미에서 '아마추어'처럼 보이는 작은 세부 사항이 상당히 있었다. 주의를 산만하게 하는 이런 면은 사소하지만 거슬릴 수도 있다. 로메르는 그 점에 대해 매우 괜찮았다. 우리는 이에 대해 이야기할 수 있었고, 그 후 나는 편집실에서 세부 사항을 그에게 보여 주었다. 그는 마지못해 10여 분을 잘라 냈다. 우리는 관객의 눈에 이 영화가 가능한 한 덜 거칠어 보이기를 원했다. 모든 것이 부드럽게 이루어졌고, 각자 성의를 다했다."[70]
파테의 태도에 민감하게 반응하며 시네아스트는 책임감을 느낀
다. 그는 영화가 잘 되기를 바랐고 그래서 〈영국 여인과 공작〉을
직접 2시간 5분으로 줄였다.

준비는 되었지만 그럼에도 이 영화는 2001년 칸 영화제에서 상
영되지 않았다. 선발위원들이 선정하지 않았기 때문이다. 이 일
때문에 영화는 약간의 논쟁을 불러일으켰고, 일부 사람들은 정치
적 검열을 이유로 이 영화를 선택했다. 따라서 제58회 베니스 영
화제는 경쟁 외 부문으로 〈영국 여인과 공작〉을 상영하고, 이번
행사에서 로메르에게 그의 모든 작품에 대해 황금사자상을 주기
로 결정한다. 시네아스트는 매우 만족한다. 그는 심지어 피에르
리시앙의 요청에 따라 상을 받기 위한 베니스로의 여행도 수락한
다. 리시앙은 베니스 영화제의 총감독 알베르토 바르베라Alberto
Barbera에게 편지를 썼다. "에릭 로메르는 호텔(리도에서 멀리 떨어
진 두 개의 침실이 있는)에서 아내와 함께 따로 머물기를 원하며, 그
의 동료들은 영화제 근처에서 숙박하기를 원합니다. 또한 에릭이
여전히 고집하는 것은 황금사자상 수상 장면을 찍을 한 명의 사
진 기자만 있는 것입니다. 충분한 거리를 유지하더라도 기자는
자신의 일을 잘할 수 있을 겁니다."[71]

이 행사는 9월 7일 〈영국 여인과 공작〉의 공식 상영 직전에 이
루어지고 국제 언론계의 박수갈채를 받는다. 시네아스트는 문화
부 장관 카트린 타스카Catherine Tasca에게 헌정문을 받는다. "귀하
의 전설적인 신중함 때문에 당신은 오랫동안 축하 행사와 명예,

봉헌에서 멀어져 있었습니다. 그것은 당신이 도덕적인 선택을 했고, 또한 미학적 선택을 했기 때문입니다. 다시 말해, 당신의 영화 뒤에서 자신을 지우는 일이기 때문입니다. (…) 당신이 주로 작품으로만 소통하는 것은 충분한 동시에 우리를 좌절케 합니다. 우리는 은밀하게 이 신중함의 성벽을 부수고, 당신과 대화하고, 영화에 대해 이야기하고, 당신의 증언과 의견을 듣고, 당신의 현존을 볼 수 있기를 꿈꿉니다. 위대한 예술가에게 할 수 있는 유일한 비난은 창작이 중단되었다는 것입니다. 가장 소중한 우리의 바람은 당신이 카메라 뒤에 오랫동안 머무는 것입니다. 이 헌정이 당신에게 격려가 되기를 바랍니다. 저의 모든 감탄을 보내며."[72]

⟨영국 여인과 공작⟩은 2001년 9월 5일 프랑스에서 50여 개의 영화관에서 개봉된다. 대량의 사본 배급은 아니다. 파테는 신중함을 유지한다. 프랑수아즈 에체가라이가 "그들은 영화를 신뢰하지 않았다"[73]라고 생각했을 정도다. 이것이 성공을 막지는 못한다. 개봉한 지 5일 만에 44,133명의 관객을 모으면서, 한 사본당 평균 865명의 관객을 모았다. 파리 시네필의 영지인 아를르캥L'Arlequin와 발자크Le Balzac 영화관은 일주일에 거의 3천 명의 관객을 모아들인다. 성공은 단지 즉각적일 뿐만 아니라 지속된다. 12주간의 상영 기간 동안 영화는 프랑스에서 총 24만 7,300명의 관객을 끌어들였다.

이 영화는 또한 이탈리아와 일본, 영국, 독일 등 해외에서도 큰 성공을 거둔다. 미국에서는 ⟨숙녀와 공작The Lady and the Duke⟩이라는 제목으로 2001년 9월 19일에 뉴욕 영화제에서 시사회를 마친 후에 크게 미디어를 타고, 2002년 5월 초에는 트레비카 영화제 Tribeca Film Festival에 소개되고, 2002년 5월 10일 극장에 개봉되어 수많은 비평계의 찬사를 가득 받는다. "비바 프랑스 혁명. 너무 아름답지만 너무 반동적인"[74]이라고 쓴 『빌리지 보이스*Village Voice*』의 짐 호버만Jim Hoberman에서 시작해서, 『베니티 페어*Vanity Fair*』의 브루스 핸디Bruce Handy는 "순수 시각적 시가 포착되고 우아한 시공간의 감각[75]라고 쓴다. 『뉴욕 타임즈』의 앤드류 스콧Andrew Scott은 "환등기의 거부할 수 없는 스펙터클!"[76]이라고 발표한다.

에릭 로메르는 〈영국 여인과 공작〉의 관객에게 엄청나게 많은 편지를 받는데, 대부분 익명이었다. 모든 사람에게 답장할 여력은 없었지만 그 편지들은 그에게 많은 감동을 준다. 가장 잘 알려진 찬미자들이 보낸 두 통의 편지를 인용해 보자. 먼저, 안무가 모리스 베자르Maurice Béjart는 "저의 오랜 경력에도 불구하고 당신을 만날 기회를 갖지 못했지만, 이렇게 펜을 들어 당신의 영화가 얼마나 내게 감동을 주고 놀라게 하고 즐겁게 하고 눈부시게 했는지 당신에게 말씀드립니다. 여전히 진정한 영화가 존재한다고 다시 한 번 믿게 해 주어 감사드립니다. 진심과 감탄을 담아 보냅니다."[77]라고 써서 보낸다. 두 번째, 배우 잔 발리바르Jeanne Balibar는 "당신의 영화는 믿을 수 없을 정도로 훌륭해서, 극장을 나오면서 글을 써서 내가 당신의 영화를 얼마나 좋았고, 당신의 영화가 내게 얼마나 중요한지 당신께 말해 주고 싶은 생각에 사로잡혔습니다. 꽤 오래전부터 매년 당신의 영화를 보러 영화관에 가는 것을 아주 좋아했습니다. (…) 내가 아이데 폴리토프, 마리 리비에르,

파스칼 오지에에게 품은 사랑이 얼마나 불합리할 정도인지, 그리고 당신 덕분에 이 여자 배우들에게 얼마나 감탄하게 되었는지 당신에게 말해야겠습니다. 또한 〈오후의 연정〉 이외의 다른 데서는 결코 본 적이 없지만 그 유머와 우아함이 놀랍게 느껴지는 주주에 대해서도 말해야겠습니다. 내 입장에서 난 누구에게도 편지를 쓴 적이 없고, 여자 배우가 감독에게 그의 작품에 대한 감정을 드러내는 걸 약간 불편하게 여겨 왔습니다. 오늘 밤 내게 무슨 일이 일어나고 있는지 모르겠지만, 정말이지, 갑자기 다른 어떤 일보다 더 즐겁게 느껴집니다."[78]

프랑스 언론의 반응은 예외적이다. 왜냐하면 수많은 장문의 기사들이 이 영화를 가장 좋은 의미에서 진정한 논쟁의 핵심에 올려놓았기 때문이다. 〈영국 여인과 공작〉은 사람들이 토론하고 자세히 검토하고 판단하고 비판하는 영화가 된다. '로메르 혁명'은 여러 신문의 헤드라인이었다. 이 영화는 확실히 모든 사람에게 표현의 두 가지 의미에서 혁명적인 영화다. 혁명을 다룬 작품이면서 또한 (감동, 놀라움, 눈부시다는 의미에서) 혁명적인 영화라는 두 가지 의미이며, 다양한 의견으로 나뉘고 논쟁을 불러일으킨 이 역사적 사건에 대한 특정 생각을 보여 준다.

영화에 대한 의견은 일반적으로 긍정적이며, 비평가의 거의 4분의 3을 차지한다.[79] 이런 옹호는 주로 영화 형식을 찬양하는 것으로 시작한다. 로메르의 실험성은 인정받은 미장센의 대가라는 사실에서 더욱 배가되어, 주로 가장 영향력 있는 매체에서 많은 칼럼니스트들이 "언제나 젊은 혁명적인 작가"[80]이며 80세의 나이에 만족하지 않고 대담하고 위험을 감수하는 감독으로 지지한다. 이런 절제된 위험은 많은 비평가들이 영화의 왕정주의적 근본에 대한 분석보다는 형식적인 면에 경의를 표하는 것을 우선시하게 한다. 『레쟁로큅티블』의 세르쥬 카강스키Serge Kaganski는 3개월 전에는 〈아멜리에Amélie Poulain〉를 거의 '비시 정부파vichyste'의 회고적이고 반동적인 영화라고 비난했지만, 〈영국 여인과 공작〉의 분명하게 반혁명적인 의도에 대해서는 아무런 잘못도 발견하지 못하며, 정확히 말해서 혁명적 형식이 영화를 불명예에서 구원한다고 보았다. "로메르에 대해 이데올로기적으로 재판하는 것은 주제를 벗어난 것처럼 보인다. 왜냐하면 시네아스트는 혁명 자체를 비판하기보다는 공포 정치의 구조를 거론하는 것이며, 프랑스 혁명에 대항하는 비방적이고 총체적인 묘사를 연출하려는 의도가 아니라 한 여성의 복잡성과 사건에 대한 그녀의 우회적인 시선에 무엇보다 관심이 있기 때문이다. 〈영국 여인과 공작〉은 눈부시고 독특한 형식적 목적을 겸비한 매혹적이고 감동적인 여주인공의 초상화다."[81] 어떤 면에서 로메르의 작품은 '반아멜리에'적인 영화다. 그는 미학적으로 혁명적이고 정치적으로 반동적이지만, 장주네의 영화는 대중적 파리에 대한 향수를 가진 훨씬 좌파적 영화이지만, 형식적으로는 보수적인 영화다.

영화 비평계의 주요 논단에서 동일한 유형의 추론을 찾을 수 있다. 자크 모리스Jacques Morice는 『텔레라마』에 다음과 같이 쓴다. "그래서 우리가 한 왕정주의자 때문에 떨고 있는가? 스캔들인가? 그다지. 누구나 자유롭게 왕의 처형과 공포 정치가 해방인지 공포인지 아니면 필수적 과정인지 판단할 수 있을 것이다. 〈영국 여인과 공작〉은 적어도 논쟁을 불러일으키는 장점이 있다. 하지만 본질적으로 영화의 이데올로기적 관심은 거기에서 비롯되며, 그의 목표는 이런저런 진영을 옹호하는 것이 아니라 감정이 개입되면서 모두에게 일어나는 그들만의 타협과 양면성을 보여 주기 위한 것이다. 영화의 이례적인 관심은 그 형식에 있으며, 이는 매우 놀랍고 매우 매혹적인 목적으로 '눈부시다'라고 단언할 수 있다. 무엇보다 로메르는 여전히 젊은 혁명적인 작가다."[82] 이런 관점은 곧 올리비에 세귀레가 『리베라시옹』의 칼럼에 쓴 「본보기Un modèle」라는 제목의 글에서 재확인된다. "왕정주의자? 반동적? 로메르에게 논쟁이 제기되는 조금 의심스러운 정치적 의혹의 분위기가 항상 있다. 한 번만 한편에 접어 두자. 놀라운 영화적 시도에 있어 시네아스트의 확고한 성공은 시간이 지날수록 가능한 한 인간의 평범한 모순보다 확실히 훨씬 더 흥미롭다. 로메르가 성취한 것은 그 이전에 누구도 그렇게 오랜 시간 동안 성취한 적이 없었기 때문이다. 그도 예상하지 못했지만 전체 영화 산업이 변모하는 동안 그는 살아남았다(그는 분명히 디지털화된 저예산 영화의 진정한 아버지다). 그가 그 원형을 구현했다고 할 정도로 창조의 자유와 정신의 독립성을 확립했다."[83] '형식에-대한-로메르-혁명'에 대한 옹호는 공산주의 일간지 『위마니테』에서 장 로이Jean Roy의 글도 마찬가지다. 그는 "에릭 로메르의 은총에 투표합시다!"[84]라는 농담으로 글을 시작한다. 전통적인 자코뱅jacobin 신문은 쉽게 왕정주의자의 대변인이 된다.

그럼에도 일부 소수 정기간행물은 영화의 이데올로기적 특성을 전면에 배치한다. 좌파 계열의 반인종차별주의 월간지 『라 르 프롱Ras l'front』는 그를 신랄하게 공격했다.[85] 『루즈Rouge』나 『폴리티스Politis』도 마찬가지다. 장피에르 장콜라Jean-Pierre Jeancolas는 이렇게 썼다. "에릭 로메르의 영화를 좋아하지 않는 데는 많은 정치적 이유가 있다. 귀족에게는 우아한 고통을 앞세우고 그가 반대하는 혁명가에는 바로 구별되는 외모로 권위를 떨어뜨린다. 파리 행정 구역의 대표들은 추악하고 교활한 작은 사람들이며, 혁명 위원회의 과격 공화파들은 못생긴 난장이에 무서운 얼굴과 음탕한 시선을 하고 있다. 이번 영화는 1940년대 프로파간다 (혹은 선전) 영화 같은 전개다. 매우 저속한 이야기다."[86] 『누벨 옵저바퇴르』의 칼럼에서 앙젤로 리날디Angelo Rinaldi도 역시 격분한다. "이 영화에서는 살아 있는 작품의 기둥 중 하나인 모호함이 부족하다. 백군은 항상 결점을 가진 무고한 사람이고, 청군은 항상 어둡다. 로메르는 맞은편에 있는 브레히트다."[87] 가장 중요한 좌파 잡지 『마리안느Marianne』는 〈영국 여인과 공작〉에 반대해 「1789년을 매장한 영화」라는 4쪽 분량의 기사를 싣고, 잡지의 사장 장프랑수아 칸Jean-François Kahn은 「민중에 대한 증오의 고백」[88]이라는 제목의 상세한 설명으로 포문을 연다.

로메르의 영화에서 혁명적 군중에 대한 시선은 확실히 타락하고 품위가 없다. 영화에서 이 거부의 상징은 마차에서 겁을 먹고 혐오감을 느끼는 그레이스 엘리엇과 1792년 9월 3일 처형당한 랑발Lamballe 공주의 머리를 창끝에 꽂아 들고 행진하는 하층민들 사이의 만남으로 남는다. 이 공포 장면의 도상학적 해석은 분명하게 반혁명적인 것이며, 영화 속 파리 군중의 본질은 귀스타브 르 봉Gustave Le Bon이 그의 유명한 1895년 저작『군중 심리학Psychologie des foules』에서 과격 공화파 행렬의 '대중적 광기'[89]를 가리켜 묘사하는 것과 비슷하다. 파스칼 그레고리는 이 주제에 대한 로메르와의 공개 토론을 인용하면서, 이렇게 말한다. "〈영국 여인과 공작〉의 혁명가들이 무섭다고 내가 말했을 때, 그는 이렇게 대답했다. "사람들이 혁명을 할 때 바로 그런 얼굴을 합니다."[90] 로메르의 작업에서 이데올로기적 과잉, 역사적 백지상태table rase, 혁명적 특성에 대한 거부는 그가 숨기지 않는 민중에 대한 이 공포증에서 구체화된 것이다.

우파 언론은 대부분 〈영국 여인과 공작〉에 대한 지지를 표명하는데 분명 형식적인 대담함을 알기만, 특히 "우리 역사의 가장 어두운 시대인 공포 정치에 대한 진실을 마침내 말해 주는"[91]것으로 평가한다. 극우파 일간지『프레장Présent』에서 피에르 말푸주 Pierre Malpouge는 "에릭 로메르가 반혁명을 한다! 이번에는 공포 정치를 과장하지 않는다. 무엇으로 1789년의 맹목적 추종자들의 기분을 상하게 하겠는가. 다시 말해, 이 영화는 경의를 표할 만한 가치가 있는 신성한 영화다."[92] '신우파' 저명인사 알랭 드브누아 Alain de Benoist가 운영하는 전통적 왕정주의 잡지『엘레망Eléments』에서도 "마침내 정체를 드러낸 공포 정치"[93]를 묘사한 영화에 대한 동일한 찬사를 발견할 수 있다. 하지만 에릭 로메르와 가장 가까운 이데올로기적 지지자로 등장한 사람은 아마 마크 퓌마롤리

Marc Fumaroli일 것이다. 그는 『카이에 뒤 시네마』에서 발행된 긴 글 「영화와 공포 정치Cinéma et Terreur」를 위해 펜을 든다. 이 명석하고 박식한 학자는 샤토브리앙Chateaubriand에서 테느Hippolyte Taine까지, 버크Edmund Burke에서 그리피스까지의 시각적이고 또한 문학적인 맥락에서 로메르의 영화를 분명하게 위치시키고, 시네아스트의 기획에 깊이를 부여한다. 이런 의미에서 〈영국 여인과 공작〉은 로메르의 과거에 대한 관점, 역사와 미학을 항상 혼합시켜 왔던 관점에 전적으로 충실하다. 즉, 전통은 우리 뒤가 아니라 앞에 있고, 그래서 전통은 진정한 현대성을 구성한다는 것이다. 로메르가 반혁명적 전통을 재발견할 뿐 아니라, 또한 가장 급진적인 형식적 혁신으로 비약한 것은 영화의 기원, 나아가 영화 전사前史와 환등기로 회귀함으로써 이룬 것이다.

스코블린 사건의 근원에서

에릭 로메르는 2001년부터 다른 영화 작업을 하고 있었다. 가장 야심 찬 기획의 성공은 그에게 에너지를 더해 주었다. 그렇게 시네아스트는 연구와 문서 작업, 의상, 배경, 비교적 많은 배우의 채용을 전제로 한 새로운 역사 영화에 참여한다. 더욱이 그가 구사할 수 없는 외국어, 러시아어가 한 부분을 차지한다.

그는 1930년대 후반 장안에 화젯거리가 되었던 한 사회면 기사[94]에서 영감을 얻는다. 1937년 9월 22일에 러시아 장군 밀러 Miller가 파리 한가운데서 납치된 사건이다. 밀러는 망명 중인 러시아총군사연합Russian All-Military Union, ROVS, 백계 러시아 장교협회의 수장이다. 7년 전에는 그의 전임자 쿠티포프Koutiepov 장군도 납치되었다. 소비에트 연방이 스탈린의 명령에 따라 이데올로기의 적들을 제거한 것으로 의심된다. 좌파 요원들은 공범자로부터 확실히 혜택을 누렸다. 혐의자는 러시아 내전의 전 영웅이자 코르닐로프 연합친선단체Amicale du régiment Kornilov 회장인 니콜라이 블라디미로비치 스코블린Nikolai Vladimirovich Skoblin으로 파리로 이민한 러시아 인사다. 그가 첫 납치에 직접 관여하지 않았더라도 그는 두 번째인 밀러의 납치에 중심에 있었으며, 거의 충심에 가까운 마음으로 신실한 신임을 얻었다. 스코블린은 사실 곤란한 요원이다. 백계 러시아인인 그는 소비에트 기관에 의해 지원을 받지만, 독일 스파이의 수장 라인하르트 하이드리히Reinhardt Heydrich와 관계를 맺어 독일 나치와도 접촉한다.

스파이 게임은 복잡하다. 그것은 적군 참모총장 투하체프스키Toukhatchevski 원수와 스탈린 사이의 모스크바의 경쟁을 중심으로 조직되었다. 두 사람은 서로를 제거하려고 한다. 스코블린의 영향을 받는 밀러는 투하체프스키 카드를 사용하고, 밀러가 접촉한 스탈린의 적인 히틀러로부터 투하체프스키에 대한 비밀 지원을 받으려고 한다. 하지만 나치 독일 총통 히틀러는 동맹 관계를 바꾸고 투하체프스키를 지원하지 않고 스탈린에게 경고한다. 스탈린은 1937년 여름에 '대숙청'으로 경쟁자를 제거할 수 있는 기회를 포착한다. 밀러의 납치 사건은 이 숙청을 완성하는 것이며, 스탈린이 모스크바에서 열린 투하체프스키 재판에서 나치 독일과의 연관성에 대한 그의 증언을 만들려고 한다.[95] 스코블린의 경우 1937년 9월 22일에 납치된 후 프랑스에서 바르셀로나로, 이어서 지로나Gérone로 보내져 소비에트 기관에 의해 제거되었다.

소비에트는 안정된 삶의 보장을 통해 그에 대한 영향력을 확보한다. 그는 아내, 성악가 플레비츠카야Plévitskaïa와 함께 파리에 편안하게 자리를 잡는다. 그녀는 러시아 황제 니콜라이 2세Nicolas II 말기에 그 앞에서 노래를 불러 유명해지면서 '쿠르스크Koursk의 나이팅게일'이라 불렸다. 그녀는 1920년 심페로폴Simferopol에서 부상당해 아픈 스코블린을 만난다. 그들은 남편이 유럽에서 콘서트 투어를 계획하면서 함께 망명하고 1927년부터 파리에 정착한다. 부부가 여유 있는 생활을 하기 위해 필요한 돈의 일부는 소비에트 기관에서 나왔다. 스코블린은 NKVD*의 요원이었지만, 밀러 장군의 충신이고 추종자였고, 그럼에도 불구하고 그를 배신하고 갈가리 찢고 이용하고 1937년 9월에는 궁지에 몰았다. 이 파란만장한 이야기의 마지막은 1938년 12월 파리 법원에서 '밀러 장군에 대한 폭력의 공모'로 플레비츠카야가 재판을 받으면서 나중에 발생한다. 여가수는 20년의 중형을 선고 받는다. 파리의 프티트 로케트Petite Roquette 감옥에 수감되었다가 센트럴 드 렌Central de Rennes 여자 형무소로 옮겨진 후, 1940년 9월에 그곳에서 사망한다.

에릭 로메르는 이 사건에 열정을 가지고 자신만의 방식으로 각

• 내무인민위원회, KGB의 전신

색한다. 그는 〈O 후작 부인〉 이후 자신의 역사 영화에 적용해 왔던 역사와 허구의 관계를 역전시킨다. 이번에는 자신의 개인사(1937년에 그는 17세였다)와 동시대에 있었던 실제 뉴스를 가져와서 상상력으로 옷을 입힌다. 이번에는 미스터리와 불확실함을 강조한다. 모든 것을 의도적으로 모호하게 처리했기 때문이다. 인물은 훨씬 평범한 동시에 덜 화려하고 더 불가사의하고 비밀에 싸여 있다. 니콜라이 스코블린에서 영감을 받은 인물 스파이 표도르 보로닌Fiodor Voronin은 위신과 기운을 잃을 뿐 아니라 소련에 매수된 반역자가 되어 마력과 명성도 잃는다. 그는 평범한 비밀 요원일 뿐이며, 그 실험은 이런 말을 통해 이루어진다. 즉, 거짓말은 어디서 시작하는가? 진실은 어디서 끝나는가? 그는 아내에게 무엇을 말할 수 있고 또는 말할 수 없는가? 그녀는 무엇을 믿고, 또 믿지 않는가? 짐작인가 추측인가? 행동은 거의 없지만 의심과 불확실성, 복잡성이 더 많아진다. 마찬가지로, 여성 인물은 완전히 바뀐다. 유명한 디바이자 특이한 가수는 아름다운 그리스인 아내 아르시노에Arsinoé가 된다. 그녀는 건강이 허약한 화가가 된다. 이는 프랑스어를 사용하는 타당성을 갖추고, 음모의 특징을 강조하지 않도록 관계의 균형을 유지하기 위해서다. 이 부부는 서로 프랑스어를 사용하며, 망명지에서 자연스럽게 모국어를 말하는 러시아 이민자가 더 이상 아니다.

시네아스트는 이렇게 설명한다. "역사적 사실로 보면 이 여성은 남편을 쥐고 흔들었던 것처럼 보인다. 그녀가 호화롭게 살았고, 증인들이 이 사건에 대한 설명으로 제시한 바에 의하면, 스코블린은 아내가 요구하는 삶의 자금을 조달하기 위해 그를 신뢰하는 사람들을 배신했다는 가정이다. 어떤 면에서는 그를 소비에트 요원으로 만든 것은 그녀였다. 내 영화에서 남편의 반역은 더 이상 돈 때문이 아니라, 사랑 때문이다. 그는 고국으로 돌아가 아내를 데리고 흑해 해안의 건강한 기후에서 살고 싶어 했다."[96] 그래서 로메르 영화에서 스코블린/보로닌의 반역 사실에 대한 의심은 결코 제기되지 않는다.

그래도 시네아스트가 반역의 논제를 공개적으로 적용하지 않는 것은 니콜라이 스코블린의 조카 이렌 스코블린의 입을 통해 이 이야기를 들었기 때문이다. 전에 말했듯이 이렌은 1960년대 말 이래 시네아스트와 자주 왕래해 왔다. 어린 시절 이렌 스코블린은 〈클레르의 무릎〉에서 두 여성 인물에 영감을 주었다. 갈색 머리 여성은 그녀의 성격을 닮았고, 다른 금발 여성은 그녀의 외모와 닮았다. 그녀가 말한 가계 이야기는 스코블린의 반역을 인정한 일반적 논제와 상반된다. 그를 영웅으로 만드는 것이 아니라 그의 복잡성을 회복하는 것이다. 이렌 스코블린은 이렇게 설명했다. "에릭은 내가 삼촌의 영혼, 그의 유령을 자신에게 보여 주기를 기대했던 것 같다. 그에게는 내가 우리 사이의 우정과 신뢰 덕분에 인물을 살아 있게 만들 수 있는 유일한 사람일 것이다. 처음부터 나는 그가 유죄인지 아닌지 모른다고 말했다. (…) 난 영매처럼 사람을 불러내고 다시 살게 만들었다. (…) 나는 의혹을 밝히기를 원했다."[97] 로메르는 2002년 5월에 세 번째 버전의 시나리오를 보내면서 그녀에게 경의를 표했다. "삼촌의 기억을 보존하는 데 보여 준 당신의 관심에 감동했어요. 이 기회를 빌려 영화 준비 작업에 도움을 준 것에 감사하고, 개봉을 통해 간접적으로나마 역사가들이 지금껏 제한했던 관점보다 훨씬 넓은 관점에서 당신 가족의 일을 보는 데 도움이 되기를 바랍니다. 물론 당신의 이름은 영화 자막에 표시됩니다. '자료 수집 및 연구' 분야로 올리는 것을 제안합니다. 다정한 포옹을 보내며 곧 만나요. 에릭."[98]

에릭 로메르와 이렌 스코블린은 2001년과 2002년 2년 동안 함께 일하면서 일주일에 한 번씩 오후에 만났다. 그녀는 이야기의 세부 사항을 말하고, 1938년 플레비츠카야의 재판에서 기소된 논고나 여가수의 일기 같은 자료를 검색하고 찾아냈다. 그녀는 가설을 세우고 로메르의 개작에 참여하고, 시나리오를 매 단계마다 읽고 확인했다. 한편 시네아스트는 참고 문헌을 철저히 분석하지만, 마리나 그레이Marina Grey의 저작 『장군 자정에 죽다: 쿠티포프(1930)와 밀러(1937) 납치 사건Le général meurt à minuit: l'enlèvement des généraux Koutiépov(1930) et Miller(1937)』에 등장하는 스코블린에 대해서는 적대적이다. 그는 또한 파리 망명 세대의 후손인 젊은 러시아인들을 만나서 교정과 조언을 요청했다. 그들 가운데 미셸 엘차니노프Michel Eltchaninoff는 소르본의 철학 교수이자 도스토옙스키 전문가이며, 그의 형제 알렉상드르Alexandre는 역사에 열정을 가진 골동품 상인이자 수집가이며, 프랑스 거주 러시아인을 위한 지원협회 회장이다. 또한 안드레이 콜리아코프Andreï Korliakov는 『사진으로 본 러시아 이민, 1917-1947Émigration russe en photos, 1917-1947』[99]의 저자다.

2001년 4월부터 2002년 6월까지 작성된 공책과 다른 버전의 시나리오가 쌓인다. 먼저 「트리플 A.001Triple A.001」이라는 제목의 녹색 공책을 볼 수 있다. 영화에 붙일 제목이 처음으로 언급되어 있고, 원본의 출처와 장르에 따라 번호를 매겨 놓았다. 이것은 이렌 스코블린과의 대화에서 적은 노트, 역사책에서 읽은 내용을 적어 놓은 것, 각 등장인물의 특징을 적은 색인카드이며, 점차 적절한 이야기로 정교해지며 진화한다. 그런 다음 공책 002와 003에는 러시아 노래, 특히 「젊은 노동자의 노래Chant des jeunes travailleurs」(1932), 쇼스타코비치Chostakovitch의 음악, 잔느 페레Jeanne Perret의 프랑스어 가사, 러시아 역사에 대한 노트, 독일과 러시아 철학에 대한 여담, 대사의 중요한 구절이 이어진다. 30쪽짜리 첫 시놉시스는 3월 16일에 만들어진다. 2002년 6월, 최종 시나리오는 추가 및 수정을 거쳐 육필에서 타자기로 옮겨져서 66쪽에 이른다.

〈삼중 스파이〉는 비공개 출처를 가지며 자서전적 행로를 따랐다. 앞서 보았듯 로메르는 1930년대 말 청소년기를 끝내고 튈에서 파리로 상경해 앙리4세 고등학교에서 공부했으며, 라탱 지구에 있는 가구 딸린 아파트에 살면서 젊은 무리와 어울렸다. 그는 당시의 대화, 영상 뉴스, 신문의 헤드라인을 기억했지만, 무엇보다 당시의 태도와 몸짓, 옷감, 색상, '제비 소리' 같은 주변의 소리와 음악을 기억하고 있었다. 발음하는 방법을 예를 들어, 모든 사람의 입에서 회자되던 단어 "파시스트fasciste"의 발음은 이후 세대에서 발음하는 "쉬ch"가 아니라 "시ss"로 발음했다. 그는 이 영화에서 '두 전쟁 사이의 시기'[100]를 개인적인 전망으로 기록한다. 알랭 레네가 〈스타비스키Stavisky〉, 〈인생은 소설이다La Vie est un roman〉, 〈입술은 안 돼요Pas sur la bouche〉에서, 트뤼포가 〈녹색방〉, 〈쥴 앤 짐〉에서, 마르그리트 뒤라스가 〈인디아 송〉에서 한 것과 같은 방식이다. 로메르는 이 개인적 접근을 기꺼이 인정한다. "(…) 내가 봤던 공산주의자 교수들을 보여 준다. (…) 외교 정책은 복잡해 보였다. 그래도 꽤 많은 평화주의자들이 있었다."[101]

로메르는 "당시 개인적 기억이 문학에 대한 기억보다 적다"[102]며 다른 참고 문헌들도 고백한다. 도스토옙스키의 책의 등장인물 미차 카라마조프Mitia Karamazov나 또 다른 음모인 데카브리스트Décembristes*의 음모에 대한 소설 『악령Possédés』 속 분위기를 들수 있다. "[도스토옙스키는] 이 영화에 가장 영감을 준 작가다"[103]라고 시네아스트는 인정한다. 또한 발자크의 걸작 『수상한 일Une ténébreuse affaire』의 흔적도 발견된다. 그는 이 소설의 여러 구절을 외우고 있다. 그리고 그가 읽었던 조지프 콘래드Joseph Conrad의 『비밀 요원L'Agent secret』에서는 "등장인물보다 훨씬 더 강한 이야기에 대한 생각"[104]을 얻는다. 하지만 영화적인 영향도 존재한다. 그 첫 번째 자리는 앨프리드 히치콕의 위대한 편집증적 영화 〈염소자리〉와 미스터리를 구현한 〈현기증〉의 기억이 있다. 프랑수아주 에체가라이는 이렇게 설명한다. "로메르는 이 모든 것을 꿰차고 있었다. 한편으로는 그가 다루는 이야기와 동시대를 살았기 때문이

• 12월 혁명당원, 1825년 러시아 최초로 근대적 혁명을 꾀한 혁명가들이다.

며, 다음으로는 그가 히치콕 애호가였기 때문이다. 〈삼중 스파이〉는 사람들이 사라진 〈현기증〉이다."[105] 여기에 프리츠 랑이 만든 미국 영화 〈이유 없는 의심Beyond A Reasonable Doubt〉을 추가할 수 있는데, 이 영화는 이야기가 끝날 때까지 체계적인 의혹으로 관객을 위태롭게 한다.

흥미롭게도 로메르가 전혀 언급하지 않은 출처가 남아 있다. 1943년 블라디미르 나보코프Vladimir Nabokov가 쓴 『마드무아젤 오 Mademoiselle O』 모음집에 실린 단편 소설 「보조 제작자The Assistant Producer」다. 백인 러시아 귀족 출신 나보코프는 밀러/스코블린 사건과 플레비츠카야의 재판이 있던 시기인 1937년부터 1939년까지 베를린을 거쳐 파리에서 살면서 이 사건에 대해 완벽하게 알고 있었다. 나보코프는 제2차 세계대전 당시 보스턴에 망명해 있는 동안 그들에 대한 이야기를 썼다. 특이한 인물인 여자 가수 '슬라브스카Slavska'을 중심으로 한 이야기다. "스타일은 10분의 1은 집시이고, 7분의 1은 러시아 농민(그녀의 출신이다)이고, 9분의 5는 대중적인데, 그리고 대중적이라는 말은 인위적인 민속 문화와 전쟁 멜로드라마, 공적 애국심으로 뒤범벅되어 있다는 뜻이다."[106] 나보코프의 소설에서, 니콜리아 스코블린은 "자신의 명성에 사로잡힌 어설픈 군인 영웅이자 백계 러시아 군인 연합Union of White Russian Soldiers의 일원이며 혼란에 빠진 스파이로 일하는 '늠름한 장군 골루브코프Goloubkov'가 된다. "그는 단지 다재다능한 스파이(정확히 말해 '삼중 스파이')일 뿐만 아니라 지나치게 야심 찬 인물이었다."[107] 골루브코프는 나치의 이익과 소련의 이익이 정확하게 교차하는 지점에 있다. 이 '삼중 스파이(나보코프의 글에서 모두 이탤릭체로 쓰여진 단어)'는 그의 오랜 경쟁자이자 스승인 페드첸코Fedchenko 장군의 납치를 냉소적으로 조직한 후에 미스터리의 후광 속으로 사라진다. 이 단편 소설은 "구석에서 소박하게 뜨개질하는" 슬라브스카의 재판 이후 그녀의 수감과 비참한 죽음으로 끝난다.

이 단편 소설은 로메르의 정신과는 정반대다. 나보코프의 감동적 소극은 믿기지 않는 이야기를 우스꽝스러운 무대에 올려 기괴한 인형을 조작하는 것 같은 신랄한 이야기다. 그렇지만 시네아스트가 선택한 바로 제목인 '삼중 스파이'를 그대로 동일하게 인용했음을 알 수 있다. 로메르는 왜 이 출처를 전혀 알리지 않았을까? 이런 선구자에게 영향을 받은 것에 불편해진 예술가의 자부심과 과민함인 동시에 러시아계 미국인 작가의 법적 권리[108]에 대한 두려움 때문일까? 그러나 시네아스트가 영화 준비를 시작할 때 나보코프의 단편 소설을 읽은 것은 확실하다. 그의 기록물 보관소에는 "2001년 1월 날짜가 찍힌 대중교통 정기권Carte Orange 티켓이 단편 『보조 제작자』의 글 초반에 책갈피로 꽂혀 있는 『마드무아젤 오』 전집이 있다. 따라서 우리는 〈삼중 스파이〉에 대한 작업을 시작할 무렵 파리 지하철을 정기적으로 이용하던 한 사람이 그 소설을 신경질적이고 흥미롭게 읽었을 거라고 추측해 볼 수 있다.

〈현기증〉에서 시련까지

2001년 가을 〈영국 여인과 공작〉의 성공으로 에릭 로메르와 프랑수아즈 에체가라이는 파테와의 공동 제작을 〈삼중 스파이〉에서도 계속 이어갈 것으로 예상했다. 영화 예산은 250만에서 300만 유로 사이로 생각했는데, 이는 시대극 영화로는 저렴하지만 로메르의 경제성으로 봤을 때는 비싼 편이었다. 피에르 리시앙의 입장은 〈영국 여인과 공작〉이 개봉한 지 일주일 후 2001년 9월 11일 자 시네아스트에게 보낸 편지에서 봤을 때 낙관적이었다. "잘하셨고 감사합니다. 이런 우수하고 독창적이며 완전하고 대담하며 예리한 영화에는 분명히 자격이 있습니다만, 또한 홍보에 있어 당신의 전문성에도 합당합니다. 아니, 모리스 셰레의 전문성일까요? 내가 모리스 셰레, 그러니까 로메르를 조종하는 그 셰레를 가끔 생각한다는 사실(아직 모리스 셰레였던 시절에 당신을 만났고 당신의 첫 번째 글을 읽었기 때문일까요?)을 인정해야겠군요. 이번의 진정한 성공(…)은 우리 '파테 이마주'가 당신의 다음 모험에도 함께하고 싶다는 점을 말해 줍니다. 우리가 다른 것보다 더 비싸고 더 위험한 이 영화에서 당신을 충성스럽게 따랐기 때문에 전적으로 자격이 없어 보이지는 않습니다. 함께하지 않는 것이 거부로 비칠 수 있습니다. 그것이 당신의 감정이라 생각하지 않습니다."[109]

그렇지만 몇 주 후 2002년 봄에 파테사의 사장 제롬 세이두는 시나리오를 검토하고는 해당 기획을 거부했다. 로메르와의 관계에서 난처해진 리시앙은 "제롬 세이두는 이 기획을 전혀 신뢰하지 않았고, 우리는 이유를 알 수 없었다"[110]라고 말했다. 그 편에 있는 프랑수아즈 에체가라이는 "로메르가 한동안 영화를 흑백으로 찍고 싶다고 말했기 때문에, 고문 중 한 사람이 거절하자고 그를 설득했다. 이것이 구실이 됐다"[111]라고 설명한다. 〈삼중 스파이〉의 총괄 제작자 에체가라이는 자금 조달을 다시 시작했다. 게다가 사전 제작 지원도 다시 한 번 거부되었고, 또 아르테의 공동 제작마저 거절당했다. 러시아어를 말하는 배우들을 찾던 '예체'는 배우 디나라 드루카로바Dinara Droukarova에게 의지한다. 그녀는 몇 년 전부터 파리에서 거주하면서 비탈리 카네프스키Vitali Kanevsky의 〈얼지 마, 죽지 마, 부활할 거야Bouge pas, meurs, ressuscite〉와 〈눈 오는 날의 왈츠Une vie indépandante〉에 출연했다. 우연히도 그녀는 레조 영화사Rezo Films의 책임자인 장미셸 레이Jean-Michel Rey의 아내였고, 레이는 프랑수아즈 에체가라이와 접촉하게 된다. "레이는 즉시 영화를 만들고 싶어 했다"[112]고 에체가라이는 기억한다. 공동 제작으로 이탈리아(빔 배급사Bim Distribuzione)와 스페인(알타 제작사Alta Producción와 투르나솔 영화사Tornasol Films), 그리스(스트라다 제작사Strada Productions), 러시아(멘토 시네마 컴퍼니Mentor Cinema Company)의 작은 회사들과 유리마주Eurimages 기금의 참여를 통해 에릭 로메르 영화사 CER과 레조는 2백만 유로의 예산을 마련한다. 영화는 최저 경비로 만들어지게 됐지만 적어도 제작은 가능했다.

〈삼중 스파이〉를 준비하는 동안 시네아스트는 촬영에 대한 몇 가지 선택지를 두고 망설였다. 향수 어린 인상을 꺼렸기 때문에 흑백 영화에 대한 생각은 빨리 포기했다. 그는 특히 〈영국 여인 과 공작〉에서 활용했던 합성 영상 체계를 재현하기는 매우 어려울 것임을 알았다. 그는 사실 1930년대의 전형적인 이미지, 당시 프랑스 영화를 기반으로 디지털 효과를 통해 거기에 자신의 영화 장면을 삽입하는 방식을 잠시 고려했다. 그는 프랑수아즈 에 체가라이와 함께 그런 영화들을 보고 수집하기 시작했지만 실망한다. 파리 생활의 이미지, 특히 파리 외관 이미지는 극히 드물었다. 주로 스튜디오에서 촬영된 작품이기 때문이었다. 뉴스 자료들은 주요 사건에만 중심을 두거나 너무 빠르게 편집되어 지나갔다. 로메르는 파리가 보이는 장면이나, 스톡 숏, 실제로 쓰기에 적합한 장면을 거의 발견하지 못한다. 사샤 기트리의 〈신약Le Nouveau Testament〉에서 콩코드 주변의 거리를 자동차로 달리며 즐기는 산책이나, 르누아르의 〈익사에서 구조된 부뒤Boudu sauvé des eaux〉에서 센강변에 있는 군중과 구경꾼들 정도다.[113]

2003년 1월 말, 또 다른 필수 준비 작업이 시작된다. 즉, 시나리오 일부를 '러시아화'하는 일이다. 몇 가지 번역이 필요했다. 또한 '러시아인의 눈'으로 쓰인 대화와 시나리오를 다시 읽은 다음, 배우의 준비 과정과 촬영하는 중에도 함께해야 한다. 러시아 출신의 배우 세르주 랑코를 통해 시네아스트는 피에르 레옹Pierre Léon 과 그의 형제 블라디미르Vladimir Léon를 만난다. 이 형제는 둘 다 감독이며 또한 모계 쪽으로 러시아인이다. 피에르 레옹이 자세하게 말한다. "처음에는 놀라운 우연의 일치였다. (…) 이 이야기는 우리가 10년 전에 할아버지가 관련됐을 거라는 확신을 가지고 관심을 가졌던 사건이다. (…) 그래서 우리는 영화로 작업할 준비가 되어 있었고, 그 사건을 잘 알고 있었다. (…) 나는 프랑스어로 쓰인 글을 등장인물이 러시아어로 말해야 하는 몇몇 장면의 대사를 번역하기 시작했다(…). 그런 다음 내 업무는 촬영장에서 대사가 제대로 전달되는지 확인해 주는 것이었다. 로메르는 글 자체를 매우 중시하기 때문에 즉흥성이나 근사치로는 만족하지 않는다. 그래서 러시아어가 사용되는 모든 장면을 참관했다. 난 일종의 스파이였다. (…) 헤드폰을 쓰고 엑스트라를 포함해 거기서 일어나는 모든 소리를 들을 수 있었다. 엑스트라는 러시아어로 말하고 있었다. 그렇다고 아무 말이나 하면 안 되는데, 옐친Eltsine, 푸틴Poutine, 심지어 사담 후세인Saddam Hussein에 대해 그들이 하고 싶은 말을 하기 시작했다."114

또한 로메르는 친한 배우 중 한 명인 샤를롯트 베리에게 등장인물 아르시노에의 회화 작업을 그리도록 요청했다. 그녀는 타마라 렘피카Tamara de Lempicka 스타일에 가까운 유형의 형상으로 그림을 그리는 전통적인 스타일의 예술가다. 로메르는 샤를롯트 베리와 함께 우크라이나나 러시아 회화가 있는 파리 화랑에서 1930~1940년대 사이의 그림들을 둘러본다. 이 젊은 여성이 영감을 받을 만한 작품으로 아이의 초상화, 회전목마나 지붕 위의 고양이, 꽃과 양파, 지하철 출구, 잔디에 누워 있는 여자와 아이들, 수영복을 입고 해변에서 해수욕하는 여인들과 같은 작품 총 14편을 시네아스트가 선정해서 주문한다.

배우의 선택은 분명 결정적인 단계다. 로메르는 표도르-아르시노에 부부 역할을 위해 프랑스 영화계에 흔치 않은 프랑스어를 하는 그리스 여자 배우와 러시아 남자 배우를 찾는다. 여배우 역할 때문에 로메르는 두 편의 영화, 나디아 모로우지Nadia Mourouzi가 출연하는 테오 앙겔로풀로스Théo Angelopoulos의 〈비키퍼 L'Apiculteur〉와 아나 무글라리스Anna Mouglalis가 출연하는 샤브롤의 〈초콜릿 고마워Merci pour le chocolat〉를 관람한다. 두 사람 모두 그리스 출신 여자 배우다. 하지만 나디아 모로우지는 불어를 충분히 잘하지 못했고, 아나 무글라리스는 너무 어렸다. 팀에 프랑스어를 사용하는 그리스 배우가 있는 에이전트가 아테네에서 연락을 받는다. 에이전트는 그리스어와 프랑스어로 된 카세트를 파리로 보낸다. 로메르는 그중 가장 먼저 본 배우를 맘에 들어 했다. 그리스에서 알려진 40대 배우 카테리나 디다스칼루Katerina Didaskalou였다. 그녀는 특히 모든 공식 행사에서 그리스 신화의 자세를 취하며 1984년부터 1992년까지 3번 연속으로 올림픽에서 불을 붙인 올림피아의 제관祭官이었다. 그녀는 아테네에 있는 프랑스어 학교와 컬럼비아대학교를 다녔고, 연극과 영화, 특히 그리스 TV 연속극에서 연기했다. 로메르는 그녀를 파리로 초대해 사무실에서 오후 내내 그녀와 대화를 나눴다.

　반면 프랑스어를 잘하는 러시아 남자 배우를 찾는 일은 해결할 수 없는 골칫거리가 됐다. 2002년 여름 동안, 러시아 배우와 함께 일하기를 간절히 바라던 로메르는 영화를 준비하는 데 참여한 친구인 이렌 스코블린 덕분에 그녀의 친구이자 캐스팅 에이전트인 실비 파제Sylvie Pagé, 그리고 문화 고문직으로 러시아에서 오랫동안 일한 적이 있고 지금은 레조 영화사에서 일하는 로랑 다니엘루Laurent Daniélou와 함께 배우를 찾기 시작했다. 이 두 여성은 모스크바와 상트페테르부르크Saint-Pétersbourg에서 30명의 배우를 만났다. "여성들이 좋아할 만한 40대 잘생긴 러시아 배우들"[115]로는 세르게이 보드로프Serguei Bodrov, 메랍 니니트쩨Merab Ninidze, 발레리 키슬로프Valery Kislov, 알렉시스 바토소프Alexis Batoussov, 카렐 로든Karel Roden, 페트르 바츨라프Petr Václav, 그리고리 마누코프Grigory Manoukov가 있었다. 그리고리 마누코프는 유일하게 파리에서 만났지만 허사였다![116] 2002년 7월 16일에 이렌 스코블린은 "프랑스어를 유창하게 구사하는 좋은 러시아 여자 배우는 많지만, 남자 배우, 특히 40~45세 연령대에 속하는 남자 배우는 거의 없어요."[117]라고 편지했다. 2002년 여름 말에 로메르와 프랑수아즈 에체가라이는 프랑스에 거주하는 러시아 배우들을 대상으로 파리에서 캐스팅 기간을 조직하고, 욜랑드 조베르망Yolande Zauberman의 영화에서 연기한 알렉시스 세레브랴코프Alexis Sérébriakov와 조르주 라보당Georges Lavaudant이나 다니엘 메스귀치Daniel Mesguisch의 영화에 등장한 다니 코강Dany Kogan과 같은 20명의 배우를 다시 만났다. 또 한 번 배역에 실패했다. 2003년 초까지 시네아스트는 남자 루시 러셀이나 카테리나 디다스칼루 같은 드문 배우를 찾으려고 노력했다. 해결책이 없으면 러시아 출신의 세르주 랑코와 함께 일하기로 결정한다. 로메르는 〈파리의 랑데부〉에서 한 에피소드와 〈영국 여인과 공작〉에서 베르니오를 연기했기 때문에 랑코를 잘 알고 있다. 하지만 그는 러시아어를 하지 못했다.

랑코를 사실을 인정한다. "고등학교에서 러시아어를 공부했고 러시아 출신이지만 말을 못한다. 간신히 더듬더듬 말한다. 프랑수아즈는 러시아어를 말하는 부분은 몇 장면뿐이라고 말하지만, 로메르는 진짜 러시아 사람을 원했다. 나는 배우니까 억양을 흉내 낼 수는 있지만……. 에릭과 나는 대본을 함께 읽었다. 에릭은 적합한 러시아인을 찾으면 나 대신 그를 고용할 거라는 사실을 숨기지 않았다. (…) 대본에서 프랑스어로 된 장면의 수를 감안할 때 러시아인을 고용하는 것은 불가능한 상황이었다. 그래서 에릭은 체념하고 나로 결정했다. 그 후에 에릭에게 내게 도움이 될 만한 사람을 알고 있다고 말했다. 이 영화에서 내 부관인 체르노프 Tchernov를 연기한 블라디미르와 피에르의 어머니인 스베틀라나 레옹Svetlana Léon이었다. (…) 스베틀라나는 일주일에 두 번씩 3개월 동안 나를 도와 일했다. 까다로운 러시아인이라면 분명 내가 러시아인이 아니라는 사실을 알 것이다."[118] 피에르 레옹 또한 세르주 랑코와 함께 일하면서 러시아어 장면의 조련사로 그에게 말의 발음과 운율을 가르쳐 준다. 그는 이렇게 회상한다. "세르주에게는 어려운 일이었다. 그에게 다가가 단어를 말하면 그는 음악처럼 정말로 그대로 반복했다. 그것을 유지하고 반복할 수 있을 때까지는 괜찮았다. 그런데 시간이 지나면 복잡해졌다."[119] 러시아어 문장은 12개뿐이지만, 영화 한 장면을 촬영했던 쿠르브부아 Courbevoie에 있는 카자크Cosaques 박물관 관리는 아연실색해진다. 랑코가 러시아어를…… 우크라이나 억양으로 더듬거리고 있었기 때문이다.

촬영 3개월 전에 세르주 랑코와 카테리나 디다스칼루가 만났고…… 서로 잘 지낸다. 부부 관계가 작동했고, 로메르는 부분적으로 안심한다. 촬영 2주 전 그리스 여자 배우는 파리로 돌아왔고, 두 '배우자'는 매일 서로 만나고, 이후 촬영 중에는 주말마다 만났다. 랑코는 이렇게 회상한다. "그녀가 오기 바로 전에 굉장히 재미있던 시기가 있었다. 난 에릭과 리허설을 했는데, 에릭이 아르시노에 역할을 했다. 포복절도하며 웃었다! 대본을 두 번 읽은 후에 그는 장면을 망치지 않기 위해 그만하고 싶어 했다."[120] 프랑스인 배역을 마무리 짓기 위해 로메르는 자신이 아는 배우 시리엘 클레르Cyrielle Clair나 아망다 랑글레, 그리고 아르노 데스플레생Arnaud Desplechin의 〈파수꾼La Sentinelle〉과 그 후 1999년 로제트가 감독한 10분짜리 단편 〈그려진 이야기Une histoire qui se dessigne〉에서 좋은 인상을 남긴 젊은 남자 배우 엠마뉘엘 살랭제Emmanuel Salinger를 선택한다. "그는 정말 공산주의자 학생처럼 보인다"[121]라고 로메르는 제작자에게 털어놓았다.

로메르와 그의 평소대로의 팀(이미지의 디안 바라티에와 사운드의 파스칼 리비에), 그리고 50여 명(기술자, 기계 담당, 전기 담당, 건축 담당, 무대 장식 담당, 화가, 의상 담당, 무대의상 담당, 분장사)이 2003년 3월 20일부터 5월 15일까지 촬영에 참여했다. 포르트 도테이유Porte d'Auteuil 거리나 르쿠르브Lecourbe 거리의 정교회 예배당 근처의 몇몇 외부 촬영을 제외하고는 영화의 거의 대부분이 스튜디오에서 촬영되었다. 이 스튜디오는 파리 북부 교외에 있는 센생

드니Seine-Saint-Denis의 스탕Stains에 위치했다. 로메르는 매일 RER 를 타고 거기에 가서 오후 5시 45분 귀가 시간을 한 번도 거르지 않고 돌아왔다. 스튜디오 500에서의 촬영도 시네아스트는 〈영국 여인과 공작〉에서의 경험과 비슷한 방식을 따르기로 결정한다. 이동식 칸막이에 앙투안 퐁텐이 그린 화폭은 노랑과 갈색, 황토 색을 주조색으로 작업해서 1930년대의 실내의 모습을 보여 주는 식이다. 약간 낡은 분위기는 가구와 물건, 소도구를 통해 오래된 유행의 결을 충분히 전형적으로 강조해 보여 준다. 가짜로 만든 창을 통해 보이는 외부 도시 배경의 경우에는 특별한 사진 기법 이 사용된다. 당시의 포르트 도를레앙Porte d'Orléans의 건물을 보여 주는 거대한 전경은 니콜라 르클레르Nicolas Leclère와 장클로드 무 아로Jean-Claude Moireau가 재현하고 조합했다. 보로닌의 아파트, 공 산주의자 이웃집, 그리고 마지막에 있는 호텔 장면은 모두 이런 식으로 촬영되었다. 또한 서쪽 교외에 있는 메종 라피트Maisons-Laffitte의 임대 주택에서 무대 장식가와 소품 담당자가 원하는 대 로 꾸밀 수 있는 공원 근처의 빈 집에서 10일간의 촬영이 추가됐 다. 몇 가지 추가 장면은 "1930년대 이후로 변하지 않은"[122] 카자 크 박물관과 쿠르브부아의 생기욤Saint-Guillaume 거리에 있는 러시 아 식당, 그리고 또 생오귀시탱Saint-Augustin에 위치한 국군 프레스 클럽Cercle national des armées에서 진행되었다. 이 클럽에서 촬영된 러 시아 무도회 장면은 장클로드 체프렉디잔Jean-Claude Tchevrekdjian이 지휘하는 아라랏Ararat 현악 사중주와 함께 펼쳐지는 영화의 가장 화려한 장면이다.

피에르장 라로크와 그의 팀은 파리의 러시아 공동체 전문가들이 수집한 문서와 로메르의 정확한 지침에 따라 50여 벌의 의상을 제작했다. 특히 아르시노에의 옷장은 표도르가 무도회용으로 재단사에게 주문한 감청색이 감도는 녹색으로 염색된 실크로 된 로브 푸로robe fourreau●와 밝은 사틴으로 된 좋은 실내복으로 구색이 갖추어진다. 라로크는 이런 시네필적 페티쉬에 대해 "의식하지 못한 채 그녀는 〈현기증〉의 여자 주인공 같은 양면적 색채의 옷을 입는다. 산 채로 희생된 그녀는 자신이 모르는 암호를 가진 그림 속으로 추방된 몸이다"[123]라고 설명한다.

촬영장에서 조금 떨어져 로메르는 작은 모니터 콤보 뒤에 앉아 배우에게는 프랑수아즈 에체가라이를 보내고 엑스트라에게는 베트사베 드레퓌스에게 보내서 세부 사항이나 말, 움직임을 바로 잡도록 지시한다. 일부 촬영을 도왔던 피에르 레옹은 이렇게 설명했다. "로메르에게 거의 콤보 주위 전체가 일종의 자신만의 작은 섬이었다(⋯). 그는 사전 리허설은 많이 했지만 그 후 그의 개입은 수정에 지나지 않는다. 예를 들어, 누군가가 배우들이 하는 버릇 같은 행동을 하면 바로 의자에서 일어나 그 몸짓을 진정시킨다. 그저 이런 식의 교정만 했다. 심리나 드라마, 배치에 대한 언급은 전혀 없었다."[124] 베트사베 드레퓌스는 "그래도 그는 가끔 피곤해했고, 때때로 그를 깨워서 이야기를 나누며 웃곤 했다"[125]라고 털어놓았다.

───────────────

● 칼집 모양처럼 몸에 꼭 맞는 여성용 긴 겉옷

그의 유일한 근심은 좋은 면으로든 나쁜 면으로든 공상적인 여배우의 면모를 드러내는 카테리나 디다스칼루에 대한 것이었다. 나쁜 점은 그녀의 강한 자기애가 두 사람이 함께 있는 장면 대부분에 악영향을 미친다는 거였다. 여자 배우는 시선의 일치의 생기를 빼앗고, 숏-리버스숏 관계의 균형을 잃게 하며, 자신의 상대배우 세르주 랑코와 그녀가 질투하는 것처럼 보이는 시리엘 클레르를 특히 불안정하게 만들었다. 카테리나 디다스칼루는 로메르에게 몇몇 장면을 다시 찍겠다고 압박한 드문 배우 중 한 명이다. 멜로드라마 연기를 다시 시작하며 그의 발아래 자신의 몸을 던지고 눈물을 왈칵 쏟으며, 한번은 어리둥절한 시네아스트에게 연극적으로 울부짖으며 말한다. "나를 오이 취급하시군요! 항상 내 옷이 엉망이에요! 난 오이가 아니라고요."[126] 나중에 그녀는 "이 역할에 대한 [그녀의] 열정과 [이] 특이한 작업 방식에 의해 [그녀의] 한계까지 밀려났다"[127]고 고백했다.

하지만 로메르는 최종적으로는 자신의 영화, 특히 그가 발견한 그리스인의 연기에 매우 만족감을 드러냈다. 그는 2003년 여름 말 편집이 거의 끝났을 무렵에 그녀에게 편지를 쓴다. "나는 전체 영화를 정말 빨리 보고 싶어서, 손이 거의 마비될 정도예요. 촬영과 마찬가지로 편집 작업도 매우 잘 진행되었어요. 이 영화는 모두 행운 같았고, 그중 가장 큰 행운은 당신을 본 처음부터 내가 찾던 사람이 바로 당신이라고 확신했다는 점입니다. 당신은 또한 내 모든 기대치를 넘어섰어요. 지난 2개월 동안 난 매일 당신의 연기에서 미묘한 차이와 세련됨, 다양성을 발견했어요. 촬영장에서는 발견하지 못했던 점이고, 특히 감정 표현은 다시 볼 때마다 강렬해지는 게 느껴졌습니다. '탁자'라는 단어가 반복되는 구절도 침체되지 않고 때로는 심지어 다섯 번째, 열 번째까지 강렬해져요! 브라보. 다정한 인사를 담아.[128]

〈삼중 스파이〉는 2004년 2월 15일 베를린 영화제에서 경쟁 부문으로 전 세계 최초 상영으로 소개되었다. 영화는 상을 받지 못하고 돌아온다. 파리에 머물렀던 시네아스트와 영화제에 있었던 두 배우는 실망했다. 한 달 후 영화는 시네마테크 프랑세즈의 오래된 샤이오Chaillot 극장에서 열린 '에릭 로메르 전작 회고전'으로 상영이 시작된다. 3월 17일에 〈삼중 스파이〉는 극장에 걸렸다. 비평계의 반응은 특히 예상되는 언론 기관(르 몽드, 리베라시옹, 레쟁롭퀴티블, 카이에 뒤 시네마, 포지티프……)에서는 좋았지만, 그럼에도 불구하고 적절한 한계 안에 머물렀다. 〈영국 여인과 공작〉이 촉발시킨 비평적 정치적 사건과는 상당히 다르게, 영화는 상대적으로 눈에 띄지 않고 지나갔다.

어떤 말들은 시네아스트를 기쁘게 했다. 그의 형제 르네 셰레가 "사랑하는 모리스, 훌륭해! 내가 기대했던 이상으로, 정말 고마워"[129]라고 보낸 편지와, 프랑수아마리 바니에의 편지가 그러했다. "이 걸작에 머리를 얻어맞은 기분이에요. 에릭, 축하해요. 놀라운 구성과 흐름이에요. 고동치는 리듬감. 모든 선택들, 배우와 당시 뉴스 영상, 음악, 색채, 나선층계, 주택, 파랑색 시트로엥, 의상 등 모두 정말 훌륭해요. 존경을 보내며."[130]

그러나 〈삼중 스파이〉는 흥행에 실패했다. 단지 6만 명의 관객이 들었을 뿐이다. 로메르 자신은 가장 아름다운 영화 중 하나를 연출했다고 확신했던 만큼 더욱 슬픈 일이었다. 프랑수아즈 에체가라이는 이렇게 회상했다. "그는 이해하지 못했다. 그는 미친 것 같았다. 그는 자신의 〈현기증〉을 만들었다고 생각했는데, 사람들이 〈삼중 스파이〉를 이해하지 못했다고 말하며 격분했다. 게다가 〈현기증〉에 비하면 자기 영화는 어린이 합창단을 위한 수준이라고 말하곤 했다."**131** 그러나 그 자리도 이미 정해져 있었다. 〈삼중 스파이〉와 같은 날 개봉한 크리스토프 바라티에Christophe Barratier의 〈코러스Les Choristes〉는 많은 대중의 관심을 끌었으며 경이로운 성공을 거둔다(850만 명). 프랑수아즈 에체가라이는 이렇게 결론을 내린다. "에릭은 영화로 돈을 버는 것을 매우 자랑스러워했다. 아마도 처음으로 이번에 그는 돈을 잃었고 다른 사람의 돈을 잃게 했다. 그 사실은 그를 극도로 괴롭혔다. 그는 자신이 고다르처럼 될까 봐 두렵다고 말했다."**132**

각색가 로메르는 결코 뻔한 것을 추구하지 않았다. 그는 자신이 좋아하는 작가인 발자크나 도스토옙스키의 작품 각색을 포기하고, 1950년대부터 자크 리베트에게 그것을 읽어 보라고 추천한다 (하지만 자크 리베트는 그의 조언을 듣지 않는다). 그는 또한 가장 좋아하는 작가인 로버트 루이스 스티븐슨Robert Louis Stevenson의 작품을 스크린에 옮기는 것을 포기한다. 그중에서 서로 적이 된 형제 간의 어두운 갈등을 그린 서사극「발란트래 경*The Master of Ballantrae*」은 그가 각색을 꿈꾸며 스코틀랜드에 사전 답사를 갈 정도로 오랫동안 소중히 여겼던 작품이다. 그에 따르면 이런 소설가는 이미 연출가metteurs en scène이며, 영화가 더 이상 더할게 없는 그런 작품이다. 시네아스트이자 마법사로서 그의 능력을 발휘하려면 다소 무시되었던 작품을 기초로 해야 한다. 혹은 현대 독자가 해독하기 어려운 작품이어야 하는데,『O 후작부인』과『성배 이야기』,

그레이스 엘리엇의 회고록이 그런 측면의 작품이었다. 버림받은 17세기 기념비, 오노레 뒤르페Honoré d'Urfé의 대하소설 「아스트레 *L'Astrée*」는 자칭 갈리아인gaulois• 목동들이 수많은 설전과 기상천외한 사건을 거치면서 사랑의 지도Carte de Tendre••를 다시 그리는 것을 담고 있다. 하지만 로메르는 이 소설을 찾아 받아들이기까지 오랫동안 망설였다. 특히 처음에 상당한 장애물이 나타났기 때문이다.

기원으로 회귀

사실 「아스트레」의 각색본은 많이 나와 있기 때문에 각색 작품을 다시 각색하는 것은 문제가 되지 않지만, 아주 충실하게 연출하는 것이 문제였다. 그가 선택한 것은 피에르 주카의 각색본인데, 주카는 로메르가 높이 평가하는 영화 작가다. 「아스트레」의 현대적 각색 대부분이 그러하듯 주카는 이야기를 중심 테마, 즉 여자 목동 아스트레와 남자 목동 셀라동의 사랑 이야기에 초점을 맞춰 진행한다. 둘의 사랑이 오해로 인해 서로 엇갈리면서 청년은 고행을 치르고 술책을 써서 결국 사랑하는 연인을 되찾는다는 내용이다. 그는 에피소드 가운데 유명한 '사랑의 샘' 에피소드는 그대로 유지한다. 사랑의 샘은 아스트레에게 그녀의 마음이 원하는

• 골족이라고도 하며, 프랑스 선조로 일컬어지는 고대 서유럽과 동유럽에 살던 켈트인들이다.
•• 프랑스에서 만든 가상의 지도

사람을 마술처럼 보여 주는데, 경이로운 은유를 통해 그것을 보여 줌으로써 영화를 예고한다. 주카는 이런 몽환적 영화를 통해 의도적으로 자신이 장 콕토의 후계자임을 내세운다. 그는 심지어 미장아빔(본문의 바로크 구조에서 이미 감지할 수 있는) 효과도 강조하며, 꽤 망상적인 마지막 시퀀스를 상상한다. 거기서 셀라동은 잠자는 아스트레의 몸을 관찰한다. 아스트레는 멋진 풍경처럼 변모하는 반면 그는 눈에 띄게 움츠러든다. 이 환상이 절정에 달했을 때, 이 영화 서사는 우리를 17세기 당시와, 자신의 책을 완성하기 바로 직전에 죽었던 오노레 뒤르페에게 안내한다.

  이 기이한 은유는 이번에 피에르 주카 자신의 운명이 된다. 주카는 (로메르의 조언대로) 마르가레트 메네고즈에게 자신의 기획을 소개하고, 이어 다니엘 토스캉 뒤 플랑티에Daniel Toscan du Plantier에게도 제안하는데, 그들은 둘 다 자금을 대기에는 너무 복잡하다고 판단했다. 주카는 1995년 1월에 암으로 사망했다. 동생 니콜 주카Nicole Zucca는 로메르에게 보낸 편지에서 "정확하게 그가 죽기 바로 전날 대본 마지막 말을 적어놓고, 자신도 모르게 가상적인 무대에서 죽은 몰리에르와 비슷한 작가의 작품"[1]이라고 로메르가 오빠의 작품을 계속 변호해 준 점에 감사의 말을 전한다. 로메르가 주카에게 바치는 숭배는 결국 주카가 꿈꾸던 「아스트레」의 영화화를 그가 직접 연출할 생각으로 이어졌다. 사실 그가 오노레 뒤르페 책을 본 것은 이번이 처음은 아니다. 고등학교에서 몇 해 동안 학생들을 가르쳤을 때, 그는 삼학년 학생들에게 몇 대목을 선별해 읽혔던 적이 있다. 텔레비전학교에서 일하던 시절 그는 조르주 고뒤가 쓴 각색 기획을 입수했는데, 고뒤는 기이하게 「아스트레」의 영화화가 불가능하다고 여겼다. 이 기획에서 소설 속 남녀 목동들은 멀리서 이야기를 진행하는 서창자가 요청하면 함께 모여서 우울하고 거대한 합창을 부른다.

또 다른 이유로 주카의 대본은 로메르를 난처하게 했다. 우선, 뒤르페가 묘사한 이상향 아르카디아Arcadie를 스크린에 보여 줄 수 있을지 확실치 않다는 점이었다. 소설 속 리뇽Lignon 강이 가로 지르는 포레Forez 지역에 해당하는 20세기 말의 지방은 오트루아르Haute-Loire•일 것이다. 그는 1999년 초에 그 지역을 비공식적으로 사전 답사했지만, 곧바로 〈영국 부인과 공작〉의 준비 과정으로 돌아가야 했다. 주카의 아내(여행을 그녀와 동행한다)는 그에게 이렇게 편지를 보냈다. "「아스트레」는 오랜 세월 불멸의 존재였고, 영화적 운명이 어떻게 될지는 좀 더 기다려 봐야 할 것 같습니다."² 그로부터 5년 후 〈삼중 스파이〉 촬영을 끝내고 그는 이 작업을 재개한다. 하지만 곧바로 그는 주카가 각색할 때 취한 자유를 파악한다. 다시 말해, 그 자유는 로메르가 글을 이해한 방식이 아니라 환상이나 에로틱한 차원을 강조한 전개였다. 로메르는 그 자유를 감히 자신의 방식으로 만들 수 없다고 생각했다. 그래서 (그가 특히 싫어하는 장소!) 프랑수아 미테랑 국립도서관Bibliothèque nationale François-Mitterrand, BnF에 가기로 결심하고, 거기서 수천 쪽에 이르는 완본 「아스트레」를 읽기로 한다. 현존하는 유일한 판본이

• 리옹 서쪽에 있는 지역

너무 고가라는 사실을 알았기 때문이다. BnF의 직원 수신으로 에릭 로메르 영화사가 발부한 그가 직접 쓴 추천서를 그 자신에게 발급해 보낸다. "오노레 뒤르페의 「아스트레」에 대한 영화 준비를 목적으로 모리스 셰레 씨에게 독서 카드 승인을 요청 드립니다. (…) 운영자, 에릭 로메르."[3] 그는 과연 유럽의 궁정을 황홀하게 만든 수사학적 반영 효과인, 서로 뒤섞여 연속되는 이 이야기를 처음부터 끝까지 읽었을까? 아마 아닐 것이다. 우리 시대의 눈에 굉장히 이국적이 되어 버린 이 괴물 같은 문학에서 로메르는 자신에게 흥미로운 부분만 수용한다.

그는 아스트레와 셀레동의 연애에만 관심을 둔다. 책 전체에 걸쳐 되풀이되는 라이트모티프로 작용하는 이 이야기에서 영감을 얻어 영화 제목을 짓는다. 경제적 이유뿐만 아니라 미학적 이유로, 그는 바로크적으로 여겨지는 대부분의 주제와 그가 보기에 이야기의 순수한 선, 즉 이전에 말한 사랑의 샘 이야기와 혼동되는 내용은 무시한다. 아스트레의 알몸에 가까이 가려고 처음으로 셀라동이 변장하는 계기가 되는 파리스Pâris의 심판 이야기 역시 마찬가지다. 주카의 대본에 등장한 이 시뮬라크르는 로메르의 대본에서는 사라질 것이며, 사후 이야기로만 언급될 것이다. 또한 상황이나 대화를 압축하거나 인물들을 없앤다. 예를 들어, 사랑의 충실성을 변호하는 실방드르Sylvandre는 리시다스Lycidas의 대사로 대체된다. 그 과정에서, 그는 뒤르페를 알기 오래 전에 코르네유에서 자주 읽었던 12음절로 된 대화 형식을 상상하며 즐거워한다. "셀라동: 아스트레, 내 말을 들어요. 대답해 주세요. / 아스트

레: 비겁한 위선자는 내 친구가 아니에요. / 셀라동: 당신이 이 바위에 앉는다면, / 나를 시험하고 싶다고 말해 주겠어요? / 그게 내가 아는 질투의 이름을 하고 있기 때문이에요, / 하지만 알아 주세요, 난 절대로 당신을 배신하지 않았어요."[4] 하지만 요컨대, 다양한 육필 대본 버전에서 알 수 있듯 로메르의 작업은 접속법 반과거*를 더 신중하게 사용해서, 인물의 언어를 단순화하려는 데 있다. 삭제나 수정 작업을 주저하지 않는다. 그럼에도 불구하고 그렇게 많은 고어적 표현은 삭제하지는 않는다. 그래서 그가 고어를 보존하는 장난스러운 즐거움에서 느끼는 '심오함profondité'은, 특별히 2007년 대통령 선거 여성후보자의 '용감함bravitude**'과 공명한다. 로메르의 「아스트레」 개작을 한마디로 요약하면, 풍부한 바로크적 신비와 기교 가운데 고전적 형식의 탄생이 돋보이는 작품이라고 말할 수 있다.

유령의 흔적

조금 유령 같은 개념이지만, 포기하지 않고 로메르가 명확하게 정의하려는 이 개념은 〈셀룰로이드와 대리석〉에서부터, 〈사교게임〉의 목가적인 위대한 세기Grand Siècle**나 〈그림으로 본 라파엘

---

* 거의 쓰이지 않는 프랑스어 문법

** 2007년 프랑스 대선 여성 후보였던 사회당 소속 세골렌 루아얄Ségolène Royal이 용기bravoure 대신 사용한 신조어. 로메르의 경우도 이와 비슷하게 심오한profond 대신 profondité이란 단어를 쓰고 있다.

** 프랑스 17세기

Raphaël par le dessin〉의 아라베스크 양식을 거쳐,『모차르트에서 베토벤까지』에 이르기까지 이어진다. 이 불가사의한 정의에 접근하지 못한 시네아스트는 그 흔적과 자취, 사라진 표현의 재구성에 다시 열중한다. 로메르는 조명 담당자 디안 바라티에와 의상 담당자 피에르장 라로크와 함께 「아스트레」의 주인공이 루이 18세 시대의 의상을 입고 나오는 동시대 삽화와 파올로 베로네세Paolo Véronèse의 그림을 찾아본다. 그는 미셸 라슨Michel Lasne의 판화를 연상시키는 또 다른 시대착오적인 것을 선호하는데, 말하자면, 목동들이 르네상스 시대의 성에 살면서 고대 양식의 옷을 입고 있는 그림이다. 그는 카메라 감독에게 (베로네세보다는 덜 화려한) 시몽 부에Simon Vouet의 신화적인 화폭과, 특히 영화에 등장하게 될 「큐피트와 프시케Amour et Psyché」를 참고 자료로 준다. 그렇지만 〈O 후작부인〉에서 알멘드로스가 했던 것처럼 회화적 이미지를 구성하려는 것은 아니다. (디안 바라티에가 먼저 제안한 것처럼) 35밀리 필름이나 (발전 장치를 사용해야 하는) 디지털 형식도 아니다. 촬영은 슈퍼16으로 해서 나중에 (35밀리로) 확대할 것이다. 그리고 처음으로 두 대의 카메라로 촬영하는데, 프랑수아즈 에체가라이가 들고 있던 두 번째 카메라는 예상치 못한 사건들을 포착한다. 예를 들어 셀라동을 쫓아 아스트레가 달리는 장면은 나중에 편집되어 셀라동의 모자가 날아가는 숏으로 대체된다.

보다 유연해진 이런 배치는 숏과 리버스 숏 사이의 빛의 변화를 방지하고 시간을 절약할 수 있게 해 준다. 사실 로메르가 척추측만증으로 움직이는 게 고통스러웠기 때문에 그에게 촬영 시간은 중요했다. 그는 베트사베 드레퓌스의 팔에 기대고 있거나 휠체어에 앉아 있었다. '희극과 격언'의 세미다큐멘터리 정신은 프랑스 정원의 닫힌 공간 속으로 사라지고, 특히 자연이 우선권을 갖게 된다. 로메르는 심지어 몇몇 일본 시네아스트나 〈파우스트〉에서 무르나우가 했던 것 같은 회화적 엄격함으로 옷 주름의 모양을 만드는 일은 포기했다. 배우에게 이런저런 자세를 취하게 지시하고, 그것이 바람에 흐트러지면 그런대로 기뻐했다. 이런 방식으로 영화는 문학과 회화를 능가한다. "원작에 어떤 것을 더할까요?"라고 묻는 질문에 시네아스트는 이렇게 답한다. "자연이다! 소설에 풍경에 대한 언급이 있지만 묘사는 없다. 장자크 루소와 함께 17세기에 출현한 자연에 대한 이 감각이 없다. 정말 살아있다는 느낌이 들지 않는다. 그래서 영화가 가져올 수 있는 것은 바람 같은 요소다(난 운 좋게 바람이 있었다). 소설에는 전혀 없는 것이다."[5] 게다가 믹싱에 추가할 그가 좋아하는 몇 가지 새소리를 제외하고 그는 전체 사운드 트랙을 생생하게 현장에서 녹음한다.

이런 이유로 그는 소음이 없는 인적 없는 장소에서 촬영하기를 고집한다. 가장 세부적인 것들이 21세기를 배신할 수 있도록 말이다. 그가 책에서 묘사된 에덴의 역사적 요람인 오트 루아르에서의 촬영을 재빨리 포기한 이유는 오늘날 그곳은 17세기에는 없던 종류의 나무로 무성해졌기 때문이다(17세기 갈리아인 목동도 이젠 존재하지 않는다고 반증할 수 있지만, 객관적 사실보다 훨씬 중요한 것은 미학적 기준이다). 로메르가 〈신도시〉의 공동 감독이자 당시 쇼몽 쉬르 루아르Chaumont-sur-Loire 성의 관리자인 장폴 피제에게 조언을 구하자, 피제는 이렇게 답한다. "맞아요. 파괴적인 침엽수는 모든 것을 망치지요. 지난여름에 바티 뒤르페Bâtie d'Urfé에 방문했는데, 집은 비교적 잘 복원되어 있었어요. 하지만 주로 지리적으로 평평한 지형은 늪지대라서 환경은 훌륭하지 않았어요. 아름다운 지역을 찾으려면 보엥Boën과 몽브리종Montbrison으로 가야 합니다. 리니옹 도노레Lignon d'Honoré는 꽤 환상적이에요."[6] 로메르의 현재 몸 상태로는 예전처럼 카메라를 손에 들거나 때로 배우와 동행해서 적합한 촬영 장소를 찾으러 다닐 수 없었다. 대신 프랑수아즈 에체가라이가 유토피아 같은 배경을 찾아 프랑스 도로를 사방으로 누비고 다녔다. 그녀는 로메르에게 여행 경과보고에 해당하는 우편엽서를 보낸다. 예를 들어, 그녀가 둘러본 성의 이름을 적어 보냈다. "여기 빌랑드리Villandry 정원은…… 현재는 거의 남아 있지 않아요. 나머지는 비와 진흙이지만, 과수원 꽃은 모두 개화했어요. 방돔Vendôme에서 쇼몽Chaumont까지, 앙부아즈Amboise에서 슈농소Chenonceaux(바리Barri)까지, 르 클로 뤼세Le Clos Lucé에서 「아스트레」까지 난 오직 당신 생각뿐입니다."[7] 그녀는 몇 달간 여행한 결과물로 그에게 사진과 영상을 가져온다. 촬영 직전 그녀는 마침내 꿈의 장소를 발견한다. 오베르뉴Auvergne에 있는 시울Sioule 계곡이다. 이곳은 기적적으로 보존된 풍경과 무엇보다 (오트 루아르와 달리) 셀라동이 자살할 정도의 상당히 깊은 강이 있는 곳이다.

반면, 너무 강한 급류 때문에 자살 장면은 생략해서 의미를 전달해야 한다. 이런 진행은 로메르에서 그다지 익숙한 일은 아니지만 그는 신인 시네아스트처럼 그것을 즐겼다. 또한 아마 처음으로, 그는 영화에서 공간을 "조작하는" 일도 즐겼다. 님프가 물에 밀려 올라온 청년을 발견한 것은 다른 강가(르 뵈브롱le Beuvron)에서 찍었기 때문이다. 촬영하게 될 성은 푸제르Fougères 성과 쇼몽 성이다. 쇼몽 성은 장폴 피제가 영화 촬영 팀에게 자유롭게 쓰게 해 주지만, 피제는 2005년 10월 7일 59세의 나이로 심근경색으로 쓰러지면서 〈로맨스: 아스트레와 셀라동의 사랑〉을 생전에 보지 못한다. 쇼몽 성에서의 촬영은 곧 중단되는데, 정원 축제Fête des Jardins에서 작업 일정을 갑자기 뒤엎었기 때문이다. 프랑수아즈의 주소록 덕분에 그다음으로 찾아가게 된 세 번째 성의 정원은 미로처럼 만들어져 있다. 로메르는 새로운 뜻밖의 사태에 적응했다. 그는 셀라동와 님프 갈라테이아Galathée 간의 시퀀스를 완전히 다시 편집해서, 갈라테이아의 사랑의 분노로 셀라동이 궁지에 몰리게 만들었다.

믿을 수 없는 진실

이미 여러 차례 이 취향의 차이에 대해 언급한 바 있다. 로메르가 시대착오적인 구조를 만들고, '문화유산 관리자'[8]를 자처하는 것은 과거 권위 있는 문학이나 회화를 현재의 촬영으로 다루면서 차이와 틈을 더 부추겨 영화의 잡초를 더 번성하게 하려는 것이다. 로장주 사무실에서 그는 아스트레 역할을 맡으러 온 젊은 여성, 스테파니 크레앵쿠르Stéphanie Crayencour에게 다빈치 상의 포즈를 취하게 한다. 그는 17세기에 그랬던 것 같은 그녀의 머리 자세와 풍만한 가슴에 흡족해했다. 하지만 촬영이 시작되자, 그녀의 태도나 발음이 너무 현대적으로 흐트러져서 형식에 잘 맞지 않았다. 로메르는 그것을 그대로 받아들였다. 마찬가지로 세실 카셀 Cécile Cassel(장피에르 카셀Jean-Pierre Cassel의 딸)이 님프의 튜닉 의상 소매 아래에 핸드폰을 숨기는 것도 수용했다. 프랑스 영화계의 또 다른 젊은 기대주, 조슬랭 키브랭Jocelyn Quivrin의 자유로운 스타일도 마찬가지다. 그는 「아스트레」에서 배역을 맡으려고 로메르를 강하게 설득했다. 감독은 이를 수락하는 대신 그에게 단일 촬영 원칙의 합당성을 설득시켰다. (〈가을 이야기〉 촬영 중 알렉시아 포르탈이 그랬던 것처럼) 그것 때문에 좌절감을 생기더라도 그에게 영감을 줄 수 있다고 말이다. 로메르는 매 장면 최대 강도로 진행되었던 러시아 영화계의 반례反例를 떠올리게 한다. 이렇게 에릭 로메르는 그가 만드는 영화에 삶의 불완전함을 보여 주는 배우의 불규칙한 모습을 좋아했다.

몇몇 배우들은 이런 배치가 의미하는 위험을 인식하고 수준 있는 연기를 위해 미리 역할에 집중했다. 그런 경우가 로메르의 영화에 익숙한 배우, 세르주 랑코다. 그는 신관 아다마스Adamas(처음에는 파스칼 그레고리에게 예정되었던) 역을 맡는다. 한 신인 배우도 이런 경우에 해당했다. 그는 프랑수아즈 에체가라이가 필사적으로 영화의 셀라동을 찾고 있을 때 한 연극 수업에서 발견한 배우다. 로메르는 이 배역으로 오랫동안 티에리 아미엘Thierry Amiel 이라는 청년을 생각했는데, 가수였던 아미엘은 배우가 되려는 마음도 없는 데다, 특히 시범 연기에서도 그다지 확신을 주지 못했다. 로메르는 앤디 질레Andy Gillet가 사무실에 들어오는 것을 보고, 양성적 아름다움과 그리스 조각상 같은 우아한 외모, 그리고 그가 라신의 몇 구절을 읽는 것을 듣고 확신했다. 세르주 랑코는 이렇게 말한다. "에릭은 나와 앤디를 만나게 했고, 난 그에게 전화를 걸어 만나서 장면 연습을 할 수 있는지 물었다. 난 뒤르페의 글을 많이 연습해 두었다. 삽입절로 채워진 매우 긴 구절로 된 이 언어에 맞는 운율을 찾는 데 꼬박 두 달이 걸렸다. 그런데 앤디도 정확히 같은 작업을 해 왔음을 알았다!"⁹ 이 작업은 시나리오에 고대 다신교와 일신교를 비교해 장점에 대한 긴 신학적 토론이 담겨 있기에 (다른 것보다) 더욱 필요했다. 촬영 중에 한 번의 촬영이 마음에 들지 않으면 배우들은 약간의 재치를 발휘하기로 한다. 카메라 감독 디안 바라티에게 배우가 눈짓을 하면, 그녀가 카메라를 우연히(!) 떨어트려서 다시 촬영할 수밖에 없게 하자는 거였다.

재촬영이 허용되는 유일한 다른 이유는 대본대로 분명한 발음과 표현이 이루어지지 않았을 때다(혹은 베트사베 드레퓌스가 쓴 스크립트에서 알 수 있듯 편집용 촬영본이 없거나). 이 지점에서 로메르는 완고하다. 하지만 여기서도 17세기의 발음과 비교해 경미한 차이는 받아들일 수밖에 없다. 로메르에게 「아스트레」 몇 구절을 화면 밖 목소리로 읽어 달라고 부탁받은 알랭 리볼트는 〈영국 여인과 공작〉 때 로메르가 프랑스 혁명기 시대의 소리 자료가 없는 것을 유감스러워 했던 것을 기억했다. 〈삼중 스파이〉에서 재현된 전쟁 전 시기의 발음을 해 달라고 요구했던 것도 잊지 않았다.

그는 지금 이 영화에서 로메르가 줄타기를 하고 있음을 잘 알고 있다. "불가능한 발음이 있다. (…) "Il étoit", "Je voudrois", "C'est moué, le roué"•라고 말하게 할 수는 없다. 연극에서는 할 수 있지만 영화는 더 광범위한 관객을 위한 예술이다. 만약 사람들이 우스꽝스럽게 느낀다면 그 구절의 아름다움은 사라질 것이다."[10]

셀라동은 마지막 변장 때문에 생길 수 있는 위험을 감수하고, 아스트레를 다시 보기 위해 여성으로 변장한다. 아스트레가 그에게 자기 앞에 다시 나타나지 말라고 금지했기 때문에, 그는 이 금기를 부조리할 정도로 존중하려 한다. 바로크 연극에서는 관습적인 것이지만 사실성에 대한 고전 및 현대적 선호와 충돌적인 이 상황을 2007년 관객에게 어떻게 수용하게 할까? 로메르는 해결책으로 다른 여성에게 앤디 질레의 대역을 맡기는 과도한 방책은 쓰지 않는다. 이 배우도 솔직하게 그런 해결 방식에 반대하며, 자신이 가성으로 말할 수 있음을 증명하려 애썼다(그 결과 기껏해야 흡연자의 쉰 목소리를 들려 줄 수 있었다). 결국 파스칼 리디에 Pascal Ribier의 조언에 따라 섬세하고 감지하기 힘든 기술을 사용하기로 결정한다. 후시 녹음할 때 해당 장면의 주변 소리에서 셀라동의 음성만 추출해서 IRCAM의 도움을 받아 이 음성을 재작업하는 것이다. 로메르는 강하게 주장했다. "(…) 내 영화는 사실주의다. 확신할 수 없을 때라도 위험을 감수한다. 그래서 난 셀라동과 아스트레의 키가 비슷한지 확인했던 것이다. 나는 그를 베일

• 순서대로 "그랬다", "난 원한다", "진흙투성이다"라는 의미다.

로 감싸서 조금 덜 알아차리게 했다. 그리고 가능한 한 그의 턱을 숨기려고 했다."[11] 사실, 그것은 믿을 수 없는 진실보다 더 사실 같지 않다. 이 믿을 수 없는 진실은 로메르 영화의 사실주의를 통해서만 구현될 수 있다.

과도한 영화?

줄타기를 한다고 말했다. 프랑수아즈 에체가라이는 〈로맨스〉에 큰 난관 없이 자금을 조달했다. 특히 CNC의 예기치 않은 도움 덕분에 로메르가 계획한 예산(꽤 수수한)에 도달했다. CNC는 레조사와 협력하는 유럽 공동 제작사를 연결해 주었다. 하지만 이 영화는 매우 취약한 부분을 드러냈다. 먼저, 그것은 마조히즘에 가까운 감독의 여러 실수 때문이었다. 로메르가 기획의 전개를 실비 주카에게 알리지 않은 데다, 인터뷰에서 자신의 「아스트레」와 피에르 주카의 시나리오를 구분하려고 설명한 것이 더해져서 그는 심한 비난을 받는다. 주카 감독의 아내는 그에게 편지를 쓴다. "로메르 씨, 난 이해가 되지 않습니다. 한편에서 당신은 피에르를 위대한 시네아스트로 인정하면서, 다른 한편에서는 사각지대에 있는 것처럼 그의 생애 마지막 몇 년 동안의 기억을 건드리다니요. 거기에 감동 받은 사람은 오직 나뿐인가 봅니다."[12] 사실, 이일은 특히 로메르에게 영감의 원천과 관련한 각자의 저작권을 철저하게 정당화하는 문제다. 이 일로 인해 그는 두 번째 더 심각한 실수를 저지른다. 오프닝 크레디트의 마지막 경고가 문제인데,

제작자의 경고에도 불구하고 그가 고집을 부려 넣었다. 경고문은 이런 내용이다. "불행하게, 우리는 이 이야기를 저자가 묘사한 해당 지역에서 촬영할 수 없었다. 포레Forez 평야는 현재 도시화, 넓어진 도로, 좁아진 강, 침엽수 조성으로 인해 변형되었다. 우리는 이야기의 설정에 맞는, 대부분의 야생과 목가적 매력을 간직한 풍경이 있는 프랑스의 다른 지역을 선택해야 했다."

이 문장을 읽으면서, 포레의 지역 유지들이 보여 줄 반응이 어떨지 상상할 수 있다. 그들은 이 책이 출간되고 4세기 만에 바티뒤르페에 모여서 오래전부터 기다려온 〈로맨스〉를 관람하고 있었다. 법적 소송은 지체 없이 이루어졌다. 루아르Loire 지역의회 의장(및 쏘Sceaux의 이전 관리자) 파스칼 클레망Pascal Clément은 가처분 소송을 통해 영화 제작사를 명예 훼손으로 고소했다. 그는 언론에 복수심에 찬 성명을 쏟아 내며 로메르가 거부한 그 장소에서 영화를 잘 찍을 수 있었다고 주장했다. 로메르는 반박 보도 자료를 준비하는데, 부정직한 작은 걸작 같은 주장이다. "(…) 이러한 사실은 결코 불명예스러운 것이 아니라, 그 반대다. 비교적 밀집된 인구와 좋은 도로가 있다는 것은 그 지방의 긍정적 요소다. 난 '야생과 목가적 매력을 간직한 곳'이 내 영화에 선호하는 지역이라고 말한 바 있다. 이 말은 내가 찾는 장소가 '개발'과 '성장'에서 소외된 황량한 지역에 있음을 의미한다. 오히려 '명예 훼손'으로 느껴야 할 곳은 영화를 찍은 지역이다. (…) 나는 '변형된'이라는 단어 때문에 비난을 받았다. 일반적으로 이 단어의 내포적 의미가 부정적인 점은 인정하지만, 외연적 의미에서 항상 그런 것은 아니다."[13] 혹은 더 완곡하게, "(…) 루아르 지역의회는 〈아스트레〉 4세기 기념으로 출간한 홍보지 『레소르*L'Essor*』에 제시한 설명을 명예 훼손으로 비난한 것이나 다름없다. 그 사실은 그 책 19쪽에 독일인 17세기 전문가가 쓰고 있듯, 오노레 뒤르페가 소설에 묘사한 전원 지역은 장자크 루소가 『고백록』에서 증언한 것처럼 다음 세기에 이미 그 겉모양이 바뀌었다. (…) 그러므로, 내 주장은 명예 훼손이 아니며 고발은 사실과 무관하다. 혹은 그게 사실이라면, 루아르 지역의회는 그 출판에 책임을 지고 똑같이 명예 훼손으로 기소되어야 한다. 이는 논리적으로 불가능하다. 동일한 사안으로 한 사람이 원고이자 피의자가 될 수 없기 때문인데, 적어도 우리가 살고 있는 아리스토텔레스적인 관점에서 볼 때 어떤 것인 동시에 그 반대일 수 없다."[14] 재판정에서 이런 영리한 궤변이 일어났을까? 아닐 것이다. 게다가 형식적인 문제(레조사와 함께 공동 제작자인 CER을 소환하지 않음)로 원고의 소송이 두 번이나 기각된다.

두 번째 시련이 〈로맨스〉를 기다리고 있다. 베니스 영화제에서 박수갈채를 받고, 비평계에서는 로메르의 전통적인 지지자들로부터 찬사를 얻었지만, 일부 비판자들은 비아냥거렸다. 이 엉뚱한 영화적 미확인비행물체UFO•를 조롱하는 데 촌스러운 포르노 영화에서부터 노인 아마추어리즘에 이르기까지 모든 풍자적인 말이 소환된다. 이 가혹한 기록들 가운데 황금사자상은 단연

• 영화 〈로맨스〉를 비유적으로 지칭한 말이다.

코『베세데*VSD*』*의 지면을 채운 파트릭 베송Patrick Besson에게 돌아간다. "〈로맨스, 아스트레와 셀라동의 사랑〉은 과도한 영화, 혹은 오히려 부족한 영화다. 이미지가 부족하고, 대사가 부족하고, 연기가 부족하고, 위트가 부족하고, 무관심이 부족하고, 진지함이 부족하다. 모든 것이 부족한 영화다. 모든 것이 결여된 영화다. 독일 점령기 때보다 훨씬 더 가혹한 점령기에서 촬영된 것 같다. 나이의 점령기인가? (…) 카메라가 제대로 서 있지 않다. 조명은 꺼져 있다. 심지어 배우도 잘 움직이지 못하는 것 같다. 로메르는 젊은 여자 배우를 발굴하는 데 전문적이지만, 그녀들은 그와 작업한 직후에 매장되었다. 베로니크 레몽Véronique Reymond, 마틸드 모니에Mathilde Mosnier, 프리실라 갈랑Priscilla Galland이 난 걱정스럽다. 하지만 이번에 그 마법이 통하기에는 〈로맨스〉는 너무 영화가 아니다."[15]

『샤를르 엡도*Charlie Hebdo*』에서 필리프 랑송Philippe Lançon은 관객이 점차 줄면서 상영관이 사라지는 것(5만 명 미만이 이 영화를 관람한다)을 보고 즐기는 동시에, 늙은 시네아스트의 돈키호테적 고독에 감동받는다. "에릭 로메르는 분명 (…) 시간을 거슬러 가서 뒤르페를 만나고, 그에게 장소와 사람들에 대한 몇 가지 정보를 요청했을 것이다. 하지만 그것은 허락되지 않았다. 그의 작품은 불가능한 작은 꿈, 그 대체물이다."[16]

필리프 랑송은 의식하지 못한 채 제대로 된 말을 했다. 이 마지

• 일반 뉴스와 유명 인사, 여가 생활을 다루는 프랑스 주간지

막 장편 영화를 통해 로메르는 자신의 영화가 무엇인지, 동시에 그가 계속 기대한 것이 무엇인지를 떠올렸다. 하지만 그는 많은 사람들이 알아챌 수 없는 신중한 방식으로 그 일을 한다. 확실히, 영화 개봉과 함께 진행한 인터뷰에서 그는 몇 가지 공인된 해석의 열쇠를 제공한다. 그것은 충실성이라는 주제다. 이는 본질적으로 〈모드 집에서의 하룻밤〉 이후 그의 작품 전체를 관통하는 주제이며, 〈피아노 삼중주〉부터는 추가적 모티프, 즉 침묵의 서약에 대한 충실성으로 복잡해진다, 이는 사랑하는 자가 어길 때까지 그가 스스로 정한 것이다. 혹은 이런저런 비의적祕儀的 형태(삼각형, 원)의 모티프인데, 그것은 우연처럼 세계관의 영속성을 재확인해 준다. 우리는 많은 다른 인용의 효과를 찾고 발견할 수 있다. 예를 들어, 셀라동의 호감을 얻으려고 경쟁하는 세 명의 여성(아스트레, 갈라테이아, 레오니드Léonide)은 〈여름 이야기〉에서 가스파르가 사이에서 망설이던 세 명의 여성과 도덕적 분신이다. 이런 특성은 우리를 자서전적인 동시에 이론적인 이 영화의 비밀스러운 글로 이끌 것이며, 로메르가 그 자신만을 위해 쓴 글처럼 보이지 않는다.

　이 글은 무슨 이야기인가? 사랑의 저주에 걸린 젊은 남자의 이야기다. 그는 오랫동안 고독 속에 은둔하다가, 거기서 시와 노래, 회화를 차례로 소환해서 사랑하는 사람의 멀어진 이미지를 되살려 낸다. 그는 더 이상 그녀 앞에 다시 나타날 권리가 없기 때문이다. 이런 이유로 그는 그녀가 잠자는 동안에만 보이지 않으면서 그녀를 볼 수 있고, 결국 자신을 여자와 비슷하게 꾸미는 변장을 통해서만 그녀를 볼 수 있다. 이런 이야기를 하면서, 로메르는 개인적 여정의 단계와 시네아스트로서 자신의 소명을 끊임없이 바꾼다. 연애의 지속성, 즉 이것은 무르나우와 마찬가지로 위반이 불가능한 금기의 여성을 발전시킨다. 그게 아니면 셀라동처럼 자연으로 사라지거나 여성 안으로 사라진다. 이것이 마지막 장면으로 대표되는 감각적 혼란(로메르의 작품에서는 물론이고, 영화사 전체에서 전례가 없는)의 절정에 이르기 위해 치러야 할 대가다. 한 남성이 여성들 사이에서 여자가 되고, 그들이 옷을 벗고 장난하는 것을 보는 관객이 되고, 그들의 애무에 대한 무고한 공모자가 된다. 그렇게 주관적이고 수상쩍은 욕망의 차원이 지워질 수 있는 것처럼 말이다. 〈크로이체르 소나타〉나 〈클레르의 무릎〉의 지배적인 남성 이래로 〈녹색 광선〉에서 이미 예고했던 이 '타자 되기'에 이르기 위해 얼마나 먼 길을 거쳤을까! 하지만 그 모든 것에도 불구하고, 자신의 대담함을 조금 두려워한 이 영화 작가는 뒤르페의 그림자에 숨는 것이 더 낫다고 생각해 오노레 뒤르페(알랭 리볼트가 읽은)의 문장을 소환한다.

이것은 우리를 또 다른 영속성으로 인도한다. 이번에는 미학적 질서다. 이 영속성은 자신을 표현할 기회를 갖기 위해 옛 스승들에게 의지한다. 〈로맨스〉에서 로메르는 튈 고향집 다락방에서 기꺼이 소녀처럼 옷을 입고 사촌들과 함께 연기했던 어린 시절의 연극을 마지막으로 다시 행한다. 그는 모델의 잿더미에서 다시 살아나게 할 불사조Phénix처럼 여기는 제7예술에 대한 그의 생각으로 '셀룰로이드와 대리석'을 다시 한 번 재배치한다. 만일 그가 사라진 고전주의의 형식을 항상 되찾으려고 한다면, 로메르에게 그 비밀을 드러낼 수 있는 것은 오직 영화뿐이다. 그 비밀은 대문자든 아니든 간에, 존재l'être라 불린다. "–전능하신 하나님, 이것이 꿈이 되지 않게 하소서! 살게 하소서! –나는 산다." 이것이 에릭 로메르가 그의 영화 속 인물에게 말하게 하는 (거의) 마지막 말이다.

로메르와 다른 사람들

"내 영화에서 내가 보는 것은 나 자신이 아니라 내가 촬영한 세계다."[17] 이 말은 그가 죽기 두 달 전 프랑스 문화France Culture 방송에서 진행한 긴 인터뷰에서의 결론이다. 여기서 그는 상상의 박물관과 개인 영화 도서관을 언급한다. 개인 영화 도서관에서 에릭 로메르의 작품은 영원한 회고의 대상이다. 시네아스트는 자신의 오래된 영화를 다시 보며 디안 바라티에와 그 영화를 논평하고, 베트사베 드레퓌스에게 보여 주기를 좋아했다. 그는 그것을 자랑스럽게 생각했다. 그것은 자기 외부에 존재하며 살아가는 한 독립적인 세계를 탄생시켰다는 느낌이 그에게 실제로 있기 때문이다. 그가 과거에 그랬던 것처럼 (트뤼포가 오랫동안 그랬던 것처럼) 이제 그가 참조하는 수호자 시네아스트를 더 이상 언급할 필요를 느끼지 못한다. 그리피스와 무르나우, 히치콕은 예외적이고, 로메르는 때로 그들의 영화를 다시 보기도 하지만, 현재 기획 중인 영화와 관련이 있을 때에만 그랬다. 프랑수아즈 에체가라이가 그에게 잉마르 베리만(《사라방드Sarabande》)의 마지막 작품을 보여 줬을 때 스웨덴 영화 시네아스트가 몰두하는 어둠에 놀라움을 금치 못한다. 로메르는 그런 어둠이 자신의 우주와 정반대 지점에 있는 것처럼 보인다.

그는 과거의 영화뿐 아니라 제작 중인 영화로부터 자신을 보호한다. 리베트와 달리 로메르는 모든 것을 보려는 강박 관념을 가지고 어두운 극장에 집착하지 않는다. 그는 자기 일에 전념하는 것을 선호했다. 장 두셰는 이렇게 기억했다. "유일하게 우리가 영화를 함께 본 것은 장 으스타슈가 첫 영화 〈나쁜 친구들Les Mauvaises Fréquentations〉을 소개했을 때다. 우리 둘 다 영화적 수준에 약간 놀랐음을 인정한다! 로메르는 으스타슈를 지지했지만, 후계자를 만드는 일에는 전혀 관심이 없었다. 그는 자신의 글쓰기 형식을 따라잡는 것이 불가능함을 잘 알고 있었다."[18] 비록 그가 1980년에서 2010년 사이에 너댓 명의 감독을 지지하긴 했지만, 제자를 찾으려는 행동은 아니었다. 그는 오히려 자신이 추구하는 작업을 격려해 주는, 동시에 그가 프랑스 제작에서 싫어하는 것을 말할 수 있게 해 주는 분신 같은 실험적인 작품을 찾고 있었다.

특히 피에르 주카의 사례가 그런 경우인데, 로메르는 그의 미로 같고 아이러니한 우화(특히 피에르 클로소프스키Pierre Klossowski의 작품을 각색한 〈로베르트Roberte〉)와 함께 이 희귀한 상품, 즉 이야기récit의 귀환에 찬사를 보낸다. 그는 주카가 사망한 다음 날 이렇게 말했다. "피에르 주카에 대해 잘 몰랐다. 우리는 기껏해야 서너 번 길을 지나다가 마주친 적이 있었고 별다른 얘기를 나눌 시간은 없었다. 우리 사이의 마지막 대화는 그가 준비 중이던 〈아스트레〉에 관한 것으로, 나는 그가 제작할 수 있도록 도와주고 싶었다. 난 그의 영화에 감탄했다. 심지어 대단히 즐겼다고 말할 수 있다. (…) 그의 영화는 시나리오와 미장센에 있어서, 선형적 외관의 기초가 되는 촘촘하고 다중적인 짜임새를 제공하는데, 이런 점은 시대를 초월해서 오늘날 너무 자주 제작되는 모호하고 나약한 영화에 싫증을 느끼는 관객의 마음을 얻을 수 있게 한다."[19]

이야기의 권위가 회복되기를 간절히 바라면서 로메르는 영화적인 대화의 미덕이 부활해서 개발되는 것을 보고 싶어 했다. 이는 그가 1948년에 쓴 기획 기사인 「유성 영화를 위하여Pour un cinéma parlant」에서 지지했던 이상이다. 그리고 이 글을 그는 40년 후에 소환해서 언급하는데, 그것은 자크 다빌라Jacques Davila의 지적 코미디 영화 〈키케로의 시골La Campagne de Cicéron〉을 칭찬하기 위해서였다. 로메르는 이 감독에게 『카이에 뒤 시네마』에 공개서한을 보내서 탁월한 홍보를 해 주며 이런 찬사를 보낸다. "당신의 영화를 봤습니다. 매혹적이었고, 나아가 충격이었습니다. 1946년인지 1947년인지 어느 밤 라스파이 스튜디오studio Raspail에서 〈불로뉴의 숲의 여인들Dames du bois de Boulogne〉을 보고 느꼈던 것과 동일한 감정입니다. (…) 1945년 브레송이 양차 세계대전 사이의 '시적 사실주의réalisme poétique'에 의문을 제기한 것처럼, 당신은 1970~1980년대에 유행하는 (이제 유행이 지난) 미학을 단숨에 쓸어 버립니다. 이 표현주의, 스타일에 사로잡힌 연극성, 회화적인 것과 무관한 광고 사진에 대한 숭배, 내레이션과 대사의 이러한 빈곤함을 어떤 현대성으로 말할 수 있는지 더 이상 난 모르겠지만, 그것은 순수하고 단순한 무력함입니다."[20] 주카의 작품처럼 다빌라의 작품에 추가된 것은 공식주의pompiérisme•와 대조를 이루는 어떤 유머이며, 공식주의는 이 영화에서 조롱을 받는다. 로메르는 다시 한 번 변방에 있는 시네아스트에게 관심을 기울이며 관습적인 영화에 신랄한 야유를 퍼붓는다. 비록 그가 때때로『카이에 뒤 시네마』의 영웅적 시절이나 잡지『아르』의 논쟁의 시대에 발휘했던 예술사가적 어투로 돌아가긴 하지만 말이다.

　로메르는 이렇게 은밀하지만 완고하게 새로움을 추구하는데, 이는 아방가르드와 다른 것이다. 이 새로움의 가치가 학문적 가치로는 부족하더라도 고전적 관념을 회복하는 데 있기 때문이다. 그가 '로셀리니 상prix Rossellini'의 심사위원으로 그를 초대한 칸 영화제 집행위원장 질 자콥과 대화하면서 방어하려 했던 것이 바로 이 취향이다. "재능 있는 젊은이들을 종종 격려했던 로셀리니는 아직 빛을 보지 못한 사람들에게 이 상이 수여되는 것을 보고 싶지 않겠습니까? 따라서 내가 언급하고 싶은 이름은 로지에, 주카, 샹탈 아커만Chantal Anne Akerman이나 폴 베시알리, 가렐 등입니다. 프랑스와 세계 곳곳에는 불행히도 내가 모르는 영화인들이 있습니다. 내가 영화관에 거의 가지 않기 때문입니다. 영화관에 자주 가는 내 심사위원 동료들이 좋든 싫든 간에 인정받은 가치에만

• 퐁피에 미술이라고도 불리며, 전형적인 제도권 미술과 관학적인 성격의 아카데미 미술을 가리키는 용어

수고하는 것이 아닐까 걱정됩니다."²¹ 1980년대에 로메르는 가장 합의되지 않은 영화를 좋아했다. 주카의 〈울새Rouge-gorge〉, 아커만의 〈80년대 갤러리Golden Eighties〉(그는 이 영화 속 여자 가수 리오Lio의 매력에 빠졌고, 이 영화는 뮤지컬 코미디 영화를 연출하고 싶은 그의 욕망을 일깨웠다), 베시알리의 〈이것도 인생이다C'est la vie aussi〉가 그런 영화들이다. 그는 이런 영화에 더 많은 지지를 보내지 않는 『카이에 뒤 시네마』의 비평가들을 격하게 비난한다.

베시알리에 대한 로메르의 지지는 매우 구체적으로 확실해진다. 그는 프랑스 영화의 자유 전자électron libre• 집단에 호기심을 느낀다. 이 집단은 1976년 디아고날Diagonale 제작사를 창설해서, 독특한 인물들(자크 다빌라Jacques Davila, 제라르 프로쿠타Gérard Frot-Coutaz, 장클로드 비에트, 마리클로드 트레유Marie-Claude Treilhou)의 양성소가 된다. 로메르가 그들의 모든 영화를 무조건 지지한 것은 아니지만, 경직화된 것으로 여기는 제도 밖에 있는 이 대안 문화에 민감하게 반응했다. 그는 아이데 카이요를 통해 이 소모임에 대한 정기적인 소식을 들었다. 2003년에 베시알리가 연출한 〈당신의 착한 마음À vot'bon coeur〉을 보면서 로메르는 사전 제작 지원위원회 모든 회원들이 (극중에서) 살해되는 것에 즐거워한다. 시네아스트 베시알리는 이렇게 말한다. "나와 자크 르 글루Jacques Le Glou는 이 영화를 제작했다. 글루는 35밀리 사본을 정말 갖고 싶어 했다. 그것을 알고 로메르는 마리 비네Marie Binet(마리 부틀루

• 관습에 맞서 독립성을 내세운 조직이나 인물

Bouteloup에서 개명)를 불러서 자기 대신 내게 3만 유로를 주라고 부탁했다. 그는 나중에야 영화를 보았고, 이전 영화보다 이 영화에 대해 더 많이 이야기하지 않았다!"[22] 이 일화는 에릭 로메르라는 이름에 너무 성급하게 붙인 인색함이라는 평판에 약간의 변화를 준다.

로메르가 물질적으로 도와준 후배들 중에는 또 다른 이가 있는데, 이번에는 그의 데뷔작에 함께한다. 1975년 어느 날, 로메르는 베아트리스 로망과 함께 올림픽 앙트르포Olympic Entrepôt 극장에 가서 단편 영화 프로그램을 관람했다. 그날 본 영화의 초라한 수준에 실망한 그는 좌석을 통과해 극장에서 나가려고 애쓰고 있었다. 그러는 동안 새로운 영화가 시작되었다. 두 젊은 여성이 부드러운 장난에 몰두하다가 감상적인 대화를 이어갔다. 로메르는 장클로드 브리소가 연출한 〈교차로La Croisée des Chemins〉라는 슈퍼8미리 중편 영화에 매료됐다. 며칠 후 브리소는 로메르의 감상을 듣기 위해 로장주 사무실에 불쑥 나타난다. 이렇게 해서 인정받은 시네아스트와 30대 고등학교 교사 사이에 역설적인 우정이 시작되었다. 이 교사는 18구 변두리, 자신이 태어난 건물에서 초라하게 살면서, 아마추어 영화 친구들과 함께할 수 있는 작업을 하고 있었다. 〈비행사의 아내〉로 자기 본연의 기원으로 막 회귀를 시작하던 때에, 로메르를 매료시킨 것이 바로 그의 아마추어적인 면이다(필리프 포콩Philippe Faucon의 첫 영화 〈사랑L'Amour〉에서 이런 신선함의 일부를 재발견한다). 브리소의 "수다스러운" 면에서도 진솔함과 기이함을 느낀다. 브리소는 로메르를 초대해서 혹스의 영화를 다시 보거나 자신의 소박한 은신처에서 간단한 식사를 하거나, 그가 잘 아는 인적 없는 파리 교외를 방문했다.

예술적 모세관현상毛細管現象*이 나타난다. 로메르는 브리소에게 슈퍼8 카메라로 〈갈루아인 페르스발〉의 리허설 촬영을 해 달라고 요청하고, 이 영화에서 대사 없는 두 역할을 하게 한 다음 〈레네트와 미라벨〉에서 대사 있는 역할을 맡긴다. 로메르는 브리소의 아내 리자 에레디아를 데려와서 연기하게 하고 얼마 후 자신의 편집자로 고용한다. 그는 브리소에게 다니엘 타라르에서 마리 리비에르에 이르기까지 배우들을 빌려 준다. 리비에르는 리자 에레디아와 함께 브리소의 첫 장편 영화 〈이런 인생〉(1978)에서 주연을 맡았다. 이 영화는 직장 폭력과 대단지 아파트의 일상에 대한 거의 브레히트적인 연대기다. INA에서 일하는 친구 장 콜레와 로메르가 개입한 덕분에 이 취약한 필름은 믹싱 작업을 마친 후 상영될 수 있었고, 이어 브리소는 새로운 텔레비전 연출(〈교환자L'Echangeur〉, 〈그림자들Les Ombres〉)을 하게 된다. 〈녹색 광선〉의 작가는 마르가레트 메네고즈를 끌어들여 브리소의 다음 영화인 〈소음과 분노De bruit et de fureur〉(1988)나 〈하얀 면사포Noce blanche〉(1989)가 성공적으로 제작되도록 그의 모든 영향력을 발휘했다. 로장주의 여성 제작자 메네고즈와 수완 없는 이 거장의 관계는 혼란을 겪다가 악화되어 끝이 난다.

로메르는 이 성가신 후배에게 항상 문을 열어 둬서, 프랑수아즈

---

* 중력과 같은 외부 도움 없이 액체가 좁은 관을 타고 오르는 현상

2006년, 〈로맨스〉 촬영 현장에서 에릭 로메르와 베트사베 드레퓌스

에체가라이도 참지 못할 정도가 됐다. 그녀는 특유의 유머로 이렇게 불평했다. "브리소는 그가 '캐스팅그castingue'라고 발음하는 의심스러운 활동을 시작했어요. 이로 인해 우리는 매우 부족하게 옷을 입은 (심지어 옷을 입지 않은) 영계 무리를 얻었고요. 게다가, 복도에서 그렇게 있다 감기 걸린다고요! CER의 약자가 '감기로 증발한 무리Cortège d'évaporées à rhume'의 의미가 아니라는 사실에 당신의 주의를 기울이시기 바랄게요."[23] 〈남자들이 모르는 은밀한 것들Choses secrètes〉의 캐스팅이 조금 연장되면서 불만을 품은 '영계들'이 감독을 법정으로 소환했을 때, 로메르는 주저 없이 이 감독에게 유리한 청원에 서명한다. 비록 로메르가 프로가 되려는 브리소의 열망보다는 영화에 대한 그의 거칠고 야만적이고 지리멸렬한 모습에 더 관심이 있긴 했지만 말이다.

에릭 로메르의 작업실

1980년대 초반 로메르는 반대 방향을 택한 것 같다. 그는 이야기를 전하고 싶은 소망의 어릴 적 원천을 되찾기 위해 가능한 한 많은 통제를 내려놓았다. 그는 이미 오로라 코르뉘(〈바이로케이션 Bilocation〉)의 기괴한 영화를 수정하기 위해 내레이터를 연기하는 데 재미를 느꼈는데, 이 영화는 난해한 미스터리, 성배 탐구, 초자연적 현상이 모두 담긴 터무니없는 이야기다. 나중에는 릴리안 드레퓌스가 구상한 기획을 재구성하는 것을 즐겼다. 이 영화는 〈도미니크Dominique〉라는 제목의 뮤지컬 코미디로, 로메르에게 가짜 페미니즘을 개발하고 오페레타의 시 구절을 고안하게 하려는 구실로 만든 것이다. 그는 연기하는 데 극도의 즐거움을 느꼈고, 그런 영화가 마리 스테판의 〈쥐스토쾨르Justocoeur〉(대학기숙사 시테에서 촬영한 한 시퀀스에 등장)와 1980년 아이데 카이요가 감독한 두 편의 단편 영화다. 그중 한 편인 〈그리고 마법사는 말했다 Et dixit le mage〉에서 그는 엄숙한 마법사를 연기하는데, 두 장면에서 그 모습을 본 사람들은 격렬한 웃음보가 터졌을 것이다. 다른 한 편은 〈성모의 통과Passage de la Vierge〉로, 여기서 그는 매춘부를 살인하는 연쇄 살인범 역할을 혼란스러운 확신을 가지고 연기한다!

좀 더 진지하게 말해, 이런 단편 영화를 통해 그는 미래의 잠재적인 협력자를 만나기도 한다. 1987년 〈도로테 블랑크, 당신은 누구인가Qui êtes-vous, Dorothée Blanck?〉의 연출을 위해 아이데 카이요가 기용한 파스칼 리비에가 그런 경우다. 리비에는 이렇게 이야기했다. "언젠가는 그녀가 내게 말했다. '에릭 로메르가 음향 기술 팀을 찾고 있어서, 당신 얘기를 했어요. 그가 촬영장에 올 거예요.' 그렇게 그는 우리를 보러 왔는데, 보는 것보다 참여하고 싶어 했다. 그래서 우리는 그가 붐 마이크를 들 수 있게 도왔다. 다락방에서 촬영했기 때문에 키가 큰 그에게는 좀 불편했다. 그는 좋은 붐 오퍼레이터는 아니었다. 어쨌든 내가 지시하는 것이니까…… 그 순간, 그와 함께 세상이 뒤집어졌다!"[24]

로메르는 아이데 카이요 영화에서 붐 오퍼레이터, 로제트 영화에서는 카메라맨을 맡았다. 아마도 그의 권유로 로제트는 1982년과 1987년 사이에 자신이 여자 주인공인 단편 영화 연작을 쓴다.

하지만 로메르는 연기도 하는데, 이번에는 그에게 꼭 맞는 교수 아버지 역할이다. 첫 에피소드(〈로제트 저녁에 외출하다Rosette sort le soir〉)에 출연해서 학생 과제물을 채점하면서 밤늦게 외출하는 딸을 감시한다. 이것은 로메르가 이 다섯 편의 단편 영화의 수작업 크레디트자막에 올린 역할 중 하나다. 한편으로, 이런 참여를 통해 그는 그들에게 글쓰기를 장려하면서, 그가 연출하지 못한 매우 오래된 에피소드(〈샤를로트와 베로니크〉, 〈파비앵과 파비엔〉, 〈주주의 모험〉 등)에 대한 영화적 꿈을 되살려 준다. 그는 로제트의 글을 수정하고, 앞서 말했듯 카메라를 들고 역광 숏이나 약간 노골적인 옷 벗는 장면을 포착하고, 이어서 전개될 미세한 상황을 설정했다(예를 들어, "커피 마셔, 식겠어Bois ton café, il va être froid"가 이런 경우다). 다른 한편, 그는 마치 욕망이 고조되고 허구가 시작되는 것을 (객관적 카메라로) 기록하기 위해 그곳에 있는 것처럼, 주변에 넘쳐나는 이 모든 젊은이들 속으로 사라진다. 로제트는 연인, 파스칼 그레고리는 유혹자, 아리엘 동발은 요부, 비르지니 테브네는 매춘부, 프랑수아마리 바니에는 속물, 장 파르빌레스코는 사기꾼, 베아트리스 로망은 점술가 역을 연기한다. 어린 시절처럼 로메르의 영화적 세계가 여기서 전개된다. 여기서 그의 인간 희극 속 모든 인물들의 사랑스러운 풍자가 이루어진다. 이는 그가 친애하는 세귀르 백작부인의 세계와 그리 멀지 않은, 하지만 1980년대 파리의 시대 분위기에서 편안한 슈퍼8 카메라 촬영이 매우 자연스럽게 포착한 것이다.

이 실험은 로메르를 아주 매료시켰고, 10년 후인 1996년에도 이를 반복된다. 〈나무, 시장, 시네마테크〉에 이어 〈파리의 랑데부〉에서 생긴 수익 덕분에 CER는 CNC의 자동 지원 기금의 혜택을 받는다. '사계절 이야기'를 만드느라 바빴던 시네아스트는 이 돈을 '기념일Anniversaires'이라는 작은 연작에 투자하자고 제안한다. 이 작업에서 (일반적 주제의 틀 안에서) 그는 단편 영화를 만들고자 하는 여자 친구들 중 한두 명에게 백지 수표를 주겠다고 한다. 사실상, 이 아름다운 원칙은 단 한 편에만 적용되었다. 이 시리즈의 두 번째 이야기(〈프랑스France〉)가 그런 경우인데, 로메르는 전적으로 디안 바라티에에게 책임을 맡겼다. 바라티에는 이렇게 말했다. "어느 날 내가 촬영한 러시 필름이 어떻게 편집되는지 확인하려고 에릭에게 나를 견습 편집자로 써 달라고 요청하자, 그는 이렇게 대답했다. '내 촬영 감독은 편집실에 있을 수 없어요! 난 굉장히 비판적이에요. 편집을 배우고 싶다면 자신의 러시 필름으로 편집하세요. 그러니 '생일' 시리즈 중 단편 하나를 영화로 만드세요.' 난 작가적 재능은 없지만 그의 설정한 대로 뭔가를 썼다. 그 후 그는 촬영장도 편집실도 나오지 않았다. 그래서 내 영화는 시리즈의 다른 단편들과 상당히 달라졌다."[25]

〈프랑스〉에서 디안 바라티에는 자신의 생일에 한 남자의 전화를 헛되이 기다리는 젊은 지하철 여성 운전사의 일상을 묘사한다. 마리 리비에르와 비슷하지만, 로메르의 시각에서는 전혀 묘사되지 않는 환멸에 빠져 있는 인물이다. 해고당한 배우가 그를 분쟁에 끌어들이려 했을 때, 시네아스트는 다시 그의 신중함을 보여주었다. "안심하세요. 이 불화는 '뒷거래'는 없으며 당신 두 사람에게만 관련된 일입니다. 우정으로, 그리고 주제가 좋았기 때문에 내가 디안에게 이 단편 영화의 '공인된' 제작자 직책을 제안했습니다. 그녀는 필름과 현상소, 각종 장비, 편집실 등에 대한 비용을 지불했습니다. 만일의 수익은 모든 참가자에게 분배할 것을 구두로 약속합니다. 경험적으로 연출 학습은 책임감을 배우는 데서 시작된다는 사실을 알고 있으며, 나는 내 카메라 감독이 자유롭게 선택하도록 촬영이나 준비 과정, 영화 편집에도 관여하지 않았습니다. 이것이 우리가 지난겨울에 결정한 내용이고 나는 약속을 지켰습니다."[26]

'기념일' 연작 중 다른 세 편의 경우는 그 과정이 더 복잡하다. 매번 시네아스트는 자신의 지인들(로제트, 플로랑스 로셰, 안소피 루빌루아)이 제안한 시나리오를 승인한다. 그는 시나리오 대사 주위에 손으로 쓴 주석을 첨부해서 서서히 그에게 맞게 고쳤고, 결과적으로 거의 에릭 로메르의 영화가 되었다. 〈니농의 친구들Les Amis de Ninon〉에서 로제트는 이전 애인들과 파티를 열기로 결정한다. 문제의 파티 장면(파스칼 그레고리가 현대 음악의 한 소절을 반복해서 듣는)의 우울한 분위기는 〈사자자리〉 장면의 반복이다. 〈다양한 충돌Heurts divers〉에서 겨울의 시간과 관련된 오해는 어처구니없는 감정적 사건으로 번진다. 이 이야기는 〈블루 아워〉, 〈녹색 광선〉, 특히 〈특별한 날〉(〈비행자의 아내〉의 처음 제목)에서의 장면이 재현된 것 같다. 〈취향과 색채Des goûts et des couleurs〉에서 한 남성과 여성은 서로 같은 책과 색채를 좋아하게 만드는 그들의 '선택친화력affinité élective'에 도취된다. 이 이야기는 〈내 여자 친구의 남자 친구〉에서 마지막 환멸에 이르는 '눈속임 이상형'을 떠올리게 한다. 이들 단편 영화에서처럼, 로메르의 영화에서 승리를 거두는 것은 영화의 예측 불가능한 움직임이다.

로메르는 작업장 학생들에게 맡겼다고 주장하는 이런 소품 작품들에서조차 놀라울 정도로 자신에게 충실하게 참여했다. 그는 크레디트 자막에 단지 데쿠파주découpage*(마르셀 카르네 이후 많이 사용하지 않는 표현)에만 자신의 이름을 올린다. 하지만 평소의 촬영 팀과 작업하면서 대부분의 배우를 선택하고 연출을 확인한 사람은 바로 로메르였다. 이 팀은 촬영의 디안 바라티에, 음향의 파스칼 리비에, 제작의 프랑수아즈 에체가라이다. 물론 마리 스테판은 그와 함께 편집 마지막 단계에 작업한다. 그는 자신의 두 장편 영화 사이에 이렇게 사전 계획된 익명성과 아마추어리즘의 혼합된 방식으로 작업하는 것에 어떤 환희를 느낀다. 이런 점 때문에 이 작은 영화에 묘한 부유하는 인상이 남는데, 마치 이것들이 어디서 와서 누가 어떻게 만들어졌는지 모르는 것처럼 말이다. 영화가 매우 조심스럽게 극장에 개봉되었을 때, 『리베라시옹』의 올리비에 세귀레는 당혹감을 이렇게 표현했다. "(…) 처음에는 영리한 혼성 모방이나 정직한 공모의 증언으로 받아들여질 수도 있지만, 우리는 곧 창백한 복사본과 헛된 모방의 개념으로 되돌리는 어떤 진행 방식이 떠오르는 것을 보게 된다."[27] 개선의 여지가

---

* 편집, 몽타주와 유사하게 쓰이는 용어로, 정확하게는 시나리오 단계에서 장면 분할까지 포함하는 용어다.

있었다.

1990년대 말 로메르는 더 야심 찬 새로운 연작을 시작한다. '모델Le modèle'이라는 제목의 이 시리즈는 화가와 그의 예술적 대상인 젊은 여성 사이를 연결하는 신비한 관계에 대해 질문한다. 그 주제로 여섯 편의 단편 영화를 기획하기로 했었는데, 그중 두 편은 단지 일종의 초안 정도로 생각할 수 있다. 그중 한 편은 즉흥적인 스케치 〈그려진 이야기Une histoire qui se dessine〉로 로제트와 살랭제가 관광객의 인기를 얻는 예술가 행세를 하면서 서로 놀리는 이야기다. 다른 한 편, 〈모범적인 치과 의사Un dentiste exemplaire〉는 오렐리아 알카이즈Aurélia Alcaïs가 제안한 시나리오다. 이 젊은 여성에게 로메르는 진실한 애정을 갖고 대했는데, 처음 로장주에 방문했을 때 그녀는 무례한 10대 소녀였다. 그녀는 로메르와 평생 가까운 사이로 지낸다. 로메르는 그녀에게 위대한 시인의 시구를 낭송해 주며 지나간 시간을 추억하면서, "이제 나는 모두 마음으로 외우고 있어요"라고 멜랑콜리하게 말한다. 그녀는 〈사교 게임〉과 〈가을 이야기〉에서 작은 역할을 맡았고, 〈모범적인 치과 의사〉(아이데 카이요가 이 시나리오를 다시 썼는데, 나중에 로메르는 에로틱한 부분을 삭제한다)에서 주인공을 연기한다. 그녀가 연기할 작은 판매원은 누드 사진을 찍어 휴가 비용을 마련할까 주저하던 중 자신의 치과 의사도 똑같은 일을 한다는 사실을 알게 된다.

다른 두 영화는 주제적으로 로메르적인 요소를 더 많이 사용한다. 먼저 〈곡선La Cambrure〉은 삶과 회화 사이의 거울 효과에 대한 훌륭한 대화를 보여 준다. 남자 주인공인 미술사 대학생은 일종의 브뉘엘적 강박 관념에 사로잡혀서, 사랑하는 여인에게서 자신이 흠모하는 회화적 모델의 자취를 찾으려 한다. 그 과정에서 로메르는 에드가르 드가Edgar Degas의 누워 있는 누드를 새로운 버전으로 보여 주기를 즐기면서, 동시에 페티시즘적 모방에 대한 그의 불신감을 드러낸다. 다음 작품 〈제안La Proposition〉은 2009년에 만든 그의 마지막 작품이며, 좀 더 난해한 퍼즐이다. 10년 전에 시빌 셰브리에Sybille Chevrier라는 젊은 단편 영화 감독이 그에게 〈그래도 앨리스Alice malgré elle〉라는 제목의 대본을 보내왔다. 한 젊은 여성에게 닥친 작은 재난을 다루는데, 그녀는 차가 고장 나서 도움을 청하려고 어떤 집에 들어갔다가 화가의 누드모델이 되는 것으로 끝난다. 화가가 그녀를 다른 사람으로 착각한 것이다. 몇 년 후, 안소피 루빌루아는 이 주제의 새로운 버전의 이야기(〈정물 Nature morte〉)를 쓰고, 로메르는 그것을 원작을 알아볼 수 없을 정도로 개작했다. 〈제안〉에서 젊은 여성은 재미 삼아 모델을 해 볼까 하는 위험한 생각을 한다. 그래서 화가가 그녀에게 아무것도 요구하지 않았지만 화가의 스튜디오에서 스스로 옷을 벗는다. 이런 식으로 로메르는 제안을 뒤집어(이 경우에 잘 들어맞는 말이다), 예술가의 욕망을 지우고 모델의 욕망만 무대에 올린다. 안소피는 그의 개작을 기꺼이 수용하고, 그에게 편지를 썼다. "크레디트에 이름을 올리는 것에 동의합니다. 하지만 제가 하지 않은 새로운 부분들이 많으니 우리 둘의 공동 이름을 넣는 게 좋겠습니다. 그런데 당신이 이름 올리기를 원치 않고, 가명으로도 원치 않기 때문에 가장 좋은 방법은 '아무개와 안소피 루빌루아 혹은 안소피 루빌루아와 아무개'로 하는 것이 좋겠네요."²⁸ 결국 크레디트 자막에는 그녀의 이름만 표시됐다.

〈로맨스〉직후 연출한 이 연작의 다섯 번째 부분 〈테라스의 누드Le Nu à la Terrasse〉의 경우 로메르는 아니 발카라쉬Annie Balkarash 라는 가명을 썼다. 그것은 프랑수아즈 에체가라이와 함께 했던 낱말놀이나 문장 맞추기 놀이에서 그가 만든 별명 중 하나인 아니발 카라쉬Hannibal Carache와 유사한 철자법이다. 속임수나 가면, 신비화에 대한 그의 취향에서 영감을 얻은 작품이지만, 이 선택은 또한 조엘 미쿠엘에게서 영감을 얻은 단편 영화의 주제를 반영한다. 최근 아파트에 이사 온 한 젊은 부부는 그림 한 점을 설치한다. 그들의 흥미를 끄는 '테라스의 누드'라는 이 작품은 분명 양차 세계대전 사이에 그려진 것이다. 어느 날 아파트에 남편의 할머니가 점심을 먹으러 온다. 그녀는 식사 중에 약을 잊고 왔다는 핑계를 대며 신비로이 사라진다. 얼마 후 그림이 아무런 합리적인 설명 없이 사라진다. 할머니가 죽은 후, 젊은 부부는 그녀의 집에서 그 그림을 발견한다. 할머니는 비밀리에 열쇠를 복제해서 바로 자신이 포즈를 취한 이 누드 그림을 훔쳤던 것이다. 노년과 죽음을 다룬 이 영화는 에릭 로메르의 영화에서 드문 작품 중 하나로, 이 두 가지는 그 또한 결코 피할 수 없었다. 이 영화는 또한 에드거 포의 『도둑맞은 편지』에 간접적 경의를 표한 작품으로, 얼마나 많은 예술이 명백한 시야 내에 숨겨져 있는지를 떠올리게 한다.

이것은 특히 〈붉은 소파Le Canapé rouge〉(2004)에서 더 발전된 생

1981년, 〈성모의 통과〉 중 에릭 로메르

각이다. 이 작품은 '모델' 시리즈에서 가장 성공적인 작품으로, 아이러니한 유작으로 독해할 수 있다. 이 작품은 로메르와 마리 리비에르, 샤를로트 베리와의 비공식적 토론과 각 배우가 시네아스트에게 제출한 시나리오 초안에서 영감을 받은 것이다. 또한 샤를로트의 화가 활동에서도 영감을 받았고, 〈붉은 카펫〉에서 주연은 그녀의 동반자(필리프 카루아Philippe Caroit)가 마리 리비에르의 애인 역할을 한다. 32분짜리 이 이야기는 실제로 전위轉位와 분신, 이중성의 징후를 보이며 전개된다. 마리 리비에르가 연기한 여자 주인공은 결혼한 여성으로 숨겨 둔 정부가 있다. 이 정부는 일할 때 항상 그녀를 자신의 눈앞에 두고 싶어 한다. 그녀는 연인을 위해 여자 친구 샤를로트에게 자신의 초상화를 그려 달라고 부탁한다. 그녀는 소파에 길게 눕는다. 일단 그림은 완성되었지만, 그녀는 실망한다. 머리카락에 가려져서 그녀의 얼굴이 거의 보이지 않기 때문이다. "이건 너의 정수를 표현한 거야!"라고 샤를로트가 그녀에게 말한다. 그녀의 연인도 자동적으로 "이건 당신의 정수예요!"라는 말을 반복하자 그녀 안에 기쁨이 터져 오른다. 이 행간의 의미를 통해 에릭 로메르는 여기서 자신에 대한 가장 비밀스러운 것들을 이야기한다. 즉, 그것은 이중생활에 대한 취향(이 영화는 가구를 옮기면서 그의 사무실에서 촬영했다), 자신의 진짜 얼굴을 보여 주는 것에 대한 거부, 그의 심오한 존재의 이미지를 남기기 위해 필요한 영화적 우회다.

14
고통 가운데
2001~2010

2001년 10월 초, 베니스 영화제를 방문하고 한 달 후에 에릭 로메르는 주르당Jourdan 대로의 대학 병원에서 복부대동맥류* 수술을 받는다. 비대해진 정맥은 그의 생명을 위협했고, 그는 언제라도 중대한 혈관 사고가 일어날 위험 가운데 있었다. 이 결정은 2001년 8월 말에 이루어졌다. 수술을 보류한 채 로메르는 베니스를 방문한다. 그의 전 경력에 경의를 표하는 황금사자상을 수상하면서 그가 한 연설에는 이런 징후가 배어 있다. 그는 먼저 자신의 영화에 출연했다 망자가 된 모든 사람들에 대한 기억을 소환하고, 이 사람들을 베니스가 그에게 바친 오마주와 연결시킨다. 그들은 파스칼 오지에, 네스토르 알멘드로스, 제라르 팔코네티, 폴 제고프, 미카엘 크래프트 등이다.

---

* 복부대동맥이 풍선처럼 부풀어 오르는 증상

고통 가운데 일하다

수술은 여덟 시간 동안 진행되었고, 가슴에 20센티미터의 흉터를 남겼다. 그다음 시네아스트는 울름 거리의 자택에서 3개월간 머물러야 했지만, 상당히 빨리 작업을 재개해서 주중 매일 오전 9시부터 오후 6시까지 프랑수아즈 에체가라이를 만났다. 마치 그가 이미 피에르1세드세르비 거리의 그의 사무실에 돌아온 것처럼 보였다. 작업을 다시 하는 것, 이 경우는 〈삼중 스파이〉의 준비 작업을 하는 것이 그가 죽음의 불안을 피할 수 있는 유일한 방법이었다. 의사의 권고와 반대로, 이 노인에게 피할 수 없는 운명을 떨쳐 내는 한 방법은 피로와 긴장을 유발하는 야심 찬 영화에 몰두하는 일이었다. 1990년대 십 년은 촬영의 즐거움과 관련된 가벼운 마음으로 특징지을 수 있다면, 그 후 십 년은 고통과 어려움으로 규정된다. 그러나 자신을 고통스럽게 하는 이런 장애를 기필코 극복함으로써 시네아스트는 거의 불멸에 가까운 감정을 느낄 수 있었다.

고통은 그를 떠나지 않았다. 2001년 9월 6일 베니스의 한 다리에서 찍은 전신 사진을 보면 마른 것이 분명히 눈에 띄고, 거의 뼈만 앙상하다. 너무 커진 재킷은 들떠 있고 사람은 경직되고 힘들고 구부러져 있다. 한때 길쭉했던 큰 키는 오그라들고 벌써 거의 10센티미터가 줄었다. 불가피한 이런 단축 증세는 1960년대 이래 계속 있어 왔지만 점차 뚜렷하게 악화된 척추측만증 때문이다. 척추의 비대칭 회전과 침하에 의한 척추 변형은 등을 파괴하는 끔찍한 시련이다. 이 변형은 2000년대부터 척추 일련의 소형 골절은 물론, 척추를 거꾸로 비틀어 엄청난 고통을 주고 압박해 끊임없이 앞으로 구부러지게 했다(2009년에는 키가 거의 20센티나 줄어들었다). 척추측만증은 또한 호흡 문제나 질식감, 때로는 무호흡증을 유발한다. 로메르는 2000년대에 특히 식사가 끝날 무렵에 여러 차례 쓰러졌다.

로메르는 불평하면서도 용기를 가지고 이 고통에 맞섰다. 그러나 무엇보다 자신만의 방식으로 혼자서 맞섰고, 피할 구실을 찾지 않았다. 그래서 그는 통증을 완화시키는 모든 약물 치료와 심각한 치료를 거부했다. 시네아스트를 죽기 전 몇 년간을 지켜본 바르베 슈뢰더는 이렇게 증언했다. "그는 정신의 명료함에 영향을 줄 수 있는 약을 복용하고 싶어 하지 않았다. 생의 마지막에 그는 진정한 순교자처럼 고통을 겪었다. 내가 '그래도, 아편이 정신을 혼미하게 만들지 않을 거라고 약속해요. 그냥 고통을 줄이는 거예요'라고 말하면, 그는 '아니, 아니, 안 합니다!!!'라고 화를 냈다. 그에게는 모든 게 LSD°처럼 보였던 것 같다."[1]

그의 몸은 영향을 받지만, 그의 정신과 명석함, 에너지는 그대로 유지되었다. 그의 친구이자 개인 비서인 베트사베 드레퓌스는 "마지막에 그의 허리는 구부러졌지만, 〈로맨스〉를 촬영하는 동안 명철함은 결코 줄어들지 않았다"[2]고 말했다. 촬영 외에도 로메르의 말년은 상대적으로 중요한 글쓰기와 시네필 활동을 보여 준

• 환각제의 일종

다. 2006년 〈로맨스〉의 촬영을 마친 86세에 더 이상 장편 영화를 만들 수 없다는 사실이 분명해진 순간에도 로메르는 결코 작업을 중단하지 않았다.

로메르는 계속해서 단편 영화를 감독하고, 무엇보다 글을 썼다. 시나리오 〈에투알 에투알Étoiles étoiles〉 같은 다른 사람을 위한 시나리오, 혹은 더 이상 영화 기획은 아니지만 본질적으로 자서전적 색채가 강한 학구적인 작업을 했다. 예를 들어, 그의 고향 튈 지명의 어원에 대한 정통한 연구는 2007년에 『리뷰 드 레트르, 코레즈의 과학과 예술Revue des lettres, sciences et arts de la Corrèze』에 「튈틀라는 튈에서 기원했나?Et si Tutela venait de Tulle?」라는 제목의 25쪽 분량의 기사로 게재되었다. 『모범 백작부인La Grande Comtesse modèle』은 어린 시절부터 애독해 온 작가, 세귀르 부인에 대한 에세이다. 이 야심 찬 저작은 2009년 12월에 미완성으로 남았다. 그는 또한 노래와 시, 제운시題韻詩, 문자 수수께끼와 말장난을 계속해서 창작했는데, 그가 항상 좋아하던 이런 것들은 프랑수아즈 에체가라이와의 유대를 키운 것이었다. 예를 들어, 이렇게 시작하는 우화시寓話詩가 만들어진다. "축복 받은 시절이었다, 그때 모든 것 가운데, / 파리가 사창가가 자랑스럽다고 부르짖을 때 / 아라비아의 수장이 자주 방문하던 곳이, / 피에르1세드세르비 거리에 있었다, / 26번지에, 사람들이 내게 말한 그곳에는, / 이제 정직한 사무실만 있다."

이 시는 휴가 중의 매춘부 이야기로 이어지는데, 그 유일한 논리는 프랑수아즈 에체가라이에게 단어 놀이(바닷가에서 휴가)를

968

추측하게 하려는 것이다. "이 장밋빛 이야기에서 배워야 할 교훈은 현재 바스크 해안에서 당신들이 종사하는 직업이 매우 무고한 가업의 이름일 뿐임을 명심해 주세요. 그리고 26번째 하숙인들의 직업만큼이나 아름답기(하지만 더 현명하기)를 바라며, 이 높은 도덕적 소원을 담은 제 가장 달콤한 키스를 함께 보냅니다."[3]

그는 자신의 영화를 소개하는 초청이나 여행은 계속 거절한다. 2005년 가을 피렌체에서 알도 타소네Aldo Tassone가 기획한 회고전이나, 루이 스코레키[4]—로메르가 아주 좋아하는 『리베라시옹』 비평가이며, 정기적으로 그의 글을 즐겨 읽는다—가 구상한 공동 글쓰기와 인터뷰 모음집, 그리고 2008년 가을, 캉Caen 대학에서 마련된 비올렌 드 쉬이테가 그의 작품에 헌정한 「에릭 로메르의 영화에서의 신체Le Corps chez Éric Rohmer」의 박사 논문 발표가 그런 경우다.

반면, 그의 저작 가운데 어떤 책의 재출간에는 적극적으로 반기며 참여했다. 2006년 3월, 앙투안 갈리마르Antoine Gallimard가 이 출판사에서 출간한 지 60년이 넘은 그의 첫 소설 『엘리자베스』를 재출간하자고 제안했을 때 시네아스트는 호의적인 반응을 보였다. 그는 편집자 필리프 드마네Philippe Demanet와 함께 작업하고 제목을 바꾸었다. 그는 『여름비Pluie d'été』라는 제목(이미 있는 제목이어서)을 원했지만, 결국 『엘리자베스의 집La Maison d'Élisabeth』을 선택했다. 이 책의 후기에는 직업적 소명과 문학적 취향에 대한 그의 인터뷰가 실린다. 이 소설은 칸 영화제가 열리는 2007년 5월에 출간되어 새로운 삶(5천 부 이상 판매)과 늦은 비평들(15개의 기사와 서평)을 경험하고, 해외 10개 나라의 언어로 번역된다.

다음 해 가을에는 람세이 시네마Ramsay cinéma 출판사에서 로메르의 첫 영화 저작이 재출간되었다. 이 책은 1957년 그가 클로드 샤브롤과 공동으로 쓴 히치콕에 관한 평론으로, 이 책에는 『나는 비밀을 알고 있다』와 관련한 감독과의 미공개 인터뷰가 추가됐다. 로메르는 2008년 봄에 잡지 『디아블 프로바블망Le Diable probablement』과 2009년 봄에 『포지티프』에 해변을 주제로 인터뷰를 했다. 그런 다음 자신의 주요 저작 『셀룰로이드와 대리석』을 다시 읽고 준비해서, 2009년 10월 프랑스 문화[5] 방송과의 긴 인터뷰에 참여한다. 그 15일 후인 11월에 시네아스트는 또 다른 인터뷰를 하는데, 텔레비전학교에서 만든 영화에 관하여 오후 두 차례 각 세 시간 동안 진행했다. 로메르는 엘렌 와이보르Hélène Waysbord가 진행하고 장루이 크로Jean-Louis Cros[6]가 촬영한, 길고 매혹적인 고백의 기록을 허용한다. 이것은 몇 안 되는 시네아스트의 마지막 인터뷰 중 하나다. 이 인터뷰는 울름 거리의 교육 박물관의 영화관에서 이루어지는데, 앙리 랑글루아의 시네마테크 프랑세즈가 있던 예전 상영관이다. 이곳은 문자 그대로 같은 거리 그의 아파트 맞은편에 있어서, 프랑수아즈 에체가라이가 촬영이 시작되는 오후 두 차례 그를 그곳으로 데려갔다. 그가 공개석상에 마지막으로 모습을 드러낸 것은 2009년 3월 7일이다. 로메르는 프랑쾨르Francoeur 거리의 영화 학교 페미스Fémis를 방문해 1학년 대학생들에게 〈영국 여인과 공작〉을 보여 주고 회화와 무대 장식, 디지털 효과에 대한 그의 작업을 설명했다. 프랑수아즈 에체가라이는 이렇게 이야기했다. "상영 중에 그는 가끔 잠이 들었고, 옆에서 내가 그를 깨웠다. 그 후 토론 시간에 아주 젊은 사람들의 환영에 그는 대단히 감동받았고, 활기차고 유쾌해했다."[7]

오래가는 우정

에릭 로메르는 언론에서 종종 "로메르의 사람들rohmériennes"이라고 부르는 그의 친구들, 영화 협력자와 배우 들을 정기적으로 맞는다. 프랑수아즈 에체가라이는 이 모든 기간 동안 필수적인 "동반자"로 남아서, 오전 9시에서 오후 6시까지 변함없는 시간표에 따라 시네아스트와 일상적인 일을 같이했다. 그럼에도 불구하고 라탱 지구에서 피에르1세드세르비 거리로 오가는 길은 길고 복잡해진다. 점점 걷는 것이 힘들어진 로메르는 택시 타는 것을 거부했고 몽파르나스에서 환승하는 두 번의 버스를 타는 것을 더 좋아했다. 시네아스트는 완고하게 사무실에 가고 싶어 하지만 2007년부터는 더 이상 혼자 돌아다닐 수 없었다. 아침저녁으로 이동하는 데 두 시간이 걸렸고, 대부분 프랑수아즈 에체가라이나 로제트가 동행했다.

이 오래가는 우정은 그의 사무실에서 주요 여자 배우들과 함께하거나 단둘이서 지속됐다. 마리에 리비에르는 이 모임을 매일 영상에 담은 연대기 〈에릭 로메르와 함께En compagnie d'Eric Rohmer〉를 만들었다. 오후 5시의 의례적 차 모임에는 로제트, 아리엘 동발, 샤를로트 베리나 플로랑스 로셰가 함께한다. 시네아스트가 혼자서 더 이상 준비할 수 없을 때 그들이 점차 책임을 지면서 정성스럽게 '카페인이 없는 차'를 준비한다. 아리엘 동발은 이 만남과 토론을 이렇게 회상했다. "우리는 습관처럼 만났다. 나는 미니 DV 카메라로 상당한 영화를 찍었기 때문에 그에게 내 영화를 보여 주고 얘기를 나눴다. 그는 항상 흥미 있어 했다. 그러던 어떤 순간 한번은 그가 내 영화 〈욕망을 통과하기Traversée du désir〉의 촬영에 동의해 주었다. 이 영화는 내가 사람들에게 "최초의 욕망은 무엇이었습니까?"라고 질문하는 탐구였다. 불편한 주제였지만 그는 기꺼이 고백해 주었다. 그는 잔 다르크를 불태우기 위해 정원에서 모은 어린 시절의 나뭇가지에 대해 이야기했다. 늙은 친구의 내면 깊은 데서 끌어올린 유치한 방화광의 욕망에 대한 이 이야기는 나를 많이 감동시켰다."[8]

또한 항상 조금 비밀리에 불시에 갑자기 나타나는 장 파르뷜레스코 같은 가장 오래된 동료도 있고, 혹은 로장주 이웃 사무실에서 일하는 박식한 탐미주의자 에르베 그랑사르도 있었다. 로장주와 로메르는 2000년 중반에 화해하고 마지막까지 함께했다.

하지만 로메르의 입장에서 가장 정기적인 방문자는 베트사베 드레퓌스이며, 그의 진술에 따르면 드레퓌스는 그가 "총애하는 여성 동반자"[9]였다. 그녀는 〈여름 이야기〉부터 스크립터와 조감독, 의상 담당자로 매번 영화에서 시네아스트와 함께 일하면서 마지막 15년 동안 친한 친구가 된다. 그가 그녀의 어머니(릴리안 드레퓌스)의 요청으로 라틴어를 가르쳤던 17세에서 32세까지 그녀는 이 결정적인 우정과 함께 성장했다. 그녀는 이렇게 말했다.

"우리는 매주 수요일 만났다. 처음에는 산책을 하거나 박물관에 갔고, 때로는 영화를 보기도 했고, 또한 몇몇 그의 영화 편집에 참여하기도 했다. 그는 나를 보고 싶어 했고, 내 생활과 습관, 의상, 가구, 건강, 모든 것에 대해 질문했다. 그는 내 자발성과 신선함을 좋아했고, 그것들이 그를 깨어 있게 했다. 그는 나의 옷 입는 방식을 칭찬했고, 우아하다고 생각했다. 나는 그를 웃게 했고, 말을 많이 했다. 그에게 내 나이의 젊은이들이 어떻게 말하는지 보여 주었고, 그는 매우 흥미 있어 했다. 나에게 그는 문화와 유머가 가득한 흥미로운 사람이었다. 끊임없는 대화와 지속적인 산책으로 맺어진 우정이었다. 또한 그는 내게 피아노를 연주하고 시를 낭송해 주었다. 무엇보다 우리는 영화를 함께 보았는데, 히치콕과 무르나우, 그리고 사람들이 그에게 보내온 영화였다. 그가 만든 영화들, 장편 영화와 텔레비전학교에서 만든 방송도 봤다. 그는 시리즈물 〈데릭Derrick〉과 스포츠를 많이 좋아했다. 그는 자주 텔레비전으로 테니스 경기 롤랑 가로스와 육상 경기 등을 봤다. 매주 수요일 점심 식사 후 영화나 TV를 보는 것이 의식이 되었다. 그의 생이 끝날 때까지."[10]

마지막 몇 년 동안은 고통스러웠지만 사람들은 더 가깝게 지냈다. 베트사베는 말을 이었다. "그는 육체적으로 연약해졌고 그로 인해 슬퍼했다. 고통스러워했지만 정신이 온전했고, 아픈 것을 두려워했다. 그는 '몸이 쇠약해지는 걸 의식하는 것이 가장 힘들다'고 말했다. DVD를 연결하는 일이 한 편의 진짜 촌극 같았다. 때로 15분에서 20분이 걸렸지만 그는 직접하고 싶어 했다. 모든 것이 매우 느려졌다. 하지만 그는 자존심이 강했고 자부심이 있었기에, 도움을 받는 것을 견딜 수 없어 했다."[11]

이런 가족적인 여자 배우와 공동 작업자는 에릭 로메르에게 필수적이었다. 그들 중 그에게 등을 돌린 한 명의 태도로 그는 큰 상처를 받는다. 〈로맨스〉에서 만난 두 배우, 파니 방바카Fanny Vambacas와 올리비에 블롱Olivier Blond과 함께 촬영한 단편 영화 〈테라스의 누드〉를 계기로 시네아스트는 과거의 지인 조엘 미쿠엘과 다시 관계를 맺었다. 그녀는 이전에 봤듯이 20년 전에 〈레네트와 미라벨의 네 가지 모험〉에서 레네트의 인물에 영감을 준 사람이며 배우다. 그사이 그녀는 소설가가 되어, 1999년 『사이렌의 부름L'Appel des sirènes』과 2007년 메르퀴르 드 프랑스Mercure de France 출판사의 『웃는 아이L'Enfant rire』를 포함하여 다섯 권의 책을 출간했다. 로메르는 그녀가 쓰고 말해 준 짧은 이야기에서 영감을 얻어 〈테라스의 누드〉의 대화 형식을 만들고 촬영을 하고, 자막에 "조엘 미쿠엘의 아이디어를 바탕으로 한 것"이라고 언급했다. 하지만 그녀는 시네아스트가 자신의 이름이 아닌 아니 발카라쉬라는 가명으로 자신을 숨긴 것을 알고 분노했다.

2008년 말 그녀는 〈테라스의 누드〉뿐만 아니라 〈레네트와 미라벨의 네 가지 모험〉의 공동 작가의 지위와, 이 1986년 장편 영화에 상대적으로 큰 금액에 해당하는 관련 권리까지 주장하며 로메르를 법정에 소환한다. 이 사건이 재판으로 넘어 가면서 시네아스트에게 깊은 상처를 입혔고 그는 그런 요구에 무력감을 느꼈다. 그는 저작권 전문 변호사 엠마뉘엘 피에라Emmanuel Pierrat에게 연락한다. 변호사는 그에게 유리한 다른 배우들의 증언을 모아 보라고 조언한다. 배우가 말하는 즉흥적인 대화가 영화 속 대화 전개에 중요한 역할을 하는 비슷한 경우의 영화에 참여한 배우들을 가리키는 거였다. 시네아스트는 공동 작업자의 경험과 이야기에서 영감을 얻어 이야기를 구상해 왔다. 그래서 마리 리비에르는 〈녹색 광선〉, 아리엘 동발과 파스칼 그레고리는 〈나무, 시장, 미디어테크〉, 플로랑스 로셰와 클라라 벨라는 〈파리의 랑데부〉에 대해 증언했고, 마지막으로 제시카 포르드도 증언했는데, 그녀는 논란이 된 이 영화에서 미라벨 역을 맡았다. 포르드는 이렇게 회상했다. "소송 중이었을 때 에릭은 내게 증언을 해 줄 수 있는지 물었다. 난 〈레네트와 미라벨〉에 대해 그의 편에서 편지를 써 주었다. 조엘 미쿠엘이 〈레네트와 미라벨〉의 '공동 저자'가 된다면, 파브리스 루치니, 마리 리비에르, 아리엘 동발로 시작해서 많은 배우들이 자신의 영화에 대해 더 그런 주장을 해야 할 것이라고! 터무니없는 일이었다. 우리가 그와 함께 일할 때 그의 방법을 인지했고, 그가 배우의 삶에서 영감을 얻는 방식임을 완벽하게 알고 있었다. 우리는 이야기와 표현, 일화 등 우리 삶의 일부를 제공하고, 그는 그것을 이야기와 대화, 영화로 변형시켰다."[12] 제시카 포르드는 또한 로메르가 예상치 못한 이 갈등으로 얼마나 많은 고통을 겪었는지 말해 줬다. "그 일은 그를 파괴했고, 그 일 때문에 그는 말년을 낭비하며 보냈다. 그는 아프고, 깊은 상처를 입고 매우 불행했다."[13] 2012년 조엘 미쿠엘의 모든 청구는 일심 재판에서 기각되었다.[14]

최후 미완의 작품

2007년에서 2009년 사이, 죽기 전 마지막 3년 동안 강철 같은 의지를 가지고 에릭 로메르는 매일 아침 사무실에 갔다. 간소한 나무 탁자에서 그는 두 편의 글을 손으로 쓴다. 하나는 프랑수아즈 에체가라이에게 줄 것이다. 그녀는 클레망틴 아무루 출연의 〈7인의 기다림Sept en attente〉과 마리 마테롱Marie Matheron이 연기한 〈나의 규칙La Règle du je〉이라는 개인적인 장편 영화와 '우리 시대의 시네아스트' 시리즈에서 필리프 가렐에 대한 초상을 연출한 후에, 그녀의 스승이 쓴 대본으로 연출하고 싶어 한다. 다른 하나는 세귀르 부인의 작품 세계와 스타일, 로메르에게 미친 영향, 그리고 이 프랑스 주요 문학 작품이 주는 유익에 대한 에세이다.

2007년 〈로맨스〉 이후 아리엘 동발은 로메르와 다시 작업하고 싶어 했다. 시네아스트가 더 이상 장편 영화 기획에 들어가지 않기로 결심하면서, 이 배우는 그가 대본을 쓰고, 자신은 연기하고, 프랑수아즈 에체가라이는 연출하는 작업을 제안했다. 삼인조는 즉시 로메르 사무실에서 모여 녹음기를 두고 작업 회의를 시작했다. 1999년에 아이데 카이요가 쓴 〈코르네유Les Corneilles〉라는 제목의 영화 주제에서 부분적으로 영감을 받아 상당히 빠르게 진행되었다. 한 가수(당시부터 아리엘 동발을 염두에 둔 역할)와 카르마 점성술사의 우정에 대한 이야기였다. 이 영화는 원래 로장주 영화사가 제작하기로 되어 있었지만, 〈영국 여인과 공작〉과 관련해 에릭 로메르와 마르가레트 메네고즈 사이의 불화로 피해자가 되

976

어 빛을 보지 못했다.

로메르가 쓴 이 대본은 〈교차하는 카르마, 화성과 수성Karmas croisés, Mars et Mercure〉에서 〈별, 별들Étoiles étoiles〉[15]이라는 제목으로 바꾸고, 줄거리는 어머니의 영향에서 벗어나고 싶어 하는 괴상하고 특이한 가톨릭 신자인 팝음악 가수를 중심으로 진행된다. 그녀는 아를르Arles의 미디Midi 지방에 거주하면서, 라디오 방송과 전문 서적을 써서 유명한 점성술사와 친구가 된다. 이 점성술가는 자신의 지인들과 고객과 청취자의 미래와 과거의 체현, 그리고 전생과 카르마를 기반으로 미래를 예측한다. 두 친구는 지방 라디오 방송국의 감독과 출판 편집인인 두 남자를 만나는데, 두 남자 모두 아를르에 기반을 두고 있다. 여자 가수는 결국 라디오 감독과 함께하고, 점성술가는 나쁜 카르마에 대한 두려움을 극복하고 출판인과 함께한다. 로메르는 심지어 아리엘 동발을 위해 분명 그의 영화 목록에서 가장 대담한 육체적 만남이 있는 애정 시퀀스를 썼는데, 이 시나리오는 사샤 기트리 영화에나 걸맞은 이런 형식으로 결말을 맺는다. "하룻밤은 영원하고, 두 밤은 저속해진다……." 영화는 또한 뮤지컬 영화이기도 한데, 이 배우 가수에게는 핵심적인 요소이며 그녀는 마르셀라 콜로마Marcela Coloma에게 바흐의 아리아를 현대화해 매우 가벼운 팝음악 스타일의 기타곡을 만들어 달라고 제안한다.

프랑수아즈 에체가라이는 점성술가의 역할로 베아트리스 달Béatrice Dalle과 연락하고, 그녀가 제안을 받아들이면서 아리엘 동발과 함께 만난다. 아리엘 동발은 그녀와의 만남을 "매우 특별한 대면"[16]으로 기억했다. 2009년 봄, 플로랑스 말로Florence Malraux가 위원장으로 있는 사전 제작 지원 위원회에 이 시나리오를 제출한다. 에릭 로메르는 이 위원장에게 추천서를 보냈지만 그것으론 충분하지 않았다. 다시 한 번 CNC 보조금 배정에 실패했다.[17] 로메르의 반응은 운명론자의 반응이다. 나쁜 소식을 들은 프랑수아즈 에체가라이에게 그는 "결국 당신 영화예요. 낙심하지 말아요."[18]라고 말했다.

마지막으로, 에릭 로메르는 모리스 셰레로 되돌아가서, 성장기의 사랑 가운데 한 사람, 세귀르 부인을 만난다. 그가 10대 시절 읽었던 책은 『모범 소녀들Les Petites Filles modèles』, 『소피는 못 말려Les Malheurs de Sophie』, 『여름방학Les Vacances』, 『착한 아이들Les Bons Enfants』 등으로, 쥘 베른이나 스티븐슨의 책과 함께 읽었던 것들이다. 이 노인은 그 시절로 돌아가서 2008년 가을부터 야심 찬 시도를 시작했다. 우리가 기억하듯, 1952년 그의 첫 장편이 되었어야 했던 『모범 소녀들』의 각색은 자책감을 씻을 수 없었던 시네아스트의 실패로 남아 있다.

1952년 그는 세귀르 백작부인에게 돈호법을 사용해 이렇게 썼다. "친애하는 백작부인, 이상적인 소녀들에 대한 묘사에서조차 당신의 손길이 아무리 장밋빛이라 해도 그 특징의 정확한 묘사와 올바름을 숨길 수는 없습니다. 당신의 어린 시절의 세상은 색다르고 이국적이라는 명성과는 무관합니다. 솔직히 말해 그 세상은 길고 평화로운 추억의 친숙한 향기만을 발산합니다. 몽테를랑Henri Millon Montherlant의 한 인물은 '어린 시절 나를 꿈꾸게 했던 것은『여름방학』의 한 문장이었다'고 우리에게 고백합니다. 폴이 소피에게 '그래서 날 잊은 거야?'라고 묻자, 소피는 '잊은 게 아니라, 넌 내 마음속에 잠들어 있었고, 난 차마 널 깨우지 못한 거야'라고 답합니다. 이렇게 사랑스러운 시절의 귀중한 선집이 우리 안에서 잠들어 있습니다."[19] 반세기가 지난 후 로메르가 시작한 것은 새롭게 다시 깨어난 것처럼 보인다. 이 깨어남은 미완성된 채로 남아 있는 그의 영화에 대한 기억처럼 어린 시절의 독서로 되돌아하게 한다. 그동안, 잠자는 숲속의 공주는 매력적인 왕자를 만나지 못했다. 말하자면, 시네아스트에 따르면, 세귀르 부인은 저평가된 작가로 남아 있고, 문학 비평은 여전히 그 진정한 가치를 평가할 줄 모르고 있다. 이러한 인식 부족은 로메르가 보기에 부당한 횡재다. 그로 인해 그녀의 작품을 복권시키고 분석을 자극하는 논의의 자유로운 장이 열린다.

로메르의 에세이는『모범 백작부인』이라는 제목으로, 자서전적 독서와 비교 연구가 결합됐다. 한편으로, 이 작업은 어린 독자의 첫 감동, 뜰에서의 유년기 놀이, 집 안의 정원, 고등학교 공원, 여름방학 동안의 바닷가에서 "백작부인과 함께 했던 삶"[20]의 자취로 돌아가는 일이다. 이 기억은 소설의 등장인물을 소환하고, 그 후에는 1952년 영화에서 고양되었지만 불행했던 경험과 결합된다. 다른 한편, 분석가 로메르는 세귀르 백작부인의 매 작품을 자신의 작품과 정확하게 비교하려 한다. 예를 들어,『모범 소녀들』과 〈가을 이야기〉,『착한 아이들』과 〈클레르의 무릎〉,『여름방학』과 〈해변의 폴린〉을 비교한다. 또는 소설에 있는 특정 주제

(정확한 지리적 공간, 도덕적 대화, 잃어버린 혹은 감춘 물건, 죄책감과 무고함에 대한 오해와 혼란)는 영화 속 어떤 시퀀스, 〈에투알 광장〉, 〈보름달이 뜨는 밤〉, 〈내 여자 친구의 남자 친구〉, '도덕 이야기'나 〈봄 이야기〉의 시퀀스로 돌아온다.

이 작업은 녹색 클레르퐁텐Clairefontaine* 공책에 손으로 쓴 82쪽이 남아 있다. 이는 로메르의 계획의 3분의 1 정도 되는 분량으로, 대규모 기획이자 미완성본이다. 여기서 우리는 청소년기의 습관에 대한 개인적인 것들을 알 수 있다. 또한 "[백작부인의] 섭리[21]의 개념을 그래도 가장 단순하게 찾는" 성인 성도에게 가톨릭 사상의 의미, 또는 〈모범 소녀들〉의 각색에 실패한 이유에 대한 명확한 판단을 알 수 있다. 그는 그 실패에 대해 이렇게 쓴다. "『카이에 뒤 시네마』 내 동료들의 첫 영화가 절묘한 성공이라면, 누벨바그 7년 전에 촬영한 내 영화는 대재앙의 기획이었다. 첫 번째 실수는 창작 대본을 선택하는 대신 각색한 작품을 만든 것이다. 그것이 너무 고전적이라는 이유로 갈리마르가 거절한 내 서랍 속 육필 원고 '도덕 이야기'라 할지라도 말이다. 두 번째 미숙함은 세귀르 백작부인의 『모범 소녀들』을 선택한 것이다. 내 제작자가 제시한 아동용 영화로 대중을 끌어들일 거라는 구실이었다. 마지막 세 번째 실패 원인은 영화산업 구조에 진입해야 한다는 필요성 때문이다. 그래서 조금은 허상 같은 '기술 고문'이라는 방책에 의존해야 한다고 생각했던 것이다. 내게 강요된 시네아스트의 역할

---

* 프랑스의 학교 공책 상표명

에는 자유를 주려는 정중함은 있었지만, 영화학교 이덱에서 배운 원칙만 가득한 기술 팀의 촬영과 음향을 내게 강요해서 계속해서 내 기세를 무너뜨렸다. 요컨대, 영화를 너무 일찍 그만두었고 50분짜리 테이프만 남아서, 이를 초기 텔레비전에 제공하려 했지만 실패했다. 시장을 넘어서 불분명한 이유로 길을 잃었다. 사실 전화위복이었다. 이 실패를 더 빨리 잊고 새로운 기반에서 다시 시작할 수 있게 되었기 때문이다."[22]

이 원고는 "환희"로 완성되고, 중단된다. 이 연장된 어린 시절의 독서가 로메르에게 제공한 이 "환희는 하워드 혹스의 코미디 영화를 볼 때 느꼈던 것인데, 그의 영화에서 자연적인 것과 인공적인 것의 인접은 장 르누아르의 영화화 매우 흡사하다."[23] 혹스와 르누아르는 세귀르 백작부인과 공존한다. 즉, 에릭 로메르는 자신의 작품을 마무리 짓는 최고의 참고 작품을 선택할 수 없었을 것이다.

프랑수아즈 에체가라이는 쥘 베른이나 스티븐슨에 대해 정기적으로 토론하거나, 그녀가 아는 작가나 정기적으로 지베르 서점을 방문해서 참고가 될 만한 작품을 제공하면서 로메르의 작업에 자신의 방식으로 참여했다. 그녀는 이 계획을 별로 좋아하지 않는데, 나중에 "끝이 느껴졌다"고 말한다. 그녀는 이렇게 털어놓았다. "로메르는 자신이 죽을 것이라는 의식은 전혀 없이 젊은이의 호기심과 야심을 가지고 이 책에 뛰어들었다. 개인적으로 세귀르 백작 부인의 이야기가 꺼려진 것은 그 고리가 너무 완벽했기 때문이다. 그러니까 그는 마지막으로 할 수 있는 일을 하는 것처럼 그의 첫 번째 영화로 돌아가고 있었다. 내가 그 점에 대해서 질문했을 때 그는 화를 냈다. 내가 그 계획을 좋아하지 않아서 싫어하는 것처럼 말이다."[24]

"여기서 나를 꺼내 줘요"

2009년 12월 29일, 프랑수아즈 에체가라이는 버스로 에릭 로메르와 동행했다. 긴장감이 역력했다. 시네아스트는 가장 가까운 공동 작업자가 왜 자기를 떠나는지 이해하지 못했다. 그녀는 1월 초에 2주간 카메라를 어깨에 메고 프랑스 해군 헬리콥터 탑재 항공모함, '잔 다르크'의 마지막 긴 항해를 촬영하러 가는 것이다. 그의 말에 따르면 파리에 그를 혼자 "버려두고" 가는 거였다. 그는 피에르1세드세르비 거리로 가는 데 동행해 줄 사람을 찾지 못할 거라는 생각에 불안에 사로잡혔다. 그는 "나는 사무실에 일하러 가고 싶소. 그 배에서 무엇을 하려는 거요? 주제도 없잖소."라고 주장했고, 그녀는 "이봐요, 에릭, 이 배의 마지막 항해예요, 이건 작별 여행이라고요!"[25]라고 말한다. 이 대답으로 대화는 끝났다. 두 친구는 앵발리드Invalides를 조용히 바라본다. 로메르가 가장 소중히 여기는 기념물을 바라보며 버스는 그곳을 따라 지나간다.

이틀 후 저녁 6시경 새해 전날 파티를 하러 친구 집으로 가기 전 프랑수아즈 에체가라이는 한 통의 전화를 받는다. 로랑 셰레가 방금 전 아버지가 뇌졸중으로 쓰러졌다고 알려 준다. 그는 바로 덧붙여 말한다. "하지만 모두 괜찮아졌어요. 의식을 되찾았고 우린 병원으로 출발해요." 살페트리에르Salpêtrière 병원으로 옮겨지고 여섯 시간이 지난 후, 에릭 로메르에게 두 번째 뇌졸중이 일어난다. 이번에 그는 혼수상태에 빠지고 즉시 중환자실로 옮겨졌다. 그의 아내 테레즈와 그의 두 아들 드니와 로랑이 곁에 있었다. 프랑수아즈 에체가라이는 새벽 1시에 연락을 받고 병원에 도착했다. 그녀는 당시 상황을 이렇게 설명했다. "인턴 의사가 문 밖에서 내게 말한 첫 마디는 이런 것이다. '그는 죽음이 임박했고, 가족은 식구들끼리만 있고 싶어 합니다.' 난 그냥 대답했다. '여기 있을 거예요'라고 말하고 들어갔다."[26]

임종을 맞이하는 사람의 침상에는 두 가족이 공존한다. 즉, 사적 인간을 회복시키는 셰레 가족과 가장 충실한 동료를 대표하는 로메르의 가족이다. 프랑수아즈 에체가라이는 계속 증언을 이었다. "난 한 번도 그들을 본 적이 없고, 그들도 나를 본 적이 없었다. 우리가 실제로 서로의 앞에 선 것은 그때가 처음이었다. 그들도 내게도 서로 충격이었다. 그들은 모리스 셰레를 붙들고 있었다. 그는 더 이상 에릭 로메르가 아니었다. 그들이 두 우주 사이의 분할 때문에 굉장히 힘들었을 거라고 생각한다. 그들은 그걸 완전히 정상이라고 여기면서도, 한 삶에서 배제되어 거의 굴욕감을 느꼈을 터였다. 죽음을 앞두고 마침내 그들은 완전히 그를 소유했다. 하지만 에릭은 즉시 내게 전화해 달라고 요청했다. 30년간의 일상 업무라는 이름으로 그는 내가 그 자리에 있기를 원했다. 그래서 그 상황은 상징적으로 폭력적인 대치였다."[27]

모리스 셰레는 곧 깨어났지만 극도로 쇠약한 상태였다. 그는 신경 집중 치료실로 이송된다. 그는 침대 근처에 놓아둔 종이 묶음에 몇 마디를 쓸 수 있게 되고, 그렇게 침대 옆에서 교대로 있는 가족, 그리고 현장에서 용인해 준 동료와 의사소통했다. 그녀는 이렇게 기억했다. "그는 내게 종이에 글을 써서 주었다. 또한 그는 수성펜으로 내 손 위에 글을 쓰기도 했다. '여기서 나를 꺼내 줘요'라는 내 피부에 적힌 이 세 단어를 오랫동안 간직했다."[28] 1월 7일 목요일에 프랑수아즈 에체가라이는 시네아스트의 침상에 아리엘 동발을 몰래 데려오는 데 동의한다. 동발은 이렇게 말했다. "그가 죽기 전에 만나서 그가 위대한 마법사처럼 얼마나 중요한지 얘기해 주고 싶었다. 나는 저녁 10시에 프랑수아즈와 함께 살페트리에르 병원에 갔다. 우린 그를 볼 수 있는 권리가 없었고, 가족은 원하지 않았다. 우리는 응급실로 조용히 지나쳐 나와서 신경과 병동을 찾았다. 문밖에 누군가가 있었지만 그는 나를 알아보고 지나가게 했다. 프랑수아즈와 함께 들어갔다. 침대 옆에 앉았다. 근처에 커다란 수첩이 놓여 있었다. 나는 '에릭, 당신은 짧은 시간 동안만 여기 있을 거예요. 곧 나올 거예요'라고 썼다. 그는 아름다운 글씨로 다음과 같이 대답했다. '(여전히 커다란) 내 기력이 회복되자마자 나가고 싶어요.' 나는 다시 '우리는 계속 있을 수 없어요. 당신은 조용히 있어야 해요. 정말로 고마워요.' 그리고 우리는 울면서 떠났다."[29]

모리스 세레는 몇 시간 후에 다시 혼수상태에 빠진다. 의식이 없는 상태에서 그는 마지막 성찬을 받는다. 그는 1월 11일 월요일 아침 89세의 나이로 사망한다.

그날 마르가레트 메네고즈는 언론사에 부고를 알리는 일을 담당한다. 그 주 목요일에 모리스 셰레와 에릭 로메르의 시신은 울름 가에 있는 집에서 200미터 떨어진 팡테옹 앞 생트쥬느비에브 Saint-Geneviève 산 위에 있는 생 에티엔 뒤몽Saint-Etienne-du-Mont 교회에 종교장으로 매장된다. 가족에게만 엄격하게 허용된 장례식이 절대적으로 지켜진 것은 아니다. 프랑수아즈 에체가라이는 시네아스트와 가장 가까운 동료로 참석을 최소화한다. 장 두세는 이렇게 기억했다. "장례식 날에 나를 놀라게 한 것은 정말로 셰레와 로메르라는 두 가족이 있었다는 사실이다. 셰레의 가족은 진짜 가족이거나 그와 가까운 사람들이었고, 로메르 가족은 영화였다. 그의 죽음이 연출이라고는 말할 수 없지만, 그래도 파스칼이 묻혔던 생 에티엔 뒤몽 교회에서 장례 미사가 거행된 것은 단순한 일이 아니었다! 완전한 우연은 아니다."[30] 이곳은 셰레 가족에게는 모리스가 자주 방문한 테레즈의 교구가 있는 교회가 있는 곳이며, 로메르 가족에게는 〈모드 집에서의 하룻밤〉에 대한 헌정인 것이다.

영화계[31]는 며칠 뒤 시네마테크 프랑세즈에서 에릭 로메르를 중심으로 다시 모인다. 장뤽 고다르는 스위스에서 오랜 친구를 기리기 위해 3분 26초 길이의 단편 영화를 보내온다. 〈네 멋대로 해라〉의 작가의 목소리는 『카이에 뒤 시네마』에 로메르가 썼던 기사의 제목들을 배경으로 함께했던 젊은 시절을 회상했다. 고다르는 이렇게 설명했다. "나는 그의 기사 제목을 사용하여 우리가 젊었을 때 1950년대 『카이에』에서 내가 보거나 했던 일들을 회상하고 싶었다. 나는 그에 대해 다른 말을 하기는 어려웠다. 우리는 그들과 함께했던 부분에 대해서만 그들에 대한 이야기를 할 수 있다."[32]

『리베라시옹』에서 "당신은 영화를 왜 찍습니까?"라는 질문에 에릭 로메르는 이렇게 대답했다. "다른 예술을 할 때 분명히 찾을 수 없었던 행복을 영화를 할 때 발견합니다."[33]

주석

서문 '위대한 모모'의 신비

1. IMEC, fonds Éric Rohmer, dossier「Papiers personnels, divers」(RHM 134.17).
2. IMEC, fonds Éric Rohmer, dossier「Correspondance professionnelle, lettre D」(RHM 113).
3. IMEC, fonds Éric Rohmer, dossier「Papiers personnels, divers」(RHM 134.17).
4. Entretien avec Thérèse Schérer, 23 mai 2011.

1. 모리스 셰레의 어린 시절 1920~1945

1. 코레즈가계 협회associations Généa Corrèze와 에드몽피에르 고등학교의 친구들Amis du lycée Edmond-Perrier의 알랭 모리Alain Maury의 작업을 참조한 것이다. 모리는 2011년 3월 31일, 4월 1일과 2일의 취임식 기념으로 튈 지역 미디어 도서관에서 출간한 소책자『에릭 로메르Éric Rohmer』(p.8-9)와 잡지『코레즈의 기원Racines en Corrèze』(no 1, 2010)에서 출간된 계보 연구서에서 모리스 셰레에 대한 글을 썼다.
2. Entretien avec René Schérer, 28 septembre 2010.
3. IMEC, fonds Éric Rohmer, dossier「Papiers personnels, divers」(RHM 134.17).
4. Entretien avec Éric Rohmer, par Noël Herpe et Philippe Fauvel, Le Celluloïd et le Marbre, éditions Léo Scheer, 2011, p. 161.
5. Gilbert et Yannick Beaubatie, Tulle de A à Z, Éditions Alan Sutton, 2009.
6. Maurice Schérer,「Et si Tutela venait de Tulle?」, Bulletin de la Société des lettres,

sciences et arts de la Corrèze, t. 109, 2007-2008. 이 글에 쓰인 모든 메모와 육필 원고는 아르덴수도원에 보관되어 있다. IMEC, fonds Éric Rohmer, dossier 「Toponymie de Tulle」(RHM 129/130).

7. Éric Rohmer, entretien préparatoire à *L'Ami de mon amie*, avec Sophie Renoir IMEC, Fonds Éric Rohmer, dossier 「*L'Ami de mon ami*, préparation du tournage」(RHM 37.1).

8. Entretien avec Éric Rohmer, par Noël Herpe et Philippe Fauvel, *Le Celluloïd et le Marbre*, op. cit., p. 144.

9. Entretien avec René Schérer, 28 septembre 2010.

10. Entretien avec Éric Rohmer, par Noël Herpe et Philippe Fauvel, *Le Celluloïd et le Marbre*, op. cit., p. 115.

11. Entretien avec René Schérer, 28 septembre 2010.

12. Ibid.

13. Entretien avec Éric Rohmer, 23 décembre 2008.

14. 「Éric Rohmer et le Quartier latin」, *Bulletin du 5ᵉ arrondissement de Paris*, printemps 1973.

15. Entretien avec Éric Rohmer, 23 décembre 2008.

16. Entretien avec Éric Rohmer, par Noël Herpe et Philippe Fauvel, *Le Celluloïd et le Marbre*, op. cit., p. 144.

17. IMEC, fonds Éric Rohmer, archives sonores, entretien préparatoire à *Conte de printemps*, avec Claire Barbéris (RHM 39.7).

18. Entretien avec Éric Rohmer, 23 décembre 2008.

19. Ibid.

20. Lettre de Maurice Schérer à ses parents, 10 juin 1940, collection particulière Thérèse Schérer.

21. 에릭 로메르가 보관한 이 서한은 IMEC에 기탁되지 않았고, 셰레 가족의 개인 기금에 남아 있으며 여기서는 '테레즈 셰레의 개인 소장품collection particulière Thérèse Schérer'에 속하는 것으로 표시될 것이다.

22. Lettre de Maurice Schérer à ses parents, 11 juin 1940, collection particulière Thérèse Schérer.

23. Lettre de Maurice Schérer à ses parents, 18 juillet 1940, collection particulière Thérèse Schérer.

24. Entretien avec Éric Rohmer, par Noël Herpe et Philippe Fauvel, *Le Celluloïd et le Marbre*, op. cit., p. 110-111.

25. Lettre de Maurice Schérer à ses parents, 13 septembre 1940, collection

particulière Thérèse Schérer.

26. Lettre de Maurice Schérer à ses parents, 11 novembre 1940, collection particulière Thérèse Schérer.

27. Lettre de Maurice Schérer à ses parents, 29 novembre 1940, collection particulière Thérèse Schérer.

28. Entretien avec Éric Rohmer, par Noël Herpe et Philippe Fauvel, *Le Celluloïd et le Marbre* op. cit., p. 144-145.

29. Philippe Sauzay, 「Le destin malheureux de Marc Zuorro (1907-1956), que connurent et méconnurent Sartre et Revel」, *Commentaire*, automne 2008.

30. Entretien avec Éric Rohmer, postface à la réédition de son roman, *La Maison d'Élisabeth*, Gallimard, 2007, p. 213.

31. IMEC, fonds Éric Rohmer, archives sonores, entretien préparatoire à *L'Ami de mon amie*, avec Emmanuelle Chaulet (RHM 37.1).

32. Entretien avec René Schérer, 28 septembre 2010.

33. 2008년, 그들이 헤어진 지 50년도 더 지난 후에 오데트 세네도는 우연히 생제르맹대로에서 로메르를 만난다. 시네아스트는 충격을 받는다. 몇 주 후, 그의 요청에 따라 그녀는 독일 점령기 시절 당시 모리스 셰레가 작성한 '일기'를 보낸다. 그녀는 또한 자신이 불치병을 앓고 있으며 곧 스스로 생을 마감하겠다고 밝힌다.

34. 특히 피해자 중 한 명이 그가 개인적으로 아는 예전 동급생이었기 때문에 더욱 충격을 받는다.

35. Entretien avec René Schérer, 28 septembre 2010.

36. Entretien avec Éric Rohmer, postface à la réédition de son roman, *La Maison d'Élisabeth*, op. cit., p. 211-212.

37. 이 사진들은 IMEC의 에릭 로메르 기금에 기탁되지 않았으며, 테레즈 셰레의 개인 소장품에 속한다.

38. IMEC, fonds Éric Rohmer, dossier 「Papiers personnels, documents en lien avec René Schérer」 (RHM 128.1).

39. Entretien avec René Schérer, 28 septembre 2010.

40. Ibid.

41. Lettre de Maurice Schérer à René Schérer, 3 août 1940, collection particulière Thérèse Schérer.

42. Ibid.

43. Lettre de Maurice Schérer à René Schérer, 13 août 1940, collection particulière Thérèse Schérer.

44. Lettre de Maurice Schérer à René Schérer, 24 novembre 1940, collection particulière Thérèse Schérer.

45. Entretien avec René Schérer, 28 septembre 2010.

46. IMEC, fonds Éric Rohmer, dossier「Papiers personnels, documents en lien avec René Schérer」(RHM 134.17).

47. IMEC, fonds Éric Rohmer, dossier「Critique littéraire」(RHM 101.23).

48. IMEC, fonds Éric Rohmer, dossier「Papiers personnels, documents en lien avec René Schérer」(RHM 128.2 à 128.8).

49. IMEC, fonds Éric Rohmer, dossier「Éric Rohmer écrivain: poèmes」(RHM 102.11).

50. Ibid., poème intitulé「Saltimbank」, daté de 1943.

51. Ibid.

52. Ibid.

53. Ibid.

54. IMEC, fonds Éric Rohmer, dossier「Éric Rohmer écrivain: nouvelles」(RHM 102.9).

55. Ibid.

56. Ibid.

57. IMEC, fonds Éric Rohmer, dossier「Éric Rohmer écrivain: nouvelles」(102.10).

58. Ibid.

59. Ibid. 이 소설은 모음집『도자기 장난꾸러기 |Friponnes de Porcelaine』(Stock, 2014)에 실렸다.

60. IMEC, fonds Éric Rohmer, dossier「La Femme de l'aviateur, premières ébauches」(RHM 21.1). 이 소설은 모음집『도자기 장난꾸러기』(Stock, 2014.)에 실렸다. op. cit.

61. IMEC, fonds Éric Rohmer, dossier「Ma nuit chez Maud, premières ébauches」(RHM 3.1). 이 소설은 모음집『도자기 장난꾸러기』(Stock, 2014.)에 실렸다. op. cit.

62. IMEC, fonds Éric Rohmer, dossier「Rohmer écrivain: romans」(RHM 102.2).

63. Ibid.

64. Ibid.

65. 2007년 갈리마르 출판사『엘리자베스의 집 La Maison d'Élisabeth』의 재발행본 후기에 실을 목적으로 에릭 로메르가 장노엘 무레Jean-Noël Mouret와 진행한 인터뷰이며, 초판에 있는 더 긴 완성본 인터뷰에서 참고한 것이다. IMEC, fonds Éric Rohmer, dossier「Rohmer écrivain: romans」(RHM 102.9).

66. Entretien avec René Schérer, 28 septembre 2010.

67. Entretien avec Éric Rohmer, par Jean-Noël Mouret, op. cit.

68. Entretien avec Éric Rohmer, par Samuel Blumenfeld, Le Monde des livres, 18 mai

2007.

69. Entretien avec Éric Rohmer, par Jean-Noël Mouret, op. cit.

70. 이런 접근 방법과 분석은 파브리스 가브리엘Fabrice Gabriel의 글에서 공유한
    것이다. 「La Genèse du genou」, Les Inrockuptibles, 24 mai 2007 ; Baptiste Liger, 「Le
    bal des anciens débutants」, Lire, juin 2007 ; Patrick Grainville, 「Cela s'est passé un
    été, au bord de l'eau」, Le Figaro littéraire, 17 mai 2007 ; Philippe Azoury, 「Rohmer
    persiste et signe」, Libération, 26 juin 2007.

71. 소설의 첫 구절은 이렇게 쓰였다. "그는 잘못한 아이처럼 갑자기 돌아섰다.
    엘리자베스는 미소를 지었다. ―당신을 놀라게 했나요? 내가 오는 것을 모를 정도로
    집중하고 있었군요. 그는 기름통을 바닥에 놓고 일어났다. 그는 재킷을 벗고 더러운
    기름과 페인트로 얼룩진 흰색 작업복을 입었다.― 어떻게 그런 끔찍한 것을 몸에
    걸칠 수가 있어요!"

2. 세레에서 로메르로 1945~1957

1. Entretien avec Éric Rohmer, par Noël Herpe et Philippe Fauvel, Le Celluloïd et le
   Marbre, op. cit., p. 86.

2. L'Équipe, 21 juin 1948, IMEC, fonds Éric Rohmer, dossier 「Coupures de presse, faits
   divers et autres sujets」 (RHM 120).

3. 전후 작가들의 '비참여'에 대해서는 다음 글에서 읽을 수 있다. Antoine de Baecque,
   「Oh, moi, rien! La Nouvelle Vague, la politique et l'histoire」, L'Histoire-caméra,
   Gallimard, 2008, p. 141-205; Emmanuelle Loyer, 「Engagement/désengagement
   dans la France de l'après-guerre」, Les Écrivains face à l'histoire (Antoine de Baecque,
   dir.), Éditions de la BPI Centre Georges Pompidou, 1998.

4. IMEC, fonds Éric Rohmer, dossier 「Papiers personnels, portraits photographiques
   d'Éric Rohmer」 (RHM 128.5).

5. IMEC, fonds Éric Rohmer, dossier 「Papiers personnels, dessins divers」 (RHM 128.6).

6. IMEC, fonds Éric Rohmer, dossier 「Éric Rohmer professeur, enseignant dans le
   secondaire」 (RHM 106.3).

7. Ibid.

8. Ibid.

9. Alexandre Astruc, Le Montreur d'ombres. Mémoires, Bartillat, 1996.

10. Entretien avec Éric Rohmer, par Jean Narboni, postface au Goût de la beauté,
    Éditions de l'Étoile/Cahiers du cinéma, 1984.

11. Ibid.

12. Dudley Andrew, *André Bazin*, Éditions de l'Étoile/Cahiers du cinéma, 1983.

13. *Samedi Soir*, 3 mai 1947, IMEC, fonds Éric Rohmer, dossier「Coupures de presse, faits divers et autres sujets」(RHM 120).

14. Poucette et la Légende de Saint-Germain-des-Prés, IMEC, fonds Éric Rohmer, dossier「Courts métrages pour le cinéma, films non aboutis」(RHM 85.6).

15. 폴 제고프에 대해서는 파리제1대학 영상 연구소에서 나온 장밥티스트 모랭Jean-Baptiste Morain의 DEA 논문「영턱스의 나쁜 천재와 암살된 시인, 혹은 소설가이자 시나리오 작가 폴 제고프*Le Mauvais Génie des jeunes Turcs et le poète assassiné, ou Paul Gégauff, romancier et scénariste*」와 1997년 10월, 클로드 샤브롤 특집호『카이에 뒤 시네마』에서 출간된 앙투안 드베크의「최초의 폴Le Premier des Paul」, 이후 카이에 뒤 시네마 출판사에서 재출간된『사령부의 불꽃!*Feu sur le Quartier Général!*』에서 볼 수 있다.

16.「Mort d'une vieille vague」, *Paris Match*, 7 janvier 1984.

17. Éric Rohmer,「La vie c'était l'écran」, *Le Roman de François Truffaut*, hors-série des *Cahiers du cinéma*, décembre 1984.

18. Ibid.

19. Entretien avec Paul Gégauff, par Guy Braucourt, *Image et Son*, n° 246, janvier 1971.

20.『폭풍우』는 다양한 형식으로 남아 있다. 소설과 담화, 대화체 단편 소설, 시놉시스로 존재한다. 소설 형식은 이런 경고문으로 시작한다. "이 소설은 궁극적으로 어떤 용기, 한 여성의 용기를 다룬다. 이런저런 방법으로 그녀를 협박하는 여러 남성과 마주한 여성의 용기다." IMEC, fonds Éric Rohmer, dossier「Éric Rohmer écrivain」(RHM 102.10) 참조.

21. *La Tempête*, IMEC, fonds Éric Rohmer, dossier「Éric Rohmer écrivain」(RHM 102.10).

22.「Chantal ou l'Épreuve」, IMEC, fonds Éric Rohmer, dossier「La Collectionneuse, premières ébauches」(RHM 2.1). 이 이야기는 다음과 같은 몇 줄로 시작된다. "복수보다 더 여성적인 것은 없다. 계획하지 않은 일을 수행하는 데는 여성이 우리보다 유리하다는 뜻이다. 우리의 원한 역시 날카롭지만 뜨거운 머리로만 움직이고, 권리나 운이 우리와 반대로 느껴지더라도 우리가 옳다고 여기는 운명을 모두 감당하는 편을 선호한다. 그런 경우 상처를 드러낼 수 있다. 허용하고 싶은 것 이상이라는 것이다. 반대로 여성은 굴욕 속에서도 충분히 만족할 정도로 더욱 열중하기 때문에 우리가 질 수밖에 없다."

23.「Le Genou de Claire」(également appelé parfois「Qui est comme Dieu?」), IMEC, fonds Éric Rohmer, dossier「Le Genou de Claire, premières ébauches」(RHM

5.1/5.3). La nouvelle est publiée dans le recueil *Friponnes de porcelaine*, op. cit.

24. Antoine de Baecque, *La Cinéphilie. Invention d'un regard, histoire d'une culture (1944-1968)*, Fayard, 2003.

25. André Bazin, 「Pour une nouvelle avant-garde」, *L'Écran français*, 21 décembre 1948.

26. Laurent Mannoni, *Histoire de la Cinémathèque française*, Gallimard, 2006.

27. Ibid., p. 222-223.

28. Ibid., p. 216.

29. *Combat*, 21 juillet 1953.

30. IMEC, fonds Éric Rohmer, dossier 「Activités diverses, cinéphilie et CCQL」 (RHM 110.1).

31. *L'Écran français*, n° 144, 30 mars 1948.

32. La rencontre a lieu chez Gallimard, qui édite *La Revue du cinéma*, où Auriol a un bureau, le 14 avril 1948.

33. Entretien avec Éric Rohmer, 23 décembre 2008.

34. Ibid.

35. Éric Rohmer, 「Le cinéma, art de l'espace」, *La Revue du cinéma*, n° 14, 1948.

36. L'article s'appuie sur la 「géométrie du burlesque」 (Chaplin, Clair, Keaton), sur Eisenstein (le 「rebondissement pur des masses dans l'espace」), sur l'expressionnisme allemand (Murnau et la métaphysique de l'espace), sur des réalisateurs contemporains (Welles et sa richesse d'imagination spatiale ; Wyler et son 「espace psychologique」 ; Hitchcock et sa stylisation de l'espace ; Bresson et l'expression pure de l'espace).

37. Entretien avec Jean Douchet, 8 novembre 2010.

38. Entretien avec Jean-Luc Godard, par Alain Bergala, Jean-Luc Godard par Jean-Luc Godard, *Éditions Cahiers du cinéma*, 1985, p. 9.

39. Éric Rohmer, 「Festival Hitchcock: Les Enchaînés」, *La Revue du cinéma*, n° 15, 1948.

40. Ibid.

41. 같은 해 1949년 봄, 모리스 셰레는 처음으로 칸 영화제를 경험한 듯 보인다. 그때 그가 썼던 일지, 「칸 영화제에 대한 노트Notes sur le 4e Festival de Cannes」(1949)가 문서 보관서에 미출간 상태로 남아 있다. 종합적 평가는 부정적이며, 당시 영화에 대한 진정한 '애도'를 보인다. 그는 "오늘날 영화를 시대의 예술이라고 하는 것은 거짓말에 지나지 않는다"고 쓴다. 비평가는 확실히 폰 스턴버그, 브레송, 르누아르, 로셀리니 등 안심할 만한 몇 사람의 이름을 열거하지만, "창작자 이름에 걸맞은

사람은 열 명도 되지 않는다"고 쓰고 있다. 〈잊힌 사람들Los Olvidados〉, 〈밀라노의 기적Miracle à Milan〉, 〈미스 줄리Fröken Julie〉의 부뉴엘, 데 시카, 셰베리의 영화라도 그는 실망감에 사로잡힌다. 그는 "우리에겐 총체적 영화, 실존적 표현의 영화, 희망과 광기, 깊이를 담은 영화가 필요하다"라고 결론짓는다.(IMEC, fonds Éric Rohmer, dossier「Activités diverses, cinéphilie et CCQL」(RHM 110.2))

42. Éric Rohmer,「L'âge classique du cinéma 」, *Combat*, 15 juin 1949.

43. Éric Rohmer,「Réflexions sur la couleur」, *Opéra*, n° 202, 1949.

44. Éric Rohmer,「Preston Sturges ou la mort du comique」, *Opéra*, n° 206, 1949.

45. Éric Rohmer,「Le Festival du film maudit」, *Les Temps modernes*, n° 47, 1949.

46. Éric Rohmer,「Préface」, texte écrit en vue d'une édition de ses principaux textes critiques, 1963, IMEC, fonds Éric Rohmer, dossier「Éric Rohmer critique, essayiste, critique de cinéma」(RHM 99.19).

47. IMEC, fonds Éric Rohmer, dossier「Activités diverses, cinéphilie et CCQL」(RHM 110.3).

48. Entretien avec Éric Rohmer, 23 décembre 2008.

49. Entretien avec Claude de Givray, 25 novembre 2010.

50. Entretien avec Philippe d'Hugues, 11 octobre 2010.

51. IMEC, fonds Éric Rohmer, dossier「Activités diverses, cinéphilie et CCQL」(RHM 110.4).

52. Ibid.

53. Jean Gruault, *Ce que dit l'autre*, Julliard, 1992, p. 143-144.

54. Claude Chabrol, *Et pourtant je tourne...*, Robert Laffont, 1976, p. 86.

55. Paul Gégauff,「Entretien avec Fabienne Pascaud」, *La Nouvelle Vague, 25 ans après* (Jean-Luc Douin, dir.), Éditions du Cerf, 1983, p. 127-128.

56. Cité par Jean-Baptiste Morain, *Le Mauvais génie des jeunes Turcs*, mémoire cité, p. 15.

57. Lettre de Philippe d'Hugues à Antoine de Baecque, 14 octobre 2010.

58. Entretien avec Jean Douchet, 8 novembre 2010.

59. 1959년 그가 편집장이 되었던『카이에 뒤 시네마』에서 제100호가 출간되었을 때, 그는 전후 시네필의 황금시대의 기원을 이루는 가장 유명한 사진이 된 이 이미지 속에 있는 모든 이름을 전설처럼 언급한다. 하지만 오직 한 사람, 자기 자신은 언급하지 않는다(entretien avec Jean-Charles Tacchella, 11 octobre 2010).

60. Jacques Rivette,「Nous ne sommes plus innocents」, *Bulletin du ciné-club du Quartier latin*, mars 1950.

61. IMEC, fonds Éric Rohmer, dossier「Activités diverses, cinéphilie et CCQL」(RHM 134.4).

62. Entretien avec Francis Bouchet, 8 avril 2011.

63. Ibid.

64. Entretien avec Jean Douchet, 8 novembre 2010.

65. 이것은 사실이 아니긴 하다. 트뤼포는『라탱 지구 시네클럽 회보』에는 글을 썼지만, 그가 독일에 있었기 때문에『가제트 뒤 시네마』에는 글을 한 번도 쓴 적이 없다.

66. Lettre de François Truffaut à Éric Rohmer, novembre 1950, IMEC, fonds Éric Rohmer, dossier「Correspondance professionnelle, François Truffaut」(RHM 113).

67. Entretien avec Francis Bouchet, 8 avril 2011.

68. Entretien avec Éric Rohmer, 23 décembre 2008.

69. Jean-Paul Sartre,「Le cinéma n'est pas une mauvaise école」, La Gazette du cinéma. n° 2-3, mai-septembre 1950.

70. 장뤽 고다르는 1950년 6월에서 11월 사이에 총 네 번에 걸쳐 배포된『가제트』에서 총 열두 편의 기사를 쓴다. 그래서 그는 잡지의 정식 회원으로 중요한 위치를 차지하게 되고, 1950년 10월과 11월의 제4호와 제5호에서는 혼자서 여덟 편의 기사를 쓴다. 그중에서 카잔Elia Kazan(〈거리의 공황Panic in the Streets〉), 오퓔스Max Ophüls(〈윤무La Ronde〉), 예이젠시테인(〈멕시코 만세!iQue viva México!〉), 조지 쿠커George Cukor(〈가스등Gaslight〉), 코진체프Grigori Kozintsev와 트라우버그Leonid Trauberg(〈더 오버코트Shinel〉)에 대한 노트를 볼 수 있다.

71. Jean-Luc Godard,「Pour un cinéma politique」, La Gazette du cinéma, n° 3, septembre 1950.

72. Entretien avec Francis Bouchet, 8 avril 2011.

73. Entretien avec Éric Rohmer par Jean Narbonié, Le Goût de la beauté, op. cit., p. 14.

74. Bérénice et La Sonate à Kreutzer, coffret Éric Rohmer, DVD/Blu-ray, Potemkine, 2013.

75. Jean Cocteau,「Quelques notes autour du 16mm ou conseils aux jeunes cinéastes」, Combat, 14 novembre 1949.

76. La Gazette du cinéma, n° 1, mai 1950.

77. Éric Rohmer,「Nous n'aimons plus le cinéma」, Les Temps modernes, n° 44, octobre 1949.

78. Bulletin du ciné-club du Quartier latin, octobre 1949.

79. Entretien avec Éric Rohmer, 23 décembre 2008.

80. *Bulletin du ciné-club du Quartier latin*, novembre 1949.

81. Ibid.

82. *Bulletin du ciné-club du Quartier latin*, janvier 1950.

83. Ibid.

84. Entretien avec André S. Labarthe, 15 novembre 2010.

85. 셰레와 제고프와 젊은 시절 지인이었던 신인 여자 배우 조제트 싱클레르는 2년 뒤 장편 〈모범 소녀들〉 역시 함께 촬영했다.

86. IMEC, fonds Éric Rohmer, dossier「Activités diverses, cinéphilie et CCQL」(RHM 110.4).

87. *Le Monde*, 14 octobre 1950, puis l'affaire est de nouveau évoquée dans l'édition du *Monde* du 4 novembre 1950.

88. IMEC, fonds Éric Rohmer, dossier「Activités diverses, cinéphilie et CCQL」(RHM 110.4).

89. Ibid.

90. Ibid.

91. Jacques Rivette,「Festival du film maudit」, *La Gazette du cinéma*, n° 4, octobre 1950.

92. Antoine de Baecque, *Les Cahiers du cinéma. Histoire d'une revue*, vol. 1, *À l'assaut du cinéma*, Éditions de l'Étoile/Cahiers du cinéma, 1991.

93. 1951년 봄, 앙드레 바쟁은 결핵에 걸려 마지못해 요양원에 들어가면서『카이에 뒤 시네마』의 첫 번째 호 편집에는 참여하지 못한다.

94. Dudley Andrew, *André Bazin*, op. cit. ; Antoine de Baecque,「Un saint en casquette de velours」, *La Cinéphilie*, op. cit., p. 33-61 ; *Opening Bazin. Postwar Film Theory and Its Afterlife* (Dudley Andrew, Hervé Joubert-Laurencin, dir.), Oxford University Press, 2011.

95. Antoine de Baecque,「La morale est affaire de travelling」, *La Cinéphilie*, op. cit., p. 177-188.

96. 1952년 앙드레 바쟁은 프랑수아 트뤼포가 감옥에서 나왔을 때 비서로 고용한 후에 집으로 데려가서 비평가로 훈련시킨다.

97. Claude Chabrol, *Et pourtant je tourne...*, op. cit., p. 88.

98. 그렇지만 1955년이 되어서야 에릭 로메르라는 가명이 정식으로 영화 기사에 실렸다.

99. 로메르는 〈사라진 여인〉, 〈나는 고백한다〉, 〈현기증〉에 대해 쓴다.

100. 〈유럽 51〉, 〈이탈리아 여행Voyage en Italie〉에 대해 쓰고, 1954년 7월 트뤼포와

함께 이탈리아 대가와의 긴 인터뷰를 성사하였다.

101. 〈빅 스카이The Big Sky〉와 〈신사는 금발을 좋아한다Gentlemen Prefer Blondes〉에 대해 쓴다.

102. 〈블루 가디니아The Blue Gardenia〉에 대해 쓴다.

103. *Cahiers du cinéma*, novembre 1951.

104. *Cahiers du cinéma, mai* 1952.

105. *Cahiers du cinéma*, juillet 1952.

106. 『카이에 뒤 시네마』의 히치콕 특별호의 목록에는 에릭 로메르의 소개글 외에, 알렉상드르 아스트뤽의 글 「한 남자가…Quand un homme…」, 클로드 샤브롤의 「악 앞의 히치콕Hitchcock devant le mal」, 그리고 프랑수아 트뤼포와 클로드 샤브롤이 몇 단계에 걸쳐 진행한 긴 인터뷰가 있다. 이 인터뷰에서 시네아스트는 처음으로 형이상학적 영감을 인정한다.

107. *Cahiers du cinéma*, octobre 1953.

108. *Cahiers du cinéma*, 「Enquête sur la critique」, mai 1952.

109. Éric Rohmer, 「La vie c'était l'écran」, *Le Roman de François Truffaut*, op. cit.

110. Entretien avec Jean-Luc Godard par Alain Bergala, *Jean-Luc Godard par Jean-Luc Godard*, op. cit., p. 15.

111. Entretien avec Paul Gégauff, par Fabienne Pascaud, *La Nouvelle Vague*, 25 ans après op. cit., p. 126.

112. IMEC, fonds Éric Rohmer, dossier 「Éric Rohmer professeur, enseignement secondaire」(RHM 106.3).

113. Ibid.

114. Entretien avec Éric Rohmer, 23 décembre 2008.

115. Le Carrefour du monde, IMEC, fonds Éric Rohmer, dossier 「Éric Rohmer écrivain : nouvelles」(RHM 102.10). 이 시나리오는 1951년 생제르맹데프레에 있는 마르코 폴로 카페에서 한 방의 권총 소리와 함께 카렐의 자살로 시작한다. 몇 년 전으로 플래시백이 이어지면서 파리에 카렐이 도착한다. 그는 '마르크스주의자' 비밀 요원에게 쫓기고 있다. 카렐 카로사는 전쟁 범죄자, 헝가리의 나치 청년의 전 수장으로, 곧 프랑스에서 반공산주의 정당인 '진정한 헝가리의 반란 운동'을 이끈다. 그는 파리에 있는 테오 골드스타인에게 추격당하는데, 골드스타인은 소련 대사관의 언론 담당관이지만, 실제로는 정치 경찰의 요원이다. 카렐은 또한 유혹적이고 활기차고 냉소적이며 명석한 사람이어서 곧 생제르맹데프레에서 완전히 유명 인사가 된다. 그는 비외콜롱비에 극장 감독의 딸이자 생제르맹데프레 저녁 파티의 떠오르는 뮤즈인 카트린을 유혹하고, 또한 프랑스 해방 때 총살당한

비시의 전 민병대 수장의 딸인 타니아를 어느 저녁 파티에서 만났다. 경찰은 그녀에게 카렐을 감시하도록 강요한다. 결국 그녀는 스스로 생을 마감한다. 이 희생의 의미를 이해하게 되면서 카렐 또한 스스로 생을 마감한다.

116. Une femme douce, IMEC, fonds Éric Rohmer, dossier 「Une femme douce, films non aboutis」 (RHM 79.12). Ce projet est publié dans le recueil *Friponnes de porcelaine*, op. cit.

117. Lettre de François Truffaut à Éric Rohmer, décembre 1954, IMEC, fonds Éric Rohmer, dossier 「Correspondance professionnelle, François Truffaut」 (RHM 113).

118. Présentation ou Charlotte et son steak, IMEC, fonds Éric Rohmer, dossier 「Courts métrages, Charlotte et son steak」 (RHM 80.3).

119. Entretien avec Éric Rohmer, 30 mai 2008.

120. Entretien avec Éric Rohmer, par Frédéric Bonnaud, *Libération*, 3 juin 1996.

121. Ibid.

122. 이 소실된 영화에 대한 최초의 규모 있는 조사는 프랑수아 토마François Thomas에 의해 이루어진다. 「Rohmer 1952 : *Les Petites Filles modèles*」, *Cinéma* 09, printemps 2005. Il a bénéficié pour cela du fonds Sylvette Baudrot de la Bifi/Cinémathèque française.

123. IMEC, fonds Éric Rohmer, dossier 「Les Petites Filles modèles, préparation du tournage」 (RHM 79.5).

124. 그때까지 사람들이 누벨바그의 첫 번째 영화로 여긴 작품은 1954년에 만들어진 아녜스 바르다의 〈라 푸앵트 쿠르트로의 여행〉이거나, 엄격한 의미의 운동으로 생각할 때는 1957년 자크 리베트의 〈파리는 우리의 것Paris Nous Appartient〉이었다. 극장에 개봉된 최초의 영화는 1958년 6월 클로드 샤브롤의 〈미남 세르주Le Beau Serge〉다.

125. IMEC, fonds Éric Rohmer, dossier 「*Les Petites Filles modèles*, écriture de l'œuvre」 (RHM 79.5).

126. François Thomas, 「Rohmer 1952 : *Les Petites Filles modèles*」, art. cit.

127. Éric Rohmer, *La Grande Comtesse modèle*, IMEC, fonds Éric Rohmer, dossier 「Éric Rohmer essayiste, critique littéraire」 (RHM 99.20).

128. IMEC, fonds Éric Rohmer, dossier 「*Les Petites Filles modèles*, écriture de l'œuvre」 (RHM 79.5).

129. Claude Beylie, 「De la comtesse de Ségur à Jules Verne」, *L'Avant-scène cinéma*, n° 355, décembre 1986.

130. Jean-Luc Godard, 「*Les Petites Filles modèles*」, *Les Amis du cinéma*, n° 1. octobre

1952.

131. Éric Rohmer, 「Note d'intention」, IMEC, fonds Éric Rohmer, dossier 「*Les Petites Filles modèles*, écriture de l'œuvre」 (RHM 79.5).

132. IMEC, fonds Éric Rohmer, dossier 「*Les Petites Filles modèles*, préparation du tournage」 (RHM 79.5).

133. 이 영화를 언급하는 매우 드문 글 중 하나인 「세귀르 백작부인에서 쥘 베른까지De la comtesse de Ségur à Jules Verne」에 나오는 클로드 베일리의 표현이다.

134. Claude Chabrol, *Et pourtant je tourne...*, op. cit., p. 88~89. 장 두셰가 덧붙인 설명에 따르면 로메르는 매우 곤란을 겪었다고 한다. 그를 체포한 경찰이 카메라를 압수했기 때문이다. 이 벨&하월Bell&Howell 카메라는 소녀들을 시험 촬영하려고 두셰에게서 빌린 것이었다.

135. Lettre de Guy de Ray à Éric Rohmer, 23 juillet 1952, IMEC, fonds Éric Rohmer, dossier 「*Les Petites Filles modèles*, préparation du tournage」 (RHM 79.5).

136. 〈모범 소녀들〉의 촬영에 관한 언론 보도는 두 번에 걸쳐 이루어진다. 한 번은 일간지 『파리노르망디*Paris-Normandie*』에서, 다른 한 번은 주간지 『라디오시네마텔레비지옹』(훗날 『텔레라마*Télérama*』)에서 소개되는데, 이 잡지는 젊은 여기자 클로드 마리 트레무아를 현장에 보내고, 1952년 10월 12일 자 표지 사진으로 연기자 소피를 선보인다.

137. Entretien avec Pierre Guilbaud, 21 septembre 2011.

138. Entretien avec Sylvette Baudrot, 17 septembre 2011.

139. Cité par François Thomas, 「Rohmer 1952 : *Les Petites Filles modèles*」, art. cit.

140. Entretien avec Paul Gégauff, par Fabienne Pascaud, *La Nouvelle Vague*, 25 ans après, op. cit., p. 125.

141. *Les Amis du cinéma*, n° 1, octobre 1952.

142. Entretien avec Pierre Guilbaud, 21 septembre 2011.

143. Entretien avec Cécile Decugis, 17 novembre 2010.

144. Entretien avec Pierre Guilbaud, 21 septembre 2011.

145. Ibid.

146. IMEC, fonds Éric Rohmer, dossier 「*Les Petites Filles modèles*, réception」 (RHM 79.6).

147. Éric Rohmer, Jean Douchet, *Preuves à l'appui*. Décryptage intégral, 1993, IMEC, fonds Éric Rohmer, dossier 「Films pour la télévision, *Preuves à l'appui*」 (RHM 98.1).

148. Entretien avec Pierre Guilbaud, 21 septembre 2011.

149. Claude-Marie Trémois, 「Le public n'a jamais vu ces films. Pourquoi?」, *Radio-Cinéma-Télévision*, 1959, IMEC, fonds Éric Rohmer, dossier 「*Les Petites Filles*

modèles, réception」(RHM 79.6).

150. Noël Herpe, 「Rohmer, Éric」, *Dictionnaire de la pensée du cinéma* (Antoine de Baecque, Philippe Chevallier, dir.), PUF, 2012, p. 606-610 ; Jacques Aumont, *Les Théories des cinéastes*, Armand Colin, 2001 ; Antoine de Baecque, 「Éric Rohmer, moderne et classique : quand le celluloïd devient marbre」, *Cahiers du cinéma. Histoire d'une revue*, op. cit., p. 220-232.

151. *Cahiers du cinéma*, février 1957.

152. *Cahiers du cinéma*, août 1958.

153. *Cahiers du cinéma*, octobre 1956.

154. *Cahiers du cinéma*, janvier 1957.

155. Ibid.

156. *Cahiers du cinéma*, juin 1957.

157. 「셀룰로이드와 대리석」에 해당하는 기사는 1955년 2월, 7월, 10월, 11월, 12월에 각각 게재된다. 이 글은 이후 다시 묶여 1963년 새로운 서문을 수록해 책으로 출간되었고, 뒤이어 2010년에는 레오 쉬어 출판사에서 필리프 포벨과 노엘 에르프가 진행한 인터뷰 모음을 추가해 출간되었다.

158. *Cahiers du cinéma*, février 1955.

159. *Cahiers du cinéma*, juillet 1955.

160. *Cahiers du cinéma*, janvier 1959.

161. *Cahiers du cinéma*, mai 1953.

162. *Cahiers du cinéma*, juillet 1953.

163. *Cahiers du cinéma*, avril 1957.

164. *Cahiers du cinéma*, octobre 1954.

165. Ibid.

166. *Cahiers du cinéma*, février 1955.

167. *Cahiers du cinéma*, décembre 1955.

168. Ibid.

169. Ibid.

170. *Cahiers du cinéma*, mars 1953.

171. Ibid.

172. *Cahiers du cinéma*, novembre 1955.

173. Roger Caillois, 「Illusions à rebours」, NRF, décembre 1954-janvier 1955 ; Claude Lévi-Strauss, 「Diogène couché」, *Les Temps modernes*, mars 1955.

174. 몇 년 후, 유대인과 프랑스에서의 유대인에 대한 시선과 관련해 클로드

고퇴르Claude Gauteur와 알베르 메미Albert Memmi가 조사를 진행하면서 로메르에게 이 아름다움의 규준에 대해 질문했을 때 그는 대답할 수 없다고 말한다. 왜냐하면 주변에 유대인이 있더라도 그는 알아채지 못하기 때문이라는 것이다. "그들은 백인이다!" 이와 반대로, 〈히로시마, 내 사랑〉에 대해서는 냉담하게 말하는데, 그는 프랑스 여성이 아시아인과 사랑에 빠질 수 있다는 사실을 이해하지 못하기 때문이다(Entretien avec Claude Gauteur, 11 mars 2012.).

175. *Cahiers du cinéma*, décembre 1955.

176. *Cahiers du cinéma*, juillet 1957.

177. 1952년에 『프랑스 옵세르바퇴르』의 알프레드 소비Alfred Sauvy가 쓴 기사에 "제3세계"라는 용어가 처음 등장한다. 1961년에는 프란츠 파농Frantz Fanon의 『대지의 저주받은 사람들*Damnés de la Terre*』의 출간과 함께, 역사에서 역동적인 주역이 서구의 노동계급에서 세계적 규모의 프롤레타리아의 지위로 승격된 탈식민화 과정 중에 있는 세계의 노동계급으로 이동한다. 이 두 시기 사이 10년 동안 발랑디에Georges Balandier(『모호한 아프리카*Afrique Ambiguë*』, 1957), 수스텔Jacques Soustelle(『아즈텍족의 일상생활*La Vie Quotidienne des Aztèques*』, 1954), 레비스트로스(『인종과 역사』, 1952, 『슬픈 열대*Tristes Tropiques*』, 1955)의 인류학적 저작을 통해 다른 세계, 즉 「주변부」 문명에 대한 발견이 지배적인 분위기가 된다.

178. *Cahiers du cinéma*, août 1956.

179. *Cahiers du cinéma, septembre* 1957.

180. Cité par Antoine de Baecque, 「La morale est affaire de travelling」, *La Cinéphilie*, op. cit., p. 183.

181. Entretien avec Jean-Luc Godard, par Alain Bergala, *Jean-Luc Godard par Jean-Luc Godard*, op. cit., p. 18.

182. Lettre de Louis Marcorelles à Éric Rohmer, IMEC, fonds Éric Rohmer, dossier 「Correspondance professionnelle, Louis Marcorelles」 (RHM 113).

183. IMEC, fonds Éric Rohmer, dossier 「Coupures de presse, sur la politique」 (RHM 120).

184. Entretien avec Jean Parvulesco, 18 octobre 2010.

185. Hélène Liogier, 「1960 : vue d'Espagne, la Nouvelle Vague est fasciste. Ou la Nouvelle Vague selon Jean Parvulesco」, *1895*, n° 26, décembre 1998.

186. *Le Court Métrage français de 1945 à 1968. De l'âge d'or aux contrebandiers* (Dominique Bluher, François Thomas, dir.), Presses universitaires de Rennes, 2005.

187. 사람들은 오랫동안 『베레니스』가 소실되었다고 생각했지만, 로메르는 1965년 그가 연출한 텔레비전 학교 방송, 〈에드거 포의 놀라운 이야기Les Histoires Extraordinaires d'Edgar Poe〉에서 이 영화의 6분을 가상의 영국 시네아스트, 딕 피터스에게 할애한 장면으로 만들면서 통합한다. 그의 사무실에서 발견되어 복원된 『베레니스』는 『로메르 전집Rohmer, l'Intégrale』 세트에 포함되어 출판되었다.

188. 이 독백 부분은 소나타의 극적인 역할을 강조한다. "음악은 끔찍한 것이다. 사람들은 음악이 위안을 주고 삶을 고귀하게 만든다고 말하지만, 이는 사실이 아니다. 음악은 어떤 흥분, 순수한 흥분, 출구 없는 흥분을 전달할 뿐이다. 음악은 당신을 만족시킬 양식을 가져오지 않으며 내면의 고통을 배가한다."

189. Entretien avec Pierre Rissient, 23 novembre 2010.

190. Lettre de François Truffaut à Éric Rohmer, 17 avril 1956, IMEC, fonds Éric Rohmer, dossier「Correspondance professionnelle, François Truffaut」(RHM 113).

191. *Arts. 1952-1966. La culture de la provocation*, textes réunis et présentés par Henri Blondet, Tallandier, 2009.

192. Sur Jacques Laurent directeur d'Arts : *Arts. 1952-1966. La culture de la provocation*, op. cit., p. 15-37.

193. Antoine de Baecque,「Comment François Truffaut a écrit「Une certaine tendance du cinéma français」」, *La Cinéphilie*, op. cit., p. 135-167.

194. Antoine de Baecque, Serge Toubiana, *François Truffaut*, Gallimard, 1996, p. 240.

195. Entretien avec Éric Rohmer, 23 décembre 2008.

196. Ibid.

197. Lettre de François Truffaut à Éric Rohmer, 9 août 1956, IMEC, fonds Éric Rohmer, dossier「Correspondance professionnelle, François Truffaut」(RHM 113).

198. Lettre de François Truffaut à Éric Rohmer, fin août 1956, IMEC, fonds Éric Rohmer, dossier「Correspondance professionnelle, François Truffaut」(RHM 113).

199. Lettre de François Truffaut à Éric Rohmer, printemps 1956 IMEC, fonds Éric Rohmer, dossier「Correspondance professionnelle, François Truffaut」(RHM 113).

200. Entretien avec Claude Chabrol, par Charlotte Garson, *Cahiers du cinéma*, numéro spécial Éric Rohmer, février 2010.

201. Claude Chabrol, Éric Rohmer, *Alfred Hitchcock*, Éditions universitaires, 1957, p. 153.

202. IMEC, fonds Éric Rohmer, dossier「Éric Rohmer essayiste, critique de cinéma 」 (RHM 99.1).

203. Entretien avec Éric Rohmer, 13 juin 2008. Cet entretien a été publié en préface à l'édition allemande du livre, chez Fischer, 2008.

204. Ado Kyrou, *Les Lettres nouvelles*, n° 47, mars 1957, cité par Dominique Rabourdin dans sa préface à la réédition du livre chez Ramsay en 1986 : 「Pourquoi rééditer le premier livre sur Hitchcock」, p. 4.

205. *Cahiers du cinéma*, août 1958.

3. 〈사자자리〉 아래서 1959~1962

1. *Le Signe du Lion*, synopsis manuscrit., IMEC, fonds Éric Rohmer, dossier 「*Le Signe du Lion*, écriture de l'œuvre」 (RHM 1.1).

2. Ibid.

3. *Le Signe du Lion*, découpage dactylographié, BiFi, fonds François Truffaut, dossier 「Éric Rohmer」.

4. Entretien avec Jean Parvulesco, 18 octobre 2010.

5. Entretien avec Pierre Cottrell, 2 février 2011.

6. *Le Signe du Lion*, synopsis dactylographié, IMEC, fonds Éric Rohmer, dossier 「*Le Signe du Lion*, écriture de l'œuvre」, (RHM 1.1).

7. Arthur Rimbaud, 「Chanson de la plus haute tour」.

8. Entretien avec Éric Rohmer, par Noël Herpe et Philippe Fauvel, *Le Celluloïd et le Marbre*, op. cit.

9. Entretien avec Philippe Collin, 22 septembre 2010.

10. Entretien avec Pierre Rissient, 23 novembre 2010.

11. Éric Rohmer, 「Nous n'aimons plus le cinéma」, art. cit.

12. Entretien avec Pierre Lhomme, 3 décembre 2010.

13. 장 파르뷜레스코의 질문에 타자기로 쓴 에릭 로메르의 답변, IMEC, fonds Éric Rohmer, dossier 「*Le Signe du Lion*, réception」. (RHM 1.13).

14. Entretien avec Philippe Collin, 22 septembre 2010.

15. Entretien avec Claude-Jean Philippe, 16 septembre 2010.

16. Entretien avec Pierre Lhomme, 3 décembre 2010.

17. Entretien avec Pierre Rissient, 23 novembre 2010.

18. Entretien avec Claude Chabrol, par François Guérif, *Un jardin bien à moi*, Denoël, 1999.

19. Contrat établi par Roland Nonin, juin 1959, IMEC, fonds Éric Rohmer, dossier 「*Le*

Signe du Lion, production」, (RHM1.1).

20. Lettre d'Éric Rohmer à Roland Nonin, 9 avril 1960, IMEC, fonds Eric Rohmer, dossiers 「*Le Signe du Lion*, réception」(RHM 1.14).

21. Lettre de Roland Nonin à Éric Rohmer, Paris, 14 mars 1962, IMEC, fonds Éric Rohmer dossier 「*Le Signe du Lion*, réception」(RHM 1.14).

22. Brouillon de lettre d'Éric Rohmer à Peter Von Bagh Paris, mai 1966, IMEC, fonds Éric Rohmer, dossier 「*Le Signe du Lion*, réception」(RHM 1.14).

23. Communiqué de presse du *Signe du Lion*, mai 1962, IMEC, fonds Éric Rohmer, dossier 「*Le Signe du Lion*, promotion」(RHM 1.8).

24. *L'Express*, 3 mai 1962.

25. Lettre de J.-P. Bachollet à Éric Rohmer, Paris, 11 mai (1962), IMEC, fonds Éric Rohmer. dossier 「*Le Signe du Lion*, courrier des spectateurs」(RHM 1.19).

26. *France Observateur*, 10 mai 1962.

27. *Cahiers du cinéma*, juillet 1962.

28. *La Nation française*, 1962.

29. *Santanyi*, 30 mai 1964.

30. 앞서 인용한 장 파르뷜레스코의 질문에 타자기로 쓴 에릭 로메르의 답변

31. Ibid.

32. Ibid.

33. Ibid.

34. Ibid.

35. *La Nation française*, art. cit.

36. *France Observateur*, 6 avril 1961.

37. Lettre de Nino Frank à Éric Rohmer, Paris, 22 décembre 1959, IMEC, fonds Éric Rohmer, dossier 「Correspondance professionnelle, Nino Frank」(RHM 113).

4. 『카이에』의 자리 아래서 1957~1963

1. '영턱스'는 본래 정치적 명칭이며, 이 별명은 종종 견해가 다른 가장 젊고 열정적이며 급진적인 개혁가들에게 주어진다. 이 표현은 19세기 말 이스탄불에서 오스만 제국을 개혁하고자 했던 '젊은 터키인' 당에서 유래했다. 프랑스에서는 양차 세계대전 사이에 구시대 정당을 근본적으로 갱신하려는 급진 정당의 좌파 경향을 이 이름으로 지칭했다.(한글 번역은 보통 통용되는 영어식 발음 표기로 바꾼 것이다.-옮긴이)

2. Antoine de Baecque, *Les Cahiers du cinéma. Histoire d'une revue*, vol. 1, op. cit.

3. Lettre d'Éric Rohmer à la Commission de la carte d'identité des journalistes professionnels, 6 janvier 1958, IMEC, fonds Éric Rohmer, dossier「Correspondance professionnelle, *Cahiers du cinéma*」(RHM 115.42).

4. *Cahiers du cinéma*, janvier 1959.

5. *Cahiers du cinéma*, janvier 1959.

6. 발터 벤야민Walter Benjamin과 지크프리트 크라카우어Siegfried Kracauer의 글은 예외다. 바쟁도 로메르도 당시 이들의 글, 특히 1935년 처음 쓰인 논문「기술 복제 시대의 예술 작품L'Œuvre d'art à l'époque de sa reproductibilité technique」을 읽지 않았다.

7. 에릭 로메르는 바쟁의 사유와『영화란 무엇인가?』에 세 편의 글을 헌정한다. 1959년 1월『카이에 뒤 시네마』에 쓴「앙드레 바쟁 전서」와 1959년 1월 21일『아르』에 쓴 「위대한 영화적 사건: 앙드레 바쟁의 마지막 작품『영화란 무엇인가?』의 첫 권 출간Un grand événement cinématographique: la parution du premier tome de Qu'est-ce que le cinéma?, le dernier ouvrage d'André Bazin」, 그리고 이후 1995년 1월『르 몽드』의 부록판「영화의 세기Le siècle du cinéma」가 나오면서, 로메르는 이를 계기로 일간지에「바쟁 혁명: 존재의 신비La révolution Bazin: le mystère de l'existence」라는 제목으로 6쪽짜리 글을 썼으며,「앙드레 바쟁의 존재론L'ontologie d'André Bazin」이라는 이름은 그 자신이 붙인 것이다.

8. *Un Américain bien tranquille* (août 1958), *Vertigo* (mars 1959), *Au seuil de la vie* (avril 1959), *Le Déjeuner sur l'herbe* (décembre 1959).

9. Les tables rondes sur *Hiroshima mon amour* (août 1959) ou la critique (décembre 1961).

10. 로메르는 큐커(1961년 1월), 아스트뤽(1961년 2월), 프레민저(1961년 7월), 랑글루아(1962년 9월), 루슈(1963년 6월), 로셀리니(1963년 7월)와 인터뷰한다.

11. 같은 시기에 그는 생계를 위해 피에르 비야르Pierre Billard가 운영하는 잡지 『시네마 59Cinéma 59』(그는『시네마 57Cinéma 57』로 시작했다)와『라다르Radar』, 『데텍티브Détective』에 글을 쓰고 있었다. 미셸 들라에는 자신의 주요 글을 묶어서 2010년 카프리시 출판사에서『아름다움의 행운으로À la Fortune du Beau』라는 제목으로 책을 출간한다.

12. Entretien avec Michel Delahaye, 22 septembre 2010.

13. Entretien avec Barbet Schroeder, 7 décembre 2010.

14. Entretien avec Jean Douchet, 8 novembre 2010.

15. Antoine de Baecque, *Les Cahiers du cinéma. Histoire d'une revue*, vol. 1 op. cit., p. 157-159.

16. Entretien avec Éric Rohmer et Jean Douchet, *Cinéma 84*, 「La critique en question」, n° 303, mars 1984.

17. 이 표현은 루이 마르코렐이 에릭 로메르에게 보낸 편지에서 나온다. "유아적 풀러리즘, 이 보육 파시즘은 어떤 사람들에게는 소중하다." IMEC, fonds Éric Rohmer, dossiers 「Correspondance professionnelle, Louis Marcorelles」(RHM 113).

18. Entretien avec Michel Mourlet, 8 décembre 2010.

19. Entretien avec André Labarthe, 15 novembre 2010.

20. Entretien avec Jacques Rivette, 18 janvier 2011.

21. Lettre de François Truffaut à Éric Rohmer (sur *Passions juvéniles*, le film de Ko Nakahira), IMEC, fonds Éric Rohmer, dossier 「Correspondance professionnelle, François Truffaut」(RHM 113).

22. Lettre de Jacques Doniol-Valcroze à Éric Rohmer, 21 août 1958, IMEC, fonds Éric Rohmer, dossier 「Correspondance professionnelle, Jacques Doniol-Valcroze」 (RHM 113).

23. Ibid.

24. Ibid.

25. 더욱이 1961년 〈전혀 죽이지 못할 것이다Tu ne Tueras Point〉의 작가 클로드 오탕라라라는 장 두세의 기사에서 그의 영화를 다룬 방식에 분노해 소송을 제기하고, 발행 책임을 맡은 편집장에게까지 여파가 미친다.

26. Entretien avec Thérèse et Laurent Schérer, 27 novembre 2010.

27. 공무원 평균 급여에 해당한다(이런 종류의 시대적 비교에 필요한 모든 제반 사항을 고려할 때 오늘날 약 2천 유로 정도에 해당한다).

28. Lettre de la Commission de la carte d'identité des journalistes professionnels à Éric Rohmer, 26 décembre 1957, IMEC, fonds Éric Rohmer, dossier 「Correspondance professionnelle, *Cahiers du cinéma*」(RHM 115.42).

29. Lettre d'Éric Rohmer à la Commission de la carte d'identité des journalistes professionnels, 6 janvier 1958, IMEC, fonds Éric Rohmer, dossier 「Correspondance professionnelle, *Cahiers du cinéma*」(RHM 115.42).

30. 다음으로 그가 주로 보는 신문은 1970~1980년대에는 『르 몽드』, 1990~2000년대에는 『리베라시옹』으로 이어진다. 이 점은 로메르가 평생 동안 보관한 (다수의) 다양한 신문 스크랩으로 분명히 확인된다. IMEC, fonds Eric Rohmer, dossier 「Coupures de presse」(RHM 120.121).

31. Lettre de Lydie Doniol-Valcroze à Éric Rohmer, août 1958, IMEC, fonds Éric Rohmer, dossier 「Correspondance professionnelle, *Cahiers du cinéma*」(RHM

115.43).

32. Entretien avec Thérèse et Laurent Schérer, 27 novembre 2010.

33. Ibid.

34. Ibid.

35. Antoine de Baecque, *Les Cahiers du cinéma. Histoire d'une revue*, vol. 2, op. cit., p. 7-31.

36. *Arts*, 9 mai 1956.

37. *Arts*, 14 mars 1958.

38. *Cahiers du cinéma*, décembre 1961.

39. Antoine de Baecque, 「François Truffaut et la politique des copains」, *Pour un cinéma comparé. Influences et répétitions* (Jacques Aumont, dir.), Cinémathèque française/Mazzotta, 1996, p. 51-68.

40. Éric Rohmer, 「La vie c'était l'écran」, op. cit.

41. *Cahiers du cinéma*, janvier 1962.

42. *Arts*, 14 novembre 1960.

43. Lettre de François Truffaut à Helen Scott, 26 septembre 1960, collection François Truffaut, BiFi/Cinémathèque française, dossier 「Helen Scott」.

44. *Signes du temps*, décembre 1962.

45. *Cahiers du cinéma*, décembre 1962.

46. Ibid.

47. Antoine de Baecque, *Les Cahiers du cinéma. Histoire d'une revue*, vol. 2, op. cit., p. 20-31.

48. Lettre de Jacques Doniol-Valcroze à François Truffaut, 15 juin 1962, BiFi/Cinémathèque française, fonds François Truffaut, dossier 「*Cahiers du cinéma*」.

49. Lettre de François Truffaut à Jacques Doniol-Valcroze, 5 juillet 1962, BiFi/Cinémathèque française, fonds François Truffaut, dossier 「*Cahiers du cinéma*」.

50. Lettre de Jacques Doniol-Valcroze à Éric Rohmer, juillet 1962, IMEC, fonds Éric Rohmer, dossier 「Correspondance professionnelle, *Cahiers du cinéma*」 (RHM 115.44).

51. Lettre d'Éric Rohmer à Jacques Doniol-Valcroze, juillet 1962, IMEC, fonds Éric Rohmer, dossier 「Correspondance professionnelle, *Cahiers du cinéma*」 (RHM 115.44).

52. Lettre de Jacques Doniol-Valcroze à Éric Rohmer, juillet 1962, IMEC, fonds Éric Rohmer, dossier 「Correspondance professionnelle, *Cahiers du cinéma*」 (RHM

115.44).

53. *Cahiers du cinéma*, août 1962.

54. 비평가들 간의 논쟁과 토론 중에 이 점에 대해 질문을 받았을 때, 장 두셰는 자신이 "글을 쓰지 않는 시네필 생활"을 할 때 누벨바그를 지지했다고 대답했다.

55. *Cahiers du cinéma*, septembre 1962.

56. 이 글은 프랑수아 트뤼포에게 보내는 에릭 로메르의 편지에 동봉된다, IMEC, fonds Éric Rohmer, dossier 「Correspondance professionnelle, François Truffaut」(RHM 113).

57. Entretien avec Éric Rohmer, par Gégard Guégan, *Les Lettres françaises*, 1964, IMEC, fonds Éric Rohmer, dossier 「Entretiens avec Éric Rohmer」(RHM 125.4).

58. Éric Rohmer, 「Carnets noirs」, IMEC, fonds Éric Rohmer, dossier 「Notes de travail diverses」(RHM 134.17).

59. Éric Rohmer, notes à Pierre Cottrell, IMEC, fonds Eric Rohmer, dossier 「Correspondance professionnelle, Pierre Cottrell」(RHM 113).

60. Entretien avec Éric Rohmer dans la revue *Nord-communications*, 1962, IMEC, fonds Éric Rohmer, dossier 「Entretiens avec Éric Rohmer」(RHM 125.5).

61. Éric Rohmer, 「Charlotte et Véronique」, version 1960, IMEC, fonds Éric Rohmer, dossier 「Films non aboutis, 「Charlotte et Véronique」」(RHM 80.13). 총 열일곱 편의 에피소드로 예정되어 있었다. 1. 파리로 향하는 기차 안의 샤를로트와 베르니크. 2. 좌안에 있는 허름한 호텔에 자리를 잡는다. 3. 한 노인이 수작을 걸고 나서 그들이 계산하지 않고 가도록 도와준다. 4. 그녀들은 수도 파리 생활의 역설과 신비를 조금씩 배우게 된다. 5. 안방에서의 철학. 6. 베로니크는 게으른 소년에게 수학과 프랑스어 수업을 한다. 7. 샤를로트, 술집에서 일하다. 8. 샤를로트와 베로니크는 각자 훌륭한 남자를 유혹한 것을 자랑하고, 각자의 연인이 같은 사람이라는 것을 알게 된다. 9. 샤를로트는 부조리한 상황에 빠지고 끝까지 밀고 가야만 벗어날 수 있다. 10. 일요일에 친구와 아무것도 하지 못한다. 11. 이세타 자동차에서 주말을 보내다. 12. 탐정 대회: 그들은 우연히 위험한 범죄자의 정체를 밝혀낸다. 13. 모범 대학생으로 TV 인터뷰. 그들은 매일 하던 일을 막상 카메라 앞에서는 하지 못하고, 울어야 하는데 웃는다. 14. 코트 다쥐르에서의 히치하이킹. 15. 할리우드 스타 행세를 하다. 16. 샤를로트, 관광 안내하다. 그녀는 모든 것을 뒤죽박죽으로 만들어서 자기 방식으로 역사적 모험을 설명한다. 17. 베로니크, 무경험 수상 스키 교사.

62. Éric Rohmer, Jean-Luc Godard, 「Charlotte et Véronique」, version 1957, IMEC, fonds Eric Rohmer, dossier 「Films non aboutis, 「Charlotte et Véronique」」(RHM

80.13).

63. Éric Rohmer, *Un petit cancre modèle*, 1958, IMEC, fonds Eric Rohmer, dossier「Films non aboutis, 「Charlotte et Véronique」(RHM 80.12).

64. Entretien avec Éric Rohmer, par Frédéric Bonnaud, *Libération*, 3 juin 1996.

65. Éric Rohmer, Guy de Ray, Notes pour「Charlotte et Véronique」, 1961, IMEC, fonds Éric Rohmer, dossier「Films non aboutis, 「Charlotte et Véronique」(RHM 80.12).

66. Ibid.

67. Entretien avec Éric Rohmer, par Simon Monceau, *Bande à part*, juillet-août 1967.

68. Éric Rohmer, *Une femme douce*, synopsis, IMEC, fonds Éric Rohmer, dossier「Films non aboutis, *Une femme douce*」(RHM 79.12).

69. Éric Rohmer, Jean Douchet, *Preuves à l'appui*, transcription complète, 1993, IMEC, fonds Éric Rohmer, dossier Cinéastes de notre temps, *Preuves à l'appui* (RHM 98.1).

70. Entretiens avec Éric Rohmer, par Jean-Noël Mouret et Samuel Blumenfeld, art.cit.

71. Éric Rohmer, 「Carnets noirs」, IMEC, fonds Éric Rohmer, dossier「Notes de travail diverses」(RHM 134.17).

72. Entretien avec Éric Rohmer, par Guy Braucourt, *Écran*, n° 47, 1974.

73. Éric Rohmer, 「Avant-propos」, *Six contes moraux*, Éditions de L'Herne, 1974, p. 9-14.

74. Entretien avec Éric Rohmer, dans la revue *Nord-communications*, 1962, IMEC, fonds Eric Rohmer, dossier「Entretiens avec Éric Rohmer」(RHM 125.5).

75. Éric Rohmer, *La Boulangère de Monceau*, scénario 1962, IMEC, fonds Éric Rohmer, dossier「*La Boulangère de Monceau*」(RHM 80.14).

76. Ibid.

77. Ibid.

78. Entretien avec Barbet Schroeder, 7 décembre 2010.

79. Ibid.

80. Ibid.

81. Ibid.

82. Ibid.

83. Éric Rohmer, *La Boulangère de Monceau*, découpage, IMEC, fonds Éric Rohmer, dossier「*La Boulangère de Monceau*」(RHM 80.15).

84. Éric Rohmer, 「Carnets noirs」, IMEC, fonds Éric Rohmer, dossier「Notes de travail diverses」(RHM 134.17).

85. Entretien avec Barbet Schroeder, 7 décembre 2010.

86. Entretien avec Claude de Givray, 25 novembre 2010.

87. Expression cinéphile forgée d'après la star Angie Dickinson qui joue notamment dans *Rio Bravo* de Howard Hawks.

88. 미셸 지라르동은 병에 걸려 1975년 37세로 세상을 떠난다. 〈온순한 여인〉의 기획서를 보면 그녀가 연기하기로 되어 있다.

89. Entretien avec André Labarthe, 15 novembre 2010.

90. Entretien avec Barbet Schroeder, 7 décembre 2010.

91. Ibid. 또한 로장주는 기하학적 모양으로 네 꼭짓점이 있듯 네 명의 초기 출자자, 즉 에릭 로메르, 바르베 슈뢰더, 장 두셰, 조르주 베즈를 지칭한다.

92. Jean Douchet, *30 ans du Losange*, brochure éditée par les Films du Losange en 1992. On lira également : Jean Douchet, 「Un esprit Nouvelle Vague : les Films du Losange」, *Pour un cinéma comparé. Influences et répétitions*, op. cit., p. 69-76.

93. Éric Rohmer, 「Carnets noirs」, IMEC, fonds Éric Rohmer, dossier 「Notes de travail diverses」(RHM 134.17).

94. Éric Rohmer, *La Carrière de Suzanne*, découpage, IMEC, fonds Éric Rohmer, dossier 「La Carrière de Suzanne」(RHM 80.21).

95. Éric Rohmer, 「Le Revolver」, récit, 1949, IMEC, fonds Éric Rohmer, dossier 「La Carrière de Suzanne」(RHM 80.20). Cette nouvelle est publiée dans le recueil *Friponnes de porcelain*, op. cit.

96. Éric Rohmer, *La Carrière de Suzanne*, scénario, 1962. IMEC. fonds Éric Rohmer, 「La Carrière de Suzanne」(RHM 80.20).

97. Entretien avec Barber Shroeder, 7 décembre 2010.

98. *Les Nouvelles littéraires*, 20 janvier 1965.

99. *L'Humanité*, 3 octobre 1966.

100. *Le Monde*, 3 mars 1974.

101. *Les Nouvelles littéraires*, 4 mars 1974.

102. Hélène Frappat, *Jacques Rivette, secret compris*, Éditions des Cahiers du cinéma, 2001 ; Marc Cerisuelo, 「L'art en avant de l'action, Jacques Rivette critique」, *Études cinématographiques*, n° 63, 1998 ; Antoine de Baecque, *Les Cahiers du cinéma. Histoire d'une revue*, vol. 1, op. cit., p. 232-241.

103. Entretien avec Jean Douchet, 8 novembre 2010.

104. Entretien avec Philippe d'Hugues, 11 octobre 2010.

105. Entretien avec Michel Delahaye, 22 septembre 2010.

106. Entretien avec André Labarthe, 15 novembre 2010.

107. Entretien avec Barbet Schroeder, 7 décembre 2010.

108. Ibid.

109. Entretien avec Michel Delahaye, 22 septembre 2010.

110. Entretien avec André Labarthe, 15 novembre 2010.

111. Lettre de Jacques Doniol-Valcroze à Éric Rohmer, juillet 1962, IMEC, fonds Éric Rohmer, dossier 「Correspondance professionnelle, *Cahiers du cinéma*」 (RHM 115.44).

112. Antoine de Baecque, *Les Cahiers du cinéma. Histoire d'une revue*, vol. 2, op. cit., p. 61-70.

113. *Cahiers du cinéma*, août 1959. 미셸 무를레는 영화에 대한 핵심적인 글과 영화적 사유를 모아 1987년 앙리 베이리에 출판사, 그 후 2007년에는 랑세 출판사에서 출간한 책에 이 제목 「간과된 예술에 대하여」를 다시 사용했다.

114. 무를레는 찰턴 헤스턴에 대해 열광적으로 쓴다. "영화에서 그의 존재는 아름다움을 자극하기에 충분하다. 어두운 인광의 눈, 독수리의 윤곽, 오만한 활 모양의 눈썹, 돌출한 광대뼈, 씁쓸하고 거친 곡선의 입술, 엄청난 힘을 가진 몸통, 이렇게 주어진 것들이 거기에 내포된 폭력을 증명한다."(「폭력의 예찬Apologie de la violence」, *Cahiers du cinéma*, mai 1960.)

115. *Cahiers du cinéma*, août 1959.

116. Ibid.

117. Ibid.

118. *Cahiers du cinéma*, janvier 1962.

119. *Cahiers du cinéma*, décembre 1962.

120. Entretien avec Barbet Schroeder, 7 décembre 2010.

121. 드골 장군을 "알제리를 헐값에 팔아넘긴 사람"과 "권위주의적 인물"로 보는 이러한 적대감은 1970년 11월 이 위인이 사망한 지 며칠이 지난 후, 에투알 광장의 이름이 공식적으로 제네랄드골 광장으로 바뀌었을 때도 여전했던 것으로 짐작할 수 있다. 이날 로메르는 시위자들과 약간 거리를 두고 시위했는데, 프랑스 알제리 경향의 전통적인 반대자들과 멀지 않은 곳에서 "걷고 있다"고 말했다.

122. Entretien avec Barbet Schroeder, 7 décembre 2010.

123. Entretien avec Michel Delahaye, 22 septembre 2010.

124. Antoine de Baecque, 「Le passage au moderne」, *La Cinéphilie*, op. cit., p. 295-341.

125. *Cahiers du cinéma*, novembre 1963.

126. 「스포츠의 포토제니Photogénie du sport」(1960년 10월, 「카이에 뒤 시네마」)에서 1960년 영화관에서의 로마 올림픽 게임의 생방송에 대해 이렇게 쓴다. "이것이 필름 영화가 아니라는 것은 알고 있다. 우리 잡지의 가장 독창적인 특징 중 하나는

이야기되지 않은 영화에 대해 말하고, 소위 상업적인 것을 예술 작품으로 여기는 것이다. 이 탐험을 계속하는 것은 중요하다. 대신 선량한 양심과 그 숭배자들의 무분별한 열성을 너무 확신해 오늘날의 다른 현대 예술처럼 상아탑에 갇히게 더 큰 위험을 겪지 않도록, 표현 수단의 병행적 활동을 잊지 않고 추구하는 것이 중요하다. 이것은 '현대적' 선언문이다."

127. *Cahiers du cinéma*, mars 1952.

128. *Cahiers du cinéma*, juin 1963.

129. 로메르가 1963년 「현대 질서에 관한 주석Notes sur l'ordre moderne」에 쓴 내용을 보면 다음과 같다. "지난 10년 동안 예술은 고갈 상태를 인정하지 않으면서 진전에 제동이 걸린 것으로 보인다. 우리는 새로운 질서, 현대 질서의 시대에 들어섰는데, 여기서 계열 음악의 관습과 아직 분명하지 않은 추상 회화의 관습은 쇤베르크Arnold Schönberg나 베베른Anton Webern, 칸딘스키Wassily Kandinsky나 클레Paul Klee의 제자들이 자신의 방식으로 고전화하여 죽음이나 묵시에 대한 모든 갈망을 치유한다."(이 글은 로메르가 그의 비평 작품들의 '서문'에 넣고 싶어 했던 것으로, 결국 그의 사후 『셀룰로이드와 대리석』의 도입부로 출판되었다.)

130. 나중에 두셰는 이렇게 말했다. "『카이에』가 매우 현대적이라는 것을 자랑스럽게 생각했다. 다른 분야의 지식인과 예술가에게 깊은 인상을 준 것은 바로 우리였다. 그런데 현대성의 과정에서 상황이 바뀌었을 때, 잡지가 갑자기 '사유의 주인'에게 맡겨졌다. 그러면서 장점과, 어떤 면에서 명성을 잃어버렸다. 로메르와 나는 그때부터 반현대적으로 분류되었는데, 이는 완전히 거짓이다."(1999년 10월 27일, 『레쟁록큅티블Les Inrockuptibles』에서 장 두셰와의 인터뷰)

131. Entretien avec Michel Delahaye, 22 septembre 2010.

132. Éric Rohmer, chronologie pour les *Cahiers du cinéma*, 2007, IMEC, fonds Éric Rohmer, dossier 「Correspondance professionnelle, *Cahiers du cinéma*」(RHM 115.44).

133. Entretien avec Jean Douchet dans *Les Inrockuptibles*, 27 octobre 1999.

134. Lettre de Jacques Doniol-Valcroze à Éric Rohmer, mars 1963, IMEC, fonds Éric Rohmer, dossier 「Correspondance professionnelle, *Cahiers du cinéma*」.

135. 리베트와 도니올은 로메르적 『카이에』의 진정한 기둥이 두셰라고 생각했다. 그가 편집자들을 끌어들이고, 편집 작업에 활력을 주고, 영화에 대한 어조를 설정하고, 『카이에』의 취향을 구현한다고 여겼다. 그들은 특히 도니올과 두셰 간의 격렬한 논쟁 이후에 우선순위로 그를 해임하고 싶어 한다. 이 논쟁에서 두셰는 맹키위츠의 〈클레오파트라Cleopatra〉에 대한 이견이 생기자 도니올에게 이렇게 쏘아붙인다.

"당신이 『카이에』를 설립했지만, 당신이 『카이에』인 것은 아니며, 당신은
『카이에』에 있어 본 적도 없습니다!"

136. 「L'histoire des *Cahiers du cinéma* vue par Jacques Doniol-Valcroze」, entretien
    publié dans le mémoire de DEA d'Emmanuelle Astruc, *L'Histoire des Cahiers du
    cinéma*, Paris-I, 1988. p. 52-53.

137. Entretien avec Léonard Keigel, 17 novembre 2010.

138. Lettre de Marie-Claire Sarvey à Éric Rohmer, 11 mai 1963, IMEC, fonds Éric
    Rohmer, dossier 「Correspondance professionnelle, *Cahiers du cinéma*」 (RHM
    115.44).

139. Lettre de Jacques Doniol-Valcroze à Éric Rohmer, 31 mai 1963, IMEC, fonds Éric
    Rohmer, dossier 「Correspondance professionnelle, *Cahiers du cinéma*」 (RHM
    115.44).

140. 합계 금액인 7천535프랑은 로메르의 아홉 달 치 임금에 해당했다.

141. Lettre de Jacques Doniol-Valcroze à Éric Rohmer, 30 mai 1963, IMEC, fonds Éric
    Rohmer, dossier 「Correspondance professionnelle, *Cahiers du cinéma*」 (RHM
    115.44).

142. 「L'histoire des *Cahiers du cinéma* vue par Jacques Doniol-Valcroze」, entretien
    publié dans le mémoire de DEA d'Emmanuelle Astruc, mémoire cité, p. 53.

5. 실험의 시간 1963~1970

1. Lettre de Georges Sadoul à Éric Rohmer. 24 août 1963. IMEC, fonds Éric Rohmer,
   dossier 「Correspondance professionnelle, Georges Sadoul」 (RHM 113).

2. Lettre de Michel Delahaye à Éric Rohmer, 8 novembre 1963, IMEC, fonds Éric
   Rohmer, dossier 「Correspondance professionnelle, Michel Delahaye」 (RHM 113).

3. Lettre de François Truffaut à Éric Rohmer, 12 avril 1965, IMEC, fonds Éric Rohmer,
   dossier 「Correspondance professionnelle, François Truffaut」 (RHM 113).

4. *Cahiers du cinéma*, juillet 1963.

5. Antoine de Baecque, *La Cinéphilie*, op. cit., p. 321.

6. *Arts*, 21 octobre 1964.

7. 거의 2년이 지나서야 로메르에 대한 기사가 『카이에 뒤 시네마』에 다시 실리지만,
   시네아스트로서 인터뷰를 하거나 글을 쓸 때만 실린다. 그는 「영화에 대한 일곱 가지
   질문」(1965년 1월)에 대한 설문 조사에 응답하고, 1966년 11월 「영화적 이야기의
   문제들」에 대한 설문에 여덟 가지 답변으로 자신의 관점을 보여 준다. 그 중간에

장클로드 비에트, 자크 봉탕, 장루이 코몰리는 「오래된 것과 새로운 것」(1965년 11월)이라는 제목으로 로메르와 인터뷰하면서, 그를 불편하면서도 솜씨 좋은 필자로 소개한다. 「벌써 오래전부터 시네아스트 에릭 로메르와 인터뷰하고 싶었다. 하지만 『카이에』에서 이 일은 에릭 로메르에게 발언권을 회복시킬 수 있었다. 또 다른 형태의 글쓰기를 위해 한 형태의 글쓰기를 포기했지만 그의 발언은 계속해서 우리를 인도해 왔다. 왜냐하면 『카이에』의 대리석을 버림으로써 그는 셀룰로이드에 대한 더욱 아름다운 비평을 제공하지 않았던가? 이 인터뷰는 에릭 로메르와 자크 리베트가 확보한 『카이에』 노선의 연속성에 강조를 두면서, 우리 자신의 비평적 입지를 조명하는 관점에서 읽어야 할 것이다. 그들은 우리가 때로 즐겨 상상했던 것보다 더 크게, 그리고 동일한 방향성과 유연성을 동시에 갖추고 최선을 다했다. 이 인터뷰에 붙인 제목은 그것에 대한 배려를 반영한 것이다.」

8. Entretien avec Éric Rohmer, par Hélène Waysbord, 2009, dans le coffret *Le Laboratoire d'Éric Rohmer, un cinéaste à la Télévision scolaire*, CNDP/CRDP/SCEREN, 2012.

9. Éric Rohmer, 「La vie c'était l'écran」, op. cit., p. 35.

10. Éric Rohmer, entretien préparatoire avec Emmanuelle Chaulet, cassette préparatoire à *L'Ami de mon amie*, 1985, IMEC, fonds Eric Rohmer, dossier 「*L'Ami de mon amie*, préparation du tournage」 (RHM 37.1).

11. Entretien avec Thérèse Schérer, 27 octobre 2010.

12. Au lieu de 「Maurice Schérer, né à Tulle, le 21 mars 1920」, IMEC, fonds Éric Rohmer, dossier 「Papiers personnels, divers」 (RHM 134.17).

13. Lettre d'Éric Rohmer, 10 octobre 1966, IMEC, fonds Éric Rohmer, dossier 「Activités diverses, CCQL et cinéphilie」 (RHM 110.4).

14. Entretien avec Thérèse Schérer, 27 octobre 2010.

15. 이런 모음집으로는 장뤽 고다르(1968년 드노엘 출판사의 『고다르*Godard*』가 나중에 『장뤽 고다르에 의한 장뤽 고다르*Jean-Luc Godard par Jean-Luc Godard*』로 재개되어 완성됨)와 프랑수아 트뤼포(『내 인생의 영화*Les Films de Ma Vie*』, 플라마리옹, 1975)의 책이 있다. 하지만 자크 리베트는 이런 책에 항상 반대했다. 클로드 샤브롤은 누벨바그 『카이에』 그룹 가운데 유일하게 회고록 『그럼에도 난 촬영한다… Et Pourtant Je Tourne…』를 쓴 감독이다.

16. 로메르는 이 제안을 받아들이고 장 나르보니와 함께 공저로 쓰고 싶어 한다. 『카이에 뒤 시네마』에 나르보니가 쓴 니콜라스 레이의 〈실물보다 큰Bigger than Life〉(1956)에 대한 기사를 읽고 깊은 인상을 받았기 때문이다. 이 작업은 젊은 비평가가 의무병으로 소집되어 떠나면서 성사되지 못한다(나르보니와의 인터뷰,

2011년 5월 14일).

17. Lettre de Folon à Éric Rohmer, 24 août 1963, IMEC, fonds Éric Rohmer, dossier 「Correspondance professionnelle, Folon」(RHM 113).

18. 로메르가 모음집 『고전 영화의 시대』로 계획한 목차 구성은 다음과 같다. 1. 고전 영화의 시대 2. 우리는 영화를 더 이상 좋아하지 않는다 3. 저주받은 영화제 4. 유성 영화를 위하여 5. 영화, 공간의 예술 6. 그림보다는 허무 7. 색채에 대한 고찰 8. 취향과 색채 9. 시네마스코프 10. 남태평양 11. 신앙과 산 12. 올림픽 13. 이주Isidore Isou, 혹은 그와 비슷한 것들 14. 세 편의 영화와 어떤 학파 15. 미국을 재발견하다 16. 장 르누아르의 청춘 17. 사람, 원숭이, 그리고 화성인 18. 실패로부터의 교훈(휴스턴) 19. 웰스 20. 미적 취향(IMEC, fonds Éric Rohmer, dossier 「Éric Rohmer critique, critique de cinéma」(RHM 99.19)).

19. Dans certains projets de livre figure 「Le celluloïd et le marbre」, dans une édition annotée : Éric Rohmer, *Le Celluloid et le Marbre*, juillet 1963, IMEC, fonds Éric Rohmer, dossier 「Papiers personnels, divers」(RHM 99.19).

20. Éric Rohmer, 「Avant-propos」, *Le Celluloïd et le Marbre*, juillet 1963, IMEC, fonds Éric Rohmer, dossier 「Papiers personnels, divers」(RHM 99.19).

21. Ibid.

22. Ibid.

23. Lettre d'Éric Rohmer à Philippe d'Hugues, 17 janvier 1974 (tous nos remerciements à ce dernier pour nous avoir confié une copie de cette lettre).

24. Entretien avec Jean Narboni, 14 mai 2011.

25. Lettre de Jean Narboni à Éric Rohmer, 23 mai 1983, IMEC, fonds Éric Rohmer, dossier 「Correspondance professionnelle, *Cahiers du cinéma*」(RHM 115.45).

26. Entretien avec Jean Narboni, 14 mai 2011.

27. Ibid.

28. Éric Rohmer, *L'Évolution des mythes dans le cinéma américain depuis 1945*, projet, IMEC, fonds Éric Rohmer, dossier 「Activités professionnelles, Éric Rohmer professeur」(RHM 107.6).

29. Lettre de Jean-François Allard à Éric Rohmer, 24 juin 1963, IMEC, fonds Éric Rohmer, dossier 「Télévision, correspondance professionnelle」(RHM 95.6).

30. Lettre d'Éric Rohmer à Georges Gaudu, 26 juin 1963, IMEC, fonds Éric Rohmer, dossier 「Télévision, correspondance professionnelle」(RHM 95.6).

31. Lettre de Georges Gaudu à Éric Rohmer, IMEC, fonds Éric Rohmer, dossier 「Télévision, correspondance professionnelle」(RHM 95.6).

32. Cécile Kattnig, 「Pour une histoire de l'audiovisuel éducatif (1950–2007)」, *Bulletin des bibliothèques de France*, n° 1, 2008 ; Laurent Garreau, 「Essai de chronologie de la télévision scolaire」, Denis Maréchal, 「La télévision scolaire dans les fonds de l'INA」et Béatrice de Pastre, 「Le *Bulletin de la Radio-Télévision scolaire*」, trois communications au colloque *Pour une histoire de la Radio-Télévision scolaire* (Thierry Lefebvre, Laurent Garreau), université Paris Diderot, 28 novembre 2012 (actes à paraître).

33. 에릭 로메르는 RTS에 직함과 급여를 요청했지만 매번 거부되었다. 따라서 '비정규직'으로 생계를 유지했다. 그는 1967년 11월 사회보장기금에 편지에 쓰며 "난 계약직이 아니고 편의에 따라 일을 합니다"라고 덧붙인다. 1966년 그는 '텔레비전 감독' 카드를 거절당하는데, 이 일로 또다시 직업적 상처를 느끼지만 "시네아스트와 완전한 시네아스트"가 되려는 결심을 뒤흔들지는 못한다. 1966년 8월 18일, ORTF 부국장 클로드 콩타민Claude Contamine은 다음과 같은 사실을 알린다. "위원회에서 서류를 검토한 결과, 귀하는 텔레비전 감독 카드를 소지하는 데 필요한 기준을 충족하지 못했으며, 그 결과 후보 자격을 유지할 수 없다는 사실을 알려 드려 유감입니다."(IMEC, fonds Éric Rohmer, dossier 「Télévision, correspondance professionnelle」(RHM 95.7)).

34. Éric Rohmer, 「Le Cinéma didactique」, 1966, IMEC, fonds Éric Rohmer, dossier 「Télévision, deux textes sur la télévision」(RHM 95.3).

35. Entretien avec Éric Rohmer, par Hélène Waysbord 2009, dans le coffret *Le Laboratoire d'Éric Rohmer, un cinéaste à la Télévision scolaire*, entretien cité.

36. Éric Rohmer, 「Mes dates-clés」, *Libération*, 17 mars 2004.

37. 그리고 로메르 자신도 프레데리크 보노Frédéric Bonnaud와의 인터뷰에서 그렇게 언급했다.

38. Ibid.

39. Ibid.

40. *Nadja à Paris*, IMEC, fonds Éric Rohmer, dossier 「Courts métrages pour le cinema, *Nadja à Paris*」(RHM 81.3).

41. Décryptage de l'entretien avec Nadia Tesich, 1963, IMEC, fonds Éric Rohmer, dossier 「Courts métrages pour le cinéma, *Nadja à Paris*」(RHM 81.3).

42. Ibid.

43. Ibid.

44. Éric Rohmer, 「Le goût du risque」, *Libération*, 6 mars 1992.

45. 1964년 8월 22일 나자 테시츠가 에릭 로메르에게 보낸 편지. IMEC, fonds Éric

Rohmer, dossier 「Courts métrages pour le cinéma, *Nadja à Paris*」. 나자 테시츠는 뉴욕 근처 뉴저지에 있는 러트거즈대학으로 돌아간다. 편지와 엽서를 몇 번 주고받은 뒤 1966년 말에 연락이 끊긴다. 13분짜리 〈파리의 나자〉는 그녀가 이 도시에 느꼈던 애정과 로메르와의 우정에 대한 유일한 증인으로 남게 되는데, 이는 또한 영화 전체의 가치이기도 하다.

46. Entretien avec Alfred de Graaff, 14 mars 2011.

47. *Paris vu par...*, dossier de presse, IMEC, fonds Éric Rohmer, dossier 「Courts métrages pour le cinéma, *Place de l'Étoile*」(RHM 81.6).

48. '라뮤에트la Muette' 지구에서 샤브롤은 16구의 한 아파트에 숨겨진 부르주아의 위선을 신랄하게 드러내 보인다. 두셰는 '생제르맹데프레' 지구를 위선에 대한 자유로운 이야기를 담은 도시 풍경처럼 묘사한다. 폴레는 '생드니' 거리에 카메라를 설치한다. 그곳에서 고객은 매춘부를 집에 데려와서 아무 말도 하지 않는다. 루슈는 '북北역' 근처에서 거의 하나의 긴장된 장면으로, 스스로 생을 마감하기 전에 한 여성에게 사랑을 선언하는 한 남자를 기록한다. 고다르는 실험적 화가와 아름다운 자동차 제작자인 두 남자 사이에 있는 한 여성이 쓴, '몽파르나스에서 르발루아'로 보내는 한 편지의 행적을 좇는다.

49. 기록 보관소의 『프랑스수아르』에서 오려 낸 기사의 내용을 보면, 우아한 젊은 여성 크리스틴 아르노Christine Arnaux는 위협적 상황에서 우산으로 자신을 보호한다. 기사에는 우산 결투에 대한 과학적 근거와 증거 사진과 함께 노하우가 세련되게 설명되어 있다. 기사는 조뱅빌 대대 전 지도자였던 로제 라퐁Roger Lafond의 교육 내용을 인용해서 "평범한 우산은 숙련된 여성의 손안에서 칼처럼 강력한 무기가 된다"고 설명한다. 그는 15분짜리 수업을 다섯 번 마치면 "더 이상 두려울 게 없을 거라고" 보장한다(IMEC, fonds Éric Rohmer, dossier 「Courts métrages pour le cinéma, *Place de l'Étoile*」(RHM 81.4)).

50. Guy Debord, 「Théorie de la dérive」, *Les Lèvres nues*, n° 9, novembre 1953, in *Œuvres*, Gallimard, 2006, p. 251-257.

51. *Paris vu par...*, dossier de presse, IMEC, fonds Éric Rohmer, dossier 「Courts métrages pour le cinéma, *Place de l'Étoile*」(RHM 81.6).

52. Ibid.

53. 6만 4천400프랑으로, 폴레와 샤브롤, 두셰, 루슈, 고다르와 동일한 예산이다(Films du Losange, fonds Éric Rohmer, dossier 「*Paris vu par...*」).

54. Éric Rohmer, 「Le goût du risque」, art. cit.

55. Nestor Almendros, *Un homme à la caméra*, Hatier, 1980, p. 30.

56. Ibid. p. 31.

57. Entretien avec Barbet Schroeder, 7 décembre 2010.

58. Nestor Almendros, *Un homme à la caméra*, op. cit., p. 37. On lira également :
「Entretien avec Nestor Almendros」, par Renaud Bezombes, Philippe Carcassonne, Jacques Fieschi, *Cinématographe*, n° 44, 1979.

59. Éric Rohmer, 「Le goût du risque」, art. cit.

60. *Combat*, 21 octobre 1965.

61. Ibid.

62. *Télérama*, 7 novembre 1965.

63. Entretien avec Éric Rohmer, 23 décembre 2008.

64. Lettre d'Albert Ollivier à Mag Bodard, 21 décembre 1963, IMEC, fonds Éric Rohmer, dossier 「Une femme douce」, Éléments de production (RHM 79.12).

65. Lettre d'Éric Rohmer à Albert Ollivier, 10 février 1964, IMEC, fonds Éric Rohmer, dossier 「Une femme douce」, Éléments de production (RHM 79.12).

66. Éric Rohmer, 「Fabien et Fabienne」, synopsis, IMEC, fonds Éric Rohmer, dossier 「「Fabien et Fabienne」, éléments de production (RHM 133.20).

67. Éric Rohmer, *Un fou dans le métro*, scénario, IMEC, fonds Éric Rohmer, dossier 「Un fou dans le métro」 (RHM 85.7). Le scénario est publié dans le recueil *Friponnes de porcelaine*, op. cit.

68. Entretien avec Barbet Schroeder avec Stéphane Delorme, *Cahiers du cinéma*, février 2010.

69. Éric Rohmer, 「Les aventures de Zouzou」, synopsis, IMEC, fonds Éric Rohmer, dossier 「Les aventures de Zouzou」 (RHM 133.21). Sur Zouzou, on se reportera à ses mémoires, *Jusqu'à l'aube*, avec la collaboration d'Olivier Nicklaus, Flammarion, 2004.

70. Ibid.

71. Ibid.

72. Lettre de Jean-José Marchand à Barbet Schroeder, IMEC, fonds Éric Rohmer, dossier 「Les aventures de Zouzou」 (RHM 95.9).

73. Entretien avec Éric Rohmer, par Hélène Waysbord, 2009, dans le coffret *Le Laboratoire d'Éric Rohmer, un cinéaste à la Télévision scolaire*, op. cit.

74. Éric Rohmer, 「Le cinéma didactique」, 1966, IMEC, fonds Éric Rohmer, dossier 「Télévision, textes sur la télévision」 (RHM 95.3).

75. Pour visionner ces films pédagogiques, on utilisera le bonus de l'édition DVD de *L'Ami de mon amie* (*Métamorphoses du paysage*) ; le DVD édité par la revue

Cinéma 09, printemps 2005 (*Mallarmé, Victor Hugo architecte*, Les Contemplations) ; les quatre DVD du coffret *Le Laboratoire d'Éric Rohmer, un cinéaste à la Télévision scolaire*, op. cit. (*L'Homme et les Images ; Entretien sur le béton* ; Histoires extraordinaires *d'Edgar Poe ; Postface* à L'Atalante ; *Les Cabinets de physique au XVIIIᵉ siècle ; Perceval ; Don Quichotte ; Les Caractères de La Bruyère ; Entretien sur Pascal, Mallarmé*). La plupart des autres émissions ont été éditées en 2013 chez Potemkine : coffret「Rohmer, l'intégrale」, op. cit.

76. Pierre Léon,「Rohmer éducateur」, *Cinéma 09*, printemps 2005.

77. Olivier Séguret,「La bouillotte Rohmer」, *Libération*, 16 mars 2005.

78. Philippe Fauvel,「L'homme, les images et le cinéma d'Éric Rohmer」, livret du coffret *Le Laboratoire d'Eric Rohmer, un cinéaste à la télévision scolaire*, op. cit., p. 34.

79. *Bulletin de la RTS*, n° 72, mai 1968.

80. Éric Rohmer,「Chronologie de ma vie」, *Cahiers du cinéma*, mars 2004.

81. 1966년 11월 9일 로마에서 쓰인 편지를 보면 에릭 로메르에게 이 글을 의뢰한 사람은 장클로드 비에트였다. 그는 잔 비토리오 발디Gian Vittorio Baldi가 운영하는 이탈리아 잡지에 이 글을 게재하고 싶어 했다(IMEC, fonds Éric Rohmer, dossier「Correspondance professionnelle, Jean-Claude Biette」(RHM 113)).

82. Éric Rohmer,「Le cinéma didactique」, 1966, IMEC, fonds Éric Rohmer, dossier「Télévision, textes sur la télévision」(RHM 95.3).

83. Ibid.

84. Ibid.

85. Ibid.

86. Éric Rohmer,「Communication écrite pour le Congrès international des organismes de radio et de télévision sur la Radio-Télévision scolaire」, mai 1964, IMEC, fonds Éric Rohmer, dossier「Télévision, textes sur la télévision」(RHM 95.4).

87. Édith Moyal,「Homme mystérieux de la Nouvelle Vague, Éric Rohmer tourne aussi pour la TV scolaire」, *Télérama*, 2 février 1966.

88. Éric Rohmer,「Le cinéma didactique」, 1966, IMEC, fonds Éric Rohmer, dossier「Télévision, textes sur la télévision」(RHM 95.3).

89. Entretien avec Éric Rohmer, par Hélène Waysbord, 2009, dans le coffret *Le La d'Eric Rohmer, un cinéaste à la Télévision scolaire*, op. cit.

90. Arnaud Macé,「*Entretien sur Pascal* (1965) : le catholicisme comme principe de mise en scène」, *Cahiers du cinéma*, mars 2004.

91. Perceval, Les Histoires extraordinaires *d'Edgar Poe*, Les Caractères *de La Bruyères*,

Les Contemplations *de Victor Hugo, Victor Hugo architecte* et La Sorcière de *Michelet (nons signé par Rohmer)*.

92. Entretien avec Éric Rohmer, par Hélène Waysbord. 2009, dans le coffret *Le Laboratoire d'Éric Rohmer, un cinéaste à la Télévision scolaire*, op. cit.

93. Ibid.

94. Éric Rohmer, 「Fiche pédagogique : Victor Hugo, *Les Contemplations*. Livres V et VI」, *Bulletin de la Radio-télévision scolaire*, mai 1969.

95. Olivier Séguret, 「La bouillotte Rohmer」, art.cit.

96. IMEC, fonds Éric Rohmer, dossier 「Télévision, *Stéphane Mallarmé*」(RHM 87.1).

97. 에릭 로메르는 처음에는 '말라르메와 닮은' 샤를 데네르Charles Denner를 염두에 두었지만, 국립민중극장TNP의 이 배우는 촬영 기간에 시간이 맞지 않았다. 장마리 로뱅은 1960년대부터 잊힌 배우지만, 장피에르 멜빌이 베르코르Vercors의 「바다의 침묵Silence de la Mer」을 각색한 영화(1947)에서 연기했던 것으로 유명했다.

98. Lettre d'Andrée Hinschberger à Éric Rohmer, 17 novembre 1967, IMEC, fonds Éric Rohmer, dossier 「Télévision, *Stéphane Mallarmé*」(RHM 87.2).

99. André S. Labarthe, *La Saga* 「Cinéastes de notre temps」, Capricci, 2011.

100. Valérie Cadet, 「Toile de fond」, catalogue de la rétrospective 「Cinéastes de notre temps」, Éditions du Centre Pompidou, 2011, p. 2.

101. Ibid., p. 3-4.

102. André S. Labarthe, 「Janine Bazin」, catalogue de la rétrospective 「Cinéastes de notre temps」, op. cit., p. 7.

103. À propos de *Två Människor (Deux êtres)*, *La Gazette du cinéma*, n° 4, septembre 1950.

104. Entretien avec André Labarthe, 15 novembre 2010.

105. *Télérama*, 6 avril 1965.

106. Notamment sur *L'homme qui tua Liberty Valance* de John Ford, sorti en 1962.

107. Éric Rohmer, présentation manuscrite de l'émission *Le Celluloïd et le Marbre*, 1965, IMEC, fonds Éric Rohmer, dossier 「Télévision, *Le Celluloïd et le Marbre*」(RHM 86.8).

108. Entretien avec André Labarthe, 15 novembre 2010.

109. Ibid.

110. Éric Rohmer, présentation manuscrite de l'émission *Le Celluloïd et le Marbre*, 1965, IMEC, fonds Éric Rohmer, dossier 「Télévision, *Le Celluloïd et le Marbre*」(RHM 86.8).

111. Ibid.

112. Ibid.

113. Entretien avec Éric Rohmer, par Noël Herpe et Philippe Fauvel, *Le Celluloïd et le Marbre*, op. cit., p. 91-92.

114. Entretien avec André Labarthe, 15 novembre 2010.

115. Entretien avec Éric Rohmer, par et Philippe Fauvel, *Le Celluloïd et le Marbre*, op. cit., p. 92-93.

116. Entretien avec André Labarthe, 15 novembre 2010.

117. Denise Basdevant, *Étudiante sur la montagne Sainte-Geneviève*, synopsis, 1966, IMEC, fonds Éric Rohmer, dossier 「Une étudiante d'aujourd'hui」 (RHM 81.9).

118. Ibid.

119. Denise Basdevant, emploi du temps de Mme Sendron, fermière à Montfaucon, notes, 1968, IMEC, fonds Éric Rohmer, dossier 「Fermière à Montfaucon」 (RHM 81.10).

120. Éric Rohmer, *La Sportive* (titre provisoire), note d'intention, IMEC, fonds Éric Rohmer, dossier 「Projet *La Sportive*」 (RHM 85.8).

121. Entretien avec Éric Rohmer, par Frédéric Bonnaud, art. cit.

122. Les journalistes Jacques Fauvet, Pierre Sabbagh, Gaston Bonheur, les historiens Jean-Baptiste Duroselle, Marcel Merle, Georges de Boisvieux, France Ngo Kim, Jean Planchais, Maurice Duverger.

123. Éric Rohmer, 「Fiche pédagogique sur *Les Métamorphoses du paysage*」, *Bulletin de la Radio-télévision scolaire*, juin 1964 ; Cyril Béghin, 「Usage pédagogique de l'ironie」, *Cahiers du cinéma*, mars 2004.

124. Éric Rohmer, 「Le cinéma didactique」, 1966, IMEC, fonds Éric Rohmer, dossier 「Télévision, deux textes sur la télévision」 (RHM 95.3).

125. Éric Rohmer, 「Fiche pédagogique sur *Les Métamorphoses du paysage*」, art. cit.

126. Claude Parent, *Vivre à l'oblique*, Bibliothèque nationale, 1970, p. 14-15.

127. Lettre de Claude Parent à Éric Rohmer, 16 mai 1969, IMEC, fonds Éric Rohmer, dossier 「Télévision, *Entretien sur le béton*」 (RHM 87.9).

128. 에릭 로메르는 엘렌 바이보르와의 인터뷰에서 이 사실을 상기시킨다. coffret *Le Laboratoire d'Éric Rohmer, un cinéaste à la Télévision scolaire*, op. cit.

129. Carte de vœux de Paul Virilio à Éric Rohmer, janvier 1968, IMEC, fonds Éric Rohmer, dossier 「Correspondance professionnelle, Paul Virilio」 (RHM 113).

130. Entretien avec Éric Rohmer, par Hélène Waysbord, dans le coffret *Le Laboratoire d'Éric Rohmer, un cinéaste à la Télévision scolaire*, op. cit.

131. *Cahiers du cinéma*, novembre 1965.

132. *Cahiers du cinéma*, avril 1968.

133. Laurent Mannoni, *Histoire de la Cinémathèque française*, op. cit., p. 347-403.

134. 장 콕토가 만들어 낸 표현으로, 『시네마테크 프랑세즈의 역사*Histoire de la Cinémathèque française*』에서 로랑 마노니Laurent Mannoni가 인용했다. op. cit., p. 237.

135. *Cahiers du cinéma*, avril 1968.

136. 이 자료에 대한 열람을 허락해 준 로랑 가로Laurent Garreau에게 감사드린다.

137. Carte de vœux d'Henri Langlois à Éric Rohmer, janvier 1969, IMEC, fonds Éric Rohmer, dossier 「Correspondance professionnelle, Henri Langlois」(RHM 113).

138. Entretien avec Jackie Raynal, 16 mars 2011.

139. Motion votée lors de l'assemblée du 29 juin 1969 sur l'enseignement audiovisuel, IMEC, fonds Éric Rohmer, dossier 「Télévision, divers」(RHM 95.18).

140. Entretien avec Éric Rohmer, par Serge Toubiana, *Le Débat*, n° 3, 1988.

141. *À propos de* Toni et de Païsa (1967), *À propos de* Tabou (1968), *À propos de* L'Intendant Sansho (1968), *Extraits de* À nous la liberté, *un film de René Clair* (1968), *Initiation au cinéma 1 : aller au cinéma* (1968), *Initiation au cinéma 2 : voir le film* (1968), *Initiation au cinéma 3 : connaître le passé du cinéma* (1968), Les Trois Lumières, *postface* (1968), Tabou *de Murnau* (1968), *Postface à* L'Impératrice rouge (1969).

142. Laurent Garreau, *Le Cinéma au CNDP, 1962-1975*, document interne du CNDP, 2011.

143. Jacques Rivette, *Jean Renoir, le patron*, émission pour la série 「Cinéastes de notre temps」, 1966.

144. Cité par Philippe Fauvel, 「L'homme, les images et le cinéma d'Éric Rohmer」, livret du coffret *Le Laboratoire d'Éric Rohmer, un cinéaste à la Télévision scolaire*, op. cit., p. 33-35.

6. 네 편의 도덕 이야기 1966~1972

1. Éric Rohmer, 「Chantal」brouillon manuscrit, 17 novembre 1949, IMEC, fonds Éric Rohmer, dossier 「*La Collectionneuse*, écriture de l'œuvre」(RHM 2.1).

2. Ibid.

3. Ibid.

4. Ibid.

5. Lettre de Dominique de Roux à Éric Rohmer, Paris, 5 mars 1967, IMEC, fonds Éric Rohmer, dossier ⌜Correspondance professionnelle, de Roux⌟ (RHM 113).

6. Entretien avec Barbet Schroeder, 7 décembre 2010.

7. Éric Rohmer, ⌜Chantal⌟ brouillon manuscrit, 17 novembre 1949, IMEC, fonds Éric Rohmer, dossier ⌜*La Collectionneuse*, écriture de l'œuvre⌟ (RHM 2.1).

8. Entretien avec Jackie Raynal, 16 mars 2011.

9. Entretien avec Pierre Cottrell, 2 février 2011.

10. Entretien avec Philippe Rousselot, 14 février 2011.

11. Entretien avec Éric Rohmer, par Fabien Baumann et Adrien Gombeaud, *Positif,* juillet 2009.

12. Entretien avec Barbet Schroeder, 7 décembre 2010.

13. Entretien avec Jackie Raynal, 16 mars 2011.

14. Entretien avec Éric Rohmer, par Thibault Maillé, *La Musique dans l'œuvre cinématographique d'Éric Rohmer*, DEA de musicologie, Paris-IV, juin 1992.

15. Catherine Deneuve, lettre à Éric Rohmer (1967), IMEC, fonds Éric Rohmer, dossier ⌜Correspondance professionnelle, Deneuve⌟ (RHM 113).

16. *Le Canard enchaîné*, 8 mars 1967.

17. *Télérama*, 12 mars 1967.

18. Brouillon de lettre d'Éric Rohmer au président du CNC, IMEC, fonds Éric Rohmer, dossier ⌜*Ma nuit chez Maud*, préparation du tournage⌟ (RHM 3.7).

19. Lettre de François Truffaut à Mag Bodard, Noël 1967, IMEC, fonds Éric Rohmer, dossier ⌜*Ma nuit chez Maud*, préparation du tournage⌟ (RHM 3.7).

20. Lettre de Claude Lelouch à François Truffaut, 14 mai 1968, IMEC, fonds Éric Rohmer, dossier ⌜*Ma nuit chez Maud*, préparation du tournage⌟ (RHM 3.7).

21. Ibid.

22. Lettre de François Truffaut à Éric Rohmer, 7 juillet 1981, IMEC, fonds Éric Rohmer, dossier ⌜Correspondance professionnelle, Truffaut⌟ (RHM 113).

23. Éric Rohmer, ⌜Rue Monge⌟, brouillon manuscrit, août 1944-novembre 1945, IMEC, fonds Éric Rohmer, dossier ⌜*Ma nuit chez Maud*, écriture de l'œuvre⌟ (RHM 3.1).

24. Éric Rohmer, *Ma nuit chez Maud*, scénario dactylographié avec annotations manuscrites, IMEC, fonds Éric Rohmer, dossier ⌜*Ma nuit chez Maud*, écriture de l'œuvre⌟ (RHM 3.2).

25. Lettre d'Antoine Vitez à Éric Rohmer, 18 juin 1968, IMEC, fonds Éric Rohmer,

dossier ⌜*Ma nuit chez Maud*, préparation du tournage⌟ (RHM 3.8).

26. Entretien avec Françoise Fabian, 1er juin 2011.

27. Ibid.

28. Entretien avec Jean-Louis Trintignant, 7 janvier 2011.

29. Ibid.

30. Entretien avec Jean-Pierre Ruh, par Noël Herpe et Priska Morrissey, *Rohmer et les Autres* (dir. Noël Herpe), Presses universitaires de Rennes, 2007, p. 210.

31. Entretien avec Cécile Decugis, 17 novembre 2010.

32. Entretien avec Barbet Schroeder, 7 décembre 2010.

33. Entretien avec Pierre Cottrell, 2 février 2011.

34. *France-Soir*, 17 mai 1969.

35. *Le Nouvel Observateur*, 30 juin 1969.

36. Entretien avec Éric Rohmer, par Rui Nogueira, *Cinéma 71*, février 1971.

37. Éric Rohmer, *Le Genou de Claire*, brouillon manuscrit, 5 décembre 1949, IMEC, fonds Éric Rohmer, dossier ⌜*Le Genou de Claire*, écriture de l'œuvre⌟ (RHM 5.2).

38. Entretien avec Pierre Cottrell, 2 février 2011.

39. Entretien avec Barbet Schroeder, 7 décembre 2010.

40. Ibid.

41. Entretien avec Pierre Cottrell, 2 février 2011.

42. Cité dans une lettre de Catherine Girard à Éric Rohmer, mai 1969, IMEC, fonds Éric Rohmer, dossier ⌜*Le Genou de Claire*, préparation du tournage⌟ (RHM 5.12).

43. Entretien avec Éric Rohmer, par Michel Marie, *Fonction de la parole dans le récit, étude des quatre premiers contes moraux d'Éric Rohmer*, mémoire de maîtrise à l'université de Vincennes, 1970.

44. Entretien avec Laurence de Monaghan, 16 février 2011.

45. *Le Nouvel Observateur*, 11 janvier 1971.

46. Éric Rohmer, ⌜Lettre à un critique à propos des 'Contes moraux'⌟, *La Nouvelle Revue française*, mars 1971.

47. Ibid.

48. Éric Rohmer, transcription manuscrite pour *Le Genou de Claire*, IMEC, fonds Éric Rohmer, dossier ⌜*Le Genou de Claire*, préparation du tournage⌟ (RHM 5.12).

49. Entretien avec Béatrice Romand, 11 janvier 2011.

50. Lettre d'Éric Rohmer à Béatrice Romand, Paris, 10 juin 1971, IMEC, fonds Éric Rohmer, dossier ⌜Correspondance personnelle⌟ (RHM 129).

51. Lettre de Jacques d'Arribehaude à Éric Rohmer, 13 mars 1967, IMEC, fonds Éric Rohmer, dossier「Correspondance professionnelle, Arribehaude」(RHM 113).

52. Entretien avec Irène Skobline, 16 avril 2011.

53. Éric Rohmer, *Le Genou de Claire*, brouillon manuscrit, 5 décembre 1949, IMEC, fonds Éric Rohmer, dossier「*Le Genou de Claire*, écriture de l'œuvre」(RHM 5.1).

54. Jean-Jacques Rousseau, *Les Confessions*, partie I, livre IV.

55. Ibid.

56. Lettre d'Éric Rohmer à Béatrice Romand, Paris, 10 juin 1971, IMEC, fonds Éric Rohmer, dossier「Correspondance personnelle」(RHM 129).

57. Entretien avec Éric Rohmer, par Louis Skorecki, *Libération*, 4 avril 1990.

58. *L'Amour, l'après-midi*, synopsis dactylographié avec annotations manuscrites, IMEC, fonds Éric Rohmer, dossier「*L'Amour, l'après-midi*, écriture de l'œuvre」(RHM 7.15).

59. *L'Amour, l'après-midi*, scénario, *Six contes moraux*, Petite Bibliothèque des *Cahiers du cinéma*, 1998, p. 222.

60. Éric Rohmer, entretien préparatoire à *Conte d'hiver*, avec Charlotte Véry, 8 février 1989, IMEC, fonds Éric Rohmer, dossiers「*Conte d'hiver*, préparation du tournage」(RHM 42.2).

61. Entretien avec Pierre Cottrell, 2 février 2011.

62. Entretien avec Bernard Verley, 4 janvier 2011.

63. Ibid.

64. Entretien avec Éric Rohmer, par Jacques Siclier, *Le Monde*, 31 août 1972.

65. Entretien avec Zouzou, par Annie Destin, *Elle*, septembre 1972.

66. Entretien avec Bernard Verley, 4 janvier 2011.

67. *Les Lettres françaises*, 6 septembre 1972.

68. *Écran 72*, novembre 1972.

69. *Le Nouvel Observateur*, 4 septembre 1972.

70. *L'Affiche rouge*, 1972.

71. Entretien avec Pierre Rissient, 23 novembre 2010.

7. 독일과 가르침의 취향 1969~1994

1. Entretien avec Laurent et Thérèse Schérer, 27 octobre 2010.

2. Ibid.

3. Entretien avec Éric Rohmer, par Claude Beylie, *Écran* 24, avril 1974.

4. Entretien avec Éric Rohmer, par Pascal Bonitzer et Michel Chion, *Cahiers du cinéma*, avril 1983.

5. *Cahiers du cinéma*, février 2010.

6. Éric Rohmer, Jean Douchet, *Preuves à l'appui*, décryptage intégral, 1993, IMEC, fonds Éric Rohmer, dossier ⌜Films pour la Télévision, *Preuves à l'appui*⌟ (RHM 98.1).

7. Entretien avec Laurent Schérer, 29 octobre 2010.

8. Éric Rohmer, ⌜Activités exercées en matière de recherche⌟, CV à destination juillet 1980, IMEC, fonds Éric Rohmer, dossier ⌜Éric Rohmer professeur⌟ (RHM 107.10).

9. Ibid.

10. Mireille Latil Le Dantec, ⌜De Murnau à Rohmer : les pièges de la beauté⌟, *Cinématographe* n° 23 et 24, janvier et février 1977 ; Hervé Joubert-Laurencin, ⌜Une trouble affinite de main : Rohmer et Murnau⌟, *Pour un cinéma comparé. Influences et répétitions*, op. cit. ; Janet Bergstrom, ⌜Entre Rohmer et Murnau : une histoire de point de vue⌟, *Rohmer et les Autres*, op. cit., p. 21-28 ; ⌜On est toujours dans l'image⌟, entretien avec Éric Rohmer, par Noël Herpe, *Positif*, septembre 2004 (la discussion porte essentiellement sur Murnau et la vision qu'en défend Rohmer).

11. *La Revue du cinéma*, n° 14, 1948.

12. La première de *Faust* a lieu à Berlin le 14 octobre 1926.

13. Entretien avec Éric Rohmer, par Noël Herpe et Philippe Fauvel, *Le Celluloïd et le Marbre*, op. cit., p. 116.

14. Ibid.

15. Ibid.

16. Georges Sadoul, *Histoire générale du cinéma*, t. 5, Denoël, 1950, p. 214.

17. 이 참고 문헌 작업을 하면서 로메르는 에르빈 파노프스키Erwin Panofsky의 중요한 글인 ⌜제7예술의 양식과 재료Style et matière du septième art⌟를 발견한다. 이 글에서의 뒤러와 무르나우를 비교한 연구는 박사 논문 준비자 로메르에게 분명한 영향을 미친다.

18. Éric Rohmer, *L'Organisation de l'espace dans le* Faust *de Murnau*, UGE, 1977, p. 21.

19. Mireille Latil Le Dantec, ⌜De Murnau à Rohmer : les pièges de la beauté⌟, art. cit.

20. Éric Rohmer, *L'Organisation de l'espace dans le* Faust *de Murnau*, op. cit., p. 107.

21. Ibid., p. 112.

22. Ibid., p. 114.

23. Ibid., p. 122.

24. Éric Rohmer, 「Activités exercées en matière de recherche」, CV à destination du CSU, juillet 1980, IMEC, fonds Éric Rohmer, dossier 「Eric Rohmer, professeur」(RHM 107.10).

25. Hervé Joubert-Laurencin, 「Une trouble affinité de main : Rohmer et Murnau」, *Pour un cinéma comparé. Influences et répétitions*, op. cit., p. 79.

26. Lettre de Jean Collet à Éric Rohmer, 13 juin 1974, IMEC, fonds Éric Rohmer, dossier 「Correspondance professionnelle, Jean Collet」(RHM 113).

27. Lettre de Christian Bourgois à Éric Rohmer, 12 octobre 1976, IMEC, fonds Éric Rohmer, dossier 「Correspondance professionnelle, Christian Bourgois 」(RHM 113).

28. 도미니크 라부르댕은 1991년 랑세 포켓 출판사의 블랙 컬렉션에서 이 책을 재출간했다. 이후 2000년에 클로딘 파키오Claudine Paquot가 '카이에 뒤 시네마' 출판사의 프티트 비빌리오테크 시리즈로 이를 재편집했다.

29. *L'Avant-scène cinéma*, n° 190-191, 1977.

30. 1987년 4월 로베르 셰세가 사망했을 때 로메르는 이 귀중한 자료를 시네마테크 프랑세즈에 기탁했다. Lettre de Robert Chessex à Éric Rohmer, 5 novembre 1977 ; lettre d'Éric Rohmer à Robert Chessex, 28 novembre 1977, IMEC, fonds Éric Rohmer, dossier 「Correspondance professionnelle, Robert Chessex」(RHM 113).

31. 1986년 11~12월 사이에는 프랑스에서 무르나우 회고전이 마련되어, 파리와 지방의 여러 극장에서 순회 상영되었다. 행사 카탈로그에는 로메르가 1953년 3월 『카이에 뒤 시네마』에 쓴 〈타부〉에 관한 글이 실렸다.

32. 강연의 내용은 『쥐트도이체 차이퉁』(1979년 5월 11일)에 「에릭 로메르. 위상학. 무르나우에 대한 박사 논문Éric Rohmer. Topologien. Aus seiner Dissertation über Murnau」이라는 제목으로 그대로 실렸다.

33. 〈파우스트〉에 대한 논문은 1979년 베를린의 바겐바흐 출판사에서 번역되어 출간되었고, 로메르의 여러 저작인 '도덕 이야기', 〈O 후작 부인〉의 각색본, 『미적 취향』, 희곡 「피아노 삼중주Trio en Mi Bémol」(1990년 3월 뒤셀도르프 극장에서 공연한), 음악에 대한 에세이 『모차르트에서 베토벤까지』, 첫 소설 『엘리자베스』도 여기서 출간됐다. 그의 영화 전작 회고전 역시 1975년 4월 베를린의 아르즈날, 1979년 프랑크푸르트의 시립 영화관, 1983년 1월 뷔르츠부르크 영화제에서 여러 차례 개최되었고, 한편 1982년 8월호 『필름크리티크Filmkritik』와 2004년 3월호 잡지 『리볼버Revolver』는 그에게 특집호를 헌정했다.

34. Lettre de Rainer Böhlke à Éric Rohmer, 16 février 1993, IMEC, fonds Éric Rohmer,

dossier 「Correspondance professionnelle, Rainer Böhlke」(RHM 113).

35. 로메르는 훗날 한 인터뷰에서 추가적으로 재미있는 세부 사항을 들려준다. "전혀 생소한 상태에서 『O 후작 부인』를 읽게 되었기 때문에 흥미로웠다. 롤랑 바르트는 발자크의 『사라진Sarrazine』에 대한 연구서 『S/Z』를 썼다. 난 발자크를 정말 좋아하는데 발자크의 천재성이 바르트의 책에 전혀 나타나지 않는다고 생각하기 때문에 전혀 마음에 들지 않는 책이었다. 그 책은 19세기 언어에 대한 연구였는데, 바르트는 어딘가에 이렇게 썼다. '나는 『사라진』을 선택했다. 『O 후작 부인』을 선택할 수도 있었을 것이다.' 난 혼잣말을 했다. '이런, 『O 후작 부인』이라니, 이건 뭐지?' 서점을 지나면서 마침 그 책을 봤고, 그걸 사서 읽었다. 그리고 또다시 혼잣말을 했다. '이런, 놀라운 영화가 되겠군.'"(Entretien avec Éric Rohmer, par Priska Morrissey, *Historiens et cinéastes : rencontre de deux écritures*, L'Harmattan, 2004, p. 213.)

36. Éric Rohmer, 「Cahiers noirs」, IMEC, fonds Éric Rohmer, dossier 「Papiers personnels」(RHM 134.17).

37. "모든 것은 숙고된 것이다. 즉, 인물의 동기는 행동의 회화성을 통해서만 추측할 수 있다"고 시네아스트는 적고 있다. 「Pour un *nicht...*」, tapuscrit, IMEC, fonds Éric Rohmer, dossier 「*La Marquise d'O...*, préparation du tournage」(RHM 11.8).

38. Éric Rohmer, Jean Douchet, *Preuves à l'appui*, décryptage intégral, 1993, IMEC, fonds Éric Rohmer, dossier 「Films pour la télévision, *Preuves à l'appui*」(RHM 98.1).

39. Éric Rohmer, 「Cahiers noirs」, IMEC, fonds Éric Rohmer, dossier 「Papiers personnels」(RHM 134.17).

40. Ibid.

41. Raum은 고전 독어 Rüm에서 기원한 말로, '공간'으로 번역할 수 있다.

42. Lettre de Lotte H. Eisner à Éric Rohmer, 11 juillet 1977, IMEC, fonds Éric Rohmer, dossier 「Correspondance professionnelle, Lotte H. Eisner」(RHM 113).

43. Cyril Neyrat, 「La pesanteur du théâtre et la grâce du cinéma : dispositifs de guerre chez Kleist et Rohmer」, *Rohmer et les Autres*, op. cit., p. 51-59.

44. Pascal Bonitzer, *Éric Rohmer*, Éditions des Cahiers du cinéma, 1999, p. 71.

45. Éric Rohmer, *La Marquise d'O...*, scénario tapuscrit, 1974, IMEC, fonds Éric Rohmer, dossier 「*La Marquise d'O...*, écriture de l'œuvre」(RHM 10.1).

46. Éric Rohmer, 「Cahiers noirs」, IMEC, fonds Éric Rohmer, dossier 「Papiers personnels」(RHM 134.17).

47. Ibid.

48. Ibid.

49. Éric Rohmer, 「Note sur la mise en scène」, tapuscrit, IMEC, fonds Éric Rohmer, dossier 「La Marquise d'O...」, préparation du tournage」(RHM 11.9) (Cette 「note」 a été intégrée dans le dossier de presse du film.)

50. 1973년 11월 로메르는 극작가 하르트무트 랑게가 극장에서 연출한 〈O 후작 부인〉의 더 관습적인 각색본을 참조했다. 랑게는 베를린 극단 샤우뷔네에서 일하면서 독일 텔레비전에 방영될 〈라테노프의 백작부인Die Gräfin von Rathenow〉이라는 제목의 드라마 극본을 썼으며, 이는 클라이스트의 단편 소설을 각색한 것이다. 하지만 이런 해석은 처음부터 그에게 직관적으로 실망스럽게 느껴졌다. 마르가레트 메네고즈의 해석과 의견을 통해 확인한 바와 같이, 로메르는 클리아스트 글 전체를 향해 더 근본적으로 돌아가는 게 낫다고 생각했다.

51. Entretien avec Éric Rohmer, par Claude Gauteur, Le Film français, 4 juillet 1975.

52. "브루노 간츠Bruno Ganz에게 어떻게 연기해야 할지 제시하기 위해, 나는 프라고나르의 「빗장」을 보여 줬다. 그리고 그는 그 그림 앞에서 30분간 유심히 응시하고 있었다. 난 그가 배우라서 그렇게 했다고 생각하지 않는다. 독일 배우들은 그렇게 「빗장」의 인물들처럼 연기했다. 거기에서 그들은 자기들이 어디로 가는지 알았고, 그것이 내게도 맞는다는 걸 깨달았다."(Entretien avec Éric Rohmer, par Priska Morrissey, Historiens et cinéastes : rencontre de deux écritures, op. cit., p. 221.)

53. 이 그림은 디트로이트미술관(미국)에서 소유하고 있다. 1975년 초, 함부르크에 있는 함부르크 쿤스트할레에서 퓌슬리 회고전을 하는 동안 이 작품이 전시되었다. 에릭 로메르가 독일에 정기적으로 머무는 동안 방문객으로 갔던 것으로 짐작된다.

54. Entretien avec Éric Rohmer, par Noël Herpe et Philippe Fauvel, Le Celluloid et le Marbre, op. cit., p. 120-121.

55. Hubert Damisch, 「L'appel au tableau dans La Marquise d'o... Le temps de la citation」, Cahiers du cinéma, mars 2004.

56. Entretien avec Barbet Schroeder, 7 décembre 2010.

57. Emmanuèle Frois, 「Géométrie du cœur. Margaret Ménégoz, âme des Films du Losange」, Le Figaro, 25 mai 2002.

58. Entretien avec Margaret Ménégoz, 29 novembre 2010.

59. Ibid.

60. 1985년 〈녹색 광선〉부터는 프랑수아즈 에체가라이가 로메르 체계에서 이런 중심 역할을 담당했다.

61. Margaret Ménégoz, 「Un réalisateur français sous pavillon allemand」, L'Avant-scène cinéma, n° 173, 1976.

62. Lettre d'Éric Rohmer à Klaus Hellwig, 29 avril 1974, IMEC, fonds Éric Rohmer,

dossier 「*La Marquise d'O...*」, préparation du tournage」 (RHM 11.10).

63. Ibid.

64. Ibid.

65. *50 Jahre Schaubühne*, Theater der Zeit, Berlin, 2012.

66. 페터 슈타인은 영국 극작가 에드워드 본드Edward
   Bond의 『구조되었다*Saved*』(1968)와 『이른 아침*Early Morning*』(1969), 그리고
   1968년 브레멘에서 브루노 간츠와 에디트 클레버가 출연하는 괴테의 『토르콰토
   타소*Torquato Tasso*』를 연출하면서 유명해졌다. 이후 베를린의 샤우뷔네에서
   브레히트의 『어머니*Die Mutter*』(1970)와 입센의 『페르 귄트』(1971~1972),
   클라이스트의 『홈부르크의 공자』를 연출한다. 클라이스트의 작품은 유럽
   순회공연에서, 특히 프랑스에서는 1972년과 1973년 사이에 오데옹 극장에서
   공연된다. 따라서 페터 슈타인은 '클라이스트적kleistien'(그의 저작은 샤우뷔네
   극단에서 공연되었다)이지만, 페터 한트케나 보토 슈트라우스Botho Strauß와 같은
   젊은 독일 작가에게도 애착을 가진다. 그는 다른 연출가에게 도움을 청할 줄도 안다.
   클라우스 파이만Claus Peymann은 1971년 중요한 공연인 한트케의 『보덴 호수
   너머로의 기마 여행*Der Ritt über den Bodensee*』을 무대에 올리거나, 혹은 클라우스
   미하엘 그뤼버는 1974년 에우리피데스Euripides의 『바카이 Bakchai』를 샤우뷔네
   극단에서 공연한다. 이 연극에서는 브루노 간츠와 오토 잔더, 유타 람페, 미하엘
   쾨니히가 연기한다.

67. Cité par Peter Iden, 「La Schaubühne et les acteurs allemands」, dossier de presse
   de *La Marquise d'O...*, IMEC, fonds Éric Rohmer, dossier 「*La Marquise d'o...*, presse」
   (RHM 14.1).

68. Cité dans *Klaus Michael Grüber*, TNS éditions, 2012, p. 14.

69. Lettre d'Éric Rohmer à Maria Schell, IMEC, fonds Éric Rohmer, dossier 「*La Marquise
   d'O...*, préparation du tournage」 (RHM 11.2).

70. Peter Iden, 「La Schaubühne et les acteurs allemands」, dossier de presse de *La
   Marquise d'O...*, IMEC, fonds Éric Rohmer, dossier 「*La Marquise d'O...*, presse」 (RHM
   14.1).

71. Éric Rohmer, 「Note sur la mise en scène」, tapuscrit, IMEC, fonds Éric Rohmer,
   dossier 「*La Marquise d'O...*, préparation du tournage」 (RHM 11.9).

72. Lettre de Klaus Hellwig à Éric Rohmer, 25 octobre 1974. IMEC, fonds Éric Rohmer,
   dossier 「*La Marquise d'O...*, préparation du tournage」 (RHM 11.3).

73. Lettre d'Edith Clever et Bruno Ganz à Éric Rohmer, 24 novembre 1974, IMEC,
   fonds Éric Rohmer, dossier 「*La Marquise d'O...*, préparation du tournage」 (RHM

11.4).

74. Lettre d'Éric Rohmer à Maria Schell, IMEC. fonds Éric Rohmer, dossier「*La Marquise d'O...*, préparation du tournage」(RHM 11.2).

75. 배우는 실망하고 슬퍼하면서, 로메르에게 보내는 편지에 그럼에도 "이 역할을 연기할 수 있다면 천 년을 늙는 것을 각오할 수 있습니다"라고 썼다(Lettre de Maria Schell à Éric Rohmer, 18 février 1975, IMEC, fonds Éric Rohmer, dossier「*La Marquise d'O...*, préparation du tournage」(RHM 11.2).

76. Mot de Bernhard Minetti à Éric Rohmer, IMEC, fonds Éric Rohmer, dossier「*La Marquise d'O...*, préparation du tournage」(RHM 11.5).

77. Lettre d'Olga Horstig-Primuz à Éric Rohmer, 4 novembre 1974, IMEC, fonds Éric Rohmer, dossier「*La Marquise d'O...*, préparation du tournage」(RHM 11.6).

78. Lettre d'Oskar Werner à Éric Rohmer, 27 avril 1975, IMEC, fonds Éric Rohmer, dossier「*La Marquise d'O...*, préparation du tournage」(RHM 11.7).

79. Entretien avec Laurent Schérer, 27 octobre 2010.

80. Entretien avec Margaret Ménégoz, 29 novembre 2010.

81. Entretien avec Cheryl Carlesimo, 9 juin 2011.

82. Entretien avec Margaret Ménégoz, 29 novembre 2010.

83. Nestor Almendros en chef-opérateur, assisté de Jean-Claude Rivière, de Bernard Auroux et de Dominique Le Rigoleur ; Jean-Pierre Ruh et Louis Gimel en ingénieurs du son, assistés de Michel Laurent ; Jean-Claude Gasché, Georges Chrétien, Angelo Rizzi et André Trieli comme électriciens et machinistes.

84. Nestor Almendros, *Un homme à la caméra*, op. cit., p. 111-113.

85. 편집이 끝날 무렵 로메르는 장난스러운 시를 지어서 이 영화의 모험을 정리한다. 그에 따르면 이 영화는 "저절로"만들어진 영화다. "어느 날 난 잠이 들었어 / 긴 벨벳 의자 위에서 / 혹은 두더지 가죽 의자 위에서, 뭐든 상관없지만 / 대강당의 문은 / 침입자에게 절대 열리지 않아 / 무례한 꿈을 꾸었어⋯⋯ / 아아, 꿈이 아니었다니! / 그 후로 휴식도 휴전도 없이 / 나는 이상한 악당을 찾고 있어 / 이 범죄를 저지른 악당을 / 보이지 않았기 때문이야 내 장면 / 연출가도, 음향 / 기술자도, 마이크 붐 담당자도 / 심부름꾼이나 피아니스트도 / 어느 좋은 아침, 내게 말해 / 땡땡Tintin(벨기에 만화 작가 에르제가 연재한 만화 주인공-옮긴이)인 척하면서 말이야 / '글쎄, 그러니 화내지 마, / 왜냐하면, 그래, 내가 아버지야!'" (IMEC, fonds Éric Rohmer, dossier「Éric Rohmer écrivain, poèmes」(RHM 102.11)).

86. *Télérama*, 29 avril 1976.

87. Lettre d'Éric Rohmer à M. le président Favre Le Bret, brouillon, IMEC, fonds Éric

Rohmer, dossier「*La Marquise d'O...*, réception」(RHM 14.17). (Cette lettre a été publiée dans *Le Film français*, 17 mai 1976, puis dans *L'Avant-scène cinéma*, n° 173, 1976.)

88. Bernard Frangin, *Le Progrès de Lyon*, 18 mai 1976.

89. *Le Quotidien de Paris*, 26 mai 1976.

90. Lettre de Nicolas Seydoux à Éric Rohmer, 12 mai 1976, IMEC, fonds Éric Rohmer, dossier「*La Marquise d'O...*, réception」(RHM 14.18).

91. Lettre de François Truffaut à Éric Rohmer, 2 janvier 1975, IMEC, fonds Éric Rohmer, dossier「Correspondance professionnelle, Truffaut」(RHM 113). Truffaut filmera cette scène d'évanouissement sentimental à la Kleist dans *La Femme d'à côté*.

92. *New York Times*, 6 février 1977.

93. Pascal Bonitzer,「Glorieuses bassesses (*La Marquise d'O...*)」, Cahiers du cinéma, décembre 1976. 이 글은 보니체에게 중요한 글이다. 이전의 〈모드 집에서 하룻밤〉에 대한 기사보다 훨씬 더 나아간 이 글을 시작으로 로메르에 대한 그의 성찰은 1999년 주요 저작으로 결실을 맺는다.

94. Éric Rohmer,「Réconcilier théâtre et cinéma」, *Journal de la Maison de la Culture de Nanterre*, n° 2, 1979. On consultera la version longue de cet entretien, IMEC, fond Éric Rohmer, dossier「Éric Rohmer dramaturge, *Catherine de Heilbronn*」(RHM 103.7).

95. Éric Rohmer,「Note sur la traduction et la mise en scène」, 1979, IMEC, Rohmer, dossier「Éric Rohmer dramaturge, *Catherine de Heilbronn*」(RHM 103.1).

96. Ibid.

97. Entretien avec Pascal Greggory, par Serge Bozon, *Cahiers du cinéma*, février 2010.

98. Entretien avec Rosette, par Serge Bozon, *Cahiers du cinéma*, février 2010.

99. Ibid.

100. Entretien avec Arielle Dombasle, 24 octobre 2011.

101. Éric Rohmer,「Réconcilier théâtre et cinéma」. *Journal de la Maison de la Culture de Nanterre*, art. cit.

102. Entretien avec Arielle Dombasle, 24 octobre 2011.

103. Ibid.

104. Entretien avec Pascal Greggory, par Serge Bozon, *Cahiers du cinéma*, février 2010.

105. *Le Monde*, 13 novembre 1979.

106. *Le Figaro*, 14 novembre 1979.

107. *Télérama*, 5 août 1980.

108. *Le Matin de Paris*, 13 novembre 1979.

109. *Les Nouvelles littéraires*, 24 novembre 1979.

110. *Pariscope*, 19 novembre 1979.

111. Lettre de René Schérer au directeur du journal *Le Monde*, 14 novembre 1979, IMEC, fonds Éric Rohmer, dossier 「Éric Rohmer dramaturge, *Catherine de Heilbronn*」(RHM 104.1).

112. Ibid.

113. 그럼에도 로메르는 「하일브론의 케트헨」으로 돌아와 텔레비전용으로 이 희곡의 공연을 촬영한다. 이때 사용한 비디오 매체는 전문가로서 그의 최초이자 유일한 경험이 된다. 그는 아망디에 무대의 조명을 조절하고 강화하며, 공연장에는 네 대의 카메라를 설치하고, 배우들은 비공개로 연기했다. '촬영된 공연'은 편집을 거친 후 1980년 8월 6일 오후 8시 30분 프랑스 2France 2 채널에서 방영되었다.

114. Entretien avec Éric Rohmer, par Alain Girault et Michel Marie, *Théâtre public*, n° 31, janvier-février 1980.

115. Éric Rohmer, 「Activités exercées en matière d'enseignement」, CV à destination du CSU, juillet 1980, IMEC, fonds Éric Rohmer, dossier 「Éric Rohmer professeur」 (RHM 107.10).

116. Éric Rohmer, 「Cahiers noirs」, IMEC, fonds Éric Rohmer, dossier 「Papiers personnels」 (RHM 134.17).

117. Entretien avec Thérèse Schérer, 27 octobre 2010.

118. IMEC, fonds Éric Rohmer, dossier 「Éric Rohmer professeur」 (RHM 107.11).

119. Lettre de Michel Rouche à Éric Rohmer, 12 décembre 1972, IMEC, fonds Éric Rohmer, dossier 「Éric Rohmer professeur」 (RHM 107.11).

120. Lettre d'Éric Rohmer à M. le président de l'université de Paris-I, 1977, IMEC, fonds Éric Rohmer, dossier 「Éric Rohmer professeur」 (RHM 107.13).

121. 로메르 교수의 수업의 두 가지 사례를 인용해 보자. 1982~1983년에 강의한 '영화의 이해' 수업의 목적은 "시네아스트가 사실적 사진 이미지를 개인적 시각 이미지로 바꾸는 방법은 무엇인가?"에 대해 질문하고, 다음과 같은 과정으로 진행된다. 1. 도입: 영화의 이해(르누아르, 브레송, 푸돕킨Vsevolod Pudovkin 인용) 2. 아름다운 영화 촬영에 대해 3. 이미지의 역사 4. 기술적 관점 5. 어떻게 이미지를 판단할 것인가? 6. 배경 화면 7. 개념과 연출 8. 미장센 9. 도구로서의 영화: 사운드, 편집 10. 영화와 언어(소쉬르, 바르트, 바쟁, 말로, 야콥슨Roman Jakobson 인용) 12. 영화와 즉흥성. 그리고 1986~1987년의 2학기 수업 '영화의 개념과 연출'은 다음과 같이 계획된다. 1. 도입 2. 필름의 기능 3. 이미지의 역사 4. 영화 전사前史와

탄생 5. 영화 촬영 기술: 이미지 6. 영화 촬영 기술: 사운드 7. 영화 촬영 기술: 화면 구성 8. 영화 촬영 기술: 편집 9. 영화 촬영 기술: 제작 10. 영화와 정보 1 11. 영화와 정보 2 12. 영화와 정보 3. (Éric Rohmer, 「Cahiers noirs」, IMEC, fonds Éric Rohmer, dossier 「Papiers personnels」(RHM 134.17).)

122. 뤽 물레의 〈브리지트와 브리지트〉는 무산된 계획인 〈샤를로트와 베로니크〉에 대한 반응이라는 점에 유의해야 한다. 그래서 로메르의 출연은 존중의 표시인 동시에 암시다.

123. Éric Rohmer, 「Cahiers noirs」, IMEC, fonds Éric Rohmer, dossier 「Papiers personnels」(RHM 134.17).

124. Entretien avec Cheryl Carlesimo, 9 juin 2011.

125. Lettre de Frédéric Sojcher à Éric Rohmer, 25 janvier 2006, IMEC, fonds Éric Rohmer, dossier 「Éric Rohmer professeur」(RHM 108.1).

126. Lettre de Serge Bozon à Éric Rohmer, 28 avril 1993, IMEC, fonds Éric Rohmer, dossier 「Éric Rohmer professeur」(RHM 108.1). Le texte signé par Bozon dans le n° 1 de *La Lettre du cinéma* (1996) s'intitule : 「À propos d'Éric Rohmer : variations sur *L'Arbre, le Maire et la Médiathèque* ou les petites histoires des grandes possibilités évanouies」.

127. Éric Rohmer, 「Cahiers noirs」, IMEC, fonds Éric Rohmer, dossier 「Papiers personnels」(RHM 134.17).

128. Entretien avec Thérèse Schérer, 27 octobre 2010.

129. Lettre de la classe de troisième au collège Cabanis de Brive à Éric Rohmer, décembre 1999, IMEC, fonds Éric Rohmer, dossier 「Correspondance diverse」.

130. 스칸디나비아의 스웨덴 잡지 『채플린』, 덴마크의 『코스모라마*Kosmorama*』는 1970년대 초부터 〈오후의 연정〉 감독에 대한 특집 기사를 헌정한다. 네덜란드는 잡지 『드 레비조르*De Revisor*』는 1976년 4월 시네아스트와 긴 인터뷰를 진행하고, 그는 1985년 1월 30일부터 2월 1일까지 아내와 함께 로테르담 국제 영화제에 방문한다. 로메르는 위베르 발스Hubert Bals에게 유명한 힐튼 호텔보다는 편안하고 오래된 네덜란드식 호텔에 묵고 싶다고 요청한다. 포르투갈 시네마테크는 1983년 6~7월에 회고전을 개최하고, 스페인은 2004년 4월 그의 팬이자 작가인 하비에르 마리아스Javier Marías가 위원장으로 있는, 6천 유로 상당의 가치가 있는 레돈다왕국상을 로메르에게 수여했다. 모스크바의 나움 클레이만Naum Kleiman 영화 박물관은 1997년 3월 한 달을 로메르에게 헌정했다. 그러나 가장 열광적인 로메르 애호가들은 독일 외에 이탈리아와 일본, 미국에 있다. 피렌체에서는 1980년과 2002년 사이에 적어도 세 번

이상의 기념 상영회와 회고전이 열렸고(알도 타소네Aldo Tassone의 영향으로 개최되었다), 페스카라에서는 1985년 시네아스트에게 엔니오 플라이아노Ennio Flaiano(이탈리아 시나리오 작가-옮긴이) 상을 수여했다. 1998년 〈가을 이야기〉가 25만 명의 이탈리아 관객을 모으면서 로메르는 알프스 반대편에서 가장 큰 성공을 거두었다. 1973년 도쿄의 '프랑스 영화의 봄'은 프랑스 대사관에서의 〈오후의 연정〉 상영과 함께 로메르에게 헌정된 것이다. 1982년 일본 수도의 레퍼토리 중앙홀은 아홉 편 영화의 회고전을 통해 〈아름다운 결혼〉의 작가를 기렸다. 〈파리의 랑데부〉는 거의 10만 명의 관객과 함께 일본 열도에서 큰 성공을 거두기 시작했으며, 일본판 『마리 클레르Marie Claire』 특집호에서는 '여성의 자신감'에 대한 15쪽 분량의 인터뷰를 제공했다.

131. Lettre de François Truffaut à Éric Rohmer, 2 janvier 1975, IMEC, fonds Éric Rohmer, dossier 「Correspondance professionnelle, François Truffaut」 (RHM 113).

132. Lettre de François Truffaut à Éric Rohmer, IMEC, fonds Éric Rohmer, dossier 「Correspondance professionnelle, François Truffaut」 (RHM 113).

133. Lettre de François Truffaut à Éric Rohmer, 8 juin 1977, IMEC, fonds Éric Rohmer, dossier 「Correspondance professionnelle, François Truffaut」 (RHM 113).

134. Lettre de Francois Truffaut à Éric Rohmer, 8 janvier 1979, IMEC, fonds Éric Rohmer, dossier 「Correspondance professionnelle, François Truffaut」 (RHM 113).

135. Lettre d'Éric Rohmer à Claude de Givray, septembre 1984, IMEC, fonds Éric Rohmer, dossier 「Correspondance professionnelle, Claude de Givray」 (RHM 113).

136. Lettre d'Éric Rohmer à Stéphane Tchalgadjieff, 28 juin 1990, IMEC, fonds Éric Rohmer, dossier 「Correspondance professionnelle, Tchalgadjieff」 (RHM 113).

137. Lettre d'Alain Bergala à Éric Rohmer, 1er juin 1987, IMEC, fonds Éric Rohmer, 「Correspondance professionnelle, Cahiers du cinéma」 (RHM 115.45).

138. Lettre de Claudine Paquot à Éric Rohmer, 9 février 1988, IMEC, fonds Éric Rohmer, dossier 「Correspondance professionnelle, Cahiers du cinéma」 (RHM 115.45).

139. Lettre de Claudine Paquot à Éric Rohmer, 14 janvier 2003, IMEC, fonds Éric Rohmer, dossier 「Correspondance professionnelle, Cahiers du cinéma」 (RHM 115.45).

140. Lettre de Claudine Paquot à Éric Rohmer, 12 septembre 2003, IMEC, fonds Éric Rohmer, dossier 「Correspondance professionnelle. Cahiers du cinéma」 (RHM 115.45).

141. Lettre de Janine Bazin à Éric Rohmer, janvier 1975, IMEC, fonds Éric Rohmer,

dossier「Correspondance professionnelle, Janine Bazin」(RHM 113).

142. Entretien avec André Labarthe, 15 novembre 2010.

143. Lettre de Jacques Aumont à Éric Rohmer, 31 mars 1988, IMEC, fonds Éric
Rohmer, dossier「Correspondance professionnelle, Aumont」(RHM 113).

144. Entretien avec André Labarthe, 15 novembre 2010.

145. Ibid.

146. Entretien avec Jean Douchet, 8 novembre 2010.

147. *Preuves à l'appui*, entretien avec Éric Rohmer, par Jean Douchet, tapuscrit du
decryptage intégral, 1993, IMEC, fonds Éric Rohmer, dossier「'Cinéastes de notre
temps', *Preuves à l'appui*」(RHM 98.1).

148. 그는 두셰에게 이렇게 말했다. "자, 설명해 봅시다. 여기 당신에게 실제로 보여 줄
몇 가지 자료가 있습니다. 공책 몇 권이 있어야 하는데, 여기 있군요. 우리는 종이
위에 기획 초안을 잡는 것부터 시작합니다. 지금 이 방송에 잘 맞는 공책은 아주
작은 공책입니다. 〈레네트와 미라벨〉과 〈녹색 광선〉, 〈겨울 이야기〉의 착상이
거기에 있다는 사실을 찾다가 알았습니다. 이 작품들은 모두 동시대 것이고,
내가 휴가 중에 가지고 다니는 작은 공책에 기록되어 있습니다. 휴가 중에는
작은 배낭을 메고 산책하기 때문에 아주 가벼운 공책을 선호합니다. 이 공책은
1983년부터 시작하는데, 그해 여름 비아리츠에서 〈녹색 광선〉을 착상했기
때문입니다. 반면 파리를 걸어 다닐 때는 더 큰 가방을 메고 다녀서 공책도 약간
더 두껍습니다. 보다시피 이런 모양입니다."(Éric Rohmer, Jean Douchet, *Preuves à
l'appui*, décryptage intégral, 1993, IMEC, fonds Éric Rohmer, dossier「Films pour
la télévision, *Preuves à l'appui*」(RHM 98.1).)

149. Lettre d'André S. Labarthe à Éric Rohmer, 20 février 1994, IMEC, fonds Éric
Rohmer, dossier「Films pour la télévision, *Preuves à l'appui*」(RHM 98.1).

150. Entretien avec André S. Labarthe, 15 novembre 2010.

151. Ibid.

152. *Libération*, 14 mars 1996.

8. 페르스발의 흔적을 따라 1978-1979

1. Entretien avec Éric Rohmer, par Arnaud Spire, La Nouvelle Critique, avril 1979.

2. Brouillon de lettre d'Eric Rohmer à François-Régis Bastide, Paris, 5 mars 1979.
IMEC. fonds Éric Rohmer, dossier「Correspondance professionnelle, Bastide」(RHM
113).

3. Éric Rohmer, 「Le film et les trois plans du discours: indirect/direct/hyperdirect」. Cahiers Renaud-Barrault, octobre 1977.

4. Lettre d'Éric Rohmer à Antoine Vitez, 22 mai 1971, IMEC, fonds Vitez.

5. Éric Rohmer, 「Note sur la traduction et sur la mise en scène de Perceval」. L'Avant-scène cinéma, 1er février 1979.

6. Entretien avec Marie Rivière, par François Gorin, Télérama, 23 septembre 1998.

7. Entretien avec Eric Rohmer, par Noël Herpe et Philippe Fauvel, Le Celluloid et le Marbre, op. cit, p. 151.

8. Brouillon de lettre d'Éric Rohmer à Deborah Nathan, IMEC, fonds Éric Rohmer, dossier 「Correspondance personnelle」 (RHM 131).

9. Entretien avec Eric Rohmer, par Claude-Jean Philippe, Le Cinéma des cinéastes, France Culture, 25 février 1979.

10. Brouillon de lettre d'Éric Rohmer à Michel Pastoureau, Paris, novembre 1977, IMEC, fonds Éric Rohmer, dossier 「Perceval, préparation du tournage」 (RHM 16.3).

11. Entretien avec Eric Rohmer, par Gérard Vaugeois, L'Humanité Dimanche, 7 février 1979.

12. Entretien avec Éric Rohmer, par Claude-Jean Philippe, Le Cinéma des cinéastes, France Culture, 25 février 1979.

13. Positif, juin 1994.

14. Danièle Dubroux, 「Un rêve pédagogique」, Cahiers du cinéma, avril 1979.

15. Entretien avec Cécile Decugis, 17 novembre 2010.

16. Entretien avec Éric Rohmer, par Patrick Thévenon, L'Express, 20 mars 1978.

17. Éric Rohmer, 「La réponse de Rohmer」, Le Film français, 17 mars 1978.

18. Entretien avec Margaret Menegoz, 20 novembre 2010.

19. Le Nouvel Observateur, 12 février 1979.

9. 여섯 편의 희극과 격언 1980-1986

1. Éric Rohmer, dossier de presse de La Femme de l'aviateur, 1981, IMEC, fonds Éric Rohmer, dossier 「La Femme de l'aviateur, promotion」 (RHM 23.2).

2. Ibid.

3. Entretien avec Éric Rohmer, par Serge Daney et Pascal Bonitzer, Cahiers du cinéma, mai 1981.

4. Ibid.

5. Ibid.

6. Maurice Schérer, ⌜La Demande en mariage⌟, Espale, 1946?, IMEC, fonds Éric Rohmer, dossier ⌜La Femme de l'aviateur, écriture de l'ouvre⌟ (RHM 21.1).

7. Maurice Schérer, ⌜Une journée⌟, brouillon manuscrit, IMEC, fonds Éric Rohmer, dossier ⌜La Femme de l'aviateur, écriture de l'œuvre⌟ (RHM 21.2).

8. Ibid.

9. Entretien avec Éric Rohmer, par Pascal Bonitzer et Serge Daney, Cahiers du cinéma, mai 1981.

10. Entretien avec René Schérer, 28 septembre 2010.

11. Entretien avec Anne-Laure Meury, par Bruno Joliet, Cinéma 87, septembre 1987.

12. Éric Rohmer, La Femme de l'aviateur, Comédies et Proverbes, Petite bibliothèque des Cahiers du cinéma, 1999, p. 49.

13. Entretien avec Éric Rohmer, par Haydée Caillot, transcription dactylographiée, IMEC, fonds Éric Rohmer, dossier ⌜Correspondance personnelle⌟ (RHM 131).

14. Entretien avec Éric Rohmer, par Pascal Bonitzer et Serge Daney, Cahiers du cinéma, mai 1981.

15. Ibid.

16. Entretien avec Georges Prat, 3 juin 2011.

17. Entretien avec Éric Rohmer, par Bonitzer et Serge Daney, Cahiers du cinéma, mai 1981.

18. Jean Parvulesco, lettre à Éric Rohmer, Paris, 5 mars 1981, IMEC, fonds Éric Rohmer, dossier ⌜Correspondance professionnelle, Parvulesco⌟ (RHM 113).

19. Maurice et Christine Jacquet-Ronai, lettre à Éric Rohmer, Paris, 1981, IMEC, fonds Eric Rohmer, dossier ⌜La Femme de l'aviateur, réception⌟ (RHM 23.10).

20. Nestor Almendros, lettre à Eric Rohmer, avion de Paris à New York, 25 août 1981. IMEC, fonds Eric Rohmer, dossier ⌜La Femme de l'aviateur, réception⌟ (RHM 23.10).

21. François Truffaut, lettre à Éric Rohmer, 27 février 1981, IMEC, fonds Éric Rohmer, dossier ⌜Correspondance professionnelle, Truffaut⌟ (RHM 113).

22. Eric Rohmer, La Femme de l'aviateur, Comédies et Proverbes, op. cit., p. 31.

23. Honoré de Balzac, ⌜Le Bal de Sceaux⌟, Nouvelles et contes 1, 1820-1832, Gallimard, coll. ⌜Quarto⌟, 2005, p. 296.

24. Éric Rohmer, transcription manuscrite pour Le Beau Mariage, IMEC, fonds Eric Rohmer, dossier ⌜Le Beau Mariage, préparation du tournage⌟ (RHM 24.4)

25. Entretien avec Éric Rohmer, Le Nouveau F., juin 1982.

26. Éric Rohmer, Le Beau Mariage, brouillon manuscrit de synopsis, 28 décembre 1980, IMEC, fonds Eric Rohmer, dossier 「Le Beau Mariage, écriture de l'ouvre」 (RHM 23.31).

27. Eric Rohmer, Le Beau Mariage, brouillon manuscrit de dialogues, 1980?, IMEC, fonds Eric Rohmer, dossier 「Le Beau Mariage, écriture de l'oeuvre」 (RHM 23.32).

28. Les Nouvelles littéraires, 27 mai 1982.

29. Le Point, 7 juin 1982.

30. 7 à Paris, 19 mai 1982.

31. Éric Rohmer, Le Beau Mariage, Comédies et Proverbes, op. cit., p. 119.

32. Éric Rohmer, entretien préparatoire au Beau Mariage avec Béatrice Romand, 1980?, IMEC, fonds Éric Rohmer, dossier 「Le Beau Mariage, préparation du tournage」 (RHM 24.4).

33. Éric Rohmer, Friponnes de porcelaine, brouillon de pièce manuscrite, IMEC, fonds Éric Rohmer, dossier 「Pauline à la plage, écriture de l'ouvre」 (RHM 26.1).

34. Loup, y es-tu ?, brouillon manuscrit de dialogues, IMEC, fond Éric Rohmer, dossier 「Pauline à la plage, écriture de l'ouvre」 (RHM 26.2).

35. Ibid.

36. Éric Rohmer, Jean Douchet, Preuves à l'appui, décryptage intégral, 1993, IMEC, fonds Éric Rohmer, dossier 「Films pour la télévision, Preuves à l'appui」 (RHM 98.1).

37. Entretien avec Éric Rohmer, par Bruno Villien, Beaux-Arts, 1er septembre 1984.

38. Ibid.

39. Entretien avec Éric Rohmer, par Noël Herpe et Philippe Fauvel, Le Celluloïd et le Marbre, op. cit., p. 121.

40. Éric Rohmer, Pauline à la plage, Comédies et Proverbes, Petite bibliothèque des Cahiers du cinéma, 1999, p. 135.

41. Entretien avec Virginie Thévenet, 18 mars 2011.

42. Entretien avec Féodor Atkine et Pascal Greggory, par Philippe Reynaert, Visions, 1983.

43. Ibid.

44. Entretien avec Éric Rohmer, Arielle Dombasle, Pascal Greggory, Féodor Atkine et Simon de La Brosse, par Hervé Guibert, Le Monde, 24 mars 1983.

45. Ibid.

46. Ibid.

47. Ibid.

48. Éric Rohmer, lettre au directeur du Monde, Paris, 24 mars 1983, IMEC, fonds Éric Rohmer, dossier「Pauline à la plage, réception」(RHM 28.11).

49. Hervé Guibert, lettre à Eric Rohmer à en-tête du Monde, Paris, 27 mars 1983, IMEC, fonds Éric Rohmer, dossier「Pauline à la plage, réception」(RHM 28.11).

50. Le Figaro, 25 mars 1983.

51. Entretien avec Éric Rohmer, par Pascal Bonitzer et Michel Chion, Cahiers du cinéma, avril 1983.

52. Éric Rohmer, L'Appartement, brouillon manuscrit de scénario, 1981, IMEC, fonds Éric Rohmer, dossier「Les Nuits de la pleine lune, écriture de l'ouvre」(RHM 29.1).

53. Eric Rohmer, Les Nuits de la pleine lune, Comédies et Proverbes II, Petite bibliothèque des Cahiers du cinéma, 1999, p. 9.

54. Ibid.

55. Ibid., p. 28-29.

56. Entretien avec Jacno, par Philippe Bonnell, VSD, 27 octobre 1984.

57. Eric Rohmer, entretien préparatoire aux Nuits de la pleine lune, avec Fabrice Luchini et Pascale Ogier, IMEC, fonds Éric Rohmer, dossier「Nuits de la pleine lune, préparation du tournage」(RHM 29.9).

58. Eric Rohmer, transcription manuscrite pour Les Nuits de la pleine lune, 1983, IMEC fonds Éric Rohmer, dossier「Nuits de la pleine lune, préparation du tournage」(RHM 29.9).

59. Ibid.

60. Serge Daney, Libération, 4 septembre 1984.

61. Eric Rohmer, texte dactylographié sur Gérard Falconetti, 1984, IMEC fonds Éric Rohmer, dossier「textes, sujets divers」(RHM 101.26).

62. Jules Verne, Le Rayon vert, Le Livre de poche, p. 79-80.

63. Éric Rohmer, Le Rayon vert, brouillon manuscrit de dialogues, IMEC fonds Éric Rohmer, dossier「Le Rayon vert, écriture de l'ouvre」(RHM 32.1).

64. Entretien avec Marie Rivière, 25 janvier 2011.

65. Entretien avec Éric Romer, par Caroline Rochmann, Marie Claire, décembre 1987.

66. Ibid.

67. Contrat entre Éric Rohmer et Claudine Nougaret, Paris, 9 juillet 1984, IMEC, fonds Éric Rohmer, dossier「Le Rayon vert, production」(RHM 32.5).

68. Lettre de Françoise Etchegaray à Éric Rohmer, Saincy, 4 juin 1984, IMEC fonds Éric Rohmer, dossier「Le Rayon vert, préparation du tournage」(RHM 32.8).

69. Éric Rohmer, 「Nous n'aimons plus le cinéma」, Les Temps modernes, juin 1949.

70. Éric Rohmer, Le Rayon vert, transcription manuscrite des dialogues, 1984, IMEC fonds Éric Rohmer, dossier 「Le Rayon vert, écriture de l'ouvre」 (RHM 32.6).

71. Gérard Lefort, Libération, 3 septembre 1986.

72. Éric Rohmer, 「Déposition d'Éric Rohmer au sujet de la plainte de Mlle Moreau」, dactylographie avec annotations manuscrites, 1986?, IMEC fonds Éric Rohmer, dossier 「Le Rayon vert, correspondance」 (RHM 33.14).

73. Jean-Luc Godard, lettre à Éric Rohmer, octobre 1986, IMEC fonds Éric Rohmer, dossier 「Correspondance professionnelle, Godard」 (RHM 113).

74. Éric Rohmer, témoignage pour le procès de Roger Knobelpiess, (1989), IMEC fonds Éric Rohmer, dossier 「Textes, sujets divers」 (RHM 101.26).

75. Éric Rohmer, Les Quatre coins, brouillon de scénario manuscrit, 1982, IMEC fonds Éric Rohmer, dossier 「L'Ami de mon amie, écriture de l'ouvre」 (RHM 36.2).

76. Ibid.

77. Eric Rohmer, Les Quatre coins, brouillon de scénario manuscrit, septembre 1982, IMEC, fonds Éric Rohmer, dossier 「L'Ami de mon amie, écriture de l'euvre」 (RHM 36.3).

78. Éric Rohmer, L'Ami de mon amie, Comédies et Proverbes II, Petite bibliothèque des Cahiers du cinéma, 1999, p. 129.

79. Ibid.

80. Entretien avec Emmanuelle Chaulet, par François Thomas, Rohmer et les Autres, op. cit, p. 229.

81. Entretien avec Anne-Laure Meury, par Bruno Joliet, Cinéma 87, septembre 1987.

10. 도시 로메르와 시골 로메르 1973~1995

1. Thomas Clerc, 「Rohmer l'urbain」, Rohmer en perspectives (Sylvie Robic, Laur Schifano, dir.), Presses universitaires de Nanterre, 2013.

2. Ibid. Et aussi, dans le même volume, l'article de Charles Coustille: 「Où qu'on aille, on est condamné à la province. Eric Rohmer et la conversation ordinaire」.

3. 또한 바닷가 영화를 하위 분류로 묶을 수 있다. 〈수집가〉, 부분적으로는 〈해변의 폴린〉, 〈녹색 광선〉, 〈여름 이야기〉, 그리고 〈겨울 이야기〉 초반 장면이 이에 해당한다.(entretien avec Enc Rohmer, par Fabien Baumann et Adrien Gombeaud. Positif. numéro spécial 「Positif à la plage」, été 2009).

4. Entretien avec Eric Rohmer, par Claude Beylie et Alain Carbonnier, L'Avant-scène cinema, 336, janvier 1985.

5. Entretien avec Éric Rohmer, par Thierry Jousse et Thierry Paquot, La Ville au cinéma, Editions des Cahiers du cinéma, 2005, p. 21.

6. Pour Rohmer, Le Corbusier fait figure d'「ennemi intime」(entretien avec Eric Rohmer, par Philippe Fauvel et Noël Herpe, Le Celluloïd et le Marbre, op. cit, p. 156).

7. Entretien avec Éric Rohmer, par Claude-Marie Trémois, Télérama, 9 février 1994.

8. Entretien avec Éric Rohmer, par Claude Beylie et Alain Carbonnier, L'Avant-scène cinéma, no 336, janvier 1985.

9. 「Au secours le Louvre!」, IMEC, fonds Éric Rohmer, dossier 「Coupures de presse, divers documents reçus」.

10. Entretien avec Éric Rohmer, par Thierry Jousse et Thierry Paquot, La Ville au cinéma, op. cit., 2005, p. 21-22.

11. Éric Rohmer, Architectopolis, projet de film, IMEC, fonds Éric Rohmer, dossier 「Ville nouvelle」(RHM 88.1).

12. Ibid.

13. Ibid.

14. Ibid.

15. Ibid.

16. Ibid.

17. Ibid.

18. Éric Rohmer, Architecture présente, projet de film, 1968, IMEC, fonds Eric Rohmer, dossier 「Ville nouvelle」(RHM 88.2).

19. '시범도시Germe de ville'는 로메르가 만든 〈신도시〉의 4부이며, 제목은 〈주문형 주택Logement à la demande〉으로 바뀐다.

20. ORTF는 대통령 선거 후 1974년에 해산 및 해체된다. 발레리 지스카르 데스탱Valéry Giscard d'Estaing은 드골 정권의 모델에 맞는 국영 텔레비전을 부각시키기 위해 공영 텔레비전을 개혁한다. 거기서 만들어진 채널이 TF1, Antenne 2, FR3 및 국립 시청각 연구원Institut national de l'audiovisuel(INA)이다.

21. Gérard Thurnauer, Germe de ville, projet d'action filmée au Vaudreuil, 1972, IMEC, fonds Éric Rohmer, dossier 「Ville nouvelle」(RHM 88.3).

22. Éric Rohmer, Recherche architecturale, mars 1973, IMEC, fonds Eric Rohmer, dossier 「Ville nouvelle」(RHM 88.4).

23. Mais aussi : Jean Deroche, Georges Loiseau, Jean Perrottet, Jean Tribel, Michel Corajoud, Borja Huidobro, Enrique Ciriani, Valentin Fabre.

24. Éric Rohmer, 「Notes sur l'architecture」, 14 mars 1973, IMEC, fonds Éric Rohmer, dossier 「Ville nouvelle」(RHM 88.5).

25. Ibid.

26. Éric Rohmer, 「Notes diverses」, s. d., IMEC, fonds Éric Rohmer, dossier 「Ville nouvelle」(RHM 133.16).

27. Lettre de Roland Castro à Eric Rohmer, mai 1973, IMEC, fonds Éric Rohmer, dossier 「Paris 1930」(RHM 95.1).

28. Entretien avec Paul Chemetov, 15 novembre 2010.

29. Lettre de Roland Castro à Eric Rohmer, mai 1973, IMEC, fonds Éric Rohmer, dossier 「Paris 1930」(RHM 95.1).

30. 체메토프의 기획은 끝내 2위에 머물러 에브리 건설에 채택되지는 않는다. 예를 들어, 로메르가 매우 사랑했던 공간과 두 건물인 베르시Bercy의 재무부와 포럼 데 알Forum des Halles의 정방형 광장Place Carrée을 지을 것이다. 그뿐만 아니라 많은 미디어테크도. 『시네막시옹CinémAction』의 1995년 2분기 제호, 「건축, 영화와 배경Architecture, décor et cinéma」에서 프랑수아즈 퓌오Françoise Puaux가 진행한 폴 체메토프와의 인터뷰를 읽을 수 있다. Paul Chemetov, 「L'homme fabricateur de rêves, mécanicien de son destin」, Polyrama, décembre 2003; Paul Chemetov, L'Architecte et la Médiathèque, Éditions Tarabuste, 2009.

31. Entretien avec Paul Chemetov, 15 novembre 2010.

32. Ibid. 체메토프는 이렇게 덧붙였다. "로메르는 나중에 내게 화가 났는데, 울름 거리에 있는 건물에 엘리베이터를 설치해 달라고 요청했을 때였다. 그와 함께 그 장소를 방문한 후 나는 그 복잡한 작업(1890년대 괴상한 나선형 계단이었다)을 내 조수에게 맡겼다. 내가 직접 하지 않은 것에 화가 났던 것 같다. 그는 내게 차갑게 대했다."

33. Entretien avec Eric Rohmer, par Claude Beylie et Alain Carbonnier, L'Avant-scène cinéma. no 336, janvier 1985.

34. Entretien avec Éric Rohmer, par Philippe Seulliet, Le Quotidien de Paris, 28 mai 1974.

35. 에릭 로메르는 울름 거리 자신의 집 맞은편에 있는 10층 건물 건설을 막기 위해 오랫동안 법적 분쟁을 겪는다. 공동 소유주 협회 회원인 그는 이 건물의 건축 허가 취소를 받지는 못했지만, 높이는 8층으로 제한되었다.

36. Entretien avec Éric Rohmer, par Claude-Marie Trémois, Télérama, 9 février 1994.

37. Entretien avec Éric Rohmer, par Claude Beylie et Alain Carbonnier, L'Avant-scène cinéma, n° 336, janvier 1985.

38. Entretien avec Éric Rohmer, par Philippe Seulliet, Le Quotidien de Paris, 28 mai 1974.

39. Entretien avec Cheryl Carlesimo, 9 juin 2011.

40. Éric Rohmer, Les Nuits de la pleine lune, synopsis, 18 mars 1983, IMEC, fonds Éric Rohmer, dossier ⌐Les Nuits de la pleine lune, écriture de l'oeuvre⌐ (RHM 29.1).

41. Entretien avec Pascale Ogier, par Alain Philippon, Cahiers du cinéma, octobre 1984.

42. Pascale Ogier, ⌐Mon travail avec Rohmer⌐, dossier de presse des Nuits de la pleine lune, IMEC, fonds Éric Rohmer, dossier ⌐Les Nuits de la pleine lune, presse⌐ (RHM 30.1).

43. Pascale Ogier, ⌐Notes de repérage⌐, IMEC, fonds Éric Rohmer, dossier ⌐Les Nuits de la pleine lune, préparation du tournage⌐ (RHM 29.2).

44. Entretien avec Éric Rohmer, par Claude-Marie Trémois, Télérama, 29 août 1984.

45. Entretien avec Éric Rohmer, par Jean-Michel Hoyet et Marie-Christine Loriers, Architecture présente, novembre-décembre 1984.

46. Marie-Claude Dumoulin, ⌐Chez Pascale Ogier, une déco super branchée⌐, Marie Claire, janvier 1984.

47. Éric Rohmer, Les Nuits de la pleine lune, Comédies et Proverbes, Petite bibliothèque des Cahiers du cinéma, 1999, p. 12-13.

48. Éric Rohmer, L'Ami de mon amie, synopsis, 1985, IMEC, fonds Eric Rohmer, dossier ⌐L'Ami de mon amie, écriture de l'ouvre⌐ (RHM 36.2).

49. Lettre de Bertrand Warnier à Éric Rohmer, 13 octobre 1986, IMEC, fonds Éric Rohmer, dossier ⌐L'Ami de mon amie, préparation du tournage⌐ (RHM 37.2).

50. Entretien avec Éric Rohmer, par Antoine de Baecque, Libération, 29 mars 2002 (numéro spécial Cergy-Pontoise).

51. Entretien avec Françoise Etchegaray, par Stéphane Delorme, Cahiers du cinéma, février 2010.

52. Le Matin de Paris, 26 août 1987.

53. Le Monde, 27 août 1987.

54. Télé 7 jours, 28 août 1987.

55. Paris Match, 27 août 1987.

56. La Gazette de Cergy, 2 septembre 1987.

57. Lettre de Pierre Lefort à Éric Rohmer, 1987, IMEC, fonds Éric Rohmer, dossier 「L Ami de mon amie, réception」 (RHM 38.7).

58. Entretien avec Éric Rohmer, par Antoine de Baecque, Libération, 29 mars 2002.

59. Ibid.

60. New York Times, 15 juillet 1988.

61. Jean-Claude Brisseau, L'Ange exterminateur. Entretiens avec Antoine de Baecque, Grasset, 2006, p. 52.

62. Entretien avec Joëlle Miquel, par Peter Falknerod, Ouest-France, 7 février 1987.

63. Entretien avec Éric Rohmer, par Gérard Legrand, Hubert Niogret, François Ramasse, Positif, février 1987.

64. Ibid.

65. David Vasse, 「Éloge de la forme courte : à propos de 4 aventures de Reinette et Mirabelle et des Rendez-vous de Paris」, Rohmer et les Autres, op. cit, p. 105-111.

66. Eric Rohmer, Le Téléphone, Mon joli bateau, La Petite Cousine, Reinette et Mirabelle, mars 1985, IMEC, fonds Éric Rohmer, dossier 「4 aventures de Reinette et Mirabelle, écriture de l'oeuvre」 (RHM 34.7).

67. Entretien avec Jessica Forde, 24 novembre 2010.

68. Entretien avec Françoise Etchegaray, par Stéphane Delorme, Cahiers du cinéma, février 2010.

69. Autorisation de filmer, gare Montparnasse, SNCF, 9 septembre 1985, IMEC, fonds Éric Rohmer, dossier 「4 aventures de Reinette et Mirabelle, tournage」 (RHM 34.4).

70. Entretien avec Françoise Etchegaray, par Stéphane Delorme, Cahiers du cinéma, février 2010.

71. Entretien avec Jessica Forde, 24 novembre 2010.

72. Entretien avec Éric Rohmer, par Gérard Legrand, Hubert Niogret, François Ramasse, Positif, février 1987.

73. Carte de Philippe Laudenbach à Eric Rohmer, 1987. IMEC, fonds Éric Rohmer, dossier 「4 aventures de Reinette et Mirabelle, réception」 (RHM 35.10).

74. Entretien avec Éric Rohmer, par Gérard Legrand, Hubert Niogret, François Ramasse, Positif, février 1987.

75. Entretien avec Jessica Forde, 24 novembre 2010. Sur la compagnie Éric Rohmer, on lira le mémoire de master de Philippe Fauvel: La Compagnie Eric Rohmer. Enquête sur la méthode et l'amateurisme tardif d'Eric Rohmer, Master soutenu à l'université d'Amiens 2010.

76. 제9회 클레르몽페랑 국제 단편 영화제는 1987년 2월에 〈레네트와 미라벨〉의 시사회와 더불어 로메르의 모든 단편 영화를 상영했다. 상영된 영화는 1950년부터 1968년까지의 11편의 영화, 텔레비전 학교 영화 24편, '우리 시대의 시네아스트'의 2편의 방송, ORTF를 위해 연출한 〈신도시〉 4부작이다.

77. 정확한 관객 수는 181,839명이다.

78. 정확한 액수는 346,039 프랑이다.

79. France-Soir, 4 février 1987 (Robert Chazal) et Le Quotidien de Paris, 4 février 1987 (Anne de Gasperi).

80. Le Monde, 10 février 1987 (Jacques Siclier).

81. Le Matin de Paris, 4 février 1987 (Michel Pérez).

82. L'Humanité, 4 février 1987 (Gilles Le Morvan).

83. L'Événement du jeudi, 5 février 1987 (Michel Boujut).

84. Première, février 1987 (Jean-Philippe Guérand).

85. Cahiers du cinéma, février 1987.

86. 「Rohmer côté court」, Libération, 4 février 1987.

87. David Vasse, 「Eloge de la forme courte : à propos de 4 aventures de Reinette et Mirabelle et des Rendez-vous de Paris」, Rohmer et les Autres (Noël Herpe, dir.), op. cit., p. 105-111.

88. Entretien avec Florence Rauscher, 26 septembre 2011.

89. 배우 가운데 세르주 랑코가 이런 감정이었는데, 그는 이렇게 고백했다. "사람들은 어느 정도는 로메르 자신을 연기하는 그 역할에서 항상 자신을 발견한다."(entretien avec Serge Renko, 12 mars 2011.)

90. Entretien avec Serge Renko, 12 mars 2011.

91. Ibid.

92. Lettre de Clara Bellar à Éric Rohmer, 29 octobre 1992, IMEC, fonds Éric Rohmer, dossier 「Correspondance professionnelle, Bellar」(RHM 113).

93. Lettre de Clara Bellar et Judith Chancel à Éric Rohmer, 28 septembre 1992, IMEC, fonds Éric Rohmer, dossier 「Correspondance professionnelle, Bellar」(RHM 113).

94. Lettre de Clara Bellar à Éric Rohmer, 1992, IMEC, fonds Éric Rohmer, dossier 「Correspondance professionnelle, Bellar」(RHM 113).

95. Entretien avec Clara Bellar, par Jeanne Baumberger, Le Méridional, 26 mars 1995.

96. Entretien avec Bénédicte Loyen, 16 mars 2011.

97. 미카엘 크라프트는 마리 리비에르가 추천한 젊은 배우다. 그는 한 극단에서 장클로드 팔Jean-Claude Fall, 클로드 레지Claude Régy, 조엘 주아노Joël

Jouanneau와 함께 연기했고, 파스칼 토마Pascal Thomas의 영화 〈남편, 아내, 연인Les Maris, les Femmes, les Amants〉(1989)에 출연했다. 그는 〈파리의 랑데부〉에 출연하고 나서 얼마 후 2001년 스스로 생을 마감했다.

98. Entretien avec Bénédicte Loyen, 16 mars 2011.

99. Entretien avec Françoise Etchegaray, par Stéphane Delorme, Cahiers du cinéma, février 2010.

100. Télérama, 22 mars 1995 (Claude-Marie Trémois).

101. Le Journal du dimanche, 19 mars 1995 (Danielle Attali).

102. Les Inrockuptibles, 22 mars 1995.

103. Les Inrockuptibles, 18 mars 1998.

104. 로장주의 배급 담당자 레진 비달이 목격한 것처럼, 비록 그 내용에는 동의하지 않았지만, 루이 스코레키의 글에 에릭 로메르는 특히 흥분했다. 그는 그 기사를 발견하고, "드디어 나쁜 비평이군!"이라고 외쳤다(레진 비달과의 인터뷰, 2012년 3월 8일).

105. 시네아스트는 『리베라시옹』의 독자이며 스코레키가 역발상주의적 혹평 기술을 높이 평가해서 그가 쓴 수십 개의 칼럼을 오려서 따로 보관해 왔다. 예를 들어, 프리츠 랑, 하워드 혹스, 라울 월쉬, 로셀리니, 르누아르에 대한 연재 기사나 그 자신의 영화에 대한 칼럼이다. 2000년 11월과 2001년 4월 사이에 스코레키는 그의 칼럼에서 정기적으로 로메르에 대해 언급했고, 감탄을 물씬 풍기는 어떤 도발과 함께 눈에 보이게 싸움거리를 찾으며 이렇게 쓴다. "무성 영화에는 민족 청소에 대한 유혹이 있다. 그것은 '아리안aryen'이라고 불러야 할 언어의 순수성에 대한 매혹이다. 이 단어의 살인적인 사용은 몇 년 후에 생겨난다. 이 유혹에 대해서는 완전무결한 몇몇 예술가인 그리피스, 프리츠 랑, 무르나우가 증명한다. 물론 우리는 그를 '아리안화aryanisation'라고 비난하고 싶은 생각은 없지만, 로메르의 영화는 다양성이나 혼합 비슷한 모든 것을 불신하는 이 무성 예술들에서 곧장 내려왔다. 불순한 영화(루비치, 로렐과 하디Laurel et Hardy, 스트로하임, 채플린)의 사소한 유혹에 맞서 이 시네필은 오랫동안 프리츠 랑의 고결한 우아함과 특히 버스터 키튼의 끄떡없는 건축물을 선호해 왔다."(『리베라시옹』, 2001년 11월 14일). 그래서 로메르는 『리베라시옹』의 이 칼럼니스트에서 5쪽 분량의 편지를 써서 보내기로 결심했다. 그 중심 내용은 스코레키가 그의 작업에서 지적하는 '아리안화'의 대척점에 있는 '원숭이를 닮은 영화cinéma simiesque'에 대한 찬가다. "당신이 나를 자극했기 때문에 당신에게 대답하고자 합니다"라고 도입부를 시작한다. 그는 키튼을 변호하지만, 특히 혹스와 르누아르를 변호한다. "그들은 오늘날 변호의 여지가 없는 감독이 되었습니다. 왜냐면, 그들의 영화에서 '인물들은

신체적인 의미에서 유인원인데, 그것이 더 이상 용인되지 않기 때문입니다.'
그들은 유인원이고 그렇기에 그들에게 영혼이 있는 것입니다. 내 스승 알랭이
말했던 것처럼, 이해할 수 있는 사람은 이해할 것입니다. 〈엘레나와 남자들Elena
et les Hommes〉에서 멜 페레Mel Ferrer의 숭고한 유인원적 우아함을 보십시오.
나는 『카이에 뒤 시네마』에서 내 리뷰의 제목을 「유인원과 비너스Les singes et
Vénus」라고 적었지만, 도니올에 의해 검열되었습니다. 그는 "인물을 유인원으로
취급해서는 안 됩니다"라고 내게 말했습니다. 모든 개념적 사고에서 벗어나는 것을
표현할 단어는 없기에 더 이상 말하지 않겠습니다." 마지막에 로메르는 다음과
같은 찬사로 끝을 맺는다. "당신의 충실한 독자이며, 일반적으로 당신의 글을 계속
보기를 좋아하고, 르누아르와 혹스에 대한 당신의 신중함에 불만이 없습니다.
왜냐면 평소대로 두 사람 모두 '모든 취향은 자연스러운 것이다'고 말할 테기
때문입니다. 안녕히."(Lette d'Eric Rohmer à Louis Skorecki, 2001, IMEC, fonds Éric
Rohmer, dossier 「Correspondance professionnelle, Skorecki」 (RHM 113)).

106. Libération, 26 août 1987.

107. Eric Rohmer, L'Ami de mon amie, scénario. 1985. IMEC. fonds Éric Rohmer,
dossier 「L'Ami de mon amie, écriture de l'oeuvre」 (RHM 36.2).

108. 그런 경우가 제인 맨스필드Jayne Mansfield가 출연한 〈윌 석세스 스포일 락
헌터Will Success Spoil Rock Hunter?〉와 프랭크 타쉬린 감독에 대한 글이다. 이
영화는 로메르적 취향의 정반대 편에서 생각할 수 있는 영화다. 하지만 카이에적
사고에 대한 상당히 전형적인 역설을 통해 이 비평가는 고전적인 척도와 관련해 이
영화의 결론을 얻는다. 제인 맨스필드는 이 영화에서 당대의 고전적인 아름다움이
된다(『카이에 뒤 시네마』, 1957년 11월).

109. Ibid.

110. Alain Auger, Rohmer et la comédie. Le semblant du social」. L'Imparnassien, no 3,
mai 1983.

111. Eric Rohmer, entretien préparatoire à L'Ami de mon amie, avec Sophie Renoir,
IMEC, fonds Éric Rohmer, dossier 「L'Ami de mon amie, préparation du tournage」
(RHM 37.1).

112. Le Quotidien de Paris, 15 mars 1995 (Anne de Gasperi).

113. 로메르(이런 종류의 놀이를 좋아했다)가 프랑스 공산당의 강자들에 대해 쓴
말장난은 이 남자가 일반적인 정치에 대해 취했던 장난스러운 거리감을 아주 잘
말해 준다. 「난 이상한 꿈을 꿨는데 시대가 없었다. / 노앙Nohant 출신 부인은
모피 모자를 쓰고 / 프릴 치마와 검은 코트를 입고 / 저녁의 신선함 속에서 내게
성큼성큼 걸어왔다. / 뒤에는 『지상의 양식Nourritures terrestres』의 저자(앙드레

지드-옮긴이)가 / 마치 보도 여행에 오랫동안 익숙해진 것처럼 / 가면서 천천히 땅을 되찾는다. / 그는 고요한 분위기를 유지하며 말했다./ "나는 절대로 오늘 밤 그녀와 함께해야 한다." / 그는 그랬다, 이 점에 대해서는, 내 꿈이 증언한다./ 그가 그녀에게 한 말은 모르겠다 / 꿈이 거기서 멈췄기 때문이다. / 그리고 그가 더 멀리 갔을 거라는 / 우화는 필요하지 않다 / 교훈: 조르주가 걷고 있었고, 앙드레는 그녀와 함께했다[조르주 마르셰, 앙드레 라주아니Georges Marchais, André Lajoinie](프랑스 공산당PCF 당원-옮긴이) (IMEC, fonds Éric Rohmer, dossier 「Éric Rohmer écrivain, poèmes」(RHM 102.12)).

114. Entretien avec Jean Parvulesco, 18 octobre 2010.

115. Entretien avec René Schérer, 28 septembre 2010.

116. Ibid.

117. 「Les trottoirs aux piétons!」, IMEC, fonds Eric Rohmer, dossier 「Coupures de presse. documentation diverse」(RHM 120).

118. Lettre d'Éric Rohmer au président du Comité contre le tabagisme, mai 1981, IMEC, fonds Éric Rohmer, dossier 「Correspondance professionnelle, divers」(RHM 117.9).

119. Lettre de Dominique Voynet à Eric Rohmer, décembre 1994, IMEC, fonds Éric Rohmer. dossier 「Correspondance professionnelle, Voynet」(RHM 113).

120. 게다가 기록 보관소에서, 예를 들어 'VI.V.RE' 협회의 가입과 후원 계좌와 같은 몇몇 정기적 활동의 흔적이 발견된다. 이 협회는 빌맹Villemin 정원의 복구와 재개, 그리고 10구에 있는 발미Valmy와 즈망Jemmanes강변의 보행자 구역 분류를 위해 조직된 것이다. 이 외에, 아그La Hague에서 핵폐기물 축적에 반대해 강력하게 투쟁하는 '반핵 사상 및 정보와 투쟁 위원회Comité de réflexion, d'information et de lutte anti-nucléaire'를 위한 기부금, 혹은 '탈핵과 유럽 반-슈퍼페닉스Sortir du nucléaire et Les Européens contre Superphénix' 네트워크가 출간한 잡지 「탈핵Sortir du nucléaire」의 정기 구독도 있다(IMEC, fonds Eric Rohmer, dossier 「Documentation diverse」(RHM 120)).

121. Pierre Rabhi, 「Pour une insurrection des consciences」, IMEC, fonds Éric Rohmer, dossier 「Coupures de presse, documentation diverse」, (RHM 120).

122. IMEC, fonds Éric Rohmer, dossier 「Coupures de presse, documentation diverse」(RHM 120).

123. L'Arbre, le Maire et la Médiathèque, IMEC, fonds Éric Rohmer, dossier 「L'Arbre, le Maire et la Médiathèque, promotion」(RHM 48.1).

124. Lettre d'Aline Baillou à Eric Rohmer, juillet 1973. IMEC, fonds Éric Rohmer, dossier

「Correspondance professionnelle, Aline Baillou」 (RHM 113).

125. L'Actualité économique/CAC, février 1991, IMEC, fonds Éric Rohmer, dossier 「L'Arbre, le Maire et la Médiathèque, préparation du tournage」 (RHM 45.9).

126. Lettre d'Eric Rohmer à Gilles et Charline Lauga, 12 juillet 1993, IMEC, fonds Eric Rohmer, dossier 「L'Arbre, le Maire et la Médiathèque, réception」 (RHM 48.5).

127. Entretien avec Arielle Dombasle, 24 octobre 2011.

128. Lettre d'Arielle Dombasle à Éric Rohmer. 6 mai 1991. IMEC, fonds Éric Rohmer, dossier 「L'Arbre, le Maire et la Médiathèque, préparation du tournage」 (RHM 45.10). Il existe un reportage dans le Vogue anglais, avril 1994, 「House of Style」, sur la propriété de Bruno Chambelland.

129. Entretien avec Pascal Greggory, 14 janvier 2011.

130. 이 조사의 도입부에서 읽을 수 있다. "방데 전원의 낮은 중심부에 자리한 생쥐이르 샹피용은 시인 샤를 트르네Charles Trenet가 노래하는 고요하고 '감미로운 프랑스'의 살아 있는 상징 이상이다. 사실 이 지역에 있는 그렇게 감동적이고 비밀스러운 모든 한산한 길에 불경한 재정비를 할 이유가 여전히 없었다. 이 재정비는 1970년대 초에 저열하게 유물론적 효율성이라는 구실로 죽은 자와 역사를 비겁하게 경멸한 것이다. 그렇다. 순수하고 고요한 자연을 사랑하는 이들에게 땅과 주민 간의 친밀한 동맹이 훌륭하게 유지되는 이 사랑스러운 마을은 하나의 보석이자, 자연과 건축의 보석이다. 결론적으로, 이곳은 1991년의 인간이 살아가는 또 다른 예술을 여전히 맛볼 수 있는 특권적인 장소다! 대지의 인간의 온화한 평온을 가득 연상시키는 마을의 돌길에 담긴 증언에 무관심해지는 것은 불가능하다."(「Saint-Juire-Champgillon, présentation」, tapuscrit, IMEC, fonds Éric Rohmer, dossier 「L'Arbre, le Maire et la Médiathèque, préparation du tournage」 (RHM 45.11)).

131. Christophe Cosson, Jean-Claude Pubert, Le Parler Saint-Juirien, Éditions Hécate, 1990.

132. 선거 전단지의 주장은 다음과 같다. "생트 에르민 면은 곧 사막화가 될까요? 30년 동안 이 면은 주민들이 줄었습니다. 1962년: 9,089명, 1968년: 8,585명, 1974년: 8,124명, 1990년: 7,428명. 30년 만에 이 면은 주민 열 명 중 거의 두 명이 줄었습니다. 이 손실을 막아야 합니다." 그런 다음 고용과 고속도로, 농업, 녹색 관광에 대한 개발이 이어지고, 선고의 공약을 이렇게 마무리한다. "우리 지역과 기념물을 활용하고, 우리 그 특성을 존중하면서 마을을 개혁합시다. 일상을 개선하는 것이 다시 그 지역에 살고 싶게 만듭니다."(IMEC. fonds Éric Rohmer, dossier 「L'Arbre, le Maire et la Médiathèque, préparation du tournage」 (RHM

45.12))

133. Bruno Chambelland, 「Écouter, réfléchir, agir」, 1992, IMEC, fonds Éric Rohmer, dossier 「L'Arbre, le Maire et la Médiathèque, préparation du tournage」 (RHM 45.13).

134. Ibid.

135. Lettre de Jean-Claude Pubert à Éric Rohmer, IMEC, fonds Éric Rohmer, dossier 「L'Arbre, le Maire et la Médiathèque, préparation du tournage」 (RHM 45.14).

136. Entretien avec Michel Jaouën, par Vincent Guigueno, Rohmer et les Autres, op. cit., p. 219-223.

137. IMEC의 로메르 기금에서 〈나무, 시장, 미디어테크〉와 관련된 몇몇 개의 파일과 폴더는 '고도로 정치적인Haute Politique'을 의미하는 신비한 이름인 'HP'라고 표기되어 있다.

138. Entretien avec Michel Jaouën, par Vincent Guigueno, Rohmer et les Autres, op. cit., p. 219-223.

139. Ibid.

140. Ibid.

141. Fabienne Costa, 「Prière d'insérer: L'Arbre. le Maire et la Médiathèque」 Rohmer et les Autres, op. cit., p. 151-156.

142. 배우는 그녀가 시골에서 자라서 식물과 동물 종류의 명칭에 대해 잘 알고 있다고 설명한다. 한편, 파스칼 그레고리는 이 역할을 맡아서 (또한 거기에 맞추어서) 그가 잘 아는 생쥐이르 시장인 브뤼노 샹벨랑이 입는 의상을 입어서 정치 대표자와 농장주 사이의 외모를 구체화했다고 말했다. 로메르 역시 그에게 인물을 설정하는데 "쥘리앙 드래Julien Dray(프랑스 사회당 소속 정치인-옮긴이)에게 관심을 가져요"라는 암시를 준다.

143. Lettre de Fabienne Babe à Éric Rohmer, 27 mai 1991, IMEC, fonds Éric Rohmer, dossier 「Correspondance professionnelle, Fabienne Babe」 (RHM 113).

144. Lettre d'Isabelle Carré à Éric Rohmer, 24 septembre 1991. IMEC, fonds Eric Rohmer, dossier 「Correspondance professionnelle, Isabelle Carré」 (RHM 113).

145. Lettre d'Hélène Fillières à Éric Rohmer, 20 avril (1991), IMEC, fonds Éric Rohmer, dossier 「Correspondance professionnelle, Hélène Fillières」 (RHM 113).

146. Eric Rohmer, 「À la campagne」, chanson, 1992, IMEC, fonds Éric Rohmer, dossier 「L'Arbre, le Maire et la Médiathèque, écriture de l'euvre」 (RHM 45.9).

147. Entretien avec Diane Baratier, 11 mars 2011.

148. Entretien avec Françoise Etchegaray, par Stéphane Delorme, Cahiers du cinéma,

février 2010.

149. Entretien avec Diane Baratier, 11 mars 2011.

150. Ibid.

151. 디안 바라티에는 이어지는 에릭 로메르의 모든 영화에서, 〈로맨스〉까지 촬영 감독을 담당했다.

152. Entretien avec Diane Baratier, 11 mars 2011.

153. 150만 프랑이라는 아주 최소한의 예산으로 제작된 이 영화는 대부분 카날 플뤼스에서 자금을 조달했다. 카날 플뤼스의 사무실에서 에릭 로메르, 나탈리 블로슈레네Nathalie BlochLainé, 르네 보넬René Bonnell 간의 협상에 참석한 프랑수아즈 에체가라이는 시네아스트가 자신의 주머니에 100만 프랑이 넘는 수표를 들고 어떻게 자리를 떠났는지 말해 준다. 그는 엘리베이터에서 동료에게 키스한 다음 그녀를 피자 피노Pizza Pino 가게에 초대했다.

154. Studio Magazine, octobre 1992.

155. Entretien avec Régine Vial, 8 mars 2012.

156. 레진 비달은 영화 개봉 2주 전인 1993년 1월 28일이 되어서야 보도 자료를 발행했다. "여러분, 오는 2월 12일 파스칼 그레고리, 아리엘 동발, 파브리스 루치니가 출연하는 에릭 로메르의 최신 영화 〈나무, 시장, 미디어테크〉의 개봉 소식을 전하게 되어 매우 기쁩니다. 에릭 로메르가 이제 막 영화를 끝냈기 때문에 시사회를 진행할 수 없었습니다. 그는 이 영화가 빨리 공개되기를 원했습니다. 영화의 주제가 올해 초 시사 문제에 근거하고 있고 곧 있을 선거에서 논의될 다양한 정치사상과 연결되어 있는 것처럼 보이기 때문입니다. 보도 자료와 함께 극장에서 영화를 볼 수 있는 초대장이 첨부되어 있습니다."

157. Entretien avec Eric Rohmer, par Serge Kaganski, Les Inrockuptibles, mars 1993.

158. Lettre de Clara Bellar à Eric Rohmer, 20 février 1993, IMEC, fonds Eric Rohmer, dossier「Correspondance professionnelle, Clara Bellar」(RHM 113).

159. Lettre de Pierre Zucca à Éric Rohmer, IMEC, fonds Eric Rohmer, dossier「L'Arbre, le Maire et la Médiathèque, réception du film」(RHM 48.5).

160. Lettre de Marie-Claude Treilhou à Eric Rohmer, IMEC, fonds Éric Rohmer, dossier「L'Arbre, le Maire et la Médiathèque, réception du film」(RHM 48.6).

161. Lettre de Jean Mambrino à Eric Rohmer, 15 février 1993, IMEC, fonds Éric Rohmer, dossier「L'Arbre, le Maire et la Médiathèque, réception du film」(RHM 48.7).

162. Sites et Monuments, no 141, deuxième trimestre 1993.

163. Cahiers du cinéma, mars 1993 et février 1994.

164. La Gazette de Lausanne, 22 février 1993.

165. Études, avril 1993.

166. Presse Océan, 4 mai 1994.

167. Lettre de Jean-Claude Pubert à Eric Rohmer, 23 juin 1994. IMEC, fonds Eric Rohmer, dossier 「L'Arbre, le Maire et la Médiathèque, réception du film」 (RHM 45.1).

11. 계절의 리듬 1989-1998

1. Eric Rohmer, Conte d'été, Contes des quatre saisons, Petite bibliothèque des Cahiers du cinéma, 1998, quatrième de couverture.

2. Eric Rohmer, Conte de printemps, Contes des quatre saisons, op. cit., p. 17.

3. Entretien avec Eric Rohmer, par Marie-Noëlle Tranchant. Le Figaro, 4 avril 1990.

4. Entretien avec Mary Stephen, par Charles Tesson, Cahiers du cinéma, février 2010.

5. Éric Rohmer, Conte d'automne, brouillon manuscrit de scénario, 1992, IMEC, fonds Éric Rohmer, dossier 「Conte d'automne, écriture de l'ouvre」 (RHM 55.1).

6. Ibid.

7. Brouillon de lettre d'Éric Rohmer à Renée Agnard, 1998, IMEC, fonds Éric Rohmer, dossier 「Conte d'automne, réception」 (RHM 57.6).

8. Entretien avec Martine Limonta, par Victor Franco, Le Figaro Magazine, édition RhôneAlpes, 7 novembre 1998.

9. Éric Rohmer, Conte d'automne, Contes des quatre saisons, op. cit., p. 180.

10. Entretien avec Catherine Molin, par Victor Franco, Le Figaro Magazine, éditions RhôneAlpes, 7 novembre 1998.

11. Lettre de Stéphane Darmon à Éric Rohmer, Paris, 6 mars 1997, IMEC, fonds Éric Rohmer, dossier 「Conte d'automne, préparation du tournage」 (RHM 55.8).

12. Entretien avec Alexia Portal, 28 avril 2011.

13. Brouillon de lettre d'Éric Rohmer, 29 septembre 1998, IMEC, fonds Éric Rohmer, dossier 「Conte d'automne, réception」 (RHM 57.6).

14. Éric Rohmer, brouillon de lettre à Jean-Claude Brialy, 14 février (1991), IMEC, fonds Éric Rohmer, dossier 「Conte d'hiver, préparation du tournage」 (RHM 42.5).

15. Jean-Claude Brialy, lettre à Éric Rohmer, Paris, 26 février 1991, IMEC, fonds Éric Rohmer, dossier 「Conte d'hiver, préparation du tournage」 (RHM 42.6).

16. William Shakespeare, Conte d'hiver, traduit par Émile Legouis et cité par Éric

Rohmer dans Conte d'hiver, Contes des quatre saisons, op. cit., p. 228.

17. Eric Rohmer, Conte d'hiver, Contes des quatre saisons, op. cit., p. 234.

18. Ibid., p. 229.

19. Entretien dactylographié avec Eric Rohmer, par Alain Bergala et Laure Gardette, 17 février 1992, IMEC, fonds Éric Rohmer, dossier ⌐Conte d'hiver, réception⌐(RHM 44.8).

20. Ibid.

21. Entretien avec Pascal Ribier, 7 février 2011.

22. Entretien dactylographié avec Eric Rohmer, par Alain Bergala et Laure Gardette, 17 février 1992, IMEC, fonds Éric Rohmer, dossier ⌐Conte d'hiver, réception⌐ (RHM 44.8).

23. Lettre de Margot Tronchon à Eric Rohmer, Paris, 23 décembre 1991, IMEC, fonds Éric Rohmer, dossier ⌐Conte d'hiver, réception⌐ (RHM 44.10).

24. Entretien avec Éric Rohmer, par Noël Herpe et Philippe Fauvel, Le Celluloid et le Marbre, op. cit., p. 124-125.

25. Lettre d'Éric Rchmer à Charlotte Véry, 10 juin 1989, IMEC, fonds Éric Rohmer, dossier ⌐Conte d'hiver, préparation du tournage⌐ (RHM 42.6).

26. Eric Rohmer, Conte d'hiver, Contes des quatre saisons, op. cit., p. 221.

27. William Shakespeare, Conte d'hiver, traduit par Émile Legouis et cité par Eric Rohmer, Conte d'hiver, Contes des quatre saisons, op. cit., p. 229.

28. Entretien dactylographié avec Eric Rohmer, par Alain Bergala et Laure Gardette, 17 février 1992, IMEC, fonds Eric Rohmer, dossier ⌐Conte d'hiver, réception⌐ (RHM 44.8).

29. Eric Rohmer, Conte d'été, Contes des quatre saisons, op. cit, p. 89.

30. Entretien avec Eric Rohmer, par Cédric Anger, Emmanuel Burdeau et Serge Toubiana, Cahiers du cinéma, mai 1996.

31. Entretien avec Éric Rohmer, par Jean-Michel Frodon, Le Monde, 6 juin 1996.

32. Eric Rohmer, Conte d'été, Contes des quatre saisons, op. cit., p. 125.

33. Ibid., p. 82.

34. Conte d'été, scénario dactylographié avec annotations manuscrites, IMEC, fonds Eric Rohmer, dossier ⌐Conte d'été, écriture de l'ouvre⌐ (RHM 51.17).

35. Entretien avec Pascal Ribier, 7 février 2011.

36. Eric Rohmer, Conte d'été, in Contes des quatre saisons, op. cit., p. 91.

37. Gwenaëlle Simon, lettre à Éric Rohmer, Paris, 1993, IMEC, fonds Éric Rohmer,

dossier「Conte d'été, préparation du tournage」(RHM 52.8).

38. Entretien avec Melvil Poupaud, 27 mai 2011.

39. Ibid.

40. Éric Rohmer, Conte d'été, manuscrit de chanson, IMEC, fonds Éric Rohmer, dossier
「Conte d'été, écriture de l'oeuvre」(RHM 52.1).

41. Entretien avec Éric Rohmer, par Noël Herpe et Philippe Fauvel, Le Celluloid et le
Marbre, op. cit., p. 144.

42. Entretien avec Éric Rohmer, par Marie-Noëlle Tranchant, Le Figaro, 5 juin 1996.

43. Positif, octobre 2002.

44. Entretien avec Éric Rohmer, par Noël Herpe et Philippe Fauvel, Le Celluloid et le
Marbre, op. cit., p. 144.

45. Entretien avec Arielle Dombasle, 24 octobre 2011.

46. Entretien avec Pascal Ribier, 7 février 2011.

47. Entretien avec Éric Rohmer, par Noël Herpe et Philippe Fauvel, Le Celluloid et le
Marbre, op. cit., p. 143.

48. Éric Rohmer, De Mozart en Beethoven: essai sur la notion de profondeur en
musique, Actes Sud, 1996, p. 105.

49. Ibid., p. 107.

50. Ibid., p. 109.

51. Entretien avec Éric Rohmer, par Brigitte Salino, L'Événement, 26 novembre 1987.

52. Lettre de Yannis Kokkos à Éric Rohmer, Paris, 1 janvier 1987, IMEC, fonds Éric
Rohmer. dossier「Trio en mi bémol」(RHM 104.2).

53. Le Monde, 11 décembre 1987.

54. Lettre d'Éric Rohmer à Olivier Séguret, Paris, 27 novembre 1986, IMEC, fonds Éric
Rohmer, dossier「Correspondance professionnelle, Séguret」(RHM 113).

55. Entretien avec Eric Rohmer, par Noel Herpe et Philippe Fauvel, Le Celluloid et le
Marbre. op. cit., p. 146.

12. 역사 영화 1998~2004

1. Entretien avec Éric Rohmer, par Priska Morrissey, Historiens et cinéastes : rencontre
de deux écritures, op. cit., p. 207.

2. Ibid.

3. Outre le livre de Priska Morrissey (l'entretien avec Eric Rohmer et son rapport à

l'histoire y occupe les pages 207 à 238), on lira l'entretien donné par Rohmer à La Nouvelle Revue d'histoire, n° 23. mars-avril 2006: 「Le regard du cinéaste」, et les travaux de François Amy de La Bretèque, 「La représentation de l'histoire dans les films d'Éric Rohmer」 Cinéma et audiovisuel se réfléchissent. Reflexivité, migrations, intermédialité, L'Harmattan, 2002: 「Eric Rohmer et son rapport à l'histoire, en particulier dans ses 「Tragédies de l'histoire」, Éric Rohmer en perspectives, op. cit. Sur Perceval, la rencontre entre Éric Rohmer et Jacques Le Goff, par sa difficulté même, est très intéressante : Ça/Cinéma, n° 17, 1978.

4. Entretien avec Eric Rohmer, par Priska Morrissey, Historiens et cinéastes : rencontre de deux écritures, op. cit., p. 207.

5. Eric Rohmer, 「Note sur la mise en scène」. tapuscrit. IMEC, fonds Éric Rohmer, dossier 「La Marquise d'o...」, écriture de l'oeuvre」(RHM 10.8).

6. Entretien avec Éric Rohmer, par Priska Morrissey, Historiens et cinéastes : rencontre de deux écritures, op. cit., p. 207.

7. 드니 프레이는 중요한 제작자가 되는데, 특히 파트리시아 마주이Patricia Mazuy와 압데라만 시사코Abderrahmane Sissako, 다르덴 형제Jean-Pierre, Luc Dardenne의 제작자로 알려져 있다.

8. Entretien avec Éric Rohmer, par Priska Morrissey, Historiens et cinéastes : rencontre de deux écritures, op. cit., p. 225.

9. Contrat pour le film Les Jeux de société, 9 novembre 1987, IMEC, fonds Eric Rohmer, dossier 「Les Jeux de société, préparation du tournage」(RHM 93.2).

10. 그의 기록물 보관소에서 서적뿐만 아니라, 당시의 악보와 판화의 많은 사본을 발견할 수 있다. 그 작품에는 에메리Eymery의 『사계절 놀이 혹은 청년기 오락Les Jeux des quatre saisons ou les Amusements du jeune âge』(1812), 베르탱Bertin의 『어린 시절 놀이Jeux de l'enfance』(1820), 들라뤼Delarue의 『어린 시절과 청년기 놀이Jeux de l'enfance et de la jeunesse』(1844)가 있고, 이 모든 자료는 프랑스 국립도서관에서 복사된 것이다.

11. 13세기의 놀이는 아담 드라알의 저작을 각색한 '로뱅과 마리옹Robin et Marion'의 놀이를 통해 엿볼 수 있다. 루이 14세 시대에는 레니에 데마레Régnier-Desmarets의 시에 묘사된 술래잡기 놀이로 전달하고, 루이 16세 시대의 놀이 양식은 팽쿠크Panckoucke의 분류별 백과사전Encyclopédie methodique에 설명되어 있는 뜻밖의 놀이 '난 애인을 사랑해J'aime mon amant' 게임이 이어진다. 총재정부Directoire 시대에는 프랑스 혁명 말기와 집정정부Consulat 사이에 유행했던 내기 게임인 심문대sellette 놀이가 관심을 끌었다. 황제 시대에는

뒤메르상Théophile Marion Dumersan과 스우랭Augustin Sewrin의 풍자극에서 각색한 몸짓 수수께끼 놀이를 보여 준다. 마지막으로, 7월 왕정Monarchie de Juillet 시대는 오노레 드 발자크의 『베아트릭스*Béatrix*』의 한 구절에서 묘사된 카드놀이인 무스mouche에 열광했다.

12. Lettre de Denis Freyd à Charles Greber, 3 août 1990, IMEC, fonds Éric Rohmer, dossier 「Les Jeux de société, préparation du tournage」(RHM 93.3).

13. Entretien avec Hervé Grandsart, 22 mars 2011.

14. Ibid.

15. 그들은 안 발레트Anne Baleyte, 다비드 콩티David Conti, 자비에 블랑Xavier Blanc, 플로랑스 마쥐르Florence Masure, 올리비에 드루소Olivier Derousseau, 필리프 카펠Philippe Capelle, 질 마송Gilles Masson, 파스칼 데뤨Pascal Derwel, 코린 오르테가Corinne Ortega, 베로니크 공즈Véronique Gonse, 마리 테를뤼트Marie Terlutte, 이자벨 바자이Isabelle Vazeille, 베르나르 데브레인Bernard Debreyne이다.

16. Le Quotidien de Paris, 20 août 1990.

17. 그래서 아리엘 동발은 소피 아르누를 이렇게 정의한다. "흥미진진하고 놀랍게 모험심이 넘치는 여성으로 대단히 환상적인 방식으로 프랑스 혁명과 공포 정치, 총재정부 시대를 통과하며 끝까지 살아남았다."(아리엘 동발 인터뷰, 2011년 10월 24일)

18. Entretien avec Arielle Dombasle, 24 octobre 2011.

19. Cité par Marie-Laure Guétin, 「Des décors révolutionnés : le Pari(s) historique d'Éric Rohmer」, Éric Rohmer en perspectives, op. cit.

20. Grace Elliott, Journal de ma vie durant la Révolution française, Éditions de Paris, 2001, p. 14.

21. Éric Rohmer, 「Avant-propos」, Grace Elliott, Journal de ma vie durant la Révolution française, op. cit., p. 5.

22. Ibid.

23. Ibid., p. 6.

24. 사이먼앤슈스터Simon&Schuster 출판사에서 그레이스 엘리엇의 전기를 작업한 미국 학자, 조 매닝Jo Manning이 있다. 『마이 레이디 스캔들. 그레이스 엘리엇의 놀라운 삶과 충격의 시대, 공포 정치 시대의 왕실 기녀이자 생존자My Lady Scandalous. The Amazing Life and Outrageous Times of Grace Dalrymple Elliott, Royal Courtesan and Survivor of the Reign of Terror』, 2005.

25. Entretien avec Eric Rohmer, par Priska Morrissey, Historiens et cinéastes: rencontre de deux écritures, op. cit., p. 214.

26. Lettre d'Hervé Grandsart à Eric Rohmer, IMEC, fonds Éric Rohmer, dossier 「L'Anglaise et le Duc, écriture de l'oeuvre」 (RHM 58.2).

27. 이 모든 공간의 사전 답사 작업은 에르베 그랑사르가 이어 진행했던 다른 시네아스트들과의 공동 작업에서도 사용된다. 예를 들어, 브누아 자코Benoît Jacquot의 〈아돌프Adolphe〉, 〈사드Sade〉, 〈페어웰, 마이 퀸Les Adieux à la reine〉과 같은 영화가 있다.

28. Éric Rohmer, 「Note d'intention」, insérée au début du scénario de L'Anglaise et le Duc, janvier 1999, IMEC, fonds Éric Rohmer, dossier 「L'Anglaise et le Duc, écriture de l'ouvre」 (RHM 58.1).

29. Ibid.

30. Images de la Révolution française (Antoine de Baecque, Michel Vovelle, dir.), Publications de la Sorbonne, 1988.

31. Entretien avec Éric Rohmer, par Patrice Blouin, Stéphane Bouquet, Charles Tesson, Cahiers du cinéma, juillet-août 2001.

32. Entretien avec Arielle Dombasle, 24 octobre 2011.

33. Entretien avec Éric Rohmer, par Marie Marvier, L'Express, 6 septembre 2001.

34. Entretien avec Margaret Menegoz, 29 novembre 2010.

35. Éric Rohmer, 「Mes dates clés」, Libération, 17 mars 2004.

36. Entretien avec Françoise Etchegaray, 2 juillet 2012.

37. Entretien avec Pierre Rissient. 23 novembre 2010.

38. Mot de Françoise Etchegaray à Éric Rohmer, IMEC, fonds Éric Rohmer, dossier 「Correspondance professionnelle, Françoise Etchegaray」 (RHM 113).

39. Ibid.

40. Ibid.

41. Marie-Laure Guétin, 「Des décors révolutionnés : le Pari(s) historique d'Éric Rohmer」, Éric Rohmer en perspectives, op. cit.; Florence Bernard de Courville, 「L'Anglaise et le Duc: le réel et le tableau」, Rohmer et les Autres, op ; cit., p. 170-181.

42. Entretien avec Jean-Baptiste Marot, 29 octobre 2010.

43. Entretien avec Jean-Baptiste Marot, par Christophe Chauville, Repérages, septembre 2001.

44. 이 그림들은 2001년 9월 21~29일 사이 파리 3구에 있는 에스파스 코민Espace Commines에서 열린 전시회 〈장밥티스트 마로의 영화를 위한 그림들Tableaux pour le cinéma de Jean-Baptiste Marot〉에서 소개되었다. 전시 카탈로그에는 좋은

품질의 그림 사진들이 실려 있다.

45. Duboi. Trucages numériques haute résolutiòn, plateaux de tournage et motion control, plaquette de l'entreprise, 1995, IMEC, fonds Éric Rohmer, dossier 「L'Anglaise et le Duc, préparation du tournage」(RHM 59.7).

46. Entretien avec Françoise Etchegaray, 2 juillet 2012.

47. Ibid.

48. Entretien avec Éric Rohmer, par Priska Morrissey, Historiens et cinéastes : rencontre de deux écritures, op. cit., p. 216.

49. Entretien avec Antoine Fontaine, par Patrick Caradec, Le Film français, 7 septembre 2001.

50. Entretien avec Pierre-Jean Larroque, Rohmer et les Autres, op. cit., p. 214.

51. Ibid.

52. Entretien avec Éric Rohmer, par Priska Morrissey, Historiens et cinéastes : rencontre de deux écritures, op. cit., p. 223.

53. Lettre de Hervé Grandsart à Éric Rohmer, 1 juillet 2001, IMEC, fonds Éric Rohmer, dossier 「L'Anglaise et le duc, réception」(RHM 67.8).

54. Entretien avec Françoise Etchegaray, 2 juillet 2012.

55. 프랑수아 마르투레François Marthouret(뒤무리에), 레오나르 코비앙Léonard Cobiant(샹스네츠), 카롤린 모랭Caroline Morin(나농), 알랭 리볼트Alain Libolt(비롱 공), 엘레나 뒤비엘Héléna Dubiel(메일레 부인), 다니엘 다라르Daniel Tarrare (짐꾼 쥐스탱), 샤를롯트 베리(요리사 퓔셰리), 로제트(뫼동 하녀, 팡셰트), 마리 리비에르(로랑 부인), 세르주 랑코(피에르 베르니오), 장루이 발레로(가수), 미셸 드미에르Michel Demierre(샤보), 크리스티앙 아메리Christian Ameri(갸데), 에리크 비에야르Éric Viellard(오슬랭). 또한 로메르는 친구 프랑수아마리 바니에에게 로베스피에르 역할을 제안한다. 바니에는 프랑스 혁명에 대한 영화들에서 관습적으로 표현되던 로베르피에르의 매우 어두운 이미지로부터 정반대 지점에서 상당히 귀족적으로 위풍당당한 강직한 인물을 연기한다. 이 작품에서 차분하고, 흥분을 진정시키고, 중도주의를 추구하는 로베르피에르의 모습은 공포 정치 시대를 책임진 그의 역할을 강조하는 오늘날 역사가들의 해석에 근접한 것이다. 이는 또한 그의 정치 인생 전반에 걸쳐 모든 종류의 파벌과 급진파들 사이에서 그가 차지하고자 했던 온건한 중심 지대이기도 하다. 시네아스트는 "바니에는 로베르피에르와 똑같은 교활한 분위기를 가지고 있다"라고 유일하게 언급하며 이 독창적인 연기를 높이 평가했다.

56. Entretien avec Serge Renko, 12 mars 2011.

57. Entretien avec Éric Rohmer, par Priska Morrissey, Historiens et cinéastes : rencontre de deux écritures, op. cit., p. 223.

58. Annonce de casting, IMEC, fonds Éric Rohmer, dossier「L'Anglaise et le Duc, préparation du tournage」(RHM 62.4).

59. 영국 귀족이자 윈스턴 처칠의 며느리였던 파멜라 해리먼은 1993년부터 1997년까지 프랑스에 주재한 최초의 미국 여자 대사였다.

60. Lettre de Lucy Russell à Michelle [?], 19 août 1999, IMEC, fonds Éric Rohmer, dossier「L'Anglaise et le Duc, préparation du tournage」(RHM 62.5).

61. Entretien avec Lucy Russell, par Nicolas Rey, Le Figaro Magazine, 1° septembre 2001.

62. Entretien avec Jean-Claude Dreyfus, par Bruno Soriano, France-Soir, 14 juillet 2001.

63. Corinne Lellouche,「L'homme aux 2 500 petits cochons」Paris magazine, 1er mai 2000.

64. Entretien avec Éric Rohmer, par Priska Morrissey, Historiens et cinéastes : rencontre de deux écritures, op. cit., dans la version manuscrite, p. 94.

65. Entretien avec Françoise Etchegaray, 2 juillet 2012.

66. Ibid.

67. Entretien avec Bethsabée Dreyfus. 9 mars 2011.

68. Entretien avec Françoise Etchegaray, par Stéphane Delorme, Cahiers du cinéma, février 2010.

69. Lettre de Pierre Rissient à Éric Rohmer, 22 décembre 2000, IMEC, fonds Éric Rohmer, dossier「L'Anglaise et le Duc, postproduction」(RHM 66.3).

70. Entretien avec Pierre Rissient, 23 novembre 2010.

71. Lettre de Pierre Rissient à Alberto Barbera, 19 juin 2001, IMEC, fonds Éric Rohmer, dossier「L'Anglaise et le Duc, promotion」(RHM 66.4).

72. Lettre de Catherine Tasca à Éric Rohmer, 7 septembre 2001, IMEC, fonds Éric Rohmer, dossier「L'Anglaise et le Duc, réception」(RHM 67.8).

73. Entretien avec Françoise Etchegaray, 2 juillet 2012.

74. Village Voice, 14 mai 2002.

75. Vanity Fair, mai 2002.

76. New York Times, 10 mai 2002.

77. Lettre de Maurice Béjart à Éric Rohmer, 11 octobre 2001, IMEC, fonds Éric Rohmer, dossier「L'Anglaise et le Duc, réception」(RHM 67.10).

78. Lettre de Jeanne Balibar à Éric Rohmer, 2001, IMEC, fonds Éric Rohmer, dossier 「L'Anglaise et le Duc, réception」 (RHM 67.10).

79. Pascal Manuel Heu, 「L'Anglaise et le Duc, la critique et l'histoire, l'esthétique et l'idéologie: coïncidence ou corrélation?」, communication au colloque 「Images, médias et politique」 (Isabelle Veyrat-Masson, Jean-Pierre Bertin-Maghit, Sébastien Denis, Sébastien Layerle, dir.), INA-ISCC-CNRS, Paris, 18-20 novembre 2010. Ce texte est consultable en ligne à l'adresse: http://www.univ-paris3.fr/ images-medias-et-politique-79687.kjsp.

80. Télérama, 5 septembre 2001.

81. Les Inrockuptibles, 4 septembre 2001.

82. Télérama, 5 septembre 2001.

83. Libération, 17 mars 2004.

84. L'Humanité, 7 septembre 2001.

85. 『라 르 프롱』의 주요 기고가 중 한 명이 에릭 로메르의 친아들이다. 아들 드니는 이때부터 할머니의 이름인 몽자Monzat를 가명으로 사용한다.

86. Politis, 6 septembre 2001.

87. Le Nouvel Observateur, 6 septembre 2001.

88. Marianne, 3 septembre 2001.

89. Gustave Le Bon, Psychologie des foules, Alcan, 1895.

90. Entretien avec Pascal Greggory, par Serge Bozon. Cahiers du cinéma, février 2010.

91. Rivarol, 31 août 2001.

92. Présent, 14 septembre 2001.

93. Éléments, décembre 2001.

94. Marina Grey, Le général meurt à minuit: l'enlèvement des généraux Koutiépov(1930) et Miller (1937), Plon, 1981 ; Christian Brosio, 「L'incroyable affaire Miller」, Le Spectacle du monde, mars 2004.

95. 하지만 이 계획은 밀러 장군이 그의 간수 중 한 명에게 독살되어 사망하면서 실패했다.

96. Entretien avec Éric Rohmer, par Marie-Noëlle Tranchant, La Nouvelle Revue d'histoire, n° 23, mars-avril 2006.

97. Entretien avec Irène Skobline, par Noël Herpe, Priska Morrissey, Cyril Neyrat, Vertigo, no 25, printemps 2004.

98. Lettre d'Éric Rohmer à Irène Skobline, 13 mars 2003, IMEC, fonds Éric Rohmer, dossier 「Triple agent, préparation du tournage」 (RHM 133.12).

99. Ouvrage publié aux éditions YMCA-Press, en 2003.

100. Jérôme Lachasse, Le Temps d'un retour: la représentation de l'entre-deux-guerres dans le cinéma français (1944-2011), mémoire de master 2, Paris-I, 2013.

101. Entretien avec Éric Rohmer, par Noël Herpe et Cyril Neyrat, Vertigo, no 25, printemps 2004.

102. Ibid.

103. Ibid.

104. Ibid.

105. Entretien avec Françoise Etchegaray, 2 juillet 2012.

106. 블라디미르 나보코프, 『마드무아젤 오』, 1991. 이 사본은 대중교통 정기권과 함께 시네아스트의 기록물 보관소에 있다, IMEC, fonds Éric Rohmer, dossier 「Triple agent, préparation du tournage」(RHM 133.10).

107. Vladimir Nabokov, Mademoiselle O, op. cit., p. 114.

108. 이 동일한 사건을 바라보는 나보코프와 로메르의 두 가지 시각의 정신이 완전히 정반대이기 때문에 이러한 두려움은 근거가 없어 보인다.

109. Lettre de Pierre Rissient à Éric Rohmer, 11 septembre 2001, IMEC, fonds Éric Rohmer, dossier 「L'Anglaise et le Duc, réception du film」(RHM 67.8).

110. Entretien avec Pierre Rissient, 23 novembre 2010.

111. Entretien avec Françoise Etchegaray, 2 juillet 2012.

112. Ibid.

113. 시네아스트의 요청에 따라 프랑수아즈 에체가라이는 뉴스 영상에서 20여 분 분량을 선택하고, 마침내 몇 개 주요 장면을 추려서 영화의 시작과 끝 부분에 배치한다. 그것은 파테의 뉴스 영상이었다. 1936년 인민전선Front populaire 시기에 레옹 블룸Léon Blum의 내각 구성, 파업, 국회에서 수상이 전쟁에 반대하며 발언하는 장면, 스페인 내전 당시의 매우 아름다운 이미지들은 분명 요리스 이벤스Joris Ivens가 촬영한 것처럼 보인다. 로메르는 이렇게 설명한다. "정치 상황은 뉴스를 통해 전달했다. 당시 우리가 비극에 접어들었고 삶의 행복한 시간이 끝났다는 것을 보여 줄 필요가 있었다. 게다가 이 방식은 마크 페로Marc Ferro나 해리스André Harris와 세두이Alain de Sédouy의 방송에서 이미 사용된 고전적인 과정이다. 이런 요소들은 이미 알려진 장면이지만, 당시의 분위기를 표시할 수 있다. 나는 그 장면을 포함시켜야 할지 오랫동안 망설였고 그것이 유용할지, 충격이나 충돌되지 않을지 질문했다. 그리고 내가 선택을 결정한 것은 편집 과정에서다."(Vertigo, no 25, printemps 2004.)

114. Entretien avec Pierre Léon, par Marie Anne Guerin et Cyril Neyrat, Vertigo, no 25,

printemps 2004.

115. Lettre de Sylvie Pagé à Éric Rohmer et Francoise Etchegaray, 26 août 2002, IMEC, fonds Eric Rohmer, dossier 「Triple agent, préparation du tournage」 (RHM 69.8).

116. 로메르는 그에게 〈삼중 스파이〉에서 보리스 역을 맡긴다.

117. Lettre d'Irène Skobline à Éric Rohmer, 16 juillet 2002, IMEC, fonds Eric Rohmer, dossier 「Triple agent, préparation du tournage」 (RHM 69.9).

118. Entretien avec Serge Renko, par Marie Anne Guerin, Vertigo, no 25, printemps 2004.

119. Entretien avec Pierre Léon, par Marie Anne Guerin et Cyril Neyrat, Vertigo, no 25, printemps 2004.

120. Entretien avec Serge Renko, 12 mars 2011.

121. Entretien avec Françoise Etchegaray, 2 juillet 2012.

122. Ibid.

123. Entretien avec Pierre-Jean Larroque, par Michelle Humbert, Rohmer et les Autres, op. cit., p. 213-217.

124. Entretien avec Pierre Léon, par Marie Anne Guerin et Cyril Neyrat, Vertigo, no 25, printemps 2004.

125. Entretien avec Bethsabée Dreyfus, 9 mars 2011.

126. Entretien avec Françoise Etchegaray, 2 juillet 2012.

127. Lettre de Katerina Didaskalou à Éric Rohmer, 5 juin 2003, IMEC, fonds Éric Rohmer, dossier 「Triple agent, réception」 (RHM 71.12).

128. Lettre d'Éric Rohmer à Katerina Didaskalou, IMEC, fonds Éric Rohmer, dossier 「Triple agent, postproduction」 (RHM 71.6).

129. Carte de René Schérer à Éric Rohmer, 7 avril 2004, IMEC, fonds Éric Rohmer, dossier 「Triple agent, réception」 (RHM 71.13).

130. Lettre de François-Marie Banier à Éric Rohmer, 28 janvier 2004, IMEC, fonds Éric Rohmer, dossier 「Triple agent, réception」 (RHM 71.14).

131. Entretien avec Françoise Etchegaray, 2 juillet 2012.

132. Ibid.

13. 겨울 이야기 2006~2007

1. Lettre de Nicole Zucca à Éric Rohmer, 6 novembre 2007, IMEC, fonds Eric Rohmer, dossier 「Correspondance professionnelle, Nicole Zucca」 (RHM 113).

2. Lettre de Sylvie Zucca à Éric Rohmer, 6 février 1999, IMEC, fonds Éric Rohmer, dossier 「Correspondance professionnelle, Sylvie Zucca」 (RHM 113).

3. Éric Rohmer, lettre de recommandation pour la BnF, 23 septembre 2003, IMEC, fonds Éric Rohmer, dossier 「Les Amours d'Astrée et de Céladon, écriture de l'oeuvre」 (RHM 73.4).

4. Les Amours d'Astrée et de Céladon, brouillon manuscrit de dialogues, IMEC, fonds Éric Rohmer, dossier 「Les Amours d'Astrée et de Céladon, écriture de l'oeuvre」 (RHM 72.13).

5. Entretien avec Éric Rohmer, par Noël Herpe et Philippe Fauvel, Le Celluloid et le Marbre, op. cit., p. 101.

6. Jean-Paul Pigeat, fax à Éric Rohmer, 24 janvier 1999, IMEC, fonds Éric Rohmer, dossier 「Correspondance professionnelle, Jean-Paul Pigeat」 (RHM 113).

7. Carte de Françoise Etchegaray à Éric Rohmer, 2005, IMEC, fonds Éric Rohmer, dossier 「Les Amours d'Astrée et de Céladon, préparation du tournage」 (RHM 74.1).

8. Entretien avec Eric Rohmer, par Noël Herpe et Philippe Fauvel, Le Celluloid et le Marbre, op. cit., p. 100.

9. Entretien avec Serge Renko, 12 mars 2011.

10. Entretien avec Eric Rohmer, par Noël Herpe et Philippe Fauvel, Le Celluloid et le Marbre, op. cit, p. 101.

11. Entretien avec Eric Rohmer, par Noël Herpe et Philippe Fauvel, Positif, septembre 2007.

12. Lettre de Sylvie Zucca à Éric Rohmer, 2 octobre 2007, IMEC, fonds Éric Rohmer, dossier 「Correspondance professionnelle, Sylvie Zucca」 (RHM 113).

13. Eric Rohmer, texte manuscrit en vue du procès concernant Les Amours d'Astrée et de Celadon, (septembre 2007), IMEC, fonds Éric Rohmer, dossier 「Les Amours d'Astrée et de Celadon, litige avec le Conseil général de la Loire」 (RHM 78.19).

14. Eric Rohmer, brouillon de texte manuscrit en vue du procès concernant Les Amours d'Astrée et de Céladon, septembre 2007, IMEC, fonds Éric Rohmer, dossier 「Les Amours d'Astrée et de Céladon, litige avec le Conseil général de la Loire」 (RHM 78.19).

15. VSD, 5 septembre 2007.

16. Charlie Hebdo, 19 septembre 2007.

17. Entretien avec Éric Rohmer, par Noël Herpe et Philippe Fauvel, Le Celluloïd et le Marbre, op. cit, p. 172.

18. Entretien avec Jean Douchet, 8 novembre 2010.

19. Eric Rohmer, brouillon manuscrit d'allocution en hommage à Pierre Zucca, IMEC, fonds Éric Rohmer, dossier「Papiers personnels」(RHM 134.22).

20. Éric Rohmer,「Lettre à Jacques Davila」, Cahiers du cinéma, mars 1990.

21. Lettre d'Éric Rohmer à Gilles Jacob, 1987, IMEC, fonds Éric Rohmer, dossier 「Correspondance professionnelle, Gilles Jacob」(RHM 113).

22. Entretien avec Paul Vecchiali, 30 novembre 2010.

23. Lettre de Françoise Etchegaray à Éric Rohmer, IMEC, fonds Éric Rohmer, dossier 「Correspondance professionnelle, Françoise Etchegaray」(RHM 113).

24. Entretien avec Pascal Ribier, 7 février 2011.

25. Entretien avec Diane Baratier, 11 mars 2011.

26. Brouillon de lettre d'Éric Rohmer à Nathalie Schmidt, 1996, IMEC, fonds Éric Rohmer, dossier「Correspondance professionnelle, Nathalie Schmidt」(RHM 113).

27. Libération, 27 mars 1998.

28. Carte d'Anne-Sophie Rouvillois à Éric Rohmer, 10 novembre 2004, IMEC, fonds Éric Rohmer, dossier「Correspondance professionnelle, Anne-Sophie Rouvillois」 (RHM 113).

14. 고통 가운데 2001~2010

1. Entretien avec Barbet Schroeder, 7 décembre 2010. 2. Entretien avec Bethsabée Dreyfus, 9 mars 2011.

2. Entretien avec Bethsabée Dreyfus, 9 mars 2011.

3. 에릭 로메르가 "축복받은 시절이었다"라는 운을 프랑수아즈 에체가라이에게 전한 것, IMEC, fonds Éric Rohmer, dossier「Correspondance professionnelle, Françoise Etchegaray」(RHM 113).

4. 스코레키오는 2006년『리베라시옹』을 떠나기 전까지 2004년 6월과 2005년 1월에 에릭 로메르에게 바치는 두 편의 마지막 연작 칼럼을 썼다.

5. Éric Rohmer, Le Celluloid et le Marbre (suivi d'un entretien avec Philippe Fauvel et Noël Herpe), op. cit.

6. L'entretien avec Eric Rohmer par Hélène Waysbord figure dans le DVD 2 du coffret Le Laboratoire d'Eric Rohmer, un cinéaste à la Télévision scolaire, op. cit.

7. Entretien avec Françoise Etchegaray, 7 juin 2013.

8. Entretien avec Arielle Dombasle, 24 octobre 2011.

9. Entretien avec Bethsabée Dreyfus, 9 mars 2011.

10. Ibid.

11. Ibid.

12. Entretien avec Jessica Forde, 24 novembre 2010.

13. Ibid.

14. 조엘 미쿠엘은 자신에게 불리한 이 법원의 결정에 항소했다.

15. 시나리오 〈별, 별들〉의 다양한 판본은 프랑수아즈 에체가라이가 보관하고 있다. 이 자료를 참조할 수 있게 해 준 데 감사하다. 다른 판본은 IMEC, 에릭 로메르 기금, '교차하는 카르마' 파일에 있다(RHM 79.13).

16. Entretien avec Françoise Etchegaray, 7 juin 2013.

17. 〈별, 별들〉은 2010년 말 재작업을 거친 후 사전 제작 지원 심사에 다시 제출했으나 두 번째로 거부되었다.

18. Entretien avec Françoise Etchegaray, 7 juin 2013.

19. Eric Rohmer, 「Lettre ouverte à la comtesse de Ségur」, 1952, IMEC, fonds Éric Rohmer, dossier 「Les Petites Filles modèles, écriture de l'oeuvre」 (RHM 79.5).

20. Éric Rohmer, La Grande Comtesse modèle, IMEC, fonds Éric Rohmer, dossier 「Éric Rohmer essayiste, critique littéraire」 (RHM 99.20).

21. Ibid., p. 43.

22. Ibid., p. 1~2. 편집에 참석하고 영화 판본을 본 대부분의 증언에 따르면 1시간 15분보다는 길었다. 따라서 이 영화는 실제로는 장편이었다.

23. Ibid., p. 82.

24. Entretien avec Françoise Etchegaray, 7 juin 2013.

25. Ibid.

26. Ibid.

27. Ibid.

28. Ibid.

29. Entretien avec Arielle Dombasle, 24 octobre 2011.

30. Entretien avec Jean Douchet, 8 novembre 2010.

31. 며칠 전부터 그의 임박한 죽음을 예감한 『리베라시옹』 편집진은 12일 화요일부터 일간지 지면 11쪽에 해당하는 특별호를 독자에게 제공할 수 있었다. 첫 면 머리기사 「로메르, 이야기의 끝에서Rohmer, au bout du conte」에는 1980년대 말에 카롤 벨라이슈Carole Bellaïche가 찍은 사진 초상화가 전면에 실렸다. 필리프 아주리Philippe Azoury가 쓴 긴 부고 기사에는 파브리스 루치니, 아리엘 동발, 마리 리비에르, 멜빌 푸포, 바르베 슈뢰더, 파스칼 그레고리, 세르주 랑코의 증언이

추가되었고, 디디에 페롱Didier Péron의 사설에서는 "프랑스 최고의 시네아스트, 일종의 국보國寶 혹은 누벨바그의 신성한 괴물"의 죽음을 슬퍼한다. 그의 영화적 계승자로 전체 언론에서 지명한 몇몇 이름은 엠마뉘엘 무레Emmanuel Mouret와 그의 영화 〈베뉘스와 플뢰르Vénus et Fleur〉와 〈사랑의 묘약Fais-moi plaisir!〉, 독일의 루돌프 토마Rudolf Thome, 한국의 홍상수다. 베르트랑 보넬로Bertrand Bonello, 브리노 뒤몽Bruno Dumont. 장클로드 브리소, 브누아 자코Benoît Jacquot, 올리비에 아사야스Olivier Assayas, 아르노 데스플레생Arnaud Desplechin, 다르덴 형제Luc et Jean-Pierre Dardenne, 다니엘 뒤브루Danièle Dubroux는 '위대한 기하학자', 건축가, 탐정, 심지어 '펑크 시네아스트'에게 경의를 표한다. 3주 후 『카이에 뒤 시네마』는 로메르의 사진을 표지에 올리고 분석과 증언을 실은 50쪽에 걸친 특별 기사를 헌정했다. 그중 20년 동안 8편의 영화에서 그의 편집자였던 메리 스테판은 이렇게 말했다. "내 생일날 편집실을 나오면서 그의 부고를 들었다. 그가 보낸 특별하게 강하고 다정한 신호처럼 그런 방식으로 난 그의 작별 인사를 받았다. 매우 불교적인 순간이었는데, 우리는 이제 영원히 연결되기 때문이다. 같은 날, 예전에 로메르에게 소개한 적이 있던 오랜 친구가 바르셀로나에서 전화를 해서, 아이를 기다리고 있다고 내게 말했다. 그리고 그녀는 에릭의 자동 응답기에 그 소식을 알리는 메시지를 남겼다고 했다. 난 가까운 '로메르의 사람들'과 함께 정기적으로 연락하고 있다. 그중 프랑수아즈 에체가라이는 몇 달째 임신 중인 자신의 딸을 돌보느라 우리 대화가 자주 중단된다. 에릭의 마지막 장편 영화에서 마지막 부분의 마지막 단어는 '살아, 셀레동, 살아, 살아, 살아!' 우린 살아 있다. 에릭은 매우 행복해할 것이다." 에릭 로메르의 사망과 관련된 자료와 전체 언론 기사는 IMEC, 에릭 로메르 기금에 보관되어 있다. OSSIC 「Papiers personnels」 (RHM 134.23).

32. Entretien avec Jean-Luc Godard, par Sylvain Bourmeau, Ludovic Lamant, Edwy Plenel, Mediapart, 10 mai 2010.

33. Libération, mai 1987, hors-série, 「Pourquoi filmez-vous?」.

필모그래피 •

장편 영화

모범 소녀들 Les Petites Filles modèles(1952)
감독 에릭 로메르, **조감독** 앙드레 캉트니
각본 에릭 로메르, 세귀르 백작부인의 원작 소설을 각색함
기술 자문 피에르 기보
영상 장이브 티에르스, **보조** 기 들라트르Guy Delattre, 앙드레 틱사도르
기록 실베트 보드로
음향 베르나르 클라랑Bernard Clarens, **보조** 앙드레 솔레 André Soler
녹음 캉카드Cancade
편집 장 미트리, **보조** 자크 리베트, 세실 데퀴지
제작 파리 영화제작 컨소시엄, 기 드 레이(제작 부장), 조제프 케케(제작 책임자)
출연 마리엘렌 무니에, 마르틴 레스네, 안나 미숑즈, 카트린 클레망, 조제트 싱클레르,
　조제 두세, 올가 폴리아코프, 장이브 티에르스
상영 시간 미상(미완성 영화)
촬영 포맷 35밀리, 흑백, 1.33

• 이 필모그래피는 필리프 포벨이 「로메르와 다른 사람들Rohmer et les Autres」(op. cit.)에서 작성
한 필모그래피를 새로운 세부 사항과 함께 폭넓게 개요하여 다시 게재한 것이다. 이 작품 목록
은 에릭 로메르가 전체를 완전하게 연출한 영화에 해당하며, 그 외에 로메르가 참여한 대본이나
총괄 지도, 연기한 영화 목록은 포함되어 있지 않다.

사자 자리 Le Signe du Lion(1959)

감독 에릭 로메르 **조감독** 장샤를 라뇨, 필리프 콜랭

각본, 데쿠파주 에릭 로메르, **대사 협력** 폴 제고프

영상 니콜라 아에르, **보조** 피에르 롬, 알랭 르방Alain Levent, 로베르 카리스탕Robert
　　Caristan

기록 엘리 스테리앙Helly Stérian

제작 진행 장 라비Jean Lavie

현장 사진 앙드레 디노André Dino

음향 장 라뷔시에르Jean Labussière, **보조** 르네 부르디에René Bourdier

녹음 크리스티앙 쿠르므Christian Courmes

편집 안마리 코트레Anne-Marie Cotret, **보조** 모니크 가야르Monique Gaillard, 모니크
　　테세르Monique Teisseire

음악 루이 사게르Louis Saguer ('하나를 위한 음악Musique pour un…', **연주** 제라르
　　자리Gérard Jarry)

제작 클로드 샤브롤(AJYM 필름), 장 코테Jean Cotet(제작 부장),
　　롤랑 노냉(제작 책임자), 이본 베네제크Yvonne Benezech(제작 지원)

출연 제스 한, 미셸 지라르동, 방 두드Van Doude, 폴 비실리아Paul Bisciglia, 질베르
　　에다르Gilbert Edard, 크리스티앙 알레르Christian Alers, 폴 그로셰Paul Grauchet,
　　질 올리비에Jill Olivier, 소피 페로Sophie Perrault, 스테판 오드랑, 롤랑 노냉, 장 르
　　풀랭Jean Le Poulain, 말카 리보프스카Malka Ribowska, 마샤 메릴Macha Méril,
　　프랑수아즈 프레보, 마리 뒤부아, 장뤽 고다르, 장 도마르키Jean Domarchi,
　　장 두셰, 피에르 리시앙, 페레둔 오베다Fereydoun Hoveyda, 엔리코 퓔시오니Enrico
　　Fulchignoni, 조제 바렐라José Varela, 우타 태게르Uta Taeger, 다니엘 크로엠Daniel
　　Crohem, 베라 발몽Véra Valmont, 얀 그로엘Yann Groël, 장마리 아르누Jean-Marie
　　Arnoux, 가브리엘 블롱데Gabriel Blondé

개봉일 1962년 5월 2일

상영 시간 100분

촬영 포맷 35밀리, 흑백, 1.33

'여섯 개의 도덕 이야기', IV 수집가La Collectionneuse (1966)

감독 에릭 로메르, **보조** 라즐로 벤코Laszlo Benko, 파트리스 드 바이앙쿠르Patrice de
　　Bailliencourt

대본 에릭 로메르, **대사 협력** 파트릭 보쇼, 아이데 폴리토프, 다니엘 포머뢸

기술 자문 프랑수아 보가르François Bogard

영상 네스토르 알멘드로스

편집 자클린 레날 Jacqueline Raynal, **보조** 안느 뒤보 Anne Dubot

음악 블로섬 토즈 Blossom Toes, 조르지오 고메슬키 Giorgio Gomelsky, **연주** 블로섬 토즈, 『영혼의 길, 티벳(III La voie de l'éternel), Tibet III』에서 인용

제작 바르베 슈뢰더(로장주 영화사), 조르주 드 보르가르(로마-파리 필름즈 Rome-Paris Films)

출연 파트리크 보쇼, 아이데 폴리토프, 다니엘 포머렐, 알랭 주프루아, 미자누 바르도, 아니크 모리스 Annick Morice, 외젠 아르셰 Eugene Archer, 드니 베리 Dennis Berry, 브리앙 벨쇼 Brian Belshaw, 파트리스 드 바이앙쿠르, 피에르리샤르 브레 Pierre-Richard Bré, 도날드 카멜 Donald Cammell, 알프레드 드 그라프 Alfred de Graaf

배급 이마주 Images

개봉일 1967년 3월 2일

상영 시간 90분

촬영 포맷 35밀리, 컬러, 1.33

'여섯 개의 도덕 이야기', III 모드 집에서의 하룻밤 Ma nuit chez Maud (1968)

감독, 대본 에릭 로메르

영상 네스토르 알멘드로스, **보조** 엠마뉘엘 마슈엘 Emmanuel Machuel

전기 및 설비 장클로드 가셰 Jean-Claude Gaché, 필리프 루슬로 Philippe Rousselot

미술 니콜 라슐린 Nicole Rachline

제작 진행 알프레드 드 그라프

음향 장피에르 뤼 Jean-Pierre Ruh, **보조** 알랭 상페 Alain Sempé

편집 세실 데퀴지, **보조** 크리스틴 르쿠베트 Christine Lecouvett

믹싱 자크 모몽 Jacques Maumont

음악 모차르트(《바이올린 소나타 K 358》, **연주** 레오니드 코간)

제작 바르베 슈뢰더, 피에르 코트렐(로장주 영화사), 알프레드 드 그라프, 피에르 그랑베르 Pierre Grimberg, FFP, 지마르 필름즈 Simar Films, 카로스 영화사 Les Films du Carrosse, 게빌 제작사 Les Productions de la Guéville, 렌 제작사 Renn Productions, 플레야드 영화사 Les Films de la Pléiade, 되몽드 영화사 Les Films des Deux Mondes

출연 장루이 트랭티냥, 프랑수아즈 파비앙, 앙투안 비테즈, 마리크리스틴 바로, 레오니드 코간, 기 레제 신부, 안 뒤보 Anne Dubot, 마리 베케르 Marie Becker, 마리클로드 로지에 Marie-Claude Rauzier, 클레르몽페랑의 미슐랭 공장 기술자들

배급 CFDC-UGC, 시리우스 Sirius, 컨소시엄 파테 Consortium Pathé

개봉일 1969년 6월 6일

상영 시간 107분
촬영 포맷 35밀리, 흑백, 1.33

'여섯 개의 도덕 이야기', V 클레르의 무릎 Le Genou de Claire(1970)
감독 에릭 로메르, **조감독** 클로드 베르트랑Claude Bertrand, 클로딘 귀유맹Claudine
　Guillemin, 로렌 산토니Lorraine Santoni
대본 에릭 로메르
영상 네스토르 알멘드로스, **보조** 장클로드 리비에르Jean-Claude Rivière, 필리프
　루슬로Philippe Rousselot
기록 미셸 플뢰리Michel Fleury
전기 및 설비 장클로드 가셰Jean-Claude Gasché, 루이 발타자르Louis Balthazard
제작 진행 알프레드 드 그라프
현장 사진 베르나르 프랭Bernard Prim
음향 장피에르 뤼, **보조** 미셸 로랑Michel Laurent
편집 세실 데퀴지, **보조** 마르틴 칼퐁Martine Kalfon
제작 피에르 코트렐, 바르베 슈뢰더(로장주 영화사)
출연 장클로드 브리알리, 오로라 코르뉘, 베아트리스 로망, 로랑스 드 모나강, 미셸
　몽텔, 제라르 팔코네티, 파브리스 루키니, 산드로 프랑시나Sandro Franchina, 이자벨
　퐁스Isabelle Pons
배급 컬럼비아Columbia
개봉일 1970년 12월 12일
상영 시간 105분
촬영 포맷 35밀리, 컬러, 1.33

'여섯 개의 도덕 이야기', VI 오후의 연정L'Amour, l'après-midi(1972)
감독 에릭 로메르, **조감독** 클로딘 귀유맹, 로렌 상토니, 클로드 베르트랑
각본 에릭 로메르
영상 네스토르 알멘드로스, **보조** 장클로드 리비에르, 필리프 루슬로
전기 및 설비 알베르 바쇠르Albert Vasseur, 페르낭 코케Fernand Coquet
미술 니콜 라슐린Nicole Rachline
의상 다니엘 엑토르보그Daniel Hechter-Vog
헤어 칼 무아상Karl Moisant
현장 사진 베르나르 프랭Bernard Prim
음향 장피에르 뤼, **보조** 미셸 로랑

편집 세실 데퀴지, **보조** 마르틴 칼퐁

믹싱 자크 카레르 Jacques Carrère

음악 아리에 지에르라크타 Arié Dzierlatka

제작 피에르 코트렐, 바르베 슈뢰더(로장주 영화사), 컬럼비아 영화사

출연 베르나르 베를레, 주주, 프랑수아즈 베를레, 다니엘 세칼디, 말비나 펜 Malvina Penne, 바베트 페리에 Babette Ferrier, 프레데리크 앙데르 Frédérique Hender, 클로드장 필리프, 실벤 샤를레 Sylvaine Charlet, 쉬즈 랑달 Suze Randall, 티나 미셸리노 Tina Michelino, 장루이 리비 Jean-Louis Livi, 피에르 눈지 Pierre Nunzi, 이렌 스코블린 Irène Skobline, 실비아 바데스쿠 Silvia Badescu, 장 파르빌레스코, 클로드 베르트랑, 프랑수아즈 파비앙, 마리크리스틴 바로, 아이데 폴리토프, 오로라 코르뉘, 로랑스 드 모나강, 베아트리스 로망

배급 컬럼비아

개봉일 1972년 9월 1일

상영 시간 98분

촬영 포맷 35밀리, 컬러, 1.33

O 후작 부인 Die Marquise von O... (1975)

감독 에릭 로메르

각본 에릭 로메르, 하인리히 폰 클라이스트의 소설을 각색함

역사 자료 수집 에르베 그랑사르

촬영 네스토르 알멘드로스, **보조** 장클로드 리비에르 Jean-Claude Rivière, 도미니크 르 리골뢰르 Dominique Le Rigoleur, 베르나르 오루 Bernard Auroux, 로즈위타 에케 Roswitha Hecke

기록 마리옹 뮐레르 Marion Müller

전기 및 설비 장클로드 가셰, 조르주 크레티앙 Georges Chrétien, 앙젤로 리지 Angelo Rizzi, 앙드레 트리엘리 André Trieli

미술 및 장식 로저 폰 뵐렌도르프 Roger von Moellendorff, 롤프 카덴 Rolf Kaden, 헬로 거쉬와거 Helo Gutschwager, 베른하르트 프레이 Bernhard Frey

의상 무아델 비켈, **보조** 다그마르 니핀트 Dagmar Niefind

현장 사진 로즈비타 헤케 Roswitha Hecke

음향 장피에르 뤼, 루이 지멜 Louis Gimel, **보조** 미셸 로랑

편집 세실 데퀴지, **보조** 아니 르콩트 Annie Leconte

믹싱 알렉스 프롱 Alex Pront

음악 로제 델모트 Roger Delmotte(프러시아 군대 구절에서 즉흥곡)

제작 클라우스 헬비크(야누스 영화제작사 Janus Film Produktion), 바르베 슈뢰더 (로장주 영화사), 마르가레트 메네고즈(제작 부장), 요헨 기어슈 Jochen Girsch, 아랄 보젤 Harald Vogel, 그외 아르테미스 Artemis, HR, 고몽

출연 에디트 클레버 Edith Clever, 브루노 간츠 Bruno Ganz, 페터 뤼르 Peter Luhr, 에다 자이펠 Edda Seippel, 오토 잔더 Otto Sander, 루트 드렉셀 Ruth Drexel, 헤소 후버 Hesso Huber, 베른하르트 프레이, 에두아르트 링커 Eduard Linkers, 에리히 샤힝거 Erich Schachinger, 에릭 로메르, 리하르트 로그너 Richard Rogner, 프란츠 피콜라 Franz Pikola, 테오 데 말 Theo de Maal, 토마스 스트라우 Thomas Straus, 폴커 프라흐텔 Volker Frachtel, 마리온 뮐러 Marion Muller, 하이디 몰러 Heidi Moller, 페트라 마이어 Petra Meier, 마누엘라 마이어 Manuela Mayer

배급 고몽

개봉일 1976년 5월 26일

상영 시간 100분

상영 포맷 35밀리, 컬러, 1.33

프랑스어 제목 La Marquise d'O...

프랑스어 버전 감수 에릭 로메르

더빙 감독 에드몽 베르나르 Edmond Bernard

음향 도미니크 아네캥 Dominique Hennequin

목소리 마리크리스틴 바로, 페오도르 아트킨, 위베르 지누 Hubert Gignoux, 수잔 플롱 Suzanne Flon

갈루아인 페르스발 Perceval le Gallois(1978)

감독 에릭 로메르, **조감독** 기 샬로 Guy Chalaud

각본 에릭 로메르, 크레티앵 드 트루아의 원작을 각색함

영상 네스토르 알멘드로스, **보조** 장클로드 리비에르, 플로랑 바쟁

전기 및 설비 장클로드 가셰, 조르주 크레티앙

미술 장피에르 코위스벨코 Jean-Pierre Kohut-Svelko, **미술보조** 피에르 뒤케스네 Pierre Duquesne, 위베르 드바린 Hubert Devarine

의상 자크 슈미트 Jacques Schmidt, **보조** 파트리크 오블리진 Patrick Aubligine, 엠마뉘엘 페두지 Emmanuel Peduzzi

헤어 다니엘 무르그 Daniel Mourgues

무기 라울 빌레이 Raoul Billerey

말 훈련 프랑수아 나달 François Nadal

스턴트 클로드 카를리에 Claude Carliez

현장 사진 베르나르 프랭

음향 장피에르 뤼, **보조** 자크 피바로 Jacques Pibarot, 루이 지멜 Louis Gimel

편집 세실 데퀴지, **보조** 질 렉스 Jill Reix

믹싱 도미니크 엔느켕 Dominique Hennequin

음향 효과 조나단 리블링 Jonathan Liebling

음악 기 로베르(12, 13세기 노래에서 편곡)

제작 바르베 슈뢰더(로장주 영화사), 마르가레트 메네고즈(제작 부장), 그 외 FR3, ARD, SSR, RAI TV, 고몽

출연 파브리스 루치니, 앙드레 뒤솔리에, 솔랑주 불랑제 Solange Boulanger, 카트린 슈로더 Catherine Schroeder, 프랑시스코 오로즈코 Francisco Orozco, 데버라 네이션 Deborah Nathan, 장폴 라카동 Jean-Paul Racodon, 알랭 세르베 Alain Servé, 다니엘 타타르 Daniel Tarrare, 파스칼 오지에, 니콜라이 아루텐 Nicolaï Arutene, 마리 리비에르, 파스칼 제르베 드 라퐁 Pascale Gervais De Lafond, 파스칼 드 부아송 Pascale de Boysson, 클레망틴 아무루, 자크 르 카르팡티에 Jacques Le Carpentier, 앙투안 보 Antoine Baud, 조슬린 부아소 Jocelyne Boisseau, 마크 에이로 Marc Eyraud, 제라르 팔코네티 Gérard Falconetti, 라울 빌르레 Raoul Billerey, 아리엘 동발, 실뱅 르비냐크 Sylvain Levignac, 기 들로름 Guy Delorme, 미셸 에체베리 Michel Etcheverry, 코코 뒤카도 Coco Ducados, 질 랍 Gilles Raab, 마리크리스틴 바로, 장 부아세리, 클로드 제거 Claude Jaeger, 프레데리크 세르보네 Frédérique Cerbonnet, 안로르 뫼리, 프레데리크 노르베르 Frédéric Norbert, 크리스틴 리에토 Christine Lietot, 위베르 지누

배급 고몽

개봉일 1979년 2월 7일

상영 시간 138분

상영 포맷 35밀리, 컬러, 1.33

'희극과 격언', I 비행사의 아내 La Femme de l'aviateur(1980)

감독 및 대본 에릭 로메르

영상 베르나르 뤼티크, **보조** 로맹 윈딩 Romain Winding

제작 진행 에르베 그랑사르

음향 조르주 프라, **보조** 제라르 르카 Gérard Lecas

편집 세실 데퀴지

믹싱 도미니크 엔느켕

음악 장루이 발레로(〈파리가 날 유혹해 Paris m'a séduit〉, **노래** 아리엘 동발)

제작 마르가레트 메네고즈(로장주 영화사)

출연 필리프 마를로, 마리 리비에르, 안로르 뫼리, 마티유 카리에르, 필리프
카루아Philippe Caroit, 코랄리 클레망Coralie Clément, 리자 에레디아, 아미라
셰마키, 아이데 카이요, 마리 스테판, 닐 샨Neil Chan, 로제트, 파브리스 루치니

배급 고몽

개봉일 1981년 3월 4일

상영 시간 104분

촬영 포맷 16밀리를 35밀리로 블로업, 컬러, 1.33

'희극과 격언', II 아름다운 결혼 Le Beau mariage(1981)

감독 및 각본 에릭 로메르

영상 베르나르 뤼티크, **보조** 로맹 윈딩, 니콜라 브뤼네Nicolas Brunet

그림 알베르토 발리Alberto Bali

실크 그림 제라르 델리뉴Gérard Deligne

골동품 엘렌 로시뇰Hélène Rossignol

제작 진행 마리 부틀루Marie Bouteloup, 에르베 그랑사르

음향 조르주 프라, **보조** 제라르 르카Gérard Lecas

편집 세셀 데퀴지, **보조** 리자 에레디아

믹싱 도미니크 엔느켕

음악 로낭 지르, 시몽데지노상Simon des Innocents

제작 마르가레트 메네고즈(로장주 영화사), 카로스 영화사Les Films du Carrosse

출연 베아트리스 로망, 앙드레 뒤솔리에, 아리엘 동발, 페오도르 아트킨, 위게트
파제Huguette Faget, 타밀라 메즈바Thamila Mezbah, 소피 르누아르Sophie
Renoir, 에르베 뒤아멜Hervé Duhamel, 파스칼 그레고리, 비르지니 테브네, 드니즈
바일리Denise Bailly, 뱅상 코티에Vincent Gauthier, 안 메르시에Anne Mercier, 카트린
레티Catherine Réthi, 파트리크 랑베르Patrick Lambert

배급 AAA.

개봉일 1982년 5월 19일

상영 시간 97분

상영 포맷 35밀리, 컬러, 1.33

'희극과 격언', III 해변의 폴린 Pauline à la plage (1982)

감독 및 각본 에릭 로메르

영상 네스토르 알멘드로스, **보조** 플로랑 바쟁, 장 쿠지 Jean Coudsi

제작 진행 마리 부틀루, 에르베 그랑사르, **보조** 미셸 페리Michel Ferry

음향 조르주 프라, **음향 보조** 제라르 르카Gérard Lecas

편집 세실 데퀴지, **편집 보조** 카롤린 티벨Caroline Thivel

믹싱 도미니크 엔느켕

음악 장루이 발레로

제작 마르가레트 메네고즈(로상주 영화사), 아리안 영화사Les Films Ariane

출연 아망다 랑글레, 아리엘 동발, 파스칼 그레고리, 페오도르 아트킨, 시몽
  드라브로스, 로제트, 마리 부틀루, 미셸 페리Michel Ferry, 프랑수아마리 바니에

배급 AAA.

개봉일 1983년 3월 23일

상영 시간 94분

촬영 포맷 35밀리, 컬러, 1.33

'희극과 격언', IV 보름달이 뜨는 밤Les Nuits de la pleine lune(1983)

감독 및 각본 에릭 로메르

영상 레나토 베르타Renato Berta, **보조** 장폴 토라이Jean-Paul Toraille, 질 아르노Gilles
  Arnaud

미술 파스칼 오지에, **가구** 뤼카 힐른Lucas Hillen(이오나 아데르카Iona Aderca,
  크리스티앙 뒤크Christian Duc, 올리비에 가녜르Olivier Gagnère, 장피에르
  포티에Jean-Pierre Pothier, 제롬 테르모필Jérôme Thermopyles의 오리지널 작품)

의상 도로테 비스Dorothée bis(파스칼 오지에 의상 담당), 마리 벨트라미Marie
  Beltrami(비르지니 테브네 의상 담당), 미셸 카데스탱Michel Cadestin, 미셸
  토라이Michel Toraille

메이크업 주느비에브 페를라드Geneviève Peyralade

제작 진행 장마르크 데샹Jean-Marc Deschamps, **보조** 필리프 들레스트 Philippe Delest

음향 조르주 프라, **보조** 제라르 르카

편집 세실 드퀴지, **보조** 리자 에레디아

믹싱 도미니크 엔느켕

음악 엘리와 자크노 Elli et Jacno, 폴 델메 Paul Delmet, 샤를 팔로Charles Fallot(〈사랑의
  별L'étoile d'amour〉, **노래** 루시엔느 부아에Lucienne Boyer)

제작 마르가레트 메네고즈(로장주 영화사), 아리안 영화사

출연 파스칼 오지에, 체키 카료, 파브리스 루치니, 비르지니 테브네, 크리스티앙 바딤,
  라즐로 사보 Laszlo Szabo, 리자 가르네리Lisa Garneri, 마티유 쉬프만Mathieu
  Schiffman, 안세브린 리요타르 Anne-Séverine Liotard, 노엘 코프만Noël Coffman,

에르베 그랑사르, 바르베 슈뢰더, 프랑수아마리 바니에, , 제롬 프리외르 Jérôme Prieur, 모리스 탱샹 Maurice Tinchant, 제자벨 카르피 Jezabel Carpi

배급 AAA, 소프로필름즈 Soprofilms

개봉일 1984년 8월 29일

상영 시간 102분

촬영 포맷 35밀리, 컬러, 1.33.

'희극과 격언', V 녹색 광선 Le Rayon vert(1984)

감독 에릭 로메르

각본 에릭 로메르, **대사 협력** 마리 리비에르

영상 소피 맹티뇌 Sophie Maintigneux

제작 진행 프랑수아즈 에체가라이

음향 클로딘 누가레 Claudine Nougaret

편집 리자 에레디아

특수 효과 필리프 드마르 Philippe Demard

믹싱 도미니크 엔느켕

음악 장루이 발레로

제작 마르가레트 메네고즈(로장주 영화사), **지원** 문화부, 우정공보부, 피에르 샤타르 Pierre Chatard, 제라르 로몽 Gérard Lomond

출연 마리 리비에르, 아미라 셰마키, 실비 리셰 Sylvie Richez, 리자 에레디아, 바질 제르베즈 Basile Gervaise, 비르지니 제르베즈 Virginie Gervaise, 르네 에르낭데즈 René Hernandez, 도미니크 리비에르 Dominique Rivière, 클로드 쥘리앙 Claude Jullien, 알라리크 쥘리앙 Alaric Jullien, 레티시아 리비에르 Loetitia Rivière, 이자벨 리비에르 Isabelle Rivière, 베아트리스 로망, 로제트, 마르첼로 페추토 Marcello Pezzutto, 이렌 스코블린, 에리크 암 Éric Hamm, 제라르 케레 Gérard Quéré, 쥘리 케레 Julie Quéré, 브리지트 풀랭 Brigitte Poulain, 제라르 를뢰 Gérard Leleu, 릴리안 를뢰 Liliane Leleu, 바네사 를르 Vanessa Leleu, 위제 푸트 Huger Foote, 미셸 라부르 Michel Labourre, 파울로 Paulo, 마리아 쿠토팔라스 Maria Couto-Palos, 이자 보네 Isa Bonnet, 이브 두아이앵부르 Yve Doyhamboure, 프레데리크 귄터 크리슬랭 Friedrich Günter Christlein, 폴레트 크리스트랭 Paulette Christlein, 카리타 Carita, 마크 비바스 Marc Vivas, 조엘 코마를로 Joël Comarlot, 뱅상 고티에

카날 플뤼스 방영일 1986년 8월 31일

배급 AAA 클래식

개봉일 1986년 9월 3일

상영 시간 98분
촬영 포맷 16밀리를 35밀리로 블로업, 컬러, 1.33

레네트와 미라벨의 네 가지 모험 4 aventures de Reinette et Mirabelle(1986)

감독 및 각본 에릭 로메르
영상 소피 맹티뇌
그림 조엘 미켈
음향 파스칼 리비에, 피에르 카뮈
편집 리자 에레디아
믹싱 폴 베르토 Paul Bertault
음악 로낭 지르, 장루이 발레로
제작 프랑수아즈 에체가라이CER, 마르가레트 메네고즈(로장주 영화사)
출연 조엘 미켈, 제시카 포르드 Jessica Forde, 우소 부부M. et Mme Housseau, 필리프
　로덴바흐, 프랑수아마리 바니에, 장클로드 브리소, 제라르 쿠랑Gérard Courant,
　베아트리스 로망, 야스민 오리Yasmine Haury, 마리 리비에르, 아이데 카이요,
　다비드 록사바주David Rocksavage, 자크 오프레Jacques Auffray, 파브리스 루치니,
　프랑수아즈 발리에Françoise Valier, 마리 부틀루
배급 로장주 영화사
개봉일 1987년 2월 4일
상영 시간 97분
촬영 포맷 16밀리를 35밀리로 블로업, 컬러, 1.33

'희극과 격언', VI 내 여자 친구의 남자 친구L'Ami de mon amie(1986)

감독 및 각본 에릭 로메르
영상 베르나르 뤼티크, **보조** 사빈 랑슬랭 Sabine Lancelin, 소피 맹티뇌 Sophie
　Maintigneux
제작 진행 프랑수아즈 에체가라이
음향 조르주 프라, **보조** 파스칼 리비에
편집 리자 에레디아, **보조** 안 물라엠 Anne Moulahem, 아니크 위르스트 Annick Hurst
믹싱 도미니크 엔느켕
음악 장루이 발레로
제작 마르가레트 메네고즈(로장주 영화사), 그 외 앵베스티마주 Investimage
출연 엠마뉘엘 숄레, 소피 르누아르, 안로르 뫼리, 에리크 비에야르 Eric Viellard,
　프랑수아에리크 장드롱 François-Éric Gendron

배급 AAA, 로장주 영화사
개봉일 1987년 8월 26일
상영 시간 103분
촬영 포맷 35밀리, 컬러, 1.33

'사계절 이야기', I 봄 이야기 Conte de printemps (1989)

감독 및 각본 에릭 로메르
영상 뤼크 파제스 Luc Pagès 보조 필리프 르노 Philippe Renaut, 브뤼노 뒤베 Bruno
  Dubet
음향 파스칼 리비에, 보조 뤼도비크 에노 Ludovic Hénault
편집 리자 에레디아, 보조 프랑수아즈 콩브 Françoise Combès
믹싱 장피에르 라포르스 Jean-Pierre Laforce
음향 효과 질 바스트 Gil Bast, 파스칼 바스티앵쿨롱 Pascale Bastien Coulon
음악 베토벤(바이올린 소타나 5번 바장조, 연주 테디 파파브라미 Tedi Papavrami 와
  알렉상드르 타로 Alexandre Tharaud), 슈만(새벽의 노래, 연주 플로랑스 다렐/ 교향적
  연습곡, 연주 세실 비냐 Cécile Vigna), 장루이 발레로(몽모랑시 블루스 Montmorency
  Blues, 연주 장루이 발레로)
제작 마르가레트 메네고즈(로장주 영화사), 프랑수아즈 에체가라이(제작 부장)
제작 지원 에두아르 지라르데 Édouard Girardet(앵베스티마주)
출연 안느 테세드르, 위그 케스테르, 플로랑스 다렐, 엘로이즈 베네트 Eloïse Bennett,
  소피 로뱅 Sophie Robin, 마크 를루 Marc Lelou, 프랑수아 라모르 François Lamore
배급 로장주 영화사
개봉일 1990년 4월 4일
상영 시간 106분
촬영 포맷 35밀리, 컬러, 1.66

'사계절 이야기', II 겨울 이야기 Conte d'hiver (1991)

감독 및 각본 에릭 로메르
영상 뤼크 파제스, 보조 필리프 르노, 모리스 지로 Maurice Giraud
의상 피에르장 라로크
음향 파스칼 리비에, 보조 뤼도비크 에노 Ludovic Hénault
편집 마리 스테판
믹싱 장피에르 라포르스
음악 에릭 로메르, 마리 스테판

제작 마르가레트 메네고즈(로장주 영화사), 프랑수아즈 에체가라이(제작부장),

　제작 지원 장뤽 르볼(앵베스티마주-소피아르프Investimage-Sofiarp), 카날플뤼스

출연 샤를로트 베리, 프레데릭 반 덴 드리에쉬, 미셸 볼레티, 에르베 퓌뤼크, 아바

　로라시 Ava Loraschi, 크리스티안 데부아Christiane Desbois, 로제트, 장뤽 르볼,

　아이데 카이오, 장클로드 비에트, 마리 리비에르, 클로딘 파랭고Claudine Paringaux,

　로제 뒤마Roger Dumas, 다니엘 르브룅, 디안 르프브리에 Diane Lepvrier, 에드위지

　나바로Edwige Navarro, 프랑수아 로셰François Rauscher, 다니엘 타라르, 에리크

　와플레르Éric Wapler, 가스통 리샤르Gaston Richard, 마리아 쿠앵Maria Coin

배급 로장주 영화사

개봉일 1992년 1월 29일

상영 시간 112분

촬영 포맷 슈퍼 16밀리를 35밀리로 블로업, 컬러, 1.66

나무, 시장, 미디어테크L'Arbre, le Maire et la Médiathèque ou les Sept Hasards(1992)

감독 및 각본 에릭 로메르

영상 디안 바라티에

음향 파스칼 리비에

편집 마리 스테판

음악 에릭 로메르, 마리 스테판, **편곡** 장루이 발레로

제작 프랑수아즈 에체가라이CER

출연 파스칼 그레고리, 아리엘 동발, 파브리스 루치니, 클레망틴 아무루, 프랑수아마리

　바니에, 미셸 자우앵Michel Jaouën, 장 파르뷜레스코, 갈락시 바르부트Galaxie

　Barbouth, 제시카 슈잉Jessica Schwing, 레몽드 파로Raymonde Farau, 마누엘라

　에스 Manuella Hesse, 프랑수아즈 에체가라이, 솔랑주 블랑셰Solange Blanchet, 마테

　피요 Mathé Pillaud, 이자벨 프레보Isabelle Prévost, 미셸 티소Michel Tisseau, 자키

　브뤼네Jacky Brunet, 마르탱 드 쿠르셀Martin de Courcel, 장클로드 퓌베르, 쉬잔

　토니 Suzanne Thony, 가비 오쟁Gaby Auguin, 미셸 베르나르Michel Bernard, 레미

　루소Rémy Rousseau, 마르탱 오르주발Martin d'Orgeval

배급 로장주 영화사

개봉일 1993년 2월 10일

상영 시간 108분

촬영 포맷 16밀리를 35밀리로 블로업, 컬러, 1.33

파리의 랑데부Les Rendez-vous de Paris(1994)

감독 및 각본 에릭 로메르

영상 디안 바라티에

그림 피에르 드 세빌리

음향 파스칼 리비에

편집 마리 스테판

음악 에릭 로메르, 마리 스테판, **연주** 무프타르뮤제트Mouffetard-Musette(플로랑스 르뷔Florence Levu와 크리스티앙 바술Christian Bassoul)

제작 프랑수아즈 에체가라이CER

출연 클라라 벨라, 앙투안 바슬레르, 마티아스 메가르, 쥐디트 샹셀, 말콤 콘라트, 세실 파레스Cécile Parès, 올리비에 퓌졸Olivier Poujol, 플로랑스 로셰, 세르주 랑코, 미카엘 크라프트, 베네디트 루아이앵, 베로니카 요한손Veronika Johansson

배급 로장주 영화사

개봉일 1995년 3월 22일

상영 시간 100분

촬영 포맷 16밀리를 35밀리로 블로업, 컬러, 1.33

'사계절 이야기', III 여름 이야기Conte d'été(1995)

감독 및 각본 에릭 로메르

영상 디안 바라티에, **보조** 자비에 토브롱Xavier Tauveron

음향 파스칼 리비에, **보조** 프레데리크 드 라비냥Frédéric de Ravignan

편집 마리 스테판

음악 필리프 에델(《해적 장 케메뇌르Le Forban, Jean Quémeneur》), 에릭 로메르와 마리 스테판(《해적의 딸Fille de corsaire》).

제작 마르가레트 메네고즈(로장주 영화사), 프랑수아즈 에체가라이(제작부장), **제작 보조** 프랑크 부바Franck Bouvat, 베트사베 드레퓌스, 라 세트 시네마La Sept Cinéma, 제작 지원:카날플뤼스, 소필름카Sofilmka

출연 멜빌 푸포, 아망다 랑글레, 그웨나엘 시몽, 오렐리아 놀랭, 에메 르페브르Aimé Lefèvre, 알랭 갤라프Alain Guellaff, 에블린 라아나Evelyne Lahana, 이브 게랭Yves Guérin, 프랑크 카보Franck Cabot, 베트사베 드레퓌스

배급 로장주 영화사

개봉일 1996년 6월 5일

상영 시간 112분

촬영 포맷 35밀리, 컬러, 1.66

'사계절 이야기', IV 가을 이야기 Conte d'automne(1997)

감독 및 각본 에릭 로메르

영상 디안 바라티에, **보조** 티에리 포르Thierry Faure, 프랑크 부바Franck Bouvat, 베트사베 드레퓌스, 제롬 뒤크모제Jérôme Duc-Mauge

음향 파스칼 리비에, **보조** 프레데리크 드 라비냥, 나탈리 비달Nathalie Vidal

편집 마리 스테판

음악 클로드 마르티Claude Marti, 제라르 판사넬Gérard Pansanel, 피에르 페라Pierre Peyras, 앙토넬로 살리스Antonello Salis

제작 마르가레트 메네고즈(로장주 영화사), 프랑수아즈 에체가라이(제작부장),

제작 지원 플로랑스 로셰, 라 세트 시네마, 카날플뤼스, 소필름카, 론알프 시네마Rhône-Alpes Cinéma

출연 마리 리비에르, 베아트리스 로망, 알랭 리볼트, 디디에 상드르, 알렉시아 포르탈, 스테판 다르몽, 오렐리아 알카이스Aurélia Alcaïs, 마티외 다베트Matthieu Davette, 이브 알카이스Yves Alcaïs, 클레르 마튀랭Claire Mathurin

배급 로장주 영화사

개봉일 1998년 9월 23일

상영 시간 110분

촬영 포맷 35밀리, 컬러, 1.33, 스테레오사운드

영국 여인과 공작L'Anglaise et le Duc(2000)

감독 및 각본 에릭 로메르, 그레이스 엘리엇의 회고록을 각색함

역사 자료 수집 에르베 그랑사르

영상 디안 바라티에, **보조** 플로랑 바쟁, 로맹 베일리Romain Bailly, 마티아스 페송Mathias Peysson

전기 및 설비 크리스티앙 에로Christian Héreau, 마크 뮐레로Marc Mulero, 파트리크 바숑Patrick Vachon, 스테판 로셰라Stéphane Rochera, 로베르 보쉬Robert Bosch, 리오넬 베일리Lionel Bailly, 올리비에 마르탱Olivier Martin, 장 트랭시Jean Trinci, 티에리 주앙장Thierry Jouanjan, 세드리크 리우Cédric Riou

세트 아틀리에 드 베르시 Ateliers de Bercy, 에리크 패브르Éric Faivre, 도미니크 코르뱅Dominique Corbin / **비디오** 프레데리크 비타디에Frédéric Vitadier

실내 미술 앙투안 퐁텐 / **건축** 제롬 푸바레, 위베르 드 포르카드Hubert de Forcade, 알리냐 사다콤Aligna Sadakhom / **회화** 자비에 모랑주Xavier Morange, 레지스 르부르Régis Lebourg, 브누아 마니Benoît Magny, 오드레 뷔옹Audrey Vuong, 아만다 퐁사Amanda Ponsa, 마갈리 뮈소트Magali Mussotte, 자비에 파스쿠알Xavier

Pascual, 에스크리바와 클레망틴 마르샹Escriba et Clémentine Marchand / **목공**
자비에 플랑송Xavier Planson / **가구** 장자크 르세르Jean-Jacques Lecerf, 브로캉트
뒤 무테La Brocante du Moutet / **초상화** 브리지트 쿠쿠뢰Brigite Coucoureux, 에디트
뒤포Édith Dufaux, 실비 미토Sylvie Mitault

야외 미술(회화) 장밥티스트 마로, **보조** 다미앙 로랑스Damien Laurens, 도로테
마로Dorothée Marot, 매트 이베르Mette Ivers

소품 뤼시앵 에마르Lucien Eymard, 니콜라 베트랑Nicolas Beltran, 알렉상드르
니콜Alexandre Nicolle, 카텔 포스티크Katell Postic

의상 피에르장 라로크, 나탈리 셰스네Nathalie Chesnais, 질 보뒤르무안Gilles
Bodu-Lemoine, 피에르 브툴Pierre Betoulle, 마릿자 레츠만Maridza Reitzman,
레자틀리에 뒤 코스튈les Ateliers du Costume, 다니엘 부타르Danielle Boutard,
망티 앤 솜브레로Mantille et Sombrero, 제랄딘 앵그르노Géraldine Ingreneau, 레미
트랑블르Rémy Tremble, 발레리 당사에르Valérie Dansaert, 세브린 가르니에Severine
Garnier, 마르그리트 파르뷜레스코Marguerite Parvulesco, 이브 리마Yves Lima,
달리아 아베드Dalia Abed / **가발** 레마랑디노les Marandino / **구두** 폼페이Pompéi /
대여 브랑카토Brancato, 도모Domo / **의상 총괄** 베로니크 포르트부아Véronique
Portebois, 쥘리앙 레뉴Julien Reignoux, 질 누아르Gil Noir, 제르맨 리벨Germaine
Ribel

헤어 아니 망다랭Annie Marandin, 베로니크 에베Véronique Hébet

메이크업 자크 매스트르Jacques Maistre, 마리 뤼제트Marie Luiset

무기 마라티에Maratier

스턴트 다니엘 베리테Daniel Vérité

말 마차 에퀴리 아르디écuries Hardy

동물 베셀러Bet' seller

제작 진행 앙투안 무소Antoine Moussault, 장피에르 지유디체Jean-Pierre Giudice, 카린
문디Karine Moundy, 장프랑수아 방드루Jean-François Vendroux

관리 쥘리앙 사부르댕Julien Sabourdin, 장피에르 드 올리베라Jean-Pierre de Oliveira,
장밥티스트 빌셰즈Jean-Baptiste Villechaize

보조 마리옹 투이투Marion Touitou, 르노 곤잘레즈Renaud Gonzalez, 플로랑스 로셰,
베트사베 드레퓌스, 필리프 파파도풀로스Philippe Papadopoulos

현장 사진 파트리크 메시나Patrick Messina

음향 파스칼 리비에, **보조** 프레데리크 드 라비냥, 나탈리 비달

편집 마리 스테판

특수 효과 BUF 제작사, 올리비에 뒤몽Olivier Dumont, 장필리프 르클레르크Jean-

Philippe Leclercq, 파트리시아 볼로뉴Patricia Boulogne, 스테파니
프리부르 Stéphanie Fribourg, 프란체스코 그리시Francesco Grisi, 안그로
라패주 Anne Gros Lafaige, 윌프레드 장블랑Wilfried Jeanblanc, 조나탄
라가슈 Jonathan Lagache, 알림 네가디Halim Negadi, 에르베 투망Hervé Thouement

믹싱 파스칼 리비에

음향 효과 조나탄 리블랭Jonathan Liebling, **보조** 파비앙 아들랭Fabien Adelin

음악 베쿠르Bécourt, 클로드 발바스트르Claude Balbastre, 장루이 발레로(〈괜찮아Ça ira〉), 전통가곡(〈가르마뇰La Carmagnole〉), 프랑수아조제프 고세크François-Joseph Gossec(〈장례행진Marche lugubre〉, **연주** 그랑드 에퀴리&샹브르 뒤 로이 오케스트라Orchestre de la Grande Écurie & la Chambre du Roy, **지휘** 장클로드 말구아르 Jean-Claude Malgoire)

제작 프랑수아 이베르넬François Ivernel, 로맹 르그랑Romain Le Grand, 레오나르 글로윈스키Léonard Glowinski(이그제큐티브 프로듀서, 파테 이마주Pathé Image), 프랑수아즈 에체가라이(제작 책임자, CER), 앙투안 보Antoine Beau(제작부장), **제작 지원** 프랑스3 시네마, KC메디앙AG, 롤랑 펠리그리노Rolland Pellegrino, 디테르 메이에르Dieter Meyer, 카날플뤼스, 피에르 리시앙, 피에르 코트렐(협력 제작자)

출연 루시 러셀, 장클로드 드레퓌스, 프랑수아 마르투레, 레오나르 코비앙, 카롤린 모랭, 알랭 리볼트, 엘레나 뒤비엘, 로랑 르 두아이앙Laurent Le Doyen, 조르주 브누아Georges Benoît, 세르주 울프스페르제 Serge Wolfsperger, 다니엘 타라르, 샤를로트 베리, 로제트, 마리 리비에르, 미셸 드미에르Michel Demierre, 세르주 랑코, 크리스티앙 아메리, 에리크 비에야르, 프랑수아마리 바니에, 앙리 앙베르Henry Ambert, 샤를 보르Charles Borg, 클로드 코네Claude Koener, 장폴 루브레Jean-Paul Rouvray, 악셀 콜롱벨Axel Colombel, 제라르 마르탱Gérard Martin, 제라르 봄Gérard Baume, 조엘 탕플뢰르Joël Templeur, 브루노 플랑데Bruno Flender, 티에르 부아Thierry Bois, 윌리엄 다를랭William Darlin, 안마리 자브로Anne-Marie Jabraud, 이자벨 오루아Isabelle Auroy, 장루이 발레로, 미셸 뒤퓌Michel Dupuy, 파스칼 리비에, 엠마 르 두아이앙Emma Le Doyen, 앙토니 뒤낭Anthony Dunand, 엘리자베트 모라Elisabeth Morat, 마크 리고당Marc Ligaudan, 마리아 다실베이라Marie Da Silveira, 뤼크앙투안 살몽Luc-Antoine Salmont, 알랭 위구앙Alain Uguen, 프랑수아 로셰François Rauscher, 에드위지 샤키Edwige Shaki, 아망다 랑글레, 앙투안 보, 제롬 보데Jérôme Beaudet, 자크 뫼니에Jacques Meunier, 피에르 상베Pierre Sambet, 뤼세트 라브뢰이Lucette Labreuil, 기 다장스Guy d'Agences, 마르틴 아트리스Martine Hatrisse

베급 파테

개봉일 2001년 8월 29일
상영 시간 126분
촬영 포맷 디지털 베타캠을 35밀리로 전환, 컬러, 1.77, 스테레오사운드

삼중 스파이Triple agent(2003)

감독 및 각본 에릭 로메르
역사 자료 수집 이렌 스코블린
번역 피에르 레옹Pierre Léon
영상 디안 바라티에, 보조 다비드 그랑베르David Grinberg
기록 베트사베 드레퓌스
전기 및 설비 크리스티앙 에로Christian Héreau, 보조 마크 뮐레로Marc Mulero, 톰
　　미토Tom Mitaux, 미셸 스트라세Michel Strasser, 보조 마크 카시Marc Casi /
　　토목 자크 르메이에르Jacques Le Meilleur, 클라랑스 보몽Clarence Beaumont, 기욤
　　디엘Guillaume Diehl, 캉탱 레스티엔Quentin Lestienne
미술 앙투안 퐁텐, 보조 오드레 뷔옹Audrey Vuong, 세실 들뢰Cécile Deleu /
　　건축 제롬 푸바레Jérôme Pouvaret, 위베르 드 포르카드Hubert de Forcade /
　　회화 브누아 마니Benoît Magny, 레지스 르부르Régis Lebourg, 자비에 모랑주Xavier
　　Morange, 마티외 르마리Matthieu Lemarie, 아망다 퐁사Amanda Ponsa, 실비안
　　리브르몽Sylviane Lievremont, 로랑스 라펠Laurence Raphel, 필리프 비나르Philippe
　　Binard, 라파엘 콩트Raphaelle Comte, 쥘리앙 로제Julien Roger / 목공 프랑크
　　테브농Franck Thévenon, 에리크 테브농Éric Thévenon, 니콜라 에르티에Nicolas
　　Héritier, 알리냐 사다콤Aligna Sadakhom, 프랑수아 에사François Aissa, 파트리스
　　마시다Patrice Massida / 열쇠 제조 오귀스트 퐁텐Auguste Fontaine, 사뮈엘
　　기유Samuel Guille / 깃발과 문장 발랑티나 라로카Valentina La Rocca
소품 베르나르 뒤크로크Bernard Ducrocq
회화 및 데생 파스칼 부알로Pascale Boillot, 샤를로트 베리
태피스트리 프레데리크 드비에Frédéric Devillers
의상 피에르장 라로크, 보조 질 보뒤르무안Gilles Bodu-Lemoine,
　　마리차 레츠Maritza Reitzman
헤어 아니 마랑댕Annie Marandin
메이크업 자크 매스트르Jacques Maistre
무기 마라티에Maratier
차량 레트로모빌Rétromobile
현장 제작 시빌 니콜라Sybil Nicolas, 보조 니콜라 르클레르Nicolas Leclère

현장 사진 니콜라 르클레르, 장클로드 무아로 Jean-Claude Moireau

음향 파스칼 리비에, **음향 보조** 로랑 샤르보니에 Laurent Charbonnier

편집 마리 스테판, **보정** 크리스티앙 르베르 Christian Revère

믹싱 파스칼 리비에

음향 효과 조나탕 리블링 Jonathan Liebling

음악 드미트리 쇼스타코비치 Dimitri Chostakovitch(〈젊은 노동자의 노래 Chanson des jeunes travailleurs〉, **연주** 파리대중합창단 Chorale Populaire de Paris, 〈사중창 제8번 Quatuor no 8〉, **연주** 뤼비오 사중주 Rubio String Quartet, 〈만남 La rencontre〉)

제작 필리프 리에구아 Philippe Liégeois, 장미셸 레이 Jean-Michel Rey(레조 프로덕션 Rezo Productions), 프랑수아즈 에체가라이(제작 책임자, CER), 피에르 왈롱 Pierre Wallon(제작부장), **제작 지원** 프랑스2시네마 France 2 Cinéma, 빔 디스트리뷰지온 BIM Distribuzione, 알타 프로듀시옹 Alta Produccion, 토르나솔 필름즈 Tornasol Films, 스트라다 프로덕션스 Strada Productions, 멘토 시네마 컴퍼니 Mentor Cinema Compagny, 유리마주 Eurimages, 코피마주15 Cofimage 15, 카날플뤼스, 시네 시네마 Ciné Cinéma, 로랑 다니엘루 Laurent Daniélou(협력 제작자)

출연 카테리나 디다스칼루 Katerina Didaskalou, 세르주 랑코, 아망다 랑글레, 엠마뉘엘 살랑제, 잔 랑뷔르 Jeanne Rambur, 시리엘 클레르 Cyrielle Clair, 그리고리 마누코프 Grigori Manoukov, 디미트리 라팔스키 Dimitri Rafalsky, 나탈리아 크루글리 Nathalia Krougly, 비탈리 슈르메 Vitaliy Cheremet, 베르나르 페이송 Bernard Peysson, 로랑 르 두아이양 Laurent Le Doyen, 에밀리 푸리에 Émilie Fourrier, 알렉상드르 콜차크 Alexandre Koltchak, 블라디미르 레옹 Vladimir Léon, 알렉상드르 체르카소프 Alexandre Tcherkassoff, 알렉상드르 쿰판 Alexandre Koumpan, 요악 샤스 Jorg Schnass, 조르주 브누아 Georges Benoît, 장클로드 체브레크지안 Jean-Claude Tchevrekdjian, 질베르토 코르테스 알카야가 Giberto Cortes Alcayaga, 아르노 리모네르 Arnaud Limonaire, 샤안 디나니앙 Chahan Dinanian, 마크 골드페데 Marc Goldfeder, 피에르 쉬디바르 Pierre Chydivar, 다니엘 레지구이에 Danièle Rezzi-Gouhier, 앙투안 퐁텐, 니콜라 르클레르 Nicolas Leclère, 알렉상드르 루쉬크 Alexandre Louschik, 피에르장 라로크, 엘레나 리바스 Elena Rivas, 레옹 콜라사 Léon Kolasa, 다니엘 부타르 Danielle Boutard, 모리스 랑펠 Maurice Lampel, 페트르 카플리첸코 Petr Kaplichenko, 다니엘 뒤마르탱 Daniel Dumartin, 조반니 포르틴카사 Giovanni Portincasa, 로타르 올셉스키 Lothar Olschewski, 토마 세쿨라 Thomas Sekula, 이스트반 반 헤우베르쥔 Istvan Van Heuverzwyn, 마리 안 게랭 Marie Anne Guerin, 프리스카 모리세이 Priska Morrissey

배급 레조 필름즈

개봉일 2004년 3월 17일
상영 시간 112분
촬영 포맷 35밀리, 컬러, 1.33, 스테레오사운드

로맨스, 아스트레와 셀라동의 사랑 Les Amours d'Astrée et de Céladon(2006)
감독 에릭 로메르, **조감독** 프랑수아즈 에체가라이
각본 에릭 로메르, 오노레 뒤르페의 원작 소설을 각색함
영상 디안 바라티에
영상배치 다비드 그랑베르
기록 베트사베 드레퓌스
미술 마리 도스 산토스Marie Dos Santos, 제롬 푸바레Jérôme Pouvaret
의상 피에르장 라로크, 퓌라이Pu-Laï
메이크업 밀루 사네Milou Sanner
음향 파스칼 리비에
편집 마리 스테판
음악 장루이 발레로
무용 Les Brayauds
제작 필리프 리에구아Philippe Liégeois, 장미셸 레이(레조 필름즈), 프랑수아즈
    에체가라이CER, **제작 지원** 발레리오 드 파올리스Valerio De Paolis(빔
    디스트리뷰지온), 엔리케 곤잘레스 마코Enrique Gonzalez Macho(알타
    프로뒤시옹Alta Produccion), 유리마주, 코피노바3, 아르테/코피노바2Arte/
    Cofinova 2, 시네마주Cinémage, 소피시네마2,카날플뤼스, CNC.
출연 앤디 질레, 스테파니 크레앵쿠르, 세실 카셀, 베로니크 레몽, 로제트,
    조슬랭 키브랭, 마틸드 모니에, 로돌프 폴리Rodolphe Pauly, 세르주 랑코,
    아르튀르 뒤퐁Arthur Dupond, 프리실라 갈랑, 올리비에 블롱, 알렉상드르
    에베레스트Alexandre Everest, 파니 방바카, 카롤린 블로티에르Caroline Blotière,
    마리 리비에르, 마티외 리불레Mathieu Riboulet, **목소리** 알랭 리볼트
배급 레조 필름즈
개봉일 2007년 9월 5일
상영 시간 109분
촬영 포맷 16밀리를 35밀리로 블로업, 컬러, 1.85, DTS.

단편 영화

범죄자의 일기 Journal d'un scélérat(1949)
감독, 각본, 편집 에릭 로메르
출연 폴 제고프
상영 시간 30분
촬영 포맷 16밀리, 흑백, 무성

프레젠테이션 혹은 샤를로트와 스테이크 Présentàtion ou Charlotte et son steak
('샤를로트와 베로니크' 연작 중에서, 1951)
감독 및 각본 에릭 로메르
편집 아네스 귀유모 Agnès Guillemot(1960)
음악 모리스 르루 Maurice Le Roux(1960)
제작 기 드레
출연 장뤽 고다르, 안 쿠드레 Anne Coudret(**더빙** 스테판 오드랑, 1960), 앙드레
　　베르트랑 Andrée Bertrand(**더빙** 안나 카리나, 1960)
상영 시간 10분
촬영 포맷 16밀리, 35밀리로 블로업(1960), 흑백

베레니스Bérénice(1954)
감독 및 각본 에릭 로메르, 에드거 앨런 포의 원작에서 각색함
영상 자크 리베트
편집 에릭 로메르, 자크 리베트
출연 테레사 그라티아Teresa Gratia, 에릭 로메르
상영 시간 15분
촬영 포맷 16밀리, 흑백, 녹음기 음향

크로이체르 소나타 La Sonate à Kreutzer(1956)
감독 및 각본 에릭 로메르, 톨스토이의 원작 소설을 각색함
편집 에릭 로메르, 자크 리베트
제작 장뤽 고다르
출연 에릭 로메르, 프랑수아즈 마르티넬리Françoise Martinelli, 장클로드 브리알리,
　　장뤽 고다르, 프랑수아 트뤼포, 클로드 샤브롤, 앙드레 바쟁
상영 시간 43분

촬영 포맷 16밀리, 흑백, 녹음기 음향

가정교사 베로니크Véronique et son cancre(1958)
감독 및 각본 에릭 로메르
영상 샤를 비취Charles Bitsch, **보조** 알랑 르방Alain Levent
음향 장클로드 마르셰티, **보조** 샤를 아케르만Charles Ackerman
편집 자크 가이아르, **보조** 지젤 셰조Gisèle Chézeau
제작 장 라비Jean Lavie, 클로드 샤브롤(AJYM 영화사)
출연 니콜 베르제, 알랭 델리외Alain Delrieu, 스텔라 다사스Stella Dassas
배급 레필름즈 마르소Les Films Marceau
상영 시간 18분
촬영 포맷 35밀리, 흑백

'여섯 개의 도덕 이야기', I 몽소 빵집의 소녀La Boulangère de Monceau(1962)
감독 에릭 로메르, **보조** 장루이 코몰리
각본 에릭 로메르
영상 장미셸 뫼리스, 브루노 바베Bruno Barbey
편집 에릭 로메르
제작 조르주 드로클(스튜디오스 아프리카Studios Africa), 바르베 슈뢰더(로장주
    영화사)
출연 바르베 슈뢰더(더빙 베르트랑 타베르니에), 클로딘 수브리에Claudine Soubrier,
    미셸 지라르동, 프레드 정크Fred Junk, 미셸 마르도르
상영 시간 22분
촬영 포맷 16밀리, 흑백, 1.33

'여섯 개의 도덕 이야기', II 수잔의 경력La Carrière de Suzanne(1963)
감독 에릭 로메르, **보조** 장루이 코몰리, 바르베 슈뢰더
각본 에릭 로메르
영상 다니엘 라캉브르
음악 모차르트(〈피가로의 결혼Les Noces de Figaro〉)
제작 바르베 슈뢰더(로장주 영화사)
출연 카트린 세, 필리프 뵈젱, 크리스티앙 샤리에르, 디안 윌킨슨Diane Wilkinson,
    장클로드 비에트, 파트리크 바쇼, 피에르 코트렐, 장루이 코몰리, 장 두세
상영 시간 53분

촬영 포맷 16밀리, 흑백, 1.33

파리의 나자 Nadja à Paris**(1964)**
감독 에리크 로메르, **보조** 피에르리샤르 브레Pierre-Richard Bré
대사 나자 테시츠Nadja Tesich
영상 네스토르 알멘드로스
기록 파트리시아 푸레스카를르Patricia Fourrescarles
음향 베르나르 오르티옹Bernard Ortion
편집 자클린 레날
제작 바르베 슈뢰더(로장주 영화사)
출연 나자 테시츠
상영 시간 13분
촬영 포맷 16밀리, 흑백, 1.33

에투알 광장 Place de l'Étoile**(에피소드 영화 〈내가 본 파리**Paris vu par...**〉 중에서, 1964)**
감독 및 각본 에릭 로메르
영상 알랭 르방, 네스토르 알멘드로스
편집 자클린 레날
제작 바르베 슈뢰더(로장주 영화사), **제작 지원** 피에르 코트렐
출연 장미셸 루지에르, 마르셀 갈룽, 장 두셰, 필리프 솔레르스Philippe Sollers, 마야
    조세, 사라 조르주피코, 조르주 베즈
상영 시간 15분
촬영 포맷 16밀리를 35밀리로 블로업, 흑백, 1.33

현대 여학생 Une étudiante d'aujourd'hui**(1966)**
감독 및 각본 에릭 로메르, 드니즈 바드방의 착상을 토대로 함
영상 네스토르 알멘드로스
편집 자클린 레날
제작 피에르 코트렐(로장주 영화사)
출연 드니즈 바드방, **목소리** 앙투안 비테즈
상영 시간 12분
촬영 포맷 16밀리, 흑백, 1.33

몽포콩의 여자 농부 Fermière à Montfaucon(1968)
감독 에릭 로메르
대사 드니즈 바드방
제작 바르베 슈뢰더(로장주 영화사), **제작 지원** 농수산부
출연 모니크 상드롱, 몽포콩 주민들
상영 시간 13분
촬영 포맷 16밀리, 컬러, 1.33

취향과 색채 Des goûts et des couleurs('기념일' 시리즈 중에서, 1996)
감독 및 각본 에릭 로메르, 안소피 루빌루아
영상 디안 바라티에, **보조** 세바스티앵 르클레르크 Sébastien Leclercq
의상 마르그리트 파르뷜레스코 Marguerite Parvulesco
사운드 파스칼 리비에
편집 마리 스테판
음악 콘라드 막스 쿤츠 Konrad Max Kunz
제작 프랑수아즈 에체가라이 CER
출연 로르 마르사크 Laure Marsac, 에리크 비에야르, 안소피 루빌루아
상영 시간 20분
촬영 포맷 16밀리, 컬러

다양한 충돌 Heurts divers('기념일' 시리즈 중에서, 1997)
감독 및 각본 에릭 로메르, 프랑수아와 플로랑스 로셰
영상 디안 바라티에, **보조** 티에리 포르 Thierry Faure
음향 파스칼 리비에, **보조** 로랑 라프랑 Laurent Lafran, 장폴 뮈젤 Jean-Paul Mugel
편집 마리 스테판
음악 마크 브르델 Marc Bredel, 마티외 다베트 Mathieu Davette
제작 프랑수아즈 에체가라이 CER
출연 프랑수아 로셰, 플로랑스 로셰, 쥘리 드바자크 Julie Debazac, 로랑
  르두아이앙 Laurent Le Doyen, 장클로드 발라르 Jean-Claude Balard, 파스칼린
  다르강 Pascaline Dargant, 로랑 루케 Laurent Rouquet, 마티외 다베트, 베트사베
  드레퓌스, 시몽 Simon, 노르베르 Norbert
상영 시간 24분
촬영 포맷 16밀리, 컬러

니농의 친구들Les Amis de Ninon('기념일' 시리즈 중에서, 1998)
감독 및 각본 에릭 로메르, 로제트
영상 디안 바라티에, **보조** 세바스티앙 르클레르크
헤어 장자크 암브로시 Jean-Jacques Ambrosi
음향 파스칼 리비에
편집 마리 스테판
음악 로낭 지르, 장루이 발레로
제작 프랑수아 에체가라이CER
출연 로제트, 쥘리 제제켈 Julie Jézéquel, 필리프 카루아, 미카엘 크라프트 Mickaël Kraft,
　도미니크 리옹Dominique Lyon, 파스칼 그레고리, 아리엘 동발, 이질드 르베스코 Isild
　Le Besco, 베트사베 드레퓌스, 모드 뷔케 Maud Buquet, 쥘리 레보위츠 Julie
　Leibowitch, 토마 레날Thomas Raynal, 올리비에 우마나르Olivier Oumanar, 장미셸
　사비 Jean-Michel Savy, 에리크 카스테츠 Eric Castets
상영 시간 25분
촬영 포맷 16밀리, 컬러

모범적인 치과 의사Un dentiste exemplaire('모델' 시리즈 중에서, 1998)
감독 및 각본 에릭 로메르, 오렐리아 알카이즈, 아이데 카이요, 스테판 피오페Stéphane
　Pioffet
영상 디안 바라티에, **보조** 티에리 포르Thierry Faure
음향 파스칼 리비에
편집 마리 스테판
음악 에릭 로메르, 마리 스테판
제작 프랑수아즈 에체가라이CER
출연 오렐리아 알카이즈, 로라 파벨리Laura Faveli, 스테판 피오페, 장루
　시에프 Jeanloup Sieff, 조엘 바르부스 Joël Barbouth
상영 시간 12분
촬영 포맷 16밀리, 컬러

그려진 이야기Une histoire qui se dessine('모델' 시리즈 중에서, 1999)
감독 및 각본 에릭 로메르, 로제트
영상 디안 바라티에
음향 파스칼 리비에
편집 마리 스테판

제작 프랑수아즈 에체가라이CER, **제작 지원** 플로랑스 로셰
출연 로제트, 엠마뉘엘 살랭제, 뱅상 디외트르Vincent Dieutre, 미치코 사토 Michiko
   Sato, 마시로 미야타Masahiro Miyata
상영 시간 10분
촬영 포맷 DV, 컬러, 스테레오사운드

곡선La Cambrure('모델' 시리즈 중에서, 1999)
감독 및 각본 에릭 로메르, 에드위지 샤키Edwige Shaki
영상 디안 바라티에
음향 파스칼 리비에
편집 마리 스테판
음악 드뷔시(《렌토보다 느리게La Plus que lente》)
제작 프랑수아즈 에체가라이CER
출연 에드위지 샤키, 프랑수아 로셰, 앙드레 델 데비오 André Del Debbio
상영 시간 16분
촬영 포맷 DV, 컬러, 스테레오사운드

붉은 소파Le Canapé rouge('모델' 시리즈 중에서, 2004)
감독 및 각본 에릭 로메르, 마리 리비에르
영상 디안 바라티에
그림 샤를로트 베리
음향 파스칼 리비에
편집 마리 스테판
음악 슈만
제작 프랑수아즈 에체가라이CER, **제작 지원** 베트사베 드레퓌스
출연 마리 리비에르, 샤를로트 베리, 필리프 마냥Philippe Magnan
상영 시간 32분
촬영 포맷 베타-디지털, 컬러, 스테레오사운드

테라스의 누드Le Nu à la terrasse('모델' 시리즈 중에서, 2008)
감독 및 각본 에릭 로메르, 조엘 미켈의 착상을 토대로 함
영상 디안 바라티에
그림 미셸 쿠앙트Michèle Cointe
제작 진행 로제트, 제롬 푸바레 Jérôme Pouvaret

음향 파스칼 리비에
편집 마리 스테판
제작 프랑수아즈 에체가라이CER
출연 마리프랑수아즈 오돌랑Marie-Françoise Audollent, 파니 방바카, 올리비에 블롱,
　　카미유 방바카스Camille Vambacas, 알렉상드르 뮈라르Alexandre Murard
상영 시간 25분
촬영 포맷 디지털, 컬러

제안La Proposition('모델' 시리즈 중에서, 2009)
감독 및 각본 에릭 로메르, 안소피 루빌루아, 시빌 셰브리에의 착상을 토대로 함
영상 디안 바라티에
음향 파스칼 리비에
편집 마리 스테판
제작 프랑수아즈 에체가라이CER
출연 엘로디 뫼를라르제Élodie Meurlarger, 아델 재일Adèle Jayle, 이브 알카이즈
상영 시간 15분
촬영 포맷 디지털, 컬러

슬라이드와 뮤직비디오 DIAPORAMA ET CLIPS

데생으로 본 라파엘Raphaël par le dessin (1982)
감독, 대본 에릭 로메르
제작 국립박물관 연합회
페오도르 아트킨
상영 시간 15분
촬영 포맷 컬러, 스테레오 사운드

커피 마셔Bois ton café(1986)
감독, 편집 에릭 로메르
음악 장루이 발레로, **노래** 로제트
음악 편집 DM콩세이DM conseils
제작 CER
출연 로제트, 파스칼 그레고리

상영 시간 3분 26분
상영 포맷 16밀리, 컬러

사랑의 교향곡L'Amour symphonique(1990)
감독, 영상 에릭 로메르
음악 장뤽 아줄레Jean-Luc Azoulay, 제라르 살레세스Gérard Salesses, 아리엘
소네리Arielle Sonnery, **노래** 아리엘 동발
음악 편집 AB에디시옹AB éditions
제작 AB제작사AB productions
출연 아리엘 동발
상영 시간 3분 47초
촬영 포맷 16밀리, 컬러

텔레비전용 영화

**18세기 사회 생활, 물리학 연구실La Vie de société au xviii siècle, Les Cabinets de
physique ('세계의 연합을 향해Vers l'unité du monde' 시리즈 중에서, 1964)**
감독 및 기획 에릭 로메르
제작 국립교육위원회
방영일 1964년 1월 29일
상영 시간 24분
촬영 포맷 16밀리, 흑백

풍경의 변모Métamorphoses du paysage('세계의 연합을 향해' 시리즈 중에서, 1964)
감독 및 기획 에릭 로메르
영상 피에르 롬, **보조** 자크 그랑클로드 Jacques Grandclaude
음향 작업 베티 빌메츠 Betty Willemetz
편집 크리스틴 뒤 브뢰이Christine du Breuil
제작 피에르 가바리Pierre Gavarry(국립교육위원회), **보조** 장자크 조슬리Jean-Jacques
Jaussely
목소리 피에르 가바리
방영일 1964년 6월 5일
상영 시간 22분

촬영 포맷 16밀리, 흑백

페르스발, 성배 이야기 Perceval ou Le Conte du Graal('문학Lettres' 총서 중에서, 1964)
감독 및 기획 에릭 로메르
제작 피에르 가바리(국립교육위원회)
목소리 앙투안 비테즈, 크리스틴 테리Christine Théry
방영일 1964년 10월 9일
상영 시간 23분
촬영 포맷 16밀리, 흑백

세르반테스의 돈키호테 Don Quichotte de Cervantès('글의 소개En profil dans le texte'
시리즈 중에서, 1964)
감독 에릭 로메르
제작 국립교육위원회
방영일 1965년 1월 15일
상영 시간 23분
촬영 포맷 16밀리, 흑백

칼 테오도르 드레이어 Carl Th. Dreyer('우리 시대의 시네아스트' 시리즈 중에서, 1965)
감독 에릭 로메르, **보조** 이브 코바츠Yves Kovacs
기획 에릭 로메르
영상 자크 뒤마멜Jacques Duhamel, 자크 뒤르Jacques Durr
음향 다니엘 레오나르Daniel Léonard
음향작업 베티 윌메츠Betty Willemetz
편집 기 피투시Guy Fitoussi
믹싱 장클로드 브리송Jean-Claude Brisson, **보조** 르네 비달René Vidal
제작 자닌 바쟁, 앙드레실뱅 라바르트André-Sylvain Labarthe, Office national de
   radiodiffusion télévision française, avec la télévision danoise (가브리엘 악셀Gabriel
   Axel, 장 크레스 Jean Kress)
출연 칼 드레이어, 리베트 모뱅Lisbeth Movin, 헨릭 말베르그Henrik Malberg, 요르겐
   루스Jorgen Roos, 입 몬티Ib Monty, 프레벤 레어도르프Preben Lerdoff, 벤트
   로테Bendt Rothe, 안나 카리나
방영일 1965년 4월 8일
상영 시간 61분

촬영 포맷 16밀리, 흑백

에드가 포우의 놀라운 이야기 Les Histoires extraordinaires d'Edgar Poe('글의 소개En profil dans le texte' 시리즈 중에서, 1965)
감독 및 기획 에릭 로메르
제작 국립교육위원회
목소리 장 네그로니 Jean Negroni, 앙투안 비테즈
방영일 1965년 5월 14일
상영 시간 25분
촬영 포맷 16밀리, 흑백

라브뤼에르의 성격 Les Caractères de La Bruyère('글의 소개' 시리즈 중에서, 1965)
감독 및 기획 에릭 로메르
제작 국립교육위원회
출연 알랭 뒤르탈Allain Durthal, 르네 부르데René Bourdet, 샤를 카페잘리Charles Capezzali, 앙드레 쇼모 André Chaumeau, 마들렌 다미앙Madeleine Damien, 키티 디옵Kitty Diop, 틸리 도르빌Tilly d'Orville, 장 베르제 Jean Berger, 마크 에로Marc Eyraud, 르네 르모René Remot, 파트리크 보쇼, 장 두셰, **목소리** 앙투안 비테즈
방영일 1965년 11월 19일
상영 시간 22분
촬영 포맷 16밀리, 흑백

파스칼에 대한 대담 Entretien sur Pascal('글의 소개' 시리즈 중에서, 1961)
감독 에릭 로메르, **보조** 장피에르 쉴탕Jean-Pierre Sultan
영상 장클로드 라아가, **보조** 기 고앙Guy Gohen
제작 피에르 가바리Pierre Gavarry (국립교육위원회)
출연 브리스 파랭Brice Parain, 도미니크 뒤바를 신부Dominique Dubarle, **목소리** 에릭 로메르
방영일 1965년 12월 3일
상영 시간 22분
촬영 포맷 16밀리, 흑백

셀룰로이드와 대리석Le Celluloïd et le Marbre('우리 시대의 시네아스트' 시리즈 중에서, 1965)

감독 및 기획 에릭 로메르

영상 장 리무쟁Jean Limousin, **보조** 마크 쥐솜Marc Jusseaume

자막처리Banc-titre 장 폴Jean Paul

음향 미셸 르무안Michel Lemoine, 르네 마뇰René Magnol, 자크 피에트리Jacques Pietri

편집 미카 드 포셀Mika de Possel

믹싱 장클로드 브리송, **보조** 르네 비달

제작 자닌 바쟁, 앙드레실뱅 라바르트, 프랑스 국영 라디오 텔레비전 방송국Office national de radiodiffusion télévision française, **지원** 리옹 지역부

출연 타키Takis, 코트 쉰더보르Kurt Sonderborg, 클로드 시몽, 로제 플랑숑, 피에르 클로소프스키Pierre Klossowski, 빅토르 바자렐리Victor Vasarely, 세자르César, 이안니스 크세나키스Iannis Xenakis, 니콜라 쉐퍼Nicolas Schoeffer, 조르주 캉딜리Georges Candilis, 폴 비릴리오Paul Virilio, 클로드 파랑Claude Parent, **목소리** 앙드레실뱅 라바르트, 에릭 로메르

방영일 1966년 2월 3일

상영 시간 90분

촬영 포맷 16밀리, 흑백

빅토르 위고, 명상 시집, 제5권, 제6권Victor Hugo, Les Contemplations, Livres V et VI ('글의 소개' 시리즈 중에서, 1966)

감독 및 영상 에릭 로메르

음향 작업 베티 윌메츠Betty Willemetz

편집 시몬 뒤브롱Simone Dubron

제작 피에르 가바리(국립교육위원회)

목소리 앙투안 비테즈

방영일 1966년 5월 13일

상영 시간 20분

촬영 포맷 16밀리, 흑백

인간과 기계L'Homme et la Machine('문명Civilisations' 시리즈 중에서, 1967)

감독 에릭 로메르, **보조** 도미니크 브리요Dominique Brillaud

기획 잔느 가이야르Jeanne Gaillard

영상 자크 라쿠리Jacques Lacourie, 기 코앙Guy Cohen
음향 크리스티앙 악스필Christian Hackspill
편집 뮈리엘 바르도 Muriel Bardot
제작 국립교육위원회
출연 로제 베르노Roger Bernot, 자크필리프 뒤프레Jacques-Philippe Dupré, 미셸
르바르Michel Levard, 아메데 레미Amédée Rémy
방영일 1967년 5월 8일
상영 시간 34분
촬영 포맷 16밀리, 흑백

인간과 신문L'Homme et son journa('문명' 시리즈 중에서, 1967)
감독 에릭 로메르, 보조 도미니크 브리요
기획 엘렌 애모니에Hélène Aymonier
영상 마크 테르지에프Marc Terzieff, 장루 알렉상드르Jean-Lou Alexandre
음향 크리스티앙 악스필
편집 뮈리엘 바르도
제작 국립교육위원회
출연 자크 포베Jacques Fauvet, 피에르 사바Pierre Sabbagh, 로제 슈로프Roger
Schropf, 모리스 시글Maurice Siegel, 가스통 본외르Gaston Bonheur
방영일 1967년 11월 7일
상영 시간 36분
촬영 포맷 16밀리, 흑백

인간과 이미지L'Homme et les Images('문명' 시리즈 중에서, 1967)
감독 에릭 로메르
기획 조르주 고뒤
제작 국립교육위원회
출연 르메 클레르, 장 루슈, 장뤽 고다르
방영일 1967년 11월 14일
상영 시간 35분
촬영 포맷 16밀리, 흑백

스테판 말라르메Stéphane Mallarmé ('문학' 총서 중에서, 1968)
감독 에릭 로메르

기획 앙드레 힌슈베르거 Andrée Hinschberger
영상 장피에르 라자 Jean-Pierre Lazar
미술 지네트 뤼소 Ginette Lusseau
음악 드뷔시(《목신의 오후 L'Après-midi d'un faune》)
제작 국립교육위원회
출연 장마리 로뱅, **목소리** 에릭 로메르
방영일 1968년 1월 19일
상영 시간 27분
촬영 포맷 16밀리, 흑백

'라탈랑트' 후기 Post-face à L'Atalante('영화관에 가다' 시리즈 중에서, 1968)
감독 및 기획 에릭 로메르
제작 국립교육위원회
출연 프랑수아 트뤼포, **목소리** 에릭 로메르
방영일 1968년 1월 24일
상영 시간 17분
촬영 포맷 16밀리, 흑백

**인간과 국경 I, 국경의 개념 L'Homme et les Frontières I, La Notion de frontière
('문명' 시리즈 중에서, 1968)**
감독 에릭 로메르
기획 로베르 클로에 Robert Cloet, 로베르 로레 Robert Lohrer
제작 국립교육위원회
출연 마르셀 메를 Marcel Merle, 장밥티스트 뒤로셀 Jean-Baptiste Duroselle
방영일 1968년 1월 30일
상영 시간 29분
촬영 포맷 16밀리, 흑백

**인간과 국경 II, 현대의 국경 L'Homme et les Frontières II, Une frontière aujourd'hui
('문명' 시리즈 중에서, 1968)**
감독 에릭 로메르, **보조** 도미니크 브리요
기획 로베르 클로에, 로베르 로레
영상 장클로드 라아가 Jean-Claude Rahaga, 프랑수아 파이으 François Pailleux
음향 클로드 마르탱 Claude Martin

편집 뮈리엘 바르도 Muriel Bardot

제작 국립교육위원회

출연 기 드베이르 Guy Debeyre, 장폴 바타이유 Jean-Paul Bataille, 앙드레 마제르 André Mazereew, 페르낭카플랭 Fernand Caplain, 마르셀 루제 Marcel Rouget, 질베르 코케렐 Gilbert Coquerelle, 조르주 드 부아비유 Georges de Boisvieux

방영일 1968년 2월 6일

상영 시간 27분

촬영 포맷 16밀리, 흑백

18세기의 낭시 Nancy au XVIIIe siècle ('더 잘 보기 Mieux voir' 시리즈 중에서, 1968)

감독 에릭 로메르

기획 엘렌 뒤마 Hélène Dumas, 엘렌 애모니에

제작 국립교육위원회

방영일 1968년 3월 27일

상영 시간 19분

촬영 포맷 16밀리, 흑백

인간과 정부 L'Homme et les gouvernements ('문명' 시리즈 중에서, 1967)

감독 에릭 로메르

기획 로베르 로레

영상 및 음향, 편집 라디오텔레비전 학교와 텔레비전 뉴스 기술 팀

제작 국립교육위원회

출연 로베르 로레, 프랑스 노킴 France Ngo Kim, 마르그리트 오르졸레 Marguerite Orjollet

방영일 1968년 4월 23일

상영 시간 29분

촬영 포맷 16밀리, 흑백

인간과 정부 II, 주변 권력 L'Homme et les Gouvernements II, Les Pouvoirs périphériques ('문명' 시리즈 중에서, 1968)

감독 에릭 로메르

기획 로베르 로레, 루이폴 르통튀리에 Louis-Paul Letonturier

제작 로베르 로레 (국립교육위원회)

출연 모리스 뒤베르제 Maurice Duverger, 장 플랑셰 Jean Planchais, 미셸 제낭 Michel

Genin, 샤를 마르시알Charles Martial, 니콜라 발Nicolas Wahl
방영일 1968년 4월 30일
상영 시간 29분
활영 포맷 16밀리, 흑백

루이 뤼미에르Louis Lumière('영화관에 가다' 시리즈 중에서, 1968)
감독 에릭 로메르, **보조** 장피에르 아부 Jean-Pierre About
영상 자크 라쿠리 Jacques Lacourie, **보조** 프랑수아 파이유 François Pailleux
음향 클로드 마르탱
편집 뮈리엘 바르도
제작 국립교육위원회, 시네마테크 프랑세즈 Cinémathèque française
출연 장 르누아르, 앙리 랑글루아, **목소리** 에릭 로메르
방영일 1968년 11월 13일
상영 시간 66분
활영 포맷 16밀리, 흑백

**건축가 빅토르 위고Victor Hugo architecte('시대의 초상Portraits pour une époque'
시리즈 중에서, 1969)**
감독 에릭 로메르
제작 국립교육위원회
목소리 앙투안 비테즈
방영일 1969년 4월 14일
상영 시간 26분
활영 포맷 16밀리, 흑백

콘크리트에 대한 대담Entretien sur le béton('문명' 시리즈 중에서, 1969)
감독 에릭 로메르
기획 루이폴 르통튀리에, 장 뤼델 Jean Rudel
제작 국립교육위원회
출연 프랑수아 루아에 François Loyer, 클로드 파랑Claude Parent, 폴 비릴리오 Paul
  Virilio
방영일 1969년 4월 29일
상영 시간 29분
활영 포맷 16밀리, 흑백

'익사 직전에 구조된 부뒤' 후기Post-face à Boudu sauvé des eaux('영화관에 가다' 시리즈 중에서, 1969)
감독 및 기획 에릭 로메르
제작 국립교육위원회
출연 장 두셰, 에릭 로메르
상영 시간 30분
촬영 포맷 16밀리, 흑백

생활 프랑스어?Le Français langue vivante? ('프랑스어 표현Expression Française' 시리즈 중에서, 1969)
감독 에릭 로메르, 보조 장피에르 아부
기획 마리즈 페랭Maryse Perrin, 에릭 로메르
영상 로제 르드뤼Roger Ledru, 앙드레 디노André Dino, 마르셀 뒤랑Marcel Durand
음향 장자크 르보Jean-Jacques Leveau, 클로드 오르옹Claude Orhon
편집 뮈리엘 바르도
제작 국립교육위원회
출연 앙투안 퀼리올리Antoine Culioli, 마르셀 그랑클로동Marcel Grandclaudon, 장클로드 슈발리에Jean-Claude Chevalier, 에릭 로메르
방영일 1969년 12월 16일
상영 시간 30분
촬영 포맷 16밀리, 흑백

'신도시Ville nouvelle' (1975) 4부작
I. 도시의 어린시절 I. Enfance d'une ville, II.도시 경관의 다양성II. La Diversité du paysage urbain, III.도시의 형태III. La Forme de la ville, IV.주문형 주택IV. Logement à la demande
감독 에릭 로메르, 보조 필리프 롱스Philippe Ronce
기획 에릭 로메르, 장폴 피제
영상 자크 파마르Jacques Pamart, 자크 부캥Jacques Bouquin, 로베르 레아Robert Réa, 오노레 돌Honoré Dol, 자크 게랑Jacques Guérin
자막 작업 라슬로 뤼스카Laslo Ruszka
음향 장클로드 브리송, 자크 뒤마Jacques Dumas, 질 프티Gilles Petit, 앙드레 시커르스키André Siekerski
편집 자닌과 이본 마르탱Jeanine et Yvonne Martin

제작 국립 오디오비주엘 위원회, 이브 발레로Yves Valéro, 필리프 보다르Philippe Baudart, 장폴 피제(제작 책임자)

출연 세르지퐁투아즈 신도시 공공개발부팀, 개발연구및자료작업실 회원, 도시 건축학 작업장(G. 루아조Loiseau, J. 트리벨Tribel, M. 코라조Corajoud, B.-G. 위도브로Huidobro, P. 체메코프Chemetov, E. 시리아니Ciriani), 보드뤠이유Vaudreuil 신도시 공공개발부팀, 제4차 교육 지도자, G. 튀르노에Thurnauer, G. 보클레르Beauclair, M. 쿨룸Kouloum, 르누아르Lenoir 부부와 자녀들

방영일 1975년 8월 10, 24, 31일, 9월 22일

상영 시간 I, II, IV편 52분, III 편 49분

촬영 포맷 컬러

하일브론의 케트헨Catherine de Heilbronn(1979)

감독, 무대 연출 에릭 로메르, 니콜 라리유Nicole Larrieu

번역 에릭 로메르, 하인리히 폰 클라이스트 희극을 각색함

기술 고문 이본 제로Yvon Gérault

영상 프랑시스 요네크Francis Junek, **보조** 자크 보자르Jacques Baujard, 기 페라Guy Peyrat, 제라르 라다Gérard Raddaz, 제라르 폰 베르베케Gérard van Verbaeke

TV 영상 폴 기예르메Paul Guillermet

기록 아리안 아드리아니Ariane Adriani

전기 및 기계설비 로베르 쿠플레Robert Couplet, 베르나르 주브Bernard Jouve

미술 야니스 코코스Yannis Kokkos

의상 야니스 코코스, 니콜 제로Nicole Géraud

헤어 자닉 로다Janick Roda

메이크업 도미니크 제르맹Dominique Germain

음향 르네 보네René Bonnet

편집 테레즈 손탁Thérèse Sonntag

음악 아미 플라마Amy Flammer(베토벤 편곡 d'après Beethoven)

제작 자크 브뤼아Jacques Brua(앙텐2Antenne 2), 로장주 영화사, 낭테르 문화의 집

출연 파스칼 오지에, 파스칼 그레고리, 장마크 보리, 아리엘 동발, 로제트, 바니나 미셸Vanina Michel, 마리 리비에르, 장 부아스리Jean Boissery, 다니엘 타라르, 제라르 팔코네티, 필리프 바라슈Philippe Varache

방영일 1980년 8월 6일

상영 시간 138분

촬영 포맷 컬러

사교 게임Les Jeux de société('대서양Océaniques' 총서 중에서, 1989)
감독 및 기획 에릭 로메르
역사자료수집 에르베 그랑사르
영상 뤽 파제, **보조** 필리프 르노Philippe Renaut, 디디에 메그레Didier Maigret
자막 작업 장노엘 들라마르Jean-Noël Delamarre
미술 알랭 칠랭귀리앙Alain Tchillinguirian, 알윈 드 다르델Alwyne de Dardel, 제롬
　　포바레 Jérôme Pouvaret
의상 안마리 물랭Anne-Marie Moulin
메이크업 누리트 발칸Nurith Barkan
음향 파스칼 리디에, **보조** 뤼도빅 에노Ludovic Hénault
편집 리자 에레디아
믹싱 장피에르 라포르스Jean-Pierre Laforce
음향효과 질 바스트Gil Bast
음악 장루이 발레로(보드빌 아리아 편곡 d'après des airs de vaudeville)
제작 장클로드 쿠르디Jean-Claude Courdy(FR3), 티에리 가렐Thierry Garrel(라세트 La
　　Sept), 드니 프레이(제작 책임자, 이니시얼 그룹Initial Groupe), 프랑수아주
　　에체가라이(제작 책임자, CER), **제작 참여** 국립 시네마토그라피 센터 & 쇠이유 출판사
출연 질 마송Gilles Masson, 소피 로뱅Sophie Robin, 코린 오르데가Corinne Ortega,
　　다비드 콩티, 플로랑스 마쉬르 마크 를루Florence Masure Marc Lelou, 마리파스칼
　　히즈Marie-Pascale His, 토마 뒤부아Thomas Dubois, 안느 발레이트 Anne Baleyte,
　　자비에 블랑, 필리프 카펠Philippe Capelle, 올리비에 들루소Olivier Derousseau,
　　안샤를로트 부트리 Anne-Charlotte Boutry, 안클레리 드바르비유 Anne-Claire
　　Debarbieux, 카렌 루아에Carène Loyer, 마졸렌 올리비에Marjolaine Olivier,
　　고티에 자블롱스키Gauthier Jablonski, 에리크 르갈Éric Le Gal, 실뱅 몽트로 Sylvain
　　Montreau, 피에르 올리비에Pierre Olivier, 도미니크 파랑Dominique Parent,
　　이자벨 바자이Isabelle Vazeille, 샹칼 칼베Chantal Calvet, 베로니크 강스Véronique
　　Gonse, 마리 테를뤼트Marie Terlutte, 오드리 드리그 Audrey Drigues, 마리에밀리
　　앙졸라Marie-Émilie Enjolras, 루시앙 파스칼Lucien Pascal, 알렉상드라 스튜어트,
　　룰루 베르탈Loulou Bertal, 브뤼노 발프 Bruno Balp, 뮤즈 달브라이Muse Dalbray,
　　장마리 로뱅, 플로랑스 다렐, 에티엔 폼므레Étienne Pommeret, 파스칼 데르웰Pascal
　　Derwel, 파스칼 그레고리, 크리스티안 데부아Christiane Desbois, 다니엘 타라르,
　　엘로이즈 베네트 Eloïse Bennett, 자크 페나Jacques Pena, 플로랑스 코르니오 Florence
　　Cornillot, 장 두셰, 나탈리 코쵸라바Nathalie Kotcholava, 알렉상드라
　　임파라토 Alexandra Imparato, 프랑수아즈 베캄Françoise Becam, 치스 아르티고Chis

Artigaud, 장 프리외르 Jean Prieur, 오렐리아 알카이즈, 비르지니 페리에Virginie
Perrier, 제랄딘 스튜더Géraldine Studer, 파트리시아 푸아리에Patricia Poirier, 자크
보피스Jacques Beaufils, 안소피 루빌루아, 로제트, 프랑수아즈 에체가라이

방영일 1990년 8월 20일
상영 시간 57분
촬영 포맷 컬러

옮긴이의 글

평범한 사람에게도 이야기 없는 삶은 없다. 하지만 프랑스의 작가 발자크는 "행복에는 이야기가 없다"고 말했다. 그래서 모든 사랑의 모험은 '그래서 그들은 행복하게 살았다'라는 문장으로 끝이 난다. 에릭 로메르는 『르 몽드』와의 인터뷰에서 "행복에는 이야기가 없다"는 발자크의 이 기묘한 문장을 인용했는데, 원래 모리스 셰레라는 이름의 이 남자는 어쩌면 별 이야기가 없는 행복한 삶을 꿈꿨을지도 모른다. 그리하여 셰레는 자신의 삶에 '영화'라는 특별한 행복을 더하기 위해 에릭 로메르라는 사람을 만들어 또 다른 삶을 살았다.

시네아스트 에릭 로메르는 그 명성에 비해 대중과 거리를 두고 베일에 싸인 삶을 살았다. 그는 화려하고 다채로운 영화계의 분위기가 셰레라는 개인의 삶에 침투하지 않도록 철저하게 분리된 삶을 살았다. 그의 개인적인 삶은 거의 알려진 바가 없지만, 실제로 모리스 셰레의 삶은 특별할 게 없고 조용하고 정돈된 것이었다. 그의 출생지와 나이조차 확실치 않아, '1920년 4월 4일 낭시 출생'이라는 거짓 이력으로 더 알려져 있었다. 이 책의 저자 앙투안 드 베크는 그런 로메르의 사생활에 대한 정보를 모으는 데 오랫동안 어려움이 있었다고 고백한다.

여기에 이 책의 미덕이 있다. 앙투안 드 베크와 노엘 에르프는 로메르가 생전에 수집한 방대한 자료와 백여 명의 인터뷰를 바탕으로 책을 저술했고, 지금껏 숨겨져 있던 셰레의 은밀한 삶, 로메르의 다양한 면모를 드러낸다. 무엇보다 이 전기 작가는 시네아스트 에릭 로메르 속에 숨겨진 모리스 셰레라는 개인의 특성을 묘사한다. 그렇게 우리는 그의 삶의 연대기를 따라 청소년, 청년기의 셰레, 소설가 셰레, 평론가 로메르,『카이에 뒤 시네마』편집장 로메르, 시네아스트 로메르, 교육자 로메르라는 다양한 모습의 로메르/셰레를 만날 수 있다.

로메르는 확실히 자신의 자취를 숨기기를 즐겼다. 이런 측면은 개인의 삶뿐만이 아니라 그의 영화 연출 방식에도 적용된다. 카메라가 돌아가는 순간 연출자 로메르는 사라지고 실제의 우연성과 배우의 자유에 모든 것을 맡겼다. 하지만 그가 카메라 앞에서 완전한 자유를 누리기까지 철저하고 치밀한 준비 과정을 거쳤음을 간과해서는 안 된다. 〈클레르의 무릎〉에서 장미를 따는 장면을 찍기 위해 1년 전에 장미 에 맞춰 장미를 심고 촬영 날짜를 조절했다는 일화는 그의 편집증에 가까운 준비성을 말해 준다. 그의 영화가 생생하게 살아 있으면서도 단단한 구성이 느껴지는 이유다.

로메르의 삶에서 영화는 비교적 뒤늦게 왔다. 영화뿐만 아니라 다른 누벨바그 작가에 비해 로메르는 모든 면에서 더디고 느렸다. 그는 수줍음 많고 소심한 성격 때문에 인생의 중요한 시험을 모두 면접에서 망쳤다. 고등사범학교 시험에 두 번이나 낙방하고, 교수 자격시험 면접에서도 두 번이나 실패했다. 첫 장편 영화 〈모범 소녀들〉은 완성되기 직전에 포기할 수밖에 없었고, 〈사자자리〉는 3년이나 개봉을 못한 채 창고에 처박혀 있다가, 관객에게 외면당했다. 편집장으로 일했던 『카이에 뒤 시네마』에서는 동료들에게 배신당해 쫓겨났다. 하지만 쓰라린 배신과 궁핍의 경험들은 그의 강력한 의지를 꺾지 못했고, '도덕 이야기' 연작이 완성된 1970년대 이후에 그는 누벨바그에서 살아남은 유일한 감독처럼 보였다. 이후 로메르는 평생 다른 어떤 누벨바그 감독보다 가장 누벨바그적이고 독립적인 영화를 만들었다.

로메르가 작품 활동을 했던 1950년대부터 2000년대까지 60년이 넘는 세월 동안 영화계 환경은 엄청난 변화를 거듭했다. 그런 변화 속에서도 그가 변함없이 자신의 작품을 만들 수 있었던 요인은 독자적인 연출 시스템 덕분이다. 로메르는 자신의 성격과 기질에 맞을 뿐만 아니라, 자본과 외부의 압력으로부터 자유롭고 독립적인 자체 운영 시스템을 갖춘 연출 체계를 완성한다. 이 소규모 제작 시스템과 그의 영화 미학적 지향은 '아마추어리즘'이라는 개념으로 집약된다.

로메르의 영화 미학은 무엇보다 앙드레 바쟁의 뒤를 잇는 프랑스 영화 비평의 현상학적 계보 안에서 발견된다. 다른 예술과 구분되는 영화의 사진적 객관성에 기반한 존재론적인 사실주의 특성에 대한 지지다. 특히 역사극에서 발견되는 로메르의 영화적 욕망은 환등기나 판타스마고리와 같은 원시 영화나 초기 영화로 돌아가려는 시네마토그래피적 욕망, 유년 시절과 같은 영화적 기원에의 회귀에 있다. 이 외에도 다양한 관심은 그의 작품 목록에서 드러난다. 비교적 많이 알려진 현대물 외에 특히 역사물과 그가 방송학교 시절 제작했던 교육용 영화들은 그의 다양한 관심을 반영한다. 공간과 건축에 관한 관심, 고전의 현대성에 관한 관심, 영화의 리얼리즘에 대한 관점, 프랑스 고전 문학과 연극에 대한 관심, 독일어와 독일 문화에 대한 관심은 모두 그의 필모그래피 안에 담긴다.

로메르는 정치적으로 모두가 좌파이던 시절 당대의 분위기와 거리를 두고 모든 종류의 정치적 참여를 거부했던, 보수적이고 가톨릭 왕정주의자에 가까운 사람이었다. 그는 어떤 정당에도 가입한 적이 없지만, 환경보호 운동에는 그 누구보다 먼저 적극 참여했고 평생 그 생각을 유지했다. 그는 반동적인 영화를 만든다는 얘기에는 개의치 않았지만, 연출에 대한 비평에 더욱 민감하게 여기고 훨씬 더 견딜 수 없어 했다. 로메르는 변화를 추구하는 것을 두려워하지 않았다. 긴 생애에 걸친 영화적 변모 가운데 가장 흥미로운 지점은 〈사자자리〉와 〈모드 집에서의 하룻밤〉 등과 같은 초기작의 분명한 남성 중심적 세계가 후기작으로 갈수록 여성적 세계에 대한 묘사로 변한다는 점이다. 이 명백한 변화의 비밀 역시 로메르의 연출 시스템에서 그 물리적 근거를 발견할 수 있다. 궁극적으로 이른바 '타자 되기', '여성 되기'라고 말할 수 있는 이 변화는 로메르의 독특한 제작시스템이 완성되는 지점에서 이루어진다. 그가 로장주 영화사에서 독립해 만든 미시조직 '에릭 로메르 제작사'의 실질적 첫 작품은 〈녹색 광선〉(공식적 첫 작품은 〈레네트와 미라벨의 네 가지 모험〉)이다. 연기자를 비롯해 모든 스태프가 여성으로 구성된 〈녹색 광선〉 촬영장에서 로메르는 여성적 세계에서 자취를 감추려고 노력한다. 로메르는 노년에도 여전히 젊은 여성이 주인공으로 등장하는 영화를 만드는 것에 관한 질문에 대해 "나는 젊은 여성을 너무 좋아하는 것이 아니라 젊은 여성이 모든 남자 안에 있다고 느낀다. 내 안에서 그걸 느낀다"라고 대답한다.

　이렇듯 이 책을 번역하며 발견한 가장 놀라운 점은 로메르가 자신의 약점과 한계를 이해하고 인정하고, 그것을 이용해 모든 측면에서 자기 스타일을 만들어갔다는 것이다. 영화의 내용뿐만 아니라 영화 제작 스타일에 이런 특징이 고스란히 반영된다. 소규모 저예산 제작 방식은 스스로를 보호하고 구원하기 위한 장치였다. 로메르는 거대 자본의 매끈한 영화를 만드는 것보다 기꺼이 부족해 보이는 아마추어리즘을 주장하며 자신만의 세계를 만들어간다. 그는 가난하지만 진실을 말할 수 있는 방식을 선택한다. 자신의 십자가를 받아들인 자리에 은총이 깃든다.

　누군가의 삶 전체를 면밀히 들여다볼 기회를 얻는다는 것은 매우 감동적인 일이다. 더욱이 그것이 평소 존경하던 사람이라면 더욱더 그렇다. 이 번역 작업은 한편으로 로메르와 관련된 개인적인 여러 기억을 소환시켰다. 먼저는 2001년 한국에서 처음 개최된 '에릭 로메르 회고전'에서 봤던 영화들이 있다. 그중에서 로메르 생전에 자필로 보내온 회고전 축하 서신과 로메르 사후에 열린 회고전에 한국에 초청되었던, 후기 로메르 영화 편집자이자 공동 작곡가였던 마리 스테판을 만났던 기억도 있다. 2001년의 회고전에서 자막 번역에 참여한 작품도 있고, 석사 논문에서 다룬 다섯 명의 감독 중 한 명이 로메르였다. 교육자 로메르는 파리1대학에서 오랫동안 강의를 했다. 이 책의 작가 앙투안 드베크 역시 에릭 로메르처럼 앙리4세고등학교와 파리1대학에서 수학했다. 역자 역시 파리1대학에서 영화 공부를 했다. 파리1대학에서 수업을 받던 시절 동료에게 로메르 수업에 대해 전설처럼 내려오던 이야기를 들은 기억도 있다. 교육자 로메르를 번역하며 역자 역시 포르루아얄에 있던 붉은색 벽돌의 미슐레 강의동과 수업을 마친 후 자연스럽게 지나던 생미셸 거리와 뤽상부르 정원이 떠올랐다. 파리의 겨울은 온통 잿빛이어서 괴로웠던 반면 파리의 봄날은 홀로 보내기에 너무 아름다웠다.

출판사의 번역 제안을 선뜻 받아들였지만, 막상 방대한 분량과 비유적인 문장, 저자의 박식한 정보 때문에 자료를 찾느라 생각보다 많은 시간과 노력을 기울여야 했다. 독일 문화와 중세에 대한 로메르의 관심은 역자에게는 매우 흥미롭지만 오랜 자료 찾기의 시간이기도 했다. 좋은 번역을 위해 여러 측면으로 주의를 기울렸음에도, 미흡한 부분이 있으리라 생각된다. 번역을 끝까지 믿고 기다려 준 을유문화사의 정상준 대표에게 감사드린다. 이 책의 번역은 평소 사랑해 왔던 시네아스트에 대한 찬미와 존경의 의미이기도 하지만, 개인적으로는 혹독하게 힘들었지만 가장 강렬한 기억을 남긴 그 몇 년의 파리 시절에 대한 지지와 위로를 보내는 일이다.

2021년 4월 봄날
임세은

찾아보기

지은이 양투안 드 베크 Antoine de Baecque

프랑스의 역사가이자 영화 비평가로, 『카이에 뒤 시네마』의 편집장과 시네마테크 프랑세즈의
총감독을 역임했다. 지은 책으로 『트뤼포: 시네필의 영원한 초상』(공저), 『고다르 Godard』,
『누벨바그 La Nouvelle Vague』 등 다수가 있다.

지은이 노엘 에르프 Noël Herpe

프랑스의 영화 비평가이자 역사가, 그리고 영화감독이자 배우로서 다양한 활동을 펼치고 있다.
저서로 『시네필의 일기 Journal d'un cinéphile』, 『막스 오퓔스 Max Ophüls』, 『르네 클레르 La Nouvelle
Vague』 등 다수가 있다.

옮긴이 임세은

동국대학교와 파리1대학에서 영화 이론을 공부했다. 영화 주간지 『필름 2.0』에서
기자·통신원으로 일했고, 영화와 관련된 다양한 강의와 기고 활동을 펼쳐 왔다.

현대 예술의 거장 시리즈
우리에게 새로운 세상을 열어 준 위대한 인간과 예술 세계로의 오디세이

구스타프 말러 1·2, 프랭크 로이드 라이트, 알렉산더 맥퀸, 시나트라, 메이플소프, 빌 에반스,
앙리 카르티에 브레송, 조니 미첼, 짐 모리슨, 코코 샤넬, 스트라빈스키, 니진스키, 에릭 로메르,
자코메티, 루이스 부뉴엘, 에드워드 호퍼, 프랭크 게리, 찰스 밍거스, 글렌 굴드, 트뤼포,
페기 구겐하임, 이브 생 로랑, 마르셀 뒤샹, 에드바르트 뭉크, 오즈 야스지로, 카라얀,
잉마르 베리만, 타르코프스키, 리게티 등

현대 예술의 거장 시리즈는 계속 출간됩니다.